JN300063

福祉技術
ハンドブック
健康な暮らしを支えるために

独立行政法人
**産業技術総合研究所
ヒューマンライフテクノロジー研究部門**

［編］

朝倉書店

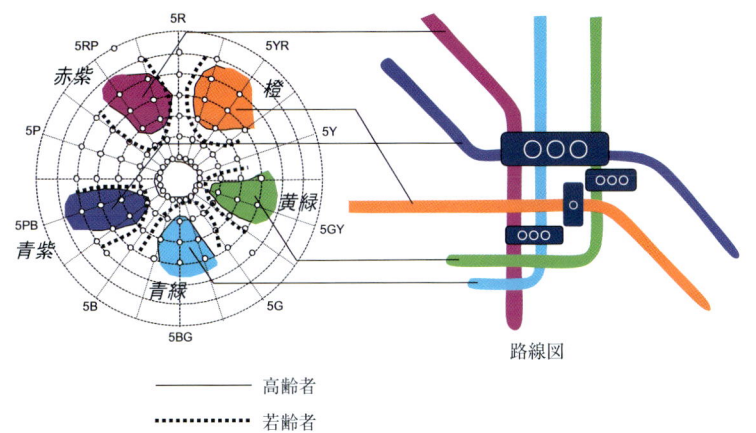

口絵1 色の類似色領域の例とその利用法のイメージ（図1.3.16）

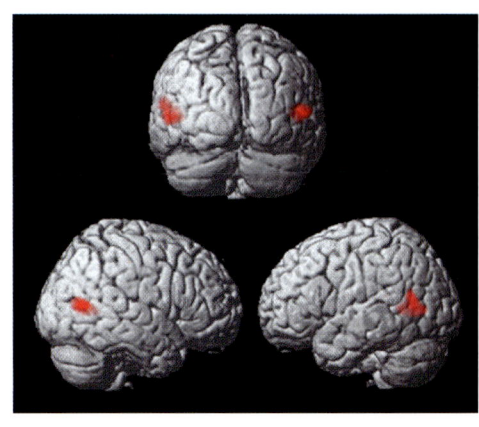

口絵2 視野内の「動き」を処理するMT野をMT localizerを用いたfMRI実験でマッピングした結果例（図1.9.3）

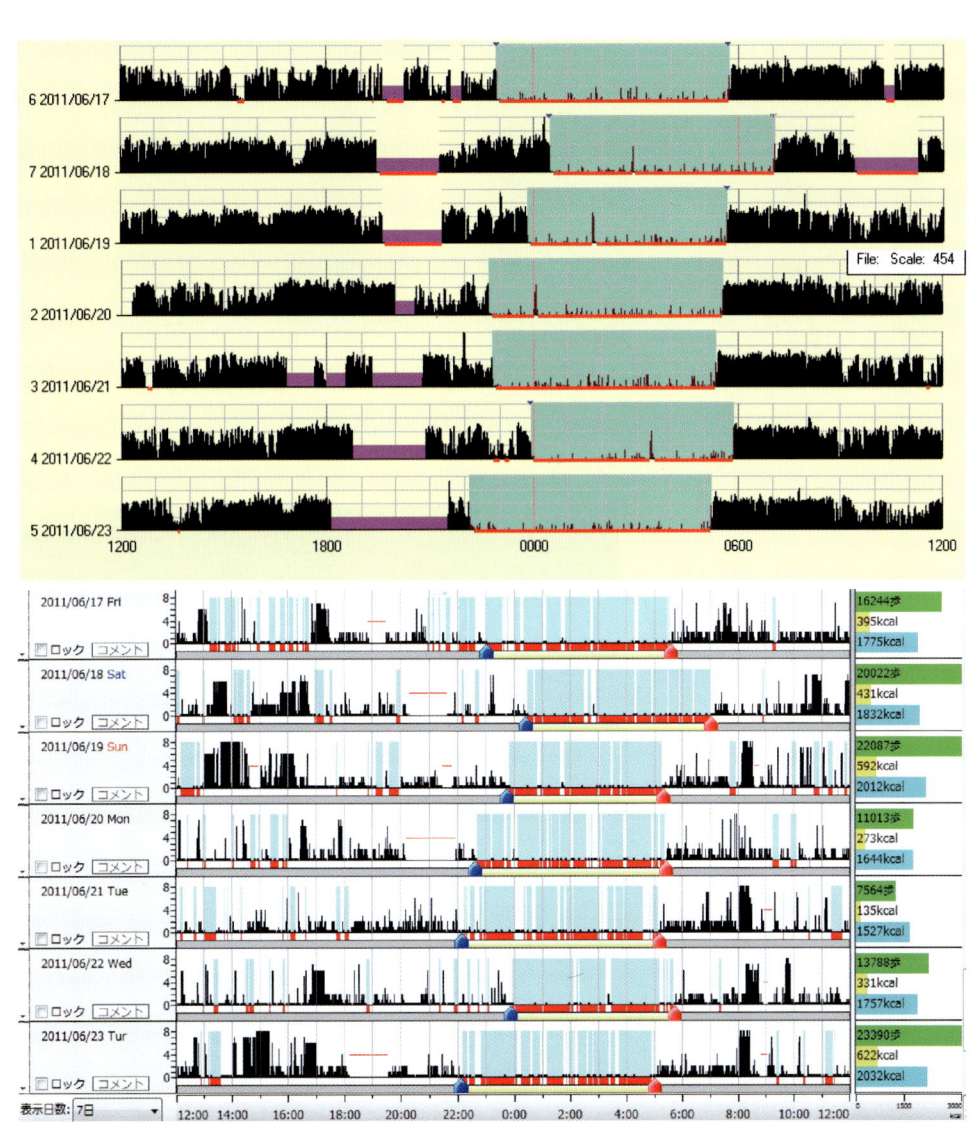

口絵3 健常成人が睡眠/覚醒の推定に用いる2種類の活動量計を同時に1週間装着した結果（図2.1.18）
上段は手首に装着する機器の結果で，下段は腰部に装着する機器の結果.

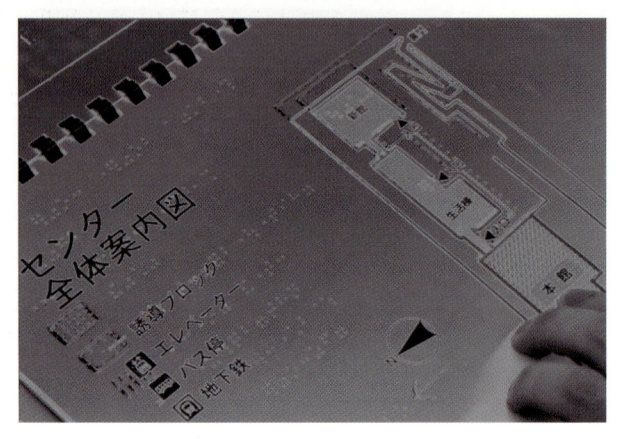

口絵4 触知案内図の例（東京都心身障害者福祉センター施設案内図．図2.2.19）

口絵5 地下鉄の案内（図2.6.8）

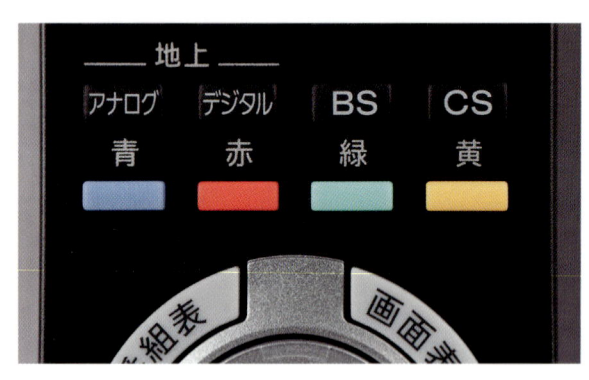

口絵6 色情報のほかに，文字情報などを付加することによって，色覚障害者にも使いやすくなる（図2.6.22）

口絵7 パイロットランプ色の同定は，色覚障害者には難しい（図2.6.23）
左：原画像．右：1型2色覚のシミュレーション画像．

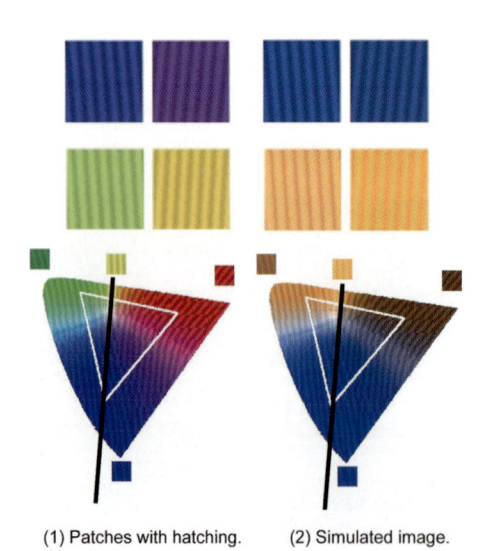

(1) Patches with hatching.　(2) Simulated image.

口絵8 色だけで領域分割せずに，ハッチング（地模様）を組み合わせると，色覚障害者に配慮した表現ができる（図2.6.24）

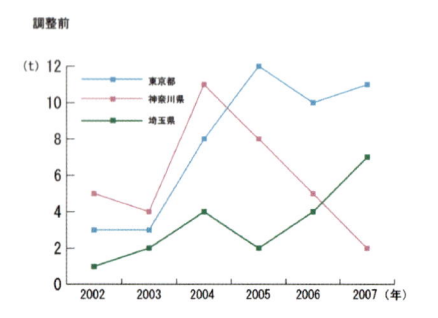

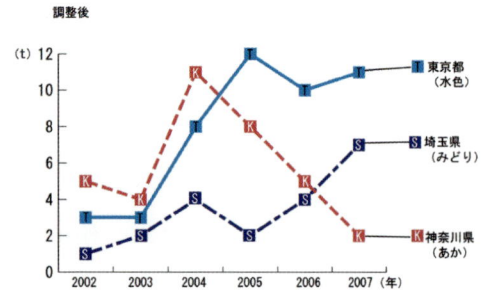

口絵9 色だけで表現せず，線種や文字位置を変えることによって，色覚障害者に配慮したグラフを作成することができる（図2.6.25）

口絵10 赤い文字と黒い文字の識別は，色覚障害者には難しい（図2.6.26）
左：原画像，右：2型2色覚のシミュレーション画像．

口絵11 色のめがね（図2.6.28）

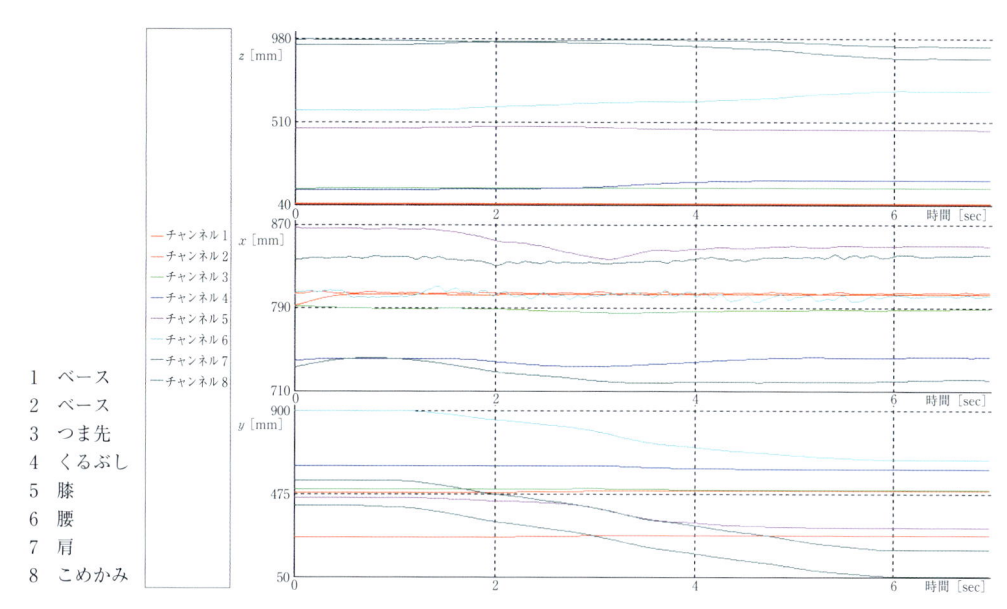

1 ベース
2 ベース
3 つま先
4 くるぶし
5 膝
6 腰
7 肩
8 こめかみ

口絵12 各部の移動量（図3.6.7）

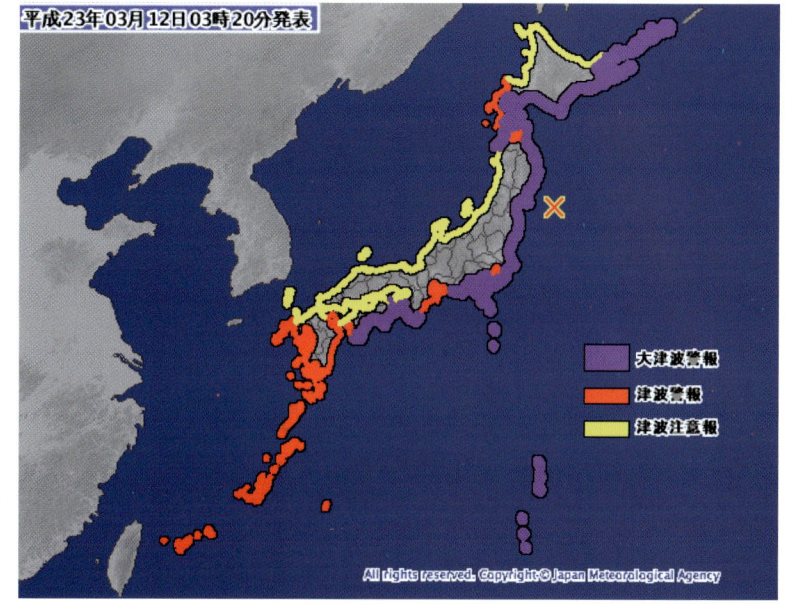

口絵13 津波警報注意報マップの新しい配色デザイン（放送局のマップもほぼ同一デザイン．気象庁提供．図3.11.1）

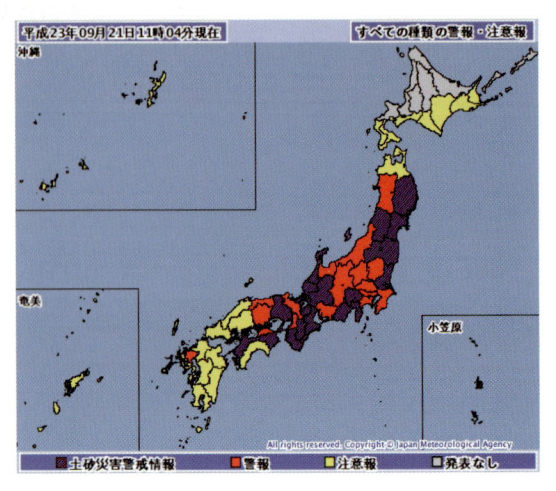

口絵 14　警報注意報マップの新しい配色デザイン
（気象庁提供．図 3.11.2）

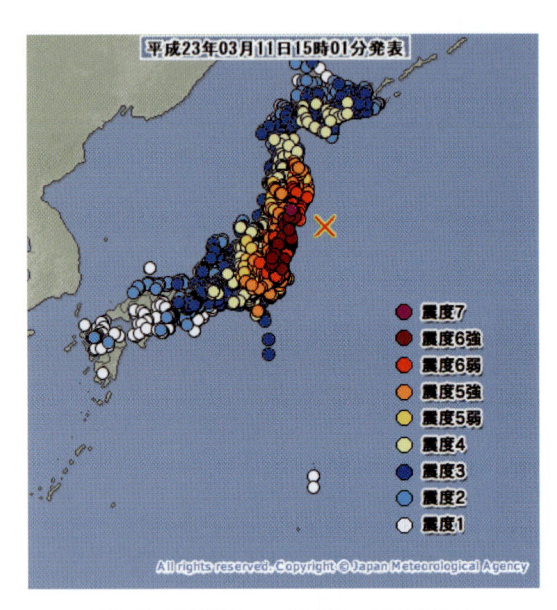

口絵 15　震度情報マップの新しい配色デザイン
（気象庁提供．図 3.11.3）

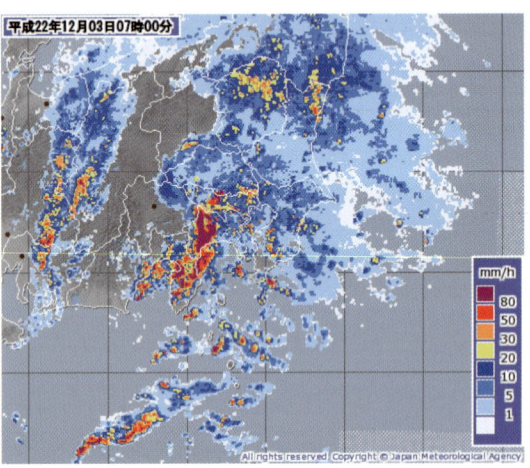

口絵 16　降水量情報マップの新しい配色デザイン
（気象庁提供．図 3.11.4）

口絵 17　色わせ（図 3.13.3）

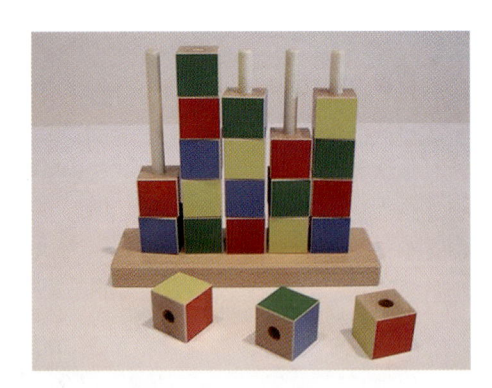

口絵 18　色ならべ（図 3.13.7）

巻　頭　言

　本書は福祉や介護の現場や高齢者の生活で使われる機器やシステム等の技術開発にかかわる方々，そしてこれらの機器等を利用する方々のためのハンドブックである．

　福祉技術とは，高齢者や障害者の人達が日常生活を営んでいけることを目的として開発された技術を指す．こういった技術は支援技術あるいはアシスティブ・テクノロジー（assistive technology）とも呼ばれる．学問分野として確立したものはないが，支援工学や人間支援工学，生活支援工学，またバリアフリー工学といった名称が使われている．
　先天的あるいは後天的な事象による機能低下だけでなく，加齢によっても機能は低下する．日常生活活動およびその生活を構成するモノや環境は人間の持つ機能に合わせて構築されてきたものであるが，それは「普通の人」と呼ばれる大多数の人が持っている機能のレベルが前提にされていることが多い．機能低下によってこの前提となる機能を満たせなくなると，そのギャップを埋めるための方策が必要になってくる．
　このための技術としては，バリアフリーやアクセシブルデザインなどモノや生活環境側を改変する技術，眼鏡や補聴器などに代表される身体に装着して低下した人間側の機能を引き上げるための技術，直接は装着しないがモノとの間に介在して人間の機能発揮を介助する技術があり，さらには機能向上のための訓練技術や予防的に機能低下を防ぐ方策がある．本書は，これら福祉技術の研究開発そしてこの技術の利用の際に参考となる知見を集めたハンドブックである．

　本書の構成は以下のようになっている．全体は大きく基礎編と実践編に分かれている．基礎編は第1章「健康と福祉にかかわるヒトの身体特性」と第2章「日常生活のサポート技術」で，実践編は第3章「福祉機器開発の実践例」と第4章「健康・福祉サービスに関連する社会制度」からなる．
　福祉技術の研究開発やその利用においては人間の機能の正しい理解が不可欠であることから，関係する身体特性についての知見を第1章に記載している．循環器系，運動系，感覚系などに加えて福祉技術として重要な発声・言語系や認知系の項目を設けるとともに，基礎知識として知っておくべきリハビリ医学，理学療法，作業療法などについて記している．
　第2章では，高齢者や障害者の日常生活を支援する技術の基礎について記している．ここでは予防的技術としてのウェルネス（健康）技術，日常生活を営むうえで必須となる移動とコミュニケーションの支援技術とともに，介護・看護する側を支援する技術，また社会参加を支援するための方法についての項目からなっている．さらに高齢者や障害者が支障なく使える製品や環境の設計をするときに考慮すべき点について述べるとともに，福祉技術の要素技術としてのセンシング技術，アクチュエータ技術，そして今後に期待の大きいロボット技術について記載してある．
　第3章では，福祉機器開発の実践例として，20例の福祉機器を紹介している．ここでは，技

術の内容と利用状況だけではなく，開発時の体制や開発資金の調達，また試作から製品化に至るまでのプロセスそしてビジネス戦略など，技術開発をうまく進めていくための方策や広く使われる福祉技術とするために考慮すべき点が述べられている．

第4章では福祉技術を取り巻く社会の状況として，施策や法制度とともに公的な研究開発の支援制度を紹介している．さらに，福祉技術の設計・開発に活用できる入手可能な身体機能についてのデータベースについて記してある．このうち支援制度については本書の執筆時点のものであり，これらは社会情勢によって変わっていくことをお断りしておく．

わが国は世界にこれまで例をみないほどの超高齢社会になっており，生活において支援を必要とする人達の数が今後も増加していく．したがって，福祉技術の必要性がますます高まることは確実である．そして高齢化は世界の多くの国でみられており，最も高齢化が進んでいるわが国での福祉技術の研究開発の成果が世界の人々に貢献していくことが期待されている．

これまで福祉技術は，大学等の工学系で人間機能に関心のある方々や医学系の方々，産業界では大企業よりも小回りの利く中小企業で社会貢献を強く意識されている方々，また福祉や介護現場でもの作りの得意な方々，そして現場と企業との間に立つ地域の公設の技術センターの方々によって進められてきた．このように幅広い方々が関与してきているが，それぞれの立場での福祉技術の開発が行われてきたこともあり，福祉技術についての知見をまとめて蓄積することは十分行われてこなかった．

科学技術の発展には着実な知識の蓄積が必要であり，それがなければ同じことの繰り返しになりかねない．科学技術とは先達の成功と失敗の上に成り立つものである．福祉技術においては，対象となる人の機能の状態そして生活の状態が千差万別であることから，ある人を対象として開発した技術はそのままでは他の人に適用するのは難しく，結果として個別対応の技術になりがちである．

しかしながら，個別対応技術の羅列では技術は発展していかない．さまざまに行われてきた研究開発の知見を整理・蓄積し，理解することによって取り組むべき技術開発の方向性やその際に想定される課題を明確化することが可能となる．一方，技術を使う側の立場にとっても，その技術が狙っていることや技術の限界を知ることになり，適切な利用や次の技術課題の明確化にもつながる．そこで，これまで進められてきた福祉技術に関する基礎的な知識および実践によって得られた知見を蓄積するものとして本書は作られた．身体機能についての基礎知識，日常生活のサポート技術についての基礎知識，そして福祉技術の実践例の蓄積は，福祉技術の発展に大きく寄与していくはずである．

これから福祉技術を学び，活用していく方々，研究開発に携わっていく方々にとってはもちろんのこと，これまでも福祉技術開発に携わってきた方々にとっても，本書は有益な知見を提供できるものと確信している．基礎に立ち戻って勉強をしたいときにも，目の前に解決しなければならない技術課題があるときにも，本書を手元において使っていただきたい．

2013年9月

産業技術総合研究所ヒューマンライフテクノロジー研究部門　赤松幹之

編 集 委 員

赤松 幹之（あかまつ もとゆき）　産業技術総合研究所ヒューマンライフテクノロジー研究部門
井野 秀一（いの しゅういち）　産業技術総合研究所ヒューマンライフテクノロジー研究部門
高橋 昭彦（たかはし あきひこ）　産業技術総合研究所ヒューマンライフテクノロジー研究部門
永田 可彦（ながた よしひこ）　産業技術総合研究所ヒューマンライフテクノロジー研究部門
横井 孝志（よこい たかし）　産業技術総合研究所ヒューマンライフテクノロジー研究部門
吉岡 松太郎（よしおか まつたろう）　産業技術総合研究所ヒューマンライフテクノロジー研究部門

執筆者 （＊は編集委員）

明石 淳子	前 大阪体育大学短期大学部
＊赤松 幹之	産業技術総合研究所ヒューマンライフテクノロジー研究部門
秋元 昭臣	株式会社ラクスマリーナ
安積 欣志	産業技術総合研究所健康工学研究部門
朝田 隆	筑波大学医学医療系
東 忠宏	前 大阪府立産業技術総合研究所
阿部 薫	新潟医療福祉大学医療技術学部
飯塚 潤一	筑波技術大学障害者高等教育研究支援センター障害者支援研究部
石渡 利奈	国立障害者リハビリテーションセンター研究所福祉機器開発部
伊藤 和幸	国立障害者リハビリテーションセンター研究所福祉機器開発部
伊藤 啓	東京大学分子細胞生物学研究所
伊藤 納奈	産業技術総合研究所ヒューマンライフテクノロジー研究部門
＊井野 秀一	産業技術総合研究所ヒューマンライフテクノロジー研究部門
井上 薫	首都大学東京大学院人間健康科学研究科
井上 剛伸	国立障害者リハビリテーションセンター研究所福祉機器開発部
猪原 健	敬崇会猪原歯科医院
岩木 直	産業技術総合研究所ヒューマンライフテクノロジー研究部門
岩月 徹	産業技術総合研究所ヒューマンライフテクノロジー研究部門
上見 憲弘	大分大学工学部
氏家 弘裕	産業技術総合研究所ヒューマンライフテクノロジー研究部門
梅村 浩之	産業技術総合研究所健康工学研究部門
浦野 宣昭	榎本金属株式会社営業部
遠藤 博史	産業技術総合研究所ヒューマンライフテクノロジー研究部門
大須賀 美恵子	大阪工業大学工学部
岡崎 義光	産業技術総合研究所ヒューマンライフテクノロジー研究部門
奥田 ひとみ	「大人の暮らし方」総合研究所
小山 博史	東京大学大学院医学系研究科
甲斐 一郎	東京大学名誉教授
甲斐田 幸佐	産業技術総合研究所ヒューマンライフテクノロジー研究部門

執筆者

梶谷　　勇	産業技術総合研究所知能システム研究部門
加藤　　龍	電気通信大学大学院情報理工学研究科
金子　秀和	産業技術総合研究所ヒューマンライフテクノロジー研究部門
鴨下　賢一	静岡県立病院機構県立こども病院
苅田　知則	愛媛大学教育学部
木村　公久	岐阜県生活技術研究所
窪田　　進	有限会社デザインサポートオフィス
熊田　孝恒	京都大学大学院情報学研究科
倉片　憲治	産業技術総合研究所ヒューマンライフテクノロジー研究部門
河野　純大	筑波技術大学産業技術学部
小早川　達	産業技術総合研究所ヒューマンライフテクノロジー研究部門
小峰　秀彦	産業技術総合研究所ヒューマンライフテクノロジー研究部門
坂本　　隆	産業技術総合研究所ヒューマンライフテクノロジー研究部門
相良　二朗	神戸芸術工科大学デザイン学部
佐川　　賢	日本女子大学家政学部
佐藤　敏美	有限会社メカテックス
佐藤　稔久	産業技術総合研究所ヒューマンライフテクノロジー研究部門
佐藤　　洋	産業技術総合研究所ヒューマンライフテクノロジー研究部門
佐藤　　満	昭和大学保健医療学部
渋屋　康則	国立障害者リハビリテーションセンター病院リハビリテーション部
島田　茂伸	東京都立産業技術研究センター開発本部開発第一部
白石　英樹	茨城県立医療大学保健医療学部
白澤　麻弓	筑波技術大学障害者高等教育研究支援センター
菅原　　順	産業技術総合研究所ヒューマンライフテクノロジー研究部門
首藤　　貴	西条市民病院整形外科
隅田　由香	東京医科歯科大学大学院顎顔面補綴学分野
関　　喜一	産業技術総合研究所ヒューマンライフテクノロジー研究部門
関根　千佳	株式会社ユーディット
十河　ヒロ子	徳武産業株式会社
*髙橋　昭彦	産業技術総合研究所ヒューマンライフテクノロジー研究部門
竹内　伸太郎	国立病院機構八雲病院臨床研究部
多々良　哲也	静岡県工業技術研究所ユニバーサルデザイン科
田中　　理	横浜市総合リハビリテーションセンター
田中　眞二	積水ハウス株式会社総合住宅研究所

執筆者

田中 孝之	北海道大学大学院情報科学研究科
谷口 尚	東京医科歯科大学大学院顎顔面補綴学分野
田村 俊世	大阪電気通信大学医療福祉工学部
多屋 淑子	日本女子大学家政学部・大学院人間生活学研究科
都築 和代	産業技術総合研究所ヒューマンライフテクノロジー研究部門
土井 幸輝	国立特別支援教育総合研究所教育情報部
永井 聖剛	産業技術総合研究所ヒューマンライフテクノロジー研究部門
中川 誠司	産業技術総合研究所健康工学研究部門
中島 康博	北海道立総合研究機構産業技術研究本部工業試験場製品技術部
中瀬 浩一	大阪市立聴覚特別支援学校
*永田 可彦	産業技術総合研究所ヒューマンライフテクノロジー研究部門
中邑 賢龍	東京大学先端科学技術研究センター
中村 達弘	電気通信大学大学院情報理工学研究科
中村 則雄	産業技術総合研究所ヒューマンライフテクノロジー研究部門
生田目 美紀	筑波技術大学産業技術学部
新里 浩司	埼玉県都市整備部
布川 清彦	東京国際大学人間社会学部
橋場 参生	北海道立総合研究機構産業技術研究本部工業試験場情報システム部
長谷川 良平	産業技術総合研究所ヒューマンライフテクノロジー研究部門
畠中 順子	人間生活工学研究センター
半田 隆志	埼玉県産業技術総合センター技術支援室
肥後 範行	産業技術総合研究所ヒューマンライフテクノロジー研究部門
日高 紀久江	筑波大学医学医療系
廣瀬 秀行	国立障害者リハビリテーションセンター研究所福祉機器開発部
福谷 栄二	大放レントゲン
藤崎 和香	産業技術総合研究所ヒューマンライフテクノロジー研究部門
藤原 勝夫	金沢大学医薬保健研究域医学系
布施 泰史	宮崎県工業技術センター機械電子部
星川 安之	共用品推進機構
本間 敬子	産業技術総合研究所知能システム研究部門
松浦 光秋	有限会社メリックプロダクト
松田 靖史	川村義肢株式会社技術推進部
松本 吉央	産業技術総合研究所知能システム研究部門
丸石 正治	県立広島大学保健福祉学部

執筆者

水野　　康	東北福祉大学子ども科学部
光野　有次	有限会社でく工房
水戸部一孝	秋田大学大学院工学資源学研究科
宮川　成門	岐阜県生活技術研究所
宮地　秀行	横浜市総合リハビリテーションセンター地域リハビリテーション部
宮脇　和人	秋田工業高等専門学校機械工学科
三好　茂樹	筑波技術大学障害者高等教育研究支援センター
椋代　　弘	岡山県工業技術センタープロジェクト推進担当
持丸　正明	産業技術総合研究所デジタルヒューマン工学研究センター
森　　郁惠	産業技術総合研究所ヒューマンライフテクノロジー研究部門
森下壮一郎	電気通信大学大学院情報理工学研究科
山下　和彦	東京医療保健大学医療保健学部
山下　樹里	産業技術総合研究所ヒューマンライフテクノロジー研究部門
尹　　祐根	産業技術総合研究所知能システム研究部門
*横井　孝志	産業技術総合研究所ヒューマンライフテクノロジー研究部門
横井　浩史	電気通信大学大学院情報理工学研究科
*吉岡松太郎	産業技術総合研究所ヒューマンライフテクノロジー研究部門
吉田　直樹	リハビリテーション科学総合研究所
吉野　公三	産業技術総合研究所健康工学研究部門
和田　親宗	九州工業大学大学院生命体工学研究科
和田　　太	産業医科大学リハビリテーション医学講座
渡邉　高志	東北大学大学院医工学研究科
渡辺　哲也	新潟大学工学部
渡邊　　洋	産業技術総合研究所健康工学研究部門

（五十音順）

目　　次

基礎編

1. 健康と福祉にかかわるヒトの身体特性……………………………………………… 1
　1.1　循環器系……………………………………………〔小峰秀彦・菅原　順〕… 2
　1.2　運動器系………………………………〔菅原　順・岡崎義光・小峰秀彦〕… 8
　1.3　感覚器系……………………………………………………………………… 12
　　1.3.1　視　覚………………………………………〔氏家弘裕・伊藤納奈〕… 12
　　1.3.2　聴　覚………………………………………〔倉片憲治・佐藤　洋〕… 25
　　1.3.3　触　覚………………………………………………〔井野秀一〕… 29
　　1.3.4　力　覚………………………………………………〔中村則雄〕… 35
　　1.3.5　温冷覚と温冷感・快適感……………………………〔都築和代〕… 44
　　1.3.6　味覚・嗅覚…………………………………………〔小早川　達〕… 48
　　1.3.7　平衡機能……………………………………………〔横井孝志〕… 53
　　1.3.8　異種感覚統合………………………………………〔藤崎和香〕… 56
　1.4　感覚運動統合系………………………………………〔遠藤博史・山下樹里〕… 62
　1.5　歩行系（下肢）………………………………………〔持丸正明・阿部　薫〕… 66
　1.6　把持系（上肢）………………………………………〔吉田直樹・白石英樹〕… 72
　1.7　姿勢系………………………………………………………〔藤原勝夫〕… 78
　1.8　発語系／言語系……………………………………………………………… 84
　　1.8.1　発語・嚥下系………………………〔隅田由香・猪原　健・谷口　尚〕… 84
　　1.8.2　言語系（失語症など）………………………………〔渋屋康則〕… 95
　1.9　認知系／神経系……………………………………………………………… 101
　　1.9.1　認知情報処理………………………………〔永井聖剛・熊田孝恒〕… 101
　　1.9.2　神経系………………………………………………〔岩木　直〕… 105
　　1.9.3　精神（メンタル）系…………………………………〔朝田　隆〕… 108
　　1.9.4　睡　眠………………………………………………〔甲斐田幸佐〕… 113
　　1.9.5　ニューロリハビリテーション………………〔肥後範行・金子秀和〕… 120
　1.10　健康と福祉のための臨床学の諸領域……………………………………… 125
　　1.10.1　リハビリテーション医学…………………………〔丸石正治〕… 125
　　1.10.2　理学療法学…………………………………………〔佐藤　満〕… 129
　　1.10.3　作業療法学…………………………………………〔井上　薫〕… 134
　　1.10.4　言語聴覚療法学……………………………………〔中瀬浩一〕… 139

1.10.5　看護学 ……………………………………………………〔竹内伸太郎〕… 145
　　1.10.6　介護学 ……………………………………………………〔日高紀久江〕… 150

2. 日常生活のサポート技術 …………………………………………………………… 155
　2.1　ウェルネス（健康）技術 ……………………………………………………… 156
　　2.1.1　健康管理・フィットネス …………………………………〔横井孝志〕… 156
　　2.1.2　環境デザイン ……………………………………〔都築和代・森　郁惠〕… 160
　　2.1.3　被服による生活支援 ………………………………………〔多屋淑子〕… 165
　　2.1.4　睡眠改善 ……………………………………………………〔水野　康〕… 169
　　2.1.5　転倒予防 …………………………………………………〔山下和彦〕… 175
　　2.1.6　障害者スポーツ …………………………………〔田中　理・宮地秀行〕… 181
　2.2　移動支援 ………………………………………………………………………… 188
　　2.2.1　運動機能 ……………………………………………………〔井上剛伸〕… 188
　　2.2.2　感覚機能 …………………………………〔関　喜一・布川清彦・土井幸輝〕… 194
　　2.2.3　福祉車両 ……………………………………〔高橋昭彦・岩月　徹・佐藤稔久〕… 198
　　2.2.4　リハビリテーションロボット ……………………………〔和田　太〕… 207
　　2.2.5　FES（機能的電気刺激） ……………………………………〔渡邉高志〕… 213
　　2.2.6　義肢（義手・義足） ………〔横井浩史・加藤　龍・中村達弘・森下壮一郎〕… 218
　2.3　コミュニケーション支援 ……………………………………………………… 226
　　2.3.1　情報保障（音声字幕） ………〔三好茂樹・白澤麻弓・河野純大・井野秀一〕… 226
　　2.3.2　発声機能補助 ………………………………………………〔上見憲弘〕… 231
　　2.3.3　補聴器 ………………………………………………………〔中川誠司〕… 237
　　2.3.4　BMIによる意思伝達支援 …………………………………〔長谷川良平〕… 242
　　2.3.5　タクタイルエイド …………………………………………〔和田親宗〕… 248
　　2.3.6　筋神経系難病支援 …………………………………………〔伊藤和幸〕… 251
　　2.3.7　発達障害支援 ………………………………………………〔渡辺哲也〕… 256
　　2.3.8　知的障害支援 ………………………………………………〔苅田知則〕… 261
　　2.3.9　精神障害支援 ………………………………………………〔熊田孝恒〕… 266
　2.4　介護（看護）支援 ……………………………………………………………… 270
　　2.4.1　移乗・入浴・食事などの介助支援・ロボット技術
　　　　　　　　　　　　　　　　　　　　　………〔本間敬子・尹　祐根・梶谷　勇〕… 270
　　2.4.2　褥瘡予防とシーティング …………………………………〔廣瀬秀行〕… 275
　　2.4.3　高齢者支援 …………………………………………………〔石渡利奈〕… 281
　　2.4.4　パワーアシストスーツ ……………………………………〔田中孝之〕… 287
　　2.4.5　生活見守り技術 ……………………………………………〔田村俊世〕… 292
　2.5　社会参加支援 …………………………………………………………………… 297
　　2.5.1　就学・就労支援 ……………………………………………〔中邑賢龍〕… 297
　　2.5.2　高齢者の交通事故防止 ……………………………………〔水戸部一孝〕… 302
　　2.5.3　遊びリテーション …………………………………………〔大須賀美恵子〕… 308

目　次

- 2.6 製品デザイン ………………………………………………………………………… 313
  - 2.6.1 アクセシビリティ …………………………………………〔星川安之・倉片憲治〕… 313
  - 2.6.2 バリアフリー ……………………………………………………〔光野有次〕… 318
  - 2.6.3 ユニバーサルデザイン …………………………………………〔関根千佳〕… 327
  - 2.6.4 ジェロンテクノロジー …………………………………〔佐川　賢・梅村浩之〕… 333
  - 2.6.5 情報機器およびソフトウェア …………………………………………………… 338
    - 2.6.5.1 視覚障害者向け …………………………………………〔飯塚潤一〕… 338
    - 2.6.5.2 色覚障害者向け ……………………………………………〔坂本　隆〕… 343
    - 2.6.5.3 聴覚障害者向け …………………………………………〔生田目美紀〕… 348
  - 2.6.6 サイン・標識 …………………………………………………〔伊藤納奈〕… 351
  - 2.6.7 住　宅 ………………………………………………………………〔田中眞二〕… 354
  - 2.6.8 福祉用具の安全 ……………………………………………………〔高橋昭彦〕… 357
- 2.7 要素技術 ………………………………………………………………………………… 364
  - 2.7.1 センシング ……………………………………………〔永田可彦・吉野公三〕… 364
  - 2.7.2 アクチュエータ ………………………………………〔安積欣志・井野秀一〕… 369
  - 2.7.3 バーチャルリアリティ ………………………〔氏家弘裕・梅村浩之・渡邊　洋〕… 376
  - 2.7.4 ロボティクス ……………………………………………〔松本吉央・梶谷　勇〕… 381

実践編

3. 福祉機器開発の実践例 ……………………………………………………………………… 391

- 3.1 総　論 ……………………………………………………………………〔高橋昭彦〕… 392
- 3.2 片手操作式歩行器の開発 ………………………………………………〔布施泰史〕… 395
- 3.3 高齢者の姿勢と日常生活動作を考慮した介助用車いすの開発 ………〔松田靖史〕… 399
- 3.4 ISO16840に準拠した座位姿勢計測機器の開発，座位姿勢計測セミナーの開催
   ……………………………………………………………………………〔半田隆志〕… 402
- 3.5 金属探知機に反応しない竹フレーム非金属車いす ……………………〔岩月　徹〕… 405
- 3.6 移乗用介護リフトの開発 ………………………………………………〔椋代　弘〕… 409
- 3.7 小型軽量なトランスファスツールの開発 ……………………………〔中島康博〕… 413
- 3.8 リハビリ用低負荷訓練器の開発と普及活動 …………………〔奥田ひとみ・首藤　貴〕… 417
- 3.9 電気式人工喉頭 …………………………………………………………〔橋場参生〕… 420
- 3.10 インタラクティブ型触覚装置 …………………………………………〔島田茂伸〕… 424
- 3.11 カラーユニバーサルデザインと防災・気象情報 ……………………〔伊藤　啓〕… 428
- 3.12 サウンドテーブルテニス用ラケットの開発 …………………………〔新里浩司〕… 432
- 3.13 障がい児の発達成長を促す木製玩具の開発 ………………〔宮川成門・木村公久〕… 435
- 3.14 シリコンゴム製自立補助具の開発 ………………………〔多々良哲也・鴨下賢一〕… 439
- 3.15 寝たきり，および下肢障害者用ノートパソコンの取り付け自在アームの開発
   ……………………………………………………………………………〔福谷栄二〕… 443
- 3.16 腕動作支援装置（アームバランサー）の開発事例 ………〔宮脇和人・佐藤敏美〕… 446

- 3.17 布製靴下すべりほかの製品開発・改良……………………〔明石淳子・東 忠宏〕…451
- 3.18 高齢者，障害者用自立促進シューズ……………………………〔十河ヒロ子〕…455
- 3.19 多機能で簡素な下向き動作補助手摺棒装架腰掛……………〔窪田 進・浦野宣昭〕…459
- 3.20 障害を持つ子ども用チャイルドシートの開発事例………………〔松浦光秋〕…463
- 3.21 ホテルにおけるバリアフリーの取組み例と課題…………………〔秋元昭臣〕…467

4. 健康・福祉サービスに関連する社会制度……………………………………473
- 4.1 社会老年学と保健福祉施策…………………………………………474
  - 4.1.1 超高齢化社会と工学への期待（老年学の立場から）……………〔甲斐一郎〕…474
  - 4.1.2 保健福祉施策………………………………………………〔小山博史〕…475
- 4.2 まちづくり……………………………………………………………〔相良二朗〕…482
- 4.3 機器開発支援制度と身体特性データベース……………………………487
  - 4.3.1 福祉機器開発支援制度………………………………………〔吉岡松太郎〕…487
  - 4.3.2 人間特性にかかわるデータベース……………………………〔畠中順子〕…492

索　　引…………………………………………………………………………499

基礎編

1

健康と福祉にかかわるヒトの身体特性

1.1 循環器系

心臓から出た血液は血管を通って，脳，筋肉，骨，内臓など全身のあらゆる器官，組織，および細胞に酸素や栄養を供給し，不要となった代謝産物（二酸化炭素など）を運び去る．これにより，細胞は維持され，器官や組織は正常な機能を保ち，生命維持が可能となる．このため，常に一定の血液量を全身に供給することが生命維持には不可欠であり，ヒトはそのための仕組みを備えている．しかしながら，血液量を一定に調節するだけでは，日常生活で生じる運動，姿勢変換，情動などに対応できず，不都合が生じる．たとえば，体を動かして運動するとき，運動する筋肉に対しては，より多くの血液（酸素）を供給し，内臓など運動に必要ない部位への血液供給は制限する必要がある．ここでは，日常生活で生じるさまざまな環境変化に対して，心臓や血管がどのように調節されているか，そのような循環調節が加齢や運動習慣に伴ってどのように変化するか，ということを中心に述べる．

a. 循環調節の概説

心臓や血管の調節は，①神経性，②体液性，および③局所性の三つの調節に大きく分類できる（図1.1.1A）．

神経性調節は自律神経（交感神経と迷走神経）によって行われ，比較的短時間，短期間の調節に有効である．神経性調節を構成するのは，末梢受容器（血圧受容器など），末梢受容器からの求心性情報を伝達する神経，求心性情報を処理・統合する脳循環中枢，循環中枢からの遠心性情報を伝達する自律神経（交感神経と迷走神経），および効果器として調節のターゲットとなる心臓や血管である．末梢受容器からの情報に基づく調節以外に，高位脳中枢から延髄などの脳循環中枢への神経入力によるフィードフォワード調節も存在する．これら**神経性循環調節**の中枢としては，心臓血管運動の中枢である延髄が重要である．そのほかに視床下部や脊髄，大脳皮質も循環調節に関与する．

体液性調節は，内分泌ホルモンなど（アドレナリン，アンギオテンシン，バゾプレッシンなど）が，血液中を循環して心臓や血管に影響することで行われる．神経性調節が短期的な調節を行うのに対して，体液性調節は，より中長期的な調節を行う．自律神経による神経性調節は素早く調節できる長所があるものの，血液量の減少など慢性的な変化には対応しきれないので，体液性調節がその役割を担う．

局所性調節とは，臓器や組織の局所で必要に応じて行われる血流調節のことである．たとえば，組織から産出された代謝物質は，血管に作用して血管拡張を引き起こす．この仕組みによって，活動が盛んな組織に血液を供給することができる．このような代謝物質に

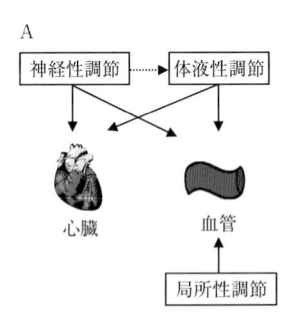

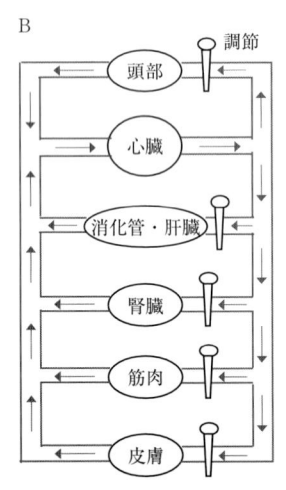

図1.1.1 心臓および血管の調節
A：心臓・血管の調節要因．心臓や血管の調節は，主に神経性調節，体液性調節，局所性調節によって行われる．これらの調節は，必要に応じて切り替わり，また相互に補いながら日常生活で生じるさまざまな環境変化に対応する．B：循環ネットワーク．心臓から血液供給される器官や組織は並列回路で配置され，それぞれ個別の血液量調節ができる仕組みになっている．

よる血流調節以外に，自己調節と呼ばれる血管の調節機能がある．これは，脳や腎臓など一部の血管でみられる機能で，血管平滑筋の性質によって血圧が上昇すると血管が収縮し，逆に血圧が低下すると血管が拡張する．この機能によって過度な血圧上昇や下降から臓器を保護することができる．

上述した三つの調節は，必要に応じて切り替わり，また相互に補いながら日常生活で生じるさまざまな環境変化に対応する．また，循環調節は各臓器に対して必ずしも一様に行われるわけではなく，ある部位への血流供給を増やす一方で，別の部位への血流を制限する，といった調節が行われる．血液の供給元は心臓一つしかないにもかかわらず，このような個別調節が可能となるのは，心臓と各臓器・組織が血管を通して並列回路で結ばれているからである（図1.1.1B）．体内を循環する血液量はほぼ一定なので（成人で約5 L），このような個別調節を行うことによって効率よく血液を供給することができる．

b. 運動や身体活動時の循環調節

次に，日常生活で生じる循環調節について具体的にみてみよう．はじめに，身体を動かすとき，運動をするときの循環調節について述べる．

運動時に必要な循環調節は，運動する筋肉に酸素を供給することである．そのために，血液供給ポンプである心臓の働きを高めると同時に運動筋への血管を拡張し，運動に不必要な部位の血管を収縮させる必要がある．

このときに働く神経性調節は主に二つの要因からなる．一つは，高位脳中枢から延髄循環中枢への神経入力で，延髄循環中枢から自律神経を介して心臓の興奮性を高めると同時に，内臓や非運動筋血管を収縮させて血圧を上げる．この調節は**セントラルコマンド**と呼ばれ，心臓や血管をフィードフォワード制御する（小峰，2010）（図1.1.2）．セントラルコマンドは，見込み制御，あるいは予測制御的な機能を持ち，とりわけ運動開始時に重要な役割を果たすと考えられる．もう一つの神経性調節は，運動筋から延髄循環中枢への求心性神経入力で，循環中枢から自律神経を介して心臓および血管を制御する．運動に伴う骨格筋の伸張や，筋からの代謝物質を感知して延髄循環中枢に情報を伝

えるもので，それぞれ**筋機械受容器反射**，**筋代謝受容器反射**と呼ばれ，両者を総称して **Exercise pressor reflex** とも呼ばれる（Kaufman et al., 1983）（図1.1.2）．筋機械受容器反射や筋代謝受容器反射は，運動に伴う筋活動を反映して心臓や血管をフィードバック調節する．

セントラルコマンド，筋機械受容器反射，および筋代謝受容器反射は，心臓や血管を支配する脳循環中枢に直接作用するだけでなく，動脈血圧反射の特性を変えることが最近の研究で明らかになってきた（Komine et al., 2003；Potts, Mitchell, 1998）．動脈血圧反射は血圧を一定に保つための反射で，血圧が上昇すると心拍数を低下させると同時に血管を拡張させて血圧をもとに戻す．運動中に血圧反射が働くと，上昇した血圧を低下させる方向に作用してしまい，運動筋に多くの血液を供給するための障害となる．このため，運動中は血圧が上昇しても下がらないよう，その仕組みを変化させていると考えられる．

神経性調節だけでなく，体液性調節も運動時の循環応答に関与する．運動時の体液性調節として重要なのは，アドレナリンである．アドレナリンは，副腎を支配する交感神経活動の増加に伴い，副腎髄質から放出される．放出されたアドレナリンは，血液循環を介して心臓のβアドレナリン受容体と結合し，心臓の興奮性を高める．

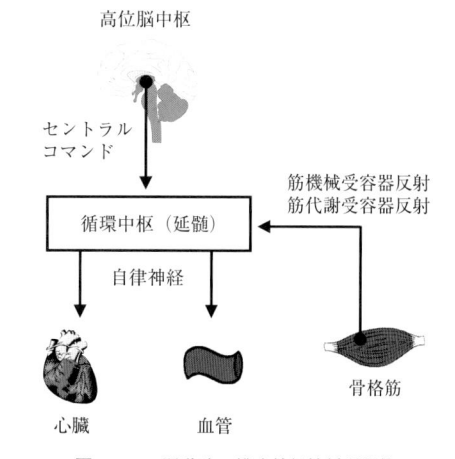

図1.1.2 運動時に働く神経性循環調節
運動時の神経性循環調節は，高位脳中枢からの神経入力（セントラルコマンド）と運動筋からの反射性神経入力（筋機械受容器反射，筋代謝受容器反射）によってつくりだされる．セントラルコマンドはフィードフォワード制御として，筋機械受容器反射・筋代謝受容器反射はフィードバック制御として機能する．

局所性循環調節としては骨格筋の代謝物質が重要である．運動時，骨格筋の収縮に伴って乳酸，アデノシン，カリウムイオンなどの代謝物質が骨格筋内で増加する．これらの物質は骨格筋内の血管に作用して血管拡張を起こす作用があり，運動筋の血流増加に貢献すると考えられる．

運動時の循環調節をまとめると，高位脳中枢からの神経入力（セントラルコマンド）と運動筋からの反射性神経入力（筋機械受容器反射，筋代謝受容器反射）が心臓の興奮性を高めると同時に内臓など運動に不必要な部位の血管収縮を起こす．副腎髄質から放出されたアドレナリンも心臓興奮性を高めるために働く．運動筋内の血管は筋収縮によって放出された代謝物質によって血管拡張を生じる．

c. 姿勢変化時の循環調節

姿勢変化に伴う循環調節を考えるうえで重要な視点は重力の影響である．血液にも重さがあるために，心臓より下部に位置する血管は重力による静水圧が上昇し，心臓より上部に位置する血管では静水圧が低下する．姿勢変化時は，静水圧の変化に伴う心循環変化と，その変化を補うための調節が働く．

まず，姿勢変化時の血液移動と静水圧を考えてみる．仰臥位から立ち上がったとき，下肢の血管には重力による静水圧がかかる．静脈壁は柔らかく伸展性があるため，血液が下肢に貯留して心臓に戻りにくい状況が生じる．静脈から心臓に戻る血液量の減少は，心臓の収縮力に影響する．心臓の収縮力は，心臓の筋肉の伸展度に比例する性質（フランク-スターリングの法則）があり，静脈から心臓への血液還流量が減少すると心臓の筋肉が十分に伸展されず心臓の収縮が弱くなるからである．一方，心臓より高い位置にある脳や頸部の血管では，仰臥位から立ち上がると静水圧が低下する．心臓の収縮力低下に加えて脳血管の静水圧が低下するので，この状態が続けば脳に十分な血液を供給できず，めまいや失神を引き起こす（図1.1.3）．

このような状況にならないために，姿勢変化時に機能する調節機構として存在するのが，**動脈血圧反射**と**心肺圧受容器反射**である．動脈血圧反射は血圧変化を感知して血圧を一定に保つための反射で，その受容器は大動脈弓および頸動脈洞に存在する．立位では，これらの受容器が存在する血管は心臓よりも上に位置するので，血管への静水圧は低下する．そのため，血圧が低下したという情報が動脈血圧反射受容器から脳循環中枢へ伝わり，心臓交感神経活動の増加，心臓迷走神経活動の低下，および末梢血管を支配する交感神経活動の増加が起こる．その結果，心拍出量は増加，末梢血管は収縮して動脈血圧は維持される．

一方，心肺圧受容器反射は，主に血液量の変化を感知して血液量を一定に保つための反射で，その受容器は心臓および肺に存在する．仰臥位から立位への姿勢変化時，全身の血液量は変化しないが，静脈から心臓への血液循環量が減少する．そのため，心肺圧受容器反射が働いて心臓交感神経活動および末梢血管を支配する交感神経活動が増加し，心拍出量の増加と末梢血管の収縮が起こり血圧維持に貢献する．

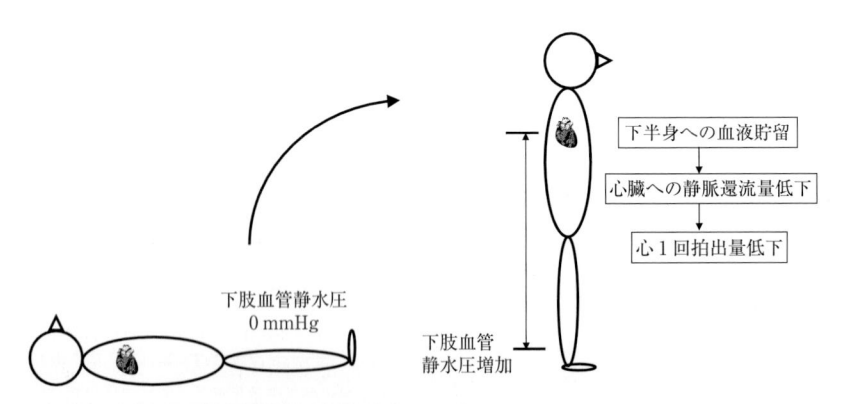

図1.1.3 姿勢変化時の下半身静水圧の変化
仰臥位では心臓と下半身の高さは変わらないので，下肢血管の静水圧はほぼ0 mmHg．仰臥位から立位になると，重力の影響によって下肢血管の静水圧は増加する．その結果，下肢へ血液が貯留し，心臓への静脈還流量が低下する．心臓への静脈還流量低下は心臓の収縮力低下を引き起こす．

以上をまとめると、姿勢変化時は重力の影響による静水圧と血液分布が変化する結果、心臓収縮力の低下や血圧低下が生じるが、動脈血圧反射や心肺圧受容器反射による調節がその変化を補う.

d. 入浴時の循環調節

入浴時の循環調節に影響を与える主な要因は、浴槽から受ける水圧、姿勢変化（静水圧変化）、および温熱（お湯の温度）である。浴槽の外では、前述のとおり、心臓より低い位置にある血管は重力の影響で血液が貯留しやすい。しかしながら、浴槽内では体表面にかかる水圧と重力による静水圧が拮抗するので、下半身への血液貯留が防がれる。その結果、静脈から心臓への血液還流量が増加するので心臓収縮力が増す。つまり、心臓へかかる負担を軽減することにつながる。ただし、これは水位が横隔膜あたりの場合で、水位が高くなると逆に心臓への負担は増加する。たとえば、首までお湯に使った場合、水圧によって下肢の血液だけでなく、上肢、内臓の血液が胸腔へ移動する。その結果、心臓後負荷が増大して心臓へかかる負担が増える。わかりやすくするために、立位で水中に入ったときの全身の血圧分布変化を模式的に図1.1.4に示す.

一方、浴槽内の温度も循環調節に影響する。このとき、体温調節の役割を担う皮膚血管の応答は重要である。暑いお湯に入浴すると、体温上昇を防ぐために皮膚血管が拡張する。これは、皮膚の血管を拡張することで発汗や放熱を促し、上昇した体温を下げようとする体温調節反応である。皮膚血管の拡張応答は体温調節として重要であるが、浴槽から出るときには注意が必要である。浴槽から立ち上がると、重力変化に加えて、水圧の影響もなくなるので、下半身へ血液が急激にシフトする。このとき、皮膚血管が拡張していると下半身への血液シフトを加速させて起立性低血圧が起こり、脳虚血や失神発作を起こす危険がある.

以上をまとめると、心臓が弱っている人や高齢者はお湯の水面は腰の近辺までにし、お湯の温度はあまり高くせずに過度な皮膚血管拡張を防ぐことが必要である。また、浴槽から出るときに注意を払う必要がある.

e. 加齢の影響

加齢とともに身体機能はさまざまな変化を生じる。これは循環機能も例外ではない。上述した日常生活でみられる循環調節も加齢に伴って変化する.

運動時の循環調節については、心臓、血管、およびそれらの調節機能で加齢変化がみられる。血液供給のポンプ機能を担う心臓からみてみよう。運動時の最大心拍数は加齢に伴って低下し、一般に

$$最大心拍数 = 220 - 年齢$$

が目安とされている。また、最大負荷運動時の心拍出量（心臓から拍出される血液量）についても、高齢者は若年者と比べて減弱する（Lakatta, 1995）。運動時の心拍数や心拍出量が加齢とともに低下する原因は不

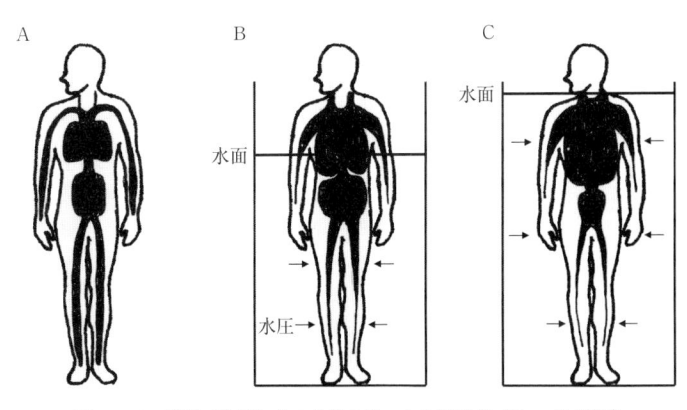

図1.1.4 浴槽（水槽）内の水位の違いと血液分布（Rowell, 1993）
A：立位時浴槽（水槽）外での血液分布。重力の影響で血液は心臓より下方に位置する下肢などに貯留する。B：浴槽内では体表面にかかる水圧と重力による静水圧が拮抗するので、下半身への血液貯留が防がれる。C：水面が首の高さになると、水圧によって下肢の血液だけでなく、上肢、内臓の血液が胸腔へ移動する.

明だが，交感神経末端から放出されるノルアドレナリンや，副腎髄質から放出されるアドレナリンが結合する受容体（β受容体）の感受性低下などが要因として考えられる．実際，β受容体刺激薬であるイソプロテレノールに対する心拍数増加応答は加齢とともに低下する（Seals, Esler, 2000）．一方，運動筋の血流量についても高齢者では若年者よりも増加の程度が小さいことが報告された（Poole et al., 2003）．運動筋の血流量は，運動筋血管床のコンダクタンスと灌流圧の積で与えられる．高齢者の運動時血圧は若年者よりも高くなる（活動筋血管への灌流圧が高くなる）にもかかわらず，活動筋への血流増加が小さくなるという結果は，運動筋の血管コンダクタンス低下を意味しており，血管拡張応答が減弱していることを示唆する．

姿勢変化時の循環応答に重要な役割を果たす動脈血圧反射や心肺圧受容器反射も加齢とともに変化する．フェニレフリン（昇圧薬）およびニトロプルシド（降圧薬）投与時の血圧変化に対する心拍応答（動脈血圧反射感受性）を若年者と高齢者で比較したところ，高齢者は動脈血圧反射感受性が低下していた（図1.1.5A）（Gribbin et al., 1971）．また，姿勢変化時の血液シフトを模擬した下肢陰圧負荷装置（下肢への血液シフトを起こす装置）に対する応答を若年者と高齢者で比較したところ，下肢陰圧負荷に伴う中心静脈圧変化に対する心拍数および血圧応答は，高齢者で減弱した（図1.1.5B）（Cleroux et al., 1989）．これらの結果は，姿勢変化時の循環調節が加齢に伴って低下することを示唆しており，高齢者が起き上がるときや入浴時に浴槽から出るときに注意が必要である．

f. 運動習慣の影響

運動習慣は循環調節にさまざまな変化をもたらす．近年，健康維持増進を目的として，若年者から中高齢者に至るまで習慣的に運動を実施する人々が増えている．そこで，日常生活時の循環応答に重要な役割を果たす**動脈血圧反射**と**心肺圧受容器反射**を中心に，運動習慣の影響をみてみる．

動脈血圧反射感受性が加齢とともに低下することは前述のとおりだが，持久的運動習慣は加齢に伴う動脈血圧反射感受性低下を抑制することが報告されている（Monahan et al., 2001）．動脈血圧反射受容器は，頸動脈洞と大動脈弓に存在して血管の伸展度によって血圧を感知しているため，持久的運動習慣によって動脈壁が柔らかくなることが原因の一つと考えられている（Monahan et al., 2001）．しかし，最近になって持久的運動習慣が神経的な変化によって動脈血圧反射感受性を増大させることが報告された（Komine et al., 2009）．神経的な変化は，血管壁の構造変化など器質的変化よりも早く起こると考えられる．したがって，神経的変化で動脈血圧反射感受性が増大したという結果は，短期間の運動や負荷の軽い運動で効果が現れる可能性を示唆する．これは体力が低下した者などに利

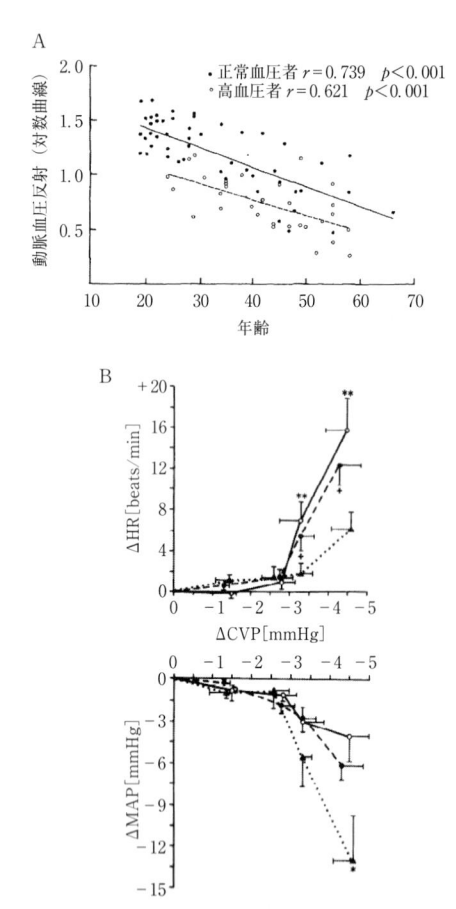

図1.1.5 動脈血圧反射および心肺圧受容器反射の加齢変化
A：加齢に伴う動脈血圧反射の変化．正常血圧者，高血圧者ともに加齢とともに動脈血圧反射感受性は低下する．同じ年齢であれば正常血圧者よりも高血圧者の動脈血圧反射感受性は低い（Gribbin et al., 1971）．B：若年者，中年者，高齢者の心肺圧受容器反射応答．心肺圧受容器反射機能も加齢とともに低下する．その結果，高齢者は中心静脈圧の低下に対して心拍数の上昇が小さく，血圧低下が大きくなる（Cleroux et al., 1989）．HR：心拍数，CVP：中心静脈圧，MAP：平均血圧．

点がある.

　姿勢変化時の重要な調節機構である心肺圧受容器反射についても運動習慣の影響を受ける可能性がある．持久的運動習慣がある者とない者とで下半身陰圧負荷（起立時の重力による下肢への血液シフトを模擬）に対する応答を比較したところ，持久的運動習慣がある者のほうが下肢陰圧負荷に対する耐性が低いという報告がなされた（Levine et al., 1991）．この研究結果に関する議論は続いているが，運動習慣は起立耐性を低下させることを示唆する．運動はやみくもに実施するのではなく，その効果を理解し，目的を明確にして実施することが重要だといえよう．

〔小峰秀彦・菅原　順〕

文　献

Cleroux, J., et al. (1989)：Decreased cardiopulmonary reflexes with aging in normotensive humans. *Am. J. Physiol.*, **257**：H961-H968.

Gribbin, B., et al. (1971)：Effect of age and high blood pressure on baroreflex sensitivity in man. *Circ. Res.*, **29**：424-431.

Kaufman, M. P., et al. (1983)：Effects of static muscular contraction on impulse activity of groups III and IV afferents in cats. *J. Appl. Physiol.*, **55**：105-112.

Komine, H., et al. (2003)：Central command blunts the baroreflex bradycardia to aortic nerve stimulation at the onset of voluntary static exercise in cats. *Am. J. Physiol. Heart Circ. Physiol.*, **285**：H516-H526.

Komine, H., et al. (2009)：Regular endurance exercise in young men increases arterial baroreflex sensitivity through neural alteration of baroreflex arc. *J. Appl. Physiol.*, **106**：1499-1505.

小峰秀彦（2010）：セントラルコマンドと循環調節．運動生理学のニューエビデンス（宮村実晴編），pp. 285-291，真興交易（株）医書出版部

Lakatta, E. G. (1995)：Cardiovascular system. Handbook of Physiology Section 11 Aging（Masoro, E. J., ed.），pp. 413-474, American Physiological Society, New York.

Levine, B. D., et al. (1991)：Physical fitness and cardiovascular regulation：mechanisms of orthostatic intolerance. *J. Appl. Physiol.*, **70**：112-122.

Monahan, K. D., et al. (2001)：Central arterial compliance is associated with age- and habitual exercise-related differences in cardiovagal baroreflex sensitivity. *Circulation*, **104**：1627-1632.

Poole, J. G., et al. (2003)：Vascular and metabolic response to cycle exercise in sedentary humans：effect of age. *Am. J. Physiol. Heart Circ. Physiol.*, **284**：H1251-H1259.

Potts, J. T., Mitchell, J. H. (1998)：Central interaction between the carotid baroreflex and the exercise pressor reflex. *J. Exerc. Sci.*, **8**：1-20.

Rowell, L. B. (1993)：Human Cardiovascular Control, p. 23, Oxford University Press.

Seals. D. R., Esler, M. D. (2000)：Human ageing and the sympathoadrenal system. *J. Physiol.*, **528**, 407-417.

1.2 運動器系

a. 骨格の生理特性と機能

全身の骨の様子を図1.2.1に示す．骨の種類は，図1.2.1のように小さな骨から大きな骨まで200以上存在している．骨の総重量は，10 kg程度で軽く，骨は中空の層板状構造で強い強度を維持できる構造をしている．図1.2.2に骨の層板状構造の例を示す．骨は，基本的には，アパタイトとコラーゲンの層状構造で，図1.2.2に示すような層板状構造をとることで，軽量で多方向からの力に対して高い強度（抵抗）を示す．また，手や足の骨は，両端に比べ中央部が厚く，曲げ強度や圧縮強度に対して強い構造となっている．骨の周囲は筋肉で覆われており，筋肉と骨が組み合わされて動くことで，運動器の機能が維持されている．骨の主な働きとしては，脊椎に代表されるように姿勢の維持，頭蓋骨や肋骨で明らかなように臓器を保護する働き，筋肉と関節の働きで重いものを持ち上げたり，荷重を支える働き，関節の機能維持などがある．骨のなかには，骨をつくる骨芽細胞と骨を壊す破骨細胞があり，その働きのバランスで骨は成長・維持する．

加齢に伴いこの骨成長のバランスが崩れ，骨をつくる骨芽細胞に比べて破骨細胞の働きが増加すると，特に，高齢者に多い**骨粗しょう症**となる．高齢者の骨折の頻発部位を図1.2.3に示す．大腿骨頸部/転子部骨折，橈骨遠位端骨折，上腕骨近位端骨折が多い．図1.2.3 (b) に示したように大腿骨頸部骨折は，50歳の女性

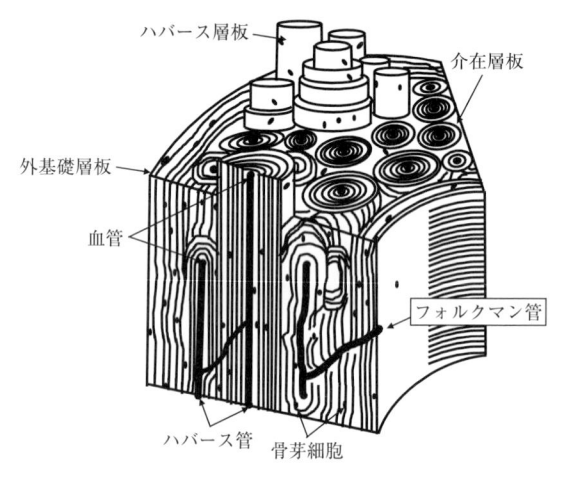

図1.2.2 骨の層板状構造

図1.2.1 骨の種類

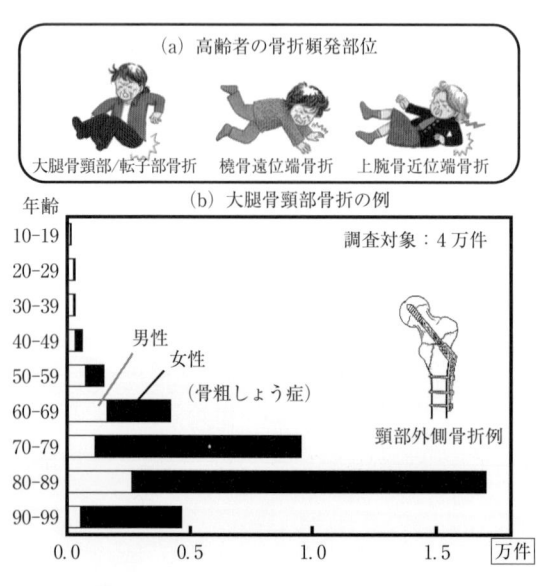

図1.2.3 高齢者の骨折発生部位とその原因

Ⅰ．先天異常
　①骨・関節の先天異常
　②骨・関節の発育異常
　③先天性骨系統疾患
　④代謝性骨疾患など
Ⅱ．外傷
　①骨折（変形治癒など）
　②関節内骨折
Ⅲ．疾病
　関節疾患
　①感染症（重度骨欠損など）
　②関節リウマチ
　③変形性関節症
　④骨粗しょう症など
　⑤その他
Ⅳ．再手術
　①先行する骨切り手術後の再手術
　②人工関節再置換

図 1.2.4　整形インプラントを必要とする症例

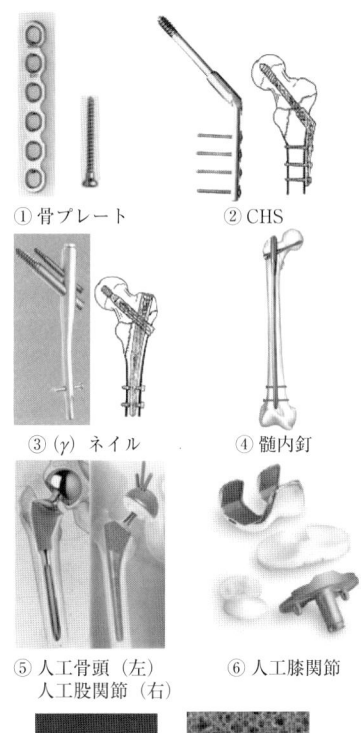

① 骨プレート　　② CHS
③（γ）ネイル　　④ 髄内釘
⑤ 人工骨頭（左）　⑥ 人工膝関節
　　人工股関節（右）
骨補填材

図 1.2.5　整形インプラントの例

人工股関節置換術
（失われた股関節機能を再生）

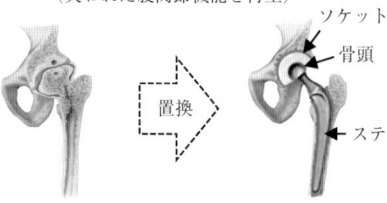

ソケット
骨頭
置換
ステム

・変形性関節症　　　　　　・人工股関節
・大腿骨骨折など

図 1.2.6　人工関節のメリット

で急増している．加齢などの原因で，骨・関節にみられる疾病の症例を図 1.2.4 に示す．骨・関節の機能が失われると日常生活に不便を伴うことが多く，骨接合材料，人工関節などのインプラントを用いた治療が広く行われている．

　整形インプラントの例を図 1.2.5 に示す．整形インプラントの種類は，数千種類存在し，さまざまな骨・関節の治療に使用されている．骨・関節の治療を専門とする整形外科分野では，図 1.2.5①に示すような多くの種類のプレートとねじなどを用いることで，骨折した骨が整復される．図 1.2.5 に示した①〜⑥までの番号と図 1.2.1 の①〜⑥の使用例が対応している．図 1.2.5②の CHS は，大腿骨頸部骨折などに使用され，コンプレッションヒップスクリュー（compression hip screw）の略である．④に示した大腿骨の髄腔内に金属製のロッドを挿入して，骨折を整復する髄内釘や③に示したネイルの使用が増加している．関節リウマチや変形性関節症などにより，失われた関節の機能を維持するためには，人工関節が用いられる．人工関節のなかでは，⑤と⑥に示した股関節と膝関節が日常生活を維持するために重要となる．人工股関節置換術の例を図 1.2.6 に示す．**人工関節**により，関節の激しい痛み（疼痛）がなくなり，関節の機能が再建（再生）できる．これらの整形インプラント製品の多くは，欧米からの輸入品が広く使用され，欧米人の骨格構造に基づいて作製された製品は，東洋人の骨格構造には一致しない症例もあり，日本人の骨格構造に最適な製品の開発が，整形分野の医療現場では求められている．

b.　骨格筋の生理特性

　骨格筋は収縮性を持つ多核細胞である骨格筋線維が

束になって構成されている．さらに骨格筋線維は収縮タンパクであるアクチンやミオシンを含む筋原線維やそれを取り囲む筋小胞体などにより構成される．筋原線維はサルコメアと呼ばれる筋収縮の基本単位を形成し，繰り返し連なっている．筋はミオシン分子とアクチンフィラメントが互いにすべりあうようにして収縮する（すべり説，フィラメント滑走説）．骨格筋は腱を介して骨格と連結し，筋線維が発揮した張力を関節に伝達する役割を担う．

骨格筋線維は収縮特性から主に**遅筋線維**（Type I）と**速筋線維**（Type II）に大別できる．前者は収縮速度が遅く，発揮張力が小さく，疲労しにくい．後者は遅筋線維に比べ収縮速度は3倍速く，発揮張力も大きいが，毛細管やミトコンドリアの数が少ないため，疲労しやすく，回復も遅いという特徴を有する．速筋線維はさらに，Type IIaとType IIbに分けることができ，Type IIaはType IIbよりも疲労耐性が高く，Type IとType IIbの中間型とみることができる．

骨格筋の収縮様式には，関節角度が変化せず力を発揮する**静的収縮**（static contraction）と関節角度が変化する**動的収縮**（dynamic contraction）があり，後者は縮みながら力を発揮する**短縮性収縮**（concentric contraction）と伸ばされながら力を発揮する**伸張性収縮**（eccentric contraction）に分けることができる．静的収縮は，一見，筋の長さが変化していないように見えることから，従来は**等尺性収縮**（isometric contraction）と呼ばれていた．しかし，超音波エコー法による詳細な分析により，等尺性収縮でも筋が短縮し，その一方で腱が伸張することが明らかとなっている．日常生活やスポーツ競技などにおける動作は複数の骨格筋が連携して働く複合関節動作が主体である．このような動作は，各関節にかかわる筋が強調して働くことで，動作をスムーズにし，かつ単一の筋では不可能な大きな力を発揮することが可能になる．複合関節動作における筋機能のメカニズムが詳細になれば，効果的リハビリテーション法，歩行支援装置や生態模倣型ロボットの開発などにつながることが期待できる．

c. 骨格筋に対する加齢の影響

加齢に伴い骨格筋量は減少し，筋機能は低下する（**サルコペニア**）（Melton et al., 2000）．このメカニズムはいまだ明らかでないが，複数の要因が作用し，結果として骨格筋タンパク質の合成と分解の不均衡が生じ，筋タンパク質量の低下が生じると考えられている．老化に伴う筋萎縮に関しては，遅筋線維に比して速筋線維の萎縮が顕著である．また，筋線維数についても速筋線維数の減少が著明であり，速筋線維の選択的減少と，速筋線維から遅筋線維へのタイプ移行によって説明される．また，筋を支配する運動ニューロンについても，筋線維数の減少に対応し加齢に伴い減少することが明らかにされている．このような筋機能の低下は身体活動量を低下させ，それに伴う骨粗しょう症，肥満，インスリン抵抗性などの代謝障害をもたらす．また，転倒や骨折の危険性を高め，寝たきりにつながる可能性もある．それゆえ，高齢者人口の増加が続くわが国にとって，高齢者に対するサルコペニアの予防は急務といえる．

d. 骨格筋に対するエクササイズトレーニングの効果

近年，レジスタンストレーニングにおけるスポーツ・健康科学的意義，予防医学的意義，さらには心臓リハビリテーションなどの臨床的意義などに注目が集まっている．**レジスタンストレーニング**とは，局所あるいは全身の筋群に抵抗負荷を与えることにより，筋力，筋パワー，筋持久力などの骨格筋機能向上を目的としたトレーニング様式である．レジスタンストレーニングを継続的に行うことで，神経系，筋量，筋線維組成などを変化させ，筋力は向上される．筋力の増大はトレーニング開始後，比較的早期から観察されるが，このとき，筋横断面積に有意な変化は認められない．これは，神経系の改善（動員される運動単位数の増加および運動単位における発射頻度の増加）による（Moritani, deVries, 1980）．

トレーニングによって損傷した筋線維はトレーニング後に栄養と休養をとることで修復されるが，この過程で多くのタンパク質が生産され筋原線維が増加し，ひいては筋線維が肥大する．筋損傷を生じると筋の細胞膜間に存在する未分化の幹細胞であるサテライト細胞が活性化し，筋タンパク質の合成が促進される．この応答に対する加齢の影響は小さいことが明らかとなっている（Yarasheski et al., 1993）．すなわち，高

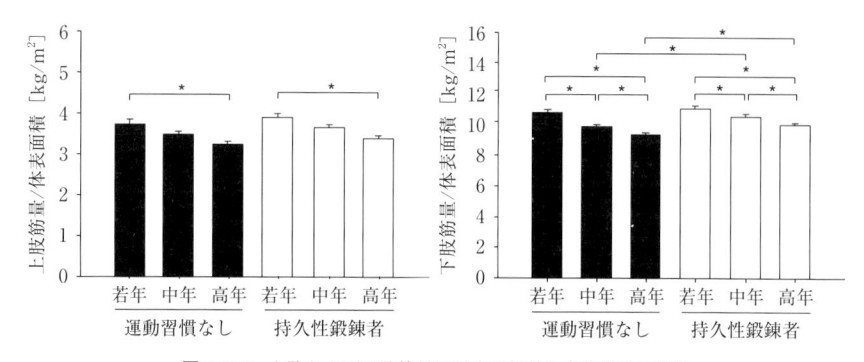

図 1.2.7 上肢および下肢筋量に対する加齢と身体活動の影響
Sugawara et al. (2002) のデータをもとに筆者が作図. *は有意差を示す.

齢者でも若年者と同様に，レジスタンス運動後には筋タンパク質合成能が高まり，筋肥大が起こると考えられる．レジスタンストレーニングによって生じるタンパク質合成速度の増加は運動負荷強度に依存し，タンパク質同化作用を高めるには，加齢にかかわらず最大筋力の60％の強度が必須と考えられている．それゆえ，持久性運動トレーニングを長年継続したとしても，加齢に伴う骨格筋量の低下を抑制することは難しい（図1.2.7）（Sugawara et al., 2002）．ただし，下肢筋量については，運動習慣のない者よりも持久性鍛錬者で高値を示すことから，多少の筋量維持効果はあるといえるかもしれない．また，軽度介護認定やその予備群に当たる虚弱高齢者であれば，自体重やラバーバンドなどを使用した比較的低強度のトレーニング負荷でも，日常生活のなかでの筋機能の維持・改善には十分有効といえる．

e. 骨格筋に対する不活動・宇宙滞在の影響

不活動による筋の顕著な変化としては，筋および筋線維の萎縮があげられる．身近な例としては，骨折などによるギプス固定（immobilization）がある．関節部位が固定されると，筋の伸縮が制限され，筋は萎縮する．また，高齢者などが疾病や転倒による骨折などの外傷によってベッドでの安静を余儀なくされた場合も**筋萎縮**は起きる．さらには，宇宙ステーション開発が進められ，将来的には宇宙での滞在も身近なものとなってくることが予想されるが，短期間の宇宙滞在に伴う無重力暴露でも筋萎縮は起こる．Akima et al. は，10名の健常成人を対象にした20日間のベッドレスト実験で，大腿伸筋群の筋量および横断面積は5.1～8.0％減少したのに対し，下腿屈筋群では9.4～10.3％低下したことを認めた（Akima et al., 1997）．同様の検討を，宇宙にそれぞれ9～16日間滞在した宇宙飛行士3名を対象に行ったところ，大腿伸筋群で5.5～15.4％の筋量減少，下腿屈筋群で8.8～15.9％の筋量減少を確認した（Akima et al., 2000）．以上より，2週間程度の宇宙滞在によっても筋萎縮は生じるが，その程度には個人差があることが確認された．また，前述の20日間のベッドレストの研究との比較により，宇宙滞在のほうがベッドレストよりも筋萎縮の程度は大きいことも明らかとなった．また，不活動および無重力暴露による筋萎縮は抗重力筋である下腿屈筋群で著明であることも示された．この知見は，動物実験の成果とも一致する．〔菅原　順・岡崎義光・小峰秀彦〕

文　献

Akima, H., et al. (1997)：Effects of 20 days of bed rest on physiological cross-sectional area of human thigh and leg muscles evaluated by magnetic resonance imaging. *J. Gravit. Physiol.*, **4**：S15-21.

Akima, H., et al. (2000)：Effect of short-duration spaceflight on thigh and leg muscle volume. *Med. Sci. Sports Exerc.*, **32**：1743-1747.

Kubo, K., et al. (2007)：Age-related differences in the properties of the plantar flexor muscles and tendons. *Med. Sci. Sports Exerc.*, **39**：541-547.

Melton, L. J. 3rd, et al. (2000)：Epidemiology of sarcopenia. *Mayo. Clin. Proc.*, **75** Suppl：S10-12；discussion S12-13.

Moritani, T., deVries, H. A. (1980)：Potential for gross muscle hypertrophy in older men. *J. Gerontol.*, **35**：672-682.

Sugawara, J., et al. (2002)：Age-related reductions in appendicular skeletal muscle mass：association with habitual aerobic exercise status. *Clin. Physiol. Funct. Imaging.*, **22**：169-172.

Yarasheski, K. E., et al. (1993)：Acute effects of resistance exercise on muscle protein synthesis rate in young and elderly men and women. *Am. J. Physiol.*, **265**：E210-214.

1.3 感覚器系

1.3.1 視覚

人が日常生活において動作や行動を起こすために，周囲環境の状態および目的とする対象の位置や状態を把握することが不可欠であり，その際の視覚の役割は大きい．健常な若年者は普段これを意識することはあまりない．しかし視覚特性はさまざまな側面から加齢とともに変化し，多くの場合機能低下が生じる．たとえば，よく知られている老視は眼球の焦点調節範囲が減少して近方の対象にピントが合いにくくなる状態であるが，日常において細かいものをみようと目の前に近づけたとたんにぼやけてしまうことに改めて気づくというようなことが，多くの場合40歳代あたりから生じることになる．また視覚に障害をもつ人々はたとえば視野の一部が欠損すると，その視野位置に応じて対象物が見えづらい状態となる．そのため，このような加齢や障害などによる視覚特性の変化をおさえておくことは，日常環境を誰もがよりすごしやすく維持し，さらに向上させていくために重要である．ここでは，視覚の基本特性について述べるとともに，特に視認性の観点からその加齢変化や視覚障害による視覚特性について概観する．

a. 視覚器とその加齢変化

視覚の加齢変化は，視覚の処理経路の末端である視覚器において，その機能ごとにいくつかの観点から生じることが知られている．ここでは，外界の光を眼球に取り込む役割を果たす**眼球光学系**と，取り込まれた光を神経系にて処理し伝達を開始する網膜の二つの観点から述べる．

1) 眼球光学系

眼球は一般に直径約 24 mm 程度の球形をしている（図 1.3.1）．この眼球の主な構成として，外界からの

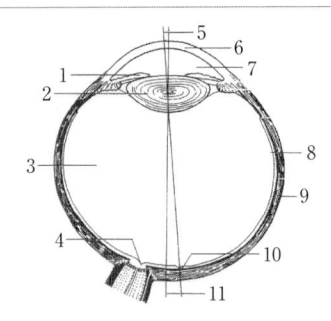

図 1.3.1 眼球の水平断面図
1：虹彩，2：水晶体，3：硝子体，4：乳頭，
5：視軸，6：角膜，7：前房，8：網膜，
9：強膜，10：中心窩，11：光軸．

光の最初の入口となる角膜，瞳孔，そして瞳孔を形成する虹彩，さらに水晶体，また球体の内部を占める硝子体とその周りを覆う網膜があり，その外側に脈絡膜，さらにその外側に球形状を保持する強膜とをあげることができる．

角膜は，直径約 11 mm の円形状で，外界の空気との屈折率差と角膜の曲面形状とにより，網膜への結像において最も大きな屈折力約 43 D（ジオプタ：焦点距離(m)の逆数）を与えるといわれる．その内側には，角膜と水晶体に栄養を供給する房水で満たされた前房と呼ばれる空間が存在する．

瞳孔は，虹彩の筋組織の活動により，外界の明るさに応じて暗所から明所まで，その直径を最大で 8 mm から最小で 2 mm まで変化させる（Lowenstein, Lowenfeld, 1958）．これにより外界の光が瞳孔を通じて透過する光量を調節する．ただしこれは若年者の場合であり，一般に加齢により暗所での最大の直径が小さくなり（**加齢性縮瞳**），これに応じて変化する量も小さくなることが知られている．

水晶体は直径約 9 mm の円形であり，厚さが約 4 mm で後方に少し飛び出した形となっている．前方側の表面には上皮細胞層があり，水晶体核を中心に薄い細胞層がタマネギ状の層構造を形成している．水晶体を支えるチン氏帯と網様体の働きによりその屈折力として約 20〜30D の範囲で変化する．この水晶体の調節機能により，正視の若年者では眼前約 10 cm から無限遠までの対象にピントを合わせることが可能と

なっている．しかし加齢とともに水晶体の弾力性が低下し，およそ50歳代を超えると水晶体の調節機能が失われる．したがって，水晶体は厚みを増加できなくなり，遠方にピントがあったままの状態となって，近方にピントを合わせづらくなる．また加齢とともに，水晶体の光学濃度が増加する（Pokorny et al., 1987）．

水晶体の後面には，透明なゼリー状の**硝子体**により網膜までの空間が満たされている．また，網膜の中心窩を囲む直径5 deg程度の範囲は黄斑部と呼ばれ，**黄斑色素**が存在する．黄斑色素は460 nmをピークとして380 nmから520 nm付近に分光特性をもつため（Werner et al., 1990），黄斑部は文字どおり周囲より黄色がかって見える領域である．黄斑色素も光を吸収する要因であり，その光学濃度は，10～90歳での計測によれば，個人差は大きいものの年齢による変化は見られない（Werner et al., 1987）．

角膜から，前房，水晶体，硝子体など中間透光体により形成される眼球光学系は，加齢に伴い混濁や黄変によって光の透過率が低下し，特に短波長成分の光に対してこれが顕著であることが知られている．また縮瞳も相まって，同じ照明光のもとでも網膜で受光される光量が減少したり波長成分が変化したりすることになる．

2）網膜

外界からの光が眼球光学系により結像する**網膜**には，光に対して反応する**視細胞**が存在する．視細胞には，主に昼間の明るい環境で働く錐体細胞と，主に夜間の暗い環境で働く桿体細胞の2種類が存在し，その分布密度は網膜部位に応じて変化する．

網膜にはその中心部に，**中心窩**と呼ばれる微小なくぼみが存在し，**錐体**はこの中心窩で最もその密度が高い（約147000個/mm^2）．この中心窩の大きさは視角（見かけの張る角度）にして約2 degの大きさである．ここは錐体の密度が高いために，明所視では網膜上で最も解像度の高い領域であり，一般に視線を向けた視対象が結像される領域である．錐体の密度は，中心窩より周辺10 degにおいて約9500個/mm^{2}まで急激に減少し，それより周辺ではほぼ一定となる（図1.3.2）（Curcio et al., 1990）．この錐体は，ヒトが感度を有する光の波長帯域（およそ380～760 nm）において，その感度領域が異なる主要な3種類が存在し，一般に短波長帯から順にS錐体（最大感度420 nm），M錐体（同

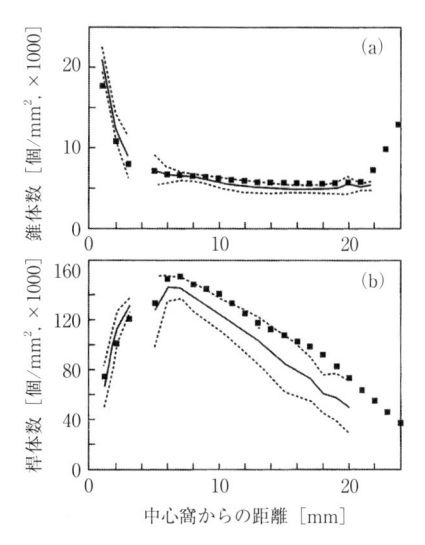

図1.3.2 網膜の視細胞密度の分布
実線は平均値，破線は標準偏差値，黒四角はØsterberg(1935)のもの．

534 nm），L錐体（同564 nm）と呼ばれる．これに対し，**桿体**は中心窩にはまったく存在せず，周辺10～20°において最も高い密度（約160000個/mm^2）となる．最大感度の波長は498 nmである．

網膜上にはこのほかにも，水平細胞，双極細胞，アマクリン細胞などがあり，視細胞からの出力の処理を行って，最終的に神経節細胞へと受けわたされ網膜外へと伝達される．なお，視細胞では出力がアナログ的な電位であるのに対し，最終的に視神経へと伝達される段階ではパルス電位へと変換される．

網膜における桿体と錐体，さらに神経節細胞については，加齢に伴う影響が報告されている（Curcio et al., 1993；Gao, Hollyfield, 1992）．27歳から90歳の眼球で調べた報告（Curcio et al., 1993）では，網膜中心部直径28°の領域内では，錐体細胞の密度は年齢による影響を受けることなくその総数も比較的安定しているのに対し，桿体細胞は34歳に比べて90歳では30%の減少がみられた．一方，中心窩より耳側45°付近の網膜部位では，錐体密度は年齢とともに有意に減少するのに対し，桿体細胞密度は年齢による有意差はみられなかった．また，27歳から90歳の眼球で調べた報告（Gao, Hollyfield, 1992）では，中心窩において錐体細胞密度は年齢による影響を受けないが，神経節細胞密度は，20歳代に比較して60歳代で16%の減少がみられた．一方，中心窩より耳側45°付近の網膜部位では，錐体，桿体および神経節細胞ともにその密

度が年齢とともに有意に減少したが，桿体と神経節細胞の20歳代から40歳代にかけての減少はとりわけ急激であった．こうした視細胞や神経節細胞の密度の加齢による低下は，視角における解像度や感度の低下を引き起こすことが考えられる．

b. 視覚の基礎特性とその加齢変化

一般に加齢により見え方は変化するが，病的疾患が伴わない場合にはその変化は比較的緩やかであるため自身の変化を明確に自覚することは難しい．眼球の主要な生理的変化には，先に述べたように，水晶体や角膜の混濁，瞳孔の縮小，毛様筋の硬化による調節機能の低下，網膜感度の低下，眼瞼の下がりなどがあるが，ここでは視認性にかかわる視力とコントラスト感度特性，最小可読文字サイズ，分光感度，色の基本色領域，視野について，特に若齢者との視覚機能の違いを中心に述べる．

1) 視 力

視力は，視覚の空間分解能を表す一つの指標であり，視対象の詳細を識別する能力についての量的記述である．視力は，次に述べる空間周波数に対するコントラスト感度関数とともに，視覚パタンに対する識別能力を表す方法の一つである．視力はコントラストの高い視標での識別能力であり，コントラスト感度関数において検出可能な最大の空間周波数に対応するといえる．

視力の測定法には，主に2種類の方法がある．一つは，日本でよく利用される**ランドルト環**を用いた視力表で，もう一つは，米国などでよく利用される**スネル文字**を用いた視力表である．ランドルト環による視力表は，図1.3.3(a)に示すような"C"の切り欠きが，上下左右およびその中間の計八方向のどちらを向いているかを見分けるもので，見分けられる限界のきり欠きの大きさを"分（min）"を単位とする視角で表したときの逆数をもって視力値とする．たとえば，視角1.0分のきり欠きの方向まで見分けられる場合，視力1.0となる．ランドルト環を用いた視力表とその測定方法については国際標準化機構（ISO）により国際規格として定められている（ISO 8596：2009）．またスネル文字による視力表は，図1.3.3(b)に示すようなアルファベットの一部の文字を用いて，識別可能な最小の文字の大きさをもとに視力の値を決める．この視力の値については，基本的に20/40等のように比を用いて表す．これは，上述の表現で視力1.0の標準視力の観察者が，40 feetの距離から識別できる視標を20 feetの距離でようやく識別できるということを示す．

視力は，加齢の影響のほかに，視標の輝度や周囲の照度，提示時間，網膜位置など，さまざまな要因の影響を受けることが知られている．図1.3.4は，白地に黒のランドルト環を用いて，異なる網膜部位と視標の背景輝度での視力を示したものである（Mandelbaum, Sloan, 1947）．これによれば，周辺視野ほどまた背景輝度が低下するほど視力が低下することがわかる．たとえば，十分に明るい3.2 cd/m^2（白丸）では，周辺5 degで中心視力の約1/3，周辺10 degでは約1/8まで低下する．また背景輝度が0.15 cd/m^2（黒丸）に低下すると中心視力も約1/2に低下し，0.0063 cd/m^2（黒丸）では中心視でも周辺視でも視力は0.1以下となる．

視力は一般に視標のコントラストが十分に高い条件で測定するが，視認性に関する**明視三要素**（大きさ，明るさ，コントラスト）の観点から，視力を尺度として，明るさとコントラストに対する，**等視力曲線**が報

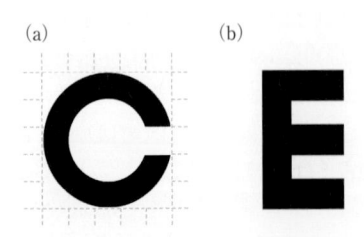

図1.3.3 視力計測のための視標
(a) ランドルト環，(b) スネル文字の例．

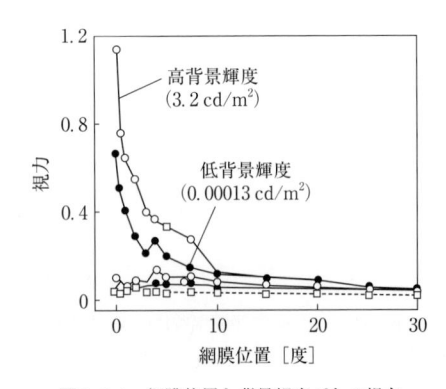

図1.3.4 網膜位置と背景輝度ごとの視力

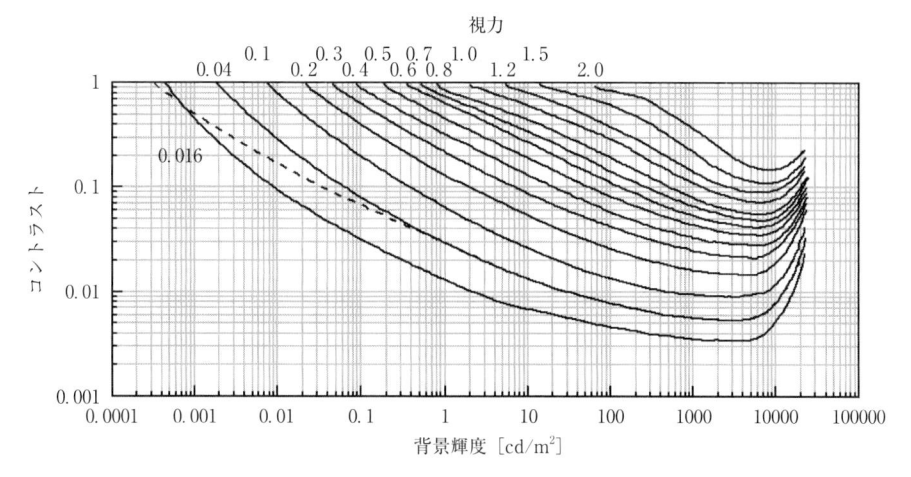

図 1.3.5 背景輝度とコントラストによる等視力曲線

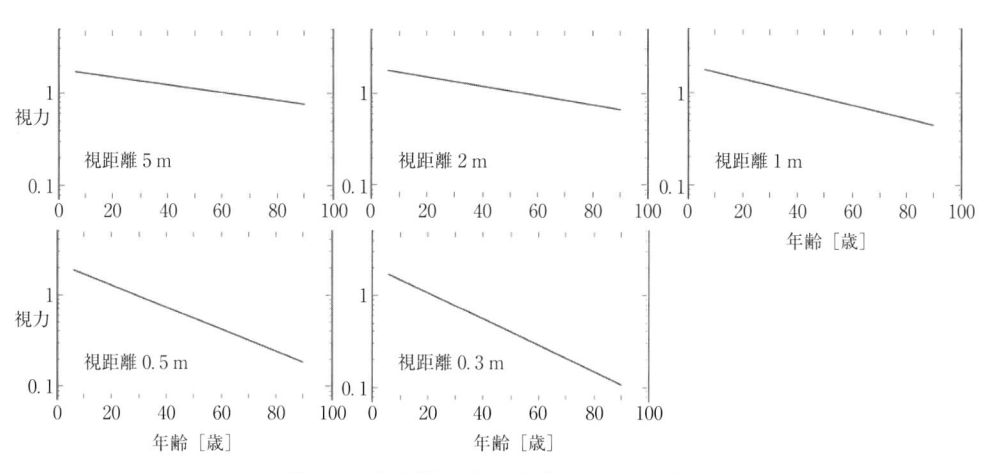

図 1.3.6 視距離別に表した年齢による視力の変化

告されている（図 1.3.5）（中根，伊藤，1975）．中根と伊藤は，調光可能な実験室において，背景輝度が小さく，視対象（ランドルト環）が確認できない状態から，背景輝度を徐々に大きくしてランドルト環が確認できる状態での背景輝度を求めている．

高齢者の視力の主な特徴は焦点調節機能の低下による調節可能距離範囲の減少のため，特に，①近点視力が低下することと，②矯正での最高視力が低下する，ことである．図 1.3.6 は，視距離ごとの視力を表している．近距離になるほど視力の低下は著しい．

また視対象の輝度が低下すると視力も低下する．図 1.3.7 は 10 歳代から 70 歳代までの対象物の輝度の違いによる視力の変化である．高齢者は特に低輝度での低下が顕著である（Sagawa et al., 2003）．

2) コントラスト感度特性

視力は，視対象の詳細を識別する能力についての量的記述であるが，視覚の空間処理特性を記述する方法として，**コントラスト感度関数**がある．これは，正弦波状の輝度パタンに対するコントラスト閾値の逆数を正弦波の空間周波数に対して示すものである．ここでコントラストは平均輝度に対する正弦波の振幅の比，すなわち**マイケルソンコントラスト**で表現する．コントラスト感度関数は，十分に明るい条件で中心視において計測した場合，3.0～5.0 cpd（cycle per degree）付近にピークをもちその両端で感度の低下するバンドパス型の形状を示す（たとえば，van Nes, Bouman, 1967）．

コントラスト感度関数は，次に述べるように加齢の影響を受けるが，このほか，視力と同様に，視標の輝

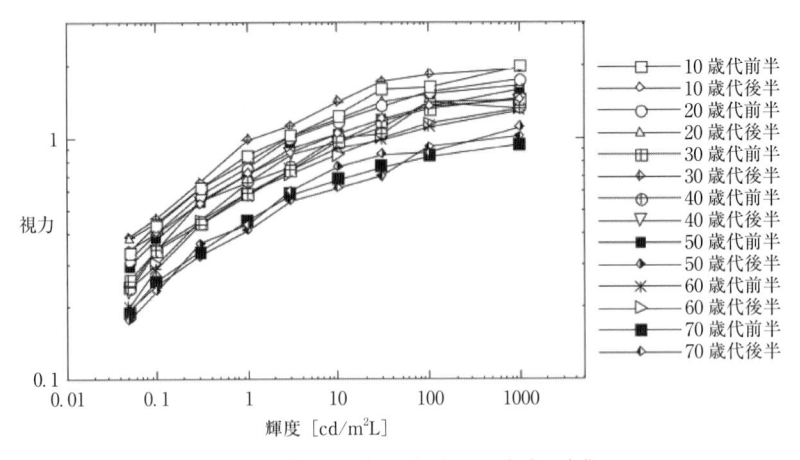

図 1.3.7 年代別に表した輝度による視力の変化

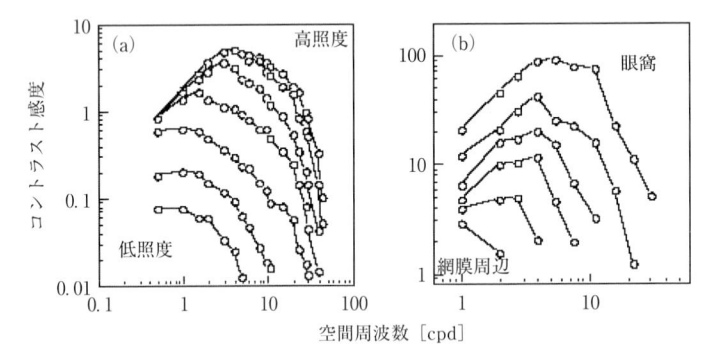

図 1.3.8 明るさ及び網膜部位ごとのコントラスト感度関数

度や周囲の照度，提示時間，網膜位置など，さまざまな要因の影響を受けることが知られている．図1.3.8(a)では，コントラスト感度関数の視標の明るさ（網膜照度）による影響を示している（van Nes, Bouman, 1967）．この図では網膜照度 900 td から 0.0009 td で得られており，網膜照度が 1/10 ずつ低下するに従い，全体の感度が低下するが，特に最大感度となる空間周波数が同時に低下することが示されている．また図1.3.8(b)では，コントラスト感度関数の網膜部位による影響を示している（Rovamo et al., 1978）．この図では中心視から周辺視野 30 deg で得られており，周辺視野になるほど，明るさの低下と同様に全体の感度が低下し，さらに最大感度となる空間周波数が低下することが示されている．以上より，視標の明るさ低下，網膜周辺により高空間周波数での感度低下が顕著となり，最大感度も低空間周波数領域へと移行することで，視対象の詳細な見えが困難になるであろうことがわかる．

コントラスト感度特性も加齢とともに変化する．若齢の晴眼者の場合，空間周波数は低周波や高周波では感度が相対的に低く，おおよそ 3〜6 cycle/degree あたりがピーク値となる．しかし高齢者ではそのピーク感度やそれ以外の空間周波数帯での感度が若齢者より下がり，またピーク周波数はやや低周波方向に移動する．すなわち明暗の違いはより大きくなければ見きわめにくい．また高周波はより見えにくく，最も感度のよい空間周波数帯が若齢者よりはより低周波（太い縞）となっていることを示す．

また高周波が見えにくいとは，図1.3.9のような矩形波（縁が明確な，線や帯状のもの）のエッジの高周波成分の感度も低下しているということになり，縁が若齢者ほどは明確に見えていないということになる．この傾向は後述する視覚障害者（ロービジョン）では，より顕著になる（図1.3.10，1.3.11参照）．このコントラスト感度のデータを利用して，特定の輝度コントラストではどのくらいの周波数帯（縞の細かさ）であれば見えるのか，逆に特定の周波数帯の模様に対してどのくらいの輝度コントラストをつければよいかを調

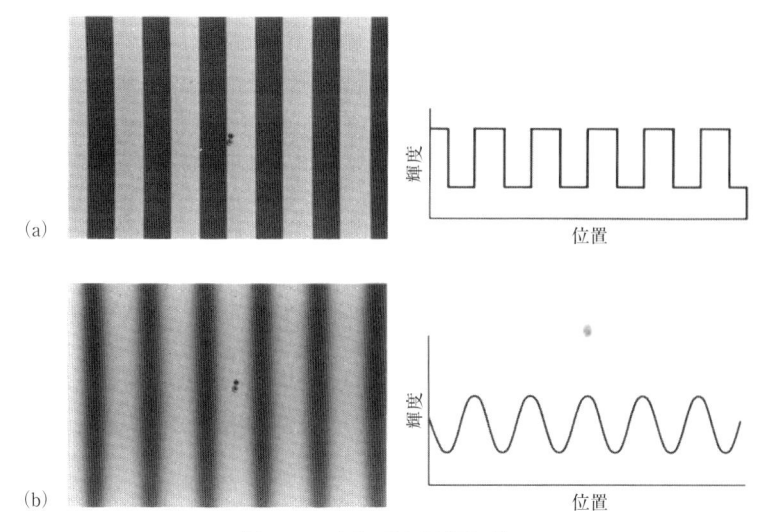

図 1.3.9 サイン波と矩形派の違い

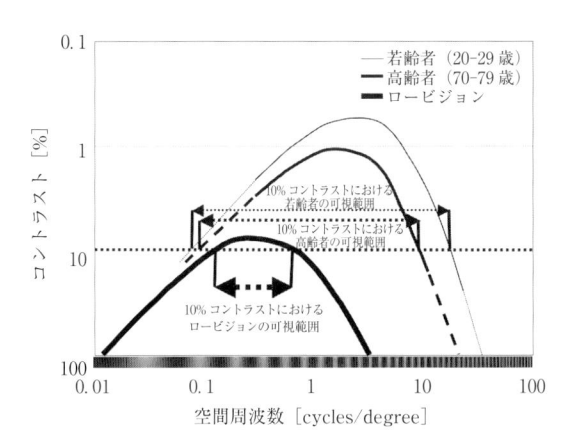

図 1.3.10 特定の輝度コントラスト (10%) で見える空間周波数（縞の細かさ）の範囲の例

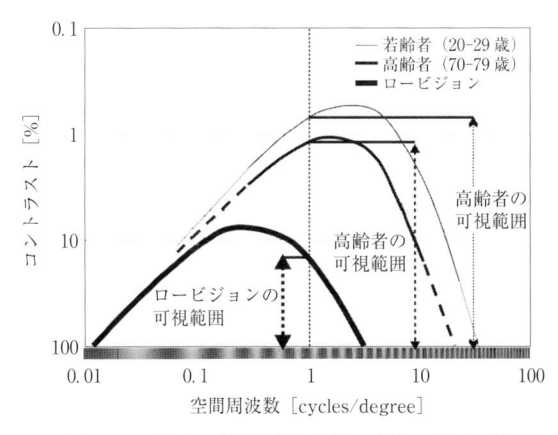

図 1.3.11 特定の空間周波数（縞）が見える範囲の例

べることができる．

3) 最小可読文字サイズ

視力およびコントラスト感度特性は読むことができる文字の大きさ（以降，可読文字サイズと呼ぶ）にも影響する．可読文字サイズは，文字の特性（字体，画数，大きさ，文字と背景との輝度コントラスト差）によって変化する．明朝体よりは線の太さが一様なゴシック体のほうが可読文字サイズは小さくなり，画数が多い漢字よりは，画数の少ない漢字やひらがな，カタカナのほうが可読文字サイズは小さくなる．これらは高齢者・若齢者共通の傾向があるが，どのような文字種であっても高齢者は若齢者より最少可読文字サイズ（ぎりぎり読める文字サイズ）が大きくなる．図1.3.12は可読文字サイズの大きさの違いを文字の条件別に示したものである．図で示している最少可読文字サイズは75%以上の正答率となった最少の文字サイズを示す．

これら最少可読文字サイズを条件によって推定する方法はJIS S0032：2003 高齢者・障害者配慮設計指針－日本語文字の最小可読文字サイズ推定方法に示されている．

4) 分光感度特性

光はさまざまな波長成分からなっているが，このうち人間が知覚できる波長帯域はおよそ 380 nm から 760 nm の範囲で可視光領域と呼ばれる．この帯域内

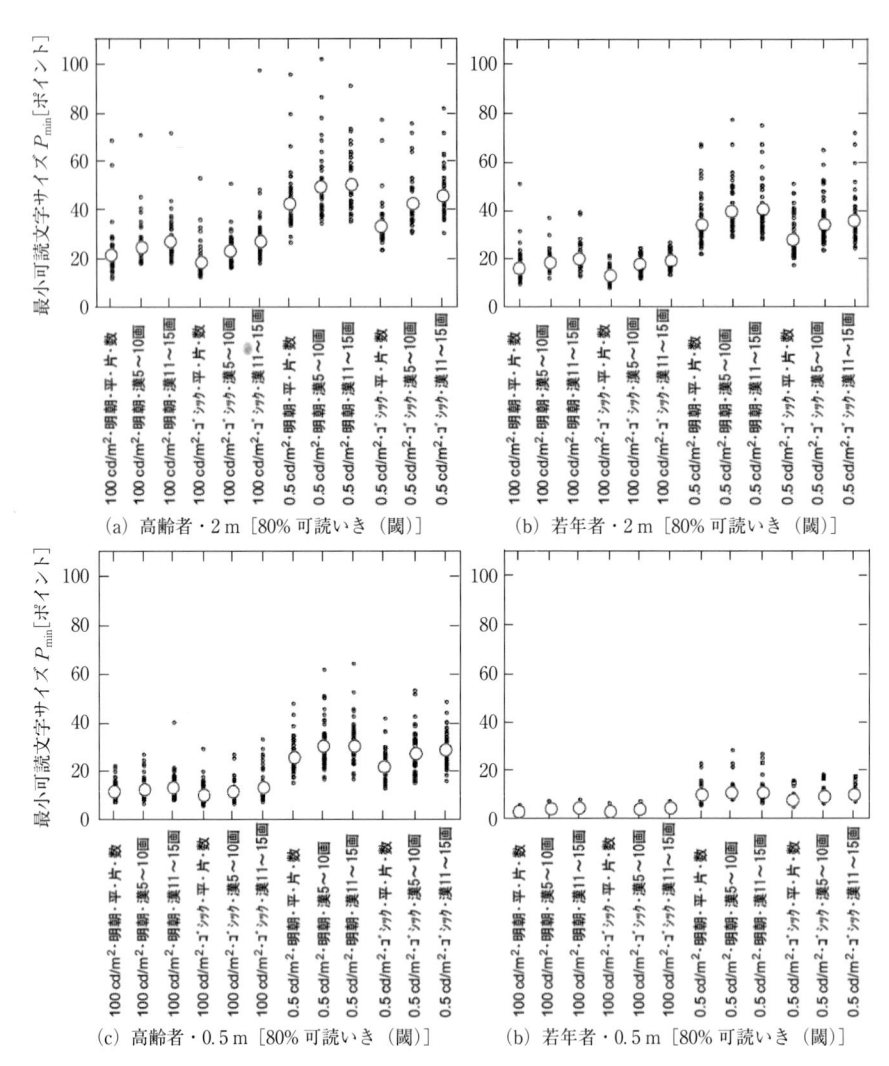

図1.3.12 字体の違いによる可読文字サイズの変化:高齢者若齢者の比較
平:ひらがな,片:カタカナ,漢:漢字と明朝・ゴシック体,輝度 100 cd/m² および 0.5 cd/m² の違いによる最少可読文字サイズの変化.

での各波長に対する視覚系の感度,すなわち分光感度特性は,IEC/CIE 1987 国際照明用語集(CIE 017.4)により,**分光視感効率**(spectral luminous efficiency)と呼ばれる.この分光視感効率は,いくつかの手法により計測されるが,基本的には一定の光量による参照光の見えと波長ごとのテスト光の見えとを等価にして,その波長に必要な光量の主観的等価点を求める.このうち交照法では,同一提示視野内で参照光とテスト光とを時間的に交替させ,テスト光の光量を調整し,刺激面のちらつき感が最も少なくなるようにすることで,主観的等価点を求める方法である.また直接比較法は,参照光とテスト光とを提示領域内で併置し,テスト光の光量を調整し,参照光と明るさが等しくなるようにすることで,主観的等価点を求める方法である.このほか,逐次比較法と MDB 法(Boynton, Kaiser, 1968;Anstis, Cavanagh, 1983)などがある.これらの方法を用いて求められた分光視感効率を図1.3.13に示す(Wagner, Boynton, 1972).刺激直径は 1.67 deg で中心窩に提示し,参照光は逐次比較法以外では白色,テスト光の波長は,400〜670 nm の間で 10 nm ステップ間隔であった.なお,これら分光視感効率は錐体の応答する明所視で測定されたものであり,桿体の応答する暗所視で測定すると感度のピークが短波長側に移行した形となる.分光視感効率のデータは,照明工学

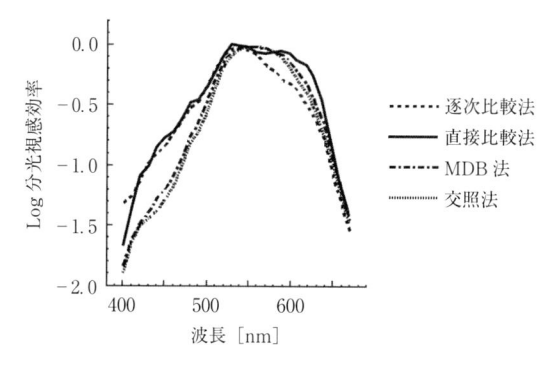

図 1.3.13 異なる手法による分光視感効率

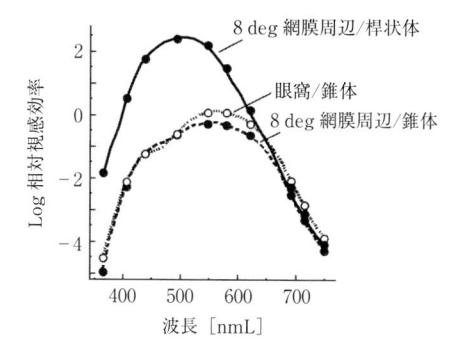

図 1.3.14 絶対感度に基づく分光視感効率

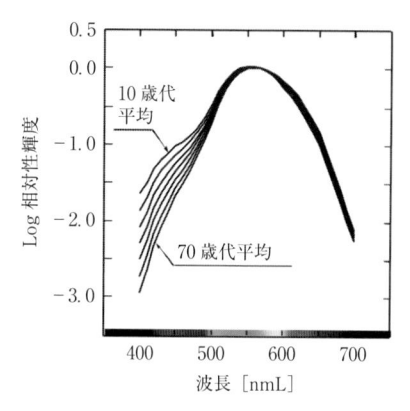

図 1.3.15 年代別相対性輝度
短波長（グラフ左側）では加齢による違いが顕著になる．

の観点から国際照明委員会（CIE）において，多くの観察者により求められた分光視感効率のデータをもとに，標準観測者のデータとして規定されている．

視覚系の分光感度特性は上述の方法以外でも，波長ごとの絶対閾値をそれに要する光量（放射輝度）として求め，その逆数として表す方法がある．この方法で求めた錐体系（中心窩とその上方 8 deg で測定）と桿体系（中心窩の上方 8 deg で測定）の分光感度の例を図 1.3.14 に示す（Wald, 1945）．これより，桿体系と錐体系との感度の差は最大で約 200 倍異なることがわかる．なお，周辺 8 deg で錐体系と桿体系の感度曲線の間に挟まれた領域に相当する光を提示した場合，桿体系に対しては閾上であり錐体系に対しては閾下であるため，光は検出できるが色覚が生じることはない．各波長におけるこの二つの感度曲線の間隔を，光・色覚間隔という．

加齢により網膜感度が低下するため，色に対する明るさ感が変化する．特に高齢者は短波長での感度の低下が生じるため（図 1.3.15），青から紫などの色は若齢者よりも暗く感じる（Sagawa, Takahashi, 1991）．

5） 色の基本色領域

色知覚も加齢や障害の影響で変化する．色には「**カテゴリカラー**」という連続的に変化する色空間のなかのある一定の範囲の色は同じ色名の色だと思うという特徴がある（Barlin, Key, 1969）．たとえば 5R4/14 や 5R5/12 はまったく同じ色ではないがどちらも「赤・桃色・オレンジ・茶色・黄色・緑・青・紫・白・黒・灰色のうち何色ですか？」と聞かれれば多くの人が「赤」だと答える．「何色だと思うか？」という色名の判断とは別に，違う色でもある一定範囲内にある近い色は「似て見える」または「同じに見える」ことがある（以降「類似色」と呼ぶ）．類似の判断も，似て見えるかを比較する基準の色をそれと近い他の色としても類似または同じだと思う範囲（以降「類似色領域」と呼ぶ）はほぼ同じである場合もあり，単純な 2 色の比較での判断ではなく，類似の「カテゴリー」が形成されている場合があると考えられている（Sagawa, Takahasi, 2003）．

製品や環境で，似て見える色や同じだと思う色を組み合わせると情報が正確に伝わらないことがある．違って見える色の組合せとするには，同じ類似領域から色を選択せず違う領域から選択すれば，少なくとも違う色だとわかる色の組合せを選択することができる．図 1.3.16 に高齢者および若齢者の図類似色領域の例を以下に示す（他の色については JIS S 0033：2006 高齢者・障害者配慮設計指針—視覚表示物—年齢を考慮した基本色領域に基づく色の組合せ方法を参照）．

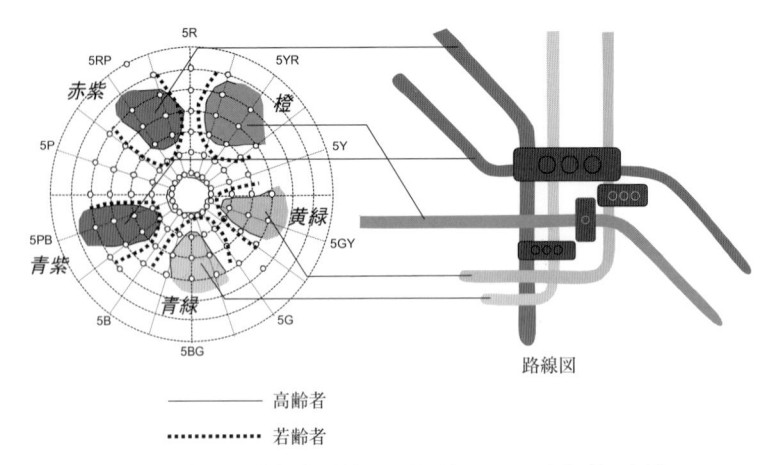

図 1.3.16　色の類似色領域の例とその利用法のイメージ（口絵 1 参照）

6) 視野特性

視野特性の加齢変化については，視標の明るさの弁別閾である明度識別閾値や，その時空間特性について検討したものが報告されている．たとえば，一定の明度における視標の識別が可能な網膜上での面積（**イソプタ面積**）を被験者の年代別に求めた場合，40 歳代以降で明らかな減少傾向が報告されている．さらに，網膜部位による影響については，Haas ら（1986）が左右方向 24°，上下方向 18°の視野において明度識別閾を測定しており，上半視野での感度低下が著しいことを報告したが，佐野と安達（1990）は VEP による視野感度低下を上下視野で比較し，その差がないことを報告している．一方，視野の時間特性については，二刺激光法による分解能についての研究から，加齢により上半視野の感度の低下が顕著であることが報告された（宮川，安間，1986）．

このほか，形態視に関連する視野特性の研究として，ランドルト環を用いた周辺視野での視覚探索特性における加齢変化が Koojiman ら（1997）によって，また運動視の視野特性についての研究として，ランダムドットを用いた運動方向弁別閾の視野特性における加齢効果が Wojciechowski ら（1995）によって，それぞれ報告されている．Koojiman ら（1997）は，網膜中心部 12°以内の領域の 8 方向のいずれかの位置にランドルト環を提示し，若年者（20 歳代）および高齢者（50～70 歳代）に提示位置と環の切り欠きの方向を応答させた．その結果，①加齢に伴う網膜各部位でいずれも感度低下がみられること，②ただし周辺視野ほど加齢による感度低下が少ないこと，さらに③加齢に伴う有効視野の大きさの相違は視標提示後の時刻が増すにつれて減少する，ことを報告した．また高齢者では下半視野での感度低下がみられ，先の Haas ら（1986）や 2 刺激光法の結果に比べると逆の傾向を示しているが，この実験では課題の遂行において眼球運動が許されており，探索の加齢変化が単に視覚機能（形態視）以外の要因を含んでいることに留意する必要がある．一方，Wojciechowski ら（1995）は，ランダムドットによる運動を中心窩および上下左右の周辺 18°を中心とする位置に提示し，その方向弁別閾を若年者（平均約 23 歳）と高齢者（平均約 67 歳）とで比較した．その結果，①加齢に伴う弁別閾の増加が視野周辺よりも中心窩で著しく，上半視野での増加が最も少ないこと，②この加齢特性は明るさ知覚閾のそれとはまったく異なる傾向であること，などを報告した．

視覚の空間処理特性を表すコントラスト感度関数に

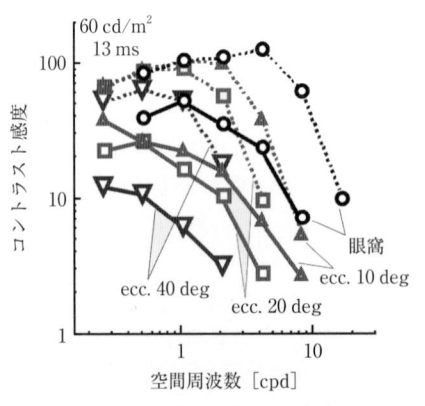

図 1.3.17　空間周波数感度の視野特性についての若年者と高齢者の比較

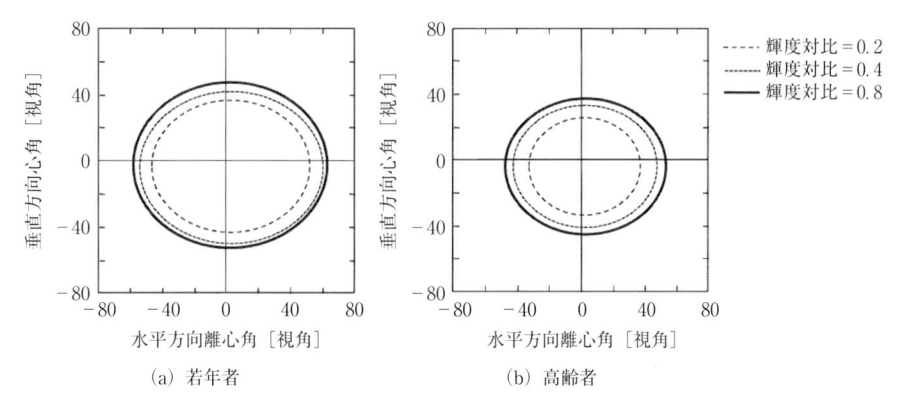

図 1.3.18　指標と背景との輝度対比の違いによる検出視野の変化の例

ついて，7種類の異なる空間周波数（0.26〜16.8 cpd）において，視野特性とその加齢変化を計測したところ，図 1.3.17 のような結果が得られた（Ujike, Sagawa, 2003）．測定では，高齢者 15 名（60〜80 歳代），若年者 15 名（10〜30 歳代）に，CRT に提示した直径 8 deg の正弦波を，中心窩と中心窩より耳側 10，20，40 deg の視野周辺に提示した．図より，高齢者の場合，若年者に比較して全体の感度が低下し，さらに高周波成分での感度低下がより大きいことがわかる．

情報（サイン表示や必要な物品の配置など）には，わかりやすい位置に配置することが重要であるが，そのわかりやすい位置の手がかりとして視野の広さを利用することができる（サイン情報の提示方法については 2.6.6 項を参照のこと）．視線がそのほうを向いていなくても，何かがあるとわかる（検出できる）範囲は，みている物の視覚的特性（色，背景との輝度コントラスト，大きさ）などによって変化する．これは高齢者や若齢者共通であるが，高齢者は若齢者と比較してどの条件でも狭くなる．図 1.3.18 にその例を示す（その他のデータは JIS TR S 0004:2010. 視標検出視野の加齢変化に関するデータ集を参照のこと）．

c. ロービジョンの視覚

ロービジョンとは視覚障害者のなかでも全盲でない場合をいう．WHO では治療後および／または矯正時の視力が 0.3 未満，または視野が 10°未満で作業の計画および遂行に視覚を活用する人若しくは活用の可能性がある人と定義されているが，これ以上の視力または視野の広さがあっても不便を感じることがあるため

この定義に限らず幅広くロービジョンをとらえ，対応する必要がある．ここではなんらかの理由（先天性の異常，疾患，事故など）により視覚機能が低下し，矯正によっても改善しない場合をロービジョンと定義する．

ロービジョンは先天性の場合と後天性の場合があり，後者の場合には，それまでの生活の習慣からさまざまな視覚情報を利用することに慣れており，逆に代替となる音や触覚情報の取得に不慣れな場合も多い．ロービジョンの視覚障害者に対して見やすさを改善するということは，QOL の向上にもつながる重要な配慮である．

ロービジョンの疾患・症状の原因はさまざまであるが，角膜や水晶体などの混濁や網膜の視細胞の変化により，視力の低下，視野の欠損，明るいところで非常にまぶしくまたは痛く感じる**羞明**，暗いところでも順応ができずに見えにくくなる**夜盲**などの症状が現れる．その程度は人それぞれであり，平均的・典型的なロービジョンというのは存在しない．すべてのロービジョンに等しく見やすいものを目指すよりは，環境や製品の使われ方から対象となるロービジョンの視機能レベルの範囲を選定する，またはさまざまなロービジョンで共通となる問題点を検討し，なるべく多くの人の負担を減らす方法を検討する，などが必要となる．

1）視力と視野の分布からみたロービジョンの分類

視力と視野の保持率は必ずしも比例しない．視野が広く残っていても中心部が見えにくい場合には，視力は低下する．また逆に視野保持率が狭い場合でも，中心部分が機能していれば，視力が高い場合もある．図 1.3.19 は視力と視野の分布の例を示す．

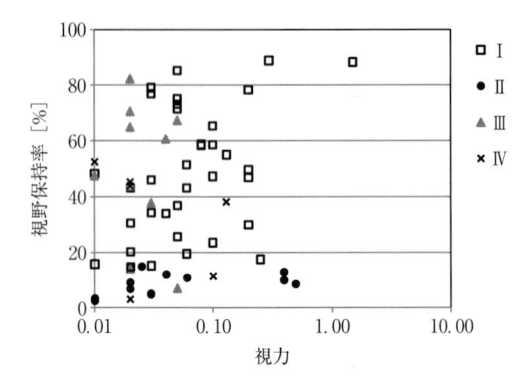

図1.3.19 ロービジョンの視力視野の分布の例（コントラスト感度データ計測時のロービジョン被験者の分布）

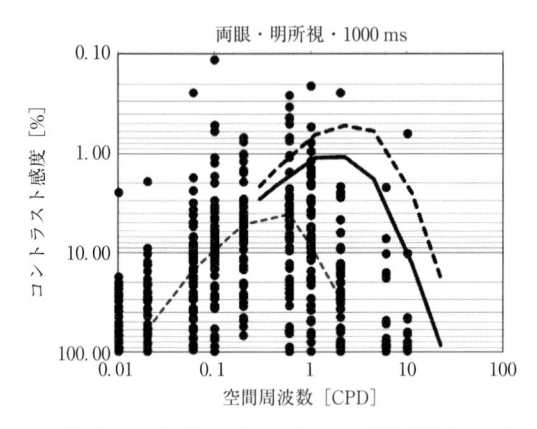

図1.3.20 ロービジョンのコントラスト感度特性データの例：明所視（平均輝度 45 cd/m^2），刺激提示時間 1000 ms の場合

点線：ロービジョンの中央値，実線（太）：晴眼高齢者の平均値，実線（細）：晴眼若齢者の平均値．

2) コントラスト感度特性

ロービジョンのコントラスト感度は，b.の「2) コントラスト感度特性」で示したように中央値では高齢者よりもさらに低下しており，分布は幅広い．「1) 視力と視野の分布からみたロービジョンの分類」で分類したどのタイプでも中央値で比較をすると，より高周波が低下し感度ピークも低周波へ移行している．またピーク値も高齢者よりもさらに低い値となっている．これはロービジョンの場合，明暗の差がより感じにくく，細かい周波数は見えにくく，またそのため矩形波のパターンはエッジ（縁）がクリアに見えずにぼやけて見えるということになるが，その程度については個人差が大きい（図1.3.20）．

このコントラスト感度データの利用法については，前述のb.「2) コントラスト感度特性」と同様である．

3) 可読文字サイズ

ロービジョンの可読文字サイズは，視野とコントラスト感度だけでなく視野にも影響する．特に視野の欠損状態が複雑な場合や中心が見えにくい場合は，情報を読みとるまで時間がかかり，時間の制限がないほうが可読文字サイズが小さくなることはロービジョン独特の特徴である（図1.3.21，1.3.22）．このような複雑な視野の影響もあり，また個人差も大きい，そして視野が狭い場合は大きな文字ことが困難になるため，

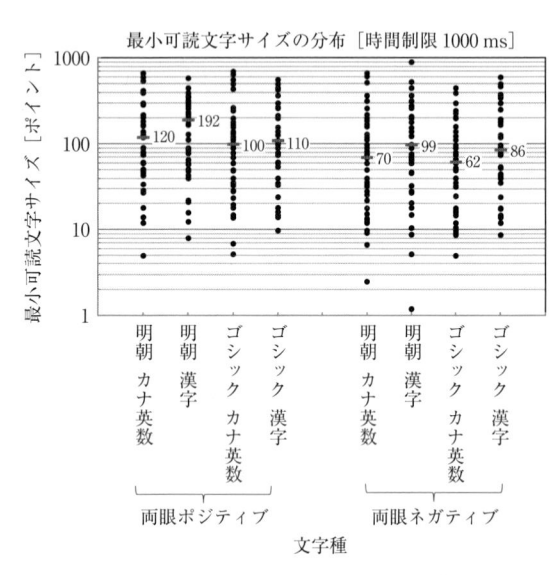

図1.3.21 ロービジョン最少可読文字サイズの分布（時間制限あり，1000 ms）

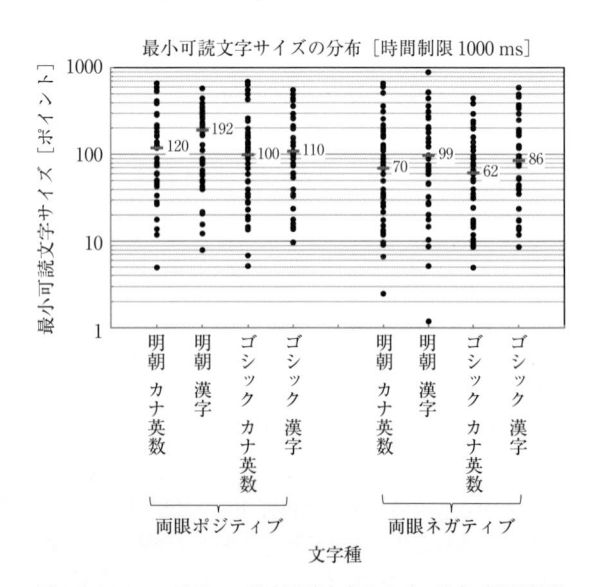

図1.3.22 ロービジョン最少可読文字サイズの分布（時間制限なし）

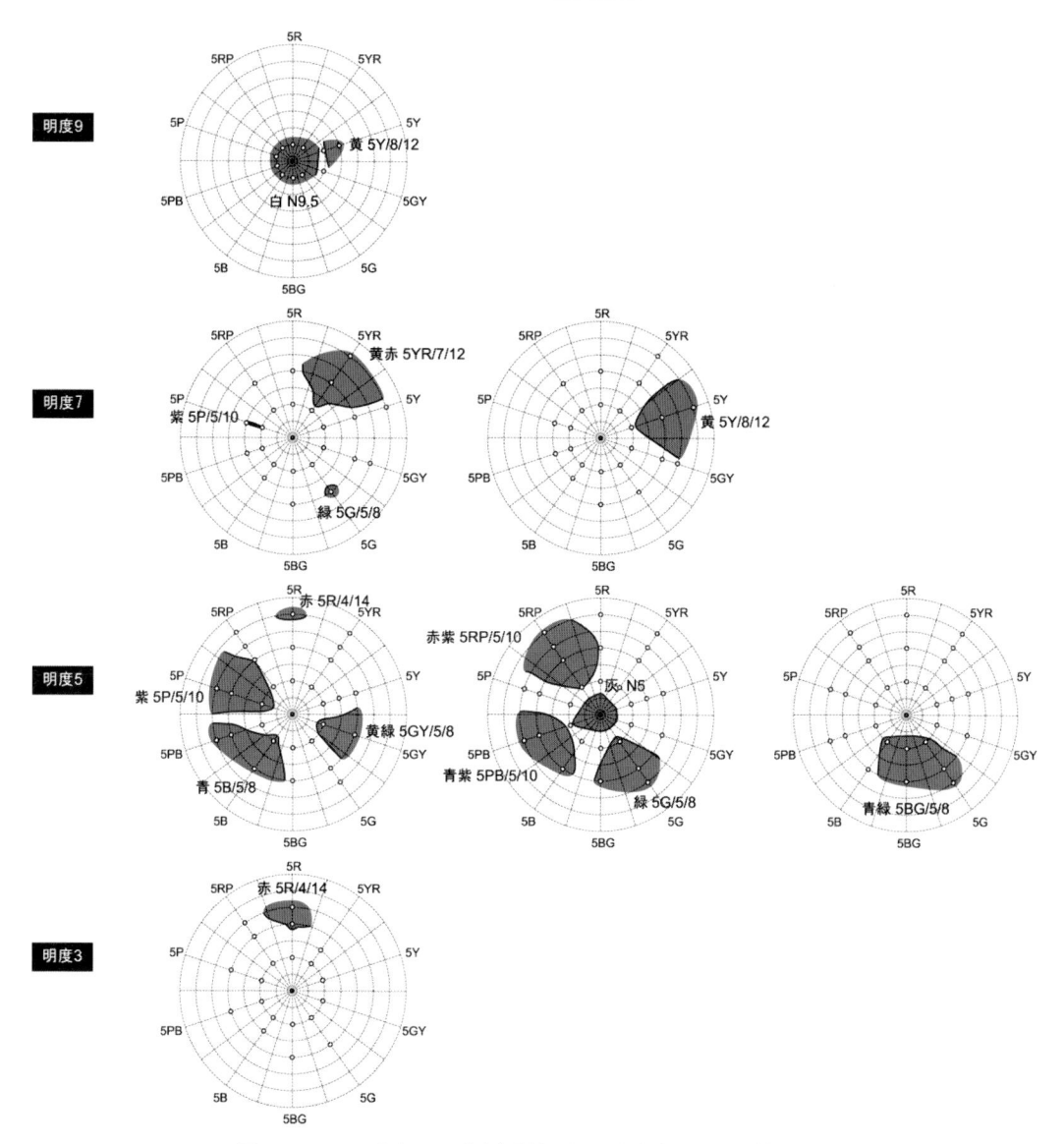

図 1.3.23 ロービジョンの基本色領域の例1：類似度50％，明所視500 lx

4) 色の基本色領域

ロービジョンは視野の欠損状態や眼球内の混濁などにより色知覚が変化する．

高齢者・若齢者のように条件を入れて可読文字サイズを推定するということは難しい．高齢者同様，明朝体よりはゴシック体の方が可読文字サイズが小さくなる．また白内障など眼球内の混濁がより強くなるため，暗い地に白文字などの反転文字のほうが，通常の白い背景に黒い文字よりも読みやすいことが多い．

図1.3.23，1.3.24にロービジョンの類似領域を示す（詳細はJISS0005：2010ロービジョンの基本色領域データ集を参照）．領域が高齢者や若齢者と比較しても広く，特に10％類似度の領域の広がりが顕著であり，一部のロービジョンには色の違いを見きわめることが非常に困難であることを示している．

特に中心が見えにくいタイプや視野が狭いタイプで色の見きわめが難しく，類似の領域は色相方向に広

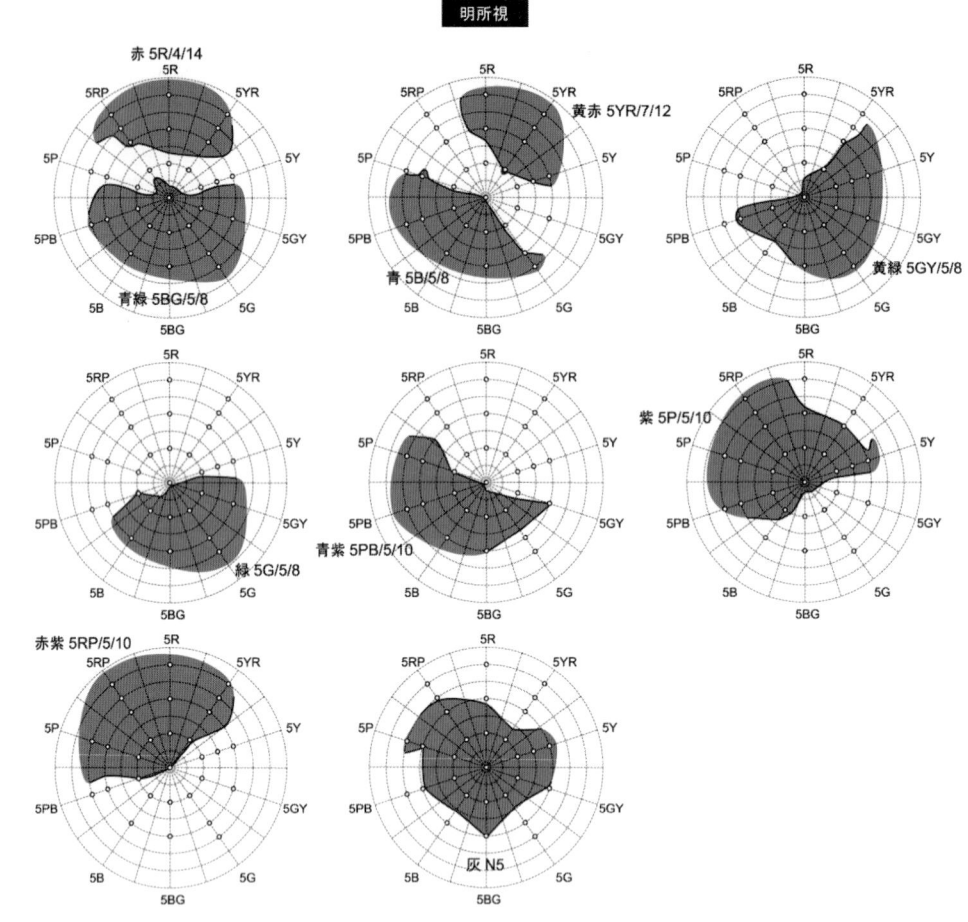

図 1.3.24 ロービジョンの基本色領域の例2：類似度10%，明明視500 lx，明度5での類似領域

がっている．しかしこれらのタイプであっても明度方向の差は比較的少ないことから，同じ色の系統の場合，明度差をつけるなどすれば見きわめ可能な場合もある．
〔氏家弘裕・伊藤納奈〕

文 献

Anstis, S., Cavanagh, P. (1983)：A minimum motion technique for judging equiluminance. Color Vision (Mollon, J. D., Sharpe, L. T., eds.), pp. 155-166, Academic Press, London, New York.

Berlin, B., Kay, P. (1969)：Basic Color Terms：Their Universality and Evolution, University of California Press.

Boynton, R. M., Kaiser, P. K. (1968)：Vision：The additivity law made to work for heterchromatic photometry with bipartite fields. Science, 161：366-368.

Curcio, C. A., et al. (1990)：Human photoreceptor topography. J. Comparat. Neurol., 292(4)：497-523.

Curcio, C. A., et al. (1993)：Aging of the human photoreceptor mosaic：evidence for selective vulnerability of rods in central retina. Investigat. Ophthalmol. Vis. Sci., 34(12)：3278-3296.

Gao, H., Hollyfield, J. G. (1992)：Aging of the human retina. Differential loss of neurons and retinal pigment epithelial cells. Investigat. Ophthalmol. Vis. Sci., 33(1)：1-17.

Haas, A., et al. (1986)：Influence of age on the visual fields of normal subjects. Am. J. Ophthalmol., 101(2)：199-203.

IEC and CIE (1987)：International lighting vocabulary, 4th ed., CIE 017. 4.

ISO (2009)：Ophthalmic optics－Visual acuity testing－Standard optotype and its presentation, ISO 8596：2009.

JIS S0031 (2004)：高齢者・障害者配慮設計指針－視覚表示物－年代別相対輝度の求め方及び光の評価方法．

JIS S0032 (2003)：高齢者・障害者配慮設計指針－日本語文字の最小可読文字サイズ推定方法．

JIS S0033 (2006)：高齢者・障害者配慮設計指針－視覚表示物－年齢を考慮した基本色領域に基づく色の組合せ方法．

JIS TR S0004 (2010)：視標検出視野の加齢変化に関するデータ集．

JIS TR S 0005 (2010)：ロービジョンの基本色領域データ集．

Kooijman, A. C., et al. (1997)：Age-related changes throughout the functional visual field. Investigat. Ophthalmol. Vis. Sci., 38(4)：S66.

Lowenstein, O., Loewenfeld, I. E. (1958)：Electronic pupillography：A new instrument and some clinical applications. Arch. Ophthalmology., 59(3)：352-363.

Mandelbaum, J., Sloan, L. L. (1947) : Peripheral visual acuity with special reference to scotopic illumination. *Am. J. Ophthalmol.*, **30**(5) : 581-588.

宮川典子, 安間哲史 (1986) : 視野の時間特性の臨床的評価 III 網膜視機能の加齢について. 日本眼科学会雑誌, **90**(12) : 1550-1556.

中根芳一, 伊藤 克 (1975) : 明視照明のための標準等視力曲線に関する研究. 日本建築学会論文報告集, **229** : 101-109.

Pokorny, J., et al. (1987) : Aging of the human lens. *Appl. Optics*, **26**(8) : 1437-1440.

Rovamo, J., et al. (1978) : Cortical magnification factor predicts the photopic contrast sensitivity of peripheral vision. *Nature*, **271** : 54-56.

Sagawa, K., Takahashi, Y. (1991) : Spectral luminous efficiency as a function of age. *J. Optic. Soc. Am. A*, **18**(11) : 2659-2667.

Sagawa, K., Takahashi, Y. (2003) : Span of categorical colors measured by similarity of colors. *Proc. 25th Session of the CIE*, **1** : D1-64〜D1-67.

Sagawa, K., et al. (2003) : Legibility of Japanese characters and sentences as a function of age. *Proc. IEA*, **496** : 499.

佐野信昭, 安達恵美子 (1990) : 加齢と上半・下半視野. 日本眼科学会雑誌, **94**(5) : 527-531.

Ujike, H., Sagawa, K. (2003) : CSF as a function of age and its application to visibility of letters. *Proc. CIE Symposium '02*, **CIEx025** : 81-87.

van Nes, F. L., Bouman, M. A. (1967) : Spatial modulation transfer in the human eye. *J. Optical Soc. Am.*, **57**(3) : 401-406.

Wagner, B., Boynton, R. M. (1972) : Comparison of four methods of heterochromatic photometry. *J. Optical Soc. Am.*, **62** : 1508-1515.

Wald, G. (1945) : Human vision and the spectrum. *Science*, **101** : 653-658.

Werner, J. S., et al. (1987) : Aging and human macular pigment density. Appended with translations from the work of Max Schultze and Ewald Hering. *Vision Res.*, **27**(2) : 257-268.

Werner, J. S., et al. (1990) : Light, vision, and aging. *Optometry Vis. Sci.*, **67**(3) : 214-229.

Wojciechowski, R., et al. (1995) : Topography of the age-related decline in motion sensitivity. *Optometr. Vis. Sci.*, **72**(2) : 67-74.

1.3.2 聴覚

a. 聴覚閾値

1) 基準聴覚閾値

聴覚の絶対的な感度を表す測度として, 聴覚閾値が多く用いられる. **聴覚閾値**とは, 簡単には「聞こえる最も小さな音の音圧レベル」を指す. より正確には, 「特定の条件下で繰返し聴取したときに, ヒトが50%の確率で正しく検出できる音のレベル」(ISO 226) と定義される.

聴覚閾値は, 聴取対象とする音の物理特性 (周波数, 持続時間など), 測定条件 (スピーカ聴取かイヤホン聴取かなど), 個人の属性 (年齢, 性別など) によって大きく異なる. そのなかで, 標準的な聴覚閾値としてしばしば参照される値を図1.3.25に示す. これは, 自由音場において正面から到来する純音を, 聴力の正常な若齢者が両耳で聴取した場合の値である. この条件では, ヒトは3000 Hz付近の周波数の音に対して閾値が最も低い (感度が最も高い). それよりも周波数が低く, または高くなるに従って, 次第に閾値は上昇 (すなわち, 聴力は低下) していく.

2) 個人差

図1.3.25の聴覚閾値は, 多くの測定対象者から得られた値の "平均" を示したものである. 実際には, その曲線よりも高い, または低い閾値を持つ者が存在する. そこで, 聴覚閾値の個人差を示すためにその分

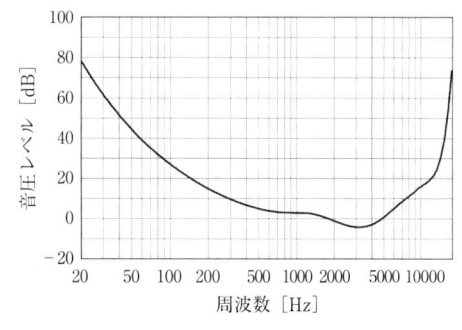

図1.3.25 周波数の関数としてみた基準聴覚閾値 (ISO 389-7)

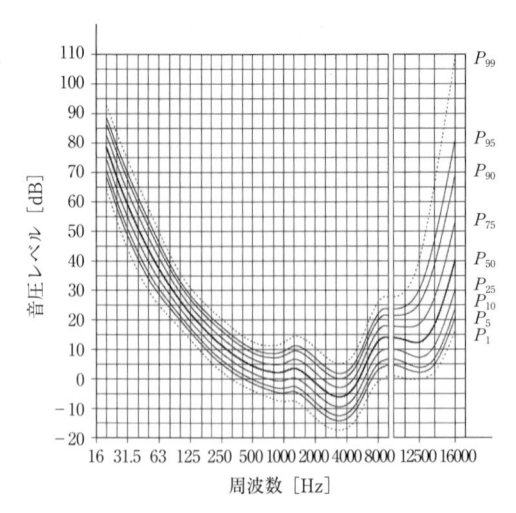

図 1.3.26 聴覚閾値の個人差分布（ISO 28961）
P_x は個人差分布の x パーセンタイル，すなわち分布上で聴覚閾値の低い（感度の高い）ほうから $x\%$ に当たる値を表す．P_{50} が，基準聴覚閾値（図 1.3.25）に一致する．

布を推定し，代表的なパーセンタイル閾値を描いたものが図 1.3.26 である．この図から，たとえば 5 パーセンタイル曲線（P_5）を参照すると，平均的な閾値曲線（P_{50}）より 10 dB 低くても音を聞き取れる人が 20 人中 1 人程度の割合で存在することがわかる．また，聴覚閾値の個人差は，10000 Hz を超える周波数領域で特に大きい．

3) 加齢効果

加齢に伴って，次第に聴覚閾値は上昇（聴力は低下）していく．この変化はどの周波数でも生じるが，閾値の上昇量は低い周波数領域で小さく，周波数が高くなるに従って大きくなることが知られている．その様子を，図 1.3.27 に示す．このように，1000 Hz を超える高い周波数では，年齢によって数十 dB の閾値上昇がみられる．一方，低い周波数領域での聴力の加齢変化は 5～10 dB 程度にすぎない．

可聴周波数の上限近くの高い周波数では，加齢による聴覚閾値の変化を，さらに低い年齢の者について観察することができる．図 1.3.28 に測定結果の一例を示す．14000 Hz を超える非常に高い周波数では，未成年者の閾値は基準聴覚閾値（図 1.3.25）よりも低くなっている．

4) 男女差

若齢者では，聴覚閾値の男女差は明確には認められ

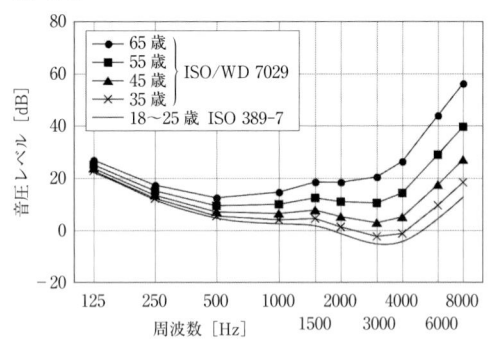

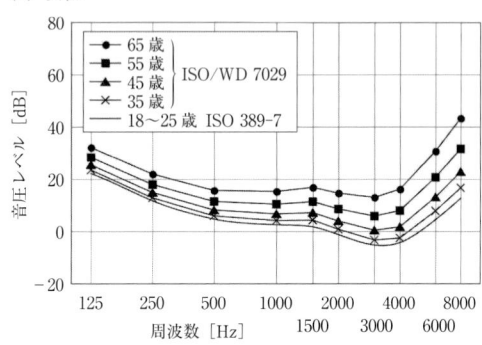

図 1.3.27 加齢に伴う聴覚閾値の上昇の様子（ISO 389-7 および ISO/WD 7029）

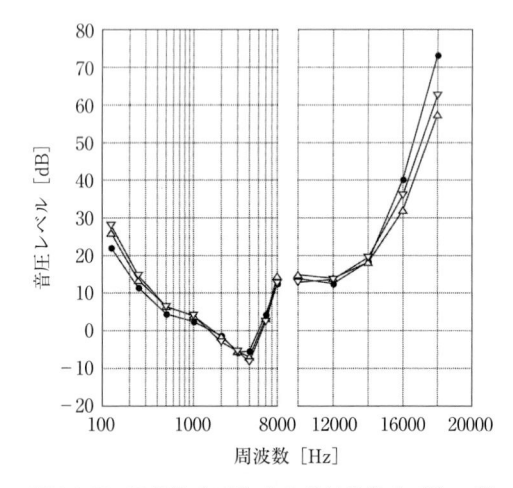

図 1.3.28 10 歳児（△印）および 14 歳児（▽印）の聴覚閾値（Burén et al., 1992）と 18～25 歳の基準聴覚閾値（ISO 389-7，●印）との比較（倉片，2013）

ない．一方，加齢に伴って，男性では高い周波数の音に対して，より大きく閾値が上昇（聴力が低下）する（図 1.3.27）．また，同図に現れているように，女性では逆に，低い周波数の音に対する閾値がより大きく

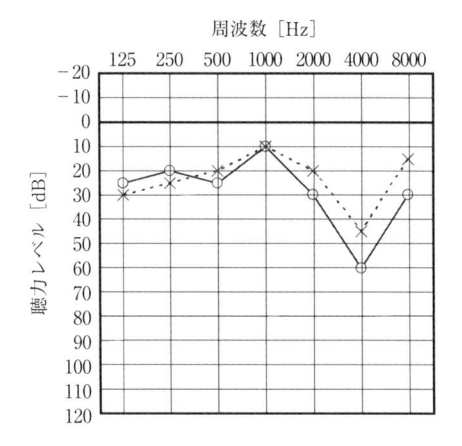

図 1.3.29 騒音性難聴が疑われるオージオグラムの例（○：右耳，×：左耳）

上昇することが知られている．

b. 騒音性難聴

聴覚閾値は，加齢だけでなく，さまざまな障害要因によって上昇することがある．そのうち，過度の騒音曝露によって慢性的に閾値が上昇した聴力障害（難聴）を**騒音性難聴**と呼ぶ．

騒音性難聴が疑われる**オージオグラム**（聴力図）の一例を図 1.3.29 に示す．この男性（73 歳）の場合，年齢の高さにかかわらず聴力は比較的よく維持されているが，4000 Hz の検査音に対する聴力が両耳ともに低下している．このように，騒音性難聴では，4000 Hz 付近の周波数での聴力低下が特徴的にみられる．

騒音性難聴では他の周波数での聴力は正常，または正常に近い場合が多いため，難聴の存在に本人が気づいていないことが少なくない．また，選別聴力検査（定期健康診断などで行われる簡便な純音聴力検査）において 4000 Hz の聴力測定を行う目的の一つは，この騒音性難聴の早期発見にある．

c. 音声の聞き取り

音声が正しく聞き取れた程度は，音節，単語，文章といった単位の音声情報がどれだけ正確に聞き取れたかを聴取者が書き取る方法により評価される．それぞれの単位に対応し，**音節明瞭度試験，単語了解度試験，文章了解度試験**と呼ばれる．日常生活において音声の聞き取りが行われる環境には，騒音および部屋の響きなど，音声の聞き取りを妨害する音がある．このため，音声の聞き取りはこれら妨害音が存在する環境でどの程度聞き取り間違いが起こるかについて議論される．音声情報が知覚される場合の単位としては単語が最も重要な単位といわれているため（Nooteboom, 1979），試験法としては日常聞き取ることが多く難易度を単語親密度で統制した単語了解度試験が日本語では多く用いられる（坂本ほか，1998）．

ここでは騒音環境下での音声の聞き取りについて，小学生，主に 20 歳代の若齢者および 60 歳以上の高齢者を対象とした研究を引用しながら解説する．

1) 小学生の単語了解度

ここでは実際の環境下での小学生の音声の聞き取りについての調査結果を示す．図 1.3.30 は小学校 1，3，6 年生を対象に絵を用いた単語了解度試験の結果である（Bradly, Sato, 2008）．教室において騒音を付加し SN 比（騒音と音声との時間平均音圧レベルの差）を変化させて測定された．各プロットは単語了解度の平均値および標準偏差を示す．図 1.3.30 より SN 比が十分高ければ，どの学年もほぼ完全に単語を聞き取ることができることと，SN 比が低い場合は同じ SN 比で比較すると低学年ほど得点が低くばらつきが大きいことがわかる．これは聴覚に入力される音響的な条件が同じでも，低学年の生徒は聴取した単語を同定するために必要な注意力や知識といった資源が有効に使えないためである．逆にいえば，成長するほど妨害音環

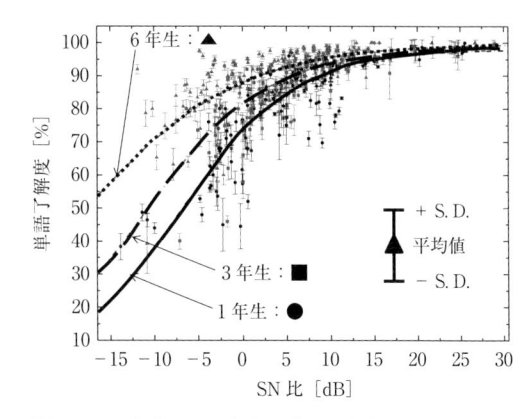

図 1.3.30 小学 1，3，6 年生の単語了解度と SN 比の関係（Bradly, Sato, 2008）

境下で言語情報を理解する能力が向上することを示しており，言語発達の観点からは9～10歳まで成長する（永渕，1997）ことと一致する．そのため，1年生が6年生と同等の単語了解度を得るには，5～10 dB静かな環境を必要である．1年生に対して授業を行う場合には生徒を教師の周囲に集めて語りかける情景が多くみられたが，6年生についてはまったくみられなかったのは，この状況に教師が自然に対応している現れであろう．

2）高齢者の音声聴取

高齢者の聴覚能力低下の特徴は，先に述べた聴覚閾値の上昇，**リクルートメント現象**と呼ばれる音量が小さい場合には聞こえにくいがある音量に達すると突然大きく聞こえはじめる現象，時間および周波数領域での分解能の低下などの聴覚末梢系に起因するものがある．さらに，音声認識に関する認知レベルでの能力についても加齢による低下が認められるがここでは言及しない．

まず，小学生の場合と同様にSN比と単語了解度との関係から聴力，つまり聴覚閾値の影響について述べる．

図1.3.31は騒音レベルが50 dBの定常騒音が存在する音場において，音声の音圧レベルをSN比が−9 dBから+18 dBになるように変化させて提示し，測定されたSN比と単語了解度との関係である（Sato et al., 2006）．被験者は若齢者（Y），中年（M），高齢者（O）であり，高齢者を0.5, 1, 2, 4 kHzの聴覚域値レベルを平均した聴覚域値レベル（pure-tone average：PTA，単位：dB）によりO1：PTAが（7.5以上）20未満，O2：PTAが20以上30未満，O3：PTAが30以上40未満，O4：40以上（54以下）のグループに分けた．高齢者は60歳以上で，社会的に自立した日常生活を送っている健常者であった．

図1.3.31より若齢者および中年の被験者群の成績にはほとんど差がみられない．一方，高齢者はPTAが低下するにつれて曲線が右側にずれていく．これは高齢者が若齢者と同じ単語了解度を得るためには，曲線のずれ分のSN比の改善が必要であることを示している．また，SN比が高い場合でも，PTAつまり聴力低下が大きいグループの最高得点は低くなる．聴力低下が進むにつれて，高いSN比でも，騒音から音声を分離することが聴覚上困難になることがわかる．

図1.3.32はSN比と文章了解度との関係を騒音の種類を変化させて求めた結果である（Festen, Plomp, 1990）．騒音の種類は音声スペクトルを持つ定常ランダム雑音（定常騒音），時間的に音圧レベルが変動しているポーズを除去し，いくつかの音声を重ね合わせたもの（妨害話声）および音声を模擬したスペクトルおよびレベル変動を持つランダム雑音（変動騒音）の3種類であった．若齢者と高齢者との違いは，高齢者はどの騒音においても時間平均騒音レベルが等しければ同じ文章了解度となるが，若齢者は騒音の音圧レベルの時間変化が生じると文章了解度が上昇するところにある．このことは，若齢者は騒音のレベルが低い部

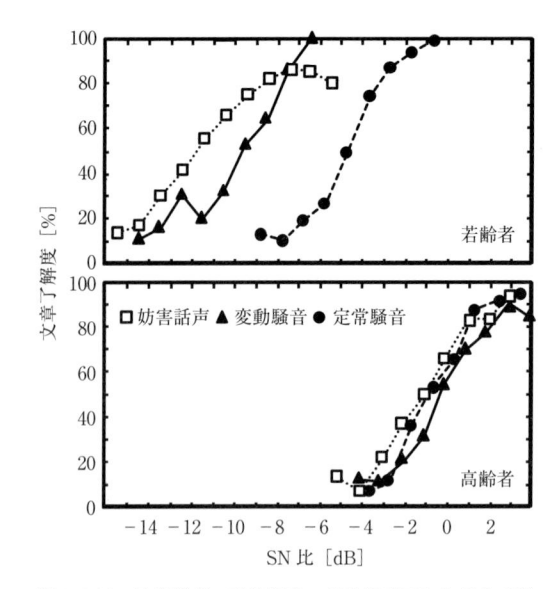

図1.3.32 妨害話声，変動騒音，定常騒音下における若齢者（上図）と高齢者（下図）の文章了解度とSN比との関係（Festen, Plomp, 1990）．

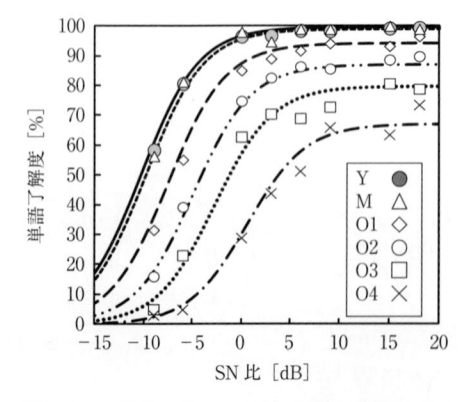

図1.3.31 被験者グループごとの単語了解度とSN比との関係（Sato et al., 2006）

分で音声を聞き取ることができるが，高齢者の場合は，聴覚の時間分解能が低下しているなどのことから騒音レベルが瞬間的に低くなってもその部分から音声情報を取り出すことが困難になることを示している．

このほか，両耳受聴による利得，つまり空間的に音声を騒音から分離できることによるSN比の改善効果が若齢者では9dB程度見込めるのに対して高齢者は5dB程度しか見込めない（Beutelmann, Brand, 2006）．速い話速では聴き取りに苦慮する場合があるなど，場合によってはさらに配慮が必要な要因がある．

〔倉片憲治・佐藤 洋〕

文 献

Beutelmann, R., Brand, T. (2006): Prediction of speech intelligibility in spatial noise and reverberation for normal-hearing and hearing-impaired listeners. *J. Acoust. Soc. Am.*, **120**(1): 331-342.

Bradley, J.S., Sato, H. (2008): The intelligibility of speech in elementary school classrooms. *J. Acoust. Soc. Am.*, **123**(4): 2078-2086.

Burén, M., et al. (1992): Threshold of hearing (0.125-20 kHz) in children and youngsters. *British J. Audiology*, **26**: 23-31.

Festen, J. M., Plomp, R. (1990): Effects of fluctuating noise and interfering speech on the speech-reception threshold for impaired and normal hearing. *J. Acoust. Soc. Am.*, **88**(4): 1725-1736.

ISO 226 (2003): Acoustics—Normal equal-loudness-level contours. The International Organization for Standardization.

ISO 389-7 (2005): Acoustics—Reference zero for the calibration of audiometric equipment—Part 7: Reference threshold of hearing under free-field and diffuse-field listening conditions. The International Organization for Standardization.

ISO 28961 (2012): Acoustics—Statistical distribution of hearing thresholds of otologically normal persons in the age range from 18 years to 25 years under free-field listening conditions. The International Organization for Standardization.

ISO/WD 7029 (2011): Acoustics—Statistical distribution of hearing thresholds as a function of age. The International Organization for Standardization.

倉片憲治（2013）：聴覚特性データ．子ども計測ハンドブック（持丸正明ほか編），pp. 212-214，朝倉書店．

永渕正昭（1997）：聴覚と言語の世界．東北大学出版会．

Nooteboom, S. G. (1979): More attention for words in speech communication research? Frontiers of speech communication research (Lindblom, B. and Ohman, S., eds.), Academic Press.

坂本修一ほか（1998）：親密度と音韻バランスを考慮した単語了解度試験用リストの構築．日本音響学会誌，**54**(12)：842-849．

Sato, H., et al. (2006): Accessible speech messages for the elderly in rooms. 9th Western Pacific Acoustics Conference Seoul, Korea.

1.3.3 触 覚

a. 触覚系の概要

触覚（tactile sense）はなんらかの対象に触れたときに生じる感覚である．皮膚の介在が前提となることから，皮膚感覚とも呼ばれる．関節の角度や筋肉の力を検知する固有感覚とあわせて，**体性感覚系**（somatosensory system）と称することも多い．視覚や聴覚などの他の感覚と違って全身に分布し，自己と外界を区別する役割を担っており，身体動作にも密に関連する身体性の強い感覚システムである．

このような特徴を持つ触覚は，大まかに（a）触圧覚（ものに触れたり圧迫されたときの感覚），（b）振動覚（ものの震えを感じ取る感覚），（c）温度覚（温かさや冷たさの感覚），（d）痛覚（痛みの感覚）の4種類にまとめることができる．ここでは，感覚代行や義手の感覚フィードバックなどとかかわりのある触圧覚や振動覚を主に取り上げる．自己の生存への警告と危険回避としての役割を果たす痛覚，触覚系の脊髄伝導路，大脳皮質での体性感覚情報処理，体部位再現地図（homunculus），幻肢などは，生理学の専門書に詳しいので，それらを参照されたい（Pocock, Richards, 1999；篠原, 2008）．

触覚機能の代表的な測定法には，神経活動パターンを**微小電極法**（microneurography）などで調べる電気生理学的手法と被験者の反応から刺激閾や弁別閾を求める心理物理学（精神物理学）的手法がある．さらに，近年の脳機能計測技術の進歩により，視覚や聴覚に障害を持つ人たちの触覚情報処理が大脳の視覚野や聴覚野でも行われていることが明らかにされつつある（Sadato et al., 1996；Auer Jr. et al., 2007）．これらの脳科学による知見は，触覚系を利用した感覚代行システムの機器開発の新たなエビデンス（科学的根拠）として，これまでに蓄積された神経生理学や心理物理学に基づく知見との相乗効果のなかで，今後の重要性を増していくと考えられる．

また，義肢や触図システムなどの感覚フィードバックでは，手指で対象に「触る」という能動的な**触察行**

為（active touch）が重要である．このような触覚研究は，ロボティクスやバーチャルリアリティの分野においても（望山，井野，2009），**ハプティクス**（haptics）という用語を基軸に学際的な研究が進んでおり，それらの健康・福祉技術への実りある還元が期待されている（井野，2010）．

b. 機械受容器の種類とその役割

ヒトの皮膚構造と触覚情報の検出を担っている**受容器**（receptor）の配置を図1.3.33に示す．皮膚は**表皮**（epidermis）と**真皮**（dermis）および**皮下組織**（subcutaneous tissue）の3層で構成されている．表皮の外部は角質層に覆われ，総じて有毛部の表皮は薄く，手掌や足底の無毛部で厚い．表皮の下にある真皮は，密な結合組織の層であり，1～3 mmの厚みである．皮下組織は，粗い結合組織と脂肪組織で構成されている．それらの層と境界に受容器が存在している．触覚の受容器には，カプセル状の構造を持つものと，神経線維の端が枝分かれした特定の構造を持たない自由神経終末状のものがある．圧や振動に反応する機械受容器の多くはカプセル状の構造を持ち，温度受容器や侵害受容器は自由神経終末状のものである（Zimmermann, 1989）．

形態学的な観察により，手掌などの皮膚無毛部の**機械受容器**には，**マイスナー小体**（Meissner corpuscle），**メルケル触盤**（Merkel disk），**ルフィニ終末**（Ruffini ending），**パチニ小体**（Pacinian corpuscle）の4種類の存在が知られている．これらの受容器は異なる役割を担っている．図1.3.33に示すように，ヒトの手指皮膚に対してランプ状に変化する機械刺激を与えたときの各受容器からの神経活動パターンが，電気生理学の微小電極法で用いられる単一神経活動電位記録の技術により，詳しく調べられている（Vallbo, Johansson, 1984）．これより，メルケル触盤とルフィニ終末は皮膚の押し込みの変位量が増えるごとに発火頻度が増加し，マイスナー小体は皮膚変形の速度に応じて，パチニ小体は皮膚変形の加速度に応じて，その頻度が高まることがわかる．このような皮膚への機械刺激に対する発火パターンの違いから，前者二つは**遅順応型**（slowly adapting：SA），後者二つは**速順応型**（rapidly adapting：RA，あるいは fast adapting：FA）と呼び，受容野の大きさの違いからはⅠ型とⅡ型に分類される．Ⅰ型では受容野の幅が狭く（数mm），その境界は明瞭であるが，一方のⅡ型は広く，境界はぼやけている．これらの形態学的分類と機能的分類の対応関係から，メルケル触盤をSAⅠ，ルフィニ終末をSAⅡ，マイスナー小体をRAⅠ，パチニ小体をRAⅡと略称で記述することが多い．

また，手掌における受容器の分布密度は，RAⅠが最も高く（たとえば，指先で約140個/cm^2），次いで

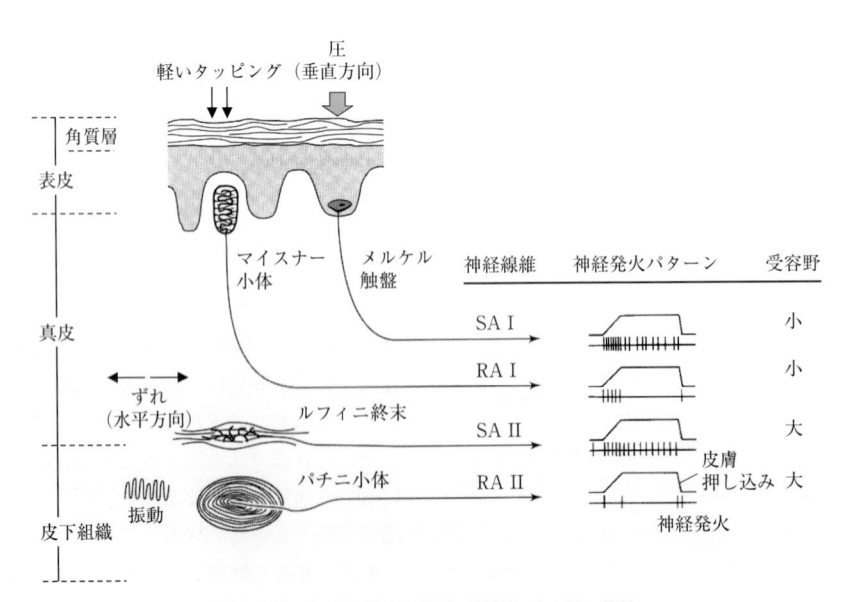

図1.3.33 皮膚の構造と触覚（機械）受容器の特性

SA II, RA II, SA II の順となる．受容器の分布密度の高い指先において，空間分解能も高くなっている．SA I, RA I, RA II に関しては，部位依存性があり，指先から手掌に移るにつれて分布密度が減少する．SA II に関しては，このような差異はみられない．

一方，機械受容器を支配するおのおのの神経線維に微弱な電流を微小電極で流すことにより，人為的に感覚を惹起させることができる．RA I では，受容野がパタパタと軽くタッピングされたような感覚が生じ，SA I では受容野に軽い均一な圧迫感（柔らかな筆を皮膚に軽く押し当てたような感覚）が生じ，RA II では受容野に（RA I のそれよりも周波数が高い）振動感覚が生じる．また，SA II では，皮膚の垂直的な変化よりも水平的な変化によく反応することが知られている．したがって，継続的に押されたり，引っ張られたりする圧覚に関しては，主に SA I と SA II が，一方，何かの物体に触れたときのような一過性の触感覚や振動覚に関しては，RA I や RA II が機能していると推測できる．

c. 振動刺激の知覚

機械受容器の活動は，刺激の振動周波数との兼ね合いでも異なってくる．触覚で知覚される振動周波数帯域の上限は，一般に 1000 Hz くらいである．図 1.3.34 を見ると，各周波数帯域において，閾値を担っている受容器の種類が異なることがわかる．低周波域（1 Hz 程度）では，SA I が閾値を担っている．SA I 自体の閾値は，ほぼ周波数に対し平坦である．数 Hz～30 Hz の領域では，RA I が閾値を担う．RA I 単体での振動閾値は，およそ 30 Hz 付近で最小になり，最大でおよそ 400 Hz まで反応する（Bolanowski et al., 1988）．30 Hz 以降では，RA II が閾値を担う．RA II の閾値は，200～300 Hz において最小となる．このときの閾値の大きさは 1 µm 以下の鋭敏さである．

この周波数応答性の違いを利用すれば，各機械受容器を選択的に刺激することができる．たとえば，30 Hz の振動を利用すれば，主に活動するのは RA I であり，250 Hz の振動では RA II である．

触覚を利用した感覚代行機器の設計において，**刺激の振動周波数**をどこに設定するべきかということは大変重要である．過去に最も利用された振動周波数は，

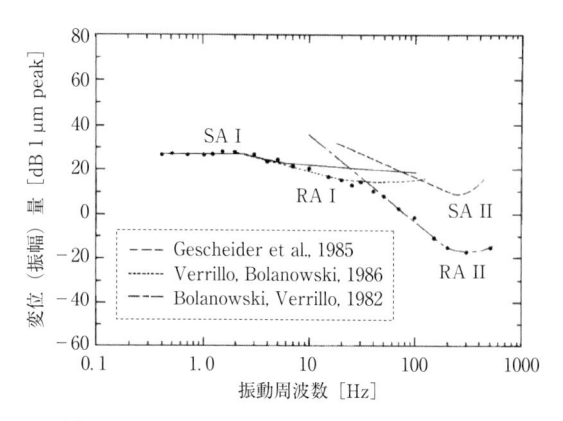

図 1.3.34 振動刺激に対する機械受容器の周波数特性
（Bolanowski et al., 1988 より改変）

200～300 Hz の範囲である．この主な理由は，この帯域での振幅の閾値（刺激閾）は低く，触覚刺激に必要なエネルギーが少なくてすむからである．ただし，この帯域の振動は知覚しやすいという利点のある一方で，くすぐられるような独特の感触や刺激後の残存感（疲労）を惹起することがある（Wada et al., 1996）．刺激の選択に当たっては，閾値のみでなく，感覚の質や経時的な影響などにも配慮が必要である．

d. ずれ刺激の知覚

手元をみつめなくても，私たちはコップなどをすべり落とすことなく上手に扱うことができる．このことは，ものを把持したときに生じるごくわずかな手指の皮膚の**ずれ**（水平方向の伸縮）を振動や圧（垂直方向の伸縮）と同様に巧みに知覚できるからである．

ずれの知覚能力は，指先に対する方向によって異なる．その閾値は，縦（指の軸方向），斜め，横の順で大きくなり，縦方向と横方向では約 2 倍の違いがある．ずれの速度に対する依存性も認められ，縦方向のずれの場合，0.2 mm/s で 50 µm，4.0 mm/s で 20 µm であり，速いほど閾値は小さい．また，対象物の表面温度が 32℃（指先の皮膚温）のときに，閾値は最も低くなり，この温度を境界として閾値は上昇し，高温域での上昇は低温域よりも顕著といった温度依存性がある．その他では，把持状態（摩擦）を規定する物理量である表面粗さや粘性の影響も受ける（井野ほか，1992）．操作や把持などの動作に関連した触覚デバイスの設計には，これらのパラメータの及ぼす作用につ

いて留意する必要がある.

一方,歩行との関連性では,母趾や踵などの足底部の皮膚におけるずれの閾値が,高齢者の転倒予防の観点から調べられている(Tanaka et al., 1996).若年者に比べて高齢者で,ずれの閾値の上昇が確認されている.

e. 温度刺激の知覚

皮膚における温度感覚には,温覚と冷覚があり,それらは独立した感覚であると見なされている.その根拠として温点と冷点の存在があげられる.電気生理学的には,約42℃で定常発火頻度が最大になる温受容器と25℃付近で最大になる冷受容器の2種類の存在が確認されている(Kenshalo, 1976).しかし,解剖学的見地からの温度受容器に関しては未解明なことが多く,自由神経終末がそれであろうと推測されている.

皮膚における温度の閾値は,皮膚の初期温度や刺激の種類により複雑に変化する.たとえば,皮膚温を一定にした**静的温度感覚**は,31~36℃で**無関感覚**(順応状態),36℃以上で**持続的温覚**(43℃以上で**熱痛覚**)を生じ,31℃以下で**持続的冷覚**(17℃以下で**冷痛覚**)を生じる.**動的温度感覚**では,初期温度が低い場合,温覚閾は高く,冷覚閾までの温度差は低く,初期温度が高い場合はその反対のことが起こる.温度の変化速度が非常に遅い場合には,その変化にまったく気がつかないこともある.一方,皮膚面積の影響では,面積が広いと温冷ともに閾値は低くなる.

また,温度刺激は触覚に関する錯覚を惹起しやすい.たとえば,額に冷刺激を与えたのちに湿った感じが生じることが知られている(**Thunbergの錯覚**).また,重さの感覚は温度の影響を受け,冷やすと重く感じることが心理物理実験により確認されている(Stevens, Hooper, 1982).このような温度感覚に伴う錯覚を利用して,皮膚温の変化により材質感を人工的に呈示する触覚ディスプレイが開発されている(井野ほか,1992).

f. 電気刺激の知覚

皮膚に電気的刺激パルスを呈示すると独特な触感が得られる.この電気刺激による感覚量はわずかな電流値や電圧値によって変化する.また,皮膚の電気インピーダンスに対する依存性も大きい.そのため,触圧覚や振動覚と比べて,刺激閾から痛覚や不快感が生じるまでのダイナミックレンジは狭い(刺激閾のおよそ6~8倍).その理由は,皮膚表面からの電流が,機械受容器などにつながる神経線維を直接刺激するためと推察される.このように電気刺激による感覚呈示は扱いにくさのある反面,刺激デバイス(電極)の小型化が比較的容易なため,**視覚代行**や**機能的電気刺激**(functional electrical stimulation:FES)の感覚フィードバックなどへの応用が試みられている(梶本ほか,2008;泉ほか,1987).

g. マスキング効果

二つの刺激が時間的あるいは空間的に近接して呈示されるとき,おのおのの刺激に対して知覚の妨害作用が生じる.この現象を**マスキング**(masking)**効果**と呼ぶ.たとえば,手指皮膚のある点を振動させた場合,近傍位置に他の振動刺激があると,その主観的強度は通常に比べて低下する.これは,両者の距離が関連するため,**空間的マスキング**と呼ばれる.感覚神経系によくみられる**側抑制**(lateral inhibition)が関与している.

一方,ある場所の皮膚に連続して2回の振動刺激を呈示すると,その主観的振動強度が弱まる.こちらは,**時間マスキング**といわれる.たとえば,視覚障害者の読書器で有名なオプタコン(Optacon)を使った触読実験では,先行する文字の識別が後続の文字によって乱され,識別率が低下することが示されている(Craig et al., 1985).この低下の度合いは,先行する刺激と後続する刺激が時間的に近いほど大きく,**逆向マスキング**と呼ばれている.その反対の**順向マスキング**や**同時マスキング**もある.

このマスキング効果を減らすには,どうすればよいであろうか.振動刺激による一連のマスキングに関する実験において,同じ個所の皮膚でも異なる機械受容器間であれば,マスキングが起こりにくいことが知られている(Verrillo, 1985).たとえば,皮膚の一点に対し,同一の25 Hzの振動(RAIを刺激)を連続して提示すると,前者に比べて後者の振動の主観的強度

が弱まる．これは，300 Hz の振動（RAII を刺激）を用いても同様である．しかし，25 Hz から 300 Hz に，300 Hz から 25 Hz にといったように，連続する二つの刺激の周波数を互いに変化させると，主観的強度の減少は観測されない．よって，複数の異なる周波数刺激を組み合わせることは，マスキング効果の低減につながり，触覚（振動）による伝達情報量の増加の一方策となる．

h. ファントムセンセーションと仮現運動

皮膚上の離れた2点に等強度で同時に振動刺激を加えると，図1.3.35に示すように，二つの刺激はおのおのの刺激位置に感じることなく，その中間位置に一つの振動覚として知覚されることがある．このように，二つの刺激の強度差や時間差によって生じる触覚像定位の錯覚現象を**ファントムセンセーション**（phantom sensation）という．この現象の生じやすい距離は上腕で4〜5 inch であり（Alles, 1970），訓練によってその感覚を体外に投射できるとの報告もある（Békésy, 1967）．しかし，一般にファントムセンセーションの知覚には，刺激に対する熟練と注意を要する．

また，類似する知覚現象に**跳躍現象**（cutaneous saltation）がある．これは，機械的あるいは電気的刺激パルスを皮膚に与え，その第1と第2の刺激パルスが時空間的に近接して呈示された場合，第1刺激の感覚像が第2刺激の方向に飛び跳ねるように感じる現象である．この跳躍現象は身体の正中線を超えて出現することがないことから，中枢神経系の関与が強く示唆される（Geldard, Sherrick, 1986）．

そのほかに興味ある現象として**仮現運動**（apparent motion）がある．これは，実際には動いていない対象に運動を知覚する錯覚現象である．触覚の場合，圧刺激よりも振動刺激を利用することで，より連続的な運動が知覚される．この仮現運動は，振動周波数・強度・距離・持続時間・呈示時間間隔などの諸条件に依存する（清水, 2008）．

i. 皮膚の機械インピーダンス

触覚を利用した情報呈示は，皮膚を介して行われる．そのため，皮膚の物理特性としての生体力学的な性質（機械インピーダンス特性）は，神経生理学および心理物理学の諸知見と同じく，触覚デバイスの設計にとって重要である．

皮膚の柔らかさの評価指標となる**機械インピーダンス**（mechanical impedance）とは，単位速度当たりに必要な力を表し，力と速度の比（力/速度）によって求められる（Hixson, 2002）．これは，機械系の動きにくさを示す指標である．したがって，柔らかいものは硬いものに比べて機械インピーダンスは小さくなる．また，生体組織の場合，系の非線形性の存在が知られており，その測定には注意が必要である．

これらを踏まえた周波数応答法による生体機械インピーダンスの測定から，手指皮膚の機械的構造は，図1.3.36に示すように，共振点を持たないバネとダ

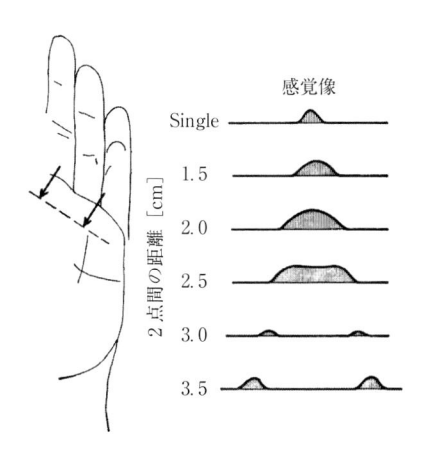

図1.3.35 触覚のファントムセンセーション（Békésy, 1967 より改変）

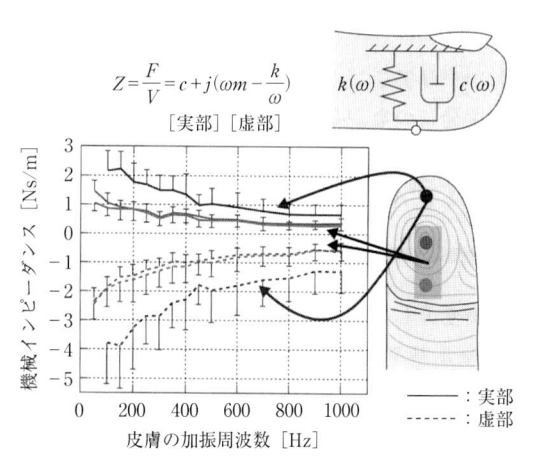

$$Z = \frac{F}{V} = c + j(\omega m - \frac{k}{\omega})$$
［実部］［虚部］

図1.3.36 手指皮膚の機械インピーダンス特性（井野, 2010 より改変）

ンパからなる系でモデル化できることが示されている（Homma et al., 2003）．また，その機械インピーダンスは，押付け力に比例して増加し，周波数依存性や部位依存性がある．

j. 加齢効果と空間分解能

触覚は全身の皮膚に広がって存在する感覚であり，身体のさまざまな部位で，その空間分解能が調べられている．たとえば，図1.3.37に示すように，手指の指先は他の部位に比べて閾値が小さい．つまり，空間分解能は高い（Stevens, Choo, 1996）．このため，視覚や聴覚の情報を触覚刺激の位置に変換して伝える感覚代行システムでは，空間分解能に優れる手指を選択することが多い．しかし，手指は，他の身体部位に比べて空間的余裕が少なく，把持や操作などの働きもあり，前額や体幹などの領域を利用する場合もある．そのため，閾値からみた呈示法だけでなく，利用者の状況に合わせた選択肢とのトレードオフも時には必要である．

また，どのような身体機能も加齢の影響を受ける．このことは，触覚についても同様である．たとえば，振動覚の場合，感受性の高い200〜300 Hz付近での閾値の上昇が加齢に伴ってみられる．しかし，低周波数域ではそのような変化が少ない（Verrillo, 1979）．このことから，加齢に伴う振動覚の変化は，主にRA II（パチニ小体）に由来すると推測される．また，先に述べた空間分解能も加齢とともに低下することが知られている．その傾向は，図1.3.37に示すように，足底や手指で顕著であり，唇や舌では小さい．温度感覚（温覚および冷覚）についても同様である（Stevens, Choo, 1998）．なお，痛覚については，触覚や温度感覚と比べて，年齢による特段の差はみられない（Kenshalo, 1986）．

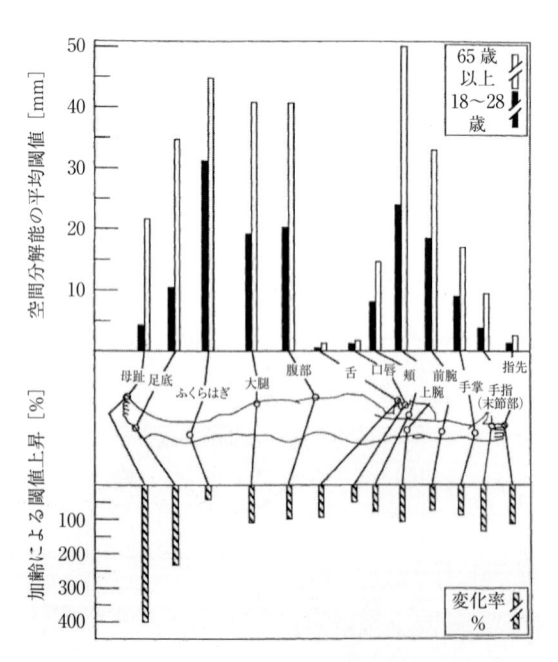

〔井野秀一〕

図 1.3.37 全身の皮膚表面の空間分解能特性と加齢効果（Stevens, Choo, 1996 より改変）

文献

Alles, D. S. (1970): Information transmission by phantom sensation. *IEEE Trans. Man-Machine Systems*, **11**(1): 85-91.

Auer Jr., E. T., et al. (2007): Vibrotactile activation of the auditory cortices in deaf versus hearing adults. *Neuroreport*, **18**(7): 645-648.

Békésy, G. von (1967): Sensory Inhibition. Princeton University Press.

Bolanowski Jr., S. J., et al. (1988): Four channels mediate the mechanical aspects of touch. *J. Acoust. Soc. Am.*, **84**(5): 1680-1694.

Craig, J. C., et al. (1985): Tactile pattern perception and its perturbations. *J. Acoust. Soc. Am.*, **77**(1): 238-246.

Geldard, F. A., Sherrick, C. E. (1986): Space, time and touch. *Scientific American*, **255**(1): 84-89.

Hixson, E. L. (2002): Mechanical impedance. Harris' Shock and Vibration Handbook (Harris, C. M., Piersol, A. G., eds.), pp. 10. 1-10. 14, McGraw-Hill.

Homma, T., et al. (2003): Measurement of mechanical characteristics of a fingerpad surface in the design of a tactile display. *J. Robot. Mechatronics*, **15**(2): 153-163.

井野秀一ほか（1992）：感覚フィードバック型ハンドのための把持感覚に関する心理物理的研究．電子情報通信学会論文誌 D-II, **J75-D-II**(11): 1909-1916.

井野秀一ほか（1994）：物体接触時の皮膚温度変化に着目した材質感触覚ディスプレイ方式の提案．計測自動制御学会論文誌, **30**(3): 345-351.

井野秀一（2010）：触覚ディスプレイ．*J. Clin. Rehabilitat.*, **19**(8): 710-714.

泉　隆ほか（1987）：麻痺上肢補助における感覚フィードバックのための移動感覚の呈示方式．電子情報通信学会論文誌 D, **J70-D**(8): 1625-1632.

梶本裕之ほか（2008）：日常的装具としての電気触覚ディスプレイ．計測と制御, **47**(7): 601-605.

Kenshalo, D. R. (1976): Correlation of temperature sensitivity in man and monkey, a first approximation. Sensory Functions of the Skin in Primates (Zotterman, Y., ed.), pp. 305-330, Pergamon Press.

Kenshalo, D. R. (1986): Somesthetic sensitivity in young and elderly humans. *J. Gerontology*, **41**(6): 732-742.

望山　洋，井野秀一（2009）：インダストリアル触感デザイン（特

集号).日本バーチャルリアリティ学会誌,**14**(3):134-159.
Pocock, G., Richards, C. D. (1999):Human Physiology, Oxford University Press.
Sadato, N., et al. (1996):Activation of the primary visual cortex by Braille reading in blind subjects. *Nature*, **380**(11):526-528.
清水 豊(2008):触覚の心理物理学.聴覚・触覚・前庭感覚(講座感覚・知覚の科学3,内川惠二編),pp.142-177,朝倉書店.
篠原正美(2008):触覚の生理学.聴覚・触覚・前庭感覚(講座感覚・知覚の科学3,内川惠二編),pp.102-141,朝倉書店.
Stevens, J. C., Choo, K. K. (1996):Spatial acuity of the body surface over the life span. *Somatosens. Motor Res.*, **13**(2):153-166.
Stevens, J. C., Choo, K. K. (1998):Temperature sensitivity of the body surface over the life span. *Somatosens. Motor Res.*, **15**(1):13-28.
Stevens, J.C., Hooper, J.E. (1982):How skin and object temperature influence touch sensation. *Percept. Psychophysi.*, **32**(3):282-285.
Tanaka, T., et al. (1996):Objective method to determine the contribution of the great toe to standing balance and preliminary observations of age-related effects. *IEEE Trans. Rehab. Engin.*, **4**(2):84-90.
Vallbo, Å. B., Johansson, R. S. (1984):Properties of cutaneous mechanoreceptors in the human hand related touch sensation. *Human Neurobiol.*, **3**:3-14.
Verrillo, R. T. (1979):Changes in vibrotactile thresholds as a function of age. *Sensory Processes*, **3**(1):49-59.
Verrillo, R. T. (1985):Psychophysics of vibrotactile stimulation. *J. Acoust. Soc. Am.*, **77**(1):225-232.
Wada, C., et al. (1996):Comparative study of adaptation phenomena between vibratory stimulation and Braille like stimulation for tactile communication. *Trans. Soc. Instr. Contr. Engin.*, **32**(8):1304-1306.
Zimmermann, M. (1989):The somatovisceral sensory system. Human Physiology (Schmidt, R. F., Thews, G., eds.), pp.196-236, Springer.

1.3.4 力　覚

　ここでは,力覚(haptics)について,その特徴および感覚特性の測定方法について考えるとともに,提示インタフェースを分類・整理することで力覚提示技術の応用の可能性について考える.

a.　力覚とは

　物体に触れたときの表面のざらざらとした皮膚感覚などが**触覚**である.これに対して,物体を握ったときに筋肉の緊張の具合や加えた力に対する変形・手応えからその硬さを,指関節の角度などから物体の形状を知ることができる感覚が**力覚**である.力覚も触覚と同じく体性感覚の一つであり,深部組織(筋,腱,骨膜,関節嚢,靭帯)にある感覚受容器が刺激されて生じる感覚である.
　対象を手で自由に触る能動的なタッチは**アクティブタッチ**と呼ばれている.触覚におけるアクティブタッチが,皮膚との相対的な摩擦や応力・せん断力によって,粗さやテクスチャーといった触感や触り心地を知覚する能動的な動作であるのに対し,力覚におけるアクティブタッチは,加えた力に対する運動や変形によって,対象物の運動や物性といった外界の手応えや感触を知覚する能動的な動作である.
　これらの知覚動作において,触感と感触は同じような意味合いで使われることが多いが,あえて相違を吟味してみよう.**触感**は,触覚によるアクティブタッチであり,指先に意識を集中して,大きな変形が伴わない対象物の表面の特徴を探り,手触りや肌触りといった印象を表す.これに対して,**感触**は,力覚によるアクティブタッチであり,複数の指や手などを用いて,変形を伴うくらいのより能動的な関与により,対象物の内部やボリューム全体の物理的特徴を探り,形状や手応えといった印象を表す,と区別することができよう.
　力覚情報は視覚情報と合わさって探索的に外界を理解するのに利用されるが,力覚が視覚の影響を受ける場合がある.たとえば,同じ重さの物体を把持したと

き，より小さい物を重く感じてしまうという錯覚現象が古くから知られている．これに対して，果物の詰まり具合や重さを推定するために，果物を空中で上下に振るといったアクティブタッチが日常的に行われている．見た目に騙されず比較的正確に重さを推定できる理由は，振るという往復運動により，感覚受容器の順応による感度低下を回避し，質量に依存した慣性力から推定するからである．加齢とともに筋力が低下したり，筋肉が疲労することにより，重さの感覚が変わることがあるが，これは振るといった能動的な努力に対して，筋や腱からの情報が低下するために，主観的にはより重く感じるためと考えられる．

力覚という言葉は触覚に比べて馴染みが薄く注目されることは少ないが，最近では，力覚技術を使った応用も増えている．バーチャルものづくりが盛んになりつつある昨今では，たとえば，部品の差し込み具合や組み立ての干渉問題を力覚的な抵抗感で体験できる技術として設計の分野で利用されはじめるなど，力覚に関する理解およびさまざまな分野への応用が促進されつつある．

b. 力覚特性の測定について

感覚の特性曲線といえば，空気振動の知覚である聴覚の**等ラウドネス曲線**（**等感レベル曲線**）を思い起こされる方も多いと思われる．聴覚の節で示されているとおり，ラウドネスとは，各周波数の純音の感覚強度を 1 kHz における音圧を基準にして表したものであり，等しい強度と感じられた 1 kHz 純音の音圧レベル（エネルギー）で等価的に表現した主観的強度である．そのため，1 kHz における感覚強度は，1 kHz 純音の物理的なエネルギー量そのものとなる．単耳聴/両耳聴，自由音場/ヘッドホン，持続音/断続音など測定条件により**最小可聴値**（健聴者が検知できる純音の最小音圧レベル）が異なるため，オージオメータによる最小可聴値を**聴覚閾値**と呼び，それ以外では測定方法・測定条件を明記する必要がある．

触覚の代表格である振動についての感覚特性は，触覚の節で示されているとおり，四つの受容器における神経を発火させる最少振動振幅によって，周波数ごとの閾値によって表されている（図 1.3.38）．もし振動感に関する等感レベル曲線を求めたいのならば，等ラウドネス曲線と同様な手順で測定することは可能である．

これに対して，力覚についての感覚特性とは，ラウドネスにおける基準値と同じ意味合いを持ち，提示された物理量（力）そのものを表す．そのため，等ラウドネス曲線のような特性曲線は存在しない．また，力覚の主観的閾値に関しては，測定器に指先や皮膚が触れた瞬間に接触感（圧覚）が知覚されてしまう問題がある．閾値近傍における圧覚と力覚を分離することは難しく，皮膚の機械的な受容器の関与を制御もしくは除外することができないため，力覚本来の主観的な閾値（心理物理的閾値）を測定することは困難である．

力覚の閾値を測る方法として，触覚における振動の閾値と同じように，筋の発火で閾値を測定する方法が考えられる．触感が，表面を撫でたときのせん断力の変化，つまり，撫でたことによって発生した振動に対する応答を知覚している．これに対して，感触は，力を加えたときの手応え，つまり，力に対する筋や腱の応答を知覚している．指先に圧を加えていき筋の神経が発火したときの圧力を測定して閾値とするが，インタフェースの接触面を押し返すように能動的に力を加

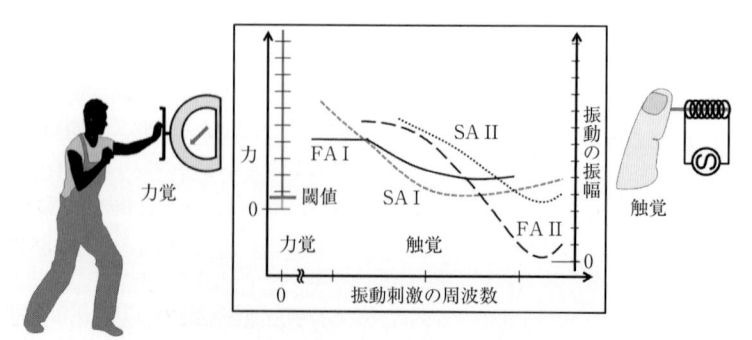

図 1.3.38 力覚に関する等感レベル曲線
FA：fast adapting, SA：slowly adapting.

える必要があり，押し返そうと準備をしているときにも筋肉の緊張が発生してしまう．そのため，閾値近傍では，インタフェースに接触したときに圧覚が発生するうえに，正確な閾値の測定が難しい．

さらに，さまざまな力覚提示装置が考えられるうえに，握り方や把持圧によりオフセットとなる筋肉の緊張状態が異なる．たとえば，提示された力が物理量としては同じでも，平板で指先に力を加えたときや，掌で棒を握った把持状態では力覚強度が異なって感じられる．このため，特性を測定するには，握り方の統一に加え，把持圧をモニタするなどして被験者に把持圧を一定に保つように指示する必要もある．産業化に当たってはインタフェースの形状や各人の掌や指の長さを考慮した測定方法の標準化が不可欠である．しかし，さまざまな提示機構や形状のインタフェースが提案されてはいるが，ISOで定められるような標準としては規格化されていない．今後は，国際標準規格になっている視覚・聴覚と同様に，感覚特性を測定できる十分な性能・精度を有し，触覚や力覚に関する心理量を忠実に再現できるインタフェースや計測器および感覚特性の測定方法が確立される必要がある．

そこで，以下では，日常で利用される可能性が高い非ベース型力覚提示インタフェースを分類・整理し，その特徴を考察することで，力覚の提示手法について俯瞰的な理解を深める．

c. 力覚インタフェースの開発背景

現在の情報端末がリビングでくつろぎながらでも利用できる形態に進化してきたように，触力覚提示においても，使う人間の立場や視点に立った使い勝手を重視した**人間中心設計**（human centered design）の技術開発が必要とされている．

しかし，これまでの触力覚技術といえば，ゲーム機のフライトシミュレータで利用するジョイスティックや**ロボットアーム**（robot arm）による反力提示が主流であり，アームが人の動きを干渉し自然な動きを阻害したり，装置が大きくなってしまう問題点があった．近年，加速度センサを内蔵したリモコンやジェスチャー入力による体感型ゲームが注目を集めており，力覚インタフェースもリモコンやスマートフォンに組み込んだり，指先に装着したりして使用する形態のインタフェースが望ましく，空中で利用できる非ベース型の研究開発が盛んとなっている．

力覚の神髄はアクティブタッチであり，インタフェースとして自然な動きがそこなわれるベース型はあまり適切ではない．これに対して，非ベース型は，能動的な感覚特性を自然に測定できる可能性を有している．しかし，大きな力を発生させようとしてモータが大きくなると，非ベース型である以上デバイス自身が重くなり，デバイスの自重は筋肉が負うことになる．そのため，把持圧が上がることで押しつぶされた皮膚は繊細な感覚を感受することができなく，筋肉への負担やインタフェース自身の慣性力による影響を考慮する必要がある．

次項以降では，力覚インタフェースを構造的特徴によって「**ベース型**（earth-base-type）」「**身体内ベース型**（physical-base-type）」「**非ベース型**（non-base-type）」「**非接触型**（non-contact-type）」および「**錯覚型**（illusion-type）」に分類し，人間中心主義である使いやすさの視点に立ち，非ベース型に焦点を当てて，モバイルやウェアラブルでの利用が可能な力覚情報提示技術について俯瞰的に解説する（図1.3.39）．

d. 身体内ベース型インタフェース

1） ロボットアーム方式（アーム反力）

古くから利用されてきたベース型力覚インタフェースは，アームやワイヤの抗力や張力による力フィードバックによってユーザに触覚・力覚を提示する（Gomez, 1995）．触力覚フィードバックには高精度の位置計測が不可欠であるが，ベース型は大きな力を発生できるうえに，アームに取り付けられた角度センサによって位置計測ができるため，長年，触力覚の研究を牽引してきた．しかし，原則として，身体に提示したときに発生する反力を支えるベースが必要であり，このベースを机などに設置するため，ユーザの自由な動きには適していない．

この携帯性の問題を解決するために身体内に反力を支えるベースを設けた身体内ベース型力覚インタフェースが開発された（Hirose, 1999）．しかし，反力を支えるベースがユーザ自身にあるため，作用・反作用の物理法則に従い物を押しかえしている感覚や外部から力を受けたという感覚に乏しい問題がある．

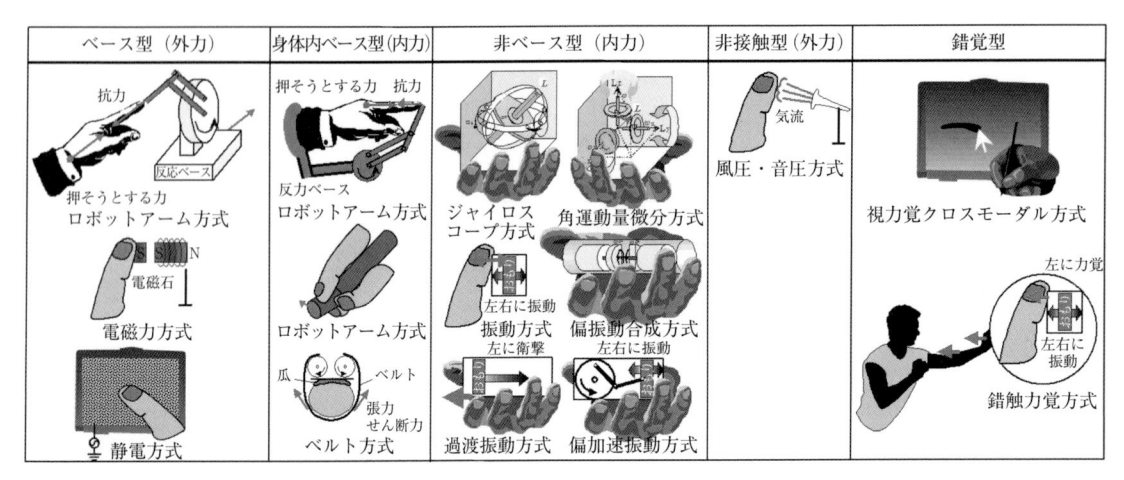

図 1.3.39 力覚インタフェースの分類

"Pen de Touch"（Kamuro, 2009；TachiLab-2, 2010）も，ペンを持った掌を身体内ベースとして利用し，ペン本体がロボットアームのように変形するロボットアーム方式のインタフェースであり，指で持ったペン先が瞬間的に伸びたり曲がることによって，指先に力を伝える．ベース部分が接地面である身体に固定されているわけではなく，変形が完了すると曲がったペンを持っているにすぎないために力が感じられず，提示を繰り返すためにはもとの位置への復帰が必要である．連続的な力を提示することはできないが，簡単な機構で 3D 空間で対象物に接触したことを知覚させることはできる．

2） ベルト方式（圧迫・せん断力）

圧迫・せん断力方式は，ベルトなどによって指先を締め付けることで力を提示するが，いったんはめてしまった手袋からの圧力が意識されにくいのと同じく，すぐに感覚が順応してしまい圧覚が低下する．基本的には触覚に関しても連続提示ができなく，力覚の提示も不可能だが，瞬間的な圧覚やせん断力による触覚の提示には適している．ただ，ベルト方式では力の方向を示すのには難があり，巻き取り用モータを支える身体内ベースが不可欠であるため，ベースを感覚が鈍い身体部位に装着するなどの工夫が必要である．"Gravity Grabber"（南澤，2008）は圧迫・せん断力を提示するベルト方式であるが，感度が低い指の甲側や爪の上をベースとして，ベルトを巻き取ることで指の腹を圧迫する．連続的な手応えを提示することはできないが，映像と組み合わることで力覚的キューとして一瞬の衝突や叩くようなタッピング感覚の提示に効果的である．本技術は，**立体映像**に一瞬触れた感触を提示する「多視点裸眼立体ディスプレイ（RePro3D）」（Yoshida, 2010；TachiLab-1, 2010）に利用されている．圧覚の連続提示ができないため，接触直後はバーチャル物体が指先から離れるようにプログラムする必要はあるが，構造がシンプルで制御も容易なため有用性が高い．

e. 非ベース型インタフェース

1） 振動方式（加速度）

身近にある非ベース型インタフェースといえば，携帯電話の振動があげられる．振動は，反力を支えるベースなしに空中でも力を提示できるが，力学の大原則である運動量の保存則に従い，一定方向に力を連続的に提示することはできない．つまり，どのような加速・減速を行ったとしても振動が 1 サイクルすると力学的には力が打ち消されてしまう．このように，振動は基本的に方向情報を含まず交互に力の方向が変化するため，立体映像のオブジェクト面の方向と接触力の方向が一致せず，存在感・リアリティに悪影響を与えることがある．

2） 過渡振動方式（運動量保存則）

振動方式でも 1 サイクルさせなければ，運動量保存則に従い，1 定方向に過渡的に力を提示することは可能である．「直動式ソレノイドを用いた撃力提示デバ

イス」(松井, 2003) は, この方式を利用したビリヤード用のスティック状インタフェースであり, スティック内に仕込まれた錘が前後に移動することによってボールを弾いた衝撃力を伝える. いったん錘が移動してしまうと, 次の力の提示には錘をもとの位置へ復帰させることが不可欠である. このため連続的な力を提示することができなく用途は限られるが, 簡潔で有効な力覚提示手法である.

3) 偏加速振動方式 (感覚閾値)

過渡現象後の初期位置への復帰を感覚的に知覚されない (されにくい) 程度にゆっくりと戻すことで, 周期的な提示を可能にした方式がある. 「ぶるナビ」(雨宮, 2006) は, レシプロ・エンジンのピストン往復運動のように, リンク機構を用いてモータの一定速度の回転運動を加速・減速 (偏加速) する錘の振動に変換する. 加速時に振動を強く感じ, 減速時には弱く感じさせることで1方向が強調されて1方向に力が偏重して感じられるインタフェースであり, 周期的に1方向に叩かれるような瞬間的な力として感じられる. 叩かれる質感を変化させるためにはリンク機構の腕の長さを替える新たな機構を必要とするが, サイクロイド運動を用いているために, モータの回転速度は一定でも錘を加速・減速することが可能であり, 制御が容易である.

4) ジャイロスコープ方式

ジャイロスコープ (gyro scope) は飛行機の姿勢安定のために古くから利用されてきたが, 発想を変えて積極的にジャイロの姿勢を変えることにより, 反力を支えるベースがなくても空中で反力を提示できる (吉江, 2002).

天球儀のようなジンバル構造のジャイロが発生するトルク τ は, $\tau = \Omega \times L$ (Ω: 回転軸の姿勢変化の角速度, L: 回転体の角運動量) で表されるように, 回転軸とその軸自身を回軸させる回転軸との両方に直交する. このような**ジャイロスコープ方式**では, 大きな力で, かつ力の方向の変化を滑らかに提示できるが, 上記数式の外積が示すように, 発生できるトルクの方向は回転体の現在の姿勢に依存するため, 瞬時に任意の方向に力を発生できない. 回転体が常に高速で回転している必要があり, ユーザの不用意な動きによってもジャイロの力が発生するため, ジャイロスコープの姿勢モニタと不用意なジャイロトルクを打ち消すための補正制御が必要となる.

5) 合成角運動量時間微分方式

そこで, ジャイロスコープ方式の問題点を解決するために, 原理であるジャイロの本質に立ち返り, 角運動量の時間微分が発生するトルク ($\tau = dL/dt$) であることに着目して, 合成角運動量時間微分型のインタフェースが開発された (仲田, 2001). x 軸, y 軸, z 軸上に固定された三つの回転体の角速度 ($\omega_x, \omega_y, \omega_z$) を独立に制御して任意の方向にバーチャルな回転体を合成し, これを時間的に変化させることで, 任意の方向に回転力を発生できる. L の方向が変わろうとも合成された角運動量の大きさを一定にする条件 ($|L| = $ 一定) を与えると, 先述のジャイロスコープ方式と一致する. 加減速による効果とジャイロ効果の両方の長所を活用することで, 任意の方向に回転力感覚を効果的に提示することができる.

触力覚に関する感覚特性は前後の強度や振動パターンによって感度や感じ方が異なるという非線形性を有している. そのため, 周期的な加減速パターンや振動で発生する力 (運動量) の積分が物理的には0であっても, 感覚的には必ずしも相殺されるわけではない (Sakai, 2003). これを利用して, 低速での回転ながら, 速度0の近傍で加速・減速パターンを繰り返すことにより, 一定方向のトルク感覚を連続的に提示できるため, ユーザの不用意な動きで発生するジャイロ効果による擾乱的な力の発生を極力押させることができる.

6) 偏振動合成方式 (カ・トルクのハイブリッド提示)

ジャイロ方式は回転力しか提示できないが, 二つの偏心回転子からなる**ツイン偏心回転子** (twin eccentric weighted rotators) の回転方向・回転速度 (ω_{x-}, ω_{x+}) ・位相関係を制御することで, 任意の方向・強度・周波数の力 (振動) ・回転力を提示することができる (中村, 2006). たとえば, 以下のようなことが可能である.

(1) 二つの偏心回転子を位相差0°で同期回転させた場合, 二つの偏心回転子の合成重心と回転軸との距離が最大になることにより, 最大強度の偏心振動が合成される. これにより, 携帯電話のマナーモードのようにぶるぶる震える振動を提示できる.

(2) 180°の位相遅れで同方向に同期回転させた場合，二つの偏心回転子が点対象となり重心と回転軸が一致することにより，偏心のないトルク回転が合成される．これにより，回転力を提示することができる．

(3) 前述2例の中間の位相差を持たせて同期回転させた場合，回転数で振動周波数を，位相差で偏心振動強度を，それぞれ独立に制御できる．これにより，携帯電話のマナーモードのような単なる振動感覚に，強弱と周波数の可変による異なる質感を加えることができる．

(4) 最後に，反対方向に同期回転させた場合，位相差を制御することで任意の方向に直線的に振動する力が合成できる．

このように，二つの偏心回転子の回転方向・回転速度・位相関係を制御することで，一つのインタフェースでありながら任意の方向・強度・周波数の力・回転力の提示が可能なハイブリッドインターフェイスが実現されている．

f. 錯覚型インタフェース

1) 錯触力覚方式（非線形感覚）

立体テレビの製品化に伴い，空中での触れる技術が注目され始めている．たとえば産総研が開発した「触れる立体テレビシステム（Touchable 3D Television System）」（Nakamura, 2010）とは，文字どおり立体映像（stereoscopic images）に手で触れたような感触を与える新技術である（図1.3.40）．本技術は，既存の振動モータによる力覚提示技術に，産総研が発見した触力覚に関する錯覚現象を組み合わせることにより，従来手法では困難だった非ベース型触力覚インタフェースを実現した新たな感覚提示技術である．何もない空間に触った感触を生み出す「錯触力覚」という技術は，手触り（触感）や手応え（感触）といった①**圧覚**（pressure sensation），②**触覚**（tactile sensation），③**力覚**（kinesthetic sensation）の3要素を提示できる．ここでの錯覚とは，感覚の非線形特性やヒステリシス効果を用いて，方向情報がない振動にもかかわらず，任意の一定方向に連続的に力が感じられる現象である．知覚される力覚情報が振動の物理的な成分に存在していないために錯覚と呼んでいるが，一般的にいわれている感覚がだまされるだけの錯覚とは異なり，**錯触力覚**では腕や指が実際に浮き上がる身体的な反応が発生する．

本システムの開発に先立ち，非ベース型でありながら手に持ったインタフェースが重くなったり，軽くなったり，ついには，浮き上がって感じられる振動を用いたインタフェースの開発に至っている（Nakamura, 2005）．振動モータを用いた周期的な運動は，運動量保存則に従い，どのような加速・減速を行ったとしても周回積分すると発生する力は物理的には打ち消され総和がゼロになる．ところが，振動パターンによっては非線形感覚特性により感覚的には必ずしも打ち消されるわけではなく，一定方向に連続的に力を感じさせることに成功している．最初は振動が気に

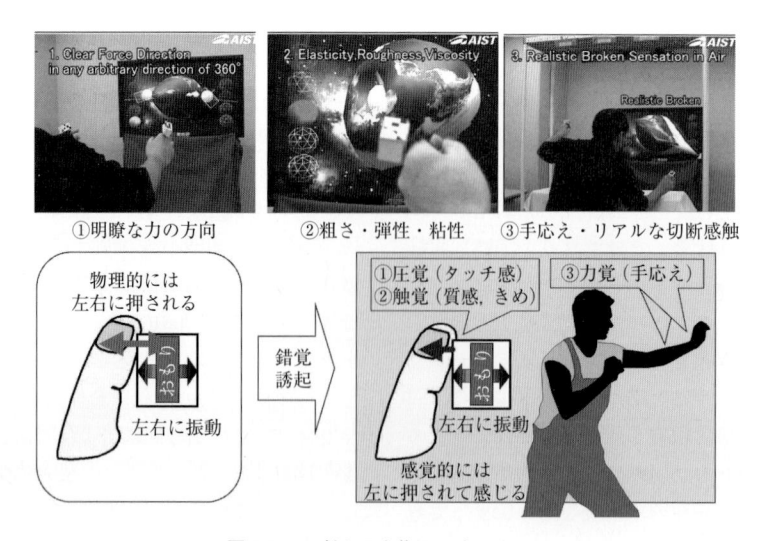

①明瞭な力の方向　②粗さ・弾性・粘性　③手応え・リアルな切断感触

図1.3.40 触れる立体テレビシステム

なるが，錯触力覚への感覚のチューニングと振動への順応による鈍化によって，振動感覚は時間とともに軽減される．触れる立体テレビシステムでは，視覚情報との相乗効果によって錯触力覚への感覚のチューニングが促進されている．

特記すべき特徴として，粘性が $-kv$ で表されるように，指の動き（速度 v）に比例して抵抗力を増加させることで手応えや摩擦力を表現することができるが，錯触力覚技術を用いれば，負の抵抗力（加速力）を表現することが可能であり，現実にはありえない感触が知覚される．たとえば，ハプティクペンに応用すれば，筆圧をかけながらも負の摩擦が働き，ペンの運びが加速するといった現実にはありえない書き味を創作することができる．このように，現実にない触力覚をも含め，新しく触感や感触をデザインすることが可能となる．

2) 視力覚クロスモーダル方式（視覚情報による力覚錯覚）

視覚とのクロスモーダルを利用して力覚に関する錯覚を発生させる方式として，味ペンがある（渡邊，2007，2008）．手で動かした実際のペン型マウスの移動量に対して画面上のカーソルの移動量を通常より減少させることで，操作の抵抗感を視覚的錯覚によって感じさせる方法である．立体映像に触って操作するときは指とカーソルの位置関係が崩れてしまったり，カーソルの動きをみていないときや不動などの映像的手がかりがないときは力が感じられないなどの制約はあるが，ソフトウェアの簡単な改変だけで実装できる利点を有する．

g. 非接触型インタフェース

装着の煩わしさがない触力覚インタフェースを実現するには非接触型が理想であるが，風圧や音圧だと小さなスポットへの提示や空間分解能に難がある．電磁力の反発を用いた磁力反発方式は強力な磁力が必要であり，身近にある電子機器への影響も問題になる．また，一見非接触型に見えるが，実は，指先に装着した磁石と外界に接地されたベースとしての電磁石との間が磁力で結びついたベース型である．

超音波方式（音響流）

"Touchable Holography" は，超音波（ultrasound）を用いて立体映像にそよ風に触れた感触を提示できる空中触覚ディスプレイであり，超音波の指向性を用いることで空間分解能を向上させている（Iwamoto, 2008；Shinoda, 2008）．超音波による非接触型は最も望ましい方式だが，わずかな力覚（0.29 gf）を発生させるために必要な超音波の音圧レベルは理論的にも120 dBSPL を超えてしまい，超音波は知覚できない周波数帯ではあるとはいえ，聞こえる周波数ならば耳をつんざくほどの大きなエネルギーである．しかし，その指向性を利用することで耳を避けながら提示方向・焦点を制御できる可能性は残っている．接地された装置本体と掌の間に障害物があると使えず，掌の向きや人の動きを制限してしまう問題点はあるが，ディジタルサイネージでの利用などを考えるとインタフェースの装着が不要な点や衛生面での優位性が際立つ．

以上の動作原理から考察される特徴および利用の仕方を図1.3.41に模式的に示す．非ベース型力覚インタフェースを使用して初めて体験的に気づくことだが，力覚によるフィードバックがなく，指先に振動や圧力が加わるだけでは，触れたという感覚が乏しい．触覚・力覚インタフェースでは，人の動作に関する位置・速度・加速度をモニタしながら，動作に対応する出力（振動・加速・力など）を制御してアクティブタッチを再現することにより，粗さや弾力感，手応えなどの多様な触感や感触を提示することが可能となる．

バーチャルに物体の存在感を提示しようとする場合も，触覚・圧覚・力覚を提示する必要があるが，図1.3.41から想像できるように，非ベース型の場合，一つのインタフェースですべての感覚を再現することは難しい．それは，物理的な力の再現は作用反作用の法則（運動量保存則）に従い，非ベース型では連続的に力を再現し続けることが不可能だからである．その他の方法としては，脳や神経を電気的に直接刺激する方法があるが，一般には使用に対する抵抗感が強い．これに対して，錯覚を利用すれば，小さな非ベース型インタフェースでも十分な触覚・圧覚・力覚を提示できる長所が示唆されている．

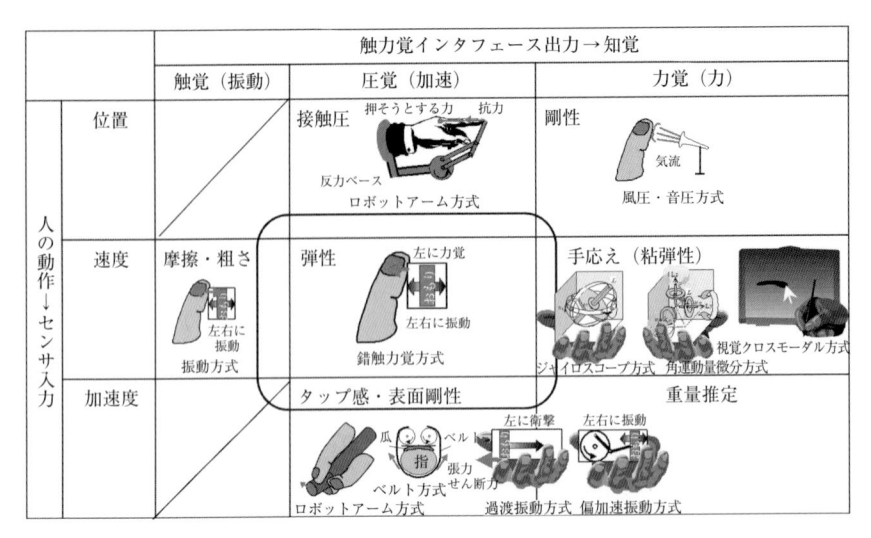

図 1.3.41　アクティブタッチ・インタフェースの特徴

h. インタフェース・イノベーション

　物理的な力の再現では日常生活での利用に適した大きさ・形態での提示を実現することは難しく，ベース型でのインタフェースは，日常生活での利用が想定されにくい．これに対して，産総研における非ベース型触力覚インタフェースの開発を通し，錯覚を利用することで小さな非ベース型インタフェースでも十分な感覚を提示できることが示された（図 1.3.42）．反力を支えるベースがない非ベース型でありながら，小型・高性能な触力覚インタフェースが実現され，複数人，複数インタフェースが存在する状況でも利用可能であり，人の動きを制限しない．一つのインタフェースで指先への①圧覚および②振動覚（触覚）に加え，インタフェースに直接接触していない手首や腕への③力覚提示もできる．また，指先に装着した非ベース型インタフェースは，腕を大きく広げたり手の甲を返す動作などユーザの自然な動きを阻害しない利点も有している．

　ベース型でないインタフェースが注目されはじめて久しいが，現在では，錯覚を用いた触力覚提示技術という新しい手法も登場してきている．これらのインタフェースの特徴・長所が示すことは，ベース型を用いた力覚についての基本的な感覚特性を明らかにすることに加え，実用的なインタフェースの開発およびそのインタフェースに対する感覚特性を明らかにすることも肝要であるという点である．

まとめ

　以上，非ベース型の観点から基本となる触力覚技術を紹介してきたが，このほかにもさまざまな触力覚技術が提案・開発されている．用途に合わせたユニークなインタフェースの開発に重点がおかれている傾向があり，人間の力覚特性を測定しているというよりは，独自に開発した力覚インタフェースの性能・特性を調べている研究が多く，提示方法や提示インタフェース間を越えた感覚特性の比較には至っていない．

　しかし，用途に合わせて適切な技術を選定することで，人の行動を阻害しない触力覚インタフェースが実現できる．これにより，教育・訓練におけるシリアスゲームがより直観的・体験的になったり，製品開発における操作性の確認がモックアップをつくることなくバーチャル空間で実現できるなど，触れる技術がインタフェースイノベーションを体現できると考えられる．

　将来は，電気自動車の開発競争によりモータやバッテリーのさらなる性能向上・小型化も期待できるため，振動用ボディスーツに全身を包んで浮遊感が体験できたり，遠く離れた人たちとの協調的な作業や体感共有ができる一種の疑似テレポーテンションが実現される日もそう遠くはない．

〔中村則雄〕

文　献

雨宮智浩ほか（2006）：知覚の非線形性を利用した非接地型力覚惹起手法の提案と評価．日本バーチャルリアリティ学会論文誌，11(1)：47-58．
Gomez, D., et al. (1995)：Integration of the Rutgers Master II

1.3 感覚器系

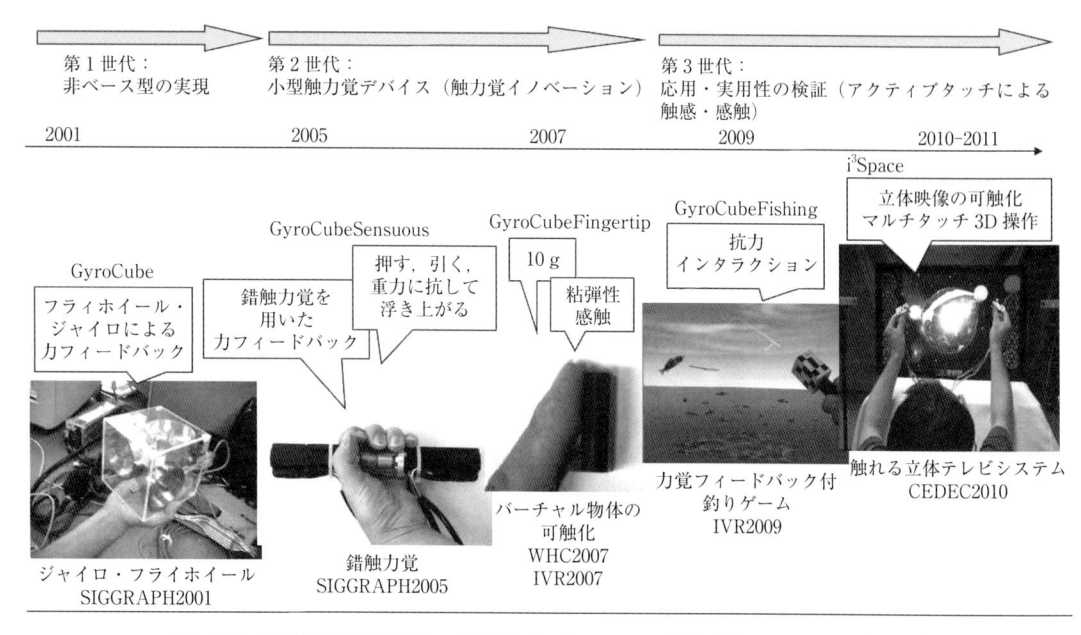

図1.3.42 産総研における非ベース型力覚インタフェースの開発（イノベーションプロセス）

in a virtual reality simulation. IEEE Virtual Reality Annual International Symposium, 198-202.

Hirose, M., et al.（1999）：Development of wearable force dispaly（HapticGEAR）for immersive projection displays. *Proc. IEEE Virtual Reality*, **79**.

Iwamoto, T., et al.（2008）：Non-contact method for producing tactile sensation using airborne ultrasound. Proc. EuroHaptics 2008, 504-513.

Kamuro, S., et al.（2009）：Pen de Touch. 36th International Conference on Computer Graphics and Interactive Techniques, ACM SIGGRAPH 2009, Emerging Technologies.

松井信也ほか（2003）：直動式ソレノイドを用いた撃力提示デバイス．日本バーチャルリアリティ学会大会論文集，29-32.

Nakamura, N., et al.（2005）：An innovative non-grounding haptic interface 'Gyrocubesensuous' displaying illusion sensation of push, pull and lift. Siggraph2005.

中村則雄ほか（2006）：非接地型力・トルク提示インタフェースの開発．日本バーチャルリアリティ学会論文誌，**11**(1)：87-90.

Nakamura, N.（2010）：http://www.aist.go.jp/aist_j/press_release/pr2010/pr20100825/pr20100825.html

仲田謙太郎ほか（2001）：角運動量変化を利用した力覚提示デバイス．日本バーチャルリアリティ学会論文誌，**6**(2)：115-120.

南澤孝太ほか（2008）：バーチャルな物体の質量および内部ダイナミクスを提示する装着型触力覚ディスプレイ．日本バーチャルリアリティ学会論文誌，**13**(1)：15-23.

Sakai, M., et al.（2003）：Effective output patterns for torque display "GyroCube". Proceedings. of 13th International Conference on Artificial Reality and Telexistence, 160-165, 2003.

Shinoda, H.（2008）：http://www.youtube.com/watch?v=Y-P1zZAcPuw

TachiLab-1（2010）：http://www.youtube.com/watch?v=8TbSBYiwZIs

TachiLab-2（2010）：http://www.diginfo.tv/2010/05/10/10-0066-r-jp.php

Yoshida, T., et al.（2010）：Full-parallax 3d display using retro-reflective projection technology. ACM SIGGRAPH 2010, Emerging Technologies.

吉江将之ほか（2002）：ジャイロモーメントを用いた力覚呈示装置．日本バーチャルリアリティ学会論文誌，**7**(3)：329-337.

渡邊恵太ほか（2007）：仮想筆先による触覚的「書き味」感覚提示の提案と試作．インタラクション2007予稿集：183-184.

渡邊恵太（2008）：http://www.youtube.com/watch?v=xyFfv45Fmr4

1.3.5 温冷覚と温冷感・快適感

 ヒトの**温冷覚**は熱さ・冷たさや暑さ・寒さの感覚であり，主観的な現象である．このヒトが感じる"暖かい"と"冷たい"といった皮膚などに加えられた刺激を識別する温覚・冷覚はこれまで温冷感や**温熱的快適感**とは区別して考えられてきた．温冷感や温熱的快適感には外部温熱環境のみならず，身体内部温熱環境も含めた全身の温熱状態が深く関与している．また，温冷感や快適感は温度感覚だけでなく，湿度，放射温，気流温・気流速度など種々の温熱要素や刺激に影響される．また，湿度にかかわる感覚を検知する末梢神経終末は確認されてはいないが，皮膚のぬれ，蒸れや湿り状態は不快感との相関が高く，発汗量や皮膚温など自律性体温調節との関係を無視できない．

 ヒトは体内温を一定のレベルに維持しようと働く体温調節機能を持っている．その役割を担うのは，特定の1個の臓器ではなく，皮膚，血管・心臓，汗腺，筋肉，脳などが有機的に連携し役割を果たしている．温・冷覚を生じる温度変化をモニターする**温度受容器**は，皮膚や脳，脊髄，腹部内臓などに存在する．温度受容器は2種類あり，**温受容器**と**冷受容器**はそれぞれ皮膚では**温点**，**冷点**と呼ばれ，温度の上昇と低下によって活性化され，神経系を通じて脳に伝わり，熱さ冷たさを感じる．この温度変化の知覚とは独立して，体温調節の効果器応答によって打ち消す反応が生じる．皮膚を冷却すると血管が収縮し血流量が減少することによって放熱が抑制されるとともに，筋においてのふるえによって熱産生が引き起こされる．これら熱運搬の変化，熱の産生，そして，皮膚での潜熱放熱に役立つ汗の産生がヒトにおいて最も重要な**自律性体温調節反応**である．それに加えて，ヒトは，着衣を脱ぎ着し，空調機器を操作して室内の温度調節などの**行動性体温調節**を行う．この行動性体温調節を引き起こすもとになる事象は，多くの場合，皮膚で受容され神経系を通って脳に伝わって知覚される感覚であり，そのため，ヒトが感じる温冷感や快適感などの感覚は重要である．

a. 皮膚の温覚・冷覚

 皮膚に加わる温度刺激（皮膚への熱の授受がない状態から，加熱する，もしくは冷却する刺激）により生じる感覚は，**温覚**と**冷覚**に分けられる．温度の変化によって生じる温度感覚は，基本的には初期皮膚温，刺激面積，温度変化の速度の三つの因子に影響される．

 全身的に熱的中立な（つまり暑さも寒さも感じていない）状態の人体について，部位に対して加熱・冷却刺激を一定速度で一定の刺激面積で与えたときに，温覚・冷覚を知覚した際にスイッチを押してもらい，その温度変化度を青年群，中年群，60歳代高齢群，70歳代高齢群（すべて女性）について調べたデータを図1.3.43に示す．温覚については，下腹・下腿・くるぶし・足底で年齢による差が大きく，3～4℃の差があったが，それ以外の部位では1℃程度の差であった．青年群・中年群では下腹において約1℃の変化で温覚を生じたが，高齢群では3℃であった．また，青年群では下腿，くるぶしは1℃，足底は3℃の変化で温覚を生じたが，その他のグループは3～6℃変化しないと温覚を生じなかった．つまり，下腿，くるぶし，足底など足部を除けば，部位差も年齢差も少なかったが，足部は加齢に伴い，刺激が大きくならないと温覚を生じにくくなっていることがわかった．よって，高齢群ほど足部において暖かさを感じにくいため，実生活のなかでは床暖房，こたつや電気毛布など足部を直

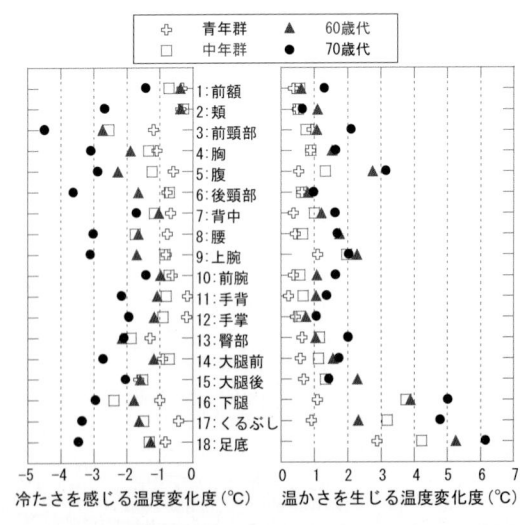

図1.3.43 各部位の温覚・冷覚を生じる温度に及ぼす年齢の影響

接暖めるときに暖めすぎが懸念され，低温やけどなどが起こらないような配慮が必要である．冷覚については，温覚に比べて部位ごとの差が大きく，かつ，年齢差も著しかった．どの部位も青年群，中年群，60歳代，70歳代の順に冷覚を生じるのに必要な温度変化度は大きくなった．つまり，足部のみならず全身的に加齢の影響が認められ，冷覚を生じるには大きな温度刺激が必要になった．これらは高齢になるにつれて感度が温覚・冷覚ともに鈍くなっていく傾向を示すものである．

b. 温冷感・快適感

温冷感（暑さ寒さの感覚），快適感（熱的快適感）などはヒトが温熱環境から受ける感覚である．温熱環境は，空気の温度，湿度，気流，熱放射の4要素からなり，ヒトの温冷感は，単一の温熱環境要素からだけではなく，4要素からの複合的，もしくは，ヒトが着用している被服の着衣断熱性や身体活動など代謝量を含めた総合的な影響を受ける．つまり，それらの組合せによって感覚の程度は異なる．

1) 温冷感・快適感の尺度

温冷感とは，ヒトが感じる暑さや寒さの感覚，およびその感覚強度である．**快適感**とは，ヒトが感じる暑さ寒さの感覚についての快不快の評価，およびその感覚強度である．表1.3.1に区分された次の言葉からそのときの感覚に一番近いものを選ぶ．温熱環境に対する快適感に限定するために，**熱的快適感**ともいう．

2) 高齢者と青年における気温と温冷感申告値，快適感申告値，不快側割合との関係

冬季および夏季において，高齢者と青年が長袖トレーニングシャツ・パンツ（0.64 clo）を着用し3時間座っていたときの最終の温冷感申告の平均値を気温との関係について図1.3.44上段に示す．直線は，気温と温冷感申告値との関係を一次の相関があるとして，最小二乗法によって求めたものである．

冬季の場合，同一気温において青年群よりも高齢群のほうが温冷感申告値は小さくなっており，これは青年群よりも高齢群のほうが涼しく感じる傾向を示している．また，両群の温冷感申告値の差は，気温23℃ではわずかであるが，気温が高くなるほどその差は大きくなり，気温31℃では高齢群のほうが青年群よりも温冷感申告値は1小さく，つまり，青年は"暑い"と答えているが，高齢群は"暖かい"と青年群よりも高齢群のほうが約1段階涼しい側に感じていた．一方，夏季の場合，気温31℃では温冷感申告値の差はほとんどないが，気温23℃では高齢群のほうが青年群よりも温冷感申告値は1大きく，青年は"涼しい"と答えているが，高齢群は"やや涼しい"，つまり，青年群よりも高齢群のほうが約1段階暖かい側に感じていることを示している．また，これらの申告は3時間ほ

表1.3.1 温冷感・快適感の尺度

温冷感	快適感
−4 非常に寒い	
−3 寒い	−3 非常に不快
−2 涼しい	−2 不快
−1 やや涼しい	−1 やや不快
0 どちらでもない	0 どちらでもない
+1 やや暖かい	+1 やや快適
+2 暖かい	+2 快適
+3 暑い	+3 非常に快適
+4 非常に暑い	

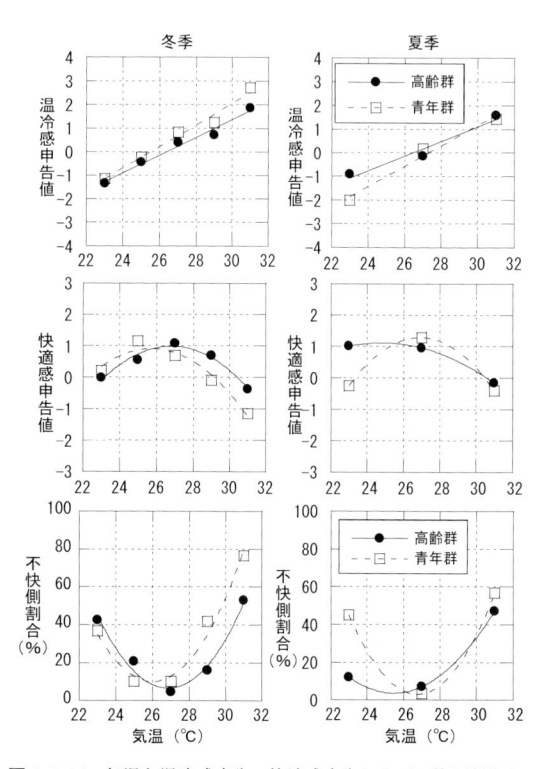

図1.3.44 気温と温冷感申告，快適感申告および不快側割合との関係に及ぼす年齢の影響

とんど変わらなかった．この結果は，中等度温熱環境といえども，高齢群は夏季には低温側を，冬季には高温側を青年よりも感じにくいことを示している．一次回帰式に温冷感申告値0を外挿して求めた中立温度はそれぞれ，冬季では高齢群26.4℃，青年群25.5℃，夏季では高齢群26.4℃，青年群27.6℃であった．つまり，高齢群の場合，夏季と冬季で中立温度には差を認めず，青年群では約2℃差があり，夏季には冬季よりも2℃高温を「暑くも寒くもない」と感じていた．青年群の中立温度は，高温順化の影響で夏季は高温側に1℃中立温度が移動し，低温順化の影響で冬季は低温側に1℃中立温度が移動したと考えられる．一方，既往研究（井上ほか，2003）と同様に，高齢群は季節順化が遅い，もしくは，順化の程度が少なくて中立温度には影響が認められなかったといえる．

夏季と冬季のデータで，気温と快適感申告値の平均値との関係を図1.3.44中段に示す．冬季の場合，高齢群では気温27℃，青年群では25℃で，最も高い平均快適感申告値となり，それより気温が高くても低くても快適感申告値は27℃の平均快適感申告値よりも低くなる．29℃，31℃では高齢群よりも青年群の平均快適感申告値は低くなり，気温23℃，25℃では青年群よりも高齢群の平均快適感申告値はわずかであるが低くなった．夏季の場合，気温と平均快適感申告値との関係をみると，気温27℃，31℃では大きな年齢差は認められず，27℃で1近傍の快適側，31℃で0近傍になっていた．しかし，23℃では青年群は0以下であったが，高齢群は1の"やや快適"で，27℃とほとんど変わらず，年齢差がみられた．

申告全体に対する−1から−3の不快側申告の割合と気温との関係を図1.3.44下段に示す．冬季の場合，快適感申告の平均値が最も高くなったのが高齢群では27℃，青年群では25℃〜27℃で不快側割合が最も低くなった．それより気温が高くなっても，低くなっても不快側割合は高かった．青年群では平均快適感申告値が0のとき，不快側割合は40％であり，平均快適感申告値が−1のとき，不快側割合は70％を越えていた．高齢群でも平均快適感申告値が0のとき，不快側割合は40％で青年群とほぼ同様であった．夏季の場合，快適側申告となった気温27℃で最も不快側割合は小さくなり10％となり，31℃で50％近傍となった．気温23℃では青年群は不快側割合が45％，高齢群では10％と年齢差が認められた．

これらの結果から，全身均一な温熱環境においては温冷感申告値の中立付近で快適感はプラス側となり，また，不快側割合も小さくなった．しかし，季節により温冷感の感じ方は青年群と高齢群で異なり，高齢群は夏季に低温を涼しく感じにくく，冬季に高温を暑く感じにくいという結果になった．これは，先に述べた全身の温冷感は，身体部位の感覚の総合化したものであると考えると，部位の冷覚・温覚が鈍っているために，夏季の23℃で涼しさを感じにくい，冬季の31℃で暖かさを感じにくい，という結果と結びついたと考えられる．

また，快適感については，高齢群は夏季の低温を涼しく感じにくかったがゆえに青年群より不快側割合が減り，冬季の高温を暑く感じにくかったがゆえに青年群より不快側割合が減ったと解釈された．つまり，高齢者の温冷感が青年よりも厳しく感じられないことから，夏季の高温や冬季の低温で高齢者の不快側割合が青年よりも低くとどまると考えられる．高齢者の感覚に頼って温熱環境の設定・制御を行うよりは，季節や着装，活動内容に応じて適切な温熱環境を提供する必要がある．

3) **少年と男性における暑熱暴露時の反応**

少年と男性を暑熱暴露したときの発汗量（図1.3.45左），平均皮膚温（同中），鼓膜温と直腸温の変動（同右）を示す．全身発汗量は少年と男性で大きな差は認められず，暑熱環境においては時間経過とともにやや上昇するが，70分目の送風開始から10分間では，送風前の値の約2倍となったが，その後は送風時であっても送風前の値とほぼ同様な傾向であった．また送風前の暑熱暴露60分間の発汗量を比較すると，平均値では両グループともに71 g/m^2·hrと同等の値を示していた．平均皮膚温については，28℃の温熱中性室では両グループにほとんど差は認められないものの，35℃の暑熱室に入室すると両グループとも急激に上昇を示し，暑熱暴露5分目以降は少年の平均皮膚温のほうが男性より高く，実験開始25分目から65分目まで少年のほうが男性に比べ有意に高い値を示した（$p < 0.01$）．これは，少年の血管拡張反応が優れていることを示しており，暑熱環境における体温調節に皮膚温が大きな役割を果たしていることを示している．直腸温は平均値で0.1℃少年のほうが高いが，両グループとも35℃の暑熱室に入室すると若干低下する傾向が

1.3 感覚器系

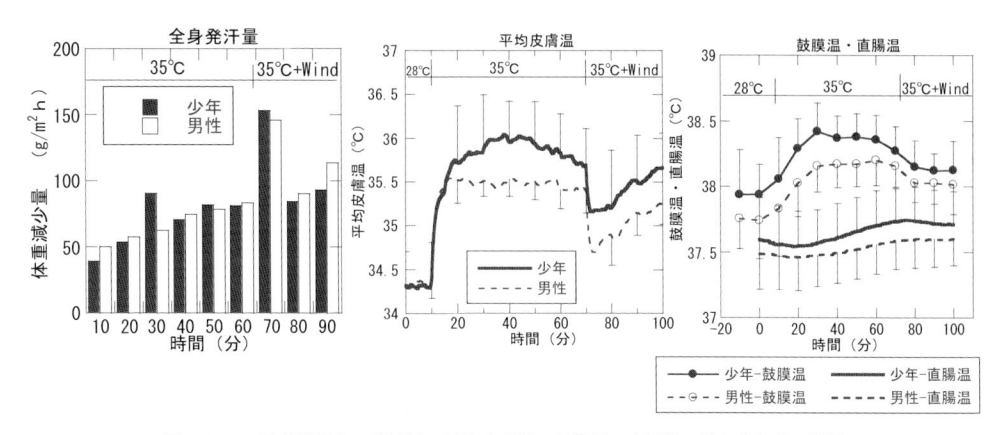

図1.3.45 暑熱暴露中の発汗量，平均皮膚温，鼓膜温・直腸温に及ぼす年齢の影響

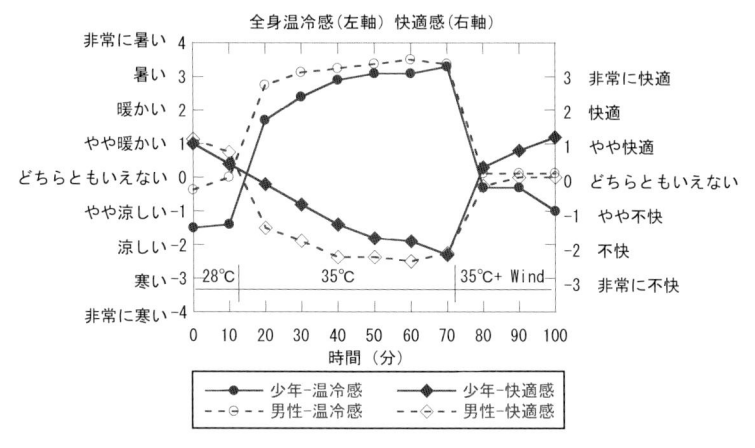

図1.3.46 暑熱暴露中の温冷感・快適感申告に及ぼす年齢の影響

あり，その後，暑熱暴露中わずかに上昇を示した．一方，鼓膜温も平均値は男性よりも少年が約0.2℃高く，35℃に移動すると20分間で0.4℃上昇し，その後安定もしくは低下傾向である．送風により直腸温は横ばい，鼓膜温は低下を示す．直腸温に比べ鼓膜温の変化度が大きい傾向にあった．

少年と男性の温冷感と快適感を図1.3.46に示す．28℃では少年のほうが涼しい側の申告となっており，暑熱室に移動すると両グループともに暑い側に申告は移動するが，少年の温冷感申告の変動は成人に比べて鈍かった．快適感申告については，28℃では差がなかったが，暑熱室に移動すると男性ではすぐに不快側申告になるが，少年では温冷感申告と同様に変化が鈍く徐々により不快側申告となった．送風が始まると男性では温冷感・快適感ともに中性であるが，少年ではやや涼しい・やや快適と暑熱環境緩和効果がみられた．

これらの結果は，発汗量には少年と男性でほとんど差がないが，皮膚温も深部体温も暑熱暴露中，少年のほうが男性に比べ高くなった．しかし，申告値は少年よりも男性のほうが早く暑い側で不快側に変化しており，感覚の閾値が異なる可能性を示唆している．

〔都築和代〕

文献

都築和代（2008）：温熱感覚．都市・建築の感性デザイン工学（日本建築学会編），朝倉書店，pp.173-181．

都築和代ほか（1996）：暑熱環境における少年の体温調節反応に関する研究．人間と生活環境，3(1)，38-44．

1.3.6 味覚・嗅覚

視聴・聴覚は光（電磁波），物質の振動などの物理的刺激から生じる感覚である一方，味覚・嗅覚は化学物質を受容することで感覚が生じ，これらは化学受容感覚と呼ばれる．また触覚は一般的には温度，圧力などの物理量の変化を検知するが，口腔内粘膜，鼻腔内粘膜においては化学物質によって冷感，温感，痛覚を生じることがあり，触覚刺激は物理刺激と化学刺激の両方の側面を持つといえる．

化学受容感覚である味覚・嗅覚は食生活における基本的な感覚であり，人間生活における「香り」や「味」としての豊かさの源であり，一方で腐敗・危険の検知にかかわる重要な感覚である．ここでは味覚・嗅覚にかかわる受容器，末梢から中枢，また医療について概観する．

a. 味 覚

1) 基本五味と舌地図の嘘

時代や国によってどのような味を基本的な味と考えるかは異なっていたが，近年になってからは「塩味」「甘味」「酸味」「苦味」の四つの味が**基本味**として世界的なコンセンサスが得られている．McBurneyは4基本味が互いに異質の味であることの論拠として内省報告，化学構造，味覚修飾物質の作用，強度関数，舌上の感受性，交叉順応，反応時間などが四つの味質で異なることをあげた（McBurney, Gent, 1979）．しかしこれらの定義は「4味質が異なる」ことの定義であり，基本味が4種類以外にあることを否定するものではない．実際に日本で池田菊苗が提唱した（池田, 1909）グルタミン酸ナトリウムやイノシン酸ナトリウムなどが持つ「うま味」が第5の基本味といわれ，現在では世界的にumamiとして認められている（注釈：umamiとはおいしい味という意味ではなく単なる名前である．グルタミン酸，イノシン酸単体では"うまい"とはいいがたい）．舌上の部位と味覚の感受性について古くから舌尖部は甘味，舌縁部は酸味，舌根部は苦味に敏感であり，塩味は舌全体で同じように感じるといわれている．しかし，実際には舌上の部位による味質の感度は従来いわれているような局在化はないことが世界的に認められている（図1.3.47）（冨田, 2011）．

2) 味覚受容器

最近の分子生物学の目覚ましい発展によって味覚の受容機構，特に**味物質受容タンパク質**に関する研究は長足の発展を遂げた．特に前述の5基本味のうち比較的大きな分子量を受容する「甘味」「苦味」「うま味」については関連する遺伝子がほぼ同定され，そのファミリーについては多くの知見が得られている．しかし主にイオンを受容する「塩味」「酸味」に関しては，他の3種類の味質と比較すると得られた知見は多くない．

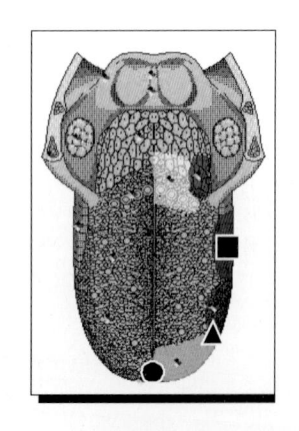

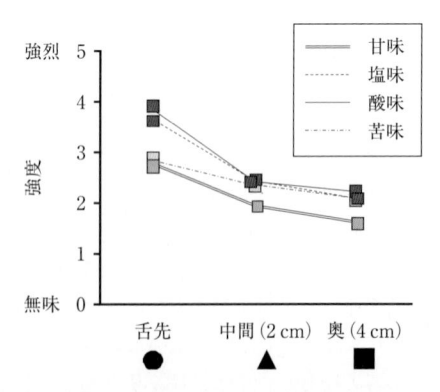

図1.3.47 筆者らによるそれぞれの味質による舌の部位による内省強度
左図が従来いわれている味質による舌上の投射．右図が濾紙ディスク法による内省強度．部位による投射がないことがわかる．

甘味物質の受容部位は，脂質二重膜中に埋め込まれているタンパク質と考えられており，舌上皮から相補DNAがクローニングされ，Gタンパク受容部位を持つ7回膜貫通型タンパク質の一次アミノ酸配列が決定された．T1R2という受容体と，T1R3受容体が重合した二量体で，甘み物質を受容すると考えられている(Chandrashekar, et al., 2006). **甘味受容タンパク**は各動物において共通しておらず，たとえば，ショ糖，ブドウ糖，グリシン，アラニン，サッカリンなどは霊長類を含むすべての哺乳類が感じることができるが，アスパルテーム，タウマチン，モネリンなどのペプチド，タンパク質から構成される甘味物質は旧世界ザル以上だけで甘味が感じられる．甘味物質が結合した受容タンパク質は，Gタンパクを活性化する．Gタンパクはα, β, γのサブユニットからなる．受容タンパク質に甘味物質が結合すると，Gタンパク質に結合していたグアノシン5′二リン酸（GDP）がグアノシン5′三リン酸（GTP）と置き換わる．このためにGタンパク質のαユニットが遊離する．この遊離したαユニットがアデニル酸シクラーゼ（AC）を活性化する．この活性化されたアデニル酸シクラーゼがアデノシン三リン酸（ATP）を冠状アデノシン一リン酸（cAMP）に変化させる．cAMP依存性プロテインキナーゼ（PKA）とATPの存在下でK^+チャネルがリン酸化によって不活性化される．このK^+チャネルの不活性化のために脱分極が生ずる．

苦味，うま味についても基本的に上記の甘味と同一の受容メカニズムであると考えられている．苦味はT2r受容体，うま味についてはT1r1＋T1r3の二量体（Chandrashekar et al., 2006），またはmGluR1, mGluR4が受容体といわれている．

酸味はH^+によって生ずる．酸の受容機構には2種類の考え方がある．一つはH^+感受性のあるK^+チャネルがあり，H^+濃度の増大によってこのチャネルが閉じられるメカニズムである．もう一つはクエン酸刺激によって活動電流が発生する味細胞があり，Na^+と同様アミロライドの作用でブロックされる．このことからアミロライド感受性のあるNa^+チャネルをH^+が通過し，これによって脱分極が生ずるという機構があるといわれる．実際に食塩刺激に大きく応答し酸にも若干応答する食塩ベスト線維が存在する．受容体に関してはPKD2L1，あるいはPK2L1＋PKD1L3の二量体が受容体であるなどの報告があるが（Niki et al.,

2010），研究例は少ない．

純粋な**塩味**はNaClの味とされているが，塩味の主要因ははっきりとはわかっていない．塩味はNa^+が主要因であり，Na^+と組になっている陰イオンの違いによって味の強さや質が変化するという報告がある．一方でCl^-をほかのハロゲンで置換すると塩味抑制物質であるアミロライドによる抑制がほとんどなくなることから，Cl^-が塩味の主要因であるという報告もある．上皮細胞膜上のNa^+チャネルのブロッカーであるアミロライドを舌に作用をさせるとNaClに対する神経応答が抑制されることがラットをはじめとする各種の動物で報告されている．アミロライド感受性のNa^+受容機構では，Na^+が味細胞表面膜や基底膜のチャネルを通り細胞膜内へ流入することで脱分極を発生させると考えられている．Na^+だけでなくほかの陽イオン（Li^+やK^+）もこのチャネルを通過し脱分極が起こる．アミロライド非感受性のNa^+チャネルもあり，ヒトの場合，塩味受容機構でアミロライド感受性Na^+チャネルが関与する程度は約20％程度であるといわれている．近年，ENaCというアミロライド感受性の受容体が発見されたが（Niki et al., 2010），アミロライド非感受性の受容体はまだ発見に至っていない．

3) 味覚の神経投射

サル，ラットでは顔面神経，舌咽神経，迷走神経の**各味覚神経**はまず延髄の孤束核に終止する．孤束核は吻尾方向に細長い構造をしており，味覚性入力は孤束核のなかで最も吻側部の外側よりに投射する．孤束核には消化器系からの入力，心臓血管系からの入力，呼吸器系からの入力があり，これらは重なりながらこの順に尾側部の内側に向かって投射する．孤束核からの味覚性二次ニューロンの経路は大きく二つに分かれる．一つは味覚性の反射（顔面表情変化や唾液，消化液，インスリン分泌といった体性運動，消化，血液循環，呼吸，内分泌各系の活動）に関係する経路であり，網様体に入ったあと三叉神経運動核，顔面神経核，舌下神経核，迷走神経背側運動核，疑核などへ投射する．もう一つは味覚情報を次の味覚中継核へ送る経路であり，ラットでは味覚情報が橋の結合腕傍核へ同側性に送られ，両側の視床味覚中継核（後内側腹側核小細胞部）へ投射される．サルについてはラットと異なり，味覚情報は結合腕傍核を経由せず直接同側の視床味覚

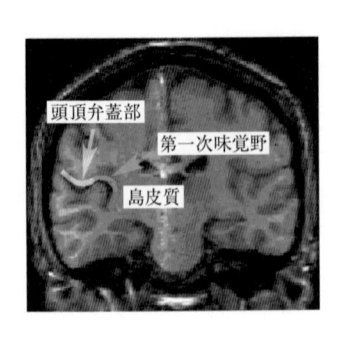

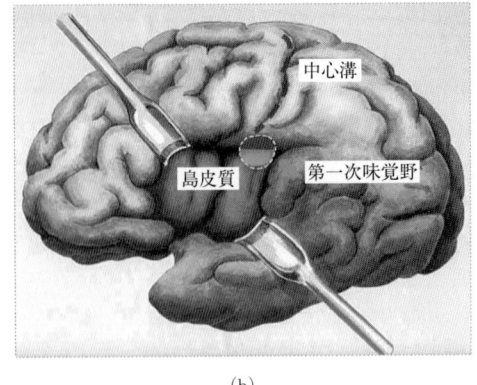

図 1.3.48 ヒトの第一次味覚野の部位
左図が MRI による環状断面．右図が模式図．

中枢にいき，ニューロンを変えて皮質味覚野へ投射する（Beckstead et al., 1980）．一般内臓感覚の情報はラット，サルともに孤束核尾側部に投射する．結合腕傍核に味覚中継核を持つのはサルより下等な哺乳動物である（Ogawa, 1994）．

ヒトの味覚の神経投射についてはわかっていないことが多い．筆者らが行った脳磁場計測による味覚誘発磁場計測結果（図1.3.48）はヒトの**第一次味覚野**が頭頂弁蓋部と島皮質の移行部にあることを示していた．味覚刺激物質が食塩の場合，その潜時は約 120 ms であり，サッカリンの場合は 250 ms であった．

4) 味覚検査法

味覚障害を訴える患者に対する味覚検査法は，本邦においては主に**電気味覚検査法**と**濾紙ディスク法**の2種類が用いられる．舌に弱い直流電流を流すと，陽極において酸っぱいような金属を舐めたような味覚が生じ，電気味覚と呼ばれる（電流範囲は1〜400 μA であり，それ以上では触覚・痛覚を生じさせる）．本手法は刺激の強さを定量的に変えることが可能であり，かつ検査時間が短くてすむ．しかし特定の味質であるために，口腔内に何もないのに味を感じる自発性異常味覚や，味質を取り違える錯味症，または特定の味質がわからない解離性味覚渉外などの診断には向いていない．一方，濾紙ディスク法では直径 5 mm の濾紙を用い，それらを味溶液に浸し，前述の電気味覚検査法と同様に鼓索神経領域（舌の先端から 2 cm 程度側方），舌咽神経領域（舌奥），大錐体神経領域（口腔内軟口蓋領域）におくことで検査を行う．味質は食塩(塩味)，ショ糖（甘味），酒石酸（酸味），塩酸キニーネ（苦味）があり，それぞれの味質について5段階の濃度が用意されており，上昇法によって認知閾値の計測を行う．味覚閾値は60歳を越すと，上がることが示されている（冨田, 2011）．

b. 嗅 覚

1) 嗅覚受容器

Richard Axel らはニオイの受容体を発見し（Buck, Axel, 1991），これによって彼らはノーベル生理学・医学賞を受賞した．これをきっかけにして嗅覚における受容メカニズムの全体像がみえてきた．**嗅覚受容体**にかかわる遺伝子群はマウスで1000種類以上，ヒトで380種類以上あるといわれている．これらの遺伝子よって発現される受容タンパク質は7回膜貫通型であり，セカンドメッセンジャーであるGタンパク質と共役する．嗅神経細胞では1種類の嗅覚受容体が発現し，また同じ受容体を発現する嗅神経細胞の投射は収束し，特定の糸球体に軸索が集まる．また嗅上皮において特定の受容体は特定のゾーンに発現する．受容体において，ニオイ物質と受容体は1対1の鍵と鍵穴の関係ではなく，"多"対"多"の緩やかな結合と考えられている．ニオイ分子の濃度によっても結合する受容体が異なる場合もある．このように組み合せによってニオイ分子が認識されるために，相当数のニオイ分子の認識が可能になっている．また深麻酔条件下では嗅球において特定の場所に**投射**（mapping）するが，そ

の投射の様子は個体ごとで異なる．このように嗅覚の受容機構のメカニズムは相当解明されたが，生体もしくはヒトにおける嗅覚の認識機構の解明には至っていない．

2) 嗅覚の神経投射

嗅球からは直接，前部梨状葉皮質に投射する．五感のなかで，視床を通らず皮質に直接投射するのは嗅覚のみである．このために嗅覚はほかの五感と異なっており，特に記憶との関係で，嗅覚記憶は特別である，という説明がされることが多いが，近年の研究では嗅覚にかかわる記憶もほかの感覚とかかわる記憶のメカニズムと差がないといわれている（Herz, Cupchik, 1992）．前部梨状葉皮質に投射したのち，視床下部，島皮質，眼窩前頭野または扁桃体に投射する．島皮質・眼窩前頭野は，ともに味覚情報が入力する場所でもある．島皮質には内臓感覚，また眼窩前頭野は視覚情報も入力する．

3) 嗅覚検査法・嗅覚障害の発生原因

嗅覚障害を訴える患者に対する嗅覚検査法は本邦において，**静脈性嗅覚検査法**と**基準嗅力検査法**の2種類が施行されている．静脈性嗅覚検査法では，まずアリナミン注射液を静注する．そのアリナミンが血中で分解された結果のニンニク臭（メルカプタン）が生成され，肺胞，咽頭を経由して上がってくるニオイの検知に必要な時間（潜伏時間）とニオイを継続して感じることができる持続時間から嗅覚能力の判定を行う方法である（調所，2003）．本方法は注射1本で施行が可能であり検査時間もかからないことから，本邦では広く普及している．しかし結果が患者の訴求に合致しない，または基準嗅覚検査と合致しないケースがかなり含まれるなど問題が多いが，外傷性嗅覚障害などの予後の検出には役立つ．一方，基準嗅力検査は β-phenyl ethyl alcohol（バラ臭），methyl cyclopentenolone（焦げ臭），isovaleric acid（汗臭），γ-undecalactone（モモの缶詰臭），skatol（糞便臭）の5種類，8濃度段階の臭素を用い，それぞれの臭素に対する閾値を計測することで，嗅覚能力を測る検査法である（堀川，古川，2003）．本検査は嗅覚閾値検査の基準となっているが，ニオイの拡散が起こるため施行に特殊な換気施設が必要であり，また検査時間も長くかかり，一般的に普及しているとは言いがたい．

4) 順応

刺激を持続して与えられると感覚強度（内省強度）が時間とともに減衰していくことを順応という．味嗅覚においては順応現象がほかの感覚と比較しても影響が大きく，化学受容感覚の一つの特徴となっている．感覚強度の時間による減衰は常に二つの要因が考えられる．一つは受容器における感覚減衰であり，一つは中枢における減衰である．英語においてはおおむね前者をadaptation（**順応**）と呼び，後者をhabituation（**馴化**）と呼ぶことが多い．

嗅覚の受容体における順応は，嗅細胞のなかの嗅繊毛において起こるとされる．1回0.5秒程度の嗅覚刺激によって数秒の順応現象（つまり次の刺激に対する応答が抑制される現象）が起こるとされる．一方，長時間ニオイにさらされたときのヒトのそのニオイに対する感覚的強度（つまり前述の末梢における順応と中枢における順応の両方が合わさった結果）は，従来は指数関数的に低下するといわれていた．しかし近年になって，強度が低下しない場合や，あるいは指数手関数的ではなく，一端，強度が下がってまた上昇するなど単純な指数関数モデルでは説明できないケースもあることがわかってきた．図1.3.49(a)(b)は実験参加者に8分間，同一濃度のニオイ刺激を提示した場合の**内省強度**の時間的変化を示す（松葉ほか，2012）．内省強度は0（無臭），から5（強烈）というラベルがついたvisual analog scaleを用い，実験参加者にはスライドバーによってその値を連続的に表示させることで計測した．このような連続して強度評定を行った場合，図1.3.49(a)のようにニオイ刺激提示開始後，すぐに内省強度が下がるケースもあれば，図1.3.49(b)のように実験終了まで強度が下がらないケースもあり，実験参加者ごとのばらつきも大きかった．そこでのべ79名のデータを用い，ある時刻にそのニオイの質がわかるかどうか（内省強度"2"以上と答えた参加者数の全体に対する比率）の割合の時系列データは図1.3.49(c)のようになり，定数項つきの指数関数による近似が可能であった．この近似式によると一定濃度のガスのニオイに暴露された場合，半数の人が二分強でその臭質がわからなくなる，ということがわかる．

また別の実験では，末梢の順応の影響をできる限り小さくするために暴露時間を0.2秒ほどにし，そのかわり2秒に1回提示を行う方法で中枢の順応をみた場合，実験参加者が提示されたニオイをどのように感じ

図1.3.49 (a) 空気 ニオイ 空気 / 内省強度 / 時間

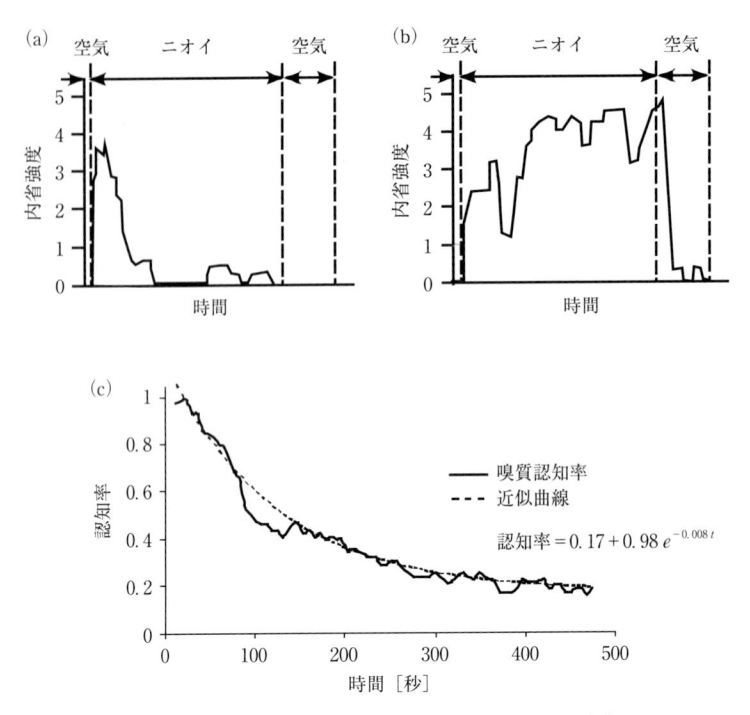

(b) 空気 ニオイ 空気 / 内省強度 / 時間

(c) 嗅質認知率 / 近似曲線
$$認知率 = 0.17 + 0.98\, e^{-0.008\,t}$$
時間 [秒]

図1.3.49 20分間のニオイ暴露による内省強度の時間変化

るかによって，中枢における順応が変わってくることが示された．つまり提示されたニオイ刺激に対して「よい印象」を持った場合は強度の低下がみられ，一方，同一のニオイ刺激に対し「悪い印象」を持った場合は順応が起こりにくい（強度の低下が起こりにくい）ことがわかった（Kobayashi, 2008）． 〔小早川 達〕

文 献

Beckstead, R. M., et al. (1980) : The nucleus of the solitary tract in the monkey : projections to the thalamus and brain stem nuclei. *J. Comp. Neurol.*, **190** : 259-282.

Buck, L., Axel, R. (1991) : A novel multigene family may encode odorant receptors : A molecular basis for odor recognition. *Cell*, **65** : 175-187.

Chandrashekar, J., et al. (2006) : The receptors and cells for mammalian taste. *Nature*, **444** : 288-294.

Herz, R. S., Cupchik, G. C. (1992) : *Chemical Senses*, **17** : 519-528.

堀川 勲，古川 仭 (2003)：耳鼻咽喉科診療プラクティス（池田勝久ほか），pp. 24-27，文光堂．

池田菊苗 (1909)：新調味料について東京化学会誌，**30**：820-836．

Kobayashi, T., et al. (2008) : Effects of cognitive factors on perceived odor intensity in adaptation/habituation processes : from 2 different odor presentation methods. *Chem. Senses*, **33** : 163-171.

松葉佐智子ほか (2012)：都市ガスの付臭剤における嗅覚疲労の時間依存性．においかおり環境協会学会誌，**43**：45-53．

McBurney, D. H., Gent, J. F. (1979) : On the nature of taste qualities. *Physiolog. Bull.*, **86** : 151-167.

Niki, M., et al. (2010) : Gustatory signaling in the periphery : detection, transmission, and modulation of taste information. *Biol. Pharm. Bull.*, **33** : 1772-1777.

Ogawa, H. (1994) : Gustatory cortex of primates : anatomy and physiology. *Neurosci. Res.*, **20** : 1-13.

調所廣之 (2003)：耳鼻咽喉科診療プラクティス（池田勝久ほか），pp. 20-23，文光堂．

冨田 寛 (2011)：味覚障害の全貌．pp. 100-189，診断と治療社．

1.3.7 平衡機能

人あるいは動物の身体諸機能のうち，身体のバランスを保ち，適正に制御された運動を行うための基本的な機能が**平衡機能**である．ここでは平衡機能とその生理学的機序，平衡機能の計測方法，平衡機能の加齢変化や障害について解説する．

a. 平衡機能とは

平衡機能は身体の運動状態や重力の状態をセンスし，その情報をもとにバランスを崩さないように，あるいは姿勢変化や運動を修正するように筋収縮を調節する機能である．この一連の調節は前庭迷路，視覚器，自己受容器などの末梢受容器で知覚された姿勢やバランスの調節に関係する情報が中枢神経で統合され，それをもとに眼球や頭部，四肢の筋群の活動を制御することによって実現される．

平衡機能のなかで最も重要なものが**平衡感覚**（平衡知覚とも呼ばれる）である．これは，身体の平衡状態を知覚する感覚である．平衡機能が正常に働いているときにはこの感覚が意識されることはほとんどない．しかし，姿勢の安定性が乱れバランスが崩れると途端に知覚されるようになる．外界から異常な刺激が加わった場合，感覚器やその情報の伝達経路に異常や障害が発生した場合などには，平衡機能の失調というかたちで意識される．一般的には，この感覚は身体に働く重力や加速度あるいはそれらの方向を知覚する．

たとえば，片足で立ち続けようとしたときには，身体の姿勢やバランスが崩れた状態を知覚し，姿勢を修正しようとする．この知覚がないと，姿勢修正をどのように行ってよいかわからない．また，外界から異常な刺激が加わって生じる乗り物酔いや宇宙酔いなどは，平衡感覚の乱れの一つである．なお，知覚された平衡感覚を統合して情報処理系のなかで適正な姿勢や動作を見いだし，眼球，頭部，四肢などの筋の出力を調節する部分も平衡機能では重要であり，これらの調節は主に反射という形で実現される．

b. 平衡感覚，平衡保持の生理的機序

平衡感覚は身体のさまざまな感覚情報の統合によって生じる．これには，前庭感覚，筋感覚，皮膚感覚，視覚などが関与する．

このうち最も大きく関与するといわれているのが**前庭感覚**である．よって，平衡感覚は前庭感覚と同義に考えられることが多い．前庭感覚は内耳の前庭迷路系で知覚される（図1.3.50）．前庭迷路系には角加速度を受容する骨半規管（三半規管）と直線加速度を受容する球形嚢，卵形嚢がある．いずれも二重の嚢構造を持ち，外側の嚢は外リンパ，内側の嚢は内リンパで満たされている．内リンパ嚢には刺激を受けやすい受容器があり，この受容器の細胞には有毛細胞が含まれる．この有毛細胞の感覚毛はクプラと呼ばれるゼラチン状の物質に埋まっている．

頭部に角加速度が加わると三半規管は頭部とともに回転する．しかし，内リンパは慣性のためにもとの位置にとどまろうとする．このため，三半規管に対して相対的なリンパの流れが生じ，有毛細胞を覆っているクプラをたわませる．このクプラの動きが有毛細胞の感覚毛に伝わって加速度や重力の変化が知覚される．

身体のバランスが崩れ，頭部が動くと有毛細胞が刺激され，そこからの信号が平衡感覚として知覚されるとともに，身体のさまざまな部位に，このバランスの崩れを代償する**前庭反射**が生じる．この前庭反射には動眼反射，頸反射，脊髄反射がある．前庭動眼反射は視線の方向を一定に保つものである．前庭頸反射，前庭脊髄反射はそれぞれ頭部，体幹をもとの位置に戻し，バランスを回復させるように働く．視線の調節には半規管系の反射が重要な役割を果たす．立位姿勢の保持

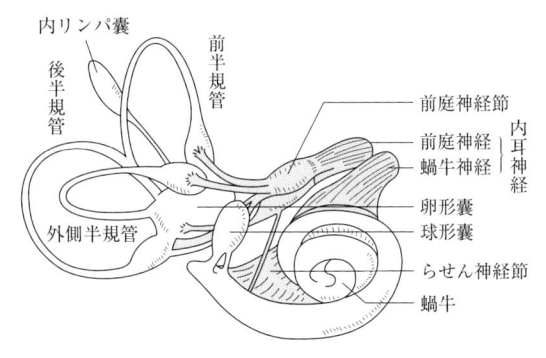

図1.3.50 前庭迷路系の構造

には耳石系の反射が関与する．頭部の調節には半規管と耳石器の両方が関与する．

歩行などの全身運動では頭部はかなり動揺するが，この動揺によって視線がぶれることはない．これは，頭部が回転するとこれを打ち消すように眼球を逆向きに回転させて，外界に対して視線を一定に保つ前庭動眼反射が働くためである．前庭動眼反射は外乱としての頭の動きを代償するだけでなく，能動的な動きに対しても生じる．

目を閉じた状態でも身体全体を回転したときにその回転を感じることができる．これは三半規管の応答によるものである．持続時間の短い回転では，回転速度も回転角度も比較的正確に知覚される．しかし，一定の回転速度を長く持続すると，回転の感覚は徐々に減衰する．一方，視覚のみでも強い回転感覚を生み出す．身体が静止した状態で外界を回転させたとき，この外界を目で見続けると，自分自身が回転しているような錯覚を生じる．

頭部が傾くと，耳石器が刺激されてその傾きを知覚する．これは卵形嚢からの情報によるところが大きいといわれている．この傾きの感覚は直立位の近くで最も感度がよい．しかし直立位から約30°の範囲を超えると，傾きの程度を実際よりも小さく認識する．この傾きの感覚も視覚の影響を大きく受ける．たとえば，意図的に傾けた部屋のなかでは，身体が逆向きに傾いていると感じられ，姿勢を身体の傾きにあわせようとする運動反射が生じる．また，視野の広い部分で像が直線的に動くと，観察者が逆向きに動いているような錯覚を生じる．この錯覚は映像酔いとも関連する．

c. 平衡機能の計測方法

平衡機能計測は身体が平衡状態を保つ能力や機能の検査に用いられる．その主なものは眼球運動の計測と身体動揺の計測に分けられる．

1) 眼球運動の計測

i) 温度眼振計測

温度眼振計測では，仰臥位で頭部を30°挙上した状態で，温水，冷水を外耳道に注入する．体温より低い温度で刺激された場合には眼振急速相が対側を向き，体温より高い温度で刺激された場合には眼振急速相が同側を向く．温度眼振計測の臨床的意義は，1側迷路の機能を個々に判定し，1側の半規管機能低下を検出できることである．この計測法は外側半規管の機能を計測するもので前半規管や後半規管の機能を計測するものではないが，これにより外側半規管における前庭機能異常の有無を代表させることが多い．

ii) 回転眼振計測

回転試験，クプロメトリーともいう．迷路に回転刺激を与えて眼振を誘発し，前庭系の異常の有無を計測する方法である．**回転眼振計測**においては，回転中には回転方向に眼振が現れるが，回転後には回転方向と反対の方向に眼振が現れる．この計測法は座位で頭位を前屈し，外側半規管を水平にして左右への回転を行う．それにより内リンパ流を発症させて外側半規管のクプラを偏倚させると，その信号が中枢前庭系で変換され，眼振として出現する．回転方法として，旧来のバラニー法では，20秒間10回転（180°/秒）の速度で回転し，急停止後に眼振の持続時間を左右比較する．ほかに等速度回転後に停止させる方法，クプロメトル方式，コンピュータでの詳細分析などがある．回転眼振計測では1側の前庭機能を個々に計測し，これは代償過程の検討に有効である．

iii) 頭位眼振計測

頭位変化により現れる眼振の検査法である．一般に眼振は注視により抑制されるため，注視眼振を誘発するなどの場合を除き，多くは非注視下（フレンツェル眼鏡，暗所開眼下，眼振計による記録など）で計測される．**頭位眼振計測**では頭位を緩徐に変化させ，耳石刺激により現れる眼振を計測する．また頭位変換眼振計測では急激に頭位を変化させ，半規管刺激により現れる眼振を計測する．

iv) 視標追跡計測

視標追跡計測は正面を移動する視標を眼で追わせる計測法である．肉眼観察と眼振計による記録があり，近年は主に眼振計による記録の分析が行われている．主な刺激方法として水平方向や垂直方向への視標移動がある．平衡感覚が正常な場合には円滑な眼球運動が観察されるが，たとえば小脳や脳幹などに障害がある場合には追跡眼球運動が円滑に行われないことが多い．

2) 身体動揺の計測

身体動揺に関する簡易な計測として，足踏みをさせ

て立っている位置を移動しないかを調べたり，裸足で台の上に立ち，台を傾けていって，どのくらいの角度まで耐えられるかをみたり，前足のかかとと後ろ足のつま先をつけて立ち，目を開いたときと目隠しをしたときの体の動揺の状態を定性的にみたり，目隠しをして真っすぐ歩けるかどうかなどを調べることが多い．開眼あるいは閉眼での片足立ちの時間などを計測し，この値で立位の平衡能力を調べることもある．ほかに字を書かせて文字の偏りを調べる方法もある．末梢性の障害がある場合には障害側に文字が偏る．

身体動揺に関する定量的計測として，**重心動揺**の計測もしばしば行われる．重心動揺の計測では，立姿勢時の足底圧の垂直作用力を複数の力センサで計測し，力のつりあいから足圧中心位置やその変化を出力する装置を用いる．重心動揺の変化をグラフに記録するほか，コンピュータ解析により重心動揺の周波数特性や一定時間内での総軌跡長などの計測が行われる．めまい・平衡障害を体の揺れ方としてとらえ，揺れの速さ・方向性・集中度合を解析することで，症状の客観評価を行う．日本平衡神経科学会（現在の日本めまい平衡医学会）から，学会として推奨できる重心動揺計測の方法が提示されている．

身体動揺として平衡機能を計測した場合には，その機能変化の原因が前庭器官や固有受容器などの感覚系か，情報を処理統合する中枢系か，運動神経や筋などの出力系かを明確に区別することは難しい．

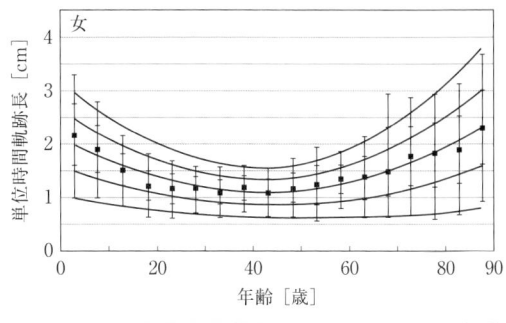

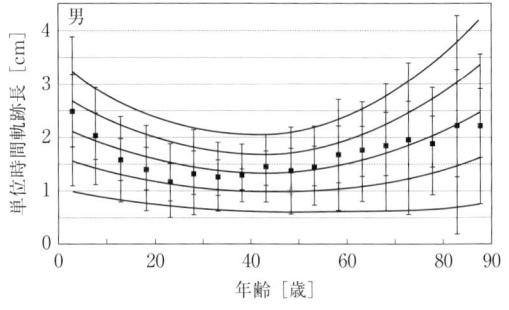

図1.3.51 開眼立位での60秒間の側圧中心動揺における単位時間当たりの軌跡長（今岡ほか，1997）

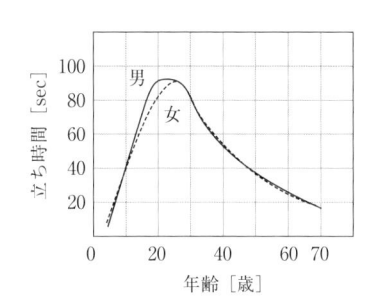

図1.3.52 閉眼片足立ち時間の加齢変化（日丸ほか，1991）

d. 平衡機能の加齢変化と障害

1) 加齢と平衡機能の変化

図1.3.51は加齢に伴う重心動揺量の変化を示したものである．これをみると，20〜40歳あたりで動揺量は小さく，それより低い年齢，高い年齢とも動揺量は大きくなる．動揺量が大きいほど平衡機能が低いことを表すことから，幼児や児童では年齢が低いほど平衡機能は低く，中高齢者では年齢が高いほど平衡機能が低いことがわかる．一方，図1.3.50に示した閉眼片足立ち時間では，男女とも20歳前後で立っている時間が最も長く，20歳より若いほど時間は短くなる．同様に，20歳より高齢になるほど時間は短くなる．より長時間立てるほど平衡機能が高いことを表すことから，図1.3.52の結果は，重心動揺量による評価と同様に，幼児や児童では年齢が低いほど平衡機能は低く，中高齢者では年齢が高いほど平衡機能が低いことを示している．

2) 平衡機能の障害

平衡機能の障害は反射系と中枢系の連携障害や身体平衡系の異常によって起こる現象である．原因は内耳を含めた末梢神経系（前庭系）に起因するものと中枢神経系に起因するものに大別できる．

末梢前庭系に起因する障害については，急性に発症する場合と緩やかに発症する場合とで病態はやや異なる．急性期の発症では反復性のめまいとともに方向一定性眼振，耳症状を伴う．頭位変化が大きく影響し，嘔吐がみられることがある．主に内耳障害，メニエー

ル病，耳硬化症，突発性難聴などがある．急性に発症する病態の一つとしてたとえば空間識失調もある．比較的緩やかに発症する場合には，中枢性の代償によりめまい感，眼振は少ないといわれている．

一方，中枢神経系に起因する平衡機能障害は注視方向性眼振や他の神経症状を伴う．主に小脳や脳幹など身体平衡に関係する部分の異常による循環障害（脳血管障害など），変性疾患，腫瘍などがある．中枢系の病態に認められるめまいは軽症ではあるが持続性がある．

〔横井孝志〕

文 献

日丸哲也ほか編（1991）：健康体力ー評価・基準値事典，ぎょうせい．
今岡 薫ほか（1997）：重心動揺検査における健常者データの集計．*Equilibrium Res.*, Suppl. **12**：1-84．
入来正躬，外山敬介編（1986）：生理学 I，文光堂．
中村隆一ほか（2008）：基礎運動学，第 6 版，医歯薬出版．
日本平衡神経科学会（現日本めまい平衡医学会）：重心動揺検査の基準．http://dspace.wul.waseda.ac.jp/dspace/bitstream/2065/304/5/Honbun-20shiryohen1.pdf
二宮石雄ほか編（2003）：スタンダード生理学，文光堂．
齊藤 宏，長崎 浩（2008）：臨床運動学，第 3 版，医歯薬出版．
関 邦博ほか（1990）：人間の許容限界ハンドブック，朝倉書店．
ウィキペディア：平衡感覚．http://ja.wikipedia.org/wiki/．
山崎昌廣ほか（2005）：人間の許容限界事典，朝倉書店．

1.3.8 異種感覚統合

視覚，聴覚，触覚などのことを**感覚モダリティ**（sensory modality）と呼び，多くの感覚が合わさった状態のことを**マルチモーダル**（multimodal, 多感覚）と呼ぶ．私たちが普段経験するできごとの多くはマルチモーダルなものである．たとえば紅茶を飲むとき，私たちはカップに注がれる紅茶の色や，紅茶が注がれるコポコポという音，立ち込める香りや湯気，ぬくもり，カップの手触りや持ち上げたときの重さ，口元に運んだときの熱や香り，カップが唇に触れたときの硬さ，口のなかに広がる甘さや苦みなど，多くの感覚から得られる情報を統合して「紅茶を飲む」という状況を知覚している．しかしながら私たちの脳においてはたとえば目から入った情報は視覚系，耳から入った情報は聴覚系，手や指から入った情報は触覚系によって，というようにいったんばらばらに処理される．では入力段階でいったんばらばらになった情報を統合して，感覚間で一体感のある知覚世界を成立させている脳のメカニズムとはどのようなものだろうか．ここでは異種感覚統合の最も強い手がかりの一つである同時性の知覚メカニズムについて概説し，異なる感覚間の情報統合の例をいくつか紹介する．

a. 異なる感覚間の同時性知覚（temporal synchrony/simultaneity perception）

異なる感覚間の同時性は，**空間的な一致性**（spatial coincidence）とともに，異種感覚統合の強力な手がかりとなる．同じイベントに由来する各感覚情報は，通常同じ時空間位置を共有すると考えられるからである．マガーク効果（McGurk effect）（McGurk, MacDonald, 1976），反発・通過の錯覚（stream-bounce illusion）（Sekuler et al., 1997），多重フラッシュ錯覚（illusory flashes）（Shams, et al., 2000），ラバーハンド錯覚（rubber-hand illusion）（Botvinick, Cohen, 1998）などさまざまな多感覚相互作用（詳しくは b を参照）においても，感覚間の同時性は感覚間統合の成否にかかわる重要な制約要因となっている．

どれくらいの時間のずれが同時と知覚されるかを

調べるために用いられる指標の一つとして，**同時性の時間窓**（window of simultaneity）がある．さまざまな時間のずれを持つ刺激を被験者に提示して，「同時」か「同時でない」かの判断をしてもらう．そして横軸を時間のずれ，縦軸を同時と答えた割合としてデータをプロットすると，被験者がどれくらいの時間のずれを同時であると答えたかを示す同時性の時間窓を描くことができる．この同時性の時間窓の中心のことを**主観的同時点**（point of subjective simultaneity：PSS）と呼ぶ．視聴覚の同時性の時間窓の幅は比較的広く，成人の場合，前後100〜200 ms 程度といわれる（たとえば，Dixon, Spitz, 1980）．2〜8カ月児では大人に比べて，視聴覚の同時性の時間窓がさらに広くなるという報告がある（Lewkowicz, 1996）．「Aが先」か「Bが先」かという**時間順序判断**（temporal order judgment：TOJ）によって主観的同時点が求められる場合もある．その場合は「Aが先」と答えた割合と「Bが先」と答えた割合が等しくなる点が主観的同時点と呼ばれる．

そもそも脳にとって異なる感覚間の信号の時間関係を正しく判断することは原理的に困難な課題である．視聴覚を例にとって考えてみると，まず外界では，光が毎秒300,000,000 m 進むのに対して，音は約340 mしか進めないため，音のほうが光よりも遅れて伝わる．さらに脳内においても，**神経伝達と処理**（neural transmission and processing）の過程で時間のずれが生じてしまう．**基底膜**（basilar membrane）における音波の機械的な変換プロセスは，**網膜**（retina）における光の化学的な変換プロセスよりも速い（King, Palmer, 1985）．さらに刺激の強度や，視覚刺激が提示される網膜上の位置，視覚刺激の空間周波数なども神経伝達・処理の時間に影響を及ぼす（Jaskowski et al., 1994；Tappe et al., 1994；Kopinska, Harris, 2004）．したがって視聴覚信号の間には，外界および脳内に起因するさまざまな要因による，単純に予測できない時間のずれが生じてしまうことになる．触覚も例外ではなく，たとえば足のつま先が刺激された場合と鼻の先が刺激された場合とでは，神経伝達，処理時間が異なるといわれる（Macefield et al., 1989）．私たちの脳は，このようなさまざまな困難や制約と折り合いをつけながら，実際のイベントの発生源における異なる感覚間の時間関係をなるべく正しく解釈しようと試みているようである．実際に主観的同時点は以下に紹介するようなさまざまな要因に影響を受ける．

1) 注意

注意（attention）を向けた感覚モダリティの刺激が，注意を向けていない感覚モダリティの刺激よりも観察者に先であるように知覚されるという prior entry effect と呼ばれる現象が報告されている（Spence et al., 2001；Zampini et al., 2007）．

2) 刺激の時間構造

刺激の時間構造（temporal structure）も主観的同時点に影響を与える．そもそも異なる時間構造を持つ信号間の時間を比較することは困難である．たとえば視覚研究において，連続的に動く刺激と短いフラッシュ刺激とを呈示するとフラッシュが遅れて知覚されるという**フラッシュラグ効果**（flash lag effect）と呼ばれる現象が報告されているが（Nijhawan, 2002），AlaisとBurrは，聴覚と視覚といった異種感覚モダリティ間でも，同様の現象が生じると報告している（Alais, Burr, 2003）．

3) 因果性

刺激の**因果性**（causality）も主観的同時点に影響する．たとえばハンマーで釘を打った結果として音が発生するというような場合，ハンマーが釘を打つよりも前に音が出現することは普通はあまり起こらない．このように視覚イベントと聴覚イベントの因果性が自明であるとき，われわれの脳は刺激の因果性を考慮に入れて主観的同時点を調整しているようである．たとえばvan Eijkら（2007）は，**ニュートンの揺りかご**（Newton's cradle toy）と呼ばれる振り子のおもちゃを模した刺激を用いた実験を行い，聴覚イベントが起きてからそれに関連した視覚イベントが生じるという状況をつくると，主観的同時点が「音が先，光が後」の方向にずれると報告している．

4) **距離補正**（distance compensation）

距離による視聴覚信号の時間のずれについては，信頼できる距離の手がかりが得られるときには，ある程度の距離までは音の時間遅れに対する補正が行われるという報告がある（Engel, Dougherty, 1971；Sugita, Suzuki, 2003；Kopinska, Harris, 2004；Alais, Carlile, 2005）．たとえばSugitaとSuzukiは，被験者にLED

が光と音の両方の発生源であると考えるように教示して，視覚刺激（LED）の距離を変化させ，聴覚刺激（頭部伝達関数を畳みこんだ白色雑音）をヘッドフォンから提示して時間順序判断を行い，主観的同時点が距離に応じて音速を勘案するように補正されたと報告している．しかし異なる結果を報告しているものもあり（Stone et al., 2001；Lewald, Guski, 2004；Arnold et al., 2005；Heron et al., 2007），現在も議論が続いている．

5) 時間ずれ順応

時間ずれ順応（lag adaptation）による**適応的再調整**（adaptive recalibration）も主観的同時点に影響を与える．Fujisakiら（2004）は，視聴覚の一定の時間ずれに順応した後では，そのずれを小さくする方向に視聴覚の主観的同時点がシフトすること，また，同時であると判断される領域（同時性の時間窓）が順応した時間ずれの方向に拡張することを発見した（Fujisaki et al., 2004）（図 1.3.53）．また，被験者に直接「同時性」を訊かずに**通過・反発の錯覚**（stream-bounce illusion）（Sekuler et al., 1997）を用いて間接的に視聴覚の同時性を測定した場合にも同様の結果が得られた．Vroomenら（2004）も同様の実験を行い，ほぼ一致した結果を報告している（Vroomen et al., 2004）．

6) ベイズ較正

時間ずれ順応（lag adaptation）では，順応した時間のずれを小さくする方向に主観的同時点が変化するが，Miyazakiら（2006）は，両手に与えられた触覚刺激の時間順序の判断を行う場合に，順応した時間のずれを小さくする方向にではなく，むしろ逆方向に知

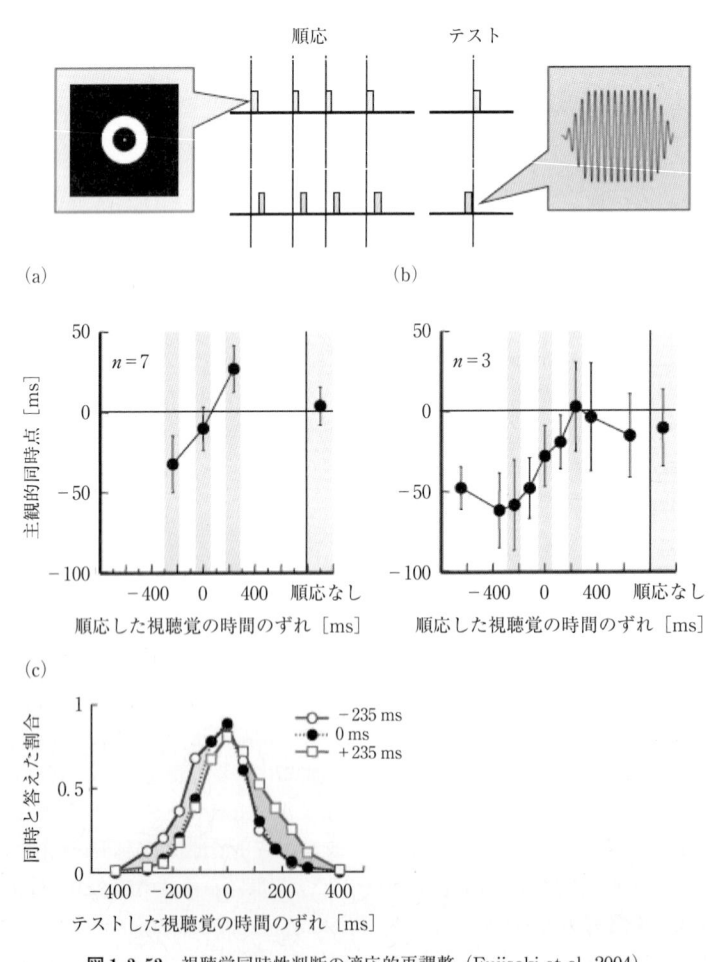

図 1.3.53 視聴覚同時性判断の適応的再調整（Fujisaki et al., 2004）

覚変化が起こるという現象を報告している（Miyazaki et al., 2006）．Miyazakiらはこの現象を**ベイズ較正**（Bayesian calibration）と名づけ，人間の脳には，時間ずれ順応とベイズ較正という二つのメカニズムが存在しているのではないかと考察している．また Yamamotoら（2008）は，2種類の異なる周波数の音と1種類の光を用いて時間順序判断の実験を行い，時間ずれ順応をキャンセルするような刺激操作を行った場合には，視聴覚の場合でもベイズ較正で予測される方向にシフトが生じると報告している．

7）提示密度の限界

FujisakiとNishida（2005）は，**周期パルス列**（repetitive pulse trains）を用いて視聴覚の**同期・非同期弁別課題**（synchrony-asynchrony discrimination）を行い，パルス列の時間周波数が約4 Hzを超えると，視覚，聴覚のそれぞれの刺激内部では時間構造が明瞭に知覚できるにもかかわらず，視聴覚の対応づけができなくなってしまうことを報告している（Fujisaki, Nishida, 2005）．FujisakiとNishida（2007）は，約4 Hzという視聴覚対応づけの時間限界が**時間周波数**（temporal frequency）の問題なのか密度（temporal density）の問題なのかを切り分けるために，周期刺激の代わりに**高密度ランダムパルス列**（high-density random pulse trains）を用いて視聴覚の同期・非同期弁別課題を行い，視聴覚の対応づけの限界が時間周波数ではなく密度で規定されていることを示した（Fujisaki, Nishida, 2007）．さらに密度が高い背景刺激のなかに，まばらな**図**（figure）となる刺激を埋め込むと（たとえば白のフラッシュと低いピップ音の**背景**（ground）刺激のなかに時間的にまばらな赤のフラッシュと高いピップ音の図となる刺激を埋め込むというようにすると），信号全体の密度は高いままであっても再び視聴覚の対応づけが可能になることを示した．これらの結果は，視聴覚の同期判断において重要なのは信号全体の密度ではなく，刺激のなかに含まれる**顕著特徴**（salient feature）の密度であることを示唆している．

8）一度に比較する数の限界

7）の例は時間軸上にたくさんの刺激が提示された場合であるが，空間的に複数の刺激が同時に提示された場合にはどうなるであろうか．Fujisakiら（2006）は，視覚探索（visual search）のパラダイムを用いて，聴覚刺激と時間的に同期した視覚**ターゲット刺激**（target）を，聴覚刺激とは無相関に時間変化する視覚**ディストラクタ**（distractors）刺激のなかから探索するという実験を行って検討した（Fujisaki et al., 2006）．もし視聴覚の同期検出を複数の視聴覚イベントに対して一度に，並列的に，瞬時に行うことができるのであれば，聴覚刺激と同期した視覚ターゲットはセットサイズによらず視覚ディストラクタ刺激のなかから**ポップアウト**（pop-out）すると予測される．しかしながら結果は明瞭な**セットサイズ効果**（set-size effect），いわゆる**逐次探索**（serial search）を示した．このことは視聴覚の同期判断が一度に一つずつ（あるいは少数ずつ）しか行えなかったことを示している．ただし視覚刺激や聴覚刺激の周りに近接した刺激がなく，それぞれの刺激がそれ自身として顕著であり，かつ時間変化が比較的ゆっくりである場合では，注意が自動的に異種感覚間で同期したターゲットに向けられるという場合もあるようである（Van der Burg et al., 2008）．

b. 感覚間相互作用

空間における異種感覚情報統合は，一般に，視覚が優位になる場合が多いといわれる．たとえばよく知られた現象に，聴覚刺激と視覚刺激が異なる位置から提示されたときに，聴覚刺激が視覚刺激の影響を受けて実際とは異なった位置に知覚される**腹話術効果**（ventriloquist effect）がある（たとえば，Alais, Burr, 2004）．腹話術において，実際には腹話術師がしゃべっているにもかかわらず，あたかも腹話術師が持っている人形の口から声が出ているかのように感じられることから，このような名前がつけられている．

一方で時間における異種感覚情報統合においては，逆に聴覚が視知覚に影響を及ぼすという例が報告されてきている．たとえば周期的にチカチカと点滅する視覚刺激（フリッカー）が異なる時間レートでパタパタとオンオフする聴覚刺激（フラッター）と同期しているように知覚されるという**聴覚ドライビング**（auditory driving）（Shipley, 1964；Recanzone, 2003；Wada et al., 2003）という現象がある．聴覚ドライビングはフリッカーやフラッターの提示レートがゆっく

りのとき（約 4 Hz 以下）には生じないが，提示レートが速くなると生じる（Recanzone, 2003）．より最近の報告としては，単独のフラッシュが 2 回以上のビープ音とともに提示されるとフラッシュが 2 回提示されたように知覚されるという**多重フラッシュ錯覚**（illusory flashes）（Shams et al., 2000）がある．そのほかにも，二つの視覚刺激の前後に聴覚刺激を提示することによって視覚刺激間の時間順序判断の成績が向上するという**時間領域の腹話術効果**（temporal ventriloquism）（Morein-Zamir et al., 2003）などもある．

空間は視覚，時間は聴覚，というように，必ずしも優位となるモダリティが固定されているわけではなく，たとえば Alais と Burr（2004）は，視覚刺激の空間位置が定位しにくいときには，逆に聴覚の音源位置が視覚の定位を引っ張る**逆腹話術効果**（inverse ventriloquist effect）とでもいうべき現象が生じることを報告している（Alais, Burr, 2004）．

時間や空間領域以外の感覚間相互作用もさまざまに報告されている．たとえば Kitagawa と Ichihara は視覚的な奥行き運動への順応が聴覚のラウドネス変化残効を生じさせると報告している（Kitagawa, Ichihara, 2002）．音声知覚におけるよく知られた感覚間相互作用（multisensory interaction）としては，**マガーク効果**（McGurk, MacDonald, 1976）があげられる．これは/ba/という音声と/ga/という唇の動きの画像とが同時に提示されると/da/のように知覚されるというように，映像と音声で異なる音韻が提示されたときに異なる音韻が知覚される現象である．興味深いことに，マガーク効果は日本人では生じにくいという（Sekiyama, Tohkura, 1991）．

異種感覚統合が多義図形の見え方の解釈を変化させるという報告もある（通過・反発の錯覚 stream-bounce illusion）（Sekuler et al., 1997）．二つの運動刺激が交差するような刺激の場合，視覚刺激をみているだけでは，「通過」と「反発」という両方の知覚が成立可能である．しかし運動刺激がぶつかる付近で音が鳴ると，「通過」より「反発」の知覚がより誘導されるという．効果の成否には聴覚刺激の**顕著性**（saliency）が重要であり，Watanabe と Shimojo は通過・反発の錯覚が生じる条件とまったく同じタイミングで音刺激が存在していても，その音刺激の前後 300 ms にも同じ音刺激が存在する場合には，反発誘導効果が減少すると報告している（Watanabe, Shimojo, 2001）．

視覚と身体の感覚の相互作用の例としては，ゴムでできた偽物の手を自分の手のように感じてしまう**ラバーハンド錯覚**（rubber hand illusion）（Botvinick, Cohen, 1998）があげられる．ゴムでできた偽物の手を被験者の正面におき，被験者の本物の手を被験者からみえないように隠し，実験者が被験者の本物の手と偽物の手を同時に繰り返し刺激する．その様子をしばらくみていると被験者は（ゴムの手は偽物であるということはわかっていても）だんだんゴムの手が自分の身体の一部であるかのように感じはじめる．ゴムの手が自分の身体の一部であるかのように感じられるようになった状態でゴムの手に「けがをさせる（指を反らせるなど）」と，あたかも自分が痛みを感じたような**皮膚伝導反応**（skin conductance response）が生じるという報告もある（Armel, Ramachandran, 2003）．

多感覚相互作用の研究は，近年さまざまな関連分野を巻き込んでどんどん発展しており，上記にあげた研究のほかにも，たとえば手のひらをこすり合わせたときの手のさらさら感が音によって変容するとか（Jousmaki, Hari, 1998），ポテトチップスをかじったときのパリパリ感（crispness）が音によって変容するなど（Zampini, Spence, 2010），多くの興味深い研究が進められつつある．

〔藤崎和香〕

文　献

Alais, D., Burr, D. (2003)：The "Flash-Lag" effect occurs in audition and cross-modally. *Curr. Biol.*, **13**(1)：59-63.

Alais, D., Burr, D. (2004)：The ventriloquist effect results from near-optimal bimodal integration. *Curr. Biol.*, **14**(3)：257-262.

Alais, D., Carlile, S. (2005)：Synchronizing to real events：subjective audiovisual alignment scales with perceived auditory depth and speed of sound. *Proc. Natl. Acad. Sci. USA.*, **102**(6)：2244-2247.

Armel, K. C., Ramachandran, V. S. (2003)：Projecting sensations to external objects：evidence from skin conductance response. *Proc. Biol. Sci.*, **270**(1523)：1499-1506.

Arnold, D. H., et al. (2005)：Timing sight and sound. *Vision. Res.*, **45**(10)：1275-1284.

Botvinick, M., Cohen, J. (1998)：Rubber hands 'feel' touch that eyes see. *Nature*, **391**(6669)：756.

Dixon, N. F., Spitz, L. (1980)：The detection of auditory visual desynchrony. *Perception*, **9**(6)：719-721.

Engel, G. R., Dougherty, W. G. (1971)：Visual-auditory distance constancy. *Nature*, **234**(5327)：308.

Fujisaki, W., Nishida, S. (2005)：Temporal frequency characteristics of synchrony-asynchrony discrimination of

audio-visual signals. *Exp. Brain. Res.*, **166**(3-4): 455-464.
Fujisaki, W., Nishida, S. (2007): Feature-based processing of audio-visual synchrony perception revealed by random pulse trains. *Vision. Res.*, **47**(8): 1075-1093.
Fujisaki, W., et al. (2004): Recalibration of audiovisual simultaneity. *Nat. Neurosci.*, **7**(7): 773-778.
Fujisaki, W., et al. (2006): Visual search for a target changing in synchrony with an auditory signal. *Proc. Biol. Sci.*, **273**(1588): 865-874.
Heron, J., et al. (2007): Adaptation minimizes distance-related audiovisual delays. *J. Vis.*, **7**(13): 51-58.
Jaskowski, P., et al. (1994): The relationship between latency of auditory evoked potentials, simple reaction time, and stimulus intensity. *Psychol. Res.*, **56**(2): 59-65.
Jousmaki, V., Hari, R. (1998): Parchment-skin illusion: sound-biased touch. *Curr. Biol.*, **8**(6): R190.
King, A.J., Palmer, A.R. (1985): Integration of visual and auditory information in bimodal neurones in the guinea-pig superior colliculus. *Exp. Brain. Res.*, **60**(3): 492-500.
Kitagawa, N., Ichihara, S. (2002): Hearing visual motion in depth. *Nature*, **416**(6877): 172-174.
Kopinska, A., Harris, L.R. (2004): Simultaneity constancy. *Perception*, **33**(9): 1049-1060.
Lewald, J., Guski, R. (2004): Auditory-visual temporal integration as a function of distance: no compensation for sound-transmission time in human perception. *Neurosci. Lett.*, **357**(2): 119-122.
Lewkowicz, D.J. (1996): Perception of auditory-visual temporal synchrony in human infants. *J. Exp. Psychol. Hum. Percept. Perform.*, **22**(5): 1094-1106.
Macefield, G., et al. (1989): Conduction velocities of muscle and cutaneous afferents in the upper and lower limbs of human subjects. *Brain*, **112**(Pt 6): 1519-1532.
McGurk, H., MacDonald, J. (1976): Hearing lips and seeing voices. *Nature*, **264**(5588): 746-748.
Miyazaki, M., et al. (2006): Bayesian calibration of simultaneity in tactile temporal order judgment. *Nat. Neurosci.*, **9**(7): 875-877.
Morein-Zamir, S., et al. (2003): Auditory capture of vision: examining temporal ventriloquism. *Brain. Res. Cogn. Brain Res.*, **17**(1): 154-163.
Nijhawan, R. (2002): Neural delays, visual motion and the flash-lag effect. *Trends Cogn. Sci.*, **6**(9): 387.
Recanzone, G.H. (2003): Auditory influences on visual temporal rate perception. *J. Neurophysiol.*, **89**(2): 1078-1093.

Sekiyama, K., Tohkura, Y. (1991): McGurk effect in non-English listeners: few visual effects for Japanese subjects hearing Japanese syllables of high auditory intelligibility. *J. Acoust. Soc. Am.*, **90**(4 Pt 1): 1797-1805.
Sekuler, R., et al. (1997): Sound alters visual motion perception. *Nature*, **385**(6614): 308.
Shams, L., et al. (2000): Illusions. What you see is what you hear. *Nature*, **408**(6814): 788.
Shipley, T. (1964): Auditory flutter-driving of visual flicker. *Science*, **145**: 1328-1330.
Spence, C., et al. (2001): Multisensory prior entry. *J. exper. psychol. Gen.*, **130**(4): 799-832.
Stone, J.V., et al. (2001): When is now? Perception of simultaneity. *Proc. Biol. Sci.*, **268**(1462): 31-38.
Sugita, Y., Suzuki, Y. (2003): Audiovisual perception: Implicit estimation of sound-arrival time. *Nature*, **421**(6926): 911.
Tappe, T., et al. (1994): A dissociation between reaction time to sinusoidal gratings and temporal-order judgment. *Perception*, **23**(3): 335-347.
Van der Burg, E., et al. (2008): Pip and pop: nonspatial auditory signals improve spatial visual search. *J. Exp. Psychol. Hum. Percept. Perform.*, **34**(5): 1053-1065.
van Eijk, R.L., et al. (2007): Causal relationships affect audio-visual asynchrony detection: Opposite trends for different stimuli. Poster Presented at the 8th International Multisensory Research Forum, Sydney, Australia.
Vroomen, J., et al. (2004): Recalibration of temporal order perception by exposure to audio-visual asynchrony. *Brain. Res. Cogn. Brain. Res.*, **22**(1): 32-35.
Wada, Y., et al. (2003): Audio-visual integration in temporal perception. *Int. J. Psychophysiol.*, **50**(1-2): 117-124.
Watanabe, K., Shimojo, S. (2001): When sound affects vision: effects of auditory grouping on visual motion perception. *Psychol. Sci.*, **12**(2): 109-116.
Yamamoto, S., et al. (2008): Bayesian calibration of simultaneity in audiovisual temporal order judgments. Poster presented at the Ninth International Multisensory Research Forum, Hamburg, Germany.
Zampini, M., et al. (2007): 'Prior entry' for pain: attention speeds the perceptual processing of painful stimuli. *Neurosci. Lett.*, **414**(1): 75-79.
Zampini, M., Spence, C. (2010): Assessing the role of sound in the perception of food and drink. *Chemosens. Percept.*, **3**(1): 57-67.

1.4 感覚運動統合系

a. 感覚運動統合の役割

運動を適切に調節するためには，意識的であるか無意識的であるかにかかわらず，感覚入力が必須である．一般に，意識的に感覚情報を用いて運動を制御する場合は，外界の状態を知覚し，それを運動に反映させるまでに時間がかかる．たとえば，光の点灯に反応してボタンを押すような単純反応時間は，視覚刺激に注意を向けていたとしても 150 ms 以上かかる．そのため視覚野が外界の情報を処理し，それを受けて一次運動野が運動指令を発し，その結果をまた視覚野が処理し，そして反応するといったことを繰り返す視覚情報のフィードバック制御（いわゆる古典的フィードバック制御）では，素早い運動調節を実現することはできない．これに対して，感覚情報を無意識下で自動的に運動に反映させることで，感覚入力から運動制御にかかる遅延時間を短縮することができる．感覚情報が無意識的に運動に反映されるこの作用は感覚運動統合と呼ばれ，重要な運動調節機能の一つである．感覚運動統合には，反射のように脊髄レベルで実行されるものから，後述の内部モデルのような脳の神経回路網で構成されるものまであり，単純な動作も複数の感覚運動統合機構によって支えられている．

b. 無意識下での運動における感覚運動統合

たとえば，立位姿勢の保持や眼球運動制御などの無意識的に行える調節運動では，反射を基本に運動の調節が行われている．これらの調節運動は，感覚情報だけで自動的に反応を行うことで，外界からの刺激（入力）に対して素早い調節が可能となる．

反射は，感覚受容器からの種々の感覚情報（頭部姿勢，触覚，痛覚など）に対して，自動的に運動を誘発する非常に素早いステレオタイプな運動調節機構（刺激と反応の関係が同一条件では常に同じ）であり，脊髄反射や前庭反射がある．**脊髄反射**は，末梢の感覚受容器からの筋感覚や痛覚などに対して，脳を介さずに脊髄の α 運動ニューロンレベルで運動を誘発する最も短いループでの運動調節機構である（図 1.4.1）．痛み受容器からの信号に対して四肢を屈曲させることで痛み刺激から逃れる屈曲反射や，筋肉が伸ばされたときに，筋紡錘からの信号に対して筋肉を収縮させることで筋長を一定に維持する自動制御系としての伸張反射などがある．**前庭反射**は，前庭系（半規管（頭の回転加速度）と耳石器官（頭の傾きと直進加速度））からの平衡感覚（頭の姿勢・運動）に対する反応で，姿勢の保持や眼球運動制御にとって非常に重要な反射である（平衡感覚の詳細は 1.3.7 項参照）．

立位姿勢の保持は，3種類の感覚フィードバックからなり，筋や関節の深部受容器からの**体性感覚情報**，前庭系からの**頭部運動情報**，そして目から入る外界との相対的な位置情報を用いて，姿勢を保持する仕組みである．体性感覚情報との統合は脊髄反射，前庭系からの感覚情報との統合は脳幹の前庭脊髄反射で行われ，身体や頭部の動きから姿勢の変動を検知し，自動的に調整する．目からの外界の運動刺激も姿勢に影響し，特に周辺視野での運動刺激は影響が大きい．三つのフィードバックは異なる周波数帯域で補完しあい，体性感覚情報はおよそ 0.1 Hz 以上，視覚情報は 0.1 Hz 以下，そして前庭系からの情報は両者の周波数域をカ

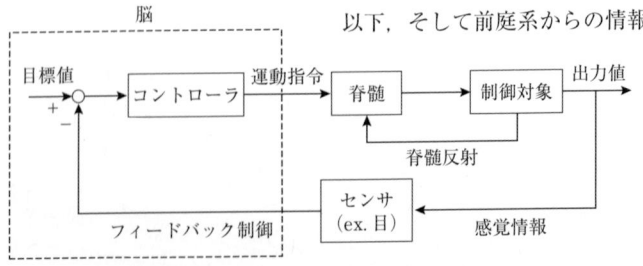

図 1.4.1 古典的フィードバック制御（遅い調節）と脊髄反射（速い調節）

1.4 感覚運動統合系

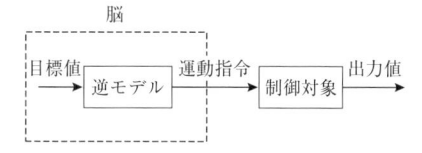

図 1.4.2 逆モデルとフィードフォワード制御

バーする（立位姿勢の保持の詳細は1.7節参照）．

眼球運動調節は，目が動いても外界が静止して感じられるために必要な仕組み（注視している対象を網膜上に安定に維持する仕組み）で，物体の動きや頭の動きに対して眼球の方向の調整が自動的に行われる．注視している物体の素早い動きや注視点の移動に対しては，ステップ状の速い眼球運動である**サッケード運動**，ゆっくりした動きに対しては追跡眼球運動がある．また急峻な頭の動きを打ち消すために，頭部の回転と逆向きの眼球回転運動である**前庭動眼反射**などがある．前庭動眼反射では前庭系からの頭部運動情報を用いて，他の眼球運動は網膜上での物体のズレ情報を用いて眼球運動の調節が行われる．

眼球運動にみられるような素早い調節運動のためにはフィードフォワード型の制御が必須となる（図1.4.2）．追従眼球運動（外界の動きに対して短潜時（50 ms 程度）で起こる眼球運動で，網膜上の外界の像のブレを抑える）では内部モデル（internal model）の逆モデルを使った**フィードフォワード制御**が行われている（Kawato, 1999）．**内部モデル**とは外界との入出力関係をシミュレートできる脳内の神経回路網で，**逆モデル**とは，目標運動を入力とし，それに必要な運動指令を計算する神経回路網である．モデリングしている対象（筋-運動系）とは逆の入出力関係を持つため，逆モデルと呼ばれる．逆モデルは小脳に存在し，網膜上の外界のブレに対する眼球運動のフィードバック制御時の運動制御指令を用い，その運動指令がなくなるように構築される．モデルが正確で外乱がなければ，網膜上のブレ情報を用いたフィードフォワード制御だけで眼球運動の制御を行うことができ，素早い眼球運動の調節が可能となる．

c. 意識下での運動における感覚運動統合

意識的に動作を調整している運動，たとえば「手を伸ばしてコップをとる」といった目と手の協調動作で

は先に述べたように，視覚からの古典的フィードバック制御だけでは速い目標到達運動は実現できない．到達運動においても小脳の内部モデルによるフィードフォワード型の制御が存在すると考えられている．運動の開始は，逆モデルによるフィードフォワード制御が行われ，運動開始前の手の位置と目標位置から内部モデルの逆モデルが到達運動に必要な運動出力の計算をしている．ただこの制御ではモデル誤差への修正や外乱への補償ができないため，ズレをフィードバックし修正することが同時に必要となる．このためには，内部モデルの順モデルが運動指令を用いて運動結果を予測し，現在の状態（感覚情報）と比較して制御を行うフィードバック制御が考えられている（Desmurget, Grafton, 2000；Kawato, 1999）（図1.4.3）．**順モデル**とは，運動指令のコピー（遠心性コピー）を入力としその運動指令によって状態がどう変化するかを予測する神経回路網で，モデリングしている対象（筋-運動系）と同じ方向の入出力関係を持つため，順モデルと呼ばれる．順モデルにより運動後の状態を予測して修正することで，状態を知覚したあとの情報を用いて行われる遅い古典的フィードバックに対して，速いフィードバック制御が可能となる．感覚運動統合における運動制御では，最終的に図1.4.1から図1.4.3の制御系が組み合わされて実行されている．

内部モデルによる運動制御では，手先の位置情報は，視覚と運動感覚（皮膚や筋肉，関節の深部受容器などによって得られる位置，速度，力に関する感覚）の両方の感覚から得ることができる．異なる感覚器官から得られる位置情報はどのように融合されているのだろうか．視覚からの位置情報（網膜上での位置情報から外界の位置を推定して得られる）と運動感覚からの位置情報（関節空間での位置情報から外界の位置を推定して得られる）は正確に一致しないが，われわれはそのズレを意識することはない．異なる感覚器官から得られる同種の情報に関しては，最尤推定法によっ

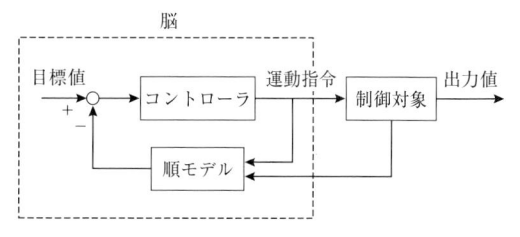

図 1.4.3 順モデルとフィードバック制御

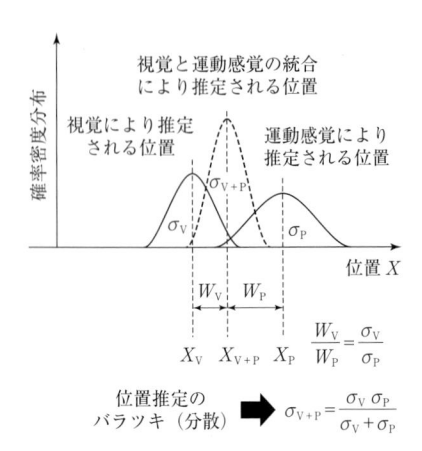

図1.4.4 最尤推定法による感覚情報の融合

$$\sigma_{V+P} = \frac{\sigma_V \sigma_P}{\sigma_V + \sigma_P}$$

$$\frac{W_V}{W_P} = \frac{\sigma_V}{\sigma_P}$$

て情報の統合が行われていることが報告されている（Deneve, Pouget, 2004）．最尤推定法では，感覚情報のばらつきに逆比例するように両者の情報が融合されて知覚される（融合された知覚情報は，ばらつきのより小さい感覚器官の情報に近くなる）（図1.4.4）．

しかし視覚と運動感覚のズレが大きく融合できない場合には，感覚間での情報の不一致が起き，運動に影響が出る．このような場合には次のような内部モデルの再構築が行われる．

（1）逆さ眼鏡や内視鏡カメラ（e.参照）の使用による視覚座標の変換．

（2）宇宙ステーションの微小重力環境に移動したことによる身体加重の変化：野球の得意な宇宙飛行士が，軌道上のスペースシャトル内でボールを投げて的に当てられるようになるまで，数日間の練習が必要であったことが報道されていた．

（3）成長などによる身体寸法の変化：筆者が体験した例では，身長がひと月に1センチ近く伸びていた小学4年生のとき，1カ月ぶりに電子オルガンを弾いたところ，フットペダル（みないで操作する）を踏もうとする足の位置が遠位にずれてしまっていた．目で足先をみながらペダルを踏み，位置を合わせる必要があった．

ここで，視覚座標変換に対する内部モデル再構築に関しては，2種類の異なる再構築方法があることが報告されている（Clower, Boussaound, 2000）．一つは，逆さ眼鏡のように自分の身体内部の視覚座標と身体座標の関係を再構築する場合であり，逆さ眼鏡を外したのちも，再構築された座標変換系の効果が持続するという強い後遺症を特徴とする．もう一つは，内視鏡下での操作のように道具を使用する場合で，その道具の使用を止めれば即影響がなくなる（後遺症がみられない）という特徴がある．この両者のうち，どちらの再構築方法となるかを決定するのは，操作者自身が「自分自身の手をみている」と考えるか，それとも「自分の手に付加された何かをみている」と思うか，という認識の差であると考えられる．実際に，自分の手の映像をみる場合と，コンピュータグラフィックスで呈示されたバーチャルな手の映像をみる場合とでは，脳の活動領域が異なるという報告があり（Perani et al., 2001），興味深い．

d. 発達・加齢における感覚運動統合

感覚運動統合機能は年齢とともに変化していく．乳幼児や小児の到達運動を対象に，発達期における感覚運動統合機能が調べられた．物に手を伸ばす基本的な能力は新生児ですでに備わっており，生後4カ月くらいで目標到達運動ができるようになる．しかし初期の到達運動は不規則で，大人の到達運動の速度特性が単峰性のいわゆる釣鐘型をしているのに対し，速度や加速度が多峰性である．発達とともにこれらピークは少なくなり，運動はスムースになり，軌道は直線に近くなる．そして子どもの到達運動は10歳前後で大人のレベルに達する．視覚の精度は生後6カ月程度で到達運動を行うのに十分なレベルに達していると考えられているが，一方，運動感覚は5〜6歳でもまだ十分ではなく，7〜8歳くらいから大人の精度に近くなる（Contreras-Vidal, 2006）．また7〜8歳くらいから視覚情報を積極的に利用するようになり，運動感覚の向上と視覚の利用とともに内部モデルの精度が向上し，正確な到達運動ができるようになると考えられている（Hay et al., 2005）．

内部モデルによる運動制御のメリットは，外界との入出力関係が変化した場合に，新たな感覚運動情報から内部モデルを再構築することで，新しい環境に適応できることである．この内部モデルの再構築について若年成人（平均年齢25〜30歳程度）と高齢者（平均年齢65〜70歳程度）を比較した結果，若年成人と高齢者でモデルの再構築能力に差がなく，感覚運動統合の内部モデルの構築に関しては加齢の影響を受けない可能性が報告されている（Cressman et al., 2010）．

一方，加齢は機能の低下を伴い，加齢によって感覚・運動機能や認知機能が低下していくことが広く知られている．これらの機能は感覚運動統合を下支えしている機能であるため，個々の機能低下は感覚運動統合によって実現されている運動・動作に影響を及ぼす．たとえば，高齢者は，運動感覚の位置感覚のばらつきが大きく，それにより運動感覚に頼った精度のある到達運動を行うことができない（Cressman et al., 2010）．そのため，高齢者は到達運動初期のフィードフォワード制御による目標位置への到達距離が遠く，視覚フィードバックに頼った運動調節を長く行うことになり，若年成人と比較して，高齢者では動作速度が遅くなると報告されている（Seidler-Dobrin, Stelmach, 1998）．

e. 道具の使用における感覚運動統合

新しい道具の使い方を獲得する場合にも，内部モデルが構築される．新しい道具に習熟するにつれ，小脳での活動が収束する様子が報告されている（Imamizu et al., 2000）．

近年，感覚運動統合の理解とその効率的な習得が重要性を増しているのが，内視鏡を用いた低侵襲手術が急速に普及しつつある外科手術の分野である．内視鏡下手術が従来の自分の目で器具先端を直接みながら操作する手術と大きく異なる点は，図1.4.5に示すように鼻孔など体にあいている穴や体表面に開けた小さな穴から細長い内視鏡や鉗子類を挿入し，内視鏡のカメラ映像をモニタでみながら，身体内の患部を手術操作することである．横方向をみるために，内視鏡の視野方向（図1.4.5円錐）が内視鏡筒の軸方向（図1.4.5一点鎖線）とずれている斜視鏡も多用される．この内視鏡の使用による視覚座標系の変換と，内視鏡の視野内で使用するため大きく彎曲した鉗子などの操作器具による運動系の変換の統合が，手術に必要な技能となっているのである．

この内視鏡映像を通した視野変換の影響を実験的に計測したところ，視野方向と頭部・手先の方向のずれに依存して，なぞり課題の遂行時間・精度（描画線長）を2～6倍悪化させることが示されている（山下ほか，2009）．感覚運動統合がなされたあとでも，方向によってはなぞりの精度向上には限界があるため，手術室内

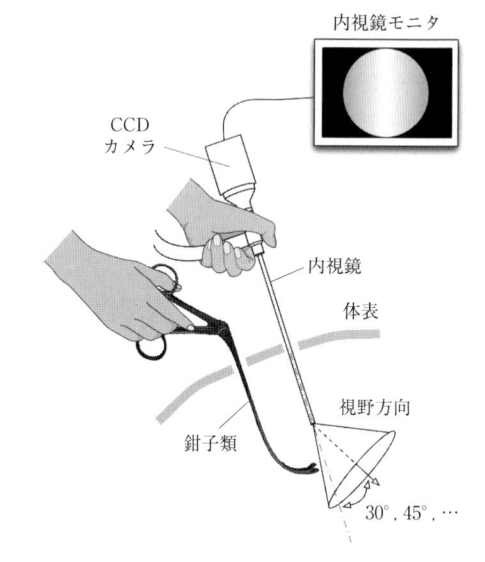

図1.4.5 内視鏡下手術のイメージ

の機器配置・術者の姿勢には十分注意を払う必要があると考えられる．　〔遠藤博史・山下樹里〕

文　献

Clower, D. M., Boussaound, D. (2000): Selective use of perceptual recalibration versus visuomotor skill acquisition. *J. Neurophysiol.*, **84**(5): 2703-2708.

Contreras-Vidal, J. L. (2006): Development of forward models for hand localization and movement control in 6- to 10-year-old children. *Hum. Mov. Sci.*, **25**(4-5): 634-645.

Cressman, E. K., et al. (2010): Visuomotor adaptation and proprioceptive recalibration in older adults. *Exp. Brain. Res.*, **205**(4): 533-544.

Deneve, S., Pouget, A. (2004): Bayesian multisensory integration and cross-modal spatial links. *J. Physiol.*, **98**(1-3): 249-258.

Desmurget, M., Grafton, S. (2000): Forward modeling allows feedback control for fast reaching movements. *Trends Cogn. Sci.*, **4**(11): 423-431.

Hay, L., et al. (2005): Role of proprioceptive information in movement programming and control in 5 to 11-year old children. *Hum. Mov. Sci.*, **24**(2): 139-154.

Imamizu, H., et al. (2000): Human cerebellar activity reflecting an acquired internal model of a new tool. *Nature*, **403**(6766): 192-195.

Kawato, M. (1999): Internal models for motor control and trajectory planning. *Curr. Opin. Neurobiol.*, **9**(6): 718-727.

Perani, D., et al. (2001): Different brain correlates for watching real and virtual hand actions. *NeuroImage*, **14**(3): 749-758.

Seidler-Dobrin, R. D., Stelmach, G. E. (1998): Persistence in visual feedback control by the elderly. *Exp. Brain Res.*, **119**(4): 467-474.

山下樹里ほか（2009）：内視鏡の使用がなぞり動作に与える影響．耳鼻咽喉科展望，**52**(5): 405-407.

1.5 歩行系（下肢）

　歩行とは，立位に近い姿勢のまま二本の足を交互に動かして前進するヒト特有の移動様式である．人間の生活における移動の大半は，歩行という移動様式で行われる．したがって，歩行能力は生活機能を支える重要な能力である．歩行能力が損なわれると，それに伴ってさまざまな生活機能に支障が出ることになる．

　逆に歩行の効用としては，全身運動であるため筋活動により体温を産生する，脳細胞の活性化による老化の防止，血行を促進し心肺機能を強化する，筋肉をつくるため冷症対策になり，体脂肪を燃焼してメタボ対策，骨粗鬆症や生活習慣病の予防など，よいことづくめである．ヒトの身体は生きていくこと，すなわち生活活動を維持するための仕組みが備わっている．その基本的活動は動くこと，つまり歩行運動であるといえる．歩行の主器官である下肢は立つ，または歩くことが主な働きである．これを体組成的にみると，下肢には全身の4割の筋が分布し，その重量は両下肢で体重の1/3を占める．身体は無駄のないように構成されていることを考えると，下肢の存在，すなわち歩くことは生命維持にとって非常に重要であることを示している．歩行を開始し継続するには，前頭葉からの意識発現によって運動野から運動命令が出され，末梢神経系によって筋収縮の命令が伝達される．筋骨格系は骨格筋の収縮によって関節運動が起こり，視覚，位置覚，触覚，圧覚などの情報が感覚系から脳へフィードバックされる．これら一連の運動が合目的的に連携し，繰り返されることにより歩行運動が継続される．

　歩行は最も身近な運動であるため，これを表現する数多くの用語がある．歩行，歩き方，徒歩は"walking"に相当し，一般的な会話や文章に「歩くこと」として使用される．移動，運動は"locomotion"に相当し，動物が「移動する」ことを表す．歩き方，足取り，足並み，**歩容**/歩様，歩調は"gait"に相当し，ヒトの「歩きぶり」のことを示す．歩行を評価する場合，「歩行の状態がよい」とするよりも，「歩容がよい」と表現するほうが専門的である．一般用語として，かかとから接地してつま先が離れるまでの足部の運動を**あおり運動**という．これはかかと外側から接地し，続いて全足底が接地，かかとが離地すると最後には第1〜3中足骨頭から母趾球と母趾で地面を蹴る足部の様子が，ちょうど風であおられているかのように「ねじれ運動」を呈するため，このように呼ばれるようになったと考えられる．

　生後12カ月程度で90%が歩行を開始する．1年半で安定して歩行することが可能となり，2年で走れるようになる．小児の重心位置は大人よりも上方にあるためバランスがとりにくい．このため上肢を外転し，歩隔を広くして大きな支持基底面を確保しようとする．また歩行開始直後の上肢は著しく挙上され high guard，次第に下がって medium guard，さらに下がって挙上なし no guard となる．その後，身体発達に伴って6年で成人型歩行へと発達していく．身長に比例してストライドや歩行速度は上昇し歩行率は低下する．一方，高齢者になると歩行速度は低下，重複歩長は延長，歩隔は拡大，両脚支持期は延長する．高齢者の歩行障害は，年齢よりも身体機能の低下が主たる原因であり，体力低下の影響は少なく，運動機能に関与する疾患の影響が大きい（中村ほか，2003）．

a. 歩行の運動学・運動力学

　健常成人の一般的な歩行の動作と関節角度変化を図1.5.1に示す．歩行は周期運動であり，片足のかかとが接地した時点（**かかと接地**，heel contact：HC）から同側のかかとが接地するまでを1周期として取り扱うことが多い．以下，最初にかかと接地する側を対象側，その反対側の脚を反対側として説明する．かかと接地時点では対象側の膝関節がほぼ伸展位（関節がまっすぐに伸びた状態）で，股関節が屈曲位（関節を前に折り曲げた状態），足関節が背屈位（つま先を上に持ち上げた状態）である．膝関節が少し屈曲した後，股関節は徐々に伸展していく．対象側の下肢がほぼ鉛直になる時点（foot flat：FF）で，膝関節はもう一度伸展位になり，股関節は中間位（立位姿勢に近い状態）となる．その後，対象側の下肢で体重心を押し出すように股関節はさらに伸展していく．股関節が最大伸展に近い時点で，反対側がかかと接地する．ここ

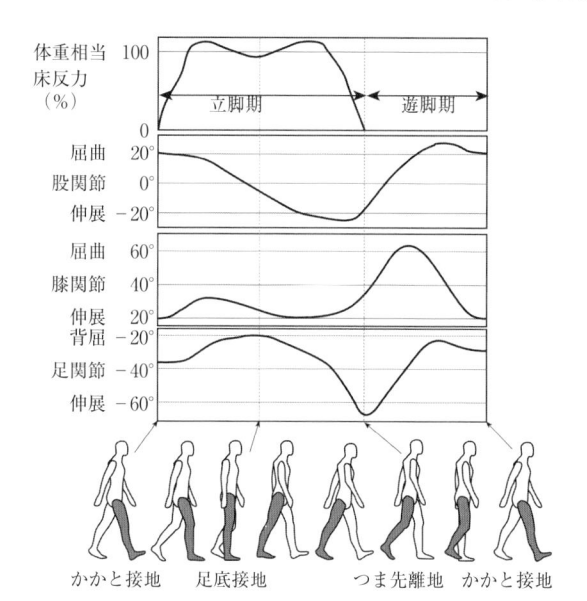

図1.5.1 歩行時の関節角度変化と鉛直方向床反力の変化

から，両脚支持期となる．対象側は，蹴り出しの最終段階となり，足関節が大きく底屈する．最終的につま先が地面を離れる（**つま先離地**，toe off：TO）．ここまでが**両脚支持期**である．通常の成人では，歩行1周期に対する両脚支持期の比率は20％程度である．また，かかと接地からつま先離地までが対象側の**立脚期**であり，通常の成人では歩行1周期の60％程度を占める．つま先離地をした後は，対象側の膝関節は大きく屈曲して下肢を折りたたみ，折りたたんだ下肢を股関節が屈曲して前方に送り出すかたちになる．股関節が屈曲位になり，下肢が前方に送り出されたところで膝関節は伸展してまっすぐ下方に伸び，これとあわせて蹴り出しのときに大きく底屈した足関節も背屈していく．徐々に着地の姿勢が形成され，対象側のかかと接地に至る．つま先離地からかかと接地までが**遊脚期**で，歩行1周期の40％ほどを占める．

歩行を理解するには，図1.5.1下のような運動の様式（運動学，kinematics）を把握するだけでなく，その運動の本質である力学（運動力学，kinetics）を把握することが重要である．詳細は，「c. 歩行分析」と専門書（臨床歩行分析研究会，2006）を参照いただくとして，ここでは要点のみを簡潔に記載する．歩行の力学を理解するのに最も適したデータは**床反力**である（図1.5.1上）．床反力は運動中に床面から身体が受ける反力（大きさと方向）のことをいう．鉛直方向の床反力はかかと接地とともに急激に増大し，一度ピークに達する．その後，一時的に床反力は小さくなり，FFの頃に最小になる．その後，後方への蹴り出しとともに再び床反力は増大に転じ，かかと接地の少し前に再びピークとなる．床反力の最初のピークはかかと接地後の衝撃と制動を意味しており，二つ目のピークは蹴り出しによる加速を意味する．この床反力のデータと関節角度のデータから，関節に働くモーメントを計算することができる．一般に，健常成人歩行では蹴り出す働きを，主として股関節と足関節とで分担している．FFからあとに，まず股関節が屈曲するときに大きな屈曲モーメントが発生し身体を前方に送り出す．つま先離地の前には，足関節が底屈するときに大きな底屈モーメントが発生して蹴り出しが行われる．また，かかと接地時の衝撃吸収は，かかと接地直後の足関節の底屈と膝関節の一時的な屈曲によって行われている．

b. 歩行の評価指標

1）距離因子

一方のかかとから他方のかかとまでの動作を1歩（step）とし，その距離は**歩幅**（step length）である．一方のかかとから再び同側のかかとが接地するまでの動作を**歩行周期**（gait cycle）とし，その距離は**ストライド長**（stride length）である．歩行中の両足の間隔を**歩隔**（step width）とし，進行方向に対する足部の角度を**足角**（foot angle）と呼ぶ（図1.5.2）．

2）歩行周期

1分当たりの歩数を**歩行率**（walking rate），または**ケイデンス**（cadence）とし，歩/分（step/min）と表すが，単にケイデンス100と表記されていれば，通常は1分当たり100歩で歩行したことを示す．

前述のように1歩行周期に占める立脚期の時間割合は60％，遊脚期は40％で，かかと接地を0とすると

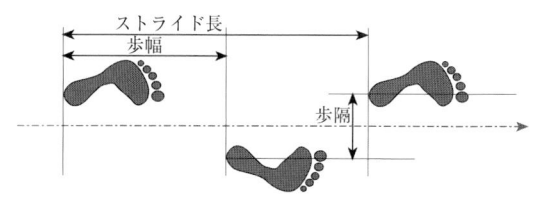

図1.5.2 歩行因子

足底接地は 15%，かかと離地は 30%，つま先離地は 60% となり遊脚期につながる．かかと離地からつま先離地までの時間が長く，この間を蹴り出し期（push off）という．両脚支持期は右足から左足，左足から右足へと支持脚が交代するときにおのおの 10% を占める．

歩行速度を次第に上げていくと両脚支持期の時間が短縮し，片足のみの接地時間の割合が増加してくるとついには両足が同時に浮いてしまう．一瞬でも足が地面についていないときがあれば，この時点から**走行**という．

3） 異常歩行の記述

歩行の時間因子には立脚期と遊脚期，そしてこれらが一部重複する両脚支持期がある．特に立脚期の記述方法は，従来よりかかと接地（HC）→足底接地（FF）→立脚中期（mid stance：MS）→かかと離地（HO）→つま先離地（TO）の表現が用いられてきた．しかしこれらは健常歩行を例にしたものであり，たとえば内反尖足を呈する脳卒中片麻痺者などは，つま先から接地するため，HC とはならない．このため J. Perry は，**初期接地**（initial contact：IC）→**荷重応答期**（loading response：LR）→**立脚中期**（mid stance：MSt）→**立脚終期**（terminal stance：TSt）→**前遊脚期**（pre-swing：PSw）とし，健常歩行と異常歩行の双方の記述に活用できるようにした（武田ほか，2007）．これはランチョ・ロス・アミーゴ国立リハビリテーションセンター（RLANRC）方式として知られている（月城ほか，2005）．臨床現場では対象者が病的歩行または異常歩行であるため，この **RLANRC 方式**が広く用いられている．

4） 正常歩行の特徴

円滑な歩行を継続するための特徴として次の要素があげられる．歩行は随意運動であるが，反射的要素や不随意的要素も加わり複雑な制御がなされている．下肢のみならず全身の筋活動が関与し，重力に対して立位姿勢を保持しながら全身移動する．左右の下肢が交互に支点となるため，重心の位置が上下，左右に動揺する．特に重心の上下動は重力に抗する運動のため，エネルギー消費が大きい．「よい歩行とは何か」という議論はあるものの，一つの指標としてエネルギー効率のよい歩行とは，重心移動が最小限に抑えられた歩行といえる．

5） 重心移動

立位時の体重心は床面から 55% の高さで，第 2 仙椎前方 2.5 cm の位置にあるとされる．体表面からは両上前腸骨棘を結んだ線上を目安とする．この体重心点は歩行中に上下左右に動揺するが，その振幅は上下動が 4.5 cm で，歩行速度が上昇すると振幅も増大する．立脚中期に最も高い位置になり，左右に 1 回ずつ最高点があるため，1 歩行周期中では最高点が 2 回となるサインカーブを描く．側方動は 6 cm であるが，歩行速度が上昇すると振幅は狭くなる．立脚中期には片脚立脚となり，片足底内につくられる支持基底面内に体重心を落とすように体幹は立脚側の足の直上に移動するため，体重心は最も外側に移動する．このため 1 歩行周期中では右側および左側に最大点を持つサインカーブを描く．

6） 関節運動

重心点の動揺を最小限度に抑えるため，歩行中の下肢の各関節が調整を行っている．その原則はかかと接地時に最低点となる重心位置を上げ，立脚中期に最高点となる重心位置を下げる仕組みである．

かかと接地時に下がった重心点を上げるため，前方に出した下肢は骨盤に対して股関節で外旋するが，下肢は進行方向を向いているため実際には骨盤が内旋しているように観察される．対側下肢に対してはこの反対の動きを呈する．立脚中期に上がった重心点を下げるため，膝関節は 15～20°屈曲したままかかと離地に移行する．さらに骨盤を遊脚側へ軽度傾斜させることによって，体重心を低下させる．

歩容をチェックする場合，足部および足関節に注目して評価することが多いため，各 phase における下腿から足部のポイントを示す．

i） かかと接地

距腿関節は中間位ないしは軽度背屈し，距骨下関節は内反，下腿は相対的に外旋する．横足根関節は回外し，中足趾節関節は 30°背屈している．このため windlass action によって足の内側縦アーチは挙上し，足部の剛性を高め，かかと接地の衝撃に耐えうる構造をつくる．

ii） 足底接地

距腿関節は底屈し，距骨下関節は中間位，下腿は外

旋から戻りつつ，横足根関節も中間位へ戻る．中足趾節関節も中間位になるため，windlass action は解除され，足の内側縦アーチは中間位となり，足部の剛性は低くなる．

iii）立脚中期

距腿関節は中間位となる．単脚支持となるため立脚足に全体重がかかるが，床反力計の鉛直成分をみると瞬時に体重の 85% 程度になる．また支持基底面が片足の面積のみとなるため，体重心が立脚足内に落ちるように股関節を内転させ，距骨下関節は外反する．このとき距腿関節も連動するが関節の遊び程度である．横足根関節は回外しようとするが，過回内を防止するための諸機能が発揮される．特に足底筋膜の張力によって，踵骨と基節骨間の距離が伸長しないように働く．内側縦アーチは最も低下する．立脚中期以降，距腿関節は次第に背屈となり，かかと離地に続く．

iv）かかと離地

かかとが地面から離れて，距腿関節は背屈位から底屈しはじめる．中足趾節関節が背屈してくるため，windlass action によって足の内側縦アーチが挙上するので足部の剛性が高まり，下肢が発生する歩行推進力を無駄なく地面に伝えようとする役割もある．また相対的に下腿は内旋する．終盤には第 1～3 中足骨頭から母趾球と母趾で地面を蹴る（push off）．このとき中足趾節関節は背屈 50° 以上になる．この時期，反対側の足のかかと接地が行われ，両脚支持期となる．

v）つま先離地

つま先が完全に地面から離れて立脚期が終わり，遊脚期につながる．なお遊脚期中の距腿関節は次第に中間位に戻り，中足趾節関節は背屈 30° のままである（阿部，2011）．

歩行因子は，歩行の全体的な特徴や能力を知るのに適しているが，より詳細に歩行能力を分析するには，別の指標を追加的に用いる必要がある．さまざまな指標のなかで，近年，転倒リスク評価指標として注目されているつま先クリアランスを紹介する．図 1.5.1 のような歩行運動は周期運動であり，健常成人であれば周期運動の再現性（1 周期目と 2 周期目が似通っている度合い）は非常に高い．しかしながら，加齢に伴ってこの周期運動の再現性が低下してくる．歩行者本人は無意識に同じ歩行を繰り返しているつもりであっても，実際に生成されている歩行運動は微妙にばらついていることになる．歩行中の遊脚足のつま先の高さも

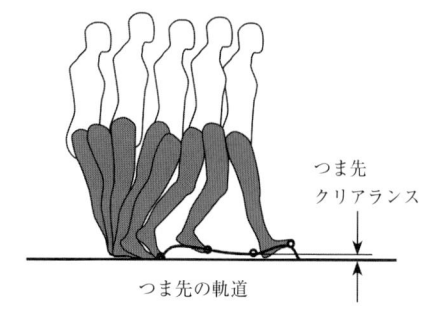

図 1.5.3 つま先クリアランス

例外ではない．毎回，同じ軌道と高さを無意識に繰り返しているつもりでも，実際には十分な高さになっていない周期が現れる．このときにつまずきが発生し，転倒につながる危険性がある．遊脚期でつま先の位置が最も低いときの床面からつま先までの高さを**つま先クリアランス**（minimam toe clearance）と呼ぶ（図 1.5.3）．アンケート調査によるつまずき転倒経験者群は，このつま先クリアランスが有意に小さくなっているか，つま先クリアランスのばらつきが大きくなっていることが報告されている．

c. 歩行分析

1）歩行分析の考え方

歩行を理解するには，**運動学**（kinematics）と**運動力学**（kinetics）の両面から検討する．運動学とは力（重力）の概念から離れて身体運動をみることで，いわば宇宙空間に浮いていると考えてもよい．これには神経筋活動，エネルギー代謝，関節角度などの評価があり，歩行周期の時間因子，距離因子などが該当する．運動力学とは力（重力）の概念を入れて身体運動をみることで，これには関節モーメント，床反力，加速度などの評価があり，重心動揺計測や三次元動作解析などが該当する．地球上では重力からの影響を排除できないので，これら二つを同時に考慮することが大切である．

歩行分析には機械計測と目視的判断がある．歩行を科学的に分析しようとすれば機械計測のほうが正確で，完全に証明できると思われがちである．科学とは方法論であり，他人が再現できることである．時間や場所を超えたコミュニケーションのために数字があり，専門用語がある．しかし現時点ではすべてが数字

で解明できるわけではない．計測機器を使用する前にまずは自分の目で確かめ，それを確認する意味で機械計測による数字を参照するほうが実際的である．

異常歩行や病的歩行の評価では，「臨床的判断」という**目視的歩行分析**が第一選択枝である．これは機械計測では判明しない深淵な情報に気がつき，熟達者にしかわからない高次な医学的判断をいう．歩行分析や各種の技術であっても，長年蓄積されたノウハウは専門家の頭と手のなかに納められている．いずれも知識と経験がモノをいう世界であり，習熟には相当の時間を要す．

2) 目視的歩行分析

目視的歩行分析の体系化については，J. Perry や Observational Gait Instructor Group (OGIG) の方法が有名である．これらは歩行運動の全体像について理解したうえで，目視により同時に多数情報を確認する評価方法であるため，相当の知識と技術水準が要求される．しかし，一般の人でも「何か歩き方が違うな」ということには気がつくので，歩行運動のパターン認識はわれわれにもともと備わった能力でもある．このように全体的に観察しながら，部分的に分析し情報を統合して評価することを目視的歩行分析という．

目視的歩行分析では歩行周期，重心動揺，身体動作の分野について観察を行う．歩行周期に関しては時間因子や距離因子があり，たとえばかかとがつくタイミングや歩幅の不同などに気がつく．重心動揺に関しては体重心移動があり，たとえば全体的なバランス，上下左右動の大小によって歩行運動効率を判断したり，交互運動の非対称性などに気がつく．身体動作に関しては関節運動があり，たとえば特定の関節の可動域や，関節運動の具合から主動作筋の活動を推測することができる．

3) 計測機器による歩行分析

計測機器によって，運動学的分析では**筋活動**，関節角度，歩行周期，**エネルギー代謝**などを計測でき，運動力学的分析では，**関節モーメント**，**床反力**，**足底圧**などを計測することができる．

最近では大規模な動作解析装置を有する施設も多くなり，個別の計測機器を組み合わせることによって多角的に歩行分析ができるようになってきた．たとえば三次元動作解析装置は床反力計と赤外線カメラを組み合わせたシステムであるが，空間座標と床反力ベクトルから関節モーメントを計算できる．外部モーメントは重力，遠心力，加速度など，身体外の力によって関節を動かす総合力といえる．内部モーメントは，この外力に抵抗する力のことで，筋，関節，靭帯，皮膚などによって産生される力である．動作解析における関節モーメントは一般に内部モーメントのことを指す．歩行中の筋活動を評価するためには動作**筋電図計**を使用するが，通常は表面電極を用いるため深部筋を正確に測定することができない．

歩行因子は，歩行計測の一般的手法であるモーションキャプチャと床反力計のデータから容易に計算できる．これらの計測方法では，図 1.5.1 のような関節位置と床反力のデータを時々刻々得ることができ，関節モーメントを計算することもできる．ただし，歩行の特徴を把握するのに，詳細な関節角度や床反力が常に必要なわけではない．近年では加速度計やジャイロ，GPS などが小型化したこともあり，これらを身体に装着して，歩行因子を直接計測する方法も用いられている．

エネルギー代謝は**呼気ガス分析装置**を用いて，トレッドミルを使用またはフィールドで計測する．最大酸素摂取量や無酸素性代謝域値などを計測することができる．足底圧はプレート型では裸足または靴底の圧力が測定でき，インソール式のものは靴内部の圧力が測定可能である．

4) 徒手的計測の例

時間因子と距離因子について，現場で簡単にできる計測について紹介する．ストップウォッチとテープメジャー (5〜10 m)，ビニールテープを準備し，5 m 程度の歩行路を確保する．被験者が計測範囲に入った 1 歩目で，かかと接地点に小さくカットしたビニールテープをはり，ストップウォッチをスタートさせる．同時に歩数を数え，計測範囲から出る最終歩におけるかかと接地点にまたテープをはり，ストップウォッチを止める．1 歩目のテープ位置から最終歩の位置までをテープメジャーで長さを計る．これで歩数，時間，距離が得られる．これらから距離/時間 (秒) = 歩行速度 (秒速)，歩数/時間×60 = ケイデンス，距離/歩数 = 平均歩幅を算出することができる．

c. 加齢による変化

　高齢者の歩行特徴は，まず，歩速の低下に最も顕著に現れる．歩速の低下は，筋力の低下と関係があることが報告されている．また，高齢者では両脚支持期の比率が大きくなり，歩幅が小さくなることが認められている．両脚支持期が長くなることは，短脚支持におけるバランス能力が低下していることを関連する（Rose, Gamble, 2006）．

　運動力学的には，床反力波形（図1.5.1上）の二つのピークの変化量が小さくなる．高齢者歩行では，ピークの高さが低くなり，同時に谷も浅くなる（木村，2002）．これは，歩行の力強さが失われることを意味している．すなわち，蹴り出しによる加速（二つ目のピーク）が小さくなり，その結果として踵接地衝撃や制動（最初のピーク）も小さくなる．高齢者では歩行の再現性も失われ，1周期ごとの歩行因子のばらつきが大きくなる（Rose, Gamble, 2006）．先に述べたつま先クリアランスでも，転倒経験者群では，つま先クリアランスの絶対値が小さくなり，また，ばらつきが大きくなる（Mills et al., 2008；Khandoker et al., 2008）．高齢者一般では，転倒経験者群ほど顕著ではないが，つま先クリアランスの絶対値が小さくなり，ばらつき大きくなる傾向が認められる（小林ほか，2012）．

〔持丸正明・阿部　薫〕

文　献

阿部　薫（2011）：足部・足関節の義肢装具による機能支援．理学療法ジャーナル，**45**：765-772.

Khandoker, A. H., et al.（2008）：Investigating scale invariant dynamics in minimum toe clearance variability of the young and elderly during treadmill walking. *IEEE Trans. Neural Syst. Rehabil. Eng.*, **16**(4)：380-389.

木村　賛（2002）：歩行の進化と老化．pp. 155-160．てらぺいあ．

小林吉之 ほか（2012）：歩行中の転倒リスク評価・警告装置の開発3 －つまずきリスク年齢をフィードバックすることによるMTCへの短期的影響．生活生命支援医療福祉工学系学会連合大会講演論文集：OS2-5-3.

Mills P. M., et al.（2008）：Toe clearance variability during walking in young and elderly men. *Gait and Posture*, **28**(1)：101-107.

中村隆一ほか（2003）：基礎運動学．第6版．医歯薬出版．

臨床歩行分析研究会（2006）：関節モーメントによる歩行分析．医歯薬出版．

Rose, J., Gamble, J. G.（2006）：Human Walking. pp. 131-147. Lippincott Williams & Wilkins.

武田　功ほか訳（2007）：ペリー歩行分析－正常歩行と異常歩行－．医歯薬出版．

月城慶一ほか訳（2005）：観察による歩行分析．医学書院．

1.6 把持系（上肢）

手を巧みに使いこなすことは，ヒトの重要な特徴といわれる．手は何かを操作する効果器の機能だけでなく，触覚や温覚のセンサとして，さらには身振り手振りなどのコミュニケーションツールとしても用いられる．以下では上肢の構造と機能，障害とその評価や補助などについて述べる．

a. 上肢の部位と関節運動

1） 上肢の部位とその名称

上肢は通常，図1.6.1のように区分される．日常用語としての「手」は肩から先の部分を指す場合が多いが，専門用語では，その部分を上肢と呼び，手首（手関節）から先の部分を手と呼ぶ．指の名称は，母指（ぼし），示指（じし），中指（ちゅうし），薬指（やくし）または環指（かんし），小指（しょうし）が用いられ，また，母指から順に第一指，第二指なども用いられる（2指，II指などの表記もされる）．指の関節は図1.6.1中の名称が用いられる（DIP関節を「第一指関節」と呼ぶ方式もあるが，「第一指の関節」と紛らわしい）．

2） 上肢の関節とその運動

肩関節（狭義には肩甲骨と上腕骨をつなぐ肩甲上腕関節，広義にはその2骨と鎖骨・胸骨からなる複合体）は，少なくとも三つの自由度を持つ．上腕が基本平面（矢状面，前額面，水平面）内を動く場合の肢位や運動は，屈曲・伸展，内転・外転，水平内転（水平屈曲）・水平外転（水平伸展）と呼ばれ，上腕長軸周りの回転は内旋・外旋と呼ばれる．肩関節の可動域も通常はこれらの運動の角度範囲として計測・表記される．一方，上腕が基本平面内にない場合の肢位や運動（一般的な肢位や運動）の表記法には現時点では統一されたものがない．

肘関節は屈曲・伸展の1自由度関節である．前腕には回内・回外（いわゆる「手首を返す」動作）の運動がある．

手関節は掌屈・背屈，橈屈・尺屈の2自由度がある．手関節自体に回旋の動きはなく，泡立て器を使うときのように手を「ぐるぐる回す」動作は，手関節の掌背屈と橈尺屈，さらには多くの場合，前腕の回内外の運動が組み合わさって実現される．

手指のMP（MCP）関節には屈曲・伸展と内転・外転の2自由度がある．IP関節は母指には一つ，それ以外の指には二つ（PIP関節，DIP関節）あり，屈曲・伸展のみの1自由度関節である．母指のCM関節は屈曲・伸展と外転・内転が可能である．この動きを組み合わせて，母指先と他の指先を接触させるような運動（対向運動）を行うことができる．

b. 上肢の機能

1） 運動機能
i） リーチ・把持・操作機能

ヒトは上肢を用いて，さまざまな動作や作業を行うことができる．それらの基本となるのが，目標の場所まで手を移動する**リーチ機能**と，物を持つ・握るなどの**把持機能**である．**把持**は「握り・つかみ」（grasp）や「つまみ」（pinch）などに大別される（細かな把持パタンの分類例を図1.6.2に示す）．

棒をしっかり持つときのような力強い握り（power grip）では，母指を対立位にして全指および手掌を用いる．この場合，4, 5指の力が重要とされる．後述する握力はこの握りの力である．**つまみ**の場合には，1～3指を用いる場合が多い．指先を使う指尖つまみ，末節部の指腹を使う指腹つまみ，力強く鍵を持つとき

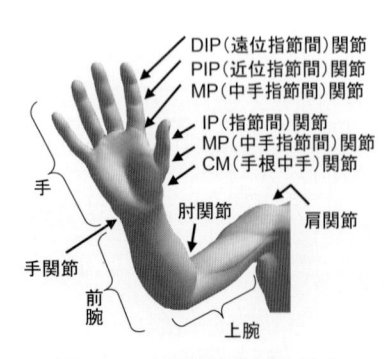

図1.6.1 上肢の部位と関節の名称

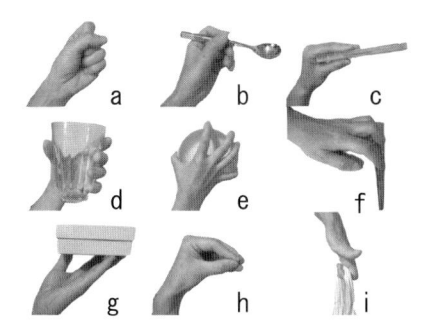

図 1.6.2 把持パタンの分類例（鎌倉, 1994）
a：握力把握-標準型，b：三面把握-亜型 I，c：並列伸展把握，d：並列軽屈曲把握，e：包囲軽屈曲把握，f：平板特殊型，g：朝顔形，h：円錐型，i：鈎-PD 型．ほかに凹面系，凸面系，深屈曲系，突起形成系，補・単指分離などがある．

のような横つまみなど，多様なつまみ方がある．

把持には力の制御も重要である．対象物の柔らかさ，重さ，摩擦などを考慮して適切に力を入れる（抜く）必要がある．

さらに，ポケットから鍵を取り出して握り直すような動作を考えるとわかるように，物品操作には安定した把持のみでなく，把持の状態を変化させたり，物品を持ち替えるなどの動作（繰り動作，manipulation）が必要である．

手には把持に重要な次のような構造がある．自然な状態の手は，手背（手の甲側）が凸のドーム状になっていて，指先を一点に集めるような形もとることができる．手の各部の湾曲は，縦アーチ（近位-遠位方向），横アーチ（母指-小指方向），斜めのアーチ（対向した母指と他指で形成）と呼ばれる．MP 関節は，伸展位（指を伸ばした状態）では外転・内転するが，屈曲すると外転・内転方向の運動が制限される構造になっていて，安定した把持に役立つ．

ii) **支持機能，その他の運動機能**

「前肢」の役割に近いものとして，四つん這いや起き上がり時に体を支える，手すりや杖を介して体を支える，転倒時に手をつく，といった**支持機能**がある．ほかに，走行時に腕を振ったり，平均台上で手を横に開くような，バランスに関連した機能，はしごやロープをつかんで上り下りするなどの機能もある．

2) **感覚・知覚機能**

「手触り」「手探り」などの言葉があるように，手を使い対象物の状態を知覚できる．風呂の湯加減をみたり，ヤスリがけの仕上がりを触って確かめたりするのは，上肢を運動目的でなく，感覚器として利用する例といえるであろう．

上肢（特に手）は下肢や体幹に比べて，感覚受容器の密度も高く，脳の感覚野での領域も広い．その特性に加え，手を動かして対象物を押したり，さすったりすることで，細かく複雑な情報を得ることができる．これは**能動的触知覚**（active touch, haptics）と呼ばれる．これには位置覚や運動覚，さらには学習や記憶も関与している．

運動器としての手が精密な運動が行えるのは，手に精密な感覚機能があるからともいえる．手の感覚に障害があれば手の運動に影響が出たり，逆に手の運動に障害があれば，手による感覚・知覚に影響が出ることがある．

3) **コミュニケーション・社会的機能**

上肢は，ジェスチャ（身振り，手振り），挙手，拍手，手信号，手話など，コミュニケーションにも用いられる．この機能は運動機能の一部ともいえるが，記憶や認知の機能も深く関連している．

4) **上肢機能の発達**

ヒトが対象物にリーチし，つかみはじめるのは生後約 4 カ月頃といわれている．6 カ月から 9 カ月頃には手から手への持ち替えが可能になる．握りの形は，はじめは母指対向せずに手掌を含む手全体で握る形（手掌把握）であるが，徐々に母指対向して指の部分だけで握れるようになり，生後 1 年程度で母指と示指によるつまみができるようになる．2 歳くらいまでには数個の積み木を積み上げたり，鉛筆を握って線を描いたりできるようになる．この頃は両手を協調して用いることができる．鉛筆やスプーンなどは，1 歳半頃は手全体で握りしめて前腕回外位で操作するが，その後，母指・示指・中指でのつまみに移行する．移行の時期は個人差が大きい．

c. 上肢の障害とその計測・評価

上肢の障害には，けがなどで上肢そのものが障害を受けるケース，脳卒中や脊髄損傷のように脳神経系の障害に基づくもの，関節リウマチのように全身的な疾

患の影響が上肢に現れるものなどさまざまな要因がある．以下ではよくみられる障害とその評価について説明する．

1) 形状に関する障害とその測定・評価
i) 浮腫・腫脹

血管外に水分（血漿成分）が過剰にたまり，腫れてむくんだ状態は**浮腫**と呼ばれ，可動域制限などの原因にもなる．定量的な評価法としては，腕や指の周径計測や水槽を用いた体積測定がある．

ii) 手や手指の変形

指の運動は，多数の筋の微妙なバランスで成立している．筋断裂，麻痺などでこのバランスが崩れると，手指に変形が起こることがある．変形は機能低下にも直結する．主要な変形として，手内在筋優位の手，手内在筋劣位の手，白鳥の首変形（スワンネック変形），ボタン穴変形，槌指（マレットフィンガー），などがある．関節リウマチでよくみられる変形に，第2〜5指がMP関節の部分で尺側（小指側）に曲がってしまう尺側変位がある．

末梢神経の損傷では，損傷部位に応じて，下垂手，猿（さる）手，鷲（わし）手と呼ばれる特有の変形を起こす場合がある．

これらの変形に対する評価は，変形の種類と有無，部位，変形部の関節角度，自力あるいは外力による矯正の程度，などによって行われる．

2) 関節運動に関する障害とその計測・評価
i) 関節可動域の評価

関節可動域（range of motion：ROM）はaの2）で述べた関節の自由度ごとに計測する．通常は，「**関節可動域表示ならびに計測法**」（日本リハビリテーション学会と日本整形外科学会の合同基準）に従う．角度計測器具（**ゴニオメータ**）には大小各種あるが，指に

は専用の小型のものを用いることが多い（図1.6.3）．

指の各関節の運動範囲を全体的に評価する指標として**総自動運動**（total active motion：TAM）（日本手の外科学会機能評価委員会，1998）がある．これは指の3関節（DIP, PIP, MP）の自動運動（外力でなく自分の指の力で動かす）における最大伸展位から最大屈曲位までの指の先端（末節）の方向変化角度に相当する．3関節の最大屈曲角度の総和（総自動屈曲）から，最大伸展位における屈曲角度の総和（総伸展不足角度）を引いて計算する．健側の同値に対する比率（%TAM）で表示する場合もある．

ii) 到達部位・距離などの評価

角度ではなく，到達部位や距離を用いて運動範囲を評価する場合もある．リーチングについては，手先で自身の身体各部のどこに触れられるかを検査する方法がある．到達ターゲット部位は，身辺動作に必要な部位が選ばれることが多い．具体的には，整髪動作に対して頭頂・後頭，整容・食事動作に対して額・口，着衣動作に対してのど（咽頭）・肩（肩峰）・背中上部（肩甲骨下角）・腰後部，排泄動作に対して肛門部，下衣・靴下着脱や爪切りに対して下腿下部（腓骨外果）・足先，などがある．

指の場合には，指を曲げたときの指先と掌との距離（**指掌間距離**，pulp-palm distance：PPD）によって，屈曲の程度を評価する方法がある．母指では，指を曲げたときの母指先と小指の根本部分との距離によって母指対立運動の程度を評価することがある．

3) 筋力や随意性に関する障害とその計測・評価

筋そのものの障害，神経系の障害，加齢，廃用などによって，筋力が低下する場合がある．また，脳卒中などの中枢神経障害では，随意性（思い通りに関節を動かす能力）の低下のため，正常な運動が行えなくなる場合がある．

i) 筋力の評価

病的な筋力低下の評価には，**徒手筋力検査**（manual muscle testing：MMT）がよく用いられる．これは検査器具を用いずに，検査者の徒手抵抗に抗する筋力，患者自身の手足を持ち上げる筋力，筋収縮の有無などを基準に6段階のレベル分けをする方法である．対象筋ごとに計測方法が定められており，検査にはある程度の習熟が必要である．

握力は，全身の筋力の目安にも利用される．計測は

図1.6.3 指用の関節角度計（ゴニオメータ）
左：アナログ式，右：デジタル式．

スメドレー式の握力計を用いることが多い．一般的には立位で上肢を垂らす肢位で計測するが，医療では座位姿勢や肘を曲げた姿勢が用いられることもある．

つまみ力（ピンチ力）は，図1.6.4のような**ピンチ力計**で測定できる（つまみ方でピンチ力は変わる）．

ii) 脳卒中の上肢機能の評価

脳卒中による麻痺には，ある程度決まった回復のパタンがある．これらの麻痺の評価にはブルンストロームステージ，上田式12グレード片麻痺機能テスト，SIAS（サイアス）などの方法がある．これらの使用には，ある程度の背景知識が必要である．

4) 感覚・知覚の障害とその計測・評価

上肢の感覚障害は，感覚器から脳の知覚担当部位に至るまでの経路のさまざまな部位の障害によって起こりうる．上肢の各部位別の感覚の検査も行われるが，前述した手で触る機能を重視し，以下では主に手の部分での感覚・知覚の評価について説明する．

触圧覚は，柔らかい筆や刷毛などで対象部位に触れて感覚の有無を調べる．太さの異なる専用フィラメント（Semmes Weinstein monofilament）を押し当てて感覚閾値を検査するテストもある．痛覚は，ピンなどを当てて痛みを感じるかを検査する．温度覚は電子温度覚計（または40〜45℃程度のお湯を入れた試験管と10℃程度の水を入れた試験管）を皮膚に当て，温かいか冷たいかを答えさせる．

識別覚は，物の性質（ザラザラ感やすべすべ感など）を認識する知覚機能で，two-point discriminator diskを用い，指先に同時に2点の刺激を与え，2点とわかる最小の幅を測定する（閉眼）．この幅が狭いほど識別能は高く，細かな材質の違いなどを識別することができる．

立体認知（触覚認知）の検査は，閉眼でさまざまな物を音を立てないように触って，その物品名を当てさせる．

図1.6.4 ピンチ力計によるピンチ力の計測
母指と示指での指尖つまみによる計測例．

5) 総合的な上肢機能の評価

上肢の運動は，上肢部の構成要素（筋骨格，神経，感覚器など）のみで実現されるわけではない．運動を制御するには，通常，視覚・体性感覚（関節位置覚・触覚など）などの感覚入力，脳での情報処理（知覚・認知，学習・記憶なども関与）による運動指令の決定，筋骨格系（上肢以外の部位も含む）による運動の実行，その結果の感覚によるフィードバック，といったループが必須である．上肢の運動，特に手を用いる巧緻動作（細かな運動）の評価には，上肢部の評価というよりも前述のループの全過程における処理能力の評価を目的とするものがある．これらの能力や課題動作のなかには「目と手の協調」と呼ばれるものがあるが，運動器と感覚器に障害がない場合には，脳（中枢神経系）の情報処理能力を評価していることになる．

i) 協調性検査

運動失調と呼ばれる症状がある．運動が滑らかに行えず，手が震えたりする．その評価には，鼻指鼻試験（対象者の鼻と，その前方にある検者の指先との間を，対象者の指で往復運動させて，震えの有無や程度をみる），線引き試験（紙の上の規定部分に直線を書かせる），手回内外試験（前腕の回内・回外運動を連続的になるべく速く行わせる），あるいは専用の用紙（目標の的に対して点をうつ，などの課題）を用いた検査などがある．

ii) 発達検査

発達検査には，いくつかの運動課題に対して，対象者がどのレベルまで実行可能かをみるものがある．これらの課題には，たとえば「積み木を積む」「図形を模写する」など，上肢の操作能力をみるものがある．具体的な方法や，結果の見方（年齢や月齢への換算）は，「ジョンソン運動発達年齢検査」「日本版デンバー式発達スクリーニング検査改訂版」など，それぞれの検査法に従う．

iii) 作業測定

上肢機能検査としてよく用いられるものに，**簡易上肢機能検査**（simple test for evaluating hand function test：STEF）（金子，1986）がある．図1.6.5に示す専用の検査用具を用いる．10項目のサブテストの合計点が総得点になる．サブテストでは，異なるサイズの各種の物品を把持し，移動や穴への挿入などの操作

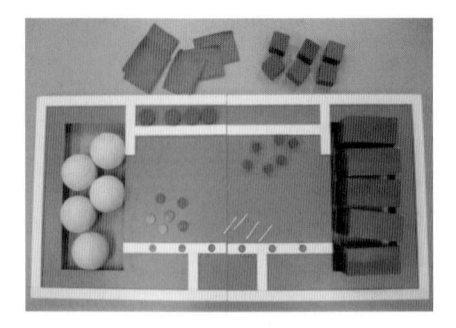

図 1.6.5　STEF（簡易上肢機能検査）の検査用具

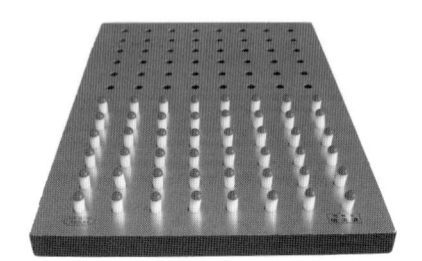

図 1.6.6　検査用のペグボード

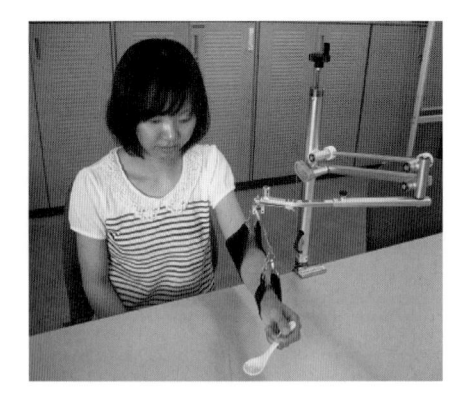

図 1.6.7　ポータブルスプリングバランサー

図 1.6.8　BFO

にかかった時間を基準に得点化する．総得点は，小児から高齢者までの年代ごとの正常域と比較できる．

ペグボード検査(厚生労働省職業適性検査，パーデュペグ検査，オコナー巧緻テストなど)も，手指巧緻性検査としてよく用いられる．机上の検査盤（図1.6.6）の穴に差されたペグ棒（大きさや長さはさまざま）をつまみ上げて，移動させる，ひっくり返してもとの穴へ差す，いくつかのパーツを組み立てながら穴に差す，などの操作を片手または両手で行う．作業時間や時間内遂行数（または失敗数）などで評価する．

d.　上肢の機能をサポートする物品

上肢機能の障害や低下を補助するための物品や装置がある．以下では補助対象の上肢障害を二つに分ける．一つは**機能障害**であり，筋力低下，関節可動域障害，感覚障害，切断など，心身の機能・構造に関する障害のことである．cで扱った障害は主に機能障害である．もう一つは，日常生活動作（ADL）の制限である．

1)　機能障害に対するサポート
i)　上肢保持能力を補助する装置

自身の上肢を持ち上げるための筋力が不十分な場合に上肢を保持するための装置（腕保持用装具）として，ポータブルスプリングバランサー（portable spling balancer：PSB）（浅井，2005）やBFO（balanced forearm orthosis）（加倉井，2003）がある．PSBは，図1.6.7のように上腕（肘部）と前腕をつり上げる．つり上げ部のアームはばねで保持され，利用者の残存筋力による上下動も可能である．ばねの張力は調整可能で，これを利用者の頸部などの動きによって電動で行えるものもある．

BFOは図1.6.8のように前腕部を下から支える．前腕を載せる部分（トラフ）は二つのリンクで支えられて，わずかな力で水平移動できる．トラフはその支持部を支点に回転できるので，図1.6.8のように操作して手に持ったスプーンを口に近づけて食事することもできる．

ii)　把持機能を補助する装具

手関節を背屈位に保つ装具や母指を対立位に保つ装具の使用で，把持機能が補助されることがある．手関節は伸展（背屈）できるが，手指の握りや離しができない場合には，把持装具（flexor hinge splint：FHS）の利用が考えられる．これは，図1.6.9のように，手

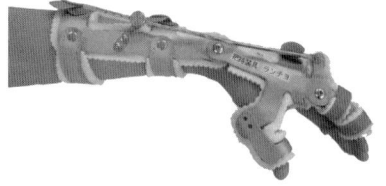

図 1.6.9 把持装具
上:手関節を背屈するとつまみ動作．下:手関節を掌屈すると指が離れる．

図 1.6.10 電動義手(前腕切断用)

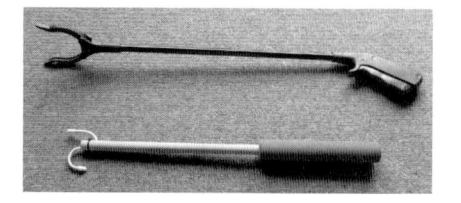

図 1.6.11 リーチャー

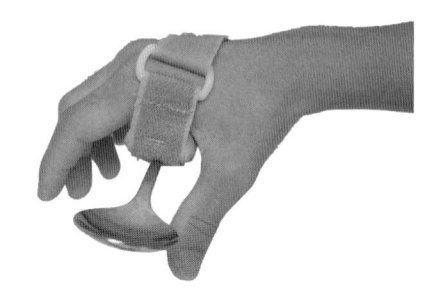

図 1.6.12 万能カフ(スプーンを取り付けた例)

関節伸展動作によって指先につまむ形態をとらせて把持機能を生むための装具である．

iii) 義手

腕の切断(前腕切断・上腕切断)に対して義手を用いる場合がある．能動式義手では，残存部位の動きをワイヤなどで伝達して把持ができる．近年，腕に残された筋の筋電位を検出し，義手の指の開閉を行う**筋電義手**(森田, 2009)が多くなってきている(図 1.6.10)．残存筋の収縮方法などにより，指の開閉と回内外を操作できるものもある．筋収縮の加減で柔らかいものでも把持できるようになる．

2) ADL 機能低下に対するサポート

上肢の障害は，さまざまな ADL 機能低下の原因になる．ADL を補助する道具のうち，対象者本人が用いる比較的小さなものは自助具と呼ばれる．自助具は食事用，更衣用など，特定の ADL 専用のものが多いが，以下では汎用性の高いものをいくつか紹介する．

リーチングの障害に対する自助具として**リーチャー**がある(図 1.6.11)．手元のレバーなどで先端の開閉を操作するもの(図 1.6.11 上)，棒の先にフックがついたもの(図 1.6.11 下)などがある．手の届かないところにあるものを引っかけたり，つまんだりできる．

把握の障害に対しては**万能カフ**(ユニバーサルカフ)がある(図 1.6.12)．通常，手掌部に巻いて固定するバンド状のものに，スプーン，鉛筆，歯ブラシなど棒状の道具を差し込んだり挟み込んだりして用いる．

非利き手の障害も，ADL に支障を与える．非利き手では操作対象物を固定する役割は重要である．この機能の補助として用途別の自助具があるが，文鎮(特に製図用などの大きめのもの)も有用である．

障害のある上肢の代用としてロボットアームも，市販が始まった．残存部の指先や顎などで操作し，把持や移動などを行うことができる．

〔吉田直樹・白石英樹〕

文 献

浅井憲義ほか(2005):重度四肢麻痺者の机上動作を可能にした腕保持用装具ポータブルスプリングバランサーの開発経緯. 日本義肢装具学会誌, 21(3):153-159.

加倉井周一(2003):特殊装具. 装具学, 第3版(日本義肢装具学会監修, 加倉井周一編), pp.188-189, 医歯薬出版.

鎌倉矩子(1994):手の動作. PT・OT 学生のための運動学実習―生体力学から動作学まで(鎌倉矩子, 田中 繁編), pp.133-144, 三輪書店.

金子 翼ほか(1986):簡易上肢機能検査にみられる動作速度の加齢による変化 年齢階級別得点の追加と改訂. 作業療法, 5(2):114-115.

日本手の外科学会機能評価委員会(1998):腱損傷の機能評価. 手の機能評価表, 第三版, pp.1-3. 日本手の外科学会.

森田千晶(2009):筋電義手の評価と訓練. 義肢装具学(作業療法技術学 1, 作業療法学全書, 改訂第 3 版, 日本作業療法士協会監修, 古川 宏編), pp.66-82, 協同医書出版.

1.7 姿勢系

a. 運動・姿勢制御レベル

　関与する中枢神経とその運動の制御様式によって，運動の種類を分類できる（丹治，1999）．第1のタイプは，最も下位の中枢である脊髄と脳幹が関与し，きわめて自動性の高い定型的な運動である．感覚入力と運動出力のパターンが決まっているいわゆる典型的な反射である．関節にまたがる筋が伸張された場合にもとの長さに補正する運動（**伸張反射**）や頭部が回転した場合の眼球の反対方向への補償運動（**前庭動眼反射**）などがあげられる．この中枢の作用は，**パターンジェネレータ**と呼ばれる．第2のタイプは，中脳と橋が主に関与する運動である．この運動の出力は複合的であり，ある程度目的性を有する．この運動は，感覚入力によって比較的自動的に発生する．これは，立ち直り反射運動や，視野の特定の位置にある標的が出現した場合に，眼と頭部を同時にそれに向ける運動などである．これらの複合運動はアクションと呼ばれ，その中枢の作用は，**アクションジェネレータ**と呼ばれる．これら二つの制御系に不具合が生じた場合には，それを調整したり，都合が悪いときには運動を開始しないようにしたりするなど，上位中枢のコントロールが働いている．第3のタイプは，随意性の制御という性格が強い運動である．**随意運動**は対象物に対してさまざまな目的のために行われるが，慣れた運動では特に努力を要することなしになされる．その運動は多様であるが，有限個のレパートリーを持っている．この運動パターンは，一次運動野からの出力が，脳幹や脊髄の神経細胞にどのように接続するかによってつくられる．この接続は，生後に繰り返される運動学習によって形成される．一次運動野は，**汎用性運動ジェネレータ**と見なされ，このジェネレータが目的どおりに働くためには，動作の空間的な誘導や，時間的にいつ，どのような順序で行うかを決める必要がある．それには，運動前野や補足運動野といった**高次運動野**の働きが重要となる．また，あらかじめ行うべき運動の準備状態を形成して，運動を行いやすく，効率的にするのも高次運動野の働きによるところが大きい．上肢運動に付随する姿勢筋の先行活動の制御などは，このジェネレータによって発動されると考えられる．

　外界の状況は時々刻々と変化するが，その状況を監視し，将来の状態を予測し，行うべき行動の判断に基づき行動の選択と決定がなされ，それに適合した運動の選択がなされる．そのためには，感覚系を総動員して情報を集め，連合野によってその情報を統合し，大脳辺縁系における自己の状態と欲求の情報とを集約して，行動の決定を行う．その主役となるのが**前頭前野**である．

　上記の三つのジェネレータが正確に働くためには，小脳と大脳基底核が密接に関与する．また運動の学習にも強く関与する．小脳は脊髄・脳幹との連結が密であり，運動の実行過程で出力の調整をオンライン的に行っている．基底核は，外界の状況に応じて適切な行動を選択したり，局面の展開とともに動作を切り替えたり，あるいは個々の場面にふさわしい動作の習慣を形成したりするのに，強く寄与する．

　姿勢制御の目標の一つであるバランス機能は，身体重心の移動や外乱の有無によって，**静的バランス**と**動的バランス**に分類できる（Travis, 1945）．前者は立位や座位などの特定の姿勢を維持するための制御であり，後者は床移動外乱や支持基底面の移動が伴う状況下での姿勢制御である．それぞれ，安静立位姿勢時の身体動揺，床移動外乱時の姿勢応答を通じて検討されてきた．

b. 安静立位姿勢保持時の身体動揺

　安定した姿勢を保持している場合にみられる**身体動揺**の調節には主に自動的なフィードバック制御がなされ，安定性が大きく崩れた場合には位置知覚に基づく随意性のより高い姿勢制御がなされるものと考えられる．身体動揺の周波数分析の結果からは，約 0.5 Hz 以下に主成分を有し，0.1 Hz に近い低周波帯域に最大パワーが存在することが明らかにされている（Njiokiktjien, Rijke, 1972）．身体動揺の大きさによって立位姿勢制御能を評価する場合に，その再現性が比

較的低いことが問題になる．特に健常人の平衡機能のトレーニング効果を評価する場合に，問題となる．この問題の背景には，ある程度の身体動揺が生理学的に必要なものであることがあげられる．身体動揺の周波数分析の結果からは，1分周期の成分が**筋ポンプ**による静脈還流の促進機能を有していることが報告されている（Inamura et al., 1996）．そのほかに，身体動揺は筋の活動交替が生じていることを示すものであり，長時間の姿勢保持における筋疲労の解決に一役買っていることを示しているとも考えられる．

フィードバック制御においては目標値の存在を前提とするが，安静立位姿勢の目標値は，足圧中心動揺の中心位置で表すことができよう．安静立位姿勢を保持しているときの前後足圧中心位置には，大きな変動が認められる（藤原，池上，1981）．このような現象の背景には，安静立位姿勢の位置知覚特性があるようである（Fujiwara et al., 2010）．

立位姿勢をいったんセットすると，その目標位置を中心に比較的狭い範囲に身体動揺が保たれる．身体動揺の様相によって，平衡機能障害の診断や平衡機能訓練の評価を行うことが長年にわたって検討されてきた．その中心は，**重心計**（床反力計）による，重心（**足圧中心**）動揺の分析である．主な分析項目は，総軌跡長，面積，速度ベクトル平均値，重心図パターン，位置ベクトル，速度ベクトル，振幅確率密度分布，パワースペクトラムである．重心動揺検査法は，基準化され，健常人の標準値がすでに報告されている（今岡ほか，1997）．

このほかに身体各部位の動揺についても古くから関心が持たれ，数多くの報告がなされてきた（Kapteyn, 1973）．それらの研究を踏まえ筆者らも，大学生30名を対象に安静立位姿勢を60秒間保持した場合の身体各部位の動揺について分析してみた（藤原ほか，1982）．頭頂点，隆椎点，腰椎点，大転子点および腓骨頭点の動揺を前後成分，左右成分に分けて検討してみた．周波数分析の結果，いずれの動揺も0.3 Hz以下に高い成分を有しており，かつ閉眼時にそれよりも高周波の成分が増加することが明らかになった．また，相互相関分析の結果，各動揺波形間の相関係数が0.812以上と高く，波形がきわめてよく類似していることが明らかになった．また，波形間の位相差を計算したところ，前後成分では身体の下方ほど位相が遅れ開眼で頭頂点と腓骨頭点の間に0.55秒の最も大きな位相差が得られた．それに対して左右成分では大転子点が他の部位に比べて位相が進む傾向が認められた．すなわち，足関節を基軸として剛体のように動揺しているのではなく，多関節で連結された柔構造が位相を異にして動揺しているのである．しかも前後方向と左右方向では，位相特性が異なっており，それは腰部の姿勢調節における役割の違いによると考えられる．もう一つの特徴は，閉眼になると開眼時に比べて動揺波形の位相差が小さくなるということである．この位相差が小さくなるということは，各筋からの運動感覚情報の時間的ずれが減少することを意味するとともに，足関節回りの筋の活動調節が重要になることを意味していると考えられる．さらに，身体各部位の動揺度（SDで評価）の変化を分析したところ，前後成分では体幹部で動揺が大きく増加するのに対して，左右成分では下肢での動揺が大きく，体幹部で動揺が減少することが明らかになった．すなわち，体幹部の立ち直り機能は，左右方向で強く作用していると考えられる．また，その立ち直り機能は，開眼時に強く作用していることを示唆するものであった．

c. 外乱負荷時の姿勢制御

立位姿勢保持時の外乱刺激として，床を一過性ないし周期的に連続して移動する手法が採用されてきた．

1) 床の一過性移動時の立位姿勢制御

床を前方に移動するか，つま先が挙上するように傾斜させた場合には，身体は後方に傾斜し，身体の前面の筋が平衡を取り戻すために活動する．床を後方に移動するか，踵が挙上するように傾斜させた場合には，身体は前方に傾斜し，身体の後面の筋が活動し平衡を取り戻す．健常な被験者はそのような突然の外乱に対して，高度に強調された一連の筋収縮を活性化することによって応答する．この応答は拮抗筋の相互の活性化を伴う．たとえば，つま先挙上の床傾斜で伸張された下腿三頭筋には，早期の応答が認められ，次に短縮した前脛骨筋において反対の応答が認められる（Bloem et al., 1996）．その早期の活動（**短潜時応答**あるいはSL応答，開始潜時は約40 ms）はおそらく単シナプスの脊髄伸張反射であるが，その後の応答は実際"自動的"である（つまり，その応答は意志によっ

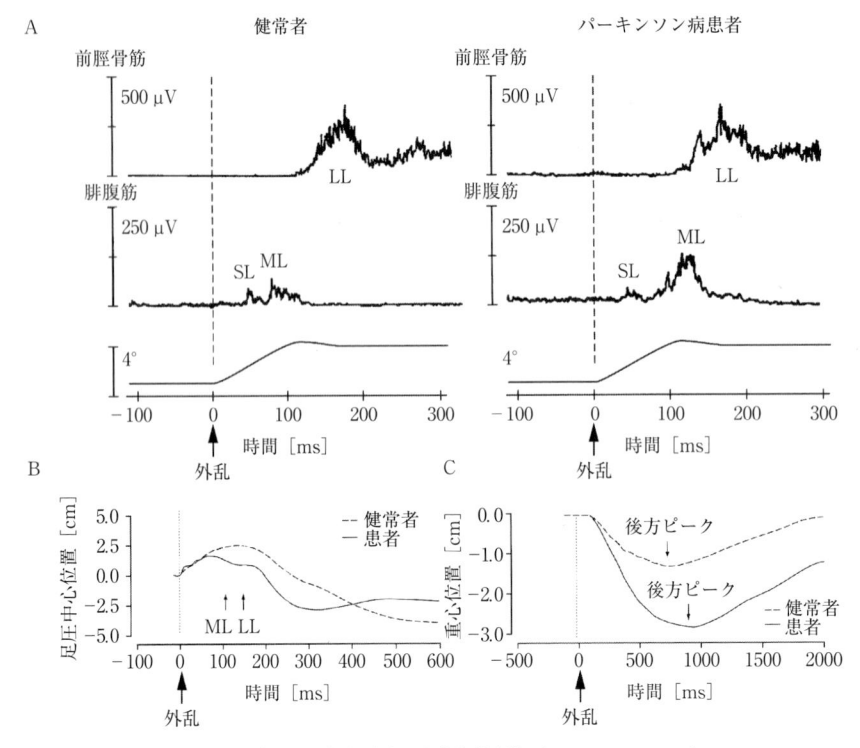

図1.7.1 床の一過性移動時の立位姿勢制御（Bloem et al., 1996）
A：筋活動開始潜時，および外乱角度の経時変化．B：足圧中心位置の経時変化．C：重心位置の経時変化．図中のSL：短潜時応答，ML：中潜時応答，LL：長潜時応答．図BのMLおよびLLは，各応答によりもたらされる力の開始（各応答の開始＋30 ms）を示す．

てある程度影響されるが，純粋な随意的応答よりも早期に生じる）．これらの自動的な姿勢応答はしばしば下腿三頭筋における**中潜時応答**（ML, 開始潜時が約70〜80 ms），そして短縮した前脛骨筋における**長潜時応答**（LL, 開始潜時約110 ms）と呼ばれる（図1.7.1A）．足圧中心（center of pressure：CoP）の軌跡は早期に前方への偏倚を示す．なぜなら，つま先挙上回転によって前足部における圧が初期に増加するからである（図1.7.1B）．また，この前方へ偏倚は足関節の内因性の**スティフネス**，伸張された下腿三頭筋の粘弾性のばね様の性質を反映している．なぜなら，つま先挙上回転は重心（center of gravity：COG）を後方に移動させ（図1.7.1C），その結果，体重は踵のほうへ移動するためにCoPは陰性の偏倚を示す（図1.7.1B）．この陰性偏倚の範囲は自動的な応答の混合された動作をも反映している．つまりML応答は実際にプラットフォームによって誘発された後方への動揺を悪化させるが，一方，前脛骨筋におけるLL応答は姿勢を安定させる動作を引き起こす．そのLL応答の安定させる動作とそれに続く随意的な姿勢の修正によって，重心の後方への偏倚は無効になる（図1.7.1C）．

2) 一過性床移動時の姿勢制御と随伴陰性変動

筆者らは，前頭葉に関連した脳活動および姿勢制御に対する**姿勢外乱**前の初期立位位置の影響について検討した（Fujiwara et al., 2011）．13名の被験者を対象に，足長に対する踵からの割合（%FL）で表した前後方向の足圧中心（CoPap）位置によって立位位置を以下のように規定し，聴覚予告信号（S1）の2s後に一過性の後方床移動外乱（S2）を負荷した（図1.7.2）：(1) 最後傾位置（EBL）の10%前方（EBL＋10），(2) 安静立位位置（QSP），(3) 最前傾位置の20%後方（EFL−20），および(4) EFLの10%後方（EFL−10）．S1-S2間およびS2後に生じる**随伴陰性変動**（contingent negative variation：CNV），外乱後誘発電位，CoPap位置および下腿筋の筋電図（electromyogram：EMG）を立位位置ごとに分析した．**床移動後の姿勢平衡維持の困難度**（最前傾にお

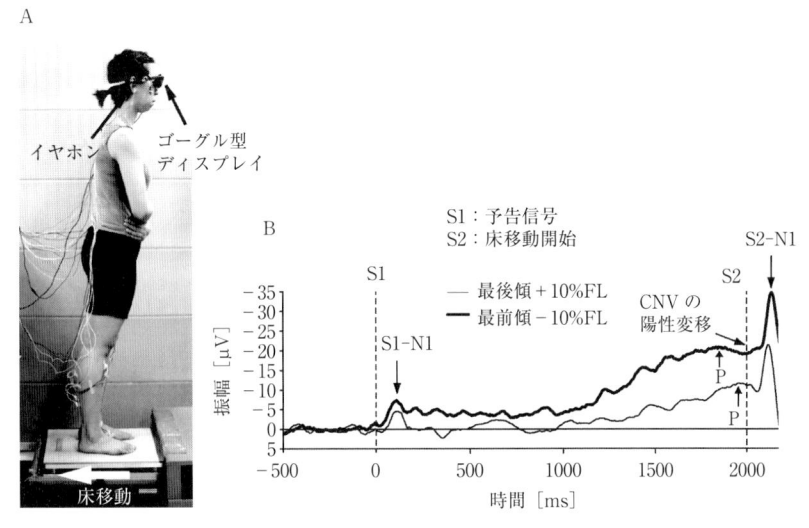

図1.7.2 一過性床移動時の姿勢制御と随伴陰性変動（CNV）（Fujiwara et al., 2011）
A：床移動外乱の実験風景．B：初期立位位置を変化させたときのCNVグランドアベレージ波形．
Pは，CNVピークを示す．

けるCoPap位置までの距離）は初期立位位置が前方にあるほど高く，それに関係した脳電位の変化の様相は成分によって異なった．初期立位位置がEBL+10では，床移動によってCoPapが安静立位位置に至り，床移動が外乱とならず，むしろ平衡回復の作用を有していた．初期立位位置がEFL-5では，床移動によってCoPapが最前傾位置よりも前方に至ることが多く，床移動がきわめて強い外乱刺激となった．S1の約100ms後の陰性ピークの振幅は，EBL+10が他の条件に比べて小さかった．後期CNVは，S2直前にピークを迎えたのち，陽性方向へ変化した．そのピーク値は，EFL-20・10が他の条件に比べて大きかった．ピークからS2までの時間は，EBL+10で最短値を示し，前方の初期立位位置ほど長かった．CNVの陽性への変移に対応して，姿勢筋の活動が増加するか，足圧中心が後方へ変移するかした．これは，S2の直前に姿勢制御に注意が分散したことを示唆しているものと考えられた．その注意の移行は，外乱刺激が大きくなるほど早期に生じることを示唆していると考えられる．S2の約100ms後の陰性ピークの潜時および振幅は，EBL+10よりも他の条件のほうが長く，かつ大きかった．これは，外乱刺激時に発生すると予想した感覚刺激と実際の感覚刺激を比較するために，外乱刺激によって発生する感覚情報に向けられる注意の大きさを示していると考えられる（Adkin et al., 2006）．

3）床振動時の姿勢制御能とその加齢変化

筆者らは，外乱刺激時の姿勢調節において，外乱刺激とそれによってもたらされる姿勢変化とを予測し調節する機能（**予測的姿勢制御**）が重要であると考え，比較的予測しやすくしかも粘弾性体の物理的応答特性が明らかな床の水平周期振動（以後，**床振動**とする）を用いて研究を進めてきた．被験者には，振動台に固定した床反力計上で開眼ないし閉眼で，閉足位にて立位姿勢を保持させた．そして，振動台を正弦波状に振幅2.5cmで前後方向に振動した．

床振動時に予測的姿勢制御がなされている証拠であるが，その一つに，0.1Hzというゆっくりとした振動において，CoPap動揺の位相が床振動よりも進んでいるということがあげられる（藤原，池上，1984）．これは，斉藤ら（1977）が予測的制御の証拠とした，感覚刺激に先行して応答していることを示している．一方，0.5Hz, 1.0Hz, 1.5Hzの床振動を負荷したが，いずれもCoPap動揺の位相は床振動に対して遅れていた（藤原，池上，1984）．ところで剛体におけるCoPは床振動と同位相であり，位相遅れという現象は，身体が粘弾性体であることによって生じるものと考えられる．また，0.5Hzの床振動を繰り返し負荷した場合に，CoPap動揺の位相遅れが大きくなり90°に近づいた（藤原ほか，1988）．この位相遅れの変化は，筋活動のタイミングや筋張力を変えることによって生じると考えられ，0.5Hz近辺に生体の**固有振動数**が

存在すると考えられた．

姿勢制御能を CoPap 動揺の平均速度によって評価したところ，0.5 Hz の床振動において，姿勢制御能の開眼と閉眼の差，および平衡機能のトレーニング効果が認められた（藤原，池上，1984）．これは，床振動時の姿勢制御能の差が 0.5 Hz で検出できることを示していると考えられる．加えて，閉眼にて 0.5 Hz の 1 分間の床振動を 5 回繰り返し負荷したところ，姿勢制御能が 3 試行までに急速に向上し，その後の変化はきわめて小さかった（Fujiwara et al., 2007）．これは，姿勢制御の**適応能**を，比較的短い 5 分間の床振動で評価できることを示している．

次に，大学生 109 名，50 歳代 52 名，60 歳代 80 名，70 歳代 100 名を被験者として，その適応能の加齢変化を検討した（Fujiwara et al., 2007）．大学生は男女とも，第 4 試行までに急速に安定性が向上し，高い適応能を示した．加齢に伴って第 1 試行の値が増加するとともに，試行を重ねることによる練習効果が少なくなることが明らかになった．図 1.7.3 には，被験者ごとの第 1 試行と第 5 試行の平均速度の相関図を示した．実線によって，大学生の回帰直線と ±2 標準誤差（SE）の範囲を示した．さらに，点線によって大学生の回帰直線 +4SE を示し，破線によって大学生の回帰直線 +2SE の直線と $y=x$ の交点（47, 47）を通る垂線を示した．50 歳代の被験者は全員が大学生の回帰直線 ±2SE の範囲に分布しており，老化が認められなかった．それに対して，60 歳以上の高齢者では，第 1 試行の値が 47 mm/s 以上であり，大学生の回帰直線 +4SE 以上である被験者が 19 名（高齢者の全被験者の 10.6％）認められた．この 19 名を，試行を重ねることによる練習効果が認められない者（非適応者）と判断した．一方では，大学生と同じ分布を示す被験者が約 45％ 認められた．これらの分布には，顕著な性差が認められなかった．

4）床振動時の姿勢制御と脳電位

前後方向への周期的床振動時の，立位姿勢制御の適応に伴う前頭葉活動の変化について検討した（Fujiwara et al., 2012）．健康な若年成人 20 名が，振幅 2.5 cm，周波数 0.5 Hz にて前後方向へ正弦波状に

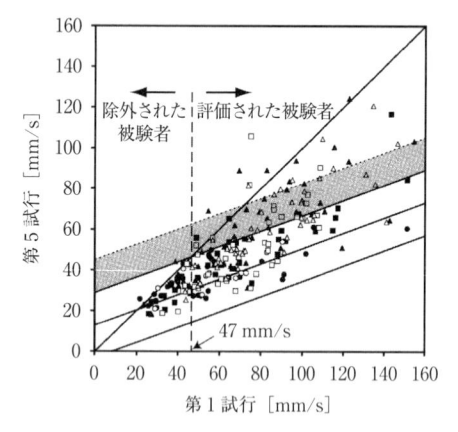

図 1.7.3 被験者ごとの第 1 試行と第 5 試行の平均速度の相関図（Fujiwara et al., 2007）
練習効果が認められない被験者が 70 歳代に多い．
●：50 歳代男子，■：60 歳代男子，▲：70 歳代男子．
○：50 歳代女子，□：60 歳代女子，△：70 歳代女子．

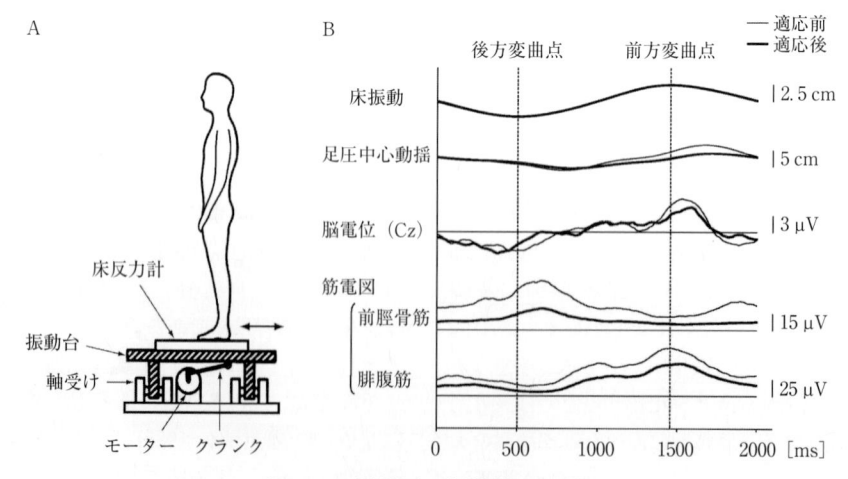

図 1.7.4 床振動時の姿勢制御と脳電位
A：床振動装置．B：床振動時の脳電位および筋電図のグランドアベレージ波形．

振動する床反力計上で立位姿勢を1分間保持した（図1.7.4A）．すべての被験者において，試行を重ねるにつれて，CoPapの平均動揺速度が減少し（姿勢制御能の向上を示す），4～14試行までにプラトーに達した．頭皮上のCzから導出した脳波において，床振動の後方変曲点から前方変曲点に向けて，随伴陰性変動に類似した陰性方向への変動が認められた（図1.7.4B）．脳電位は，適応後において，後方変曲点付近で陽性ピーク（11 msの遅れ）を，前方変曲点付近で陰性ピーク（58 msの遅れ）を示した．脳電位の陽・陰性ピーク間振幅は，適応に伴い有意に減少した．適応前・後において，前脛骨筋の活動ピークは床の後方変曲点の約100 ms後に，**腓腹筋**のピークは前方変曲点とほぼ同時点に認められた．**前脛骨筋**および腓腹筋のピーク振幅は，適応に伴い顕著に減少した．床振動の前方の変曲点の知覚様式を検討するために，変曲点に合わせて手指屈曲運動を実施したが，変曲点前約84 msに運動を開始していた（藤原，1986）．すなわち，このような床振動時の立位姿勢制御では，床振動の前方変曲点付近で生じる**体性感覚情報**の変化に対して予測的に注意が向けられるとともに，その付近での外乱に対する姿勢制御のための準備がなされていると考えられる．脳電位のピーク間振幅の減少は，前方変曲点に向けての予測的な注意ないし姿勢制御の準備の必要性が適応に伴って減少したことを意味するものであろう．

〔藤原勝夫〕

文献

Adkin, A. L., et al. (2006) : Corical responses associated with predictable and unpredictable compensatory balance reactions. *Exp. Brain Res.*, **172** : 85-93.

Bloem, B. R., et al. (1996) : Influence of dopaminergic medication on automatic postural responses and balance impairment in Parkinson's disease. *Mov. Disord.*, **11** : 509-521.

藤原勝夫（1986）：立位姿勢保持における水平床振動の知覚．いばらき体育・スポーツ科学，**1** : 7-14.

藤原勝夫，池上晴夫（1981）：足圧中心位置と立位姿勢の安定性との関係について．体育学研究，**26** : 137-147.

藤原勝夫，池上晴夫（1984）：床振動時の立位姿勢の応答特性．体育学研究，**29** : 251-261.

藤原勝夫ほか（1982）：立位姿勢における身体動揺の分析．姿勢研究，**2** : 1-8.

藤原勝夫ほか（1988）：水平床振動を繰り返し負荷した場合の立位姿勢調節の変化．体力科学，**37** : 25-36.

Fujiwara, K., et al. (2007) : Postural control adaptability to floor oscillation in the elderly. *J. Physiol. Anthropol.*, **26** : 485-493.

Fujiwara, K., et al. (2009) : Increase in corticospinal excitability of limb and trunk muscles according to maintenance of neck flexion. *Neurosci. Lett.*, **461** : 235-239.

Fujiwara, K., et al. (2010) : Relationship between quiet standing position and perceptibility of standing position in the anteroposterior direction. *J. Physiol. Anthropol.*, **29** : 197-203.

Fujiwara, K., et al. (2011) : Contingent negative variation and activation of postural preparation before postural perturbation by backward floor translation at different initial standing positions. *Neurosci. Lett.*, **490** : 135-139.

Fujiwara, K., et al. (2012) : Changes in event-related potentials associated with postural adaptation during floor oscillation. *Neuroscience*, **213** : 122-132.

今岡 薫ほか（1997）：重心動揺検査における健常者データの集計．*Equilibrium Res. Suppl.*, **12** : 1-84.

Inamura, K., et al. (1996) : One-minute wave in body fluid volume change enhanced by postural sway during upright standing. *J. Appl. Physiol.*, **81** : 459-469.

Kapteyn, T. S. (1973) : Afterthought about the physics and mechanics of the postural sway. *Agressologie*, **14** : 27-35.

Njiokiktjien, C., Rijke, W. (1972) : The recording of Romberg' test and its application in neurology. *Agressologie*, **13** : 1-7.

Okano, K., Tanji, J. (1987) : Neural activities in the primate motor fields of the agranular frontal cortex preceding visually triggered and self-paced movement. *Exp. Brain Res.*, **66** : 155-166.

斉藤 進ほか（1977）：ヒトの姿勢制御の機構について．姿勢―第2回姿勢シンポジウム論文集，pp. 225-233.

丹治 順（1999）：脳と運動―アクションを実行させる脳―（ブレインサイエンス・シリーズ17），共立出版．

Travis, R. C. (1945) : An experimental analysis of dynamic and static equilibrium. *J. Exp. Psychol.*, **35** : 216-234.

1.8 発語系／言語系

1.8.1 発語・嚥下系

嚥下（swallowing），呼吸（respiratory）はともに**喉頭**（larynx）がかかわる生命維持機能である．喉頭は発語（speech）にもかかわり，発語機能が飛躍的に発達している点がヒトの特異的な点である．

ここでは，発語機能および嚥下機能について，解剖学的知識の整理を行い，機能障害の分類および検査法そして対処法について述べる．

a. 発語，嚥下にかかわる解剖と生理

1) 発語，嚥下にかかわる解剖学的構造物

発語，嚥下には，頭頸部から胸部にわたり多くの器官がかかわる．口腔（oral cavity）には歯（tooth），歯肉（gums），舌（tongue），頬粘膜（buccal mucosa），硬口蓋（hard palate）など多くの部位があり，鼻腔（nasal cavity）とは軟口蓋（soft palate）によって閉鎖・開放がなされている．鼻腔・口腔の後方は咽頭（pharynx）と呼ばれ，鼻腔の後方を上咽頭（nasopharynx），口腔の後方を中咽頭（oropharynx），その下を下咽頭（hypopharynx）と呼ぶ．下咽頭には喉頭蓋（epiglottis）があり，嚥下時に倒れこみ，喉頭口（laryngeal aditus）を封鎖する役割を持つ．また喉頭蓋と舌根（base of tongue）に挟まれた空間を喉頭蓋谷（valleculae）と呼び，食べ物が残留（residue）しやすい部位である．喉頭は咽頭の下前方に位置し，声帯（vocal folds）を含み，気道（airway）閉鎖の最終関門であると同時に，喉頭原音（glottal source）を生成する重要な構造物である．喉頭の下部は気管（trachea）となり，声帯振動のエネルギー源となる呼気圧を生成する肺（lung）へと続く．一方，咽頭の下部（喉頭の後方）は食道（esophagus）へと続くが，その際，下咽頭中央部は喉頭によって前後に押しつぶされ，左右に陥凹ができる．これを梨状窩（piriform fossa）と呼び，ここにも食物が残留しやすい．咽頭と食道の境目である食道入口部（pharyngoesophageal segment：PES）には，上部食道括約筋（upper esophageal sphincter：UES）がある．食道は常時閉まっており，嚥下時にのみ食道入口部が弛緩することによって食物が入り，胃へ運ばれる．8の字状に押しつぶされた食道は，正面から造影するとまるで左右に分かれたように観察される．

2) 発語のメカニズム（図1.8.1）

発語には，呼吸器官（respiratory system）である肺・気道，喉頭器官（phonation organs）である声帯，構音（調音）器官（articulatory system）である口唇（lips），舌，軟口蓋などがかかわる．発語は，空気を吐き出す（呼気）力が声帯を振動させてできる喉頭原音が，共鳴腔（resonance cavity）の形と距離によって修飾されることで生成される．以下に発語生成過程の詳細を順に述べる．

i) 呼吸器官

呼吸器官は，肺，気道，**横隔膜**（diaphragm）などからなる．喉頭に続く長さ10 cmほどの管を気管という．気管の壁は，気管軟骨が靭帯で連結されてでき

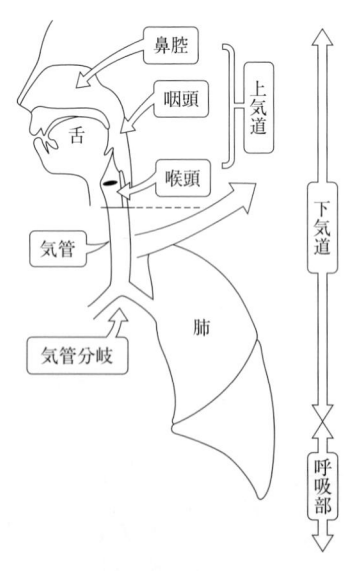

図1.8.1 呼吸器系の区分（松村，2011，p.380より改変）

ているが,気管後壁には軟骨はなく,平滑筋からなる膜性壁で構成されている.呼吸時には,呼吸筋(内肋間筋,外肋間筋,胸鎖乳突筋,腹直筋,内腹斜筋,外腹斜筋など)の働きにより呼気が肺から押し出される.肺から出た呼気流は,気道となる気管を上昇しながら通り抜け,喉頭器官を目指す.

肺に流れる血管には機能血管と栄養血管の2種がある.血液ガス交換のための血管を機能血管といい,たとえば,肺動脈,肺静脈がある.気管支や肺を栄養する血管を栄養血管といい,たとえば気管支動脈は胸動脈から起こる数本の動脈であるが,これらが末梢の気管支や肺胞などに分布して気管支や肺胞に酸素や栄養を供給する.

声(voice)の生成には1 kPaの肺胞内圧が必要である.呼吸器官で行われる呼吸は生命活動の要であるが,その生命維持活動の副産物として得られた呼気流(expiratory flow)によって声帯が震え,それが声を生み出す.

加齢(aging)などの理由により呼気量が減少すると臨床的に発語障害(speech disorder)が生じ,喉頭器官,構音器官に問題が見当たらない場合,肺活量などを測定すると,呼吸器官の異常がわかることもある.

ii) **喉頭器官**(図1.8.2)

喉頭器官は,多くの構造物,神経,筋機構によって構成され,呼吸,嚥下といった生命維持機能だけでなく,発語にも関与する特異的な器官である.

喉頭は気管の上部に位置し,舌骨(hyoid bone),

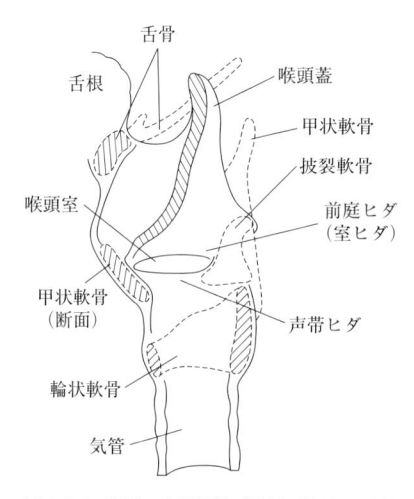

図1.8.2 喉頭の内部構造(松村,2011,p.385より改変)

甲状軟骨(thyroid cartilage),輪状軟骨(cricoid cartilage),披裂軟骨(arytenoid cartilage)などの構造物で構成される.これらは下記に示すような神経,筋機構の繊細かつ複雑な調和,統合によって機能する.

喉頭には声帯の内転,外転や緊張度の調節などにかかわる内喉頭筋(intrinsic muscle)と呼ばれる筋群があり,これらは迷走神経(vagus nerve:CN X)によって支配されている.迷走神経は上神経節,下神経節をつくり,その直下で上喉頭神経(superior laryngeal nerve)が分岐し,さらに内枝と外枝に分かれる.外枝は輪状甲状筋(cricothroid muscle)に入り,声帯の緊張度をコントロールする運動枝となる.一方,迷走神経の本幹は喉頭を通過してさらに下降して胸腔内に入る.胸腔内で迷走神経から分枝した反回神経(recurrent nerve)は気管と食道の間の溝を上行して輪状咽頭筋(cricopharyngeus muscle)の下縁で喉頭内に入る.この部位は下喉頭神経(recurrent laryngeal nerve)と呼ばれる反回神経の終末枝であり,さらに運動枝と知覚枝とに分かれる.運動枝はさらに分かれて,披裂軟骨を外転して声門(glottis)を開く唯一の筋である後輪状披裂筋(posterior cricoarytenoid muscle)と声門を閉鎖する内転筋である被裂筋(oblique arytenoid muscle),外側輪状披裂筋(lateral cricoarytenoid muscle),甲状被裂筋(thyroarytenoid muscle)をそれぞれ支配する.

これらの内喉頭筋群を制御し,左右声帯を近づけ声門をせばめた状態で呼気を通すと,声帯は振動してブザーのような音が生成される.これを喉頭原音という.

声帯の振動数は基本周波数(fundamental frequency)として示すことができ,声の高さ(pitch)を表す.声帯の長さおよび緊張で声の高さは上下する.たとえば,声帯が短い小児の声は高いが,成長すると声帯が長くなり,声はしだいに低くなる.また,声帯の緊張が弱いと低い声が出て,緊張が高まると高い声が出る.

iii) **構音器官**

構音器官は,構音(articulation)をつかさどる器官で,喉頭の上部から口唇あるいは鼻孔(nasal foramen)までをいう.構音器官には,歯,舌,口唇,上顎骨(maxilla),下顎骨(mandible),口蓋(palate)などが含まれる.なかでも舌は,咀嚼,嚥下,発語,味覚(gustation)にかかわる筋肉性器官であり,舌筋(lingual muscle)で構成される.舌筋はすべて舌下神

経 (hypoglossal nerve：CN XII) によって支配され，微細な動きをもって発語時に重要な役割を担う．

こうした構音器官の運動によって声道 (vocal tract) の形がつくられ，共鳴 (resonance) や気流の妨害 (obstruction) などが加わると，母音 (vowel) や子音 (consonant) が生成される．以下に母音と子音の発語の説明をする．

(1) 母音の発語では，舌の位置と口唇の位置で共鳴が変化する．一続きの空間である口腔と咽頭が舌の高まりによってくびれができ，このくびれによってもとの空間を分ける形で，小さな共鳴腔が二つできあがる．共鳴腔の容積が狭いと共鳴周波数 (resonance frequency) が高くなり，容積が広くなると共鳴周波数は低くなる．したがって発語時の共鳴周波数を音響分析 (acoustic analysis) で明らかにすると，発語時の舌の位置を割り出すことが可能となる．

(2) 子音の発語では，多くは気流の妨害が起きる．この気流の妨害が起こる場所を構音点 (articulation position) といい，気流の妨害方法を，構音様式 (articulation manner) という．

3) 摂食・嚥下のメカニズム

摂食 (eating)・嚥下とは，口唇で食べ物をとらえ，口腔のなかに取り込み，咀嚼 (mastication) し，飲み込む行為であり，次の5期に大別される．

i) 先行期

先行期 (anticipatory stage) では，食物を視覚・聴覚・嗅覚などで認識しながら，食べるペースを自然とつくる．また唾液 (saliva)・胃液 (gastric juice) の分泌を活性化させ，食べるためのウオーミングアップを行う．

ii) 準備期

準備期 (preparatory stage) では，口腔へ食物を取り込み，咀嚼し，食塊 (bolus) を形成する．取込みには口腔周囲の表情筋 (facial muscles) が重要な働きをしており，顔面神経 (facial nerve：CN VII) の支配を受ける．咀嚼は，舌や頬粘膜が歯の上に食物を乗せ，下顎骨を上方へ動かすことによってそれを噛み砕き，歯からこぼれ落ちた食物を唾液と混ぜ，もう一度，舌・頬粘膜が歯の上に乗せて噛み砕き…という動作を繰り返して行う．これらの動作は非常に複雑で，三叉神経 (trigeminal nerve：CN V) 支配の咀嚼筋群 (masticatory muscles) による閉口，主に顔面神経支配の舌骨上筋群 (suprahyoid muscles) による開口，同じく顔面神経支配の表情筋の運動，舌下神経支配の舌運動などが協調して行われる．この咀嚼運動によって，食べ物は軟らかく飲み込むのに適した食塊に変化する．

また準備期においては，食べ物を「味わう」ことも重要な要素となる．特殊感覚である味覚は，主に舌にある味蕾から，顔面神経の枝である鼓索神経 (舌前方2/3)，舌咽神経 (glossopharyngeal nerve：CN IX) (舌後方1/3)，迷走神経 (舌根部) を介して延髄 (medulla) の孤束核，対側の視床，大脳皮質味覚中枢に達する．

iii) 口腔期

口腔期 (oral stage) では，水や食塊の舌根・咽頭への送り込み (bolus propulsion) が行われる．具体的には，舌を挙上し口蓋を前方から後方に圧することによって舌後方に食塊が送り込まれ，さらに舌根部が下がることによって咽頭腔へ入っていく．これら舌の動きはすべて舌下神経の支配を受ける．

iv) 咽頭期

咽頭期 (pharyngeal stage) では，嚥下反射 (swallowing response) が起こり，食塊が食道に送り込まれる．食塊が鼻腔に逆流しないように軟口蓋を挙上して鼻咽腔を閉鎖する．食塊が喉頭侵入 (penetration)・誤嚥 (aspiration) しないように喉頭蓋を後屈させて喉頭口を閉じ声門を閉鎖する．食塊を咽頭から食道に送り込むため咽頭収縮を行う，などの運動が，延髄にある嚥下中枢 (swallowing center) からの命令で行われる．嚥下反射の際には，喉頭口と声門が閉鎖されるため，一時的な無呼吸状態となり，これを嚥下性無呼吸 (deglutition apnea) という．

v) 食道期

食道期 (esophageal stage) では，食塊は食道入口部より食道に入り，胃まで移動する．嚥下反射の際に上部食道括約筋は弛緩し食道入口部が開く．食道での移送は重力と蠕動運動によるもので，迷走神経によって支配される．

b. 発語障害

発語障害は，音声障害 (voice disorders, phonation disorder, dysphonia) と構音障害 (articulation disorder) に大別される．

1) 音声障害の定義，検査法，具体的疾患と対処法

音声障害とは，話し手の年齢，性，職業から考えて，話し手の発声（voice, phonation）が著しくかけ離れている状態あるいは，発声に関して不愉快な自覚症状を伴う状態をいう．音声障害は，声の高さ，声の強さ（volume），声の持続（duration），声の柔軟性（flexibility）の異常として現れ，多くの場合，単独で存在するのではなく複合して現れる．

音声障害の検査法には，音声言語医学会音声委員会で検討されたGRBAS 尺度（GRBAS scale）などがある．G（grade）は音声の総合的な異常度を表す．R（rough）は粗糙性を意味し，声のざらつきや粗さに着目する．B（breathy）は気息性を意味し，A（asthenic）は無力性で声の弱々しさを意味する．S（strained）は努力性の声のみに着目をした項目であり，それぞれ，まったく感じないから強く感じるまで0～3の4段階で表す．

音声障害はその原因により，器質性音声障害（organic voice disorder），機能性音声障害（functional voice disorder）に分けられるが，それらは互いに移行することもある．

i) 器質性音声障害

器質性音声障害とは，呼吸器官および喉頭器官の器質的な異常が音声障害の原因となっている状態をいう．たとえば，声帯ポリープ，声帯結節，ポリープ様声帯，喉頭炎，喉頭がん，喉頭外傷などがある．また，喉頭麻痺のように，声帯の運動性に問題がある場合も含まれる．喉頭麻痺をきたす原因疾患はさまざまである．反回神経，舌咽神経，舌下神経などの精査が必要とされる．また，その他の脳神経麻痺を伴う混合性喉頭麻痺であれば，延髄，頭蓋底などの精査もさらに必要となる．

対処法は，声帯ポリープや声帯結節を切除する外科的治療が中心であるが，外科的治療と言語治療（speech therapy）の併用などもある．

ii) 機能性音声障害

機能性音声障害とは，先天性，後天性を問わず，制御機構を含めた呼吸器官および喉頭器官に器質的な異常を認めないにもかかわらず，音声障害をきたす状態をいう．たとえば，声変わり障害，老人の音声障害，心因性発声障害などがある．

対処法はさまざまであるが，外科的治療よりも，薬物治療や言語治療の対象となることが多い．

2) 構音障害の定義，検査法，具体的疾患と対処法

構音障害（articulation disorder）とは，聞き手，話し手の属する言語社会における音韻体系のなかで，同年齢の人が正しく構音できる音を話し手が誤って構音することによって聞き手に不自然な印象を与えてしまう状態，あるいは話し手自身が自分の構音を誤っていると感じる状態をいう．

構音障害は，その原因により，器質性構音障害（organic articulation disorder），運動障害性構音障害（dysarthria），機能性構音障害（functional articulation disorder）に分類できる．

検査法には明瞭度（intelligibility）を調べるものとして発語明瞭度検査（speech intelligibility test），会話明瞭度検査（conversational intelligibility test），構音点の位置を調べるものとしてパラトグラム検査（palatogram test），あるいは発語に影響するさまざまな器官に関することを調べる聴力検査（hearing ability test），言語発達検査（language development test），知能検査（intelligence test）などがある．

以下に広く用いられている発語明瞭度検査，会話明瞭度検査の2種について説明する．

発語明瞭度検査：日本語100単音節を無作為に並べたものを順に患者に読んでもらい，録音する．録音した発語サンプルを5名の健聴者が聞き取り書き上げる．書き上げられたものと患者が読み上げたリストで合致したものが正解となり，5名のうち最高値と最低値を削除した残り3名の平均値が発語明瞭度になる．

会話明瞭度検査：音読サンプルあるいは会話サンプルを患者に読んでもらい，録音する．録音したサンプルを健聴者が聴取し，1～5の5段階で評価する（田口，1967）．

i) 器質性構音障害

器質性構音障害とは，構音器官に構造的な問題があり，それによって構音障害が引き起こされている状態をいう．

器質性構音障害を引き起こす構音器官の主な構造異常として，先天性疾患のうち上顎の異常では口唇裂口蓋裂（cleft lip and palate），下顎の異常では第一・第二鰓弓症候群，下顎前突症などがある．後天性疾患としては，腫瘍や炎症または囊胞摘出に伴う口唇，上顎骨，下顎骨，硬口蓋，軟口蓋，舌などの外科的切除による欠損，形態異常などがある．以下に代表例と対処法をあげる．

①**口唇裂口蓋裂** 口唇裂口蓋裂とは，胎生期の癒合不全によって生じる先天性疾患である．主に，鼻咽腔閉鎖機能不全（veropharyngeal incompetence, veropharyngeal insufficiency）が生じるため，骨移植などを含めた外科的な閉鎖術および言語聴覚士（speech therapist, speech language pathologist）による言語治療が行われることが多い．また必要に応じて，歯科矯正治療（orthodontic treatment）および歯科補綴治療（prosthodontic treatment）が行われる．歯科補綴治療には，顎矯正・歯科矯正治療後の顎骨や歯の後戻りを考慮した，固定性補綴装置であるブリッジ，可撤性補綴装置である義歯が，発音，咀嚼，嚥下，審美性の回復を目的に適用される．未手術症例，または外科手術後であっても鼻咽腔閉鎖機能不全がある場合には，スピーチエイド（speech appliance, speech aid, pharyngeal obturator）などの言語治療補助装置が適用される．

対処法は外科的再建，歯科補綴治療，また言語治療の併用などである．

②**舌小帯異常**（ankyloglossia） 舌尖を前に出そうとしたときに，舌尖がハート型のように分かれる，舌小帯（lingual frenum）が太いあるいは短い先天性形態異常のことをいう．

対処法は，外科手術と言語聴覚士による言語治療である．

③後天的な顎骨などの硬組織欠損あるいは軟組織欠損，炎症，腫瘍（良性，悪性），囊胞などの摘出のために，舌や上顎骨，下顎骨などを外科切除したのちに構音障害が後遺することがある．

対処法は，外科的再建，顎義歯などの歯科補綴治療，または両者の併用である．また，特に舌欠損症例などに対しては，言語治療の併用などがある．

ii) **運動障害性構音障害**

運動障害性構音障害とは，中枢から末梢に至る神経・筋のいずれかの病変による構音器官の運動障害で構音障害が引き起こされている状態をいう．

運動障害性構音障害の診断には構音のみならず，呼吸，発声，共鳴，韻律という発語全体を診査する必要がある．運動障害性構音障害には脳神経である顔面神経の異常による弛緩性麻痺，大脳皮質などの損傷によって起こる痙性麻痺，小脳からの伝達経路の損傷あるいはタイミングの正確さの低下による失調などがあげられる．

対処法は，機能訓練，薬物療法，舌接触補助装置（palatal augmentation prosthesis：PAP），軟口蓋挙上装置（palatal lift prosthesis：PLP）などの歯科補綴治療，拡大・代替コミュニケーション手段の選択，言語治療などである．

・軟口蓋挙上装置：軟口蓋挙上不全による鼻咽腔閉鎖機能不全の患者に対し，上顎の義歯の後方に挙上子を延長付加し，軟口蓋を強制的に持ち上げて保持し，構音・嚥下時の鼻咽腔の閉鎖を図る（舘村ほか，1998）．

iii) **機能性構音障害**

機能性構音障害とは，構音器官に構造的な問題がないにもかかわらず，構音障害が引き起こされている状態をいう．

したがって，原因は特定できないが，言語習得期に構音の習得を妨げるなんらかの原因があって生じた構音の誤りが，固定化したものと考えられる．誤り音としてたとえば，本来構音されるべき音ではなく別の音に置き換わる置換（omissions）や，ある一定の音を抜けて構音する省略（substitutions）などがある．

対処法は言語治療が主である．

3) **発語障害の今後の課題**

わが国では幼少期を含め話す訓練が教育の一環として組みこまれておらず，諸外国と比較して，話すことへの関心が低いといわれている．教育の場にいる指導者でさえ話すことに注意を払っていないことがあり，教育者に声帯結節が生じる確率が高いことも問題になっている．話すことのメカニズムを理解し，話すことの意識を高く持つ教育を，国民に対してしていくことも必要である．それらは，発語障害の予防にもつながると予想できる．

そのためにまず，客観的に発語障害を評価し，数値として表していくことが，過去における取組みへの反省および今後の評価をするうえで必須である．すなわち，まず診査診断をより客観的に行う評価法を確立し，より有効なトレーニング法，予防法の確立を耳鼻咽喉科医，言語聴覚士，歯科医そして工学系の研究者たちの協力によって行っていく必要がある．

c. 嚥下障害

1) 嚥下障害とは

嚥下障害（swallowing disorder）とは，狭義には，口腔期・咽頭期・食道期になんらかの問題が生じ，水や食物，唾液などを正常に嚥下できない状態をいうが，先行期・準備期に続く一連の動作としてとらえることが臨床場面では現実的であるため，摂食・嚥下障害（dysphagia）と表記されることが多い．類似語として摂食障害（eating disorder）があるが，これは過食症や拒食症に代表される精神疾患であり，区別される．また，誤嚥とは，水や食物，唾液，胃食道逆流（gastroesophageal reflux）物などが誤って気管や肺に入ってしまうことであり，嚥下障害の主たる異常所見である．類似語である誤飲（accidental ingestion）は，たとえば乾電池のような食べ物でないものが胃に入ってしまうことであり，用語の使い分けに注意を要する．

2) 摂食・嚥下障害によって引き起こされる問題と，摂食・嚥下リハビリテーションの目的

摂食・嚥下障害は，十分な食事量が確保できないことによる栄養障害（malnutrition），飢餓（starvation），筋減弱症（sarcopenia），水分量を確保できないことによる脱水（dehydration），誤って気管から肺に水や食べ物などが入ることによって起きる誤嚥性肺炎（aspiration pneumonia），気道に食べ物がつまる窒息（airway obstruction）などを引き起こす．これらはすべて生命にかかわる重大な問題である．また，これら医学的な問題のほかに，「食べる」という人生の大きな楽しみが奪われてしまうことがあげられ，このことは，生活の質（Quality of Life：QOL）を著しく低下させてしまう．

摂食・嚥下リハビリテーション（dysphagia rehabilitation）の目的は，これらの問題を解決すべく，患者に残された能力を最大限に活用し，より安全に「栄養（nutrition）」を摂取し，「食べるという楽しみ」を提供できるようにすることである．

3) 摂食・嚥下障害の症状

摂食・嚥下障害は，さまざまな原因によって引き起こされるため，その症状は多岐にわたる．以下に主な症状をあげるが，これらは複合的に起こる．

(1) 先行期

失認（agnosia）（視覚に問題がなくても食べ物を食べ物として認識できない，もしくは認識されない），失行（apraxia）（手の麻痺などがなくてもスプーンで口唇に触れても開口しないなど，食事に際して合理的な動きができない）

(2) 準備期

開口障害（trismus），咀嚼障害（mastication disorder）（食べ物を噛み砕いて唾液と混ぜ，軟らかく飲み込むのに適した食塊にすることができない），口唇閉鎖不全（口から食べ物がこぼれてしまう）

(3) 口腔期

咽頭への送り込み障害（oral transit impairment）（食べ物が口腔内に残留する，または咽頭の準備ができる前に水・食物が咽頭へ流れ込む）

(4) 咽頭期

ムセ（choking），湿性嗄声（vocal wetness），誤嚥，鼻咽腔閉鎖機能不全（食べ物が鼻に漏れる）

(5) 食道期

食道入口部開大不全，食道アカラシア（esophageal achalasia），胃食道逆流症（gastroesophageal reflux disease：GERD）

4) 摂食・嚥下障害を引き起こす原因とその機序

摂食・嚥下障害を引き起こす原因としては，主に器質的なものと機能的なものとに分けられる．

(1) 器質的なものとは，主に炎症や腫瘍，狭窄などの解剖学的構造の問題に起因するものである．具体的には，たとえば舌がんの場合，腫瘍切除手術によって舌の形態に変化が生じ，口腔期において舌を口蓋に接触させることが難しくなることによる送り込み障害が発生する．また咽頭期においても，嚥下圧を十分に高めることが困難となり残留が発生し，誤嚥の原因となる．

(2) 機能的なものとは，脳卒中（stroke）などを含む脳血管障害（cerebrovascular disease），筋萎縮性側索硬化症（amyotrophic lateral sclerosis：ALS），パーキンソン病などの神経変性疾患（progressive neural degenerative disorder），その他脳や筋肉に関連した疾患，交通事故などによる頭部外傷（head injury），反回神経麻痺（recurrent nerve paralysis），加齢による変化などである．嚥下中枢を構成する舌咽神経・迷走神経・舌下神経の運動核は延髄（球）に存

在するため，ALSなどによってこの部位に障害が起こった場合，ほとんど嚥下反射が起こらず，重度の嚥下障害が引き起こされることとなり，この症状を球麻痺（bulbar paralysis）と呼ぶ．一方，多発性脳梗塞に代表される脳血管疾患などによって，延髄より上部の大脳や脳幹部，核上性経路などに障害が起こった場合は，仮性球麻痺（pseudobulbar paralysis）と呼ばれ，球麻痺に比べ嚥下障害の程度が軽いことが多いが，しばしば高次脳機能障害（cortical dysfunction）を伴う．現在，脳血管障害は，嚥下障害を引き起こす最も頻度の高い疾患であり，嚥下障害患者全体の21～46％を占めるとの報告がある（Groher, Bukatman, 1986）．

5）誤嚥性肺炎

誤嚥性肺炎とは，本来，食道・胃に入るべき水や食べ物・唾液などや，胃食道逆流物を誤嚥することによって起こる肺炎（pneumonia）であり，摂食・嚥下障害における最大の問題といって過言ではない．肺炎は，日本人の死亡原因の3位，高齢者に限ればトップを占めており，そのうち，60％以上が誤嚥性肺炎であると推計されている（寺本，2009）．

通常，嚥下機能の低下などによって飲食物や唾液・胃食道逆流物が下気道に入り込むと，咳反射（cough reflex）により咳（cough）が生じ，誤嚥物が喀出される．このことは，むせと表現される．しかしながら咳反射が低下すると，たとえ誤嚥してもむせ込むことがない．このような状態を不顕性誤嚥（silent aspiration）と呼び，誤嚥性肺炎につながる最も危険な状態とされている．不顕性誤嚥の場合，本人や家族・介助者は，食事中にむせ込むことがないため，きちんと飲み込めていると判断してしまい，その結果，肺に誤嚥物が入り込み，肺炎を引き起こしてしまう．さらに，経鼻経管栄養（nasoenteric feeding, nasogastric tube：NG tube），胃瘻（gastrogavage, G-tube），中心静脈栄養（total parenteral nutrition：TPN, intravenous hyperalimentation：IVH）などによって食事を口から行っていない場合でも，夜間に唾液や胃食道逆流物を少しずつ誤嚥し，それが肺炎につながっていると考えられている．Kikuchiらは，老人性肺炎に罹患し回復した患者を対象に，就寝前に上顎頬側歯肉にインジウムアイソトープを糊状に塗布し，寝ている間に徐々に溶けるようにして，翌朝，肺シンチグラムを撮影した結果，70％の患者の肺中にアイソトープが誤嚥されていることを報告している（Kikuchi et al., 1994）．

近年，摂食・嚥下障害による誤嚥性肺炎患者に対し，経口摂取（oral intake）による食物の誤嚥を防ぐための胃瘻造設（percutaneous endoscopic gastrostomy：PEG）が広く行われているが，前述のように，口腔内常在細菌を含む唾液の不顕性誤嚥による肺炎が広くみられる以上，胃瘻は誤嚥性肺炎の最終解決手段足りえない．胃瘻だけに頼るのではなく，たとえ誤嚥しても肺炎を起こさないような環境づくり，具体的には，口腔内の歯や頬粘膜・舌・義歯（denture）などの清掃の徹底，口腔や頸部のリハビリ，適切な栄養管理など，集学的なアプローチが必要とされている「口腔ケア（oral care）」という用語が用いられることも多いが，定義が曖昧であり，職種間で意思疎通が困難となるケースも散見されるため，使用しないことが望ましい．

6）摂食・嚥下障害のアセスメント

なんらかの摂食・嚥下障害が疑われたら，まず摂食・嚥下機能の評価・検査を行い，その結果に基づいて，どのような治療や訓練が必要であるか，口から食べることが可能であるか否か，口から食べさせてよい場合には何をどの程度食べさせることが可能か，口から食べられない場合にはどのような栄養摂取方法が適切かなどを検討する．

摂食・嚥下機能のアセスメントは，スクリーニングと精密検査の二段構えで行われる．

i）スクリーニング検査

嚥下機能のスクリーニング検査としては，下記のものがあげられる．

(1) **反復唾液嚥下テスト**（Repetitive Saliva Swallowing Test：RSST）

自己の唾液を連続して嚥下するよう指示し，30秒間の嚥下回数をカウントする．カウントは，喉頭隆起および舌骨部に指腹を当て，嚥下運動に伴い両者が指腹を乗り越え上前方に移動しもとの位置に戻った状態を1回とし，30秒間に3回を下回った患者を陽性とする（小口ほか，2000）．

(2) **改訂水飲みテスト**（Modified Water Swallowing Test：MWST）

冷水3mLを口腔前庭に注ぎ嚥下するよう指示，表1.8.1に示す判断基準に従って評価し最も悪い場合の評点を記録する．4点未満を陽性と判断する（戸原ほか，2002）．

表 1.8.1　反復唾液嚥下テストならびにフードテストの判定基準

1	嚥下なし，むせる and/or 呼吸切迫
2	嚥下あり，呼吸切迫（silent aspiration の疑いあり）
3	嚥下あり，呼吸良好，むせる and/or 湿性嗄声，口腔内残留中程度*
4	嚥下あり，呼吸良好，むせない，口腔内残留ほぼなし*
5	4に加え，追加嚥下運動が30秒以内に2回可能

＊：フードテストのみの評価項目

（3）フードテスト（Food Test）

茶さじ1杯（3〜4g）のプリンやゼリーを舌背前部に取り込んでもらい，嚥下するよう指示，MWSTとほぼ同じ評価基準（表1.8.1）に従って評価を行う．口腔における食塊形成能力と，咽頭への送り込みが主に評価される（戸原ほか，2002）．

（4）咳テスト（Cough Test）

1.0重量％クエン酸生理食塩水溶液を超音波式ネブライザーで霧状噴霧し，それを経口より吸気させた際に咳反射が起こるかどうかを観察する．1分間に4回以下を陽性と判定する．不顕性誤嚥の判定にきわめて有用なスクリーニング技法である（若杉ほか，2008）．

（5）頸部聴診

食塊を嚥下する際に咽頭部で生じる嚥下音と，嚥下前後の呼吸音を頸部で聴診し，変化があるかどうかを観察する．他のスクリーニング検査時に併用すると診断精度の向上に有効である．聴診には小型の新生児用聴診器を使用するのが便利である（Takahashi et al., 1994）．

ii）精密検査

スクリーニングの結果，誤嚥が疑われる場合には，次の精密検査を行う．

（1）嚥下内視鏡検査（videoendoscopy：VE）

耳鼻咽喉科などで使用される軟性鼻咽腔ファイバースコープを使用し，鼻孔よりファイバーを挿入し，嚥下時の咽頭・喉頭部の状態を直接観察する検査方法である．長所は，直接咽頭を目でみることができること，機器の小型化によりベッドサイドはもとより在宅診療においても使用できることである．短所は，嚥下時に内視鏡の先端が食塊や組織に埋もれてしまうことによって画面が白く映るホワイトアウト（white out）という現象が起こってしまい，嚥下時に誤嚥があるかどうか，食道入口部がどの程度開いているか，などを観察できないことであるが，ホワイトアウト時の前後の観察を入念に行うことなどによって，ある程度補うことができる．

（2）嚥下造影検査（videofluoroscopic swallowing study：VFSS）

一般に消化管造影検査で汎用されるX線透視装置や，外科用Cアーム型透視装置を使用し，患者の嚥下状態を透視下で確認する検査法である．嚥下運動は1秒程度の非常に短い時間の現象であるが，透視映像を録画し繰り返し観察することで，各器官の運動や食塊の動きを詳細に観察することができる．短所としては，被曝を伴う検査であること，またバリウムなどX線造影剤を含有した模擬食品を検査食として使用する必要があることなどである．

7）摂食・嚥下障害への対応

前述のように摂食・嚥下障害の主な身体的問題は，栄養摂取が制限されることと，誤嚥性肺炎や窒息などの致死的状態につながることの2点である．栄養摂取は生命活動維持の基本であり，また下記の各種リハビリテーション手法も適切な栄養ケアがないまま行われるとかえって逆効果となってしまうため，適切な栄養評価・管理がきわめて重要である（若林，2010）．

栄養摂取方法は大きく，経腸栄養（enteral nutrition）と経静脈栄養（parenteral nutrition）に分けられる．経腸栄養はさらに，経口摂取，経鼻経管栄養，胃瘻などに分けられ，それらが単独または複合的に使用される．経口摂取以外の栄養方法は，強制栄養法（force feeding）とも呼ばれ，急性期の栄養管理の基本的手技であるが，重度の認知症（dementia）やターミナル期（terminal illness）への適用は自然死（orthothanasia）を妨げると考えられ，生命倫理の観点から大きな問題となっている（藤本，2009）．

i）経腸栄養法

（1）経鼻経管栄養法

鼻孔から胃へチューブを通し，流動食（liquid diet）を流し込む方法．簡易に留置が可能なため急性期に汎用されるが，チューブが常に留置されるため，嚥下訓練（swallowing therapy）時に咽頭において障害となりやすい．そのため経口摂取不可能な時期が長期にわたると考えられる際には，下記の胃瘻への移行が行われる．

(2) 胃瘻

胃内視鏡を使用して，胃から腹部表面へ瘻孔を形成しカテーテルを留置し，栄養摂取時にはこのカテーテルを経由して直接胃へ流動食を流し込む方法．わが国において近年，急速に普及し，現在では毎年20万人に対して胃瘻が新規造設されていると推計されている．流動食は液体のため胃食道逆流を起こしやすく，投与時，また投与後しばらく半座位/座位を保持する必要がある．逆流を起こす患者に対しては，半固形流動食が開発され，使用されるようになってきている．

(3) 間歇的経管栄養法（intermittent oroesophageal catheterization）

患者の協力が得られる場合，食事のたびに口腔から胃へチューブを挿入し流動食を流入したのち，抜去を繰り返す方法が選択されることもある．胃へのカテーテル挿入は，トレーニングを行えば患者自身や家族などが行うことも可能である．この方法は，チューブの挿入時に嚥下を行うこととなり，間接訓練（indirect therapy）にもなる．

ii) 経静脈栄養法

中心静脈栄養

高カロリー栄養剤を，鎖骨下静脈などの中心静脈に点滴を行い，栄養投与を行う方法．これは，一般に点滴が行われる末梢静脈に高濃度ブドウ糖溶液を投与すると血管炎を起こしてしまい，生命維持に必要なカロリー量を投与できないためである．消化管粘膜萎縮の予防，感染症の減少，合併症の少なさ，低費用などの理由から，栄養投与の原則は，腸管が使用できるときは腸管を使用すること（経腸栄養）であり，適応がない場合を除き，胃瘻などに置き換わりつつある．

iii) 経口摂取への取組み

患者の状態にもよるが，経管栄養（tube feeding）に移行したのちも，並行して経口摂取への取組みを進めるべきである．もちろんQOLの観点から経口による栄養摂取が望ましいのが明らかであるが，たとえ1日1回ひとさじのゼリーのような楽しみ程度の食事（pleasure feeding）であっても，咽頭を使い続けることで機能が維持され，咽頭の衛生状態が改善されると考えられるからである．

胃瘻を主要な栄養摂取ルートとして使用して良好な栄養状態を確保し，そのうえで嚥下訓練を行って経口摂取への復帰を目指す，という計画はきわめて合理的である．特に最も嚥下障害患者の多い脳卒中の場合，急性期における摂食・嚥下障害の頻度は30〜40%であるが，経過とともに低下し，慢性期には10%以下に低下すると報告されており（才藤，千野，1991），経口摂取への復帰は十分可能性のある目標であるといえよう．しかしながら現状としては，いったん経口摂取をやめて経管栄養に移行した場合，経口へ復帰することはかなり難しい．この理由としては，患者を取り巻く医療・介護従事者の理解不足，過度な防衛医療，リハビリ職種の不足，適切な再評価の欠落，医療・介護保険制度上の問題など，さまざまなものがあると考えられる．

8) 摂食・嚥下の訓練方法

摂食・嚥下障害に対する訓練方法は，食べ物を使用しない間接訓練と，使用する直接訓練（direct therapy）との二つに大きく分けられる．

i) 間接訓練

間接訓練は食べ物を使わないため比較的安全とされており，急性期の重度患者から軽症患者に至るまで幅広い適応がある．しかしながら，無意味な訓練を漫然と行うことがないよう確実な評価が必要とされる．間接訓練の具体例としては，口唇・頬の伸展マッサージ，口腔・舌・頸部の可動域（range of motion：ROM）訓練，筋力負荷訓練，嚥下体操，アイスマッサージ（thermal stimulation），Mendelsohn手技，頭部挙上訓練（Shaker exercise），排痰法などがあるが，詳細は専門書を参照されたい（植松ほか，2005）．以下に，工学系研究者にとって関連が深いと考えられる例をあげる．

(1) 電気刺激療法（neuromuscular electrical stimulation）

頸部の舌骨周囲筋上の皮膚表面に刺激電極を貼付し，嚥下運動に必要な喉頭挙上（elevation of larynx）を誘発する方法．さまざまな機器・方法が考案されており，なかでもVitalStim^{TM}という機器を使用した方法においては，ランダム化比較試験において一定程度の有効性が示されている（Kiger et al., 2006）ものの，全体としては十分なデータが集まっているとはいえず，今後の研究が期待されている（Clark et al., 2009）．

(2) バルーン拡張法（balloon dilation therapy）

食道入口部開大不全の患者に対する治療方法として，主にわが国で独自に用いられている方法．14〜18 Frの膀胱留置用バルーンカテーテルをしぼませた

状態で経口（もしくは経鼻）的に食道に挿入し，バルーンを膨らませ，食道入口部から引き抜く．この手技を患者に覚えてもらい，原則として1日3回，1回につき20～30分，数カ月程度継続して訓練を行う（藤島ほか，1999）．

ii）直接訓練

直接訓練は食べ物を使う訓練であり，大きく段階的摂食訓練と嚥下代償法（compensatory swallowing strategies）の二つに分けられる．

（1）段階的摂食訓練

段階的摂食訓練とは，嚥下の難易度を6段階で示した指標，嚥下食ピラミッド（dysphagia diets pyramid）に従って，一口のゼリー（jerry）からスタートし，食形態（food consistency）と食事方法，食事量を徐々にアップしていく方法をいう．この指標は，静岡県にある聖隷三方原病院の金谷節子らが，1988年頃より基準化を進め，視覚的にわかりやすい形態として，2004年の日本摂食・嚥下リハビリテーション学会教育講演で提唱されたものであり，参考図書を参照されたい（栢下ほか，2008）．

（2）嚥下代償法

嚥下造影検査などで「なんらかの工夫をすれば安全に食べられる」と判断された場合の，「なんらかの工夫」に当たるものを嚥下代償法と呼ぶ．具体的には，リクライニング，頸部前屈，頸部回旋，うなずき嚥下，effortful swallow，複数回嚥下・交互嚥下，嚥下後の発声・咳払い，息こらえ嚥下などがあげられるが，詳しくは専門書・参考文献を参照されたい（藤島ほか，2009）．ケースによっては，舌接触補助装置（PAP），および軟口蓋挙上装置（前述）などの歯科補綴治療が有効であることも多い．

以下，舌接触補助装置について述べる．舌がん術後などで舌のボリュームが足らない場合や，脳卒中後遺症で舌の動きが悪い場合，舌を口蓋に接触させることができず，咀嚼障害や，咽頭への送り込み障害，また構音障害が発生する．これを改善するため，上顎に義歯の口蓋部分の厚さを増した装置「舌接触補助装置」を装着して，舌が口蓋に接触しやすくすることで，これらの障害の改善を図る（植松ほか，2009）．

（3）嚥下食（dysphagia diet）

嚥下食とは，嚥下障害患者が安全に経口摂取を行うことができるように調整された食べ物や食事のことを指す．1985年頃より静岡県の聖隷三方原病院で患者への提供が始まったとされ，その実績をもとに6段階のレベルで構成される嚥下食ピラミッドが提唱され，段階的摂食訓練の指標としてわが国において広く用いられている．これとは別に，日本介護食品協議会が提唱する「ユニバーサルデザインフード」の表示区分があり，主に噛む力に注目した4段階の区分と，とろみ調整食の区分がなされている．また嚥下障害患者向けの食事は「介護食」「ソフト食」「ムース食」「サポート食」などの名称でも呼ばれており，統一した規格は決定されていない．

従来，要介護高齢者には，キザミ食（diced food）やミキサー食（pureed food）が画一的に提供されることが多かったが，キザミ食は咽頭でバラけやすく誤嚥のリスクが高い，ミキサー食は患者の食欲を削いでしまうなど，問題が多かった．近年，摂食・嚥下障害の病態が明らかになるにつれて，患者個々の状態に応じた，きめ細かい食形態の対応が求められるようになってきた．以下に，嚥下食として用いられる代表的なものをあげる．

①トロミ剤（thickener）　**トロミ剤**とは，主に液体（liquid）にトロミをつける材料を指す．最も誤嚥しやすい食形態は液体である．これは咽頭において，液体の落下速度に嚥下反射が間に合わず，喉頭蓋による喉頭閉鎖が十分に行われる前に，喉頭侵入が起こってしまうためである．このことを改善するため，液体にゲル化剤によってトロミをつけることで咽頭における落下速度を遅め，嚥下反射が惹起されるまでの時間稼ぎを行うことによって誤嚥を防ぐ取組みが広く行われている．またトロミをつけることによって液体が一塊となって咽頭を通過するため，水滴が咽頭に飛び散って喉頭侵入してしまうことの予防にもつながる．注意すべき点は，トロミのつけすぎによって，液体の咽頭残留を引き起こしてしまい，逆に誤嚥の危険を増してしまっているケースが散見されることである．特に誤嚥の危険性が高い患者については，嚥下内視鏡検査などによって患者個々の適正トロミ量を見つけだすことが重要である．

従来のトロミ剤は，食品の味を変えてしまう，温度によって硬さが変わる，牛乳などでは固まりにくい，など問題が多かったが，ここ数年，参入する業者が増え開発競争が進み，大幅に改良がなされてきた．

②ゼリー　**ゼリー**とは，誤嚥の危険因子である咽頭残留を少なくし，また食物が咽頭でバラけることを

抑えることを目的として用いられる食品である．嚥下食ピラミッドの最も低いレベルL0は，ゼリーを使用して直接訓練を開始することとなっていることからもわかるように，ゼリーは咽頭に付着しにくく安全性が高い食品とされている．また甘味としてのゼリーだけでなく煮こごりなど，おかずとして食べることが可能な食品もあり，患者の食欲の観点からも有用である．ただし，ゼリーの原料となるゼラチンは温かい食べ物には使用することができず，また体温近くになると離水を起こしてしまい，それが誤嚥につながってしまうなどの欠点がある．この欠点を補うべく，寒天やゲル化剤を使用してゼラチンのような物性を保ちつつ，高温でも融解・離水しないゼリーやその粉末が開発され使用されるようになっている（横山ほか，2005）．

また近年，患者の食欲増進やQOLの観点から，もともとのおかずの形に模した嚥下食の提供が進められている．具体的には，食パン，いなりずし，たくあん，サバの煮つけ，ブロッコリーなど，従来では考えられなかったような食材がもとの形を残したままであるにもかかわらず，舌の力だけでつぶせ，かつバラけることなく一塊として咽頭で嚥下できるよう工夫して調理，販売されているものがある．また在宅療養において役立つようにさまざまな調理方法が考案され，レシピ集の形で販売されている（藤谷ほか，2002）．

9）摂食・嚥下障害の今後の課題

摂食・嚥下障害は，命に直結する重大な医学的問題であると同時に，毎日の食事というきわめて日常的な問題でもある．さらに，重度認知症やターミナル期の患者などに対する強制栄養法の適応など生命倫理の問題，さらには医療経済の問題といったものも包含する．

摂食・嚥下障害に対する対応は，医科・歯科・看護・言語聴覚・リハビリ・栄養などの各職種によるチーム医療を進めるだけではなく，患者の介護に携わる者，さらに調理師や料理研究家といった嚥下食の開発にかかわる職種など，裾野の広い協力体制の構築が必要である．もちろん，毎日の食事をともにする家族の協力と，彼らに対するサポートは，きわめて重要である．

健康福祉工学にかかわる研究者には，これらの医学と生活にまたがる（時によっては二律背反してしまうかもしれない）問題の解決に向けて，積極的な関与が求められているといえる．

〔隅田由香・猪原　健・谷口　尚〕

文　献

Clark, H., et al.（2009）：Evidence-based systematic review：Effects of neuromuscular electrical stimulation on swallowing and neural activation. *Am. J. Speech Lang Pathol.*, **18**：361-375.
廣瀬　肇（1998）：音声障害の臨床，pp. 9-12，インテルナ出版．
藤本啓子（2009）：胃瘻造設を巡って－TO PEG OR NOT TO PEG－．医療・生命と倫理・社会，**8**：56-73.
藤島一郎ほか（1999）：輪状咽頭嚥下障害に対するバルーンカテーテル訓練法　4種類のバルーン法と臨床成績．耳鼻と臨床，**45**：147-151.
藤島一郎ほか（2009）：訓練法のまとめ．摂食・嚥下リハ学会誌，**13**：31-49.
藤谷順子ほか（2002）：嚥下障害食のつくり方，日本医療企画．
Groher, M.E., Bukatman, R.（1986）：The presence of swallowing disorders in two teaching hospitals. *Dysphagia*, **1**：3-6.
栢下　淳ほか（2008）：嚥下食ピラミッドによるレベル別市販食品250．医歯薬出版．
Kiger, M., et al.（2006）：Dysphagia management：An analysis of patient outcomes using VitalStim^{TM} therapy compared to traditional swallow therapy. *Dysphagia*, **21**：243-253.
Kikuchi, R., et al.（1994）：High incidence of silent aspiration in elderly patients with community-acquired pneumonia. *Am. J. Respir. Crit. Care Med.*, **150**：251-253.
松村譲兒（2011）：イラスト解培学，改訂7版，中外医学社．
小口和代ほか（2000）：機能的嚥下障害スクリーニングテスト「反復唾液嚥下テスト」（the Repetitive Saliva Swallowing Test：RSST）の検討．（1）正常値の検討．リハ医学，**37**：375-382.
才藤栄一，千野直一（1991）：脳血管障害による嚥下障害のリハビリテーション．総合リハ，**19**：611-615.
田口恒夫（1967）言語障害治療学，医学書院．
舘村　卓ほか（1998）：軟口蓋挙上装置による脳卒中症例における鼻咽腔閉鎖機能の改善　鼻咽腔内視鏡所見及び口蓋帆挙筋筋電図による検討．音声言語医学，**39**：16-23.
Takahashi, K., et al.（1994）：Methodology for detecting swallowing sounds. *Dysphagia*, **9**：54-62.
寺本信嗣（2009）：誤嚥性肺炎の病態と治療．呼吸器ケア，**7**：148-152.
戸原　玄ほか（2002）：Videofluorographyを用いない摂食・嚥下障害評価フローチャート．摂食・嚥下リハ学会誌，**6**：196-206.
植松　宏ほか（2005）：セミナー わかる！ 摂食・嚥下リハビリテーション1巻評価法と対処法．医歯薬出版．
植松　宏ほか（2009）：舌接触補助床（PAP）のガイドライン（案）．老年歯科医学，**24**：104-116.
若杉葉子ほか（2008）：不顕性誤嚥のスクリーニング検査における咳テストの有用性に関する検討．摂食・嚥下リハ学会誌，**12**：109-117.
若林秀隆（2010）：リハビリテーションと栄養．PT・OT・STのためのリハビリテーション栄養－栄養ケアがリハを変える－，pp. 2-6，医歯薬出版．
横山通夫ほか（2005）：摂食・嚥下障害者用ゼリーの開発　直接訓練における試用．摂食・嚥下リハ学会誌，**9**：186-194.

1.8.2 言語系（失語症など）

a. コミュニケーション障害と失語症

ことばは人間社会において感情や意志あるいは情報伝達などになくてはならないものである．また個人においてはことばの機能が障害されると話すこと，聴くことが不自由になるだけではなく，思考や認知，情動の調整などにも多くの影響を受ける．そのため**コミュニケーション障害**になると日常生活はもとより教育，就労といった多くの場面において大きな制約を受けることとなる．また，コミュニケーション障害は外見のみからは障害の重篤さや，障害による本人の不自由さを理解することは難しいという特徴がある．一方，障害のある本人は心理的に孤立的状況に陥りやすく，かつ自らそのような状況を他者に伝えること自体が困難である．そのため周囲の十分な理解とコミュニケーション上の配慮が必要である．

コミュニケーション障害は図1.8.3のように，①入力の障害（聴覚障害），②言語機能（言語情報の処理）の障害，③出力（発声・発話）の障害の三つの過程に分けられる．

1) 入力（聴覚）の障害

耳の聴こえが悪いと，ことばの情報や社会音，自然の音などが大きく制限されさまざまな障害が生じる．たとえば人との会話がうまく成り立たない，駅のアナウンスが聴こえない，車の音が聞こえないなど生活上の不便あるいは危険が生じやすい．

聴覚障害は単に「聞こえない」と理解されがちであるが，ささやき声が聞き取れない軽度難聴から耳元での大きな声や日常の大半の音が聞こえない重度難聴まで障害の幅は広い．また障害となった時期により，先天的障害の場合は単に聞こえの問題にとどまらず，ことばの獲得の問題，教育の問題にも影響を及ぼす．中途失聴の場合にはきこえの問題に加え，聴覚的情報の不足，仕事上の問題など生活の広汎な部分に問題を生じ，重症度と障害を受けた時期によって必要となる対策も幅広い．

2) 言語記号の符号化・解読（言語機能）の問題

言語機能は生後数年間かけて獲得される．獲得された言語機能に関する大脳の構造がなんらかの器質的障害によって損傷されると，ことばは聞こえても意味が理解できなかったり，言いたいことをことばで表現できなくなったりするなど「記号」としてのことばの操作が困難となる．このような状態の代表的障害に失語症（aphasia）がある．

また生まれつきことばの機能の獲得が困難な場合は**言語発達遅滞**と呼ばれる．

3) 出力（発声・発語）の問題

発声や発話のための身体の構造や機能が障害されると，思うように声が出なかったり，発音が不明瞭となったり発話のリズムや抑揚がくるうなどして聞き取りにくい構音（発音のこと，以下構音という）障害が引き

図1.8.3 コミュニケーション障害の3つの過程

起こされる．大脳の損傷によって発語器官の神経や筋に障害を生じる**運動障害性構音障害**（dysarthria）や舌がんなどによる舌切除後の構音障害，脳性麻痺や口蓋裂などによる障害が含まれる．

また，小児期にみられる構音だけの誤り（**機能性構音障害**と呼ばれる）や**吃音**（どもり）なども発話の障害の一つといえる．

コミュニケーションの三つの過程について述べたが，これらの問題が重複して生じることもありうる．

また，実際の日常的コミュニケーションにはこのような「ことば」の機能以外に，他者とやりとりをする態度，注意力や記憶，表情やしぐさなどの非言語的機能や手段などの要素が大きく関与する．そのため認知症や意識障害などのように言語機能自体は保たれていても，全般的精神機能に問題が生ずるとコミュニケーションがうまくとれない場合もあり注意が必要である．

b. 失語症の原因と症状

1) 失語症とは

失語症は，いったん獲得されたことばの機能が大脳の器質的損傷によって後天的に障害された状態をいう．原因としては脳血管障害や交通事故などによる脳外傷，脳腫瘍，変性疾患などによるものがある．

失語症で障害されるのは考えたことを「ことば」にする，あるいは聞いた「ことば」の意味を解釈することであり，聴力障害のためにことばが聞き取れずに理解できない，あるいは記憶障害のように体験，見聞きしたこと自体の記銘や想起が困難な状態とは異なる．

また，失語症は一般的には「話せない」状態を想像しがちであるが，実際には聞くこと，話すこと，読むこと，書くことの言語のすべての**モダリティー**（様式）が多かれ少なかれ障害されている状態をいう．また，失語症者の多くは数概念は保たれるが，そのほとんどが計算能力の低下をみる．

重度の失語症では意味のある発話はほとんどできず，言われたことばの意味理解においては単語レベルでも困難で，ことばによる意図伝達がほとんど困難となる．一方，軽度であれば日常的場面では他者に失語症とは気づかれない程度の場合もあるが，会社の書類を読んだり作成したりといった作業や職場での会議，商談など複雑な言語処理では困難となるなど障害の様相は広い．

2) 失語症の症状

失語症では「聞く，話す，書く，読む」の各側面においてさまざまな症状がみられる．ここでは失語症にみられる主な特徴的言語症状について述べる．

i) 話すこと

(1) 喚語困難

図1.8.4のように言いたいことのイメージは頭のなかにあるが「ことば」が出にくい状態をいう．誰でも起きる現象ではあるが，失語症の場合には日常会話も困る程度の頻度で出現する．すぐには出ないがしばらく待つと出たり，比較的軽度の失語症者では目的語が出ないときに「こうやって吸うもの」（タバコ）のように説明的にいうことも多い（迂回操作，**迂言**と呼ばれる）．

(2) 錯語

図1.8.5のように目的のことばを言おうとしたときに目的語以外のことばや音が出てしまう状態をいう．

「つくえを拭く」→「いすを拭く」のように語全体が他の語に置き換わる場合を**語性錯語**（verbal paraphasia）といい，比較的意味の近いことばに置き

図1.8.4 喚語困難（ことばが出にくい）

図 1.8.5 錯語（目的語以外のことばや音が出てしまう）

換わることが多い．「つくえ」→「つくめ」のようにもとの語が特定できる程度の音の置き換えによる誤りを**字性錯語**（literal paraphasia）という．これらの錯語が頻発して発話の内容が推定できないような場合を**ジャルゴン**（jargon）という．ジャルゴンでも（車に乗って親子がドライブをしている）絵をみて，「おんなん子を こう，運転に乗せて，おかあさんに，こどもの学校ですが，おとうさんと帰るんです」のように日本語としては聞き取れるが意味の伝わらない場合と，（おかあさんが台所でさかなを焼いている）絵をみて，「これはオバクレトレて，あのね，タンカラて，こう，カ，カラゲてる」のように日本語の語として推測できないほど音の変化が大きい場合とがある．

　(3) **常同言語**

発話自体がほとんどないような重度失語症者の場合で，何か言おうとしたときに同じ音だけが発話されることをいう．「あー，どうもね」とか，「カラ，カラ」のように意味のあることばと意味のない音の表出の場合がみられる．

　(4) **発話の流暢性**

失語症者の発話には，内容の正誤は別にして発話の速度・抑揚などは一般の人とあまり変わらないなめらかな発話を特徴とする流暢なタイプと，発話がたどたどしく，ことばが出にくいという印象を受ける非流暢な発話を特徴とするタイプがある．これは大脳の主な病巣が中心溝より後方にあるのか，前方にあるのかという違いからみられるものであり，後述する失語症のタイプの判断や，対応する際の大切なポイントとなる．

　ii) 聴くこと

失語症では次のような障害要素のために聞いて理解することが困難となり，重度例では単語の理解も困難，軽度例では日常会話程度は困らないが複雑な内容や多くの言語情報の理解が困難な程度まで障害の様相は幅広い．

　(1) **語音弁別の障害**

流暢性タイプにみられるもので，言語音の認識が困難なため正しく音を聞き取れないので，結果として復唱も困難となり，ことばの意味理解も困難となる．

　(2) **意味理解の障害**

言語音は正しく聞き取れるが，聞き取ったことばと意味とが結びつかない状態である．そのため失語症者によっては，相手のことばを正しく復唱しながらも別の単語の意味に誤る場合もある．

　(3) **文理解の障害**

文は短いものから長い文，または同じ長さでも文構造の違い（受身文や助詞の複雑さなど）によっても難易度は異なる．失語症では一般に短い文より長い文，平易な文より複雑な文構造をもつ内容が理解しにくい．

　(4) **聴覚的把持力の低下**

失語症に限った障害とはいえないが，連続して言われた単語や数詞をどれだけ把持（短期記憶）できるかという能力の問題である．成人では一般に7単位（±2単位）が可能といわれているが，失語症者では低下がみられることがほとんどで，聴覚的理解の低下の一因となる．

　iii) 書くこと

書くことは基本的には脳内の話し言葉の音韻が基礎となる．そのため模写などの能力は別として話す力に相応した書字能力がみられることが多い．失語症のタイプにもよるが，漢字よりも仮名の書字が困難となりやすく，「ひこうき」→「ひろき」などの錯書となることも多い．

iv) 読むこと

失語症のタイプによっては音読と読解の能力に差がみられることもあり，ブローカ失語や伝導失語では音読は困難でも，文字をみて意味をとる読解は可能となりやすい．また音読においても音のひずみが出たり，プロソディーに異常がみられたりする．

失語症全般においては，字形で意味を汲み取りやすい漢字のほうが仮名だけよりも読解はしやすい．

c. 失語症のタイプ

失語症は既述のように言語の「話す」「聞く」「読む」「書く」四つの側面に障害がみられるが，各側面の障害の程度によってさまざまな症状がみられ，特徴的な症状によっていくつかのタイプに分類される（表1.8.2）．

代表的な分類と主な特徴は次のとおりである．

1) 失名詞失語（anomic aphasia）

健忘失語とも呼ばれる．言語の各側面において比較的軽度の障害で，発話も流暢であるが主症状として喚語困難がみられる．重症度では軽度障害がほとんどで，日常場面ではあまり障害として気づかれにくい場合もある．

2) ブローカ失語（Broca's aphasia）

運動性失語とも呼ばれる．重症度は軽度～重度にわたり症状は多彩であるが，発話面に比べると理解面が良好である．また，発話は発話失行を伴うことも多く非流暢であり，たどたどしい話し方で発話の量も減少することが特徴的である．

文字に関しては仮名文字の操作が障害されることが多く，読解，書字ともに漢字に比べると仮名文字の障害が重い．

3) ウェルニッケ失語（Wernicke's aphasia）

感覚性失語とも呼ばれる．発話は滑らかで発話量も健常者と同じくらいか，時に多弁となることもあるが，喚語困難に加えて錯語（語性，字性錯語とも）も多く，重度の場合にはジャーゴンとなる場合もある．そのような発話に比しても理解面はより重度の場合が多く，単語レベルでも困難な場合もある．理解面が不十分でありながら発話量は多く内容の少ない発話のため会話はなかなか成立せず，耳が悪い，あるいはおかしな人と思われやすいタイプといえる．

4) 伝導失語（conduction aphasia）

感覚言語中枢から運動言語中枢への伝導路の障害でみられるタイプとされている．そのため，聞いたことばをそのまま復唱することが重篤に障害される「復唱」の障害が特徴的である．聴理解，読解は日常場面ではあまり困らない程度に保たれる．発話面では発話自体は流暢であるが音韻性錯語が多く，かつ自分で誤りを修正しようとして音を探すため発話全体は途切れがちとなる．書字では仮名文字の障害が顕著で「たまご」→「たなこ」などの錯書が多くみられる．

5) 全失語（global aphasia）

聞く，読む，話す，書くすべての言語様式に重度の障害がある場合をいう．聞くことは単語でも困難なことが多く，日常会話での理解も難しい．読む側面では，音読はできないが特に漢字単語ではわかる場合もある．話す側面は発話量が顕著に少なく，有意味な発話はほとんどみられない．まれに挨拶語や有意味語が表出されることもあるが，その単語がいつでも表出できるわけではない．時には本人が発話しようとすると「おー，そうね」など決まりきったことばが表出される常同言語となることもある．書字は単語の表出も困難となる場合が多く，写字自体ができない場合もある．

失語症のタイプについてはさまざまな分類法が提唱されているが，ここでは基本的な分類のみにとどめた．

表 1.8.2 失語症タイプによることばの症状

	聴理解	復唱	自発話	読む	書く
失名詞失語	良好～軽度	良好	障害あり	良好	障害あり
伝導失語	良好～軽度	障害顕著	障害あり	良好～障害あり	障害あり
ウェルニッケ失語	中～重度	障害あり	障害あり	障害あり	障害あり
ブローカ失語	良好～中度	障害あり	障害あり	良好～障害あり	障害あり
全失語	重度障害	重度障害	重度障害	重度障害	重度障害

実際の臨床場面ではこれらの典型的なタイプ分類に当てはまらない場合も少なくない．大切なことはタイプ分類にこだわるよりも個々のケースの特徴をよく理解して接していくことである．

d． 失語症との鑑別が必要な障害

失語症は次のような障害と混同されることがある．障害によってコミュニケーションをとる際の注意点やコミュニケーションのとり方が変わるので鑑別は重要である．

1） 運動障害性構音障害（dysarthria）

いわゆる発話の障害でろれつがまわらないという状態である．神経および筋系の病変により発声発語器官に筋緊張の異常，筋力および運動速度の低下，協調運動の障害が生じることで発話が不明瞭となった状態をいう．呼吸や発声，構音や話し方全体に症状は及ぶが，損傷の原因によって様態はさまざまである．

発話自体の障害のため，話したい内容や相手の言っていることの理解，文字の読み書きは正常に保たれる．そのため失語症との違いは理解力が保たれている点，あるいは話しことばが不明瞭でも書いて表現できることである．

2） 認知症（dementia）

認知症は脳の器質性の病変によっていったん獲得された知能が持続的に低下して，日常生活においてさまざまな支障をきたす状態と定義される．いわゆる物が覚えられない，思い出せないという記憶障害を始め，時間や場所などの見当識障害，判断力の障害，抽象的思考の障害，さらには性格の変化などを中核症状として徐々に憎悪していくのが一般的である．その結果一人では日常生活や日常的行動に問題を生じてしまうこととなる．

認知症においても健忘のためにことばが出にくくなったり，文字が書けなくなったり，あるいは判断力などの低下のために言われた内容を正しく理解できなかったりといった，一見ことばの理解や表出が困難な状態を呈する．そのため失語症と間違われやすい．

鑑別のポイントは，認知症では全般的に認知機能が低下するため非言語性の検査や日常での行動の判断なども低下する．一方，失語症者は一般的には非言語性の検査の成績や状況の判断力は比較的保たれることが多い．

3） 発語失行（apraxia of speech）

純粋語啞，失構音とも呼ばれる．脳損傷の結果起こる構音や発話時のプロソディーの障害である．あいさつなどの自動的発話は比較的なめらかであるが，目的的に話そうとした場合に目的音の探索的構音となり，ぎこちない発話となる．音の誤りには一貫性がなく，同じことばでも発話のたびに異なる音に誤ったりする．発話全体も単調な話し方となり，発話速度の低下，発話開始時の探索的遅延，音のつながりがぎこちないなど全体のプロソディーにも障害がみられる．運動障害性構音障害のように発声発語器官の筋力低下や筋緊張の異常，協調運動の障害とは異なり，発話運動を実行するまでの運動過程における発語筋の構えや音の順序立てのプログラミングに障害があるとされている．また，発語失行は純粋に発語失行としてもみられるが，ブローカ失語に合併する場合が多い．純粋例として生じた場合は，発話面以外の理解や書字の能力は保たれる．

失語症と間違われやすい障害について述べた．これらのうち発語失行はブローカ失語に合併することが多いことはすでに述べたが，運動障害性構音障害や認知症においても失語症と合併することもある．また，このほかに意識障害においても失語症のような言語機能面での低下がみられるので注意が必要となる．

e． 失語症者とコミュニケーションをとる際の注意点と工夫

失語症者とコミュニケーションをとる際には，いくつかの注意点とコミュニケーションの工夫が必要となる．

（1） 子ども扱いは避ける

ことばが不自由になると周囲の人は自然と保護的態度になりやすく，無意識に子ども扱いしてしまうことが多い．知的機能の低下ではないため，そのような態度は失語症者の自尊心を傷つけてしまうので注意が必要である．

（2） 耳が聞こえないのではない

話していて理解していないようだとついつい大声で

の会話になりがちである．失語症者は耳が聞こえなくて理解できないのではなく，聞こえてはいても内容が理解できないのであり，大声で話されると叱られているような不快な思いをさせることになりかねない．

(3) 書字，五十音表は困難

失語症者が話すことが不自由だとみると，文字で書いてもらう，あるいは五十音表を指差してもらうことをしがちである．しかし失語症は思っていることを言語の音韻に符号化することの障害であるため，字を書く，文字を配列して単語を合成することが最も困難なことの一つである．

(4) ことばの理解力と状況理解力を混同しない

失語症者はことばの理解が困難であっても，基本的に状況の理解，判断力は保たれている．特に日常生活ではことば以外の時間，場所，人，物，さらには話しかける人の表情，発話の抑揚などから多くの情報が入る．失語症者はそのような情報を駆使して理解・判断している．そのため周囲の人は失語症者は話せないだけで理解はできていると考えがちであり，失語症に対する誤った理解となりやすいので注意が必要である．

(5) コミュニケーション意欲は高い

ことばによるコミュニケーションはうまくとれなくても，失語症者はコミュニケーション意欲がないわけではない．むしろうまく理解・表現できないぶん，伝えたい思いはたまっていることもある．われわれは上手くコミュニケーションがとれない，あるいはとりにくいと自然とコミュニケーションの機会自体が減少しがちである．周囲の者がその思いを汲み，音声言語以外の手段（表情，ジェスチャー，実物や絵・写真などの呈示，筆談）も工夫して積極的にコミュニケーションをとる努力と工夫が必要である．

(6) ゆっくりとした会話速度で話しかける

失語症者は言いたいことばを捜したり，聞いたり見たりしたことばの意味を理解するのに時間がかかる．ゆっくりと話しかけ，相手の発話も待つ配慮が大切である．

(7) 短く確認をとりながら話す

長い話しかけは失語症者には困難度は高くなる．句と句の合間を区切り，短めに，相手の目，表情をみな

図1.8.6 会話ノート

がら話す．時には漢字単語などを書いて確認しながら話すとよい．

(8) 視線，表情，ジェスチャーなどことば以外の手段も用いる

失語症者はことばの理解や表出は困難でも，ことば以外の機能は保たれることが多く，ことば以外の手段を用いることで助けとなりやすい．

文字を利用するのであれば，聞き手側が漢字や仮名の単語で呈示して，そのなかから選択してもらうか，yes-noの反応で答えてもらうことで比較的正確な情報が伝わりやすくなる．また図1.8.6のような会話ノート（日常必要な物，人，場所などを文字，写真，絵などにまとめたもの）を会話の補助に用いると表出・理解の助けとなりやすい．

失語症者と接する際の留意点と接し方について簡単に述べた．失語症者にとっては言語の機能回復のための訓練も必要ではあるが，何よりも日々の生活のなかで家族を始め周囲の理解と相互の会話の工夫によって豊かなコミュニケーションを継続していくことが必要である．
〔渋屋康則〕

文　献

石川裕治ほか (2000)：失語症（言語聴覚療法シリーズ4），建帛社．
加藤正弘，小嶋知幸 (2006)：失語症のすべてがわかる本（健康ライブラリー，イラスト版），講談社．
毛束真知子 (2002)：絵でわかる言語障害，学研メディカル秀潤社．
佐野洋子，加藤正弘 (1998)：脳が言葉を取り戻すとき 失語症のカルテから，日本放送出版協会．
山鳥　重 (1998)：ヒトはなぜことばを使えるか 脳と心のふしぎ（講談社現代新書），講談社．

1.9 認知系／神経系

1.9.1 認知情報処理

人間が適切な行動を行うために，まずは自身の周囲の世界を適切に認知することが必要となる．たとえば，視覚による認知を考える．人間が一度にみることができる範囲には制限があるので，時々刻々と変化する周囲の環境のうち重要なものを選択し，視線・注意を向けて，そこに存在するモノ・状況を適時認知しなければならない．また，認知した情報は認知情報処理システム内で徐々に消失するため，必要に応じそれらの情報を保持しなければならない．ここでは，このような視覚における基本的な認知情報処理について解説する．

a. 有効視野

人間の視野は，一般に水平方向は180°，垂直方向には150°近くの広がりを有している．これは，何もない背景上に光点が一つあった場合に，その光点が検出できる範囲に相当する．しかしながら，多くの場合，視野の中心付近の限られた範囲の情報のみが利用されている．特定の視覚的な作業に利用できる視野の範囲のことを**有効視野**と呼ぶ．有効視野の範囲は，その情報の目立ちやすさとその情報量（抽出すべき情報の量）に依存する．視野内のノイズが増えれば有効視野は狭くなる．また，より詳細な情報を抽出しようとしても有効視野は狭くなる．さらには，副次的な課題を課すことでも有効視野は狭くなる．

有効視野に関しては，高齢運転者の事故発生率との関係が報告されている．高齢運転者の事故率との相関を調べた研究によると，事故発生率に対しては，眼の健康度（白内障などの既往歴）や遠・近点視力といった基本的な視機能よりも，有効視野の大きさの個人差が高齢者における交通事故の発生率を最もよく説明できる．

b. 物体認知

視覚システムは網膜に投影された二次元情報に基づいて，外界に存在する三次元物体の認知をも行っている．紙面に書かれた文字などの二次元パターンとは違い，三次元物体ではみる方向が変わると網膜に投影される二次元像が大きく異なる．たとえば，コップを斜め上方からみる形状は日常場面で接する頻度が高く，また，コップの特徴を過不足なく含んでいる典型的な「見え」（canoncial view, Palmer et al., 1981）である．対して，コップを真下あるいは真上からみる形状は接する頻度が低く，またコップの特徴の一部がみえない．このような特殊な「見え」（accidental view）を提示されたときには，物体の認知に時間を要するなど困難になることが知られている．このように，どの方向から物体をみるかによって，認知のしやすさは大きく異なる．

c. 顔認知

顔も物体の一種といえるが，顔は物体とは異なる処理が行われていること，顔が持つ社会的な意味から被験者の社会的な特性がその認知に影響することなどが明らかになっている．物体認知では，先述のとおり，特徴の一部が見えないような特殊な見えの場合にその認知が困難になる．しかし，**顔認知**ではすべての特徴が見えていても，その認知のしやすさに変化がみられる．たとえば，顔を通常の向きでみるときと逆さまでみるときとでは，いずれも顔を正面方向から観察し見えている特徴は共通であるにもかかわらず，後者で認知成績が大きく低下する（**顔倒立効果**）．

また，社会的なコミュニケーションが困難になる自閉症者では，顔による個人の同定や弁別（Boucher, Lewis, 1992 ; de Gelder et al., 1991 ; Klin et al., 1999），表情の弁別（Castelli, 2005 ; Celani et al., 1999 ; Gross, 2004）の成績が低く，顔のどの部分に視線を向けるかが定型発達者とは異なること（Pelphrey et al., 2002）

が知られる．われわれは日常生活において，顔によって特定の友人を発見し何気ない会話を開始し，友人の笑顔をみることによりその内的感情状態を推察し，友人の目線方向を確認することでその興味の対象を知る，というように，ごく自然に社会的な情報処理を行っている．自閉症ではこのような顔に関連した社会的情報処理が困難であることが，他者とのスムーズな社会的インタラクションを困難にしているといえよう．

d. 空間処理における大域優先効果

物体や顔に含まれる視覚情報は一様に処理されているのではない．たとえば，小さな文字で構成された大きな文字が提示され（図 1.9.1），小さな文字あるいは大きな文字をできるだけ速く答えるように要求されるとき，小さな文字を答えるときには大きな文字を答えるときよりも反応時間が長くなることが知られ，大きな文字を自動的，優先的に処理する特性（**大域優先効果**）があると考えられている（Navon, 1977）．

```
S     S
S     S
SSSSSS
S     S
S     S
```

図 1.9.1 小さな文字 S で大きな文字 H が構成される
被験者は大きな文字，あるいは小さな文字を答えるように求められる．

e. 顔認知と空間周波数

また，顔認知では，たとえば，個人弁別課題において 10 cycle/face の**空間周波数帯**を利用している（Gold et al., 1999）ことが明らかとなっている．前項の大域優先効果とは異なり，顔認知において利用される空間周波数帯は，求められている課題を遂行するのに一番適したものであると考えられる（Gold et al., 1999）．自閉症者では，最適空間周波数よりも高い空間周波数情報を用いて個人を同定したり（Deruelle et al., 2004；Kätsyri et al., 2008），このように非最適情報を用いることが，顔認知における低いパフォーマンスの一因と考えられる．

f. 注意

われわれは膨大な外界の情報をすべて処理しているわけではない．実際には，そのごく一部をそのときどきの行動の目的に合わせて抽出している．そのような情報の選択メカニズムを**注意**と呼んでいる．行動の目的に合った情報が抽出できないような場合には，さまざまな困難が生じる．

ここでは注意がどのように働くかを，視覚を例に解説する．視覚における注意は，スポットライトのようなものと考えられている．視野内に目立つ対象があるとそこに注意が向く．このような注意は，観察者の意図とは関係なく生起する．観察者の意図とは無関係に生起するボトムアップ制御の自動的な注意の移動のことを，**注意の捕捉**（attentional capture）と呼ぶ．注意の捕捉は，特段の注意の構えがない事態でも，視野内にある目立つ対象に注意を向ける働きを担う．このような刺激駆動型の注意の移動は危険な事態の発見などに有用である一方，目立つネオンサインなどに不随意的に注意が向いてしまうなどの行動も誘発する．

これまでどのような刺激属性が注意の移動を刺激駆動的に誘発するかに関して，さまざまな研究が行われてきている．たとえば，周りと色が異なる対象には注意が捕捉される．そのほか，明るさや動きなども注意移動を誘発する手がかりとなる．また，突然，目の前に物体が出現しても注意の移動が誘発される．このような物理的な属性による注意の移動は，周囲の物体との特徴属性に関する顕著性に依存すると考えられている．

物理的属性に加えて，生物学的な意義を持つ情報によっても刺激駆動的な注意の移動が生起する．その代表的なものが，他者の視線方向や顔の向きである．他者の視線方向につられて自動的な注意の移動が誘発される．これらの背景には，他者と興味の対象を共有するという生体に備わったメカニズムがあると考えられている．他者と同じように注意を移動させるという意味で「**共同注意**（joint attention）」と呼ばれている．他者の顔の向きでも同様の注意の移動が生起する．

g. 注意の加齢，発達，障害

注意機能の低下によって特定の情報の選択や注意状態の持続が困難になる．まず，加齢によって注意の機能が低下することが知られている．特に，高齢者では複雑な環境からの情報の探索が困難になること，現在の課題には無関係な目立つ対象からの妨害効果を排除することが難しくなること，また，副次的な課題を遂行しながら注意課題を遂行するという二重課題状況で注意課題の成績が低下することなどが知られている．これらの背景には，課題に関連しないノイズの抑制が困難になる，情報処理に必要な処理資源が減少する，また，複数の課題の間での柔軟な情報処理システムの切替えが困難になることなどが考えられている．

発達障害でも注意機能に影響を及ぼす例が知られている．自閉症児（者）では上述した共同注意が困難であることが報告されている．高機能の自閉症者では，他者の視線に対して自動的な注意の移動は生起しない．ボトムアップの注意移動の手がかりとして他者の視線を利用することはできない．しかし，あらかじめ他者の視線の方向に注意をするようにという教示を与えておけば可能である．すなわち，トップダウンの注意移動の手がかりとして視線方向を利用することはできる．

脳梗塞などの脳損傷の後遺症でも注意障害が生じる．典型的なものは，半側空間無視で，主に右半球の損傷によって起き，左半分の視野に提示された情報を見落とすなどの症状がみられる．半側空間無視の症状は視野の欠損とは異なる．左側に注意を向けるように促すと注意することはできる．このことから，自発的に左側の視野に注意を向けることが困難になることが主なメカニズムであると考えられている．

h. 認知課題の負荷と高齢者の日常生活

われわれはある程度の難易度であれば二つ以上の課題を同時に遂行することができる．たとえば，会話をしながら歩くという状況であれば，会話をするという課題と歩くという課題を同時に遂行していることになる．二重課題の難易度は，それぞれの課題に対する熟練度によって決まる．歩くあるいは母語で会話をするという事態は，習いたての踊りをしながらなれない外国語で会話をするという事態に比べればはるかに容易である．

しかしながら，高齢者では，歩行や運動課題など，身体的な課題でかつ十分に訓練されたものであっても，副次課題によって妨害を受ける．高齢者に比較的難易度の高い認知課題を課しながら，歩行を計測した研究では，認知課題を課すと，高齢者では歩行速度が不安定になることが報告されている (Hollman et al., 2007)．高齢者にとっては，認知的な負荷が転倒や転落の原因となりうるのである．

また，若齢者と高齢者で，認知的負荷課題（ミニ音楽プレーヤーで音楽を聴く/携帯電話で会話をする）を課したときの，横断歩道（バーチャルリアリティにより作成）をわたる行動を比較した研究によると，高齢者では携帯使用での会話の際には，わたりはじめるまでの時間が長いことが示されている (Neider et al., 2011)．この結果は，認知的な負荷が高い事態で，高齢者では交通状況を観察してわたるという判断を下すことが困難になっていると解釈できる．つまり，高齢者では認知的負荷によって行動のプランニングの過程にも影響が現れる．

i. ワーキングメモリ

人間の認知情報処理にかかわるもう一つの重要な機能が**ワーキングメモリ**である．ワーキングメモリとは，その時点で注意の焦点となっている物体などに対する内的な表象を，ある課題の遂行に必要な間だけ，活性化させておくことである (Cowan, 1995)．大きく分けると言語的なワーキングメモリと非言語的なワーキングメモリがある (Baddeley, Hitch, 1974)．

非言語的なワーキングメモリの代表的なものは視覚物体の記憶である．たとえば，さまざまな色や形からなる複数の物体で構成された刺激画面を短時間提示し，その直後に，一つの物体の色や形だけを変えた画面を提示する．被験者には，二つの画面を比較して異なる箇所をみつけるように教示をする．このような実験は変化検出 (change detection) と呼ばれている．刺激画面に表示される物体の数が四つぐらいまでは，かなり正確に変化の検出ができるが，それ以上多くなると，物体の数に伴って変化の検出率が低下すること

が知られている.つまり,人間の視覚的ワーキングメモリの容量限界は四つ程度と考えられている.

言語的なワーキングメモリでは,音韻ループというメカニズムが重要な役割を担う.音韻ループとは言語的な刺激を音声化し,実際の発声は行わずに反復することである.言語的なワーキングメモリの容量には個人差があることが知られている.また言語的ワーキングメモリの容量は,言語理解や推論などのいわゆる知能にかかわる認知機能の能力と相関が高いことも知られている.また,加齢に伴ってワーキングメモリの機能が低下することが知られている.

〔永井聖剛・熊田孝恒〕

文 献

Baddeley, A. D., Hitch, G. (1974) : Working memory. The Psychology of Learning and Motivation : Advances in Research and Theory, Vol. 8 (Bower, G. H., ed.), pp. 47-89, Academic Press.

Boucher, J., Lewis, V. (1992) : Unfamiliar face recognition in relatively able autistic children. *J. Child Psychol. Psychiatry*, **33** : 843-859.

Castelli, F. (2005) : Understanding emotions from standardized facial expressions in autism and normal development. *Autism*, **9** : 428-449.

Cowan, N. (1995) : Attention and Memory : An Integrated Framework. Oxford Psychology Series (No. 26), Oxford University Press.

de Gelder, B., et al. (1991) : Face recognition and lip-reading in autism. *Europ. J. Cognit. Psychol.*, **3** : 69-86.

Deruelle, C., et al. (2004) : Spatial frequency and face processing in children with autism and Asperger syndrome. *J. Aut. Develop. Dis.*, **34** : 199-210.

Gold, J. M., et al. (1999) : Identification of band-pass filtered letters and faces by human and ideal observers. *Vision Res.*, **39** : 3537-3560.

Gross, T. F. (2004) : The perception of four basic emotions in human and nonhuman faces by children with autism and other developmental disabilities. *J. Abnorm. Child Psychol.*, **32** : 469-480.

Hollman, J. H., et al. (2007) : Age-related differences in spatiotemporal markers of gait stability during dual task walking. *Gait Post.*, **26**(1) : 113-119.

Kätsyri, J., et al. (2008) : Impaired recognition of facial emotions from low-spatial frequencies in Asperger syndrome. *Neuropsychol.*, **46** : 1888-1897.

Klin, A., et al. (1999) : A normed study of face recognition in autism and related disorders. *J. Aut. Develop. Dis.*, **29** : 499-508.

Navon, D. (1977) : Forest before trees : The precedence of global features in visual perception. *Cognitive Psychol.*, **9** : 353-383.

Neider, M. B., et al. (2011) : Walking and talking : Dual-task effects on street crossing behavior in older adults. *Psychol. Aging*, **26**(2) : 260-268.

Palmer, S., et al. (1981) : Canonical perspective and the perception of objects. Attention and Performance IX (Long, J., Baddeley, A., eds.), pp. 135-151, Hillsdale, NJ : Lawrence Erlbaum.

Pelphrey, K. A., et al. (2002) : Visual scanning of faces in autism. *J. Aut. Develop. Dis.*, **32** : 249-261.

1.9.2 神経系

網膜（視覚）や内耳（聴覚）など，末梢の受容器で電気的な信号に変換されたさまざまな感覚刺激は，中枢神経へ向けて上向する求心性神経を通じて大脳皮質感覚野に送られ，視覚情報は後頭葉一次視覚野へ，聴覚情報は側頭部一次聴覚野に入力され，さらにさまざまな知覚・認知処理が行われる．

a. 一次視覚野における情報処理

ヒトの両眼の網膜から入力される神経信号は，視神経，視交叉，視索，外側膝状体（lateral geniculate nucleus：LGN）を経て，左右の視野とは反対側後頭葉（左視野からは右半球の，右視野からは左半球の）一次視覚野（V1）に入力され，さらに V2, V3, MT（medial temporal）野と情報が伝達されるに従って，より高次で複雑な処理が行われる（後述）という階層的な構造になっている．

特に V1 や V2 では，網膜における相対的な位置関係が保存（レチノトピー retinotopy）されており，後頭葉鳥距溝（calcarine sulcus）に沿って網膜上位置に対応する受容野を持つ神経細胞群が規則的に配列している（Tootell, 1982）．当初，サル（macaque）の侵襲的計測方法で示されたレチノトピーは，その後の機能的磁気共鳴画像化法（functional magnetic resonance imaging：fMRI）を用いた非侵襲脳機能計測技術の発展により，ヒトでも可視化できるようになり（Reppas, 1997），視覚の知覚・認知研究における重要なツールとして利用されている．また，一次視覚野の神経細胞群はそれぞれ特定の角度の線分の視覚入力に選択的に応答する（方向選択性）性質を持つことが知られており（Hubel, Wiesel, 1959），この機能によって網膜から入力される視覚刺激の基本的な特徴の抽出を担当していると考えられている．

一次視覚野以降の視覚神経情報処理は，要求される認知処理に応じて，大別して二つの高次視覚処理経路に伝えられる．このうち，対象の形状・色・顔などの認知は，視覚野から**側頭葉下部**（inferior temporal cortex）に至る**腹側視覚経路**（ventral visual stream）で，対象の動き・空間内での位置関係や仮想的な操作は，視覚野から**頭頂葉後部**（posterior parietal cortex）に至る**背側視覚経路**（dorsal visual stream）で処理されることが知られており，これらはそれぞれ「what（何）経路」と「where（どこ）」経路とも呼ばれる（図 1.9.2）（Ungerleider, Mishkin, 1982）．近年の非侵襲脳機能イメージング技術の進歩により，ヒトにおけるこれらの高次視覚処理経路の脳内での対応部位や役割分担について詳しく調べられるようになってきた．

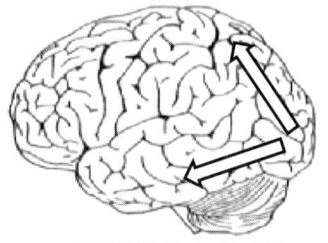

図 1.9.2　二つの視覚情報処理経路
一次視覚野から側頭葉へ向かう"what（何）"経路と，頭頂葉に向かう"where（どこ）"経路．それぞれの経路上で，色・形・対象（オブジェクト）の認知，および動き・空間的位置関係や操作の処理が行われる．

b. 視覚情報の高次処理（動き・空間の認知）

視野内での動きは，まず一次視覚野で狭い受容野における運動方向や速度についての低次な処理が行われたのち，さらに後頭部と頭頂部の境界，上側頭溝後端のうしろにある **MT 野**（middle temporal area）に送られる．霊長類における電気生理学的研究により，MT 野の神経細胞は一次視覚野のそれに比べるとより受容野が広いが，MT 野でも多くの細胞が特定の動きの方向と速度にチューニングされていることが示されている．また，両側の MT 野が障害されることにより物体の動き知覚ができなくなる症例（akinetopsia）も報告されており（Zihl et al., 1983），MT 野で広い領域における複雑な動きの統合処理が行われると考えられている（Born, Bradley, 1995）．一方，fMRI を

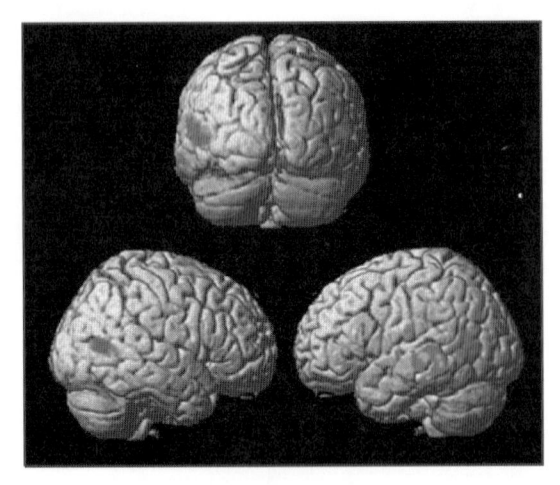

図 1.9.3 視野内の「動き」を処理する MT 野を MT localizer を用いた fMRI 実験でマッピングした結果例（口絵 2 参照）

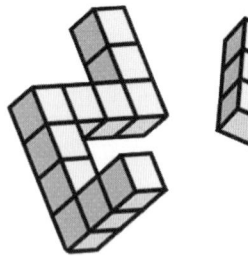

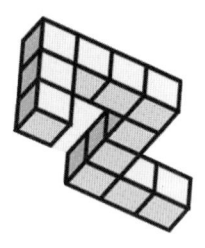

図 1.9.4 三次元図形の仮想的かつ空間的操作を処理する脳部位を調べるための心的回転（mental rotation）課題で用いられる典型的な図形対
一対の図形が回転対称であるかどうか判断する.

用いて，ヒトにおける MT 野を特定するための視覚刺激（MT localizer）を用いた実験も提案されており（Tootell et al., 1995），さまざまな視覚刺激条件に対する MT 野の活動を調べる実験の予備段階で，関心領域（region of interest：ROI）を特定する目的などのために用いられる（たとえば，Huk et al., 2002）. 図 1.9.3 のように MT localizer を用いて得られるヒト MT 野が特定される.

MT 野での広い受容野における動きの処理に加えて，**頭頂-後頭接合部**（parieto-occipital junction）では，視野内における大域的な動きの統合や空間的位置関係の処理が（Blanke et al., 2003），さらに**頭頂葉後部**では対象に対する心的な空間操作の処理（Parsons et al., 1995）や，視空間と身体図式や動作との関連づけ（Andersen et al., 1997）が行われていると考えられている. この部位における病巣に関連して，視空間処理の障害が起きることが報告されている（Ditunno, Mann, 1990）. 視空間処理の例として心的回転（mental rotation）課題（Shepard, Metzler, 1971）がよく知られている. 心的回転課題では，被験者に回転した文字あるいは図形を呈示し，本来の文字・標準図形と一致するかあるいはその鏡像であるかを判定させる（図 1.9.4）. この課題遂行に伴って，脳内では呈示図形の仮想的な回転操作が行われていると考えられており，回転角度が増すに従って反応時間が 500 ms 程度（回転角度 0°）から 700 ms 程度（回転角度 180°）まで延伸する（Shepard, Metzler, 1971）. **脳磁界計測**（magnetoencephalography：MEG）（Hämäläinen et al., 1993）や fMRI を用いて，心的回転課題の遂行に伴って頭頂葉後部が活動すること（Cohen et al., 1996；Iwaki et al., 1999），さらに前頭葉運動前野（premotor cortex）や補足運動野（supplementary motor area）が活動することも報告されており（Richter et al., 2000），頭頂葉における視空間処理と身体運動との関連が示唆されている.

c. 視覚情報の高次処理（物体の認知）

視野内に呈示される図形は，一次視覚野で狭い受容野における傾きやコントラストについての低次な処理が行われたのち，**側頭葉後下部**（posterior inferotemporal cortex）と**側頭葉下部皮質**（inferotemporal cortex）領域で処理される. 神経信号の処理が後頭部一次視覚野から離れるほど，すなわち側頭葉下部の前方に進むほど，それぞれの部位の神経細胞はより広い視空間からの情報を受け（広い受容野を持ち），さまざまな視覚特徴が統合された対象（object）としての表現が確立される.

たとえば，側頭葉後下部に位置する V4 における障害では色覚異常が生じることが報告されるとともに（Pearlman et al., 1979），fMRI などの非侵襲脳機能計測技術を用いた研究で（Zeki, Marini, 1998），この部位で視覚刺激に含まれる色情報の処理が行われていることが明らかにされている. また，側頭葉下部にある紡錘状回（fusiform gyrus）内の部位では，視覚的に呈示された言語刺激の単語単位の処理（visual wordform processing）や（Cohen et al., 2000），顔

認知処理（Puce et al., 1996）が行われていることが知られており、それぞれVWFA（visual word form area）、FFA（fusiform face area）と呼ばれている。

d. 聴覚認知の神経基盤

外界からの音振動は、鼓膜と接続された耳小骨を経てリンパ液で満たされた蝸牛に伝わり、内部の有毛細胞を介して基底膜を振動させ、聴神経を上向する神経信号を生成する。基底膜の振動は、入力される音の周波数によって蝸牛管の特定の位置まで到達する。すなわち、低い音は蝸牛管の奥まで伝わるが、高い音はより浅い位置までしか伝わらない。この性質により、異なる高さの音は蝸牛管内の異なる位置の基底膜で最も強い振動をつくりだし、その結果、音の周波数情報は神経細胞の興奮パターンとして表現される。

神経信号に変換された音情報は、脳幹の上オリーブ核（superior olivary nucleus）、下丘（inferior colliculus）、内側膝状体（medial geniculate body）を通って、大脳皮質の一次聴覚野に入力される。この脳幹神経路を聴覚刺激による電気信号が通過する際に、**聴性脳幹反応**（auditory brainstem response：ABR）と呼ばれる事象関連脳波成分が生成される。ABRは、各波形の起源が詳細に調べられており、難聴や脳幹における神経障害の診断や脳死の判定項目など臨床的に幅広く応用されている。

脳幹聴覚路を通過した聴覚神経信号は、両側側頭葉の**横側頭回**（あるいはヘシェル回 Heschl's gyrus）にある一次聴覚野で大脳皮質に到達する。蝸牛で生成される音の周波数特性を表現した神経細胞の興奮パターンを反映して、一次聴覚野でも、音の周波数に対応する神経細胞が規則的に配列している（トノトピー tonotopy）。一次聴覚野以降、聴覚情報も、視覚の場合と同様に、必要とされる認知処理に応じて側頭部の高次聴覚野を経て、頭頂・前頭の連合野でさまざまな情報との統合が行われる（図1.9.5）。　〔岩木　直〕

文　献

Andersen, R. A., et al. (1997) : Multimodal representation of space in the posterior parietal cortex and its use in planning movements. *Ann. Rev. Neurosci.*, **20** : 303-330.

Blanke, O., et al. (2003) : Direction-selective motion blindness after unilateral posterior brain damage. *Eur. J. Neurosci.*, **18** : 709-722.

Born, R., Bradley, D. (1995) : Structure and function of visual area MT. *Ann. Rev. Neurosci.*, **28** : 157-189.

Cohen, M. S., et al. (1996) : Changes in cortical activity during mental rotation. A mapping study using functional MRI.

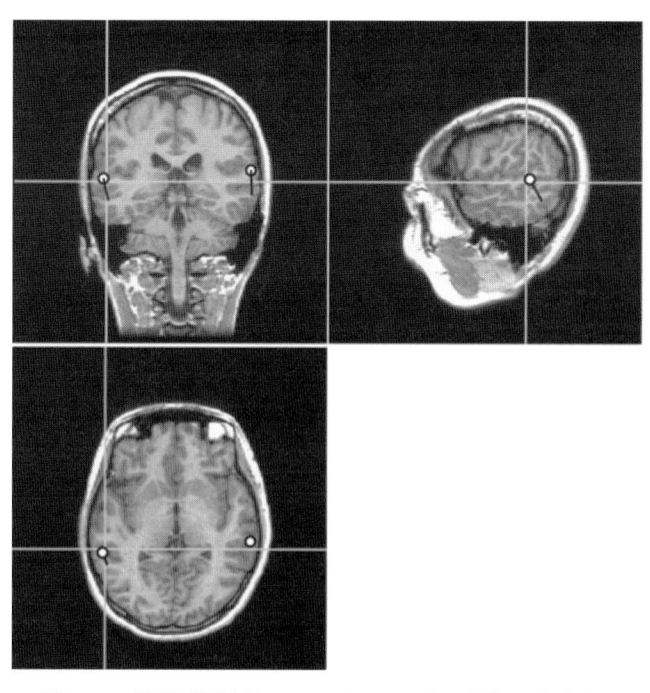

図1.9.5　脳磁界計測を用いてマッピングした大脳皮質側頭葉聴覚野

Brain, **199**: 89-100.
Cohen, L., et al. (2000): The visual word form area: Spatial and temporal characterization of an initial stage of reading in normal subjects and posterior split-brain patients. *Brain*, **123**: 291-307.
Ditunno, P. L., Mann, V. A. (1990): Right hemisphere specialization for mental rotation in normals and brain damaged subjects. *Cortex*, **26**: 177-188.
Hämäläinen, M., et al. (1993): Magnetoencephalography — theory, instrumentation, and applications to noninvasive studies of the working human brain. *Rev. Mod. Phys.*, **65**: 413-497.
Hubel, D., Wiesel, T. (1959): Receptive fields of single neurons in the cat's striate cortex. *J. Physiol.*, **25**: 949-966.
Huk, A. C., et al. (2002): Retinotopy and functional subdivision of human area MT and MST. *J. Neurosci.*, **22**: 7195-7205.
Iwaki, S., et al. (1999): Dynamic cortical activation in mental image processing revealed by biomagnetic measurement. *Neuroreport*, **10**: 1793-1797.
Parsons, L. M., et al. (1995): Use of implicit motor imagery for visual shape discrimination as revealed by PET. *Nature*, **375**: 54-59.
Pearlman, A. L., et al. (1979): Cerebral color blindness: An acquired defect in hue discrimination. *Ann. Neurol.*, **5**: 253-261.
Puce, A., et al. (1996): Differential sensitivity of human visual cortex to faces, letterstrings, and textures: a functional magnetic resonance imaging study. *J. Neurosci.*, **16**: 5205-5215.
Reppas, J. B., et al. (1997): Representation of motion boundaries in retinotopic human visual cortical areas. *Nature*, **388**(6638): 175-179.
Richter, W., et al. (2000): Motor area activity during mental rotation studied by time-resolved single-trial fMRI. *J. Cogn. Neurosci.*, **12**(2): 310-320.
Shepard, R. N., Metzler, J. (1971): Mental rotation of three-dimensional objects. *Science*, **191**: 952-954.
Tootell, R. B., et al. (1982): Deoxyglucose analysis of retinotopic organization in primate striate cortex. *Science*, **218**(4575): 902-904.
Tootell, R. B., et al. (1995): Functional analysis of human MT and related visual cortical areas using functional magnetic resonance imaging. *J. Neurosci.*, **15**: 3215-3230.
Ungerleider, L. G., Mishkin, M. (1982): Two cortical visual systems. Analysis of Visual Behavior (Ingle, D. J., et al., eds.), pp. 549-586, Cambridge, MA: MIT Press.
Zeki, S., Marini, L. (1998): Three cortical stages of colour processing in the human brain. *Brain*, **121**: 1669-1685.
Zihl, J., et al. (1983): Selective disturbances of movement vision after bilateral brain damage. *Brain*, **106**: 313-340.

1.9.3 精神（メンタル）系

ここでは，精神の発達と加齢についてまず乳児期から成人期に至る精神発達の概要を述べる．次に特に健康と福祉に関連性の強い老年期について詳述する．

a. 精神発達

発達とは本来，個体の内部に潜んでいるものが次第に表面に出てくることを意味する．この現象については，長年「氏か育ちか？」と論議されてきたが，エピジェネティクスの考え方に示されるように，最近では遺伝と環境の相互作用によって決定されると考えられるようになっている．

ヒトが生まれ，成長して老い，死んでいく過程は**ライフステージ**として分類される．たとえば乳幼児期，学童期，青年期といった分類である．それぞれのライフステージには，入学，就職，結婚といったライフイベントがある．ヒトはそれらを通して発達しながら，個性を発揮するようになる．

b. ライフステージと精神発達

1) 乳児期

他のほ乳類とは異なり，ヒトの新生児はまったく無力な存在と思われてきたが，実はそうでもないことがわかってきている．たとえば3カ月くらいから自分に向けられる微笑に微笑み返しはじめる．次には母親との間で相互に情緒的・身体的な働きかけを繰り返すことで母子の絆を形成していく．また母親の適切な愛育行為によって乳児は，周囲の人々や世界に安心して身を任せること，すなわち**「基本的信頼感」**を獲得できる．これはこの時期において最重要な発達課題である．なぜならこの獲得こそ，その後の安定した人間関係の基礎となるからである．

2) 幼児期前期

1歳半から3歳くらいまでの**幼児期前期**は，家庭内

での社会化，言い換えれば基本的生活習慣のしつけが進行する時期である．このステージでは，自己コントロールを獲得すること，コミュニケーションの基礎となる言語の習得が最も重要である．

3） 幼児期後期

幼児期後期には，家庭を基盤とする行動範囲が外界へと広がっていく．他の子どもたちとの交流が活発になり，社会性の発達が課題となる．またこの時期には，独立心が芽生え，冒険心や自発性も育ってくる．

なお家庭においてはいわゆるエディプス葛藤，すなわち同性の親への反発と異性の親への愛着が生じやすい時期でもある．

4） 学童期

学童期は心身ともに比較的安定した時期だといわれる．もっとも，この時期のすごし方がその後の生活に与える影響は少なくない．この時期の大切な課題の一つは，よい意味での競争体験である．つまり勝つことの喜びと負けることの悔しさを十分味わうことが求められる．なぜなら，これが将来の心理的な抵抗力に結びつくと考えられているからである．

5） 青年期

青年期は，細かくは**前青年期**（10～12歳），**青年期前期**（12～15歳），**青年期中期**（15～18歳），**青年期後期**（18～24歳），**後青年期**（24～30歳）に分類される．

成長速度の加速，**第二次性徴**の始まりによって特徴づけられるのがこの時期である．ここでは，同性・同年輩の親しい友人を獲得することを中心に対人関係面での発展が重要になる．また青年期中期からは現実的な異性関係が模索されはじめる．

一方で青年期の三つの発達課題といわれるものがある．すなわち①親からの心理的独立，②第二次性徴の受け入れ，③自分らしさ・自分らしい生き方の模索である．

6） 成人期

成人期とは，30～65歳を指すことが一般的である．**成人前期**（30～45歳）は，自力で生活すること（特に経済面と家庭面における）が達成されるべき時期である．**成人中期**（40～55歳）は，働き盛りの時期である．もっとも体力的に下り坂になり，老いや死の兆しをだんだんと現実的なものと感じるようになる．**初老期**とも呼ばれる**成人後期**には，人生のやりなおしができないことを実感し，残された時間をどのようにして意義あるものにするかが問われる．それだけに，これまでの生き方の変更も求められることがある（青木，2009）．

c． 老年期と心

仏教用語で「四苦八苦」という言葉がある．四苦とは生・老・病・死を意味する．こうした生・老・病・死は，人間が抱えている苦悩の4大要素である．**老年期**にはこのうちの3要素がみられるだけに，ひたすら下り坂のライフステージと見なされがちである．逆にここに深い意味を見いだそうとする考えの提唱も少なからずみられる．しかし，そのような姿勢が優勢なものになっていないのが現状かもしれない．

1） 高齢者の背景

加齢とともに多くの身体疾患が生じがちになるばかりでなく，社会・家庭次元でも少なからぬ負の要因が認められる．まずこれらについて略述する（長谷川，本間，1981；小阪，1988）．

i） 疾患と心身機能の低下

がんのような致死的な疾患でなくとも，関節炎，聴力障害，心臓疾患，視力低下といった老年性の疾患・機能障害によって，高齢者の生活に多くの制限が加わる．また，病的でなくとも認知機能は少しずつ低下するのが常であり，これも大きなマイナス要因である．

ii） 社会・経済次元

定年退職に伴う社会的地位，収入，生きがいの喪失は男性の場合は特にインパクトが大きい．また退職に伴い，特に男性では活動の範囲が狭まりやすい．

iii） 死別・喪失

愛する配偶者との死別はもとより，年齢を重ねるとともに増加する知友との死別も，高齢者のメンタリティに与える影響は小さくない．「次は自分の番だ」という心境になり，死をあくまで避けたいという心理と，苦しむことなく死を迎えたいという心理が交錯するといわれる．

iv） 環境の変化

子どもたちの独立，配偶者との死別，経済状況，心

身の能力低下により生活の場の変更を余儀なくされることはまれでない．これによる自尊心やプライバシーへの影響も重要である．

以上のような要因を考えると，確かに老年期には，人生の苦悩が凝集しているとも考えられる．その一方，長年培った経験や英知は残るともいわれる．こうした背景によって，精神面ではどのような変化を生じるのであろうか．

2) 老化に伴う精神機能の変化

加齢に伴う精神機能の老化は，他の身体機能と比較しても大きなものなのであろうか？　これに答えたStratzらによる図がある（亀山，1984，図1.9.6）．これによれば，精神機能は20歳をすぎた頃から次第に高まり，40～60歳代でほぼピークに達し，80歳をすぎると急激に衰える．しかし他のヒトの一般的な機能に比べると少なくとも80歳までは衰退の程度も速度も軽度であるようにもみえる．

高齢者に生じる人格変化の特徴を，金子は自己中心性，猜疑，出しゃばり，保守性，心気，ぐちだと指摘した．また新福は，従来の性格がより強められる場合，拡大型が多いと述べた．たとえばせっかちな人が先鋭化して短気になったり，几帳面な人が頑固になったりするような変化である．一方で若いときの角がとれて円熟するような反動型もあるという．

もっとも，こうした指摘の多くは組織的・系統的な方法により確認されたものではない．多くは一般論や個人的な経験であるだけに，解釈には注意が求められる．

i) 感情面の変化

従来から指摘されてきたのは，生命感情の衰え，感情興奮性の低下もしくは亢進，そして抑うつ傾向の増大である．つまり加齢とともに感情が平板化し，物事に感動しにくくなりがちである．その一方で，些細な

ことで涙ぐんだり，怒りっぽくなったりする人もある（西川，2005）．

他人や物事に対する興味・関心も乏しくなるが，その半面，自分の身体や所有物などに対しては執着心が強まる．上述した心身機能の低下や性機能の低下などを徐々に意識するようになることに加えて，種々の喪失体験も加われば当然孤独感を感じるようになる．また多くの知友の死によって，死への恐怖や不安を強める人もいる．こうしたことから，感情面では抑うつ的で，不安定になりやすいとされる．また抑うつ状態や被害的な気持ちを生じやすくなる．

なお以上のような傾向の背景にあるのは，既述の心理・社会的な要因ばかりではない．脳におけるシナプスの加齢性変化や脳内神経伝達物質の変化も重要であることは論を待たないであろう．

ii) 意志・欲動の変化

意志・欲動も加齢に伴い減弱しがちである．なにごとも億劫で，細かいことをするのが面倒になったり引っ込み思案ともなったりしがちである．労力を要する活動は避け，また独りでもできる活動を好むようになる．そのため，ともすると対人接触が乏しくなりやすい．新しいことを学習する能力や新しい環境に適応する能力も低下するため，このような能力を必要とするような場を避けるようになる．また，性欲や食欲といった生理的欲求も次第に低下する．

つまり意志・欲動面の変化は，「引きこもりがちでなにごとにも前向きになりにくい」とまとめられよう．なお名誉欲や権力欲といった社会的欲求については，減弱するという意見もあれば他のこととは異なり長く残るという意見もある．

iii) 性格の変化

高齢者にみられやすい性格として，保守的，自己中心的，易怒的，短気，引っ込み思案，義理堅い，頑固，融通性がない，話がまわりくどい，ひがみやすいなどがあげられる．表現は多少異なるが，既述した金子の6特徴とも類似しており，いずれにせよ好ましいものはあまりない．

なお従来の性格が高齢になってまったく別の性格に変わる，ということはまずありえない．そのような質的な変化が起こった場合には，なんらかの病的な過程が起こっているものと考え精査すべきであろう．

iv) 老化に伴う思考の変化

これまでに高齢者の人格・性格変化について述べた．

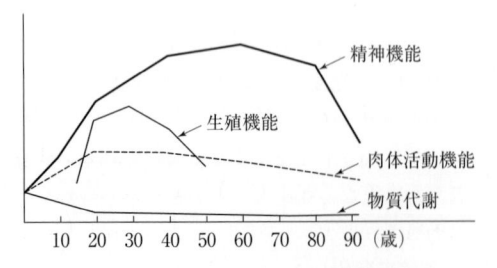

図1.9.6 一般機能の老化と精神機能の老化
(Stratz, Warthin, Lichtwitz)

こうした変化を基盤に思考様式も当然変化すると考えられる．

これに関して，西川は次のように述べている（西川，2005）．高齢者の思考面の変化を解釈するうえで，「思考形式の固執性」と，「思考内容の自己中心性」が有用かもしれない．これを用いると，たとえば保守性は形式的固執性と内容的自己中心性に帰するととらえることができる．また猜疑的・心気的・愚痴っぽさ・非活動性は，これらの思考特徴を核に，情緒的側面や意欲的側面が加わったものとも解釈できる．このように固執性と自己中心性によって思考の変化をとらえるのも実際的かもしれない．

西川は続けて，「このような変化の背景として，注意の操作や作動記憶・遂行機能などの認知機能の変化があることは確かだと思われる」と述べている．

v) 死生観など

最近の研究では，高齢者は一様に孤独感を感じているわけではないとされる．むしろ死への恐怖はやり残したことが多い若年者のほうに強く，高齢者は死を自然のなりゆきとして受容しているとさえいわれる（堀，2005）．

また経済状態や健康状態が比較的良好な高齢者の趣味や学習意欲は高いとされる．このように高齢者の内的世界は意外に「明るく，健全な」ようにも考えられる．

3) 高齢者に多い精神障害

以上では正常高齢者の心理学に立った精神機能の概要を紹介してきた．以下では，いわば異常心理学の立場から，高齢者に多い精神障害について説明する．このテーマは，よく**四つのD**に集約できるといわれる．Dementia（認知症），Depression（うつ病），Delirium（せん妄），Delusion（妄想）である．これらの課題について個々に述べていく．

i) 認知症

認知症とは「生後いったん正常に発達した種々の精神機能が慢性的に減退・消失することで日常生活・社会生活を営めない状態」をいう．つまり後天的な原因により生じる知能の障害である点で知的障害（精神遅滞）とは異なる．

今日認知症の診断に最も用いられる診断基準の一つが米国精神医学協会によるDSM-IV（American Psychiatric Association, 1994）である．各種の認知症性疾患ごとにその定義は異なるが，共通する診断基準

表1.9.1 DSM-IVによる認知症の診断基準

1	多彩な認知欠損．記憶障害以外に，失語，失行，失認，遂行機能障害のうちの一つ以上
2	認知欠損は，そのおのおのが社会的または職業的機能の著しい障害を引き起こし，病前の機能水準から著しく低下している
3	認知欠損はせん妄の経過中にのみ現れるものではない
4	認知症の症状が，原因である一般身体疾患の直接的な結果であるという証拠が必要

には表1.9.1の4項目がある．もっとも近年では，認知症早期診断の進歩により，こうした診断基準を満たす状態では早期治療にはつながらないという意見がある．そこで早期診断を可能にする新たな診断基準が作成されている．

原因としてはアルツハイマー病（Alzheimer disease：AD）が最も多いとされるが，中枢神経系に病巣を持つ疾患をはじめ，さまざまな疾患のうち，たいていのものが認知症の原因になりうる．

ii) うつ病

欧米の報告では，老年期うつ病全体の時点有病率は10～15％，大うつ病は2％程度とされる．**うつ病**の危険因子として，身体要因，うつの既往，死別などが指摘されている．高齢期の気分障害の特徴は，「遺伝的なかかわりが減り，心理・身体・社会家庭的要因がより大きな意味を持つようになる」とまとめられる．

高齢期のうつ病に関しては，単極型うつ病であること，不安や焦燥は強いが制止は比較的軽いこと，心気的・妄想的になりやすいことが特徴であるといわれてきた．もっとも，最近では高齢期のうつ病を特殊な病型と位置づける必要はないとする考えもある．

わが国では1998（平成10）年以来，年間の自殺者数が3万人を超えている．そのなかでも高齢者の自殺が減少する兆しをみせないことが問題視されている．以前から高齢者では自殺の既遂率が高いことが知られていた．この高齢者の自殺の背景に高率にうつ病があるという事実はきわめて重要である．

iii) せん妄

せん妄とは軽度から中程度の意識障害に幻覚，錯覚，妄想，精神運動興奮，不安，恐怖感，多動などが加わった状態である．せん妄は原則として急激に出現し，数日で消失する．睡眠覚醒リズムの障害を伴い，日中はぼんやりとしているのに，夜間は興奮が活発となる．病院内であれば，経鼻胃管や点滴ラインを自己抜去す

る，介護に抵抗し手をあげるといった症状により事例化することが多い．

身体疾患，薬物，高齢，環境などさまざまな要因が関与してせん妄は生じる．Lipowskiはせん妄の原因を大きく三つに分類した（Lipowski, 1990）．

直接因子（precipitating factors）とはせん妄発現に直接関与していると考えられる要因である．脳出血などの脳器質疾患や代謝性疾患，アルコールや睡眠薬の離脱が含まれる．準備因子（predisposing factors）とは，せん妄を起こしやすくする状態を意味し，高齢であることや脳梗塞の既往，認知症など脳障害が含まれる．また促進因子（facilitating factors）とはせん妄を促進する因子であり，入院，感覚遮断，身体拘束などの心理的ストレスが含まれる．せん妄治療の原則は，これらの諸因子の除去にある．

iv）妄　想

妄想を呈する疾患として最も有名なのは統合失調症である．これは多くの場合，10～20歳代に発病する精神疾患である．こうしたものとは異なり，それまで精神的変調のなかった人々において老年期に生じる妄想について略述する．

共通するのは，妄想主題が現実的・世俗的であること，身近な特定の人が対象になりやすいことである．また権利を侵害されるという思いが強く，それだけに攻撃性が対象に向かうことであろう．既述したように，老年期には自分の身体や所有物などに対しての執着心が強まることを考えれば，こうした特徴をその延長としてとらえることもできよう．

たとえば，アルツハイマー病の初期から中期にかけてほぼ女性に限ってみられる「**もの盗られ妄想**」がある．「財布や通帳がなくなった，誰々が盗った」「貴金属が盗まれた」などといって，特定の家族やホームヘルパーを攻撃するようなことが多い．理屈で諭しても訂正不能であり，かえって攻撃性を募らせることも多い．

またやはりアルツハイマー病や脳血管性認知症の患者では，特に男女差はなく，嫉妬妄想もよくみられる．これも多くは訂正が困難で，配偶者に対して熾烈な暴力や暴言が向けられる．男性例では若い頃に女性問題が，女性例ではその配偶者に女性問題があった例が多いともいわれるが，そうでないことも少なくない．

4）今後の課題

日本学術振興会の金沢一郎会長は，第26回の日本老年精神医学会において次のような意見を披露している（金澤，2011）．

あえて（老年精神医学に）「期待するところ」を述べるとすると，高齢者の「心のありよう」について，本当に奥深いところで役に立っているのかという疑問を抱かざるを得ない．自殺者数は，全体で3万人のラインから下がらないものの，最大の50歳代が確実に減少しているのに対して，高齢者のそれは増えこそすれ決して減っていないのは見過ごせない．結局，高齢者が無くしてしまったと思われる「生きがい」に対して適切な示唆を与えられてない可能性がないだろうか．

この「生きがい」という言葉をわれわれは，人生の目標という意味で使うこともあれば人生において得られる満足という意味でも用いている．いずれであれ，高齢者の心を語るうえで「生きがい」という観点は重要さをさらに増すと考えられる．

一方で長谷川らは，老人の適応について重要な視点を指摘している（長谷川，本間，1981）．それは，若年壮年期および初老期の社会適応がよい場合は，老年期に入ってからの適応もうまくいくというものである．そして長い人生において培われた適応力が老年期にも継承されていくと述べている．そのうえで，たとえ「寝たきり」の高齢者であっても，その適応能力は潜在的にあると考え，この能力を賦活するように援助すべきだと説いている．経験的に確かに得心できる指摘である．高齢化が進む今日，われわれには中年期・初老期からこのような考えや姿勢が望まれるであろう．

〔朝田　隆〕

文　献

American Psychiatric Association (1994)：Diagnostic and Statistical Manual of Mental Disorders, 4th ed., APA：Washington DC.

青木省三（2009）：精神発達．標準精神医学，第4版（野村総一郎ほか編），pp.59-69，医学書院．

長谷川和夫，本間　昭（1981）：老年期の精神障害．I高齢者の特性，pp.3-15，新興医学出版社．

堀　宏治（2005）：心の老化．現代老年精神医療（武田雅俊編），p.27，永井書店．

亀山正邦（1984）：老年者疾患の特徴．新老年病学（村上元孝監修），南江堂．

金澤一郎（2011）：老年精神医学への期待．第26回日本老年精神医学会プログラム・抄録集．老年精神医学雑誌，**22**：増刊

号 III, pp. 78.
小阪憲司 (1988)：老化性痴呆の臨床. 金剛出版.
Lipowski, ZJ. (1990)：Delirium；Acute Confusional States. New York, Oxford University Press.
西川　隆 (2005)：心の老化. 現代老年精神医療（武田雅俊編），pp. 25-26, 永井書店.

1.9.4 睡　眠

　ヒトは生涯の1/3を眠ってすごす．眠っているときのことは奇妙な夢を除いて何も覚えていないためか，生活における睡眠時間の確保の優先順位は低くなることが多い．しかし，**睡眠**は心身の健康に大きな役割を果たしている．睡眠の時間と質の確保は，適度な運動や栄養バランスのとれた食事と同様に，健康で快適な生活を送るための必要条件である．ここでは，睡眠研究に関する基本的知識と認知・神経系に及ぼす影響についての知見を提供する．

a.　睡眠の基礎知識

1）ノンレム睡眠とレム睡眠

　穏やかに眠っているヒトを観察してみると，体の動きは少なく，活動を停止しているように思える．しかし，われわれの脳は睡眠中に活動を停止しているのではなく，躍動的に変化している．

　睡眠中の脳の変化は，脳波を用いて調べることが多い（図1.9.7）．**睡眠脳波**は，**睡眠ポリグラフ**（polysomnograph）と呼ばれる装置を用いて計測することができる．睡眠ポリグラフでは，皮膚の表面に電極を装着し，脳波のほかに，眼電位，筋電位，心電位などを計測する．眠りを妨げることなく計測でき，比較的安価であることが利点である．睡眠段階を正しく判定するためには若干の訓練を必要とするが，現在では，自動判別ソフトウェアを補助的に用いることもできる．脳波を用いた睡眠段階判定は，睡眠研究の基礎であり，寝具や空調機などの製品開発・評価にも用いられる．

　睡眠はノンレム睡眠とレム睡眠に大別される．**ノンレム睡眠**は眠りの深さに応じて4段階に細分されている．**睡眠段階**1が浅い睡眠であり，睡眠段階4が深い睡眠である．睡眠段階の判定には，脳波中の成分が用いられる（図1.9.8）．たとえば，睡眠段階1は，脳波に含まれるアルファ波の割合が判定区間の50％以下であることが条件である．図1.9.8に示したような，K複合（K-complex）や紡錘波（spindle）と呼ばれ

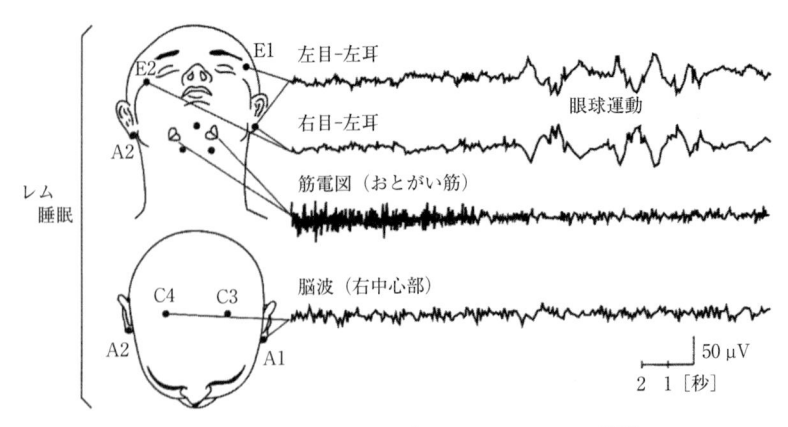

図 1.9.7　睡眠ポリグラムの例（Rechtschaffen, Kales, 1968）

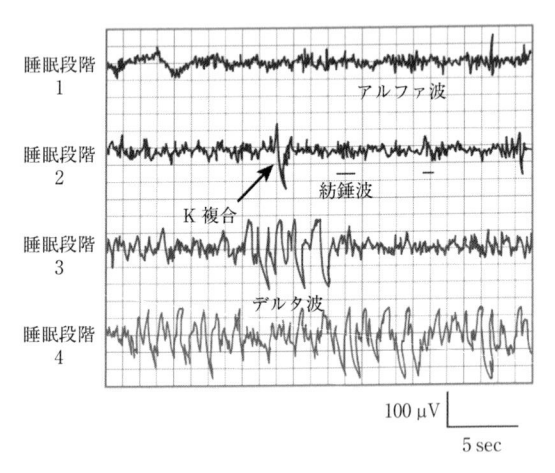

図 1.9.8　ノンレム睡眠段階の例（Kryger et al., 2011 より引用）

る特徴的な脳波が現れたら睡眠段階2と判定される．睡眠段階3および4は，デルタ波と呼ばれる高振幅低周波の脳波の割合（それぞれ20％，50％以上）によって判断される．睡眠段階3と4は，深い睡眠であり，まとめて「**徐波睡眠**（slow wave sleep）」と呼ばれることもある．徐波睡眠中には，外部環境への注意機能が低下し，物音などに反応することが難しくなる．

　レム睡眠は，ノンレム睡眠とは明確に区別される状態である．レム睡眠中の脳波は，ノンレム睡眠中と比べて早くなり，休息しているというよりも覚醒しているときの脳波の状態に似ている．覚醒中によくみられる**アルファ波**は，レム睡眠中にもみられることがある．徐波睡眠のような遅くて高振幅の律動（徐波）はみられない（図1.9.9）．ときおり，眼球が左右に激しく動く様子が観察される．この急速に動く眼球の運動（rapid eye movement：REM）に由来して，レム睡眠という名称がつけられている．レム睡眠は，眼球運動が活発な活動期（phasic stage）と不活動期（tonic stage）に細分されることもある．レム睡眠中には，筋緊張がほとんどみられなくなる（ただし，自発呼吸と眼球運動のための筋活動は維持される）．レム睡眠中の筋の弛緩がうまく働かないと，睡眠中に体が動き，**レム睡眠時行動障害**（REM sleep behavior disorder）が生じることがある．レム睡眠から目覚めると，夢を覚えていることが多い．ここでは詳述しないが，レム睡眠中の脳内活動については，北浜（2009）に詳しい．

　ノンレム睡眠とレム睡眠は，約90分の周期で交互に出現するという特徴がある．通常の夜間の睡眠は，浅いノンレム睡眠から始まり，徐々に深くなる．30分くらい経過すると徐波睡眠が生じ，その状態がしばらく続く．眠りについてから60分くらいでレム睡眠が生じ，しばらくすると再びノンレム睡眠に戻る．これが90分の周期である．次の周期（2周期目）以降は，徐波睡眠（睡眠段階3・4）が減り，浅い睡眠（睡眠段階1・2）の割合が増える．睡眠の前半には，徐波睡眠が多く出現し，睡眠の後半には，レム睡眠が多く出現する．睡眠周期にかかわらず，レム睡眠には朝方に生じやすいという特徴がある．睡眠全体のうち，約25％がレム睡眠である（図1.9.10）．精神的な不調（抑うつ）とレム睡眠の生じるパターンには関係があることが指摘されている．

2）睡眠中の心拍数と血圧

　一般的に，睡眠が深くなるほど心拍数も血圧も穏やかに下降する．普通は横になって眠るため，姿勢の影響によっても血圧と心拍数が下降する．

　心拍数と血圧を制御しているのは**自律神経系活動**

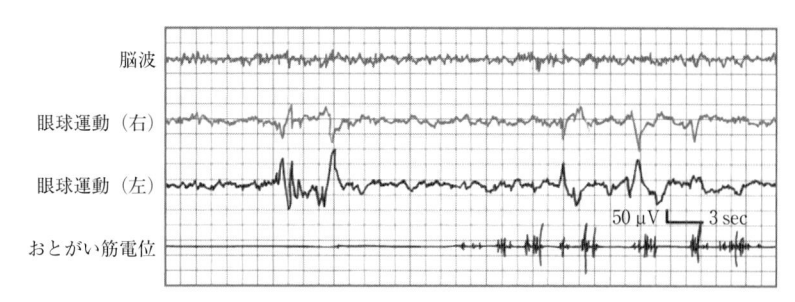

図 1.9.9 レム睡眠中の脳波の例（Kryger et al., 2011 より引用）

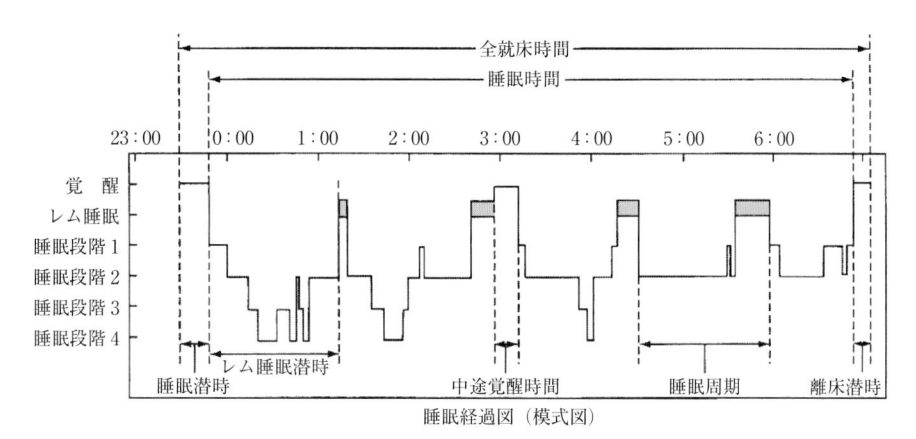

図 1.9.10 睡眠の 90 分周期の例

（autonomic nervous activity）である．自律神経系活動には，交感神経系と副交感神経系があり，それらの拮抗活動によって心拍数や血圧が制御されている．通常，ノンレム睡眠中には，副交感神経系活動が交感神経系活動に対して優勢になる．このため，血圧は下降し，心拍数は低い状態で安定する．ただし，ときおり変化も認められる．睡眠段階 2 では，K 複合と呼ばれる特徴的な波が脳波に出現するが，この際には，血圧が数秒間，わずかに上昇することが知られている．この変化も，徐波睡眠が生じれば鎮まり，心拍数も血圧も低い状態で安定する．

レム睡眠中の心拍数と血圧は，ノンレム睡眠中とは別である．レム睡眠中には，ノンレム睡眠中と比べて，自律神経系活動（交感神経系活動と副交感神経系活動）のバランスが不安定になり，心拍数も血圧も変動する．レム睡眠中には心拍数と血圧が乱高下するため，この状態を「自律神経系の嵐」と表現することもある．

心拍数と血圧は，目覚めによる影響を受ける．睡眠から目覚める際には，交感神経系活動が優位になり，心拍数および血圧が一時的に上昇することが知られている．この心拍数および血圧の上昇は，数分間で通常の水準に戻る．心拍数や血圧の上昇幅は，自然に目覚めた場合に比べて，外部刺激によって目覚めた場合のほうが大きい．心臓や血管に与える負荷を考えた場合，目覚める際にはできるだけ外部刺激に頼らず，自分で目覚めたほうがよいと考えられている．眠りにつく前に起きようとする時刻を企図すれば，その時刻になると自然に目が覚めるという経験をすることがある．この現象は，**自己覚醒**（self-awakening）と呼ばれるが，自己覚醒をすることにより血圧，心拍数の上昇幅は小さくなることが報告されている（Kaida et al., 2005）．

b. 睡眠不足（断眠）が及ぼす影響

もし眠らなかったら，ヒトはどうなるのであろうか．これまでの研究により，睡眠は，認知や記憶といった脳の基本的な機能を維持するために必要であることが示唆されている．その影響は，作業効率，記憶，見た目の健康状態など多岐にわたる．

睡眠不足の影響を調べるための実験では，意図的に睡眠不足を生じさせる方法が一般的である．睡眠の制

限は,「**断眠**（sleep deprivation）」と呼ばれる．断眠の方法には，本来とるべき夜間睡眠をすべて制限する「全断眠（total sleep deprivation）」と本来の睡眠時間の一部の時間だけを制限する「部分断眠（partial sleep deprivation）」がある．たとえば，まったく眠らない状態で3日間すごした場合は，72時間の「全断眠」であり，普段の睡眠時間が7時間のヒトの睡眠を5時間に制限した場合は，2時間の「部分断眠」である．

1) 覚醒状態に及ぼす効果

十分な睡眠時間が確保されている場合には，目覚めている状態と眠っている状態を明確に区別することができる．しかし，睡眠不足の状態になると，これらの状態の区別があいまいになり，目覚めているのか眠っているのかを自分で判断することが難しくなる．

しかし，睡眠ポリグラフを用いれば，睡眠と覚醒を高い精度で判別することができる．たとえば，眠たい状態では，目を開けているときの脳波にアルファ波が混ざるようになるが，このアルファ波を検出することにより睡眠・覚醒を判定することができる．目を開けているときにアルファ波が数秒間持続した状態は「**瞬眠**（micro sleep）」と呼ばれ，覚醒状態に睡眠が侵入したと解釈される（図1.9.11）．この状態では，注意の持続が困難になり，目の焦点の維持が難しくなる．実際に，瞬眠が生じた途端に認知機能（注意能力，運動能力，作業記憶能力，高次判断能力など）が著しく低下することが知られている．瞬眠の生じる頻度は，断眠の時間が長くなるほど高くなる．瞬眠が生じるような眠い状態では，瞬きの速度は遅くなり，眼球がゆっくりと，無意識的に左右に動くようになる（緩徐眼球運動 slow eye movement）．瞳孔がまぶたによって隠された割合と時間を使って，眠たい状態を推定する技術も提案されている（percentage of eyelid closure time: PERCLOS, Dinges et al., 1998）．

2) 作業効率に与える影響

断眠は，作業効率を低下させる．特に注意の持続（ヴィジランス）能力は影響を受けやすいと考えられている．注意の持続能力を計測するための作業課題として，ヴィジランス課題が使われることが多い．**ヴィジランス**とは，ある信号を検出するために，長い時間にわたって注意を保つ能力（注意の持続）をいう．注意を集中している，警戒（alert）状態にあるといった心理状態を「ヴィジラント（vigilant）である」という．注意の持続は，多くの認知課題の基礎的能力であると考えられており，断眠による注意の持続への影響は，その他の多岐にわたる課題の成績に深く関係していると考えられている．よく使われるヴィジランス課題の例には，PVT課題（精神反応運動課題 psychomotor vigilance task），マックワース時計課題（Mackworth clock task），弁別反応時間課題（discrimination reaction time task），聴覚ヴィジランス課題（auditory vigilance task），視覚検出課題（visual detection task）などがある．

多種のヴィジランス課題はどれも注意の持続能力を測定するものであるが，近年とりわけよく用いられているのがPVT課題である（Dinges et al., 1997）．**PVT課題**では，画面上に数字のカウンター（刺激）がミリ秒単位で表示される．カウンターはランダムな提示時間間隔で表示されるため，被験者にはカウンターの表示されるタイミングは予測できない．被験者は，カウンターが表示されるのを検出したら，すぐにボタンを押すよう教示される．被験者は，自分で反応時間（カウンターが止まった時間）を確認することができるようになっており，課題への動機づけを高めら

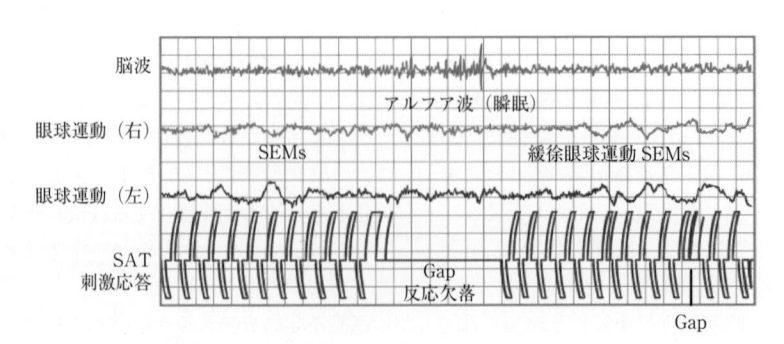

図1.9.11 瞬眠とヴィジランス反応の関係の例（Kryger et al., 2011より引用）

1.9 認知系／神経系

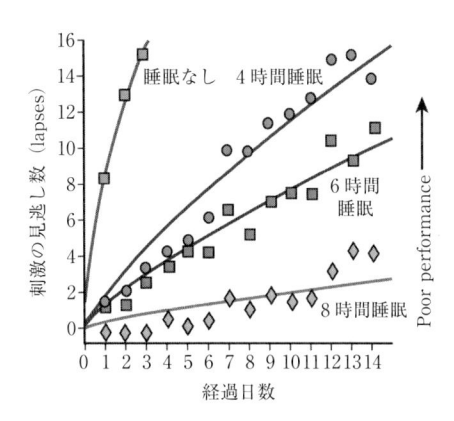

図 1.9.12 睡眠不足量と課題成績の関係（Kryger et al., 2011 より引用）

れるように工夫されている．課題は10分から20分間持続するように設定され，被験者は画面に常に注意を向け続けておく必要がある．この課題の成績は，反応時間（reaction time），見逃し数（omission），誤反応数（commission）で表され，アルファ波パワースペクトルや主観的眠気などと相関することが知られている（Kaida et al., 2006）．PVT課題は，比較的単純な課題なので，プログラムを自作することも可能であるが，市販されているものもある．

PVT課題の成績は，睡眠不足の蓄積（accumulation）である「**睡眠負債**（sleep debt）」を反映することが知られている．Van Dongan ら（2003）は，全断眠を3日間連続で行った場合と，4時間または2時間の部分断眠を最大14日間にわたって連続した場合のPVT課題の成績を比較した．その結果，8時間睡眠の条件を除いて，すべての条件で課題成績が徐々に悪化し，睡眠不足は蓄積されることがわかった（図1.9.12）．

この研究では，睡眠不足が蓄積するという発見のほかに，もう一つ重要な発見がなされている．それは，6時間の睡眠をとった場合にも，課題成績が悪化したということである．前述のように，睡眠の後半にはレム睡眠や浅い睡眠（睡眠段階1・2）が多く，徐波睡眠（睡眠段階3・4）はほとんど出現しない．したがって，6時間の睡眠の条件では，深い睡眠である徐波睡眠は剥奪されず，レム睡眠と浅い睡眠だけが剥奪されたはずである．それでもPVT課題成績が悪化したということは，注意能力維持のためには，徐波睡眠だけでは不十分だということを意味している．従来，睡眠の回復効果に対して，徐波睡眠の有用性が強調されがちであったが，レム睡眠や浅い睡眠も必要だということが示さ

れた点で興味深い．

ところで，ヴィジランス課題の成績では，ほかの課題に比べて断眠の影響が生じやすい．これはなぜだろうか．この疑問に答えるための考え方として，**状態不安定理論**（state instability theory）がある（Tucker et al., 2010）．これまでの研究によれば，睡眠は，脳内における覚醒維持機構と睡眠誘発機構の活動バランスによって生じると考えられている．睡眠誘発機構の働きが他方に比べて強ければ睡眠状態となり，逆に覚醒維持機構の働きが強ければ覚醒が生じる．状態不安定理論では，睡眠誘発機構と覚醒維持機構の活動が同程度に拮抗するような状況（非常に眠たい状況）において，両機構のバランスが不安定になると仮定している．この不安定な状態において，睡眠誘発機構の活動が一時的に優位になったときに，覚醒に対する睡眠の「侵入」，つまり瞬眠が生じる．しかし，すぐに覚醒維持機構の活動が優位になり覚醒に戻る．この睡眠と覚醒の「行きつ戻りつ」の状態のために，被験者は安定的な注意の持続ができなくなり，ヴィジランス課題における反応時間の延長や刺激の見逃しが生じると考えられている．

機能的磁気共鳴画像（fMRI）を用いた研究によれば，PVT課題の刺激反応時間が遅れる際には，前頭頭頂領域（frontoparietal area）の活動が一時的に減衰していることが観察されている（Drummond et al., 2005）．ここで興味深いのは，反応時間が遅れた場合以外の前頭頭頂領域の活動については逆に増加していた点である．考えられる理由としては以下がある．PVT課題では，自分の反応時間を確認することができ，結果は被験者にフィードバックされる．このため課題に対する動機づけが高まり，課題をうまくやろうとする努力が前頭頭頂領域の活動を増加させる．この努力によって注意の持続能力は一時的に回復するが，長くは続かず，やはり瞬眠が生じる．この繰り返しは，PVT課題の刺激反応時間の延長や分散の増大，見逃し数の増加に反映されると考えられる．眠気の強い状態では，注意を持続させようとする「努力」がそれほど長くは続かないというところが重要である．睡眠不足状態（眠気の強い状況）では，覚醒しようと努力してもほとんど無駄であり，注意の持続力を回復させるためには，たとえば短時間でも仮眠をとるか，別の合理的な方法（カフェインを摂取するなど）に頼る必要がある．短時間の仮眠の効果（30分未満）は，さま

ざまな研究において実証されている（Hayashi et al., 2005）．

3）作業記憶に与える影響

これまで多くの研究において，断眠によるパフォーマンス課題成績の低下は，前頭前野領域（prefrontal cortex）の活動低下と関係していることが指摘されている．前頭葉機能を反映したパフォーマンス課題には多様な種類がある．スイッチング課題などの**作業記憶課題**（working memory task）はその代表的なものである．スイッチング課題の一例では，提示された一桁の数字（刺激）に対して，できるだけ速く反応する．提示された数字が，偶数か奇数かを答える場合と，5より大きいか小さいかを答える場合があり，どちらを答えるかは刺激のたびに指示される．指示の種類には同じ指示が繰り返し与えられる場合（繰り返し試行）と，指示が変更される場合（スイッチ試行）がある．同じ指示が連続した場合に比べて，指示が変更された場合のほうが，被験者の反応時間は延長する．この反応時間の延長は「**スイッチ費用**（task-switch cost）」と呼ばれ，回答方略の切替えの速さ（古い方略の棄却と新しい方略への変更に要する時間）を表している．スイッチ費用は，前頭前野の働きと関係していると考えられており，全断眠はスイッチ費用を増大させることが報告されている（Couyoumdjian et al., 2010）．

4）単語記憶学習に与える影響

睡眠には，記憶課題の成績を向上させる効果があることがわかってきた．たとえば，一度みた単語を一定時間経過後に再認する（以前にみたことがあるかどうかを答える）単語再認課題の場合，全断眠を行った条件では，睡眠をとった条件と比べて再認率が低下する．興味深いのは，ある情動価を持った単語の記憶が選択的に阻害されるという点である．Walker（2009）によると，36時間の全断眠を行った場合，不快刺激（単語）に対する保持率（retention rate）はほとんど低下せず，快刺激に対する保持率だけが，断眠をしない条件と比べて50%以上の有意な低下を示した．この結果は，断眠状態では不快な単語は記憶に残りやすく，快の単語は失われやすいことを示唆している（Walker, 2009）．断眠による記憶の偏向（不快な情報が選択的に記憶されること）が，ヒトの精神（人格形成，心的外傷，生活満足感など）にどのような長期的影響を及ぼすのか，興味深い研究課題である．

5）表情評価に与える影響

全断眠を行ったヒトは，他人の表情をうまく評価できなくなるという報告がある．特に，幸せな表情と怒っている表情に対する評価は，睡眠不足でないときに比べると鈍感になる．ヒトの表情を読み取る能力は，社会的な生活を送るための基本的な能力であるが，その基本的な能力が断眠によって一時的に障害される可能性が指摘されている（van der Helm et al., 2010）．また，断眠後のヒトでは表情が変化し，他人から病的であると評価される確率が高くなることが報告されている．Axelssonら（2010）によれば，23名分の断眠前と断眠後の顔写真を65名の被験者にランダムに提示し，魅力（attractiveness），疲労（tiredness），健康（health）についての評価をしてもらったところ，断眠後の写真は，魅力がなく，不健康であり，疲労感があると評価された（Axelsson et al., 2010）．このことから，睡眠は他者に与える外見的な印象と密接に関係していることがうかがえる．これらの結果は，睡眠不足状態では，他人の情動をうまく評価することができなくなり，他人からも魅力的と評価されにくくなることを示している．

6）「ひらめき」に与える影響

日常生活において，事柄の関係性や隠れた法則を，突然「ひらめく」という経験をすることがある．眠っている最中に何かをひらめき，それが大発見につながったといった話をしばしば耳にする．睡眠中には，目覚めていたときに活動していた脳部位が再度活動し，「ひらめき」を促進するという報告がある（Wagner et al., 2004）．この実験では，**数字減算課題**（number reduction task）と呼ばれる課題を用いて，数字の配列のなかに隠れた規則性を発見できるかどうかを検証した．十分な睡眠をとった条件では，とらなかった条件よりも規則性を「ひらめいた」被験者が多く（22.7%対59.1%），睡眠がひらめきに関係していることを示している．また，「ひらめき」を経験するためには，単に睡眠をとっただけでは不十分で，睡眠の前に課題に習熟している必要があることもわかった．このことは，睡眠中に記憶の組換えが起こっていることを示唆している．覚醒中に得た記憶が睡眠中に適切な関係に組み替えられ，その結果，「ひらめき」が生じるのか

もしれない.

7) 運動学習に与える影響

運動学習が睡眠によって促進されるという研究がある.ピアノのように指を用いてある順番に沿って規則的にボタンを押す課題(motor-skill task)を練習すると,学習効果により徐々に速くボタンを押せるようになる.課題の難易度にかかわらず,夜間睡眠をとった場合には,就寝する前と比べて,ボタン押しの速度が速くなることが確かめられている(Kuriyama et al., 2004).興味深いのは,連続したボタン押し課題のなかで,睡眠前にはうまくいかなかった動作(problem point)が,睡眠後には円滑になるという点である.睡眠前にはうまくできなかった動作が,練習もしていないのに睡眠後にはできるようになるという事実は,睡眠中に運動学習課題成績の向上に関係するなんらかの変化が生じていることを示唆している.

まとめ

以上,睡眠の基本的知識と計測法を簡単に記載した.単に休息しているように思える睡眠中にも,脳は働いており,注意の持続能力回復や学習など,ヒトの生活に欠かせない機能の維持に役立っている.表情認識や美容との関係も明らかにされており,円滑に社会生活を行うためにも,睡眠は重要な役割を担っている.社会をよりよく生きていくために,睡眠・眠気の研究と質のよい睡眠をとるための技術開発が必要である.なお,紙幅の関係で紹介しきれなかった睡眠に関する情報は,堀(2008)に詳しく解説されている.

〔甲斐田幸佐〕

文 献

Axelsson, J., et al. (2010):Beauty sleep:experimental study on the perceived health and attractiveness of sleep deprived people. *BMJ*, **341**:c6614.

Couyoumdjian, A., et al. (2010):The effects of sleep and sleep deprivation on task-switching performance. *J. Sleep. Res.*, **19**:64-70.

Dinges, D. F., et al. (1997):Cumulative sleepiness, mood disturbance, and psychomotor vigilance performance decrements during a week of sleep restricted to 4-5 hours per night. *Sleep*, **20**:267-267.

Dinges, D. F., et al. (1998):Evaluation of techniques for ocular measurement as an index of fatigue and the basis for alertness management. Department of Transportation Highway Safety Publication 808 762, USA.

Drummond, S. P., et al. (2005):The neural basis of the psychomotor vigilance task. *Sleep*, **28**:1059-1068.

Hayashi M., et al. (2005):Recuperative power of a short daytime nap with or without stage 2 sleep. *Sleep*, **28**:829-836.

早川敏治(1999):終夜睡眠ポリグラフィ.睡眠臨床医学(太田龍彦ほか編),pp. 81-94,朝倉書店.

堀 忠雄編著(2008):睡眠心理学,北大路書房.

Kaida, K., et al. (2005):Self-awakening prevents acute rise in blood pressure and heart rate at the time of awakening in elderly people. *Ind. Health*, **43**:179-185.

Kaida, K., et al. (2006):Validation of the Karolinska sleepiness scale against performance and EEG variables. *Clin. Neurophysiol.*, **117**:1574-1581.

Kryger, M. H., et al., eds. (2011):Principles and Practice of Sleep Medicine, 5th ed., Elsevier, Missouri.

Kuriyama, K., et al. (2004):Sleep-dependent learning and motor-skill complexity. *Learn. Mem.*, **11**:705-713.

Rechtschaffen, A., Kales, A. (1968):A Manual of Standardized Terminology, Techniques and Scoring System for Sleep Stage of Human Subject. Washington DC:National Institute of Health.

Tucker, A. M., et al. (2010):Effects of sleep deprivation on dissociated components of executive functioning. *Sleep*, **33**:47-57.

van der Helm, E., et al. (2010):Sleep deprivation impairs the accurate recognition of human emotions. *Sleep*, **33**:335-342.

Wagner, U., et al. (2004):Sleep inspires insight. *Nature*, **427**:352-355.

Walker, M. P. (2009):The role of slow wave sleep in memory processing. *J. Clin. Sleep. Med.*, **5**:S20-26.

北浜邦夫(2009):脳と睡眠,朝倉書店.

1.9.5 ニューロリハビリテーション

a. リハビリテーション技術の潮流

リハビリテーション(rehabilitation, 以下, リハビリ)の歴史を振り返るとき, 長く訓練者の経験に基づいてきたことに気づく(エクスペリエンス・ベースド・リハビリテーション). しかし, その多くは効果が不明瞭であったり, 同様の症例でも常に有効であるとはいえなかったりした. マッサージや受動的な関節運動はそのようなものの例であったが, 麻痺側の手足をマッサージしたり, 動かしたりすることによって, 血液やリンパの流れの維持による褥瘡や浮腫などの防止, 筋力の低下や関節の拘縮などによる廃用症候群の防止が行えることがわかってきている. また, 残された身体機能を開発して社会復帰を促進させようとすることが長く行われてきたが, 最近では麻痺側の不使用を学習してしまい, 麻痺側の機能再建を妨げているのではないかと考えられている(Taub et al., 1994).

このような状況を打破するために, 1990年後半からエビデンス・ベースド・リハビリテーション(evidence based rehabilitation)が提唱されてきている. それは, 科学的な知見に基づいて効果のあるリハビリ訓練を目指そうとするものである. 概説すれば, ヒトを被験者として実験群と対照群との間で統計的な有意差のあることが検証された訓練法を用いようとする動きである. しかし, 実際にはリハビリの効果を客観的に評価することは容易でない. その理由として, 患者ごとに損傷部位やその程度が異なることから実験群と対照群を容易に均一化できないこと, 通常の訓練に加えて新規訓練法を実施するために新規訓練法の効果だけを単独で評価することができないことなどがあげられる.

このような問題点を克服するために, リハビリ訓練の作用機序を明らかにすることでエビデンス・ベースド・リハビリテーションの確度を高めようとする動きが2000年以降に始まった. それが, ニューロリハビリテーション(neurorehabilitation)である. ニューロリハビリテーションは, 神経可塑性などに由来する脳内での身体機能の再学習が主なリハビリ効果を生んでいるという考えに基づいて, ヒトの実験だけでなく, 動物実験を通してリハビリ過程のメカニズムを明らかにしようとするものである. 実験動物を利用することにより, 患者ごとに損傷部位や程度が異なったり, 他の訓練の効果を受けたりすることなく, 提案する訓練法の効果のみを評価することが可能となる(Murata et al., 2008).

b. ニューロリハビリテーションの背景にある神経可塑性

ニューロリハビリテーションは, 身体機能の再構築が, 脳神経系における可塑性によって起こるものと考え, そのメカニズムを明らかにして利用することによりリハビリの効果を高めようとするものである. ここでは**神経可塑性**(neural plasticity)に関する知見を紹介する.

1) 神経回路の再編成

大脳皮質における脳梗塞では, 身体機能の回復が梗塞部位周辺および対側大脳皮質での神経回路の再編成によることが示唆されている(Reinecke et al., 2003). また, 脳梗塞などによって生じた脳機能障害のリハビリ過程が, 感覚運動機能の再学習と密接に関連しているとの報告もある(Krakauer, 2006). このような神経回路の再編成は, 脳の学習機能に関連している神経可塑性によるものであり, リハビリによって身体機能が回復することの根拠とされることが多い.

2) 時間依存的な可塑性とホメオスタティックな可塑性

神経可塑性は, 神経細胞間で情報伝達のために形成されているシナプスでのシナプス伝達効率, シナプス数, シナプス形態の変化によって実現されている. 二つの神経細胞間の伝達効率を変化させるメカニズムとして**時間依存的な可塑性**(time-dependent plasticity)がある(Dan, Poo, 2004). シナプスを介して接続している二つの神経細胞の活動のタイミングに応じてシナプスの結合が強まったり弱まったりする現象である. シナプス後細胞が活動するよりも前にシナプス前細胞が活動していればシナプス結合は強まり, 逆であればシナプス結合が弱まる. また, シナプ

ス結合の変化はシナプス前細胞と後細胞の発火がほぼ同時に起こると大きい．

時間依存的な可塑性は別に，シナプス後細胞の感受性を一定に保つような可塑的メカニズムに**ホメオスタティックな可塑性**（homeostatic plasticity）がある（Watt, Desai, 2010）．これは，シナプス前細胞の活動が低下する状態が続くとシナプス後細胞での感受性が増し，逆にシナプス後細胞での活動が盛んになるとシナプス後細胞のシナプスの感受性が低下するというものである．これにより，神経可塑性によって生じるであろうシナプス後細胞での過剰興奮をなくし，シナプス後細胞での活動が一定に保たれる．シナプス後細胞における複数のシナプスの感受性が，それらの強弱を保存した状態で一斉に調節されるので**シナプススケーリング**（synaptic scaling）とも呼ばれる．

3）長期増強と長期抑圧

ある神経回路を一時的に高頻度で電気刺激すると神経細胞間の伝達効率が高まり，その後しばらく神経細胞活動が亢進される．これは**長期増強**（long-term potentiation：LTP）現象と呼ばれる．これと反対に神経細胞間の伝達効率を低くする現象が**長期抑圧**（long-term depression：LTD）と呼ばれるものである．神経細胞レベルでの神経可塑性に関する変化と神経回路網レベルでの領域間のつながり具合の変化とを橋わたしするような現象であり，記憶，学習やニューロリハビリテーションを考えるうえで留意されるべきものである．

4）遺伝子の発現

脳神経系の発生過程や脳損傷後にはさまざまな遺伝子が発現し，生体組織を構成するのに必要なタンパク質などが生成されている．長期間にわたる神経の可塑的変化にも遺伝子の発現変化が関係している．たとえば，神経細胞の樹状突起や軸索の伸長を誘発する**神経伸長因子**（nerve growth factor：NGF），神経細胞の成長に必要な栄養や環境を整えるのに必要な**神経栄養因子**（brain-derived neurotrophic factor：BDNF）や**グリア細胞由来神経栄養因子**（glial cell line-derived neurotrophic factor：GDNF），神経細胞と神経細胞の接続に関与している**細胞接着分子**（neural cell adhesion molecule）などは，神経系の形成に重要な役割を果たしている遺伝子であるが，これらの遺伝子が脳損傷後の神経可塑性において重要な役割を果たしている可能性が高い．脳損傷後にGDNF遺伝子発現量が変化すること（Arvidsson et al., 2001），皮質脊髄路の損傷後に神経突起の伸長を促進する遺伝子が大脳皮質内で発現すること（Higo et al., 2009）などは脳の自立的な修復過程で生じるものと考えられているが，脳損傷後にこれらの物質を生成する遺伝子を発現させられれば，機能回復に役立つと期待されている．

c. ニューロリハビリテーションに関連するその他の知見

神経可塑性に関する知見以外にも，脳や神経細胞に関する興味深い知見が蓄積されてきている．ここではニューロリハビリテーションに関連すると思われる神経科学の知見について紹介する．

1）ミラーニューロン

Rizzolattiらはサルの運動前野で把持動作に関連した神経細胞活動を計測中，把持動作の遂行時だけでなく，他人の把持動作を観察しているときにも神経細胞が活動することを発見した（Rizzolatti et al., 1996）．これが**ミラーニューロン**（mirror neuron）と呼ばれるものである．ミラーニューロンの役割についての議論はまだ続いているが，動作観察により脳内での情報表現が強固なものとなること（Stefan et al., 2005）や，逆に動作練習することによってその動作の区別をつけやすくなること（Casile, Giese, 2006）など，動作の獲得（学習）にも関連していることがわかってきている．

2）イマジェリィに伴う脳活動

スポーツ分野などでイメージトレーニングという言葉をよく聞くが，運動動作をイメージしたり，視覚や音などの感覚をイメージしたりすることを**イマジェリィ**（imagery）と呼ぶ．イマジェリィによって関連する脳部位が活動することが知られている（Nedelko et al., 2010）．脳損傷などによって身体機能が低下した場合でも運動動作をイメージすることによって関連する脳部位が活性化され，脳機能の回復に効果があるのではないかと期待されている．

3) 感覚フィードバック

感覚フィードバックは動作の調節に不可欠である．年配者に足下の硬さの判定訓練を実施したところ，立位時のバランス調節が改善されるということが報告されている（Morioka et al., 2009）．しかし，複数の感覚情報の統合がうまく行われない場合には，感覚が動作の獲得を阻害している場合がありうる．立位時のバランスを改善する際に視覚情報への過剰な依存が訓練効果の向上を妨げており，視覚情報の利用をなくしたところ訓練効果が改善したということが報告されている（Bonan et al., 2004）．

d. 種々のニューロリハビリテーション

脳血管障害などののちに，失語・失行・失読・失認・半側空間無視・注意障害・記憶障害・遂行機能障害・知能障害・情緒行動障害（うつ状態を含む）などの認知障害を伴う．そのような高次脳機能障害に対するリハビリ法は**認知リハビリテーション**と呼ばれるが，障害の原因が脳にあるので，ニューロリハビリテーションの中心的な課題である．また，臨床で行われるリハビリのなかでも運動機能の回復は重要な位置を占めている．そのような運動リハビリテーションのなかで，ラットやサルをモデル動物とした基礎研究によってメカニズムが解明されつつあるものは，**ニューロリハビリテーション**と呼ばれるようになってきている．しかし，ニューロリハビリテーションとして認知されている訓練法は多くなく，ニューロリハビリテーションを謳っている訓練法でもその効果が明確でないものも多くあるが，そのようななかで比較的検証が進んでいる訓練法について紹介する．

1) 鏡療法

事故などで失ってしまった手足に激しい痛みが生じる幻肢痛という現象がある．Ramachandran は，鏡を用いて健常側の手をあたかも切断された手であるかのように錯覚させることで幻肢痛が和らぐことをみつけた（Ramachandran, 2005）．これを**鏡療法**（mirror therapy）といい，これには神経科学的な裏づけが必要であるが，切断手のイメージを観測することによってミラーニューロンが活動してなんらかの神経活動の再調整が行われることで，幻肢痛が和らいだのではな

いかと考えられている．

2) プリズム順応法（prism adaptation）

主に大脳右半球に障害を負うと左側空間に関する認知機能や左空間にある物体への操作が困難になってしまう半側空間無視と呼ばれる症状に**プリズム適応訓練**を課すことにより，プリズムを外したのちに半側空間無視の症状が改善し，その効果がしばらく持続する（Rossetti et al., 1998）．プリズム順応法では，無視側の視覚情報の一部がその対側の視覚情報として入力されることで，空間と身体との対応マップの再編成が引き起こされて症状が改善すると考えられている．

3) 健常側拘束療法

健常側拘束療法（constraint induced movement therapy）は，健常側を装具などで固定して麻痺側を強制的に使用させることによって，脳梗塞周辺や対側大脳皮質での活動を亢進させ，麻痺側の身体機能の学習効果を高めようとするものである（Bury, Jones, 2004）．一般に脳血管疾患の治療は急性期における薬物療法や回復期におけるリハビリが効果をあげているが，その効果が期待できるのは障害後数カ月間と非常に短い．健常側拘束療法は，この時間的な限界を取り除き，障害後数カ月間をすぎた慢性期においても身体機能の回復が期待できるリハビリ技術として提案されている．

e. ニューロリハビリテーションへのアプローチ

ニューロリハビリテーションは，分子レベル，神経細胞レベル，神経回路網レベル，個体レベルでメカニズムの実証されたものでなければならないと考えられている．ここでは，そのようなニューロリハビリテーション技術を構築するための取組みとして，筆者らの実施してきている**サル第一次運動野脳損傷モデル**を用いた把持動作の回復過程に関する研究を紹介する．

手指の運動を支配する第一次運動野の神経細胞を薬剤により破壊することで，この領域を不可逆的に損傷すると（図 1.9.13A, Murata et al., 2008 より改変），反対側の上肢に運動障害がみられた（Murata, et al., 2008）．上肢を用いて孔から小物体を把握するというリハビリ運動課題を行わせたグループでは，課題成績

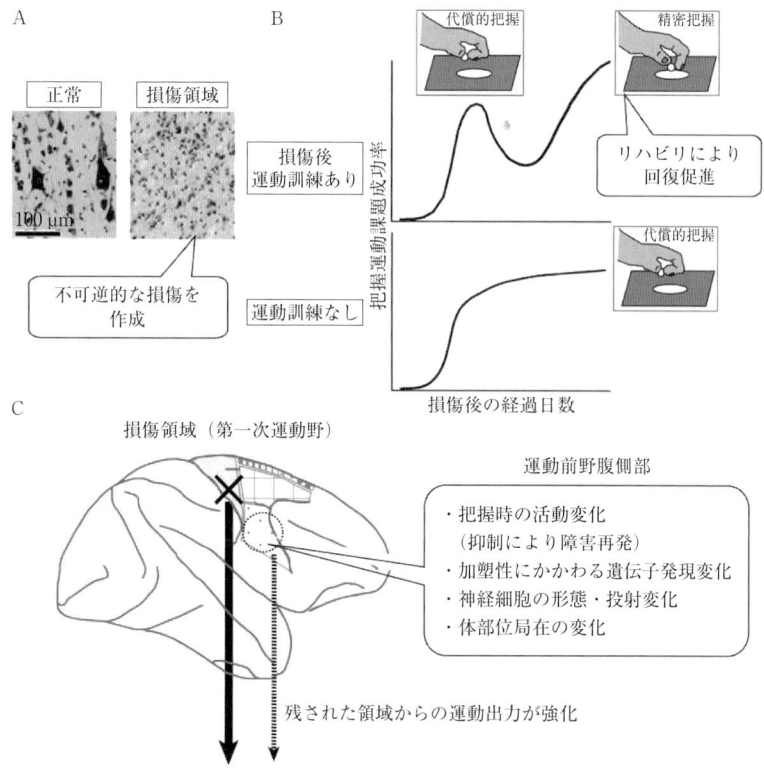

図1.9.13 サル脳損傷モデルを用いた把持動作の回復過程に関する研究
薬剤による大脳皮質運動野の不可逆的損傷（A），損傷後に上肢把握運動によるリハビリ訓練を行った場合と行わなかった場合の回復の違い（B），リハビリ訓練による回復の背景にあると考えられる残存した運動関連領野における可塑的な変化（C）．

は徐々に回復し，損傷後1～2カ月で損傷前とほぼ同程度にまで課題成績の回復がみられ，損傷前と同じ指先でのつまみ把握（精密把握）の回復が観察された．（図1.9.13B, Murata et al., 2008 より改変）．しかし，第一次運動野損傷後に運動訓練を行わせなかったグループでは，精密把握の回復はみられず課題成績が頭打ちになる傾向がみられた．以上の結果から，第一次運動野損傷後の回復過程にはリハビリ訓練を必要とする要素と必要としない要素の両方があり，特に精密把握の回復はリハビリ訓練により促進されることが明らかになった．

　成熟した脳が損傷を受けた場合に，失われた神経細胞は基本的に再生することはないので，機能回復の背景として，残された脳領域での機能的代償があると考えられる．筆者らのサルを用いた実験系では，把握運動に必須の領域であると考えられる第一次運動野を損傷しているため（Passingham et al., 1983），回復の過程では第一次運動野の機能を代償するための大規模な変化が生じていると考えられる．精密把握課題遂行中の脳活動を調べた脳機能イメージングの結果から，精密把握回復に伴って，第一次運動野の前方に位置する運動前野腹側部と呼ばれる脳領域で把握時の脳活動の亢進がみられた（図1.9.13C）．機能回復に伴う脳の活動変化は，脳損傷患者においても観察されることが知られている（Johansen-Berg et al., 2002）．また，機能回復過程において，運動前野腹側部で神経突起の変化にかかわる遺伝子発現が増加するという実験結果や，体部位局在（体の各部位に対する出力単位）が変化するという報告がある（Frost et al., 2003）．したがって，第一次運動野損傷後のリハビリ訓練によって運動前野腹側部の神経回路に可塑的変化が誘導され，損傷領域の機能が代償された可能性がある．特に霊長類の運動野は，第一次運動野，運動前野，補足運動野など多くの運動関連領野に分化しており，それぞれの領野から並行した運動出力が存在することが知られている（Tanji, 2001）．これら損傷されずに残された運動関連

領野が変化し，本来とは異なる運動出力経路が強化されることが，リハビリ訓練による運動機能回復の背景にあると考えられる．

まとめ

筆者らは，ニューロリハビリテーションを神経科学の知見によって，分子レベル，神経細胞レベル，神経回路網レベル，個体レベルのすべてでメカニズムの明らかにされた一種のエビデンス・ベースド・リハビリテーションであると考えた．そのうえで，脳損傷などの障害を例にあげて，神経系の関連する諸特性について紹介してきた．しかし，ニューロリハビリテーションは，脳機能障害に限定されるものではなく，老化に伴う身体機能低下の抑制やスポーツの上達を目指した身体機能の向上にも役立つと考えられるので，その適用範囲は広がるものと考えている．また，ニューロリハビリテーションはいまだ発展途上にあると考えているが，そのメカニズムが明らかにされていく過程で新しいリハビリ技術の開発も期待できる．

〔肥後範行・金子秀和〕

文献

Arvidsson, A., et al. (2001): Stroke induces widespread changes of gene expression for glial cell line-derived neurotrophic factor family receptors in the adult rat brain. *Neuroscience*, **106**(1): 27-41.

Bonan, I. V., et al. (2004): Reliance on visual information after stroke. Part II: Effectiveness of a balance rehabilitation program with visual cue deprivation after stroke: a randomized controlled trial. *Arch. Phys. Med. Rehabil.*, **85**(2): 274-278.

Bury, S. D., Jones, T. A. (2004): Facilitation of motor skill learning by callosal denervation or forced forelimb use in adult rats. *Behav. Brain Res.*, **150**(1-2): 43-53.

Casile, A., Giese, M. A. (2006): Nonvisual motor training influences biological motion perception. *Curr. Biol.*, **16**(1): 69-74.

Dan, Y., Poo, M. M. (2004): Spike timing-dependent plasticity of neural circuits. *Neuron*, **44**(1): 23-30.

Frost, S. B., et al. (2003): Reorganization of remote cortical regions after ischemic brain injury: a potential substrate for stroke recovery. *J. Neurophysiol.*, **89**(6): 3205-3214.

Higo, N., et al. (2009): Increased expression of the growth-associated protein 43 gene in the sensorimotor cortex of the macaque monkey after lesioning the lateral corticospinal tract. *J. Comp. Neurol.*, **516**(6): 493-506.

Johansen-Berg, H., et al. (2002): The role of ipsilateral premotor cortex in hand movement after stroke. *Proc. Natl. Acad. Sci. USA*, **99**(22): 14518-14523.

Krakauer, J. W. (2006): Motor learning: its relevance to stroke recovery and neurorehabilitation. *Curr. Opin. Neurol.*, **19**(1): 84-90.

Morioka, S., et al. (2009): Effects of plantar hardness discrimination training on standing postural balance in the elderly: a randomized controlled trial. *Clin. Rehabil.*, **23**(6): 483-491.

Murata, Y., et al. (2008): Effects of motor training on the recovery of manual dexterity after primary motor cortex lesion in macaque monkeys. *J. Neurophysiol.*, **99**(2): 773-786.

Nedelko, V., et al. (2010): Age-independent activation in areas of the mirror neuron system during action observation and action imagery. A fMRI study. *Restor. Neurol. Neurosci.*, **28**(6): 737-747.

Passingham, R. E., et al. (1983): The long-term effects of removal of sensorimotor cortex in infant and adult rhesus monkeys. *Brain*, **106**(3): 675-705.

Ramachandran, V. S. (2005): Plasticity and functional recovery in neurology. *Clin. Med.*, **5**(4): 368-373.

Reinecke, S., et al. (2003): Induction of bilateral plasticity in sensory cortical maps by small unilateral cortical infarcts in rats. *Eur. J. Neurosci.*, **17**(3): 623-627.

Rizzolatti, G., et al. (1996): Premotor cortex and the recognition of motor actions. *Brain Res. Cogn. Brain Res.*, **3**(2): 131-141.

Rossetti, Y., et al. (1998): Prism adaptation to a rightward optical deviation rehabilitates left hemispatial neglect. *Nature*, **395**(6698): 166-169.

Stefan, K., et al. (2005): Formation of a motor memory by action observation. *J. Neurosci.*, **25**(41): 9339-9346.

Tanji, J. (2001): Sequential organization of multiple movements: involvement of cortical motor areas. *Annu. Rev. Neurosci.*, **24**: 631-651.

Taub, E., et al. (1994): An operant approach to rehabilitation medicine: overcoming learned nonuse by shaping. *J. Exp. Anal. Behav.*, **61**(2): 281-293.

Watt, A. J., Desai, N. S. (2010): Homeostatic Plasticity and STDP: Keeping a Neuron's Cool in a Fluctuating World. *Front. Synaptic Neurosci.*, **2**: 5.

1.10 健康と福祉のための臨床学の諸領域

1.10.1 リハビリテーション医学

この第1.10節では，多職種からのアプローチが解説される．本項はその冒頭として，リハビリテーション医学の全体像を解説するとともに，リハビリテーション医学が果たすべき役割を解説する．

a. 機能回復とは

機能回復には，いまだに論争中の二つの考え方がある．脳神経の損傷を例にとる（図1.10.1）と，神経線維が断裂して運動障害に陥った際に，神経線維がもとどおりに再生したり，近傍の神経が分枝し側副線維によって筋肉が活動するようになる状態，すなわち神経線維自体の器質的回復による状態を，**真の回復**（true recovery）と呼ぶ．一方，神経が再生しなくとも，杖や車いすによってもとどおりの移動能力を獲得することも可能で，これを**能力上の回復**（recovery from disability）と呼ぶ（図1.10.2）．両者の境界は実際の臨床において曖昧なことも多く，脳卒中により麻痺に陥った患者がもとどおりの運動能力を獲得したとしても，運動自体は同じであっても別の筋肉を用いていたりする．

リハビリテーションとは，真の回復と能力上の回復の両方を扱う分野である．それは，後述するように，リハビリテーションが，研究者の視点より患者の視点に立つことを基本とすることによる．

b. リハビリテーションとは

WHOの定義によると，「健康とは，完全な肉体的，精神的及び社会福祉の状態であり，単に疾病又は病弱の存在しないことではない」（WHO憲章前文より）．この定義からもわかるように，人が生活するということは，単に肉体的な機能だけでなく，精神的，社会的にも，十分な状態が必要といえる．

リハビリテーション（rehabilitation）という用語の語源は，re-（再び）+ habiritare（人間的な能力，ラテン語）からなり，失われた名誉，地位，特権などを回

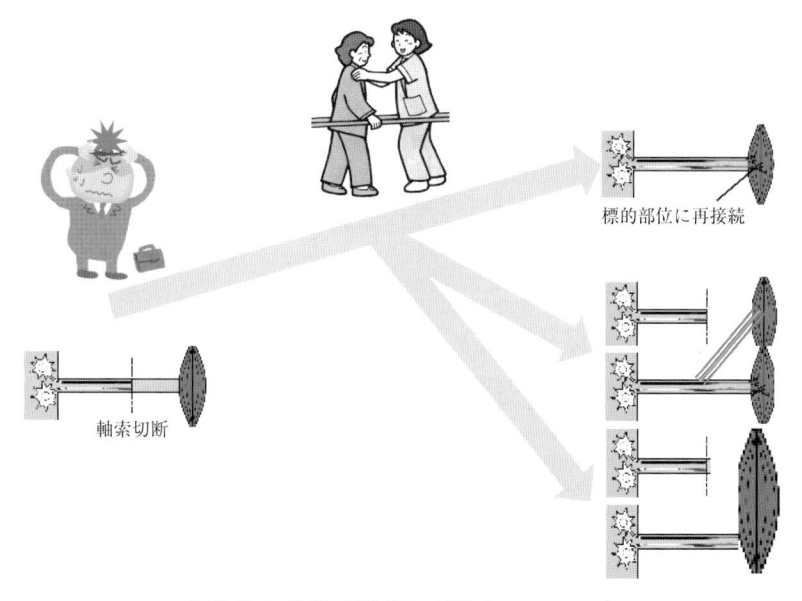

図1.10.1 神経切断後の真の回復（true recovery）

図 1.10.2 神経切断後の能力上の回復（recovery from disability）

復するという意味がある．リハビリテーションという用語は，もともとは中世キリスト教で，戒律を犯し破門された者が，破門を解かれた場合に用いられてきた．それが，20世紀から犯罪者が社会復帰する場合にも用いられるようになり，第一次世界大戦から医学に用いられるようになった．したがって，リハビリテーションという用語は単なる機能回復をいうのではなく，全人的な復権を意味してきた．そのような背景に加えて，1960年代になってデンマークでの知的障害者への援助方法の反省が契機となり，**ノーマライゼーション**（normalization）という概念が生まれ，人はどのような障害があっても一般の人と同じように生活を送る権利を保障する義務があることが提唱された．同じ頃の1960年代，カリフォルニア大学の障害のある学生が，介助を受けないことを自立と呼ぶのではなく，自己決定権の行使をもって自立とする考えを主張したことにより，**自立生活**（independent living：IL）とは，自分で納得できる選択に基づいてみずからの生活をコントロールすることであって，一人ひとりに個別的に定義されなければならない相対的概念であると考えられるようになった．

以上から，1981年（国際障害者年），WHOは，「リハビリテーションは能力低下やその状態を改善し，障害者の社会的統合を達成するためのあらゆる手段を含んでいる．さらにリハビリテーションは障害者が環境に適応するための訓練をおこなうばかりでなく，障害者の社会的統合を促すために全体としての環境や社会に手を加えることも目的とする．そして，障害者自身，家族，彼らが住んでいる地域社会が，リハビリテーションに関係するサービスの計画や実行に関わり合わなければならない」と提唱した．

c. リハビリテーション医学のアプローチ

以上のような経緯から，現在では **ICF**（International Classification of Functioning, Disability and Health）（図1.10.3）が提唱され，人の健康状態は，心身機能・身体構造（生命レベル），活動（生活レベル），参加（人生レベル）の三つの生活機能に関する要素から構成され，それには個人因子と環境因子の側面があるととらえるようになった．ICFは，健康状態を障害（人が生きることに関してのマイナス面）として分類するのではなく，生活機能（人が生きることに関してのプラス面）の分類であり，リハビリテーションの重要な概念を示すものである．

ホーキング博士を例にとると，博士は神経難病による全身の筋肉麻痺のため，発声もできず，わずかに動く指先で，人工発声装置などを利用してコミュニケーションを行っている．そして，ケンブリッジ大学ルーカス記念講座教授として，世界中で講演活動を行い多数の著書を発刊している．ICF分類では，博士の状況は図1.10.4のように示され，個人の意思に環境因子がそれを充足すべく整備されることにより，社会参加

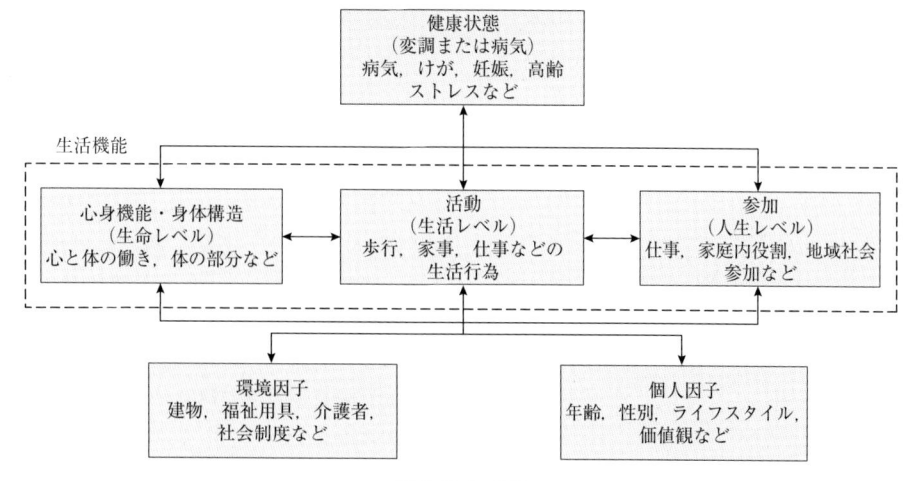

1.10 健康と福祉のための臨床学の諸領域

図 1.10.3 ICF

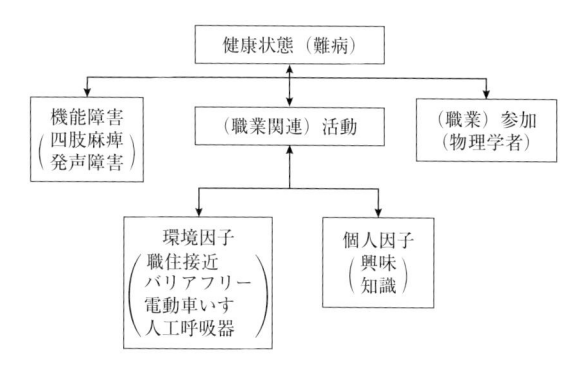

図 1.10.4 ホーキング博士の状態と ICF

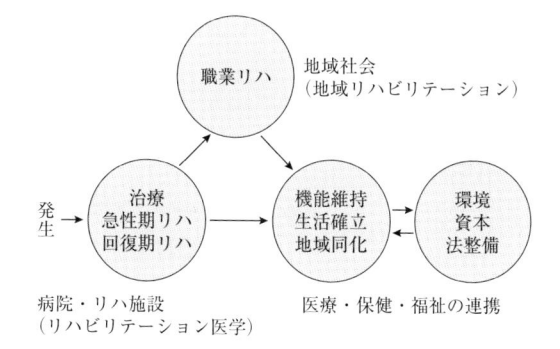

図 1.10.5 リハビリテーションの分野

が可能となる．このように，リハビリテーションは，障害者が自分の意思による社会生活を送るためのあらゆるアプローチを実施し，リハビリテーション工学機器は個人の機能回復や環境調整に利用される．

d. リハビリテーションの実際とチームアプローチ

リハビリテーションはその介入のタイミングによって，さまざまな分野に分類される（図1.10.5）．それぞれの明確な境界は明らかでなく，互いにオーバーラップしているものの，医学的リハビリテーション（**リハビリテーション医学** medical rehabilitation）とは，一般に疾病など医学的原因によって機能低下をきたした場合や後遺症を残した場合に，そこから社会復帰を目指す分野として扱われる．したがって，リハビリテーション医学の実践の場は主に病院などの医療機関となることが多い．

表 1.10.1 リハビリテーション医学に関与する職種

職　種	資格制度	主な業務
医師	国家資格	チーム医療リーダー
看護師	国家資格	看護アプローチ
理学療法士	国家資格	移動能力へのアプローチ
作業療法士	国家資格	作業能力へのアプローチ
言語聴覚士	国家資格	コミュニケーション能力へのアプローチ
義肢装具士	国家資格	補助具の作成
臨床工学士	国家資格	医療機材の整備調整
医療相談員	国家資格	生活相談，福祉制度案内
心理職	民間資格	心理分析，心のケア
介護職	さまざま	介護業務
薬剤師	国家資格	薬剤業務，情報提供
栄養管理士	国家資格	栄養管理
歯科衛生士	国家資格	口腔内衛生

リハビリテーションが全人的アプローチであることから，その実践には多くの職種を必要とする．表1.10.1にリハビリテーション医学の臨床の場で活動する主な職種を列挙する．その基盤とする知識技能が医療に携

表1.10.2 リハビリテーション医学において遵守すべき法令など

- 医療法
- 診療報酬上の施設基準
- 健康保険法
- 個人情報保護法
- 労働安全衛生法
- 療養担当規則
- 医師法
- 薬事法
- 保健師助産師看護師法
- 各種ガイドライン：麻薬取締法安全対策，CDC感染対策，消毒滅菌，職業倫理，輸血製剤管理，医療情報処理，診療録管理，医療における個人情報保護，空気感染発生時対策，行動制限に関する厚労省告示，宗教上輸血拒否対応，インフォームドコンセント指針，など

```
┌─────────┐      ┌─────────┐
│  他病院  │      │  他病棟  │
└────┬────┘      └────┬────┘
     └──────┬─────────┘
            ▼
┌──────────────────────┐
│ 回復期リハ病棟入院・転棟 │
└──────────┬───────────┘
            ▼
┌──────────────────────┐
│   入院・転棟時合同評価   │
└──────────┬───────────┘
            ▼
┌──────────────────────┐
│ リハビリテーションカンファレンス │
└──────────┬───────────┘
            ▼
   →リハビリテーション総合実施計画書作成
            ▼
┌──────────────────────────────┐
│ 患者・家族へ説明と同意（インフォームドコンセント） │
└──────────────────────────────┘
```

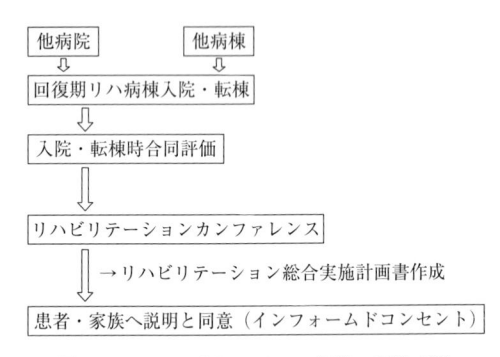

図1.10.6 リハビリテーション医学の手順（例）

わり生命に直結するものであることから，ほとんどの職種は国家資格を必要とする．また，医療の実践は医療法によって患者の安全と権利が保証されており，リハビリテーションにおいても，医療法をはじめとする各種法律やガイドライン（表1.10.2）を遵守し，所定の手順を踏んで実施される．図1.10.6は，入院してリハビリテーションが実施される実際の手順を示したものである．リハビリテーションを実施する際には，患者への説明と同意（**インフォームドコンセント** informed consent）が必要で，それにはリハビリテーション総合実施計画書と呼ばれる全国で標準化された書式が用いられている．

e. 機能回復の限界と障害受容

残念ながら，リハビリテーションが実施されても，すべての後遺症や障害が完全にもとどおりになるわけではない．患者の多くは回復に限界を感じて後遺症が残ることを自覚したとき，多大な苦しみを背負う．仏教では，理想と現実の狭間の状態で生じる心理状態を「苦」と呼ぶが，まさに後遺症を受け入れることは人生において最大の苦しみの一つといえる．リハビリテーション医学においては，このような絶望的な障害から価値観が転換され精神的な苦痛から開放される状態のことを，**障害受容**と表現する．この精神過程には多くの研究があるが，代表的なステージ理論（キューブラー・ロス，2001）によると，障害受容に至るには，末期がん患者と同様に，否認→攻撃→取引→絶望→受容という過程を経ると考えられており，受容するまでの道のりでは苦悩や絶望を経ることが多い．

　リハビリテーション医学の進歩は，患者の障害需要に至る心理過程に大きく影響を与える．近年，わが国のリハビリテーション医学は急速に発展してきた．その一方で，不治の障害を抱える患者の心理状態へのアプローチは進んでいない．科学技術の発達により，リハビリテーションの全人的復権という使命が忘れ去られ，単に障害された機能の再獲得（機能回復）一辺倒にならないよう，研究者は十分な配慮が必要である．

〔丸石正治〕

文　献

キューブラー・ロス，E.著，鈴木　晶訳（2001）：死ぬ瞬間―死とその過程について（中公文庫），中央公論新社．

1.10.2 理学療法学

a. 理学療法とは

理学療法（physical therapy）は，疾病や傷害などによって身体に障害を持つ，あるいは障害を持つことが予想される人に対して，**運動療法**によって身体運動機能の回復を図るほか，**物理療法**を用いて痛みの緩和や循環の増加などを図ることを通して障害の改善と予防を目的とする一連の身体治療技術である．

このうち運動療法は身体運動を媒介として筋力，関節可動域，身体運動の協調性，運動耐用能などの回復や，それらを通して起立動作や歩行などの基本的な日常生活動作（ADL）能力の回復を図る治療技術である．物理療法は温熱，寒冷，電気，光線，水，機械的刺激などの物理的刺激を用いることで，疼痛の軽減や循環の改善などを図る治療法である（表 1.10.3）．

理学療法に含まれる各種の治療技術は，古代から疾病の治療に応用されていた．限られた薬剤しかなく手術もなかった時代では，これらの技術は有効な治療法として中心的な役割を果たしていたが，現代的な診断治療技術の発展に伴って，**物理医学**（physical medicine）という名の治療医学として確立された．その後，戦争で障害を負った兵士の治療と社会復帰に関連して，理学療法はリハビリテーションと結合する形で発展した．わが国で理学療法という名称が社会に本格的に認知されるようになったのは，1965（昭和40）年の資格制度の創設以降のことである．そのためわが国における理学療法は，欧米のように一般医療技術としての側面は薄れ，リハビリテーションの技術の一分野として広く認識されて今日に至っている．

b. 健康福祉工学と理学療法

一般的な理学療法の目標は，主に身体機能障害の回復と能力障害の改善によって，対象者が自宅や社会に復帰することにおかれる．これは当然のことながら健康・福祉工学が目指すところと重なる．さらに福祉工学の成果が，それを必要とする利用者の手にわたる過程においても，理学療法士は一定の役割を果たす．

福祉用具が受益者の手にわたるまでには，用具の開発や製造にかかわる者はもちろんのこと，用具の処方にかかわる者，適切な用具の選択にかかわる者など多くの人手を介する必要がある．図 1.10.7 は代表的な福祉用具である車いすの供給過程に関与する要因を示すモデルである（Eggers et al., 2009）．

一連の供給過程のなかで，理学療法士がかかわる主な部分は，必要性評価，機器の選択・評価，適合性判

表 1.10.3 運動療法と物理療法の種類（吉尾，2010；丸山，2000 を一部改変）

運動療法	関節可動域運動	
	伸張運動	
	筋力維持・増強運動	
	協調性改善運動	
	バランス改善運動	
	姿勢改善運動	
	筋弛緩運動	
	全身調整運動	
	基本動作獲得運動	
	起立歩行能力向上運動	
物理療法	温熱療法	ホットパック，パラフィン浴，超短波，極超短波
	電気療法	低周波刺激，干渉電流療法，治療的電気刺激法
	光線療法	紫外線・レーザー療法
	水治療法	渦流浴，気泡浴
	寒冷療法	コールドパック，アイスバッグ，冷浴
	機械的刺激療法	牽引療法，マッサージ

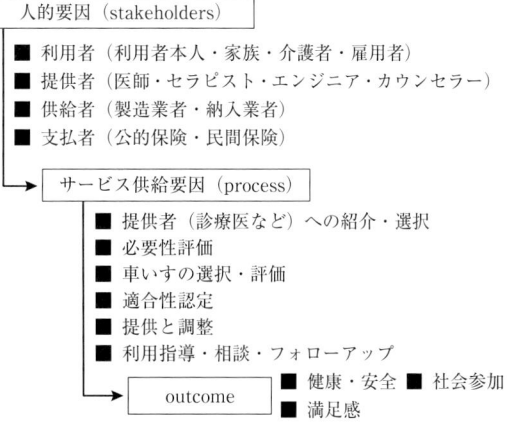

```
人的要因（stakeholders）
 ■ 利用者（利用者本人・家族・介護者・雇用者）
 ■ 提供者（医師・セラピスト・エンジニア・カウンセラー）
 ■ 供給者（製造業者・納入業者）
 ■ 支払者（公的保険・民間保険）
 ↓
サービス供給要因（process）
 ■ 提供者（診療医など）への紹介・選択
 ■ 必要性評価
 ■ 車いすの選択・評価
 ■ 適合性認定
 ■ 提供と調整
 ■ 利用指導・相談・フォローアップ
 ↓
outcome  ■ 健康・安全 ■ 社会参加
         ■ 満足感
```

図 1.10.7 車いすの供給にかかわる諸要因（Eggers et al., 2009 を一部改変）

定である．ただし現状ではすべての福祉用具供給過程に理学療法士が関与しているわけではない．対象と思われた人に供給された福祉用具の3割が使用されずに廃棄される（Day et al., 2001），必要性が認められる人の1/3には供給されていない（Bingham, Beatty, 2003）とされるなか，理学療法士は上記の役割のほかに，機器を必要としている対象者のニーズの掘り起こしと機器供給過程への誘導といった役割にかかわることが求められる．それは理学療法士が福祉用具を必要とする対象者の全身的な身体状況を的確に把握するのに適した職種だからである．対象者の全身的な身体状況をどのように評価して把握すればよいのかについて，以下で具体的な例を交えて解説する．

c. 理学療法が対象とする障害

　理学療法の対象疾患は，筋骨格系疾患や神経系疾患，循環・呼吸器系疾患など多岐にわたる．これらの疾病・変調（disease/disorder）から直接生じる一次的なレベルの障害として，解剖学的・生理的な構造や機能の欠損または異常がある．これらは**機能・形態障害（impairment）**と呼ばれる．これはたとえば運動器系では，筋力低下や運動麻痺，関節可動域の狭小化，四肢の欠損，疼痛，身体運動の協調性の低下などの形で現れる．すなわちimpairmentは生物学的レベルの障害ととらえることができる．

　impairmentは，その原因となる疾患の症状や徴候のすべてを指し示しているのではなく，日常生活や社会生活上の困難・不自由・不利益が生じるかどうかを考慮し，その可能性のある身体の器官や組織の機能・形態障害にその範囲を限定している（伊藤，1996）．すなわち「生活上の困難」の原因となっているかどうかを評価基準にしている点が重要である．

　医学的な障害とも言えるimpairmentの結果として生じる「生活上の困難」を指し示す障害概念が**能力障害（disability）**である．理学療法が対象とするdisabilityには，寝返る，起き上がる，座る，立ち上がる，歩くなどの日常生活動作がある．通常これらのdisabilityはimpairmentによって生じるという点で二次レベルの障害，あるいは生物レベルの障害から生じる個人レベルの障害ととらえることができる．さらにこの分類は障害構造には階層性があることも示している．

　disabilityは，通常行うことができる行為を実用的に実行する能力の制限や喪失を差し示す用語なので，disabilityを克服するやり方は必ずしも正常と考えられる方法でなくてもよい．たとえば，両上肢切断者が足を使って食事をしたとしても，それが実用的であるなら能力レベルでは問題がないととらえる点が強調される（上田，2003）．

　理学療法の直接的な目的は，対象者のimpairmentに対して改善を図る働きかけを行うことで，その人のdisabilityを軽減させることにある．ただしここで認識すべき重要な点は，disabilityの軽減には，必ずしもimpairmentの軽減を必要としないことである．たとえば，装具や歩行補助具を使用することで実用歩行が自立したり，右手の運動麻痺が残存しても左手で字を書いたり，片手だけで家事をこなすことでそれらの能力が自立する例からも，この点は明らかである（上田，2003）．

　ひいては，disabilityの軽減を通して，その対象者が社会において活動する場合に生じる**社会的不利（handicap）**を軽くして，障害で損なわれた社会に生きる人間としての権利の回復を図ること，あるいはQOL（生活の質）の向上を図ることが理学療法の最終的な目的となる．

d. 身体障害の階層性

　上記の障害分類は，WHOが1980年に発表した「**国際障害分類試案（ICIDH）**」に基づいている．その最大の意義は「機能・形態障害-能力障害-社会的不利（impairment-disability-handicap）」の三つからなる**障害の階層構造**を明確にしたことである．この障害分類は，障害者の持つプラスの面を無視してマイナス面だけを強調している，障害者不在で専門家だけで作成された，運命論的であるなどの理由から，WHOはICIDHの改訂版である**国際生活機能分類（ICF）**を2001年に採択した．

　ICFでは，分類の対象となる領域が従来の「疾病の帰結」から「健康の構成要素」へと大きく変わり，ICIDHが障害を分類する役割を主眼としていたのに対して，ICFはもはや障害の分類ではなく「社会で生きること」の分類の趣を持っている．ここで注意が

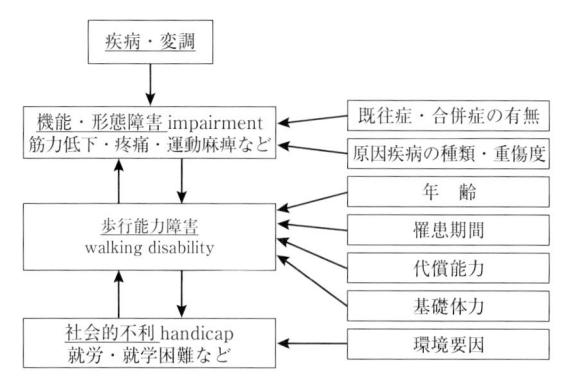

1.10 健康と福祉のための臨床学の諸領域

```
┌─────────────┐
│  疾病・変調  │
└──────┬──────┘
       ↓
┌─────────────────┐   ┌──────────────────┐
│機能・形態障害 impairment│←─│既往症・合併症の有無│
│筋力低下・疼痛・運動麻痺など│  └──────────────────┘
└──────┬──────────┘   ┌──────────────────┐
       ↕             ←─│原因疾病の種類・重傷度│
┌─────────────────┐   └──────────────────┘
│  歩行能力障害     │   ┌──────┐
│ walking disability│←─│ 年齢 │
└──────┬──────────┘   ├──────┤
       ↕             ←─│罹患期間│
┌─────────────────┐   ├──────┤
│社会的不利 handicap │←─│代償能力│
│就労・就学困難など │  ├──────┤
└─────────────────┘   ←│基礎体力│
                     ├──────┤
                     ←│環境要因│
                     └──────┘
```

図1.10.8 歩行能力障害に関与する諸要因とその相互関係（窪田ほか，1996）

必要なのは，disabilityという用語がICIDHでは「能力障害」という障害の一階層を表していたが，ICFでは「障害」一般を差す汎用的な用語に変更されたために，いまだに混乱のもとになっていることである．このような変遷を経て今日に至っている障害の分類であるが，障害の階層性を強調するため，ここではdisabilityという用語を「能力障害」として用いることとする．

理学療法がかかわる対象者の基本的動作能力の代表的な例として歩行能力があげられる．歩行能力の障害はdisabilityに分類されるが，歩行能力障害に影響を与える各要因の相互関係を示したものが図1.10.8である（窪田ほか，1996）．この図は歩行能力障害のベースには筋力低下や疼痛，運動麻痺，下肢の切断，運動失調，平衡機能障害のようななんらかのimpairmentがあり，その結果として歩行能力障害というdisabilityが生じていることを表している．さらに，歩行能力の障害が就労・就学困難などのhandicapをもたらしている（handicapという用語は欧米では差別用語と認識されるため，ICF以降使用されなくなってきている）．

これらの関係は図1.10.8の下向き矢印で示されるが，一見これは因果関係を表現しているようにみえる．しかし歩行能力の障害の軽減のためには必ずしもimpairmentの軽減を必要としないことから，いわゆる決定論的な関係を示しているとはいいがたい．それとは逆に就労困難というhandicapがある場合では，それによって日常的な歩行の機会が大幅に減少し，その結果歩行能力障害が重度化したり，さらに下肢の筋力低下といったimpairmentレベルの障害が進行したりするケースは決して珍しくはない．この逆向きの相互関係は図1.10.8の上向き矢印で表現されている．さらに，歩行能力障害というdisabilityの状態は，年齢や原因となった疾病の発症からの期間，合併症の有無といった要因の影響を受ける．すなわち，歩行ができないという状況を生み出す原因はさまざまであり，その重症度には種々の背景要因が関与していることをこの図は示している．

e. disabilityを軽減する手段

骨折や脳血管障害のように急性発症する疾患の急性期や，下肢の手術の直後で歩行が困難な人に対しては，不必要な安静は無要な廃用症候群をもたらすという認識から，十分なリスク管理のもとで発症後可能な限り早い日数から理学療法が実施される．そのようなケースでは，歩行困難というdisabilityを軽減するために，その原因となっている種々のimpairmentを除去することに力が注がれる．関節可動域の拡大，筋力の強化，運動痛や荷重痛の軽減，姿勢変化で生じる循環血流量の変動への順応，運動耐用能の向上などを目的とした理学療法がこの時期には高い頻度で行われるが，これらはいずれもimpairmentの改善を一義的な目的としている．歩行能力障害をもたらすimpairmentの改善は，着替えや入浴のようなセルフケア能力，あるいは炊事や洗濯のような家事動作の能力も改善させることが期待できるため，理学療法に限らずリハビリテーション医療では，第1選択としてまずはimpairmentの軽減を図ることが一般的である．

ただし，不可逆的な機能障害の残存が当初から予想されるケースや，発症から長期間経過したケースなどでは，impairmentの改善が困難であると見込まれることも少なくない．こうした場合は，impairmentの改善を伴わずして，disabilityを軽減させるための手段を模索する．たとえば，いままで行っていた正常な動作では階段を昇降することが困難なケースでは，機能が良好な側の下肢から階段を昇段し，患肢をその横にそろえる形で各段に両足がそろう動作方法を練習する．降段のときには逆に患肢から下ろす形の動作を練習する．このように，impairmentの改善がなくても，残存機能を最大限に生かし，現有の身体機能で実施可能な動作方法の習得によって，動作能力を再獲得することが可能である．

こうした適応的な動作パターンを習得するためには，長年慣れ親しんだ動作パターンから逸脱することから，運動学習の能力（図1.10.8の代償能力）が十分にあることが不可欠である．また代償的な動作は一般的に正常な動作より時間を要し，エネルギー効率も低下するため，それに対応できるだけの運動耐用能（図1.10.8の基礎体力）が十分にあることも欠かせない．さらに重要なことは病前に行っていた健常時の動作よりも本質的に危険を伴うことから，周囲の状況に十分な注意を払って事前に危険を察知し，それを能動的に回避する能力が必要とされることである（Huxham, 2001）．

適応的な動作の獲得だけでは動作の自立が得られない場合は，杖や手すりの使用，車いすの処方など，福祉用具の活用や家屋改造などの環境調整の手段が有効になる．すなわち，多くの福祉用具や住環境整備はimpairmentの軽減を伴わずにdisabilityを軽減するきわめて有効な手段として位置づけられる．さらに障害者本人が機器を扱う場合，上述した運動学習能力や危機回避能力を要求されることがほとんどで，電動車いすなど運動耐用能を補う機器を除いて，杖や手動車いすなどでは運動耐用能も要求される．処方された福祉用具が予想されたほど機能しない，あるいはほとんど使われないというケースではこれらの条件が満たされていないことが少なくない．

さらに訪問介護員（ホームヘルパー）らが行う身体介護サービスも，impairmentが残存した状態のままdisabilityを軽減させる行為が大半を占めている．残存能力を有効に利用して更衣動作が自立している障害者であっても，着替えに長い時間を要するならば，介助を受けて短時間で着替えをすませたほうが社会参加に有利な場合も多い．人間が介助することでdisabilityを軽減させる場合には，運動学習能力や運動耐用能は必ずしも必要でなく，危険回避も介助者の役割になることが多い．

医療の中心的役割が疾患の治癒であるなかで，機能・形態障害を残したまま能力の向上を模索するところにリハビリテーション医療の際だった特色がある．それと同様に，福祉工学が目指すところの多くはdisabilityの軽減にある．介助者の手に頼らず動作の自立を指向する機器を使用するべきか，介助者の手を頼るべきかの選択は，学習・耐用・危機回避の各能力がどれだけ期待できるかに応じて決まると考えてよい．

f. 高齢者の介護予防と健康工学

歩行能力の障害は特定の疾患によって引き起こされるほかに，高齢者では加齢の影響から徐々に生理的機能の減退が生じることでも引き起こされる．高齢者の歩行には歩行姿勢の変化や歩行速度の低下が特徴的に現れる．上半身の前傾，両足の間隔の拡大，歩幅の減少といった歩行形態の変化が生じやすく，歩行速度の低下は主に歩幅が小さくなることが原因である（Murray et al., 1969）．こうした加齢変化の影響が大きくなると，屋外歩行や階段昇降に困難が生じはじめ，**歩行能力障害**というdisabilityが顕在化してくる．

高齢者の歩行能力が障害されていく過程で生じる重大事象は**転倒**である．65歳以上の高齢者の2割程度が過去1年間に転倒を経験しており，その約1割に骨折が発生する．高齢者では骨折を受傷すると，それまでの日常生活での活動性を著しく低下させる原因となる．転倒を予防する取組みは，介護が必要になる状態を未然に防ぎ，高齢者が居住地域において自立した生活を継続できるように，公的介護保険制度における予防給付や地域支援事業などによって実施されている．これは健康工学が目指す健康の維持・増進という目的に重なる．高齢者の転倒を予防するために効果的な運動は，バランス訓練や筋力・バランスなどの複合的訓練（Provinece et al., 1995；Campbell et al., 1997）であり，運動介入に加えて居住環境内調整や視力補正といった手段を併用することで転倒予防効果が高まる（Day et al., 2002）ことが報告されている．

高齢者は足腰の筋力が低下するため転倒のリスクが高まると一般的には理解されることが多いが，現実には多くの要因が複雑に関与して転倒が発生する．図1.10.9は転倒に関与する要因を示しているが，その要因は内的要因と外的要因に大きく分けられ，それぞれを構成する要因も多岐にわたることがわかる．多くの場合，転倒を単一の原因で説明することは困難で，多因子的に解釈される．転倒を予防するためには，対象者個々人の身体的・精神的特性の差異を評価して多面的な対策を講じる必要がある．

これらの多くの要因のなかで，理学療法が対策を施せるものには，身体要因のなかの運動要因がある．運

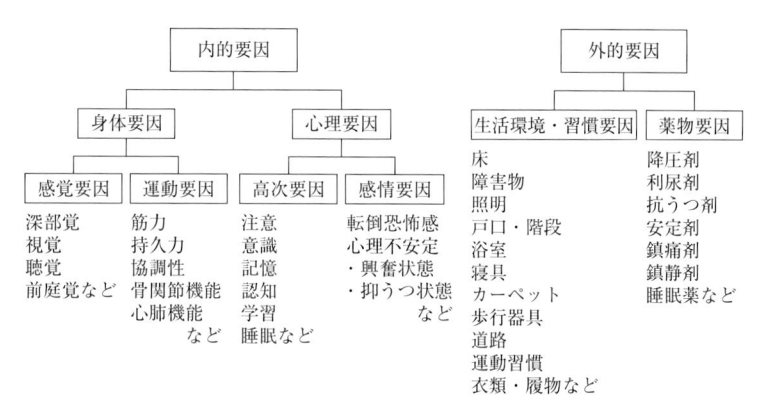

```
          ┌─────────────┐                              ┌─────────────┐
          │  内的要因   │                              │  外的要因   │
          └──────┬──────┘                              └──────┬──────┘
         ┌──────┴──────┐                              ┌──────┴──────┐
      身体要因       心理要因                    生活環境・習慣要因  薬物要因
   ┌────┴────┐   ┌────┴────┐
 感覚要因 運動要因 高次要因 感情要因
```

感覚要因	運動要因	高次要因	感情要因	生活環境・習慣要因	薬物要因
深部覚	筋力	注意	転倒恐怖感	床	降圧剤
視覚	持久力	意識	心理不安定	障害物	利尿剤
聴覚	協調性	記憶	・興奮状態	照明	抗うつ剤
前庭覚など	骨関節機能	認知	・抑うつ状態	戸口・階段	安定剤
	心肺機能	学習	など	浴室	鎮痛剤
	など	睡眠など		寝具	鎮静剤
				カーペット	睡眠薬など
				歩行器具	
				道路	
				運動習慣	
				衣類・履物など	

図1.10.9　転倒に関与する諸要因

動療法によって筋力や持久力，運動協調性などを維持・向上させることが可能である．日頃運動する機会に乏しい高齢者は，運動療法によって深部感覚に代表される感覚要因が活性化することも期待できる．さらに上述した高齢者特有の歩行形態の変化は転倒恐怖感から生じていることが多く，これも運動療法によって転倒を予防できるという自信を得てもらうことで，感情要因の軽減に働きかけることが可能である．そのほかにも，家屋状況などの把握から生活環境・習慣要因を改善する取組みを行うほか，既往疾患・合併疾患の医学的管理を担当する医師と情報を共有することで，ふらつきやめまいなどの副作用を生じやすい薬剤の投与を再検討する取組みも行う．

このように，高齢者を対象としてその生活と健康を維持または増進するための介入を行う場合，ある事象に関与する要因は一般的に多岐にわたることが特徴で，この点を認識することが重要である．すなわち単一の要因への対策だけでは効果が薄く，関与する諸要因を幅広く考慮しながら総合的な対策を企画・実施することが推奨される．

まとめ

理学療法士は対象者の身体機能に関して多くの情報を持っており，健康・福祉工学に関連したニーズを的確に把握できる立場にある．そのため新たな機器開発や生活支援の取組みに理学療法士は積極的に関与できると思われるが，期待されるほどの貢献は残念ながらできてはいないのが現状である．現場でのニーズを科学的に分析し，そのうえで開発すべき機器やシステムを適切に想起し，具現化可能なアイディアを提示する能力が，これからの理学療法士には要求される（田中，2010）．理学療法士を養成する機関はここ数年急増しているが，一昔前の教育カリキュラムに比べると，障害者の生活環境やリハビリテーション工学にかかわる授業科目が増えていることから，今後多くの理学療法士に医工連携の研究開発に水平的に関与できる能力が培われることが期待される．

〔佐藤　満〕

文　献

Bingham, S. C., Beatty, P. W. (2003): Rates of access to assistive equipment and medical rehabilitation services among people with disabilities. *Disavil. Rehabil.*, **25**: 487-490.

Campbell, A. J., et al. (1997): Randomised controlled trial of a general practice programme of home based exercise to prevent falls in elderly women. *BMJ.*, **315**: 1065-1069.

Day, H. Y., et al. (2001): The stability of impact of assistive devices. *Disabil. Rehabil.*, **23**(9): 400-404.

Day, L., et al. (2002): Randomized factorial trial of falls prevention among older people living in their own homes. *BMJ.*, **325**: 128-131.

Eggers, S. L., et al. (2009): A preliminary model of wheelchair service delivery. *Arch. Phys. Med. Rehabil.*, **90**: 1030-1038.

Huxham, F. E., et al. (2001): Theoretical considerations in balance assessment. *Aust. J. Physiother.*, **47**: 89-100.

伊藤利之 (1996)：障害とは何か．総合リハ，**24**: 887-892.

窪田俊夫ほか (1996)：歩行能力障害．総合リハ，**24**(10): 933-937.

丸山仁司編 (2000)：理学療法概論，アイペック．

Murray, M. P., et al. (1969): Walking patterns in healthy old men. *J. Gerontology*, **24**: 169-178.

Provinece, M. A., et al. (1995): The effects of exercise on falls in elderly patients. A preplanned meta-analysis of the FICSIT trials. *JAMA.*, **273**: 1341-1347.

田中敏明 (2010)：福祉・支援工学における理学療法士の役割．理学療法学，**37**(8): 595-597.

上田　敏 (2003)：ICF：国際生活機能分類とこれからのリハビリテーション医療．臨床リハ，**12**(2): 136-145.

吉尾雅春編 (2010)：運動療法学総論，第3版，医学書院．

1.10.3 作業療法学

a. 作業療法

作業療法とは,理学療法士及び作業療法士法(昭和四十年六月二十九日法律第百三十七号)(法令データ検索システム E-Gov)により「身体又は精神に障害のある者に対し,主としてその応用的動作能力又は社会的適応能力の回復を図るため,手芸,工作その他の作業を行なわせることをいう」と定められている.**作業療法士**とは,厚生労働大臣の免許を受け,作業療法士の名称を用いて医師の指示のもとに作業療法を行うことを業とする者をいい,作業療法士になろうとする者は,作業療法士国家試験に合格し,厚生労働大臣の免許を受けなければならない(法令データ検索システム E-Gov).

作業療法士はリハビリテーション医療に携わる医療専門職である.わが国の作業療法士の職能団体である社団法人**日本作業療法士協会**(The Japanese Association of Occupational Therapists:JAOT)は,作業療法を次のように定義している(日本作業療法士協会).身体または精神に障害のある者,またはそれが予測される者に対し,その主体的な生活の獲得を図るため,諸機能の回復,維持および開発を促す作業活動を用いて,治療,指導および援助を行うこと.対象は,生活に障害を持つすべての人にかかわり,医療をはじめ保健・福祉・教育・職業領域と幅広い分野で展開されている.作業療法の目的は,基本能力(運動機能・精神機能),応用能力(食事や排せつ,家事など,生活で行われる活動),社会生活適応能力(地域活動への参加・就労就学の準備など)の三つの能力を維持・改善することである.また,**米国作業療法協会**(The American Occupational Therapy Association:AOTA)によれば,Occupational therapists and occupational therapy assistants help people the lifespan participate in the things they want and need to do through the therapeutic use of everyday activities (occupations). また,**世界作業療法士連盟**(World Federation of Occupaitonal Therapists:WFOT)では,Occupational therapy is a client-centred health profession concerned with promoting health and well being through occupation. The primary goal of occupational therapy is to enable people to participate in the activities of everyday life. Occupational therapists achieve this outcome by working with people and communities to enhance their ability to engage in the occupations they want to, need to, or are expected to do, or by modifying the occupation or the environment to better support their occupational engagement と定義している.

いずれの定義も,作業療法士が担う役割を具体的に示しており,文化や社会制度の違いを超え,「作業活動を支援する」という作業療法の本質を示している.しかし,AOTA,WFOT による定義は,それぞれ「対象者が希望する,必要とすること」「対象者中心の」と明文化している点に特徴がある.わが国の作業療法士が対象者中心を念頭においていないわけではないが,明文化はなされていない.いずれにせよ,これらの定義が示すように,作業療法は医学系の学問に軸足をおきつつも心理学,社会学などの関連領域の知識を背景とし,さらに,生活,作業活動に焦点を当てているという,きわめて人間的側面を有する点に特徴がある.

b. 作業療法の歴史と作業療法学

ギリシャ,ローマ時代より,作業や運動は,病者の養生や治療に用いられてきた.作業療法はその源流をフィリップ・ピネル(Philippe Pinel,精神科医,仏)が 18〜19 世紀にかけて創始した精神障害者に対する**道徳療法**(moral treatment,人道主義的治療法)に発するとされる(鎌倉, 2004).ピネルは,男性精神病患者が収容されていた公立の施療院(ビセートル)の医長となった人物であり,それまで監禁,鎖による拘束など,非人道的な処遇を受けていた「精神病患者を鎖から解き放った医師」として知られる.彼は,人道的な処遇を治療の根幹に位置づけた功績があり,特に優れた監護人ジャン=バティスト・ピュサンの患者への人道的な接し方に影響を受けたといわれている.この道徳療法の治療理念において,患者に合った作業活動の実施が,患者の精神的安定に寄与していること

が報告されており，人道的処遇と心理的療法を具現化する手段であった（鎌倉，2004）．作業療法は，道徳療法にその起源を持つとされる点が象徴的である．優れた監護人ピュサンはもと患者で医療教育など受けたことのないいわば「素人」であったが，「常識的な態度」で患者に接したことで患者の安定をもたらすことができたという．作業療法士の対象者支援のあり方の根幹は，ピュサンの実践例が示すように，いわば「ありふれた常識人・生活人としての視点」の大切さを端的に示すものであろう．その後，道徳療法は，ヨーロッパ，米国に拡大し，一時期衰退したが，20世紀初頭に**アーツアンドクラフツ運動**（Arts and Crafts Movement）として「作業」そのものが見直された．この運動のなかから作業療法の先駆者が現れ，米国における作業療法が確立されていった．アーツアンドクラフツ運動とは，産業革命による大量生産に対立する立場として英国に起こった工芸革新運動である．作業活動を指導する専門職を最初に誕生させたのは米国であるが，その後，各国に広まった作業療法はそれぞれの国において文化，社会，制度にあわせて発展を遂げ，2013年6月現在，WFOT加盟国は73カ国に至った（世界作業療法士連盟）．また，作業療法の基礎学問としても期待されている作業科学（occupational science）などの新しい学術分野も興り，領域の拡大，深化を続けている．

わが国の作業療法は，19世紀に欧米を視察した医師が精神科，肢体不自由児，肺結核などに対する作業の治療的活用を紹介し，わが国において実践したことがその緒である（岩崎ほか，2011）．第二次世界大戦後，日本国憲法のもと，身体障害者福祉法（1949年），精神薄弱者福祉法（1960年）などが制定され本格的なリハビリテーション医療の必要性が高まった．このような流れのなか，リハビリテーション専門職を養成する必要性に迫られ，**理学療法士及び作業療法士法**（1965年）が制定され国家資格となった．その後，作業療法は，理学療法など関連領域との違いにとまどい，アイデンティティの危機を乗り越え，機能障害そのものへの治療だけではなく作業活動，生活支援へと焦点化し，障害が残存しても有意義な人生が送れるよう支援を行うという視点へパラダイムが変遷した．わが国の作業療法は，施策，社会的要請および主として作業療法固有の理論では米国やカナダ，福祉機器などの分野はスウェーデンやデンマークの影響を受けつつ固有の発展をしており，作業遂行（作業を行うこと）を支援する専門職という認識へ収束しつつある．

作業療法学は作業療法の基盤となる理論，作業療法評価，作業療法支援・治療に関する学問体系である．作業療法学は事例検討，すなわち，先人の対象者とのかかわり・支援から経験知を蓄積してきた実学であり研究分野もきわめて多岐にわたっており，臨床的・学際的・実学的であることが特徴といえる．

c. 作業療法士養成と教育上の課題

作業療法士養成課程は大学，短期大学，専門学校があり，4年制（大学，一部の専門学校），3年制（短大，一部の専門学校）がある．厚生労働省によって決められた指定規則に従い，一般教養科目，基礎医学系科目（解剖学，生理学，病理学など），臨床医学系科目（内科，外科，神経内科学，整形外科学など），作業療法学基礎・専門科目（運動学および各種作業療法学）を講義，演習，学内実習を通じ習得し，臨床実習で実践を学び，各養成校の定める要件を満たせば卒業となる．カリキュラムは各養成校により異なるが，国家資格を目指す養成課程であるために，同じ内容を網羅するよう厚生労働省より大枠が指定されている．国家試験は2013年現在，年1回（例年2月末）行われている．なお，現在は資格の更新制度はない．

作業療法士の養成課程は医師養成課程などとは異なり，臨床研修医制度に該当するシステムが存在しない．医学部学生は6年間修学するが，この間は「無資格」であるため医療行為はできない．そのため，国家資格を取得したのち，臨床で実践を研修することが必要とされている（厚生労働省）．一方，作業療法学生は，知識，基礎技術だけではなく，臨床力も含め養成校の課程内で習得し，筆記試験で合格し，資格を得れば即，作業療法士として勤務できる．臨床実習に際しては，多くの場合，臨床実習指導者（1名〜2，3名）の指導のもと，学生は患者に接し医療行為を行いつつ学ぶが，この際の対象者とのトラブル，医療事故の発生が懸念されている．また，マンツーマン方式による教育手法は，具体的に密な指導を受けられるメリットをもつ一方，学生へ偏った教育をしてしまう危険性をもはらむ．近年，臨床実習では，学生の社会経験の少なさ，コミュニケーションスキルや問題解決能力や，態度・

マナーの問題が原因となったトラブルが生じており，教育システムの見直しの必要性に迫られている．一部養成校においては，模擬患者（健康な一般人が模擬的に患者を演じるもの）を導入した教育の導入，あるいは他職種連携教育（interprofessional education：IPE，医療・福祉の関連専門職の学生がともに学ぶことでコミュニケーションスキルを獲得しつつ，お互いを理解し，自身の専門性をより深く学ぶ）など，養成校の背景，方針に沿った教育プログラムが実践され，問題解決能力，臨床能力向上のための試みが成果をあげている．

一方，卒後教育についても課題が残されている．現場は，新人教育システムを完備している施設ばかりではなく，個別に中堅，ベテランが必要に応じ指導し，新人の臨床業務を支援している場合や，ほとんど新人教育に手が回らない場合もある．対象者支援，管理・運営業務以外にも新人教育の時間を確保しなければならない中堅・ベテラン作業療法士は多忙をきわめる．わが国における作業療法士有資格者は2013年5月現在，7万人弱を数え，数の点では充足しつつあるが，作業療法士養成校の急激な増加に伴い，各養成校の教育の状況，施設によって異なる指導体制，指導者の教育力，学生の能力，経験の差などさまざまな要因が絡んだ問題が顕在化し，作業療法士の質をどのように高めていくかという問題が生じている．

現在，JAOTおよび各都道府県士会（47都道府県に作業療法士の職能団体が存在）では，卒後教育にも力点をおき，作業療法士の質の向上に精力的に取り組んでいる．現在の生涯教育制度は，作業療法士としての自己研鑽を継続するための「生涯教育基礎研修」と，作業療法の臨床実践，教育，および管理運営に関する能力を習得するための「認定作業療法士取得研修」，高度かつ専門的な作業療法実践能力を習得するための「専門作業療法士取得研修」があり，成果をあげている．

d. 作業療法の実際

作業療法の分野は，身体機能分野，精神機能分野，発達過程分野，高齢期分野，地域分野に分類される（岩崎ほか，2011）．はじめの4分野は主として障害別による分類であるが，最後の地域分野は，小児から高齢者までを含む．実際には，分野ごとに明確に分類できないことも多く，たとえば，身体機能と精神機能の障害が合併する，あるいは発達過程分野や高齢期分野は心身両方の問題をかかえる対象者も珍しくない．何よりも心と体，そして環境は切り離すことができないため，どのような障害を持つ人に対しても領域を超えた支援が必要である．作業療法士のような領域横断的に対応できる職種は全人的リハビリテーションに必須であるといえる．

作業療法士は，一般的に，**国際生活機能分類**（International Classification of Functioning, Disability and Health：ICF）（世界保健機関）の枠組みに沿って，心身機能・身体構造および機能障害，活動と参加および活動制限と参加制約，個人因子，環境因子に関する情報を収集，分析，統合し，対象者らが希望する，あるいは彼らが必要とするライフスタイルが可能となるように作業療法支援を行う．つまり，作業療法士は，他職種との連携のもと，対象者の主観を聴取し，関連する情報を収集，分析，統合し，その人の望む生活がどうすれば可能となるか，回復可能な機能については回復訓練を行い，機能向上を目指し，回復が困難な機能については人や物，環境，社会制度をどう活用すれば補完し，目的が達成できるかを，常に対象者やその家族，関連職種とともに考え，伴走者の一人として対象者がゴールを目指す支援を行う．

作業療法評価とは，個人にとって価値のある，あるいは必要なセルフケア，仕事，レジャーなどの課題を行うための能力がどのようなレベルにあるのか，その機能状態についての計画された情報収集と解釈，文書化を指す（岩崎ほか，2006）．観察，面接，検査・測定が主な情報を得る手段である．作業療法評価では，心と体と環境の状況を把握するため，さまざまな情報収集の手法が使用されている．作業療法士が必要とする情報は広範囲であるため，作業療法以外の関連領域に由来する検査，測定バッテリーをも活用している．具体的には，意識状態，バイタルサイン，形態計測，関節可動域測定，筋力検査，知覚検査，反射検査，姿勢反射検査，筋緊張検査，協調性検査，脳神経検査，上肢機能検査，高次脳機能検査，感情・気分・不安・抑うつの検査，日常生活活動評価，興味・役割・QOL（quality of life）評価，小児の場合は各種発達検査，認知症の場合は認知症に関する各種検査，住環境評価，職業前評価などが対象者の状況に応じて行われる（岩崎ほか，2006）．これらの検査・測定手法に

は，標準化された検査から作業療法士の力量に左右される面接や肉眼観察などまでが含まれ，エビデンスレベルの高い評価システムの構築が今後の課題の一つである．標準化がなされている検査例としては，上肢機能検査の一種である**簡易上肢機能検査**（Simple Test for Evaluating Hand Function：STEF），日常生活活動（activities of daily living：ADL，食事，更衣，整容，排泄，入浴など）を評価する**機能的自立度評価表**（Functional Independence Measure：FIM），健康関連のQOLの尺度である**SF-36**（MOS 36-item Short Form Health Survey）などがある．対象者の状態を定量的にとらえ，効果判定を行うことは重要であり，医療効果の検証においてエビデンスレベルの高低はしばしば問われる．

しかし，作業療法領域においては，対象者らの価値観や人間性にかかわる部分，すなわち，数値化できない，あるいはすべきではない部分を扱っており，数値だけでは測れない質的な部分も配慮し総合的に評価を行う必要性がある．たとえば上述のようにQOLを点数化することは可能であるが，その数値をもって対象者のQOLの状態の全容が把握できるわけではない．優れた検査・測定ツールであっても，あくまでも一つの切り口でしかない．作業療法士は，このような限界を理解し，そのうえでツールを駆使し総合的に対象者をとらえる能力を必要とする．なお，北米において社会科学を背景として発展してきた作業療法独自の理論（カナダ作業遂行モデル（ロー，2002），人間作業モデル（キールホフナー，2006））とその理論に基づく評価・支援システムの一部が，わが国においても翻訳，一部は標準化され，活用されつつある．この北米からの影響は作業療法のとらえ方に関し一定の影響をわが国の作業療法へ及ぼしており，今後の展開が注目されている．

作業療法士は，収集した情報を，対象者の意思を尊重し，ICFの枠組みに沿って分析，統合し，作業療法の長期目標（最終的に対象者が望む生活スタイル），短期目標（短期間で達成すべき具体的課題）および具体的支援・治療内容，作業療法計画を立案し，カンファレンスにおいて他領域と調整のうえ，また対象者への説明と同意のうえ，作業療法支援（治療・訓練・助言）を開始する．作業療法の支援は複数の領域に共通する部分と各領域で特徴的な部分があるが，ここでは，作業療法の支援体系で最も整理が進んでおり，かつ工学との接点が他領域に比較して多いことから，身体機能の作業療法分野について紹介する．

身体機能の作業療法分野における主要な対象疾患・障害である13疾患については治療・支援体系がほぼ確立されている．主な対象疾患は，脳血管障害，頭部外傷，頸髄損傷，関節リウマチ，神経変性疾患（パーキンソン病，筋萎縮性側索硬化症，脊髄小脳変性症など），神経・筋疾患（ギラン・バレー症候群，多発性硬化症など），末梢神経損傷，熱傷，骨・関節疾患（骨折，関節症など），切断などの脳・神経・筋にかかわる疾患が多い．また，内部障害と呼ばれる，循環器・呼吸器・代謝性疾患などに対する作業療法，悪性腫瘍患者に対する作業療法（ターミナルケアを含む）などへもニーズが高まっている．もっとも，対象者は高血圧，糖尿病やうつなどの合併症を持つ場合も多く，これらの合併症をも考慮して対応する必要性が高いので臨床像は複雑である．対象者の個別性を深く理解しなければ生活支援はできないため，仮に同じ疾患名・障害状況の対象者であったとしても支援は一様ではない．

身体機能の作業療法の支援目的は大きく，①作業遂行領域（ADL，手段的日常生活活動 instrumental activities of daily living：IADL，教育，仕事，遊び，レジャー，社会参加）に必要な技能や遂行状態を改善するための訓練，②希望する作業を行ううえで問題となる心身機能の回復と予防のための作業活動と機能訓練，③作業を容易にする福祉機器の適合と使用訓練に分類される（キールホフナー，2007）．現在，作業療法の治療の特徴は，対象者の興味を考慮した目的ある作業活動を活用する点にあるとされ，より基本的な筋力強化，関節可動域訓練，徒手治療などは準備的・補助的手段として位置づけられている（岩崎ほか，2008）．対象者にとって興味のある，あるいは価値のある作業活動は対象者の興味を喚起しやすく，よい循環を生み出すことはよく知られている．ただし，現在この治療の考え方が適合しやすい回復期などの病期がある一方，急性期における作業療法や手の外科や熱傷など，より医療色の強い作業療法ではむしろ準備的・補助的手段と定義される治療手段が適切であると判断され，適用される場合もある．すなわち，現状では，施設，病院において作業療法に期待される役割が実際の作業療法の内容にも反映されている．ただし，作業療法の究極的な目標は，生活者としての対象者に対す

る支援であることは間違いなく，どの病期における作業療法もこの最終的な目標につなげていくための連続した支援過程の一部であるととらえることができる．なお近年，脳機能に着目して機能回復を図ろうとするリハビリテーション（ニューロリハビリテーション，神経リハビリテーション）などの新しい潮流もあり，脳機能などの関連領域の発展が作業療法領域へも影響を与え，新たにパラダイム変換を生じさせる可能性もある．重要な点は，対象者中心，作業活動や生活を支援するという原則は不変であろうが，目的達成のためのアプローチは柔軟であってもよいのかもしれない．何よりも作業療法士自身がある一定の考え方にこだわりすぎて，対象者に不利益をもたらすことがあってはならない．作業療法士は対象者の自己決定を支援する立場をとるべきである

作業遂行領域における支援は，個別性が高いため，対象者のニーズについて具体的に評価，訓練をしていく．たとえば，同じ脳血管障害による同程度の重症度の左片麻痺の 40 歳女性であっても，子育て中の主婦（妻として，母として，PTA 役員としての役割を果たしたい，趣味のカラオケを続けたい）と独身，常勤の中学校教師（教師を続けたい，趣味の海外旅行を続けたい）では，希望するあるいは必要となる作業活動は当然異なってくる．そのため支援はきわめて「生活感覚に富んだ内容」となる．

このように対象者のニーズは千差万別であるが，作業療法の役割として ADL，IADL についてのニーズは総じて高い．たとえば，排泄動作の自立状況は在宅生活の可否や在宅生活の容易さを左右するほど大きな因子である．介護者の視点からみると，多くの場合，更衣は一日朝・晩の 2 回の介助ですむが，排泄は日に何度か，しかもタイミングが予測できないため当事者および家族も負担となることが多い．また，注意障害や認知障害による行為への影響が強い場合は在宅生活を送るうえでも，就労を目指す場合でも支障となりやすい．リスク管理能力や問題解決能力が対象者の生活に大きな影響をもたらす．したがって，本人の状態および当事者らが希望するライフスタイル，介護者への負担，物理的環境，制度など複雑な情報を考慮して支援する必要がある．具体的な訓練としては，院内では基本的な機能訓練，ADL，IADL 訓練や職業前訓練から退院後の環境を模した場面でのシミュレーション訓練，実際の生活場面での練習へと段階づけていく．

対象者の住環境整備，福祉用具のフィッティング，使用訓練もまた作業療法の重要な領域である．環境も対象者の自宅だけではなく，社会制度も含め，対象者が生活する環境すべてが支援の対象である．人と物，環境を有機的に結びつけていく専門職でもある作業療法士は対象者が暮らす環境のなかで，自助具からハイテク製品に至るまで情報収集し，対象者に適切なものを選択，適合する．リハビリテーションエンジニアや企業との協業により，支援する場合もあるが，リハビリテーションエンジニアが勤務している病院，施設は主として地域の中核的な施設に限られ，作業療法士にとって一般的にエンジニアは身近ではない．しかし，エンジニアとの協業により，より質の高いサービスが提供できると考えられ，有機的な連携システムの構築は今後の課題である．たとえば，全身の筋が侵される筋萎縮性側索硬化症を有する対象者への作業療法の一環として，コミュニケーション機器の選定，導入，使用訓練，そして機器を通じて対象者の望む生活の構築を支援する役割があるが，リハビリテーションエンジニアと協業することで装置や操作法に関するサービスの質が向上することが期待される．また，作業療法士は多くの当事者からの情報，支援経験を有するために，中間ユーザとしてものづくりへも貢献しており，家電製品開発へのかかわりや，作業療法士考案の独創的な福祉用具などの製品化（持ち方補助具など，ゴム Q 株式会社ほか）もなされている．作業療法士は当事者，ものづくり分野との協業により，障害を有する人々の生活の可能性を現状以上に積極的に拡大していく必要がある．

作業療法士はその役割により対象者の個別支援を得意としてきたが，今後は職能団体として，蓄積した知識，技術を行政，施策やものづくりへ貢献していくアドボカシーにも力点を注いでいくべきである．個々の作業療法士の個別支援にとどまらない，組織的な社会貢献へも現状以上に取り組むことが今後の課題となるであろう．

〔井上　薫〕

文　献

米国作業療法協会（AOTA：American Occupational Therapy Association, Inc）：http://www.aota.org/consumers.aspx

ゴム Q 株式会社：http://www.gomuq.com/

法令データ検索システム E-GOV：http://law.e-gov.go.jp/htmldata/S40/S40HO137.html

岩崎テル子ほか（2006）：標準作業療法学専門分野作業療法評価学，第 2 版，pp. 14-23，医学書院．

岩崎テル子ほか（2008）：標準作業療法学専門分野身体機能作業療法学．第2版，医学書院．
岩崎テル子ほか（2011）：作業療法学概論，pp.44-45，医学書院．
鎌倉矩子（2004）：作業療法の世界，pp.7-58，三輪書店．
キールホフナー，G.ほか著，山田　孝訳（2007）：人間作業モデル－理論と応用，改訂第3版，協同医書出版社．
厚生労働省：医師研修医制度, http://www.mhlw.go.jp/topics/bukyoku/isei/rinsyo/
ロー, M.ほか著，吉川ひろみ訳（2006）：COPM－カナダ作業遂行測定．第4版，大学教育出版．
日本作業療法士協会：http://lwww.jaot.or.jp/ryohoshi/ryohoshi/
世界作業療法士連盟（World Federation of Occupational Therapists：WFOT）：http://www.wfot.org/information.asp
障害者福祉研究会（2002）：ICF 国際生活機能分類－国際障害分類改定版，中央法規出版．

1.10.4 言語聴覚療法学

聴覚・言語障害者に対する（リ）ハビリテーションを行う専門職種として**言語聴覚士**がある．一般に言語聴覚士は「話す・聞く・表現する・食べる」といったことばによるコミュニケーションや嚥下に問題のある人を支援する専門職で，1999（平成11）年度から国家試験が実施されるようになった．国家試験が整備される以前は，**言語療法士**，**スピーチセラピスト**などの名称で一部の機関や教員養成系大学・学部の聾学校教員養成課程や言語障害児教育教員養成課程などで独自に養成されていた．このような経過もあり，聴覚言語にかかわる職種は，言語聴覚士だけでなく，学校教員や福祉機関職員など他職種にわたっている．

ここでは，聴覚言語にかかわる領域・内容について概観するとともに，筆者の専門分野である聴覚障害学について，その指導・支援に当たって留意すべきことをまとめる．

a. 聴覚言語障害学の「領域」

聴覚言語障害学が対象とする障害種は非常に幅広い．大きくは「聴覚障害」と「言語障害」に分けられるが，障害の実態を理解するに当たっては，多方面からの分析視点が必要となる．

関ら（2001）は「言語聴覚障害の構図」として，聴覚言語障害の領域を図1.10.10のように分類している．

言語に焦点を当て，音声言語の障害と文字言語の障害に分け，それぞれの input と output のどの側面が障害されているかによって，聴覚障害，音声障害，構音障害，吃音，失語，言語発達遅滞，さまざまな高次脳機能障害に分類している．図からはこれらの障害は input（あるいは output）の一側面だけではなく，ほとんどすべての障害が複雑な要因によっていることもわかる．

毛束（2002）は，言語障害は，「①聴覚の障害，②発声発語器官の障害，③言語知識の障害」の三つのグループに分かれ，これらが重複して起こる場合も少な

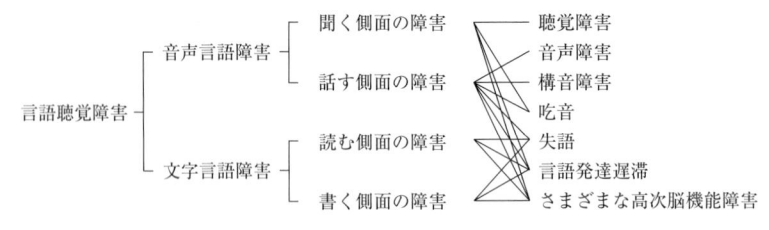

図 1.10.10 言語聴覚障害の構図（関ほか，2001）

くないとしている．

いずれも，聴覚と言語は分離不可能で，高度に関係していることがわかる．

b. 言語聴覚士

1999（平成 11）年から始まった国家試験は 2011 年 2 月の実施で 13 回を数えた．この間の言語聴覚士の合格者数は 19000 人弱（18960 人）にのぼる．一般社団法人 日本言語聴覚士協会のホームページには，言語聴覚士の仕事について「話す，聞く，表現する，食べる…．誰でもごく自然に行っていることが，病気や事故，加齢などで不自由になることがあります．また，生まれつきの障害で困っている方もいます．こうした，ことばによるコミュニケーションや嚥下に問題がある方々の社会復帰をお手伝いし，自分らしい生活ができるよう支援するのが言語聴覚士の仕事です．医療分野はもちろん，教育，福祉の分野にも活動の場が広がりつつあります」と記載されている．

言語聴覚障害の領域として，富澤（2008）は以下をあげている．

- 発声発語機能障害
  機能性構音障害，運動障害性構音障害，器質性構音障害，音声障害，吃音
- 失語・高次脳機能障害
- 摂食・嚥下障害
- 言語発達障害
  知的障害，広汎性発達障害，学習障害
- 聴覚障害

先にも述べたように言語聴覚にかかわる職種・領域は，言語聴覚士だけが担っているわけではない．さらに言語聴覚士自体，医療機関だけでなく，教育や福祉機関など多様な職場に存在している．日本言語聴覚士協会のホームページには会員 7614 名の専門領域と所属機関調査の結果を公表している（図 1.10.11, 1.10.12）．専門領域は，失語，摂食・嚥下，発声・発語にかかわる領域で 80% 以上を占め，所属機関は 3/4 が医療機関であることがわかる．

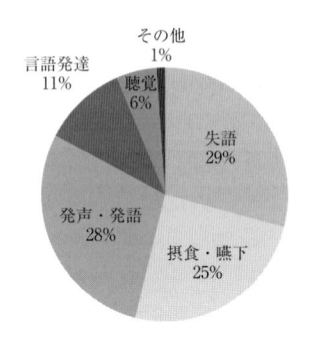

図 1.10.11 言語聴覚士の専門領域

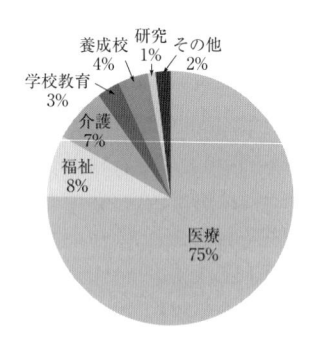

図 1.10.12 言語聴覚士の所属機関

c. 聴覚言語障害学の履修課程

聴覚言語障害にかかわる領域は広域にわたり，障害種別による専門的な知識も多様化している．また，診断や治療，教育，支援などを行うに当たっては，対象領域の専門的知識だけでなく，より広範囲な学問領域の習得が不可欠とされている．具体的には，医学・教育学・心理学・言語学・工学・社会学など幅広い専門的知識が必要とされている．

そのため，聴覚言語障害にかかわる領域の職種を目指す養成機関課程においては，多種多様領域にわたる分野を習得するカリキュラムが組まれている．

1) 聾学校教員養成コースの大学

聴覚言語障害者にかかわる職種として言語聴覚士があるが，近接職種として「**聾学校（聴覚特別支援学校）教員**」がある．表 1.10.4 は特別支援学校教諭免許状（聴覚障害者に関する教育の領域）の取得が可能なある国立大学教育学部での開講授業名の一部である．

専門領域である聴覚障害学に関する内容とともに，音声・言語障害に関する領域や聴覚言語障害以外の他障害種についての内容が履修項目としてあげられている．

2) 言語聴覚士養成校

言語聴覚士学校養成所指定規則（平成十年）八月二十八日文部省・厚生省令第二号．最終改正：平成十九年十二月二十五日文部科学省・厚生労働省令第二号）第四条三に養成所の教育内容が明記されている（http://law.e-gov.go.jp/htmldata/H10/H10F03502001002.html）（表 10.1.5）．

表 1.10.4 教員養成大学「聴覚言語障害コース」の履修課程の例

必修科目（20単位）	選　択
特別支援教育概論	臨床聴能学実習
聴覚障害児の心理	臨床聴能保健学実習
聴覚障害児の生理及び病理	聴覚言語障害児教育研究法
聴覚障害児の教育課程	障害児教育情報工学
聴覚障害児指導法	知的障害児の心理・生理及び病理
特別支援学校（聴覚障害）教育実習	肢体不自由児の心理・生理及び病理
重複・LD等の心理	病虚弱児の心理・生理及び病理
重複・LD等の生理及び病理	知的障害児の教育課程及び指導法
重複・LD等の教育課程及び指導法	肢体不自由児の教育課程及び指導法
視覚障害児の理解と指導	病虚弱児の教育課程及び指導法
選択必修科目（12単位）	特別支援学校（知的障害）教育実習
聴覚障害検査法	特別支援学校教育実習事前・事後指導
教育聴能学	
聴覚障害児教育方法論Ⅰ	最低修得単位数：32単位
聴覚障害児教育方法論Ⅱ	
聴覚障害児教育方法論Ⅲ	
手話コミュニケーションⅠ	
手話コミュニケーションⅡ	
音声の生理と病理	
言語障害児の心理	
言語・コミュニケーション発達論	
言語障害検査法	

別表第一（第四条関係）　　表 1.10.5　言語聴覚士養成所指定規則の抜粋

	教育内容	単位数	備　考
基礎分野	人文科学二科目	二	一科目は統計学とすること
	社会科学二科目	二	
	自然科学二科目	二	
	外国語	四	
	保健体育	二	
専門基礎分野	基礎医学	三	医学総論，解剖学，生理学及び病理学を含む
	臨床医学	六	内科学，小児科学，精神医学，リハビリテーション医学，耳鼻咽喉科学，臨床神経学及び形成外科学を含む
	臨床歯科医学	一	口腔外科学を含む
	音声・言語・聴覚医学	三	神経系の構造，機能及び病態を含む
	心理学	七	心理測定法を含む
	言語学	二	
	音声学	二	聴覚心理学を含む
	音響学	二	社会保障制度，リハビリテーション概論及び関係法規を含む
	言語発達学	一	
	社会福祉・教育	二	
専門分野	言語聴覚障害学総論	四	脳性麻痺及び学習障害を含む
	失語・高次脳機能障害学	六	吃音を含む
	言語発達障害学	六	聴力検査並びに補聴器及び人工内耳を含む
	発声発語・嚥下障害学	九	実習時間の三分の二以上は病院又は診療所において行うこと
	聴覚障害学	七	
	臨床実習	十二	
選択必修分野		八	専門基礎分野又は専門分野を中心として講義又は実習を行うこと
	合　計	九十三	

「専門分野」の内容が聴覚言語障害のそれぞれの障害についての内容であり，専門基礎分野の内容は関連する周辺領域・基礎領域の内容となる．国家試験の出題項目は上記の履修内容に沿っている．

d. 聴覚障害に対する支援

前述のように，聴覚言語障害は広範囲の領域に及ぶ．筆者が専門とする聴覚障害学においても言語聴覚士国家試験出題基準からその内容を抜粋してみると表 1.10.6 のようになる（富澤，2008）．

以下，その指導・支援を考えていく際の留意事項を取り上げる．

1) 失聴時年齢マトリクス

「聴覚障害」と一口にいっても，いつ聴こえなくなったのか，そしていまどのような年齢・立場にいるのかによって，支援方策が異なってくる．聴覚障害児者の指導支援は図 1.10.13 のような「**失聴時年齢マトリクス**」を示して考えてみるとよい．

図中の①は出生時あるいは言語習得前に聴こえなくなり，現在乳幼児の聴覚障害の子どもを示し，⑦は小児期に病気などのなんらかの原因により失聴し現在は青年期を迎えている人を示す．

①②は言語習得やコミュニケーションに関する課題が大きく，⑩⑪は成人後の中途失聴であることから社会復帰にかかる課題が大きくなってくると思われる．

2) 聴こえにくさから生じる課題

先の「失聴時年齢マトリクス」が示す失聴時期と現在の年齢の課題とともに，聴力の程度，聴こえにくさ・不便さがもたらす課題が支援方法をさらに複雑にしている．

聴力の程度は dBHL で示されるが，身体障害手帳の交付対象となる両耳の平均聴力レベル 70 dBHL 以上には至らない程度の難聴であっても生活上の不便さや聴きとりにくさから生じる課題は大きい．表 1.10.7 に 70 dBHL 未満の難聴の程度がもたらすと思われる学校生活上での課題などを示す．表からは"問題がほとんどない"ように思われる聴力 30 dBHL 程度であっても，学校生活上の不便さが存在することがわかる．

3) 聴覚障害の評価から指導・支援

聴覚障害児者の指導・支援を行う場合，失聴時期や現年齢，聴力の程度などを考慮しながら，基本的には図 1.10.14 のような流れになる．

i) カウンセリング・情報の収集

（1）本人からの情報収集

既往歴・現病歴などの医学的情報，失聴時年齢やその状況，聴力の状態や補聴器などの使用歴，身体障害者手帳の有無と等級，補聴援助機器の活用状況，主なコミュニケーション手段，主訴と今後の指導・支援に関する要望など．

（2）家族からの情報収集

家庭内でのコミュニケーション状況，家族としての要望．対象が子どもの場合，教育に関する要望なども重要になる．

（3）所属機関（学校など）からの情報収集

対象者が子どもの場合，所属する学校園の教員などから，学校園での生活上の困り具合，課題や配慮・支援状況などの情報を収集することは，指導・支援計画を立案するに当たり有効となる．

表 1.10.6 聴覚障害学で学ぶ内容

小児聴覚障害	乳幼児聴覚検査，小児聴覚障害の原因，聴覚障害児の発達，聴覚障害児の検査と評価，聴覚障害児の指導・訓練
成人聴覚障害	成人聴覚検査，成人聴覚障害の種類と特性，成人聴覚障害の検査と評価，成人聴覚障害の指導・訓練
補聴器・人工内耳	補聴器，人工内耳
視覚聴覚二重障害	視覚聴覚二重障害の種類と特性，視覚聴覚二重障害の評価と訓練

		現在				
		乳幼児期	小児期	青年期	壮年期	老年期
失聴時期	乳幼児期	①	②	③	④	⑤
	小児期		⑥	⑦	⑧	⑨
	青年期			⑩	⑪	⑫
	壮年期				⑬	⑭
	老年期					⑮

図 1.10.13 失聴時年齢マトリクス

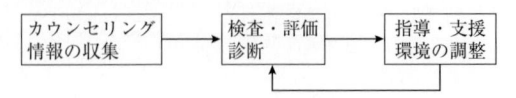

図 1.10.14 指導支援の流れ
（カウンセリング・情報の収集 → 検査・評価・診断 → 指導・支援・環境の調整）

表 1.10.7　難聴が子どもに及ぼす影響と教育の必要性（Karen, Noel（1991）作成．大沼訳（1997），高橋改変（2001）の一部）

難聴の程度 （500 Hz～4000 Hz での平均聴力レベル）	ことばの理解と話し方への聴力障害の影響	聴覚障害の心理的社会的影響	教育の必要性とそのためのプログラム
正常聴力 −10～+15 dBHL	大人の聴力が 25 dBHL までといわれるのに対して，子どもでは 15 dBHL までを正常という．この範囲の正常聴力を持つ子どもであれば，小声の会話でも完全に聞こえる．しかし，聴力がよいからといって，騒音のあるところでも話しことばの聞き分けがよいとは限らない		
正常と難聴の境界 16～25 dBHL	小声による会話や離れたところの会話を聞き取ることが困難となる．聴力が 15 dBHL では，教師が 1 m 以上離れている場合や，特に話しことばによる指導が主体の小学校で，教室が騒がしい場合，会話の 10% 程度を聞き逃してしまうこともある	会話の内容を理解するのに大切な手がかりとなる話しことばがはっきりしないために場にそぐわないことをしたりヘマをしたりする子どもだとみられてしまうことがある．友人たちのペースの速いやりとりが理解できない場合がある．また，幼稚な行動を示すことがある．聞き取る努力が必要なので，他の級友以上に疲れを感じることがある	聴力型にもよるが，低利得あるいは低出力の補聴器か個人用 FM システムが便利な場合がある．教室が騒がしかったり反響する場合，拡声装置が有効な場合もある．特に，再発性中耳炎の既往歴がある場合は，語彙や発音に注意する必要がある．伝音難聴には，適切な医学的管理が必要である．担任教師は言語の発達と学習に及ぼす難聴の影響について研修を受ける必要がある
軽度難聴 26～40 dBHL	聴力が 30 dBHL だと，25～40% の会話を聞き逃すことがある．学校での聞き取りの困難度は，教室での騒音レベル，教師との距離，聴力型に左右される．35～40 dBHL になると，学級討論での会話の少なくとも 50% を聞き逃すことがある．特に声が小さかったり，話し手が見えない場合に聞き取ることができない．また，高周波数に聴力低下がある場合は，子音を聞き逃してしまう	子どもとして，自尊心に対する否定的影響を形成し始めるようになる障壁は「自分に都合のよいことしか聞こえない」「ぼんやり他のことを考えている」「注意が散漫だ」などととがめられることである．大事なことを聞き逃さない選択的聴取能力が落ち始め，環境騒音に影響されやすくなり，学習環境がストレスの多いものになる．聞き取る努力が必要なため，他の級友以上に疲れを感じる	教室では，補聴器と個人用 FM または拡声用 FM システムの使用が有効である．言語力の評価と教育的経過観察のために特別支援教育機関へ紹介する．聴能を高める必要がある．語彙と言語発達，発音，読話と読解力の指導に注意を払う必要がある．自尊心を培うのに援助が必要な場合もある．担任教師は研修が必要となる
中等度難聴 41～55 dBHL	話し手が，理解できる構文と語彙で話してあげれば 1～1.5 m の距離で対面した会話が理解できる．しかし，補聴器をつけなければ 40 dBHL の難聴の場合 50～70%，50 dBHL の難聴の場合 80～100% の割合で会話を聞き逃す可能性がある．構文・語彙などの言語能力の遅れと発音の未熟さや性質の歪みなどが起こりやすい	しばしば，この程度の難聴でも，コミュニケーションに著しく影響を受け，正常な聴力を持つ仲間との交友関係が難しくなる．補聴器や FM システムを常時用いることによって，能力の低い生徒と見なされてしまう場合がある．自尊心に少しずつ影響が出てくる	言語評価と教育的観察のために，特別支援教育機関に紹介する．補聴（補聴器と FM システム）が必要である．難聴学級などの教育が，特に，小学校で必要になる場合がある．口話力，読解力，作文力の発達に注意を要する．聴能訓練と発音指導が通常必要となる．担任教師は聴覚障害教育について研修を受ける必要がある
準重度 56～70 dBHL	補聴器がないと，言葉を理解させるために非常に大声で会話しなければならない．聴力が 55 dBHL になると，話しことばの情報を 100% 聞き逃してしまう可能性がある．一対一やグループの会話において，音声による意思伝達が必要な学校では，困難さは顕著となる．言語や構文の遅れ，発音の明瞭性の低下，調子の外れた声の出し方が認められる	補聴器や FM システムを常時使用するため，仲間や教師に学習能力の低い生徒と見なされてしまうことがある．また，自己認識の甘さや社会性の未熟さが指摘されるようになり，周囲からの疎外感が生じる．これらの状況に対処するため，特別な教育指導の機会が用意されていることが望ましい	常時補聴器をつけることは不可欠である．言語力の遅れの程度により，専門の教師の指導を受けたり難聴学級に入ったりする必要がある．言語指導，言語を中心にした教科指導，語彙，文法，語用法，読み書き指導に特別の援助が必要となる．子どもの経験に基づいた言語の基礎を広げるための援助が必要であろう．通常の学級で学ぶには担任教師は研修を受ける必要がある

(4) その他，他機関などからの情報収集

対象者が関連する機関がほかにある場合は，各機関との連携と本人（保護者）の了解のもと，情報の共有が図られる必要がある．所属する教育機関や補聴器販売店，福祉相談機関などがその対象となり，対象者が小児で，聴覚以外に他の障害などを併せ持つときには，その障害についての情報が必要となる．

ii) 検査・評価・診断

(1) 聴覚にかかわる検査・評価

対象とする聴覚障害児者の聴こえのレベルを把握することがまず求められる．補聴器・人工内耳などを装用していない状態（裸耳）での純音聴力検査やことばの聴き取り検査（語音聴力検査）を評価する．さらに，補聴器・人工内耳などを装用したときの聴こえの検査（補聴器装用閾値検査，語音検査など）を検査することにより，補聴器などの聴覚補償機器の調整状態を評価し，必要に応じて適切な対応を行うことが求められる．

(2) 言語，発音にかかわる検査・評価

言語にかかわる検査・評価は先に述べた失聴時期の関係が大きい．青年期以前の失聴は言語能力に影響を与えることが多く，特に言語習得前段階の子どもに対しては聾学校などでの専門教育と結びつけていく必要がある．また，発音（構音）が確立していない子どもの場合，必要に応じて発音指導などの必要性が検討されることになる．

(3) コミュニケーション能力にかかわる検査・評価

一般に，聴覚障害者のコミュニケーション手段には「音声言語」「手話」「指文字」「書記言語（筆談など）」がある．対象とする聴覚障害児者がどのようなコミュニケーション手段をどの程度の割合で使用しているか，発信面と理解面の双方からの評価が必要になる．

(4) 社会適応・対人関係などにかかわる検査・評価

失聴時（あるいは発見時）年齢やおかれた社会的位置により，心理・性格的な課題を複雑に抱えることになる．成人後の中途失聴の場合は，特に心理的なサポートも同時に必要になることから，臨床心理士・ケースワーカーなどの他職種との強力な連携のもと，検査・評価を行う必要がある．

(5) 本人を取り巻く環境に関する評価

対象とする聴覚障害児者が学校生活を送っているのか，会社での就労生活を送っているのかなど，本人を取り巻く環境によって，その後の指導・支援が大きく異なる場合がある．本人の障害の状態を改善すること以上に環境を整備することによって解決できる課題も多い．

(6) 発達にかかわる検査・評価

小児を対象とする場合，聴覚的側面だけでなく発達の視点からの評価が必ず必要となる．

iii) 指導・支援・環境の調整

(1) 聴覚補償

・補聴器（人工内耳）のフィッティング（マッピング）
・装用・活用に関する指導・支援
・聴覚学習

(2) コミュニケーション指導

・読話・筆記（文字）・指文字・手話
・発音発語
・コミュニケーション関係の確立

(3) 障害認識・保護者・家族への支援

・聴こえの状態の理解
・聴覚補償機器（補聴器・人工内耳など）の理解
・聴こえにくさから生じる心理的状況・不便さの理解とそれを補うための支援
・コミュニケーションストラテジーの活用

(4) 環境の調整

本人を取り巻く人に「聴こえにくい人とコミュニケーションするときに気をつけておくこと」を説明し理解してもらうことは効果が大きい．

・生活環境（学校・家庭・職場・地域など）

4) 小児を指導時に留意すべきこと

高橋（2001）は聴覚障害幼児の指導に当たっては，「子ども本人だけでなく，子どもの生活時間の大半を一緒に過ごす養育者である親の援助」が重要であり，「子どもの年齢が小さいほどその傾向が強い」として，a) 子どもの障害に対する親，特に母親の受容をはかる．b) 母親による子どもの行動の理解を促進する．c) 子どもの生活の理解－生活リズムを確立する．d) 安定した母子の全コミュニケーション関係を確立する，ことをあげている．

生育途上の子どもであること，保護者の心理的安定が不可欠であること，継続的な指導支援が必要であることを十分に認識し，教育・医療・福祉などの関連機関が一体となって取り組む必要があるといえる．

〔中瀬浩一〕

文献

毛束真知子（1997）：絵でわかる言語障害―言葉のメカニズムから対応まで―．p.38，学習研究社．

大沼直紀（1997）：教師と親のための補聴器活用ガイド．pp.16-17，コレール社．

関啓子ほか（2001）：言語聴覚障害学総論．言語聴覚障害学，基礎・臨床（石合純夫編著），p.219，新興医学出版社．

髙橋信雄（2001）：聴覚障害学．言語聴覚障害学，基礎・臨床（石合純夫編著），pp.325-356，新興医学出版社．

富澤晃文（2008）：言語聴覚士の職能と求められる資質―聴覚障害児教育との接点から―．聴覚障害，**63**：4-9．

1.10.5 看護学

a. 看護とは

フローレンス・ナイチンゲール（Florence Nightingale）は，看護を病人に対して，科学的認識（science）と看護の知識によって自然治癒力を高める状態をつくりだす（art）ことであると定義した．そして，看護はすべての患者に対して生命力の消耗を最小限度にするよう働きかけることを意味する，と『**看護覚え書**』の冒頭に述べている．すなわち，看護とは患者に新鮮な空気，太陽の光を与え，暖かさと清潔を保ち，環境の静けさを保持するとともに，適切な食事を選んで与えることなどによって健康を管理することである．とりもなおさず，健全な生活環境を整え，日常生活が支障なく送れるよう配慮することである．「内科的治療も外科的治療も障害物を除去すること以外には何もできない．どちらも病気を癒すことはできない．癒すのは自然のみである」「看護がなすべきこと，それは自然が患者にはたらきかけるに最も良い状態に患者をおくことである」としている（ナイチンゲール，1994）．

いまから100年以上も前にナイチンゲールが示した考えが受け継がれ継承されているのは，人が人に対して行うこと，人が人を受け止めていくことが，年代や文化を越えて現代にも共通している看護の本質だからである．

たとえば，心と身体が影響しあっていることは誰もが知っている．しかし，身体が心に影響を及ぼすことを，健康な人は忘れがちである．健康な人では気持ちが沈んでいるときに，ショッピングや外食で気分転換し，発散することができる．友人とのおしゃべりや愚痴を聞いてもらうだけでも，日常生活にわずかな変化が生じたことで心は晴れる．しかし，身体的な問題や移動が困難な人，日常生活に制限がある人は，望んでも普通の日常生活からの変化が難しい．したがって気分転換できずに悶々としながら，日々苛立ちを感じていることを知ってほしい．しかも強い自制心を働かせて平静をよそおっているのである．

その心を晴らすためには，日常生活にわずでも変化を与えるかかわりが必要となる．小さな花の一つ，爽やかな春風のひと浴び，食欲をそそる香り，温かな陽光，さっぱりした清潔感のあるシーツなど，どれをとっても小さな変化になる．冷気の強い冬の早朝に掛け物の1枚を増やすだけで，身体は暖まり安楽に良眠ができ疲労は軽減する．それが心への影響に関与してくる．また，可能なら直接移動の介助を行い気分転換を促すこともある．

これらを系統立てて考えながら実践しているのが看護である．考えなしにただ配膳をしたり，作業としてシーツを交換するだけなら看護とは呼べない．同様のことが身体の清潔に関してもいえる．入浴や清拭は，爽快感と安らぎを与えるためだけではない．皮膚からの汗や排泄物は，腐敗し菌の繁殖を招く有害物質であり，洗うか拭わなければ除去できない．清潔不潔は身体あるいは，生命自体に影響を及ぼし，そのことが結果的には心にまで波及する．つまり看護は，患った身体の一部に焦点を当てるのではなく，常に患者への貢献に関連するすべてに焦点を当てている．看護は，対象となる人を身体的，心理的，社会的な側面などからトータルに理解し，働きかけようと努めている．したがって医学知識や看護技術の習得はもちろんであるが，それだけではなく，人について心理的・社会的側面からもとらえる．

b. 看護ケアとは

日常生活の支援は，さまざまな障害によって必要となる．高齢者支援のみならず心身障害の程度が低くても，環境要素によっては支援が必要な場合が考えられる．看護は直接的な医療行為（診療の補助）のほかに，医学的な見識を持って日常生活にかかわる影響と患者・障害者の心理的側面を検討し，本人と周囲の環境を整えることを，関係する多くの専門職種とともに行う．これらを総じて**看護ケア**という．看護ケアの場は，医療施設，福祉施設，在宅など多様である．また，**保健師**は原則として看護師免許を有し所定の保健師養成校で教育を受けたのちに，保健師国家試験に合格した公衆衛生活動を行う地域看護の専門家であり，この保健活動も看護ケアの一部に含まれる．なお，保健師助産師看護師法で，保健師・助産師・看護師の三つの資格はいずれも看護を行う者であるとされており，この3者を**看護職**と呼ぶ．

c. 看護ケアの構成要素

ヴァージニア・ヘンダーソン（Virginia Henderson）は，看護師の独自の機能は，健康・不健康を問わず，各個人を手助けすることにあるといっている．どんな点で援助するかというと，健康，健康の回復（あるいはまた平和な死への道）に役立つ諸活動である．これらは，もしもその本人が必要なだけの強さと意志と知識とを兼ね備えていれば，人の手を借りなくともやりとげられることかもしれないが，とにかくそうした諸活動の遂行に当たり各個人を援助する，それが**看護師**の仕事である．そして患者，あるいは健康な人の場合でも，その本人を助けて，できるだけ早く，自分で自分のしまつをできるようにするといった方法で，この活動を行うことである（ヘンダーソン，1995）．そして基本的看護ケアの構成要素として，表1.10.8の14項目を示し，加えて知的技能，人間関係的技能，技術的技能を兼ね備えていることが必要である，とした．

この14項目の基本的ニードは万人が持つ基本的な欲求であり，看護師ではない一般人でも可能な昔ながらの身の回りの世話と同じように思える．だが，ケアを受ける人の欲求を正確に見積もり，体力，意志力，

表1.10.8 ヘンダーソンによる14の基本的ニード

1	正常に呼吸する
2	適切に飲食する
3	身体の老廃物を排泄する
4	移動する，好ましい肢位を保持する
5	眠る，休息する
6	適当な衣類を選び，着たり脱いだりする
7	衣類の調節と環境の調整により，体温を正常範囲に保持する
8	身体を清潔に保ち，身だしなみを整え，皮膚を保護する
9	環境の危険因子を避け，また，他者を障害しない
10	他者とのコミュニケーションを持ち，情動，ニード，恐怖，意見などを表出する
11	自分の信仰に従って礼拝する
12	達成感のあるような形で仕事をする
13	遊び，あるいはさまざまな種類のレクリエーションに参加する
14	"正常"発達および健康を導くような学習をし，発見をし，あるいは好奇心を満足させる

1.10 健康と福祉のための臨床学の諸領域

表1.10.9 生活行動による看護モデル12項目

1	安全な環境へ配慮する
2	コミュニケーションをとる
3	呼吸する
4	飲食をとる
5	排泄する
6	清潔な身なりをし、衣服を身につける
7	体温の調節をする
8	自分で動くことができる
9	仕事をし、余暇を楽しむ
10	自身を男性として、女性として意識し、そのように振る舞う
11	睡眠をとる
12	死ぬ

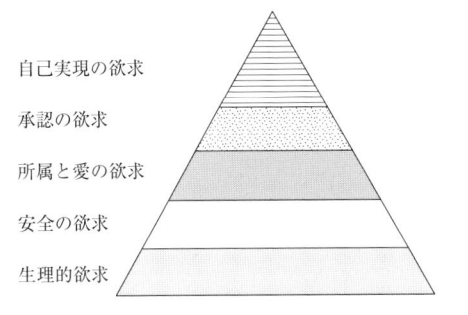

図1.10.15 マズローの欲求階層

(ピラミッド：下から 生理的欲求／安全の欲求／所属と愛の欲求／承認の欲求／自己実現の欲求)

知力などの不足をアセスメントし，必要なケアの実践とセルフケアの促しを行うことは，看護独自の生物的，心理学的，社会的な知識と技術を必要とする．

この基本的なニードに対する看護ケアは，医師による治療と同列である．高度医療進歩が著しい近年においても医師による治療のみで，これらの看護ケアが得られなければ基本的なニードを満たすことができず，健康回復や生命維持，日常生活などに影響を及ぼす．したがって，看護ケアは治療にとっても欠くことができないものである．

この**ヘンダーソンの14項目**は永い間用いられてきたが，近年の欧米では，ナンシー・ローパー（Nancy Roper）らの生活行動による**看護モデル12項目**（表1.10.9）や，その発展モデルも看護ケアの構成要素とされつつある．

看護ケアの構成要素は，アブラハム・マズロー（A. H. Maslow）が唱えた図1.10.15の欲求段階説の5段階ピラミッド（底辺から始まり，欲求が満たされると，1段階上の欲求を志す）にみることもできる．人間の欲求の段階は，生理的欲求，安全の欲求，所属と愛の欲求，承認の欲求，自己実現の欲求とし，生理的欲求と安全の欲求は人間が生きるうえでの衣食住などの根源的な欲求，所属と愛の欲求は他人とのかかわりや他者と同じようにしたいなどの集団帰属の欲求，承認の欲求は自分が集団から価値ある存在と認められ尊敬されることを求める認知欲求，自己実現の欲求は自分の能力や可能性を発揮し自己の成長を図りたいと思う欲求である．看護ケアの構成要素は5段階の欲求を，より具体的に観察・アセスメント・実践しやすくしたものとなっており，低階層の生理的欲求や安全の欲求に重きをおき，優先度が高いのは看護においても同様である．したがって，看護の本質が「患者に新鮮な空気，太陽の光を与え，暖かさと清潔を保ち，環境の静けさを保持するとともに，適切な食事を選んで与える」となるのである．

d. 看護観察

看護ケアを実践するためには，看護の構成要素について十分な観察を行い，根拠に基づいた看護アセスメントをしなければならない．その際の**看護観察**について，ナイチンゲールは，「看護師に課す授業のなかで，最も重要でまた実際の役に立つものは，観察とは何か，どのように観察するのか，どのような症状が病状の改善を示し，どのような症状が悪化を示すか，どれが重要でどれが重要でないか，どれが看護上の不注意の証拠であるか，それはどんな種類の不注意による症状であるか，を教えることである」（ナイチンゲール, 1994）とし，不正確な情報（観察）の危険性を述べている．例として「食欲がない」と大ざっぱな表現ですまされている場合（結果はすべて栄養不足へつながるのだが），その原因は，調理上の誤り，食品選択上の誤り，食事時間選択の誤り，食欲不振と，種々さまざまに異なっていると同様に，その対策も種々さまざまである．よい看護というものは，あらゆる病気に共通するこまごましたこと，および一人ひとりの病人に固有のこまごましたことを観察すること，ただこの二つだけで成り立っているのである，としている．

看護観察では，医療者や多職種，家族，友人などが，その人と直接会話し接している場面で判断することは少ない．必ず時間をおいて経過を観察している．それは効果や不都合が発生するのは，その瞬間や直後ではなく，ほとんどが時間を経過したのちであるからであ

る．ケアの途中や直後は，人との関係性のほうが優先されることが多く，感謝や申し訳なさ，否定などの感情に左右される．また，一つの行動に限定すると有効なケアの場合でも，さまざまな日常生活のなかでは，多くの不都合がみつかることがある．

e. 障害を持った人への看護

　障害を持った人を一括りにはできない．出生時からの障害・小児期や思春期発症の障害・成人期以降の中途障害などの発症時期，部分障害・全身障害さらに機能低下・機能消失など障害の程度，そして可逆的な障害・不可逆的な障害，進行性の障害などさまざまなとらえ方ができる．しかし，看護の本質は，どの場合においても普遍である．重い障害における看護の具体例として，**デュシェンヌ型筋ジストロフィー**（Duchenne muscular dystrophy：DMD）を示す．

　DMDは，筋線維の変性，壊死を主病変とし，臨床的には進行性の全身筋力低下をみる遺伝性疾患で，小児期に発症し，12歳で歩行消失，19歳までに呼吸不全（人工呼吸療法をしなければ全例25歳までに死亡）を呈する（一部は思春期に心筋症）．しかし，中枢神経障害が先行しないため最近の欧米では，DMDのケアが他の難病ケアの汎用モデルとして用いられる．進行したDMDの看護では，全身の筋力が低下・消失する疾患であるため，食事，排泄，入浴，体位保持と寝返りなどの日常生活を全介助する．

　DMDの食事においては，開口障害や咀嚼力低下に対して，きざみ食やミキサー食に変更することは簡単であるが，視覚的にも味覚的にも食欲を損ない必要摂取量を維持できない危険がある．そのため配膳後に目の前で器のなかの食物を，ハサミを用いてその人の口に1回で含める大きさに切る．確実に嚥下したことを確認し，嚥下できないものは咀嚼によって味を楽しみエキスだけとったのち，皿などに出してもらう．味つけが嗜好に合わなければ調味料やスパイスをもちいて，少しでも多く摂取できるようにする．食事中の咀嚼による動きで体位が崩れないように安定させ，かつ嚥下がしやすいように顎を引く動作が可能な姿勢を保持できるように枕やクッション類を調整する．食道と気道は排他的器官であるため，呼吸不全が進行した場合には呼吸が嚥下に影響し誤嚥を引き起こすことがある．呼吸不全の進行を早期に発見し，気管切開をせずに鼻マスクなどによる**非侵襲的陽圧人工呼吸**（noninvasive positive pressure ventilation：NPPV）下での食事導入をする．筋力低下により咳の能力が低下している場合の誤嚥には，徒手排痰や機械による排痰の補償をすることで，可能な限り経口摂取を維持する．食事中の呑気や，炭水化物のとりすぎによる胃内ガス発生，便秘などによる腹部膨満は，呼吸困難や心拍数亢進を招き，食事の摂取量低下を招くので速やか

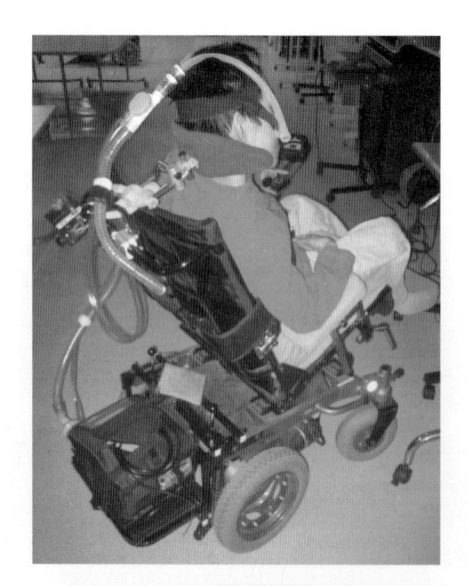

図1.10.16　人工呼吸器搭載の電動車いす

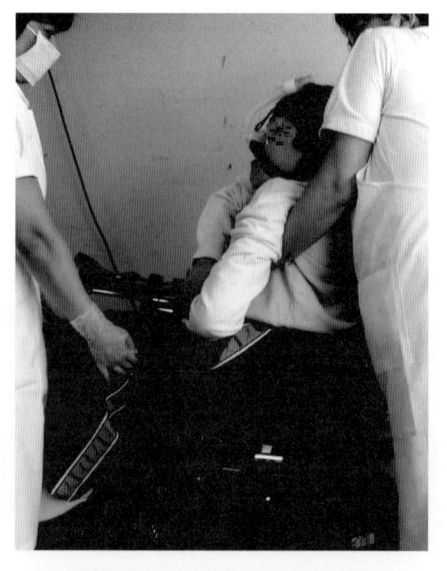

図1.10.17　看護師による移乗介助

1.10 健康と福祉のための臨床学の諸領域

うな看護ケアの実践によって体調を管理し，免疫力や抵抗力を増進させることで活動性を維持することが可能になる．ベッドに寝たきりで天井をみつめるだけでなく，活動参加ができるよう，理学療法士や作業療法士など専門性が高い多職種がかかわって製作された入力装置や制御装置などアシスティブ・テクノロジーを備えた電動車いすを活用するために，看護師は生理的欲求や安全の欲求をはじめとしたあらゆる下準備をする（図1.10.16～図1.10.20）．食事はそのうちの一つととらえている．

看護ケアの支えによって，多職種のかかわりで得られたアシスティブ・テクノロジーの活用が有効となる．

〔竹内伸太郎〕

文　献

石川悠加（2004）：非侵襲的人工呼吸療法ケアマニュアル－神経筋疾患のための，第1版，日本プランニングセンター．
ナイチンゲール，F.著，湯槇ますほか訳（1994）：看護覚え書，第5版，現代社．
ヘンダーソン，V.著，湯槇ます，小玉香津子訳（1995）：看護の基本となるもの，改訳版，日本看護協会出版会．

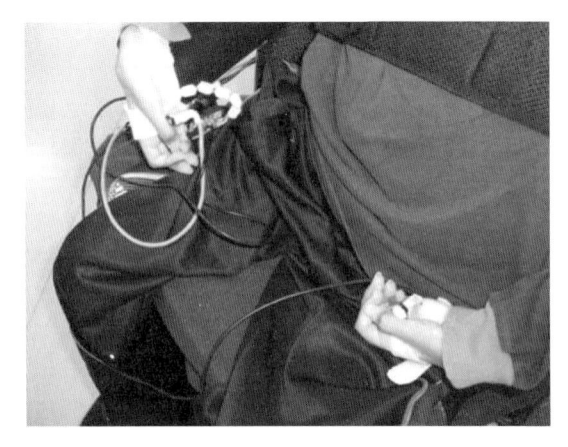

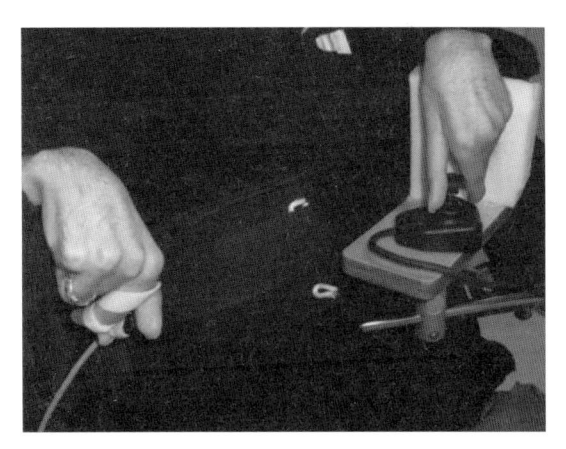

図 1.10.18　入力装置

図 1.10.19　制御装置と組み合わせた入力装置

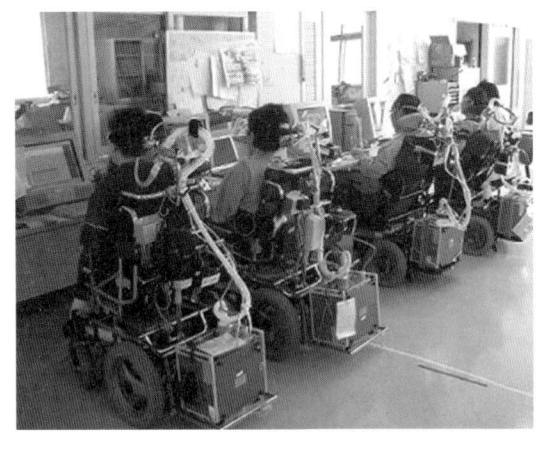

図 1.10.20　アシスティブ・テクノロジーを活用した活動の様子

に対処する．摂取量が少なく栄養状態が低下を続ける場合には，嗜好品の副食（たとえば乳製品など）を添えることや，摂れる時間帯に摂取できるもので補うこと（おやつなど）を検討する（石川，2004）．このよ

1.10.6 介護学

a. 高齢者の身体特性（全身症状）

　高齢者は，視力，聴力などの感覚機能の低下，筋力の低下，腎臓ならびに呼吸機能の低下が著しい．それらの生理的な変化は，免疫力や予備力，適応力，回復力の低下をきたし，さまざまな疾患を生じやすい．一方，高齢者の疾患には，非定型的な症状が出現するという特徴がある．具体的には，疾患の症状そのものが出にくいことや，知覚の低下に伴い症状の感受性が低下すること，さらに症状があっても言語的な表現が困難な場合も多い．また，複数の慢性疾患を有していることが多く，一つの疾病に対する治療や管理が他の疾患に悪影響を及ぼすおそれがある．一般的に症状の現れ方は緩徐であるが，症状自体に個人差が大きい．また，老化による免疫力の低下に伴い感染症に罹患しやすいことや，調節機能の低下により環境の変化を受けやすい．とりわけ，予備力の低下により水・電解質バランスの異常や脱水を起こしやすく，発熱や脱水による意識障害が生じやすい．さらに，治療などにより臥床期間が長期に及ぶと，筋力低下，関節拘縮，肺炎，褥瘡などの**廃用症候群**（disuse syndrome）を引き起こすリスクが高い．

　廃用症候群とは，活動性が低下した状態により生じる二次的な身体臓器，あるいは精神活動の機能低下とされている（曾田，2005）．廃用症候群は運動器官の機能低下が顕著であり，筋萎縮や骨萎縮，関節の拘縮や変形が起こることが多い．全身的な症状として，心肺機能の低下に伴う起立性低血圧，肺炎，排泄機能低下による尿路結石，下肢静脈血栓症などが出現する．また，中枢神経系の機能低下による抑うつや認知症などの精神症状などを生じることも多い（表1.10.10）．

b. 高齢者の身体特性（局所症状）

　健康な高齢者，介護施設などに入所している高齢者の局所症状には，排泄障害，脱水，摂食・嚥下障害，栄養障害，せん妄などがあげられる．

1）排泄障害

　高齢者の**排泄障害**には，排泄機能の問題と**排泄行動**の問題がある．排泄行動とは，尿意あるいは便意の感受，トイレの場所の確認，トイレまでの移動，排泄動作の遂行（着衣をおろす，便座に座る），排尿または排便，後始末（着衣，水を流すなど）という一連の行動である．それらの行動を遂行するには，身体の運動機能と認知機能が必要である．排泄機能および排泄行動のいずれか一つに問題があれば，排泄は困難となる．高齢者では，膀胱機能の加齢変化，脳血管障害などの神経疾患，泌尿器系疾患をはじめとした排尿に影響を与える疾患を有することや，複数の薬剤の使用が排泄機能に影響を及ぼすことが多い．排泄機能の問題については後述する．

i）排尿障害

　排尿障害には，尿失禁，頻尿，排尿困難という症状がある．排尿のメカニズムとして，膀胱に尿が一定量（150 mL程度）貯留すると尿意を感じる．尿が貯留すると膀胱の平滑筋が弛緩するが，膀胱内の尿量が200～300 mL程度になると膀胱内圧は急激に上昇し，膀胱壁から求心性の刺激が脳に存在する高位中枢に送られる．刺激を受けた脳は，尿意を認知しても脳幹部の排尿中枢を随意的に抑制することが可能なため，排尿を我慢することができる．排尿時には脳幹の排尿中枢から遠心性の刺激が脊髄内の排尿中枢に下降し，排尿筋の収縮と膀胱の縮小，そして内外の尿道括約筋が膀胱の収縮にあわせて弛緩することで排尿が可能になる．

　高齢者では，排尿のコントロール能力の低下に伴い膀胱に貯留できる尿の最大量（膀胱容量）が減少する．

表1.10.10　廃用症候群の主な症状

I. 局所的	II. 全身的	III. 精神・神経性
筋・骨の萎縮，骨多孔症，関節拘縮，異所性仮骨，褥瘡，皮膚萎縮，末梢循環不全，静脈血栓症	心肺機能低下，起立性低血圧，沈下性肺炎，尿路感染，尿路結石，敗血症，食欲不振，やせ，便秘，低蛋白血症，易疲労性	知的活動低下，痴呆，うつ傾向，自律神経不安定

表 1.10.11 尿失禁の種類

	原　因	症　状
腹圧性尿失禁	骨盤底筋群の筋力低下	腹圧（咳，くしゃみ，重い物を持つなど）がかかると尿が漏れる
切迫性尿失禁	排尿中枢の障害（脳梗塞，脳出血，脳腫瘍，脊髄損傷，椎間板ヘルニア，多発性硬化症など）	尿意を感じると我慢することができずに漏れる．トイレにいく途中に漏れることも多い
溢流性尿失禁	膀胱内に尿が充満し，膀胱内圧が高まり尿が漏れる（膀胱の収縮力の低下，前立腺肥大など）	尿が出にくいが，少量ずつタラタラと漏れる状態
混合型尿失禁	下部尿路通過障害（前立腺肥大，がん，尿道狭窄など）が原因．糖尿病，子宮がん，直腸がんの術後にも，膀胱収縮力が低下して生じる	腹圧性尿失禁と切迫性尿失禁の合併が多い
機能性尿失禁	神経系・骨筋肉系，精神系の機能障害による尿失禁	トイレの場所がわからない，排泄動作にとまどい尿が漏れる

また，尿道括約筋の筋力低下により，尿意を感じてから排尿を我慢する力も低下する．さらに，尿が膀胱から流れて尿道を通過するスピードが遅くなり，膀胱に残る尿量（残尿量）が多くなることから，排尿障害が生じやすい．1975年に国際尿禁制学会（International Continence Society）において，**尿失禁**とは「無意識あるいは不随意な尿漏れであって，それが社会的にも衛生的にも問題となる状態」と定義されている．

尿失禁の種類には，咳やくしゃみ，重い物を持ったときに尿が漏れる**腹圧性尿失禁**，脳梗塞・脳出血後の排尿中枢の障害による**切迫性尿失禁**がある（表1.10.11参照）．腹圧性尿失禁は骨盤底筋群の機能の低下により生じる．一方，切迫性尿失禁では排尿を我慢することができないため，トイレにいく途中に漏れてしまうことが多い．高齢者では排尿に関する機能の低下や疾患に伴う尿失禁，また認知機能の低下により排泄行動が困難になるなど，さまざまな要因による尿失禁がある．さらに，環境の変化や服用している薬物などの影響など，尿失禁を引き起こす要因は多様であり特定できない．

また，性別により排尿障害の種類が異なるという特徴がある．女性は出産，更年期，肥満や老化などにより尿道括約筋を含む骨盤底筋の筋力が低下しやすいことから，腹圧性尿失禁や頻尿，切迫性尿失禁の出現が多い．一方，男性は50歳以上になると約半数に前立腺肥大が起こることから排尿困難が生じやすい．

ii）排便障害

S状結腸に貯留している便は，結腸の蠕動運動により直腸に送られる．便が直腸に貯留している間は不用意に排出されないよう肛門は閉じている．直腸の肛門部末端には，不随意筋である内肛門括約筋と，随意筋である外肛門括約筋がある．一定の量と硬さにより便は直腸壁を伸展させて直腸内圧を高める．直腸内圧が40〜50 mmHg程度まで上昇すると，求心性の副交感神経（骨盤神経）がそれを脊髄の排便中枢と大脳に伝達することで便意が生じる．その結果，直腸上部の収縮と内肛門括約筋の弛緩（排便反射）が起こり，大脳から排便の抑制刺激が伝達される．通常は排便の準備（排泄姿勢）をとったのちに腹圧がかかることで，大脳の抑制刺激がはずれ，肛門から便が排出される．排尿も排便も副交感神経が優位な状態で起こる行為であり，緊張すると得られない（菱沼，2009）．

便の貯留機能が障害されると，便を直腸内に保持できず**便失禁**が生じる．便の排出機能の問題では便秘になる．高齢者における便失禁の原因は，加齢に伴う肛門括約筋の萎縮，肛門括約筋の収縮力の低下，水様便による便の貯留困難による漏出などがあげられる．また，意識障害や認知症があると高位中枢への刺激が遮断されるため，肛門括約筋は弛緩したまま，便失禁が生じる．

排便障害である便秘に関しては，加齢により直腸内圧の感受性が鈍くなることや，腹圧の低下，ならびに腸蠕動の低下がみられる．また，腸蠕動を抑制する抗コリン剤，鉄剤，降圧剤などは，腸からの水分の吸収を亢進させるため，便が硬くなり便秘の原因になる（島田，2005）．

2）脱　水

脱水とは，「体内の水分の摂取量と排泄量のバランスが何らかの原因により崩れ，体内の水分量（体液）

表 1.10.12 必要水分摂取量

年齢	必要量
25～55歳	35 mL/kg/日
55～65歳	30 mL/kg/日
65歳以上	25 mL/kg/日

＊必要水分摂取量（mL/日）＝年齢別必要量（mL）×実測体重

が減少した状態」である．脱水症には，高張性（水欠乏性）脱水，低張性（Na欠乏性）脱水，混合性脱水があり，高齢者では水分の摂取量不足による水欠乏性脱水と混合性脱水が多い．脱水症の種類に関しては，表1.10.12を参照とする．脱水により全身機能は低下し，起立性低血圧による転倒，便秘，認知機能の低下，感染症などを引き起こすため注意する必要がある．

体内の水分量は，40歳代では60～65%だが，高齢者では55%に低下している．日常的に体内の水分量が減少していることに加え，口渇感の低下，腎臓の尿濃縮能の低下などの理由からさらに脱水を引き起こしやすい状態にある．高齢者は体細胞の減少に伴い，細胞内水分が減少するが，細胞内水分が減少すると細胞外水分から緩衝（調整）されるため，脱水症を引き起こしやすい．また，通常は体液量の減少や体液浸透圧が上昇すると，水分摂取により体液量を増加させ，浸透圧の低下を図る．しかし，高齢者では口渇中枢の機能低下により，口渇感や口内乾燥感に対する感受性が低下する．したがって，体内水分量が不足していても水分摂取を行わないことが多い．さらに，腎機能においては，尿細管の尿再吸収能力（尿濃縮能）が加齢とともに低下することから，高齢者は薄い尿を排泄する傾向がある．体内の水分量が減少しても，尿中への水分排泄量が変わらないことを意味しており，脱水症につながりやすい要因でもある．高齢者の1日の必要水分量は体重当たり25 mLを目標とする（表1.10.12）．

3） 摂食・嚥下障害

摂食・嚥下障害は，脳血管障害，パーキンソン病，重症筋無力症などの神経疾患，口腔・食道の炎症や腫瘍，認知症やうつ病などで生じる障害である．また，健常な高齢者でも加齢に伴い摂食・嚥下機能に変化が生じる．さらに，高齢者は集中力，体力の低下，呼吸機能や咳嗽反射の低下など，誤嚥性肺炎のリスクが高い．

摂食に関しては，歯周疾患や齲歯の増加により歯牙

表 1.10.13 嚥下のプロセス（5期モデル）と各時期に生じやすい問題

プロセス	生じやすい問題
1. 先行期（認知期）	意識障害，覚醒障害，認知機能の低下（食物の認知が困難になる） 食事への意欲低下，集中力の低下，運動障害（関節拘縮，筋力低下，麻痺など）（食行動，食事動作が困難になる） 感覚の低下（嗅覚・視覚・味覚，触覚など）（食欲，食事量へ影響する）
2. 口腔期（準備期）	開口・閉口障害，口唇閉鎖不全，咀嚼運動の障害，歯牙欠損，義歯（装着不全，不適合）（咀嚼が困難になる） 唾液分泌量の低下，舌の運動障害，口腔内の感覚異常（食塊の形成困難）
3. 口腔期（送り込み期）	食塊の咽頭への送り込みが悪い，口腔内残留，舌の運動障害（咽頭への食塊の送り込みが困難）
4. 咽頭期	鼻咽腔閉鎖不全（嚥下圧が上がらない） 嚥下反射の遅延，嚥下反射の惹起不全，咽頭残留，声門閉鎖不全（誤嚥のリスクが高い）
5. 食道期	座位姿勢の保持ができない，全身の筋の緊張や関節拘縮が強い（姿勢による嚥下反射への影響がある） 嘔吐（食物の逆流の有無）

の喪失も起こり，義歯の使用者は年齢の増加とともに増加する．さらに，総義歯では有歯者の咀嚼力の1/2まで低下するといわれている（浅野，2008）．また，体重の低下や義歯を装着していない期間が長くなると歯肉が萎縮して義歯の適合状態が悪くなり，咀嚼が困難になる．そして，嚥下機能障害において最も注意しなければならないのは，**誤嚥性肺炎**である．

摂食・嚥下機能は，食物の移動にあわせて5期に分類される．

①先行期（認知期）：食べ物を認知して口に取り込む時期
②口腔期（準備期）：食べ物を口のなかに取り込み，食物を咀嚼して唾液により食塊を形成する時期
③口腔期（送り込み期）：口腔内で食塊を保持し舌により口腔から咽頭に送り込む時期
④咽頭期：食塊は嚥下反射により咽頭から食道へ移送する時期
⑤食道期：蠕動運動により食塊を食道から胃に移送する時期

各時期に応じた，生じやすい機能障害については表

1.10.13 に示した．一般的に意識障害や認知機能が低下している場合には先行期（認知期）に，開口・閉口障害や歯牙の喪失や義歯が合っていない場合は口腔期（準備期），また加齢や脳神経系の疾患では嚥下反射に障害があれば咽頭期に問題が生じる．通常は誤嚥すれば防衛的に咳やむせがみられるが，咳やむせが生じないで誤嚥する**不顕性誤嚥**（silent aspiration）もある．咽頭期・食道期は不随意な運動であり，嚥下障害は外見的にはみえない障害であることからも，摂食嚥下時には誤嚥に注意する必要がある．

4) 栄養障害

加齢とともに各臓器の機能が低下し，活動性も低くなる．人間にとって「食べること」は生命を維持するために欠かせないものであり，また空腹感を満たすためだけでなく，家族や仲間との交流の場となり，楽しみとなる．また，食事は一日の生活リズムをつくるものになる．しかし，嗅覚や味覚の鈍化，視力低下，味覚の変化が生じると食欲が低下し，栄養障害をきたすことになる．また，食事量の減少と並行して水分摂取量も減少すれば脱水状態を起こしやすくなる．

食事の摂取量が減少すれば低栄養のリスクが高く，病院や施設に入所している高齢者の低栄養が指摘されている．高齢者にみられる栄養不足は**タンパク質・エネルギー栄養不足**（protein energy malnutrition：PEM）の状態であり，生体修復再生機能の停滞や代謝酵素活性の低下を伴う．身体は衰弱して病気に罹患しやすくなり，疾病や創傷からの回復遅延，抵抗力の低下による感染症の誘発，そして日常生活活動は低下する．

栄養状態の評価には，**主観的包括的評価**（subjective global assessment：SGA）と**客観的栄養評価**（objective data assessment：ODA）があるが，意志疎通や記憶に問題がなくコミュニケーションが可能な場合にはSGA で評価を行う．そして，栄養状態に問題があると判定された場合には ODA を実施する．一方，意識障害や認知症などがある高齢者には最初から ODA で評価を行う．ODA における評価として，体重の変化は最も効率がよく明確な指標である．**理想体重**（ideal body weight：IBW）は，

$$\text{身長(m)}^2 \times \text{BMI}(=22)$$

で算出し，その後，

$$\frac{\text{現体重(kg)}}{\text{理想体重(kg)}} \times 100$$

で％理想体重を求める．また，

$$\frac{\text{現体重(kg)}}{\text{健常時体重(kg)}} \times 100$$

で％健常時体重を算出する．さらに，栄養状態の評価では体重変化率が最も重要である．体重変化率は，

$$\frac{(\text{健常時体重(kg)} - \text{現体重(kg)})}{\text{健常時体重(kg)}} \times 100$$

で求める．

さらに，体構成成分を六つに分類し，「皮膚・骨体」「細胞外液」を除いた項目で栄養状態を評価する方法もある（Blackburn et al., 1977）（図 1.10.21）．「脂肪」は上腕三頭筋（TSF），肩甲骨下部の皮下脂肪厚（SSF），「血漿タンパク・内臓タンパク」は血清アルブミンやトランスフェリンなど，そして「骨格筋」は上腕筋周囲長，クレアチニン/身長係数を求め，それらの項目を含めた相対的な評価が必要である．そして，体重に変化がみられた場合には，その構成成分の変化なのか検討する．

高齢者のエネルギー消費量は加齢とともに低下するが，基礎代謝量は Harris-Benedict の計算式を用いて，性別，年齢，身長・体重を含めて計算を行う（表

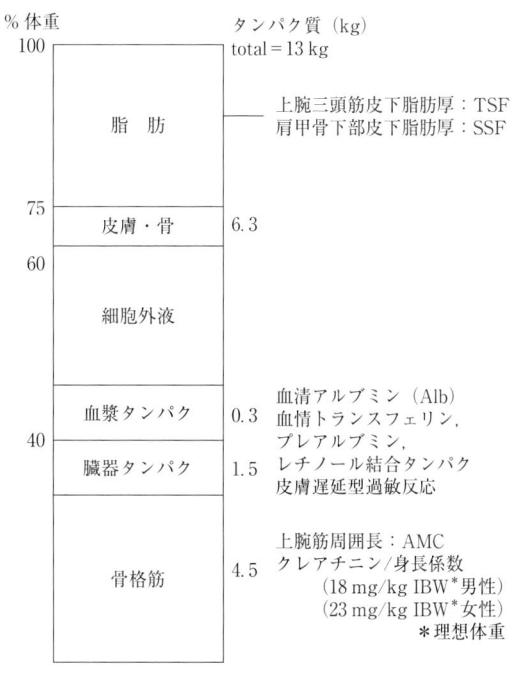

図 1.10.21 体構成成分と主な栄養指標（Blackburn et al., 1977 より一部改編）

表1.10.14 必要エネルギー量の計算方法

一日の必要エネルギー（kcal/日）	BEE（基礎エネルギー量）×活動因子（activity factor）×侵襲因子（stress factor）	
基礎エネルギー量の算出方法 （Harris-Benedictの式）	男性（kcal/d）：66.5＋13.75×体重（kg）＋5.0×身長（cm）−6.78×年齢 女性（kcal/d）：655.1＋9.56×体重（kg）＋1.85×身長（cm）−4.68×年齢	
活動因子と侵襲因子	活動因子	寝たきり（1.0〜1.1），歩行（1.2），労働作業（1.3〜1.8）
	侵襲因子	術後合併症なし（1.0），長管骨骨折（1.15〜1.30），がん（1.10〜1.30），腹膜炎/敗血症（1.10〜1.30），重症感染症/多発外傷（1.20〜1.40），多臓器不全（1.20〜1.40），熱傷（1.20〜2.00）

1.10.14）．エネルギー必要量の算出の基本は，第一に基礎エネルギー消費量（BEE）を求める．その後エネルギー必要量を算出し，基礎エネルギー消費量に活動係数とストレス係数を乗じて，全エネルギー消費量（TEE）を把握する．活動係数は，安静時は（1.0〜1.1），歩行時は（1.2），軽労働（1.3〜1.8）とする．ストレス係数は，体温上昇による臓器障害（1℃上昇で0.2上昇する，37℃で1.2，38℃で1.4となる），感染があれば1.2〜1.4として計算する．

栄養摂取の方法には，経口摂取（口から食べる），経腸栄養（経鼻，胃瘻・腸瘻），静脈栄養法があり，必要に応じて投与方法が決定される．一般的に栄養障害がある場合には早期に栄養補給を考える必要があり，高齢者は栄養障害のリスクが高いことからも，常に栄養状態を評価するという視点が必要である．

5）せん妄

せん妄とは，「意識障害が基盤にあり，幻覚，妄想，見当識障害や不穏，興奮など，認知障害を伴う状態」である．DSM-IVでは，「認知症（痴呆）ではうまく説明することのできない認知の変化を伴う意識の障害」と定義されている．一般的に，「不穏」「夜間せん妄」「ICU症候群」と呼ばれることがあるが，せん妄の原因はいまだ明確にされていない．しかし，脳代謝障害に原因があり，身体的な疾患に伴い引き起こされる精神症状の一つである．高齢者では発症率の高い症状である．

せん妄は，多動，多弁，会話時につじつまが合わないなどの症状で発見されることが多い．認知症の症状と似ていることから鑑別は困難であるが，相違点としてせん妄では出現様式が急激であることや，発症が夕方から夜間にかけていることなどがあげられる．またその日時を特定できる．また，経過は一過性で日内変動があり，不安を感じたり急に興奮したり変化することなどがあげられる．初期のせん妄の評価には，せん妄評価尺度（Delirium Rating Scale：DRS）や，日本語版ニーチャム混乱・錯乱スケール（NEECHAM Confusion Scale）が使われる． 〔日高紀久江〕

文 献

曾田信子（2005）：高齢者の健康アセスメントと看護 4 活動機能の低下とその予防．最新老年看護学（髙崎絹子ほか編），p.131，日本看護協会出版会．

浅野 均（2008）：加齢によって起こってくる生活の変化．老年看護学―高齢者の健康と障害（堀内ふきほか編），pp.93-98，メディカ出版．

Blackburn, G.L., et al. (1977)：Nutritional and metabolic assessment of the hospitalized patient. J. Parent. Ent. Nutr., 1(1)：11-22.

菱沼典子（2009）：トイレに行く．看護形態機能学，改訂版，pp.139-153，日本看護協会出版会．

島田広美（2005）：排泄の障害と看護．疾病障害をもつ高齢者の看護（金川克子，野口美和子編），pp.66-73，中央法規出版．

基礎編

2

日常生活のサポート技術

2.1 ウェルネス（健康）技術

2.1.1 健康管理・フィットネス

　病気にならないように，あるいは多少の病気を持っていても元気に活力ある生活を実現できるように生きることは，われわれ一人ひとりの人生の目標を達成する際の一つの必要条件である．そのためには自身の健康状態を知り，なるべくその状態を回復，維持，改善するよう努めることが望ましい．

　自分自身の健康状態を知り，それを回復，維持，改善するには，病気や健康に関係する指標を定期的，定量的に計測し，評価するとともに，健康の回復，維持，改善のための対策を提示あるいは指示することが必要になる．これが**健康管理**である．一方，提示あるいは指示された対策のうちの身体運動を主な手段とするものを**フィットネス**と呼ぶ．

　ここでは，ウェルネス技術のなかでの健康管理やフィットネスを対象に，その背景となる考え方も含めて解説する．

a. 健康とは何か

　日本語の健康という言葉は古代中国，周の時代の占書『易経』にある「健体康心」という四字熟語が縮まってできた言葉といわれている．緒方洪庵は『病学通論』(1849)のなかで「健康」という言葉を心身の状態を表す言葉として使用した．また，英語の"health"は「完全な」を意味する古英語"hal"を語源とするが，福沢諭吉が『西洋事情外編』(1869)のなかでこの"health"を「健康」と訳したようである．

　一方，紀元前400年頃に古代ギリシャの医聖ヒポクラテスは"health"あるいは健康を「身体と心を含む内的な力と，外的な力との調和的バランス状態の表現」ととらえている．わが国では，平安時代の丹波康頼の『医心方』(984)や江戸時代の貝原益軒の『養生訓』(1713)のなかで，健康と類似の概念として病気を避けることを養生と呼んでいた．また，上述の緒方洪庵は著書のなかで十全健康（全身諸器官の機能が完全な状態）と帯患健康（全身諸器官の機能が完全ではないが，目立った支障がない状態）という概念で健康状態を分類した．

　わが国では明治維新以降，衛生状態の改善や富国強兵，医療費削減とも連動しながら健康維持増進が重要施策の一つとなってきた．そして，当初の「健康とは病気のない心身の状態である」という医学的な定義が徐々に移り変わり，現在WHOでは「健康とは単に病気あるいは虚弱でないことではなく，身体的・精神的・霊的・社会的に完全に良好な動的状態である」と定義されている (1998)．これは，ある意味，人間にとっての理想的な状態であり，現実には，このような状態に該当する人はほとんどいないようにみえる．すなわち，ここ200年の間の健康の概念の変容によって，健康は単なる状態からほとんど達成できそうにない目標になってしまったといえる．そして，健康施策とも連動しながら，たゆまぬ努力によって「身体的・精神的・霊的・社会的に完全に良好な動的状態」という万に一つの状態に到達することを暗黙のうちに強制するようになった．しかも，精神的・霊的・社会的に完全に良好な動的状態が具体的にどういった状態を指しているのか，正直なところ誰にもよくわからない．

　さらに，現状のWHOの健康の定義は，特に高齢社会に突入したわが国の実態には合わない．この健康の定義に該当する人々が相対的にごく少数しかいないということが一つの理由である．しかも，健康診断基準における正常値の範囲を超えてはいるが，それなりに充実した生活を送っている高齢者は非常に多数存在し，彼らは自身を不健康だとは考えていない場合が多い．

　池上 (1990) は，定義に該当する健康人が世のなかにまれにしか存在しないようなWHOの健康の定義はどこかが間違っていると批判し，新たに「健康とは環境に適応し，かつその人の能力を十分に発揮できるような状態である」という定義を提案した．上杉 (2002) も池上と同様の考え方で「生きがいの実現に支障のない心身の状態」を健康と定義している．池上の提案す

る健康の定義に従えば，従来の「病気がない状態」といった消極的な健康だけでなく，「多少病気があっても能力を十分発揮できる状態」といった積極的な側面も存在する．さらに，充実感や意欲といった自覚的健康もありうる．

池上の定義がどの程度認知されているかは別にして，昨今のわが国の社会状況やそのなかで生活している国民の身体的・精神的・社会的状態を考慮すると，WHOの健康の定義よりも池上や上杉が提案する健康の定義のほうが実態に合っており，わが国の健康関連施策や健康維持増進のための技術，サービスなどを検討するうえでより適切なものと考えられる．

b. 健康の回復，維持，増進のための手段

ヒポクラテスが指摘したように，健康には心身内部の状態と外部環境状態が影響する．個々人が自分自身で身体内部の状態（すなわち心身の機能）を積極的に改善する手段として，適度な運動，栄養，休養があげられる．一方，外部環境状態の改善や適正化においては物理環境改善（温湿度，音振動，電磁波など），物質環境改善（酸素，水，汚染物質，環境ホルモンなど），生物環境改善（微生物，寄生虫，農林水産生物など），社会環境改善（職業，戦争，工業化，家族，生活）が該当する．図2.1.1はこれを模式的に表したものである．

これらのうち，自分自身で心身機能を改善する手段としての運動，栄養，休養については，すでにヒポクラテスがその重要性を認識しており，わが国でも江戸時代に柏原益軒が養生訓のなかで歩行，食事，睡眠の有効性を指摘している．しかしながら，どの程度の運動を実施し，栄養を摂取して，休養をとるかについては，個々人の生活習慣や心身の状態によって異なるため，そう容易には決められない．しかも過剰な実施や摂取は逆に健康を阻害する．このような意味で，科学的な視点が必要であり，そのためには各人の健康状態，生活状態や運動実施，栄養摂取，休息確保の状態をなるべく客観的定量的に把握し，個々人に適した結果の評価や，それに基づいた対応策の提示を行うこと，すなわち健康管理が必要になってくる．換言すれば，運動，栄養，休養に加えて健康管理も，自分自身で心身機能を改善し健康状態をよりよくするために必要不可欠な要素と考えられる．

c. 健康管理とその支援

1) 健康を計る指標

健康を計る指標は，個々人の健康を計る場合と集団の健康を計る場合とではやや異なる．個々人を計る場合の指標としては主に体重，体温，血圧，血液成分などの生理学的，生化学的なものが用いられる．一方，大規模集団の健康状態を計る場合の指標としては寿

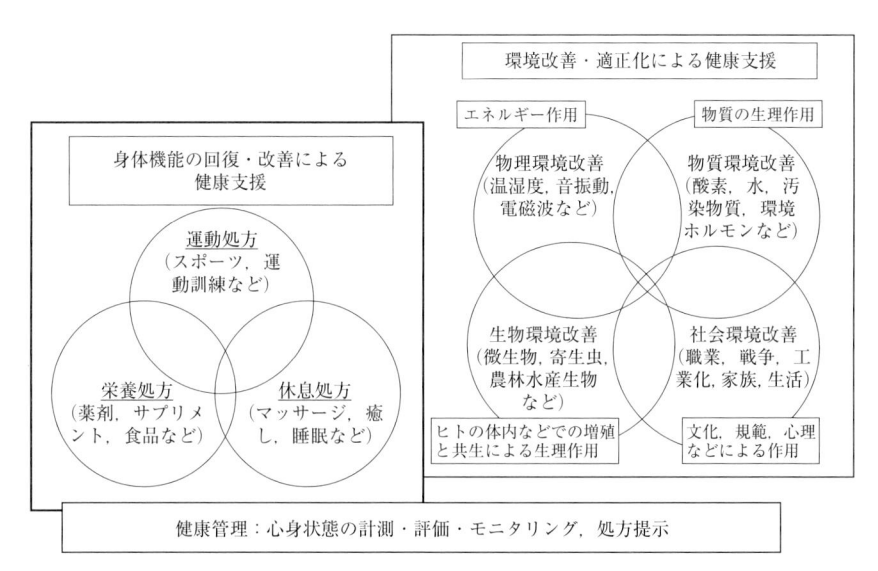

図 2.1.1 健康の回復，維持，増進のための手段

命,疾病率,病院数,医療費などもしばしば用いられる.ここでは,主に個人の健康状態の改善に着目して健康管理やその支援技術について述べる.

個人の健康を適正に管理するには,健康を計る種々の指標を定期的,定量的,かつ5～10年以上の長期にわたって計測,蓄積することが必要である.さらに,定期的にそのデータを参照し,各人の現在の健康状態やこれまでの推移,可能ならば今後の予測も提示し,健康維持改善の方策まで提案できることが望ましい.

個人の健康状態を計るための指標は,健康をどう定義するかによって異なる.すなわち,病気がない状態を健康な状態と定義するならば,その指標としては体重,血圧,血液検査指標などの一般の健康診断で計測するものが該当する.一方,池上の定義を前提とするならば,暑さ・寒さ,運動,不眠,緊張などのストレスへの抵抗力である**防衛体力**,意欲,筋力,持久力,敏捷性などの**行動体力**も重要な指標となる.防衛体力には自律神経機能,内分泌機能,免疫機能が密接に関与し,行動体力には筋機能,循環機能,神経機能などが関与する.また,疾病の有無や内容,生活パタン,運動の強度時間頻度,睡眠の質や時間,食事の質や量なども,健康状態を把握するための共通基盤的情報として不可欠である.

2) 健康管理支援システム

健康を計る指標を計測・蓄積し,評価や処方の提示までなるべく労力をかけずに行うために,健康管理を支援する技術あるいは支援システムが必要になる.実際,個々人や集団の健康管理を,種々のテクノロジーを駆使して支援する努力がなされている.

体重だけでなく体脂肪,血圧,動脈硬化度なども一般家庭で簡単に測定できる計測機器が開発され普及しつつある.しかし,当初はその測定結果を紙に記録していたのが通常であった.その後,各家庭にパーソナルコンピュータが浸透し,また計測機器にも通信機能や記録・記憶機能が付加されるようになり,記録を残し蓄積することや,健康に関するさまざまな情報をインターネットなどを介して取得することが比較的簡単に行えるようになった.

21世紀前後からの情報技術の急速な発達・普及によって,パーソナルコンピュータだけでなく携帯電話やネットワーク環境も高機能化し,これらの装置や環境を駆使した健康管理ソフトやサービスが多数提供されはじめた.端末装置の小型化によって,ユーザはいつでもどこでもさまざまなかたちで健康に関する情報やサービスを受けながら自身の健康を管理できるようになってきた.さらに,さまざまな工夫や取組みによってユーザ参加型の健康管理も行われはじめ,単にデータを管理するだけではなく,仲間意識・競争意識を持たせ,ユーザどうしで相互に影響しあって自身の健康を管理するといった新しい健康管理の仕組みも築かれている.フィットネスクラブなどにもこのようなシステムが導入され,会員の健康管理が行われはじめた.

健康管理を支援するシステムはこのように小型化,高機能化し,非常に便利になった.ところが,一方で自身の健康情報の他者への漏洩などの情報セキュリティの問題だけでなく,最近では健康情報を得ることが目的化したり,多すぎる情報や誤った情報による混乱などが原因で,本来の目的である健康維持増進が適正に実現できないという問題も顕在化しはじめた.今後,新機能の導入や機能の高度化を進める場合にも,この点に留意しておくことが肝要であろう.

d. フィットネスと健康

1) フィットネスの必要性

フィットネスとは健康の維持,増進を目的とした種々の身体運動を総称した名称である.

英語の"fitness"には「適合」のほかに「健康であること」の意味もある.活動的に生活できることや身体の状態を意味することもある.米国においては"fitness"が健康のための運動を指すことが多い.

一方,「体力」に相当する英語は"physical fitness"である.上述のように体力は行動体力と防衛体力に分類される.池上の定義を前提にすれば,健康維持増進のためには行動体力と防衛体力の両方を高めることが必要であろう.

身体活動量の少ない生活は心身機能の低下を促し,病気の発症を助長するのに対し,適度な身体活動(運動)は心身機能を維持・改善することが可能である.すなわち,身体活動量の不足によって心臓疾患,高血圧,動脈硬化などを発症しやすくなるが,定期的な運動によりこれらをある程度防ぐことができる.

日本は,感染症の激減,乳児の死亡率の低下,栄養状態の改善などの相乗効果によって世界でも指折りの

長寿国家となった．しかし，その一方でがん，心疾患，脳血管障害などの成人病あるいは生活習慣病による死亡率が相対的に増加した．また，超高齢化社会の到来にともない，医療費の増加も社会的に大きな問題となっている．生活習慣病の多くが，適度な身体運動の継続的実施によって予防，改善できることを考えると，フィットネスによる健康の回復，維持，増進は個々人にとっても社会にとっても非常に重要なものといえよう．

2) 定期的，継続的なフィットネスの効果

適度な身体運動やフィットネスの実践は健康に関係するさまざまな身体機能を改善する．

筋力，持久力などの行動体力に関係するものはもとより，自律神経機能，内分泌機能，免疫機能などの防衛体力に関係する機能も適度な身体運動の継続によってよりよい状態に保たれる．また，持久性の運動（有酸素運動）は心臓血管系の機能にも影響し，心肺機能の改善，冠動脈疾患の危険性の減少，慢性疾患の発症率低下等の効果を持つ．これらについては，すでに国内外の数多くの研究のなかでその効果が実証されてきた．

最近の脳科学や心理学，スポーツ科学の研究を通して，適度な身体運動が脳機能や心によい効果を与えることも徐々にわかってきた．

脳内でさまざまな情報の流れを調整し，神経化学物質のバランスをうまく保つために必要な一群の**神経伝達物質**としてセロトニン，ノルアドレナリン，ドーパミンなどがある．この3種の物質の作用はきわめて複雑で，個々の物質の増減によって一定の決まった結果が出るわけではない．量やバランスさらにはさまざまな連鎖の強弱によって最終的に現れる結果は個々人によっていくぶん異なる．有酸素運動を継続的に実施することにより，これらの神経伝達物質の量やバランスがうまく調整され，脳機能が遺伝学的あるいは生理的に最適な状態に保たれるといわれている．また，神経伝達物質とは別に脳内には**脳由来神経栄養因子**（BDNF）というタンパク質が存在する．これは脳の神経細胞を育てる機能を有し，海馬に多く存在し，神経細胞の維持・学習に必要な神経成長の促進を担っている．身体運動はこのBDNFの機能にも大きく影響する．

身体運動による脳内神経伝達物質の調節は，種々の精神ストレスを緩和し，うつ状態を改善する効果も持つといわれている．5週間の持久性運動を実施すると精神ストレス（暗算課題）を与えたときの心拍数回復の反応がより速やかになったとの報告がある．また，運動の実施によって，不安や恐怖を低減し気分をよくできることもわかってきた．さらに，心理的に快適なペースで歩行やランニングを行うと，何もしない場合に比較して快感情が高まること，15分程度の運動を実施しても運動後1時間程度は気分のよい状態が続くことが報告されている．

このように，定期的，継続的なフィットネスの実施によって，健康に関係するさまざまな要素が適正あるいはよりよい状態に保たれる．

e. 健康管理やフィットネスの限界

健康管理やフィットネスは，あくまで健康維持増進を支援する手段である．これらの手段を用いて現実に健康の維持や増進に努め，よりよい健康状態を獲得するには，個々人が継続的かつ長期的に健康維持増進の活動を実践することが必要である．

すでにさまざまな特徴を持つ種々の健康管理システムが提案されてはいるが，これらのシステムの利用によってどの程度の利用者が提示された方策を継続的に実践できるかは，必ずしも明確でない．このような実践はそう容易ではないため，いくら優れた健康管理やフィットネスのシステムを提供できたとしても，継続性の実現は必ず直面する問題の一つであろう．健康管理システムによる支援の重要性は否定しないが，現状の社会システムのなかでの健康の維持，回復，改善はあくまで個人の自由であるため，それを達成できるかどうかは，本人の健康維持増進活動に対する意欲や，この活動に割ける時間，経費の確保に依存するところが大きい．

健康維持増進活動実践への個人の意欲を高め持続することも必要であろうし，その活動に費やす時間，経費などの負担をなんらかのかたちで軽減することも必要である．これらの点は，わが国における国民の健康状態の改善をより確実なものにするための今後の最重要課題の一つと考えられる．

〔横井孝志〕

文　献

デュボス，R. 著，田多井吉之助訳（1965）：健康という幻想―医学の生物学的変化―，紀伊国屋書店．

池上晴夫（1990）：新版運動処方―理論と実際―（現代の体育・スポーツ科学），朝倉書店．

池上晴夫（2000）：スポーツ医学II―健康と運動―（現代の体育・スポーツ科学），朝倉書店．

川上憲人ほか編（2006）：社会格差と健康―社会疫学からのアプローチ，東京大学出版会．

近藤克則編（2008）：検証「健康格差社会」介護予防に向けた社会疫学的大規模調査，医学書院．

小曽戸 洋（2009）：漢方医人列伝「丹波康頼」，ツムラ・メディカル・トゥデイ（http://medical.radionikkei.jp/tsumura/final/pdf/090225.pdf）

レイティ，J. J., ヘイガーマン，E. 著，野中香方子訳（2009）：脳を鍛えるには運動しかない！，日本放送出版協会．

竹宮 隆，石河利寛編（1998）：運動適応の科学（日本運動生理学会 運動生理学シリーズ），杏林書院．

上杉正幸（2002）：健康病，洋泉社．

ウィキペディア：フィットネス http://ja.wikipedia.org/wiki/

ウィキペディア：健康管理システム http://ja.wikipedia.org/wiki/

2.1.2　環境デザイン

a.　温熱環境

日本の気候は季節により大きく異なり，夏は高温高湿，冬は低温低湿が特徴である．ヒトの周囲温熱環境（各被験者の体から1m以内に温湿度ロガを携帯して2分間隔で計測した1週間の平均値）を**居住環境温度**（occupied environment temperature：OET）と定義し，札幌，つくば，大阪，福岡，熊本，沖縄において6月から12月まで1カ月おきに計測した．データを縦軸に，横軸には気象台で同時期に測定された外気温をとると一見して，時期（季節）による違いと地域による違いがあるのがわかる（中村ほか，2008）．特に地域については，つくば・大阪・福岡・熊本の本州4地域（以下「本州」と略称）が比較的類似しているので，同じ凡例で示す（図2.1.2）．札幌と沖縄は互いに異なっているから，実質的には札幌・本州・沖縄，計3種類の違った地域変化とみることができる．詳細にみると，夏の時期，外気温がおよそ20℃以上では，測定した6地域で違いが目立たなくなり，相互に類似したOETの値と変化傾向（傾き）を示すのが特徴である．およそ20℃以下になると，新たに3地域の違いが現れる．すなわち，本州の4地域はほぼ同様に外気温低下に伴って直線状にOETが低下するが，札幌はOETが本州より高くなる．一方，沖縄は外気温がおよそ20℃以下になると，札幌とは反対にOETが本州より低くなる．

冬のOETの特徴をみてみると（12月：凡例が塗りつぶされている），グラフの横軸の外気温は単なる温度差を示しているのではなく，地域差と解釈すべきものである．すなわち，沖縄の外気温はほぼ15℃に対し本州では3℃であるから，温度差12Kの低下が沖縄から本州への地域差（緯度差）に対応している．OETは沖縄19℃であるが，本州では16℃であるから，OETは3Kの低下となる．札幌になると外気温が−3℃まで下がるから，本州から札幌へは6Kの低下に対応した地域差（緯度差），OETは逆に19℃まで上がっ

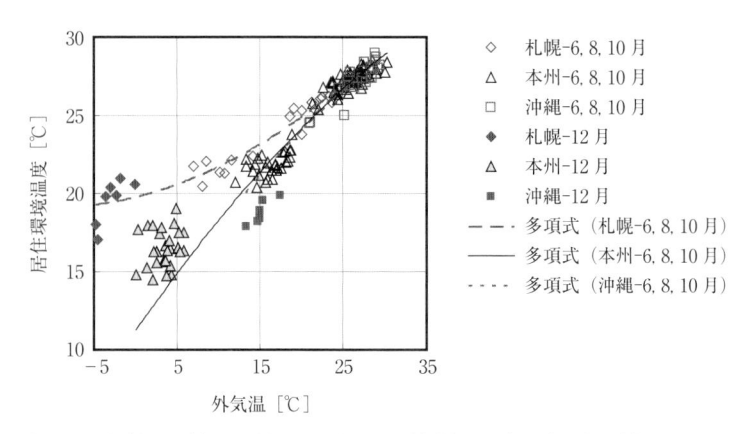

図 2.1.2 札幌から沖縄の6月から12月までの被験者の居住環境温度と外気温との関係

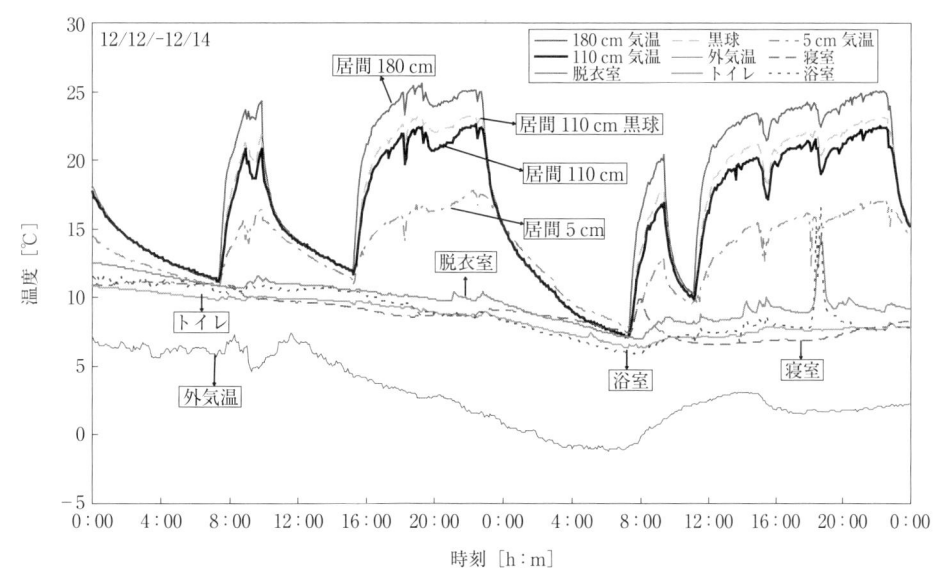

図 2.1.3 住宅における各室の温度の時間変動

ているから，札幌のOETは3Kの上昇となる．沖縄から本州，札幌へと寒冷地に向かう（緯度が高まる）に従って，OETはいったん下がり，また上がるという，特有の変化を示す．この原因の一つには住宅の断熱性の違いが考えられる．1979（昭和54）年以来，住宅の断熱基準は告示されてはいるものの，建築基準法では規定されていないため強制力が乏しいという現状があり，北海道地域を除くと，無断熱の住宅が数多く建てられてきた．そのため，本州の室内温熱環境は屋外環境の影響を強く受け，居住者が冷・暖房器具を使用して温度を調節し，衣服や寝具を着用することで日常生活を送っている．

b. 屋内温熱環境の分布

図2.1.2ではヒトの周囲の24時間の平均気温を示したが，1軒の住宅のなかでの各室における温度の時間変動を図2.1.3に示す．温度変化は，暖房されている居間とそれ以外の寝室，トイレ，脱衣室，浴室の温度変化が大きく異なっている．つまり，屋内温熱環境といっても，暖房されている室と非暖房室では温度が大きく異なることを示しており，大きな温度差のある空間で居住者は生活している．また，同じ空間であっても，暖房されて暖められた空気は上方へ移動することから，居間においては，上下に約8℃の大きな温度分布ができており，立ったときの頭のあたりは暖かい

が，足元は温度が低いことがわかる．そのため滞在時間が長い居間では，空間を温める暖房だけでなく，電気炬燵やカーペットなどを併用して，足や手など身体の局所を温める場合が多い．

c. 温熱環境の人体への影響

1軒の家といえども暖房室と非暖房室では大きな温度の隔たりがあることが示されたが，それらが，健康に及ぼす影響は不明な点が多い．そこで，脱衣室を模擬した環境をつくり，裸になるという実験を実施した．被験者は暖房室（25℃）から歩いて，暖房されていない10℃に設定された脱衣室（1.8 m×1.8 m×2.2 m）に入り，衣服を脱いで，ほぼ裸体の状態で20分間座った後，最初の暖房室へ戻った．その間，皮膚温，血圧などの連続測定とともに，温冷感，許容度などのアンケートに答えた．また，脱衣室において放射（放射），温風（対流），カーペット（伝導）による暖房器具による予熱暖房を被験者の移動20分前に実施し，そこに被験者が移動して，衣服を脱ぐという暖房実験をあわせて実施し，暖房なし条件と暖房の種類による違いを比較した．本来の各暖房器具の消費電力量は異なるので，スライダックを用いて500 Wを供給し，被験者には健康な青年男性と高齢男性を採用し，年齢による違いを検討した．

予熱によって，被験者の入室時に平均放射温度は放射19℃，温風14℃，カーペット13℃，暖房なし11℃であったが，20分間の滞在中に順に，21℃，17℃，15℃，12℃となった（部屋中央高さ50 cm，図2.1.4）．被験者の皮膚温から算出した平均皮膚温は，前室では32.7℃でほぼ一定であるが，10℃廊下の移動ですべて

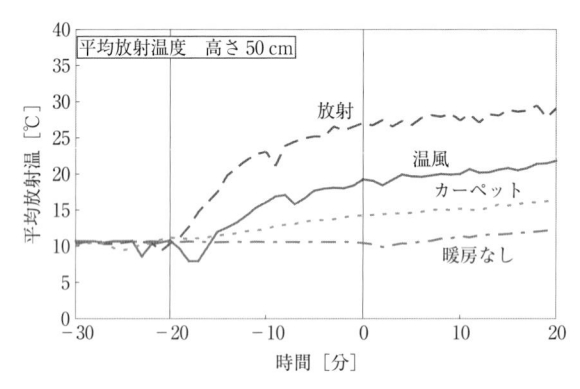

図2.1.4 脱衣室における暖房条件による平均放射温度の時間変動

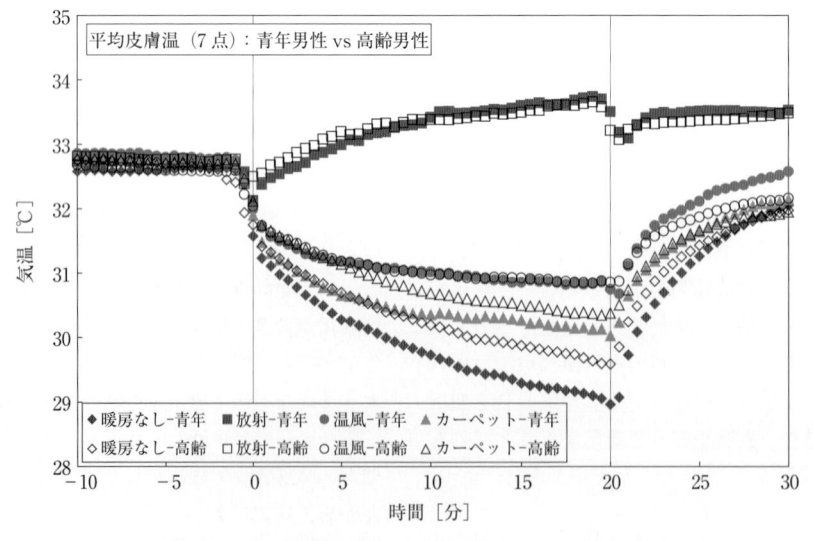

図2.1.5 脱衣室における暖房条件による高齢者と青年の平均皮膚温の時間変動

の条件について低下し，脱衣室で脱衣すると放射暖房では上昇，それ以外は徐々に低下し，20分目には放射（33.6℃）が他の条件に比べ有意に高くなり，温風（31℃），カーペット（30.5℃），暖房なし（29℃）の順に低下したが，高齢者と青年の平均皮膚温に有意な差は認められなかった（図2.1.5）．心拍数は青年群のほうが有意に高くなり，拡張期血圧には年齢差，条件差が認められなかった．収縮期（最高）血圧は25℃に比べ，両群とも脱衣室で有意に高くなり，高齢群では暖房条件により，収縮期血圧に有意な差はなかったが，青年群では，放射はカーペットと暖房なしに比べ，収縮期血圧が有意に低くなった（図2.1.6）．

全身温冷感については，前室では高齢者の平均が0.5～1.1，青年が0～1の「やや暖かい」申告であり，有意な差はなかったが，脱衣室に移ってからの全身温冷感は，高齢者よりも青年のほうが有意に暖かい側申告となった．暖房器具の比較では，放射，温風，カーペット，暖房なしの順であり，特に，放射・温風では青年が高齢者よりも有意に暖かい側となったが，カーペットと暖房なしでは有意な年齢差は認められなかった（図2.1.7）．全身快適感は，脱衣室に移ると，高齢者よりも青年のほうが有意に快適側申告となった．暖房器具の比較では，温冷感に応じて，放射，温風，カーペット，暖房なしの順で快適側申告は低くなった．特に，放射・温風では高齢者よりも青年で有意に快適側となった（図2.1.8）．

これらの結果から，同じ消費電力量でみた場合，放射暖房が皮膚温の低下を妨げ，温冷感や快適感からみてもよい評価を得ることができた．しかし，同じ皮膚温であっても青年に比べて高齢者のほうがより寒く，より不快に感じており，また，血圧に関しては，どの暖房でも高齢者では収縮期血圧が高くなったことから，今回の暖房条件では，放射暖房すら十分であったとはいえない．

一般に老化に伴い，脳血管疾患関連の既往症を持つ割合や罹患するリスクは高まる．同じ家のなかで温度差が生じていることはよくないといわれているが，個別の暖房器具を設置することにより，その危険性は回避されるかもしれない．しかし，今回の条件では，いったん10℃の廊下を歩いて脱衣室に入り，脱衣室が暖房されていた場合，放射暖房に関しては青年に悪影響は観察されなかったが，高齢者では不十分であることが示唆された．屋内に大きな温度差を生じないような構造的・環境的な工夫や十分な暖房が必要であろう．

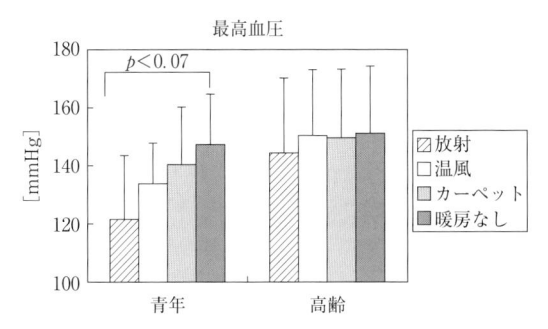

図2.1.6 脱衣室における暖房条件による高齢者と青年の収縮期（最高）血圧

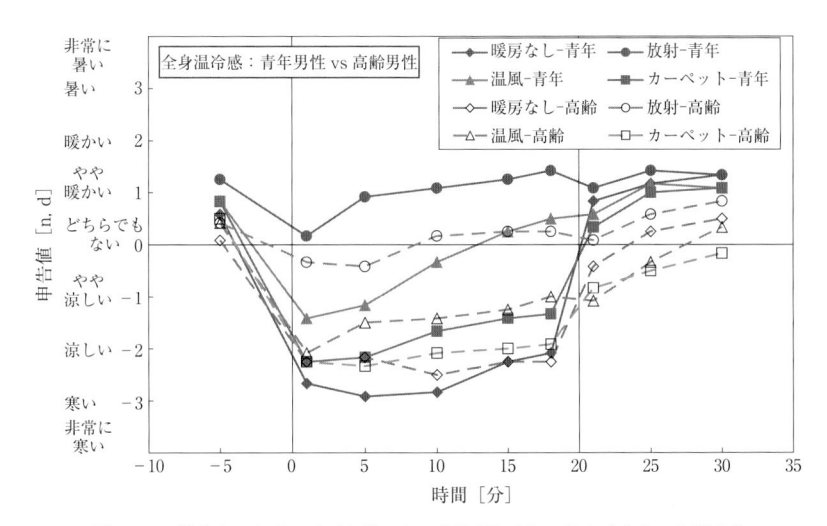

図2.1.7 脱衣室における暖房条件による高齢者と青年の温冷感申告の時間変動

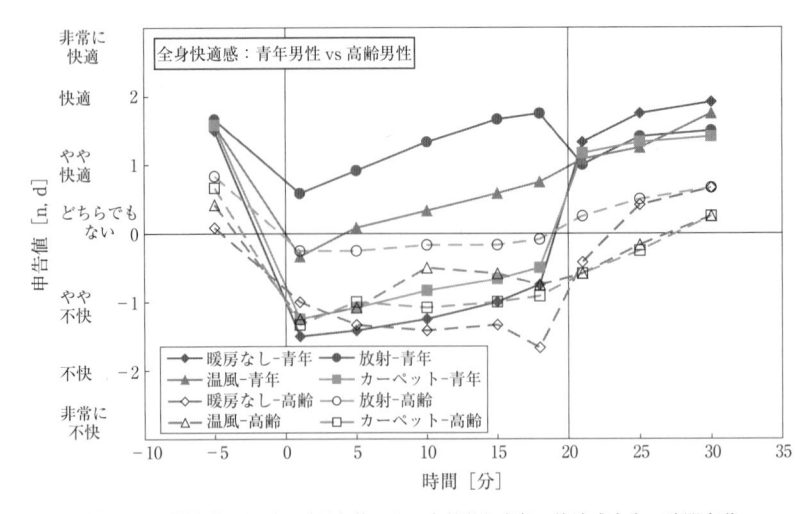

図 2.1.8 脱衣室における暖房条件による高齢者と青年の快適感申告の時間変動

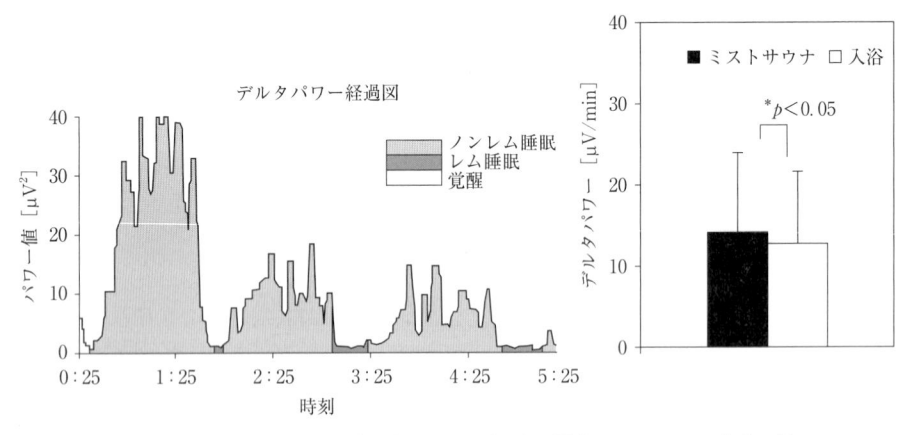

図 2.1.9 ミストサウナと通常入浴における睡眠中の脳波デルタパワーの分布の例

d. 入浴の種類がその後の睡眠に及ぼす影響

近年,新しく開発され,住宅設備として普及しつつあるミストサウナは,低温・高湿で全身を暖める新しい入浴方法であり,ミストサウナ機能つき浴室暖房乾燥機は家庭の浴室に手軽に設置できる機器として,近年家庭への設置数が増加傾向にある.ミストサウナ入浴は,ドライサウナや通常入浴に比べて心臓血管系への負担が少ないとともに,温熱・保温効果に起因した温まり・発汗効果や肌水分量の上昇,鼻詰まりの緩和,手足の冷え緩和,目尻のしわ・目立つ毛穴の減少(竹森,2009),リラックス感・疲労回復感などの心理的効果(前野ほか,2010)などの効用が確認されている.高齢者では,全身浴に比べてミストサウナのほうが皮膚温上昇度や発汗量は大きくなるが,血圧変動による身体負担は少ない安全な入浴法であると報告されている(高橋ほか,2007).

冬季の実生活においてミストサウナ入浴と通常入浴の連浴実験を実施し,被験者8名の脳波,眠気尺度,申告データを用いて睡眠に与える影響を比較した(吉田ほか,2012).その結果,睡眠効率,入眠潜時,覚醒指数および眠気尺度については,通常入浴とミストサウナ入浴の間で,期間平均値および経時変化の有意な差は確認できなかった.しかし,睡眠脳波から,第一周期ノンレム睡眠時のデルタパワーは,通常入浴よりミストサウナ入浴のほうが,期間平均値が有意に高かった(図2.1.9).主観申告では,「目覚めの感覚(頭)」について入浴条件間に有意な差が確認され,通常入浴よりミストサウナ入浴のほうがより「すっきり」と感じていることが明らかになった.これらの結果から,ミストサウナ入浴は睡眠効率や中途覚醒など睡眠時間

全体の効果は通常入浴と差異がないが，第一周期ノンレム睡眠時のデルタパワーが有意に高いことから，入眠直後の眠りの深さに限定した効果があると考えられ，そのメカニズムは既往研究に支持されるミスト入浴による熱負荷が脳代謝を増やしている可能性が推察された．　　　　　　　　　　〔都築和代・森　郁惠〕

文献

前野有佳里ほか（2010）：家庭用ミストサウナの使用に関する実態調査．人間と生活環境，**17**(1)：15-21.

中村泰人ほか（2008）：日常生活で生じる気候適応を把握するための居住環境温度の多地域同時計測法．人間と生活環境，**15**(1)：5-14.

高橋龍太郎ほか（2007）：ミストサウナを活用した高齢者向け入浴方法の検討：その2 入浴時の生理反応の変化．日本建築学会大会学術講演梗概集（九州），D-2，環境工学Ⅱ：419-420.

竹森利和（2009）：ミストサウナ入浴の7つの効用～皮膚表面の凝縮現象に起因する効用の連鎖～．伝熱，**48**(205)：38-43.

吉田郁美ほか（2012）：冬季の実生活におけるミストサウナ入浴が睡眠に及ぼす影響．人間と生活環境，**19**(2)：2-9.

2.1.3 被服による生活支援

a.「被服」の機能

1)「被服」は体温を約37℃に保ち，生命維持に寄与している

私たちは，日常の生活において，熱平衡を保ち快適さを得るために，環境や活動量に合わせて着衣量の調整を行っている．Winslowらは身体と環境との熱交換の研究により，ヒトは裸体で体温調節が可能な範囲は，気温が29～31℃のきわめて狭い範囲に限られ，環境に合う衣服を着用すると，その狭い気温範囲が13～32℃に拡大し，熱的に中立であるときの平均皮膚温は33℃であることを観察している（Winslow, Herrington, 1949）．しかし，同じ気温であっても，多量の発汗や雨などにより被服が湿潤している場合には，特に，急激な寒さと風の強い環境では放熱が促進され，体温が異常に低下する．体温35℃以下では低体温症の状態となり，体温調節に障害が起き，体温が20℃にまで下がると生命の維持が困難になるといわれている．一方，輻射の強い環境では，被服は遮熱の役割を果たすが，被服のみで体温を37℃に維持し快適さを得ることは困難である．高温多湿の環境においては，冷房などを併用しながら熱中症の対策を行う必要がある．

2)「被服」は安全・安心・快適さを得るために役立つ

被服には，いろいろな危険物から身体を安全に保護する機能がある．古来より，被服は，植物の棘や虫や太陽光線などから皮膚を保護するために用いられ，現在では，被服材料の技術革新やデザインやパターンの工夫に伴い，安全に活動できる範囲が拡大されてきている．身体を環境から保護する被服には，耐寒服，耐熱服，消防服，放射線防護服，農薬防除用作業服，潜水服，宇宙での船外活動服などがある．一方，環境を保護するための手段としての被服には，食品や精密機器を製造するときの防塵服や手術服などがある．また，競技用のスポーツウェアのように，被服には身体の動

作機能を高める機能や，血液循環の促進や疲労感の軽減に役立つ靴下のように，身体の生理機能を助ける機能もある．

3) 「被服」は着用者のいろいろな情報を表現する手段となる

被服には個性の表現，集団への帰属，社会慣習や生活文化の継承の機能，いつもの自分と異なる人格を表す機能がある．私たちは，被服を通して自分の趣味・好み・美意識や主義主張などを，気分や場面に応じて自由に表現することができる．

4) 「被服」は着用者の生活の質の向上に役立つ

被服は，生活を楽しく豊かにする効果もあり，いろいろな人の生活の質（QOL）を高める手段としても有用である．私たちの社会は，身体特性，使用言語，趣味・嗜好，年齢，生活環境など，条件の異なるいろいろな人がともに暮らしている．さまざまな状況に応じて，日常生活に不便さや制約を感じている場合，被服にも素材・機能・デザイン・着方にさまざまな工夫が求められている．

今後，被服がウェアラブルセンサとしての機能を持つようになると，被服を介して，着用者の生体情報や心理情報を伝達したり，受信できるようになる．たとえば，被服着用により収集されるデータが遠隔地の医療機関などでモニタリングされ，リアルタイムで健康管理ができるなど，従来の被服の機能に，新しい価値が付加されるようになる．被服は，心身の健康維持管理や情報伝達手段としても有用である（多屋，2010a）．

b. 生活を支援する手段としての「被服」

重度の寝たきりの障害を持つ重症心身障害児（者）例に，望ましい被服について記述する．重症心身障害児（者）は，障害の状況は身体的・精神的障害を重複し，手足や体幹部に麻痺や拘縮があるため四肢麻痺・両麻痺・片麻痺・対麻痺の状況であり，障害の程度は，多くは寝たきりで，日常生活は他者の介助が必要である．重症心身障害児（者）の判断基準は，元東京都立府中療育センター院長大島一良により考案された**大島の分類**（図2.1.10）が使用され，分類表の1から4まで

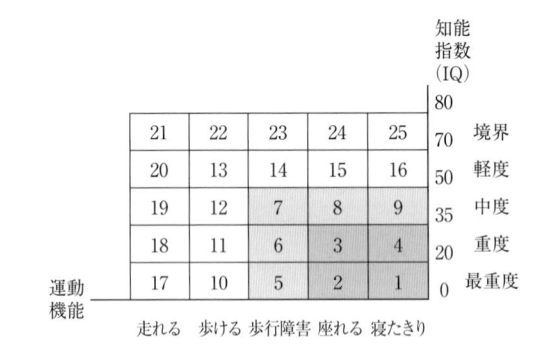

					知能指数(IQ)	
					80	
21	22	23	24	25	70	境界
20	13	14	15	16	50	軽度
19	12	7	8	9	35	中度
18	11	6	3	4	20	重度
17	10	5	2	1	0	最重度
運動機能 走れる	歩ける	歩行障害	座れる	寝たきり		

図 2.1.10 重症心身障害児（者）の判定基準（大島の分類）

が重症心身障害児と定義されている．

このような状況にある場合，身体に長時間接触している被服は，日常生活の質の向上にかかわる重要な要素になる．特に，みずからの意思表示が困難である場合には，被服などの身体周囲の生活用品の選定には，介護者のきめ細やかな配慮が必要となる．適切な被服の選定は，着用者の生活のQOL向上に寄与するだけではなく，介護者にとっても安心した介護ができるようになる．

1) 重度の寝たきりの障害者に必要な被服の要件

重度の寝たきりの障害者に望ましい被服として，以下の要素（順不同）が求められる．

①環境に適合し，体温の保持に役立つ
②身体サイズに適合する被服サイズである
③軽量で身体を圧迫せず，無理なく呼吸でき，動作を妨げない
④肌触りがソフトで，皮膚を刺激しない
⑤無理なく着脱できる
⑥長時間着用していても疲労感がない
⑦被服素材やデザインが安全である
⑧清潔さを維持できる
⑨着用者に似合い，品格を妨げない
⑩活力をもたらす雰囲気の色やデザインである
⑪拘縮や麻痺による特有の身体形状をカバーする
⑫車いす利用時に，車いすのベルトを目立たなくする工夫がある
⑬洗濯などに耐久性があり，乾きやすく，取り扱いが容易である
⑭手持ちの衣服を組み合わせていろいろな着装ができる

など．

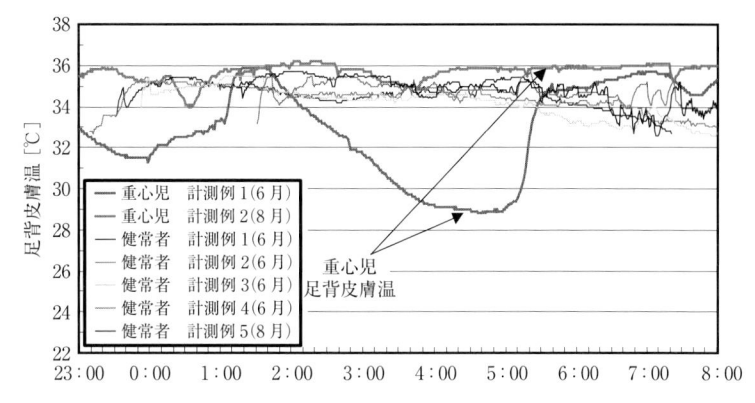

図2.1.11 重度の寝たきりの障害者と健常者の足背皮膚温の計測例

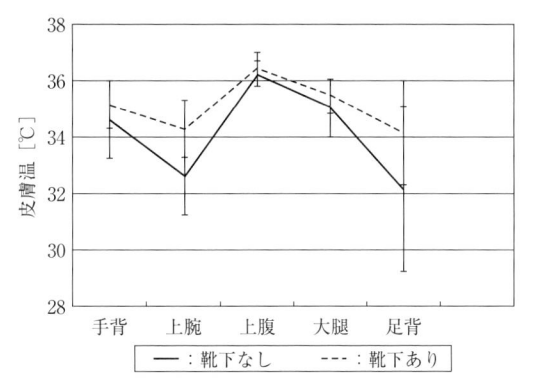

図2.1.12 靴下着用による保温効果（病室内平均空気温度22.4℃の計測例）

2) 温熱的な快適性を付与するための工夫

i) 寒い季節を快適に過ごす工夫

寒い季節に重ね着をすると保温効果が高まるが，過度な重ね着は，着衣全体の保温力を減少し，身体を圧迫することにもつながり，呼吸や動作にも支障をきたすようになる．暖かさ感を得るには，腰部を広範囲に被服で覆うと効果的である．加えて，スカーフやマフラーを使用して，襟元からの放熱を防ぐなど，着装の工夫をするとよい．

手や足が冷たいと不快感が生じて全身の暖かさを得ることが困難となる．図2.1.11は，重度の寝たきりの体温調節機能が衰退している障害者と健常者の6月と8月の日常の足背皮膚温を計測した例である．この例では，6月には，前者は後者に比べ，夜間の足部皮膚温が約8℃低下している．そこで，温熱的な快適さを付与する試みとして，靴下を着用させ身体各部位の皮膚温の経時変化を計測した．図2.1.12より靴下を着用しているときは，着用なしに比べて各部位別皮膚温間にばらつきが小さいことから，温熱的な効果を得る一手段として靴下着用が有効であることがわかる．このように重度の寝たきりで，みずから動くことができず，みずからの意思表現ができない場合には，手や足の末梢部の局所的な皮膚温低下に対する対策と配慮も必要である（多屋，2005〜2007；多屋ほか，2008）．

ii) 暑い季節を快適に過ごす工夫

日本の夏は高温多湿であるため，一般には，被服を着用して涼しさを得ることは無理がある．太陽光線の強い環境に外出するときには，日傘や帽子を利用して直射日光を避け，ウエスト部にゆとりのある被服を着用するとよい．体温調節機能が衰退している場合には環境気温の上昇に伴う体温の上昇を避けるために，積極的に身体を冷却して体温を一定に保つ工夫が必要である．

多量の発汗が生じる場合は，吸水（汗）・速乾性機能の被服を積極的に活用する．最近では，吸水・速乾性の優れるポリエステル繊維を含んだ素材のほうが，綿100％の素材よりも快適さが持続し，肌触りもよいようである．冷房使用時の健康障害を防ぐには，汗で湿潤した衣服の長時間着用は，放熱が促進されて身体が冷却されてしまうため，汗を拭うことや，乾いた衣服に着替えるなどの対策が必要である．

iii) 身体サイズと被服サイズの適合性

おむつ着用の場合は，腰部のサイズが裸体時よりも大きくなるため，上下そろいの被服では，下衣のサイズをもとにして被服を選定する場合が多い．そのため上衣が身体の適合サイズよりも大きいと，被服内には対流が生じて身体からの放熱量が増加し，風邪などの健康障害を誘発する原因ともなるようである．また，身体サイズに不適合な被服の着用は，シルエットや外観が美しくないことも明らかであり，大き過ぎる衣服

図2.1.13 着脱の容易なワンピースドレス

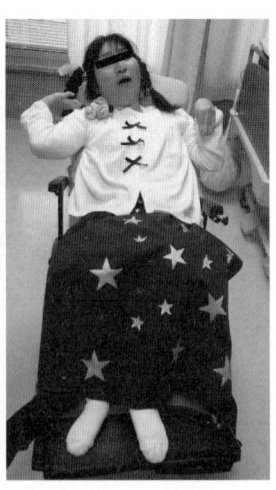

図2.1.14 宇宙船内服の応用（重度の寝たきりの障害者用セーターとスカート．東京都立東部療育センター協力）

は，車いす利用時の安全性にも問題がある．したがって，着心地のよい被服を選定するときには，被服と身体サイズの適合性の確認は，日常の健康の維持や管理をするうえにも大切である（多屋，2000～2002；多屋ほか，2008）．

3） 着脱時に身体に負荷を与えない被服の工夫

身体が拘縮し，麻痺のある場合は，無理な着脱による骨折事故が多いようである．それらを未然に防ぐためにも，重度の寝たきりの障害者の衣服には，着脱のしやすさを考慮することは重要である．それにより，着用者には，着脱時の身体への負荷を軽減できるようになり，介護者には，安心して介護ができるようになる．

図2.1.13は，重度の寝たきりの**障害者用のワンピース**である．麻痺や拘縮の状況にある障害者にとっては更衣時に，身体を無理に動かすことはストレスが大きいため，この被服は，寝たきりの臥位の状態で身体を包み込むようにして着脱を行うことができる．着脱時間は短時間ですみ，介護技術を持たなくても誰にでも臥位状態で簡単な着脱が可能である．特殊な織技術による適切な伸縮性と軽量な素材を使用し，さらに，パターンや開口部の工夫により，着用中も着心地が持続する．また，麻痺や拘縮，彎曲のある身体形状をカバーするデザインであり，シルエットも美しく，洗濯などの取り扱いも容易である（多屋，2013）．

4） 清潔さを維持し，生活を楽しくする被服の工夫

快適さには被服の清潔さも関係している．特に，下着は，身体に直接接触しているため，身体の汚れや汗などの水分を吸収し，皮膚や外衣を清潔に保つ効果がある．また，清潔な被服は汚れた被服に比べて保温力が高い．

次に，国際宇宙ステーションで生活する宇宙飛行士のために開発した宇宙船内服（多屋，2009，2010b）の素材や被服の作製技術を福祉分野への応用例を紹介する．宇宙の生活では風呂もシャワーもないため，**宇宙船内服には清潔さを長期間維持する機能が必要と**される．宇宙仕様に開発した素材は，汗や尿に含まれるアンモニアなどによるにおい成分を消臭できる機能を有し，障害者の積極的な活動を支援できる被服としても有用である．図2.1.14は，それらの技術を車いす利用者のスカートとセーターに応用した例である．これらは，彎曲した身体を圧迫せずに着用できるようにパターンや縫製方法に工夫を施している．縫い目や縫い代がないために，縫い目による皮膚への刺激がなく肌触りもソフトで軽く，美しいシルエットである（多屋，2011）．

図2.1.15は，いろいろな生活シーンに着用できるように，被服アイテムは，シャツ，ベスト，ズボンから構成している．シャツの背部と袖部には伸縮性素材を用いているため，身体にストレスを与えることなく

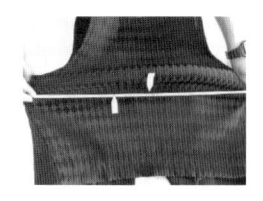

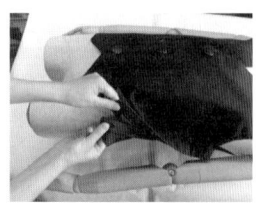

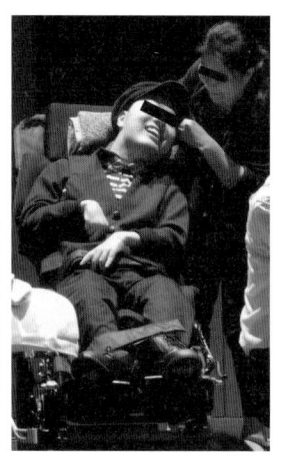

後身頃が伸縮性に富み，仰臥位でも脇のスナップボタンを簡単に留めることができる

図2.1.15 宇宙船内服の応用（シャツ，ベスト，ズボン．心身障害児総合医療療育センターむらさき愛育園協力）

臥位でも容易に着脱ができる．着用中に付着するにおいを防ぐために，ズボンの腰部の裏地には宇宙の生活用に開発した消臭抗菌機能を持つ素材を使用し，生活の安心・安全の配慮も行っている（多屋ほか，2013）．

〔多屋淑子〕

文　献

- 成田千恵，菅谷紘子，多屋淑子（2009）：重症心身障害児（者）と介護者のための生活支援研究－靴下着用法と温熱的快適性－．日本重症心身障害学会，**34**(1)：203-208.
- 多屋淑子（2000～2002）：重症心身障害児（者）のQOLの向上を目指した衣生活支援研究．厚生科学研究「障害保健福祉総合研究事業」．
- 多屋淑子（2005～2007）：寝たきりの障害者と介護者のQOL向上をめざす衣生活支援技術の開発．日本学術振興会科学研究費補助金基盤研究（B）．
- 多屋淑子（2009）：JAXA宇宙飛行士が着る宇宙船内服．化学，**64**(8)：43-45.
- 多屋淑子（2010a）：ユビキタス・バイオセンシングによる健康医療科学（三林浩二監修），pp.239-246, シーエムシー出版．
- 多屋淑子（2010b）：国際宇宙ステーションの船内服開発と地上への展開．繊維学会誌（繊維と工業），**66**(10)：P-330-P-334.
- 多屋淑子（2011）：障害者と介護者の生活を快適に生活に彩りを与える衣服．日本重症心身障害学会誌，**36**(1)：83-86.
- 多屋淑子（2012）：日常生活を清潔に快適に楽しむ衣服．日本重症心身障害学会誌，**37**(1)：113-116.
- 多屋淑子，成田千恵，水沼千枝（2008）：重症心身障害児（者）と介護者のための生活支援研究－衣服のサイズ適合性と温熱的快適性に関する検討－．日本重症心身障害学会誌，**33**(1)：133-137.
- 多屋淑子，成田千恵，水沼千枝（2013）：心身共に快適で着心地の良い装い．日本重症心身障害学会，**38**(1)：97-99.
- Winslow, C. E. A., Herrington, L. P.(1949)：Temperature and Human Life., Princeton University Press. Princeton. N. J.

2.1.4 睡眠改善

a. 日本人の睡眠の現状

　睡眠は，量および質の二つの側面を有するが，前者において，日本は世界で最も**睡眠時間**の短い国の一つである．日本人の睡眠時間は年々短縮の一途をたどっており，1960年から5年ごとに調査されているNHKの国民生活時間調査（NHK放送文化研究所世論調査部，2011）でも最新の2010年の睡眠時間がこれまでで最短である（図2.1.16）．睡眠時間は同一個人でもある程度変動する．たとえば，暑く日の出の早い夏季は，寒く布団から出るのが辛い冬に比べて睡眠時間は短くなる．また多忙などいろいろな理由により睡眠時間の削られることはよくあり，ヒトの睡眠では，睡眠不足時には**徐波睡眠**と呼ばれる深い睡眠が増加して，時間の短縮を質で補うような反応が生じる．長時間睡眠者と短時間睡眠者の比較から，短時間睡眠者では睡眠時間に占める徐波睡眠の割合が高いことが知られているが，短時間睡眠を特徴とする日本人の眠りが深いかというと，必ずしも当てはまらない．2000年に公表された日本人一般を対象とした全国調査結果（Kim et al., 2000）では，不眠症状と見なされる入眠困難，中途覚醒，および早朝覚醒のいずれかを有する日本人成人は約2割であり，60歳以上の高齢者ではその割

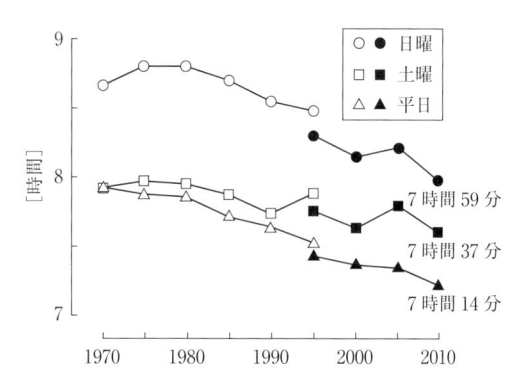

図2.1.16 日本人の睡眠時間（10歳以上の平均値）の推移（NHK放送文化研究所世論調査部，2011）

マークの白抜きは行動内容を自由記述で記載，黒塗りはあらかじめ示された行動内容から選択して記録する方式であり，単純に両者の結果を比較することはできない．

合は約3割に増加する（図2.1.17）．すなわち，量と質の両面で睡眠が不十分な国民も相当数存在することが考えられる．

かつては，「睡眠時間は8時間」という認識が一般的であったが，夜型化，24時間化が進んだ現代社会では，この認識は一部の中高年者に残るのみで，高校～大学生では，6時間前後の睡眠が普通と考える者も少なくない．睡眠の質・量が不十分だと心身の両面にさまざまな健康被害がもたらされる．その影響が最も目にみえやすい注意力の低下を検討した研究結果では，4時間睡眠を続けると6～8日，6時間睡眠を続けると9～14日で，日中の注意力が一晩の徹夜後と同等に低下するという結果が示されている（Van Dongen et al., 2003）．また，睡眠時間と死亡率の関係を検討した大規模追跡研究結果では，米国（Kripke et al., 2002）でも日本（Tamakoshi et al., 2004）でも6.5～8時間程度の睡眠時間で最も死亡率が低く，それより長くても短くても死亡率が上がるという結果である．これらから考えると，「6時間睡眠で十分」という認識は特に中学～大学生では改める必要があろう．

睡眠には，性差や加齢などの生物学的な影響のほか家庭環境や在学・就業などの社会生活の影響も強く作用する．したがって，それぞれの社会集団ごとに異なる睡眠問題が認められ，いずれもその背景に睡眠時間を削りがちな文化・社会的特性と近年の夜型化・24時間化の影響が垣間みえる．夜更かし傾向は就学前の年代から認められており，飲食店やコンビニエンスストアなど深夜営業の店舗で親子連れの幼児を夜遅くに見かけることが雑誌などのメディアで取り上げられている．また，幼児を預かる施設である幼稚園と保育園では，幼稚園児よりも保育園児において夜更かし傾向が強くなる．幼稚園は午後1～2時頃に活動が終了して帰宅となるが，保育園では保護者のお迎えは夕方以後であり，1歳児や2歳時では睡眠の発達過程のうえでも日中の午睡を必要とするため昼食後に1～2時間の**午睡**の時間が設けられるのが一般的である．一方，3歳を超えるあたりから徐々に午睡の必要性は低下するが，保育所では最年長の5～6歳児のクラスでも午睡の時間が設けられることが多い．この必要のない午睡が夜の就寝を遅らせ，さらには起床困難，朝食欠食といった悪循環をもたらす可能性が指摘されている．2008（平成20）年に保育所の運営に関する法令（保育所保育指針）が改定され，子どもの発達過程や家庭生活などの個人差に応じた午睡となるよう配慮することが指示されたため，今後，このような問題は減少するものと考えられるが，同じ時間帯に午睡をする子，しない子が存在すると，現状の人手では不足する可能性も考えられる．このように，不必要な長すぎる昼寝や午後の遅い時刻のうたた寝は，夜間睡眠の寝つきを悪くしたり，夜型化を促進したりする．午睡のない幼稚園に通う幼児では，帰宅後から夕方の時間帯にうたた寝してしまうと，同様に夜間睡眠に影響が出るため注意が必要である．

小学生から中学，高校では，朝の起床時刻はあまり変化しないが，就寝時間が遅くなり，特に中学1～3年にかけて大きく夜型化が進行する．日本人の中高生を対象とした全国調査結果（Ohida et al., 2004）では，睡眠不足，日中の過剰な眠気，6時間未満の睡眠者がいずれも3～4割ほど認められ，健康面や学業成績への影響が懸念される．また，帰宅後の夕方以後に仮眠習慣を有する中高生が3～5割存在し，このような学生では，夜型化に伴う夜間睡眠時間の短縮とともに，イライラ，抑うつ，不安などのさまざまな症状の悪化が確認されている．中高生を対象として，睡眠不足や夜更かしの原因を調査すると，勉強，テレビ視聴，およびメールなどを上回って，最上位は「なんとなく」である（日本学校保健会，2008）．おそらく，前述した帰宅後の仮眠や，夜間の室内照度の明るすぎることなどの影響が考えられるが，睡眠不足や夜更かしの原因を自覚できない，という現状が，睡眠に関する知識教育が不十分であることを示している．

高校生の大学進学率が50%を超え，少子化とともに高学歴化を迎えているが，大学生は，高校生までの学校生活や勤務のある一般社会人に比べ，生活の自由度が高いのが特徴である．通学に時間を要するために日によって極端な早起きを強いられたり，深夜に至る

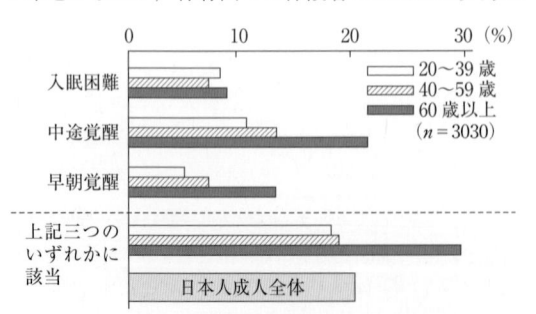

図2.1.17 日本人の不眠症状に関する全国調査結果（Kim et al, 2000）

アルバイトにより睡眠習慣の著しい不規則化を招いたりなど，他の社会集団に比べて睡眠習慣の個人差が大きい．若いために生理的予備力が高く，睡眠不足や不規則な睡眠習慣などへの耐性も高いため，無理を利かして乗り切っていく者もいる．その一方で，生活習慣の乱れや不十分な睡眠により，学業不振，不登校，留年など，大学生活に支障をきたすケースも少なからず発生する．大学生では，自宅通学者か一人暮らしかという居住環境が睡眠に影響し，特に後者において食習慣および睡眠習慣の乱れに起因する健康被害や修学上のトラブル発生リスクが高くなる．

社会を支える就労世代では，睡眠時無呼吸症候群やむずむず足症候群など診断・治療の必要な睡眠障害罹患者の増加とともに，睡眠不足や不眠など不十分な睡眠による生活習慣病やうつ病のリスクの増大が問題となっている．睡眠時無呼吸およびむずむず足症候群の罹患者は，それぞれ中高年世代の3～5%といわれており，未治療者も含めて国内の睡眠時無呼吸症候群の患者数は約200万人，むずむず足症候群の患者数は同等かそれ以上と推定されている．このような治療の必要な睡眠障害に加え，不眠などの睡眠問題は，日本人労働者の5～45%に存在するとされ，健康状態全般への影響とともに，仕事によるストレスや満足度などとも関連することが報告されている（Doi, 2005）．

中高年世代は，働き盛りで仕事が多忙化するとともに，子どものある家庭では，子育ての負担も大きくなる．この年代では睡眠時間に性差が生じ，食事の準備や掃除などの家事労働の負担の多い女性の睡眠時間が短くなることが多い．この傾向は欧米では認められず家事を女性がこなすという日本特有の文化背景によるものと思われるが，更年期による不眠が発生する年代とも重なり，女性が十分な睡眠を得られるような配慮が望まれる．

夜間睡眠構造は加齢により変化し，高齢期には，徐波睡眠の出現量の減少とともに，**中途覚醒**の増加が引き起こされる．これらは，図2.1.17に示すような主観的な中途覚醒や早朝覚醒の増加，および熟眠感の低下などの訴えに現れる．高齢期の不眠の主因の一つが**夜間頻尿**であり，その他にも加齢に伴う疾病や整形外科的な痛みなども睡眠の質を低下させる原因となる．このような原因のほかに，日中の長すぎる昼寝や夕方以後のうたた寝，運動不足，および屋内での生活が長いことによる光曝露不足など，行動や環境の影響から睡眠の質の低下を招くことも多い．施設入居の高齢者では，これらに加えて夜間の騒音や光の侵入など施設特有の原因が加わり，在宅の高齢者より睡眠の質が低いといわれている．

b. 睡眠の評価

睡眠の評価手法には，質問紙による主観的評価と，脳波を含む生体情報から睡眠段階を判定する**睡眠ポリグラフィ**（polysomnography），手首などの活動量から睡眠か覚醒かの区別を推定する**アクチグラフィ**（actigraphy）などの客観的評価の両者が存在する．

主観的評価では，不眠症状そのものである，入眠困難や中途覚醒などを問うもののほか，信頼性・妥当性の確認された質問紙もある．これらでは，前夜の睡眠の状態を問うもの，ここ1カ月の夜間睡眠を振り返って回答するもの，夜間睡眠の状態の反映とも考えられる日中の眠気を問うもの，朝型・夜型を含む睡眠習慣を問うものなどさまざまであり，用途に応じて使い分ける必要がある．詳しくは成書を参照いただきたい（山城，2006）．

客観的評価では，ゴールデンスタンダードとして睡眠ポリグラフィがあるが，測定には多チャンネルの生体信号測定器を含む一連の機器が必要であり，電極装着や結果の判定にも専門家を要する．また，多数の電極装着や実験室など寝室環境が変わることにより，消灯後の寝つきの遅延やレム睡眠の出現時刻の遅れなど，睡眠構造への影響が生じることもある．臨床現場における睡眠時無呼吸回数の判定は，一晩の検査入院ですまされるが，睡眠構造を評価する実験研究などでは，電極や実験室へ慣れるために1夜以上の順応夜を設ける必要がある．

睡眠時の行動的な特性として，活動量の低下，すなわち不動化があげられ，この点に着目して，活動量から睡眠か覚醒かを推定する方法がアクチグラフィである．何種類かの市販品があり，腕時計型の機器を用いて非利き手手首の活動量を計測するものが多いが，近年，エネルギー代謝量や歩数などを測定する機器の結果から睡眠・覚醒を推定するアルゴリズムも開発されている．睡眠ポリグラフィのような睡眠段階の判定はできないが，測定の負担が少なく，2～数週間の連続測定が可能なことが特徴で，日常生活下における日中

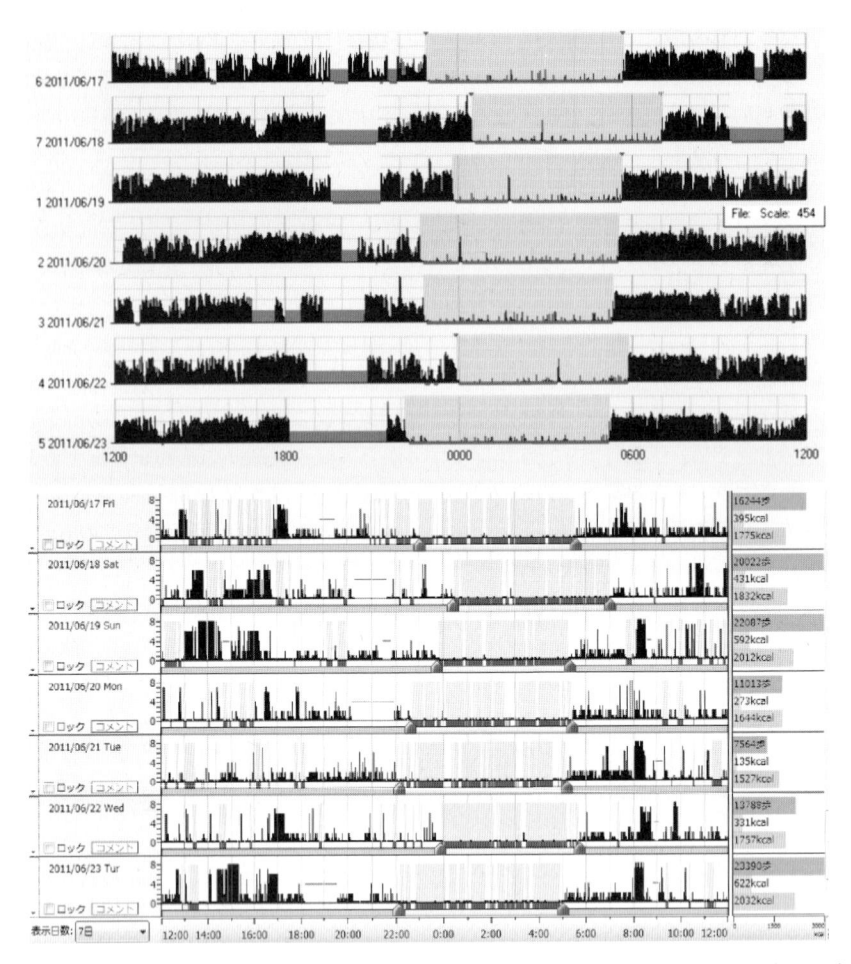

図 2.1.18 健常成人が睡眠/覚醒の推定に用いる2種類の活動量計を同時に1週間装着した結果（口絵3参照）
上段は手首に装着する機器の結果で，下段は腰部に装着する機器の結果．

のうたた寝や睡眠・覚醒リズムの評価が可能である．図 2.1.18 に同一対象が，2種類の機器（AMI 社製アクチグラフを手首に装着：スズケン製ライフコーダーを腰部に装着）の両者を同時計測した結果を示す．用いる機器により，睡眠と覚醒の判定はやや異なり，夜間睡眠中，手首に装着する機器では，より睡眠よりの判定，腰部に装着する機器では，より覚醒よりの判定となっている．日中の座行中では，腰部に装着する機器では，活動量が少ないために睡眠と誤判定する傾向が見受けられる．また，腰部に装着する機器では，データの解像度が2分ごとと長いが（手首に装着する機器では1分ごとに判定），エネルギー消費を推定できるという大きな利点を有する．目的に応じて使用する機器を注意して選択する必要があるものの，睡眠・覚醒リズムや生活習慣を評価するうえで有用な情報を得ることができる．

c. 睡眠改善手法

睡眠に不調を感じて医療機関を受診すると，診断・治療が行われる．日本睡眠学会では睡眠医療に関する認定医制度を設けており，学会ホームページで認定医を公表している（2012年末で認定医療機関が89機関，認定医が411人）．受診の際の目安とされたい．睡眠時無呼吸症やむずむず足症候群などの睡眠障害では，専門の医療機関による治療が必要であるが，不眠や睡眠不足などは生活習慣や環境要因などが主因となることもあり，医療行為によらないこれらの整備や工夫により睡眠が改善することも多い．また睡眠が阻害されがちな現代社会で生活するうえで，睡眠によい生活習慣や生活環境に関する知識を得ることは，万人にとって重要である．ここでは，このような日常生活におけ

る**睡眠改善知識**について解説する．

睡眠調節のメカニズムから考えると，良好な睡眠を得るためのポイントは4種類に大別できる．すなわち，①**概日リズム**の適正な維持，②日中の良好な覚醒状態，③就寝前のリラックスと睡眠への脳と身体の準備，④適正な**睡眠環境**，となり，それぞれについて不十分な睡眠を招く要因と快適睡眠の維持・向上のための具体的な注意点を以下に示す．

①では，概日リズムを有する生理現象の調節メカニズムに基づいて，これらに影響を及ぼす睡眠や食事の習慣，光環境などの外部刺激への配慮がポイントとなる．睡眠・覚醒リズムや深部体温リズムは約24時間周期の概日リズムを有し，前者では日中に活動して夜間に睡眠，後者では夕方頃に最高，深夜～早朝に最低となる．これらは相互に影響しつつ同調関係を維持しているが，いずれも固有の周期は24時間よりも長く，通常の生活下では深部体温の上昇期に当たる午前中に外光のような明るい光を浴びることで24時間周期への時刻合わせがなされている．これらのことは，早寝早起きよりも夜更かし朝寝坊のほうが楽にできること，週末などに朝寝坊をすると体内時計が夜型方向にずれてしまうことを示唆している．生活が数時間夜型化すると，通常の起床時刻が体内時計上では真夜中となり，起床が困難になるとともに，起床時の眠気，活動能力の低下なども顕著となる．したがって，週日・週末を問わず起床時刻を規則的にし，午前中に外光の入る明るい場所で30分程度以上すごすことが重要である．また，明るい光による体内時計の時刻調整作用は光を浴びる時間帯により方向が異なり，深部体温の上昇期である午前では朝型方向，下降期である夜～深夜では夜型方向に変化する．このような体内時計に影響を与える光の明るさは2500 lx（ルクス）以上とされており，一般的な屋内照明では200～500 lx，日中の屋外だと曇天で3000～5000 lx，晴天だと10万lx程度の明るさがある．近年，夜間でも昼間並みに明るいコンビニエンスストアや，深夜にパソコンの画面を近距離でみたりなど，体内時計の夜型化をもたらす要因が存在する．夜間にこのような明るい環境を避けることも概日リズムを適正に維持するうえで重要である．

睡眠・覚醒や深部体温リズムのほか，内臓の消化器活動にも概日リズムのあることが認められており，食事時刻を前後させることで朝型・夜型の調整ができること，食事時刻を規則正しくすると，その時刻に合わせて消化器活動が活発になることなどの知見が得られている．近年，「夕食」が「夜ごはん」になり，食べる時刻が遅くなっていることや，若年成人男子の朝食欠食の問題など，食習慣の問題が生活の夜型化や不十分な睡眠，およびそれに関連する消化器症状の不調などの一因であることが考えられる．快適睡眠を得るためには，朝食を決まった時刻に摂取し，夕食があまり遅くならないよう配慮することも大切である．

②の日中の良好な覚醒状態に関しては，問題のある行動として，日中の不規則なうたた寝や仮眠，1時間を超えるような長すぎる仮眠，夕方すぎのうたた寝や仮眠などが上げられる．これらは，仕事を持つ一般社会人ではまれだが，社会的規制が弱く，生活の自由度の高い高齢者や大学生などではよく見受けられ，上述したように中高生においても帰宅後の仮眠習慣を有する者が相当数存在する．この改善策として，本来，日中の眠気が増す正午～午後3時までの間に30分程度の仮眠をとることが上げられる．この時間帯に短時間の仮眠習慣を持つことで，その後就寝までの覚醒維持が容易になり，夜間睡眠にもよい影響が及ぶ．ただし仮眠が長すぎると夜間睡眠の質が下がるため，30分程度で目覚めるように目覚ましをかけること，ソファなどを利用して完全に横にならないこと，真っ暗にしないこと，仮眠の前にコーヒーなどのカフェインを摂取しておくことなどの工夫が勧められる．

習慣的な就寝時刻の1～2時間前から起床時頃まで，体温低下作用，睡眠の促進・維持作用などを有する**メラトニン**（melatonin）というホルモンが分泌される．このホルモン分泌は，日中の環境照度に影響されることが知られており，日中に明るい場所ですごすことにより夜間の分泌量が増加する．日中に屋内ですごすことの多い高齢者や，日照時間の短い冬季などには特に日中すごす場所の明るさに配慮し，できるだけ外光の入る明るい場所ですごす（暗い場所で長時間すごさない）よう努めることで夜間のメラトニン分泌量が増し，睡眠の質が上がる可能性がある．

運動習慣は，関連するさまざまな生理機能の向上をもたらすとともに，気分の改善効果もあることから，睡眠改善に有効な生活習慣といえる．一方，就寝に近い時間帯の夜間の運動や高強度長時間の運動は，交感神経の緊張状態や筋痛などの感覚が就寝後まで持ち越されることで，その晩の睡眠を妨げる方向に作用す

る．運動による睡眠改善効果は，運動したその晩の急性効果ではなく，運動習慣を継続することによる慢性効果として考え，運動機能の向上や身体組成の変化など運動によるいろいろな効果の一つとしてとらえるとよい．

③は，就床後の寝つきや睡眠過程が正常に進行するよう，就床前から配慮することである．現代社会は，明るい室内照明やテレビ，携帯電話，インターネットなど，夜の自然な眠気の到来を抑制する要因が多い．上述したとおり，中高生の夜更かしや睡眠不足の理由では，最も多いのが「なんとなく」であり，本人の自覚がないままに環境要因ほかの影響から自然な眠気の到来が妨げられている可能性がある．その一方で，緊張・不安，時には嬉しさなどの精神的な要因から入眠困難をきたすこともあり，不眠者では，寝床に入ると寝つけない，という条件反射が形成されることもある．上述したメラトニンは就寝1～2時間前から分泌が始まるが，夜間に500lx以上の明るさの光を浴びると，メラトニン分泌が抑制されるという実験研究の成果がある（Hashimoto et al., 1996）．したがって，特に寝つきの悪さを感じている対象では，就寝前約1時間をすぎたら，部屋の明るさをやや暗めにし，リラックスした時間を心がけるとよい．テレビ，メール，インターネットなどは，終了時刻に関するルールをつくり，ダラダラ続けないようにすることが肝心である．なお，光によるメラトニンの分泌抑制や覚醒効果は，波長によって異なり，短波長の青白い光で効果が強く，長波長のオレンジ系の光で効果が弱い．就寝前の照明は後者がお勧めである．

入浴は，リラックス手段として有効であると同時に，入浴によって上昇した体温の下降期に眠気が増加する．したがって，就寝30分前頃を目安に入浴すると入眠促進に有効であるが，41～42℃を超える熱い風呂だと体温上昇が大きく，交感神経も亢進することからかえって入眠を妨げることになる．熱いお風呂が好きな対象では，夕食前など入浴時刻をより早くし，就寝前の入浴では，温度が39～40℃くらいの熱すぎないお風呂にする配慮が必要である．

たばこやカフェインは覚醒作用を有するため，夕食をすぎたら避けたほうがよい．酒は，用量依存的に興奮・覚醒作用から酩酊・麻酔作用へと変化し，習慣的に摂取すると耐性が形成される．眠るための飲酒を続けると，飲酒量が増え，アルコールによる利尿作用から，夜間のトイレで眠りが分断される．飲酒習慣のある対象では，適量を守り，夕食時に嗜んで就寝前の飲酒を避けることが快眠のための心がけといえる．

「枕が変わると眠れない」という言葉があるとおり，不慣れな環境では精神が緊張，脳が興奮して，十分に眠れないことがある．一方，就寝前の行動に決まった流れがあり，日々，その流れを追うことで，円滑な入眠が得られるということもある．このような就寝前の決まった行動を「入眠儀式」と呼び，成人だけでなく，幼児・児童のしつけという点でも意識するとよい．

④の**睡眠環境**では，温湿度，音，光などのほか，寝室を共有する同伴者も含まれる．望ましい寝室の温湿度環境は，気温15～26℃，湿度50～60％であり，寝苦しさという点では着衣や布団で寒さを解消できる冬季よりも夏季のほうが問題は大きい．日本人は夜間の空調使用を嫌う傾向にあるが，高温環境で寝苦しい夜をすごすよりは，冷風が直接身体に当たらないよう注意して，26℃以下の室温になるよう空調を使用すべきである．タイマーを使用した就寝後2～3時間の使用でも，睡眠前半の徐波睡眠を確保するのに有効である．暑さに耐えかねて就寝後の夜半から空調を入れると，汗が急激に冷やされて，冷えすぎによる覚醒反応や体調不良を引き起こす可能性がある．このような使用法はあまり望ましくないが，やむを得ず夜半から使用する際には，濡れた着衣の着替えや汗ふきを行う必要があり，幼児や児童が同室の場合には，特にこの点に配慮されたい．

寒冷環境では，着衣や布団を増すことで0℃近い室温でもほぼ正常な眠りが得られるが，この際問題となるのが，夜間トイレに起きる高齢者である．寝室やトイレの気温が低いと，急激な寒冷曝露の影響から血圧が急増する危険性や，寒冷刺激による覚醒反応からトイレ後の再入眠に時間を要することもある．寝室やトイレの室温調節には，建物の断熱性や暖房にかかる光熱費の問題があり，15℃以上にするのが困難なこともあるが，その場合にはトイレに行く際の行動を慎重にし，身体が冷えないよう配慮することが大切である．

夜間の騒音は，幹線道路沿いの住民における交通騒音や寝室の同伴者のいびきなどがあり，問題が深刻であれば防音措置や寝室の分離などの対応が必要となる．なお夜間の騒音は，高齢者の入居施設でより深刻であり，この点を考慮した施設の設計や運営方法の検討が望まれる．

寝室の光環境では，夏季には外光の侵入による早朝覚醒，冬季には日の出が遅く寒いことによる起床困難がよく経験される．前者では遮光カーテンによる外光の遮断，後者ではタイマーなどによる室内灯の点灯や暖房の開始などにより対処が可能である．

以上，四つの観点から快適睡眠を得るための生活習慣や生活環境を概説した．これらは，まず知ることが重要であり，人それぞれ異なる普段の暮らしのなかでできそうな工夫を無理なく実行していくことが大切である．また，夜の睡眠が不十分だと，日中のうたた寝や長すぎる仮眠を引き起こし，そのために夜更かしや不十分な夜間睡眠を招くという悪循環に陥ることがある．多少眠れなくても，朝寝坊を避け，日中の覚醒をきちんと維持すれば，翌晩はよい睡眠が得られる，というような考え方を持つことも必要である．ここでは一般成人を対象とした睡眠改善知識を概説したが，夜勤のある交代勤務者では，また別の対処法が必要法となる．こちらについては成書（堀，2008）を参照いただきたい． 〔水野　康〕

文　献

Doi, Y. (2005)：An epidemiologic review on occupational sleep research among Japanese workers. *Industrial Health*, **43**：3-10.

Hashimoto, S., et al. (1996)：Melatonin rhythm is not shifted by lights that suppress nocturnal melatonin in humans under entrainment. *Am. J. Physiol.*, **270**：R1073-R1077.

堀　忠雄（2008）：社会と睡眠．基礎講座　睡眠改善学（堀　忠雄，白川修一郎編著），pp. 99-111，ゆまに書房．

Kim, K., et al. (2000)：An epidemiological study of insomnia among the Japanese general population. *Sleep*, **23**：41-47.

Kripke, D. F., et al. (2002)：Mortality associated with sleep duration and insomnia. *Arch. Gen. Psychiatry*, **59**：131-136.

NHK放送文化研究所世論調査部（2011）：2010年国民生活時間調査報告書，pp. 47-49.

日本学校保健会（2008）：平成18年度児童生徒の健康状態サーベイランス事業報告書．

Ohida, T., et al. (2004)：An epidemiologic study of self-reported sleep problems among Japanese adolescents. *Sleep*, **27**：978-985.

Tamakoshi, A., et al. (2004)：Self-reported sleep duration as a predictor of all-cause mortality：results from the JACC study, Japan. *Sleep*, **27**：51-54.

Van Dongen, H. P., et al. (2003)：The cumulative cost of additional wakefulness：dose-response effects on neurobehavioral functions and sleep physiology from chronic sleep restriction and total sleep deprivation. *Sleep*, **26**：117-126.

山城由華吏（2006）：睡眠の心理評価．睡眠とメンタルヘルス（白川修一郎編），pp. 157-175，ゆまに書房．

2.1.5　転倒予防

日本は2010年に高齢化率23.1%を越え，超高齢社会に突入した．2055年には高齢化率が40%を越えると予測され，さまざまな高齢者支援が求められる．そのなかで高齢者の転倒は骨折を引き起こし，要介護の主要な要因でもある．転倒骨折の最も重症なものの一つに大腿骨頸部骨折があげられ，年間14万人以上に発生（介護予防の推進に向けた運動疾患対策に関する検討会，2008）し，医療・介護費は6000億円を越えると推定され（京極，2005），高齢者医療費，介護保険費用の高騰の要因である．

何より**転倒骨折**は歩行などの移動のなかで発生することが多いため，対象者の日常生活活動度（activity of daily living：ADL）や生活の質（quality of life）を急激に低下させることになる．このように高齢者の心理的・身体的側面とコストの面から転倒骨折の予防が望まれる．

高齢者の**転倒予防**を効率よく，かつ効果的に実施するには，次の二つの対策が必要である．一つは大勢の元気な高齢者を含む幅広い特性を持つ高齢者のなかから，ある指標に基づいて転倒リスクの高い対象者を抽出することである．もう一つは転倒ハイリスク群に該当するそれぞれの人の身体特性に応じて効果が高いと考えられる方策を支援することである．

つまり，大勢の高齢者のなかから，定量的手法を用いて転倒リスクが高い人を抽出し，それぞれの特性にあった転倒予防を実施することが重要であり，一定期間ごとに評価を実施する時系列的なアプローチが求められる．

これの実現には，多くの高齢者に実施可能であること（標準化），誰が実施しても同じ結果が得られること（計測・評価誤差が少ないこと），実施が簡易でわかりやすいこと（簡便・安全性）があげられる．

a.　高齢者の身体機能計測手法の開発

先行研究より転倒との関連が強く認められる因子として，年齢（80歳以上），女性，移動障害，1年間の

複数回の転倒歴があげられ，身体機能の観点からはバランス能力，歩行能力，下肢筋力，歩幅，握力の低下，それ以外に薬やパーキンソン病などの疾病があげられる（Ruvenstein, Josephson, 2002；Nevitt, 1997；Province et al., 1995；鈴木ほか，1999；Lord et al., 1991；Black et al., 1982）．加齢や性別，疾病にかかわる項目の危険因子を除去することは難しいが，身体機能にかかわる下肢筋力などは高齢者であっても適切なアプローチにより改善や機能維持が可能であることから，効果的な転倒予防を行ううえで最も実現可能性が高いと考えられる（Green, Crouse, 1995）．

米国老年医学会でのガイドラインでは，複数の研究結果の多変量解析を行った結果，筋力低下が最も転倒リスクを高めることに寄与するとし，第3位に歩行障害，第4位にバランス機能障害をあげた（Guidline, 2001）．そこで，定量的に身体機能の計測・評価を行うという考えから，計測誤差が少なく，標準化がやりやすいスタティックな計測系に着目し，下肢筋力を定量的に評価する機器を開発した．

図2.1.19，2.1.20に開発した**下肢筋力計測器**の外観を示す．図2.1.19の足指力計測器は小型であり，電源を必要としない構造であり，膝下の筋力を総合的に反映する（山下，斎藤，2002；山下ほか，2004）．ま

た，足指力は前後方向の姿勢制御を行う前頸骨筋と足底腱膜，足関節周辺の筋や前足部の筋機能と関係がある（Winter, et al., 1998）と考えられる．足指力は一般的に行われる10m歩行とも相関が高く，足指力が大きいと10m歩行速度も大きいことが明らかになっている（山下，斎藤，2002）．

図2.1.20の**膝間力計測器**は，等尺性膝伸展力と異なり，股関節内転筋力を直接的に計測する機器である（山下ほか，2010）．股関節内転筋群は，日常生活動作に密接な股関節の屈筋としても作用し，歩行中の骨盤の支持や階段の昇降にも関与していると考えられる（ペリー，2007）．そして，姿勢制御への関与として立位中の前後方向の重心の制御は前足部が行い，左右方向の制御は股関節周辺の筋群が行うことが報告されている（Runge, et al., 1999）．また，10m障害物歩行との相関が高いことが明らかになっている（山下ほか，2010）．

足指力の計測方法は，椅座位で，膝関節角度，および足関節角度が約90°になるよういすの高さなどを調節し，左右足ともに2回ずつ計測を行い，左右それぞれにつき，より大きい足指力の値を計測値として記録する．計測の際には，膝の位置を左右に動かさないこと，かかとを上げないこと，息を止めないことを指示することで計測誤差を軽減できる．

膝間力の計測方法は，椅座位で膝関節角度，および足関節角度が約90°になるよういすの高さなどを調整し，やや浅めにいすに座り，足幅は肩幅にとるよう指示する．そして，左右の膝関節内側に触れることができる骨，すなわち大腿骨内側顆部分に膝間力計測器の左右の接触部分が当たるよう調整する．計測は2回を行い，より大きい膝間力の値を計測値として記録する．計測の際には，足位置を動かさないこと，いすなどを手で持たないこと，息を止めないことを指示することで，足指力同様に誰でも同じように計測が実施できる．

b. 下肢筋力からみた転倒リスク指標の構築

1) 対象者と実験方法

開発した機器を用いて**転倒リスク指標**を構築するためにフィールドテストを実施した．対象者は，健常高齢者群25名（平均年齢80.9±3.2歳），虚弱高齢者群23名（平均年齢82.7±3.5歳）である．

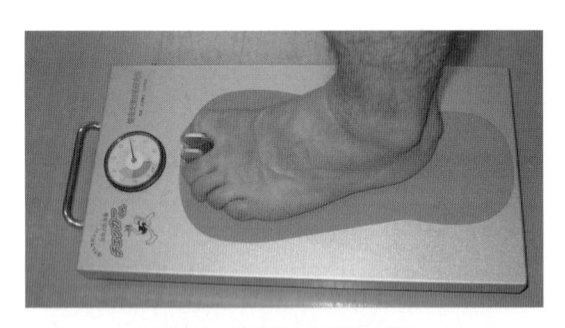

図2.1.19 足指力計測器の外観

図2.1.20 膝間力計測器の外観

虚弱高齢者群には特定高齢者と要支援1, 2および要介護1までの高齢者が含まれる．両群ともに年齢の範囲は77〜87歳であった．健常高齢者群と虚弱高齢者群間の年齢差は確認されなかった（F値：3.59, $p < 0.06$）．

特定高齢者は，地方自治体の特定高齢者事業に選定された人を対象者とした．すべての対象者は自立歩行が可能であり，車いすなどを利用する人は含まれていない．実験の開始および参加に当たり，事前に実験の主旨を対象者に説明し同意を得たうえで実験を行った．本研究は東京医療保健大学の倫理委員会の承認を得て行った．

2）転倒リスク指標構築ための計測結果

図2.1.21に各計測項目の結果を示した．その結果，足指力の右足は健常高齢者群27.7±12.3 N，虚弱高齢者群22.3±12.6 N，左足は健常高齢者群26.7±9.7 N，虚弱高齢者群20.7±10.7 N，膝間力は健常高齢者群110.8±21.8 N，虚弱高齢者群89.4±34.1 Nであった．すなわち，虚弱高齢者群は健常高齢者に比べて，足指力の右足で約20%，左足で23%，膝間力で20%低いことがわかった．

表2.1.1には，健常高齢者と虚弱高齢者に分けた各計測結果の相関係数を示した．その結果，健常高齢者群は，年齢と各項目の間には相関は認められなかった．足指力の左右足の間には0.5，足指力の右左足と膝間力の間には，どちらも約0.4で相関が認められた．

それに対し虚弱高齢者群は，年齢と足指力の右足の間に−0.4の逆相関が認められた．足指力の右左足の間には約0.8と高い相関が認められた．足指力の右足と膝間力の間に相関は認められなかったが，足指力の

表2.1.1 転倒リスクレベルにおける各パラメータ間の相関係数

		年齢	足指力右	足指力左	膝間力
健常高齢者群	年齢	1	−0.27	0.03	−0.30
	足指力右	−0.27	1	0.51**	0.39*
	足指力左	0.03	0.51**	1	0.42*
	膝間力	−0.30	0.39*	0.42*	1
虚弱高齢者群	年齢	1	−0.44*	−0.29	−0.40
	足指力右	−0.44*	1	0.75**	0.34
	足指力左	−0.29	0.75**	1	0.48*
	膝間力	−0.40	0.34	0.48*	1

*$p < 0.05$, **$p < 0.01$.

左足と膝間力の間には約0.5の相関が認められた．

3）下肢筋力を用いた転倒リスクの高い虚弱高齢者スクリーニングの閾値の導出

健常高齢者を低転倒リスク群，虚弱高齢者を高転倒リスク群と定義した場合について，得られた計測結果より，下肢筋力からみた転倒リスクの高い虚弱高齢者群抽出のための閾値の導出を試みた．各計測結果の閾値の導出には，オッズ比を求めることによる最も分離能が高いものを採用した．

各パラメータをそれぞれ解析してもある程度のスクリーニングが可能であるが，さらに抽出精度を高めるために，左右の足指力と膝間力の3項目を合わせて検討した．その結果，足指力の左足と膝間力を組み合わせることでオッズ比が最も高く，効率よくスクリーニングできることがわかった．結果を表2.1.2に示す．

すなわち，足指力の左足を24 N，膝間力を100 Nと設定した場合，この両方を超えたのは健常高齢者群で14名，超えなかったのは11名であった．虚弱高齢者群で超えたのは4名，超えなかったのは19名であった．オッズ比は6.05であり，敏感度（sensitivity）は82.6%，特異度（specificity）は56.0%であった．

表2.1.2 高転倒リスク高齢者推定のための閾値の導出

	足指力（左）24 N以上 膝間力100 N以上	それ以外
健常高齢者	14	11
虚弱高齢者	4	19

オッズ比：6.05, 95%信頼区間：3.80〜9.62.

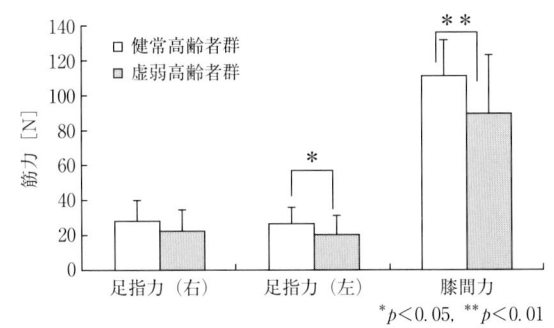

N：健常高齢者群：25人，虚弱高齢者群：23人

図2.1.21 転倒リスクレベルにおける足指力・膝間力の計測結果

c. 開発した機器と転倒リスク閾値を用いたフィールドテスト

1) フィールドテストの対象者

ここまでに足指力と膝間力の計測機器を用いた転倒リスク指標の構築が行えた．そこで，開発した機器と指標を用いてフィールドテストを行った．

対象者は，健常高齢者88名（平均年齢73.6±5.6歳，65〜87歳），特定高齢者24名（平均年齢82.9±7.0歳，65〜94歳），要介護高齢者18名（要支援1〜要介護2，平均年齢87.6±5.2歳，78〜95歳）の計130名である．

以下解析では，これまでと同様に虚弱高齢者は下肢筋力の面から転倒リスクが高いことが考えられるため，横断的解釈として虚弱高齢者を転倒リスク群，健常高齢者を低転倒リスク群と定義した．

特定高齢者は，地方自治体の特定高齢者事業に選定された人を対象者とした．すべての対象者は自立歩行が可能であり，車いすなどを利用する人は含まれていない．

実験参加に当たり，事前に実験の主旨を対象者に説明し同意を得たうえで実験を開始した．本研究は東京医療保健大学の倫理委員会の承認を得て行った．

計測方法は a. で述べたように実施し，左右の足指力，膝間力は2回ずつ計測を行い，よいほうの結果を計測結果として採用した．

2) 実験結果

図2.1.22に健常高齢者群と虚弱高齢者群の足指力，膝間力の結果を示した．結果より，足指力の右足は健常高齢者群で32.8±11.9 N，虚弱高齢者群で21.6±10.8 N，左足は健常高齢者群で31.7±11.4 N，虚弱高齢者群で20.7±10.2 N，膝間力は健常高齢者群で113.4±23.5 N，虚弱高齢者群で91.1±32.3 Nであった．すなわち，虚弱高齢者群は健常高齢者群よりも，足指力の右足で34%，左足で35%，膝間力で20%低いことがわかった．

表2.1.3に，健常高齢者群と虚弱高齢者群に分けた各パラメータの相関係数を示す．その結果，健常高齢者群は年齢と足指力の左右足の間には -0.3 の緩い逆相関があり，膝間力との間には相関が認められなかった．足指力の左右足間は相関係数0.6，足指力の左右足と膝間力の間にはそれぞれ0.3, 0.5と相関が認められた．

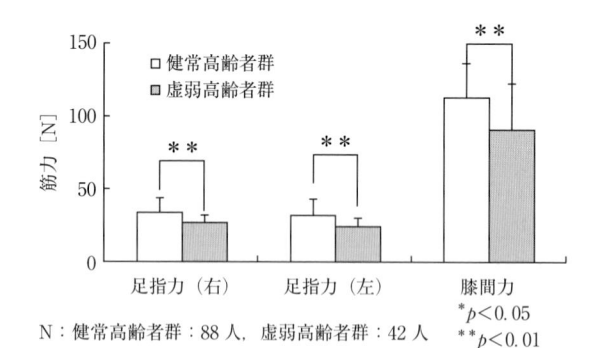

図2.1.22 フィールドテストにおける足指力の結果
N：健常高齢者群：88人，虚弱高齢者群：42人
$*p<0.05$　$**p<0.01$

表2.1.3 フィールドテストにおける各パラメータ間の相関係数

		年齢	足指力右	足指力左	膝間力
健常高齢者群	年齢	1	-0.32**	-0.35**	-0.16
	足指力右	-0.32**	1	0.59**	0.30**
	足指力左	-0.35**	0.59**	1	0.48**
	膝間力	-0.16	0.30**	0.48**	1
虚弱高齢者群	年齢	1	-0.01	-0.02	-0.21
	足指力右	-0.01	1	0.74**	0.33*
	足指力左	-0.02	0.74**	1	0.55**
	膝間力	-0.21	0.33*	0.55**	1

$*p<0.05$, $**p<0.01$.

表2.1.4 開発した転倒リスク指標を用いた対象者の分類

	足指力（左）24 N 以上 膝間力 100 N 以上	それ以外
健常高齢者	60	28
虚弱高齢者	8	34

オッズ比：9.11, 95% 信頼区間：7.42〜11.20.

一方，虚弱高齢者の場合，年齢と各計測値との間の相関は認められなかった．左右足の足指力の間には 0.7，足指力の左右足と膝間力の間には，それぞれ 0.3 と 0.6 で相関が認められた．

本研究で導出されたスクリーニング指標の閾値として足指力の左右 24 N，膝間力 100 N をフィールドテストの対象者に当てはめた結果を表2.1.4に示した．結果より，足指力の左足 24 N と膝間力 100 N の両方を超えたのは，健常高齢者群で60名，虚弱高齢者群で8名であり，オッズ比は9.11であった．どちらか一方，または両方超えなかったのは健常高齢者で28名，虚弱高齢者で34名であった．つまり，健常高齢者群の32%，虚弱高齢者群の81%が転倒リスクの高い虚弱高齢者群に分類された．

d. 考 察

1) 開発した下肢筋力計測機器の有効性の考察

本研究では，定量的かつ安全に下肢筋力を計測し，結果に基づいた転倒リスク指標を構築することを目的とした．

高齢者の転倒発生率は加齢が進むことで急激に増加し，健常高齢者に該当する人の中でも転倒することで突然，骨折が発生する．すなわち，健常な後期高齢者でも下肢筋力の低下により転倒リスクが高まることが推測される．アンケート調査などの定性的な評価で健常高齢者に分類される対象者が，虚弱高齢者のレベルにまで下肢筋力が低下していることは，転倒のリスクを高めることが予測されることから，健常高齢者と虚弱高齢者を分ける閾値を下肢筋力の観点から明らかにできれば，高転倒リスク高齢者の最初のスクリーニングとして有効である．

まず，足指力および膝間力計測器の利用の有効性について述べる．本研究では，健常高齢者と特定高齢者および要介護高齢者を対象に計測を行うことができた．転倒リスクが高いと考えられる特定高齢者や要介護高齢者を対象に，歩行機能などを計測するための 10 m 歩行の実施は，計測中の転倒を誘発する可能性がある．そのため，そのような対象者の最大の力を発揮した状態での評価は，現場の心理的，身体的負担が大きいと考えられる．

静的計測である本計測機器は椅座位で計測を行い，簡便であることから高転倒リスク群であっても，容易に最大の力を発揮した状態の下肢筋力を評価できる．本計測機器は，身体機能計測を行ううえで，環境誤差，計測誤差が混入しないよう計測手法を定義し，実施することで正しい評価が可能なよう構成した．

また，1 名にかかる計測時間は，足指力，膝間力を合わせても 1～2 分程度であり，計測にかかわる補助者も非専門家 1 名程度でよいため，現場で実施する場合にも計測実施者，計測される対象者の双方に負担が小さいと考えられる．

したがって，従来の計測・評価項目に，本研究で開発した下肢筋力計測機器を合わせることで，幅広い見地から身体機能や転倒リスクを評価できると考えられる．以上のことから本計測機器のフィールドでの有効性が考えられた．

2) 下肢筋力計測による転倒リスクの高い虚弱高齢者の下肢筋力の評価の考察

ここでは，これら計測機器を用いて健常高齢者群と虚弱高齢者群の下肢筋力を比較した．その結果，虚弱高齢者群は健常高齢者群に比べて，足指力，膝間力ともに約 20% 低下していることが示唆された．両群間に年齢差はみられないため，年齢の影響がない状況下においても，虚弱高齢者は下肢筋力が低下していることが明らかになり，転倒リスクが高いことが示唆された．

フィールドテストの結果より，虚弱高齢者群は健常高齢者群よりも，足指力，膝間力が 20～35% 低下していることがわかった．フィールドテストの対象者は健常高齢者群と虚弱高齢者群間で年齢差がある．確かに年齢は転倒リスクを高める要因である (Ruvenstein, Josephson, 2002)．しかし，全体の平均値としての議論で転倒リスクを論じるのではなく，計測から定量的評価を行い，多くの高齢者のなかから転倒リスクの高い対象者を抽出する全体スクリーニングを行い，その対象者個人に対する評価を行うところに重点をおきたいと考えた．

足指力と膝間力の間には表 2.1.1, 2.1.3 ともに一定の相関が認められ，足指力の高い対象者は膝間力も高い傾向にあることがわかった．以上の結果より，虚弱高齢者群は，健常高齢者よりも足指力，膝間力が低下し，転倒リスクが高い状態にある可能性が定量的計測結果より示唆された．

3) 下肢筋力計測による転倒リスクの高い虚弱高齢者抽出手法の考察

ここでは，転倒リスクが高い対象者群に分類される高齢者をスクリーニングするための指標として閾値を導出することを試みた．

その結果，足指力の左足を 24 N，膝間力を 100 N としたときの分離能が高く，オッズ比が 6.1 まで高められることがわかった．

この組合せが転倒リスクの高い虚弱高齢者のスクリーニングに有効である理由について述べる．足指力の左右足はそれぞれ同じ部位の筋力をみていることになるため，この二つを同時に採用すると統計学上，多重共線性が発生することが考えられる．多重共線性の可能性については，表 2.1.1 の健常高齢者群の足指力の左右の相関係数が 0.5 以上，虚弱高齢者群が 0.75

と高い相関関係にあることからもうかがえる．また，同じ意味あいであれば両方採用する必要はなく，オッズ比が高い足指力の左足と膝間力を組み合わせることが妥当であると考えられる．

以上の結果より，足指力の左足を24 N，膝間力を100 Nと設定して，このどちらかの値を下回る対象者を抽出することで82%の確率で転倒リスクの高い虚弱高齢者をスクリーニングできることが明らかになった．特異度は56%であるが，健常高齢者群にも下肢筋力の低下から高転倒リスク者が含まれている可能性が高いことから，ここでは特異度には言及せず，敏感度のみで議論することが適切であると考えた．

もちろん高い精度でスクリーニングできることが理想であるが，転倒リスクを高める要因はさまざまであることから，下肢筋力の観点から定量的計測結果に基づいて，広い枠のスクリーニングを行えるだけでも意義があると考えられる．以上の見解より，多くの高齢者のなかから，下肢筋力の観点から効率よく転倒リスクが高い可能性のある対象者をスクリーニングするための閾値が導出された．

健常高齢者群のなかにも，多くの転倒リスク者が含まれることが予測される．その結果が，表2.1.4の健常高齢者群の3割が転倒リスク群に含まれたことに反映されていると考えられる．

転倒リスク指標において，下肢筋力はその一部として考えるべきであり，歩行機能やバランス機能とも組み合わせることが必要である．バランス機能の前後方向の制御は足指部が主に行い，前脛骨筋や足裏筋の機能が関与している（David, et al., 1998）．したがって筋力のみではなく，足部や足裏の機能も転倒リスクに影響を与えると考えられる．すなわち，高齢者の足部や足爪に着目した研究から，足部や足爪の変形，変色，白癬菌などの感染が，高齢者全体の6割以上に達し（山下ほか，2004），これら異常は下肢筋力とバランス機能を低下させ，転倒発生率を増加させることが報告されている（山下，斎藤，2002）．よって下肢筋力の計測結果のみではなく，複数の計測指標と足部や足爪などを観察した結果を合わせて取り入れることで，より精度の高い評価指標が構築できると考えられる．

本研究で得られた結果は，地域の転倒予防活動や，対象者自身への結果のフィードバックの観点に使用できると考えられる．

まとめ

本研究では，転倒リスクの高い虚弱高齢者を効率よくスクリーニングするために，定量的下肢筋力計測装置を開発し，その有効性を示すとともに，下肢筋力からみた閾値の導出を試みた．その結果，以下の知見が得られた．

（1）下肢筋力計測を行った結果，虚弱高齢者は健常高齢者よりも，約20%低下していることがわかった．

（2）足指力，膝間力は椅座位で計測可能であることから，安全かつ簡便に計測が実施でき，計測スタッフ数も少数でよい．また計測にかかわる時間は1～2分程度であり，容易に定量的な計測・評価が実施できることがわかった．

（3）各計測パラメータから転倒リスクの高い虚弱高齢者のオッズ比を求めたところ，足指力の左足を24 N，膝間力を100 Nとし，どちらか一方，または両方を超えない群をリスク群とすることで，オッズ比が6.05，敏感度が82.6%の結果が得られた．すなわち，これを評価値として設定することで，82%の確率で転倒リスクの高い高齢者を抽出できることが示唆された．

以上より，足指力と膝間力を用いることで，下肢筋力低下に基づく高転倒リスク者を容易にスクリーニングできることが示唆された．本研究で得られた指標を用いることで，下肢筋力が低下した対象者のそれぞれの特性に応じて介入するきっかけが見いだせることから，ハイリスクアプローチにつなげられると考えられる．これは，介護予防を効果的に実施するために重要であると考えられる．

本研究の一部は，文部科学省科学研究費若手（B）（課題番号21700586），文部科学省科学研究費補助金（B）（課題番号23300213）の研究助成によって行われた．

〔山下和彦〕

文 献

Black, F. O., et al. (1982): Normal subject postural sway during he Romberg test. Am. J. Otolanrynol., **3**: 309-318.

David, A. W., et al. (1998): Stiffness control of balance in quiet standing, Am. Physi. Soc., : 1211-1221.

Green, J. S., Crouse, S. F. (1995): The effects of endurance training on functional capacity in the elderly. Med. Sci. Sport Exerc, **27**: 920-926.

Guideline for the Prevention of Falls in Older Persons (2001), JAGS, **49**: 664-672.

介護予防の推進に向けた運動疾患対策に関する検討会（2008）：介護予防の推進に向けた運動疾患対策について報告書, p.3.

京極政宏（2005）：これからの少子・高齢社会における新しい市場の創造に向けて. 日本機械学会誌, **108**(5)：37-42.

Lord, S. R., et al. (1991)：Postural stability and associated physiological factors in a population of aged persons. *J Gerontol.*, **46**：69-76.

Nevitt, M. C. (1997)：Gait Disorders of Aging, pp.13-36, Lippincott-Raven, Philadelphia, New York.

ペリー, J. 著，武田 功監訳（2007）：ペリー歩行分析, pp.67-76, 医歯薬出版.

Province, M. A., et al. (1995)：The effects of exercise on falls in elderly patients a preplanned meta-analysis of the FICSIT trials. *JAMA*, **273**：1341-1347.

Runge, C. F., et al. (1999)：Ankle and hip postural strategies defined by joint torques. *Gait. posture.* **10**：161-170.

Ruvenstein, L. Z., Josephson, K. R. (2002)：The epidemiology of falls and syncope. *Clin. Geriat. Med.*, **18**：141-158.

鈴木隆雄ほか（1999）：地域高齢者の転倒発生に関連する身体的要因分析の研究-5年間の追跡研究から. 日医老誌, **36**：472-478.

Winter, D. A., et al. (1998)：Stiffness control of balance in quiet standing. *J. Neuro-physiol.*, **80**：1211-1221.

山下和彦, 斎藤正男（2002）：高齢者転倒予防能力の足指間圧力計測による推定. 計測自動制御学会誌, **38**(11)：952-957, 2002.

山下和彦ほか（2004）：高齢者の足部・足爪異常による転倒への影響. 電学誌C, **124**(10)：2057-2063.

山下和彦ほか（2010）：高齢者の定量的下肢筋力評価のための膝間力計測器の開発. 電学誌C, **130**(2)：267-274.

2.1.6 障害者スポーツ

近代障害者スポーツは，英国の脊髄損傷センター（ストーク・マンデビル病院）のグッドマン医師が，戦傷者の社会復帰を早めるためのリハビリテーション手段としてスポーツを取り入れたのがルーツといわれる．その成果を競う院内の競技会が国際大会となりやがて今日のパラリンピックへと発展していった．2008年の北京パラリンピックでは，20種目の競技が行われ，146の国と地域から3951人の選手が出場するまでに至っている（表2.1.5）．

こうして，リハビリテーションの一環で始まった障害者のスポーツ活動は，競技として発展していく一方で，息抜きや健康づくり，社交機会などさまざまな目的で行われ，多くの人に親しまれるようになっている．障害者にとってのスポーツは，機能の維持・増進といった点だけでなく，自己実現や社会参加という点も重要で，その裾野を広げることは社会的にも大きな意義がある．

ところで，こうしたスポーツ機会をさらに広げていくためには，障害状況に応じ，かつ，それぞれの競技特性を考慮したスポーツ用具の果たす役割は大きい．特に，身体機能面の制約が多い重度身体障害者の場合に顕著である．また，スポーツの競技性を高めるという点においては，スポーツのあらゆる動作場面に対応する強靭な耐久性と高度な機能を併せ持ったスポーツ用具の開発・普及が欠かせない．

以下に，代表的な障害者スポーツを例にあげ，参加する障害者の状況，競技特性，使用される機器の特徴などを紹介してみたい．

a. 車いすバスケットボール

スピード感にあふれ，スリリングなホイールワークが魅力の**車いすバスケットボール**は，障害者スポーツの花形競技といえるであろう．コートの広さやバスケットリングの高さ，試合時間は一般と同様で，ダブルドリブルに相当するルールが一般と異なるものの，その他も一般のバスケットボールとほぼ同じルールで

表 2.1.5　パラリンピック実施競技の変遷

■ 夏季競技大会

	1	2	3	4	5	6	7	8	9	10	11	12	13
	1960	1964	1968	1972	1976	1980	1984	1988	1992	1996	2000	2004	2008
	ローマ	東京	テルアビブ	ハイデルベルグ	トロント	アーヘン	ストーク/ニューヨーク	ソウル	バルセロナ	アトランタ	シドニー	アテネ	北京
アーチェリー	○	○	○	○	○	○	○	○	○	○	○	○	○
陸上競技	○	○	○	○	○	○	○	○	○	○	○	○	○
ボッチャ							○	○	○	○	○	○	○
自転車								○	○	○	○	○	○
馬術										○	○	○	○
5人制サッカー												○	○
7人制サッカー							○	○	○	○	○	○	○
柔道								○	○	○	○	○	○
パワーリフティング		○	○	○	○	○	○	○	○	○	○	○	○
ボート													○
射撃					○	○	○	○	○	○	○	○	○
水泳	○	○	○	○	○	○	○	○	○	○	○	○	○
卓球	○	○	○	○	○	○	○	○	○	○	○	○	○
車いすフェンシング	○	○	○	○	○	○	○	○	○	○	○	○	○
車いすテニス									公開	○	○	○	○
ゴールボール				公開	○	○	○	○	○	○	○	○	○
セーリング											公開	○	○
シッティングバレーボール						○	○	○	○	○	○	○	○
車いすバスケットボール	○	○	○	○	○	○	○	○	○	○	○	○	○
ウィルチェアーラグビー										公開	○	○	○
ローンボウルス													
スヌーカー	○	○	○										
ダーチェリー		○	○										
レスリング					○	○							
スタンディングバレーボール					○	○	○	○	○	○	○		
知的障害者バスケットボール											○		

■ 冬季競技大会

		1	2	3	4	5	6	7	8	9	10
		1976	1980	1984	1988	1992	1994	1998	2002	2006	2010
		エーンシェルドスピーク	ヤイロ	インスブルック	インスブルック	アルベールビル	リレハンメル	長野	ソルトレークシティ	トリノ	バンクーバー
アルペンスキー		○	○	○	○	○	○	○	○	○	○
ノルディックスキー	クロスカントリースキー	○	○	○	○	○	○	○	○	○	○
	バイアスロン				○	○	○	○	○	○	○
アイススレッジホッケー							○	○	○	○	○
アイススレッジスピードレース			○	○	○	○(実施せず)					
車いすカーリング										○	○

図 2.1.23 車いすバスケットボール

図 2.1.24 ツインバスケットボール

行われる.

主に脊髄損傷や下肢切断など下肢機能障害者が参加するこの競技は，体幹や下肢の残存機能レベルによって，最も軽度な4.5点から最も重度な1.0点まで0.5ポイントごとにクラス分けされ，1チーム5人の合計点数が14.0点を超えてはならない，という規定が設けられている．これは，チーム間の機能レベルによるハンディをなくすことと，重度の障害がある選手の競技参加を妨げないようにするための配慮である．

車いすバスケットで使用される車いすは，ボールを追って激しく競り合いながら，加速や減速を繰り返す攻防に耐えうるよう，軽量かつ堅強な仕様となっている．また，左右への俊敏な動きを可能にするために，車輪にキャンバー角（車輪をハの字に傾斜することで回転性能を高める）がついていることや，接触時の足部保護のために，決められた高さに取り付けられたバンパーなどが特徴である．なお，車いすの座面の高さ（前座高）は53 cmまでと規定されており，クッションの高さにも制限がある（図 2.1.23）．

b. ツインバスケットボール

頸髄損傷などによって上肢の機能にも障害がある四肢麻痺者にとっては，機能的に3.05 mの高さに設置された一般のバスケットリングにシュートすることが難しい．そこで，そうした四肢麻痺者でもバスケットボールが楽しめるように，一般のゴールのほかにもう一つ，高さ1.2 mの低いゴールをフリースローサークル内に設けて行う競技が考案された．2つのゴールを使用することから**ツインバスケットボール**と呼ばれ，ボールも一般よりも軽く滑りにくいゴム製の5号ボールが使用される（図 2.1.24）．

ツインバスケットボールの競技用車いすとしての特徴は，前述の車いすバスケットボールのそれとほとんど変わらない．しかし，体幹部の麻痺によって座位バランスが不安定な四肢麻痺者が使用するので，座位バランスを安定させるために前後の傾斜が大きくなっており，バックサポート（背もたれ）も高くなっている．また，車いすを駆動させるハンドリム（車輪を動かすためのリング）に滑り止めを巻きつけることによってグローブとの摩擦力を強め，弱い握力を補うなど，四肢麻痺ゆえの課題に対する工夫が施されている．

c. ウィールチェアラグビー

ウィールチェアラグビーはツインバスケットボール同様，四肢麻痺者がチームスポーツを行う機会を得るためにカナダで考案された．2000年のシドニーパラリンピックから公式種目として採用され，世界に広く普及している車いすスポーツである．競技はバスケットボールコートで行われ，ボールはバレーボールをもとに開発された専用球を使用する．4人の選手がボールをパスまたは膝の上において運び，エンドライン上のゴールラインを通過すると得点となる．一般のラグビーとは異なり，前方へのパスも認められている．

このスポーツの最大の特徴はタックル（相手の車いすに自分の車いすを衝突させたりひっかけたりすること）が認められていることである．車いすどうしがぶつかりあい，時には転倒してしまうほどの激しさがあり，当初はマーダーボール（殺人競技）と呼ばれてい

図 2.1.25 ウィールチェアラグビー

図 2.1.26 ラグビー用車いす．左・オフェンス用，右・ディフェンス用

たこともある（図 2.1.25）．

こうした競技特性ゆえに，車いすは他のスポーツ用車いすより重く，頑丈につくられている．また，装甲車を思わせるバンパーやホイールカバーが装着されている．これらはタックルの衝撃から車いすを守るという目的以上に，相手からひっかけられて動きを止められないようにするためという戦略的な意味あいが大きい．さらに攻撃と防御，それぞれの役割によって車いすの形状が異なっている（図 2.1.26）．

d. 車いすテニス

ツーバウンドまで許される，という以外は一般のルールとまったく変わらないことが**車いすテニス**の特徴である．また，四肢麻痺クラスが設置されている以外に細かなクラス分けがないことも特徴としてあげられる．ちなみに，四肢麻痺クラスでは電動車いすで参加する選手も少なくない．世界ランキングも整備され

図 2.1.27 車いすテニス

全豪オープンや US オープンなどハードコートで開催されるグランドスラム大会は，一般大会と同じ期間に同じ会場で開催されている（図 2.1.27）．

テニス用車いすは，返球すると同時に次の返球に備える体勢をつくる必要がある．そのために回転性能が最優先され，キャンバー角がバスケットボール用の車いすより大きくなっている（バスケットボール用で約 15°，テニス用で 15～20°）．一方，バスケットボールやラグビーのように選手どうしの接触がないので強度を高くする必要がなく，その分軽量化されている．また，一時期はフロントキャスターを一つにした 3 輪（転倒防止のバックキャスターを含めると 4 輪）車いすが主流であったが，斜め前方のボールを返球する際にバランスを崩したり，オムニコート（全天候型人工芝）などで前輪キャスターに荷重がかかりすぎて動きにくい場合があるなどの理由から，最近では改めて 4 輪車いすを使用する傾向がある．

e. 車いすマラソン（陸上競技）

陸上競技は，スポーツ用車いすのなかで最も軽量でより速く走ることを追求したレーサーと呼ばれる車いすが使用される．**車いすマラソン**のトップ選手では平均時速が 30 km/h を超え，フルマラソンを 1 時間 20 分台で駆け抜ける．後輪のディスクホイールに使用さ

図 2.1.28 車いすマラソン

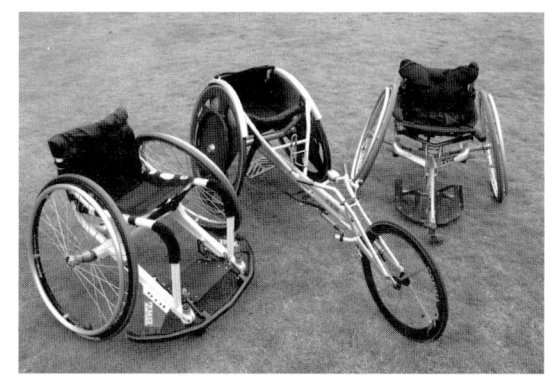

図 2.1.29 競技用車いす
左からバスケット用，陸上競技用，テニス用．

れるカーボンの特性上，「ゴーゴー」という特有の音を発しながら疾走するのが印象的な競技である．

1980年代前半には4輪のものしかなかったが，現在は3輪タイプが主流となっている．前輪を1輪にする際，自転車の前輪と同様のフロントフォークを採用することで直進安定性が格段に向上した．また，ホイールベースの長さが長くなるほど直進安定性が増して推進力も高くなることから，ロードを走るマラソン用はホイールベースが長く，コーナーワークが重要なトラック競技用は短いものが使用される．

レーサーの後輪はもともと自転車用のものを流用していたが，自転車競技用にディスクホイールが開発されると，車いすレーサーにもそれが採用されるようになっている．この車輪にもキャンバー角がついているが，その理由は回転性の向上を目的とした他のスポーツ用車いすとは少し異なる．ハンドリムは腰幅に近いほうが扱いやすいので，後輪上部の幅は腰幅に合わせて狭くなっている．しかし，その幅で車輪を垂直にすると少しのカーブでも転倒しやすくなってしまうた

め，車輪の接地面は広く安定させる必要があり，その結果として必然的に角度がついているのである．

また，ハンドリムを効率的に使ってスピードを維持するため，選手の体型などに合わせて，座面位置やハンドリムの径を調整している（図2.1.28, 2.1.29）．

f. 電動車いすサッカー（パワーチェアーフットボール）

電動車いすサッカーは，脳性麻痺や筋ジストロフィーなど運動機能の制約が大きく，日常的に電動車いすを使用している重度の身体障害者が楽しめる数少ないチームスポーツである．電動車いすに取り付けられたフットガードを使って，直径32.5 cmのボールを蹴ったり，ドリブルで運びながらゴールを目指す．巧みなジョイスティック操作によるボールコントロールとチームの戦術が見どころの競技である．

この種目が紹介されるまでは，モニタ上で展開されるゲームのなかでしかスポーツを楽しめなかった障害者が，仲間と声をかけあい，パスをつなげ，風を感じて疾走しながら行うチームスポーツの楽しさを実感できるようになった意義は大きい．日本では1980年代前半に紹介されて以来，支援者とともに競技人口は拡大し，いまでは各地区の予選会を勝ち抜かなければ全国大会に出場できないほどに普及している．

通常，電動車いすの制限速度は6 km/hであるが，電動車いすサッカーの国際大会では10 km/hまでとされている（国内大会では6 km/hとすることが多い）．もともと体幹や上肢機能の制限が大きい電動車いす使用者では，急な加速や車いす自体の衝突，車いすを回転させてボールをキックする際の遠心力などで

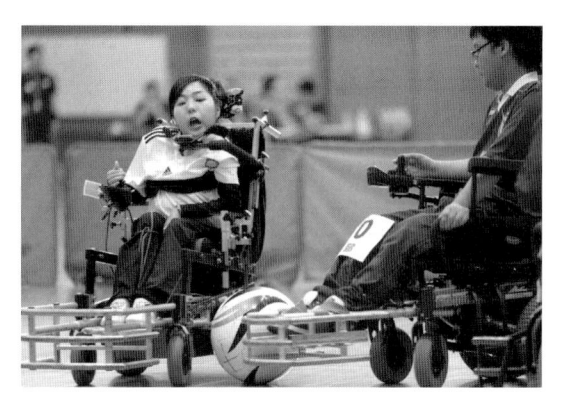

図 2.1.30 電動車いすサッカー

体にかかる負担は想像以上に大きい．したがって，車いすの性能が高くなるほど，安全性を担保するために，姿勢保持装置なども改良が必要であり，車いすとのフィッティング作業が重要な課題となってくる（図2.1.30）．

g. チェアスキー

障害者のアルペンスキー競技は立位，座位，視覚障害のカテゴリーに分かれて行われる．それぞれのカテゴリー内で障害レベルによるクラス分けがされるが，どのカテゴリー，クラスとも競技ルールは一般とまったく同じ条件である．スポーツ用具の開発という点では，座位のカテゴリーで主に脊髄損傷などの下肢機能障害者が使用する**チェアスキー**の進歩が目ざましい．

チェアスキーは，フレームと身体をホールドするバケット部分，衝撃吸収装置からなる本体に1本のスキー板を装着した専用チェアを使用する．フレームは選手の体重を支え，転倒時の破損にも耐えうる強度を保ちつつ，可能な限り軽量化を図るための工夫がされている．シートは体を固定させ選手の意思と力をしっかりスキーに伝える必要があるため，選手の体形に合わせてオーダーメイドでつくられる．サスペンション機構はヒトの「膝」のように，スキー滑走時に衝撃を吸収する役割を果たす重要な部分である．

2010年のバンクーバーパラリンピックモデルでは，効率的に衝撃を吸収するだけでなくエッジング（カーブする際にスキー板の片側のエッジで滑走すること）をサポートし，スピードを落とさず効果的にターンすることができるサスペンション機構が開発・採用された．しかし，こうした機器が高性能になるほど，その性能を最大限に引き出し，好成績をあげられるかどうかは，まさにそれを使用する選手たちの努力次第となっている（図2.1.31）．

初期のチェアスキーは，リフトの乗降に必ず補助が必要で，リフトをその都度減速したり停止させたりしなければならなかったが，現在のチェアスキーにはリフトアップ機構が搭載され，レバー操作によって滑走時よりもシートを高い位置に固定することで，一人でリフトに乗ることが可能になっている．競技普及においては，こうした自立性の課題克服も重要なテーマである．

図2.1.31 チェアスキー

h. スポーツ義肢

下肢切断者の場合，一般的に使用する義足の構造は，断端部と義足をつなぐ「ソケット」，大腿切断の場合では膝関節の役割を果たす「膝継手」，下腿の代わりとなる「下腿チューブ」，そして「足継手」と「足部」で構成されている．**スポーツ用義足**も基本的には同じ構造であるが，あらゆる動きや力に対応したスポーツ用義足は，見た目も性能も日常生活レベルを想定したものとはまったく異なっている．

まず，従来のソケットではフィッティングが弱く，スポーツ時のあらゆる動きに対応して思いどおりの動きを足部に伝えられない．そのために，シリコンライナーなどを使用して安定度を高めている．さらに，力のロスを最小限にするために，ソケット部に取り付けたキャッチピンを，ダイレクトに継手または下腿チューブに固定する場合がある．足部は，着地時にため込んだ力を反発力として活用できる「エネルギー蓄積型」と呼ばれる足部のうち，カーボン製の板ばねのものが競技用として使用されることが多い．これによって一般アスリート同様に「走る」「跳ぶ」ことが可能になっている（図2.1.32）．

2007年，オリンピック出場を目指す南アフリカの両下腿義足スプリンター，オスカー・ピストリウスがはじめて健常者の国際大会に出場し，陸上競技の400mで2位となり世界中を驚かせた．これを機に，競技用義足が「非使用者よりも有利になる人工装置の使用を禁止する」という競技規則に違反するかどうか

図 2.1.32 スポーツ義足による走り幅跳び

が国際スポーツ仲裁裁判所で審議された．結果，義足による健常者のレースへの出場は認められることになったが，このエピソード自体が，スポーツ用義足の進歩と，それによって障害者が健常者と互角に競える可能性を示しているといえるであろう．

　障害者のスポーツ活動を支える機器は，個々の障害を補う技術と，スポーツの動きのイメージに近づけるための機能的な技術の両者が一緒になって進化する．これまでの歴史が物語るように，最新のテクノロジーと開発者の熱意によって，まだ既存のスポーツ活動への参加が難しいとされる，より重度な障害者にもその機会が開かれていくことになるであろう．真のスポーツ・フォー・オールの理念実現に向け，障害者のスポーツ活動に，さらなる関心が高まることを期待したい．

〔田中　理・宮地秀行〕

文　献

川村　慶（2009）：補装具．障害者スポーツ指導教本（日本障害者スポーツ協会編），pp.146-149，ぎょうせい．

田中　理ほか（2004）：障害者スポーツ用補装具．義肢装具学第3版（川村次郎編），pp.248-256，医学書院．

日本リハビリテーション医学会スポーツ委員会編（1996）：障害者スポーツ．医学書院．

日本電動車いすサッカー協会ホームページ：http://www.web-jpfa.jp/

日本障害者スポーツ協会ホームページ：http://www.jsad.or.jp/

2.2 移動支援

2.2.1 運動機能

a. 運動機能障害と移動

なんらかの理由で，下肢に機能低下が生じた場合，歩行が困難となり，移動に制限が生じる．移動という活動は，ただ単に身体をある地点からある地点に動かすということだけではなく，それにより行動範囲が広がり，日常生活動作の自由度を向上する．また，人的交流を広げ，社会参加を促進するとともに，生活する意欲を引き出し，積極性につながる結果を生み出す（図2.2.1）（市川ほか，1998）．さらに，それらは相互に影響を及ぼしあい，それぞれが向上することで，さらにその効果は高まる．

したがって，移動を支援する義足や下肢装具，杖，歩行器，車いす，移乗介助用リフトなどは，運動機能障害のある人にとって，とても重要であり，生活に大きな役割を果たす福祉機器といえる．

b. 義足・下肢装具

1) 特徴と種類

下肢の切断者または欠損者に装着して，機能と形態を代替する用具が**義足**である．使用者の切断部位により以下の種類がある（図2.2.2）（伊藤ほか，2009）．

・股義足：骨盤または大腿上部の切断
・大腿義足：大腿部の切断
・膝義足：膝関節部の離断
・下腿義足：下腿部の切断
・サイム義足：足関節部からの切断

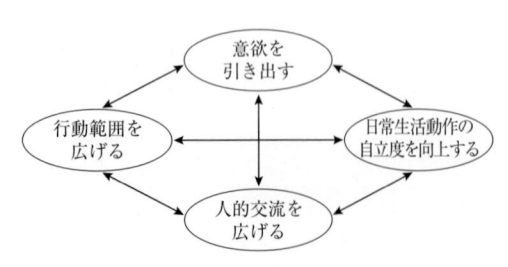

麻痺した下肢に装着し，下肢の機能を補完する用具が**下肢装具**である．立位の保持や歩行の補助，下肢の変形予防および矯正を目的とする．長下肢装具と短下肢装具（図2.2.3）があり，前者は大腿から膝，下腿，足部にかけて支持するものであり，後者は下腿から足部にかけての装具である．短下肢装具は，片麻痺者の歩行機能の改善に効果があり，広く使用されている．

2) 適合のポイント

義足や下肢装具は，基本的に国家資格である**義肢装具士**が適合を行う．

義足では，ソケット，継手部，支柱部，足部を使用者の身体状況や使用目的に合わせて選択し，適切な位置関係で組み立てることで完成させる．ソケットは，断端の形状を型どりし，それに合わせて樹脂やFRP

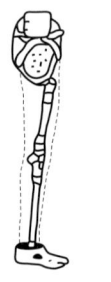

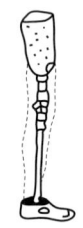

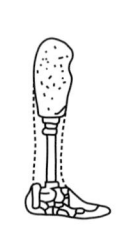

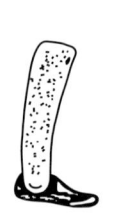

図2.2.1 移動の効果

図2.2.2 義足の種類

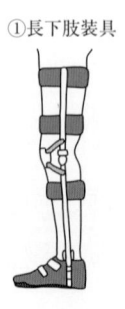

股義足　大腿義足　下腿義足　サイム義足

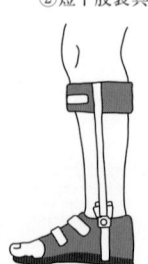

①長下肢装具　②短下肢装具

図2.2.3 下肢装具の種類

を成形し，使用者個々に合わせて製作する．継手部，支柱部，足部は，ほとんどが汎用部品である．

下肢装具は，継手部，支柱部，足部を使用者の身体状況や使用目的に合わせて組み立てることで完成させる．支柱部は，下肢の型どりをして，それに合わせて形状を成形する．短下肢装具では，軽量なプラスチック製のものや，足関節部の力学特性を変更・調整できるものもある．

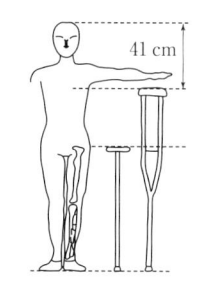

図2.2.5 杖の長さの目安

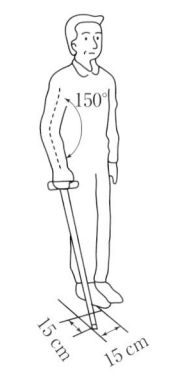

c. 杖

1) 特徴と種類

杖は，歩行機能が低下した人を対象として，歩行を支援する用具である．**ステッキ**，**T字杖**（図2.2.4）は杖として最も一般的なものである（浅沼ほか，2008）．ステッキは，加齢などにより下肢の機能が低下し，歩行が行いにくくなった場合の，軽い支えとして用いる．握り部がU字なので，大きな荷重をかけて体重を支えることは難しいが，切符を買うなどの立位作業を行う際に，腕などにかけることが容易である．脳血管障害による片麻痺者のように，片手と片脚に麻痺がある場合には，T字杖のほうが，握り手部分に体重をかけやすく，有効である．

エルボークラッチは，前腕にも支持部がついている杖であり，その代表的なものはロフストランドクラッチである（図2.2.4）．前腕で支持する構造なので，握力の低下を補ったり，杖により大きな荷重をかけて体重を支持することが可能である．

プラットホームクラッチは，杖の上端にプラットホームをつけ，その先端に握りのあるものである（図2.2.4）．プラットホーム部に前腕をのせ，肘部で体重を支持する．肘の載る部分には，弾力性のあるパッドを取り付け，外傷を避ける．リウマチや関節炎などにより，手首や肘などに障害があり，自由にのばすこと

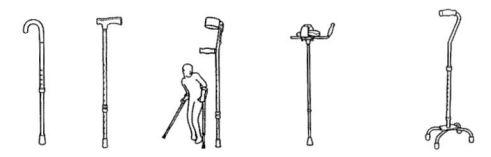

図2.2.6 ステッキ，T字杖の長さの決定法

ができない場合に有効である．

松葉杖は，2本1組で使用し，前腕と腋下で体重を支持するものである．骨折などで下肢に体重がかけられない場合や，下半身に麻痺のある場合に有効である．

多脚杖は，脚が3本もしくは4本に分かれている杖である（図2.2.4）．杖自身が安定しているので，立位保持が難しい場合や，脳血管障害による片麻痺者の初期歩行訓練に有効である．床面が平らでないと杖が安定しないので，屋外や不整地での使用は困難である．

2) 適合のポイント

杖の適合においては，長さの調節が重要である．簡易的な方法を図2.2.5に示す．ステッキ・T字杖では通常使う履き物を履いた立位状態で，大転子部の高さに握り部がくる長さとする．松葉杖では身長から41 cm引いた長さとする．しかし，下肢や上肢に変形や短縮がある場合は，この方法では最適長さが決まらない．その場合，ステッキ・T字杖では，肘関節を150°に曲げ，手関節を背屈させた部分に握りが位置し，足小指の前外側15 cmの位置に杖の先がくるように長さを決める（図2.2.6）．松葉杖では背臥位をとり，軽く杖を腋下に当て，足小指の前外側15 cmのとこ

ステッキ　T字杖　ロフストランドクラッチ　プラットホームクラッチ　多脚杖（4脚杖）

図2.2.4 杖の種類

ろに杖先がくるように長さを決める.握り手は肘関節を150°曲げ,手関節を背屈させて握れる位置に固定する.

d. 歩行器・歩行車

1) 特徴と種類

歩行器(浅沼ほか,2008)は,身体を囲むフレームと4本の脚からなり,固定式と交互式(図2.2.7)がある.固定式歩行器は,歩行器を持ち上げて前方に位置し,それを支えにして身体を前に進める.交互式はフレームがゆがみ,左右いずれかに体重をかけ,反対側を前方に押し出すことが可能である.固定式のように持ち上げる必要がない.

歩行車(浅沼ほか,2008)は歩行器に車輪がついたものであり,前輪2輪のみに車輪のあるものと4輪または3輪すべてに車輪のあるものがある(図2.2.8).立位の支持性が低い場合や上肢の機能が低下している場合は,肘支持型の四輪歩行車が有効である(図2.2.8).これは,施設内での使用例が多い.段差などは越えるのは難しい.

2) 適合のポイント

歩行器・歩行車は,下肢の支持性はあるが,歩行の耐久性が低い場合に有効である.歩行訓練の初期段階に使用する場合が多い.

二輪歩行車は,固定式歩行器のように持ち上げて移動するのではなく,後脚のみを持ち上げ,前輪で移動することができるので,上肢の機能が低下している場合も使用可能である.三輪・四輪歩行車は,持ち上げることなく,移動可能である.ただし,段差や路面の影響を受けやすく,立位保持がある程度可能な場合に有効である.前方に体重をかけすぎると,歩行車が逃げて転倒の危険性があるので,ブレーキ操作を適切に行う必要がある.

e. 車いす

1) 特徴と種類

手動車いすは,歩行が困難な人にとって,移動を行ううえでとても有効な福祉用具である.主に上肢で駆動することが多いが,下肢を使って駆動する場合もある.また,介助者によって移動する場合も,有効な移動手段となる.図2.2.9に代表的な後輪駆動式手動車いすを示す.フットサポートは,移乗や介助の際にじゃまにならないよう,跳ね上げ式になっているものが一般的である.リクライニングやティルトといった姿勢を変換する機構のあるものもある.駆動輪は後輪にあるものが一般的であるが,子ども用などでは前輪が駆動輪となっているものもある.キャスタはソリッドタイプが一般的であるが,空気圧タイプ,クッションタ

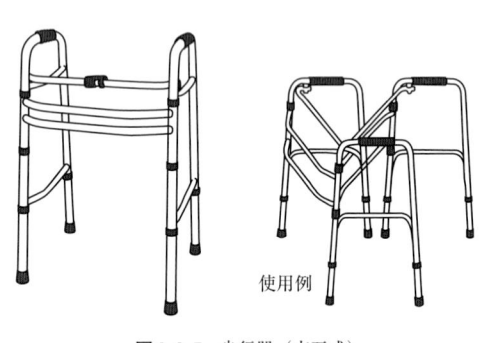

使用例

図2.2.7 歩行器(交互式)

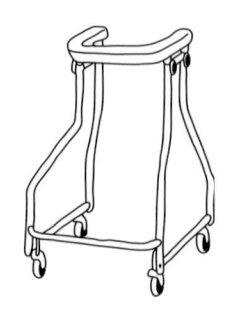

四輪歩行車 　　　肘支持型四輪歩行車

図2.2.8 歩行車の種類

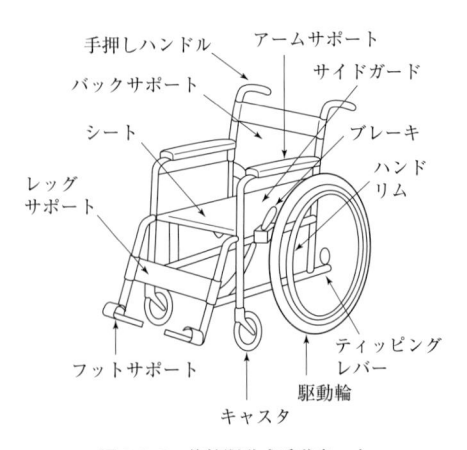

図2.2.9 後輪駆動式手動車いす

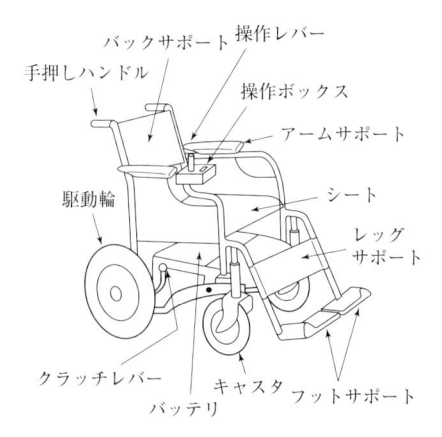

図 2.2.10 後輪駆動式電動車いす

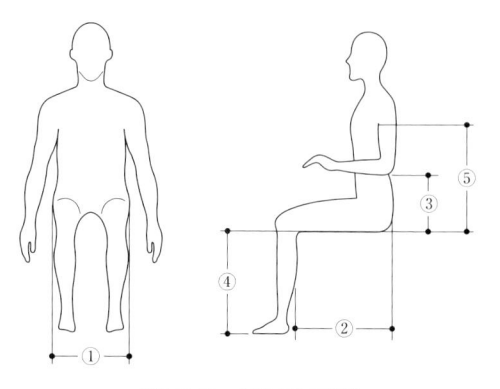

図 2.2.11 身体寸法の測定

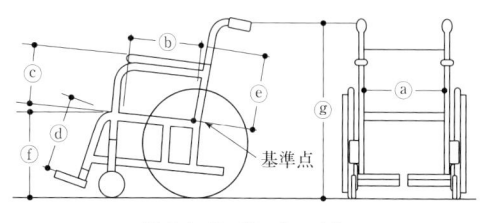

図 2.2.12 車いすの寸法

イプ，サスペンションつきなど，振動を吸収する工夫がされているものもある．ティッピングレバーは，段差を越える際に介助者が踏み込むことで，前輪をあげやすくするものである．

電動車いすは上肢および下肢に障害のある人に対して，自立移動を実現することが可能となる．したがって，重度の障害を持つ人にとって，生活活動を大きく広げるための，重要な福祉用具である．図2.2.10に代表的な後輪駆動式電動車いすの構造を示す．操作部分はジョイスティックが一般的である．レバーを倒す方向に応じて電動車いすの回転半径が変化し，レバーを倒す角度によって電動車いすの速度が変化する．コントロールボックスには，ジョイスティックレバーのほかに電源スイッチや速度設定スイッチ，バッテリー残量計などが取り付けられている．操作部分は上肢による操作以外にも，顎での操作，下肢での操作，頭部での操作など，利用者の身体状況に応じて設定可能である．ハンドル式の電動三輪・四輪車もある．電動車いすの最高速度は，道路交通法により 6 km/h と決められており，歩行者と見なされる．

2) 適合のポイント

利用者の身体寸法に合った車いすを選択することが重要である．標準規格品で適した車いすがない場合はオーダーメイド品やモジュール型を選択する．測定すべき身体寸法は，①座位臀幅，②座底長，③座位肘頭高，④座位下腿長，⑤座位腋下高である（図2.2.11）．これら身体寸法から，車いすのそれぞれの寸法（図2.2.12）を割り出す．目安としては，下記のとおりである．

a 座幅（mm）：①座位臀幅＋（0～30 mm）
b 座奥行き（mm）：②座底長－（50～70）
c アームレスト高（mm）：③座位肘頭高＋（10～20）＋クッション厚
d レッグサポート長（mm）：④座位下腿長－クッション厚
e バックレスト高（mm）：⑤座位腋下高－（100）＋クッション厚
f シート高（mm）：④座位下腿長＋（20～50）－クッション厚
※ 足を使って駆動する場合
g グリップ高（mm）：介助者の臍～股関節の高さ

車いすの使用に当たって，クッションは必要不可欠である．クッションの機能としては，座位姿勢の保持と臀部の除圧の二つが主なものとしてあげられる．自分で座り直しができない利用者では，臀部が前方に徐々にずれ，骨盤が後傾したいわゆるずっこけ座りになることが多い．臀部の形状に合うように座面を成形したクッションを使用すると，姿勢保持効果を得ることができる．臀部に褥瘡の危険がある利用者に対しては，除圧効果の高いクッションを選択すべきである．空気室構造のクッションは，一般的には除圧効果が高いとされている．脊髄損傷などにより，臀部の感覚がない場合には，推奨される．

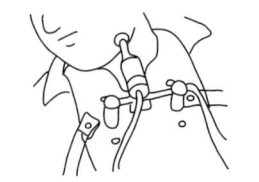

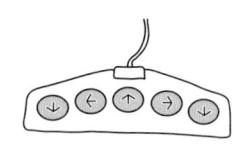

スイッチ入力式ジョイスティック　　押しボタン入力装置　　1入力スキャン式操作装置

図 2.2.13 電動車いすの操作入力装置

片麻痺者の場合，片手と片足を使って車いすを駆動する．基本的には，上肢でハンドリムに力を加えることで車いすを駆動し，下肢で床を蹴ることで進行方向を調節する．その際座面高が重要なポイントとなる．車いす上で座位をとった際に，踵が床につくことが望ましいとされる．

電動車いすでは，入力装置の適切な選択が重要となる．対象者の身体機能を評価し，電動車いす操作の可能性がある部位を探すことからはじまる．操作部位の優先順位としては，上肢，下肢，顎，頭部，その他の順番で探すのが，一般的である．操作する機能としては，上肢が最も適しており，下肢は上肢に比べると巧緻性が劣るとされている．顎や頭部での操作は，視覚や聴覚への影響が考えられ，上肢，下肢よりも優先順位を低く考えたほうがよい．

操作入力装置の優先順位は，通常のジョイスティック，スイッチ入力式ジョイスティック，押しボタン入力装置，1入力操作装置であり（図2.2.13），この順番で操作可能な電動車いすの走行性が低下していく．通常のジョイスティックでは，回転半径，走行速度の調節を任意に行うことができるが，スイッチ入力式ジョイスティックでは，走行速度の調節ができない．さらに，押しボタン入力装置では，機種や設定にもよるが，連続した走行が不可能になり，一度停止して方向変換を行わなければならない．1入力操作装置ではさらに進行方向をスキャン方式で決定するために，時間がかかってしまう．

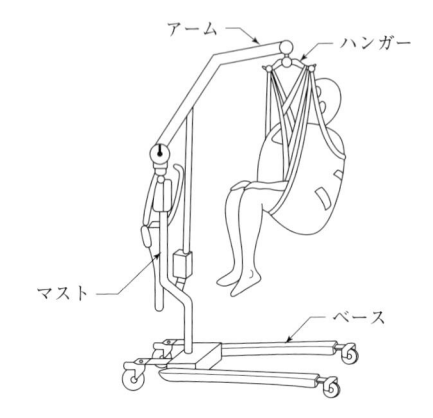

図 2.2.14 床走行式リフト

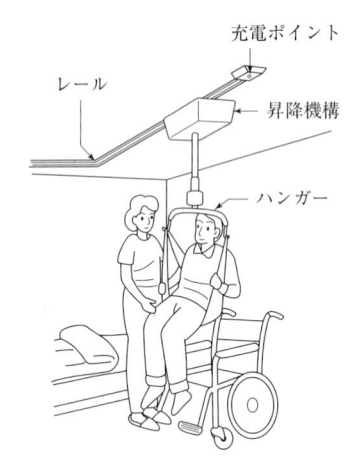

図 2.2.15 天井走行式リフト

f. リフト

1) 特徴と種類

リフトは四肢に障害を持つ人の移乗には欠かせない．介助者の力で行う移乗介助は，介助者への負担が大きく，腰痛を引き起こし，介護を続けられなくなる事例が多く報告されている．また，力で行う介助により，転倒や骨折といった事故の報告もある．移乗に介助が必要となった場合は，できる限りリフトの使用を考えるべきである．

図2.2.14に代表的な**床走行式リフト**を示す．キャスタつきのベースから，マストが垂直方向に伸びている．マストに取り付けられたアームは，マスト上端を中心に回転し，昇降機構により上下に移動する．その動きに伴って，ハンガー，スリングシートを介して，

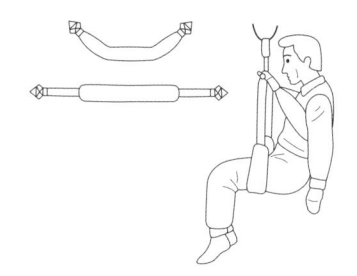

図 2.2.16 ベルト型スリング

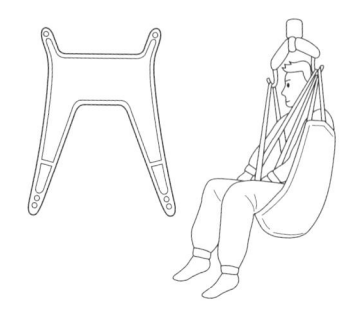

図 2.2.17 脚分離型スリング

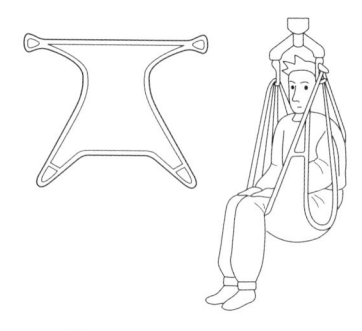

図 2.2.18 シート型スリング

被介助者が上下に昇降する．

図 2.2.15 は代表的な**天井走行式リフト**である．天井にレールを設置し，それに沿って昇降機構が移動する．移動は電動の場合と手動の場合があり，電動であれば介助者なしでも移動することが可能となる．充電式のものがほとんどであり，レール上の充電ポイントに昇降機構をセットすることで，充電するものが多い．昇降機構は電動であり，ハンガーのついたつり下げベルトを巻き上げることで上昇し，戻すことで下降する．レールを適切に設置することで，居室，トイレ，お風呂といった部屋間の移動も可能となる．室内にやぐらを組み，家屋への工事なしにレールを設置するタイプのリフトもあり，有効に活用されている．

2） 適合のポイント

リフトは，人をつり上げて移動するため，危険を伴う．また，選択種類によっては工事を伴い高価になるものもある．機種の選択に当たっては，使用目的，利用者の身体状況，使用環境を十分考慮する必要がある．

被介助者の身体状況に大きく影響されるのは，スリングの種類である．**ベルト型スリング**（図 2.2.16）では脇の下を支持するベルトを押さえるだけの肩の筋力（肩甲帯）がある人が，基本的には対象となる．骨粗しょう症などで骨が弱くなっている人や肩関節に脱白の可能性がある人，不随意運動が強い人は，ベルト型スリングの使用は避けるべきである．**脚分離型スリング**（図 2.2.17）では，装着の仕方が悪いと臀部がスリングから抜け落ちる可能性がある．特に，頸髄損傷などで股関節の屈曲可動域が大きな場合は**シート型スリング**（図 2.2.18）を使用したほうがよい場合がある．また，体格の影響も大きく，大きすぎるスリングを使用すると，同様に臀部から落ちる可能性がある．

床走行式リフトでは，床面の状況が移動しやすさに大きく影響を及ぼす．基本的にはフローリングなどの平らで硬質な素材の床で使用する．畳やじゅうたん上での使用は不可能と考えたほうがよい．また，被介助者をつった状態で段差やスロープを越えることも不可能であり，無理に越えようとすると転倒の危険性がある．部屋の入り口に敷居がある場合は，室内での移乗のみでの使用とする．

〔井上剛伸〕

文 献

浅沼由紀ほか（2008）：新版福祉住環境，市ヶ谷出版社．
市川 洌ほか編（1998）：ケアマネジメントのための福祉用具アセスメント・マニュアル，中央法規出版．
伊藤利之ほか編集幹事（2009）：リハビリテーション事典，中央法規出版．

2.2.2 感覚機能

視覚を失った視覚障害者にとって，視覚以外の残された感覚を通して周囲の状況を把握することは，歩行能力を獲得するうえで重要である．ここでは，歩行に必要な環境情報を視覚障害者の残存感覚に提示する技術について概説する．

a. 白杖

視覚障害者にとって最も基本的な移動支援は**白杖**である．視覚障害者が移動において白杖を携行することについては道路交通法第14条，その色については白色または黄色であることが道路交通法施行令第8条において定められている．白杖を持つ目的は三つあり，安全性の確保，情報の入手，視覚障害者としてのシンボルである．歩行に適した白杖の条件としては，耐久性，情報の伝達性，重さ，長さ，バランス，その他（価格など）の六つがあげられる．白杖の基本構造は，グリップ，シャフト，石突きであり，種類には直杖と折りたたみ式がある（文部省，1985；芝田，2010）．シャフトや石突きの材質，石突きの形状などにはさまざまなバリエーションがあり，使用に適した材質の開発などが進められている．どのような白杖が適しているのか，どのような操作方法が用いられるのかについては，ユーザの特性やライフスタイルによって異なる（芝田，2010；東京都盲学校自立活動教育研究会編，2006；布川ほか，2004）．さらに，白杖とICタグの組合せにより誘導情報を提供するシステムや，センサと振動子により接触なしに障害物を知らせる機能を持つ電子白杖などの開発も進められている（後述）．

また，白杖および靴底で触れることにより情報を提供する目的として，**視覚障害者誘導用ブロック**（「点字ブロック」は（財）安全交通試験研究センターの登録商標）がある．ブロック上に配置される突起の形状には点と線（棒）の2種類があり，点状ブロックは注意を喚起する位置を示し線状ブロックは線（棒）の長手方向が移動方向を示す．ブロックの大きさ，突起の形状や寸法については JIS T9251 で定められている．敷設方法については2006（平成18）年に施行された「高齢者，障害者等の移動等の円滑化の促進に関する法律」と「移動等円滑化のために必要な道路の構造に関する基準」（後述）に基づいてガイドラインが示されている．さらに，駅ホーム上では，内方線をブロックと併設することで線路側か内側かを示す工夫などが進められている．白杖と視覚障害者誘導用ブロックのどちらについても全盲者だけではなく，ロービジョン者の利用に資するための研究も進んできている．

b. 触知案内図

触知案内図は，視覚障害者が触って空間情報を入手するためのツールとして知られている．近年，無色透明な紫外線硬化樹脂インクを用いたスクリーン印刷方式により，一般印刷物上への点字や図の併記が安価に

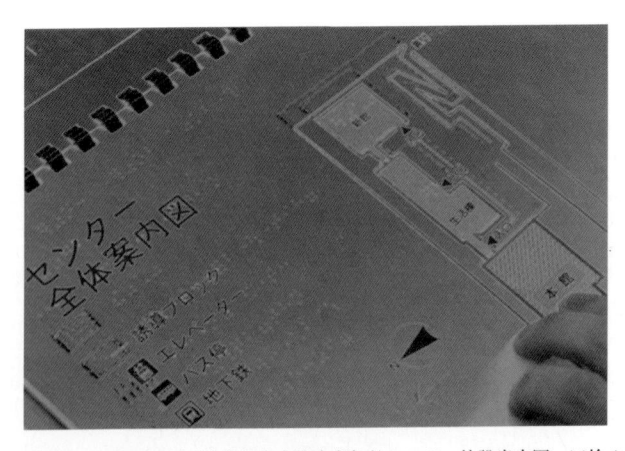

図 2.2.19 触知案内図の例（東京都心身障害者福祉センター施設案内図．口絵4参照）

実現できるようになったことで，視覚障害の有無にかかわらず一つの案内図を共用できるようになり，さまざまな公共施設の案内図として触知案内図が普及しつつある．触知案内図には設置形と冊子形があるが，利用者の利便性の観点から持ち運び可能な冊子形が公共施設の案内図として採用されるケースが増えつつある（図2.2.19）．このような触知案内図の普及には，製作者によってばらばらであった表示方法が標準化（JIS T 0922：2007）されたことが大きく関係しているといわれている．単独歩行をしない人のなかには，触知案内図を利用しないという人もいるであろうが，利用者が選択できるような環境整備は必要であるため，こうした移動支援のツールが広く普及していくことを期待したい．

c. 歩行補助装置

また，1960年代以降，電子技術を利用した「**歩行補助装置**」なるものの研究が盛んに行われた．その基本的な仕組みは，超音波センサや光センサなどで探知した周囲の障害物などの情報を，音や振動に変換して視覚障害者に知らせ，もって歩行における環境認知の補助を行うというものである．これらの装置は，白杖や盲導犬などと併用することが原則であり，白杖や盲導犬は**一次的補助具**，歩行補助装置は**二次的補助具**と呼ばれた．機種としては，メガネ型，懐中電灯型，杖型，さらには一次的補助具を目指した盲導犬ロボット型など数種類が存在した（図2.2.20）．メガネ型，懐中電灯型，杖型の一部は実用化された．日本にも1970年代に2種類が導入され，1990年代初頭までに両機種とも100例以上の訓練実績をあげた．一部の地方自治体では，超音波式の眼鏡型センサを補装具指定した．視覚障害リハビリテーションへのさまざまな応用も盛んに検討された．しかし，現在では，懐中電灯型を小型に改良したタイプが数機種流通しているほかは，ほとんど使われている例はない．量産されない装置であるがゆえに高価であることや，歩行補助装置を使って歩行訓練を行う指導員の養成などの社会的問題，およびユーザインタフェースなどの技術的問題など，歩行補助装置の普及にはさまざまな問題があることが明らかになった．

d. 各種ガイドライン

障害物探知機の開発や導入はやがて下火になり，代わって，視覚障害者を誘導するナビゲーション技術の研究開発が行われるようになった．

わが国では，高齢者，障害者などの公共交通機関を利用した移動の利便性・安全性の向上を促進することを目的として，2000年11月に「高齢者，身体障害者

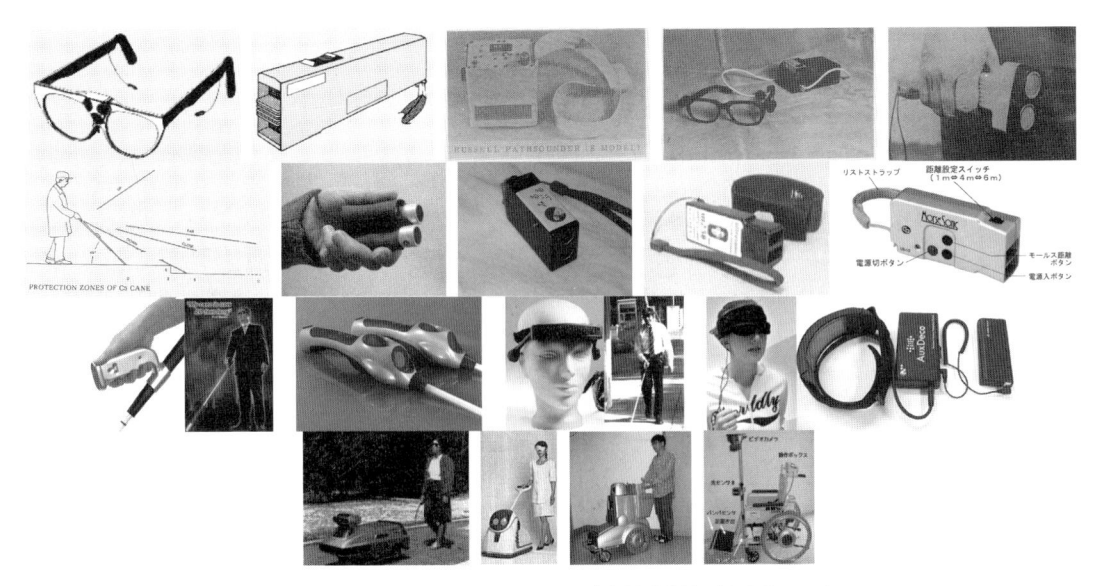

図2.2.20　障害物探知機能を搭載した歩行補助装置の例（関，2011）

図 2.2.21 鉄道駅の音案内の設置例（国交省，2007）

等の公共交通機関を利用した移動の円滑化の促進に関する法律（通称 **交通バリアフリー法**）」が施行された．同法は，公共交通事業者に対し，鉄道駅などの旅客施設の新設・大改良，車両の新規導入の際，この法律に基づいて定められるバリアフリー基準への適合を義務づけ，また既存の旅客施設・車両についても努力義務を課した．さらに同法に基づき，2002 年 3 月に主に視覚障害者の移動支援を目的とした「旅客施設における音による移動支援方策ガイドライン」が作成された．

このガイドラインでは，約百名に及ぶ視覚障害者へのアンケート調査の結果をもとに，旅客施設において音案内の必要性の高い 5 カ所を特定し，これらの場所についての音案内の標準を定めた（図 2.2.21）．

(1) 駅の改札口：「ピン・ポーン」
(2) 地下鉄入口：「ピン・ポーン」
(3) プラットホームの階段：鳥の鳴き声を模擬した音
(4) エスカレータ：「(行き先)(上下方向)エスカレータです」
(5) トイレ：「右（または左）が男子トイレ，左（または右）が女子トイレ」

その後，バリアフリー法と「高齢者，身体障害者等が円滑に利用できる特定建築物の建築の促進に関する法律（通称 ハートビル法，1994 年制定）」を一体化した「高齢者，障害者等の移動等の円滑化の促進に関する法律（通称 **バリアフリー新法**）」が 2006 年 12 月に施行され，これに伴い 2007 年 7 月に「公共交通機関の旅客施設に関する移動等円滑化整備ガイドライン（通称 **バリアフリー整備ガイドライン（旅客施設編）**）」が作成された．以前の「旅客施設における音による移動支援方策ガイドライン」は，バリアフリー整備ガイドライン（旅客施設編）へほぼ改変なしで受け継がれた．

図 2.2.22 海外の音響信号機の例（関，2011）

e．誘導鈴と音響信号機

ところで，これらのガイドラインのなかでは，旅客施設における音案内の標準的な仕様が定められているが，これらの仕様は必ずしも人間の聴覚特性や音響学的知見に基づき科学的な実験によって妥当性が実証されたものとは限らず，2002 年のガイドライン作成の時点で「最適かどうかは不明だが現時点では問題なく利用されている」「仮に最適でなくとも既に普及してしまっているので今さら変更できない」という理由で標準として定めたものも含まれていた．そのため，いくつかの研究は，これらの音案内にはまだ改良の余地が残されていることを指摘している．たとえば牧田ら（牧田ほか，2007）は，現在使われている **誘導鈴** について，誘導鈴がよく用いられている公共空間を想定した暗騒音を付加し，定位実験を行った．その結果，SN 比が低くなるにつれて前後誤判定率が高くなることを報告し，誘導鈴を完全に聞こえる音量で提示しても有効に作用しない場合があることを指摘した．また船場ら（船場ほか，2005）は，視覚障害者へのアンケート調査結果に基づき，現行の音案内に関する問題点を指摘している．

今後，公共空間利用者が音案内をより有効に活用で

きるようにするために，人間の聴覚特性や音響学的立場から，JISおよびISOなどの標準化を進める必要がある．

音響信号機は，視覚障害者に道路の横断のタイミングを音で知らせる設備として開発された．現在の音響信号機は，視覚障害者が「横断のタイミング」を知るという目的においては有用とされているが，「横断の方向」の情報を提供する機能が十分ではないことが以前から指摘されてきた．なぜなら，現在の方式は，横断歩道の両岸に設置された二つのスピーカから「同時に」同じ音を発する仕掛けになっているため，先行音効果によって，自分に近い側，すなわち出発点側のスピーカにのみ音像を生じてしまい，対岸のスピーカの方向がわかりにくくなっているからである．

その後，音響信号機に方向の情報を提供する機能を付与するため，同時にではなく，時間差をおいて交互に二つのスピーカから音を発する「**鳴き交わし方式**」が提案された．さらに，横断している途中で方向を見失った場合にも進行方向が区別できるように，両方の岸から別々の音（たとえば「ピヨ」と「ピヨピヨ」など）を出す「異種鳴き交わし式」も提案され実用化されている．

一方，海外の音響信号機は日本式とは異なっている．図2.2.22に例を示す．日本式の音響信号機は地上から約2m以上の高さにスピーカが設置されて大音量が出力されるのに対し，海外式は主に1m以下の手の届く高さに設置され，小さい音が出力される．日本式は，遠方から信号機の場所がわかりやすいという利点がある反面，騒音公害の原因となりやすい欠点がある．海外式はその逆である．国による方式の違いは，たとえば視覚障害者が海外へ旅行する際に混乱を与える原因となり，国際的な標準化が以前から望まれていた．そして2007年に両者の方式を考慮した国際標準（ISO 23600 : 2007）が発行されるに至った．同標準では，音響信号の繰り返し頻度，可聴距離，音圧レベル，スピーカ設置位置などを定めている．

f. その他の方法

視覚障害者に情報を提示する方法として，音響信号機のように公共の設備として都市のなかにスピーカを設置する方法のほかに，視覚障害者一人ひとりに携帯情報端末を携帯させる方法が以前から提案されている．この方法では，都市の要所要所に設置された情報発信機器やGPSからの情報をもとに，その人のその場所に応じたきめ細かい情報提供が可能になる．

過去にわが国でも数十種類にのぼる方式が提案された．それらは，赤外線，FM電波，磁気，RFID，Bluetoothなどを通してワイヤレスで情報を提供する発信機をインフラに取り付け，視覚障害者が携帯する情報端末に情報を送信する方式であった．図2.2.23に例を示す．しかし，それらの通信方式は，異なるメーカーの製品間で互換性がまったまったくなく，また情報提供の内容についても一定の基準がなく，結局バリアフリー関連法におけるガイドラインにおいても参考資料のなかで紹介されるにとどまっている．

携帯情報端末方式が各社で互換性がないことは以前より問題視されており，標準化の試みがなされてきた．国土交通省では10年ほど前より「**歩行者ITS**（intelligent transport systems，高度道路交通システム）」の開発を推進し，情報端末の標準化と普及に努めてきた．また，視覚障害者用の音声案内機器に関するJIS化も進められ，国内標準（JIS T 0901 : 2005）

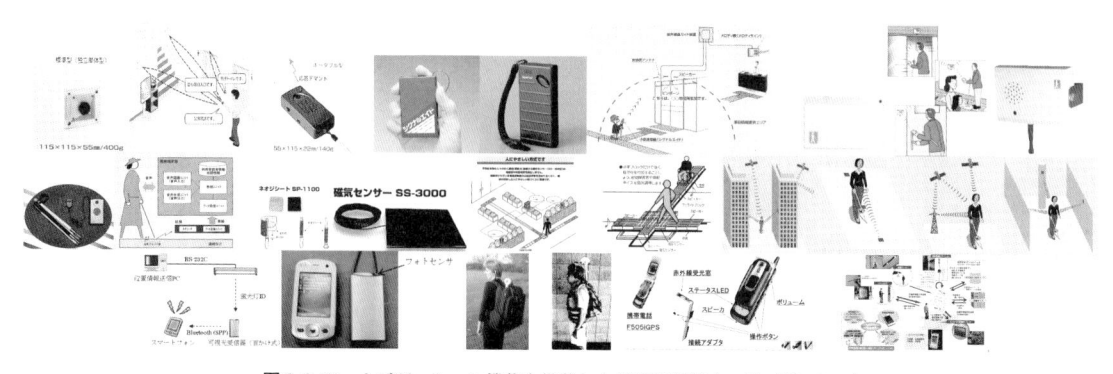

図2.2.23 ナビゲーション機能を搭載した携帯情報端末の例（関，2011）

が制定されるに至った.

その後,国土交通省は2004年頃より「自律移動支援プロジェクト」を開始し,主にRFIDタグと専用の携帯端末を用いたシステムの仕様案を提案している.また経済産業省関連では,2003〜2007年に「障害者等ITバリアフリープロジェクト」が実施され,やはり専用タグと専用情報端末を用いたシステムの仕様案が提案された.2008年度より,これらの成果をもとに携帯情報端末方式のJIS化(JIS T 0901の改訂)が行われている.

ここでは,歩行に必要な環境情報を視覚障害者の残存感覚に提示する技術について概説した.歩行支援技術は複雑な変遷を経て今日に至っており,新しいフェーズに移ればまた新たな課題が発生し,普及を妨げているのが現状である.その課題とは,単に技術の問題ではなく,社会的な問題も多く含んでいる.

〔関 喜一・布川清彦・土井幸輝〕

文献

船場ひさおほか(2005):視覚障害者の歩行誘導システムに関するアンケート調査.日本音響学会建築音響研究会資料,AA-2005-06.

ISO 23600:2007, Assistive products for persons with vision impairments and persons with vision and hearing impairments—Acoustic and tactile signals for pedestrian traffic lights.

JIS T0901:2005,視覚障害者の歩行・移動のための音声案内による支援システム指針.

JIS T0922:2007,触知案内図の情報内容及び形状並びにその表示方法.

JIS T9251:2001,視覚障害者誘導用ブロック等の突起の形状・寸法及びその配列に関する規定.

国土交通省総合政策局安心生活政策課監修(2007):公共交通機関の旅客施設に関する移動等円滑化整備ガイドライン,交通エコロジー・モビリティ財団.

牧田佳那子ほか(2007):誘導鈴の方向定位—健常者と視覚障害者の比較—.日本音響学会建築音響研究会資料,AA-2007-03.

文部省(1985):白杖を持つ目的及び白杖の構造と種類.歩行指導の手引,pp.121-123,慶応義塾大学出版会.

日本ライトハウス職業生活訓練センター編(1979):視覚障害者のためのリハビリテーションIII.電子機器を活用した歩行訓練,日本ライトハウス.

布川清彦ほか(2004):単独歩行をする先天盲の視覚障害者による点字ブロック利用に関する研究.第30回感覚代行シンポジウム講演論文集:77-82.

関 喜一(2011):特別講演 視覚障害者の歩行支援技術の変遷.第58回電子情報通信学会福祉情報工学研究会,WIT2011-16.

芝田裕一(2010):白杖.視覚障害児・者の歩行指導—特別支援教育からリハビリテーションまで,pp.88-94,北大路書房.

2.2.3 福祉車両

パーソナルな移動手段としての自動車や自転車は日常生活で欠かせないものとなっているが,特に障害者・高齢者にとっては,QOLを維持するうえでその重要性は切実である.今後の高齢社会の進展を考えると,これらのパーソナルな移動手段の充実はますます求められるようになるであろう.そこでここではまず,最も切実性の高い障害者用の自動車について概観する.通常は自動車とは見なされていないが,シニアカーなどを含む電動車いすについても紹介する.ついで障害者対応の自転車について述べる.ここでは主にリハビリを目的とした自転車を紹介したうえで,障害者が日常的に利用するための特殊な自転車について解説する.障害者対応に加えてこれからは高齢社会への対応が重要課題であり,本項最後ではここに焦点を当て,人間工学的観点から今後求められる自動車のあり方について解説する.

a. 障害者対応の自動車

1) 障害者対応自動車の展開

1960年に道路交通法が施行され障害者の自動車免許取得が可能となってより,身体障害者用福祉車両の開発および訓練・支援の取組みが続けられてきている.障害者用車両の製造は道路交通法施行前から試みに行われていたようであるが,製品としては,たとえば1965年にトヨタ自動車で運転補助装置の取付けが行われており,1981年の国際障害者年にはトヨタのほか本田技研工業からも足動式運転補助装置が発表されるなど,その後は各自動車会社とも**福祉車両**の充実が図られてきている.1997年には社団法人日本自動車工業会に福祉車両ワーキンググループ(現流通委員会福祉車両部会)が設立され,各社で行われていた取組みや販売状況の系統的調査,助成制度などの調査,ガイドブックなどによる広報活動,政策提言を行っている(国立身体障害者リハビリテーションセンター,1994;日本福祉車両未来研究会,日本ケアフィットサービス協会,2009;日本福祉車両未来研究会ホーム

ページ).

2) 福祉車両の種類

日本自動車工業会で公開されている福祉車両選択ガイドブック「ともに道をひらく―はじめての福祉車両ガイド（日本自動車工業会，2011）」では，**福祉車両**として大きく，介護式，自操式，その他，の3種類に分類している．介護式は身体の不自由な人の介護や送迎に利用する自動車であり，さらに回転（スライド）シート車，昇降シート車，車いす移動車に分類される．自操式は本人が運転するための補助装置がついた自動車で，手により操作するものと足で操作するものに大別される．またそのほかに医療施設や福祉施設向けのストレッチャー移動車，車いす移動車，公共交通機関向けの福祉タクシー，低床バス，リフトつきバスを挙げることができる．入浴車などの特殊用途車も福祉車両にあげることができるであろう．

実際に福祉車両を利用する際には，障害の様態や機能の衰えに応じ，また生活のスタイルにも応じて，これら多様な製品から選択したり，自動車に改造を施したりすることになる．たとえば運転免許を取得する前の訓練の際にアセスメントを行い，適切な福祉車両を決定することになるが，自動車販売会社や中古車販売会社が福祉車両の展示場を用意するなど相談できる体制を整えている場合もある．既存車両を改造するメーカではアドバイスも行ったうえで仕様を決定する．先述の上記自動車工業会のガイドブックでも車両選定の方法について注意点なども含めた記載がある（日本福祉車両未来研究会，日本ケアフィットサービス協会，2009；日本自動車工業会，2011；国立身体障害者リハビリテーションセンター，2004）．

i) 介護式の車両

介護式福祉車両は，介護や送迎を目的として製造・改造された車両であり，障害者や身体の弱った高齢者の乗降を可能とするための機構が備えられている．

回転（スライド）シート車は，助手席もしくは後席がドア側に回転するもので，乗降が楽にできるものである．さらにドア側へ回転したあとドアの外へとスライドし，より乗降しやすいタイプもある．手動のほか電動式のものも製造されている．

車いすの乗り降りを楽にするなど，より負担のかからないタイプとしては，**昇降シート車**がある．これは，回転（スライド）シート車にさらに電動の昇降機能がついたもので，座面を外に出したあとに下げることで乗降の負担を軽くしたものである．これも助手席と後席の双方のタイプがある．なおメーカによってはリフトアップ機能などと表現している場合もある．

以上は座席に乗り込むタイプであるが，車いすのまま乗車するものが，**車いす移動車**である．バックドアより車いすで乗り込み，車内で固定することになるが車いすで乗り込む方法として，スロープを利用するもの（手動で取り付けるものと電動で出し入れできるタイプがある），電動リフトに乗って車内に移動できるものがある（日本自動車工業会，2011）．

ii) 自操式の車両（運転補助装置付車）

自操式車両は障害者本人が運転するための自動車で，道路交通法のうえでは**運転補助装置付車**と分類される．運転のためには限定条件のついた免許が必要で自動車教習所で訓練を受けるか運転試験場で適性検査を受けたうえで免許交付を受けることになる．必要となる運転補助装置は障害や機能低下の内容により異なるが，国立身体障害者リハビリテーションセンターが発行している「肢体不自由者のための自動車と運転補助装置の選択方法」では補助装置が必要となるのは以下の場合であるとしている．1. 運転姿勢を保つことができない，腰をかけていることができない，2. 操作力が著しく弱い，3. 関節の可動域が著しく狭い，4. 乗降を自力でできない，である．これらについて車両に補助機能を持たせることによって運転を可能とする．四肢のうちどの機能を使うかにより，補助装置の組合せは異なるが，足で操作するペダルを代わりに手動操作するもの，ハンドル操作を足で行うものなど，多様な機構が製造販売されている．メーカでラインナップを用意している場合もあるが，個別対応の面も強い．

右足によるアクセル・ブレーキ操作に支障がある場合は，手による操作で加速減速を行うタイプの運転補助装置（手動装置）や，左足で操作するアクセル（左足アクセル）が利用できる．手動装置はレバーを前に押すとブレーキ，手前に引くとアクセルとなるが，レバーの位置によりフロア式とコラム式がある．またこの際ハンドルは右手のみで操作することになるので，ハンドルにノブ様の旋回装置を取り付けることもできる．

足で旋回を行う足動装置では，ホンダが早くより導入しているフランツシステムがある．自転車のペダルのような機構で，左足で手前に回せばハンドルが左

に旋回し，向こう側に回せばハンドルは右へ旋回する．シフトチェンジの操作は右足で行う（足用セレクトレバー）．足で操作するデバイスとしては，ほかにも足用ドアオープナー，ヒザ用ドアオープナー，ウインカーレバー，パワーウィンドウ，ライトスイッチほか各種が存在する．

これら以外にも，低下した機能に合わせて，ごく軽く旋回できるハンドル，ペダルの下に足が入り込むなどの誤操作を防ぐためのプレート，ドアを閉めると自動的に装着できるシートベルト（パッシブシートベルト）など多くの工夫が導入されている．

自操式の車両では，車いすをどのように収納するかが利用のうえで問題になることがある．運転席に移乗したあとに，収納アームにより後席に引き込む機構や，屋根へと収納するものなどが開発されている．なお，車いすのまま運転できる改造が行われる場合もあるが，安全性に欠けるという意見もある（日本福祉車両未来研究会，日本ケアフィットサービス協会，2009；日本自動車工業会，2011；国立身体障害者リハビリテーションセンター，2004）．

b. 電動車いす

手動車いすについては別節で詳しく解説し，ここでは自動車以外の動力付き車両として，電動車いす，電動3輪車・4輪車について解説する．**電動車いす**は車いすに電動モータを取り付けたものであるが，これに加えていわゆるシニアカーや電動カートなども電動車いすの一種ととらえることができ，これらは身体障害者用のみならず高齢者用まで利用者が広がっている．道路交通法上はいずれも**身体障害者用車いす**（道交法施行規則第1条の4）の規定に含まれる．なお大きさが規定より大きい場合や最高速度が規定より大きい場合は，原動機付自転車もしくは自動車と見なされる（電動車いす安全普及協会ホームページ，国土交通省ホームページ）．

JIS T9203「電動車いす」および電動車いすの業界団体である電動車いす安全普及協会では，電動車いすを，使用者が自分で操作する自操用と，介助者が操作する介助用に分類しているが，一般によく見られるのは自操用である．機能からは，標準形，座位変換形，簡易形，特殊形，ハンドル形の5種があげられている．

自操用標準形は主に身体障害者が利用するもので，4輪で構成され主にジョイスティックで操作される．**座位変換形**は座位または姿勢変換を主目的としており，リクライニング機構，リフト機構，スタンドアップ機構，チルト機構を含むものである．**自操用簡易形**は手動車いすに電動モータ・制御装置を取り付けたものである．

自操用ハンドル形はシニアカーなどの名称で販売されているもので，3輪もしくは4輪で構成されハンドル操作によって操舵を行うタイプである．足腰の弱った高齢者が屋外で使用する用途に適しており，電動車いすの集荷台数では最も多く，ここ数年の年間出荷台数ではジョイスティックタイプの6千～7千台に対し約2万台となっている（電動車いす安全普及協会ホームページ）．ハンドル操作であることから，ジョイスティックのような繊細な操作が必要なく，また自転車や原付自転車と操舵感が似ていることから，高齢者にとっての習熟がしやすいとされている．

通常の手動車いすに電動アシスト機能を付加する**電動アシスト車いす**も販売されている（補装具給付制度における手動兼用電動車いす）（国土交通省ホームページ）．ハンドリムを操作する力をモータによって補助するもので，軽い力の操作で強い推進力を得ることができる（ヤマハ発動機ホームページ）．

c. 障害者用自転車とリハビリ用自転車

1) 障害に対応した自転車が考慮すべき課題

動力を使わずに，四肢のうち使える機能により移動する機器としては，手動車いすのほかに，特殊な駆動機構を備えた自転車が製作されている．ヒトの力を使うという特性上，筋力の発生機構を考慮し，そのエネルギーを最大限に利用する設計が理想であり，近年この方面の研究開発も進められている．そこでここではまず，低下した筋力を有効に生かすことを目的としたリハビリ用の自転車について述べ，ついでその延長線上で理解される障害者用自転車について概観する．

2) 歩行リハビリの問題点とリハビリ用自転車

リハビリ用自転車とは歩行のためのリハビリのうち，脚の筋力トレーニングの一部を楽しく行うために設計された自転車である．高齢化社会がますます進展

しつつある現在，老人保健施設などでは多くの高齢者が歩けずに寝たきりや植物状態に近い状況に陥っているという問題がある．すなわち，外科手術後ベッドで寝ているうちに廃用症候群により脚の筋力が低下して歩けなくなる，脳卒中などによる片麻痺で筋力が低下する，などの結果，老人保健施設の歩行不能な入所者がリハビリによって歩けるようになって自宅へ帰る比率は施設によっては1%程度ともいわれている．この改善のためには歩行リハビリが効果的かつ楽しく行われることが期待されるのであるが，現状としてのリハビリ室での訓練は楽しいものではない．これはリハビリ室にある既存の自転車エルゴメータの機構にも問題がある．実際に走れるわけではないのでモチベーションの維持が困難であるうえに，後述するが，筋力を発揮するのに人間工学的に適していないため，筋力トレーニングの効果が目覚ましいものではない，という問題があげられる．

これらを解決していくために，屋外など気持ちのよい環境で気持ちのよい姿勢で気持ちのよい体の動きでトレーニングできることと，トレーニング効果が高いことが肝要となる．リハビリ用自転車によるリハビリは，関節可動域の拡大などの理学療法士によるリハビリやバランスも含めた実際の歩行訓練などの，ほかのリハビリ法と補い合うことで歩行のためのリハビリとして効果を上げることができる．

歩行のためのリハビリ用の筋力トレーニングに用いられる自転車は，①筋力が発生しやすいこと，②足つき性がよいこと，の2点が重要となる．ペダリング時の筋力は膝角度が曲がっていくと低下するため，立位型の自転車では①のためにはサドルを高くすることが必要であり，②を満たすことができなくなる．リカンベント型（寝そべり姿勢）とすることでサドル，ペダル間の距離を筋力が発生しやすいように十分にとっても②が確保される．また，うつむきがちとなりやすい立位型自転車とは異なり解放感のある姿勢によりポジティブな気持ちでリハビリに向かうことができる．さらに3輪車とすることで通常走行時の安定性が確保される．ペダル軌跡が円となる従来のクランク式駆動機構では，足の力を発生しやすい方向にペダルが動くように設計されているわけではないので，①を十分に満たすことができない．直線部を有する駆動機構では，その直線部を力を発生しやすい方向に設計することにより，円軌跡の約2倍の筋力を発生させることができ

る．専用の筋力トレーニングマシンでは，10回程度繰り返し可能な負荷が効果が高いとされる．リハビリ用自転車によるトレーニングは，それに比べると穏やかなレベルの負荷であるが従来型自転車に比べると高負荷が自然にできるということになる．次にその駆動機構について示す．

3） 筋力を発揮しやすいペダルの軌跡と設計事例

円軌跡ペダリングが筋力発生に必ずしも適さず直線軌跡がより望ましいことを，「ポジティブワーク」と「ネガティブワーク」の考え方からより詳細にみていこう．筋肉の使い方には，筋肉が縮みながら力を発揮する**ポジティブワーク**（positive work）と，伸ばされながらそれに抵抗する**ネガティブワーク**（negative work）の概念がある．さらに静的に力を発揮する**ゼロワーク**（zero work）を加え，この3ワークについて高効率な運動というものを検討する．ポジティブワークは駆動力と速度の向きが一致するものであり，血液により筋肉へ与えられた入力エネルギーが駆動力として出力され，その結果新たな運動エネルギー，ポテンシャルエネルギーなどを得るものである．移動体の駆動，綱引きの勝ち側，ボール投げ，階段昇りなどがある．ネガティブワークは駆（制）動力と速度とが逆向きとなり，入力エネルギーが制動力として出力され失われ，その結果運動エネルギー，ポテンシャルエネルギーなどをも失い，すべてを熱として空中に放出するものである．移動体の制動，綱引きの負け側，ボールキャッチ，階段下りなどがある．ゼロワークは筋肉が力を発生しているが伸縮しないもの，すなわち動かないものを押している状態である．高効率な駆動法とは，なるべくポジティブワークで運動しゼロワーク，ネガティブワークを減らすものとなる．

円軌跡ペダリングでは，外界との関係においてポジティブワークとゼロワークとが生ずる．ポジティブワークはペダリング力の円の接線方向成分による．ゼロワークは法線方向成分による．このゼロワークがあるため高効率とはなりえない．

ポジティブワークの軌跡を求めるには，この法線方向成分をなくす．まず足からの力の出しやすい筋力の方向を決める．実験的には最大筋力がでる方向に決める．力と速度の向きを一致させるため，それら力の方向を接線とする曲線を描けば，ポジティブワークの軌跡となる．立位でいえば膝を曲げて足部を上げた位置

図 2.2.24 下肢リハビリ用自転車（SDV 駆動機構搭載）

図 2.2.25 下肢障害者用自転車（腕の筋力を有効に取りだす設計）

から足部を真下に向かってよりもやや後方気味に，ほぼ直線的に蹴り降ろす軌跡となる．この直線にペダルの折り返しのために半円を加え長丸軌跡として実用化したものが **SDV 駆動機構**である．それを搭載し産業技術総合研究所とオーテック社で開発したリハビリ用自転車を図 2.2.24 に示す（岩月，織田，2010）．

4) 片麻痺用の設定

片麻痺の患側の脚に対しては健側のペダルを後方へ引く，すなわちペダルの動きをさまたげる向きにばねを取り付け，ばね定数・ばね取付け位置（すなわち初張力の設定）などを適切に設定することで左右の脚にそれぞれ適度な負荷をかけることができる．たとえばばね力が 10 N ならば，左右の脚に 20 N の負荷の差がつけられる．リハビリ効果が進むにつれ患側の脚の筋力が増してくるため，ばねを弱いものへと交換するか，ばね取付け位置の変更でばね力を弱くしていき，最終的にばねなしとする．また左右脚の平均的負荷の設定は変速機の選定した段数により行うことができる．ばね力変更と変速機の段数を選ぶことで健側の脚に対する負荷は，一定にしながらも患側の脚に対する負荷を増大させていくことが可能である．

5) 障害者用自転車

障害者用自転車は，バランスがとりにくい，または四肢いずれかの欠損も含めた左右腕または脚の筋力の不均衡に対応した自転車である．通常は 3 輪の手漕ぎのものとなる．車いすとの違いは，ハンドルによる操舵，片手のみでの走行が可能，手を押し出す筋力，手を引きつける筋力のいずれでも駆動が可能であること，変速機を装備可能，制動用ブレーキを有すること，道路交通法上軽車両となることなどがある．3 輪の場合ロールしない形式のものがほとんどであり，設計速度を超えた旋回をするとロールオーバーにより外側に転倒するおそれがある．ロールする形式のものもあるが 2 輪車を運転するのと，ほぼ同等のバランス感覚を必要とされる．国内では堀田製作所などがオーダーで製作を行っている．ドイツ製ではシュトリッカー社やシュミッキング社の**ハンドバイク**（ハンドサイクル）がある．図 2.2.25 は，手を押し出す筋力，手を引きつける筋力を有効に取り出すことを可能にした駆動機構を搭載したもので，産業技術総合研究所とオーテック社の共同開発によるものである．

d. 高齢者の機能低下に対する自動車の運転支援

1) 高齢ドライバーのための運転支援

世界的に人口の高齢化は進んでいるが，特に日本の場合は，高齢化の進展が他国に比べて顕著である．それに伴い，運転免許を有し，日常的に自動車運転をしている高齢ドライバーも増加している．そして，高齢ドライバーが増えるにつれ，高齢ドライバーによる交通事故が増加傾向にある．今後の高齢ドライバー数の増加および事故件数の増加を見据え，高齢ドライバーの事故分析と約 1 万名のアンケート調査によるニーズ分析から，高齢ドライバーが安全，快適に運転をするための自動車コンセプトがまとめられている（古川，2011）．

高齢ドライバーは加齢によって認知機能，判断機能，操作機能になんらかの衰えがみられるため，ドライバーパフォーマンスは若年ドライバーに比べると低いと考えられる．そのため，加齢による心身機能の変化により低下したドライバーパフォーマンスに見合うような運転支援システムが重要となってくる．そこでここでは，運転行動における「タスク」と「ディマンド」の考え方を導入して，運転支援システムの現状と将来展望について述べる．

2）「タスクディマンド」と「パフォーマンス」

自動車の運転は，そのときどきの状況に応じた運転操作が必要であり，状況依存型の行動である．ここで，その運転状況でやるべきこと（道に沿って直進する，先行車へ追従する，交差点を右折する，など）を**タスク**と呼び，各タスクで要求されるもの（量および質）を**ディマンド**と呼ぶ（以後，合わせて**タスクディマンド**と称する）．図 2.2.26 に示すように，このタスクディマンドとドライバーのパフォーマンス（発揮できる運転能力）との関係で自動車運転の遂行可否をとらえることができ，タスクディマンドに対してドライバーパフォーマンスが高ければ，事故に至らず問題なくタスクを遂行できる．しかし，タスクディマンドのほうがドライバーパフォーマンスよりも高くなってしまうと，タスクを遂行できずに事故に至ってしまう（Fuller, 2005）．

このタスクディマンドは何によって決められるのかを考えると，一つは運転する自動車の問題，つまり，自動車の性能と車両構造があげられる．普段，軽自動車を運転しているドライバーが大型の高級車を運転すると，扱う車の大きさの違いから運転がしづらく，タスクディマンドが高まるかもしれない．また，燃費の悪い車で燃費のよい運転をしようとすると，おのずとタスクディマンドは高くなる．走る道の環境側の要因として，天候や道路構造があげられる．さらに，ドライバー側の要因として，自車の速度や加速度と，ほかの交通参加者の挙動があげられる．高い車速で走行しているときには低車速の場合に比べてタスクディマンドは高くなり，他車両の多い混雑した状況は，他者のいない単独走行できる状況に比べてタスクディマンドが高くなる．

ドライバーパフォーマンスの決定要因としては，ドライバーの認知プロセスである認知機能，判断機能，操作機能がある．また，運転に対する適性もドライバーパフォーマンスを決める要因といえ，適性の高いドライバーのほうがおのずと高いパフォーマンスを出すことが可能である．さらに，運転スキルや運転スタイルもドライバーパフォーマンスに影響を及ぼすといえる．また，そのときどきの心身状態もパフォーマンスを決める要因の一つであり，漫然運転，覚醒状態の低下などの心身状態の低下によりドライバーパフォーマンスは低下する（図 2.2.26）．

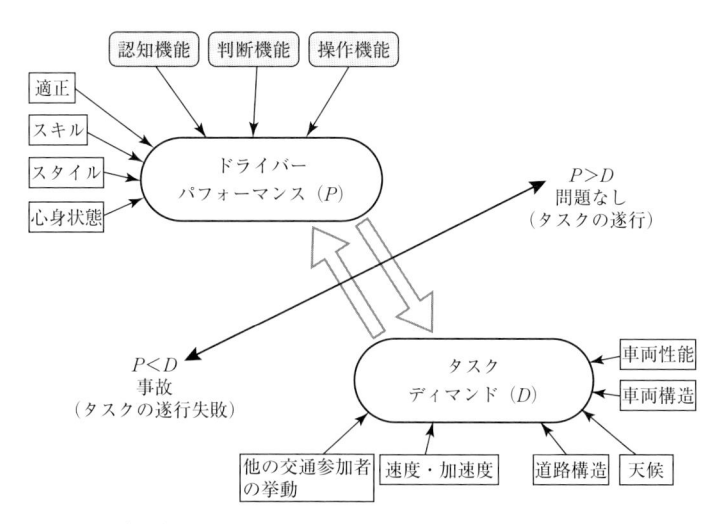

図 2.2.26 自動車運転時の「タスクディマンド」と「ドライバーパフォーマンス」

3） タスクディマンドとドライバーパフォーマンスからみた自動車の先進安全機能

運転支援のあり方としては，まずタスクディマンドを下げることがあげられる．特にタスクディマンドは道路環境の変化で急激に増加することがあり，これに対応することは特に求められる機能となる．また一方でドライバー側のパフォーマンスが覚醒度低下や疲労などで下がることがあり，これを検出することがパフォーマンスとタスクディマンドをバランスさせるために必要な機能となる．そこでここでは，現在，実用化されている運転支援システムを，タスクディマンドとドライバーパフォーマンスとのバランスという考えのもとに概観する．これらの運転支援システムは高齢ドライバー向けに開発されたものではないが，図2.2.26の考え方より，高齢ドライバーに対する効果は高いと考えられるものである．ここでは，高齢ドライバーがこれらの運転支援システムを使うことを想定して，高齢ドライバーが使用する場合に運転支援システム側の要件として考慮すべき点についても簡単に触れる．なお下記に示す運転支援システムの名称は，先進安全自動車（advanced safety vehicle：**ASV**）（国土交通省ホームページ）で用いられている名称である．

i） タスクディマンドを下げるための支援

目的地までのルートを覚えておくことにかかわるタスクディマンドを下げる運転支援システムとして，1990年代から普及しているカーナビゲーションシステムの経路誘導がある．カーナビゲーションシステムの経路誘導を用いた場合，画面上に表示される曲がるべき交差点と実路での交差点との対応が困難な場合があり，高齢ドライバーにとってどのような情報を付与することによって，その対応が容易になるのかに関して検討することが重要である．

アクセルペダルを操作すること，また，前の車との距離を適切に保つことにかかわるタスクディマンドを下げる運転支援システムとして，一定の車速を維持し，先行車がいる場合には先行車との車間距離を一定に保つ運転支援である定速走行・車間距離制御装置（adaptive cruise control：**ACC**）がある．ACCの開発当初は，主に高速道路での使用を想定していたが，近年は低速度域を含めた全車速域に作動範囲が広がり，市街地内でもACCによる車速・車間距離制御が可能となっている．ACCにより，速度調節や車間距離調節におけるアクセルペダルの制御，速度の知覚，先行車との距離の知覚にかかわるタスクディマンドを低減させることが可能となる．

ハンドル操作にかかわるタスクディマンドを下げる支援として，車線をカメラなどで検知し，車線内を走行するように自動制御する車線維持支援制御装置（lane keep assist：**LKA**）がある．ACCとLKAによって，ペダル操作とハンドル操作の両方をほぼ自動化することが可能となる．走行中における定常的なタスクディマンドを下げることによって，ドライバーパフォーマンス側も低下してしまい，眠気などにつながる可能性がある．そのため，適度なタスクディマンドを保つように，ペダル操作とハンドル操作の自動化に当たっては作動範囲等を検討することが重要となる．

自車両周辺の認知に関するタスクディマンドを下げるためのシステムとして，主に駐車場面を想定した後退時後方視界情報提供装置がある．また，運転席側からは見えにくい自車両の左側方の状況や車両の全周囲をカメラでモニターする車両周辺視界情報提供装置や，見通しの悪い交差点においてドライバーからは直接みることのできない左右の状況を確認するための交差点左右視界情報提供装置がある．これら車載カメラを用いた情報提供システムは，高齢ドライバーの視機能の低下や，筋力低下による上体移動のしにくさに起因するドライバーパフォーマンスの低下に対応するために，周囲状況の認知にかかわるタスクディマンドを低減させるためのシステムである．車載カメラで検知した情報を映像として提示する場合には，高齢ドライバーに対する視認性を十分に考慮することが必要である．

ii） タスクディマンドの急な増加に対応するための支援

他車両や歩行者・自転車との位置関係の変化や道路構造の変化によって，自動車運転中にタスクディマンドが急に増加する場合がある．このようなタスクディマンドの急な増加に対して適切に対応するための運転支援システムとして，前方障害物衝突被害軽減制御装置（前方の停止車両などに衝突の可能性がある場合，ブレーキ操作を促すように警報を出し，ドライバーによる操作では衝突を回避できない場合には制動力を自動で高めるシステム），夜間前方歩行者注意喚起装置（夜間見えにくい前方の歩行者を検知し，ドライバーへ知らせるシステム），後側方接近車両注意喚起装置（ウインカーを提示して車線変更する際に，接近して

いる後続車を検知してドライバーへ知らせるシステム)，カーブ進入速度注意喚起装置(前方のカーブをカーナビゲーションの地図情報から検知し，カーブの曲率に対して速度超過が予想される場合にドライバーへ知らせるシステム)があげられる．また，現在開発が進められている運転支援システムとして，右折時衝突防止システム，左折時衝突防止システム，追突防止システム，出会い頭衝突防止システム，合流支援情報提供システム，信号見落とし防止システム，一時停止規制見落とし防止システム，歩行者横断見落とし防止システム，緊急車両情報提供システムがある(総務省ホームページ)．

現在開発中の運転支援システムは，ドライバーからは直接視認することのできない場所における他者の動きを路側に設置したセンサとの情報通信や他者の持つセンサとの情報通信により作動可能なシステムであり，路側センサなどの普及が必須となる．これらのシステムによって，タスクディマンドの高まる状況を事前に情報提供することが可能となり，認知・判断機能の衰えのみられる高齢ドライバーでも適切に対応できることが期待される．そのためには，高齢ドライバーのパフォーマンスの低下を考慮して，どの程度事前に情報提供などが必要となってくるのかを検討することが不可欠である．

iii) ドライバーパフォーマンスの一時的な低下を検知するための支援

ドライバーパフォーマンスの構成要因の一つである心身状態をモニタリングするシステムとして，ドライバーの顔映像から眠気を検知するシステム(石田，蜂須賀，2011)や，車両のふらつきからドライバーの注意集中の程度を推定する(山本，2002)システム(ふらつき注意喚起装置)が開発されている．

今後の支援システムとして，ドライバーの生理データを用いて，より高精度に覚醒度の低下や疲労の増加を検知することが検討されているが，実環境において生理データをどのように収集するのかが課題となる．また，ドライバーパフォーマンスの一時的な低下を検知した場合，現状では運転を一時中断すること以外に解決策は考えられていない．しかし，実際には中断できない状況の場合が多く，いかにタスクディマンドを低下させることによって運転を継続可能となるのかについて検討していくことが必要となる．

4) 高齢ドライバーの運転補償行動

以上に述べた運転支援システムは，技術を活用して事故の可能性の高まる状況に至らせないように支援するものである．しかしその一方で，高齢ドライバーは普段の運転のなかで，ドライバーパフォーマンスを高める(維持する)ための対策やタスクディマンドを下げるための対策，すなわち運転補償行動を自発的にとっている．したがって高齢者の運転に学ぶことにより，運転支援システムや運転教育をさらに向上・発展させるアイデアが得られるものと考えられる．このような機能の向上は当然高齢ドライバーにとっても親和性の高いものとなるであろう．高齢ドライバーの運転補償行動についての研究は進められており，下記に示す運転補償行動が明らかとなっている．これらは実路における高齢ドライバーの運転行動の観察と，高齢ドライバーと59歳以下の非高齢ドライバー各約100名に対するアンケート調査により得られた結果である(佐藤，2007)．

i) ドライバーパフォーマンスを高める(維持する)ための対策

(1) 二重タスクを避ける(運転タスクと他のタスクを並行して行わない)．

①走行中はオーディオなどの操作をしない，②走行中は他のことを考えず，運転だけに集中する．

(2) 同乗者の存在によるディストラクション(同乗者がいるために運転に集中できない状況)を避ける．

①運転中は同乗者としゃべらない，②他人を乗せず，できるだけ一人で運転する．

ii) タスクディマンドを下げるための対策

(1) 悪条件での運転を避ける．

①雨や霧で視界が悪い日は運転しない，②夜は，周囲が見づらいので運転しない，③大雨，雪などスリップしやすい状況のときは運転しない．

(2) 負荷の高い経路の選択を避ける．

①目的地までの経路は，広い道路を優先する，②目的地までの経路は，運転に慣れた道を優先する．

(3) 道路環境からの情報獲得をしない

①信号が少ない道を選択する，②標識ではなく，周囲の景色を知っているかどうかで現在位置を推定する．

(4) 他車とのインタラクション(他車との位置関係を考慮した運転)を避ける．

①左折では，バイクが入り込まないように左側に寄せて走る，②車線変更の際には，自分の行動を周囲に示すために，ウインカーをかなり早めに出す．

これらの運転補償行動から，高齢者にとっては一人乗りのパーソナルビークルの有用性の高さが示唆されること，右左折回数の少ないルートによる経路案内の有効性，経路案内情報に基づく自動ウィンカー提示などの機能が考えられる．また，このような運転補償行動をとっていることを踏まえて，高齢ドライバーにとって必要となる運転支援システムの要件を検討していくことが，高齢ドライバーに対する受容性の高い運転支援システムを開発するうえで重要となる．

〔高橋昭彦・岩月　徹・佐藤稔久〕

文　献

電動車いす安全普及協会：http://www.den-ankyo.org/
Fuller, R. (2005)：Towards a general theory of driver behavioiur. Accident Anal. Prevent., **37**(3)：461-472.
古川弘信（2011）：高齢者にやさしい自動車開発の取り組み．国際交通安全学会誌，**35**(3)：30-37.
石田健二，蜂須賀知理（2011）：顔表情を用いたドライバ状態センシング―覚醒低下検知手法の取り組みと今後の展望について―．JSAE Symposium ドライバの特性評価・理解に基づく自動車開発の取り組みと展望，No. 02-11：12-17.
岩月　徹，織田紀之（2010）：自転車の力学―あなたは，時速何 km で走れるか？―．日本機械学会誌，**113**(1105)：917-919.
JIS T9203「電動車いす」．
国土交通省：自動車総合安全情報―先進安全自動車．http://www.mlit.go.jp/jidosha/anzen/01asv/index.html
国土交通省（2003）：交通バリアフリー技術規格調査研究報告書．http://www.mlit.go.jp/barrierfree/public-transport-bf/research/handle/030910.pdf
国立身体障害者リハビリテーションセンター（1994）：身体障害者・高齢者と自動車運転―その歴史的経緯と現状，中央法規出版．
国立身体障害者リハビリテーションセンター（2004）：肢体不自由者のための自動車と運転補助装置の選択方法．http://www.rehab.go.jp/whoclbc/japanese/pdf/J15.pdf
日本福祉車両未来研究会：http://www.294mirai.com/
日本福祉車両未来研究会，日本ケアフィットサービス協会編（2009）：私は外に出たい―障がい者・高齢者の世界を拡げる福祉車両とケアフィッター，評言社．
日本自動車工業会（2011）：ともに道をひらく―はじめての福祉車両ガイド．http://www.jama.or.jp/welfare/webcatalog2010/book1659/book.pdf
佐藤稔久ほか（2007）：認知的・身体的機能の変化に適応した高齢ドライバーの対処行動の分析．自動車技術会論文集，**38**(4)：209-214.
総務省：「ITS 無線システムの高度化に関する研究会」報告書「第3章 ITS 安全運転支援無線システムの利用イメージ」．http://www.soumu.go.jp/main_content/000025425.pdf, 2009.
ヤマハ発動機：車いす用電動補助ユニット（製品紹介）．http://www.yamaha-motor.jp/wheelchair/unit/jw2/
山本恵一（2002）：運転注意力モニタのヒューマンインタフェース．自動車技術，**56**(3)：74-78.

2.2.4 リハビリテーションロボット

a. リハビリテーションロボット

リハビリテーション（以下リハビリ）の分野で使用されるロボットを**リハビリテーションロボット**（rehabilitation robot，以下リハロボット），そのロボットに活用されている工学を**リハビリテーションロボット工学**（rehabilitation robotics）と呼んでいるが，厳密には定義がなされていない．基本的には，ロボットの定義（知能や自律性など）に当てはまる必要がある．当初，身体障害などでアシストが必要な人が対象者と想定されていたが，近年では，高齢健常者も含む（Hillman，2003）．分類は，歴史的に，アシストロボット，ロボット義肢・装具，治療用ロボット，教育・コミュニケーションロボットに分けられることが多い（Speich，Rosen，2004）．

b. アシストロボット

アシストロボット（assistive robot）は，四肢や体幹の機能低下を補完するため，操作や移動を補助し，日常生活動作，就労，娯楽など幅広く支援する（Brose et al.，2010）．操作の補助では，1980年代に据え付け型産業用ロボットアームを大型ワークステーションで制御する方式が登場した．なかでも，DeVAR（スタンフォード大）は，Puma260を用いたモデルとして有名であった．汎用性が高かったが支援できる場所が限られたため，2種類のポータブル型が提案された．

一つは，ロボットアームを備え付けた**電動車いす**（wheelchair mounted robotic arms：WMRA）であり，ドアの開け閉めなどへの居住空間へのアクセスが可能となった．開発初期に登場したMason（VA Prosthetics Center），6自由度のアームを持つManus（Exact Dynamics社），その後継機種であるARMやiARM，Manusより簡易であるが安価であったRaptor（RTD of Applied Resources社）などが登場した．最近の商用モデルJACO（Kinova社）は，カーボン製で軽量である．

もう一つは，ロボット自身が移動し動作を支援する**自律移動ロボット**（mobile autonomous robot）である．テレビカメラで遠隔操作できるMoVAR（スタンフォード大）やMOVAID（Scola Superiore Sant'Anna），病院などでの生活支援用のHelpMate（TransAxis Pyxis社）などが知られている．当初は，言語やディスプレーで制御していたが，近年では，レーザーで目標を指示するEL-E（ジョージア工科大学）や，視覚サーボ，筋電，haptic suitsなどの複合情報で自律制御するKARES（KAIST（韓国科学技術院））なども登場している．また，PerMMA（ピッツバーグ大）は，2本のアームを同時に制御し複雑な動作が可能である．

食事支援はニーズが高く，専門に支援するロボットが開発されてきた．海外では，Handy I（Rehab Robotics社，スタンフォード大）のほか，Winsford feeder（Winsford Products社），Neater Eater（Neater solution社），Mealtime Partner（Mealtime Partners社）が，わが国ではMySpoon（SECOM社）が市販化されている．Handy Iは，整容や化粧などの機能も追加され日常生活全体を支えるロボットとして広く利用された．

移動の補助には，コントロールをコンピュータなどで支援した**高機能電動車いす**（smart wheelchair）や**高機能歩行器**（smart walker）などがある．高機能電動車いすの多くには，超音波，レーザー，赤外線，カメラなどを用いて障害物を回避するシステムが採用されている（Simpson，2005）．操作は，従来の顎コントロールやジョイスティックに加え，音声認識，眼電図（EOG），アイトラッキングが利用され，さらに，**ブレイン-マシンインターフェース**（brain-machine interface：BMI）も検討されている．制御にはTetraNauta（金沢大）などの完全自律制御のタイプとSmartChair（ペンシルベニア大）などの半自律制御のタイプがある．また，新しい試みとして，GPSやRFIDで得られた環境情報をもとに自律走行するTAO Aicle（アイシン精機，富士通）がある．高機能電動車いすの歴史は比較的長いが，費用対効果の問題もあり，Smart Wheelchair（Smile Rehab社）などの商用モデルの数は少ない．

高機能歩行器には，身体的機能の補助のほかに，障害物探知などの感覚機能の補助や周囲環境の把握など

認知機能の補助，生体情報のモニタリング機能などが組み込まれている（Frizera et al., 2008）．視覚障害者用に開発されたPAM-AID（トリニティ大）は，超音波やレーザーにより障害物の状況を音声で知らせる．PAM-AID Smart Walker（Haptica社）として商品化されたのちも，VA-PAMAID（Veterans Affairs）やGUIDO Smart Walker（Haptica社）と改良が重ねられた．また，PAMM smart-walker（MIT）は，心電図などの健康に関連した情報を管理できる．

c. ロボット義肢・装具

1) ロボット義肢

義肢は失われた四肢の欠損を補い，その機能を代行するものであるが，その一部を動力化し，コンピュータ制御を行うものが**ロボット義肢**（robotic prosthetics）である．

義手では，電動義手が1940年代に開発されたが，操作が煩雑で発展しなかった．1960年代には，前腕**筋電義手**（myoelectric hand prostheses）がロシア（Russian hand）やドイツで開発され，現在の商用モデルへ発展した．わが国でも1970年代後半にはWIMEハンド（早稲田大・今仙電機製作所）が実用化された．現在の商用モデルの動作は，指つまみを開閉のみであるが，5指の独立した動きが可能なMichelangelo hand（Otto Bock HealthCare社）も登場している．

義足では，1990年代初期にコンピュータを組み込んだ膝継手が英国で開発され，Intelligent Prosthesis Plus（Blatchford社）が登場した．歩行速度に応じて，義足膝の振り出しを調節できる．わが国でも，インテリジェント膝（NABCO社）が実用化されている．1997年に登場したC-Leg（Otto Bock HealthCare GmbH社）は，足部の状態や膝関節角度や角速度を検出し，油圧抵抗を調節する．2005年には，油圧の代わりにMR流体を用いたREHO knee（Össur社）が登場した．現在，コンピュータ搭載の義足膝継手は実用の域にあるが，いずれも高価である．最近，動力機構を内蔵したPOWER KNEE（Össur社）やVanderbilt prosthesis（バンダービルト大）が試作され，今後義足歩行が大きく変わることが期待される．

2) ロボット装具

装具は，麻痺などにより生ずる四肢，体幹の機能障害を軽減する目的で，四肢・体幹に装着する．この装具にロボット技術を導入したものが**ロボット装具**（robotic orthotics）である．動力の伝達や体重のサポートには，フレーム構造が有利であるため，多くが**外骨格**（exoskeleton）型である．

上肢装具では，1960年代はじめに空気圧をコンピュータ制御し駆動するロボット上肢装具（Case Institute of Technology）が，その後，電動のGolden Arm（Racho Los Amigos）が開発されたが，いずれも試作機の段階にとどまっている．

下肢装具については，その一部を制御するものとして，**立脚制御膝継手付き長下肢装具**（Stance Control KAFO）がある（Yakimovich et al., 2009）．立脚期に膝をロックし膝折れを防ぎ，遊脚期にロックを解除する．当初は，機械式であったが制御が十分でなく，足底や膝のセンサとコンピュータを内蔵したOrthopedic 9001 E-Knee（Becker社）やSensor Walk（Otto Bock HealthCare社）が登場した．わが国では，立脚制御膝継手付き長下肢装具（産業医大，福岡機電研，荒井義肢），自立歩行アシスト（藤田保健衛生大，トヨタ）がある．最近では，加速度計やジャイロスコープで制御するE-MAG active（Otto Bock HealthCare社）が試作されている．また，膝のみをアシストするAKROD（ノースイースタン大）もある．

一方，下肢装具全体をパワーアシストするロボット装具は，海外では，主に油圧駆動の外骨格（軍用）であり，BLEEX（UCLA），HULC（Lockheed Martin社），XOS-2（Raytheon）などがある．わが国では，HAL（筑波大），パワーアシストスーツ（神奈川工科大），マッスルスーツ（東京理科大），パワーローダー（アクティブリンク社），REMLA（川崎重工業），体重支持型歩行アシスト（本田技研）などが開発されている．HAL以外は，介護支援用や作業支援用のプロトタイプである．HALの医療機関向けレンタルは下肢モデル（単脚・両脚）である．一方，リハビリ対象者をターゲットとしたものには，リズム歩行アシスト（SAS：本田技研），WPAL（藤田保健衛生大，アスカ社），ReWalk（ARGO Medical Technologies社）などがある．SASは，股関節角度の情報により股関節回りのパワーをサポートし，軽度の歩行障害者や高

齢者を対象としている．WPALは，脊髄損傷者にすでに用いられている内側股継手（Primewalk）付き両長下肢装具を動力化したものである．

d. 治療用ロボット

治療用ロボット（therapeutic robot）は，麻痺の回復や機能の向上のためにリハビリ訓練を補助するロボットであり，リハロボットのなかでも注目されている分野である．近年の神経科学の進歩，特に脳の可塑性の機構が明らかになるにつれ，**ニューロリハビリテーション**（以下ニューロリハ）の分野が確立されてきた．この理論に基づくリハビリは，訓練を繰り返して行い，ある程度の訓練量を確保する必要があり，療法士の負担が大きかった．そこで，均質な動作を疲労することなく繰り返すことができるロボットが導入された．上肢訓練では，MIT-Manus（MIT）が，下肢訓練では，Gait Trainer（Reha-Stim 社）や Lokomat（バーグリスト大，Hocoma AG 社）が牽引役として大きな役割を果たした．

1) 上肢訓練支援ロボット

上肢訓練支援ロボット（upper limb rehabilitation robot）の開発は，脳卒中者を対象として，1990 年代から始まった．訓練の特徴は，麻痺側の上肢を積極的に動かすことにあり，主に二つの方法が採用されている（Reinkensmeyer, 2009）．

一つは，二または三次元空間において目的地まで正確に手先を伸ばすリーチ訓練である．ロボットアームに上肢を固定して重力を相殺（zero-gravity method）し，上肢の動かせる範囲を増やして訓練量を確保する．主に上肢近位筋の訓練に効果的である．アームへの固定は，アーム先端に手を固定するタイプと前腕から上腕をフレームに装着するタイプに分かれる．後者は肘の軌道を制御できるが装置が大きくなる．課題はディスプレーに提示される VR（virtual reality）空間をみながら行い，モチベーションの向上のためにゲーム的要素を含んでいる．MIT-Manus，Arm-Guide（RIC）や三次元上肢動作訓練支援システム（旭エンジニアリング，大阪大，兵庫医科大）などに採用されている．

もう一つは，**両側トレーニング**（bilateral training）である．左右の上肢が同時に動くように麻痺側上肢をアシストするシステムである．これには，健側上肢の動きに合わせて患側を鏡像に動かし，視覚的入力を行う鏡像トレーニングも含んでいる．この両側トレーニングは，脳梁を介した神経回復を促しやすいことが知られている．前腕回内外や手関節掌背屈をターゲットしたものが多い．Bi-Manu-Track trainer（Reha-Stim 社）や MIME（VA Medical Center）などに採用されている．

2) 代表的な上肢訓練ロボット
i) MIT-Manus

MIT-Manus は，操作バーに手を固定し，テーブル上で動かし，ディスプレー内のターゲットを追従する訓練を行う．多くの臨床研究が行われ，RCT（randomized control trial）も一番多い．本機は，平面上の運動に限られたため，三次元空間での運動を実

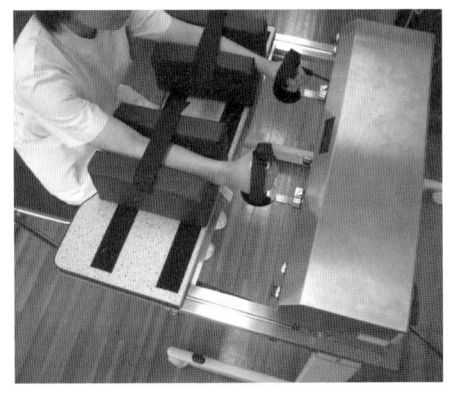

図 2.2.27 上肢訓練支援ロボット（左：Reo Go, 右：Bi-Manu-Track trainer）

現したARM-GUIDEがのちに登場するが，その効果の差については明らかではない．

ii) MIME

MIMEは，工業用ロボットアーム（PUMA560）の先に前腕を固定し動きをアシストする．リーチ動作と両側トレーニングがともに施行できる．

iii) Bi-Manu-Track trainer

Bi-Manu-Track trainer（別名 Arm Trainer；図2.2.27右）は，ガイドの上に両前腕をのせ，ハンドルを握り，手関節掌背屈または前腕回内外運動を行う．健側を能動的に動かすと患側を鏡像で動かすモードを持つ．

iv) 三次元上肢リハビリテーションシステム（EMUL）

EMULは，三次元空間でのリーチ動作訓練を行うが，VR空間に応じてアームの抵抗が変わる力覚提示ができる．後継機として，駆動源を持たない在宅用のPLEMOが開発されている．

v) Reo Go

Reo Go（Motorika Medical社，図2.2.27左）は，上下に伸縮するロッドをシフトレバーのように動かし，三次元空間でのリーチ動作訓練を行う．

vi) ARMEO

ARMEO（Hocoma AG社）は，後方のフレームで上肢を支え，三次元空間での動作訓練を行う．圧力センサを備えた縦型のバーを握り，上肢と連動した握りの訓練が可能である．

3) 手指訓練支援用ロボット

手指訓練支援用のロボットは，動作の複雑な点やサイズの問題などから，数が少ない．海外では，HWARD（UC Irvine）や Carnegie Mellon University hand device（カーネギーメロン大）などがある．わが国には，手指の屈伸や対立動作ができ，VR空間をみながら訓練できる手指上肢リハビリテーションシステム（岐阜大）がある．課題指向型訓練を行うためには，手指と上肢の連動が重要であり，この分野の発展が望まれる．

4) 下肢訓練支援ロボット

ハーネスで懸垂して行うトレッドミル歩行が，胸髄を完全横切断したネコの下肢麻痺の回復に有効であることや，脊髄損傷のヒトにおいても下肢の筋電が誘発される事実が報告され，**部分免荷トレッドミル歩行訓練**（body weight-supported treadmill training）が臨床に導入されるようになった．この訓練は，神経の可塑性を引き出し，**歩行中枢**（central pattern generator）を刺激するモデルと推測されている．しかし，トレッドミル上での下肢の振り出しの介助には，人手と労力を必要とするため，ロボットによる駆動方式が導入された．Lokomat, ReoAmbulator（別名 Autoambulator；Motorika Medical 社），PAM & ARTHuR（カリフォルニア大），LokoHelp "Pedago"（LokoHelp Group），歩行支援ロボット（BMRS；安川電機，産業医大）など多くの**下肢訓練支援ロボット**（lower limb rehabilitation robot）がこのシステムを採用している（Diaz et al., 2011）．トレッドミルの代わりに足板を利用しているタイプには，ハーネスで懸垂する Gait Trainer や HapticWalker（Reha-Stim社）や懸垂のない GaitMaster 5（筑波大）がある．また，通常の床面上の歩行を実現する WalkTrainer（Swortec社）も登場している．そのほか，歩行は行わないが下肢可動の訓練のみを行う MotionMaker（Swortec社），Lambda（LSRO），TEM（安川電機），MoreGait（ウルム大など）や足関節や膝関節を単独に訓練する NUVABAT（ノースイースタン大），Leg-Robot（大阪大）などがある．

外骨格型の装具ロボットも訓練に応用できる可能性が高いが，その理論的基礎や効果については不明な点が多い．

5) 代表的な下肢訓練支援ロボット

i) Gait Trainer

Gait Trainerは，ハーネスで懸垂し足板に固定した足を前後に滑らせ歩行様運動を行う．脳卒中のクロスオーバー研究は非常に有名である．後継機であるHapticWalkerは，足板が上下に動き，階段昇降訓練ができる．

ii) Lokomat

Lokomat（図2.2.28左）はハーネスで懸垂し，後方より駆動装置が連結した下肢装具を装着し，トレッドミル上を歩行する．実用化され，世界で最も広く使用されている．現在, 多施設共同RCTが進行中である．

iii) 歩行支援ロボット

歩行支援ロボット（図2.2.28右）は，大腿カフと短下肢装具で体重を支え，ハーネスなしでトレッドミ

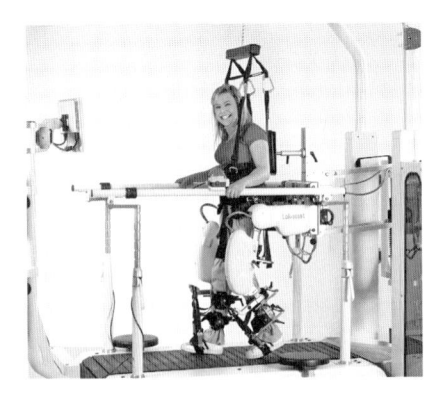

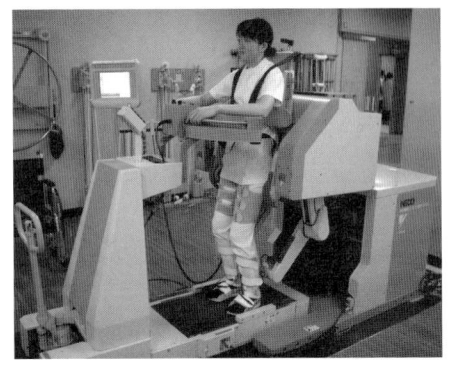

図 2.2.28 下肢訓練支援ロボット（左：Lokomat，右：GAR）

表 2.2.1 適切なアシストを行うための方策

1) トリガーの設定	EMG, dead band の設定
2) アシスト量の調節	インピーダンス制御，重力の相殺のみ
3) 適切な課題の難易度	エラーを許容，段階的な難易度
4) 感覚刺激（haptic stimulation）	
5) モチベーションの向上	挑戦的な課題，インタラクティブなインターフェース コーチ的サポート

ル上を歩行できる．インピーダンスコントロールが採用され，荷重センサからの情報を視覚や音でフィードバックする．亜急性期の脳卒中者の歩行訓練についてRCT が実施されている．

6) 臨床試験

上肢訓練支援ロボットでは，MIT-MANUS，ARM-GUIDE，MIME，InMotion2，Shoulder-Elbow Robot，Bi-Manu-Track，Reo Go などで RCT（歩行支援ロボット）が行われている．脳卒中患者における上肢ロボット支援訓練の効果に関するメタ解析の結果では，機能評価である Fugel-Meyer のスコアの改善は，通常の訓練に比べ有利であったが，能力評価である FIM（functional independence measure）は同等であった（Kwakkel et al., 2007）．そののちに行われた亜急性期脳卒中を対象とした多施設共同 RCT では，NeReBot での研究とわが国で行われた Reo Go での研究とでは，結果が相反している．

一方，下肢訓練支援ロボットの効果については，GT，Lokomat などで RCT が行われている．脳卒中者のメタ解析では，ロボット支援訓練のほうが歩行能力と歩行の耐用性に改善の傾向がみられている（Mehrholz et al., 2007）．本邦で行われた亜急性期の脳卒中患者を対象とした RCT では，通常の訓練よりも歩行能力と健側筋力で有利に改善したが，ADLの改善は差を認めていない．

脳卒中でのロボット支援訓練では，通常の訓練と同程度以上の効果が示唆されているが，よくデザインされた RCT をさらに行い，介入の時期，訓練方法，ロボットによる違いなどを十分検討する必要がある．

7) アシスト方法の問題

訓練支援ロボットのアシストは，当初，完全他動モードが中心であった．このモードは，繰り返し，長時間訓練を継続できる点で有利であり，下肢では体性感覚刺激により CPG（central pattern generator）を刺激すると考えられていた．しかし，運動学習の観点から考えると，脳の可塑性を引き出すには能動的に動かすほうが有利であり，能動アシストモードが主流となっていった．実際，ロボット支援歩行訓練中の運動野付近の脳賦活を近赤外線光測定装置で調べると，健常者，脳卒中者ともに，「受動歩行」では賦活が小さく，「能動アシスト歩行」で賦活が大きくなる結果が得られている（Wada et al., 2012）．

能動アシストによる動作訓練は，課題の難易度が下がり，より学習しやすくなる利点を持つ．しかし，ア

シストが過剰になると学習効率が低下する可能性を生ずる．このことは，「ガイドを行った動きは，いくつかの課題の学習を阻害する」というガイダンス仮説 (guidance hypothesis) で説明される．ロボットによる外部フィードバックが大きいとそれに頼りすぎて，本来行うべき内在的フィードバックによるエラーの検出と修正を行わなくなる．そのため，ロボットのアシストは最小限に抑え，できるだけ能動的に動かす必要がある．適切なアシストを行うために現在試みられている方策を表2.2.1にあげる (Marchal-Crespo, Reinkensmeyer, 2009)．

8) 今後の課題

当初，治療用リハロボットの効果に対する期待が大きかった．臨床試験では相反する結果が多く，まだ結論を出すに至っていない．今後は，ロボット支援訓練の臨床評価に加え，ロボット支援訓練の基礎的な理論を十分証明し確立していく必要がある．また，ほかの治療（FES，治療的磁気刺激，薬物治療，CI療法）との組合せの効果や在宅（レンタル）や遠隔地（tel-medicine）での訓練指導などでの利用も検討する必要がある．

〔和田　太〕

文　献

Brose, S. W., et al. (2010) : The role of assistive robotics in the lives of persons with disability. *Am. J. Phys. Med. Rehabil.*, **89** (6) : 509-521.

Díaz, I., et al. (2011) : Lower-limb robotic rehabilitation : Literature review and challenges. *J. Robotics*, Article ID 759764, 11 pages.

Frizera, A., et al. (2008) : The smart walkers as geriatric assistive device. The SIMBIOSIS Purpose. Proceedings of the 6th International Conference of the International Society for Gerontechnology, 1-6.

Hillman, M. (2003) : Rehabilitation robotics from past to present—A historical perspective. Proceedings of the 8th International Conference on Rehabilitation Robotics (ICORR 2003), 23-25.

Kwakkel, G., et al. (2007) : Effects of robot-assisted therapy on upper limb recovery after stroke ; a systematic review. *Neurorehabil. Neural. Repair.*, **22**(2) : 111-121.

Marchal-Crespo, L., Reinkensmeyer, D. J. (2009) : Review of control strategies for robotic movement training after neurologic injury. *J. Neuroeng. Rehabil.*, **6**(20).

Mehrholz, J., et al. (2007) : Electromechanical-assisted training for walking after stroke. *Cochrane Database Syst. Rev.*, **17**(4).

Reinkensmeyer, D. J. (2009) : Robotic assistance for upper extremity training after stroke. *Stud. Health Technol. Inform.*, **145** : 25-39.

Simpson, R. C. (2005) : Smart wheelchairs : A literature review. *J. Rehabil. Res. Dev.*, **42**(4) : 423-436.

Speich, J. E., Rosen, J. (2004) : Medical robotics. Encyclopedia of Biomaterials and Biomedical Engineering (Wnek, G., Bowlin, G., eds.), pp. 983-993, Marcel Dekker.

Wada, F., et al. (2012) : Effects of gait-related imagery and mirror visual feedback on cortical activation during robot-assisted gait training. Proceedings of the Complex Medical Engineering (CME), 2012 ICME International Conference, 629-633.

Yakimovich, T., et al. (2009) : Engineering design review of stance-control knee-ankle-foot orthoses. *J. Rehabil-Res Dev.*, **46**(2) : 257-268.

2.2.5 FES（機能的電気刺激）

身体に電気刺激を与えて治療を行うという行為は，電気ナマズやライデン瓶に蓄えられた電気を用いることで古くから行われていた．しかし，電気刺激が本格的に医療に用いられるようになったのは1900年代後半であり，特に，心臓ペースメーカの分野の発展が大きいといえる．

機能的電気刺激（functional electrical stimulation：FES）は，神経や筋に外部から適切な電気刺激を与えることによって，中枢性の神経系の障害により失われたり，低下したりした機能を再建・補助する技術である．FESは，明確な目的意識と作用メカニズムの理解のうえにたって，生体機能の補助あるいは制御を行う電気刺激法を指し，電気刺激治療とは区別されている．FESに対して，機能を再建するまでは目的としない電気刺激は，**治療的電気刺激**（therapeutic electrical stimulation：TES）と呼ばれ，廃用性筋萎縮の改善，筋力強化，関節可動域（ROM）の拡大，随意性の向上，痙性や痛みの抑制，尿失禁の改善や褥瘡予防など，さまざまな目的に応用されている．また，近年では，パーキンソン病などの不随意運動やてんかんなどに対して，脳深部の適切な位置に電気刺激を与えることで，その部位の神経系の電気的活動を調節して症状を軽減する**脳深部刺激療法**（deep brain stimulation：DBS）が広く治療に用いられるようになっている．

表2.2.2 FESの適用対象分野の例

筋・運動系補助・制御	上肢制御 下肢制御 体幹の姿勢制御
感覚系補助	聴覚補綴（蝸牛内電気刺激） 視覚補綴（大脳視覚領野/視神経系/網膜の電気刺激） 皮膚刺激による感覚代行
その他	心臓ペースメーカ 呼吸ペースメーカ（横隔神経電気刺激） 排尿補助 生殖機能補助 広背筋による心臓ペーシング 薄筋による肛門括約筋の代行

a. FESの適用

FESの適用対象分野は広く，原理的には，電気刺激に対して興奮しうる生体組織すべてが対象であり，表2.2.2に示すように多岐にわたる．ただし，心臓ペースメーカはすでに確立した分野となっているので，FESとは独立に扱われている．

FESを運動機能の補助・再建に適用する場合，脊髄損傷や脳卒中などの中枢性の運動麻痺が対象であり，筋を直接支配する末梢運動神経が損傷していないことが原則となる．ただし，筋萎縮などで関節可動域に著しい制限のある場合には適用外になり，脊髄損傷の場合には麻痺筋が電気刺激に反応しない部位もある．また，障害された部位によって麻痺の範囲は異なり，現れる症状も患者によってさまざまである．さらに，電気刺激に対する筋・骨格系の応答にも個人差があるので，FESの制御対象部位や再建動作は，患者の症状に応じて決定される．

b. 運動機能補助・再建のための電気刺激

1) 電気刺激パルス

FESによる運動機能の補助・再建では，図2.2.29に示すような持続時間の短いパルス電流または電圧による電気刺激が一般に用いられる．図2.2.29(a)は単極性パルスであり，電極-生体組織界面での電気化学反応による電極の損傷を防ぐために直流成分を除去して用いる．図2.2.29(b)は正負の電荷量を同一にした双極性パルスであり，振幅Aが図2.2.29(a)と同じであれば，より大きな刺激の効果が得られる．また，2カ所を同時に刺激するTESも可能である（佐々木，2010）．図2.2.29(c)はバースト波の一種で，数kHz～50kHz程度までの正弦波，もしくは，方形波を搬送波とする刺激である．刺激効果に大きな違いはないが，表面電気刺激の場合に不快感が少ないといわれている．

2) 電気刺激の印加方法

生体に電気刺激を与える方法は，使用する電極の種類により図2.2.30のように分類される．単極性パル

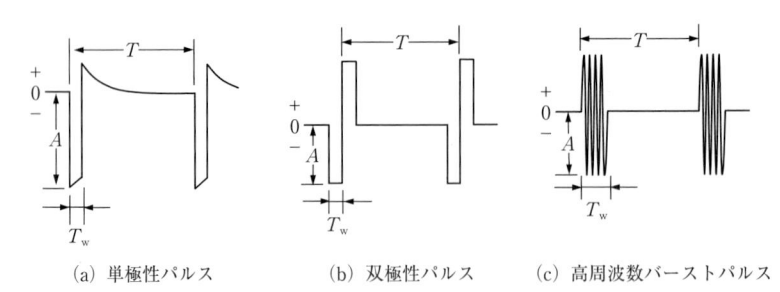

(a) 単極性パルス	(b) 双極性パルス	(c) 高周波数バーストパルス

図 2.2.29 FES による運動機能の補助・再建で用いられる刺激パルス
A：振幅，T_w：パルス幅，$1/T$：繰り返し周波数．

(a) 表面電極法	(b) 貫皮的埋め込み電極法
(c) 完全埋め込み電極法（1）	(d) 完全埋め込み電極法（2）

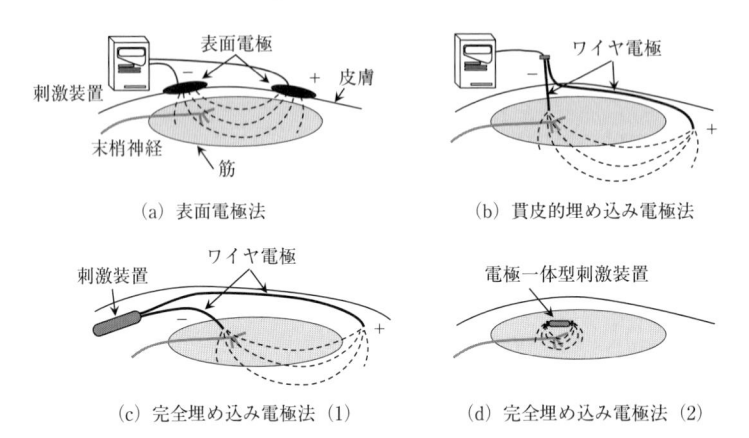

図 2.2.30 FES における電気刺激印加方法の電極種類による分類
関電極を−，不関電極を＋で示す．破線は，刺激電流の流れを模式的に示す．

スを用いる場合，いずれの方法でも，負電位側の電極（関電極）を刺激したい筋の神経近傍，もしくは，モータポイント付近に貼付，または，留置する．モータポイントは，運動神経の末梢がその支配する筋に進入する点のうち，電気刺激により最も著明な収縮が誘発される部位のことである．

図 2.2.30(a) の**表面電極法**では，2個の電極を用いて1個の筋を刺激する双極刺激法が一般に用いられる．電位の基準となる電極（不関電極）は，通常，他の神経や筋が刺激されないよう同一筋上に貼付する．手軽に使用できることが長所であるが，筋の選択的刺激や深部に位置する筋の制御が困難，刺激効果が不確実，有感覚者の場合に疼痛や不快感を伴うといった欠点もある．最近の表面電極は，ほとんどが導電性ソリッドゲルを使用しており，使いやすさがさらに向上している．

図 2.2.30(b) の**貫皮的埋め込み電極法**では，体外に刺激装置をおき，筋内に刺入・留置するワイヤ電極と接続する．刺激装置と電極を体内に埋め込む**完全埋め込み電極法**でもワイヤ電極を用いるものもあり（図 2.2.30(c)），これらはいずれも，不関電極を複数の関電極に対して共通に使用する単極刺激法が一般的である．完全埋め込み電極法には，超小型刺激装置と刺激電極を一体化したものもあるが（図 2.2.30(c)），双極刺激法であることを除けばワイヤ電極と同様の効果が得られる．図 2.2.30(b)～(d) の方法では手術が必要になるが，神経への侵襲が少なく，さらに，目的とする部位に電極を埋め込むことで神経や筋の選択的刺激が可能であるので，多数の筋を制御して複雑な動作を再建することが実用的になる．なお，貫皮的埋め込み電極法では，ワイヤ電極の皮膚貫通部位の感染予防の管理が必要になるが，完全埋め込み電極法では管理は容易になる．

3） 筋収縮力の調節

電気刺激による運動は，筋の収縮力を制御することで実現される．この方法として，図 2.2.31 に示すように，刺激パルスの振幅を変化させる**振幅変調**（PAM），パルス幅を変化させるパルス幅変調（PWM），繰り返し周波数（$f = 1/T$）を変化させる**周波数変調**

(PFM) がある．

振幅またはパルス幅を増大させると，活動する神経線維や運動単位の数が増加する（**リクルートメント**）ので，筋張力が増える．しかし，筋のリクルートメントは，閾値や飽和を有する非線形特性を示すので制御しにくいこと，また，筋疲労が生じやすい運動単位が低い刺激強度から活動することがFESの臨床応用での問題になっている．ワイヤ電極の場合，振幅変調では，パルス幅を 200〜300 μs 程度に固定し，数 V〜20 V（数 mA〜20 mA）程度の範囲で制御する．パルス幅変調の場合には，数 V〜20 V 程度で振幅を固定し，数 μs〜数百 μs 程度の範囲で制御する．表面電極では，刺激装置や電極部インピーダンスにもよるが，5〜10 倍程度の振幅が必要になる．また，500 μs を超えるパルス幅は，一つの刺激パルスで 2 回の活動を引き起こす場合があるので，あまり使われない．

刺激パルスの繰り返し周波数を高くしていく場合の筋張力発生の様子を図 2.2.32 に示す．筋に単一の刺激パルスを加える場合には，短い一過性の収縮（単収縮）が起こり，刺激パルスを繰り返し与えると，時間的加重により筋張力が増加する．電気刺激による運動単位の活動は刺激パルスに同期して発生するため，刺激周波数が低いと収縮は完全には融合せず，刺激パルスごとに動揺する不完全強縮となる．逆に，刺激周波数を高くすることで大きな収縮が刺激期間中持続する強縮が得られる．さらに高い周波数では，筋張力も増加するが，筋疲労が早期に出現する．これらのために周波数変調を単独で用いることはほとんどなく，刺激周波数を 20〜30 Hz 程度に固定し，振幅変調またはパルス幅変調により筋収縮が調節される．ただし，下肢など大きな筋張力を短時間で発生させる必要がある場合には，40〜60 Hz 程度の高い周波数まで使用されることもある．

c．FESシステム

1） 制御方式

FESによる最初の動作再建は，1961 年の Liberson らによる片麻痺者の内反尖足の矯正であり，フットスイッチにより検出した遊脚期に，表面電極で総腓骨神経を電気刺激し，足関節を背屈させる方法である．これは，刺激開始をセンサで検出するが，その後の制御はあらかじめ設定された刺激による**開ループ**制御である．FESによる動作制御のためのパルス振幅やパルス幅の調節方法には，開ループ制御と閉ループ制御があるが，現在の臨床応用では開ループ制御がほとんどである．

FESにより動作を補助・再建するためには，一般に，協調的，拮抗的に作用する多数の筋を同時に制御しなければならないため，**開ループFES制御**では刺激データを用いる．この刺激データの作成が動作制御に重要であり，一つの方法として，動作筋電図に基づく刺激データ作成法が日本で開発されている（市江ほか，1986）．図 2.2.33 は，この方法による運動の補助・制御の概略を示す．この方法では，まず，再建する動作を健常者が行い，その動作に伴って生ずる筋電図（EMG）を関係する多数の筋から計測し，整流・平滑したのち台形近似して標準刺激データを作成する．これが，振幅変調パルス列の包絡線になり，患者の被刺激筋の刺激閾値と最大値をもとに刺激電圧データに変

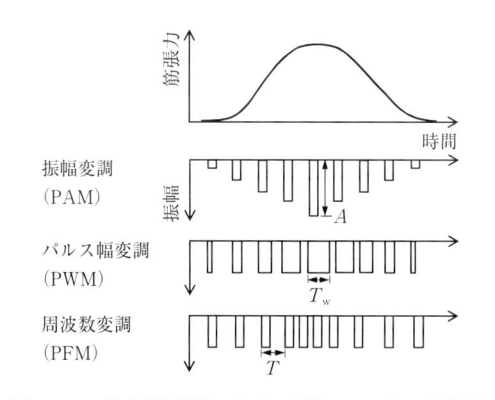

図 2.2.31 筋収縮量制御のための刺激パルス列の変調方法

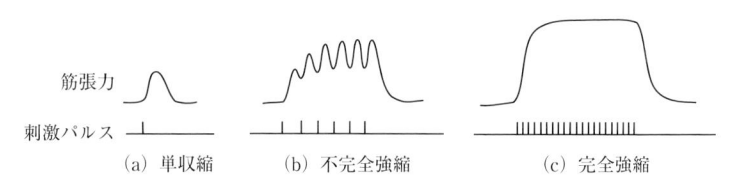

図 2.2.32 刺激パルスを繰り返し与える場合の筋張力発生の様子

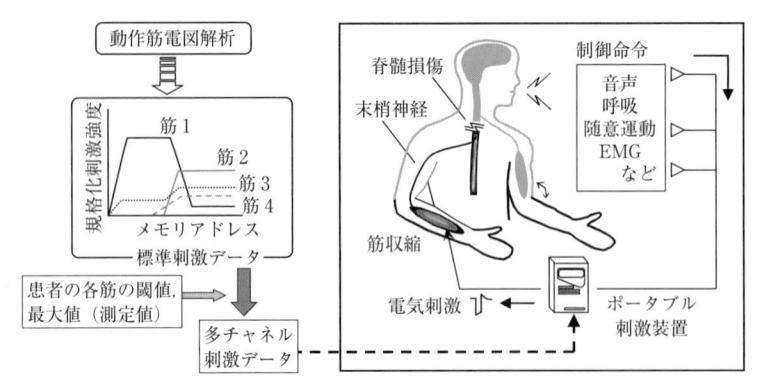

図 2.2.33　国内で開発された筋電図に基づく刺激データ作成法と FES システムによる運動機能再建の概念図

換される．患者個人のその動作の刺激データとするためには，各患者の麻痺の状態や筋骨格系の電気刺激応答特性に応じて刺激データを筋ごとに調整する必要がある．作成した刺激データをポータブル刺激装置のメモリに保存し，使用者が，音声や呼吸などの残存機能を利用して刺激装置に命令を与え，再建する動作の選択や制御を行う．したがって患者が FES システムを操作することになるが，患者は残存機能も制限されているので，装置を操作する制御命令を与えるために，各患者に適した方法を提供することも FES の実用的利用には欠かせない点である．

下肢の動作制御の場合にも刺激データを用いた開ループ制御が主流であるが，上肢に比べて各部の質量が大きいことや，身体全体の運動でありバランス制御が重要であることなどのために，実用的な歩行を実現する刺激データの作成は難しい．そのため，知識や経験，試行錯誤により刺激データをさらに調整し，使用者による装置のスイッチ操作やセンサで検出した状態に基づいて制御を行うことで対応している．

刺激データの作成方法や，装置の操作方法はシステムによりさまざまではあるが，基本的な制御方法の考え方は同様である．

2) システム構成

表面電極を使用するシステムは，研究から臨床まで広く利用されている．特に，尖足矯正を対象としたシステムは，フットスイッチ以外にも，下腿の動きを加速度センサや傾斜センサなどで計測して用いるなど，さまざまなシステムが実用化されている (Stein et al., 2010)．ほかにも，多目的なプログラマブル刺激装置 (Popovic, Keller, 2005) や，高齢者の利用を想定したシステム (Krenn et al., 2011) なども開発されている．

貫皮的埋め込み電極を用いたシステムは，米国 (Marsolais, Kobetic, 1988) や日本 (Hoshimiya et al., 1989) で開発され，上肢や下肢の動作に対して FES の臨床応用が進められてきた．いずれも，30 チャネル以上の電気刺激出力を有し，複雑な動作の制御が可能である．

完全埋め込み型 FES システムは，刺激装置と刺激電極を体内に埋め込んで外部から電力と刺激データを経皮的に伝送する方法であり，刺激チャネル数が 8 個のシステムが実用化されている (Smith et al., 1987)．このほか，尖足矯正用の 2 チャネルの埋め込み型刺激システム (O'Halloran et al., 2003) や，電極と一体型の 1 チャネルの刺激装置（長さ 16 mm，直径 2 mm）を多数使用可能なシステム (Loeb et al., 2001) も開発されている．国内でも完全埋め込み型 FES システムの開発は進められたが（高橋, 1999），実用化までには至っていない．

一方，歩行再建については，消費エネルギーが大きいことや筋疲労が早期に生じることなどから，FES のみでは困難な場合が多い．そのため，歩行時にあまり動きを必要としない関節は装具で安定化し，必要な動作を FES で制御して歩行を再建するハイブリッド FES システムも開発されている (Andrews et al., 1988)．近年では，動力装具と併用するシステムもある (Kobetic et al., 2009)．

d. FES の臨床的有効性

　FES による動作の補助・再建は，課題は残されているものの，これまでに，臨床的実用性ならびに有効性が示されてきている．C4 四肢麻痺では，BFO（balanced forearm orthosis）により上肢を支持し，手指および手・肘関節を FES で制御して，食事や整容などの動作を実現している（Hoshimiya et al., 1989）．この場合，残存機能が非常に制限されているため，制御命令を与える方法として呼吸や肩の動きなどを用いている．C5 四肢麻痺では，肩関節や肘関節などに随意性が残されている場合が多いので，手指および手関節を制御するだけでも，日常生活での応用が可能になる．また，C4 四肢麻痺よりも残存機能が多く，制御命令を与える方法の選択肢も増えるので，実用的になる．C6 四肢麻痺になると，手関節の随意背屈も可能になるので，FES の効果は少なくなり，対象と目的の設定が，FES 適用の際に重要になる．

　対麻痺では，体幹のバランスをとることが可能であれば，FES による起立が実用的になる．また，上位の麻痺で体幹が不安定な場合でも，車いすとベッドとの間の移乗補助などに FES を利用することも有効であり，介護者の負担軽減に役立つ応用である．歩行再建に関しては，現在のところ実用性は低いが，表面電気刺激により屈曲反射と膝伸展を制御して，歩行器や杖の補助で歩行を制御する方法があり，少ない刺激チャネル数での歩行も可能ではある（両下肢で計 4 チャネル）（Kralj et al., 1988）．また，貫皮的埋め込み電極を用いる方法では，同時に多数の筋を制御できるので，足・膝・股関節の筋群のほかに，体幹の筋群を制御することで歩行時の安定化を図り，杖による補助で平地歩行や階段昇降に成功している（Marsolais, Kobetic, 1988）．

　片麻痺では，筋電図に基づく刺激データにより，肩関節を含めた上肢の制御が実現されている．しかし，健側によるスイッチ操作で動作を制御しており，両手を同時に使う作業には対応できていないので，片麻痺者の上肢 FES の実用性は限定的である．一方，前述の尖足矯正のような応用では，FES システムの構成が簡単で小型化できることから，実用性が高い．

　近年では，FES をリハビリテーションや患者のトレーニングに応用することも盛んに試みられている（Popovic et al., 2011）．FES は，運動機能の補助・再建に加え，運動機能の改善においても有効性が示されつつあるが，FES の臨床適用については，状況に応じた個別対応になっている．　　　　〔渡邉高志〕

文　献

Andrews, B. J., et al. (1988)：Hybrid FES orthosis incorporating closed loop control and sensory feedback. *J. Biomed. Eng.*, **10**(2)：189-195.

Hoshimiya, N., et al. (1989)：Multichannel FES system for the restoration of motor functions in high spinal cord injury patients：A respiration-controlled system for multijoint upper extremity. *IEEE Trans. Biomed. Eng.*, **36**(7)：754-760.

市江雅芳ほか (1986)：機能的電気刺激による手の機能再建．電子情報通信学会技術研究報告, **86**：MBE86-35, 7-12.

Kobetic, R., et al. (2009)：Development of hybrid orthosis for standing, walking, and stair climbing after spinal cord injury. *J. Rehabil. Res. Dev.*, **46**(3)：447-462.

Kralj, A., et al. (1988)：Enhancement of gait restoration in spinal injured, patients by functional electrical stimulation. *Clinical Orthop.*, **233**：34-43.

Krenn, M., et al. (2011)：Safe neuromuscular electrical stimulator designed for the elderly. *Artificial Organs*, **35**(3)：253-256.

Loeb, G. E., et al. (2001)：BION system for distributed neural prosthetic interfaces. *Med. Eng. Phys.*, **23**(1)：9-18.

Marsolais, E. B., Kobetic, R. (1988)：Development of a practical electrical stimulation system for restoring gait in the paralyzed patient. *Clin. Orthop. Relat. Res.*, **233**：64-74.

O'Halloran, T., et al. (2003)：Modified implanted drop foot stimulator system with graphical user interface for customised stimulation pulse-width profiles. *Med. Biol. Eng. Comput.*, **41**(6)：701-709.

Popovic, M. R., Keller T. (2005)：Modular transcutaneous functional electrical stimulation system. *Med. Eng. Phys.*, **27**(1)：81-92.

Popovic, M. R., et al. (2011)：Functional electrical stimulation therapy of voluntary grasping versus only conventional rehabilitation for patients with subacute incomplete tetraplegia：A randomized clinical trial. *Neurorehabil. Neural Repair*, **25**(5)：433-442.

佐々木美佐ほか (2010)：不活動高齢者に対する腹部電気刺激の試み．生体医工学, **48**(3)：241-247.

Smith, B., et al. (1987)：An externally powered, multi-channel, implantable stimulator for versatile control of paralyzed muscle. *IEEE Trans. Biomed. Eng.*, **34**(7)：499-508.

Stein, R. B., et al. (2010)：Long-term therapeutic and orthotic effects of a foot drop stimulator on walking performance in progressive and nonprogressive neurological disorders. *Neurorehabil. Neural Repair*, **24**(2)：152-167.

高橋幸郎ほか (1999)：体外電力供給方式による埋め込み型機能的電気刺激装置．医用電子と生体工学, **37**(1)：43-51.

2.2.6 義肢（義手・義足）

義肢装具は，医工連携研究開発の緊急性の高い事例として，早くから立ち上がった分野である．**義手と義足**は，切断または先天性欠損により四肢の一部を欠損した場合に，もとの手足の形状または機能を復元するために装着使用する人工の手足であり，メカトロニクス系の技術の応用先として位置づけられるが，その進歩には大きな差がある．ここでは，義肢装具の研究開発とコマーシャルプロダクトの現状について概観し，今後の技術開発の方向性と課題などについてまとめる．

a. 義肢装具とは

メカトロニクス技術の医療応用として，70年代の電動義足に関する研究から始まった．当時の生体信号の計測と解析技術には，駆動系の出力や重量，LSIなど電子デバイスサイズや消費電力，計算能力，I/Oの数など技術的な制限が大きかったため，膝，肩，肘など，比較的大きなサイズの関節の代替機器を対象とした研究開発が主流であった．その結果，90年代に入り，義足や下肢装具の製品化と高性能化が著しく進展し，日常生活を十分にサポートできる製品が数多く出てくるようになった．特に，運動機能の発展（野坂，2007，2010）が目覚ましく，たとえば，アスリートの領域において，ついに健常人の走行能力を超える可能性が高まってきており，北京オリンピックの400m走競技への参加が禁止となるなどの措置が講じられた．装具とは，四肢体幹の機能障害の軽減，断端部の保護を目的として使用する補助器具であり，骨盤から頸椎を支える**体幹装具**，肩から手先を支える**上肢装具**，骨盤から足先端部を支える**下肢装具**に分類される．装具の技術についても，その発展は目覚ましく，ディジタルエンジニアリングの技術を用いて，断端部へのフィッティングを改善してきている．

一方，義手開発は，同様な時期に研究開発が開始されたにもかかわらず，その進歩は，あまりはかばかしいものではなかった．これは，上肢にかけられる負担の制限が大きく，軽量化と小型化の制約が非常に大きいこと，さらに，手指の機能を限定することが困難であり，限定することによる日常生活への制限が大きくなりすぎることなどが，その主たる理由である．電子・情報処理系の技術が大きく発展したことにより，近年では，5指独立動作を可能とする小型軽量な義手の研究開発が進められており，試験的に製品化が試みられている．

また，時期を同じくして，ロボット系の学会などでは，身体機能の拡張に関する議論が盛んに行われるようになってきており，さらには，BMI（brain machine interface）による制御性の向上など，ロボット技術と身体機能の融合研究や脳科学との関連の重要性と，この研究が拓く新しい社会へ責任を背負わねばならない状況が生まれつつある．

b. 義手と義足の研究課題

手足は，ヒトの運動機能を実行する最も主要な部分であり，その欠損を補塡する人工物という観点では，義手と義足は同じ種類の装具に属する．ともに体幹部から外側に伸びる効果器であり，相応の運動自由度と

表2.2.3 義手・義足研究の共通点と相違点

		義手・上肢装具	義足・下肢装具
共通点		ソケット開発：フィット感向上，装備重量や支持荷重増加に対応	
		コスメティクス：自然な質感と形状，色合い，見た目	
		装備重量：先端荷重の低減，慣性質量の低減	
		通気性：体表面への高い密着性と通気性の確保，肌荒れ防止	
相違点	動作数	多目的動作：単純把持，摘み握り，引っかけ握り，ジェスチャー，操りなど	単一目的動作：立位時の体重の支持，歩行時のけり出し動作
	柔軟性	柔軟・低弾性材質：安定把持，物体捕獲，双腕協調動作，上体支持など	高剛性・高弾性材質：重量物の支持，体位の保持
	制御性	能動性：多自由度，精密動作から高出力動作までが必要	準受動性：歩行，走行など，繰返し運動が主体
	感覚	感覚機能：手指の触覚・圧覚・温度，関節位置・角速度感覚など多様	感覚機能：接地感のフィードバック

制御自由度を有する必要がある．また，体幹部を支えるとともに，日常生活に必要となるさまざまな物体の保持や操りを実現するために，数百 N の荷重に耐える必要がある．しかしながら，日常生活動作という観点では，手と足の機能には大きな相違点があり，その相違が義手と義足の研究の違いとなって現れてきている（表 2.2.3）．

両者に共通する課題は，ソケット，コスメティクス（手指の外観を模倣した装飾用グローブ），装備重量低減の課題，に整理される．ソケット部は，最も重要な部品であり，義肢装具士の巧みな技術に支えられて，身体への適合が実現する特殊な部品である．炭素繊維や熱可塑性樹脂プレートなどの材料の進歩に支えられて，ソケットの製作方法が大きく進歩し，フィット感の向上に成功しており，シリコンライナーなどの実用化が目覚ましい．これにより，装備重量の増加を許容できるようになってきており，先端技術を用いた能動関節や多自由度ハンドの装着が可能となってきている．残された課題としては，通気性の問題であり，汗が溜まることによる肌荒れなどの問題や電装系の防水の課題は，解決されていない．また，コスメティクスなどの外装部の開発現場は，3D スキャナや 3D プリンタなどの登場により，金属主体で製作されていた時代と比べて，形状の設計自由度，重量対強度比の向上が目覚ましい．

一方，装備重量については，材料の進歩により，かなり改善されてきてはいるが，能動的な運動を要求されるような課題に対しては，アクチュエータを配置する場所と重量配分の問題が大きい．義手も義足も，良好な操作性を得るためには，先端部を軽量化することが必須であるために，アクチュエータは体幹部に近い場所に配置することが望ましいが，一般には体幹部に近い場所には，身体との結合部があり，十分なスペースをとることが難しい．義足や下肢装具については，前述のようにアスリートの使用に耐えるレベルにまで進歩してきており，利用者の要求に応えられる状況に到達しつつある．義足の基本機能として，立位保持，歩行，階段昇降など，その主目的が体重の保持と移動に絞られていることもあり，必要とする制御自由度はそれほど大きなものとはならない．しかしながら，義手や上肢装具については，手指の制御自由度が大きいことに代表されるように，基本機能だけを考えても，多種多様であるため，その開発項目は多岐にわたる．

c. 義足の研究開発動向

義足は下肢切断者の機能と形態を代償するもので，その使用目的が限定しやすいため，製品の進歩は比較的速く，下肢切断者の「楽に歩く」「速くまたはゆっくり歩く」「美しく歩く」「スポーツができる」といった要望に応えられるレベルに達している（吉村，2005）．義足を構成する要素は，下記の 3 項目に整理される．

（1）**ソケット**：切断端を痛みなく快適に収納し，歩行時に体重を支え，断端の力を効率よく義足に伝える機能部品．Iceross[R]シリコーン製ソケットインターフェースなどがあり，シリコンの柔軟性を生かして，断端部への密着性を飛躍的に向上し，義足ソケットの懸垂装置，断端全体の荷重支持，圧分散を実現，力の伝達やソケット装着時の快適性を高めた製品．

（2）**関節継手**：人間の関節に当たる継手，幹部，足部などの機能部品．

（3）**アライメント**：ソケットと各種部品を最適な位置関係に組み立て，円滑な歩行を行うための機能部品．

ここでは，下肢大腿義足を，メカトロニクス技術を用いた発展が顕著な関節継手に注目して，さらに 4 種類に分け，表 2.2.4 に受動膝関節構造，電動膝関節構造，マイコン制御，表 2.2.5 に義足の研究開発現状として整理した．

義足の研究開発状況は，膝関節，または，足関節の 1 自由度の継手部品が充実しており，安全性と機能性のレベルが相当に向上している（図 2.2.34）．電動義足の商品化も進められている．しかしながら，筋電制御の電動義足については，やっと研究開発が始められたばかりであり，研究拠点も数少ない（Aaron, Herr, 2008; Samuel et al., 2008）．研究成果がみられるまでには，かなりの時間を要する．

d. 義手の研究開発動向

義手研究は，ロボットハンドの応用の一つの代表例であり，ここ 10 年で非常に大きく進歩した研究領域である．世界的にも盛んに研究開発が行われており，毎年のように新しいタイプのロボットハンドと義手としての応用事例が報告されている．最近の特筆すべき

表 2.2.4　下肢大腿義足

	製品名	特　徴
受動膝関節継手	LAPOCシステム義足（今仙技術研究所）	国内初の骨格構造型モジュラー義足．歩行速渡に合わせて，伸展抵抗・屈曲抵抗を独立調節可能．低速から中高速の歩行へ対応
	Total Knee（パシフィックサプライ社）	踵接地時から立脚相全体に，膝関節をロック．つま先離れの直前に解除．安全性と自然な歩容．675 g，耐荷重量：100 kg，160°
	TTパイロン（啓愛義肢材料販売所）	足関節義足．トルクアブゾーバ内蔵．衝撃・ねじり吸収・跳躍補助が可能．480 g
電動膝関節	Power knee（Össur社）2006	健側の脚の動きをセンサで感知し，AI搭載で自然な動きを支援．スムーズで安全な階段昇降可能．2.7 kg，体重制限：99 kg，1000万円
マイコン制御・粘弾性調節機能・関節継手	インテリジェント義足（ナブテスコ製，洛北義肢）1993	空圧シリンダをマイコンが制御．歩調に適合し，反発力を調整．電池約1年，膝の最大屈曲角は155°
	C-LegR（Otto Bock社）1997	センサシステムは，20 ms周期で，足関節，膝関節，膝角速度，骨格のひずみを検知．1.1 kg，耐荷重量：125 kg，計測周期：20 ms，125°，40～45時間，充電時間5時間
	Hybrid knee（ナブテスコ製）	インテリジェント義足膝継手の後継機種．空圧・マイコン制御による遊脚相制御と，ロータリ油圧ダンパと独自の床反力システムによる体重をかけながら膝を曲げられる機能．1.29 kg，140°，体重制限：100 kg，電池寿命約2年
	RHEO KNEE（Össur社）	ロードセル（1 msで応答）からの力計測．利用者の歩行時の踏圧変化や立位静止時との区別を自動的に行う機能．足底の地面変化へ対応し，膝関節抵抗を調整．1.52 kg，体重制限：125kg，120°

表 2.2.5　義足の代表的な研究開発

	研究開発	内　容
研究	兵庫県立総合リハビリテーションセンター1993	切断患者の新しい義足の開発を進めマイコンによる制御義足を世界ではじめて開発
	動力義足（藤本，1996, 1998；小金沢，1984）（早稲田大学，藤本ら）1989	膝関節運動を動力化，モータ動力を用いる方法と，歩行中の体重移動による体幹の運動エネルギーを利用する方法の2種類の方法を研究．降段上昇時膝関節伸展運動補助力，降下時には体重を支えながら静かに膝関節を屈曲し続ける動力制御を提案
	可変粘性膝関節機構の比較研究（Sartee, 2009）（MIT, Johansson et al., 2005）	可変粘性膝関節機構に関して，マイコン制御の関節（油圧クラッチのC-Legと電磁クラッチのRHEO KNEE）と機械的受動関節の性能比較を行った研究．結論として，機械的受動関節よりも，マイコン制御の関節が優れており，油圧クラッチよりも，電磁クラッチが優れているとの実験結果を得ている．
	Exo-Knee（Johansson, et al., 2005）（MIT, Herr）2009	外観がヒトの膝のようにみえ，支持脚時には膝関節がロックされ，離地時には膝のロックが解除されるような機構を備えた下腿義足．30ドルの価格で，発展途上国への給付
	人工の腓腹筋メカニズムを有する義足（遠藤，2009；Herr, 2008）（MIT, 遠藤）2009	人工の腓腹筋メカニズムを有する能動足関節義足を開発．両足切断の自立歩行実験において，能動足関節義足と従来の受動足関節義足（Flex-foot，Össur社）を用いた2種類の筋電図と代謝コストの比較を行い，能動足関節義足が代謝を減少させることを確認

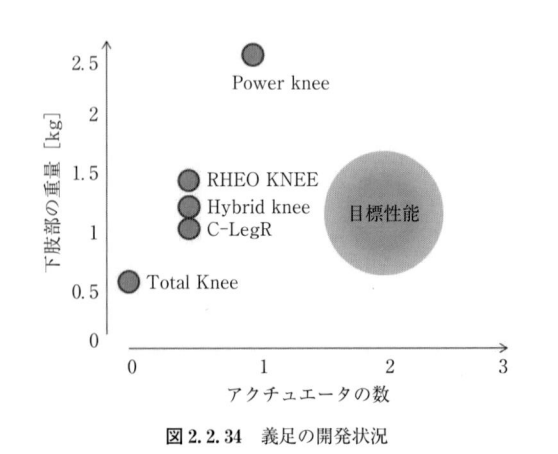

図 2.2.34　義足の開発状況

成果としては，下記3種類の発表があり，それぞれ，
(1) 英 Touch Bionics 社の iLIMB (touchbionics)
(2) 米シカゴ・リハビリテーション研究所 Dr. Todd Kuiken が処方した Bionic Arm (Todd et al., 2009；Gerald, 2006)
(3) Dean Kamen's Luke Arm

が代表的である．

(1)の iLIMB は油圧駆動の超小型5指ハンドであり，開閉速度は比較的ゆっくりである（開閉に要する時間は1秒間程度）が，このサイズで5指の独立動作を実現させた例は珍しく，拇指と示指の側方摘み（ラテラルピンチ）を用いた名刺などの把持，拇指と示指の対立摘み，三面対立握りによるボールペンの把持など複雑な精密握りを実現するとともに，4指を用いたひっかけ握り，球面把持，円筒把持など，握力握りにも対応できている．

また，(2)の Bionic Arm はともに電動モータによる駆動方式をとるが，肩関節3自由度，肘関節1自由度，手指開閉1自由度の制御を筋電位から実現したアームである．特徴は，大胸筋へ手指の神経を移植することにより，指先の筋電を胸部で取得できるようにしたことで，筋電を用いたアームと手指開閉の制御を実現したところにある．

一方，(3)の Luke Arm では，手先の自由度を向上させており，5指の独立動作を実現している．このアームの特徴は，制御信号を，筋電だけではなく，足底に圧力センサを設置し，体重のかけ方によって，アームや手指の制御に用いるハイブリッド方式をとっていることである．これにより，握り方やつまみ方を変えるなどの細かい作業を実現している．

これらの義手はその機能性を向上するために，搭載するアクチュエータ数を増やしているが，それに比例する形で重量が増加する．研究開発は，軽量・多自由度の方向へ進みつつあり，5指独立動作の実現を模索した取組みも散見される（Wiste et al., 2009；Pons et al., 2004；Carrozza et al., 2006；Dalley et al., 2009；Huang et al., 2006；加藤，横井，2008）（図2.2.35）．

e. 日常生活を支えるロボットハンド

義手とロボットハンドは，似て非なるものである．企業のデモンストレーションや大学の研究室で使われるロボットハンドは，手の形を模したものがほとんどであり重量やサイズの制限は特に設定されていない．また，日常生活環境での使用を想定していないために体重を支えたり，無理な方向に曲げられたりといったわれわれが普通に行う手指の運動を想定する必要がない．取扱い者は，技術者や専門家に限られる．

しかしながら，義手の利用者のほとんどは，非専門家であり，時には未成年者（乳児を含む）である．もちろん，ロボットの脆弱さなどは想定していないために，指先で体重を支える場合や，大きなものをつかもうとして手指に無理な力をかけて，広げようとすることが頻繁に起こる（図2.2.36）．このような状況において義手が使えなくなってしまうようでは，利便性が大きく損なわれるために，従来は，分厚い金属の骨組

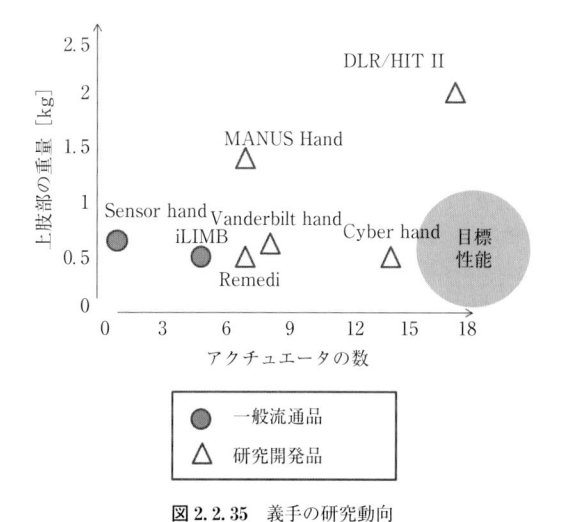

図2.2.35　義手の研究動向

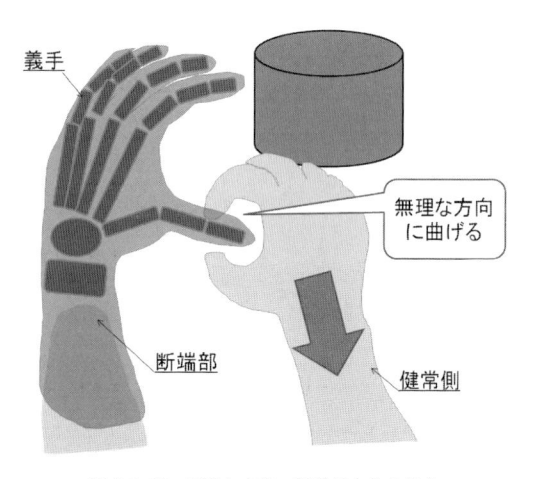

図2.2.36　無理な方向へ荷重がかかる場合

みによって頑丈な手指と掌が構成されていた．従来の義手が不自然な硬さと重量感を持っているのは，このためである．

これらの問題に対して，筆者らが現在実験に使用しているハンド（加藤，横井，2008）は，さまざまな形状に対する物体の把持を達成するために，手指の形状と動力系を模倣したハンドを設計し，片側すべり軸受け関節構造（後述）とした．骨格は，20関節24自由度リンク構造（図2.2.37）とし，手根骨群は，特に区別することなく carpal basement としてまとめて一つのリンクとして構成した．

関節の駆動機構は，ワイヤ牽引式を採用することによりモータをハンド部から独立させ，ハンド先端部の重量軽減を図った．能動関節は，DIP関節，PIP関節，MP関節，親指のCM関節，手首関節であり，親指以外のCM関節は受動関節である．掌内の metacarpal link（中手節リンク）は，compression element（圧縮性バネ機構部）により左右のリンクを相互に締結することにより，手指を開いたときに，metacarpal link が放射状になり，掌が最も広がるような姿勢を維持する機能を有する．これらの機構を用いて，右手手根関節離断の60歳代女性切断者用に5指18関節13自由度（手首部2自由度），触覚刺激に対するバイオフィードバック機能を搭載した筋電義手を開発した．総重量は，1.2 kg，把持力55 N，関節角度分解能1°，開閉速度200 ms を実現した．また，筋電位信号を用いて意図動作を推定するための筋電コントローラを開発した．筋電位信号により識別可能な動作数は，最大15パターンを数える．

これにより識別された手指動作は，拇指開閉，2-5指開閉，4-5指開閉，手首回内回外，手首掌屈背屈，つまみ開閉である．手根関節離断者用のソケット部の製作を行い，干渉駆動機構を有する筋電義手を製作した．図2.2.38には，並列軽屈曲把握によるペットボトルの把握となかの水を注ぐ動作，三面把持による小さな物体の摘み上げ動作などの実現例を示した．

また，健常者を対象とした筋電義手の実験のために，握りこぶしを収納可能なソケットの設計製作を行った（図2.2.39）．この装置により，キャッチボールのための情報処理装置の開発研究を進めており，時間遅れを持つ筋電制御を用いた場合の対応方法の開発を進めている．

次に，関節が，無理な方向に曲げられて，関節が外れ，のちに**自動復帰**できるようにするために，片側すべり軸受け（図2.2.40）を新しく開発することにより，過大な外力によって関節が外れるなどの不測の事態に対しても，自動復帰が可能となるハンドを開発した．ソケットは短断端（肘関節から100 mm の断端長）を製作し，30歳代右側前腕切断男性に適用し，訓練を

(a) ペットボトルの把握と手首の回転による水を注ぐ動作

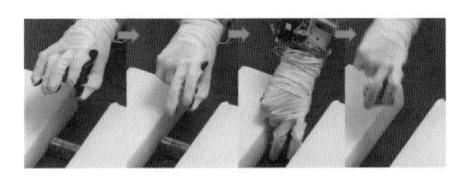

(b) 第4指と第5指の握り込みと第2指と第3指の摘み動作を用いた小物体の摘み上げ動作

図2.2.38　開発した筋電義手

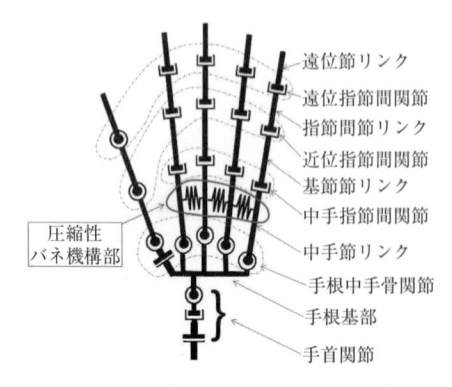

図2.2.37　提案するハンドのリンク機構

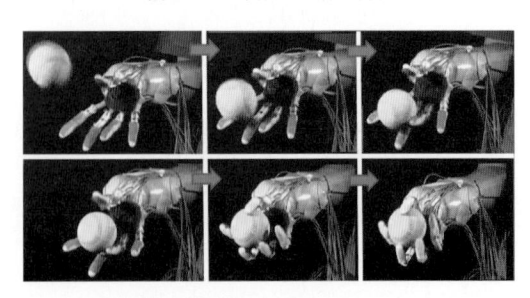

図2.2.39　筋電義手を用いたキャッチボール

始めたところである（図 2.2.41）. 図 2.2.42 は，並列系屈曲把持を用いた，球体の把握と移動の実験の様子を示している．

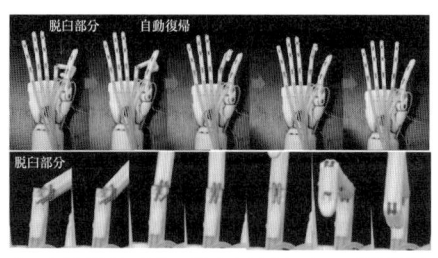

すべり軸受けにより，過大な外力によって関節が外れる．これに対して，開閉動作を繰り返すことにより，関節の自動復帰が可能となる

(a) すべり関節構造を用いた関節の脱臼状態からの自動復元

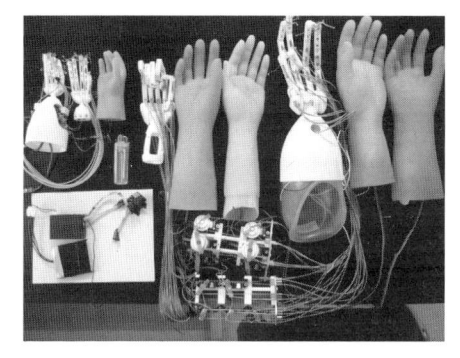

(b) 乳幼児から成人までのサイズ

図 2.2.40　すべり関節構造を用いた筋電義手

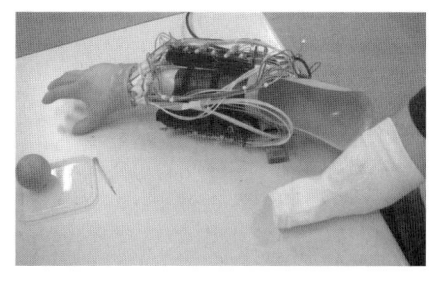

図 2.2.41　すべり関節を用いた筋電義手

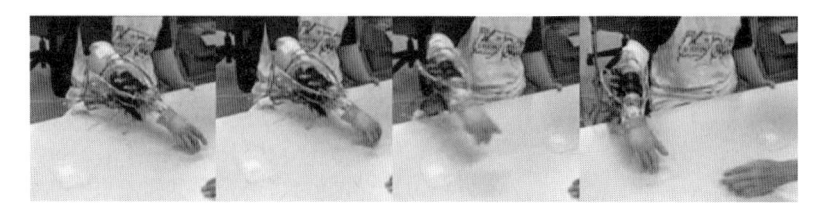

図 2.2.42　球体の摘み動作と移動動作の実験

f. 遅れに対する脳機能評価

複数の動作識別を行うためには，相応の情報処理時間を要する．筆者らは，筋電制御の時間遅れが利用者に与える影響に関して，パフォーマンステストと脳賦活を用いたテストを用いることにより，義手の利便性の判定を試みている．その一端として，筋電義手の動作開始の遅れに対する脳機能活動の差異を fMRI により検証した例について示す．

健常肢に対して約 120 ms 動作の開始が遅れる義手に対し，付加的に 0 ms，200 ms，400 ms，600 ms の遅れを与えた条件（120 ms，320 ms，520 ms，720 ms）において筋電義手を操作させ，等速落下するポールにつけられたマーカの位置と筋電義手の人差し指につけられたマーカをそろえるように把持させた（図 2.2.43）．

被験者の 20 歳代健常者女性に対し右腕前腕部に筋電位センサを 3 カ所（橈側手根屈筋，総指伸筋，長橈側手根伸筋）配置して筋電義手の脱力および把持状態を十分にトレーニングさせた．また筋電義手に圧力センサを計 6 カ所（各指末節骨の指腹と掌）配置し，いずれかの圧力センサが反応した場合に触覚情報として左腕上腕に電気刺激（Russian waveform：carrier 4 kHz，burst 100 Hz，duty 100%）を与えた．実験はおのおのの遅れ条件に対して 6 回行い，平均と分散

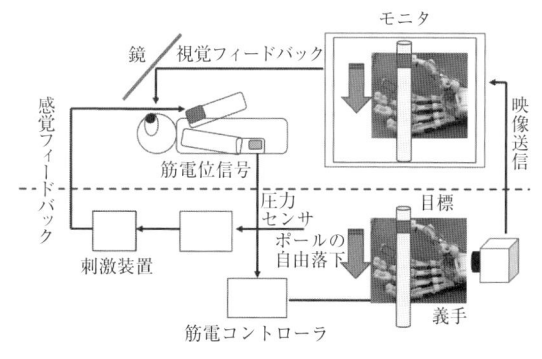

図 2.2.43　fMRI 計測条件

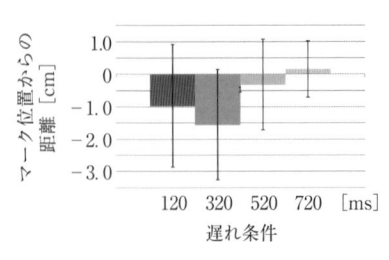

図 2.2.44 パフォーマンステスト

を表示した（図2.2.44）．解析にはSPM2を用いた（touchbionics）．タスクのパフォーマンスは等速落下するボールのマーク位置と筋電義手のマーク位置の位置誤差によって評価した．パフォーマンステストの結果，いずれの条件においても誤差は2cm以内に収まっており，本タスクは筋電義手で実現は可能であることがわかる．

脳の賦活領域においては，すべての実験条件において筋電義手を動作させる左側部の一次運動野と一次体性感覚野に有意な賦活がみられた（図2.2.45）．このことから，健常肢の動作とそれに伴う感覚情報が同時に得られている状態が存在すると考えられる．条件120msと720msにおいて，右側（感覚フィードバック側）に手領域の一次体性感覚野に賦活がみられ，それ以外の条件では有意な賦活はみられなかった．両条件（120ms, 720ms）において筋電義手を制御する運動野領域とそれに対する感覚野領域において同時に賦活する条件が確保されていることから，これは健常肢動作における賦活領域と同じである．しかし条件720msにおいては，前頭前野において有意な賦活が多数観測されているため，なんらかの高次認知機能を使用し，試行錯誤的にタスクを実行していることが考えられる．このため本来の健常肢動作において賦活しない領域が賦活しているため望ましくない．条件（320ms, 520ms）においては前頭前野での賦活はみられないものの感覚野領域（右側）に賦活がみられず，同時に賦活するという条件が満たされていない．このため脳賦活領域が健常肢動作における賦活状態と同等の条件を満たすためには筋電義手動作が少なくとも120ms以内の時間的な遅れで動作する必要があると考えられる．

義手や義足の利用者は，少数派であるため，その市場規模そのものが小さく，見逃されてきた分野である．

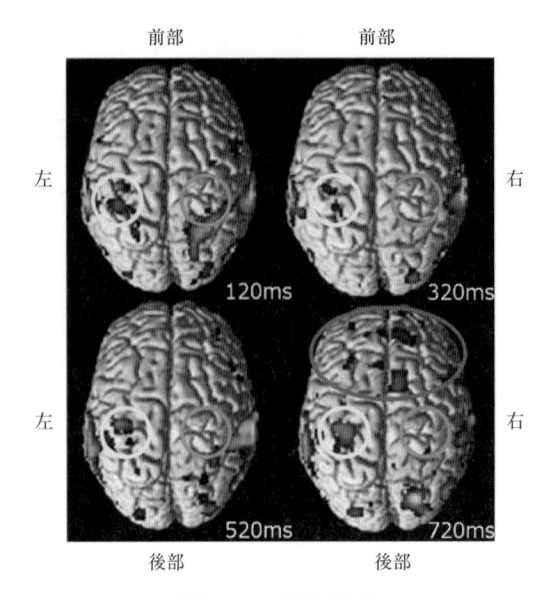

図 2.2.45 脳賦活の様相

しかしながら，これまでに地道に培われた技術は，手足に電動機械を装着できる製品を生み出してきた．また，身体機能の拡張の可能性の扉が開かれたことで，ヒトと機械の融合にかかわる研究への興味が大きくクローズアップされてきている．研究開発の成果は，筋電の秘める可能性の大きさを明らかにし，脳情報を用いた外部機械制御にまで研究領域を広げてきた．特に，触覚フィードバックと多自由度系の操り，動力化への進歩を続けている．

今後は，引き続き小型軽量化のための技術開発はもとより，家電や自動車などに匹敵するような頑健性と信頼性の高いメカニズムと生体信号計測処理技術が必要となる．

〔横井浩史・加藤　龍・中村達弘・森下壮一郎〕

文　献

Aaron, M. D., Herr, H. (2008): Lower extremity exoskeletons and active orthoses: Challenges and state-of-the-art. IEEE Trans. Robot., 24(1): 1-15.

Carrozza, M. C., et al. (2006): Design of a cybernetic hand for perception and action. Biol Cybern., 95: 629-644.

Dalley, S. A., et al. (2009): Design of a multifunctional anthropomorphic prosthetic hand with extrinsic actuation. IEEE/ASME Trans. Mechatron., 14(6): 699-706.

Dean Kamen's "Luke Arm" prosthesis readers for clinical trials: http://spectrum.ieee.org/biomedical/bionics/dean-kamens-luke-arm-prosthesis-readies-for-clinical-trials/0

Endo, K., et al. (2009): An artificial gastrocnemius for a transtibial prosthesis. Conf. Proc. IEEE Eng. Med. Biol. Soc.,

3-6 Sept., 5034-5037.

遠藤　謙(2009)：足のない暮らし．http://www.boston-researchers.jp/wp/wp-content/uploads/2009/11/KenEndo.pdf

藤本浩志（1996）：多機能動力義足．日本ロボット学会誌，**14**(5)：632-635.

藤本浩志（1998）：動力義足による階段歩行支援．計測と制御，**37**(1)：59-63.

Gerald, E. L.（2009）：Taking control of prosthetic arms. *JAMA.*, **301**(6)：670-671.

Huang, H., et al.（2006）The mechanical design and experiments of HIT/DLR prosthetic hand. Proceedings of the 2006 IEEE International Conference on Robotics and Biomimetics December 17-20, Kunming, China.

Johansson, J. L., et al.（2005）：A clinical comparison of variable-damping and mechanically passive prosthetic knee devices. *Am. J. Phys. Med. Rehabil.*, **84**(8)：563-75.

加藤　龍，横井浩史（2008）：適応機能を有する運動意図推定システム―高機能ロボットハンドと日常生活支援．人工知能学会論文誌，**23**(3)：326-333.

小金沢鋼一ほか（1984）：歩行周期に随意に適応する筋電制御大腿義足の開発．バイオメカニズム 7，pp. 167-177，東京大学出版会．

野坂利也（2007）：コンピュータ制御義肢．関節外科，**26**(7)：105-106，2007．

野坂利也（2010）：大腿義足ソケットと日常生活動作．日本義肢装具学会誌，**26**(1)，15-20．

Pons, J. L., et al.（2004）：The MANUS-HAND dextrous robotics upper limb prosthesis：Mechanical and manipulation aspects. *Autonomous Robots*, **16**：143-163.

Samuel, A., et al.（2008）：Powered ankle-foot prosthesis to assist level-ground and stair-descent gaits. *Neural Networks*, **21**：654-666.

Sartee, J. A.（2009）：Design and testing of a low-cost exoskeletal trans-femoral prosthetic knee device for use in developing countries. Submitted to the department of mechanical engineering on may 8. Partial Fulfillment of The Requirements for The Degree of Bachelor of Science in Mechanical Engineering at The Massachusetts Institute of Technology.

Todd, A. K., et al.（2009）：Targeted muscle reinnervation for real-time myoelectric control of multifunction artificial arms. *JAMA.*, **301**(6)：619-628.

Wiste, T. E., et al.（2009）：Design of a multifunctional anthropomorphic prosthetic hand with extrinsic actuation；Rehabilitation Robotics, ICORR 2009. IEEE 11th International Conference on 23-26 June 2009, pp. 675-681

吉村　理（2005）：インテリジェント義足（歩調追随性膝継手）．臨床整形外科 ISSN 0557-0433，**40**(11)：1236-1238．

http://www.touchbionics.com/professionals.php

2.3 コミュニケーション支援

2.3.1 情報保障（音声字幕）

聴覚障害がい者が望む情報保障手段は，その聴力の程度や教育環境，授業の形式などによってさまざまである．ここでは情報保障手段のうち，リアルタイムに音声を文字に変換する手法について高等教育機関を例にとり，その概略に触れる．

音声を文字に変換する手法の目的は，教員などが発した音声をなんらかの方法で文字に変換し，聴覚障がい学生に提示することによって，聴覚障がい学生を授業に実質的に参加させるための支援の実施である．どの支援手法を利用するにしても，情報保障に対する教員や関係者の理解が必要となる．講師の発話速度はまちまちであるが，たとえば，発話することを一つのスキルとして持つアナウンサーの話す速度は通常1分間当たり350文字から400文字といわれている．手書きや一般的なパソコンを利用する方法では，通常，この発話速度に追従することは困難である．そのため，話者の発話速度によっては発話者の話のなかから重要性の高い内容を抽出して伝える（要約する）ことが重要な技術の一つとなる．

どの手法も，聴覚障がい学生にわかりやすく，そしてスムーズに実施するためのノウハウが蓄積されており，以下では，各手法に関して個別に概略を説明していく．

a. ノートテイク

ノートテイクには，記録をとるという意味でのノートテイクとリアルタイムの情報保障としてのノートテイクがあるが，通常は後者を指す．情報保障としてのノートテイクでは，ノートテイクの担当者（ノートテイカー）が聴覚障がい学生の隣に座り，2～3名でルーズリーフなどに要約文を手書きする．聴覚障がい学生はノートテイカーが書いたノートを横からみることで情報を得る．聴覚障がい学生が複数の場合は，書画カメラを利用してノートテイクしたものをプロジェクタやモニタに投影することも可能である．

手書きの速度は1分間で70文字程度であるので，提供可能な文字数内に収まるように，効率よく内容を伝えることが重要となる．複数人で担当する場合には，筆記を担当しない人がサポート役になり，資料の提示などのサポートを行い，役割を10～15分程度で交代しながら連携作業を行う．記入する内容は，教員や学生の発言内容だけではなく，その場の音環境も可能な限り伝える．現在，高等教育機関において最も多く用いられているサポート手法である．

b. OHPを用いた手書き要約筆記

OHP（overhead projector）による方法では，ロールフィルムという透明で長いフィルムに，油性ペンで文字を記入していく．その文字が，OHPによってスクリーンに投影されるため，複数人でみることが可能である．通常3～4名で担当し，メインの筆記者と補助の筆記者，そしてロールフィルムをタイミングよく引く引き手で連携して実施する．

担当者はOHPの強い光から目を守るために偏光グラスをかけ，フィルムに貼り付かないように手袋を着用する．手書きによる入力速度は1分間当たり70文字程度と少ないため，より効率よく情報を伝えるために，よく使う言葉や長い固有名詞をあらかじめ小さなフィルムに記入しておいたり，文の前半をメインの筆記者が，後半を補助の筆記者が記入するなどさまざまな工夫が用いられる．

パソコンノートテイクの普及により，OHPによる方法の利用は減少してきたが，記号や数式など手書きでないと対応が困難な場面では，引き続き有効に活用できるであろう．

c. パソコンノートテイク

情報通信技術を用いた情報保障のうち，最近広がりがみられるのは**パソコンノートテイク**である．これは，従来手書きで行っていたノートテイクをパソコンのキーボード入力で行うもので，入力の高速化により情報伝達の効率化が期待できる．

大学で用いられているパソコンノートテイクの専用ソフトには，「IPtalk」（栗田，2008）や「まあちゃん」（太田，2006）などがあり，いずれも LAN を構築し，データ通信技術を用いることで入力者の入力した文字が即座に聴覚障がい学生の手元のパソコンに表示される仕組みとなっている（図 2.3.1）．

このうち，まあちゃんは，大学での情報保障を前提に開発されたソフトウェアで，シンプルではあるが必要な機能がコンパクトにまとめられている．たとえば，大学の授業では一般の講演会などとは異なり，教員が学生に質問したり，学生どうしの討議が行われたりする．こうした場面に対応するためには，入力者のタイプした文字をできる限り速く聴覚障がい学生のパソコンに表示する必要があり，入力の即時性を保つ工夫もなされている．

一方，IPtalk はもともと一般的なパソコン要約筆記に使用することを目的に開発されたソフトウェアで，数多くの機能が網羅的に搭載されている．なかでも2人以上の入力者が協力して一つの文章を作成していく**「連係入力機能」**はパソコン要約筆記の代名詞ともいえるほど広く浸透しているもので，大学における情報保障でも有効に活用されている．これは，話されている文章を句や節などの単位に区切り，複数の入力者が交互に分担しながら入力していくものである．入力者は互いにモニタ部と呼ばれるウインドウから相手の入力の様子を確認し，相手の入力速度や話の内容からリアルタイムに分担箇所を決定・入力していく．互いに息があわないと一貫した文章の作成は難しいが，習熟した入力者であれば通常の 1.5～1.8 倍程度の文字を入力することが可能である．この IPtalk においても聴覚障がい学生用パソコンに入力確認用のモニタを表示させることで，リアルタイムに入力文を確認することが可能である．最近では，この連係入力機能を用いて情報保障を行う大学も増えており，今後，大学授業においても拡大が期待される手段である．

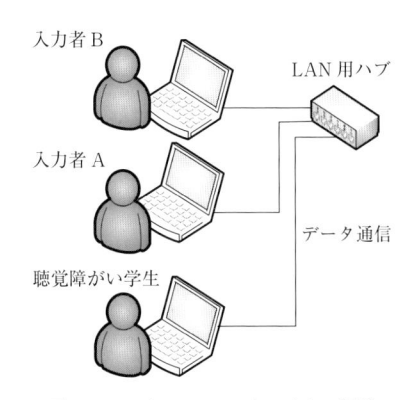

d. 無線 LAN を活用した小型携帯端末などへの字幕配信

パソコンノートテイクをベースに，無線 LAN や携帯端末を組み合わせることでより柔軟なシステムを構成する取組みも広がっている．その代表的な例が，SONY 社製 PlayStation Portable（以下，PSP）を聴覚障がい学生用の表示端末として用いるものである．これは IPtalk で入力した文字を IPtalk Broadcaster（森，2008）などのソフトを介してリアルタイムに HTML 変換し，PSP の無線 LAN 機能を用いてブラウザで文字をみる方法である．こうした手段は，同じ教室内の離れた場所から支援が可能で，また端末が安価で手軽に購入できることから，小学校や中学校などの教育機関で広く用いられている（宮下，2008）．同様に，ソフトや機材の組合せを変更することで通常のノートパソコンをはじめ，任天堂社製 Nintendo DS や携帯電話などを表示端末として用いることもでき，その場の状況に応じた表示の方法も多く検討されている．

e. 速記タイプライターの活用

文字を用いた情報保障の方法には，フルキーボードを用いた入力，音声認識による入力のほかに，**速記タイプライター**による入力があげられる．これは裁判所で用いられる特殊な速記タイプライター（ステノワード，ステンチュラなど）を用いて文字入力を行うもので，主にテレビの生放送字幕の作成などに用いられて

図 2.3.1　パソコンノートテイクの概要

いる．入力には特殊な技術が必要であるが，熟達したオペレータであれば320文字/分以上の高速なスピーチであっても約99%の文字入力が可能とされている（西川ほか，2004）．

一部の大学では，パソコンノートテイクが現在のように普及する前からこうしたシステムを情報保障に取り入れており，ネットワークを介して全国どこの地域にいてもサービスを受け取ることが可能なシステムが構築されている（小林ほか，1998）．また，入力された文字を携帯端末に表示するなどの試みも行われているが，サービス自体が高額なこともあり，現時点では全国的な普及には至っていないのが現状である．

f. 音声認識技術の活用

パソコンノートテイクのほかに，現在大学の情報保障として用いられており，今後の展開が期待されるものに**音声認識技術**があげられる．これは話し手の音声をコンピュータに認識させ，文字として表示するもので，現在数校の大学で実際に支援現場に取り入れられている．

ただし，教員の音声をそのままコンピュータに認識させただけでは，十分な認識精度が得られないことから，いずれの報告でも認識結果に修正を加えるなど精度を上げる工夫がされている．いくつかの研究者グループ（Bateman et al., 2000；小林ほか，2000；Wald et al., 2007；本間ほか，2002；立入，2003；加藤ほか，2002；三好ほか，2007）によって，教員の話を聞いて復唱を行う復唱者を間に入れ，よりコンピュータに認識させやすい音声で入力を行う「**復唱方式**」が採用されている（図2.3.2）．加えて認識された結果は，LANで接続された修正者のパソコンに送信され，誤認識が修正されて聴覚障がい学生用パソコンに提示される．これにより，音声認識に含まれる誤認識を低減し，生成される字幕の精度を高めている．

ただし，こうした過程にはある程度の時間が必要で，教員の音声が話されてから復唱・修正を経て最終的な文字が提示されるまでに10秒前後かかるとの報告がされている（黒木ほか，2006）．また，音声認識を用いると話者の言い回しをほぼ原文どおりに文字化することができるが，話し言葉と書き言葉の違いから，かえって読みづらい文章になることも指摘されている（中野ほか，2006）．そのため，字幕の精度向上とタイムラグの低減，ならびに聴覚障がい学生にとって読みやすくかつ原文の内容を損ねない表示方法といった点が今後の技術的な研究課題といえるであろう．

g. 遠隔地からの情報保障

大学における情報保障には，高度な情報保障技術のほかに専門分野における知識を兼ね備えた情報保障者が必要とされる．このことはノートテイクやパソコンノートテイクなど，どの情報保障手段を用いる場合であっても共通しており，知識と技術を有する情報保障者の確保は大学における支援を考えるうえで非常に大きな問題となっている．

こうした情報保障者の不足を技術的に解決するための手段として，大学外の離れた場所から情報保障を行う遠隔情報保障があげられる．これはインターネット回線やその他の通信手段を用いて，大学の授業の様子

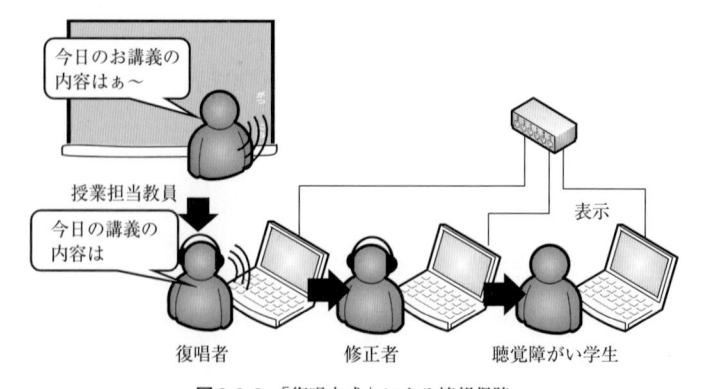

図2.3.2 「復唱方式」による情報保障

を情報保障者が待機するスタジオなどに送信し，文字による情報保障を行うとともに，この結果を教室に送り返す方法である．こうした遠隔地からの支援を用いれば，離れたキャンパスや他大学，あるいは地域の情報保障拠点となっている施設などから情報保障を実施することができ，数少ない専門の情報保障者を全国の大学に効率的に配置できると考えられる．

現在のところテレビ会議システムとインターネット回線を用いて手話通訳やパソコンノートテイクの映像を送信するシステム（内藤，2004）や，速記タイプライターの入力をインターネット回線やISDN回線を用いて受信するシステム（小林ほか，1998；三好ほか，2008a），専用ソフトウェアを用いて遠隔地からのパソコンノートテイクを容易に行えるシステム（三好ほか，2008b）などが開発・使用されている．また，同じ大学の異なるキャンパス間で内線電話の回線などを用いてパソコンノートテイクを行う試みや，遠隔地からのパソコンノートテイクを担うNPO法人なども設立されており（NPO法人日本遠隔コミュニケーション支援協会，2008），今後ますます普及が期待される．

一方，パソコンを使用した情報保障ではその機材の量と重さから，利用者である聴覚に障がいのある学生が移動する場合，たとえば学外見学や教育実習などの局面でともに移動することが困難であるために，それらの能力をうまく活用することは困難である．このような問題点を改善するための一つの手法として，スマートフォンを利用する手法「モバイル型遠隔情報保障システム」があげられる（三好ほか，2010）．このシステムは構成がとてもシンプルで，特に利用者側に必要な機材がスマートフォン1台と，それに無線接続して使用する小型マイクロホン1個のみである．これらの機材の操作には多少の使用経験は必要であるが，慣れれば利用者側で技術的なサポートをするスタッフも不要となり，人的なコストや通信コストも最小限に抑えられる．現在，初等中等教育の場や企業などでの利用へと広がりをみせている．

現在，その提示できる情報量の多さからパソコンノートテイクへ，特に連係入力への移行が始まっている．このこと自体は望ましいことではあるが，語学や数式を多用するような授業の場では手書きによる手法が好ましいケースもありうる．また，音声認識を情報保障システムの一部として取り入れた手法では，全文表示を目指すことができるという大きなメリットはあるものの，字幕提示までのタイムロスが原因となり，リアルタイム性が低下してしまう．表2.3.1に各字幕作成手法の特性をまとめた．このように各手法には一長一短があり，利用者である聴覚に障がいのある方々

表2.3.1 各字幕作成手法の特性

	必要な機材	情報量と特徴	求められる能力	養成上の課題
手書きによるノートテイク	読みやすさを考慮した筆記具，ノートやルーズリーフ	原文の2割程度（70文字/分程度）．箇条書き，体言止め，略語などを活用する	読みやすい筆記．要点と構造を理解し，構文を作成する力	授業を理解する専門性が必要．導入は容易であるが，スキルアップに課題もあり
パソコンノートテイク	一般的なパソコン，ワープロソフト	1名での要約入力では原文の4～5割．複数名による連係入力では8割程度	パソコンを筆記用具として活用する力．整文する力．連係した文章作成	パソコン操作の習熟が必要なので，人材が限られる
OHPを用いた手書き要約筆記	OHP，投影用スクリーン，ロールフィルムやペンなど	3名以上のチームで担当．筆記者が1名の場合，原文の2割程度．補助の筆記者との連携で3～5割程度	機材の特性に即した使い方や連携作業．要約して文章を構成する力．連携した文章作成能力	地域福祉分野で養成を受けた人材の活用も可能であるが，高等教育に対応可能な知識と技術の追加習得が必要
音声認識	音声認識ソフトウェア，マイク，一般のパソコン，通信用機材など	要約からほぼ全文まで多様．復唱者，修正者ともに1～複数名が交代で担当	音声認識に適した話し方，教員の音声を聞きながら発話する能力．独特の誤変換を修正する能力	実験的な段階であるために，主に復唱に必要な技能やその養成手法などが明確ではない
速記（特殊な入力装置を利用）	特別な機材（キーボード，連携作業用の機材など）	ほぼ全文．1名ずつ交代で実施するほか，入力担当と校正担当を組み合わせ同時に2～6名で実施する形態もある	特殊な入力装置に応じた入力技能．連携した文章作成能力．いずれも数年に及ぶ特別な訓練が必要	高速な入力が可能になるためには長期にわたる訓練が必要で，それに応じたコストがかかる

が情報保障を受ける環境によって選択されることが望ましいであろう．

〔三好茂樹・白澤麻弓・河野純大・井野秀一〕

文献

Batemanm, et al. (2000)：The quest for the last 5%：interfaces for correcting real-time speech-generated subtitles. Conference on Human Factors in Computing Systems, CHI '00 extended abstracts on Human factors in computing systems, POSTER SESSION：Interactive posters：129-130.

本間真一ほか（2002）：生字幕放送のための音声認識：システムの概要とリスピークの効果．電子情報通信学会技術研究報告．SP, 音声, **102**(160)：49-54.

加藤士雄ほか（2002）：国際会議における聴覚障害者支援を目的とした音声字幕変換システムの設計．ヒューマンインタフェース学会研究報告集, **4**(4)：65-70.

小林正幸ほか（1998）：聴覚障害者のための遠隔地でのキーボードの連弾入力によるリアルタイム字幕提示システム．ろう教育科学, **40**(3)：121-130.

小林正幸ほか（2000）：聴覚障害者のための音声認識を活用したリアルタイム字幕挿入システム（1）．電子情報通信学会技術研究報告．ET, 教育工学, **99**(581)：41-48.

栗田茂明（2008）：IPtalk；〈http://iptalk.hp.infoseek.co.jp/〉(2008年9月30日).

黒木速人ほか（2006）：聴覚障害者のための音声同時字幕システムの遠隔地運用の結果とその評価．ヒューマンインタフェース学会論文誌, **8**(2)：255-262.

宮下あけみ（2008）：パソコン字幕；〈http://www2u.biglobe.ne.jp/~momo1/sub1/akemizo2.htm〉(2008年9月20日).

三好茂樹ほか（2007）：音声認識技術を利用した字幕作成担当者のための支援技術とそのシステム開発．筑波技術大学テクノレポート, **14**：145-152.

三好茂樹ほか（2008a）：遠隔講義保障におけるリアルタイム字幕作成者を支援するための映像情報提示手法に関する基礎的研究．電子情報通信学会論文誌, D. 情報・システム, **J91-D**(9)：2236-2246.

三好茂樹ほか（2008b）：字幕作成担当者のための専門性の高い講義に対応した遠隔地リアルタイム字幕提示システムの開発．電子情報通信学会技術研究報告．WIT, 福祉情報工学, **108**(332)：1-8.

三好茂樹ほか（2010）：聴覚障がい者のためのモバイル型遠隔情報保障システムの提案と情報保障者による評価．ライフサポート, **22**(4)：11-16.

森　直之（2008）：IPtalk Broadcaster；〈http://www2.wbs.ne.jp/~condle/Broadcaster.html〉(2008年9月30日).

内藤一郎（2004）：遠隔地情報支援システムの現状と課題．第3回情報科学フォーラム講演論文集, CD-ROM収録, 4pp.

中野聡子ほか（2006）：音声認識技術を利用した字幕呈示システムの現状と課題—音声言語と文字言語の性質の違いに焦点をあてて—．群馬大学教育実践研究, **23**：251-259.

NPO法人 日本遠隔コミュニケーション支援協会（2008）：〈http://iptalk.hp.infoseek.co.jp/nck/nck.htm〉(2008年9月30日).

西川　俊ほか（2004）：マルチ入力リアルタイム字幕表示システム．ろう教育科学, **46**(3)：135-149.

太田晴康（2006）：ノートテイク（要約筆記）支援ソフトの設計と活用．静岡福祉大学紀要, **2**：19-28.

立入　哉（2003）：音声認識を利用した聴覚障害学生学習保障システムについて．電子情報通信学会技術研究報告, **ET2003-8**：43-48.

Wald, M., Bain, K.（2007）：Enhancing the usability of real-time speech recognition captioning through personalized displays and real-time multiple speaker editing and annotation. Lecture Notes Comput. Sci., **4556**：446-452.

2.3.2 発声機能補助

発声障害のサポート技術について説明する前に，まず声の生成の仕組みについて述べる．

声を出すときには，まず肺から息が送り出され，その息を利用して声の音源がつくられる．音源には声帯でつくられる**喉頭原音**（glottal sound source）や，声道の狭めなどでつくられる音源がある．喉頭原音が音源となるのが母音，半母音，鼻音などの有声音で，共鳴器である声道の形状により各音韻を特徴づける共鳴周波数が決まる．この共鳴周波数を低いほうから第1ホルマント，第2ホルマント，…と呼び，この複数のホルマントによって声の種類が決まる．声道が音源と共鳴器になるのは破裂音，摩擦音などの生成のときであり，無声音の場合は声道の音源のみが，有声音の場合は喉頭原音と声道音源の両方が用いられる．音声はそのエネルギー源となる音源と声道の形をつくる構音運動により決まる．図2.3.3に健常者の有声音の発声機構を示す．

音声器官にかかわる障害は，発声の障害と構音の障害に分けることができる．発声障害とは，喉頭原音の生成が妨げられる障害を指し，構音障害とは母音や子音をつくりだすために口や舌を適切な形にできない障害を指す．

本項では発声障害のサポート技術に着目して述べる．まず，音声器官を使わない方法と使う方法に分けて説明する．

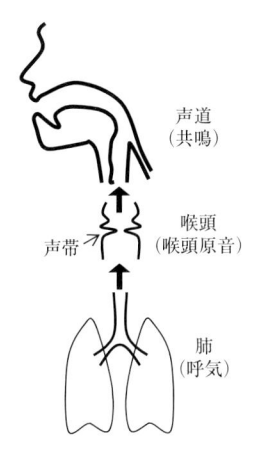

図2.3.3 有声音の発声機構

a. 音声器官を使わない方法

筆談や文字盤を指し示すことによりコミュニケーションを図る方法がある．また，五十音の文字盤を押すとその音節がスピーカから鳴るトーキングエイドなどの装置がある．近年ではキーボードなどで打ち込んだ文章を音声合成技術により読み上げさせる方法が使われている．たとえばアニモ社の音声会話エイド（www.animo.co.jp/walfareproduct/assist/）は，携帯情報端末を利用して，日常会話でよく使われる登録された文章やテキスト入力した文章を音声合成で読み上げることができる．このシステムは本人の健常時の音声を収録できれば，本人の音声波形辞書を用いて自分の声に近い声にすることができる（加我，2003）．しかし，登録された文章以外では文章の入力に時間がかかる．また，発せられる音声のイントネーションが不自然になる場合がある．より直感的な入力方法として，藪らは構音器官を操るのに相当する動きをペンタブレット上のペンの位置や動きで示し，音声を生成する方法を提案している（藪，2009）．

b. 残存する音声器官を用いる方法

相手に意志を迅速に伝えることを考えると，残存する音声器官を利用することにメリットがある．ここでは，肺の機能に問題のある場合と喉頭の機能に問題がある場合に分けて述べる．

1) 肺の機能に問題があるとき

肺の機能障害により喉頭原音をつくれなければ，有声音を発することは難しくなる．特に気管切開時には肺からの呼気は頸部に開けた**気管孔**（trachea stoma）に取り付けられたカニューレから出入りし，声帯が振動しないために声を出せない．しかし，喉頭機能や構音機能が正常ならば，喉頭内に空気を送り込むことで発声が可能である．

自発呼吸ができれば，スピーキングバルブと呼ばれる一方向弁をカニューレにとりつけることで発声ができる．吸気時にはカニューレから息を吸い込み，呼気時には弁が閉じ喉頭に呼気が送られる．人工呼吸器を使用している場合では，呼吸器から肺に送った空気の

一部が喉頭の側に漏れることで声帯が振動し，発声できることがある．カニューレにはカフと呼ばれる風船がついているものがあり，この風船は空気が喉頭に漏れないようにする役割と誤飲を防ぐ役割を持っている．膨らんでいるカフを少ししぼませ，呼吸器からの空気を喉頭へ漏らすと原理的に発声ができる．通常の発声とは異なり，吸気のとき，つまり人工呼吸器から空気が送られているときに声がでる．この方法については医師などに相談するなどして十分な注意が必要である．

2) 喉頭の機能に問題があるとき

喉頭が利用できないと喉頭原音を生成できなくなる．特に喉頭がんなどで喉頭を摘出した場合，有声音の音源自体を失ってしまう．ここでは喉頭全摘出者を例にその発声のサポート技術について説明する．

喉頭全摘出者では食物を気管に詰まらせないようにする気道防御の機能が失われる（高橋，永田，1987）．そのため，現在の手術法では気管と食道の間にあいた穴を完全に塞ぎ，気管の断端は前頸部正中で胸骨上方の皮膚切開端と縫合される（佐藤，1993）．呼吸は喉に開けたこの気管孔から行うことになる．つまり，喉頭原音を生成できなくなるとともに，肺と声道が分断され，構音器官である声道に呼気を送り込むことができなくなる．声道を音源として用いる摩擦音，破裂音などの無声子音は口腔内圧を高めることにより発声することができる（小林，1986）が，有声音はそのままでは発声できない．しかし，構音器官は残されていることが多いため，この器官に喉頭原音の代わりになる音を与えることにより**代用音声**（alaryngeal speech）を生成することが可能となる．

現在用いられている代用発声法（高橋，永田，1987）について次に述べ，その利点と問題点についてふれる．図2.3.4に代表的な代用発声法の図を示す．

i) 食道発声法

食道発声法（esophageal speech）は，食道内に飲み込んだ空気を吐き出す際に下咽頭部の粘膜を振動させ，その振動音を声の音源とする方法である．食道発声法の利点は器具を必要としないため両手を自由に使えること，習得すればいつでもすぐ発声でき，コミュニケーションにほとんど支障をきたさないことである．すぐれた食道発声を獲得した人は，有声無声の弁別をかなり正確に行うことができる（渋沢，1990）．

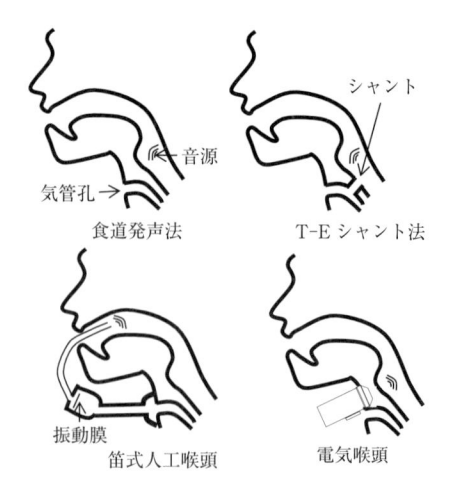

図2.3.4 現在使われている代用発声法

問題点は，会話獲得には個人差が大きく練習期間は6カ月から1年かかることである．また喉頭全摘出術時の下咽頭の形成状態によって発声できるかどうかが決まるため，練習したとしても"新しい声"を手に入れることができない人も数多くいる．また，声の音質が悪いこと，熟練者でも食道に取り込める空気の量が少なく，発声時間が短いことも欠点としてあげられる（大森ほか，1990）．体力の消耗が大きく，その発声法を獲得しても高齢になってから使えなくなる恐れがあることも無視できない．

ii) T-Eシャント法

T-Eシャント法（T-E shunt）は，手術により気管（trachea）と食道（esophagus）間に細い通路を設ける方法で，この通路をシャントと呼ぶ．手指で気管孔を塞ぎ，シャントから食道内に呼気を送り込み，下咽頭から食道にかけての粘膜を振動させて音源をつくりだす（西澤ほか，1994）．T-Eシャント法の利点は，発声持続時間が長く音声の強さ域や声域も比較的広いこと，器具がないことなどである．問題点は手術を伴うこと，シャントの抵抗が大きいことから発声しづらいこと，音質が悪いこと，発声に片手を用いることである．また，唾液や食物の気管への漏出を防ぐために，シャントに一方向弁のついた器具を入れる方法もある．この方法は多くのものが考案されており，近年はプロボックスなどが用いられている（山田ほか，2003）．また，T-Eシャント音声を聞き取りやすくするために，一方向弁のついた器具のなかに呼気により駆動する音源を内蔵する方法なども検討されている（小浦ほか，2011）．

iii) 笛式人工喉頭

笛式人工喉頭（pneumatic larynx）は，Tapia式人工喉頭とも呼ばれ，現在多くの改良型がある．笛式人工喉頭では，まず気管孔からの呼気をいったんゴム膜などでつくられた振動体に送り込む．そして，発生した音を声の音源としてパイプをもちいて口腔内に導き，発声を行う．振動体がゴム膜の場合にはその張り方，形状，使用者の上達の度合いにより声高さのコントロールも可能であるが（永田，1986），一般にその音声は単調である．しかし呼気を使用するため，声の長さや強さが変えやすい，会話の明瞭度が優れている，習得が容易であるなどのメリットがある．問題点は常に携帯しなければならず片手が束縛されること，口腔内にいれたパイプが構音の妨げになること，非衛生的であることなどである．

iv) 電気式人工喉頭

音源にスピーカや電気振動体を用いた人工喉頭の総称を，ここでは電気式人工喉頭とする．

①皮膚伝導型電気式人工喉頭（電気喉頭）：　顎下部に振動体を押し当てて皮下軟部組織を通じて振動音を声道内に送り込み，発声する方法である．このタイプは**電気喉頭**（electrolarynx）と呼ばれる．長所は習得が容易なこと，呼吸と関係なくいくらでも話せることがあげられる．しかし，生成された音声はブザー音的であり声質は悪い．また，声道を通らずに放射される音が混じるために音声が聞き取りにくいこと，片手を塞ぐことなどの問題点がある．また，放射線治療などで瘢痕がひどい場合は振動が声道まで伝わらないため使用することができない．

②パイプ挿入型電気式人工喉頭：　笛式人工喉頭の音源を電気振動体にかえたものである．放射線治療で瘢痕がひどい場合など皮膚伝導型電気式人工喉頭が使えないときに有効である．皮膚伝導型電気式人工喉頭のなかにはアダプタを使ってパイプ挿入型としても使えるものもある（福田，1988）．駆動源が電気であるため，音源波形に手を加えてより自然な声に近づける可能性がある．問題点は，手を使うこと，パイプをくわえるため外観の悪いこと，不衛生であることがあげられる．

③口腔内音源型電気式人工喉頭：　口腔内に音源を設置するタイプで，振動体を義歯に埋め込むという方法をとる．Merloらは，義歯に発音体を組み込み，発音体用のパワーとコントロール用の信号を無線で贈る方法を提案している（Merlo et al., 2008）．また，Takahashiらの研究では，現状の人工喉頭と同程度の音声明瞭度を得ることができている（Takahashi et al., 2005）．

④埋め込み型電気式人工喉頭：　下咽頭付近に発音体を埋め込む方法で，電力をコイルで体内に伝送する方式（Bailey et al., 1976）が考えられている．声の強度・長さ・ピッチ周波数の調節が可能であることから将来的には音声の自然性をあげることができる．また，装置を手で持つ必要がないなどの利点がある．生体適合性についても未解決の問題が残されており，実用化はされていない．

⑤喉頭摘出をしていない場合の方式：　喉頭を摘出しておらず気管と声道がつながっている状態で，喉頭の下に音源を設置することを想定して，OoeらはPZTセラミックを用いた音源を用いて健聴者音声と同様なパワースペクトラムが得られたと報告している（Ooe et al., 1999）．

v) そのほかの方式

上記の方式は，失われた音源を外部から声道に与えるものであるが，それ以外に，口唇を動かしたときに生じる筋電位や，口蓋にはりつけたパラトグラフという電極マトリクスに舌が接触した位置から，母音を推定し合成音声によって発声を行う方法が考えられている（神山ほか，1986）．たとえば福田らは頸部および表情筋から計測したEMG信号から「母音＋ん」の推定をし，それを連ねた語音列から単語を推定する方式を考え，識別対象の20単語を精度よく推定できている（福田ほか，2005）．

上記のように代用発声の方法にはさまざまなものがある．現在，実際に喉頭摘出者により使われているものは，食道発声法，T-Eシャント，笛式人工喉頭，電気喉頭の四つの方法である．文章テストなどによる聴覚判定から，シャント発声が食道発声や電気喉頭による発声よりも優れているとする報告（Williams et al., 1987）音声学的にはシャント発声と笛式人工喉頭が優れているという報告（高橋，1987）などがある．一方，電気喉頭の最大の利点は修得が容易であるということである．しかし，現在のものは声高さが一定で，会話中の雑音が多い．文字による入力の例も含めて種々の代用発声法の特徴を表2.3.2にまとめる．

表 2.3.2 現状の発声補助手段の比較

		即座に声を出せる	装置不要	ハンズフリー	手術不要	習得容易	音量大	聞き取りやすさ	ピッチ周波数等の調節
文字による入力		×	×	×	○	△	○	○	△（自動付加）
代用発声法	食道発声	○	○	○	○	×	×	×	△
	T-Eシャント	○	○	×	×	○	○	○	△
	笛式人工喉頭	○	×	×	×	○	○	○	△
	電気喉頭（経皮型）	○	×	×	○	○	○	○	×

3) 代用発声の改良法

理想的な代用発声法には，以下の(1)～(4)が要求される．

要求を満たすための研究について，主に電気喉頭の改良を例に説明する．

(1) 装置が目立たず，両手は自由になっており，意図したときに自由に声を出すことができること

電気喉頭は手で持たなければならないことが問題である．そのため，ハンズフリー型の装置が考えられている．製品では Griffin Laboratories 社（http://www.griffinlab.com/Products/）の Trutone 用の頸部取付用アダプタがあり，手を使わずに電気喉頭の on/off や声高さの制御ができる．また，Kubert らは筋電制御の頸部固定型電気喉頭を提案している（Kubert et al., 2009）．しかし，頸部の手術の状態などすべての人に使えるとは言いがたい．橋場らは薄型振動子を熱可塑性樹脂で頸部に固定する方法で首を動かしても問題のないハンズフリー型の人工喉頭を作成している（橋場ほか，2007）．

(2) 発声の持続時間が十分長く，環境に応じて声の大きさが変えられ，聞きとりやすいこと

電気喉頭自体から放射される音が電気喉頭音声の聞こえを妨げてしまう．このような音を軽減するため，口元にマイクロホンをおいて，拡声器により口から放出される音声を大きくする方法（藪ほか，2012）や，発した音声から，適応フィルタ（Espy-Wilson et al., 1998）やスペクトルサブストラクション法（Li et al., 2009）を用いて雑音を低減させる方法が検討されている．

(3) 声の自然性が高く，イントネーションをつけるため声の高さを任意に変えることができること

自然性を上げる方法として，発せられた代用音声を信号処理で加工する方法が行われている．食道発声などの音声の改良方法には，音声の分析合成により音源を取り替えることで自然な音声にしようとする方法（Qi, 1990）や統計的声質変換技術を用いる方法（山本ほか，2011）が考えられている．

電気喉頭音声についても波形接続型音声合成を用いて，電気喉頭音声と変換先の健常者音声間の変換関数を辞書に登録し入れ替えることで音質を改善する方法があるが，喉頭摘出者の多くの音声データを必要とするので自由な発声は難しい（村上ほか，2004）．また，体表に貼った加速度ピックアップ（Ishimitsu et al., 2011）や NAM（non-audible murmur, 非可聴つぶやき音）マイクロホンと呼ばれる体表密着型マイクロホンで代用発声音声の体内伝導音を拾い，音声認識・合成を行う研究も行われている．たとえば電気喉頭のような微弱な外部振動音源で発声された音を NAM マイクロホンで拾い統計的声質変換技術を用いて，ささやき声に変換することで自然性と明りょう性が向上させる方法が考えられている（中村ほか，2007）．音声合成技術を用いたときのイントネーションの付加については難しい面もあり，Saikachi らは，音声の振幅の自乗平均値と声高さに正の線形関係があることに着目し，分析-合成法を用いて振幅から声高さを生成し，従来の電気喉頭より自然な声になることを確認している（Saikachi et al., 2009）．

次に発せられた音声の変換ではなく，電気喉頭自体を改良することで自然な音声を得ようとする研究について説明する．

電気喉頭の音源は音量を確保するためパルス状の波形しか生成できない構造になっている．このような音源は，喉頭原音と大きく異なっており，声が不自然になる原因になっている．入力信号に線形に振動する振動子の利用も模索されているが，音量や装置の大きさに問題がある．また，電気喉頭では振動音が頸部を通過する際に低周波数領域の音圧が下がるので人工喉頭音声のスペクトラムが健常者の音声のものと一致す

るように音源の周波数成分を調整したもの（Norton, Bernstein, 1993）もある．

音声の自然さを考える場合，喉頭原音の波形の形状も重要であるが，喉頭原音に特徴的なピッチ周波数と波形の揺らぎも重要な要素である．伊福部らは正しい順序で並んだ32個程度の原音波形が高い自然性を得るうえで重要であること，波形の高調波成分の±18 Hz程度の側波が重要であることを明らかにした（伊福部ほか，1991）．電制社のユアトーンⅡ・ゆらぎはこのような揺らぎを付加することで自然性の向上を狙っている．

また，従来の電気喉頭は，音源の高さが一定なものが多い．一般的な人工喉頭では声の高さを発話中に変化できるようには考えられておらず，電気喉頭による日本語アクセントの表出は日本語アクセントに特徴的な声高さの変化ではなく，音節の持続時間を調節したり，人工喉頭を頸部に当てる際の押し方の強弱で発せられる声の強さを調整したりすることにより行われている（小林，1988）．イントネーションは声の自然さにも重要であるので，声の高さを制御する方法について検討されてきている．以下ではそれぞれの方式について述べる．

①指圧による制御： 現在市販されている電気喉頭には声高さや音圧をコントロールする機能が付加されているものもある（Liu, Ng, 2007）．Servoxは高低二つの音のボタンがあり，Trutoneは連続的に振動周波数を変えることができる．しかし，実際に会話中にイントネーション，アクセントを変化させることは難しい．国内でも，指圧による制御が検討されている．高橋らは「声立て」と「アクセント」指令の2値制御モデルで自然なイントネーション制御ができたとしている（高橋ほか，2001）．上見らはアクセントの高さを自由に制御できるように，上記モデルの「アクセント」の成分のみを指圧に対応する声高さで制御する方式を検討している（上見ほか，2009）．

②呼気圧・呼気流による制御： 発声にかかわる要素である呼気をイントネーション制御に利用すると訓練が少なくてすむことが予想できる．そこで上見らは呼気圧を用いて声高さの制御を行い，自然なイントネーションを付加できることを確認した（上見ほか，1995）．しかし，喉頭摘出者の気管孔の形状により呼気圧検出部で息が漏れる問題があった．このような問題が少ない呼気流を利用する方法も検討されている（橋場ほか，2008）．

③筋電による制御： 喉頭摘出時に残すことが可能な声高さに関係する筋を用いて，イントネーションを制御する方法も検討されている．関らは，胸骨舌骨筋の筋電を用いて，健常者において電気喉頭のon/offと声高さを4段階に制御できることを示し（関ほか，1994）．Ooeらも同様の検討をしている（Ooe et al., 2012）．Kubertらは実際に温存した喉頭摘出者の舌骨下筋の筋電で制御するハンズフリー型電気喉頭を製作している（Kubert et al., 2009）．

（4）有声子音と無声子音の区別をするため，振動および停止が任意にすばやく行われること，可能ならば喉頭摩擦音 [h] に近い音の発音ができること

喉頭摘出者の場合，喉頭摩擦音である [h] 以外の子音は口腔内圧を高めることによりある程度の発声ができる（小林，1986）．有声無声の区別では有声開始時刻（voice onset time：VOT）と呼ばれる声道閉鎖の開始時刻から声帯振動が開始するまでの時間が手がかりとなる．従来の電気喉頭ではこの有声と無声をスイッチで押し分けることが難しい．喉頭摘出者は有声，無声の出し分けを，無声子音の場合には口腔内圧を高め，大きなバーストノイズを生成することにより行っている（北嶋ほか，1988）．このバーストノイズの大きさの違いが有声，無声の聞き分けに役立っている．

このような子音の区別をより正確に行えるように関らは胸骨舌骨筋の筋電位信号を利用した子音制御を試み（関ほか，1994），垣田らや高橋らは口腔内圧を検出できる機構を取り付け有声無声の区別をつけることを検討している（垣田，平間，1989；高橋ほか，2000）．

まとめ

本項では，発声機能障害者のサポート技術について述べた．喉頭で音声の音源をつくる機能が使えない場合について，文字入力を用いる方法と喉頭以外の残された発声に関連する機能を用いる方法について説明した．特に，喉頭摘出した人のための代用発声の方法とその研究の現状について説明した． 〔上見憲弘〕

文 献

Bailey, B.J., et al. (1976)：An implanted electronic laryngeal prosthesis. *Ann. Otol.*, **85**：472-483.
Espy-Wilson, C.Y., et al. (1998)：Enhancement of

electrolaryngeal speech by adaptive filtering. *J. Speech, Language, Hearing Res.*, **41**: 1253-1264.

福田宏之 (1988): 人工喉頭を用いた無喉頭発声の現状と将来. 日本音響学会誌, **44**: 130-134.

福田 修ほか (2005): EMG 信号を利用した代用発声システム. 電子情報通信学会論文誌, **J88-D-II**(1): 105-112.

橋場参生ほか (2007): 喉頭摘出者の発声を支援するウェアラブル人工喉頭の開発と評価. ヒューマンインタフェース学会論文誌, **9**(2): 163-172.

橋場参生ほか (2008): 呼気流による抑揚制御機能を備えたウェアブル人工喉頭の試作. 信学技報, WIT2008-41: 11-16.

伊福部 達ほか (1991): 母音の自然性における「波形ゆらぎ」の役割. 日本音響学会誌, **47**(12): 903-910.

Ishimitsu, S., et al. (2011): Body-conducted speech recognition in speech support system for disorders. *Internat. J. Innov. Comput., Inform. Cont.*, **7**(8): 4929-4940.

加我君孝ほか (2003): 喉頭全摘術後の音声機能喪失患者のための新しい発声システムの開発. 医学справ, **73**(2), 72-78.

垣田有紀, 平間淳司 (1989): 電子式人工喉頭における韻律情報と無声子音の調節. 信学技報, SP88-148: 25-30.

神山忠久ほか (1986): 開口度検出器とエレクトロパラトグラフを用いた無喉頭者のための音声合成方式発声代行システム. 電子情報通信学会論文誌, **J69-D**(11): 1817-1923.

北嶋和智ほか (1988): 電気喉頭による音声の明瞭度. 音声言語医学, **29**: 156-160.

小林範子 (1986): 電気喉頭音声における voicing distinction の生理的特徴. 信学技報, SP86-105: 53-60.

小林範子 (1988): 電気喉頭による日本語アクセントの表出. 信学技報, SP88-41: 33-38.

小浦方格ほか (2011): 呼気駆動型埋込式人工喉頭とその抑揚制御機能. 日本機械学会第23回バイオエンジニアリング講演論文集: 393-394.

Kubert, H.L., et al. (2009): Electromyographic control of a hands-free electrolarynx using neck strap muscles. *J. Commun. Disord.*, **42**: 211-225.

Li, S., et al. (2009): Multi-band spectral subtraction method for electrolarynx speech enhancement. *Algorithms 2009*, **2**: 550-564.

Liu, H., Ng, M.L. (2007): Electrolarynx in voice rehabilitation. *Auris Nasus Larynx*, **34**: 327-332.

Merlo, M., et al. (2008): A remotely powered and wirelessly controlled intraoral electrolarynx. Conference Proceedings-IEEE Engineering in Medicine and Biology Society, 2008, 3459-3462.

村上浩司ほか (2004): 電気発声音声の健聴者音声への音声変換手法の性能評価. 電子情報通信学会論文誌, **J87-D-I**(11): 1030-1040.

関 惠貞ほか (1994): 胸骨舌骨筋の筋電位による電気人工喉頭の制御. 医用電子と生体工学, **32**(4): 69-77.

中村圭吾ほか (2007): 肉伝導人工音声の変換に基づく喉頭全摘出者のための音声コミュニケーション支援システム. 電子情報通信学会論文集 D, **90**(3): 780-787.

永田誠治 (1986): 人工喉頭のゴム膜振動機構に関する研究. 耳鼻臨床, 補6: 1-47.

西澤典子ほか (1994): TE シャント発声と下咽頭収縮筋. 日気食会報, **45**(3): 219-226.

Norton, R.L., Bernstein, R.S. (1993): Improved laboratory prototype electroLarynx (LAPEL): Using inverse filtering of the frequency response function of the human throat. *Ann. Biomed. Engin.*, **21**: 163-174.

Ooe, K., et al. (1999): New type artificial larynx using PZT ceramics vibrator as sound source. Proceedings of 1999 IEEE/ASME International Conference on Advanced Intelligent Mechatronics, 114-119.

Ooe, K., et al. (2012): Development of controllable artificial larynx by neck myoelectric signal. *Procedia Engin.*, **47**: 869-872.

大森孝一ほか (1990): 食道音声の客観的評価法—母音の音質を対象として. 耳鼻臨床, **83**(9): 1423-1427.

Qi, Y. (1990): Replacing tracheoesophageal voicing sources using LPC synthesis. *J. Acoust. Soc. Am.*, **88**(3): 1228-1235.

Saikachi, Y., et al. (2009): Development and perceptual evaluation of amplitude-based F0 control in electrolarynx speech. *J. Speech, Language, Hearing Res.*, **52**(5): 1360-1369.

佐藤武男 (1993): 食道発声法—喉摘者のリハビリテーション—. 金原出版.

渋沢三伸 (1990): 再建食道による発声例の有声無声弁別. 音声言語医学, **31**(3): 297-302.

高橋宏明, 永田誠治 (1987): 無喉頭音声. 耳鼻咽喉科・頭頸部外科 MOOK (No.4), pp.29-38, 金原出版.

高橋宏明 (1987): 無喉頭発声—治療の一環として—. 音声言語医学, **28**(2): 132-134.

高橋宏知ほか (2000): 口腔内原音発声振動子を用いた無喉頭者の発声システムの開発とその代用原音を口腔内圧で制御する試み. 音声言語医学, **41**: 130-138.

高橋宏知ほか (2001): 電気人工喉頭および口腔内原音発声振動子を用いた指圧入力式音声ピッチ制御の試み. 音声言語医学, **42**(1): 1-8.

Takahashi, H., et al. (2005): Alaryngeal speech aid using an intra-oral electrolarynx and a miniature fingertip switch. *Auris Nasus Larynx*, **32**: 157-162.

上見憲弘ほか (1995): 呼気圧によるピッチ周波数制御機能のついた人工喉頭の開発. 医用電子と生体工学, **33**(1): 7-14.

上見憲弘ほか (2009): 電気人工喉頭のイントネーション制御とそのパラメータに関する研究. 第7回生活支援工学系学会連合大会講演予稿集 (CDROM): 2H1-2(118), 174-175.

Williams, S.E., et al. (1987): Speaking proficiency variations according to method of alaryngeal voicing. *Laryngoscope*, **97**: 737-739.

藪 謙一郎ほか (2009): ポインティング・デバイスで操作する発話支援インタフェース. ヒューマンインタフェース学会論文誌, **11**(4): 437-447.

藪 謙一郎ほか (2012): 電気人工喉頭のための拡声器に関する一考察. 信学技報, SP2011-161: 35-38.

山田弘之ほか (2003): 喉頭摘出患者に対するプロボックスの使用経験. 日本耳鼻咽喉科学会会報, **106**: 1093-1099.

山本憲三ほか (2011): 統計的声質変換に基づく食道音声強調における声質制御. 情報処理学会研究報告, 2011-SLP-85(11): 1-6.

2.3.3 補聴器

外界の情報の検出においては，視覚と並んで聴覚の役割が大きいことはいうまでもない．特に，音声による情報伝達はヒトの言語コミュニケーションの根本をなしており，ヒトの知性や社会性を支えるという点においては他の感覚以上に大きな役割を担っている．必然的に，低下した聴覚機能を補う補聴器技術の重要度も大きいといえるであろう．本項では，補聴器の機能や構造を理解するために必要な基礎知識や基盤技術，さらには重度難聴者の聴覚補償を行う新しい技術について概説する．

a. 難聴レベルと聴取能

ひとくちに難聴といってもその程度はさまざまであり，日常生活に支障が生じない軽度なものから，耳元の大声が聞き取れないような重篤なものまでを含んでいる．平均聴力レベルによる難聴の分類とそれぞれの難聴程度における聴取能の特徴について述べる．

1) 平均聴力レベルの推定法

ヒトの会話には特に 500 Hz から 4000 Hz の周波数帯域の聴力が重要であることから，この帯域の純音の最小可聴閾の平均値（**平均聴力レベル**，average hearing threshold level）をもって難聴の程度が区分される．平均聴力レベルの計算方法は数種類存在するが，日本では

平均聴力レベル ＝（500 Hz 閾値 ＋ 1000 Hz 閾値×2
 　　　　　　　　＋ 2000 Hz 閾値）÷ 4

とする 4 分法が用いられることが多い．

2) 平均聴力レベルによる難聴の区分と聴取能の概要

平均聴力レベルによって，難聴はおよそ以下のように区分される（船坂，2007）．

（1）正常：平均聴力レベル 20 dB HL 以内．

（2）軽度難聴：平均聴力レベル 20〜50dB HL．小さな声が聞き取れない．日常会話における母音の聞き分けに大きな問題はないが，子音の一部（/p/，/t/，/k/，/s/）の聴取成績は悪化する．

（3）中等度難聴：平均聴力レベル 50〜70 dB HL．母音や持続時間が比較的長くエネルギーが大きい子音（/h/，/m/，/n/）の聴取成績も低下する．そのため，普通の大きさの声による会話が聞き取れない．

（4）高度難聴：平均聴力レベル 70〜90 dB HL．大きな声での会話であっても，単語や文が聞き取れない．

（5）重度難聴：平均聴力レベル 90〜100 dB HL．耳元の大声が聞き取れない．

（6）ろう：平均聴力レベルが 100 dB HL 以上．日常音は聞こえない．

概して，中等度以上の難聴では，日常会話にも困難が生じるといえる．また，高度難聴，重度難聴では，通常の補聴器を使用しても音声を聴取することが困難になる．

b. 傷害部位による難聴の分類と聴力劣化特性

聴覚末梢系の模式図を図 2.3.5 に示す．聴覚系は機械的エネルギーとしての音を内耳に伝達する伝音機構（外耳道や鼓膜，耳小骨など）と，機械的エネルギーを電気的エネルギーに変換した後，中枢神経系に伝達する感音機構（内耳，聴神経，脳幹各部，聴覚皮質などの高次中枢）に分けられる．この聴覚系のいずれかが障害を受けても難聴が生ずる可能性があるが，障害を受けた部位によってその性質や程度が異なる．難聴の種類と各難聴における聴力の劣化の様態について述

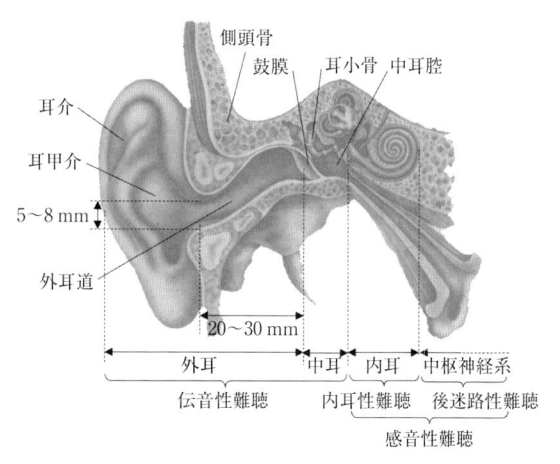

図 2.3.5 傷害部位による難聴の分類

1) 伝音性難聴

外耳・中耳の伝音機構の障害によって，内耳への音の伝達が妨げられて生じる難聴を**伝音性難聴**（伝音難聴，伝音系難聴，conductive hearing impairment）という．耳垢栓塞や各種の中耳炎，鼓膜外傷，外耳道狭窄・閉鎖，耳硬化症などが原因であり，手術を含む治療によってある程度の回復が期待されることが多い．平均聴力レベルが70 dBを越えることはまれである．

純粋な伝音性難聴においては，気導音に対する最小可聴閾が上昇するものの，骨導音に対する最小可聴閾には上昇がみられない．結果として，気導閾値と骨導閾値に差（air-bone gap，**A-Bギャップ**）が生じ，伝音性難聴を診断するうえでの手がかりとなる．骨導閾値が良好であることから，後述する骨導補聴器が有効であることが多い．

また，伝音性難聴では最小可聴閾とともに，不快レベル（音が大きすぎて不快になるレベル）も上昇する．つまり，聴覚のダイナミックレンジには正常耳と大きな差がない．そのため，各周波数ごとの最小可聴閾値に合わせて音を線形に増幅するタイプの補聴器が有効である．

2) 感音性難聴

内耳以降の感音機構の障害に起因する難聴を**感音性難聴**（感音難聴，感音系難聴，senseorineural hearing impairment）という．感音性難聴は聴覚経路の傷害部位に応じて，内耳の障害に起因する内耳性難聴と，内耳より中枢側の障害に起因する後迷路性難聴に分けられる．概して，伝音性難聴に比べてその原因や症状は複雑であるが，主たる原因としてはメニエール病，遺伝，薬物（ストレプトマイシンなど）の副作用，爆発音などの強大音の聴取による音響性外傷などがあげられる．また，比較的大きな騒音への長時間の曝露も感音性難聴を引き起こす（騒音性難聴）．平均聴力レベルが70 dBを越えることも珍しくない．

感音性難聴においては，最小可聴閾は上昇するものの，不快レベルは正常耳と同程度である．そのため，聴覚のダイナミックレンジは正常耳に比べて小さくなる．つまり，図2.3.6に示されているように，音圧の増加に伴う音の大きさの感覚（ラウドネス）の上昇分

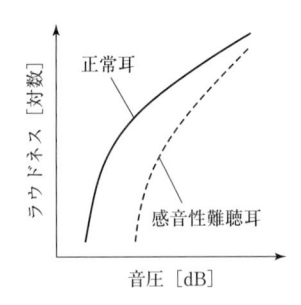

図2.3.6 正常耳と感音性難聴耳のラウドネス変化の違い

は，感音難聴耳では正常耳に比べて大きくなる．これを**補充現象**（recruitment）といい，この現象の存在は感音性難聴を診断するうえでの基準の一つになっている．また，感音性難聴では単に最小可聴閾が上昇するだけでなく，周波数分解能，時間分解能の低下がみられることも多い（Lippman et al., 1981）．そのため，平均聴力レベルが等しい伝音性難聴に比べて語音の明瞭度が低下することが多い．

なお，**老人性難聴**（prebycusis）と呼ばれる聴覚器官の老化（退行変性）に伴って発症する難聴は，この感音性難聴に分類される．老人性難聴には遺伝因子，環境因子（騒音曝露やストレスの程度，食性など）が複雑に影響するため，個人差が大きい．また，特に高周波域であるほど最小可聴閾が上昇するという特徴を示す（Glorig, Nixon, 1962）．

3) 混合性難聴

伝音機構と感音機構の両方の障害に起因する難聴を**混合性難聴**（混合難聴，combined hearing impairment）という．混合性難聴では骨導音に対する最小可聴閾の上昇と，気導-骨導間の閾値差（A-Bギャップ）の両者が観察される．中耳炎が悪化して内耳に炎症が波及した場合や，感音性難聴に中耳炎が合併した場合に認められる．

4) 機能性難聴

聴覚系のどこにも器質的な障害が認められないにもかかわらず，聴力検査結果で異常がみられるケースを**機能性難聴**（functional hearing impairment）と呼ぶ．そのうち，原因となる心理的因子（精神的ストレス）が明らかであるものを**心因性難聴**（psychogenic hearing impairment）と呼ぶ．また，被検者が意図的に難聴を装う**詐聴**（pseudohypoacusis）も，機能的難

聴の一種ということができる．機能性難聴の診断には，聴性脳幹反応検査などの他覚的検査が有効である．

c. 補聴器の基本構成と分類，機種選択の基準

補聴器は基本的には小型の拡声装置であり，以下に示すような各部で構成される（Dillon, 2001）．
① 音声を検出し，電気信号に変換するマイクロホン
② 電気信号を増幅させるアンプ．ディジタル補聴器では小型のプロセッサが組み込まれており，周波数やもとの音声信号の強度にあわせて増幅率を変化させる
③ 電気信号を再び音声に変換して出力する小型スピーカ
④ 小型スピーカと外耳道のカップリング部
⑤ 電池

このように補聴器の基本構成は決して複雑ではないものの，機種によっては140 dB SPL以上の出力，80 dB程度の利得，信号処理に伴う遅延時間が数ms以下であること，電池で駆動し1 Vで動作することなどが要求される（中市，2010）．また，1990年代に進展したディジタル化によって，補聴器の信号処理は大きく進化した．ここでは，ディジタル補聴器に搭載されている標準的な信号処理技術を述べる．

1) コンプレッション処理

前述のように，感音性難聴では補充現象のために単純な増幅では有効な補聴が行えない．以前は増幅された音声の平均値がおよそ使用者の**快適聴取レベル**（comfortable level）になるように利得を定めたうえで，不快レベルを超えた音はリミッタで抑えるという方式がとられていたが，リミッタで出力を抑えることによって音声にひずみが生じるという問題があった．そこで登場したのが振幅圧縮（コンプレッション）処理である（Lippman et al., 1981）．コンプレッション処理においては，小さな入力音圧に対しては大きな利得，大きな入力音圧に対しては小さな利得を対応させる．また，このコンプレッション処理は，使用者の最小可聴閾を考慮して，周波数帯域ごとに設定される．

2) ハウリング抑制処理

補聴器ではマイクロホンとスピーカ（イヤホン）が近接していることもあって，しばしばハウリングが発生し，大きな利得や出力制限を設定できない原因となっていた．アナログ補聴器においては，密閉度の高いイヤモールドや補聴器シェルを用いて，イヤホンからのフィードバックを抑える方策がとられていたが，限界があった．ディジタル補聴器では，フィードバック系の伝達関数を適応的に推定し，逆位相の信号をマイクロホン入力に加算してハウリングを抑える手法がとられるようになっている（Kates, 1999）．ただし，この方法でフィードバック系の伝達関数を正確に推定するためには，マイクロホン入力とフィードバックの相関が低くなければならない．電話の着信音や音楽のように，自己相関の高い信号とハウリングの区別を行う方法の確立が今後の課題として残されている．

3) 騒音抑制処理

難聴耳では，正常耳に比べて騒音下の聴き取りが特に低下する．このため，補聴器には不要な周囲の騒音を抑制しようという機能が搭載されている．単一マイクロホンの入力のみが存在する場合は，スペクトル・サブトラクション法（Boll, 1979）やウィーナーフィルタリング法が用いられる．これらの方法を用いる場合には音声/騒音成分のパワーを推定する必要があるが，音声区間検出（voice activity detection）によって非音声区間の騒音レベルを推定する方法など（Ramirez et al., 2004），さまざまな提案がなされている

4) 複数のマイクロホンを用いた指向性処理

多くの場合，聞きたい音声は前方に位置する．複数のマイクロホン入力を線形合成することで，前方に指向性を持つマイクロホンを仮想的に生成し，S/N比の向上を図る方法が提案されている．現在は，前方への高い感度は維持しつつ，絶えず変化する騒音方向の感度を低減させることで周囲の環境に対応する適応型指向性処理が多く用いられるようになっている．

d. 補聴器の分類

ここでは，装用部位および形状による補聴器の分類について述べる（図2.3.7参照）．

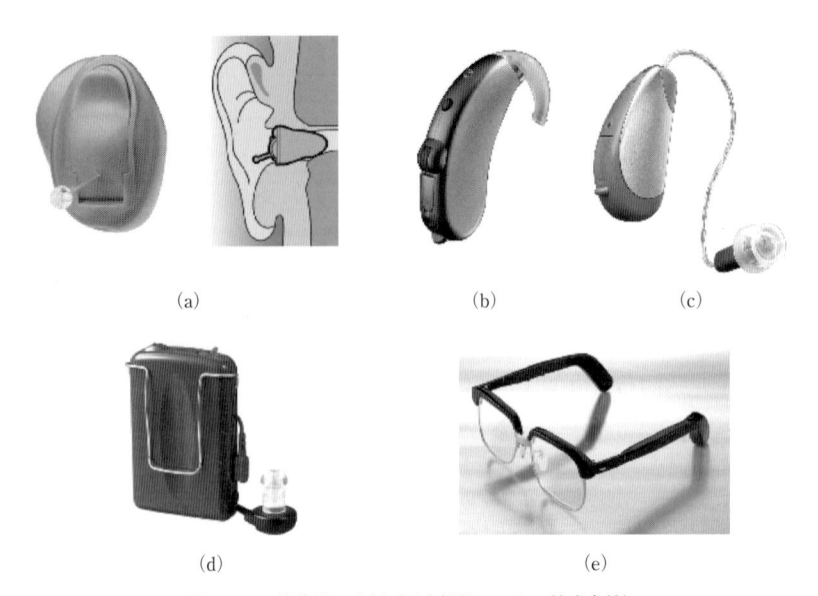

図 2.3.7 補聴器の分類（写真提供：リオン株式会社）
(a) 耳あな型（CIC）とその装用状態の模式図，(b) 耳かけ型，(c) 耳かけ型（RIC），(d) 箱型補聴器，(e) 眼鏡型骨導補聴器．

1) 耳あな型補聴器

耳あな式補聴器（in-the-ear：ITE）は各部を小さなシェルにおさめ，外耳道の半分程度の深さまで挿入して使用する．このタイプはさらに，耳窩（concha）の一部まで覆う大きめのタイプと，ほぼ外耳道内に収まってしまう小さめのタイプ（complete-in-the-canal：CIC）に分けられる．この補聴器は最も目立たないため，難聴者に好まれる傾向にある．また，耳介の効果を利用できるためにより自然な聞こえが得られる，両耳装用に適している，装用した状態でも運動がしやすいなどの利点がある．しかしながら，小さく操作がしにくい，比較的高価であるといった短所も有している．また，以前は特にハウリングが起きやすく，そのために利得や最大出力をあまり大きくできないことが欠点となっていたが，最近の信号処理技術の進歩によって解決されつつある（Kates, 1999）．

2) 耳かけ型補聴器

耳かけ型補聴器（behind-the-ear：BTE）は，文字どおり耳の後ろにかけて装用する．補聴器本体で増幅された音は，チューブを経由して外耳道に挿入したイヤーモールドに送られる．このタイプの補聴器は，耳あな型に比べてハウリングが起きにくく，利得や最大出力を大きくとることができる．また，耳あな型に比べると操作性がよい反面，目立つ，眼鏡をかける際に邪魔になるという短所がある．近年は補聴器本体からイヤホンが分離されたタイプ，本体が小ぶりで耳介の裏にすっぽりと隠れて目立たないタイプなども開発されている．

3) 箱型補聴器

箱型補聴器（body worn）は，補聴器を胸のポケットに入れ，コードを介してつながったイヤホンを耳に挿入するタイプである．このタイプの補聴器は最も大きく目立つ一方で，利得や最大出力を大きくとることができる．また，補聴器本体を手にとって，音や声を聞きたい対象にマイクロホンのように向けたり，近づけたりして使うことでS/N比の向上を図ることができる．比較的容量の大きな電池を搭載することができることからも，重度難聴用の補聴器としては有用性は高いと思われる．

4) 骨導補聴器

骨導を利用した補聴器．振動子を主として耳の後ろの突起部（乳様突起）に接触させて使用する．さまざまな形状のものが存在するが，図2.3.7(e)には眼鏡型を示す．眼鏡のつるの先端部に振動子が組み込まれている．

骨導補聴器（bone-conduction）は伝音性難聴の補聴に適するという利点を有する一方で，装用に伴う不

快感(振動子をある程度の圧力で押しつけることによって痛みが生じることがある),不格好さ,音質の低さ(高周波が減衰する)という欠点を有している.

e. 重度難聴者のための補聴機器

前述のように,重篤な難聴では,通常の補聴器を使用しても音声を聴取することが困難になる.そのような重度難聴者のための補聴技術を紹介する.

1) 人工内耳

人工内耳は,蝸牛に電極を挿入して電気刺激を行い聴神経を直接刺激する形の補聴装置である.マイクロホン,音声信号処理装置(スピーチプロセッサ),電極駆動部,電極ワイヤ,およびスピーチプロセッサと電極駆動部間の接続に用いる電磁誘導コイルで構成される(図2.3.8).そのうち,電極駆動部は側頭部に埋め込まれ,電極駆動部に接続された電極は蝸牛の鼓室階に挿入される.また,マイクロホンとスピーチプロセッサは体外に装着される.

電極ワイヤには20個程度の電極があり,それぞれの電極が蝸牛の異なる部位を刺激するように挿入される.スピーチプロセッサで入力された音声のスペクトル分析を行い,それぞれの周波数帯域の成分に対応した電流パルスがそれぞれに異なった電極に流される.

日本でも1994年の保険適用以降,重度難聴者に普及しつつある.先天性の場合は,装用時の年齢が低いほどよい使用成績が期待できる.

2) 骨導超音波補聴器

内耳奇形などの疾患がある場合など,一部の難聴者には人工内耳が適用できない.また,装用に際して手術が必要な人工内耳を敬遠する難聴者も存在する.そのような重度難聴者のための,より簡便な装用が可能な新型補聴器の開発も試みられている.

骨導で呈示された周波数20 kHz以上の高周波(骨導超音波)であれば,聴覚健常者のみならず,重度感音性難聴者にも知覚される.この骨導超音波知覚現象の解明と同時に,この現象を利用した重度難聴者のための新型補聴器(**骨導超音波補聴器**,図2.3.9)の開発が進められている(Nakagawa, 2012).骨導超音波補聴器では,およそ30 kHzの超音波を振幅変調することで,音声情報が伝達される.これまでのところ,重度難聴者の42%がなんらかの音を知覚可能,17%が簡単な単語の同定可能という成果をあげており(Nakagawa et al., 2006),今後の開発が期待される.

まとめ

わが国の65歳以上の高齢者が総人口に占める割合は増加の一途を辿っており,25%に迫っている.そのような本格的な高齢化社会を迎えた日本において,難聴者数は約1600万人,全人口の12%強に及ぶと推定されている(内田ほか,2013).一方,実際に補聴器を使用しているのは14.1%にとどまっており,使用率は欧米諸国の半分にも満たない(日本補聴器工業

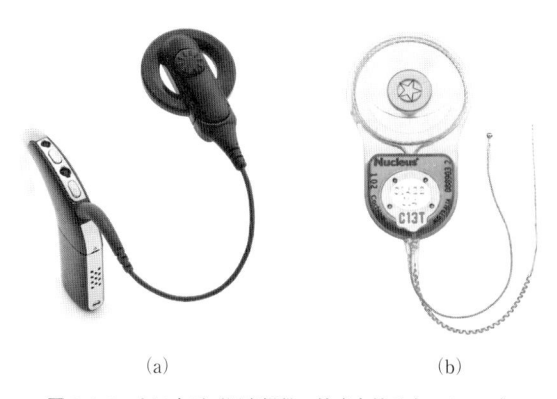

図2.3.8 人口内耳(写真提供:株式会社日本コクレア)
(a) マイクロホンを内蔵した耳かけ型スピーチプロセッサと電磁誘導コイル.(b) 電極駆動部と電極.

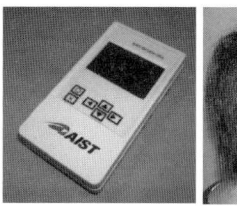

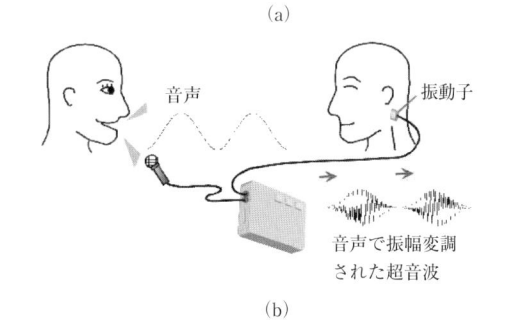

図2.3.9 骨導超音波補聴器とその基礎原理
(a) 試作器の外観と装用の様子.(b) 基礎原理.

会/テクノエイド協会,2012).この原因としては,日本における難聴や補聴機器に対する理解不足,補聴器装用に抱くイメージの悪さ,補聴器を供給する体制の不備などがあげられる.補聴器による聴覚支援を十分に実現するためには,技術開発による補聴器などの性能向上のみならず,利用者に対する啓蒙が重要であろう.　　　　　　　　　　　　　　　〔中川誠司〕

文献

Boll, S. F. (1979):Suppression of acoustic noise in speech using spectral subtraction. *IEEE Trans. Acoust., Speech, Signal Processing*, **ASSP-27**:113-120.

Dillon, H. (2001):Hearing Aids, Boomerang Press/Thime.

船坂宗太郎(2007):聴覚診断と聴覚補償,コロナ社.

Glorig, A., Nixon, J. (1962):Hearing loss as a function of age. *Laryngoscope*, **72**:1596-1610.

Lippmann, R.P., et al. (1981):A study of multichannel amplitude compression and linear amplification for persons with sensorineural hearing loss. *J. Acoust. Soc. Am.*, **69**:524-534.

Nakagawa, S., et al. (2006):Development of a bone-conducted ultrasonic hearing aid for the profoundly Sensorineural Deaf. *Trans. Jpn. Soc. Med. Biol. Eng.*, **44**:184-189.

Nakagawa, S. (2012):Bone-conducted ultrasonic perception:An elucidation of perception mechanisms and the development of a novel hearing aid for the profoundly deaf. Technological Advancements in Biomedicine for Healthcare Applications (Wu, J.), pp. 148-159, IGI Global.

中市健志(2010):補聴器の技術進歩—信号処理,ワイヤレスシステム,フィッティング—.日本音響学会誌,**66**:276-281.

一般社団法人日本補聴器工業会,公益財団法人テクノエイド協会 (2012):Japan Trak 2012.

Ramirez, J., et al. (2004) Efficient voice activity detection algorithms using long-term speech information. *Speech Communication*, **42**:271-287.

内田育恵ほか(2013):全国高齢難聴者数推計と10年後の年齢別難聴発症率—老化に関する長期縦断疫学研究(NILS-LSA)より.日本老年医学会雑誌,**49**:222-227.

2.3.4 BMIによる意思伝達支援

　神経難病や脳血管障害などが原因で重度の運動機能障害を呈する患者は,生活全般について全面的な介助が必要となる.そのような患者のなかには書字や発話などの意思伝達能力まで著しく低下する場合もあり,そうなると社会生活どころか家族との心の交流さえ断たれてしまう.実際,日本の介護保険制度における「要介護認定」の審査の過程で「意思の伝達が困難」と判断されると,最重度の「要介護5」に分類される場合が多いという.ただし,「困難でない」とされる場合でもジェスチャーや眼球運動,瞬きなどの残存運動機能を使ってなんとか簡単な意思を示せる場合も含まれている.このような**代替コミュニケーション**は,家庭内で個別に行われている工夫に依存する場合もあるが,わかりにくい動作の検出を容易にしたり,レパートリーの少ない動作から意思を解釈したりすることを目的とした福祉機器を利用している場合もある.逆にいうと「要介護5」に分類されている方々は,そのような既存技術をもってさえ,意思の伝達が困難のままとなっているのである.

　このような重度運動機能障がい者の「生活の質(quality of life:QOL)」を向上する新技術として期待されているのが,脳と機械を直結する**ブレイン-マシンインタフェース**(brain-machine interface:BMI)である(Lebedev, Nicolelis, 2006;川人,2010;長谷川,2008).近年,「脳を理解する」ための神経科学=ニューロサイエンス(neuroscience)の成果を応用し,「脳を活用する」ための技術=ニューロテクノロジー(neurotechnology)の開発が盛んになっているが,BMIはその代表的技術の一つと考えられる.ではなぜBMIがとりわけ重度運動機能障がい者の意思伝達支援技術として役立つと考えられるのであろうか.それは,脳活動から直接,脳内の意思を解読することが可能となれば,運動の障害が重篤であるために残存運動機能が確かな指標とならない場合でも,他者への意思伝達の経路が維持できるからである.

　産業技術総合研究所ではここ数年,BMIに関するいくつかの基盤技術の開発を進めてきたが,それらの成果を統合した実用的BMIシステムとして,2010年

3月，頭皮上脳波に着目した意思伝達装置「ニューロコミュニケーター」の開発に成功した（産業技術総合研究所ニュースリリース，2010）．ここでは，その中心技術である脳波を用いたBMIの開発動向を踏まえつつ，ニューロコミュニケーターの概要やそのコア技術の特徴を解説する．

a. 認知過程を反映する事象関連電位とそのBMIへの応用

ドイツの精神科医ハンス・ベルガーが，ヒトからはじめて脳波を記録したのは100年近い昔のことである．それ以降も脳波に関する知見は深まり続け，また頭皮上で安全に記録できるという非侵襲的な脳活動計測機器の代表例として臨床検査でも標準的に使われるようになった．脳波計の開発も活発に続いている．臨床用ではオフィス用のコピー機ほどのサイズのものがいまだに主流であるが，半導体技術の進歩もあって最近では比較的小型で安価な脳波計も登場しており，「脳波トイ」と称されるゲーム機として一般に販売される時代になってきている（http://www.neurosky.jp/）．そのような背景のもと，BMIによって脳情報を解読する生体信号のタイプとして頭皮上脳波に着目した研究が欧米の研究室を中心として行われてきた（Birbaumer et al., 1999；Wickelgren, 2003；Wolpaw et al., 2002）．

脳波の発生機序は，まだ完全には理解されていないが，主に大脳皮質の多数のニューロン集団が一斉に活動することによって，その電位変化を頭皮上でも観察することが可能となる．それでも観察される電位はμV単位にすぎず，データ解析には工夫が必要である．脳波のなかでも基礎律動と呼ばれる比較的長時間持続するサイン波状の波形の場合は周波数解析によって検出することが可能である．たとえば，閉眼安静時にはリラックスの指標といわれる10 Hz前後のアルファ波が後頭部を中心としてよく観察されることが知られており，民間でもヒーリング音楽を聴かせるなどの効果があるかどうかを検証するため，着目する音楽の演奏前後の脳波に対する周波数解析の結果，アルファ波のパワーが強まるかどうかが調べられたりしている．また，集中力が高まっているときにはアルファ波よりも周波の長い（4〜7 Hz）シータ波と呼ばれる波形が前頭部で記録されるとされている（石原，1981）．

このように基礎律動の周波数解析によって「リラックス」とか「集中」とかいった大雑把な心理状態を脳活動から推測することが可能であるが，頭皮上で簡便に記録される4〜5種類の主要な周波数帯のパワーの出方だけでは，生活に必要な最低限のメッセージ数さえ表現することが難しい．しかも，日常のコミュニケーション場面ではなるべく迅速なやりとりが重要であるし，プライバシーのことを考えると「頭に浮かんだことが何でも伝わってしまう」のではなく，本音かどうかは別にしても「伝えたいことだけを伝える」ことが重要である．

そこで研究者たちが注目しているのが**事象関連電位**（event-related potential：ERP）である．事象関連電位とは，感覚刺激や運動などの発生前後の脳波データを切り出し，脳波の電位がプラス，マイナスどちらの方向にどのようなタイミングで変化するかを調べたときに明らかになった脳波の反応である（Sutton et al., 1965）．ただし，感覚刺激の性質（視覚か聴覚か）や刺激強度など物理的な特徴に依存する「誘発脳波」とは異なり，さまざまな認知過程の影響を受けることが事象関連電位の特徴である．とりわけ興味を持った視覚刺激や聴覚刺激の提示後，頭頂部を中心として300 ms後に発生する「**P300**」と呼ばれる陽性電位に注目が集まっている．P300を観察するのには**オドボール課題**という行動課題がしばしば使われる（入戸野，2005）．

たとえば視覚刺激を用いるバージョンのオドボール課題では，2種類の視覚刺激（AとB）を用いて，それらを一つずつ，繰り返し素早く紙芝居をめくるように連続提示する．その際，AとBの提示頻度を変えてAがまれにしか提示されないようにすると，被験

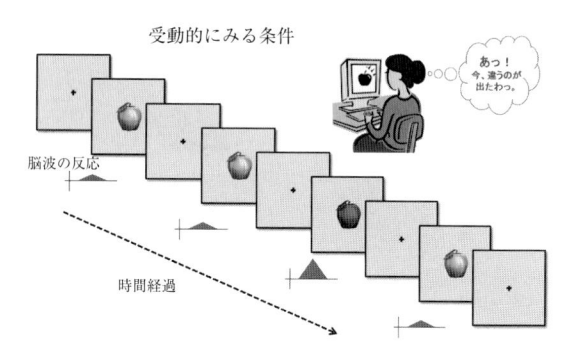

図2.3.10 受動的に視覚刺激をみる場合に観察されるP300（©AIST）

者はBに混じってAが出現したとき，「おやっ！」という気分になる．そのような注意喚起状態と呼応するかのように脳波データにおいてもP300が出現するのである（図2.3.10）．なお，AではなくBの頻度を低くするとBに対してP300が出現するので，P300が刺激の物理的な性質に直接反応しているのではないことが確かめられるが，刺激を「ぼーっ」とみているだけでもこのような反応が得られることから，実験条件としては環境要因の側の操作が重要であり，被験者にとっては受動的な態度でも観察されるケースである．

一方，被験者側の能動的な関与によって刺激の意義が変わってくる場合でもP300が出現する（図2.3.11）．たとえば，いくつかの種類の視覚刺激をすべて同じ頻度で連続提示する前，あらかじめそのうちの一つ（「ターゲット」と呼ぶ）を選び，ターゲットが出るたびに頭のなかで数を数えてもらうという操作をすることにする．すると，ターゲットが提示されたときに被験者は一瞬，「おやっ！」という気分になる．そして，今度はターゲット提示直後にP300が観察されるのである．

これら二つのタイプの実験の結果からわかるように，P300には環境＝外的要因に由来してボトムアップ的に出現するという側面と，課題の要求に応えようとする心的＝内的要因に由来してトップダウン的に出現するという側面が存在する．そして，P300の応用に関しても，そのボトムアップ的側面を利用しようとする場合とトップダウンを利用する場合の両者が存在する．たとえばP300のボトムアップ的な性質に着目して「うそ発見器」のように犯罪捜査に利用しようとする試みがある．これは米国で試された「脳指紋」というシステムであり，犯罪の容疑者に対し，さまざまな写真に混ぜて犯行現場の写真を見せ，P300が出れば犯行現場をみたことがある＝つまり犯人という解釈を行う（Farwell, Smith, 2001）．

一方，脳波BMIでP300を活用するためには，そのトップダウン的な性質に着目する．典型的な手順としては，外部機器を操作するうえで選択肢となるものを複数個視覚刺激として順次提示している際，ユーザーが選びたい選択肢を示す視覚刺激（ターゲット）に注意を向けてもらう．すると上述したように，何度か刺激提示を繰り返すとターゲットの提示直後にP300が発生するはずである．ターゲットを実験者が決めてそれを被験者に伝え，選んでもらう実験とは異なり，福祉機器としてのBMI装置ではユーザーだけが答えを知っていて，それを他の方法では外部には伝えない．そこで，データ解析用のコンピュータは，P300が最も強く出ているものをターゲットとして推測し，実際にその指示に沿った外部機器の操作を行うことになる．次項ではその実際例を紹介する．

b. 事象関連電位を用いた文字綴り器

P300のトップダウン的側面を利用して，アルファベットを1文字ずつ入力する文字綴り器「**P300スペラー**」が考案されている（Farwell, Donchin, 1988）．このシステムではパソコン画面上にアルファベットと数字を合わせて36種類の選択肢が縦横6×6配置の文字盤に提示されている（図2.3.12）．上述したP300実験では，画面を切り替えて選択肢を提示したが，どのような選択肢があるかを常に確認できるように画面上にすべて並べた場合には，選択肢を一つずつフラッシュするのが便利である（たとえば一瞬，明るくするなど）．ただし，この方法では選択肢を見まわしたり，ターゲットを注視したりする必要があるため，ある程度の視野範囲で眼球運動が可能であることが必須である．また，選択肢が36種類もあると一通りフラッシュが終わるまでかなりの時間がかかるうえ，S/N比の悪い脳波では各選択に対してある程度の回数，フラッシュを繰り返さないとはっきりしたデータが得られないという問題がある．そこで先行研究では，文字単位でフラッシュさせるのではなく，縦6列もしくは横6行のうちどれかの列か行に含まれる文字をグループにしてフラッシュさせる手法が導入された．そうすれ

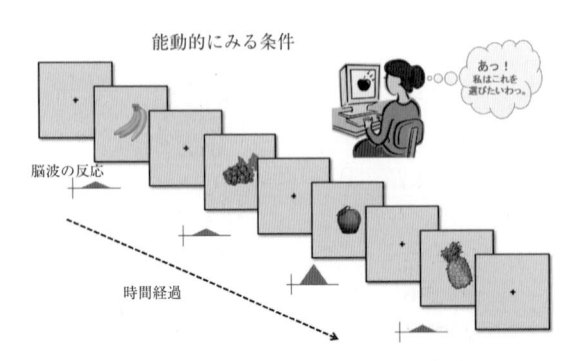

図2.3.11 能動的に視覚刺激をみる場合に観察されるP300
（©AIST）

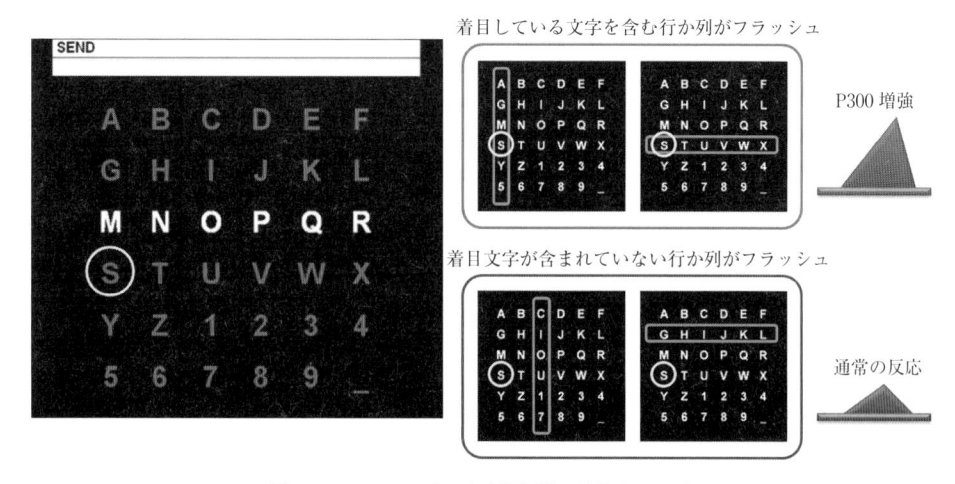

図 2.3.12 P300 による文字綴り器の原理（©AIST）

ば，選択肢の数は 12 種類ですみ，6 列のうち 1 列，6 行のうち 1 行，それぞれ P300 が最大となるグループを特定できれば，その組合せで答えが推測できる．

この刺激提示システムを用いつつ，予測精度を高めるさまざまな計算手法が考案されており，条件がよい場合，おおよそ 15 秒に 1 文字（1 分間当たり約 4 文字）を約 95% の正答率で推測できることがわかっている（Donchin et al., 2000）．なお，P300 スペラーに関しては非営利団体によって実験プログラムが無償提供されており（http://www.bci2000.org/），また関連団体によって公開脳波データを用いて解読精度を競う競技会が実施されている（http://www.bbci.de/competition/）．

c. 脳波 BMI による意思伝達装置「ニューロコミュニケーター」

このような背景のなか，筆者らの研究グループも脳波による意思伝達装置の開発に着手し，2010 年 3 月「ニューロコミュニケーター」の試作第 1 号機の開発に成功した（図 2.3.13）．この装置は，モニタ画面に表示された選択肢の一つに注意を向けているときの P300 脳波をリアルタイムで解析することでユーザの脳内意思を解読し，ユーザの代わりに外部に表出するシステムである．このシステムは特殊なヘッドキャップ（脳波キャップ）と小さなサブモニタのつながったノートパソコンで動作する．以下にその具体的な使用法を紹介する．

脳波キャップをかぶったユーザは，メッセージ選択用のパソコン画面（サブモニタ）に向かう．画面には，さまざまなメッセージを象徴する 8 種類のピクトグラム（絵カード）が選択肢として表示されており，ユーザはこのうち選びたいメッセージを表すピクトグラムに注意を向けておく（図 2.3.14 左上）．すると，表示されている 8 種類のピクトグラムが擬似ランダムにフラッシュしている間の脳波が，ヘッドキャップ上の無線脳波計からデータ解析用のパソコンに送信され，リアルタイムで P300 の検出が行われる（図 2.3.14 右上）．実際には 8 種類のピクトグラムから一つを選ぶという作業を 3 回繰り返すことで具体的なメッセージが作成され（図 2.3.14 左下），さらにそのメッセージをパソコン上の CG アニメのキャラクター（アバター）が画面上の吹き出しに加え，人工音声で読み上げてくれる（図 2.3.14 右下）．このニューロコミュニケーターには従来技術の課題を克服するためのさまざまな新技術が組み込まれている．

まずは脳波計に関して述べる．これまでの脳波計は大型で家庭用電源が必要であったが，狭い部屋のなかや外出先でも使えるようにするためには，ポータブルでモバイル特性の高いことが重要である．そこで，ニューロコミュニケーターでは P300 を記録可能な最低限のスペックを満たしたコイン電池式の小形無線脳波計を試作し，携帯電話の半分サイズにすることに成功した．もちろんサイズだけでなく，256 Hz のサンプリングレートでまる 1 日近く稼働し続けることができ，P300 のような事象関連電位はもちろん，アルファ波やベータ波の基礎律動もはっきり確認することができる．

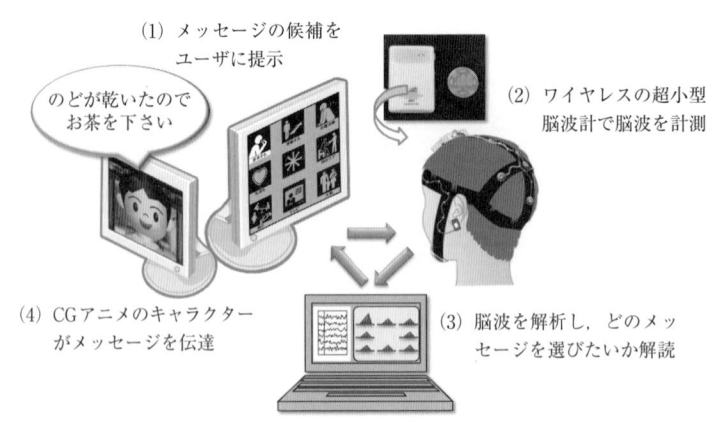

図 2.3.13　ニューロコミュニケーターの概要（©AIST）

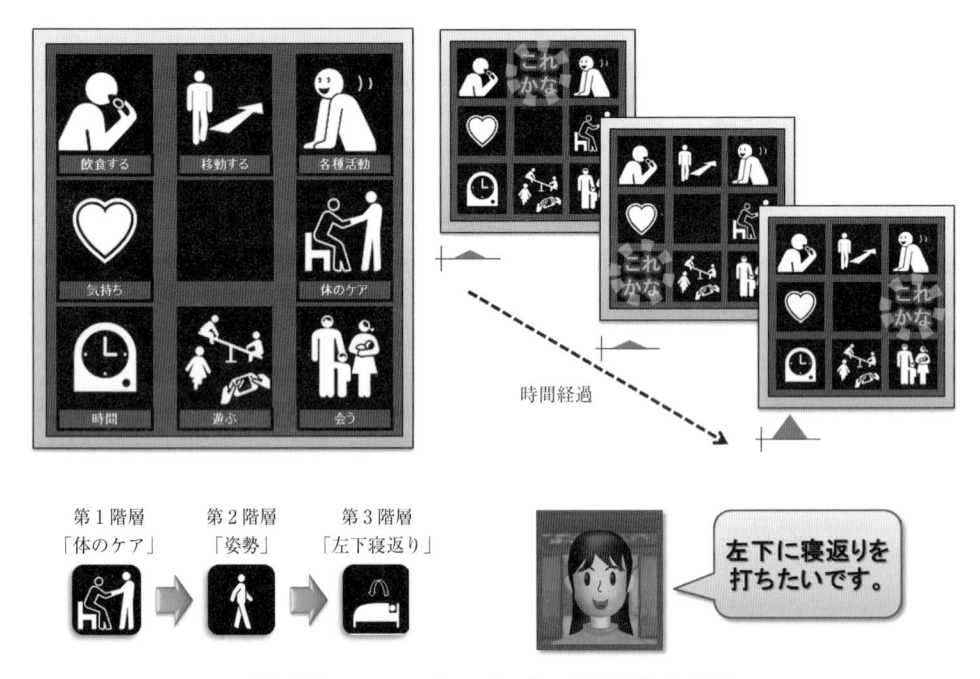

図 2.3.14　ニューロコミュニケーターの動作原理（©AIST）

　メッセージをつくるために8種類のピクトグラムから一つを選ぶ作業を3回繰り返す方式（筆者らはこれを「階層的メッセージ生成システム」と呼んでいる）に関しては，ある程度多様なバリエーションのメッセージを簡便に作成するために考案したものである．上述したP300スペラーは，36種類の文字から一つずつ選ぶので多様なメッセージをつくることが可能であるが，一つの文章をつくるのにあまりにも時間がかかるため，重度の患者にとって体に負担がかかり，集中力を維持するのも大変である．しかも文字数が多い日本語の場合はさらに時間がかかってしまう．それに対し，本システムでは8の3乗，つまり512種類という多様なメッセージをあらかじめ登録しておけば，どんな長い文章でも10秒から20秒程度の時間で選択することができるのである．

　外観あるいは作動している様子からは直接わからないが，脳波データを解析するプログラムにおいても独自技術が用いられている．脳波のようにノイズの多い信号が，ある状態を示しているのか別の状態を示しているのかカテゴリー分けするための計算手法は，情報科学の分野では「パターン識別」と呼ばれている．プレス発表に先立ち，筆者らは二者択一の行動課題を遂

行中のモデル動物の脳内から記録したニューロン活動データを用いたシミュレーション研究で，高速かつ高精度で脳内意思を解読するアルゴリズムを考案していた（Hasegawa et al., 2006, 2009）．それが「**仮想意思決定関数**」と呼ばれるもので，課題単一試行の脳活動から二者択一の意思決定の脳内過程を ms 単位で予測することが可能であることが，一連の研究からわかってきた．脳波では ms 単位での意思解読は困難であるが，それをフラッシュごとに得られるデータと置き換えても効果が得られることがわかった．実は，フラッシュ回数を固定し，フラッシュし終えてからデータを解析する従来技術の多くは，時間をかけてでも何度もフラッシュを繰り返して高い精度で予測することを目指すか，精度の高さを犠牲にして短い時間で予測ができるようにするか，という問題で悩まされてきた．本手法では，フラッシュごとにパターン識別しながら，「確からしい答えが得られた」とプログラムが認識したところでフラッシュを終了することによって，高精度を維持したまま予測にかかる時間を短縮することができたのである．

ここまで述べてきた要素技術は試作第 1 号機の段階で導入されていたものであるが，その後も，効率的に P300 脳波を誘発するフラッシュ法（高井ほか，2011）などさまざまな技術が導入され，新しい要素技術の導入もいくつか検討されている．

d. ニューロコミュニケーターを用いたモニタ実験

福祉機器全般にいえることであるが，ニューロコミュニケーターの実用化を進めるためには，ハードウェアやソフトウェアの基本性能のみならず，ユーザビリティを向上させることが重要である．研究室のなかで装置の操作や脳波の見方になれた実験者が，普通に意思疎通がとれる健常者を対象とした実験を行うのとは異なり，（老老介護のように）パソコンさえ使ったことがない介護者が重度の患者に対して安全かつ有効に装置を使うためには，画面操作や脳波の計測が単純でわかりやすい仕様になっている必要があるからである．それを検証するため，筆者らは主に在宅患者を対象とした訪問モニタ実験を開始した（長谷川，2010；長谷川ほか，2010）．

その病態や進行具合から，BMI のユーザ候補として最も適合性が高いと考えられているのが，筋萎縮性側索硬化症（ALS）患者である．ALS は，脊髄運動ニューロンが徐々に死滅していくことで手足などを動かす運動指令が伝わらない病気であり，症状が進むと発話どころか自力で呼吸さえできなくなる．症状の進行に関しての個人差はあるが，現在のところ有効な治療法は確立していない．その一方，視覚，聴覚，触覚などの感覚や，知的判断能力は保持されているため，感じたり考えたりといった機能が病気以前の状態で保持できていても，自分の意思を表出することが困難な「完全閉じ込め状態」（totally locked-in state：TLS）になってしまう．よって，ALS 患者にとって，現在は残存運動機能に頼ることができても，近い将来 TLS になる心配もあり，実証実験に参加してもらえるケースが多いのである．

実際，そのような ALS 患者たちにニューロコミュニケーターを試してみたところ，うまく P300 が記録できて予測精度が高い場合も多かったが，ベッドで寝ている患者に対しては特別な配慮が必要なこともわかってきた．実証実験開始後に導入したノウハウとしては，ピクトグラムを提示するサブモニタは軽くて小さいものに変更し，電灯用のアームで固定することになった．また，頭皮キャップにとりつける電極の配置や脳波計の位置に関しても，なるべく寝たままの状態（後頭部にアクセスしにくい）でも電極に脳波ジェルを注入できるようにした．ほかにもいろいろな問題がみつかり，一部は解決したものの，いまだ解決できない問題もあり，調査を続けている状態である．

今後は対象となる疾患の種類も増やしていく必要がある．ALS 以外にも「脊髄小脳変性症」「多系統萎縮症」「パーキンソン病」などの進行性の神経難病や「頭髄損傷」，さらには脳梗塞などの「脳血管障害」などの患者に対しても装置が有効に機能するかどうかを検討していく予定である．

なお，筆者らは 2010 年 5 月に「ニューロコミュニケーション友の会」というユーザーグループを発足し，関連患者やその家族の方々の声をダイレクトに聞いたり，実証実験を効率よく実施したりするための試みを実施している（問い合わせメールアドレス：neurotech-info-ml@aist.go.jp）．比較的初期の段階から将来の装置利用者の候補と一緒に開発を進めていく必要があるので，製品化されるまでユーザサイドに待ってもらう期間も長くなるが，結果的に本当に必要

とされる技術に育てていくためには，これは重要なプロセスであると考えられる． 〔長谷川良平〕

文 献

Birbaumer, N., et al. (1999): A spelling device for the paralysed. *Nature*, **398**: 297-298.
Donchin, E., el al. (2000): The mental prosthesis: assessing the speed of a P300-based brain-computer interface. *IEEE Trans. Rehabil. Eng.*, **8**: 174-179.
Farwell, L. A., Donchin, E. (1988): Talking off the top of your head: toward a mental prosthesis utilizing event related brain potentials. *Electroencephalog. Clin. Neurophysiol.*, **70**: 510-523.
Farwell, L. A., Smith, S. S. (2001): Using brain MERMER testing to detect concealed knowledge despite efforts to conceal. *J. Forensic Sci.*, **46**(1): 135-143.
Hasegawa, R. P., et al. (2006): Single trial-based prediction of a go/no-go decision in monkey superior colliculus. *Neural Netw.*, **19**: 1223-1232.
長谷川良平 (2008)：ブレイン・マシン・インタフェースの現状と将来．電子情報通信学会誌，**91**(12)：1066-1075．
Hasegawa, R. P., et al. (2009): Neural mind reading of multi-dimensional decisions by monkey mid-brain activity. *Neural Netw.*, **22**: 1247-1256.
長谷川良平 (2010)：脳波計測による意思伝達装置「ニューロコミュニケーター」開発の取り組み．ノーマライゼーション，6月号：22-25．
長谷川良平ほか (2010)：ひととひとをつなぐ512種類のメッセージを伝えるために～脳研究の成果を活かしたアプローチ～．日本ALS協会会報，**80**：32-35．
入戸野 宏 (2005)：心理学のための事象関連電位ガイドブック，北大路書房．
石原 務 (1981)：バイオフィードバック法によるFmθ脳波感覚の検討．臨床脳波，**23**(3)：191-197．
川人光男 (2010)：脳の情報を読み解くBMIが開く未来（朝日選書），朝日新聞社．
Lebedev, M. A., Nicolelis, M. A. (2006): Brain-machine interfaces: past, present and future. *Trends. Neurosci.* **29**(9): 536-546.
産業技術総合研究所ニュースリリース http://www.aist.go.jp/aist_j/press_release/pr2010/pr20100329/pr20100329.html
Sutton, S., et al. (1965): Evoked-potential correlates of stimulus uncertainty. *Science*, **150**: 1187-1188.
高井英明ほか (2011)：P300に基づく認知型BMIにおける効率の良い刺激提示方法の検討．日本感性工学会論文誌，**10**(2)：89-94．
Wickelgren, I. (2003): Tapping the mind. *Science*, **299**: 496-499.
Wolpaw, J. R., et al. (2002): Brain-computer interfaces for communication and control. *Clin. Neurophysiol.*, **113**: 767-791.

2.3.5 タクタイルエイド

タクタイルエイドとは，触覚を利用した聴覚障害者用音声情報呈示装置を指す場合が多い．しかし，ここでは，言葉の意味を広くとらえ「触覚を利用してコミュニケーションの支援を行う装置」と考える．そこで，聴覚障害者だけではなく，視覚障害者や視聴覚重複障害者（盲ろう者）に対する支援装置を紹介する．

a. 聴覚障害者支援

聴覚障害者のためのタクタイルエイドは，一般的に図2.3.15のような構成をとっている．まず，音響信号から音声の特徴情報を抽出する．このときに，ピッチ周波数のみを取り出す，あるいは，数チャネルのバンドパスフィルタで音声ごとの特徴を明確にする，などの方法が用いられている．次に刺激呈示素子を指先，前腕，腹部などの身体部位の皮膚に接触させることで皮膚触覚を介して刺激を伝える．よく用いられている刺激呈示素子は，振動刺激子であり，圧電素子や振動モータによって駆動される．ほかに，皮膚に貼り付けた電極から電流を流す電気刺激も用いられている．ただ，現実問題としてタクタイルエイドの情報だけで音声認識をするのは難しいため，読話では判別が難しい子音の情報呈示を目的に使われている．

タクタイルエイドの研究は1960年代に始まり，多くの研究者によってさまざまな装置が開発された．これら装置の詳細については，タクタイルエイドの開発者である伊福部が記した図書（伊福部，1997）に詳しく述べられているので参考にされたい．日本では，その伊福部らによるタクタイルエイドが有名であろう．

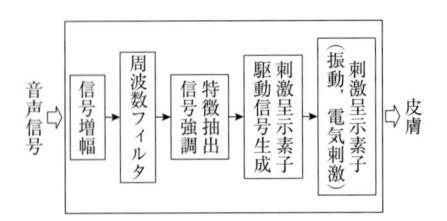

音声信号 → 信号増幅 → 周波数フィルタ → 特徴抽出信号強調 → 駆動信号生成 → 刺激呈示素子（振動，電気刺激） → 刺激呈示素子 → 皮膚

図2.3.15 聴覚障害者のためのタクタイルエイドブロック図

図 2.3.16 触知ボコーダブロック図

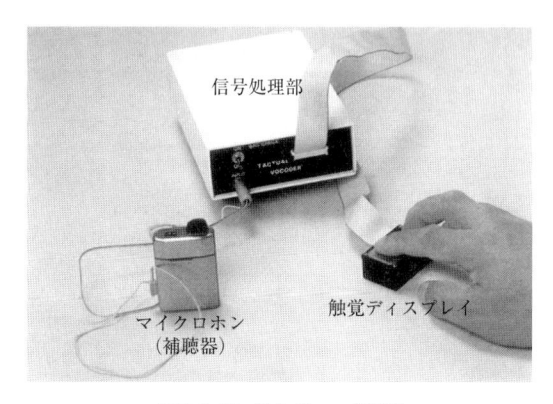

図 2.3.17 触知ボコーダ外観

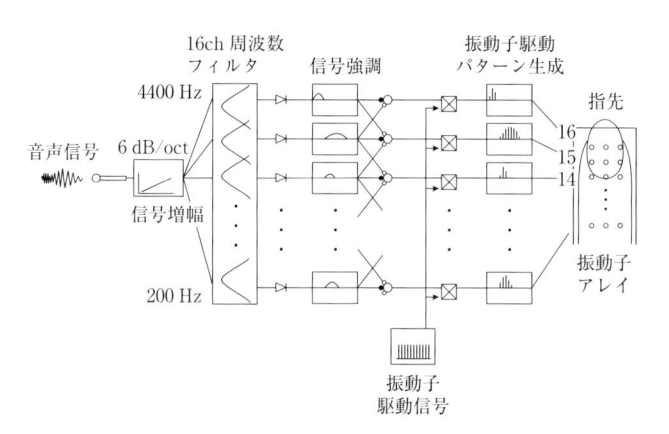

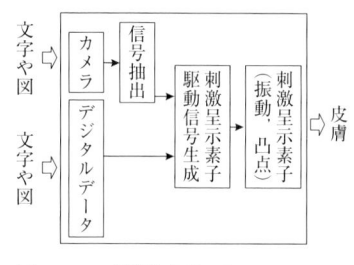

図 2.3.18 視覚障害者のためのタクタイルエイドブロック図

これは，音声を16チャネルのバンドパスフィルタで周波数分解し，指先に当てた16個の振動ピンにより，音声を振動パターンに変換することで伝達している．図 2.3.16 にブロックダイアグラム，図 2.3.17 に外観写真を示す．30年ほど前に「触知ボコーダ」として製品化されたがほとんど普及はしなかった．その後，改良研究（Wada et al., 1999；本間ほか, 2004）も進められたものの，長期間の訓練が必要なことや伝達できる音声情報量の制限などのため，実用的な改良製品は完成していない．

最近でも，電気刺激を指先に与えることで音声情報を伝えようとする国内外の研究（Galvin et al., 2000；金ほか, 2005）や親指・示指・中指の3指に力覚を与えることで音声の周波数情報を伝える Tactuator（Yuan et al., 2005；Israrb et al., 2009）についての研究が行われている．

b. 視覚障害者支援

視覚障害者のためのタクタイルエイドは，文字や図を触覚を介して伝えることを目的としている．一般的に図 2.3.18 のような構成をとっている．まず，カメラでとらえられた文字や図を信号処理により特徴抽出を行う．あるいは PC などからデジタルデータとして取り込む．そして，二次元的に配列された触覚刺激子により，触覚パターンとして文字や図形が再現される．そのパターンを手指で触れることにより再現された内容を把握する．用いる触覚刺激子としては，圧電素子により駆動される振動ピンあるいは凸点ピン（数 mm の突出量を保持できる構造）が一般的である．

印刷文字を伝達する製品としては，1970年代に開発されたオプタコンが最初であろう．オプタコンは，小型カメラと信号処理・制御部，触覚ディスプレイから構成されている．触覚ディスプレイには，圧電型の振動ピンが6列24本の二次元的に並べられており，指先がちょうど当たる大きさとなっている．カメラで撮影した印刷文字の形になるよう該当する振動ピンを駆動させ，指先に文字の形を再現する．日本では，画数の多い漢字を振動パターンで読み取ることは難しく，それほど普及はしなかった．現在では，OCR 技術，音声合成技術，コンピュータの性能向上により，印刷文字を文字認識させ読み上げる手法が一般的で，文字の形により伝える方法は利用されていない．

点字の知識のある視覚障害者に対しては，点字ディスプレイを使って文字情報を伝える方法は効率的である．たとえば，国内では，ケージーエス社のブレイルメモ（図 2.3.19）が有名であろう．これは点字を再現できる点字セルを横に20～30程度並べ，点字キー

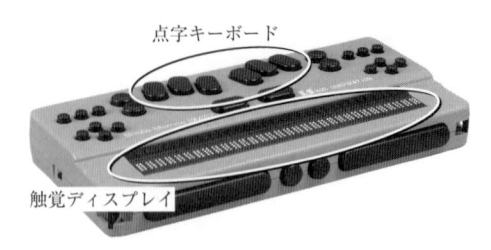

図 2.3.19 ブレイルメモ外観（ケージーエス社）

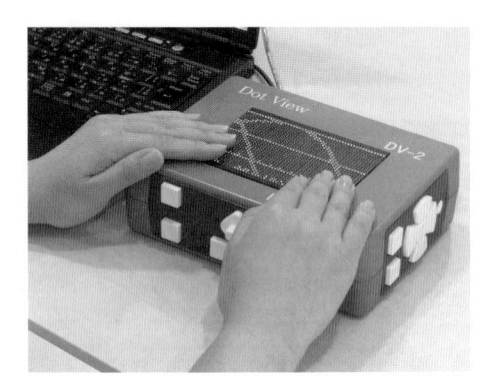

図 2.3.20 DotView DV-2 外観（ケージーエス社）

ボードやコンピュータとの接続端子などをつけたものである．点字キーボードで入力した内容を点字ディスプレイで表示することでメモ代わりに利用できる．また，コンピュータと接続することで，コンピュータ画面上の文字を点字ディスプレイ上に表示し，画面の文書を点字として読むことも可能である．

ところで，視覚障害者に対して図などをわかりやすく伝えるのは難しい．内容が時間的に変化せず，繰り返して使う地図のようなものであれば，専用の用紙を用いた触図をつくることで解決する．しかし，グラフなどの内容が変わるものを触図でつくるにはコストなどの問題がある．そこで，**点字セル**を二次元的に並べたものが製品として開発されている（ケージーエス社，DotView DV-2，図 2.3.20）．これを使うことで，大きなピン間距離のため細かい図の呈示は不可能であるものの，図形の概略などは伝えることができる．また，この製品をもとに，入力と出力を同時に行うことで直感的操作の可能な装置の開発研究も進められている（山本ほか，2008）．

点字セルを用いたディスプレイの問題点は，その大きさと重さにある．現状では，ピンの突出量を大きくするため，長い圧電素子を利用しており，点字出力部に比べて外形がとても大きくなる．改善方法の一つとして，圧電素子ではなく，カーボンナノチューブを用いた小型，薄型，軽量のディスプレイの開発も進められている（安積ほか，2010）．

c．盲ろう者支援

視覚と聴覚に障害を負っている盲ろう者にとって触覚は重要な情報発信・受信手段である．もちろん，視覚あるいは聴覚が残っている場合には，視覚情報あるいは聴覚情報を利用してコミュニケーションをとることは可能である．しかし，利用が難しい場合には，触覚が利用されている．たとえば，触手話，指点字，手のひら書きなどがその例である．ただ，いずれの方法も，相手がすぐそばにいないと利用できない．すなわち，相手が手の届く範囲にいないと利用できない点が問題である．そのため，これらの方法を工学的に実現するべく研究開発がなされてきた．現時点で，実用的な製品は存在しないが，過去のものも含めていくつか紹介する．

触手話とは，手話を行っている指の形を手指でさわって内容を理解する方法で，手話を知っている人にとってはなんら訓練を必要としないものである．手話の指の形を再現できる5指ロボットハンド（たとえば，Gifu Hand など）を利用すればすぐにでも触手話装置を実現できる．しかし，現時点では，制御装置を加えるとかさばることと高価であるため，実用的なコミュニケーション装置とはいえない．

指点字とは，両手6本（左右の示指，中指，薬指）の指を6点点字の6点に対応させるコミュニケーション方法で，点字の知識のある人にとってはそれほど訓練を要せず活用できる．指点字装置として，2004年に「ユビツキィ」が開発された．スキーのストックの握り部のような形状の装置を両手に持たせ，左右3本の指に触覚刺激が呈示され，6点点字を再現する．小型軽量で，装置にケーブルがないため取扱いも容易であり製品化が期待されていたものの，さまざまな問題により製品化には至っていない．また，左右6本の指の甲を小型アームでたたく構造を持つ「ゆびこん」は，製品化されたものの高価なため普及せず，現在は販売も行われていない．このように指点字を再現する装置に対しては，ごく少人数とはいえ需要はあるものの，実用製品がないのが現状である．

手のひら書きとは，相手の手のひらに自分の指を使って文字を書く，あるいは自分の手のひらに相手に文字を書いてもらう方法であり，文字の形を知っている人にとってはまったく訓練なしで使える方法である．小型軽量な装置の実現を目指して，冷覚刺激を使って手のひらに文字の形を再現する試みもなされている（岩崎ほか，2010）が，触覚特性の大きな個人差と文字呈示速度の遅さのため，実用化にはまだまだ時間がかかるであろう．また，手のひらではなく，触覚ディスプレイを使って文字の形を伝える装置の開発研究もなされているが，実用化はまだなされていない（坂尻ほか，2003）． 〔和田親宗〕

文 献

安積欣志ほか（2010）：薄くて軽いフィルム状の点字ディスプレー開発の取り組み（特集 自立支援機器の開発と普及）．ノーマライゼーション，**30**(6)（通号 347）：18-21.

Galvin, K. L., et al. (2000): Generalization of tactile perceptual skills to new context following tactile-alone word recognition training with Tickle Talker^{TM}. *J. Acoust. Soc. Am.*, **108**(6): 2969-2979.

本間 健ほか（2004）：指先皮膚の機械特性を考慮した触覚ディスプレイ用圧電アクチュエータの製作．日本バーチャルリアリティ学会論文誌，**9**(3)：249-258.

伊福部 達（1997）：音の福祉工学，コロナ社．

Israrb, A., et al. (2009): Controller design and consonantal contrast coding using a multi-finger tactual display. *J. Acoust. Soc. Am.*, **125**(6): 3925-3935.

岩崎泰典ほか（2010）：手のひらの冷覚知覚特性を考慮した仮想運動生成のための刺激呈示法．ライフサポート学会誌，**22**(4)：160-167.

金 寛ほか（2005）：2 チャンネル皮膚電気刺激による少数単語の効率的伝達システム．生体医工学，**43**(1)：141-161.

坂尻正次ほか（2003）：盲ろう者のためのカナ呈示触覚ディスプレイシステムの開発．ヒューマンインタフェース学会論文誌，**5**(4)：455-464.

Wada, C., et. al. (1999): Development and evaluation of a tactile display for a tactile vocoder. *Technol. Disabil.*, **11**(3): 151-160.

山本 卓ほか（2008）：インタラクティブ型触覚グラフィックディスプレイのユーザインタフェース向上とその応用．日本バーチャルリアリティ学会論文誌，**13**(1)：49-58.

Yuan, H., et. al. (2005): Tactual display of consonant voicint as a supplement to lipreading. *J. Acoust. Soc. Am.*, **118**(2): 1003-1015.

2.3.6 筋神経系難病支援

a. 疾患の概要

神経・筋疾患とは，脳・脊髄および末梢神経など，あるいは筋肉自体の病変によって運動に障害をきたす疾患である．代表的な疾患として，中枢神経の異常によるパーキンソン病，脊髄小脳変性症，多発性硬化症など，脊髄前角細胞の異常による筋萎縮性側索硬化症（amyotrophic lateral sclerosis：ALS）など，末梢神経の異常によるギランバレー症候群，慢性脱髄性多発ニューロパチー，多発神経炎・単神経炎，顔面神経麻痺など，筋肉の異常による筋炎（ミオパチー），筋ジストロフィー（Duchenne 型，肢帯型，顔面・肩甲・上腕肩型）など，がある（遠藤，1997；大澤，1999；加倉井，清水，1997）．これらの疾患の多くは，厚生労働省の定める特定疾患（いわゆる神経難病）に指定されており，厚生労働省の身体障害者実態調査によれば，成人における進行性筋萎縮性疾患患者数は，2001（平成 13）年は 2 万 2000 人（肢体不自由者数 174 万 9000 人のうちの 1.3％），2006（平成 18）年は 2 万人（176 万人のうちの 1.1％）とされている（厚生労働省，2002，2006）．

疾患の特徴の一つとして，症状・障害が進行するものであるため，定期的・適切な診断と症状に合わせた早期からのリハビリテーションが必要である．発病初期で障害が軽度であれば，在宅生活を続けながらのリハビリテーションが可能である．症状が進行した場合は，短期的に入院し集中的なリハビリテーションが適応され，移動（杖や歩行器などの補装具）やコミュニケーションにおける代償手段（文字盤，意思伝達装置など）の提供など，医療・福祉機器を利用した療養生活環境の構築が目的となる（厚生労働省，2011）．舌や発声器官の障害により構音障害（ろれつが回らない状態）が重度になった場合や横隔膜の筋力低下により自発呼吸が困難となり人工呼吸器の装着が必要となった場合には，発話によるコミュニケーションが困難となる．筋力低下や筋肉萎縮により肢体の動作が困難になると，書字や文字盤への指差し，キータイプなどに

よるコミュニケーションも困難になる．

b. 日常生活支援

　日常生活においては，ベッドでの安静状態が長期に続くことに加え，肢体動作に困難を伴うため，室内の家電製品の制御（環境制御）の支援も必要となる．**環境制御装置**（environment control system：ECS）は，患者自身の自立と介護者の介護負担を軽減するもので，残存機能に応じたスイッチを用いてテレビなどの家電製品など（周辺機器）を操作できる機器であり，環境制御専用機と学習リモコンを利用した PC アプリケーション（環境制御用ソフトウェア）がある．使用する家電製品の操作赤外線信号を環境制御装置に登録するか，または電源を接続しておき，スイッチ操作によって目的の制御内容を選び，周辺機器を操作する．制御可能な家電製品の代表的なものとしては，テレビやビデオ，エアコンなどの赤外線式の家電製品，電動リモコンベッド，電動リモコンカーテン，呼び鈴，インターフォン，福祉電話，玄関錠，ページ自動めくり機，などがある（手嶋ほか，2009）．

c. コミュニケーション支援

　AAC とは augmentative and alternative communication の略で，日本ではそのまま AAC と呼ばれることもあるが，**拡大代替コミュニケーション**と訳されている（伊藤，1996）．**拡大コミュニケーション**とは低下したコミュニケーション能力を補うことを意味し，**代替コミュニケーション**とは発話などの一般的なコミュニケーション方法とは異なる方法でコミュニケーションを図ることを意味する．発話や書字に困難を伴った神経・筋疾患者のコミュニケーションや活動をさまざまなコミュニケーションエイド，意思伝達装置，パソコンなどを利用することで支援することになる（伊藤，伊藤，2006）．**意思伝達支援**はメッセージ盤や透明文字盤のようなコミュニケーションエイドを利用したものから，意思伝達装置や視線入力装置のようなハイテクノロジーを利用したものまでさまざまな手段がある．パソコンは遠隔地とのメールやインターネットによる情報取得・発信，汎用性を利用したさまざまなアプリケーションの利用など，神経・筋疾患患者の日常生活にとっても欠かせない機器の一つとなっており，標準のキーボードやマウスが使用できない場合に代替手段を提供する．

1）意思伝達支援
i）Yes/No による意思伝達

　意思伝達を支援する方法として，聞き手（介護者）がいくつかの選択肢を提示しておき，そのなかから話し手（神経・筋疾患患者）が選択するという方法がある．病院などでは頻繁に行われている手段であるが，あらかじめ予想される訴えを用意し，それらを介護者が言葉やカードで次々と提示して Yes/No の動作により選択するという方法である．ただし，あらかじめ首振りや瞬きなどの動作，表情の変化など，Yes/No の意思表示を行う方法をはっきり決めておく必要がある．選択肢は，成句（日常生活において頻繁に使われる定型的な文章やその断片），単語，シンボル（意味を表す抽象画などで，知的な障害がある場合に有効）であり，成句や単語で用が足りるような即時的なコミュニケーションには最適である．

ii）文字盤による意思伝達

　限られた選択肢だけで話し手の自発的な意思や微妙なニュアンスを適切に伝えることは困難なため，任意の文章を表現できるような方法が必要となる．一つの方法は，ひらがなや数字などの文字配列を描いた 50 音文字盤を利用することで，聞き手が一定速度で文字をスキャン（走査）し，話し手は目的とする文字が提示されたときに首振りや瞬きなどの動作で決定の意思を伝える，という方法である（**スキャン方式**）．意思の伝達に必要な文字数だけこの作業を繰り返すことで，単語や文章を作成して意思伝達を行う．この方法は，時間的に余裕があり，医師や看護師，家族などに正確に自分の意思を伝えたり，手紙や日記などの各種文書を作成する作業に向いている．50 音文字盤を利用する場合，1 文字ずつのスキャンでは効率が悪いため，まずは「あ・か・さ・た…」などのグループ（行）を選択し，次いで「た行」を選択したあとであれば「た・ち・つ・て…」から目的の文字「て」を選択していくという 2 段階方式をとるのが一般的である（手嶋ほか，2009）．介護者の行うスキャン操作をシステムが行うこととすれば，神経・筋疾患患者一人で操作が可能となる．

iii) 透明文字盤を利用した意思伝達

効率よく任意の文章を作成する方法の一つとして，眼球運動が得られる場合であれば**透明文字盤**を利用するという方法もある．この方法は，アクリル板などの透明盤に 50 音表や頻繁に使用する定型句（テレビのチャネル，「吸引」（痰の吸引），「体交」（体位交換）などの文字）を記入しておき，聞き手が話し手と透明文字盤をはさんで対面し，話し手が順次みつめる透明文字盤上の文字や定型句を透明文字盤の反対側にいる聞き手が推測して読み取り，意思の伝達を行うものである（Carol, Sharon, 1987；山本，2001b）．この方法は目的の文字や単語を直接選ぶことのできる直接選択法であるのでスキャン式に比べ効率がよい．視線の読み取りにはある程度の慣れが必要であるものの，話し手の様子（表情や目の様子）をみながら作業を行うことができる．読み取った文字は忘れないように記憶するかメモをとる必要があるが，視線の読み取りと並行した作業であるため，聞き手の感じる負担は大きい（堀口ほか，2005，2007）．その負担軽減のため，ディジタルペンを利用して読み取った文字を自動的に保存するシステムも販売されている（HKE，心たっち）．

iv) 意思伝達装置の利用

神経・筋疾患者自身の操作により意思伝達を行うものとして，**意思伝達装置**や視線入力装置，近年では脳活動計測技術の進歩から提案されている**ブレインコンピュータインタフェース**（brain computer interface：BCI）や交感神経反応を利用したものがあげられる．BCI や交感神経反応は身体動作によらない生体現象を利用するため，身体動作が困難となる神経・筋疾患者にとって有効な支援機器となりうる．

意思伝達装置は，厚生労働省の補装具費支給制度において支給対象となっており，PC もしくは意思伝達専用機を利用して，文章の作成，保存・読み出し，音声出力・印刷を行う機器である．基本的に一つのスイッチを操作し，スキャン方式によって文字や単語を選択することで文章を書いたり意思の伝達を行う．PC 利用の機器では，文章作成のほかにメールやインターネットの利用，環境制御を行うことも可能である（HKE，伝の心）．専用機では PC のような汎用性は得られないが，電源を入れれば即時に使用可能であったり，小型で軽量なこと，フリーズの恐れがない，などのメリットがある（パナソニックヘルスケア，レッツ・チャット）．外出時の移動にも支障のないように，小型の PDA を利用した製品もある（名電ソフトウェア，ハートアシスト）．操作用のスイッチは各種あり，利用者の身体機能に合わせて適切なものを選択する（vi 操作スイッチ参照）．

視線入力装置は，50 音文字盤上の文字をみつめる神経・筋疾患者の視線の読み取りを機器が自動的に行うもので，目の動きだけで意思の伝達が可能となる（下り藤，2008）．文字の確定は，該当箇所を設定時間見続けるか，意識した長めの閉眼を利用するなどの設定ができる．みつめる対象を家電品などの制御を意味するシンボルとすれば環境制御装置としても利用できる．実用的に利用されるには，ベッド周りなどの日常生活空間内に設置できるかどうか，介護者などの中間ユーザーの作業となる機器の設置やキャリブレーション作業が容易であるか，現実的に購入できる価格であるか，などが問題となる（伊藤，2010）．

v) 身体動作によらない意思伝達方法

BCI は脳波や脳血流の変動を検出して意思伝達に結びつけるものであり（井上，2010），生体現象信号方式の意思伝達装置として支給の対象となっている．脳波の利用には二つのやり方があり，一つは測定脳波の周波数解析を行い，特定の周波数帯域の信号強度が閾値を越えることを利用者の意図として外部へ信号を出力させる，という方法である（テクノスジャパン，マクトス）．利用者は信号を発したいときに，考えごとをする，腕を動かすつもりになる，などの意識を持つことで特定周波数の信号強度が変化する．しかし特定周波数の脳波のみ変化させることは難しく，トレーニングが必要とされる．

脳血流量の変動を意思伝達に利用する方法としては，**近赤外分光法**（near-infrared spectroscopy：NIRS）を用いて，問いかけに対する Yes（または No）の意思を表出する方法がある（エクセル・オブ・メカトロニクス，心語り）．NIRS は，額に取り付けたセンサから人体を透過しやすい近赤外光（波長 700～1000 nm）を照射し，脳の表面付近で散乱され戻ってきた反射光を検出することで血液中のヘモグロビンの酸素結合状態を計測する方法である．問いかけに対して Yes であれば暗算や頭のなかで歌を歌うなどの行為により脳内の血流量が増え，No であれば脳活動を落ちつかせることで脳内血流量が減ることになる．両者の状況により近赤外光の反射量に差が起こり，それを比較することで意思の表出につなげる，という方

法であるが，脳血流量の変動を検出するまでに時間がかかることが欠点である．

どちらの方法も，すでに製品となっておりALS患者も使用しているが，誰でもすぐに使えるものではなくある程度のトレーニングが必要とされる．また，問いかけに対するYes（またはNo）の意思として表出する方法であり，自由な意思伝達が可能というわけではない．

脳波を利用するもう一つの方法として，**事象関連脳電位**（event related potential：ERP）を利用する方法があり，利用者に提示した画面のなかから任意の文字やアイコンなどを特定する技術である．利用者は脳波計測用の電極を頭に取り付け，画面に表示された任意の箇所に意識を集中させておく．画面に表示された文字やアイコンが数回ランダムに点灯するので，該当箇所の点灯時，非点灯時のP300成分の脳波の違いにより，どの文字やアイコンを意識していたかを判定するものである．1文字ずつ文字を選択していけば，文章の作成など任意の意思を表示することが可能であるし，選択対象をテレビのチャネル選択や電灯のオン/オフに対応させれば，環境制御装置ともなる．個人差はあるが，1文字選ぶのに数秒ですみ正答率が9割を超えるという成果も示されているが，ベッドサイドでも利用可能な脳波計測装置の開発や低価格化，感度のよい電極の開発，電極の設置の省力化，完全な閉じ込め状態（total locked-in state：TLS）の場合には視覚刺激が利用できないこともあるなど，課題も多い．

交感神経反応をコミュニケーションに応用する試みもある．交感神経は，副交感神経とともに循環，呼吸，消化，発汗・体温調節，および代謝などを制御する自律神経系を構成する神経系である．自律神経系は自身の意思で動かすことは不可能であるといわれているが，驚きや不安，緊張などの精神的変化が刺激となり交感神経の活動を引き起こすことができると考えられている．**交感神経皮膚反応**（sympathetic skin response：SSR）は音などの知覚刺激により人為的に交感神経を興奮させ，手掌の皮膚電位反応を誘発させた皮膚電位変化の総称であり，精神性の発汗による皮膚電位の変化を測定する．交感神経反応を意思表示の代替手段とする試みは，パソコンなどのディスプレイに次々と文字を表示しつつ，文字が出現する際の手掌の皮膚電位を記録し，明確な電位波形の変化があった文字を意図した文字として判別する，という方法であ

る（青木，2010）．SSRの振幅は数mVからときには十数mVにもなり，脳波と比較して大きな振幅の信号が得られるので，呼吸器や電動ベッドなどの電気的雑音が多いベッドサイドにおいても特別なシールドを施すことなく記録できる利点があげられる．一方，反応潜時が遅いことや選択効率が低いことが欠点としてあげられる．

vi）操作スイッチ

意思伝達装置やナースコールを利用するうえで欠かせないものが操作スイッチであり，スイッチに入力することにより意思伝達装置や環境制御装置を操作できる．神経・筋疾患患者の障害程度や病状，進行状態は多様であるため，患者個人と操作スイッチや機器との入出力インタフェースの適合作業（フィッティング）は重要な要素であり，定期的な適合作業と障害が進行した場合を想定してのスイッチ選択も必要となる．

神経・筋疾患患者向けの操作スイッチとしては，操作力の低い接点式，帯電式，光電式，圧電素子式スイッチがあげられる．接点式スイッチは，押しボタンスイッチのように，荷重をかけて機械的な接点を閉じる入力装置で，クリック音やクリック感などの操作感があり入力したことを確認しやすく電源を必要としないため，最も多く使われている．操作力は筋力低下を考慮して小さな力で動作できるものを選択する．操作部位は，手だけでなく足や頬など各身体部位が考えられ，進行性の神経・筋疾患などではその初期段階に用いられる．帯電式スイッチはいわゆるタッチセンサであり，身体の静電気に反応する（静電容量の変化を検知する）装置であり，荷重をかける必要がなく，操作部位に力がなくても操作できる．ALS患者や筋ジストロフィー患者の病状がかなり進行した段階でも使用可能である．光電式スイッチは，対象物に光を当ててその反射の強さを検知する入力装置である．スイッチにタッチしなくても設定した距離まで近づけば反応するので感度が高く，操作部位のわずかな動きを検知することができる．額やまぶたなど接触がわずらわしい操作部位でも使用できるが，目の周りで使用する際には直接光が目に入ると眩しいので設置位置への注意が必要である．圧電素子式スイッチは，身体動作が可能な箇所にセンサを貼り付けて使用する．身体の動きによってセンサ内のピエゾ素子と呼ばれる薄板がたわみ発生した電圧を検知する装置で，少しの力でもたわみが生じるため操作部位のわずかな動きをとらえること

ができる．手，足，顔などさまざまな部位で使用できるが，有線のセンサを身体に貼り付けるため，電極の貼り付け部分のかぶれやうっとうしさ，ベッドや車いすにひっかかり断線する，線が動くと雑音が入るので誤動作する，などのリスクがある．ピエゾ素子がたわんだ瞬間のみスイッチが入るので，設定時間内に決められた回数の短い入力を行うなどの方法には有効である．

機器との入出力インタフェースとして配慮すべきは，接点式スイッチでは機械的な接点閉じであるため，意図しない誤入力も入りやすいことやスイッチの反発力が少ないため押しっぱなしになる場合があること，帯電式・光電式では接触の感覚がなく操作感もないため，表示ランプ，音などを利用して正しく操作していることをフィードバックする必要があること，などである．手指の筋力低下がみられる場合には，スイッチを保持するための工夫も必要となる（厚生労働省，2011）．

2) パソコン利用支援

筋力低下や筋肉萎縮により腕の可動域が狭くなったり指の力がなくなると，フルキーボードやマウスを利用することが困難になるが，1本の棒を使うことで問題が解決する場合もある．鉛筆を持つように軽い棒を動かすことができれば，指で入力する代わりに手元の小さい指の動きによりキー操作は可能であるし，トラックボールを利用できれば指先の動きだけでマウス操作が可能になる．利用者の身体状況に合わせて可能な限り標準インタフェースを利用することを考慮するが，状況に合わせて符号化入力やスキャン方式などの各種代替装置を提供する．

キーボードやマウスの代替装置として，ソフト的なスクリーンキーボードの利用が考えられる．OSに付属しているスキャン式のスクリーンキーボードも利用可能であるが，パソコン操作支援専用のスクリーンキーボードやマウス操作支援用のアプリケーションが販売されている（HKE，心友など）．スクリーンキーボード上の文字をスキャン式により選択しワープロソフトへ入力することにより意思の伝達としたり，マウスの移動やクリック用のアイコンを選択していくことで各種パソコン操作が実現する（NEC社，オペレートナビ；アクセス・インターナショナル社，ディスカバープロ with インテリスイッチ；エーティーマーケット社，SwitchXS 日本語版など）．オペレートナビでは使用するアプリケーションに合わせて最適なスクリーンキーボードを設計することもでき，スイッチ操作を各種キー操作やマウス操作に変換できる機器（「できマウス。」プロジェクト，「できマウス。」）もある．

ハード的なキーボード代用装置としては，手の可動域を考慮した小型キーボード（テクノツール，小型キーボードなど）や符号入力方式のキーボード代用装置がある（アートロニクス社，モールスキーボード；メヴァエル社，ケイボード）．符号入力方式とは，モールス符号や携帯電話式の入力方法など，少ないスイッチの操作を組み合わせ（コード化，符号化する），文字入力やパソコン操作を行うものである．モールス符号であれば「−」「・」「確定」の符号を，携帯電話式であれば「0」〜「9」のキーを使用する方式であり，操作できるスイッチ数に合わせて利用できる符号形態が決まる．符号化式はスキャン法による入力に比べて入力速度は速いが，スイッチを押す回数が増えることや使用する符号によっては符号を覚えなければならないという欠点がある．

〔伊藤和幸〕

文献

青木 久（2010）：SSR（交感神経反応）のコミュニケーションへの応用．福祉介護機器テクノプラス，No. 11：21-26.

Carol, A. G., Sharon S. C. (1987): Overview of Non-electronic Eye-Gaze Communication Techniques, pp. 77-89, Augmentative and Alternative Communication.

遠藤 明（1997）：ALSマニュアル—ALSとともに生きる．日本メディカルセンター．

堀口剛志ほか（2005）：ALS患者との透明文字盤を使用したコミュニケーションにおける看護師のストレスに関する質的分析．第36回日本看護学会論文集 精神看護．231-233.

堀口剛志ほか（2007）：在宅ALS療養者との透明文字盤を使用したコミュニケーションにおける主介護家族の負担感に関する質的分析．第38回日本看護学会論文集 地域看護．103-105.

井上剛伸（2010）：ブレイン・コンピュータ・インタフェースについて．福祉介護機器テクノプラス，No. 11：9-14.

伊藤英一，伊藤和幸（2006）：肢体不自由者のためのコミュニケーション拡大・代替技術．電子情報通信学会，89(3)，236-239.

伊藤元信（1996）：拡大・代替コミュニケーション入門—医療現場における活用．協同医書出版社．

伊藤和幸（2010）：視線入力のインタフェースについて．福祉介護機器テクノプラス，No. 11：15-19.

加倉井周一，清水夏絵（1997）：神経・筋疾患のマネージメント—難病患者のリハビリテーション．医学書院．

厚生労働省（2002, 2006）：身体障害者実態調査
http://www.mhlw.go.jp/houdou/2002/08/h0808-s.html
http://www.mhlw.go.jp/toukei/saikin/hw/shintai/06/dl/01_0001.pdf

厚生労働省（2011）：筋ジストロフィーのリハビリテーションマニュアル
http://shinno-clinic.net/manual/kinjisurihabiri.pdf
下り藤菜穂子（2008）：マイ・トビー P10. 福祉介護機器テクノプラス，No. 11：33-36．
大澤真木子（1999）：神経筋疾患の評価とマネジメントガイド，診断と治療社．
手嶋教之ほか（2009）：基礎福祉工学，コロナ社．
山本智子（2001a）：視線コミュニケーションの基礎 EyeGaze で文字を伝える Etran と eyeLink. ATAC カンファレンス 2001 テキスト，pp. 26-27．
山本智子（2001b）：眼球運動が障害された ALS 患者が使用可能な透明文字盤の工夫．第 16 回リハ工学カンファレンス講演論文集，**16**：105-108．

本文中の各製品は各社のホームページを参照
オペレートナビ：NEC
ケイボード：メヴァエル
小型キーボード：テクノツール
心語り：エクセル・オブ・メカトロニクス
心たっち，伝の心，心友：日立ケーイーシステムズ
ディスカバープロ with インテリスイッチ：アクセス・インターナショナル
できマウス。：できマウス。プロジェクト
ハートアシスト：名電ソフトウェア
マクトス：テクノスジャパン
モールスキーボード：アートロニクス
レッツ・チャット：パナソニックヘルスケア
SwitchXS 日本語版：有限会社エーティーマーケット

2.3.7　発達障害支援

a.　発達障害とは

発達障害（developmental disability）は**知的障害**（mental retardation）としばしば混同される．これにはいくつかの要因が考えられる．知的障害が医学的には精神発達遅滞（mental developmental retardation）と呼ばれたり，行政・教育分野では知的発達障害と呼ばれたりしていること，さらに，発達障害と知的障害の両方が含まれる**自閉症**（autism）という症状があることなどがあげられる．そこでまずはじめに，日本における発達障害の定義を紹介することで両者の違いを明らかにする．

文部科学省では従来より，**学習障害**（learning disabilities：LD），**注意欠陥多動性障害**（attention-deficit hyperactivity disorder：ADHD），**高機能自閉症**（high-functioning autism）および**アスペルガー症候群**（Asperger syndrome）などを**特別支援教育**（special needs education）の対象としてきた．発達障害者支援法（2005（平成 17）年 4 月施行）で定義される障害の範囲もほぼ同じであるが，上記に類する脳機能の障害も含むより広い範囲の人が支援の対象となっている．以下では，文部科学省（1999, 2003）による 4 種の障害の定義を引用し，実際に観察される行動の例をあげる．

学習障害は次のように定義されている．

> 学習障害とは，基本的には全般的な知的発達に遅れはないが，聞く，話す，読む，書く，計算する，推論する能力のうち特定のものの習得と使用に著しい困難を示す様々な状態を指すものである．学習障害は，その原因として，中枢神経系に何らかの機能障害があると推定されるが，視覚障害，聴覚障害，知的障害，情緒障害などの障害や，環境的な要因が直接の原因となるものではない．

学習障害の特性としてしばしば例にあげられるのが読字障害である．耳から聞いて理解する分には問題がないが，文書を視覚的に読んでその内容を理解することが困難である．読字障害は書字障害を伴うことが多

く，板書の書き写しは読みと書きの二重に難しい作業となる．

ADHD（注意欠陥多動性障害）は次のように定義されている．

　ADHDとは，年齢あるいは発達に不釣り合いな注意力，及び/又は衝動性，多動性を特徴とする行動の障害で，社会的な活動や学業の機能に支障をきたすものである．また，7歳以前に現れ，その状態が継続し，中枢神経系に何らかの要因による機能不全があると推定される．

授業や仕事に集中できず，ほかのことに注意がそれがちである．不注意な間違いや物忘れが多いといった不注意な行動，席でじっとしていられず，授業中にもかかわらず教室から出て行ってしまうといった多動的な行動，自分がしたいことを抑えられず，集団内での状況にそぐわない突飛な発言や行動をする衝動的な行動が長い期間にわたって観察される．

高機能自閉症とアスペルガー症候群は次のように定義されている．

　高機能自閉症とは，3歳位までに現れ，(1) 他人との社会的関係の形成の困難さ，(2) 言葉の発達の遅れ，(3) 興味や関心が狭く特定のものにこだわることを特徴とする行動の障害である自閉症のうち，知的発達に遅れを伴わないものをいう．また，中枢神経系に何らかの要因による機能不全があると推定される．

　アスペルガー症候群とは，知的発達の遅れを伴わず，かつ，自閉症の特徴のうち言葉の発達の遅れを伴わないものである．

社会的関係を築きにくいのは，相手の感情や意図を理解できないため，かかわりをもとうとしなかったり，あるいは他人と話をしても，話の内容が一方的であったり，相手の感情を害したりしてしまうことが要因のようである．電車などの乗り物や暦などの数字の並びへの強い関心や，1日の行動の流れが変化することへの嫌悪とこれによる混乱は自閉症の特徴として頻繁に取り上げられる．

このように，知的障害のないことが発達障害の定義として示されており，両者は厳密に区別されるべきである．その一方でたとえば自閉症においては，知的障害の有無にかかわらず，コミュニケーションのとりにくさと特定の行動や物へのこだわりは同じであるため，支援方法や支援技術は同じものを適用することになる．

b. 発達障害のある人の人数

発達障害のある人に関する統計資料をいくつか紹介する．

最も頻繁に引用される資料は，2002（平成14）年に文部科学省が実施した「通常の学級に在籍する特別な教育的支援を必要とする児童生徒に関する全国実態調査」である（文部科学省，2003）．この調査では，全国5地域の公立小・中学校の通常の学級に在籍する児童生徒約4万2千人を対象として，その学級担任を含む複数の教員に，学習面と行動面における困難の有無を回答してもらった．その結果，知的発達に遅れはないものの学習面か行動面で著しい困難を示す児童生徒の割合は6.3%となり，約16人に1人という高い割合を示した．これらの児童生徒を困難さで分類してみると，学習面で著しい困難を示す児童生徒の割合は4.5%，行動面で著しい困難を示す児童生徒のうち，不注意または多動性・衝動性の問題を著しく示す児童生徒の割合は2.5%，対人関係やこだわりなどの問題を著しく示す児童生徒の割合は0.8%であった．いくつかの困難さを併せ持つ場合も多い．その重複状況を図2.3.21にまとめた．この調査における学習面の困難さは学習障害を，不注意と多動性・衝動性の問題はADHDを，対人関係やこだわりなどの問題は高機能自閉症またはアスペルガー症候群を表すと考えられるが，LDの専門家による判断や医師による診断に基づいた回答ではないため，必ずしも学習障害，ADHD，高機能自閉症の児童生徒の割合を示してはいないことを報告書は強調している．

日本学生支援機構は，大学，短期大学および高等専

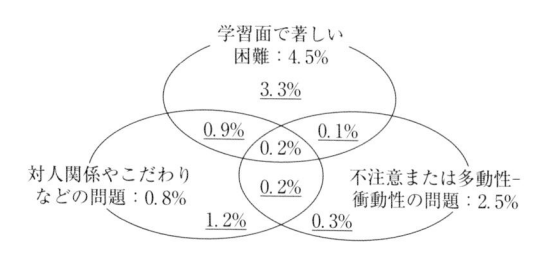

図2.3.21 知的発達に遅れはないものの学習面か行動面で著しい困難を示す児童生徒の割合

下線のない数字は文部科学省（2003）の資料のまま，下線のある数字は同資料をもとに算出した．

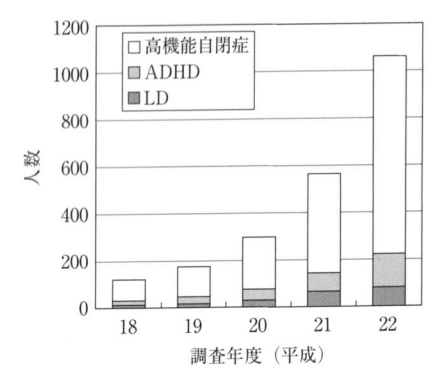

図 2.3.22 発達障害のある学生数の年度ごとの推移
日本学生支援機構（2005〜2010）をもとに作図した.

図 2.3.23 読字を支援するスリットつきの板

門学校における障害のある学生の実態調査を2005（平成17）年度から毎年実施している（日本学生支援機構, 2005〜2010）．発達障害については2006（平成18）年度から調査項目としている．この調査によると，医師による発達障害の診断のある学生の数は毎年増加している．特に2008（平成20）年度以降は毎年2倍近い伸びを示している（図2.3.22）．この伸び率の要因については，発達障害のある学生の急増というより，高等教育機関の保健管理センターや学生相談室で発達障害のある学生を支援する体制が整ってきたためと考えるほうが妥当であろう．2010（平成22）年度調査では学習障害の学生は81人，ADHDの学生は140人，高機能自閉症（アスペルガー症候群を含む）の学生は843人，合計1064人が報告されている．海外では学習障害の学生の比率が全障害学生の半分以上と多いが（国立特別支援教育総合研究所, 2008），これとは異なった状況を呈している．高等教育機関の全学生約320万人に対する発達障害の学生の割合は0.03％と計算される．

c. 技術的支援

文部科学省は，国立特別支援教育総合研究所に**発達障害教育情報センター**（Information center of education for the persons with developmental disabilities）を設け，障害の特性やこれに応じた教育や支援方法，支援に役立つ教材を紹介している．同センターのWebサイトに掲載されている機器類を中心に，発達障害のある人のコミュニケーションを支援する技術を紹介する．なお，ここでは電子情報通信技術を用いた機器やソフトウェアだけでなく，電子的な技術を用いないボードゲームやカードゲーム，自助具も紹介する．また，困難な状態を支援する技術だけでなく，学習用の教材や行動の訓練用の道具類も紹介する．

1） 学習障害のある人の支援技術

学習障害の状態のうちコミュニケーションにかかわる動作（読む，書く，聞く，話す）を支援する技術をはじめに概観する．これらの動作の支援には，視覚障害者，肢体不自由者，知的障害者を支援する技術が適用されるほか，学習のためには一般児童生徒向けの教材も用いられる．

読むことを支援する道具，機器，ソフトウェアは種類が多い．そのなかでも最も簡便なものは読字用の枠である．本のように複数行の文字列が一度に視界に入ると気が散って読みづらいという人のため，不透明なプラスチックなどの板にスリットを設け，1行だけが見えるようにした道具である（図2.3.23）．同じ機能をコンピュータ上で実現したソフトウェアは弱視者向けとして普及しており，これを適用できる．

DAISY（digital accessible information system）は，マルチメディア録音図書の規格の一つである．この形式で録音されたファイルは，専用のプレーヤ（図2.3.24）またはパソコン用のソフトウェアで視聴できる．目的の視聴位置へ即座にジャンプできる点が大きな特徴である．音声にテキストや画像を同期できるので，ハイライト表示されたテキストをみながら同じ内容を音声で聞くことができる．

コンピュータのテキスト情報を音声で読み上げるソフトウェアが**スクリーンリーダ**である．これにスキャナとOCRソフトウェアを組み合わせれば，印刷物を電子化してから，読み上げさせることもできる．

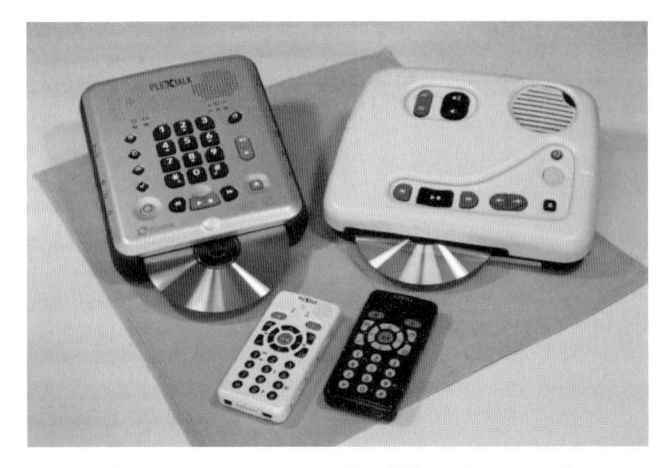

図 2.3.24 DAISY プレーヤ（写真提供：シナノケンシ社）

DAISY とスクリーンリーダはもともと全盲の視覚障害者向けに開発された製品だが，録音再生とテキスト読み上げ機能は読字が苦手な人にも役立つため，近年注目が集まっている．

書くことを支援するため，**書字練習ソフトウェア**（writing training software）が各種開発されている．平仮名の学習ソフトウェアには，文字の形と書き順の学習，濁音と半濁音の学習，平仮名を並べて単語をつくるゲームなどの機能がある．漢字の学習ソフトウェアには，その構成要素である偏（へん）や旁（つくり）の組合せで漢字をつくるゲーム，漢字カードの組合せで単語をつくるゲームなどがある．いずれも一般児童生徒用，幼児用，知的障害児用として，カードゲーム版が従来より各種あったものがソフトウェア化されている．ソフトウェア版とすることで，形や書き順の学習では見本をなぞると筆跡が即座に表示されたり，漢字や単語ゲームの正誤が即座に表示され，さらに回答に解説が加わるなど，ソフトウェアの特性を活かした機能が盛り込まれている．

聞いてすぐに理解することが難しい人には，IC レコーダのような録音・再生機器が便利である．ほかに，日常生活の音を明示的に聞かせる学習教材がある．

話すことの支援には，肢体不自由者や知的障害者向けに開発された技術を適用できる．電子的な技術によらない道具には絵カード，写真，五十音表などがあり，これらを指し示すことで意思を表示できる．近年はパソコンとその周辺機器の活用により，これらのカードの制作が容易になっている．

電子的な技術を用いて音声を発生させる機器類は **VOCA**（voice output communication aid）と呼ばれる．VOCA はその形態や用途によりさまざまな種類がある．最も単純なものはボタンが一つで，これを押すと短い録音音声が出力される．複数の音声を出力できるようにボタンを増やし，それぞれのボタンに物や行動，感情などを示す絵記号をつけた機器が普及している（2.3.8 項の図 2.3.25 参照）．キーボードがついた VOCA の場合，文字キーを押して単語や文章が入力できた段階で発声ボタンを押すと，作成した単語や文章が合成音声で読み上げられる．これらの機能をパソコンやスマートフォン上で利用できるソフトウェアもある．絵記号の種類や提示画面などを自由に変更できる点がソフトウェアの利点である．

学習障害の人のなかには計算や推論が困難な人がいる．そのような人たちの学習支援に，九九の練習など一般向けの算数・数学ドリルやこれを電子化したソフトウェア，形や色を学習するためのボードゲームやソフトウェアなどが適用されることがある．

2） ADHD の支援技術

忘れ物をしたり，予定を忘れたりする状態が著しい問題を解決するには，記憶の外部化が有効である．具体的には，忘れ物の防止には持ち物一覧をつくる，予定を守るには 1 日単位のスケジュール表や 1 カ月単位の予定表に予定を書き入れ，目のとまる場所に貼るという対策を講じる．この作業を繰り返し手軽に行えるように工夫されたカレンダー製品などがある．物の紛失が著しい人には，紛失物をみつけるための機器も便利である．紛失しそうな物にあらかじめタグをつけて

おけば，紛失したときに本体のボタンを押すことで，タグ装置が音を出し，その音をたよりに所在がわかる．このようなカレンダーや紛失物捜索機はいずれも一般向けの製品である．

注意が逸れやすい人には，取り組んでいる事柄以外の視聴覚情報が入らない工夫がとられる．雑音を遮断するには，防音ヘッドホンやノイズキャンセリングヘッドホンが利用できる．視覚的な情報を遮断するには，机の側面（および前面）にパーティションを立てることもある．

注意を一点に集中させて取り組む一般向けのゲーム（たとえばボールを枠から落とさないように移動させるもの）が，集中力を養うために用いられることもある．近年では，脳波ゲームも同じ目的に使えよう．これは，ヘッドホン型の簡易的な脳波測定装置とコンピュータソフトから構成され，脳波から算出した集中度やリラックス度に応じてコンピュータ画面上のキャラクタの動作が変わるものである．

3） 高機能自閉症の人の支援技術

自閉症の人が苦手とする社会関係の形成能力を養うため，**ソーシャルスキルトレーニング**（social skill training）が使われる．学校，乗り物，店舗などの社会生活のなかで遭遇するさまざまな場面が絵，画像，映像，文章などで示され，その場面で自分がどんな言動をとると，周りの人がどのように感じるかを示すことで，場面に応じた言動を学習する．カードゲーム，ボードゲーム，ビデオ教材，マルチメディア教材などさまざまな形態で提供されている．

自閉症の人のなかには，時間の管理ができない，あるいは見通しが立たないとイライラしがちな人がいる．そのような人には，経過時間または残り時間を可視化することで，時間管理や見通しを立てることを支援する．そのための道具として普及しているのが，任意の時間を設定すると残り時間（あるいは経過時間）が，発光している LED の数などにより視覚的に確かめられる**可視化タイマー**（visible timer）である．また，将来的に行う動作の絵カードをセットすると，その動作を行うべき時間に光や音で知らせるタイマーもある．

自閉症の人のなかには雑音を苦手とする聴覚過敏の症状を示す人もいる．そのような人向けにも上述のヘッドホンが利用される

以上に述べたように，発達障害のある子ども・人の特性に特化して開発された機器は少なく，ほかの身体障害や知的障害のある人向けの機器や一般向けの製品や教材が適用されることが多い．このため，適切な支援のためには，特別なニーズ向けだけでなく一般用の機器・ソフトウェア・教材についても支援者が幅広く知っていることが望まれる．

発達障害のある人の支援においては，障害の特性と支援の必要性の理解が最も大切である．支援技術の適用の前にその重要性を認識されたい．　　〔渡辺哲也〕

文　献

発達障害教育情報センター：http://icedd.nise.go.jp/
国立特別支援教育総合研究所（2008）：海外の大学における障害のある学生の支援に関する調査．http://www.nise.go.jp/blog/2007/04/post_707.html.
国立特別支援教育総合研究所（2009）：特別支援教育の基礎・基本――一人一人のニーズに応じた教育の推進．ジアース教育新社．
国立特殊教育総合研究所（2005）：LD・ADHD・高機能自閉症の子どもの指導ガイド．東洋館出版社．
文部科学省（1999）：学習障害児に対する指導について（報告），http://www.mext.go.jp/a_menu/shotou/tokubetu/material/002.htm.
文部科学省（2003）：今後の特別支援教育の在り方について（最終報告），http://www.mext.go.jp/b_menu/shingi/chousa/shotou/018/toushin/030301.htm.
日本学生支援機構（2005～2010）：大学，短期大学及び高等専門学校における障害のある学生の修学支援に関する実態調査結果報告書．http://www.jasso.go.jp/tokubetsu_shien/syuppannbutu.html.

2.3.8 知的障害支援

a. 知的障害とは

知的障害（intellectual disability）とは，全般的な知的機能が，実際の年齢から期待される水準よりも低く，そのために生活している社会において，コミュニケーションや読み書き，金銭管理，計算などの社会的適応機能に困難が生じており，それらの障害状況が18歳までの発達期に生じたものをいう（日本LD学会, 2010）．基本的に**精神遅滞**（mental retardation）と同義とされており，上述した定義は，米国精神医学会（American Psychiatric Association, 2003）が定める精神障害の診断と統計の手引き第4版新訂版（DSM-IV-TR）や世界保健機関（WHO）が作成した国際疾病分類第10版（ICD-10）（中根ほか, 2000）に定められた精神遅滞の定義を要約したものである．

知的障害は，ダウン症候群のような染色体異常，脳性麻痺のような周生期の障害，フェニルケトン尿症のような代謝障害といった，疾病によって引き起こされるものも多いが，原因不明の場合が最も多い．また，知的障害といっても，それぞれの子・人が抱える日常生活上の困難，および実現したいニーズは十人十色であり，ニーズに合わせた支援を行うためには，知的障害の有無やその重症度，知的機能のプロフィールを知る必要がある．

b. 知的機能の評価

個人の知的機能を評価する際，**発達検査**や**知能検査**を用いる．発達検査には，津守・稲毛式乳幼児精神発達診断，遠城寺式乳幼児分析的発達診断検査などがある．

知能検査には，個別式検査と集団式検査があるが，知的障害の有無・重症度を判定する場合は，標準化された個別式知能検査が用いられる．代表的なものとして，田中ビネー式知能検査Vや，ウェクスラー式知能検査（乳幼児版：WPPSI, 学童期版：WISC, 成人版：WAIS）などがある．

ほとんどの発達検査・知能検査では，結果を示す代表的な指標として**知能指数**（intelligence quotient：IQ）を用いている（Wechsler, 2005）．IQには，生活年齢（実際の年齢）と精神年齢（知的発達の推定年齢）の比を基準とした「知能指数（IQ）」と，同年齢集団内での位置を基準とした標準得点としての「**偏差知能指数**（deviation IQ：DIQ）」があるが，どちらも平均値100となるように調整されている．さらに，多くの知能検査は，1標準偏差（standard deviation：SD）が15になるため，100-2SD（70）以下が知的障害と判定されている．加えて，ICD-10では，IQ50〜69を軽度，IQ35〜49を中等度，IQ20〜34を重度，IQ20未満を最重度と，重症度を区分している．

IQは正規分布を想定しているため，理論上，IQ70以下の人は約2.5%存在することになる．2011年5月1日現在の日本の総人口1億2793万人（総務省統計局, 2011年5月20日報告の概数値）から算出すると，日本の知的障害児者は約320万人ということになる．ただし，厚生労働省が報告した2005（平成17）年度知的障害児（者）基礎調査によると，在宅・施設入所の知的障害児者を合わせても，54万7千人となっている．この違いは，①IQが70以下でも，社会適応の側面で困難がなければ，知的障害として診断（判断）されないこと，②一貫した支援を受けるために知的障害があることを証明する療育手帳が存在しているが，障害受容などの問題から認定を受けていない人が多いことなどが一因としてあげられる．

また，知能検査によって測定される知能は，知的障害の状況を理解する有力な指標の一つであるが，あくまでも「個に閉じた」知能であり，日常生活の文脈のなかで発揮される「状況に開かれた」知性とは異なる．知的障害とは，知的活動に制限がある状態ではあるが，相手のいっていることがまったくわからないわけではない．表情を読み取ったり，指さしやジェスチャーなどのノンバーバルコミュニケーションを理解したりする人も多い．言い換えると，知的障害児者は，音声言語というきわめて高度に体系化された記号（シンボル）を共有できないために困難状況にある人と考えることもできる．知的障害支援は，IQだけで判断するのではなく，さまざまな知的機能の発達段階を把握しつつ，新しいものを生み出す創造力，他人と協調できる社会適応性，芸術的なセンスなども含めて

検討すべきである．

c. コミュニケーション支援

　人間社会においては，他者とのコミュニケーションが必要不可欠である．しかし，知的障害は，象徴機能や，カテゴリー化の能力，手段-目的関係の理解などの認知能力に問題が生じ，言語発達が遅れる（毛束，2002）．音声言語が習得されていない場合，発声や表情，指さしなどのボディランゲージを使って周囲とコミュニケーションを図るが，これらの方法は意図が明確に伝わりにくく，メッセージの発信者・受信者ともにストレスをためてしまうことも多い．一方，日本においても，残存する音声や言語コミュニケーション能力を補うため，および音声がまったくない子ども・人が音声の代わりをするために障害支援機器を利用する**拡大代替コミュニケーション**（augmentative and alternative communication：AAC）が広く知られるようになった（中邑，1997）．本来は，音声で意志を表現することができない人や，発声はできるが発音が不明瞭な人がAACの対象であったが，近年では，知的障害児者や発達障害児者を含め，コミュニケーション上の困難がある人全般に対して，生活の質（QOL）を高める手段として用いられるようになった．

　AACにおいて，コミュニケーションを支援する技術（ハードウェア，ソフトウェア）を**コミュニケーションエイド**（communication aid：CA）といい，さまざまなCAが開発・市販されている．利用に際しては，利用者のニーズ・障害特性などに応じて，どのCAを選定し，どのようにインターフェースなどをカスタマイズするか，いかに導入し利用を促すかなどのフィッティングについて検討する必要がある．以下では，CAの種類とあわせて，フィッティング過程について概説する．

d. 発達段階に応じたCAのフィッティング

1) AAC，スイッチ遊びの導入

　子どもの発達にとって，遊びは非常に重要な役割を果たす．子どもは，遊びのなかで，自分の行動によって環境がどのように変化するかを実験的に観察し，自らの行動や認知の枠組み（シェマ）を発達させるが，知的な発達遅滞が認められる知的障害児は，行動-結果の因果関係を理解することが苦手な場合が多い．そこで，発達初期の知的障害児にAACを導入するうえでの第1段階の目標は，因果関係の理解を促すことになる．

　知的障害児のAAC導入で多く用いられるのが，電動おもちゃである（鈴木，笠井，1998）．特に，スイッチをオンにすると動作し，オフにすると停止するシンプルな構造のおもちゃが適している．ただ，市販されているおもちゃのなかには，スイッチの操作が難しいものも多く，知的障害児にとっては操作が難しいこともある．その場合，BDアダプタ（battery device adapter）というコントロールユニットと，スイッチやセンサを使うことで，知的障害児にもおもちゃを簡単に操作し，スイッチをオンにする-おもちゃが動くという因果関係を理解できるようになる．

　BDアダプタは，一端に絶縁体を挟んだ銅板，もう一方にはスイッチやセンサを接続するミニジャックがついている．銅板側を乾電池で動くおもちゃの電池ボックス内の電池と電池の間，電池と電池ボックスの端子の間に差し込む．次に，おもちゃのスイッチをオンにし，BDアダプタのミニジャック側にスイッチやセンサを接続する．その後，スイッチやセンサを操作・入力すると，おもちゃが動くようになる．

　また，重度の知的障害児者を対象に，スイッチ遊びの一環として，ライトやCDプレーヤー，扇風機，マッサージ器などを操作し，子どもが自分の好きな環境をつくりだす取組みもなされている（代表例：スヌーズレン）．交流電源式のおもちゃや家庭用電化製品を使用したい場合は，電源リレーを利用すると，BDアダプタと同様の操作が可能になる．

2) 一つのボタンで音声再生できるCAの導入

　第2段階として，知的障害児などの発声発語に大人が反応することで，メッセージの発信-受信者の反応という因果関係を理解するよう促す．この段階で用いる支援技術が，録音音声や合成音声を出力する**音声出力型コミュニケーションエイド**（voice output communication aid：VOCA）である．大人や支援者の音声を録音し，機器に搭載されているスイッチや外部接続した各種スイッチを使って録音した音声を表出するVOCAを録音音声型VOCAという．初期段

一つのボタンで音声再生できる
CA：ビッグマック

複数のボタンを使ったVOCA：
カーディナル

文字入力・合成音声型CA：
ペチャラ

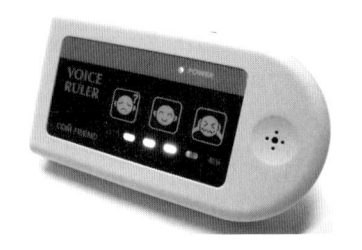

声量フィードバック装置：
ボイスルーラー

図2.3.25　知的障害児者の支援技術の例

階では，録音・再生するメッセージが多いと子どもが使いこなせないので，まず一つのボタンで再生できるVOCA（例：ビッグマック，図2.3.25参照）を使うことが多い．「いっぽんばし，してー」と録音したVOCAを子どもが入力すると，大人が童謡「いっぽんばし～こちょこちょ～」を歌いながら子どもをくすぐるなどの遊びを取り入れることで，コミュニケーションの媒体としてVOCAを活用することができるようになる．

3）複数のボタンを使ったVOCAの適用

次の段階として複数のボタンを使って録音した音声を再生するVOCA（例：カーディナル，図2.3.25参照）を適用する．現在は，iPhoneなどの携帯情報端末が普及したため，DropTalkやVoice4Uなど，複数のボタンを使ったVOCAの機能を提供するアプリも市販され，活用されている．

複数のメッセージが録音できるVOCAを使うと，発話が困難な知的障害児者でも，規則性のある会話の流れ（フォーマット）に基づいた少ないメッセージで，ファストフード店で注文をすることもできる．「ハンバーガーをください」「チーズバーガーをください」「コーラのMをください」など，ある程度選択する可能性の高い音声を録音しておくことで，ボタンを選択して注文することは可能である（中邑，1997）．

ただし，複数のボタンを使いこなすには，音声の弁別，メッセージと事象のマッチング（例：「こちょこちょしてください」という音声と「くすぐってもらう」というかかわりのマッチング）が必要になる．したがって，**言語聴覚士**（speech therapist：ST）による絵カードを使った言語訓練などと並行して，スイッチ遊びのなかで複数のボタンを使う練習を行う．複数のボタンを導入する初期段階では，ボタンに対応したおもちゃの写真を貼ったり，ボタンの形状を変えたりして，子どもにわかりやすくしておくとよい．

4）視覚的記号の選択

複数のスイッチを使うようになると，スイッチおよびメッセージの弁別が必要になる．AACにおいて，スイッチおよびメッセージの弁別には視覚的記号を用いることが多い．視覚的記号は，具体性が高く理解しやすい順番に，実物→写真→絵→絵記号→図形記号（シンボル）→文字単語という連続性でとらえることができる（苅田，2007）．どの視覚的記号を選択するかは，対象児の知能（言語理解含む）の発達やニーズと照らし合わせて決める．ただし，語彙の追加・更新は大事な作業であり，子どもの興味や関心が高いときに迅速に行う必要がある．デジタルカメラで撮影した

「おなかがすいた」を伝えるシンボル

PCS　　　　　PIC　　　　　Uシンボル

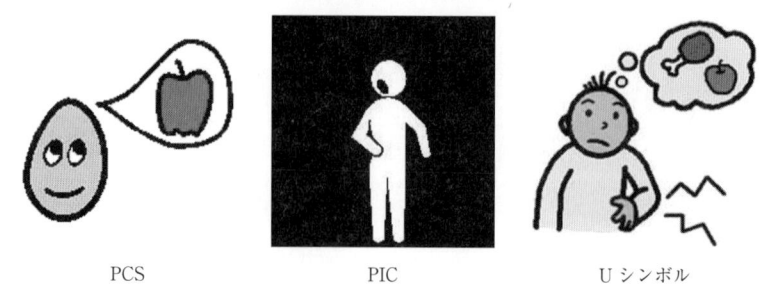

図2.3.26　日本で使用されているシンボルの例

写真を用いたり，**シンボル検索・作成ソフト**を用いたりするとよい．以下に，AACでよく用いられるシンボル（図2.3.26参照）とシンボル検索・作成ソフトの例を示す．

(1) PCS（picture communication symbol）： 米国で開発され，米英・日本を中心に普及している．口語的表現が含まれているので，実際の会話に近いコミュニケーションが可能である．検索・作成ソフトとして，ボードメーカーが販売されている．

(2) PIC（pictogram ideogram communication）： カナダで開発され，日本，スウェーデンなどを中心に普及している．具体物を表すPictogramと，感情などの抽象概念を表すIdeogramがある．検索・作成ソフトとしては，PIC-DICがある．

(3) Uシンボル： 台湾，日本で商品化されている．カラフルなマンガ的表現でわかりやすい．検索・作成ソフトとしては，PMLSが販売されている．

5) 文字入力・合成音声型CA

言語能力（特に，文字の読み能力）が高くなると，録音音声型のVOCAでは満足できなくなってくる．録音音声型のVOCAは即応性に優れるものの，表出できるメッセージが限られてしまうし，新しいメッセージを登録するには他者の介助が必要になるからである．

文字を読むことができるようになると，五十音キーボードで入力した文章（テキストデータ）を，コンピュータや機器が合成音声に変換し，表出するVOCA（合成音声型VOCA）を用いるとよい．合成音声型VOCAを使うと，録音音声型VOCAに比べてメッセージを入力する時間が必要になるものの，多様なメッセージを表出することができるようになる．

代表的なものとしては，ペチャラ，トーキングエイド・ライト，トーキングエイド for iPad（iPad用アプリ），あのね♪DS（Nintendo DS用ソフト）がある（図2.3.25参照）．

これまでに紹介したCAでもさまざまなコミュニケーション場面に対応することができる．しかし，コンピュータを操作することができるようになると，メールを送受信したり，インターネットにアクセスしたりできるようになり，コミュニケーションのヴァリエーションが広がる．特に，予測変換機能を使いつつ，自分のペースで入力すると，音声言語でのやりとりが困難と思われている知的障害児者が，メールやブログなどでみずからの思いを的確に文章にすることができる例もある．

e. その他の知的活動の支援

知的障害児者の支援では，コミュニケーション以外にも，さまざまな支援が必要となる．

1) 記憶方略の補助

知的障害のある人は嫌なことがあっても，その内容を言葉や文字で表現することができない．当事者にとっても些細な出来事であれば，時間の経過とともに嫌だった感情も薄れて忘れ去られるが，時として忘れたくても忘れられない出来事もある（例：知人から虐待された，犯罪に巻き込まれたなど）．このような場合，加害者の法的責任を追及しなければならないし，当事者の情動面の混乱が解消されないままになってしまうと，強い心的外傷となり，のちにその出来事の記憶が突然かつ鮮明に思い出され，時としてパニックを

生じさせるフラッシュバックにつながる場合がある．そのため，知的障害児者の記憶（証言）を補助する技術として，ICレコーダやデジタルカメラなどが用いられる．何かあれば，その過程を録音・撮影するよう指導しておくことで，あとで支援者・保護者が確認し，当事者のフォローをすることができる．これらの技術は，定型発達児者の記憶補助としても用いられるが，言語化に困難のある知的障害児者にとっては，重要な支援である．

2) 抽象概念の理解の支援

知的障害のある人は，抽象的な概念を理解することが苦手なため，状況に応じた声量の調節が難しく，静かにするべき状況で無意識に大きな声を出してしまうことがある．教育現場では，紙に書いた「**声のものさし**」を用いて，「今の声は5の声です．大きすぎるので1の声にしましょう」など，声量の指導を行う取組みが行われている．ただし，この方法では，教師たちが近くにいないと声量がフィードバックされず，声量調整のツールとして利用することができない．そこで，サウンドレベルメータをヒントに開発され，配列したLEDが段階的に点灯し，声量の大小を示すボイスルーラーを用いる．これは，声量という抽象概念を視覚的・直観的に示すため，場面に応じた声量で話す社会的適応能力を支援することができる（図2.3.25参照）．

ほかにも，残り時間を視覚的に提示し，時間概念の理解を支援する，タイムエイドと呼ばれるツール（タイムタイマー，タイムログなど）や，やりとりするお金をシンボルでわかりやすく示し，知的障害者でも現金出納係ができるよう支援するキャッシュデスクプログラムなどの支援機器もある．

3) 社会的適応能力の支援

日常生活では，慣習やマナーなど，暗黙のルールがあり，それらに適応する能力（社会的適応能力，ソーシャルスキル）が必要になる．暗黙のルールは目にみえないため，言葉で説明しなければ伝わらず，知的障害児者には理解が難しい．ただ，言葉で説明してもうまく伝わらない内容も，マンガで描かれていればわかりやすくなる．実際，知的障害などのある子どもたちが日常生活のなかで困る場面で，どのように行動すればよいかをマンガでわかりやすく解説した**ソーシャルストーリーブック**（障害のある子や人が，はじめてのこと・不安があることでも，うまくできるように解説を加えた参考書）が市販されている．ただし，解説するべき場面は，人それぞれであり，市販されている書籍がすべての人のすべての状況を網羅するわけではない．そのため，個々人のニーズに合わせてストーリーをカスタマイズする必要がある．マンガなどの絵を描くことが得意な支援者であれば自作も可能であるが，絵が苦手な場合，マンガの作成を支援する「コミPo!」を用いる方法がある．「コミPo!」は，スライドを作成する感覚で，データベースのなかからキャラクター，およびキャラクターのポーズ・服装・表情，背景，フキダシなどをドラッグ＆ドロップして，マンガを作成することができるので，絵が苦手な人でも短時間で，個々人のニーズに合わせたソーシャルストーリーブックを作成することができる．

知的障害児者は知的機能が低いので，支援技術を利用することが難しいと誤解されがちである．しかし，個々人の知的発達段階やニーズに合わせてフィッティングを行うことで，できることが大幅に拡大する．ゆえに，本人や家族などと相談しながら，積極的に支援技術を試してみることが重要である　〔苅田知則〕

文　献

American Psychiatric Association（2003）：DSM-IV-TR 精神疾患の分類と診断の手引（高橋三郎ほか訳），医学書院．

苅田知則（2007）：AACについて．言語聴覚療法シリーズ 改訂 言語発達遅滞Ⅲ（笠井新一郎編），pp. 185-206，建帛社．

毛束真知子（2002）：絵でわかる言語障害―言葉のメカニズムから対応まで―，学習研究社．

中根允文ほか訳（2000）：ICD-10 精神および行動の障害―DCR 研究用診断基準―，医学書院．

中邑賢龍（1997）：AAC入門―拡大・代替コミュニケーションとは―，こころリソースブック出版会．

日本LD学会編（2010）：LD・ADHD等関連用語集，第3版，日本文化科学社．

鈴木　啓，笠井新一部（1998）：VOCAの導入．子どものためのAAC入門―文字盤からコンピューターへ―（安藤　忠編），pp. 118-139，協同医書出版．

Wechsler, D.（2005）：日本版WISC-Ⅲ知能検査法―1 理論編―（日本版WISC-Ⅲ刊行委員会訳編），日本文化科学社．

森　正人ほか（2000）：こども達のための「困った時辞典」，こころリソースブック出版会．

2.3.9 精神障害支援

ここでは日常生活の視点から精神障害を支援する技術についてまとめる．特に成人の**不安障害**や**うつ病**，**統合失調症**など，精神障害の代表的なものについて，福祉工学のアプローチを用いた研究を紹介する．ただし，精神障害者のコミュニケーション支援には限定せず，その前提として，精神障害の状態のモニタリング技術やリハビリテーションの技術についても言及することによって，精神障害に対する工学的な介入の可能性を広く展望することとする．

a. 精神障害のモニタリング技術

1) 工学的モニタリングの意義
精神障害の診断は，医師による問診と心理検査の結果に基づいて行われる．近年，生化学的，あるいは生理学的な検査に加えて，工学的な技術を用いた検査の可能性が検討されてきている．工学的技術を用いた検査では，患者が来院することなく，在宅で日常生活を送っている間に評価に必要なデータを収集することができるため，他の方法に比べて患者への負担が小さいという特徴がある．工学的技術の進歩に相まって，新たな検査の可能性が広がりつつある．

2) うつ病の病状の音声による評価
うつ病患者や不安障害を有する患者では，病状の進行や回復に伴って発話のピッチや抑揚が変化するなどの特徴が現れることが，古くから経験的に知られていた．2000年代以降，これら患者の発声の特徴を抽出し，特徴量を算出することによって，うつ病の状態を客観的に評価する試みがなされてきている．

Mundtら（2012）は，105名のうつ病患者の発話を4週間の間に3回記録した．発話には，最近の病状など，聞かれた質問に答える自由な発話のほかに，同じ物語を朗読するもの，また，1から20までをカウントするものなど（これらは自動的発話と呼ばれる）が含まれていた．相関分析の結果，自動的発話のうち，全発話時間，全休止時間，休止時間の変動，発話/休止比率などが，医師が判断した病状の評価と有意な相関を示した．同様の傾向は，自由発話でもみられた．さらに，Trevinoら（2011）は，発声について詳細な音声分析を行い，うつ病の状態に鋭敏な測度を提案している．

うつ状態の評価に音声を用いる方法は，電話や録音機を用いることによって，在宅でも評価のためのデータを定期的に収集できるという利点がある．

3) アクティグラフィによる睡眠障害やうつ病の評価
各種センサを搭載した機器を携帯し，リアルタイムで身体の活動の状況を計測することが可能となってきている．その代表的なものに携帯型活動計測技術（ambulatory activity monitorimg）がある．

うつ病の最も顕著な症状は不眠である．ゆえに，不眠の程度を測定することでうつ病の症状の評価を行うことができる．睡眠障害の臨床現場では，睡眠の状態を計測するために**アクティグラフィ**と呼ばれる装置が利用されている．これは，腕時計のようなリストバンド型の装置中に加速度計が内蔵されており，24時間，常時装着することで単位時間当たりの活動量を時系列で計測し，記録することができるものである．活動量の時系列データから睡眠と起床を判別し，睡眠時間などを客観的に計測することが可能となる．

アクティグラフィを用いた研究によると，うつ病の患者では，健常者に比べて起床時の活動レベルが低い一方，就寝時の活動量は高いことが報告されている（Volkers et al., 2002）．すなわち，うつ症状は覚醒中の活動量の低下と，睡眠障害の二つの側面に現れる．また，統合失調症患者に対して，アクティグラフィを用いた研究においても，同様の活動と睡眠のパターンの変化が報告されている（Kodaka et al., 2010）．

4) 日常生活における会話の計測
活動量計とマイクロフォンなどを組み合わせて，日常生活における身体活動のみならず社会的な活動を計測しようという試みもなされている（Berke et al., 2011）．実際に被検査者にマイクロフォンを装着し，日常生活中の音声や生活音を録音することには，いくつかの問題がある．第1に，プライバシーの観点から実用性に問題が生じる．検査に同意している被検査者に加えて，不特定多数の話者の発話内容を録音するこ

との倫理的な問題がありうる．第2に，被検査者自身が，実際に会話が録音されているということを意識することで，発話の量や質が，日常の状態から変化することなどが懸念される．そこで，音声の内容のみ判別不可能にする一方，会話の速度，ピッチ，音量，会話時間などの情報のみを記録する技術が開発されている．また，複数の話者のなかから，特定の話者を抽出し，会話中の特定の話者の発話率などを計算することも試みられている（たとえばWyatt et al., 2007）．

日常会話を継続的に記録することによって，発声の特徴から精神障害の状態の時系列的な変化を評価できる可能性がある．高齢者の日常生活における発話を数日間にわたって継続的に記録した研究によると，日常会話のなかでの発話量と，その個人の精神状態やうつ状態を測定する心理尺度との間に相関がみられる（Berke et al., 2011）．つまり，発話量が少ない高齢者ほど精神的な健康状態が悪い．

5) 携帯型生体計測の可能性

情報技術の進展によってさまざまなセンサを搭載した機器が小型化し，また，記憶容量も大容量化していることから，膨大なデータを長期にわたって連続的に計測できるようになってきている．このような生体計測技術の進展は，患者が病院などの医療機関にアクセスすることが前提の，現代の精神科医療のあり方を変える可能性がある．すなわち，現在は，患者が医療機関にアクセスするためには，患者の自覚あるいは家族など，気づきなどのきっかけが必要である．しかしながら，患者の精神的な状態をリアルタイムでモニタリングし，異常を検出することによって，より早期の介入が可能となる．また，現在は，患者の日常生活の状態の把握は問診結果に頼っている．ゆえに，診断に利用可能なデータは回顧的であり，かつ患者の記憶に残っている内容という意味では離散的であり，さらに患者が現時点で過去を評価した内容であるという意味で，患者の主観的なバイアスが混じっているという，きわめて限られたものである．工学的な計測は，これらの欠点を補うことによって，精神科医療の質を向上に資する可能性を十分に有している．

b. コミュニケーション支援

1) 精神障害に伴う認知機能の低下と認知機能の変容

統合失調症患者の認知機能を詳細に調べると，注意，記憶，言語，実行機能などのさまざまな側面で低下が認められる．認知機能の低下は統合失調症の患者の日常生活のさまざまな側面で困難をもたらすが，ここではコミュニケーションの問題を取り上げる．

2) マルチメディアによる認知活動の支援

統合失調症患者では，聴覚情報処理の障害によって，日常的な会話場面でも会話内容の理解や意思疎通が困難になることがあることが指摘されている（Ross et al., 2007）．このような聴覚を介したコミュニケーションの質の低下を補うために，マルチメディア，とりわけ視覚と聴覚を併用した情報提示の有効性が指摘されてきている．

カウンセラーとの会話の場面において，統合失調症患者の発話内容を入力し，画面に文字として表示することによって，患者とのコミュニケーションが活発になること，また患者がより現実的なディスカッションや，より焦点が絞られたディスカッションを行うようになることが報告されている（Ahmed, Boisvert, 2006）．これらは，患者の会話に対する覚醒が高まり，幻覚や妄想にからの干渉が少なくなるためと考えられている．

3) マルチメディアの有効性の検証

視覚情報と聴覚情報の併用に加えて，ビデオクリップのようなコンテンツのほうが，理解の促進に効果的であることは特に治療や検査，研究への参加などの際に必要となるインフォームドコンセント（説明による同意）時の患者の理解度を調べた研究から明らかになってきている（Jeste et al., 2009）．通常，インフォームドコンセントは，書面を患者にみせて，説明者がそれを読み上げ，患者は黙読するという方法で行われている．このような手続きでは，統合失調症患者にとって，意思決定に十分な情報を得ることができない可能性があり，十分な理解のもとに同意がなされたかどうかについて疑問が呈されてきている．そこで，検査のプロトコルをビデオクリップ化した映像を作成し，こ

れをみせた場合を従来の方法を用いた場合と比較したところ，ビデオクリップのほうがより有効な意思決定がなされることが明らかになった．

統合失調症の患者に対するマルチメディアのビデオクリップを用いた実践的な試みとして，国立身体障害者リハビリテーションセンター研究所が中心となって，北海道浦河町の精神障害者グループホーム「べてるの家」と共同で行った防災避難マニュアルの作成がある．浦河町は，歴史的にも地震による津波の被害をたびたび被ってきた．そこで，グループホームに住む統合失調症を中心とした精神障害者をいかに安全に避難させるかが喫緊の課題でもあった．統合失調症を患う人々に対して津波に備えること，また，迅速に避難することの重要性を伝えるために，マルチメディアの情報提示システムである **DAISY**（digital accessible information system）を用いた避難マニュアルの作成を行い，それらを通じた学習や訓練の機会を持った．その結果，実際にこれらを利用した統合失調症者の間でも，理解が容易なったという評価が得られている．

c. 社会復帰支援：バーチャルリアリティを用いたリハビリテーション

1) 社会復帰のための工学的支援

精神障害者にとっては社会復帰に向けた認知行動療法が有効である．認知行動療法においては，実地による訓練を行うことが効果的であるが，実施が困難である場合が少なくない．そこで，実地を模した環境や状況をバーチャルリアリティによって再現し，その場でリハビリテーションを行う方法が提案されている．

2) 不安障害への適用

不安障害とは，不安感情の生起を主な症状とする精神障害の総称である．特に，特定の場面や状況に対する不安や恐怖が喚起される不安障害には，対人恐怖症や広場恐怖症などがあるが，これらの治療に当たっては薬物治療のほかに，認知行動療法が主に用いられてきている．これは，不安を喚起するような場面を患者に経験させ，その状況に対する馴化を促し，状況を克服するための認知的な思考を訓練するものである．

認知行動療法において，現実の場面を体験するのではなく，バーチャルリアリティを用いて場面を提示することが試みられており一定の成果が上がっている．

これまで，特に高所恐怖症（Rothbaum et al., 1995）や飛行機恐怖症（North et al., 1997）に対して有効であることが報告されている．これらは，屋外の歩道橋や透明のエレベータのような高所にいるかのような画像を，バーチャルリアリティ装置を通して患者にみせ，不安対処トレーニングを同時に施すなどの方法をとる．また，ベトナム戦争に参加し，**心的外傷後ストレス障害**（posttraumatic stress disorder : PTSD）を発症した元兵士たちの治療（Rothbaum et al., 1999）や米国国際貿易センターのテロ（2001.9.11）後の生存者のPTSDの治療（Difede, Hoffman, 2002）などでも成果をあげている．

実際の環境を利用するのに比べて，バーチャルリアリティを用いる利点としては，環境の再現性などの刺激の統制が容易であること，さまざまな条件を変えることで，刺激の種類や強度を試すことができること，さらに病院内などで実施できるため，パニック障害などが生じた場合に患者の安全性が確保しやすいことなどがある．

3) 統合失調症への適用

統合失調症患者の社会復帰に当たっては，対人コミュニケーションの障害を取り除くことが重要である．統合失調症の患者の対人コミュニケーションに関連した障害としては，的外れな会話，会話の一貫性の欠如，理解の欠如などの会話にかかわるもののほかに，感情表出の不適切さや行動の一貫性の欠如などがある．さらに統合失調症は，10歳代後半から20歳代に発症することが多く，その期間の長期の入院などによる社会からの隔離によって，対人関係のスキルや社会的な常識を学習する機会を逸することが多い．そのため，もともとの統合失調症による障害に加えて，対人関係を実地で学ぶ機会に恵まれないことが，社会復帰の妨げになっている．

統合失調症患者の対人関係のスキルを向上させる方法として，**ソーシャルスキルトレーニング**（SST）がある．SSTとは，通常は，患者がグループとなり，心理士や精神保健福祉士などがサポートしながら，各患者が経験した日常的な問題に対する解決方法のディスカッションや，患者同士が役割を演じることで実地の体験を行うロールプレイなどを通して，そのような場面に遭遇した際の対処方法を訓練するものである．

SSTは社会的なスキルの有効なリハビリテーショ

ン手法ではあるが,実際に,SSTを行うためには,人的なコストがかかる.すべての患者が効率的に訓練に参加できるわけではなく,また,適切な場面の設定には,サポート者の経験が必要である.そのため,典型的な対人コミュニケーション場面を,バーチャルリアリティを用いて再現し,アバターに対して訓練をする方法が提案されている(da Costa, de Carvalho, 2004).まったく同じ環境を繰り返し訓練することができることから,スキルの獲得の程度を評価しやすいなどの利点がある. 〔熊田孝恒〕

文献

Ahmed, M., Boisvert, C. M. (2006):Using computers as visual aids to enhance communication in therapy. *Comput. Human Behavior*, **22**:847-855.

Berke, E. M., et al. (2011):Objective measurement of sociability and activity:mobile sensing in the community. *Ann. Family Med.*, **9**:344-350.

da Costa, R.M.E.M., de Carvalho, L.A.V. (2004):The acceptance of virtual reality devices for cognitive rehabilitation: a report of positive results with schizophrenia. *Comput. Meth. Progr. Biomed.*, **73**:173-182.

Difede, J., Hoffman, H.G. (2002):Virtual reality exposure therapy for World Trade Center post-traumatic stress disorder:A case report. *Cyberpsychol. Behav.*, **5**:529-535.

Jeste, D.V., et al. (2009):Multimedia consent for research in people with schizophrenia and normal subjects:a randomized controlled trial. *Schizophrenia Bull.*, **35**:719-729.

Kodaka, M., et al. (2010):Misalignments of rest-activity rhythms in inpatients with schizophrenia. *Psychiatry Clin. Neurosci.*, **64**:88-94.

Mundt, J.C., et al. (2012):Vocal acoustic biomarkers of depression severity and treatment response. *Biological Psychiatry*, **72**:580-587.

North, M.M., et al. (1997):Virtual environments psychotherapy-A case study of fear of flying disorder. *Presence:Teleoperat. Virtual Environ.*, **6**:127-132.

Ross, L. A., et al. (2007):Impaired multisensory processing in schizophrenia:deficits in the visual enhancement of speech comprehension under noisy environmental conditions. *Schizophrenia Res.*, **97**:173-183.

Rothbaum, B. O., et al. (1995):Virtual reality graded exposure in the treatment of acrophobia:A case report. *Behavior Therapy*, **26**:547-554.

Rothbaum, B. O., et al. (1999):Virtual reality exposure therapy for PTSD Vietnam veterans: A case study. *J. Traumatic Stress*, **12**:263-271.

Trevino, A.C., et al. (2011):Phonologically-based biomarkers for major depressive disorder. *EURASIP J. Adv. Signal Proces.*, **2011**:1-18.

Volkers, A.C., et al. (2002):24-Hour motor activity after treatment with imipramine or fluvoxamine in major depressive disorder. *European Neuropsychopharmacology*, **12**:273-278.

Wyatt, D., et al. (2007):Capturing spontaneous conversation and social dynamics:A privacy-sensitive data collection effort. *IEEE Int. Conf. Acoust. Speech Signal Proces.*, **4**:IV-213-IV-216.

2.4 介護（看護）支援

2.4.1 移乗・入浴・食事などの介助支援・ロボット技術

平成23年版高齢社会白書によると，65歳以上の高齢者の健康状態について（第2節3-(1) 高齢者の健康），2007（平成19）年における有訴者率（人口1000人当たり「ここ数日，病気やけが等で自覚症状のある者」の数）が496.0と半数近くにせまり，その約半数（226.3）が日常生活に影響があると報告されている．その割合は年齢とともに上昇し，85歳以上では男性で374.7，女性で405.2となっている．日常生活への影響の内訳をみると，起床，衣服着脱，食事，入浴などの「日常生活動作」が最も多く人口1000人当たり99.4となっている．

要介護高齢者の増加に伴い，介護に伴う負担も増加する．永田らが特別養護老人ホームを対象に行った調査によると，筋肉負担や疲れが最も大きい作業として入浴介護をあげた回答が45.1%，排泄介護が26.1%，移乗介護が25.6%であり，その他の回答に比べて圧倒的に高かった（永田，李，1999）．他の複数の調査においても，入浴，排泄，移乗の3項目，あるいは入浴，排泄，移乗，体位変換の4項目が介護負担の大きい作業であるという結果が報告されている．

こうした負担の大きい作業は，介護者の健康状態の悪化をもたらす．大阪府立公衆衛生研究所が介護老人保健施設や特別養護老人ホームなどの職員に対して行った調査では，「肩がこる・だるい」という症状が「毎日」または「週に1～2日」あると回答した人は全体の75.1%，「腰が痛い」という症状が「毎日」または「週に1～2日」あると回答した人も全体の61.1%を占めた．また，過去1年間に通院治療を受けた割合は，頸肩腕の症状で24.4%，腰痛で31.4%であった（大阪府立公衆衛生研究所労働衛生部，2002）．在宅介護者についても同様の状況であり，田村らが障害者を自宅で介護している家族を対象に行った調査では，対象44例中39例（88.6%）になんらかの腰痛の訴えがあった（田村ほか，2002）．

経済産業省が2013年にロボット介護機器開発・導入促進事業を開始するなど，介護負担軽減の方策として，ロボット技術の活用が期待されている．ここでは，生活の各場面で使用されることを目的として開発された，介護ロボット技術を中心に紹介する．

a. 移乗支援

厚生労働省の通達「職場における腰痛発生状況の分析について」（基安労発，2008）では，2004（平成16）年に発生した休業4日以上の腰痛に関する分析を行っており，全体の分析に加えて，社会福祉施設における腰痛発生状況の分析が別個に取り上げられている．社会福祉施設で発生した，人を取り扱い対象とする腰痛のうち，保育を除く320件について，**移乗介護**かそれ以外かで分類したところ，70%に当たる244件が移乗介護による腰痛であった．また，この244件について移乗元・移乗先別に分類したところ，移乗元・移乗先とも，車いすとベッドを合わせた割合が約70%を占めていた．

このように，移乗介護は介護者の身体負担が大きい作業であるため，移乗介護を支援するための機器の開発が長年にわたって続けられている．

現在用いられている移乗介護用の機器・用具は，主にリフトやトランスファーボード，スライディングシートである．**リフト**は吊り具を使って被介護者を持ち上げて移乗させるための機器であり，床走行式，天井走行式などの種類がある．また，お尻を持ち上げて身体の向きを変えて移乗させる移乗機器もリフトの一種といえる．**トランスファーボード**や**スライディングシート**は，被介護者が座位で移乗する場合に用いられる．座った状態のままで，お尻をボード上ですべらせたり，輪状のシートの上にお尻を載せてすべらせたりして，移乗を補助する．

近年「**老老介護**」と呼ばれる，介護する側もされる側も高齢者という状況が少なからずみられる．このような場合，上に述べたような支援機器を利用しても，介護者の負担が十分に軽減されなかったり，さらには

介護者・被介護者双方が転倒などの危険にさらされたりするおそれがある．移乗介護ロボットは，このような状況を打開する手段になると期待される．

移乗介護ロボットの開発の歴史は古く，1970年代には「メルコング」という双腕の移乗介助マニピュレータの研究が行われている（橋野，1990）．以来，移乗介護を目的としたさまざまなロボットの研究開発が実施されており，近年では市販化された製品もある．

海外では，特に労働安全衛生の観点から，荷重を持ち上げたり運んだりする作業に規制が設けられているケースが少なくない．代表的なものが，英国の"Manual Handling Operations Regulations 1992"である（HSE 1）．この規則は，介護に限らず，手や身体の力を使って荷重を運んだり支持したりするあらゆる作業を対象とするもので，これによる傷害を減らすために，該当する作業を可能な限り避ける，避けられない作業について評価を行い，可能な限り傷害のリスクを減らす，といった手順を踏むことが記載されている．また，従業員には安全のために用意された機器を適切に使用するなどの義務があるとしている．こうした規制にもかかわらず，英国における保健・社会福祉関連の労働者の筋骨格系障害の罹患率は，2009〜2010年には10万人当たり1840人と推計されており，全職種をあわせた推計値1500人より高くなっている（HSE 2）．

海外における移乗支援を目的としたロボットの研究開発の事例としては，米国のNISTで行われている"HLPR Chair"などがある（Bostelman et al., 2007）．

b. 食事支援

食事をすることは，生きていくために必要な基本動作であるといえる．上肢に障害を有するために，みずからの腕を使って食事をとれない場合は，介助者らのサポートにより食事をとることとなる．しかし，食事は，人生を楽しむ時間でもあるため，みずからの意志とペースで食事をとりたいとのニーズがきわめて高い．

このようなニーズを満たすために，食事のみを対象とした食事支援ロボットや，食事を含む日常生活を対象とした生活支援ロボットが開発されてきた．ここでは，**食事支援**を目的とした国内外の研究開発をいくつか紹介する．

1) **Handy 1**

Handy 1は，自分で食事をとれない脳性麻痺の少年（11歳）を支援するためにEuropian Commision BIOMED II プログラムのもと，1987年に英国のMike Toppingにより開発された（Topping, Smith, 1998）．その後，Rehab Robotics 社により市販化された．Handy 1は，5自由度のロボットアームと1自由度のグリッパから構成され，低コストで開発された．日常生活（食事，水分補給，洗顔，歯磨き，ひげ剃り，化粧など）に使用することができる．食事に関しては，専用の仕切りのある皿におかれた食べ物を，スプーンやフォークですくう動作が実装された．このため，操作はシンプルとなるメリットが生じるが，スープなどの液体には不向きなど，扱える食べ物に制限があった．しかし，欧州では広く販売されており，多くの障害者が利用している．

2) **MANUS**

MANUS（ラテン語で手の意味）は，食事に限らず幅広い日常生活支援を目的として1985年からオランダのリハビリテーション研究所（IRV）で開発された（Römer et al., 2003）．その後，オランダのExact Dynamics 社がARM（assistive robotic arm）として販売を開始した．2007年からは改良型のiARMが販売されている．iARMは6自由度のロボットアームと1自由度のグリッパから構成される．iARMの国内販売価格は約200万円であり，欧州，北米，アジアなどで500台以上（ARMとiARMの合計）の販売実績がある．

3) **マイスプーン**

マイスプーンは，セコムの研究機関であるセコムIS研究所で1991年から開発され，2002年に市販化された（石井，1998）．食事支援に特化しており，5自由度のロボットアームとスプーンとフォークからなる1自由度のエンドエフェクタから構成される．食事は専用の四つに仕切られた箱におかれた食べ物に対して，上方からエンドエフェクタを接近させ，エンドエフェクタのスプーンとフォークで挟む．その後，エンドエフェクタを水平に移動し，口元まで運ぶ．操作インタフェースには，ジョイスティック，ボタンが用意

されている．国内販売価格は約40万円であり，欧州，北米でも販売されている．

4) 上肢機能支援ロボット

上肢機能支援ロボットは，2002～2005年度に実施された独立行政法人新エネルギー産業技術総合研究開発機構（NEDO）の「人間支援型ロボット実用化基盤技術開発」の「自立動作支援ロボット及び実用化技術の開発」でセコムにより開発された（石井，篠田，2008）．6自由度のロボットアームと1自由度のグリッパから構成され，最大全長1070 mm，本体重量12 kgである．操作インタフェースには，液晶ディスプレイと3種類のジョイスティックが用意され，顎，手，足，指での操作が可能である．8名の被験者（頸髄損傷，神経筋疾患，脳性麻痺など）により，3か月間の評価実験が実施された．

5) RAPUDA

RAPUDA（robotic arm for persons with upper-limb disAbilities，上肢に障害のある人の生活を支援するロボットアーム）は，2006～2009年度に実施された独立行政法人産業技術総合研究所の「産総研産業変革イニシアチブ」で開発された（図2.4.1）（尹ほか，2009）．実用化を前提としているために，対象者の開発への参画，幅広い操作インタフェースの導入，既存技術の導入，低コスト化，高い安全技術，安全基準の策定などが実施された．

幅広い利用者を対象とするために，開発当初から対象者へのアンケート調査やヒアリングを実施し，ロボットアームに要求される作業や機能が抽出された．その結果をもとに，ロボットアームの仕様が決定された．

幅広い利用者への導入には，多様な操作インタフェースが必要となる．しかし，多様な操作インタフェースを開発することは高コストにつながる．そこで，市販されているUSB接続されるパソコン周辺機器（テンキー，ジョイスティックなど）を操作インタフェースとして導入し，低コスト化を図った．重度の利用者への対応として，マイクロスイッチ，フットスイッチ，ネックスイッチ，チンスイッチ，呼吸スイッチなど，スイッチが押せれば操作可能な操作システムも開発された．導入に際して，利用者への操作インタフェースのフィッティングは重要なポイントとなる．

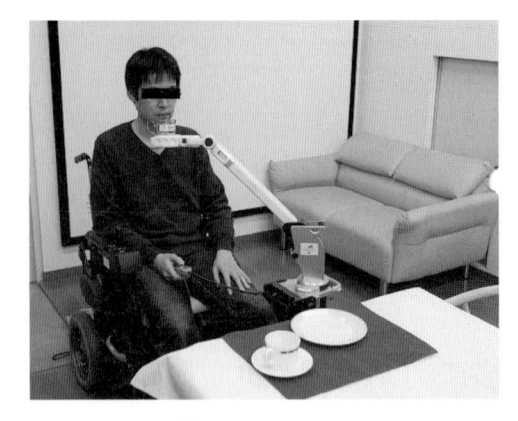

図2.4.1 RAPUDA

そこで，すでにパソコンなどの操作に使用している操作インタフェースがあれば，それらを流用し，新たな操作インタフェースを導入しない仕組みも開発された．

開発当初から複数回実施されているISO14121に従ったリスクアセスメント結果から，ロボットアームの肘部の高い危険性が指摘された．肘部は，ロボットアームの根元と手先を結ぶ直線から必ず飛び出る場所にあるため，肘部が操作者や周囲の環境に接触，衝突する危険性がある．これまでに述べてきたすべてのロボットアームには，肘部があるため，同様の危険性が存在する．そこで，RAPUDAからは，肘部を削除することで，この危険性をなくした．さらに，ISO12100，ISO10218を参考として，関節動作を検出するセンサの二重化，関節制御装置の二重化，停止ボタンの二重化などさまざまな安全技術が導入されている．

RAPUDAは，利用者の希望する場所に設置できること，設置や使用に伴う介助者の労力削減のために，本体重量を5 kg以下とし，ベッドや電動車いすなどにワンタッチで簡単に設置できる機構を有している．

2006年から，筋ジストロフィー患者で療育施設に入所している人2名，頸髄損傷（C5レベル）などにより介助者による全介助を受けて一人暮らしをしている人2名，合計4名の被験者により評価実験が継続されている．

c. 入浴支援

ここでは日常生活動作のうち，日本文化において特徴的に重要視される「入浴」に関する支援技術に焦点を当てる．入浴支援技術において重要視されるのは，入浴する人の快適性，安全性，衛生面などはもちろんのこと，決められた時間内に限られたスペースで支援を行う必要のあるスタッフの効率についても考慮する必要がある．効率という表現は誤解をまねくかもしれないが，効率のためにサービスの質を落とすのではなく，たとえば移乗に要する時間を短縮することにより洗身の比重を大きくするなど，サービスの質の向上のための効率化が行われている．

入浴の形態は在宅・施設入所などで異なるが，施設においては，大浴場に複数の利用者で入浴する「一般浴」に加え，プライバシーなどを考慮した「個浴」や，機械的な補助を用いた「中間浴」「リフト浴」「機械浴」「特殊浴」などと呼ばれるものがある．機械的な補助を用いるものは，座ったまま入浴できるタイプ，寝たまま入浴するタイプがある．このような機械的な補助を用いるタイプは賛否両論あるが，利用者や家族などの希望に加え，周りのさまざまな制約も含めた慎重な議論が必要である．なお，在宅の場合は，訪問入浴介護サービスなどを利用可能である．

入浴という活動は，利用者の状態により個人差があるものの，浴室への移動，脱衣，浴槽への移乗，洗身，浴槽からの移乗，乾燥，着衣，浴室からの移動に分類できる．移動の支援には，環境側に手すりなどを設置したり，自走式の車いすで自立的な移動を促す場合もあるが，手押し車いすやストレッチャーで移動したりする場合もある．このため，ベッドなどからストレッチャーや車いすへ，あるいは逆方向の移乗が必要な場合もある．また，利用者に対する細やかなケアの必要な脱衣，洗身，乾燥，着衣については，人手による支援が主である．

移乗についてはa.で詳説したようにさまざまな支援装置の開発が進められているが，現状では人手による支援が主である．特に浴槽への移乗について特徴的なのは，お湯をためるためには壁が必要であり，この壁を利用者が越える必要がある．このため，水平方向の移動に加え，垂直方向の移動が必要であり，支援者に対して大きな負担がある．最も手軽な支援はリフトを使う方式であるが，不安定であるため利用者が不安を感じる場合もある．そこで，事前に入浴用の車いすやストレッチャーへ移乗し，そのまま入浴する方式もある．この場合，浴槽の横壁がドアのように開いて横から車いすなどを入れる方式，ストレッチャーを上から浴槽に入れる方式，あるいは浴槽が下からせり上がる方式がある．このように車いすやストレッチャーのまま入浴する方式の場合，入浴後，水に濡れているためそのまま廊下を移動して居室に移動することはできない．このため，入浴用と移動用で車いすやストレッチャーを使い分ける必要があり，そのぶんの移乗の手間が増える点を考慮しなければならない．また，浴槽への移乗の手間を軽減させるため，シャワー式の入浴装置も一つの選択肢である．シャワー式の場合，肩までお湯につかることはできないが，浴槽への移乗の手間が減るだけでなく，入浴中の事故も少なく，必要なお湯の量も少なくてすむという利点がある．

入浴について他に特記すべき点は，安全，衛生の確保である．入浴中の事故は転倒，溺れなどが主であり，安全を確保するための手すりや，みまもり装置の設置の必要性が，今後，ますます高まってくると考えられる．

また，ここで述べた機械的な支援を用いる方式や，a.で述べた移乗支援ロボットは，支援者の肉体的な負担を大幅に軽減することができるものの，安全を確保するためにゆっくりと動かす必要があり，結果的に非効率になる場合もある．既存技術ですべてを解決することは容易ではなく，現状では利用者や周りの環境因子を考慮した適切な選択肢を選ぶ必要がある．さらに将来的には，リスクとベネフィットのバランスをとりながら，社会的なコンセンサスの得られる支援環境を構築していくことが重要である．

d. 排泄支援

排泄介護は，介護者の負担が特に大きい作業の一つであるとされる．一方，介護を受ける人にとっても，排泄の場面はできれば他人の目にさらしたくないものであろう．そのため，**排泄介護支援**および排泄支援に対するニーズは，ひときわ高いと考えられる．

対象者の歩行や立ち座りの可否，尿意や便意の有無などによって，適した排泄の方法が異なる（保健福祉

広報協会, 2009). 歩行や立ち座りが可能であれば, トイレを使用するのが基本となる. 歩行が困難な場合はポータブルトイレなどが検討される. 座位姿勢をとることが困難な場合, 差込便器やおむつなどが使用される. 排泄方法の違いによって, 排泄介護の方法も必然的に異なってくる. ここでは, トイレにおける排泄または排泄介護を支援することを目的とした国内外の研究開発の取組みについて紹介する.

1) FRRプロジェクト

"FRR-Friendly Rest Rooms for Elderly People"は, 2002年から2005年にかけて, 欧州連合 (EU) の助成を受けて実施されたプロジェクトである (tuwien; Panek et al., 2003). **FRRプロジェクト**の目的は, 高齢者や障害者一人ひとりのニーズに自動的に適合するトイレを実現し, それによってQOLを向上させることである. FRRプロジェクトは, オランダやオーストリアなど, ヨーロッパの複数の国にわたって, 大学や企業, エンドユーザらが参加して実施され, ユーザー調査やプロトタイプの設計・製作, 実証試験などが行われた. 開発されたプロトタイプは, RFIDを用いた個人認証や音声により, 高さや傾きを個々のユーザーに適合させる機能を持つ. プロジェクトの成果として, 参加企業から, 高さや便座の傾きの適合が可能なトイレが市場投入されている.

2) 排泄自立支援システム

1993 (平成5) 年度から1998 (平成10) 年度にかけて, 通商産業省 (当時) の産業科学技術研究開発制度のもとで, **排泄自立支援システム**の研究開発が実施された (技術研究組合医療福祉機器研究所, 1999). 同プロジェクトの目的は, 介護を必要とする人が, 排泄を自分で行えるように支援することである.

このプロジェクトでは, 自立能力の欠損の程度に応じて, 想定ユーザーを寝たきりに近い状態からつたい歩きが可能な状態までの五つに分類し, ユーザーの残存機能に応じて使用する機器の組合せを変えたり, 動作の内容を変えたりすることで, 一つのシステムで幅広いユーザーに対して柔軟に対応できるようなシステムを目指した.

製作されたプロトタイプは, ①移乗移載装置内蔵式多機能ベッド, ②移動支援装置, ③多機能ポータブルトイレからなる. ①はユーザーがベッドからベッド脇のポータブルトイレへの移乗を支援する機能を有するベッドである. ②はユーザーの起立, 着座, 歩行を支援する装置である. ③は移動機能を有するポータブルトイレである. 開発されたシステムに対しては, サブシステムごとのフィールド評価およびトータルシステムを用いた総合実験による評価が行われた.

3) トイレアシスト

排泄介護総合支援ロボット「**トイレアシスト**」の研究開発は, NEDOが2005 (平成17) 年度から2007 (平成19) 年度にかけて実施した, 「人間支援型ロボット実用化基盤技術開発」プロジェクトのもとで行われた (新エネルギー・産業技術総合研究機構, 2008). 同プロジェクトではリハビリ支援, 自立動作支援, 介護動作支援の三つのカテゴリを対象として, ロボットの実用化技術の開発が行われた. トイレアシストは, このうち介護動作支援ロボットとして開発が実施された.

トイレアシストの開発の目的は, 施設における排泄介護を対象として, 介護者の負担を軽減するための排泄介護ロボットの実現である. 介護職員に対して行ったアンケートから, 一連の排泄介護動作のなかでも, 移乗および着座, 衣類の着脱, 立ち上がりといった動作は, 介護者の作業負担が大きく, また介護者がヒヤリとした経験の多い動作であるという結果が得られた. また, 排泄後の洗浄・清拭が大変な作業であるとの回答も多かった. これらのアンケートを分析した結果, ①移乗のサポート, ②衣類の着脱時の立位安定性の向上, ③排泄中の座位安定性の向上, ④介護者の洗浄・清拭動作および姿勢の改善の4点を, トイレアシストの開発によって解決すべき課題とした. これらの課題を解決するために, ①トイレ内の移動, 便座の昇降, 便座のスライド, 臀部の広範囲洗浄などの機能を持つ便器本体, ②上下および前後に動き, 立位および座位の姿勢を安定させる機能を持つ昇降前方ボード, ③移乗の際に車いすを乗せて動かし, トイレと入れ替える機能を持つ車いすシャトル台車, の三つのサブシステムから構成されるモデル機を開発した. 開発したモデル機は, 高齢者福祉施設での実証試験により評価が行われた. 〔本間敬子・尹 祐根・梶谷 勇〕

文献

Bostelman, R., et al. (2007): Recent developments of the HLPR Chair. Proc. of the 2007 IEEE 10th International Conference on Rehabilitation Robotics, 1036-1041.

fortec/TU Vienna：FRR-Friendly Rest Room/Intelligent Toilet (EU-funded FP5 Project QLRT-2001-00458). http://www.is.tuwien.ac.at/fortec/reha.e/projects/frr/frr.html

技術研究組合医療福祉機器研究所（1999）：医療福祉機器技術研究開発成果報告書「排泄自立支援システム」．

橋野　賢（1990）：介助ロボット．日本ロボット学会誌，8(5)：604-606.

Health and Safety Executive：Manual Handling Regulations. http://www.hse.gov.uk/msd/pushpull/regulations.htm

Health and Safety Executive：Self-reported work-related illness (SWI) and workplace injuries. http://www.hse.gov.uk/statistics/lfs/msdind2.xls

保健福祉広報協会（2009）：福祉機器．選び方・使い方 2009．住宅改修編．

石井純夫（1998）：四肢障害者のための食事支援ロボット．日本ロボット学会誌，16(3)：306-308.

石井純夫，篠田佳和（2008）：上肢機能支援ロボットの開発．日本ロボット学会誌，26(8)：881-882.

基安労発（2008）職場における腰痛発生状況の分析について（第0206001号，2月6日）．http://anzeninfo.mhlw.go.jp/anzen/hor/hombun/hor1-49/hor1-49-5-1-0.htm

永田久雄，李善永（1999）：特別養護老人ホームでの介護労働の実態調査と今後の高齢介護労働の検討．労働科学，75(12)：459-469.

大阪府立公衆衛生研究所 労働衛生部（2002）：平成13年度『高齢者介護サービス従事者の腰痛・頸肩腕障害の軽減策に関する調査』報告書（概要版）．http://www.iph.pref.osaka.jp/report/kourei-kaigo/index.html

Panek, P., et al.（2003）：The FRR project：Developing a more user friendly rest room. Proc. of the AAATE Conference 2003, pp. 678-682.

Römer, G. W., et al.（2003）：The current and future processes for obtaining a "Manus" (ARM) Rehab-robot within the Netherlands. Proc. of the 8th Int. Conf. on Rehabilitation Robotics, 23-25.

新エネルギー・産業技術総合開発機構（2008）：人間支援型ロボット実用化基盤技術開発「介護動作支援ロボット及び実用化技術の開発」（排泄介護総合支援ロボット「トイレアシスト」の開発）に関する研究．平成17年度～平成19年度成果報告書．

田村美和ほか（2002）：在宅介護者の腰痛調査．リハビリテーション医学，39（特別号）：S169

Topping, M., Smith, J.（1998）：The development of Handy 1, a rehabilitation robitc system to assist the severely disabled. Industrial Robot, 25(5)：316-320.

尹　祐根ほか（2009）：対人サービスロボットの開発～上肢に障害のある人用ロボットアーム RAPUD の全体設計～．第10回計測自動制御学会 システムインテグレーション部門講演会（SI2009），芝浦工業大学，1090-1092 (2E1-2).

2.4.2　褥瘡予防とシーティング

a.　褥　瘡

1)　褥瘡とは

身体に加わった外力は骨と皮膚組織の間の軟部組織の血流を低下，あるいは停止させる．この状況が一定時間持続されると組織は不可逆的な阻血性障害に陥り**褥瘡**となる（宮地，2001）．

特に人体に単位面積当たりの外力と時間，そして褥瘡の有無についてべき乗の関係があることは，ReswickとRogers（1976）が接触圧力計を使用して，約1000名近い人で測定した結果が有名である（図2.4.2）．

よって，予防としては組織に加わる力を低下させるか，力が加わっている時間を短くするか，そして身体側の皮膚軟部組織の維持（皮膚の濡れ，浮腫など栄養状態）が対応方法の基本となる．

2)　力

身体のような楕円形では底部にやわらかな物質をおいても接触圧を低下できない．楕円全体で受ける面積の増加が必要であり，そのためにはマットレスやクッションに身体が沈み込み，そして包み込んでいることが必要になる．そのために，フォーム材や空気，ゲルなどの素材を使い，厚さを持っているものが多く開発されている．一方，力は垂直とせん断で作用するが，そのなかでせん断力の影響が大きいことが工学解

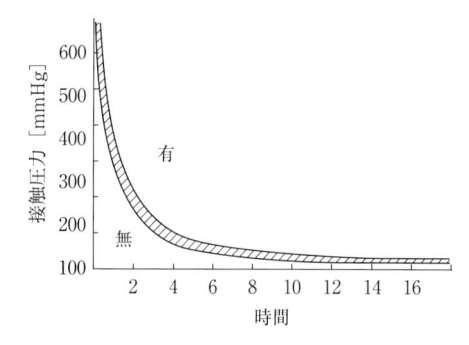

図2.4.2　褥瘡発生における接触圧力と負荷継続時間
（Reswick, Rogers, 1976）

析と身体画像イメージの結果からわかりはじめている（NPUAP Shear force Initiative）.

また，接触圧力を測定する機器は昔から開発され，近年ではせん断力の測定ができるようになっている．しかし，身体内部での負荷状態を接触圧で推測することの難しさ，面積を持ったセンサの解像度やヒステリシスなど多くの問題が残り，昔は接触圧力値を出していたが，近年は目安程度になっている．一方，臀部などの接触は患者にとって理解できないので，その教育としての接触圧測定装置の効果は有用である（廣瀬ほか，2010）．

3) 時間

臀部内部の末梢血管の内圧を測定したデータは 38 mmHg という報告（Landis, 1930）があるが，人間側の健康状態を加味すると連続の負荷はできず，適切な時間制限が必要となる．そのためには他者または自分で体位変換という重力にさらされた身体部位の位置を変える方法（たとえば，座位で体幹を前傾や側方へ倒す）や，同じ姿勢でもティルトといういすごと後方に倒れる機構を使用していく方法，そして臀部や大腿部を細かく支持部位を分け，その支持の位置を変えていく「圧切換え型」のクッションが開発・市販されている（図 2.4.3）．

4) 臨床状況とガイドライン

現在の医療は患者，介入，比較，そしてアウトカムに合わせて，医療データベースから検索し，論文の批判的吟味を EBM に合わせて検討し，最終的に推奨度を決めていく医療ガイドラインが目標といっても過言ではない．臥位では，まず褥瘡発生のリスクスケールを使用して，その患者にリスクがあれば，圧分散マットレスや体位交換，そして早期の発見を行うことになる．現在，褥瘡があったとしても手術や薬物治療などを行うほかに，圧分散マットレスや体位交換なども併用して治癒を目指せる（日本褥瘡学会，2009）．車いすでもエビデンスの集積が必要になってきている．

b. シーティング

1) 車いすとシーティング

車いすの歴史は欧米では古くからあったが，本格的には第二次世界大戦後から始まっている．それまでいすに車輪をつけていたのが，自動車の発達，戦傷者の増加が起こり，施設から社会に出ることが目標になった．そこで登場してきたのがいまの折りたたみの車いすである．この車いすを折りたたんで自動車に載せることで自由に社会に出ることができるようになった．

しかし，そこで問題になってきたのが，長時間の座位生活が褥瘡の発生や座位姿勢の悪化などを招くようになったことであり，座る関連の対応をすべく「**車いすシーティング**」の対応が広まってきた．

いままでの車いす適合は生活への対応が主であり，身体適合は座幅，奥行きなど寸法が主体の適合であった．一方，患者は体幹筋力低下や姿勢平衡を維持する作用の低下，そして異常緊張などによる座位能力低下が原因で姿勢の悪化が起きる．その結果，車いす上では代表的な姿勢としていわゆるずっこけて座る仙骨座りや斜めに座る骨盤の傾斜が起き，褥瘡の発生や生理機能や運動機能の低下が起きていた．

2) シーティングの目的

Letts らは**シーティング**の目的として，安楽，機能性，生理的，実用性，移動，外観をあげ（Letts et al., 1985），廣瀬はこれに介護を加えている（廣瀬，木之瀬，2009）．最後の「介護」および「介護者」は，日本では特に重要と考えられる．これらの目的を理解しておくことは，初期評価での現状の把握と同時にシーティングアプローチ後に評価することで，機器の有効性やアウトカムの把握に有効である．

最良な車いすを含むいすとはこれらの目的がすべて合格点になるものであるが，現実はそうではない．生理性を追求すると，介護性が失われていくように，一つの目的を得ると，他の目的を失う可能性がある．例は各目的で示す．個人の必要性のなかで，生活のなか

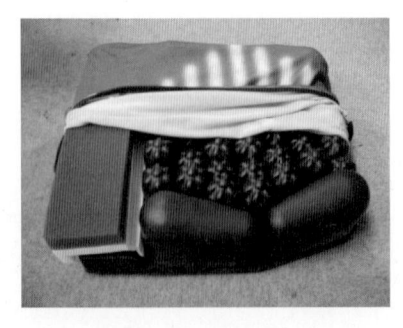

図 2.4.3 電動による圧切換え型車いすクッション

でどれを優先するか検討していく．

3) 評価と機器の選択の流れ

本人のニード，環境，本人の疾患，障害，生活などの聴取から始まり，座位能力評価，マット評価を実施する．また，現在使用している車いすの姿勢評価や問題点を確認する．特に座位能力評価とマット評価は機器選定作製に重要な情報となる．

その後，それらの情報によって仮の座位保持装置および車いすを作製する．

次に，その機器に実際に乗車してもらい，目的のなかの個人の適合を得ることを目標に機器の調整を行う．個人の適合が得られたなら，それを自宅や施設で使用することを目的とした社会適合を行う．座位保持装置をつけると一般の車いすと比較して，重く使い勝手が悪くなる可能性を持つ．それらを配慮して機器を決定する．

ここでは座位能力分類およびマット評価を説明する．

座位能力分類

座位能力分類としてHofferの分類（Hoffer, 1976）が有名であり，また信頼性が確認されている（古賀ほか，2009）．これは手の支持なしで座位可能，手の支持で座位可能，座位不能の3段階に分類されている．これは足がつく，安定した座面上に座って上記状態を診る．この見方は，座っている車いすに影響されず，理学療法が使用するプラットフォーム上で容易に検査できる．また，どのような種類の姿勢保持装置が必要か，予測できる点で非常に有効である．

(1) 手の支持なしで座位可能（図2.4.4, 2.4.5）

プラットフォームの端に座り，手を離して安定して座っていられる状態である．対応手法として，座位可能では二次的障害を防ぎ，機能的で安楽な座位を目的とし，安定した座と同時に適合した車いすが必要となる．適切なクッションと身体に適合した寸法の車いすが必要であり，また自立動作も可能なことから，移動動作も検討して車いすを選択・製作すべきである．

(2) 手の支持で座位可能（図2.4.6, 2.4.7）

手の支持で座位可能とは体を支えるために両手または片手で座面を支持して，座位姿勢を保持することができる状態である．普通型車いすではアームレストを握り締めている場合が多い．

対応は，体幹を安定・保持させることで上肢が独立した機能的な動作を可能とするとともに，基本的に前額面での対称的な姿勢をとることを目標に，安定した座・背面と側方からの体幹の支持が必要となる．特に，手の支持では適切な姿勢保持をすることで，手が自由

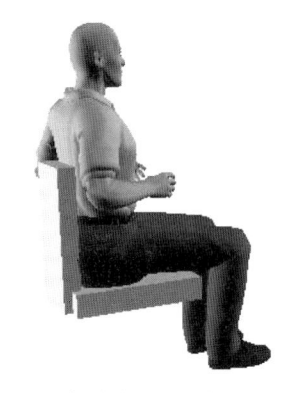

図2.4.5 手の支持なしで座位可能での対応
適切な寸法や支持性を持つ座背クッション．

図2.4.4 手の支持なしで座位可能

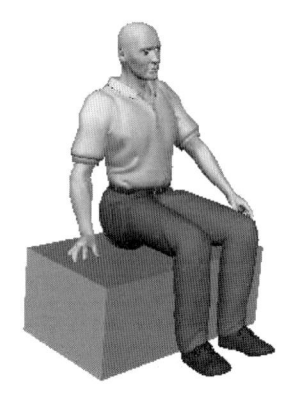

図2.4.6 手の支持で座位可能

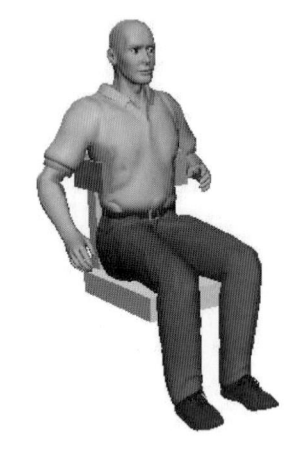

図 2.4.7 手の支持で座位可能での対応
適切な寸法や支持性を持つ座背クッション＋側方支持パッド．

図 2.4.8 座位不能

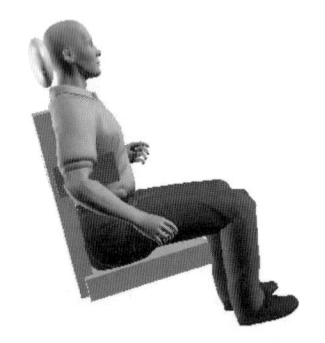

図 2.4.9 座位不能での対応
適切な寸法や支持性を持つ座背クッション＋側方支持パッド＋頭部支持＋ティルト．

シートとの接触面積の低下や背パイプへの体幹や上肢などの接触により，褥瘡の発生や動作を障害するので注意が必要である．

(3) 座位不能（図 2.4.8, 2.4.9）

座位不能とは座位姿勢を保持できず，頭部や体幹部が倒れていく状態である．よって，座位保持装置としては，安定した座・背部，体幹の前額面支持，ほかに，体幹部を支持するためのティルト機構や頭部支持が必要である．

c. マット評価

座位保持装置の部品の選択・作成，そして位置や長さ，角度を決定していく過程を明確にする手法の一つとして**マット評価**（Minkel, 2001）がある．特にいすの角度の決定は関節や筋の運動学の知識が関係する．その目的は，①座位姿勢を模擬しながら肢位の評価，②座位保持装置を製作するための評価，③座位姿勢を予想・理想座位姿勢へ持っていくための評価，④肢位を隠さず，制御しやすい評価，⑤術者が座位保持装置になっての評価などである．

1) マット上臥位での評価

重力影響が除ける背臥位で，頭部と体幹と下肢の制御しやすさや計測しやすさでこの姿勢が選択される（図 2.4.10）．スタート肢位として，背臥位で股関節 90°，膝関節 90°を基本とする．このとき，背腰椎部に手やタオルを入れ，腰椎の軽度前彎位を保持させる．臨床的には生理的に最良な姿勢となる体幹および頭頸部が前額面で対称で，矢状面で頸椎軽度前彎，胸椎軽度後彎，腰椎軽度前彎を目指す．そのために，四肢関節の運動学や障害に基づいて，四肢関節の角度や座位保持装置による負荷を決定する．また，図 2.4.10 のように寸法も測定する．

2) 座位での評価（図 2.4.11）

座位での評価は患者をプラットフォーム上の端座位に座らせ，後方から検者の両大腿で患者の上前腸骨棘を確認して骨盤を水平にさせる．後方から胸郭を検者の両手で側方から支持する．そのとき，支持は極力水平に押していくことが望ましい．これは，座位保持部品は水平に押すことしかできず，たとえば回旋を制御す

になり食事や車いす操作など日常生活能力を向上させる．

よって，座位は座背を安定させるための支持性のある板を使用し，同時に体幹の左右の安定性を得るために側方をしっかり支持するようにする．背シート調整ができる場合，少し緩めて体幹の安定を得ることもできる．しかし，折りたたみ車いすの問題点で指摘した

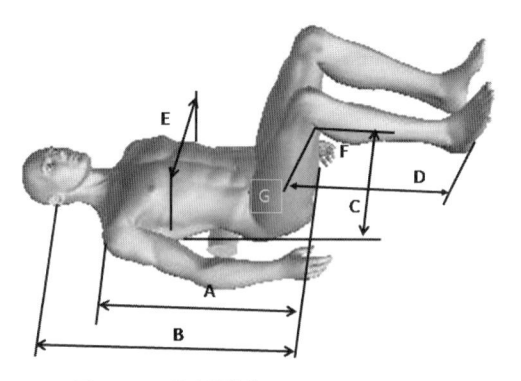

図 2.4.10 基本的臥位でのチェックポイント

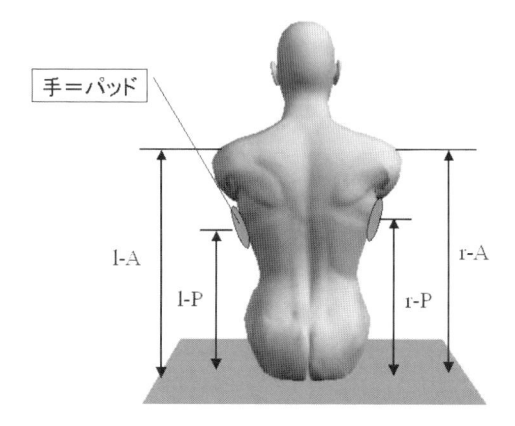

図 2.4.11 坐位での評価
l-A：マット面から左肩峰，l-P：マット面から左手（パッド），r-P：マット面から右手（パッド），r-A：マット面から右肩峰．

ることは困難であるためである．

そのとき，検者は支持力と支持位置をみていく．ここでは，脊椎棘突起による脊柱の位置，特に対称性を，また上肢の運動機能をみて，両手の支持を決定することになる．支持位置は側方支持の高さを座面から知ることができる．

d. 座位保持装置にみられる基礎力学

1) つぶれに対するリクライニング機構（図2.4.12）
座と背支持の間の角度であり，一般的には座が水平近くで背が後方に倒れる機構であり，バスや電車，飛行機の座席として使用される．いままでは疲労や起立性低血圧などの患者に使用されていた．ここでは，人体，特に体幹部の筋力が弱化した場合，それ自身の重さによるつぶれ（無力性脊椎）によって脊柱変形が起きる．リクライニング機構を使用してそれにもたれかかることで，体幹のつぶれを減らすことが可能になる．当然，臥位にすればつぶれの影響はなくなるが，机に手が届きにくくなるなど上肢動作などの困難さが起きてくる．よって，手動や電動で角度調整を行う以外に，背フレームや背支持装置の角度をボルトなどで微調整する場合もこれに含まれる．

2) 反力と摩擦力に対するティルト機構（図2.4.13）
ティルト機構とは座と背の間の角度を変えずに，重力に対する角度を変える機構である．車いすの座位では，体幹を車いすの背支持にもたせかけると，体幹は押し出される．ある程度まで臀部下皮膚の摩擦で静止できるが，体幹傾斜角度が大きくなるとすべりはじめる．これは車いすからの落下や，摩擦による皮膚と押し出される骨部との間で組織のひずみが生じ，褥瘡へ進む．

基本は摩擦を生じさせない力学状態にすることが重要で，このようなときにティルト機構を使用する．手動や電動で大きく動かす方法もあれば，たとえばキャスターのフォークと大輪との位置関係や，座や背角度の角度関係を調整する方法もある．

図 2.4.12 リクライニング

図 2.4.13 ティルト

3) 圧力

褥瘡の発生や痛み・不快感は皮膚軟部組織への圧力が関係する．体重や荷重を受ける面積を増やすために広い面で受ける．これをトータルコンタクトとも呼んでいる．

4) 三点支持

人間の体幹部が剛体と見なせるなら，その垂直座位を安定化するためには三点支持の原理で支持する．身体部が不安定であれば，後方からの支持として背支持，側方からの支持として側方支持，前方から支持として，体幹前方支持や骨盤前方支持などが設置される．特に頭部は眼，鼻，耳，口など感覚表情部は，支持部として避けなければならない．その結果，後頭部，側頭部，前頭部，乳様突起など支持できる場所が限られている（図2.4.14）．

5) 非剛体支持

体幹部では，肺や心臓が配置される胸郭部は肋骨，胸骨，胸椎からなる剛体として定義できる．しかし，腹部は後部に脊椎が位置するが，大半は内臓であり，健常者であれば前部の腹筋で腹部内圧を高めることができる．しかし，高齢者や障害者では筋が働かない可能性があり，腰椎部でつぶれる．筋ジストロフィー症では体幹部がつぶれる無力性脊椎が起こる．これがひどい場合，腰椎部がつぶれ肋骨が骨盤部に接触し，痛みや褥瘡など二次障害を併発する．

よって，整形外科ではコルセットなどの装具を使用し，腹部を後方，側方，そして前方から全体的な圧迫によって支持する．座位保持では腹部を中心に側方から支持し，呼吸機能や介助の容易さなどから腹部前部は開放する．それらを意図した背体幹支持が使用される（図2.4.15）．これもトータルコンタクトになる．

e. 車いすシーティングの国際規格

車いすシーティング（wheelchair seating）として，ISOTC173（福祉用具）SC1（車いす）WG（作業グループ）で，ISO16840シリーズを開発中である．このシリーズは車いす本体以外の座位保持装置やクッションの各種規格，そして座位姿勢の測定の手法もあり，広い分野を取り扱っている．

たとえば，ISO16840-1（発行）では座位姿勢と姿勢保持装置の用語，参照軸，そして計測では車いすや座位保持装置などを使用したとき，その患者の座位姿勢を座位保持装置も含めて定量化することが目的である．

ISO16840-2（発行）では組織を管理することを目的とした機器の機械的・物理的性質の決定—車いすクッションや，ISO16840-3（発行→改定）では姿勢保持装置の静的，衝撃，繰り返し荷重試験として，頭部支持，背の支持，体幹前方支持（体幹ベルト），骨盤前方支持（骨盤ベルト），座支持，骨盤内転支持，前腕支持，足部支持などに対して，静的，衝撃，繰り返し荷重試験の実施方法および破損を含む不全が起きたときの記録などが規定されている．これ以外に10項目程度が審議され，たとえば，熱や汗などに対する性能（Ferguson-Pell et al., 2009）や接触圧への対応などが検討されている．

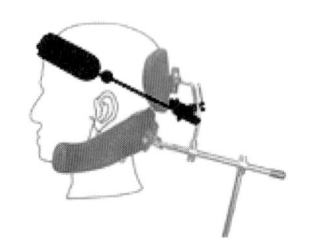

〔廣瀬秀行〕

図2.4.14 頭部の支持（ウイットメイヤーWebから）

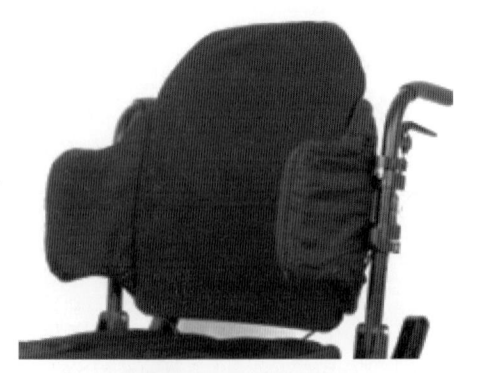

図2.4.15 体幹部の側方からの深い支持（フォーカス・ポイントWebから）

文 献

Ferguson-Pell, M., et al. (2009): Thermodynamic rigid cushion loading indenter: A buttock-shaped temperature and humidity measurement system for cushioning surfaces under anatomical compression conditions. *JRRD*, **46**(7): 945-956.

廣瀬秀行, 木之瀬　隆 (2009)：高齢者のシーティング, pp.72-74, 三輪書店.

廣瀬秀行ほか (2010)：脊髄損傷者に対する褥瘡再発予防アプローチの紹介とその結果. 日褥瘡誌, **12**(2)：118-125.

Hoffer, M. M. (1976)：Basic considerations and classifications of cerebral palsy. American Academy of orthopaedic Surgeons：Instructional course lectures. Vol. 25, St Louis, The C. V. Mosby.

ISO16840-1 Vocabulary, reference axis convention and measures for body segments, posture and postural support surfaces, 2006/3.

ISO16840-2 Determination of physical and mechanical characteristics of devices intended to manage tissue integrity －Seat cushion, 2007.

ISO16840-3 Determination of static, impact and repetitive load strengths for postural support devices, 2006.

古賀　洋ほか (2009)：Hoffer 座位能力分類 (JSSC 版) の評価者間信頼性の検証. リハビリテーション・エンジニアリング, **24**(2)：92-96.

Landis, E. M. (1930) Micro-injection studies of capillary blood pressure in human skin. *Heart*, **15**：209-228.

Letts, M., et al. (1985)：Seating the disabled. Atlas of Orthotics (Wilton, H. B., et al., eds.), pp. 440-444, Mosby.

Minkel J. L. (2001)：Mat evaluation. 17th International Seating Symposium, 115-117.

宮地良樹 (2001)：褥瘡はなぜできる？ (宮地良樹, 真田弘美編著：よくわかって役立つ褥瘡のすべて), pp. 1-6, 永井書店.

日本褥瘡学会 (2009)：褥瘡予防・管理ガイドライン, 日本褥瘡学会.

NPUAP Shear force Initiative. Shear－A contributory factor in pressure ulceration. http://www.npuap.org/Shear_slides.pdf

Reswick, J. B., Rogers, J. E. (1976)：Experience at Rancho Amigos Hospital with devices and techniques to prevent pressure sores. Bed Sores Biomechanics (Kenedi, R. M., et al., eds.), pp. 301-310, Baltimore：University Park Press.

2.4.3　高齢者支援

高齢者の多くは，老化や疾病のために，身体機能や**認知機能**（cognitive function）のサポートを必要とする．身体機能のサポート技術は他項でも紹介されているため，ここでは，主に，認知機能が低下した高齢者をサポートする技術を紹介する．

a.　背　景

1)　認知機能低下とサポート技術

認知機能は老化によっても低下するが，特にサポートが必要となるのは疾患に起因する機能低下である．

アルツハイマー病や脳血管疾患による機能低下は，**記憶障害**（memory impairment）や見当識障害，失語，失認，失行，実行機能障害など，多様な症状をもたらす．これらの症状は，「**認知症**（dementia）」と称され，上述の記憶障害，見当識障害などの中核症状に加え，徘徊，妄想，うつ状態，不安などの周辺症状が生じることもある．

中核症状は，脳細胞の死滅や脱落，脳の損傷などによって直接的に引き起こされ，全員にみられるのに対し，周辺症状は，中核症状による生活上の困難にうまく対処できない場合に，本人の性格，環境，身体状況などさまざまな要因が絡みあって生じ，個人差が大きい．

中核症状のケアでは，従来，介護者が低下機能を補う役割を担ってきたが，近年では，その一部を代行する支援機器の開発が進んでいる．一方，周辺症状については，適切なケアや環境調整，必要に応じた薬物治療を行うことで，症状の緩和が可能である．情緒の安定を図って周辺症状を未然に防いだり，介護者と連携して周辺症状に対処するなど，周辺症状のケアを効果的に支援する支援機器の役割が期待される．

2)　国内外の動向

わが国では，従来，2,3 世帯同居の生活スタイルが一般的であり，認知症者のケアは，24 時間生活をともにする家族が担ってきた．このため，サポート技術

は，徘徊感知機器など，身近な介護者と連携する機器を中心に開発されてきた．

一方，欧米諸国では，独居，高齢夫婦世帯も多く，ケアの一部を代行する機器の研究が行われてきた．特にヨーロッパでは，介護者向けの機器導入ガイドブックを作成したASTRID (1999-2000)，機器のプロトタイプ開発と試用評価を行ったEnable (2001-2004)，機器の効果の実証研究を行ったTechnology and Dementia (2004-2006)，Technology and Dementia in the Nordic countries (2006-2008)，中等度者向けの包括的生活支援システムの開発COGKNOW (2006-2009) など，複数の大規模プロジェクトが実施されてきた．

近年は，わが国でも，独居者が増加していることから，桑原，安田らにより，スケジュールプロンプターを用いた遠隔支援システムの開発などが行われている (Kuwabara et al., 2010)．また，国立障害者リハビリテーションセンターでは，グループホーム居住者を対象とした情報呈示機器の開発 (Inoue, 2009) や，支援機器の適合技術開発 (石渡ほか，2009)，支援機器の展示，データベース公開 (認知症者の生活支援機器データベース：http://www.rehab.go.jp/ri/kaihatsu/lifeSupport/top_ja.php) を行っている．

3) 支援対象者

わが国の認知症高齢者数は，2015 (平成27) 年までに250万人，2025 (平成37) 年には323万人になると推計されている (平成19年版厚生労働白書)．近年では，早期診断や進行遅延薬の開発が進んでおり，今後，認知機能のサポートを特に必要とする軽度認知症者がさらに増加する見込みである．また，独居，高齢夫婦世帯も年々増加しており，高齢者のいる世帯の内訳をみると，2004年時点で単独世帯が20.9%，夫婦のみの世帯が29.4%と，両者あわせてすでに半数を超えている (平成18年版高齢社会白書)．

このように，認知機能のサポートを必要とする軽度，かつ独居の認知症者は急速な増加傾向にある．

b. 支援機器

以下では，国内外で開発されている代表的な支援機器を紹介する．

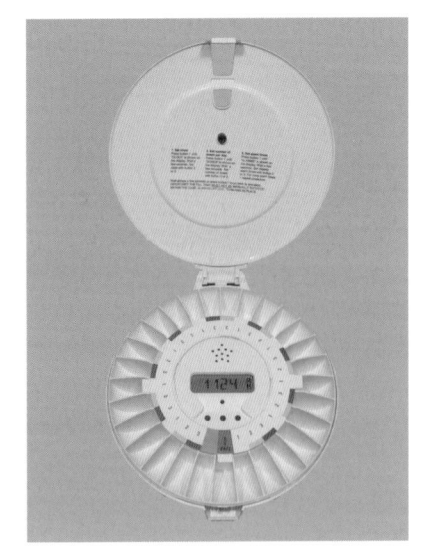

図2.4.16 アラームつき薬入れ

1) 声かけを代行する機器（プロンプト，リマインダ）

展望的記憶（将来に行うことを意図した行為の記憶）が障害されると，やるべきことを適切なタイミングで思い出して実行することが困難になる．従来は，介護者が声かけにより思い出しを支援しているが，プロンプトやリマインダは，介護者に代わり，やるべき行為の手がかりや思い出すきっかけを与えることができる．

たとえば**服薬支援機器**は音声やアラーム，ランプの点滅などにより服薬を促し，薬の飲み忘れを防止する支援機器である．認知症者向けに開発された図2.4.16のアラームつき薬入れは，服薬時間になるとアラームが鳴り，蓋の赤いランプが点滅して，服薬を促す．薬を取り出すために容器をひっくり返すことで，アラームが止まる．取り出すまでは，アラームが間欠的に鳴り続けるため，確実に飲み忘れを防止する仕組みとなっている．容器内には，薬を小分けにして入れることができるトレーが入っており，時間になるとトレーが自動で回転し，その回に飲む薬が取り出し口に現れる．1回分ずつの薬しか取り出せないため，薬の飲みすぎも防ぐことができる．1日3回の服薬で約1週間分，1日1回で約1カ月分の薬の収納が可能である．

2) 身の回り品の管理をサポートする機器

認知症の初期では，財布など身の回り品を置いた場所やしまった場所を忘れ，みつけられなくなることが

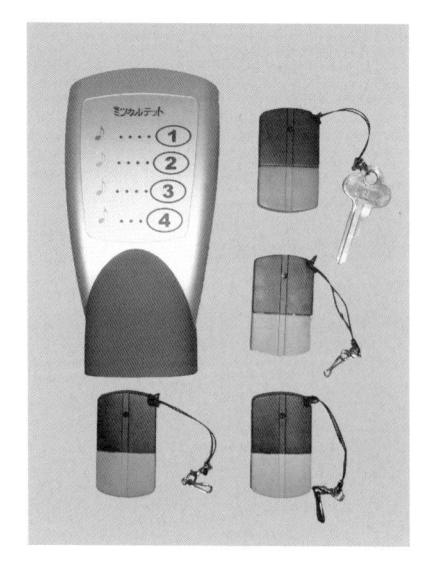

図 2.4.17 探し物発見器

ある．探し物の探索は介護者が支援するが，探しても発見できないことがある．また，なくした経緯を覚えていないために物盗られ妄想につながることもあり，身近な介護者が疑われることが多い．身の回り品の管理をサポートする機器には，探し物の探索を支援する機器や，身の回り品の置き場を集約するためのものがある．

図 2.4.17 の**探し物発見器**は，キーホルダー型の受信機を紛失しがちなものにとりつけておき，みつからなくなったときに，リモコン型の送信機のボタンを押すと，音が鳴って，ものがある場所を知らせてくれる．リモコン自体の紛失を防ぐために，リモコンが充電器から離れるとアラームで知らせるように改良された機種も開発されている．

3）し忘れやミスに対応する機器

行為をし忘れたときに，安全確保のため機器側で代行する，あるいは，発生しやすいミスを防ぐように設計された機器である．認知症者は，目的の行為を行うまでは，注意を維持しやすいが，後始末など，その後にしなければいけないことを忘れやすい．し忘れやミスは，不定期な対応を求められるために介護負担も大きいが，以下のような機器を利用することで，負担が軽減することが期待される．

(1) 車いす用自動ブレーキ装置

立ち上がりや移乗の際の転倒事故を防ぐために，かけ忘れ時に自動的にブレーキがかかるようにする装置

である．図2.4.18の自動ブレーキつき車いす(試作品)は，ブレーキに連結した座面に体重をかけることで，ブレーキを解除する．着座時以外は，常にブレーキが働くため，安全に立ち座りができる．

(2) 水の止め忘れ防止装置

図2.4.19の自動水栓器は，水栓に連結した白いバーを押すことで，水が出，離すと止まる．止める行為を意図的に行う必要がないため，水の止め忘れを防ぐことができる．

(3) コンロの自動消火装置

2008年に法律が改正され，全口安全センサ付きガ

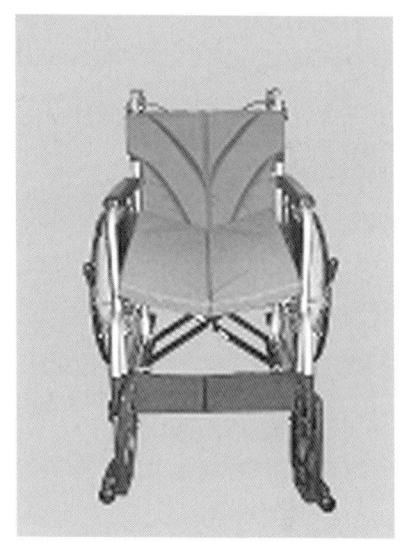

図 2.4.18 自動ブレーキつき車いす

図 2.4.19 自動水栓器

スコンロ以外は，製造販売が禁止された．このため，現在販売されているすべてのコンロは，消し忘れても点火後一定時間が経過した時点で自動消火する「消し忘れ消火機能」が付加されている．また，焦げ付きを検知すると初期段階で自動消火をする「焦げ付き消火機能」を持つ機種もある．従来の安全センサなしのコンロでの安全対策には，ガスが流れる時間をタイマーでセットし，一定時間が経つとガスが止まるガスタイマーを用いる方法もある．さらに，万が一の火災が起きたときの対策として，火災発生時に，レンジフードに取り付けたセンサで火炎の温度を感知し，消火剤を放射して消火を行う自動消火器などが用いられている．

4）危険な状況を検知するための機器

自身の状況を正しく認識し，適切な判断を下すのが難しい場合に，以下のセンサなどを用いて，認知症者の安全を守る．

(1) 転倒予防センサ

一人での立ち上がりや歩行に危険が伴う場合に，立ち上がり，起床，離床などを介護者に知らせるセンサシステムである．本人の状況により，適した対処法が異なるため，以下のような複数のタイプが開発されている．

マットセンサ：ベッドから足を下ろす場所にマットを敷き，荷重がかかるとアラームなどで介護者に通報する．介護の際は，アラームが鳴らないように，電源を切り，離れる際に再び電源を入れる必要がある．耐久性があるが，床に直おきのため，汚れやすい．

車いす，ベッドセンサ（図2.4.20）：車いすやベッドなどにセンサマットを敷き，荷重がかからなくなるとアラームなどで介護者に通報する．マットセンサタイプに比べ，立ち上がり，起き上がりの初期行動をより早く検知できる．以前は，寝返りなどによる誤作動が欠点とされていたが，一時的に荷重がかからなくなっても，一定時間内に再度荷重がかかれば通報しない「遅延機能」を設けることで改善がなされている．マットセンサタイプに比べ，荷重が常にかかるため，耐久性が低い．

柵用センサ，ベッドサイドセンサ：ベッドの柵，またはマットレス端に設置するセンサ．立ち上がろうとして，ベッドの柵をつかんだり，ベッドの端に座ったりすると反応し，介護者に通報する．耐久性があり，衛生的．ただし，起き上がり時，立ち上がり時以外に，柵をつかんだり，ベッド端に座る習慣がある場合には適さない．

クリップタイプ：衣類にクリップをつけて，車いすやベッドから離れるとクリップが外れ，介護者に通報する．クリップが気になり，本人が外してしまう場合には適さない．

赤外線タイプ：起き上がり時や，ベッドから足を下ろす際などに，赤外線が遮られることで介護者に通報する．設置場所や，赤外線照射の方向を調整することにより，マットセンサ，ベッドセンサ，ベッドサイ

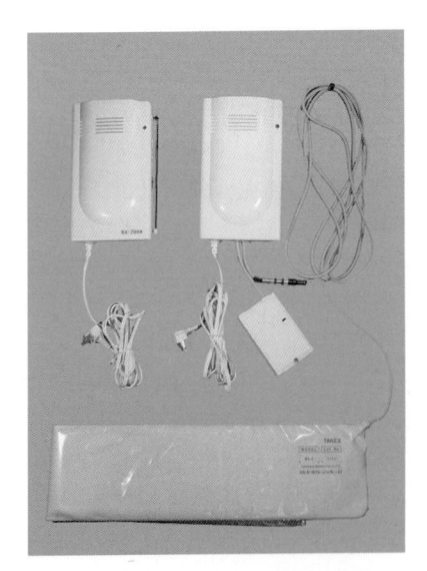

図 2.4.20　車いす，ベッドセンサ

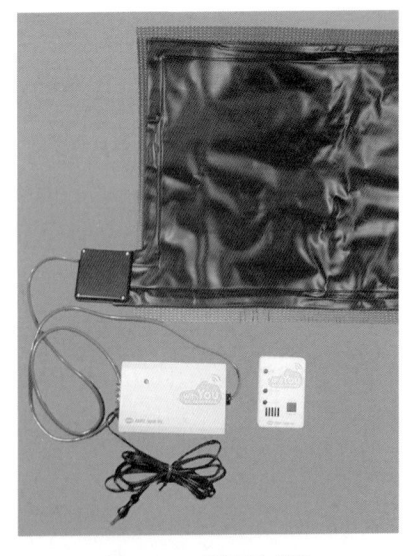

図 2.4.21　徘徊感知機器

ドセンサなどと同様の検知を行うことができる．赤外線の範囲を偶然手足が通過した際にも通報してしまう過検知を減らすため，一定時間以上の遮断で通報するよう，検知時間の設定が行える機種も開発されている．

（2）徘徊感知機器

認知症者が部屋や建物の外に出ようとしたときに，センサで検知し介護者に通報するシステムである．一人での歩行や外出に危険が伴う場合に用いる．現在，認知症関連で唯一レンタルが認められている介護保険対応の福祉用具である．徘徊感知機器には，大きく分けて以下の2種類がある．

特定箇所の通過を検知するタイプ：玄関など特定の場所にセンサを設置し，人が通過するのを検知すると，介護者にアラームなどで通報する．センサは，壁などにとりつけるタイプ，マットタイプ（図2.4.21）などがある．

身につけた発信機が親機から一定距離以上離れると通報するタイプ：発信機は，お守り型やペンダント型などがある．出入口が特定されない場合にも使用できるが，発信機が微弱電波で不安定である点，発信機の常時携帯が難しい点などが欠点としてあげられる．

5） 危険から遠ざけるための道具

認知症では，判断力の低下などにより，食べ物でないものを口にしてしまったり，危険な場所に立ち入ってしまったりすることがある．このような危険から認知症者を遠ざけるために，以下のような道具が用いられている．

（1）マグネット式キャビネットロック

図2.4.22のマグネット式キャビネットロックは，取っ手となるマグネットを特定の箇所に当てることで，扉の開閉が可能になる．マグネットは，介護者が安全な場所に保管しておき，危険なものが入った収納

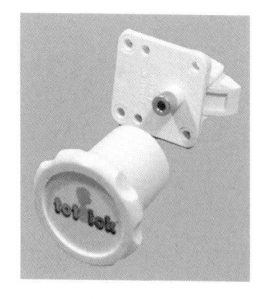

図2.4.22 マグネット式キャビネットロック

図2.4.23 カモフラージュ用絵画

庫には，介護者のみアクセスできるようにする．食べ物とそうでないものの区別をつけることが困難な認知症者が，洗剤などを誤飲，誤食することを防ぐ．

（2）カモフラージュ用絵画

図2.4.23のカモフラージュ用絵画は，非常階段や薬品庫など，入っていくと危険なドアの入口に掲示して用いる．認知症者は，ドアをみると出ていきたがることがあり，鍵がかかっていると，不穏になることもある．絵でカモフラージュすることにより，出ていきたい気持ちを引き起こす出入口を目立たなくし，認知症者が不穏になることを回避しつつ，危険な場所への立ち入りを防ぐ．

6） 情緒の安定を図る機器

認知症者は，生活のなかでのさまざまなストレスのために情緒が不安定になり，不穏などの周辺症状が生じることがある．情緒の安定を促すサポート技術として，ドールセラピー（早田ほか，2003）や回想法（田高ほか，2005）などが研究されており，セラピーに用いる以下のような機器も開発されている．

（1）セラピーロボット

アザラシを模した図2.4.24の**セラピーロボット**は，学習機能や各種センサなどにより，声かけに応じて鳴いたり，なでるとまぶたや頭，脚を動かして反応する．動物のような反応をするため，衛生上の理由で生きた動物を持ち込みにくいデイサービスセンターなどの施設でも，アニマルセラピーと同様の効果が得られると

めのおむつ用品が用いられる．また，おむつが濡れたことを介護者に無線で知らせるおむつセンサや，膀胱内の尿量を超音波で測定する機器なども開発されている．

　ここでは，高齢者のサポート技術として，主に，認知症者のケアに用いる機器を紹介した．支援機器は，介護者による声かけを代行して中核症状を補う機器から，情緒の安定を図り周辺症状を防ぐ機器まで幅広く開発されている．機器の使用目的としては，転倒，徘徊，火災，異食の防止など，安全面のサポートが多く，用途により，機器単体で働くものと，介護者と連携するものとが用いられている．　　　　　〔石渡利奈〕

図 2.4.24　セラピーロボットの例

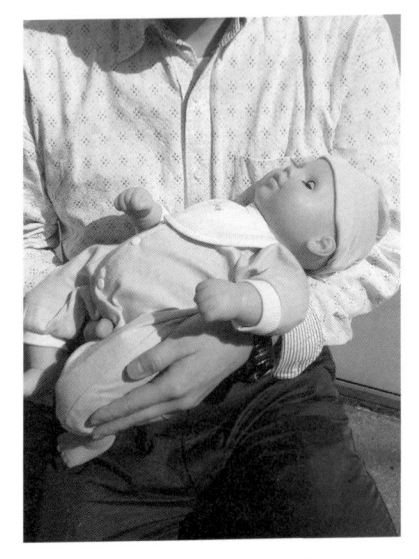

図 2.4.25　セラピー人形

文　献

Inoue, T., et al. (2009): Development by a Field-Based Method of a Daily-Plan Indicator for Persons with Dementia. Assistive Technology from Adapted Equipment to Inclusive Environments, pp. 364-368, IOS Press.

石渡利奈ほか (2009)：アラーム付き薬入れによる独居認知症者の服薬自立支援．日本認知症ケア学会誌，**8**：192．

早田隆子ほか (2003)：痴呆性老人へドールセラピーによるケアの考察―子育ての記憶再生による感情の安定．日本精神科看護学会誌，**46**(2)：576-580．

Kuwabara, N., et al. (2010): Remote assistance for people with dementia at home using reminiscence systems and a schedule prompter. *Internat. J. Comput. Healthcare*, **1**(2)：126-143.

田高悦子ほか (2005)：認知症高齢者に対する回想法の意義と有効性．日本老年看護学会誌，**9**(2)：56-63．

される．

（2）セラピー人形

　図 2.4.25 の**セラピー人形**は，柔らかい詰め物によって，本物の赤ちゃんのような抱き心地を再現している．赤ちゃんを模した人形を抱くことで，子育て時の感情を呼び起こし，情緒の安定を図る．

7）排泄ケアのための機器

　排泄ケアには，本人の身体能力により，移動の負担を軽減するポータブルトイレや，立ち座りを支援する昇降機能つき便座が用いられる．ポータブルトイレの使用も難しい場合は，しびんや差し込み便器など，尿意の認識や表出が難しい場合は，尿や便を吸収するた

2.4.4 パワーアシストスーツ

パワーアシストスーツ（以下，PAS）とは，人間の全身もしくは下半身，上半身またはその一部に装着し，装着者の操作力を補助または増幅するウェアラブルパワーアシストシステムである．工場内重量物搬送に使用されるエアバランサなどの固定型（非装着型）パワーアシストシステムとは異なり，人間が常時身に着けるために小型軽量化が望まれ，高い安全性，人間との親和性が求められる．ここでは，国内外のPAS研究開発の動向を述べ，骨格構造や駆動方式によってPASを分類するとともに，介護・看護を支援するPASの研究開発事例と課題を紹介する．

a. パワーアシストスーツ研究開発動向

PASの研究開発は，1960年代の米国GE社でのMosherらによる外骨格型PASHardiman（Mosher, 1967）にさかのぼる．電動義手などの外部動力を持つサイバネティック補装具と同じく，遠隔操作技術に端を発したといわれ（舘, 1993），主にロボティクスの分野で研究開発が進められてきた．一方で，サイバネティクスやバイオメカニクスといった分野で，装着者である人間系を含めた研究も盛んである．現在では，情報ロボット技術（IRT）や情報通信技術（ICT）を基盤技術として，高機能かつ安全なPASの研究開発が行われている．

米国では主に軍事用PASの研究開発が盛んである．2001年から5カ年間，米国国防省DARPAがEHPAプロジェクトを実施し（Garcia et al., 2002），KazerooniらのBLEEX（Kazerooni et al., 2006），Lockheed MartinのHULCなど兵士の歩行，走行を支援するPASが開発されている．

国内でも，介護・福祉分野に限らず，農業や建設業などさまざまな作業における作業者の能力強化や補助，負担軽減を目的とした実用的なPASの研究開発が行われている．介護・福祉分野での用途は，移乗介助や排泄介助における介護者の支援と，歩行リハビリや上肢リハビリにおける患者の支援が主としてあげられる．小山ら（1999）は，介護者の上腕に装着する移乗介助支援のための電動外骨格型PASを開発した．小林ら（Kobayashi et al., 2002）はMcKibben型ゴム人工筋を，山本ら（2001）は特殊な空気圧アクチュエータを用いた空気圧駆動PASを開発した．Sankai（2010）が開発した**ロボットスーツHAL**（Robot Suit HAL[R]）は，世界初の実用化PASであり，国内外に大きなインパクトを与えた．企業による実用化事例として，本田技術研究所の歩行支援用装置（安原, 2009），アクティブリンクの上肢リハビリ支援スーツ（植田ほか, 2006）もあげられる．一方，外部動力を持たない補装具として，パッシブ型PASも研究開発されている．山崎と高橋（2004）は，体表面長さ変化を利用した介護者腰部負担軽減衣服を，田中ら（Tanaka et al., 2008）は，コルセットのような体幹安定化効果を併せ持つ介護用スマートスーツ・ライトを開発した．

b. 骨格構造によるパワーアシストスーツの分類

PASは，その骨格構造から外骨格（exoskeleton）型と内骨格（endoskeleton）型とに分類することができる（表2.4.1）．

1) 外骨格型

外骨格型パワーアシストスーツは高剛性の骨格構造を持ち，それを人間の外部に装着するタイプである．山海らのHAL，小山らのHARO，KazerooniらのBLEEXなどが外骨格型の例である．

内骨格型と比べて装置重量，サイズは大きくなるが高出力のPASとなる．人間が受ける負荷を機械の骨格によって負担することができる．そのため，装着者の耐加重以上の負荷を受けることが可能であり，持ち

表2.4.1 骨格構造によるパワーアシストスーツの比較

	外骨格型	内骨格型
フレーム剛性	高剛性	柔軟（低剛性）
PAS出力	高出力 （PAS骨格依存）	低出力 （人骨格依存）
アシスト主目的	増幅，能力強化	筋負担軽減
動作拘束性	拘束される場合がある	比較的自然な動作が可能である

上げ不可能な重量物を持ち上げたり，自力歩行が不可能な障害者を歩行させたりと，装着者の増力や能力強化に適している．

剛性の高い骨格で構成されるため，装着者に対する装置出力の伝達効率が高い．その反面，高い安全機能が望まれることに留意したい．また，外部骨格によって，人間の動作や関節可動域が制限されることがあること，外部環境との接触により，外部環境や装着者に危害が及ぶ恐れがあることにも注意が必要である．

2) 内骨格型

内骨格型パワーアシストスーツは衣服のような柔軟素材で構成される，もしくは剛性のある骨格構造を有するが，その骨格が地面（外部ベース）と接触しないタイプである．内骨格型の例として，小林らのマッスルスーツ，アクティブリンクの上肢リハビリ支援スーツ，田中らのスマートスーツ（Tanaka et al., 2008）やスマートスーツ・ライトがあげられる．

外骨格型と比べて大きな出力を得られないが，小型軽量かつ柔軟なPASである．人間の筋肉となるユニットを身につけることで筋力を補助することができる．しかし，装着者が受ける負荷は，装置重量および出力も含めて，すべて人間の骨格によって負担することになる．そのため，基本的には人間が耐えられる以上の負荷を受けることは，装着者にとって危険である．

柔軟構造で構成される内骨格型は，特に装着者の動作や関節可動域を制限することなく，自然な操作感，装着感を与えることができる．

c. 駆動方式によるパワーアシストスーツの分類

PASの駆動方式は，外部動力を持つアクティブ型，受動素子のみで構成されるパッシブ型，外部動力と受動素子とを組み合わせたハイブリッド型に分類することができる．

1) アクティブ型

アクティブ型パワーアシストスーツは外部動力（アクチュエータ）を搭載し，補助力を制御可能なタイプである．アクチュエータによって，動作や姿勢，また筋力に最適なアシストを実現できる．ただしアクチュエータの出力が装着者に直接伝達されるため，その制御に高い安定性，安全性が求められる．ここでは，介護・福祉分野に適性の高いアクチュエータとして電動，空気圧について紹介する．

電気モータを用いたタイプは，最も一般的なPASである．山海らのHALや小山らのHAROなど，多くのPASに適用されている．サーボモータを用いたタイプは制御応答性もよく，繊細な力制御を必要とするパワーアシストには適している．

空気圧アクチュエータとしてエアシリンダやMcKibben型ゴム人工筋が用いられる．特に，ゴム人工筋はアクチュエータ自体の柔軟性から，装着者や外部に優しいPASを構成できる．その特徴から，小林らのマッスルスーツ，アクティブリンクの上肢リハビリ支援スーツ，佐々木ら（2010）の上肢動作支援装置など，介護・福祉用のパワーアシスト装置にも多く利用されている．

2) パッシブ型

パッシブ型パワーアシストスーツは外部動力を搭載せず，受動素子によって補助力を得るタイプである．装着者の動作に伴う関節変位や体表面長さの変化を利用し，機械バネや弾性繊維，エアスプリングなど，変形に伴って弾性力を発する受動素子によって補助力（復元力）を得る．山崎ら（2004）の介護者腰部負担軽減衣服や田中らのスマートスーツ・ライトは高弾性ストレッチ素材を後背部に配置することで，腰部屈曲をサポートするPASを開発している．このタイプは基本的に安全なアシスト機構であり，特に弾性繊維を用いたものは全体を柔軟素材で構成することができ，軽量かつ柔軟な，人に優しいPASを実現できる．ただし，補助力が姿勢依存であるため，多様な動作をアシストすることはできない．

3) ハイブリッド型

ハイブリッド型パワーアシストスーツはアクチュエータと受動素子とを組み合わせた駆動系を持つタイプである．スマートスーツに搭載したセミアクティブアシスト機構（Tanaka et al., 2008）や，Uemuraらの受動要素とインピーダンス制御を施したパワーアシスト装置（Uemura et al., 2006）などの例がある．アクチュエータの性能を受動素子で補填する，または受動素子による補助力をアクチュエータによって調整することで，アクティブ型に比べて小型軽量，かつパッ

シブ型に比べて多様な動作をアシストできる．また，アクチュエータの出力が受動素子を介して伝達されるため，装着者に対する安全性も高い．

> **d． 介護・看護支援のためのパワーアシストスーツ**

1） 介護労働の現状

少子高齢化に伴い要介護者人数が増加し続けている一方で，介護従事者の離職率は高く，十分な介護サービスを提供するに必要な人数に達していない．その一因として，介護作業が身体負担の大きな重労働であることがあげられる．永田らの調査によると，入浴介助で45.1％，排泄介助で26.1％，移乗介助で25.6％の介護従事者が負担を感じている（永田，李，1999）．また，熊谷らの調査では，勤務時間のうち43.7％が介助作業を行う施設において，腰部負担の大きな姿勢（前傾，しゃがみ，膝つき）をとる割合が，入浴・排泄・移乗介助では5～7割に上っている．別の調査（熊谷ほか，2005；藤村，1995）では，介護従事者の約80％が過去1カ月間に腰痛を覚えており，介護作業の負担の大きさがうかがえる．岩切ら（富岡，松永，2007）は介護者に安全な移乗介助のための腰痛予防マニュアルを策定し，適切な介護動作や介護機器の利用を指導しているが，厚生労働省の報告（厚生労働省，2008，2009）によると，14％の介護従事者がいわゆる腰痛症などの疾患により離職している．

2） 介護・看護支援用パワーアシストスーツの研究開発事例

介護・看護支援を目的として研究開発されているPASの研究開発事例を紹介する．

i） 介護用装着型ヒューマンアシストロボットHARO（小山ほか，1999；Koyama et al., 2000）

要介護者の抱き上げなどの移乗介助の支援を目的とした外骨格型PASである（図2.4.26）．

介護施設に対する調査などから，介護の効率化を促す介護者の身体的メカニクスと要介護者の扱い方に関する移乗技術とを考慮し，安全かつスムーズな移乗動作を支援する介護用PASとして，介護者が出す力を8～10倍に増力，最大80kgの抱き上げ能力といった開発コンセプトを設定している．

HAROには，キャスタつき土台に，ACサーボモー

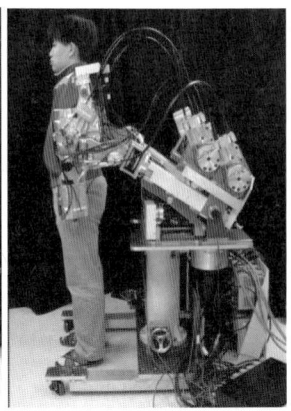

図2.4.26 介護用ヒューマンアシストロボット HARO

タ駆動7自由度マニピュレータが2腕取り付けられている．上腕部，前腕部からなる装着部はパイプ状になっており，介護者はマニピュレータに腕を通すことで装着することができる．機械的，電気的，ソフト的な安全装置を搭載することで，装着者に対する安全性を高めている．

介護者の操作力を計測するためのヒューマンフォースセンサが，上腕部，前腕部の内部に一つずつ取り付けられている．このセンサは，ロードセルを円周上4等分に配置した二次元操作力センサである．前腕部，上腕部のセンサ出力から，装着者の肩3軸，肘1軸の各関節トルクを推定している．また，要介護者から受ける外力を測定するためのセンサも上腕部，前腕部の外部に各一つ装備している．

介護者の操作力と要介護者から受ける外力に基づいて，インピーダンス制御によって各関節を制御している．また，自然な動作を補償するための操作力干渉補償制御も導入している．

ベッド上の要介護者に見立てた若年健常者（60kg）に対する抱き上げ介護実験を行い，安定した介護動作を実現している．

ii） ロボットスーツ HAL（Sankai, 2010；佐藤ほか，2010）

山海らが開発したHALは世界初の実用化PASである（図2.4.27）．サイバーダイン株式会社より下肢機能障害者の歩行支援などで使用されるHAL福祉用がレンタルされているなど，すでに国内外の病院など施設において使用実績が積まれている．

HAL下半身型は，股関節と膝関節に対応した3関節4リンクフレームからなる外骨格型PASである．各関

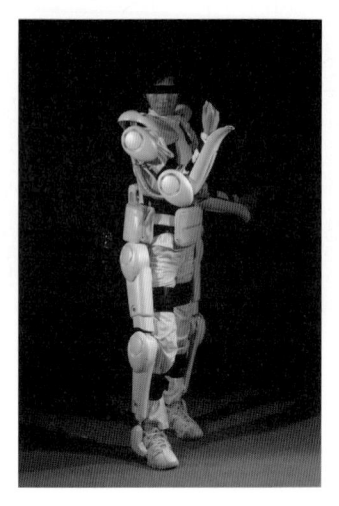

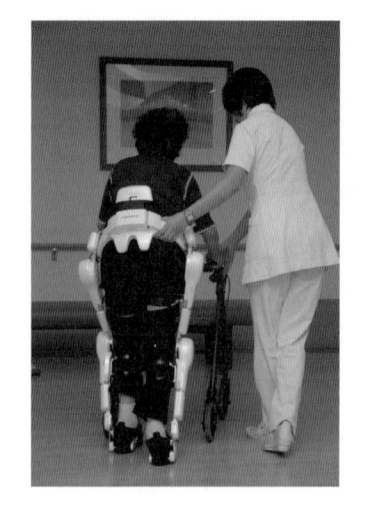

図 2.4.27 ロボットスーツ HAL (Prof. Sankai University of Tsukuba/CYBERDYNE Inc.)

節にはパワーユニットが取り付けられ，それぞれアシストされている．また，関節角度を計測する関節角度センサ，床反力を計測する床反力センサ，および装着者の股関節，膝関節にかかわる筋肉の活動を計測する生体電位信号（筋電位）センサが取り付けられている．重量は下半身型で15 kg，上腕もアシスト可能な全身一体型でも 23 kg と軽量で，かつコンパクトであるため，装着に違和感を覚えない．HAL の制御系は，装着者の動作意図を生体電位信号より推定する「サイバニック随意制御システム」と，人間らしい動作を実現する「サイバニック自律制御システム」の二つの制御系によって構成されている．筋力を発揮するより以前に関節を駆動することができるという特徴を持っている．

佐藤ら（佐藤，2010）は，HAL を移乗介助支援に適用した．そのなかで，移乗介助を支援するための要求条件として以下の二つを掲げている．

①上肢の各関節動作を妨げずに発揮力を強化・補助することが可能であること．②上肢に要介護者の体重による負荷がかかっても肩関節，肘関節の関節角度を一定に保つことが可能であること．

これらの条件を満たすため，パワーユニットを組み込んだ関節の逆可動性を機械的にロックする荷重支持機構を持った上半身ロボットスーツを開発し，体重 61 kg の要介護者のベッドから車いすへの移乗介助を実現している．

iii）**介護用スマートスーツ・ライト**（田中ほか，2009；Imamura et al., 2011）

スマートスーツ・ライトはストレッチ材（弾性繊維）

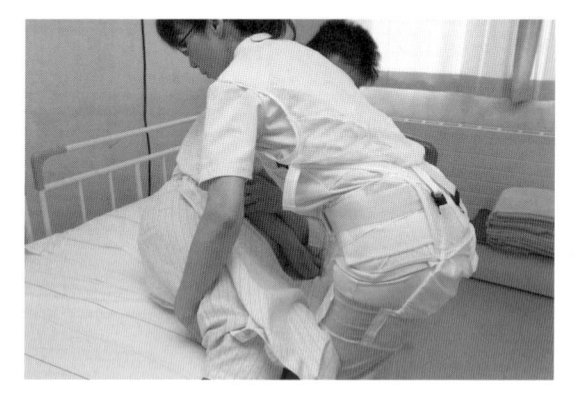

図 2.4.28 介護用スマートスーツ・ライト（スマートサポート/北海道大学提供）

を補助力源としたパッシブ型PASである（図2.4.28）．

後背部にストレッチ材を配し，腰部屈曲に伴う後背部体表面長さの変化によりストレッチ材が変形し，その弾性力によって姿勢復元力を得る．ストレッチ材が腰部固定ベルトに連結しており，腰部屈曲時にストレッチ材が発生する弾性力の一部が体幹を締め付ける力として作用する特徴を持つ．つまり，腰部筋力補助効果と体幹安定化効果とを併せ持っている．

モーションベーストアシスト法により，介護動作に最適な補助力を発揮するストレッチ材を設計している．つまり，モーションキャプチャにより補助対象とする介護動作を計測し，筋骨格動力学モデルによって動作中の筋活動およびストレッチ材の伸長量を算出し，介護動作に最適なストレッチ材の弾性特性と配置を求めている．

介護士20名に対するモニタ試験の結果，通常業務

中にスマートスーツ・ライトを装着することで9割の
モニタが腰部負担軽減効果を実感している．また，主
観的な疲労感の単位時間当たり増加量が未装着時に比
べて平均6割減少していることを確認している．

3) 介護・看護支援用パワーアシストスーツ普及のための課題

PASの研究開発が進み，HALなどを事例に介護・
福祉分野ではPAS実用化期に入っている．さらに社
会普及するための課題を整理する．

山田（2002）は，ウェアラブルロボットの発展過程
として三つのキーワードを掲げている．すなわち，装
置のコンパクト性，操作性，装着性，安全性にかか
わるWearability，装着者の適応性（可塑性）にかか
わるCoordination，装置の自律性，装着者との協調性
にかかわるPartnershipである．PASの実用化には，
まず機能面でこれらの課題をクリアしなければならな
い．

一方，長谷部ら（2011）は，PASを含むヒト支援
型ロボットの開発に，医薬品開発のプロセスを参考
にした5段階の臨床試験プロセスを提案している．
Guide 51やIEC61508を参考に，安全性分析のガイド
ライン化も検討が進められている．また，製造分野と
福祉分野のパワーアシスト機器にかかわる安全規格
について，産業用パワーアシストシステムのための
ANSI安全規格が策定され，その国際規格化が検討さ
れている（山田ほか，2011）．今後，PASの社会普及
のために，安全規格や法令，社会制度の整備も急務で
ある．

〔田中孝之〕

文献

藤村 隆（1995）：老人ホームにおける介護作業の問題点と腰痛対策．労働の科学，50(9)：13-16．

Garcia, E., et al. (2002)：Exoskeletons for Human Performance Augmentation (EHPA)：A program summary. 日本ロボット学会誌, 20(8)：822-826．

長谷部浩二（2011）：段階的な臨床試験プロセスによる人支援型ロボットの開発の提案．日本ロボット学会誌, 29(3)：236-240．

HULC, Lockheed Martin, http://www.lockheedmartin.com/products/hulc/

Imamura, Y., et al. (2011) Motion-based design of elastic material for passive assistive device. J. of Robotics and Mechatronics, 23(6)：978-990．

Kazerooni, H., et al. (2006)：Hybrid control of the Berkeley Lower Extremity Exoskeleton (BLEEX). Int. J. Robot. Res., 25(5-6)：561-573．

Kobayashi, H., et al. (2002)：New robot technology concept applicable to human physical support—The concept and possibility of the muscle suit (wearable muscular support apparatus)—. J. Robot. Mechatronics, 14(1)：46-53．

厚生労働省（2008）：介護福祉士等現況把握調査．

厚生労働省（2009）：介護保険事業状況報告．

小山 猛ほか（1999）：介護用ヒューマン・アシスト装置に関する研究（第1報）．日本機械学会論文集C編，66(651)：155-160．

Koyama, T., et al. (2000)：Wearable human assisting robot for nursing use. Machine Intel. Robotic. Control, 2(4)：163-167．

熊谷信二ほか（2005）：高齢者介護施設における介護労働者の腰部負担．産業衛生学雑誌，47：131-138．

Mosher, R.S. (1967)：Handyman to Hardiman. SAE Automotive Congress, 670088．

永田久雄，李善永（1999）：特別養護老人ホームでの介護労働の実態調査と今後の高齢介護労働の検討．労働科学，75(12)：459-469．

Sankai, Y. (2010)：HAL：Hybrid assistive limb based on cybernics, robotics research. The 13th International Symposium ISRR, 25-34．

佐々木大輔ほか（2010）：空気圧ゴム人工筋を用いた上肢動作支援ウェアラブルマスタスレーブ装置の開発．日本ロボット学会誌，28(2)：208-213．

佐藤帆紡ほか（2010）：ロボットスーツHALによる移乗介助動作の支援．日本機械学会論文集C編，76(762)：227-235．

舘 暲（1993）：テレロボティクスの世界．日本ロボット学会誌，11(6)：770-772．

Tanaka, T., et al. (2008)：Smart Suit：Soft power suit with semi-active assist mechanism—prototype for supporting waist an knee joint—. Proc. of Intern. Conf. on Control, Automation and Systems 2008, 2002-2005．

田中孝之ほか（2009）：体幹安定化補助を考慮したパッシブ筋力補助装置．福祉工学シンポジウム講演論文集2009，116-117．

富岡公子，松永一郎（2007）：大阪府内新設介護老人福祉施設における筋骨格系障害の実態—施設責任者の把握状況とアンケート調査による職員の訴え—．産業衛生学雑誌，49(5)：216-222．

植田慶輔ほか（2006）：パワーアシストスーツの技術を応用した脳卒中片麻痺患者用上肢練習支援ロボットの開発．福祉工学シンポジウム2006講演論文集，250-253．

Uemura, M., et al. (2006)：Power assist system for sinusoidal motion by passive element and impedance control. Proc. of the 2006 IEEE Intern. Conf. on Robotics and Automation, 3935-3940．

山本圭治朗ほか（2001）：介護用パワーアシストスーツ．日本機械学会論文集C編，67(657)：1499-1506．

山田陽滋（2002）：ウェアラブルロボットの可能性．日本ロボット学会誌，20(8)：780-782．

山田陽滋ほか（2011）：パワーアシスト機器の安全．日本機械学会誌，114(1106)：45-48．

山崎信寿，高橋直己（2004）：体表面長さ変化を利用した介護者腰部負担軽減衣服．バイオメカニズム，17：235-243．

安原 謙ほか（2009）：リズム歩行アシスト．Honda R&D technical review, 21(2)：54-62．

2.4.5 生活見守り技術

ここでは，少子高齢社会において高齢者が健康で質の高い生活を営むことができるような**見守り**についての支援を述べる．超高齢社会では健康を維持し限りなく自立を続けることが重要である．病院や施設に入所するかわりに慢性疾患を有する高齢者，また，身体的機能や認知機能に衰えがみえる高齢者に対してみずからの環境で生活ができるように支援機器が数多く開発されている．さらにこれらの機器を統合したスマートホームやスマートハウスは居住域に身体的，心理的自立を促進し生活の質を向上させるように見守り，さらには介護者の負担を軽減する機器を備えている．見守りには，広い意味で健康の維持管理，行動モニタ，転倒徘徊防止が考えられる．

a. 健康の維持，管理

健康の維持・管理は，高齢者の日常生活における生理情報を連続的に計測し，疾病の予測，ならびに予防を行うことが目的となっている．情報通信技術の進歩，インターネットの普及で，高齢者，障がい者自身が家庭用血圧計，体温計などを決まった時間に連続して計測しデータを健康センタや病院に送付することが試みられているが，誰が費用を負担するのかの経済的理由，保険点数などの法的整備，管理センタ化における人員配置など解決すべき問題が多く残されている．これらは，遠隔医療，在宅医療の普及を妨げている大きな要因である．健康維持については，多くの先進的な試みがあるが，製品化しているものは少ない．概念として，無意識のうちに生理情報を得ることができる装置の開発があげられる．すなわち，対象者にセンサを取り付けることなく，日常生活を妨げずに生理情報を得るという試みである．その生理情報としては，脈拍数（心電図は臨床的には体表面電極から得られた信号と定義されるので，ここで述べているような間接的に得られた信号は厳密には心電図とはいえない．ここでは心電図信号はそのままとし，算出して得られた心拍信号は脈拍信号と表現した），呼吸数，体動を居室や家具調度に装着したセンサから検出する方法がある．ここでは，ベッドや布団にセンサを装着し就寝時，入浴時の生理情報を得る方法やトイレでの健康管理について解説する．なお，紙面の都合で各計測方法の参考文献については，Tamura（2012）を参照されたい．

これまでに睡眠の分野では高齢者の不眠，睡眠時無呼吸，寝たきり高齢者の睡眠と体動に関連して多くの研究がある．不眠や睡眠時無呼吸の計測は，正確には終夜睡眠ポリグラフを用いる．この方法は，睡眠，覚醒メカニズム，自律神経の研究に有効な手段であるが，あくまで臨床用であり，在宅モニタとして用いることは，操作が複雑であり，計測される側ばかりでなく操作者にも大きな負担がかかる．在宅での睡眠状態把握には脈波を用いることが多い．脈拍は就寝時にベッドに導電性シーツを装着し，直接心電図信号を取得し，閾値処理による脈拍数の算出，容量変化から脈拍数を算出する方法がある．ベッドマットからの空気圧変動を圧力センサや振動センサ（コンデンサマイク）で検出して，呼吸数，脈拍数を算出する方法も試みられている．これらのデータから睡眠ステージを提示している．これらの機器は睡眠時無呼吸のスクリーニングに用いることができ，市販されている機器もある（スリープレコーダ，Suzuken 社；スリープスキャン，Tanita 社）．

さらに CCD カメラを用いて画像撮影を行い 2 枚の画像の差分やオプティカルフロー，ファイバーグレーティングにより体動ならびに呼吸回数を計測する試みもある．

睡眠状態は腕時計型の加速度センサ（アクティグラフ，AMI 社，米国）を利用して信号処理によって睡眠ステージを推定することができる．この方法による**睡眠ステージ**の分類は米国睡眠医学会で承認されている．2 週間程度の睡眠ならびに行動がモニタ可能となっている．

入浴中に健康状態を把握する目的で浴槽内に電極を埋め込み，心電図から脈波を計測する試みがある．水道水は電気伝導性であるので，湯を介しての心電図計測や脈波の監視が可能となる．心疾患患者の入浴時の不整脈検出などに効果を上げている．入浴は熱負荷となり，末梢循環が良好で血管が拡張しているので，心臓から駆出される血液の伝搬速度を心電図の R 波と光電脈波の脈波信号の出現時間から求めることができ，血圧との高い相関が得られる．よって血圧値を推

定することも可能である．

トイレでは，尿や排泄成分により血液を含む多岐にわたる生化学成分の計測が期待される．しかし在宅で手軽に長期間にわたりこれらの成分を計測できるセンサは尿糖センサが開発されているのみである（インテリジェントトイレ，TOTO 社）．心電図，血圧，体重，排尿量，排泄量などの計測も行われている．

このほか，いす背面に導電性繊維を用い心電図や呼吸を計測する試みもある．これらのデータは，コンピュータで集中的に管理され，長期間にわたって保存される．このことから疾病の予測，予防など疫学的価値も見いだされるが，これまでには報告はみられていない．

b. 行動の見守り

1) 日常生活動作の見守り

行動のモニタリングは，居室空間での行動，日常生活動作（ADL）の支援などがあげられる．

まず，居住空間に焦電センサやマグネットセンサなどの物理センサを装着し，居住者の行動を見守る技術が数多く報告されている．居室に**焦電センサ（人感センサ）**を装着し，居室への出入りを検出したり，マグネットスイッチによる玄関の出入り，冷蔵庫開閉の有無などをモニタしたり，また，調理のための電気，ガス，水道使用量などを連続的にモニタすることで，独居高齢者の安否確認や生活習慣の把握，緊急事態への対応を行う．さらにテレビ鑑賞時間をリモートスイッチの履歴から推定することもできる．食事摂取などのADL 支援も含まれる．独居高齢者などにペンダント型あるいはお守り型の送信機を持ってもらい緊急時に対応する緊急通信システムに比較して，対象者を拘束しない利点があり，対象者が装着を拒否した場合にでも見守りが可能となる．しかし，これらのセンサを統合的に評価し行動を把握することは難しい．すなわち，エビデンスとしてこのシステムを利用することによって疾病の予防，予測や健康の増進が図られるかであり，データマイニングの手法でいかに早く異常をみつけることができるかが課題となっている．これまでの研究では，単位時間当たりの活動量をカウントするにとどまっている．疾病を予測するには，たとえば習慣的な行動としてテレビ鑑賞に着目し，エントロピー解析によって，周期性からの逸脱を疾病予測に用いた例がある．

食事の管理は，前述のように電気，ガスの使用量を知り食事の頻度を間接的に知る方法と，摂取に着目したものがある．摂取した食物を記録していく方法は簡便であり，栄養指導などで効果が上がっている．デジタルカメラで食事を撮影して画像から大まかな摂取カロリーを推定する方法もある（Tsai et al, 2007）．一般には，酸素摂取量から 1 日のカロリーを算出する方法が正確な方法とされているが，呼気ガスを採取することは，在宅では困難である．術後管理や高齢者の行動（身体活動量）を把握するためにはカロリー換算つき歩数計を使用する．**歩数計**は内蔵の加速度センサが歩行や運動に応じて反応し，加速度値がある閾値を超えた回数を計数し，歩数を乗ずることにより消費カロリーを計算する．加速度からエネルギー代謝を推定する方法は Wong らによって提唱されたもので（Wong et al., 1981），重心付近の腰部加速度と酸素摂取量が高い相関であることが基本となっている．高齢者の場合，歩き方により踵接地の衝撃加速度が小さく，歩数計が正しい値を示さない場合もあるので注意を要する．

2) 独居高齢者の安否確認

対象者の安否確認は，対象者の行動の確認に加え，火災，ガスの検出のための火災報知器のほか，一酸化炭素，二酸化炭素ガスなどのガス検出を含んでいるシステムも存在する．セキュリティは前述のマグネットスイッチをドア，窓につけて不審者の侵入を防ぐシステムが一般的である．

安否確認についてはいくつかの廉価で簡便なシステムが市販されている．高齢者宅と電話回線を利用してコミュニケーションをとる方法が主である．最も簡単なものは，毎日自動音声で健康状態を利用者に尋ねるものである．緊急または相談などの種別ボタンを有する端末機を電話回線に接続する方法もある．対象者がボタンを押せば，コールセンターにつながり，コールセンターでは状況に応じ火災，救急，生活サポート，相談の場合のカテゴリに分けて，電話オペレータがそれぞれの対応をする（サスケ，周南マリコム社）．

利用者がボタンを押すだけで，電話回線などによって一度に数カ所への連絡ができる装置や，自治体によってネットワークができていて，電話だけでなく，

CS放送のテレビ機器によって送信できるシステムもある．

対象者の電気ポットの使用状況を被介護者や遠方に居住する親族の携帯型電話に送信することによって安否を確認するシステム（みまもりほっとライン，象印マホービン）．都市ガスの使用量を携帯電話のeメールやパソコンで毎日知らせることにより見守るシステム（みまもーる，東京ガス）なども実用化されている．これらのシステムは1000～4500円/月の費用で利用できるという．

これらの簡便なシステムからセキュリティ会社が行っている緊急通報，安否確認を含めた総合システムまでの比較はWeb上で参照することができる（高齢者安否比較.com）．

動物に擬したロボットに情報伝達装置を内蔵して見守りを行う方法も研究されているが，高齢者になじみのある動物ロボットの作製には至っていない．

c. 転倒・徘徊防止センサ

2000年4月の介護保険制度導入に際し，身体拘束が原則禁止となり，徘徊・転倒・転落に関するさまざまな取組みが始まった．身体拘束禁止を推進するには，まず相対的に発生の頻度が高まる徘徊を防止する必要がある．高齢者は，転倒による骨折で寝たきりや廃用症候群に至る確率が高い．

転倒・徘徊防止センサは，対象者に装着して検出を行う装着型（ウェアラブルセンサ）と対象者にはセンサを取り付けずに，前項で述べたような床面，天井や壁などに設置したセンサで検知する非装着型がある．

装着型の利点として，個人識別が可能であることがあげられる．検出精度が高い，施設・居宅以外の転倒・徘徊にも対応できることがあげられる．GPS，PHSや携帯電話と連携させることで位置情報を得ることにより適切な対応ができる．一方，欠点としては，装着のわずらわしさや装着しても外してしまうことなどがあげられる．そのため多くの装着型センサは，直接衣服に縫い付ける，履き物に装着する，お守りのなかに入れる，ペンダントにするなどの工夫をする．また，電池交換などの保守も必要であり，施設などでは，一人当たりのコストが高くなるなどがあげられる．

一方，非装着型では，上述のような問題は発生しないが，個人識別が困難であるため，職員や外来者と徘徊検出対象者との区別がつきにくいという問題があり，施設内で徘徊を防止できなかった場合には対応も困難となる．

装着型は，無線式のセンサを装着し，電波の受信の有無で徘徊を検出する「無線」方式と無線タグを装着する「無線タグ」方式に分類できる．

1) 徘徊検知センサ

無線方式は，対象者に無線式の送信機を装着し，受信機を居室内や出入口に設置しておき，徘徊により対象者が電波のエリア外に出た場合，もしくは出入口のエリアに入った場合に警報を発する装置である．市販されているものでは，アクセスコール（竹中エンジニアリング社），徘徊老人感知システム（アイホン社）などがある．また，PHSの位置情報検索機能を用い，数十mの精度で徘徊者の場所を検索するサービスもある．これらの装置は，個人識別は受信機のIDを登録することで可能であるが，人数分のチャネルを用意する必要があり，電波のチャネル数が限られる．このため多人数での使用用途よりも個人用途向けの装置が多く市販されている．個人識別が可能な無線センサの研究もみられる．これは，無線電波に変調を加えセンサごとのIDを付加するものである．

無線タグはフィルムタグをつけた対象者が床や壁などに設置する受信コイルのエリアに入ると報知する．フィルムタグには内部電源は必要とせず，受信コイルに接近させた際にコイルからの誘導起電力によりタグ通過の有無を検出する．電源が不要なため軽量であるが，タグと受信コイルの距離が離れると受信できないため，衣服や履き物に装着する．個別にIDを付加することができるので誰が徘徊しているかがわかる（TIRIS, Texas Instruments USA）．

非装着型としては**マットセンサ**と**人感センサ**がある．マットセンサを居室の入口などに設置することにより，徘徊対象者がマットを踏んだ時点で信号が発せられる．センサはon-offスイッチであるため安価であるが，対象者以外でも反応するため，不特定多数の出入りする場所での設置は難しい．マットにループコイルを装着し対象者に無線タグを持たせることにより個人識別を可能にした例がある（徘徊コール，パナソニック社）．施設ではベッドマットの下にマットセンサを敷いておき，ベッドから起き上がった情報をナー

スコールで知らせる製品が市販されている．センサ情報は個人宅では無線で情報を送信し，施設ではナースコール，携帯電話に接続するシステムが提案されている．

人感センサによる方法は，居室や廊下，玄関などにヒトの動きに反応するセンサ（人感センサ，焦電型赤外線センサ）を設置し徘徊を検出する．マットセンサと同様に個人識別は不可能であるが，ベッドに取り付ける方法や，在宅で居室の出入口に取り付ける方法は効果的である．人感センサに反応があった場合にカメラ画像で確認する自動録画機能を備えたものもある．

2) 転倒検出・防止センサ

転倒転落検知には徘徊検知とほぼ同様のシステムが開発されている．転倒する危険性が高い行動を事前に検出して介護者に通報する方法と，ベッドやトイレなどで身体動作がない場合などに，対象者の行動パターンから転倒などの推測を行い通報する方法がある．また，研究としては転倒を直接検出し通報する試みもある．これらシステムは在宅では携帯電話，ネットワークを用いて，家族や介助者，専門の管理センタなどに通報する．また，施設ではナースコールやPHSに通報する方法がとられている．

無線型センサの一例としては，歩数計と同等の大きさで転倒時の衝撃を検出するセンサと姿勢を検出するセンサが内蔵されているものがある．転倒の衝撃と姿勢の情報から転倒と判断するとアラームを発し，一定時間内にキャンセルのスイッチが押されない場合は，管理センタに通報されるシステムとなっている（fall detection systems, Tunstall Healthcare 社，英国）．腕時計型のセンサを装着し，疾病による体調変化や転倒など日常生活での異なる事象を検知し無線で通報するものもある．これらは，加速度，角速度，姿勢センサを装着し，転倒の有無を重力加速度信号強度の閾値，転倒前の速度検出，急激な姿勢変化，自由落下，急激な重力加速度変化，衝撃後の重力加速度の減少などから推定し，検出しようとするものである．

転倒を事前に検知しエアバックを開くシステムも市販されている（着るエアバック，プロップ社）．加速度と角速度センサを用いて姿勢情報と身体の回転角度の値から瞬時に転倒を判断し，100〜200 ms でエアバックを開くことができるという．

非装着型では，床面やベッド面にマットセンサを敷く，ベッドに赤外線離床センサを装着する，天井に焦電型センサを設置するなど，徘徊防止センサと基本構成は同じものが多い．睡眠時のトイレ動作など意識レベルの低いときにベッドよりの転倒，転落が多いことからマットセンサをベッドと布団の間やベッドの下に設置することによって離床を検出し，看護師，介護者に通報する構成である．ベッドのマットと連動して，対象者が床のマットを踏むことにより，ベッドの下の照明が作動したり，廊下の誘導灯が作動する試みもみられる．

焦電型センサは，体温に近い環境下での識別率が悪いことからコンピュータビジョンの応用としてCCDと画像処理技術あるいは人工網膜を用いてヒトの動きや転倒を検出する試みもある．転倒をパターン認識して通報することも試みられている．すなわち，画像情報から高齢者の状態を把握し，転倒の可能性がある場合や疾病で長期間動けない場合を判断し通報するものである．CCDカメラの画像情報から差分情報を取り出し動作を判断することで，プライバシーへの配慮を行いつつ，転倒の危険性がある状態を事前あるいは事後に認識する．

入浴中の事故防止もいくつかの方法がある．浴室事故を早期に発見し，救命することを目的としてCCDカメラによりヒトの動きを検出し信号処理により緊急対応できるアルゴリズムを作成している．検出エリアをいくつかの領域に分割し，各領域の明るさと色の時間変化からヒトの動きの有無を検出しヒトの動きだけを検出する．浴室の天井や壁にセンサを取り付けることで浴室内の事故に対応している．監視カメラと違い動きの情報のみを検出しているので個人のプライバシーを侵害しないとしている．温度による影響，体温に近い環境下での誤動作も少ない．また，シャワーや浴槽からの湯滴などの水泡の動きは画像処理で処理できるという．

浴槽内の事故については，呼吸の有無を浴槽に設置した電極や加速度センサによって得られる呼吸成分から検知し，警報を出す方法も試みられている．

d. スマートハウス，スマートルーム

在宅での見守りを考えていくと健常高齢者，身体障がい者，認知症の支援が中心となるが，これまでの支

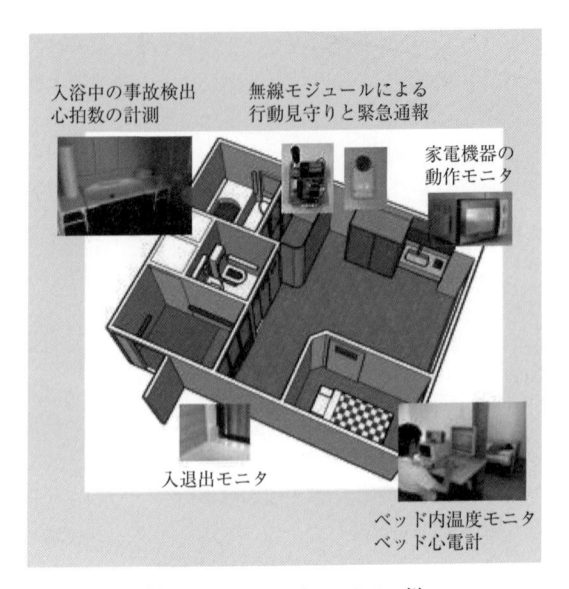

図 2.4.29 スマートルームの一例

援機器を一体化して提供する試みが**スマートハウス**，**スマートルーム**である．スマートハウスは家庭での省電力化，環境整備ネットワークの構築などを目的として開発が始まったが，現代のシステムとして，日常生活の心拍数，呼吸などの生理的情報，セキュリティ，転倒，転落の安全・安心，社会参加支援，コミュニケーション支援，認知支援を試みている（Stefanov et al., 2004；Chan et al. 2008, 2009；Demiris, Hensel, 2008）（図2.4.29）．それぞれの見守りパラメータは，これまでの各項で説明されている．スマートハウスについて報告がみられるが，利用者にとっての特徴的な有用性やエビデンスはみられていない．わが国においてもモデル事業としてウェルフェアテクノハウス研究開発事業が推進され，1993年度全国13カ所，次年度3カ所建設された．住宅のバリアフリーとアクセス評価，在宅介護支援機器の開発・評価，機器導入による建築計画の研究，高齢者・障がい者の生活に適合した支援機器の研究，利用者の動作分析や生理計測による評価，居住による評価，快適な環境づくり，在宅医療システム，在宅介護負担，エネルギー研究が行われた．しかしながら報告はほとんどみられない． 〔田村俊世〕

文 献

Chan, M., et al. (2008): A review of smart homes—Present state and future challenges. *Comput. Methods Progr. Biomed.*, **91**(1): 55-81.

Chan, M., et al. (2009): Smart houses—Current feature and future perspectives. *Maturitas*, **64**: 90-97.

高齢者安否確認の種類と特徴：http://www.anpi-hikaku.com/index.html（アクセス日2011年6月25日）

Stefanov, D. H., et al. (2004): The smart house for older persons and persons with physical disabilities: structure, technology arrangements, and perspectives. *IEEE Trans. Neural Sys. Rehabilitat. Engin.*, **12**(2): 228-250.

Tamura, T. (2012): Home geriatric physiological measurements. *Physiol. Meas.*, **33**(10): R47-R65.

Tsai, C. C., et al. (2007): Usability and feasibility of PmEB: A mobile phone application for monitoring real time caloric balance. *Mobil. Networks Appl.*, **12**(2-3): 173-184.

Wong, T. C., et al. (1981): Portable accelerometer device for measuring human energy expenditure. *IEEE trans BME*, **28**: 467-471.

2.5 社会参加支援

2.5.1 就学・就労支援

障害のある人の就学や就労において治療・訓練による個人能力の改善や支援技術による能力代替や増強が求められると同時に，周囲がどのような配慮を提供するかも重要だとされている．

バリアフリーやユニバーサルデザインの考えを取り込んだ街作りや製品開発が急速に進んでいる．こういった環境整備については，多くの人がその恩恵をこうむることが明白であり異議を唱える人は多くない．一方，個人の能力に関していえば，支援技術により障害機能が代替・増強できるようになってきたにもかかわらず，工学的技術で新しく生まれた能力をどのように扱うかのコンセンサスが生まれておらず，その力を十分活用しきれていない現状が一部にある．

a. 教育と支援技術

教育の目標は個人の能力を最大限に開花させることであり，その実現において最も重視されることは本人の「努力」である．これは障害のある子どもにとっても変わりはないが，障害があるがゆえに勉強だけでなく障害の克服にも努力を強いられるという事態が生じる．たとえば，下肢麻痺のある子どもであれば当然のごとく歩行訓練が求められ，他の子どもと同じ時間だけ勉強するには睡眠時間や遊び時間をそれに当てるしかない．障害がなければ必要なかった努力を強いられているのが現状であるが，残念ながら，社会がそれを期待する構図ができあがっている．テレビに登場する障害者の大半はこういった努力の結果，自己実現を達成した人として描かれる場合が多い．本来，最大限に学習能力を発揮させるのであれば，下肢の機能回復と歩行訓練に時間を費やすだけではなく，移動は電動車いすで代替し，他の子どもと同じように勉強や遊び時間をとれるようにすることであるが，支援技術の導入に抵抗を感じる人も多い．親や教育関係者を納得させるだけの支援技術利用の効果データの提示とその利用を前提とした社会システムの提案ができていない．

1) 学校における支援技術利用－学習活動を支援する技術－

特別支援教育において，**支援技術**（assistive technology：AT）の活用は子どもの学習の機会を保障するうえで重要である．電動車いすのように障害のある子どものために開発された技術だけでなく，一般製品であっても運動障害や視覚障害のある子どもの活動を支えるものが多く流通している．たとえば，表2.5.1に示したような機器が彼らの学習を助けている．近年，情報機器を活用した教育が進んできているが，そこで用いられるディジタル教科書やワープロと

表2.5.1 学習におけるエイドとしての活用ができる一般製品

学習活動	一般製品	従来からの支援技術
移動	―	電動車いす
会話	ICレコーダ，デジタルカメラ，PC，携帯電話	VOCA, TDD, 電話リレーサービス 福祉電話
記憶	ICレコーダ，デジタルカメラ	―
思考整理	マッピングソフト	―
読み	電子ブック	ページめくり機、拡大・音声読書器
書き	ワープロ	ペンホルダー
計算	電卓	―
時間理解	タイマー	タイムエイド
ナビゲーション	GPS	―
環境調整	ノイズキャンセリングヘッドフォン	―

いった一般の教育ツールはそのまま障害のある子どもに適用できるものも多い．一般機器が小型化・高性能化することによって多くの活動をカバーする支援技術として活用できるようになってきた．たとえば，肢体不自由のある子どもが読書する場合，ページをめくることが困難であればページめくり機といった専用機器に教科書をセットし，スイッチを押すことでページをめくって読書を行ってきた．しかし，書籍のディジタル化が進んだ結果，タッチスクリーンやキーボード操作だけでページをめくって読書することが可能になっている．また，全盲の子どもの場合も従来，OCR を組み込んだ視覚障害者用読書器という専用機器で音声化して読書する必要があったが，ディジタルデータの提供によりパソコンなどの情報機器で読書が可能になってきた．聴覚障害の人にとってはこれまで電話をすることに大きな困難が存在した．そこで TDD (telecommunication device for deaf) が開発され，電話リレーサービスと組み合わせて聴者との音声コミュニケーションを確保したが，電子メールの出現がこういった専用機器とサービスを代替するようになりそのニーズが低下した．

知的障害の場合，障害機能の直接の代替が困難であるため，ディジタルカメラを記憶補助ツールとして用いるように，本来の機能とはまったく違った視点で障害を補償する使い方も生まれている．

2) 機器のアクセシビリティの改善

上述した機器を用いることでさまざまな学習活動へアクセスできるようになったが，障害の程度によっては，たとえば，パソコンのキーボードが使いにくいなど，デバイスへのアクセシビリティの問題が生じる場合もある．この点について，パソコンの OS の上では，基本的なアクセシビリティが確保されている．たとえば，視覚障害のための音声化・拡大・反転機能，肢体不自由のためのキーボード・マウス入力補助機能やスクリーンキーボードなどが標準搭載されているが，残念ながら，その機能が十分知られておらず教育のなかでまだ十分活用されているとはいいがたい．また，代替キーボードや点字ディスプレイなど利用者が限定される支援技術の供給についても十分ではない．

米国では **IDEA**（障害のある個人の教育法）によって学校側が教育の配慮の一つとして支援技術を提供することを義務づけているが，わが国では法的裏づけがないため，教育のなかの支援技術の供給が十分とはいいがたい．特別支援学校においては，学校備品として支援技術を保有するものの，特定の生徒が専用に使用することを前提に導入されておらず，宿題のために家庭へ持ち帰ることが難しいなどの問題がある．普通学校ではそのような措置はなく，個人が支援技術を準備する必要がある．さらに，普通学校のなかに支援技術の専門家の配置はなく，仮に機器を入手できたとしても授業場面での活用には大きなハードルを残している．そのため，障害のある子どもの統合教育が進む一方で，一部の子どもたちには支援技術による能力補償が十分活用されないまま教育がなされている現実もある．

3) 学習課題や教育目標を変える技術

社会インフラの整備が人々のライフスタイルを変えてきている．そのことが障害のある子どもに求められる学習課題さえも変えつつある．たとえば，計算が苦手な知的障害のある子どもが買い物でお金を財布から取り出し正しく支払う教育が行われてきたが，電子マネーの普及は必ずしもその課題をこなせなくても生活できる状況を生んでいる．また，電子メールの普及は，言語障害のある子どもが電話をかける学習をすることの緊急性を下げている．

逆に新しい技術の発展が新しい教育の課題を産み出している場合もある．たとえば，肢体不自由の子どもにとって買い物に行くだけでなく，インターネットで買い物ができるようになることの重要性は増していると考えられる．また，人工内耳技術の発達は，聴覚障害児教育において手話だけでなく口話の重要性を再認識させている．

同じ教育課題のなかに支援技術を組み込むことで新しい子どもの可能性を探ろうという動きもある．同時にそのなかで，従来の教育手法と比較した議論も生まれている．従来から言語障害のある子どもとのコミュニケーションを写真やシンボルカードを用いることで確保する教育があったが，多くのカードを一元化できるからという理由から，これをタブレット PC 上に置き換えようとする動きがある．しかし，知能レベルによってはタブレット PC のなかに登録した写真やシンボルが階層化され，どこにあるか探せないといった事態も生じる可能性がある．支援技術があるから従来技術に置換すべきという方向性は，時に大きな落とし穴

を含んでいる．教育の本質を見失わないようにしないと技術利用への批判が生まれてくる．

4) 治療教育と支援技術の対立図式

職場や学校において支援技術が大きな役割を果たすようになってきたが，治療や機能回復を求めるユーザーや教育・医療関係者からはその方向に対峙するものとして支援技術が位置づけられることがわが国では多い．

特別支援教育における技術利用について，表2.5.1にあげたような技術に教師や親が必ずしも積極的だとはいいがたい現実がある．わが国では，歩行困難な小学生で電動車いすを用いて小学校や特別支援学校で学ぶ子どもはほとんどいない．早くても中学校に入ってからという給付実態がある．その理由として歩行訓練の妨げとなるという点を指摘する人もいるがその根拠を示したデータはない．北米リハビリテーション協会（RESNA, 1987）は**電動車いす**導入が歩行訓練の妨げにならないという見解を示しており，米国では歩行訓練とともに，子どもの移動意欲を引き出すためにできるだけ早期から移動手段を提供される子どもがいる．その代替が認知や心理面にも大きな影響を及ぼすことがいくつかの研究によって示されている．Hirabayashiら（2007）は，歩行困難になった筋ジストロフィーの患者への電動車いすの導入が，彼らの移動効力感の向上に大きな影響を及ぼすことを明らかにしている．また，中邑（1983, 1987）は，重度身体障害のある子どもの運動機能の補償が彼らの認知発達や社会行動へも影響を及ぼすデータを示している．

1971（昭和46）年に障害を改善・克服するための新しい指導領域として「**養護・訓練**」の時間が学習指導要領のなかに設けられ，1999（平成11）年の学習指導要領の改訂において「養護・訓練」の時間は「**自立活動**」へと改められた．これは「自立を目指した主体的な取り組みを促す教育活動」の時間であり，機器を活用した特別支援教育を推進する柱となったが，リハビリテーションを担う療育現場では治療を主眼としており，機器導入に必ずしもセラピストは積極的ではない．そのために学校に電動車いすやワープロなどの支援技術を早期から持ち込む子どもは多くない．

工学的技術が万能でないと同時に，治療技術も十分確立されているとはいえない現状では，治療と支援技術を対立する図式ではなく，相互に補完しあう図式でみることが子どもの能力を最大限に引き出すうえで重要である．子どもが自立するうえでさまざまな体験は不可欠である．たとえば，歩行訓練をして歩けるようになって完全に自立（independent）して買い物にいくには時間がかかるし，障害によっては自立歩行が困難である可能性もある．電動車いすに依存（dependent）して買い物にいくことはすぐ可能であるが，店の入口に段差があり進めないといった事態も起こりうる二者択一ではなく，電動車いすで店の前までいき，そこから杖をついて歩いて店のなかに入るといったように**使い分ける**（interdependent）関係が最善であることは明らかである．

障害のある子どもたちが治療訓練によってその機能を発達させることができればよいが，子どもに与えられた時間は有限であり，機能回復には時間がかかり限界がある場合もあることを忘れてはならない．治療訓練は重要であるが，そのために学習の時間が十分とれないといった事態は，子どもの学習の機会を奪う深刻な問題である．障害を克服して他の子どもと同じような形で活動できるようにすることの限界を認めつつ，支援技術を活用して，歩行と同時に移動の，また，音声会話と同時にコミュニケーションの能力を確保する必要性がある．

5) 合理的配慮の一つとしての支援技術提供

特別支援学校のように障害が比較的重度の子どもたちが学ぶ場面においては，支援技術の導入に大きな抵抗感はない．一方，ATを活用する障害のある子どもが統合教育の場面に入った場合，とたんに拒否反応が現れることがある．その理由として他の子どもとの不公平感，授業運営に支障が出る可能性などをあげる教師が多い．特に，試験などの競争事態に支援技術を用いるとなると，すぐに公平性の議論が浮上する．文部科学省の調査「平成23年高等学校入学選抜の改善状況等について」では，高校入試におけるさまざまな種類の配慮提供があげられている．そこでは，代読や代筆など人を介した支援は認められているものの，音声読み上げソフトやワープロの利用は配慮として上がっていない．近藤ら（2009, 2010, 2011）の障害のある学生への高等教育における合理的配慮の妥当性に関する研究においても，支援技術利用を認めたケースはあるもののその事例は必ずしも多くはない．そこでは筋ジストロフィーのため筆記用具が使えない受験生が

ワープロの利用を申請したが，ワープロの漢字変換機能が不公平に当たるとの判断で却下されているケースも示されている．

発達障害や高次脳機能障害の子どもたちにとってはその障害が見えにくいだけにさらに大きな混乱がある．近年，ICレコーダやデジタルカメラを用いて，あるいはWeb検索を利用しながら認知機能や記憶機能を補う子どもがいる．しかし，現在の入試問題の多くは記憶力を問うものであり，記憶障害のある子どものために記憶エイドを活用して入試を受けることは容易ではない．記憶が入試における本質ではないと考えるならば，入試から記憶に関する問題のあり方を検討する必要もある．

2008年，南アフリカの陸上競技選手であるオスカー・ピストリウスが義足をつけて北京オリンピックに出たいといいだして物議を醸した．両下肢を切断しているためカーボンファイバーの義足をつけて走る彼の能力が本来の彼の能力であるかどうか，それが他の選手との間で不公平でないかが議論の焦点となった．技術がヒトの能力を増強できるようになり，誰もが，テクノロジーの助けなしに生活できなくなってきていることに気づく必要がある．障害の有無に関係なく今後技術による能力の増強の議論がさまざまな形で湧き起こってくるであろう．2011年8月に障害基本法が改正され「合理的な配慮」の提供が明文化された．そのため職場における合理的配慮として支援技術の議論も進んでいくと思われる．

b. 就労と支援技術

ALSのStephen Hawking博士がコンピュータの音声合成機能を用いて講義や研究を行う姿や，全盲ろうの福島智博士が点字ディスプレイを駆使して大学の教授としての職務をこなす姿は多くの人に工学的技術を活用して働く可能性を示してくれた．

1) 効率向上のためのAT

障害者雇用促進法は，障害のある人の社会参加を促す目的で民間企業や国・地方自治体に一定数以上の障害のある人の雇用を義務づけており，近年，障害者の法定雇用率を達成しようとする企業も増えている．その雇用を支える支援技術の役割は社会のICT化とともに年々増大している．

職場に入ると教育で求められていた「努力」に加えて効率や生産性という異なる評価軸が入ってくる．そこでは，対価に合った労働と成果が求められるため，仕事の手段に対しては比較的寛容である．たとえば，学校で導入が制限されるICT機器の活用についても，いまや手書き書類よりもパソコンを用いた電子処理が積極的に推進されており問題は少ない．障害のある人の機器利用にはむしろ積極的な企業が大半であり，そういったスキルの高い人が求められる．

米国では，障害者の雇用差別をなくすため，リハビリテーション法508条によって連邦政府に納入されるパソコン・ファックス・コピー機などの電子機器やWebについてアクセシビリティの確保を求めている．わが国でもJIS規格（JIS X 8341）「高齢者・障害者等配慮設計指針―情報通信における機器，ソフトウェア及びサービス―」が定められており，情報処理装置，ウェブコンテンツ，電気通信機器，事務機器のアクセシビリティの確保に大きな役割を果たしている．唯一問題となるのはそういった人を雇用する場合に生じるコストであるが，設備改修費用，新たに導入するアクセシブルな事務機器，点字ディスプレイやソフトウェアなどの支援技術については，独立行政法人高齢・障害・求職者雇用支援機構が「障害者作業施設設置等助成金」制度を設けており，障害のある人を雇用する企業をサポートしている．

交通バリアフリー法の整備などにより社会のバリアフリー化は急速に進み，通勤への負担が徐々に軽減していると考えられるが，障害のある人にとって通勤は体力的に大きな負担を強いることもある．インターネットの普及はSOHO作業を容易にしており，企業のなかには在宅就労を認めるところも増えてきた．ICTスキルさえ高ければ，移動やコミュニケーションの障害が就労上の大きなハンディとならなくなってきている．一方で，セキュリティの問題からさまざまな外部ソフトのインストールを禁止している企業も多く，特殊な支援技術アプリケーションの使用に制限が生じるなど新しい課題も生じている．

2) 職場環境に馴染まないとされる技術

肢体不自由や視覚障害のように外見からわかる障害と発達障害や精神障害のように外見から判断しにくい障害との理解の違いもまだまだ大きい．外見から障害

のわかる人の技術利用については，誰もがその必要性に気づくだけにその利用を否定する人は少ない．一方，発達障害や精神障害のある人の困難さを理解できる人はまだ多くなく，支援技術利用によって軋轢が生じるケースもある．たとえば，感覚過敏性のある人やADHDの人のなかにはノイズキャンセリングヘッドフォンの着用を希望する人もいるが，音楽を聴きながら作業していると誤解される可能性が高い．また，自閉性障害の人のなかには時間的見通しを立てるためにスマートフォンのアプリケーションを活用する人もいるが，勤務中にスマートフォンを利用することが職場によっては認められにくい．このことからも技術だけでなく障害理解を高めていかなければ技術利用は難しいことがわかる．

神経再生技術や遺伝子治療技術が今後いくつかの障害の治療を実現すると期待されている．個人が用いる特別な支援技術については医療技術の進歩とともにその役割は低下していく可能性もある．その一方で，電子メールの普及が聴覚障害者のコミュニケーション困難を大きく改善したように，一般に普及するテクノロジーによる社会環境の整備に対するニーズはさらに高まっていくと考えられる．支援技術の重要性が低下するわけではない．支援技術のあり方が変化すると考える必要がある．

エンジニアが社会のなかで障害と技術を俯瞰し，ヒトの能力観や教育哲学にまで踏み込んだ技術開発を行うことでより多くの人の困難さが工学的技術によって解決されるであろう． 〔中邑賢龍〕

文　献

Hirabayashi, R., et al. (2007)：Two drops of self-efficacy of wheelchair users：Is the manual wheelchair necessary for muscular dystrophy patients? Challenges for Assistive Technology（Eizmendi, G., et al., eds.), pp.671-675, Amsterdam, Holland：IOS Press.

近藤武夫ほか（2009）：障害のある学生への高等教育における合理的配慮の妥当性に関する研究．平成20年度日本学生支援機構障害学生受入促進研究委託事業実績報告書，http://www.jasso.go.jp/tokubetsu_shien/koudairenkei/

近藤武夫ほか（2010）：障害のある学生への高等教育における合理的配慮の妥当性に関する研究．平成21年度日本学生支援機構障害学生受入促進研究委託事業実績報告，http://www.jasso.go.jp/tokubetsu_shien/koudairenkei/

近藤武夫ほか（2011）：障害のある学生への高等教育における合理的配慮の妥当性に関する研究．平成22年度日本学生支援機構障害学生受入促進研究委託事業実績報告，http://www.jasso.go.jp/tokubetsu_shien/koudairenkei/

中邑賢龍（1983）：脳性マヒ児の認知障害改善の試み―一人の四肢マヒ児のマイクロコンピュータ操作訓練を通じて―．教育心理学研究，31：319-325.

中邑賢龍（1987）：中・重度脳性マヒ児集団の友人関係に関する研究―コンピュータゲームを利用した友人関係拡大の試み―．教育心理学研究，35：79-85.

RESNA（1987）：Childhood powered mobility：Developmental, technical and clinical perspectives. Proceedings of the RESNA Northwest Regional Conference, 1st, Seattle, Washington, March 6.

2.5.2 高齢者の交通事故防止

2010（平成22）年における全国の高齢化率は23.1％であり，2035年には3人に1人が65歳以上となる超高齢社会を迎えると推定されている（内閣府，2011a）．国内の交通事故統計によると，交通死亡事故に占める高齢者の割合は50.4％と他の世代に比べ圧倒的に高く，交通事故による死者の約半数が高齢者であることを示している．高齢者の死亡事故を状態別に比較すると，歩行中に事故に遭う確率が50.1％と最も高く，交通事故の最大の犠牲者は高齢歩行者であるといえる（内閣府，2011b）．

ドライバーの交通事故防止対策は，国土交通省と自動車メーカーを中心とした多くの研究機関で進められており，近年，多くの予防安全技術が提案されている．一方，高齢歩行者に関しては，交通事故の発生状況に関する分析（市川，1994；三井，1995）が科学警察研究所および交通事故分析センターにより進められ有益な情報が公表されているが，交通事故防止策は「明るい目立つ色の服装を心がける」「反射板を装着する」といったドライバーの注意を喚起する取組みがほとんどであり，高齢歩行者側からの交通事故回避の活動は地域の交通安全講習にとどまっているのが現状である．今後，高齢者人口の増加とともに交通事故発生件数も増加していくと予想され，高齢歩行者を対象とした交通事故防止の取組みが重要となっている．

老化による機能低下は緩やかに進行するため自覚することは難しい．そのため，交通事故の回避のような知覚・認知・判断力および身体機能を総動員して対処しなければならない状況下での能力（以後，**危険回避能力**と呼ぶ）を自覚できる機会はほとんどなく，自意識と身体能力とのギャップが拡大している高齢者も少なくない．一方，交通安全講習の場において指導員の評価に耳を貸さないなど，自意識と身体能力のギャップが教育効果を低下させているケースも報告されている（西山，2005）．そのため，高齢者の危険回避能力を定量的に評価できると，自身の能力やリスクを自覚することができ，効果的な交通安全講習を実現するうえで有効と考えられる．身体の機能や能力には聴力，焦点調節および皮膚振動覚のように加齢に伴い低下するものと，筋力および単純反応速度など訓練により一定のレベルを維持できる能力とがある（斉藤，1967；Woolacott, Shumway-Cook, 1996）．そのため，危険回避能力の定量的評価が可能になると，自身の劣った能力をリハビリテーションにより回復，もしくは他の機能で代行させるアプローチも可能となり，歩行者の能力を強化することにより交通事故を防止できると期待できる．

これまでに高齢歩行者の危険回避能力を評価しようとした研究は存在するが，実際の車道での実験は接触事故・転倒事故などの危険を伴う．安全性を考慮すると，バーチャルリアリティ（virtual reality：VR）技術により実寸大に再現された仮想的な交通環境での車道横断時に発生する交通事故誘発要因を調べるアプローチが有効な選択肢の一つとなる（Simpson et al., 2003；Lobjois, Cavallo, 2007；Mitobe et al., 2008）．VR技術で構築した仮想環境では，日中，夕暮れどき，夜間などの時間的に変化する周囲の環境条件，片側1車線の直線道路および交差点などの交通環境，車両の速度，車間距離および出現のタイミングなどを完全にコントロールすることができる．そのため，過去の交通事故事例をもとに歩行者交通事故が発生しやすい交通状況を再現し，歩行者が自主的に交通事故を防げるように事前に体験学習することができる（practice）．一見簡単そうに思えるが，車道横断中の交通事故を回避するには高度な知覚・認知・判断の能力が要求される．昼夜を問わず，ありとあらゆる気象条件下で，まず接近車両に気づき，接近車両の速度を見積もり，自身の歩行速度に依存する車道横断時間内における自身と各車両との相対的な位置関係を正確に把握し行動する必要がある．そのため，体験学習の過程で被験者の動作を計測できると，交通事故を回避するために必要な各種の能力の検査につながり，加齢により気づかないうちに衰えた認知・身体機能を特定できる可能性がある（screening）．衰えた能力を明らかにできると，低下した能力を補うための訓練装置としても仮想環境は利用できる（rehabilitation）．一方，これらの過程で蓄積される交通環境とヒトの動作の関係は，「どのような状況で歩行者交通事故が発生しやすいか」という事故後の現場検証から得られない交通事故誘発要因の解明にもつながる．一方，仮想環境を走行する車両をデザインすることで，歩行者にとって安全な車両の研究にもつながる（human factor）．つまり，仮想環

境では被験者に提示する入力としての視聴覚情報の再現性を保つことができ，被験者の認知・判断・行動の能力を調査・比較する道具として有用といえる（水戸部ほか，2006；Régis Lobjois, 2007）．

ここでは，車道横断体験用シミュレータ（以下，歩行環境シミュレータと呼ぶ）を用いて車道横断時に事故に遭いやすい高齢歩行者に共通する特徴から交通事故誘発要因を抽出する手法を紹介し，得られた知見をもとに高齢歩行者の交通事故を防止するためのポイントについて述べる．

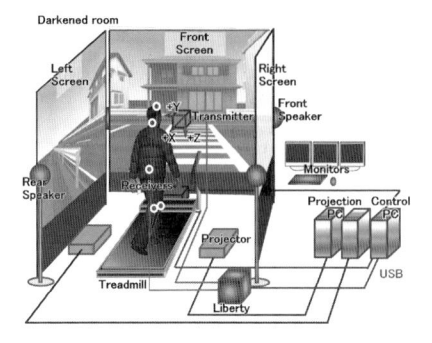

(a) ブロック図（片側1車線の直線道路）

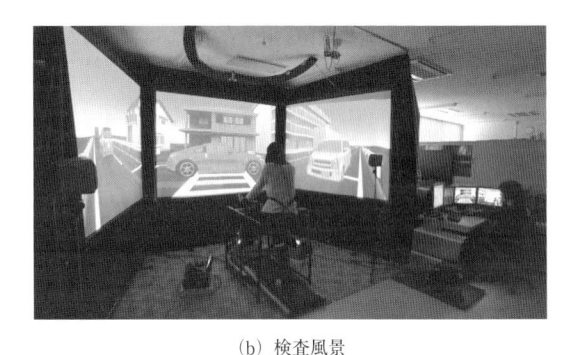

(b) 検査風景

図 2.5.1 歩行環境シミュレータ

a. 歩行環境シミュレータ

図2.5.1に歩行環境シミュレータの構成例を示す．図2.5.1(a)にブロック図，同図(b)に検査風景を示す．検査システムは仮想交通環境を映し出す「映像呈示ユニット」，被験者の動作を測定する「運動計測ユニット」および「制御用コンピュータ」で構成される．

映像呈示ユニットは，2台の映像生成用 PC（Core i7, NVIDIA GeForceGTX275），3組のミラー投写型プロジェクタ（NEC 製，WT610T）および100型広視野角スクリーンで構成される．映像生成用 PC では，制御用 PC から TCP-IP（1000BaseT）経由で送信される「被験者および車両の位置情報」をもとに，被験者位置から左右にみえる車道の映像を実時間で計算し，生成している．生成した映像はプロジェクタを介して左右に設置した100型広視野角スクリーンに映写する．映写された映像は，実際の車道横断で被験者がみる大きさにすべて一致させており，計測された被験者の頭部の位置を実時間で映像に反映させている．そのため，被験者の身長によって描画される映像は異なり，実際の車道横断の条件と同様に車両の見え方や死角が忠実に再現される．一方，既存の技術では焦点調節に関するピント情報の再現は困難であり，今後の課題である．図2.5.2に歩行環境シミュレータで再現した時間帯別の交通環境を示す．歪んでみえるのはコの字型に配置した左右の映像を同一平面に描画したためである．スクリーンに投映された VR 映像と実空間の輝度を色彩輝度計（KONICA MINOLTA 製，CS-100A）により測定し，評価した．各時間帯における VR 映像と実空間の空，道路の輝度および3刺激値 XYZ を測定した．なお，実空間における夕暮れど

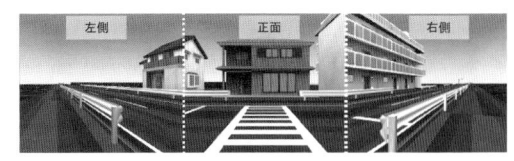

(a) 日中（昼）の映像

(b) 薄暮（夕）の映像

(c) 夜間（夜）の映像

図 2.5.2 歩行環境シミュレータで再現した時間帯別の車道

きの道路，夜における空，道路の輝度および3刺激値 XYZ は測定感度（$0.01\,\mathrm{Cd/m^2}$）以下であった．現時点で入手できるプロジェクタでは，太陽光相当の輝度を再現することは不可能であり，今後の技術の進歩を待たざるをえない．夕暮れ，夜の VR 空間は，実空間に近い輝度で再現した．

運動計測ユニットは，自走式のトレッドミルおよび磁気式モーションキャプチャ装置で構成される．自由なタイミングで被験者が歩きはじめられるように自走式のトレッドミルを採用した結果，通常の歩行とは異なり，乳母車を押して歩くように，トレッドミルのハンドルを前に押し出すようにみずから滑り運動を行い歩行する必要がある．トレッドミルには，ベルトの回転軸の回転数をカウントする自作のインタフェース回路を組み込み，PC の USB ポートを介してベルトの移動量（被験者の歩行距離）を計測できるように改良した．なお，被験者の歩行距離に連動して仮想空間中に設置したカメラ位置を移動させることで，歩行速度に応じたオプティカルフローを実現している．被験者の身体の動きは磁気式のモーションキャプチャ装置（POLHEMUS 製，Liberty 240/8 sensor system）を用いて測定した．モーションキャプチャ装置は 1 個のトランスミッタ（TX4：$4.07''L \times 4.07''W \times 4.04''H$, 1.60 lbs.）と 8 個のレシーバ（RX2：$0.9''L \times 1.1''W \times 0.6''H$, 0.32 oz）および本体で構成される．トランスミッタ内の三軸直交コイルに高周波電流を流すことで周囲に高周波交流磁場を発生させ，レシーバ内の三軸直交コイルに誘導される誘導起電力を測定することで，トランスミッタに対するレシーバの相対的な位置（X, Y, Z）および角度（azimuth, elevation, rotation）を計測している．なお，最大サンプリングレートは 240 Hz，トランスミッタから 90 cm の範囲内における位置精度が 0.8 mm RMS，角度精度が 0.15 deg RMS であり，ヒトの歩行動作を測定するうえで十分な性能を有している．今回の実験条件では頭部，頸部，腰，両膝の 5 カ所にレシーバを装着した．モーションキャプチャ装置は制御用 PC に USB 経由で接続しており，システム全体のサンプリングレートはプロジェクタのリフレッシュレートの上限である 60 Hz に設定した．

制御用 PC には，USB 経由でトレッドミルおよびモーションキャプチャ装置，サウンドカード経由でスピーカ，TCP-IP 経由で左右の映像描画用 PC が接続されており，インタラクティブに VR 環境を制御すると同時に被験者の正面に映写する映像を実時間で生成している．走行車両が発する車両音などの音場を再現するために，4 台のスピーカ（fujitsu ten：TD510，仕様周波数範囲 45〜20000 Hz）を斜め前方および斜め後方の左右に計 4 台設置している．スピーカはパワーアンプ（fujitsu ten：TD501II）を介して PC のサウンドカードに接続しており，VR 空間で生成した車両音の音場を再現した．スピーカは左右のスクリーンの背後に配置し，被験者の耳眼平面と等しい高さになるように床から 160 cm の高さに設置した．VR 空間における車両の騒音レベルを実際のエンジン音に一致させるために，精密騒音計（リオン製，F-9）を用いて，被験者の正面 0 m の位置に車両が存在するときの騒音レベルが 79 dBA となるように調整した．

歩行環境シミュレータのソフトウェアは VR 開発環境である Vizard 3.0（WorldViz）を用いて作成した．Vizard は Python ベースの開発環境であり，VR に特化したライブラリを備えており，長さ（距離）[m]，時間 [s]，速度 [m/s]，角度 [rad] を SI 単位系で記述できるので，実世界と一致したスケールの仮想空間を容易に構築できる．検査用に構築した仮想交通環境は高齢歩行者交通事故の事故類型別で最も発生件数が多い片側 1 車線の直線道路であり，被験者が横断歩道を歩き車道を横断する状況を再現した．

b. 車道横断体験シミュレータによる交通事故発生パターン

1) 奥の車線で事故が多発

被験者 16 名により延べ 144 回，車道を横断した結果，27 件の衝突事故が発生した（水戸部ほか，2009）．事故に遭った被験者は若年者 3 名（事故件数 4 件），高齢者 7 名（事故件数 23 件）であった．図 2.5.3 に車線・年齢別の事故発生率を示す（水戸部ほか，2009）．なお事故発生率とは車道横断回数に占める事故発生回数を百分率表示した値である．実際の交通事故発生率と比べて格段に高い理由は現実には横断しないであろう交通量が多い状況に加えて，夕暮れどきに出現する車両を全部無灯火にしたこと，奥の車線を走行する（左側から接近する）車両が手前の車線を走行する（右側から接近する）車両よりも速度が速いことなどの検査条件が事故を誘発したと考えられる．**車道横断体験シミュレータで設定した実験条件では**，実際の交通事故の統計データとほぼ同様に奥車線での事故が多発していることがわかる．車道横断時の若年者と高齢者の平均歩行速度を解析した結果，高齢者も若年者も平均歩行速度が 80 m/分程度と統計的な有意差は確認できなかった（t test, $P>0.05$）．一般に高齢者は，平衡感

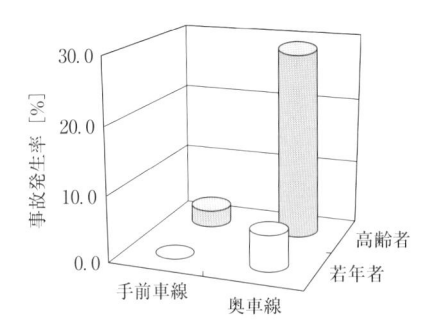

図 2.5.3 車線・年齢別の事故発生率

覚の衰えにより歩行中にふらつく（博山，2004），脚力の低下に伴い歩幅が狭くなり歩行速度が低下するなど（Woolacott, Shumway-Cook, 1996；斉藤，1967）の運動機能の低下が指摘されている．しかしながら，本検査における交通事故発生率と車道横断時の歩行速度には関連がない．つまり，必ずしも「高齢者は歩く速度が遅いから事故に遭う」わけではないことを示している．一方，本論文で歩行速度に差が生じなかった理由は実験条件にあり，車両の走行状況を的確に判断して最適なタイミングで車道を横断しはじめさえすれば，ゆっくり歩いても安全に車道横断ができるため，有意な歩行速度差が生じなかったと考える．

2) 薄暮時に危険横断が増加

奥の車線で（左から接近する車両と）事故に遭うリスクが高いことから，被験者が奥の車線をわたった直後に通過する車両に着目し，この車両と被験者との距離を調べた．被験者が車道に進入した瞬間において，両者の距離が 80 m 以下の場合を「**危険横断**」と定義し，時間帯・年齢別に危険横断の発生確率（危険横断率）を図 2.5.4 に示す（水戸部ほか，2009）．危険横断は，全 144 回の検査中 29 件発生し，そのうち 14 件が夕暮れどきであった．特に高齢被験者の夕暮れどきで危険

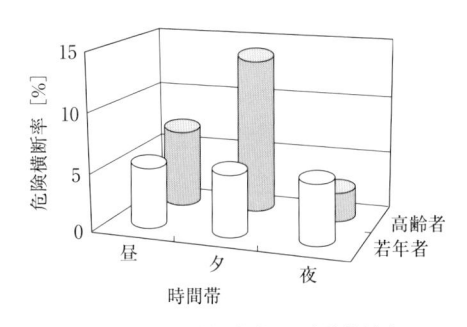

図 2.5.4 時間帯・年齢別の危険横断率

横断率が高いことがわかる．夕暮れどきはコントラストの低下や肌理勾配がわかりにくくなるなど，車両の存在や接近速度の推定に必要な視覚的手がかりが減少する．過去の研究において，夕暮れどきなどコントラストが低下する条件では，若年者に比べ，高齢者の視野周辺部での見落としが有意に増加すること（静ほか，2008），接近速度弁別能力が有意に低下すること（寺田ほか，2008）が報告されており，薄暮どきには加齢に伴う事故誘発リスクが顕在化しやすい条件がそろうことになる．

c. 交通事故に遭いやすい高齢歩行者の特徴

1) 狭い車間を横断する

被験者が奥の車線において，どの車間距離で横断していたかを車両走行データをもとに調べた．図 2.5.5 に各被験者が横断した車間距離を示す（水戸部ほか，2009）．図 2.5.5(a) が若年者，同図 (b) が高齢者の結果を示す．横軸が被験者，縦軸が検査回数，棒グラフのパターンが車間距離を示す．白抜きのパターンは車間距離が 120 m と広い条件，アミかけのパターンは車間距離が 80 m と狭い条件（危険横断）を示す．全被験者 16 名のうち 9 名が狭い車間距離で横断していた．若年者のほとんどが，車間距離が広い条件で安全に車道横断しているのに対し，高齢者は車間距離の狭い条件で無理に車道横断している割合が高いことがわかる．また，高齢被験者のなかには車間距離の広い条件ですべて横断できている高齢者もいれば，その割合が低い高齢者まで，個人差が大きいことを確認できる．

各被験者における狭い車間距離での横断率と交通事故発生率との関係を解析した結果，狭い車間距離での横断は 144 試行中 30 件発生しており，そのうち 17 件（約 57%）で衝突事故が発生していた．一方，広い車間距離を横断した際の衝突事故件数は 10 件（約 8%）であり，狭い車間距離で横断した割合が高いと交通事故誘発リスクが増加することを確認できる．よって，車道に足を踏み入れる前の安全確認時における車両の位置および速度の状況把握・予測という，空間認知能力の低下が事故誘発要因になっていると考えることができる．

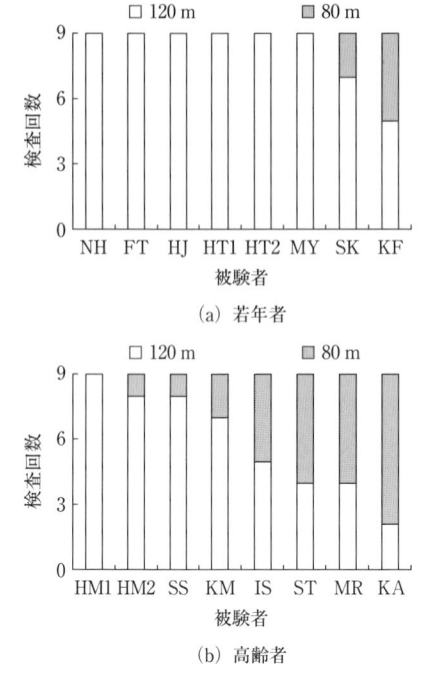

図2.5.5 車道を横断した際の奥側の車線における車間距離

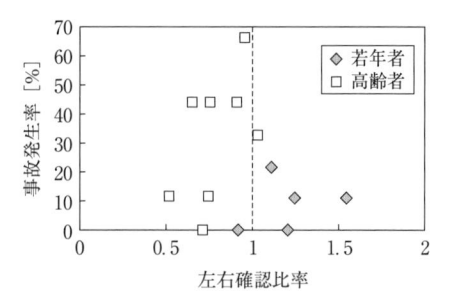

図2.5.6 左右確認比率と交通事故発生率の関係

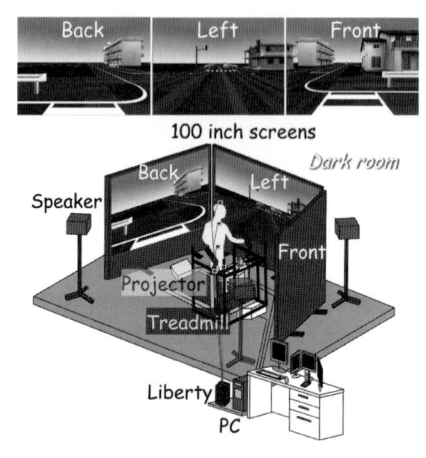

図2.5.7 交差点再現用ブロック図

2) 手前車線を走行する車両に気をとられる

車道に入る直前の被験者の安全確認動作は，車両の有無・走行速度を把握し，交通事故を回避するうえできわめて重要である．そこで，車道に踏み出す直前までの左右の安全確認時間の比率を左右確認比率（＝左側確認時間/右側確認時間）と定義し，安全確認動作と交通事故発生率の関係を調べた（なお，左右確認時間は頭部に装着したレシーバの回転角情報から算出した）．図2.5.6に左右確認比率と交通事故発生率の関係を示す（水戸部ほか，2009）．左右を均等に同じ時間だけみた場合には左右確認比率は1となり，右側をみた時間が長いと左右確認比率は1より小さくなり，左側をみた時間が長いと左右確認比率は1より大きくなる．図2.5.6より高齢者は右側をみている時間が長く，交通事故発生率も高いことを確認できる．本実験で発生した高齢歩行者交通事故の多くが奥の車線，つまり，左側から接近してきた車両との事故であったことから，高齢者交通事故を減らすためには，車道横断前に高齢者自身が意識的に左側へ注意を向け，奥の車線を走行する車両を的確に状況把握することが有効と考えられる．

3) 1回当たりの安全確認時間が短い

交差点の車道横断を検査することも可能であり，システムの構成を図2.5.7に示す（水戸部ほか，2011）．交差点の右側を横断する条件では，被験者が横断歩道に面して立った状態で，前方から左折，後方から右折し接近する車両を呈示するため，3枚のスクリーンを被験者の正面，左側，後方に設置する．交差点右側の横断歩道をわたる歩行者の正面から左折，後方から右折する車両を設定し，高齢歩行者の危険な横断を誘発する要因について調べた．検査条件として，横断可能なタイミングを前方からの車両が通過し後方から接近する車両が通過する前の間の期間に限定した．被験者が車道を横断する直前までの前方および後方の安全確認状況を比較する．頭部に装着した位置姿勢センサのazimuth（方位角）成分が左50°（正面を0°とする）以下の期間を被験者が前方を確認している期間と分類し，左90°以上の期間を被験者が後方を確認している期間と分類した．そして，横断を開始する直前までの安全確認を前方・後方に分けて延べ時間および回数を算出し，1回の平均安全確認時間を求めた（1回当た

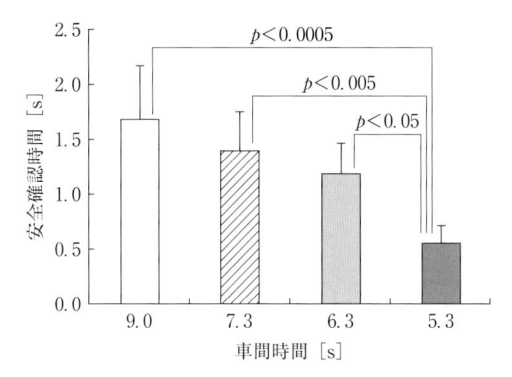

図 2.5.8 各車間時間で横断した高齢被験者別の安全確認時間

りの平均安全確認時間＝総確認時間/総確認回数）．図2.5.8に各車間を横断した高齢被験者の1回当たりの（後方）安全確認時間を示す（水戸部ほか，2011）．同図の横軸は車間距離を速度で除算した車間時間，縦軸はその車間時間で車道横断した被験者群の1回当たりの後方安全確認時間を示す．安全確認時間を従属変数，横断した車間時間を因子として一元配置の分散分析（one-way ANOVA）により群間の有意差を検定した．高齢者では危険率 $p<0.0001$ 以下の有意差が確認され，Bonferroni法により多重比較した結果，同図に示す有意差が得られた．つまり，安全な車間を横断した高齢者の特徴は，1回当たりの安全確認時間が長い点にあり，逆に，危険な狭い車間を横断した高齢者の特徴は安全確認時間が短いことにある．

4) その他の特徴

本体験装置の検査条件では，歩行者の危険回避能力を評価するために横断歩道に歩行者がいても車両が停止しないように設定しており，被験者にも知らせている．しかしながら，事故に遭った高齢者には危険に気づくとピタッと動きを止めてしまうケースが少なくなかった．内観報告によると，「車両が止まってくれると思った」と回答し，ドライバーに依存（相手への依存）する傾向の強い高齢者が多かった．また「怖くて身体がすくんだ」との内観報告もあり，危機的な状況下でパニックに陥るケースも存在した．

d. 高齢歩行者の交通事故を減らすためにできること

ここまで，歩行環境シミュレータの実施事例および歩行者交通事故に遭いやすい高齢者に共通する特徴について述べた．以上の知見を踏まえて，交通安全講習などを活用した高齢歩行者の交通事故防止のポイントについてまとめる．

1) 安全に危険な状況を体験する

加齢に伴う身体の衰えはゆっくり進行するため自覚されることが少ない．転倒事故の増加や危険回避行動の遅れにも直結する．バーチャルリアリティ技術により交通事故を招きやすい危険な状況を体験し，適切に危険回避できるように訓練することは，自身の身体の衰えを自覚する機会ともなり，交通安全講習の教育効果を高めるうえで有効と考えられる．

2) 車両の見落とし

高齢者が車両の存在に気づくことのできる視野の広さは，きわめて個人差が大きい．車両の存在に気づかなければ，飛び出し事故などの歩車間交通事故に直結する．しかし，加齢に伴い縮小した視野を治療・訓練により広げることは容易ではない．一方，片側1車線の車道横断の場合，奥の車線（左から接近する車両）への安全確認時間が短い高齢者が多く，実際に奥の車線での事故がほとんどであった．つまり，視野が狭くても，車道横断直前および横断中に適切な安全確認動作を心がけることで，交通事故誘発リスクは大幅に低減できる可能性があると考えられる．

3) 接近速度の誤認

車両到着時間推定の失敗は危険な車道横断に直結し，交通事故を誘発する．遠方にある車両の接近速度の認識には，車両の網膜像の大きさの時間変化を手がかりとして活用する．そのためには一定時間，対象物を注視し続ける必要がある．図2.5.8より，危険なタイミングで横断した高齢者は，1回当たりの後方確認時間が短く，この時間では車両の存在はわかっても接近速度を認識することは困難である．高齢者の場合，1回当たり1.5秒以上の安全確認が必要と考える．高齢者向けの交通安全講習の場で「1回当たりの安全確認時間」を意識させることは，歩行者交通事故の防止に有用であると考えられる．

歩車間交通事故の根絶には，ドライバー側からの事故防止の取組みに加え，歩行者側からの事故防止の取組みの双方からのアプローチが重要と考えられる．そ

のためには，知覚能力の衰えた交通弱者でも容易に接近車両の存在を知ることができる環境が不可欠であり，「車載式自動警報システム」または「道路のインテリジェント化」は解決策の一つとして有効と考えられる．いずれにせよ，VR 技術を利用した歩行者交通事故のヒューマンファクターの研究は緒についたばかりであり，留意しなければならない交通事故誘発要因はここで取り上げた以外に多数存在するため，さらなる交通事故誘発要因の解明が必要であろう．

〔水戸部一孝〕

文献

博山幸輝ほか（2002）：高齢者と若年者における視覚誘導性身体動揺の比較と評価．電気学会医用・生体工学研究会資料，MBE-02-64：23-26．

市川和子（1994）：高齢者が関与した交通事故の特徴．科学警察研究所報告交通編，**35**(1)：41-50．

渓口裕之，西山 啓（2005）：「高齢者講習」の評価に関する研究．交通科学協議会交通科学研究資料，**46**：90-93．

Lobjois, R., Cavallo, V. (2007)：Age-related differences in street-crossing decisions. Accident Anal. Prevent., **39**：934-943.

Mitobe, K., et al. (2008)：The Silver Market Phenomenon (Kohlbacher, F., ed.), pp. 371-380, Springer.

水戸部一孝ほか（2006）：サイバースペースにおける高齢歩行者の危険回避能力検査の試み．電子情報通信学会論文誌 D，**J89-D**(10)：2174-2182．

水戸部一孝ほか（2009）：車道横断シミュレータを用いた高齢歩行者の交通事故誘発リスクの研究．日本バーチャルリアリティ学会論文誌，**14**(1)：21-28．

水戸部一孝ほか（2011）：車道横断体験用シミュレータによる高齢歩行者交通事故の誘発要因の検討．生体医工学，**49**(1)：108-115．

三井達郎（1995）：高齢者の身体機能と交通死亡事故の関係．科学警察研究所報告交通編，**36**(1)：58-69．

内閣府（2011a）：平成 23 年版高齢社会白書，http://www8.cao.go.jp/kourei/whitepaper/index-w.html

内閣府（2011b）：平成 23 年交通安全白書，http://www8.cao.go.jp/koutu/taisaku/index-t.html

Simpson, G., et al. (2003)：An investigation of road crossing in a virtual environment. Accident Anal. Prevent., **35**：787-796.

斉藤 一（1967）：向老者の機能の特性．労働の科学，**22**：4-9．

齊藤正容ほか（2006）：歩行環境シミュレータの開発と危険回避能力に関する研究．電気関係学会東北支部連合大会講演論文集：219．

静 敦夫ほか（2008）：歩行環境シミュレータを用いた高齢者の車両知覚能力に関する研究．日本交通科学協議会，**8**(1)：18-25．

寺田裕樹ほか（2008）：高齢者を対象とした薄暮前後の接近車両速度弁別能力の評価．日本交通科学協議会，**8**(1)：8-17．

Woolacott, M. H., Shumway-Cook, A. 著，矢部京之助監訳（1996）：姿勢と歩行の発達，pp. 150-154，大修館書店．

2.5.3 遊びリテーション

　高齢少子社会において，要介護高齢者の増加は深刻な問題である．人それぞれの生活・人生を尊重し，生活機能の維持・向上を積極的に図り，できる限り自立した生活を送れるように支援することが，介護保険制度の基本理念である．国や地方自治体の施策も，要介護状態にならないように，また要介護状態になってしまっても，それ以上悪化しないようにするという介護予防に重点がおかれるようになってきた．認知症発症後も，QOL（quality of life）の向上を目指したケアの一環として，また認知症の進行を遅らせるねらいで，心身の活性化を目的としたさまざまなアクティビティ（機能訓練，各種療法，レクリエーションなど）が導入されている．

　介護老人保健施設や介護付有料老人ホームなどの高齢者施設でも，さまざまな取組みがある．その内容としては，体操や簡単な球技など身体を動かすものが最も多く，歌や楽器演奏など音楽療法的なもの，園芸療法的なもの，クイズやゲームなど脳のトレーニング，動物介在活動，アロマテラピー，各種創作活動，料理教室など多彩であり，各施設が苦心・工夫して実施している様子がうかがえる．自然に身体を動かせること，表情が豊かになり笑顔が増えることをアクティビティの目的として掲げていることが多い．

　なかでも，「遊びリテーション」と呼ばれるコンセプト（三好ほか，1999）は，訓練として行う受身的な苦しいリハビリテーションではなく，遊びのなかで楽しく笑いをもって活き活きと行える活動のなかで機能回復・維持を目指そうというものである．身体の活性化は，運動機能の衰えを遅らせ，寝たきりにつながる転倒の危険性を低下させる効果がある．また，身体を動かすことは，心のリフレッシュにもなる．精神機能の活性化には，五感への刺激とともに，人とのコミュニケーションが役立つ．

a. 遊びリテーション

　遊びリテーションは，数人から十数人のグループで

実施する．参加者は輪になるか，2列に並んで向かい合わせに座り，ゲーム形式で行う．ゲームは，認知症や身体機能に制限があっても参加できるように工夫され，けがをしないよう安全に対する配慮がなされたものである．さらに多くの対象者がいる場合にはいくつかのグループに分かれて実施する．介護スタッフが進行，リーダー的な役割をするだけでなく，一緒に参加することが望ましい．

協力したり，競争したりというゲームのなかで，コミュニケーションが活性化し，笑顔が生じて歓声が上がる．少し汗をかくほどの運動になり，ゲームに夢中になって，普段挙がらない手が挙がる，背中が曲がった人が反り返る姿勢をとるなどの効用も報告されている．

代表的なゲームに**風船バレー**がある（図 2.5.9）．輪になって，風船を落とさないように皆で打ち合う．ルールは簡単で，立たない，足で蹴らないことだけで，より多くの回数続いたチームが勝ちである．見やすいように濃い色の風船を使う．風船の滞空時間を長くするために大きな風船を使うか，数個の風船をネットに入れて使う．スタッフが中央に入り，対象者の身体機能に応じて打ちやすいように風船を返すなど工夫する．

ベンチサッカー（図 2.5.10）は，向かい合って座り，大きなビーチボールを蹴って相手方のゴールに入れるものである．どちらのゴールに入れるかがわからなくならないようにする工夫が必要である．ほかにも，ぬいぐるみやボールを送るゲーム，机の上のピンポン玉をうちわで扇いで敵陣に入れるゲーム，シーツで風船を送るゲーム，空き缶やペットボトルを使ったボーリング，新聞紙を丸めたボールの玉入れなど，身近にあるものを利用したさまざまなゲームが考案されている（三好ほか，1999；三好，上野，2004；小松，2010）．

ルールは参加者の状態を勘案して，柔軟に変更すればよい．自主的な参加を促すための工夫も必要である．風船を膨らませる，新聞紙を丸めるなどの準備段階から，可能な範囲で対象者の参加を求めるのがよい．

円滑な進行のためには，人間関係や男女，認知・身体機能（麻痺側など）を考えたグループ分けや並びを工夫する必要がある．また，スタッフには，安全への配慮だけでなく，できない人が恥をかいたり意欲をなくしたりしないような配慮が求められる．さらに，場を盛り上げ，ときには，失敗してみせて笑いを誘うなど，エンターテイナーとしての資質も期待される．

図 2.5.9 風船バレー（三好，上野，2004）

図 2.5.10 ベンチサッカー（三好，上野，2004）

b. 遊びリテーションの適応

三好らは，認知症高齢者を三つのタイプに分けている（三好，上野，2004）．「葛藤型」「回帰型」「遊離型」の三つである．**葛藤型**は現実の自分の状態を受け入れられず，もとの自分に戻ろうとするのに戻れないために葛藤が起こり，暴力行為が出たり情緒不安定になったりするものである．**回帰型**は，現実の自分を受け入れず心のなかだけで昔の自分に戻ってしまうタイプで，徘徊や見当識障害，人物誤認が生じやすい．**遊離型**は，現実から逃避し，自分の世界に閉じこもって何もしなくなるタイプである．

三好らによると，「遊びリテーション」は，このなかで「遊離型」に最も有効であるという．視覚だけ，聴覚だけの刺激ではなく，スキンシップによる触覚刺激や自分の身体を動かすことによって生じる固有感覚の同時刺激が効果的である．「葛藤型」は，遊びリテー

ションへの誘い方を工夫しないと逆効果になる場合がある．その人の生活歴に合った役割を担ってもらうなど，工夫次第でうまく導入できることがあるという．

c. 情報通信技術（ICT）の導入意義

　介護現場の手づくりの「遊びリテーション」だけでなく，情報通信技術（information and communication technology：ICT），特に，バーチャルリアリティ（virtual reality：VR）を利用した「遊びリテーション」の試みがある．ICT，VR 導入の利点には，複数感覚への同時刺激，臨場感・リアリティ創出が可能なこと，対象者の動きや意図に応じて変化するインタラクティブ性があること，使用者の状態や指導者（介護スタッフ）の意図に応じてコンテンツを制御できることがあげられる（大須賀，2003）．

　複数の人がその場で体験を共有し，コミュニケーションが活性化されるという点で，現実のアクティビティと同等の効果が期待される．加えて，現実の世界で体験できないことを体験させる，遠く離れた人ともネットワークを介して体験を共有できるという発展性が期待できる．

　コンテンツ開発では，まず，やってみようという気持ちを持ってもらうことが重要で，これには，親しみやすさや興味をひく要素が必要である．VR 空間や登場するオブジェクトを利用者の生活歴や嗜好に応じて容易に変更するしくみが望まれる．次に，実際にやってみて，誰にでもできるものにするには，その人の身体機能に適合させることだけでなく，直感的なわかりやすさが必要である．体を動かすことと VR 空間での変化の関係が説明しなくても理解されなければならない．アフォーダンスのよさに加え，視覚提示の等身大性も重要で，VR のリアリティ向上が役立つと考えられる．さらに，またやってみようと思わせるには，楽しかった，スカッとしたという気分を与えるか，あるいは，くやしかった，もっとできるはずという気持ちにさせるかである．これには，利用者の状態とパーソナリティに応じて難易度を制御し，パフォーマンスを調整する必要がある．もともと向上意欲がある利用者には，機能改善の効果が定量的に示されることも効果的である．

d. 情報通信技術（ICT）の導入事例（製品）

　「遊びリテーション」という用語は使わないものの，類似のコンセプトの製品を紹介する．残念ながら，事業規模縮小や発売中止になったものもある．

　ナムコ社の「リハビリテインメントマシン」は，「楽しみながら心もからだもリハビリ」と銘打っており，わにわにパニックや太鼓の達人など，若年者向けのアーケードゲームを高齢者向けにアレンジしたものが発売され，デイサービスセンタやリハビリ施設への導入実績も多い．

　OG 技研は「ゲーム感覚で楽しく訓練できるプレイセラピィ」を提案，各種訓練機を発売していた．玉入れゲーム，ゴールマシン，各種障害に応じたボードトレーナ，迷路ゲームなど多様なものがあったが，現在は種類が限定されている．

　ヒロボー社では，高齢者みずからが積極的かつ前向きに老いと向かい合える機会づくりというコンセプトで，「手，足，指先を楽しみながら動かすことでリハビリにもなり，脳の活性化にもつながる」ふわふわ飛行船「敬ちゃん」を発売し，デイケア，デイサービスセンターに納入していた．ホームページでは，「おやっ？」という表情のあとに，満面の笑みが広がるという患者の反応を紹介し，心がのどかになるとか，飛行船の行方を目で追ううちに，自然に背が伸び，顔を上げ，首を回し，頭をそらせるといった運動を知らず知らずに行っていると効果を紹介していた．

　ヤマハは，高齢者や障害者でも「楽しみながら使えそうな楽器」ということで，ミュージックテーブルという製品を出していた．数人で囲んで座れる机の面に色の違う部分があり，ここを叩くと叩き方によって音色の違う音（MIDI 音源）が出る．高齢者向けだけに開発されたものではなく，幼児向け（幼稚園やミュージックスクール）にも使われている．老人ホームや老人病院のレクリエーションに適用され，手が伸びなかった人がだんだん手を伸ばせるようになって叩けるようになったとか，笑顔が自然にこぼれ，患者どうしやスタッフのコミュニケーションがよくなったというような報告がされていた．

　旧松下電器が開発して，旧城南電器工業所が販売している「ぽんぽんらんど」は，低価格の PC ベースの高齢者向けゲームで，大きな丸スイッチによる入力など

高齢者・障害者にも使いやすいインタフェースを特徴とし，金魚すくいやたこあげ，かるたとりなど日本人になじみのある遊びをゲームにしていた．この製品でも，「ゲーム形式で遊びながら心身の活性化を促進する，新発想のリハビリ＆コミュニケーション用品」と謳っている．一つのゲーム機で種々のゲームが楽しめることが好評であったが，これも発売中止になった．

一方，高齢者のレクリエーション用の遊具（電子機器でないもの）も種々開発され販売されている．たとえばモルテン社は，「みんなでゲーム感覚を楽しみ（＝コミュニケーション），知らない間に運動していた（＝リハビリ）という商品」をコミュニケーション遊具と呼んでいる．

以上の装置は，一装置当たりのコストは施設に導入しやすい規模であるが，利用者の多様なニーズに合わせて品揃えするにはコストがかさみ，使わないときに装置を収納する場所が必要である．

e. 情報通信技術（ICT）の導入事例（研究）

VR技術を用いて遊びリテーションの概念をシステム化し，認知症高齢者に適用したものに，東京医科歯科大学の若松らの研究がある（若松ほか，1997）．使用者の映像を取り込みCGのゲームの世界と合成して提示し，体を動かすことでゲームをするシステムである．認知症高齢者がゲームをしている人の周りに集まり，徘徊がなくなるなどの効果が示されている．

塚本らは，テニスやスノーボードなど，スポーツに着目したシステムを開発し，老人保健施設において適用評価した（塚本，和田，2002）．

大須賀らもデイサービスやグループホーム向けのシステムを開発した（大須賀ほか，2004；橋本ほか，2009）．前者は，眼鏡使用立体視を用いて浮かんでいる風船を叩く風船割りや，もぐら叩きなど直感的にできる体感ゲームである．利用者の状態に応じて難易度を変更することで，さまざまな利用者が参加できる．グループ対抗で点数を競うと場が盛り上がり，心と体の活性化が期待された（図2.5.11）．

後者は，座位でペダルをこぐ人と立位で傾く板の上でバランスをとる人の二人一組で，障害物を避けつつVR空間のなかを進み，得点をもらえるターゲット（CGのキャンディなど）を獲得していくゲームである

図2.5.11 立体視を用いた風船割り（大須賀ほか，2004）

図2.5.12 二人で協力するゲーム

（図2.5.12）．画面提示を等身大にする，スクリーンに獲得したターゲットが入る本物のかごをつけるなどの工夫で理解が進み，認知症高齢者にも楽しんでもらえ，高齢者間，スタッフとのコミュニケーション活性化の効果もみられているが，運動機能維持効果は検証されていない．

岩谷ら（2011）は，同時に10名程度が参加できるグループレクリエーション用のシステムを開発している．無線化した加速度センサを腿につけて，腿上げ角度を計測する．タイミングを合わせて腿を上げる大縄跳びゲームや，速く足を動かして綱引きをするゲームなど，2グループに分かれて対抗戦をするものである．足が動かせない人や握力強化を目的とする人のためにエアバックを握る運動でも同じゲームができるようにしている．ゲーム中は真剣な表情が多いが，声をかけあう様子がみられ，ゲームの勝敗発表時に笑顔が増えるなど，効果の一端が紹介されている．

f. 効果の評価

「遊びリテーション」を体系化し，あるいは，ICT，

VRを用いた「遊びリテーションシステム」を実用化して普及するには，効果のエビデンスを示すことが必須である．効果の評価には，「遊びリテーション」実施時の一過性の効果，日常生活への効果の波及，機能維持（機能低下の緩和）という視点が必要である．

一過性の評価では，表情変化の乏しい人や発話の少ない人，身体を動かさない人が，「遊びリテーション」中に，笑顔になり，発話が生まれ，普段より大きく動いていることを，観察により確認することができる．紹介した研究でもこの評価手法を用いているものがほとんどである．近年，画像解析による笑顔度評価の手法が複数開発されており，笑顔の定量的評価も期待できる．ただし，高齢者の笑顔への適用，笑顔の種類・意味の分類など，課題は多い．ICT，VRを用いた「遊びリテーション」では，ゲーム入力に用いている計測データを記録することにより，身体の活性化の度合いを定量的に把握できる．

日常生活への効果の波及では，「遊びリテーション」のあとの言動の変化（コミュニケーションのとりやすさ，問題行動の低減，アクティビティへの積極参加など），「遊びリテーション」導入による生活機能の変化（睡眠や排便や食事など）があげられる．これらの評価は，介護スタッフの主観的な感想にとどまりがちである．観察記録や介護記録，日常生活の映像による記録などから，定量的に，あるいは定性的であっても共通の視点で変化を把握することが望まれる．

機能維持効果の検証には，運動機能と認知機能の評価が必要である．運動機能の定量的評価手法としては，握力や関節可動域，11 m 歩行（西澤，2003）やTimed up & go テスト（岩谷，飛松，2005），ファンクショナルリーチ，立位バランス（重心動揺）などがあげられる．これらのテストは，認知症のために指示が守られず，成績が悪くなることがある．認知症の評価では，長谷川式スケール，MMSE (mini-mental state examination)，TMT (trail making test) などがある．

高齢者になるほど個人差は大きく，遊びリテーション導入以外の要因での変化も大きい．評価に当たっては，他のアクティビティの効果との分離，季節変動や疾病・けがの影響，介入しない場合の機能低下をどうとらえるかという難しい課題がある．

介護現場では，一人ひとりに向き合うことが重要で統計的な効果検証は望まれない向きもある．評価のための計測を時間をかけて定期的に行うことが難しいのも事実である．改めて評価するのではなく，楽しく運動するなかで，客観性・定量性のある評価を行う仕組みが期待される．

効果検証のためのデータ収集には倫理的な配慮が不可欠である．研究計画の倫理審査を受け，文書によるインフォームド・コンセントを得る．認知症高齢者の場合には，家族など代諾者の同意を得る必要があるが，評価のための計測や映像取得に理解を得るには，対象者にとってのメリットを十分に説明できなければならない．

ここでは，認知症高齢者を対象として施設で行われる「遊びリテーション」について述べたが，障害児を対象とした「遊びリテーション」もあり，また，健常高齢者の身体機能維持，精神機能の賦活を目指したニュースポーツも盛んになっている．また，若年健常者向けにも，Wii/Wii Fit や Kinect など，体の動きを入力に用いるゲームが流行している．市場が広がり，遊びリテーションに利用できる安価で手軽な技術や装置が提供されることが期待される．〔大須賀美恵子〕

文　献

橋本　渉ほか（2009）：グループホームにおけるVRとリハビリテーション．バイオメカニズム学会誌，33(2)：117-122.

岩谷　力，飛松好子編（2005）：障害と活動の測定・評価ハンドブック，p.103，南江堂．

岩谷智一ほか（2011）：高齢者のグループレクリエーションに適した遊びリテーションシステムの開発．人間工学，47(特別号)：186-187.

小松丈祐（2010）：新・遊びリテーション次第，筒井書房．

三好春樹ほか（1999）：遊びリテーション学，雲母書房．

三好春樹，上野文規（2004）：新しい痴呆ケア，雲母書房．

西澤　哲（2003）：高齢者の歩行測定．人間計測ハンドブック，pp.781-783，朝倉書店．

大須賀美恵子（2003）：高齢者の心身活性化をめざしたVR．日本バーチャルリアリティ学会誌，8(2)：25-30.

大須賀美恵子ほか（2004）：高齢者の心身活性化を目的とした遊びリテーションシステムの開発とグループレクリエーションへの適用可能性の検討．日本バーチャルリアリティ学会論文誌，9(1)：61-68.

塚本一義，和田隆広（2002）：リハビリテーションのためのVRスポーツ．日本バーチャルリアリティ学会誌，7：112-119.

若松秀俊ほか（1997）：痴呆性老人とコンピュータで造り出した劇場型仮想空間遊興環境．日本健康科学学会誌，13(3)：150-156.

2.6 製品デザイン

2.6.1 アクセシビリティ

a. 共用品（アクセシブルデザイン）とは

日本生まれの「**共用品**」は「身体的な特性や障害にかかわりなく，より多くの人々が共に利用しやすい製品・施設・サービス」と定義され，その定義のもとに下記の五つの原則が掲げられている．

(1) 多様な人々の身体・知覚特性に対応しやすい．
(2) 視覚・聴覚・触覚など複数の方法により，わかりやすくコミュニケーションできる．
(3) 直感的でわかりやすく，心理負担が少なく操作・利用ができる．
(4) 弱い力で扱える，移動・接近が楽など，身体的負担が少なく，利用しやすい．
(5) 素材・構造・機能・手順・環境などが配慮され安全に利用できる．

共用品の代表例に，側面にぎざぎざのついたシャンプー容器がある．多くのメーカのシャンプーとリンスは容器の形が同じで，ラベルでの表示や色で識別できるようになっている．しかし，目の不自由な人たちにとっては，ラベルに平面的に書かれた文字や色の違いから二つの中身を区別することは困難である．その不便さを解消するために，日本で販売されているシャンプー容器の側面には，企業やブランドの違いにかかわりなくギザギザがつけられ，目の不自由な人も触っただけでリンス容器と識別できるようになっている（図2.6.1）．さらに，目が見える人でも髪を洗うときは目をつぶるため，これは目の不自由な人たちだけでなく多くの人にとって便利な工夫である．

携帯電話および公衆電話のプッシュホンボタンの5番には，小さな凸点がある（図2.6.2）．この凸点を基点に，目の不自由な人たちは他の数字を正確に押すことができる．これも，共用品の代表的な例である．

そのほかにも，出入口にステップがなく，スロープが出てきて車いす使用の人がそのまま乗り込めるノンステップバス，向かう階数のボタンに点字表示がついているエレベータ，耳の不自由な人たちにもわかるように，音声案内だけでなく電光表示盤がつけられた電車やバスなど，日用品から設備機器まで多くの分野に広がっている．

日本の共用品の市場規模が，1995年から調査されている（図2.6.3）．エレベータ，エスカレータ，ホームエレベータ，自動販売機，駅ホーム用自動ドア・自動改札，ATM・CD機，温水洗浄便座，複写機，家庭電化機器，音響機器，映像機器，情報・通信機器，照明器具，乗用車（座席シフト），バス（低床），時計・はかり，ガス器具，住宅設備などが調査の対象となっている．その調査によると，1995年度は4800億円，それから14年経った2009年度は3兆4000億円と，

図2.6.1 シャンプー容器の胴部側面およびポンプ天面につけられたぎざぎざの例（JIS S 0022-3）

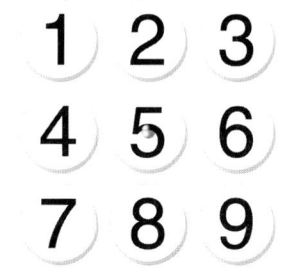

図2.6.2 電話機の5番ボタンにつけられた凸点（共用品推進機構，2000）

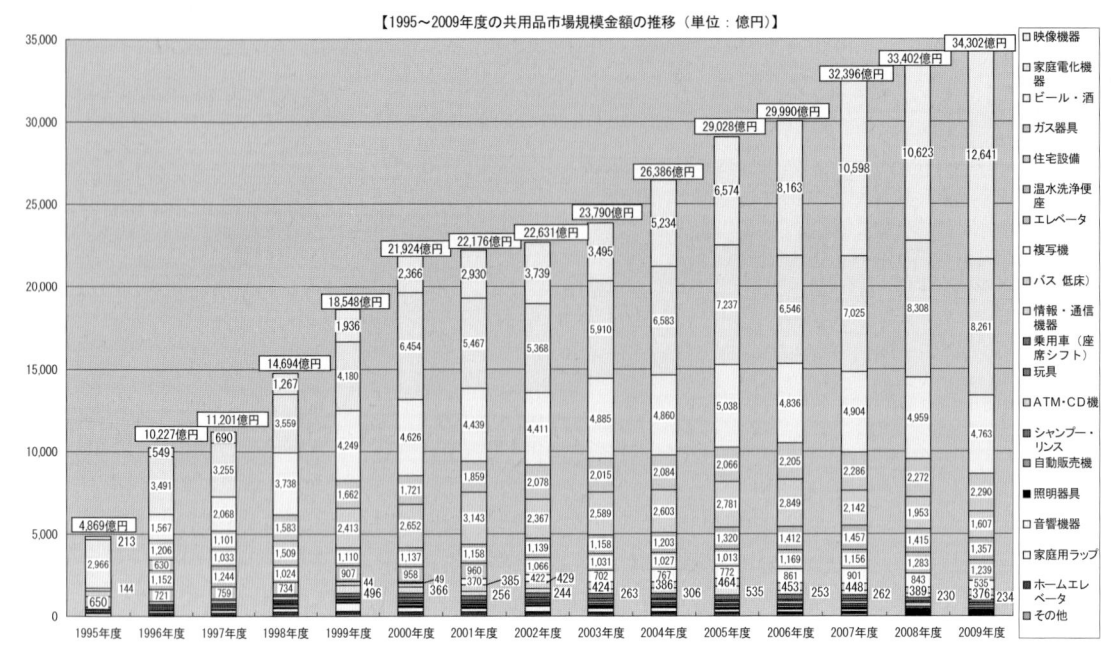

【1995～2009年度の共用品市場規模金額の推移（単位：億円）】

図 2.6.3　共用品の市場規模調査結果（共用品推進機構，2011a）

その市場は約7倍に伸びている．

日本は，1998年，日本工業標準調査会から**国際標準化機構**（ISO）に対して，高齢者・障害者配慮のためのガイドの作成を提案した．その提案は，2001年，**ISO/IEC Guide 71**（高齢者及び障害のある人々のニーズに対応した規格作成配慮指針）として発行された．その際，共用品は，「**アクセシブルデザイン Accessible Design**」と訳され，下記のように定義された．

> 何らかの機能に制限を持つ人に焦点を合わせ，これまでのデザインをそのような人々のニーズに合わせて拡張することによって，製品や建物やサービスをそのまま利用できる潜在顧客数を最大限まで増やそうとするデザイン（受け入れやすく，利用しやすいデザイン）

また，その実現の方法として，
・改造することなくほとんどの人が利用できるように，製品，サービス，環境を設計する，
・ユーザに合わせて改造できるように設計する（操作部の改造等），
・標準規格の採用により，障害のある人向けの特殊製品との互換性を持たせ，相互接続を可能にする，
の3点があげられている．

b. 共用品（アクセシブルデザイン）が生まれてきた背景

共用品が生まれる以前，高齢者および障害のある人たちにとって日常生活で使う製品は，大きく「福祉用具」と「一般製品」の2種類に分かれていた（図 2.6.4）．「**福祉用具**」は，主に高齢者および障害のある人たちだけが使う製品であり，その代表的なものは車いす，補聴器，白杖などである．一方，「**一般製品**」は，正確な定義はないが，高齢者や障害のある人たちを対象につくられたものではない製品を指している．一般製品は，たまに高齢者や障害のある人たちが使える製品もあるが，多くは使いづらく，なかには使えない製品も少なくない．

高齢者および障害のある人たちは，毎日の生活を「福祉用具」のみを使って生活しているわけではなく，「一般製品」も使いながら生活している．日本は，世界に先駆けて高齢社会から超高齢社会に突入し，人口の4人に1人が高齢者になっており，ゆくゆくは人口の3人に1人が高齢者になるとも予想されている．

1981年の「国際障害者年」のテーマである「完全参加と平等」を目指し，2006年には「**障害者権利条約**」が国連で採択された．日本は，この条約を批准するために，関連する法律を見直しつつある．この条約

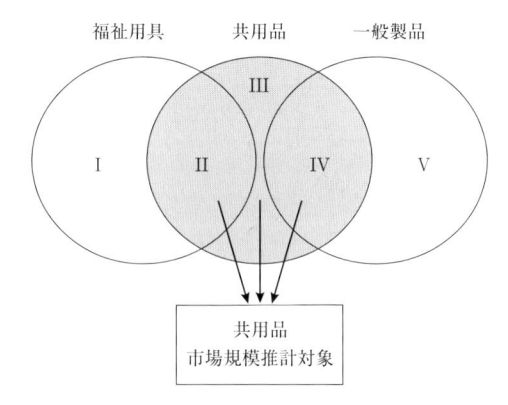

図 2.6.4 福祉用具・共用品・一般製品の関係図（三つの輪）（共用品推進機構，2003 より改変）

では公的な施設設備以外にも，民間が提供する情報，サービスもその対象となっている．

そのような背景のなかで，高齢者および障害のある人たちの社会参加が，すでに日常的に行われている．そのため，高齢者および障害のある人たちが使う可能性がある製品やサービスは，障害の有無にかかわらず「共用品」にしていくことが，安全面はもとより，そのほか多くの面から求められる時代になってきている．したがって，一般製品を共用品にする製品デザインは社会貢献だけでなく，すでに基本的なマーケティングの一部として行われている．

c. 共用品（アクセシブルデザイン）実現のポイント

高齢者人口の増加，障害のある人たちの社会参加により，一般製品を共用品に変えていくことがますます求められている．しかし，一般製品をそのまま高齢者および障害のある人が使ったのでは，アクセシビリティおよび安全性に問題の出てくるケースが多くある．その問題と解決案の概略を以下に紹介する．

1) カタログから，その商品の仕様を（誰でも）理解することができるか？

多くの商品カタログは，字，イラスト，写真で商品を紹介している．目の不自由な人にとっては，印刷物やテレビCMから視覚的な情報を入手することが困難である．また，耳の不自由な人にとっては，テレビやラジオCMから出る音，音声の情報を入手することが困難である．

この解決方法としては，冊子版のカタログでは色の配色，字の大きさに配慮したり，可能であれば点字版，音声版のカタログをつくったりすることがあげられる．また，Web上で行う場合，音声読み上げソフトで読める形式にすることも解決手段の一つである．

テレビCMに字幕をつけることも，地デジ化されたいま，不可能なことではない．関係する機関でルールの統一ができれば，コストも多くはかからずに，耳の不自由な人たちに情報を伝えることができる．ということは，いままで字幕や副音声がないためにCMの情報が届いていない人がいたのは，CMの送り手，受け手両者にとって残念なことでもあったのである．

2) 取扱説明書は，（誰でも）読むことができるか？

取扱説明書は，カタログよりもアクセシビリティおよび安全性に深く関係してくる．多くの製品では，商品とともについてくる取扱説明書に，使い方と並んで「こんな使い方をしてはいけない」という注意事項が書かれている．しかし，カタログ同様，目の不自由な人にとっては，読むことが困難な仕様の取扱説明書が多いのが現状である．そのため，正しい使い方をすれば安全な製品であっても，目の不自由な人たちが危険な使い方をして事故につながる可能性がある．

目の不自由な人たちに対する解決方法は，前記のカタログと同様である．また，媒体の仕様とともに，説明のわかりやすさにも配慮することが必要である．

3) パッケージから，（誰でも）中身を識別できるか？ 開封性は？ 保管，廃棄は？

製品を購入すると，多くの場合，最初に手にするものが「パッケージ」である．パッケージは輸送時に商品を守るためのものと，シャンプー容器のように使用しつづけるものとがある．輸送用のパッケージでは，開封と保管，廃棄が，多くの人にとって容易にできることが望まれる．また，使用しつづけるものは，容器の形が同じでも中身が異なるものを触って識別できるなどの工夫があることが望まれる．

4) 使用に関係する表示は，（誰でも）みえるか？

製品本体では，大きく二つの部分の仕様が，共用品となるかどうかのポイントとなる．一つは表示部である．表示には，視覚的な表示，音・音声による表示，振動による表示，匂いによる表示など，さまざまなも

のがある．障害のある人のなかには，それぞれの表示を確認することが困難な人がいる．

製品を企画，開発する人たちは，それぞれの表示を確認することが困難な人がいることを知っておくことがまずは重要である．そして，一つだけではなく，複数の感覚で利用できる表示をつけることも考慮に入れることが望まれる．

5) 操作部は，(誰でも) 操作できるか？

製品本体で考慮すべきもう一つのポイントは，操作部である．表示部と同様に，さまざまな方法で操作する操作部がある．操作の方法以外にも，操作部の位置，力の加減などは，製品の種類，機種によってさまざまである．

解決方法としては，表示部同様，その製品を使うと予想される人たちの身体特性を知り，より多くの人が安全に操作できるようにすることがあげられる．

以上のように，一般製品を共用品化するためには，障害のある人，高齢の人々が感じている日常生活における不便さ（共用品推進機構，2010，2011b）を知る必要がある．また，**日本工業規格**（JIS）の「**高齢者・障害者配慮設計指針**」を参照するとよい（2013年6月現在，36編の規格がある）．

d. 共用品（アクセシブルデザイン）の人間工学的方法

以上の記述で明らかなように，一般製品の共用品（アクセシブルデザイン）化を図るには，「代替様式の提供」と「感覚特性データに基づく最適化」の大きく二つの方法をとることができる．ここでは，一連のJIS「高齢者・障害者配慮設計指針」でも採用されているこれら二つのアプローチについて詳述する．

1) 代替様式の提供

「**代替様式**」とはJIS Z 8071 (ISO/IEC Guide 71) で定義された用語であり，「異なる様式又は感覚要素を利用して製品及びサービスをアクセシブルにするための提示方法」である．製品の操作部インタフェースを例にあげれば，製品の動作状況を，視覚ディスプレイに表示する代わりに報知音や音声ガイドによって伝える，凸記号によってボタンの位置を触覚的に知らせる，といった方法がある．それによって，視覚の障害や加齢によりディスプレイをみるのが困難なユーザにとって，製品の操作性が向上することになる．

JIS S 0011 に規定された凸記号を図 2.6.5 に示す．製品の動作を開始させるボタンに凸点を，停止させるボタンに凸バーをつけることで，2 種類の操作ボタンを触覚的にも区別しやすくできる．

なお，情報提示の様式は，必ずしも"代替"させる必要はない．LED の点滅とともに報知音（後述）でも製品の動作状況を知らせれば，ユーザがその情報をより確実に受け取れるようになると期待できる．またその様式は必ずしも"異なる感覚"である必要はない．類似した複数の操作ボタンがある場合，それらの色や形，大きさが互いに異なっていれば（どれも視覚のデザイン要素である点では"同じ"であるが），ボタン操作がより容易となる．このように，代替様式の活用は，製品デザイン一般に当てはまる原理となる．たとえば，携帯電話の着信を，音ではなく振動で知らせるのも代替様式の活用の一つである．これは，必ずしも高齢者や障害者だけを想定しているのではなく，広く一般ユーザの使用を考えた機能であることは明らかであろう．

以上は，感覚の代替様式の例であったが，運動機能の障害や能力低下に対しても同様にデザイン上の対応が可能である．キーボードなどで操作する代わりに，音声コマンドによってコンピュータを操作できるようにするのが，その一例である．

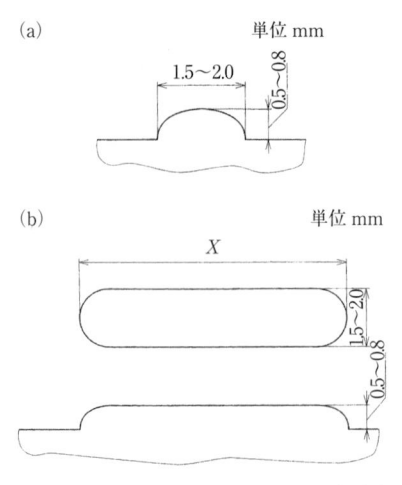

図 2.6.5 JIS S 0011 に規定された凸点 (a) と凸バー (b)

2) ユーザ特性データに基づく最適化

代替様式を提供するのではなく，製品ユーザの特性に基づいてデザインを最適化するアプローチも有効である．また，代替様式を提供する場合であっても，その代替した様式のデザインが，対象ユーザの特性に対応していなければ意味がない．

ここでは，家電製品の報知音をその一例としてあげる．「報知音」とは製品の動作状況をユーザに知らせるための音であり，操作パネルのボタンを押したときにフィードバックとして鳴らされる音や，機器の動作完了を知らせる音，誤操作や機器の異常を知らせる音がそれに含まれる．報知音を聞くことによって，視覚ディスプレイをみなくても，あるいは離れた場所にいても製品の動作状況を把握することができる．

しかし，1990年代，それら報知音が聞こえないとの苦情が高齢ユーザから多く寄せられた．当時の報知音には，図2.6.6のとおり周波数4 kHz付近の高い音が多用されていた．それらの多くは，65歳以上の聴覚閾値レベル曲線の下にある．すなわち，聴力の低下した高齢ユーザには小さすぎて聞こえないことを意味する．

この問題の解決には，二つの手段をとることができる．一つめは，報知音の音圧レベルを上げることである．高齢ユーザの閾値を上回るように報知音の音量を設定する，あるいは音量を調節可能とすればよい．図2.6.6を参照することで，報知音の周波数に応じて，どの程度の音量が必要であるかを推定することができる．

しかし，高齢者向けに報知音の音量を設定すると，若齢ユーザには"うるさい"音となりかねない．そこで二つめの方法として，若齢者との聞こえの差が小さい周波数の音を選択することが考えられる．2 kHz付近は加齢による閾値の上昇量が比較的少ない．実際，その周波数の報知音の多くは，高齢ユーザの閾値レベルを上回っている（図2.6.6）．このようなデータによる検証に基づいて，報知音の仕様に関するJIS S 0013では，「報知音の周波数は2.5 kHzを超えないことが望ましい」と規定されている．

以上の二つの解決手段は，次のように一般化できるであろう．すなわち，一つめは，加齢変化によって衰えた機能を補う（補償する）よう，製品の設計仕様を変える方法である．視覚デザインであれば，表示の文字サイズを大きくするのが，このアプローチの例となる．二つめは，加齢変化の小さい領域に製品の仕様を収めることである．これはいわば，若齢ユーザも高齢ユーザも満足する"最大公約数的な"設計を目指すことになる．視覚デザインであれば，加齢による見え方の変化が小さい色（青から紫の波長域外の色）を使うのがその例となるであろう．

報知音の例からわかるとおり，このデザインアプローチでは，ユーザの感覚や身体の特性データを最大限に活用する．そのため，個人差の大きい個々の障害への対応は容易ではないが，一般的な傾向をとらえやすい加齢変化に対応するには有効な方法である．この目的のために，障害の有無による感覚および身体特性の違い，およびそれら特性の加齢変化に関する人間工学データ（ISO/TR 22411）の整備も進められている．

〔星川安之・倉片憲治〕

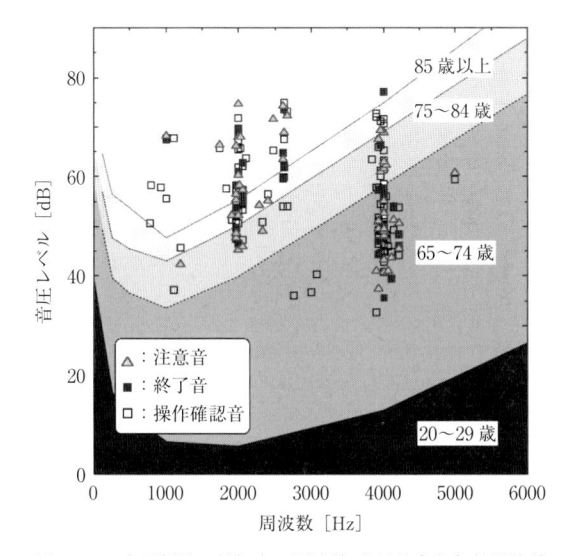

図2.6.6 家電製品の報知音の周波数-音圧分布と年齢別聴覚閾値レベル曲線（倉片ほか，1999より改変）

文 献

後藤芳一，星川安之（2011）：共用品という思想．岩波書店．
ISO/TR 22411 (2008)：Ergonomics data and guidelines for the application of ISO/IEC Guide 71 to products and services to address the needs of older persons and persons with disabilities. International Standardization for Organization（邦訳あり）.
JIS S 0011 (2000)：高齢者・障害者配慮設計指針−消費生活製品の凸記号表示．日本規格協会．
JIS S 0013 (2011)：高齢者・障害者配慮設計指針−消費生活製品の報知音．日本規格協会．
JIS S 0022-3 (2007)：高齢者・障害者配慮設計指針−包装・容器−触覚識別表示．日本規格協会．

JIS Z 8071（2003）：高齢者及び障害のある人々のニーズに対応した規格作成配慮指針，日本規格協会．
倉片憲治ほか（1999）：家電製品の報知音の計測―高齢者の聴覚特性に基づく検討・第2報―．人間工学, **35**(4)：277-285．
共用品推進機構（2000）：操作におけるわかりやすい表示，http://www.kyoyohin.org/01_towa/010101_sousa.php
共用品推進機構（2003）：共用品白書，ぎょうせい．
共用品推進機構（2010）：不便さ調査2010年度版，http://www.kyoyohin.org/02_syougai/0202_fubensadb.php
共用品推進機構（2011a）：2010年度市場規模調査報告書，共用品推進機構．
共用品推進機構（2011b）：不便さ調査報告書，http://www.kyoyohin.org/03_download/0301_chousa.php

2.6.2 バリアフリー

バリアフリーとは，ヒトが人間らしく生きることを保障するための手段，すなわち人権保障の具体的手段の一つである．この時代に，この社会で，人間らしく生きようとするときに，それを阻むものをバリアと呼び，「バリアフリー」とはそれらを取り除く企画やデザイン，そしてその活動全般を意味する．

この「バリアフリー」の考え方は，日本では障害者の人権運動と連動して広く普及し，発展・拡大解釈されている用語である．英語圏では，設備やシステムが広く障害者や高齢者などに対応可能であることを指して「**アクセシビリティ**」（accessibility）という用語が使われることが多い．

また同じような概念で「**ユニバーサルデザイン**」という言葉もあるが，これまでのモノよりも，一人でも多くの人が快適に利用できるように工夫された企画や設計という意味で使われている．

なお，「アクセシビリティ」「ユニバーサルデザイン」については，それぞれ2.6.1，2.6.3項を参照されたい．

a．バリアフリーの歴史

1） バリアフリーのはじまり

1960年代に米国で建築の専門用語として使われはじめ，「バリア（障壁）」を「フリーにする」，つまり建物内の段差など物理的な障壁を取り除き，生活しやすくすることを意味した．

この考え方を決定づけ具体化したのは，1974年の「**国連バリア・フリー・デザイン報告書**」で，バリアフリーの考え方が世界に広がるきっかけとなった．

たとえば，「第IV章　住居における建築上の障壁」の結論のなかに，「障害者も非障害者もおたがいに訪問しあえるようになるために，今後建設される住居ユニットは，障害者にも利用しやすいものにするよう勧告する．車椅子使用者が，少なくとも，居間に何の支障もなく入れるとき，その住宅ユニットは，障害者にも利用できるものとみなされる」と明確に具体的に述べられている．

また,「第Ⅵ章　交通機関における障壁」では,「偏見,技術的な問題,行政上の制限などがあり,それが数多くの障害者に公共交通機関を利用できなくさせたり,その利用を不当に困難ならしめている.それらはたとえば,特定のカテゴリーの障害者を飛行機に乗せないこと,電動車椅子に使用されている酸性バッテリーの持ち込み禁止,車椅子や盲導犬の持ち込み禁止などである.これらの禁止事項を撤廃したり,その他の問題の解決につとめなければならない」,それに続けて「障害者本人が希望する場合には,原則として,ラッシュアワーにおいても障害者は公共交通機関を利用できるようにさせる」と記述されている.

最後に「人権の概念が本会議中を通してずっと強調され,障害者もすべての市民に与えられている資源の恩恵をこうむる基本的権利をもっているという事実について全員の同意がえられた」とあり,「バリア・フリー・デザイン」が「ヒトが人間らしく生きることを保障するデザイン」と呼ばれる由縁でもある.

2)　国際障害者年

1981年を国際連合は,**国際障害者年**とした.1975年に「障害者の権利宣言」を採択したことに次ぎ,これらを単なる理念としてではなく社会において実現するという意図のもとに決議している.国際障害者年のテーマを表2.6.1に示す.そして,翌1982年には,「国際障害者年」の成果をもとに検討されてきた「**障害者に関する世界行動計画**」が総会で決議された.この計画の実施に当たって1983年から92年までを「**国連・障害者の十年**」と宣言し,各国が計画的な課題解決に取り組むこととなった.

この国際連合による一連の取組みによって,わが国でもバリアフリーがまちづくりの基本理念として位置づけられるようになっていった.

3)　米国のADA

米国は「優勝劣敗」という発想をベースにした自己責任の国で,北欧型の福祉を語る人たちには,それまでは福祉の面ではどちらかといえば後進国と思われてきた.

ところが1990年に当時のブッシュ大統領は,「**ADA**（Americans with Disabilities Act＝障害を持つアメリカ人法）」を制定し,米国のバリアフリーが全世界に知られるようになった.

「恵まれない人に救いの手を差し伸べよう」といったそれまでの慈善的な福祉観と大きく異なり,障害者の権利を保障するものであり,またそれを阻むものは,この法律によって罰するというものであった.

たとえば就労者が15人以上の会社が新しく雇用をはかる場合,障害を理由にその人の雇用を断ってはいけないことになっている.具体的な例では,スーパーマーケットでレジ係りの人を新しく募集するときに,車いすに乗った人が応募した場合,その人はレジの仕事をやるにはまったく申し分のない能力を持っているが,雇用する側は車椅子用トイレがないことを理由に,この人を断ると罰せられる.

また,この法律によってすべての路線バスにはリフトの設置が義務づけられた.この当時は,超低床バスのアイデアはまだなかったので,リフトの設置であった.

そしてホテルなど不特定多数の利用が前提となっている施設は,一定規模以上の建物はバリアフリーが義務づけられ,それが実現していない場合は訴訟の対象にもなった.

このADAの思想のベースには公民権運動があり,米国の奴隷解放,第二次世界大戦後のネイティブアメリカンに対する人権保障に続くもので,ADAは障害者解放法とも呼ばれている.これまで障害者はみえない檻につながれていたということである.

このADAは瞬く間に世界中に伝わる.実はこの法律をつくった人たちの中心人物は,米国で起こった障害者の自立生活運動のリーダーたちであった.その背景を少したどってみる.

1960年代の終わり頃,米国でもカリフォルニア大学バークレー校（UCLA）を中心にして過激な学生運

表2.6.1　国際障害者年のテーマ「完全参加と平等」

1. 障害者の社会への身体的及び精神的適合を援助すること.
2. 障害者に対して適切な援護,訓練,治療及び指導を行い,適当な雇用の機会を創出し,また障害者の社会における十分な統合を確保するためのすべての国内的及び国際的努力を促進すること.
3. 障害者が日常生活において実際に参加すること,例えば公共建築物及び交通機関を利用しやすくすることなどについての調査研究プロジェクトを奨励すること.
4. 障害者が経済,社会及び政治活動の多方面に参加し,及び貢献する権利を有することについて,一般の人々を教育し,また周知すること.
5. 障害の発生予防及びリハビリテーションのための効果的施策を推進すること.

動が起こる．当時，世界中で勃発した学生運動であったが，米国の場合はベトナム戦争の当事国であり，学生運動は反戦運動として燃え広がる．しかし，その運動は70年に突入する頃に警察力によってすべて排除されてしまう．この間の事情は映画にもなった『いちご白書』にも垣間みることができる．

そして，その排除された学生たちが拠り所の一つにした場所が，障害者のいる場所であった．学園に戻った学生たちは，新しく友人となった障害者を，学園の仲間にと引き入れる努力を行った．

最初否定的であった大学も次第にそれを認めるようになっていく．UCLAが最初の拠点となった．電動車いすに呼吸器を積み込んだエド・ロバーツは1972年に卒業するが，彼こそが新しい障害者運動のリーダーであった．学園のなかにスロープがつけられ，バリアフリーが進んだ．

その後に後述の「IL運動」の中心的な人物になるマイケル・ウインターは「学園のなかは実に快適だったよ．だけど，いざ卒業となると，とても不安だった」と筆者に語ってくれたこともある．つまりそのくらい大学構内では多くの学生仲間に支えられて，しかもバリアフリー化も進んでいたと思われる．しかし，いざ社会へ出ようとすると学園の外には大きなバリアが待っていた．

そのバリアをなくそうと彼らの努力が始まり，彼らの生活の拠点が各地に設立された自立生活センターであった．その後，この運動は，"Independent Living Movement"と呼ばれ，直訳どおり「独立した生活」を目指すもので，わが国でも「自立生活運動」あるいは**IL運動**と呼ばれる．実は他の「運動」と異なり，特別に大きな獲得すべき目標があって取り組まれたものではなく，誰もが「ふつうの暮らし」を営めるようにするものであった．

わが国にもこのニュースが伝わり，1983年に彼らの体験を直接聞こうということで日本に招き，自立生活セミナーが開かれた．

一方で米国に留学し，「自立生活運動」を直接学ぶ人たちも出てきた．その人々は，今日の障害者運動のリーダーになる人たちであった．

4）「青い芝の会」の運動

障害者の自立生活運動は必ずしも欧米を手本にしたものばかりではない．わが国の障害者運動を語るうえで省くことのできないのは，若い脳性麻痺者の「**青い芝の会**」の運動である．

1960年代に，大仏 空（おさらぎあきら）という僧侶のお寺に若い脳性麻痺の人たちが集い共同生活を始めた．そのなかからカップルが誕生し，結婚する人たちが出て，結婚と同時に彼らの共同生活には終止符が打たれる．それぞれ自分たちの住む場所を求め関東を中心にあちこちに広がっていくが，そこから本格的な青い芝の会の運動がスタートする．

1970年，横浜で母親が知的な障害を持ったわが子を殺害するという事件があり，地域住民によって無罪の嘆願運動が起こる．それに対し，「青い芝の会」は殺害された子どもの立場からこの運動に異議を唱えた．地域住民は亡くなった子どもについては触れず，大変な苦労を強いられた母親の立場を擁護した．障害を持つ者は母親から殺されても仕方ないということになれば，世論はいつ誰から殺害されても仕方ないと認識しかねない．これに対し，異議申し立てを行ったのである．そして翌年，彼らの主張がすべて受け入れられたわけではないが，その母親は懲役2年，執行猶予3年と求刑された．

さらにその後，「親こそが最初の敵」という言葉が全国的に広がる．脳性麻痺者（彼らは自分たちのことをそう称した）が自立的な生活を始めようとすると，必ず最初の壁（バリア）になるのが，親であるというわけである．

当時は重度障害者が施設を出て生活するということは考えられない時代で，仮に出ることができても，彼らの生活の世話は誰がするのであろうか．「他人に迷惑をかける」「健康の維持が困難」というのが主な反対理由である．

また一方，在宅障害者の場合は，自宅を離れることはもっと困難で，子を深く心配する親であればなおさらである．つまり彼らの独立を阻む最初のバリアが親であるというわけである．ところが「親が敵」という言葉だけが一人歩きして，社会では「とんでもない親不孝者の集団」という誤解も受けることとなった．

新しく障害者の施設が建設されようとすると「もうこれ以上，俺たちの墓場を作るな！」というスローガンを掲げ，建設現場に座り込みを行った障害者たちもいた．これも衝撃的なニュースとして報道された．収容型の施設は彼らにとっては不要どころか，ひとたび収容されたら死ぬまで出ることができない施設という

わけで，その施設は，実は親の安心のための施設であり，決して障害者である自分たちが望む施設ではないという主張であった．

また川崎市では車椅子利用の脳性麻痺者がバス乗車を拒否されたことで，障害者たちがバスの進路をふさぎ運行をストップさせ，大きなニュースとなった．

こうした彼らの捨て身の活動は賛否が分かれるが，「青い芝の会」の名前は多くの人に知られるようになった．彼らの行動によって多くの人は障害者の存在を知り，現状の問題を直視させられることとなった．彼らが社会であるがままに暮らそうとするときに立ちふさがる障壁（バリア）の存在を，彼らはまさに身をもって明らかにしていったのである．

1970年代の「青い芝の会」の運動は，世界でも類をみない脳性麻痺者を中心にした障害者解放運動としてのちの世代に語り継がれることになった．そして，その波は先に述べた自立生活運動に集合して，さらに大きな波になっているのである．

5) 障害者生活圏拡大運動

1973（昭和48）年9月に「福祉のまちづくり・車いす市民交流集会」が開催され，全国から車椅子利用者が仙台を訪れた．

「どんな重い身体障害をもつ者も人として自分の生き方を選ぶ権利があり，本人が望むなら，できるだけ普通の人と同じように社会の中で暮らせる条件を社会自体が備えておかなければならない」という発想で，今日の障害者権利条約や障害者差別禁止法制定の考え方と通じるものである．

ここから「**障害者生活圏拡大運動**」が始まる．その中心的存在であった車椅子使用者たちが集まって2年ごと開催される集会組織があり，全国各地の運動体の持回りで開催された．

この集会は，全国各地で行われているまちづくりを横につなげると同時に，福祉のまちづくりに対して大きな役割を担ってきた．たとえば，この集会に参加したことを契機に各地で「**福祉のまちづくり運動**」が開始され，**車いすガイドマップ**づくりとまちづくり運動を通して，全国各地で障害者自身によるまちの点検活動グループが生まれ，「車いすガイド」や「車いすガイドマップ」なども発刊された．

6) ハートビル法と交通バリアフリー法

1994年にできた「高齢者・身体障害者等が円滑に利用できる特定建築物の建築の促進に関する法律」という長い名前の法律があるが，「**ハートビル法**」と愛称された．この法律によって公共性の高い建物はバリアフリーが義務づけられるようになった．

役所や公民館，図書館，文化会館，ホールなどの公立の建物だけでなく，病院やデパート，スーパー，ホテルなど，多くの人に利用される民間施設も対象になった．これらは誰もが出入りしやすく，使いやすい建物でなければならない．そのために具体的な基準が示された．たとえばスロープの角度や出入口の幅やトイレの広さなどである．

ところが，この法律では道路や公園そして駅や港などはカバーできなかった．そこで，2000年にできた「**交通バリアフリー法**」によって，それらが対象とされた．

しかし，それで問題がすべて解決したわけではない．それぞれの施設が一定の規模以上にならないとそれらの法律が適用されないのである．たとえば駅のバリアフリー化では，1日の乗客が5000人以上，店舗の場合では3000 m^{2}以上といったことが定められているのである．自治体ごとにさらにきめ細かくしているところもあるが，それは「福祉先進自治体」であり，他は国の基準に準じているところが多い．

7) バリアフリー新法について

バリアフリー新法の正式名称は「高齢者，障害者等の移動等の円滑化の促進に関する法律」で，駅や空港，バスといった公共交通機関を対象にした「交通バリアフリー法」と，大規模なビルやホテル，飲食店などを対象にした「ハートビル法」を統合して内容を拡充したもので，2006年6月に国会で可決した．

最大のポイントは，計画策定段階から高齢者や障害者の参加を求め，意見を反映させる点である．市町村は，高齢者や障害者がよく利用する地域を「重点整備地区」に指定して基本構想をまとめ，構想に基づいて交通機関や道路管理者，建築物の責任者らが一体となってバリアフリー化を進める．たとえば，駅から駅ビルを経由し，バスに乗って市役所などに向かうといったルートを想定し，電車や駅，駅ビルやバス停，歩道，市役所の内部に至るまで，階段や段差をなくすよう検討を進める．

二つの旧法でも，駅やホテルなど，基点となる施設を中心に周辺道路までを一体にとらえてバリアフリー化を進めてきた．しかし，それらをつなぐ経路は整備の対象から漏れることがあり，段差が残ったままで移動が困難になるケースがみられた．

高齢者や身体障害者を対象にしているのは従来と変わらないが，新法では身体障害以外に知的障害，精神的障害，発達障害など，「内面的な障害」を持っている人や妊産婦，けが人，外国人など社会生活するうえで何らかのハンディキャップを背負った人たちすべてを対象としてバリアフリー化を義務づける内容としている．そのため新法では「身体」という文字が除かれている．

今後はさらに「どこでも，だれでも，自由に，使いやすく」といった「ユニバーサルデザイン」の考えに基づき，すべての人に利用しやすい社会環境をつくっていくことが求められている．表 2.6.2 にバリアフリーの歴史を示す．

b. わが国の現状：取組み事例から

1) 地下鉄乗換え案内

交通バリアフリー法によって新しくつくられた駅で 1 日 5000 人以上の利用が予定される場合は，エレベータなどの設置が義務づけられバリアフリー化が進んでいる．肢体不自由者の交通機関の利用は改善されてきている．

都会での暮らしでは，地下鉄は便利な乗り物で，交通渋滞に巻き込まれることもなく予定の時間で移動できる交通手段であるが，その便利さの反面，不便な面もいくつかある．

たとえば，以前は地上のどこに出るのかわからず，目的地のすぐそばまできていても迷ってしまうことも多かった．それを解消したのが，地下鉄改札口から出口がはっきりわかり，その付近が明示された地図が設置されたことである．出口の番号の案内表示に沿っていけば，確実に目的地の近くの出口に出る（図 2.6.8）．

最近，都内の地下鉄の各ホームの柱にとても便利な張紙が目につくようになった．その路線の各駅が縦に表示され，その駅から目的とする駅までの所要時間が示されている．そして，その駅名の横には車両の模式図が描かれ，何両編成かが一目でわかり，自分の立っているホームの向こうの壁には乗車位置と車両番号が表示され，よくみると何両目に階段があるか示されて

表 2.6.2 バリアフリーの歴史

1960 年代	「バリア・フリー・デザイン」が米国で建築の専門用語として使われはじめる
1970	スウェーデンで公共建築物に対する基準の法律化（77 年，住宅も対象）
1974	国連バリア・フリー・デザイン報告書
1981	国際障害者年
1990	ADA（障害を持つアメリカ人法）制定
1994	高齢者，身体障害者等が円滑に利用できる特定建築物の建築の促進に関する法律（ハートビル法）
1995	平成 7 年版　障害者白書（総理府） 1：物理的な障壁，2：制度的な障壁，3：文化・情報での障壁，4：意識上の障壁すべてを取り除くことを《バリアフリー》と明示
2000	高齢者，身体障害者等の公共交通機関を利用した移動の円滑化の促進に関する法律（交通バリアフリー法）
2007	高齢者，障害者等の移動等の円滑化の促進に関する法律（バリアフリー新法）（6 月 21 日公布，12 月 20 日施行）

図 2.6.7　トイレの表示

図 2.6.8　地下鉄の案内（口絵 5 参照）

おり，出口もわかるようになっている．さらに乗換えがある駅では，どの階段からが一番近いかも示されている．つまり，どの駅で乗り換えるか決めておけば，どの車両に乗車すればよいかもわかるというわけである．

東京に不案内な人にはもちろんのこと，このように表示することで，おそらく乗客は各車両に分散されることになるので，混雑の緩和にもなる．

この表示が最も役に立つのは，歩くのに支障がある人ではないだろうか．目的の駅の出口や乗換えやの場所が事前にわかるので，地下鉄の到着を待つのに余裕があれば，あらかじめゆっくりとその車両の位置まで移動して待っていればよいということになる．

しかし，その表示をみることのできない人にはいまのところ役に立っていない．表示を点字にするだけでは不十分で，いま，自分が立っているホームの位置が到着する車両の何両目かがわかるようにする必要がある．

一方，点字ブロックの整備によって，どこが扉の位置かはわかるようになってきた．そこが何両目になるかがわかると，おそらく視覚障害者にとっても便利なものになるであろう．これからも，もっと便利な地下鉄になるように知恵と工夫が必要である．

2) これまでの駅のホームは，欄干のない橋？

白杖を頼りに一人で移動する視覚障害者にとっては，駅のホームは「欄干のない橋」にたとえられるように，大変危険な場所である．ホームから転落したことのある人も少なくないということである．街のなかの歩道橋は車いすを利用する人には困難な場所であるが，逆に視覚障害者にとっては，ほっとする場所であるらしい．

新しく誕生する路線ではホームに柵ができ，到着する車両の扉の位置と同じところに開閉式の柵や扉が設けられている（図2.6.9）．たとえば，新橋駅から副都心に向かう新交通システム「ゆりかもめ」の各駅のホームがそうである．次に，地下鉄南北線である．これは大変モダンなデザインで，カラフルで美しい．そして各所にバリアフリーを追求した設計がなされている．おそらく開通後すぐに策定されることになる「交通バリアフリー法」を意識し，モデルになるものをつくろうとしたのかもしれない．

その後，既存の路線も改良工事が行われ，バリアフ

図 2.6.9 ホームの扉

リー化とともに安全性も向上してきている．

3) 携帯電話とプリペイドカード

この15年で街を歩く人の姿が大きく変わってきた．電話をかけながら歩く姿である．この携帯電話は，多くの人に多くの利便を与えている．

身体に障害のある人には，文字どおり命綱になっている場合もある．電動車椅子で夜出かけても携帯があれば，バッテリーの充電切れもパンクも怖くないという人も登場してきた．

また，車椅子を車に積み込めなくても，自分で車を運転する人は，携帯があれば何も困らないらしい．目的地に着く少し前に連絡を入れておけば，必ず車が着くところで待っていてくれ，トランクから車椅子を取り出してくれるということである．

以前，高速道路に入って高速道路券をとるときは手わたしであったが，これが機械化されたときには困る人たちがいたようである．しかしいまはETCシステムによってこの問題は解消された．

このようにシステムの変更によって不便さが解消される例は増えてきている．たとえば，公衆電話のためのテレフォンカードは，コインを財布から取り出し電話機に入れるのに不便を感じていた人には役に立った．ところが携帯電話の普及で公衆電話の姿が街のなかから消えていっている．

現在は電車に乗るときに使うプリペイドカードが役に立つ．JRや私鉄，そして地下鉄やバスなども共通のプリペイドカードが使え，乗換えのたびに切符を買う手間と時間が解消される．財布に入れたままでも軽くタッチすればよいので，手の不自由な人はずいぶん楽になった．

4) ノンステップのバスや路面電車

　路線バスが変わってきている．東京だけでなく地方都市でもバスの扉が開くと，すぐにバスの車内の床となっているタイプが増えてきた．待っている歩道とバスの床の高さの差が少なくなり，**ノンステップバス**と呼ばれている（図2.6.10）．

　従来のバスは車内の床が高かったので，入口から数段，しかも段差の大きいステップを掛け声かけて上がる高齢者の姿がよく見かけられた．

　いまでは考えられないが，35年ほど前はバギーに乗せた子どもを連れてバスに乗るにはかなりの勇気が必要であった．バスの運転士がマイクで「他のお客さんのじゃまにならないようにバギーを折りたたんでください」と注意することもあったので，車椅子でバスに乗るのは大きな負担を伴うことであった．

　25年ほど前には，車椅子の利用者たちによって，「バスにリフトを」が障害者の自立生活運動の課題として取り上げられたこともあった．当時は車椅子に乗ったままバスに乗り込むという発想がなかったし，車椅子の利用者が街に出向くということを知る人も少なかった時代である．

　1990年に米国で制定された「ADA（障害を持つアメリカ人法）」では，公共交通機関として利用されるバスへのリフト設置が義務づけられた．このことによって，日本でも「バスにリフトを」という運動に弾みがつくかに思われたが，その頃，北ヨーロッパでは床が低くなったバスや路面電車が登場し，日本からの障害者運動のリーダーたちの目にも止まるようになり，「これからはリフトではなくノンステップの時代だ」と方向を転換することになった．

　リフトつきのバスは，基本は車椅子の利用者をそのままバスに乗せるもので，杖をつく高齢者や妊婦やヨチヨチ歩きの子連れの利用者の使用を前提としたものではなかった．その頃バスに取り付けられたリフトはいくつかの形式があったが，すべて車椅子が1台載るものであり，車椅子利用者が複数になると待ち時間がかかり，通常の路線バスとしては使いにくい点があった．

　その点ノンステップバスは利用者を選ばないし，数台の車椅子でも短時間で安全に乗り込める．基本的には床をできる限り低くしたものであり，歩道との段差は少ない．そのうえ，ドアが開く前に車体が自動的にさらに低くなるものも出現，さらに歩道との段差をカバーするスロープが扉のすぐ下から張り出してくるものもある．これによって車椅子利用者は特別な手助けもなくバスに自力で乗り込めるようになった．

　同じようなタイプの路面電車もヨーロッパに登場してきた．しばらくして同じものが日本の街を走ることになるが，これらはユニバーサルデザインの典型的な事例として紹介されるようになっていった．

　ところで，床をできる限り低くした結果としてタイヤのスペース部が車内に大きく張り出すことになるので，その部分の座席は床からずいぶん高くなり，よじ登るといった感じで，一般の人には不評な面もある．今後の技術革新を期待したいところである．

5) 新しい紙幣と点字ブロック

　2004（平成16）年11月，20年ぶりに，千円券，5千円券および1万円券の3紙幣が一斉に変更された．手でさわって確かめる必要のある視覚障害者にもわかりやすい紙幣になったのかと関係者に尋ねてみたが，賛非両論であった．

　これまでの小さなドーナッツ状のものよりは手で確かめやすいが，額面との関連性が乏しいという点で，マイナスということらしい．前のデザインの紙幣は，手で確かめられる紙幣としては世界で10番目ということであった．今回のデザインはわかりやすさという点では，まだ工夫が必要のようである．

　点字ブロックは，岡山から始まったという話であるが，日本ほど整備が進んだ国はないようである．わが国では，2001年にJIS規格ができ，その形状と設置の基準が統一されることになった．

　丸い凸形状のものは停止ブロックで，注意を喚起す

図2.6.10　ノンステップバス

るマークである．小判を細長くした形状のものは誘導ブロックと呼ばれ，進行方向を示すものである．この二つのブロックを敷くことで，視覚に頼らなくても歩けるようになっている．

しかし，実際の場面は簡単ではない．歩道に点字ブロックが整備されていても，そのうえに自転車やバイクが止められていることがあり，安心して歩くことができない．これは，点字ブロックの問題というよりは，マナーや社会のモラルの問題でもあるので，別途議論が必要であろう．

6) 大きな活字の新聞や本

10年ほど前になるが，全国紙として有名な新聞が基本の活字を少し大きなものに変えた．高齢者人口の増加が原因である．新聞を読む人の総数のなかで，老眼鏡を必要とする人の割合が増えたからである．若い人の活字離れといっても，インターネットを通して文字には接しており，新聞を読まない世代が増えたことや，少子化傾向によって新聞の読者層が高齢化したということが原因であろう．

そして，大きな活字の本も出回るようになってきた．特に辞書は同じ内容・同じデザインで大きな版のものが出て，老眼鏡なしでも利用できるようになっている．ただサイズが大きくなったぶん，大きく重いという欠点もあるが，その快適さに変えられないという人には問題にならない．そして，いよいよ電子ブックの時代の幕が開き，手にした液晶画面の文字の大きさを自由に調整できるようになっている．

7) 座位保持装置と車椅子

体に合った椅子があると，寝たきりの生活をしていた人でも，起きて食事ができ，テレビをみたり家族との団らんも無理なくできるようになる．

1990年には，身体障害者の補装具支給制度のなかに**座位保持装置**と呼ばれるものも加えられ，いまでは最重度の身体障害を持つ人たち（子どもから高齢者まで）の命と生活を支える用具となっている（図2.6.11）．

政府は1998年にゴールドプラン（正式には「高齢者保健福祉推進十カ年戦略」）を出し，そのなかで「**寝たきり老人ゼロ作戦**」というスローガンも掲げられた．

どんな重い障害を持つ人も起きて生活する権利があるという考えや，このあとで触れるが，障害は生活環境の不備がつくるというICFの考え方の普及によっ

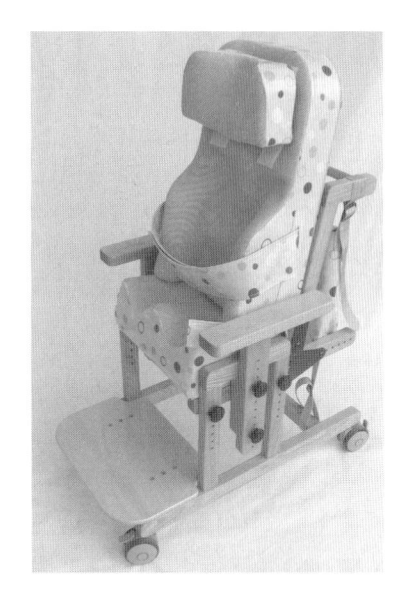

図2.6.11 座位保持装置

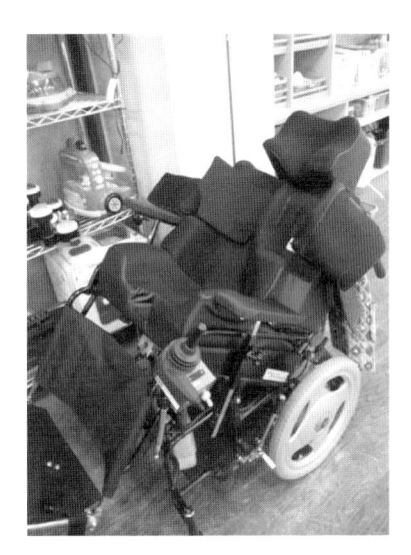

図2.6.12 座位保持機能のついた電動車椅子

て，起こすための道具づくりも進化し発展してきている．

また，起きた姿勢で移動し，外出もできるように，車輪がついた車椅子タイプのものや，駆動する力のない人のためには電動のものなども開発され，多くの人々に利用されている（図2.6.12）．

c. これからの課題

ここで，1995年に出された『平成7年版 障害者白

書（総理府）』を，もう一度点検してみたい．

そこでは，1：物理的な障壁，2：制度的な障壁，3：文化・情報での障壁，4：意識上の障壁，このすべてを取り除くことを《バリアフリー》と明示し，政府は目標を掲げた．それによって，わが国では物理的なバリアフリーは，ある程度実現できてきている．

これまでもそうであったが，まずバリアを実感する障害当事者の問題点の指摘があって，それに先導されて行政が対応してきたという歴史があったが，これからも課題がないわけではない．

障害者権利条約は国際人権法に基づき，人権の視点から考えてつくられたが，その前文では「全ての人権と基本的自由が普遍的であり，不可分であり，相互に依存し，相互に関連している」というウィーン宣言および行動計画の基本原則が再確認された．

そこでは，障害のある人の多くが差別や貧困にさらされていて，特に女性や女子が家庭内外での暴力やネグレクト，搾取などにさらされやすい現状にあることを指摘し，個人は他の個人とその個人の属する社会に対して義務を負い，国際人権法に定められた人権を促進する責任があることを明記している．

また，障害は個人ではなく社会にあるといった視点からの条約でもあり，これはICFの考え方とも一致する．

障害に関する国際的な分類としては，これまで，世界保健機関（以下「WHO」）が1980年に「国際疾病分類（ICD）」の補助として発表した「WHO国際障害分類（ICDIDH）が用いられてきたが，WHOでは，2001年5月の第54回総会において，その改訂版として"**ICF**（International Classification of Functioning, Disability and Health）"を採択している．

ICFは，人間の生活機能と障害について「心身機能・身体構造」「活動」「参加」の三つの次元および「環境因子」などの影響を及ぼす因子で構成されており，約1500項目に分類されている．

それまでの"ICDIDH"は身体機能の障害による生活機能の障害（社会的不利）を分類するという考え方が中心であったのに対し，ICFは上記の環境因子という観点を加え，たとえば，バリアフリーなどの環境を評価できるように構成されている．このような考え方は，今後，障害者はもとより，全国民の保健・医療・福祉サービス，社会システムや技術のあり方の方向性を示唆しているものと考えられる．

この障害者権利条約は，"Nothing About Us Without Us"「私たちのことを，私たち抜きに決めないで」というスローガンによる障害者の視点からつくられた条約であることも特徴的である．今後わが国もこの条約の批准のために，国内関連法の改訂が急務となっている．

〔光野有次〕

文　献

日比野正己編著（1999）：図解　バリア・フリー・百科．阪急コミュニケーションズ．
樋口恵子（1998）：エンジョイ自立生活—障害を最高の恵みとして．現代書館．
光野有次（2005）：みんなでつくるバリアフリー（岩波ジュニア新書），岩波書店．
岡村　青（1988）：脳性マヒ者と生きる——大仏空の生涯，三一書房．
矢代英太，富安芳和編（1991）：ADA（障害をもつアメリカ人法）の衝撃．学苑社．
横塚晃一（1975）：母よ！殺すな，すずさわ書店．

2.6.3 ユニバーサルデザイン

a. ユニバーサルデザインという概念の成立

　ユニバーサルデザイン（Universal Design）は，1980年代の終わりに，米国のロナルド（通称ロン）・メイス（Ronald Mace）が提唱した概念である．ポリオの後遺症で車いすユーザであったロンは，ノースカロライナ大学で建築学を教えていた．彼は最初，バリアフルな建物や製品をバリアフリーに修正することで，車いすユーザなどが暮らしやすい町や家を増やすことができると考えたが，そのような後づけの方法では，コストや使い勝手の点で課題が残ることに悩んでいた．そのなかで，デザインの最初の時点から，多様なユーザの利用を前提として設計するほうが，コスト的に優れ，美しく，かつ多くの人にとってメリットがあることに気づき，その概念をユニバーサルデザインと名づけるに至った．障害を持つ人，妊産婦，けがをした人など，ニーズが重い人が利用できるようにつくられたまちやものは，子どもたちや荷物の多い人などのニーズが軽い人にも使いやすい場合が多いという考え方である．デザインの最初から，当事者など多様な人々の意見を取り入れながら，徐々に改善を進めていく過程（スパイラルアップのプロセス）を重視するのも特徴である．このユニバーサルデザインの考え方は，建築，公共交通，プロダクトデザイン，都市計画，まちづくり，情報通信，サービス業などの，あらゆる分野において適用可能である．

　ユニバーサルデザインの思想的な背景には，すべての人間の尊厳が重視されるべきという米国の公民権運動がある．ヨーロッパでは，ユニバーサルデザインに近い概念として，**デザインフォーオール**（Design for All）という考え方が提唱されていた．その背景には，障害のある人とともに暮らすという**ノーマライゼーション**（Normalization）の考え方がある．なお，ヨーロッパではこのデザインフォーオールは，2000年代に入ってからは，**インクルーシブデザイン**（Inclusive Design）と呼ばれることも増えている．

　日本では，ユニバーサルデザインは1990年代の後半に紹介され，建築やまちづくり，製品デザインの研究者を中心に広まった．そのため，ユニバーサルデザインをものに関係するデザイン，インクルーシブデザインを人に関係するデザインとしてとらえる動きもあるが，本来は同じ目的のものである．

b. ユニバーサルデザインの定義

　ユニバーサルデザインにはいくつかの定義があるが，一般的に用いられているものとしては，次のようなものがある．

　「年齢，性別，能力，状況などにかかわらず，できるだけ多くの人が使えるよう，最初から考慮して，まち，もの，情報，サービスなど，身の回りのものすべてをデザインすること，およびそのプロセス」

　ロン・メイスが提唱した**ユニバーサルデザイン7原則**は，以下のものである．

　原則1：誰にでも公平に利用できること（Equitable Use）
　原則2：使う上で自由度が高いこと（Flexibility in Use）
　原則3：使い方が簡単ですぐわかること（Simple and Intuitive）
　原則4：必要な情報がすぐに理解できること（Perceptible Information）
　原則5：うっかりミスや危険につながらないデザインであること（Tolerance for Error）
　原則6：無理な姿勢をとることなく，少ない力でも楽に使用できること（Low Physical Effort）
　原則7：アクセスしやすいスペースと大きさを確保すること（Size and Space）

　これらの原則は，すべてのデザインに当てはまるとは限らない．たとえば原則7は，建物や家具には適用できるが，ICT機器やソフトウェアに関しては必ずしも適用されない場合もある．しかし，原則5などは，戻りの機能を確保するなど，ICTになじみやすいものである．実際に企業でこの7原則を製品開発に適用する場合，これに加えて，審美性や価格妥当性などの要素を加えることもある．

c. ユニバーサルデザインの構成要素

ユニバーサルデザインには，大きく分けて二つの要素がある。**アクセシビリティ**（accessibility）と**ユーザビリティ**（usability）である。

アクセシビリティとは，アクセスできること，そこへ到達し，所定の目的を果たせることである。市役所へのアクセスという場合，市役所へたどり着くための，近くの駅からの公共交通の利用方法，歩いていく場合の道順，駐車場からのルートなどが含まれる。それと同様に，市役所へのアクセシビリティといえば，公共交通機関で到達できるかということに加え，途中の駅がアクセシブルか，道路から市役所へ入るのに段差はないか，ベビーカーで困難なくたどり着けるか，といったことも含まれる可能性がある。

アクセシビリティが確保されていないと，そこに到達できない市民やユーザが出現することになり，公共機関としては公平を欠くことになり，私企業としては，顧客満足度に大きく影響が出ることになる。特に，日本では高齢化が進んでいるため，行政としては市民が暮らしにくい環境を放置することになり，企業としては大きな市場を失う可能性がある。建物がアクセシブルでないと顧客がなかに入ってくることができないように，たとえばWebサイトもアクセシブルでないと，市民や顧客は入ってこられず，情報を得ることができないのである。福祉機器や支援技術などを利用しつつ，Webコンテンツそのものが，最初から多様なユーザの利用を考慮したユニバーサルデザインで開発されている必要がある。なお，日本では，アクセシビリティという言葉は，ICTに関するものとして扱われることが多い。

これに対し，ユーザビリティとは，使い勝手，使いやすさなどと訳される。使おうと思えば使えないことはないのであるがどうも使い勝手が悪い，必要な情報を得ることがどうしても難しい，自分が思っているとおりに使うことができない──このようなとき，ユーザビリティが悪いという言い方をする。せっかくエレベーターが設置されてもホームの端のわかりにくいところにあるため，存在に気づかないうえ，乗換えにも不便な場合は，アクセシブルとはいえるかもしれないが，ユーザブルとはいいがたい。また携帯電話のデザインが，高齢者に認識しやすい色づかいであっても，ボタンに名前が書いてなかったり英語表記だけであれば，これもユーザブル，使いやすいとはいえないのである。

このように，アクセシビリティとユーザビリティはユニバーサルデザインを実現するための，車の両輪のようなものである。ユーザビリティを高めるための手法としては，ユーザ中心設計や人間中心設計，ユーザエクスペリエンス（ユーザ経験）などで用いられているような，ペルソナ法，シナリオライティング手法，エスノグラフィーなどがある。これらの手法でユーザの隠れたニーズを洗い出して課題を顕在化させ，解決案をペーパープロトタイピング手法などで提示してさらにユーザの評価を受けることにより，よりよい解決策を提示していくのである。

ユニバーサルデザインの製品設計においては，手法としてはユーザビリティで確立されたものを用いながら，ユーザの幅を高齢者，障害者，外国人，子どもなどに広げ，多様性を高めることによって，より多くの人々にとってアクセシブルかどうかを確認することが多い。デザインの最初から，多様なユーザの参加を促し（ユーザインボルブメント），ともにつくりあげていくというプロセスを重視するためである。また，その際は，ユーザビリティで確立されている**PDCAサイクル**（Plan Do Check Action）を回すという視点が重要である。特にPlanとCheckのフェーズにおいて，当事者である多様なユーザの参加が重要であるといわれている。

d. ユニバーサルデザインとバリアフリーとの違い

1) 対象者

バリアフリーでは，主な対象者が，障害者・高齢者とされることが多い。この場合の高齢者は，加齢により移動や情報受発信などになんらかの不便を感じている，いわば軽度重複障害者としての立場で，バリアフリーの対象となっている。

これに対しユニバーサルデザインは，障害者・高齢者を含む，すべての人を対象とする。子ども，妊産婦，乳幼児連れ，大きな荷物を持った人，一時的なけが人，などはもちろん含まれ，優先される。外国人も，大きな荷物を持っている旅行者などの場合は移動障害の一部とされ，日本語を母語としない場合は情報障害の

一部と見なされる．このように，ニーズが重い人を優先しつつ，健康で若い成人男女も含めて，すべての人にとって，より使いやすく，美しいと感じるデザインであることが望まれている．

たとえば，駅に設置されている車いす昇降機は，バリアフリーではあるが，車いすユーザ以外は利用できないため，ユニバーサルデザインとはいえない．妊産婦や高齢者が乗りたいと思っても，規則上，乗ることは許されていないのである．これに対し，エレベーターは，ユニバーサルデザインであるといえる．電動車いすからベビーカー，トランクを持った人，スキーで足を折った大学生，満員電車で気分の悪くなったビジネスマンも，利用することができるからである．このように，アクセシブルであっても対象者を分離し特別扱いをする場合はバリアフリーであり，対象者を統合しともに行動することを促す場合はユニバーサルデザイン，インクルーシブデザインであるといえる．

2) デザインのどのフェーズか

バリアフリーは，製品設計がいったん終結し，その後，障害を持つユーザのニーズをヒアリングして，アクセシビリティの機能を追加するアプローチである．これに対し，ユニバーサルデザインは，デザインの最初からできるだけ多様なユーザのニーズを把握して製品設計時に反映する．現状のプロダクトに関する多様なユーザニーズのヒアリングを先に行い，次の製品設計に反映するというアプローチをとる場合もある．

たとえば，PCのOSを視覚障害者にアクセシブルにするためには，かつてはバリアフリーのアプローチが行われていた．Windowsのバージョンが変わるたびに，それに対応したアクセシビリティ機能や画面読み上げソフトなどの支援技術がつくられていたのである．しかし，これではWindowsのバージョンが変わったのち，アクセシブルな環境を提供するためには，タイムラグが発生してしまう．OSのバージョンアップの速度が速くなれば，支援技術の開発が追いつかなくなる危険性もある．このような課題に対処するために，OSのなかに最初からアクセシビリティ機能を内包したり，読み上げソフトへのAPIが標準装備されるようになっていった．いわばPCの環境をユニバーサルデザインにすることで，アクセシビリティを確保した例であるといえる．

3) コスト

すでにできあがってしまったバリアフルな製品や建物を，あとからアクセシブルにするのは，コストがかかることが多い．たとえば，すでにできあがってしまった地下鉄の駅に，あとからエレベーターを設置するのは数億円もかかる場合がある．しかし，新駅の設計段階で，最初からユニバーサルデザインに配慮しておけば，コストは数分の一ですむ場合がある．さらにユーザビリティやデザイン性にも優れたものになる可能性が高い．

また，アクセシブルでないWebサイトを，あとからアクセシブルなものにつくりなおすのは，機械的にコンバージョンできない場合もあり，手間とコストがかかる．もし，Webデザイナーがアクセシブルなサイトをつくるノウハウを身につけていれば，サイト設計や構築に要する時間やコストに，追加はほとんど発生しない．

しかし，日本は，残念ながら，まだまだバリアフルな環境である．この環境を，一朝一夕にユニバーサルデザインにするのは難しい．そのため，バリアフルな環境をバリアフリーにしていく努力も，非常に重要なのである．ユニバーサルデザインがよくて，バリアフリーが悪いということではまったくない．むしろ，その結果は，ユーザにとっては同じ解を持つ場合も多いのであるから，バリアフリーも，ユニバーサルデザインも，大いに推進すべきである．ただ，企業のデザイナーや行政の政策担当者は，コストや美しさのことも考慮して，特に新規の設計に関しては，ユニバーサルデザインのアプローチを行うことが必要である．そのためにも，多様なユーザの特性や，ユーザ参加型のユニバーサルデザインの設計手法を学ぶことが重要である．

e. ICTにおけるユニバーサルデザイン

1) 日本におけるICTのユニバーサルデザイン

PCや携帯電話などのパーソナルな情報通信機器を始め，テレビや電話機，冷蔵庫や炊飯器などの家電に至るまで，現在の生活には，さまざまな機器が使われている．それらの多くにはICやセンサが入るようになってきており，21世紀の生活は情報化やネットワーク化が進んでいる．

現在では，家電各社において，ユニバーサルデザインの考え方が浸透したために，一般的な情報家電においては，多様なユーザの利用を考慮して開発が行われている．PDCA サイクルのなかにユーザビリティ評価，アクセシビリティ評価を取り入れることも一般化してきた．

情報通信機器に関しては，**米国リハビリテーション法 508 条**で公共調達におけるアクセシビリティが義務化されたことを受けて，IBM やマイクロソフトなどがアクセシビリティを標準装備したため，日本においても IT 機器の基本的な動作については，購入した時点でアクセシブルに利用できるようになってきた．PC に関していえば，固定キーなどは OS のなかにごく普通に埋め込まれ，簡単なキー操作で呼び出せるようになっている．拡大や色反転も一般的な機能は標準装備されている．音声読み上げや音声認識機能は，標準装備ではないが，API が提供されており，各種のソフトやアプリが連動できるようになっている．

インターネットのアクセシビリティに関しても，PC 環境においては，各種の支援技術と連動して，アクセシビリティの向上が進んでいる．また，コンテンツや開発ツールなどのアクセシビリティについては，インターネットの標準化を行っている世界規模の団体である WWW（World Wide Web Consortium）のなかの組織，WAI（Web Accessibility Initiative）において，WCAG（Web Contents Accessibility Guide）などが出されており，世界標準となっている．

通信機器に関しては，固定電話や携帯電話のアクセシビリティが，世界各国で研究されており，ノキア社などでもアクセシビリティへの配慮が進んでいる．日本では富士通が開発し，キャリアとしては NTT docomo が提供している「らくらくホン」が，シニア向け携帯としてシリーズで 2000 万台以上を販売しており，不動の地位を誇っている．このところは，いわゆるスマートフォンが主流になってきているため，au など各社もスマートフォン上の画面をシニア向けに切り替える「かんたんモード」などを提供して，ユニバーサルデザインの画面を利用できるように努めている．iPhone，iPad などは，英語環境では 508 条の影響下にあるため，最初からかなりアクセシビリティを意識して標準装備されているが，日本語環境での利用に関しては，まだ完全とはいえない部分もある．今後はアプリなどの補強が行われるものと思われる．

オフィス機器に関しても，ユニバーサルデザインが進んでいる．キヤノン，リコー，ゼロックスなどのコピー機各社が，基本的なユーザインタフェースの統一を図り，各社の頭文字をとって，CRX という研究プロジェクトを立ち上げていた．これは，後にエプソン社が参加し，CRX（Collaboration for Research and eXchange）の頭文字に切り替えている．FAX やコピーの利用時に，原稿をどのようにおくか，両面コピーの取り方は，といった基本的な使い勝手について，ユーザが迷わないように基本的なルールを共通化している．

上記のような，アクセシビリティの標準化は，日本では JIS 規格（日本工業標準）として定義されている．情報通信機器に関しては，X-8341 シリーズとして出されているものがそれである．X-8341 は，2011 年現在では 1 から 5 まで策定されている．正式名称は，「高齢者・障害者等配慮設計指針」という．そのなかで，1 が「情報通信における機器，ソフトウェア及びサービス」という名称であって，2 以下の個別指針

JIS Z 8071　ガイド 71
高齢者及び障害のある人々のニーズに対応した規格作成配慮指針

JIS X 8341-1　共通指針
情報通信における
機器，ソフトウェア及びサービス

JIS X 8341-2　情報処理機器
JIS X 8341-3　ウェブコンテンツ
JIS X 8341-4　電気通信機器
JIS X 8341-5　事務機器

ガイド 71

JIS X8341-1
共通指針

JIS X8341-2, 3…
個別指針

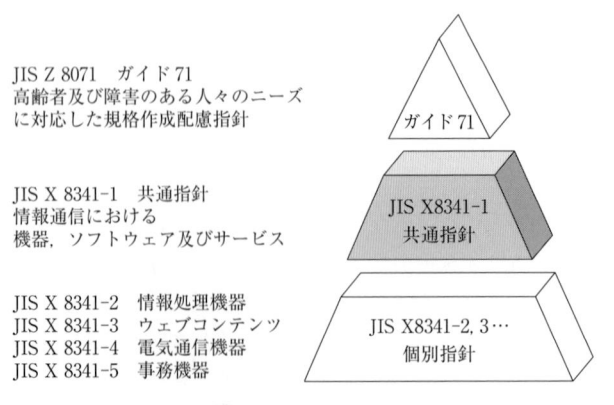

図 2.6.13　JIS X8341

全体に関与する共通項目を定めた「共通指針」である．以下，X8341-2 が「情報処理機器」，X8341-3 が「ウェブコンテンツ」，X8341-4 が「電気通信機器」，X8341-5 が「事務機器」となっている（図 2.6.13）．

この JIS 規格ができたことで，開発する企業側の意識も高まり，JIS に沿った製品のラインナップが進んだことは評価できる．しかし，残念ながら，JIS 規格の性格として，あくまで開発時の標準としての位置づけにとどまっており，違反したからといって，罰則規定があるわけではない．そのことが，意識の高い企業にとっては顧客満足度向上のために必要として標準採用されていても，意識の高くない新規参入の企業からはコスト要因として切り捨てられる危険性を常にはらむ原因となっている．

欧米では，アクセシビリティは，単なる業界標準ではなく，強制法規となっており，特に公共調達においては違反すると罰則規定があるため，調達側の意識が高い．企業も，アクセシビリティの基準を満たしていないと入札に参加することができないため，アクセシビリティを高めるためのインセンティブが働く．グローバルな市場を求める日本企業にとっては，国内国外のダブルスタンダードを持つ形となり，日本国内の法的整備の遅れが，むしろ足かせとなっている感がある．アクセシビリティやユーザビリティの低い ICT の機器や Web アプリを放置することは，個人だけでなく，企業や行政の ICT 利用の価値を減じることにつながる．日本の電子政府，電子自治体の利用率は，OECD 各国に比べて大変低いレベルにとどまっているが，これについても，紙の書類をそのまま PDF に落とし込んだだけという，ユーザビリティの低さが大きな課題とされている．

2011 年の震災時においても，行政職員が慣れない被災情報システムを効率的に扱えなかったために，作業効率が上がらず，被災者が罹災証明を受け取るのに何時間も待たされるといった自治体もある．有益なオンラインアプリの存在を知らなかったり，それを事前研修する必要性を感じていなかったという理由もあると思われるが，このようなシステムのアクセシビリティやユーザビリティを上げる努力も，なお，重要であると思われる．

2） 海外における ICT のユニバーサルデザイン

前述したように，欧米各国では公的機関での調達条件としてアクセシビリティを義務づけることが一般化してきており，企業が製品開発を行うときの要件にもなっている．CSR というレベルを超えて，企業にとっては，むしろ配慮することが当たり前という文化が醸成されてきつつある．社会のインクルージョンが進めば進むほど，この傾向は加速するものと思われる．

たとえば，Apple が出している iPad には，最初からアクセシビリティへの機能が標準装備されており，拡大，縮小，色反転などの機能は，特に弱視者でなくとも，ごく一般的に利用されるものとなっている．いまでは，それらの機能が，かつては視覚障害者のために別ソフトとして販売されていたことを知る人さえいないほどである．それらのアクセシビリティ機能の使い勝手も，かつてのように別メニューを立ち上げて，というものではなく，みたいところを指でつまむように挟んで拡大，縮小が自在に行えるという，直感的なユーザインタフェースとなっており，ユーザビリティの高いものである．アクセシビリティとユーザビリティを兼ね備えた，ユニバーサルデザインの機種といえるであろう．

また，日本ではまだ発売されていないが，アマゾン社の Kindle も，アクセシブルな電子書籍端末の例である．536 g の，iPad よりも薄く軽い端末に，3500 冊以上の電子書籍を搭載することが可能である．米国では，高校の教科書はほとんどこれで読むことが可能であり，大学でもすべての教科書や参考書をこれ一枚ですませるというところも出てきている．液晶よりはるかに省電力の電子ペーパー画面であり，一度充電すれば 1 週間近く再充電が不要ということで，今後は，環境にセンシティブな国での利用や，電力供給が十分でない国や地域での利用も増えるものと思われる．

アクセシビリティに関しても 508 条に対応して，さまざまな機能がはじめからついている．iPad のような直観的な拡大・縮小はもとより，色反転・変更，フォント変更なども可能である．また，テキスト部分に関しては，非常に美しい TTS（text to speech, 音声合成）の機能がついており，画面を読みながら，音声でも内容を把握することが可能である．この TTS は，あまりにも美しい読み上げであるため，米国のオーディオブックの売り上げに影響するとして，機能の停止を求める訴訟が起こされたくらいであるが，これも，視覚

障害者団体の反対で取り下げられている．公共の利益として，アクセシビリティが優先された事例といえるかもしれない．

このようなユニバーサルデザインの端末となっているKindleは，個人ユースとしては，シニアの利用率が大変高い．個人購入者の60%以上が60代以上である．米国の家は暗い．読書用のスタンドがあったとしても，やはりシニアにとっては薄暗くて本を読むには苦労があったのである．もともと，書籍のヘビーユーザであったシニア層にとっては，これまでも，小さなグラフや写真，図表などを，自由に拡大してみることができれば，という要望があった．Kindleは，そのようなニーズを明確に解消したのである．小さな部分をみたいサイズで拡大し，音声でも聞けるということで，シニア層の利用満足度は高い．一度，9.5ドルの電子書籍で読んだあと，やはり愛読書として手元においておきたいと思うと，シニアは49.5ドルの紙の書籍も購入するのである．読書好きなシニア層のニーズをきちんと把握してフォローすることにより，アマゾン社は，一粒で二度美味しいビジネスモデルを確立したといえるであろう．これもユニバーサルデザインのよい事例である．いまでは，若い層が，何百冊もの書籍をすでにダウンロードしたKindleを，両親の誕生日などにプレゼントすることも流行っている．相手の好みに応じた，または誰かの目利きによる，小さな書店やミニ図書館を，一枚の電子書籍として贈るような状況が，今後は一般化するのかもしれない．

また，電子政府や電子自治体に関しても，アクセシビリティやユーザビリティへの配慮は，各国がICT政策の基本として行っている．市民の高齢化に配慮したアクセシビリティや，わかりやすさを重視したユーザビリティへの配慮は，政府や自治体が義務として推進すべき内容とされている．たとえば米国においては，508条でアクセシビリティを義務づけるのは当然として，Usabirity.govというサイトにおいて，e-Governmentの使い勝手を支援し，共通化するという政策が明示されている．基本的に，あらゆる電子政府のオンラインアプリケーションは，ユーザの使い勝手を重視し，ITリテラシーの高くない市民のために専門用語を使わないことや，英語を母国語としない市民に対してはできるだけわかりやすい英語を使うことなどを規定している．これは，アクセシビリティにも通じる部分である．

北欧の各国においても，高齢者や障害者に対するICT利用は，国家の基本政策として推進されており，各地でシニア向けの講習会が行われていたり，リハビリセンターでのIT利用も盛んである．ノルウェーでは，訪問した特別養護老人ホームでインターネットバンキングの講習会が行われていた．インターネットを使った資産管理や運用をシニア自身が行うための講習会専用のアプリケーションが，銀行協会と政府によって準備されており，地域のシニアネットが講習を繰り返し行っているとのことであった．

このように，欧米各国の状況としては，各人の尊厳を守るために，ICTを活用するという意味あいが強い．大学では，障害を持つ学生への支援技術の習得や，それを用いて授業を受けるための支援体制が整っており，ICT利用は就職のための当たり前の条件となっている．またリハビリテーション施設においても，ICT利用は重要な技術として，退院までに習得することが推奨される．高齢者に対しても，各国のシニアネットは国内にネットワークを持ち，地域に根づいたICT普及活動を行っている．

3) ジェロントロジーとの関連

このように，各国のICTのユニバーサルデザインは，それぞれの市民が，何歳であっても，どのような状況であっても，可能な限りの情報を提供し，各人による意思決定を支援し，尊厳を守ることを目的としているものである．米国のように，障害を持つ公務員への支援という意味でリハビリテーション法508条を制定し，その結果として企業の製品開発をアクセシブルにしてきた国もあるが，ヨーロッパにおいては，高齢市民の情報受発信を支援するという意味あいもある．

欧米で100年以上前からある学問領域に，**ジェロントロジー**がある．これは，日本では，老年学，加齢学とも訳されるが，老年医学，社会学，栄養学，社会保障論などを含む，高齢社会全体にかかわる横断的な学問領域である．このなかでも，いまではICTにより高齢者をどのように社会のメインストリームにしていくかということが議論されるようになった．日本においては，「高齢者とICT」というテーマの場合，要介護の高齢者を社会でどのように支援するかという弱者対策としてのICTが主流であるが，欧米においては，それ以上に，シニア自身がICTを活用してどのように積極的に社会とかかわるかという文脈で語られるこ

とが多い．自立と尊厳を重視する姿勢のためであると思われる．センサで高齢者の状況を把握するといったシステムの開発に関しては，本人のコントローラビリティや意思決定支援のためという，倫理的な視点が最重要であるとされる．あくまで，本人の意思を尊重するという態度であり，これは，障害者の支援技術の利用における態度とも共通している．

ジェロントロジーの一分野に，ジェロンテクノロジーといわれる技術分野があるが，これも同様の概念である．高齢者の自立した生活を支援するためのテクノロジーとして，各国で研究が行われている．障害者支援技術やユニバーサルデザインとも，非常に関連の深い分野であるといえる．

日本においては，ジェロントロジーはまだ新しい研究領域ではあるが，桜美林大学や東京大学などにおいて，専門家が集まりつつある．東京大学においては，高齢社会総合研究機構（Institute of Gerontology：IOG）を立ち上げ，産官学の連携による共同研究を進めている．世界最高齢国である日本から，これから高齢化の進む世界各国に対し，幅広い領域をカバーするジェロントロジーやユニバーサルデザインについて，さらなる情報発信が望まれており，今後の展開が期待されるところである．　　　　　　　　〔関根千佳〕

2.6.4 ジェロンテクノロジー

a. ジェロンテクノロジーの概要

ジェロンテクノロジーは，**老年学**（gerontology）と技術（technology）を結びつけてつくられた用語である．gerontology は医学・生理学の分野であり，technology は工学・技術の分野であるので，それらを融合した新しい学際的領域である．この分野は 1980 年代にオランダのアイントホーヘン工科大学の Herman Bouma らの研究グループによって始められ，1991 年に初の国際会議が開かれた．それ以降，3 年に一度国際会議が開催されてこの分野を進展させてきた（Bouma, Graafmans, 1992）．この間，国際学会（International Society for Gerontechnology：**ISG**）も組織され，学術雑誌も発行されるに至った．最近では 2 年に一度国際会議が開かれるようになった．また，国別の支部組織も形成され，現在オランダ，フランス，日本，台湾が支部組織を形成している．

20 世紀後半は技術が急速に進歩し，また社会も急速に高齢化した時代である．こうした社会の存続は，高齢者の安全，健康，快適な生活によって維持される．ジェロンテクノロジーはこのための技術を提供することを目的としている．すなわち，高齢者の自立した生活や積極的な社会参加を促すための技術的環境を整え

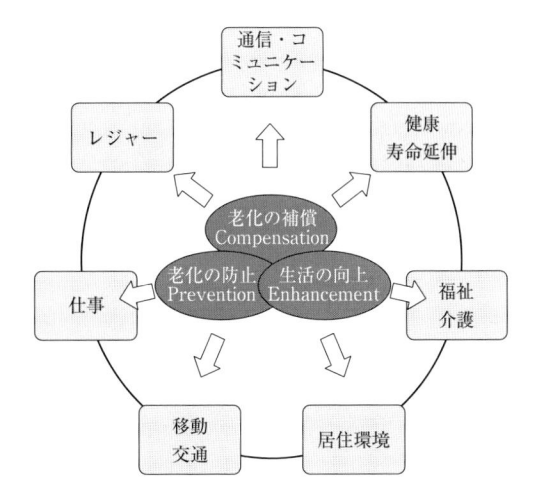

図 2.6.14　ジェロンテクノロジーの基本理念と対象分野

ようとするものである．

ジェロンテクノロジーの基本技術は，主として福祉用具開発やユニバーサルデザインの技術を用いる．図2.6.14はジェロンテクノロジーの基本理念と対象分野を示す図である．老化の補償（compensation），老化の防止（prevention），生活の向上（enhancement），という理念に基づいて，高齢者の生活に密着した領域に，さまざまな技術を応用していく．具体的には高齢者の健康，居住，移動，仕事，コミュニケーションという主要な生活分野にさらに福祉・介護やレジャーを加えて，これらの分野に関連する有用な技術を開発する．きわめて学際的であり，さまざまな科学技術分野の人々が関係する領域となっている．主として①工学に関する設計者，開発者，製造者，②医学・生理学などに関係する医者，介護者，薬学者，さらに③人間工学や心理学などの人間に携わる研究者，技術者，実践者などが横断的に活躍する総合的分野である．

b. ジェロンテクノロジーの基本理念

ジェロンテクノロジーは高齢者を対象として，以下に示す三つの基本理念に基づいて，近代的な技術の開発，導入，応用を目指している．

1) 老化の補償技術

Compensation（補償）と呼ばれ，老化によって衰えた人間機能をなんらかの技術を用いて補い，機能を回復させることを意味する．主に感覚系あるいは一部の身体系の加齢変化に対する技術はこの理念に含まれる．たとえば視覚の加齢変化を取り上げてみると，年齢とともに人間の視力は低下し，特に近くを見る場合の高齢者の視力はかなり低下する．これはトレーニングやその他の方法では，防止したり回復したりすることはできない．眼球レンズの弾性劣化という，加齢に伴う身体の自然な生理的変化である．ここで，こうした視力の低下を他の技術で補い，視力を回復させるという技術が出てくる．これが**老化の補償技術**と呼ばれるものである．

たとえば直接的に視力を補償する方法は眼鏡であり，よりよい眼鏡を目指して医学や眼光学の分野での開発が進んでいる．あるいは，視覚サインのデザインを適度に大きくして見えやすくすることも，視力の低下を補う技術である．前者は福祉用具，後者はユニバーサルデザインまたはアクセシブルデザインと呼ばれる技術である．眼鏡の開発や，高齢者に読みやすい公共サインのデザイン技術の開発には，多くの技術要素が含まれている．これらはすべてジェロンテクノロジーのなかの補償技術という理念に属する技術である．

2) 老化の防止技術

Prevention（防止）と呼ばれる技術もジェロンテクノロジーの重要な理念である．老化は身体にさまざまな形で現れるが，その速度や現れ方はさまざまでありこの一部は外界からの技術でコントロールすることができる．特に，筋力や動作などの身体機能の衰えは適度な運動や訓練によって防止できる．また，記憶や注意などの認知能力も加齢による変化が大きいが，これもトレーニングをすることによって記憶の低下や注意力の低下を防止することができるといわれている．このように，身体機能や認知機能に関しては，老化防止の研究や技術開発が盛んであり，さまざまなトレーニング機器や効果的なトレーニングプログラムが開発されている．これが**老化の防止**という，ジェロンテクノロジーの一つの理念となっている．具体例としては，乗馬を模擬した家庭でも利用できるトレーニング機器などはその一例といえよう．

3) 老後の生活の向上技術

補償，防止に続くもう一つの理念はEnhancementと呼ばれる技術である．Enhancementは「強調」などと訳されるが，このニュアンスを伝える適切な日本語は見当たらない．あえて訳すとすれば「向上」がより適切といえる．ここでは，充実した生活の質を高めるという意味あいを含む．先に示した補償技術や防止技術は老化によって低下した機能を若年時のレベルに戻す．いわゆる失くした負の機能を「もとの位置」へ回復する志向である．しかし，これではネガティブなイメージが強い．これに対し最初から「もとの位置」以上の生活の質や量を目指すものがEnhancementである．レジャーや余暇，その他，スポーツ，ゲームなど，生活を楽しむさまざまな技術がこれに当たる．生活をより楽しむ技術という意味で，ポジティブな意味あいが強く出てくる．一見すると無駄にみえる技術が，実は高齢者の生活を豊かにしたり，生き甲斐を与えた

りすることになり，結局は高齢者の健康や快適な生活につながると考えられている．

この理念に基づく技術としては，ロボット玩具，情報通信による人々のコミュニケーション，などがある．高齢者は移動範囲が限られるため，遠くの友達や家族とのコミュニケーションが制限される．この制限を取り除いて，自由に遠隔地とのコミュニケーションができることは高齢者の一つの楽しみである．IT技術の活用により，これが可能となる．ゲーム産業やこれに類する娯楽のための技術も同様である．これまでのゲーム産業における技術開発は若年者向けが多かったが，最近は高齢者向けのゲームなどもみられる．生活を豊かにする技術はこのほかにもたくさん考えられる．しかし，まだジェロンテクノロジーの分野に十分浸透していない．近年は「楽しさとは何か」を研究するFunology (Blythe et al., 2003) など，技術を感覚や感情の側面から考える分野も台頭してきている．これらをジェロンテクノロジーに取り込むことによって，他の「防止」や「補償」に比べてやや遅れているこの領域がこれから発展することが期待されている．

c. ジェロンテクノロジーの技術領域

ジェロンテクノロジーの基礎を形成するものは，老化に関する科学・技術的な知見である．医学，生理学，心理学，基礎人間工学，社会学などの人間に関する基礎分野において，心身の加齢による変化が明らかにされる．特に感覚機能，身体機能，認知機能は加齢の効果が顕著であり，これに関する研究も盛んに行われ，身体の加齢変化に関するさまざまな知見が蓄積されてきている．これらの知見は次にさまざまな工学的技術へと結びつく．主な工学の分野として情報工学，健康・福祉・医療工学，機械工学，ロボット工学，建築工学，人間工学，認知工学，などがあげられる．融合した科学的知見と技術分野は最終的に，高齢者が有するさまざまな問題を解決するための技術として開発されていく．

以下に示す項目は，ジェロンテクノロジーが取り組んでいる主要な課題および領域である．これ以外にもさまざまな課題があり，非常に広い領域を包含するものであるが，ジェロンテクノロジーの代表的な技術領域や課題として位置づけられている．ジェロンテクノロジーはこれらの領域における多様な課題の解決を目的とした学際的な技術集合体と理解されている (Harrington, Harrington, 2000; Bouma et al., 2007)．

・情報通信とコミュニケーションの促進
・健康の維持・管理・増進
・福祉・介護の支援
・寿命の延伸
・快適な居住環境
・安全な移動・交通
・働きやすい作業環境
・レジャー増進

d. ジェロンテクノロジーの研究分野

1) 基礎研究（高齢者の諸特性）

前項で述べたようにジェロンテクノロジーは学際的領域である．参加しているさまざまな分野の研究者のうち，医学，生理学，心理学，人間工学分野の研究者は，技術の利用に影響すると考えられる高齢者の諸特性，すなわち身体のサイズや姿勢，運動特性，健康状態や生理，感覚や認知などを研究している．

測定された高齢者の諸特性はデータとして蓄積され，ISO標準規格などに反映されることを通じ，以下のような各技術分野で，高齢者が利用する技術製品やサービス，環境の設計の指針として利用されている．たとえば米国の研究コンソーシアムであるCREATE (Czaja et al., 2001) では，高齢者の人口統計学データや技術利用の実態とともに各種認知能力や技術に対する考え方 (attitude) を測定しデータベース化している．

2) 情報通信技術

高齢者にとっての情報通信技術は，非常時の緊急連絡などといった安全目的のほかに，離れて住む家族との絆を保ち友人やコミュニティとの社会的活動への参加を促進するなど，高齢者のQOLの向上に大きな役割を果たす．

高齢者の情報通信技術の利用についての研究は，1980年代にコンピュータ作業のパフォーマンスの研究から始まったが，最初は職場での業務利用を想定したものだった．その後パーソナルコンピュータとネットワーク回線，そして携帯電話の家庭への普及に伴い

高齢者が家庭で利用する端末の設計や研究が増えてきている．近年ではWebサイトについてデザイン（アクセシビリティ）や高齢者がアクセスする際の情報獲得プロセスの研究，また高齢者が利用する携帯端末のユーザビリティ研究などを通じて，高齢者の情報獲得を支援する動きが研究・実践両面で盛んである．また，視覚以外のインターフェースとしては電話でサービスを提供する際の音声やメニュー構造のデザインなどの研究もある．

さらにゲームや映画・TV，オンラインコミュニティなど高齢者の余暇を充実させるためのレジャーを提供するなどの目的にも情報通信技術の応用が進んでいる．

3） 健康管理・医療・介護

医療や健康に関する研究では，病院などの医療施設以外，すなわち自宅などで高齢者本人や家族の医療機器の使用や健康管理を支援する技術についての研究が多い．たとえば家庭用医療機器の設計（ユーザビリティ）や遠隔医療の技術などである．また，高齢者は定期的に薬を服用することが多くなるため，薬のラベルや処方箋の読みやすさ，飲み忘れを防ぐ技術などの研究も多く行われてきた．さらに地域医療・介護と情報ネットワークを活用した広範な連携で高齢者の自立的生活を支援する試みも実用化が進んでいる．

介護分野では，運動や感覚など高齢者の身体的機能を補う技術や，介護者の身体的負担を軽減するための器具が福祉分野を中心に古くから研究されている．運動やリハビリテーションなどには近年ゲームやロボットの技術が導入され，高齢者のモチベーション向上とともに介護者の負荷減少にも貢献している．さらに介護者・高齢者双方の精神的負担を軽減するためのコーピングの手法・技術，あるいは高齢者の思い出や好きなものなどを媒介として活用し，高齢者の精神的QOLを向上するだけでなく高齢者の注意を引きつけて介護者の時間的自由をつくりだす，あるいは介護者と高齢者の共通の話題を提供することで良好な関係を構築することを支援するための技術など，間接的な支援の研究もある．

現在，治療が必要でなくても，高齢者およびその家族の健康への関心が高まる．健康に関する情報を提供するウェブサイトや，ほかの人と交歓するコミュニティはますます社会的に重要と認識されるようになっており，これらのサイトのアクセシビリティについては盛んに研究されている．

4） 住 居

わが国も近年そうであるが，特に西欧諸国では高齢者が老夫婦のみ，あるいは独りで生活することが一般的であり，高齢者の生活の自立（independence）を支援することが重要であると認識されている．近年ではaging-in-place，すなわち歳をとっても慣れ親しんだ住居や地域に暮らしたまま生活することが，高齢者のQOLにとってきわめて重要であるとの観点が一般的になっている．このため，高齢者が住む住居についての研究は広く行われており，しばしばこの分野は**domotics**と呼ばれる．

高齢者の住む住居については，住居の快適性や安全，遠隔地からの高齢者の安全のモニタリング，外部とのコミュニケーションや非常時のサポート，生活の支援とQOLの向上などに技術がいかに貢献できるかという観点で多くの研究が行われている．近年は情報ネットワーク技術を用いて，離れた家族や地域コミュニティ，医療・介護とのつながり，そして各種サービスを統合して自立的生活を包括的に支援する試みが実用化されつつある．

この分野の研究の代表的なものにジョージア工科大学の研究イニシアティブ**Aware Home**（Aware Home Research Initiative, 2000）があげられる．大学のキャンパスに隣接した地上2階，地下1階の一軒家全体を利用し，1階を高齢者の住居，2階を離れて住む子どもの家族の住居と見なして，計算機科学，心理学，建築など複数の分野の研究者，および企業，政府などが参加する研究プロジェクトが多数行われている．

5） 移動・環境デザイン

高齢者はしばしば自由な移動が困難か若年齢者に比べて大きな負荷がかかる．歩行など移動を補助するための技術は，住居のなかだけでなく，シニアカーなど屋外についても研究がなされている．シニアカーなどはその動力としての機能だけでなく，操作部（インターフェース）のユーザビリティについても研究が進められている．さらに移動支援の手段としてのロボット技術の導入も進んでいる．

生活に自動車が不可欠な米国では，高齢者の自動車の運転についての人間工学的研究も盛んである．職業

運転手やパイロットなどの業務での運転のパフォーマンスが加齢とともにどのように低下するかの研究から始まり，したがって対象年齢もおおむね60歳代までであったが，近年では70歳代以上を対象とした一般ドライバーの研究も盛んである．

また，公共空間を移動する高齢者がどのように情報獲得をするかなどを眼球運動などから研究し，公共空間の設計やサイン（情報表示や交通標識，音声サインなど）のデザインに活かす研究もある．

6) 表示・訓練

高齢者が家庭で技術製品を利用する際には，自身で製品パッケージを開け，説明書を読み，独力で使い方を覚えるという場合が少なくない．よって，マニュアル類の可読性や理解のしやすさの研究，さらにパッケージやマニュアルに描かれたさまざまなサインの視認性や，意味を誤解されないデザインの人間工学的研究が行われている．

また，家庭用医療機器などは誤った使い方をすると正しい結果が得られないばかりか危険なことも多い．さらに病気など緊急時に利用しなければならないものもある．高齢者が製品をいつでも正しく利用できるように，使い方を教える訓練（トレーニング）の方法やその設計についての研究も行われている．

一方，心理的な満足やモチベーションの観点からも研究が行われている．高齢者が技術製品やサービスを利用する際には，パッケージから取り出す最初の（out-of-box）経験がその技術の受容に大きな影響を及ぼすといわれている．また使い始めにどのような経験をするかが重要であるため，この段階で周囲の人からどのような支援が得られるか，どのような教えられ方をするかが重要であることも知られてきている．よって，高齢者の心理的側面を熟慮した総合的な経験（エクスペリエンス）デザインの観点からもこの分野は研究が進んでいる．

7) ロボット技術

近年ジェロンテクノロジー分野での研究が最も急速に進んでいる分野はロボット技術（robotics）であろう．介護，移動など高齢者や介護者の身体的負荷を軽減させるためのロボットはすでに実用化されつつあるが，今後は高齢者の生活の自立を支援しQOLを高める，あるいは心理的なケアを目的として医療現場や家庭生活のなかに入ってくるロボットが期待されている．具体的には医療業務を代行または支援する，家事を代行・支援する，物品の移動などをサポートする，服薬など生活スケジュールを支援する，また話し相手や遊び相手になったり遠隔地にいる家族や友人の存在を媒介したり（テレプレゼンス）するなど精神的なQOLの向上に貢献するものなどである．それに伴い公共の場や家庭内でサービスを提供するロボットの安全基準や設計指針，技術標準の確立とともに，高齢者の技術受容，特に心理的な側面の研究がますます重要になりつつある．

8) これからのジェロンテクノロジーの技術分野

これまでのジェロンテクノロジーは，高齢者が技術を利用する際のユーザビリティや安全性を主な観点としていた．しかし高齢者がみずから進んで長い間「愛用」してくれる技術をつくりだすためには，高齢者の感情的（affective）な側面を研究し考慮した技術，すなわち **affective technology**（梅室，2009）を目指す必要性が注目されている．近年，心理学の世界では人間の感情の重要性が広く認識され，従来の認知科学に対して感情科学（affective science，藤田，2007）という領域も誕生した．また human-computer interaction 分野を中心に「楽しい」ということはどういうことかを研究する学際的領域 Funology（Blythe et al., 2003）も新しい動きとして注目される．さらに技術に美（aesthetics）を取り入れる重要性の認識も広まりつつある．一方，加齢の分野では，高齢者の感情記憶，特によい感情を経験した記憶の重要性が認識され，認知症患者の行動改善などにもその応用可能性が見いだされる．前述のようにゲームやロボット技術，情報通信技術などの分野では，高齢者の感情的側面に着目した研究や実用化に向けての試みは徐々に進みつつあるが，今後さらに研究の発展が期待される．

また，個別の技術だけでなく技術を利用してコミュニティの包括的なデザインを行うという考え方も今後の発展が期待される分野である．人とのつながりを実感するという心理的なQOLの向上，医療・介護との連携による健康面のQOLの向上，孤独死を避けるなどの見守りとしての役割のほかにも，社会の一員として高齢者が社会に貢献することで，高齢者自身だけでなく社会の質の向上にも貢献することが効果として期待されている．代表的な研究としては東京大学が主導

するコンソーシアムが先進的な試みを進めているが，さらに広範な広がりが期待される．

〔佐川　賢・梅村浩之〕

文　献

Aware Home Research Initiative (2000)：Aware Home Research Institute at Georgia Tech. http://awarehome.imtc.gatech.edu/

Blythe, M. A., et al., eds. (2003)：Funology：From Usability to Enjoyment, Kluwer, Netherlands.

Bouma, H., Graafmans, J., eds. (1992)：Gerontechnology, IOS Press, Amsterdam.

Bouma, H., et al. (2007)：Gerontechnology in perspective. *Gerontechnology*, **6**(4)：190-216.

Czaja, S.J., et al. (2001)：The Center for Research and Education on Aging and Technology Enhancement (CREATE)：A program to enhance technology for older adults. *Gerontechnology*, **1**(1)：50-59.

藤田和生 (2007)：感情科学, 京都大学学術出版会.

Harrington, T.L., Harrington M.K., eds. (2000)：Gerontechnology：Why and How, Shaker, Maastricht.

梅室博行 (2009)：アフェクティブ・クォリティ, 日本規格協会.

2.6.5　情報機器およびソフトウェア

2.6.5.1　視覚障害者向け

a.　視覚優位

ヒトには外界の情報を感知するために，視覚，聴覚，触覚などの感覚があり，それらの毎秒当たりの情報処理能力は，視覚は100万ビット，聴覚は1万ビット，触覚は100ビットとされている（吉本，1979）．視機能は他の感覚器に比べ非常に大きな処理能力を有しているため，その機能が低下するもしくは失われると，外部からの情報取得は非常に難しくなる．これが「人は情報の8割を視覚から得ている」といわれたり，ことわざでも「百聞は一見にしかず」といわれたりするゆえんである．

視覚障害になると，「移動・歩行の障害」と「情報の障害」の二つの大きな不自由が生じる．これらの情報は三次元，または二次元に広がっており，かつ時々刻々変化する．その情報は瞬時に判断し，次の行動を起こすことが求められる．しかし，視覚障害になるとそれらの処理が難しくなる．これを国際生活機能分類 **ICIDH**（International Classification of Impairments, Disabilities and Handicaps：1980年にWHOで決定されたが，2001年に国際生活機能分類 **ICF**：International Classification of Functioning, Disability and Health に改定された．WHO, 2010）の障害分類でいうと，視覚障害が「機能障害（impairments）」に，「移動・歩行の障害」と「情報障害」が「能力障害（disabilities）」になる．

b.　日本の視覚障害者

日本における視覚障害者の数は，約31万人である（内閣府，2011）．マスコミなどで取り上げられる視覚障害者は全盲であることが多いので，世間一般には

「視覚障害者＝全盲（＝まったく見えない，blind）」というイメージでとらえられがちであるが，視覚障害者のうち，見えにくい「弱視」（最近はロービジョンといわれることも多い low vision）の割合が7割強を占める．このほかに，視野狭窄（視野が狭いこと，visual field disturbance），色覚異常（色の区別が難しいこと，color deficiency），羞明（一般の照明環境をよりまぶしく感じる，photophobia），夜盲（暗い環境で視力が著しく低下する，night blindness）などがある．また，世間での典型的なイメージは「視覚障害者＝全盲＝点字」であるが，病気やけがなどで人生の途中で視機能に障害を負った中途視覚障害者は多い（41歳以上からの中途視覚障害者が，視覚障害者全体の約半数を占める．内閣府，2011）．中途で視覚障害になった人にとって点字は習得が難しく，視覚障害者のうちで点字ができる人は1割程度である（厚生労働省，2008）．色覚異常については次の2.6.5.2で説明するので，ここでは全盲および弱視に限定して，情報機器を操作するうえでの問題点や対応について述べる．

c. 情報処理の考え方と方策

人が「情報機器を操作する」ということを，インタフェースの観点から考えると，次の三つのプロセスが必要である．われわれはまず，さまざまな感覚器を駆使して状況を「知覚」し，それを頭のなかで適切に「認知」する．その認知にしたがって次に行うべきことを判断し「操作」を実行する．それらが円滑にできると，情報機器が使いやすい，と感じる．つまり，知覚しやすく，わかりやすく，そして操作しやすい，ことが必要である．

全盲の人は，この視覚による情報の知覚ができないし，弱視の人の場合はそれが難しい．そこで，全盲の場合は，視覚に代えて聴覚や触覚などの他の感覚器を使用して情報を知覚する．弱視の場合は，ルーペなどの情報保障機器を使用するなどして視機能を補うことが必要になる．

それらを実現するためには，①汎用製品に支援機能を標準的に装備する，または附加できるようにする，②視覚障害者向けの専用製品を使用する，の二つのアプローチがある．どちらがよいかは，利用者の視覚障害の程度，情報保障機器に関する知識，機能重視か使い勝手か，自分だけの専用機器か共用品か，かけられる予算，などによって決める．

d. 視覚障害者専用情報保障機器

ここではまず，視覚障害者向けの情報保障機器として代表的なものを紹介し，そのあと，一般製品に対して配慮すべき事項などを説明する．

1) 弱視向け専用ハードウェア
拡大読書器（据置型，携帯型）

弱視の場合，通常の眼鏡だけでは低視力を矯正することが難しい．そのため，新聞などの印刷物を読むときは，倍率の高いロービジョン用ルーペがよく用いられている．ただし，ルーペは光学的に拡大するためレンズの収差によって画像がゆがむなど，拡大倍率に限界がある．そのため，高い拡大倍率を必要とする場合には**拡大読書器**（desktop/handheld video magnifier）を使用する．拡大読書器は，据置型と携帯型に分けられる．据置型はXYテーブル部，カメラ部，モニタ部

図 2.6.15 据置型拡大読書器

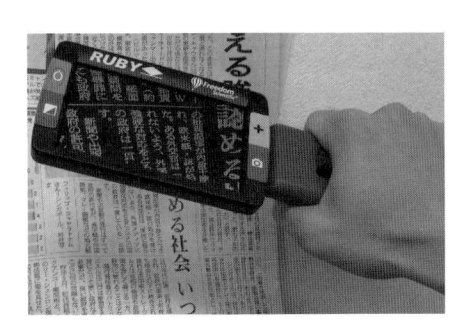

図 2.6.16 携帯型拡大読書器

からなり，読みたい印刷物を XY テーブル上におき，それを CCD カメラで読み取り，モニタに表示する．電気的に拡大するので 50 倍程度まで拡大できるのが他の情報保障機器にない大きな特徴である．また，白地に黒文字の印刷物を白黒反転することもできる．教科書などを XY テーブル上に広げて読書をするだけでなく，文字を書く用途にも使用できる．一方，携帯型は，バッテリを内蔵しているため AC 電源を利用できない屋外などでも利用できる．据置型と同様に拡大倍率を変更したり，白黒反転画面にしたりできる．表示画面が小さいので本などを長時間読むというより，印刷された情報をみる用途などに向いている（図 2.6.15，図 2.6.16）．

2） 全盲向け専用ハードウェア
i） 点字プリンタ

点字プリンタ（braille printer）はインクを使用する一般のプリンタとは違い，機械的に紙を打圧し点字の 1 点 1 点に相当する突起をつくるプリンタである．点字の状態で編集できる点字エディタや，漢字交じり文書を点字に一括変換する専用ソフトなどを使用する．1 枚の点字用紙の両面に印字できる機種や，点字と「かな」を併記できる機種もある．また，「かな」に対応する点字だけでなく，点の大きさを使い分けて点図を印字できる点字プロッタもある．

ii） 点字ディスプレイ

点字ディスプレイ（braille display）は点字は六つの点の組合せで 1 文字を表現するが，それらの 6 本のピンを電気的に上下させることにより自在に点字を表現できる情報機器である．スクリーンリーダを使ってパソコンのディスプレイ画面に表示される漢字交じり文章をリアルタイムで点字で表示したり，専用のキーを使用して文字入力したりできる．また，バッテリが内蔵され単体で使用できるタイプもある．基幹部品の点字セルは日本のメーカが世界のトップシェアである

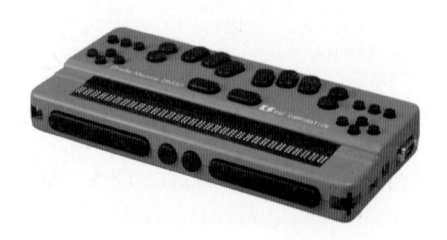

図 2.6.17　点字ディスプレイ

（図 2.6.17）．

iii） 音声読上げ機能付き OCR システム

音声読上げ機能付き OCR システム（scanning and reading appliance）は視覚障害者が独力で印刷物を読むためのもので，汎用のスキャナとパソコンを利用する OCR 読上げソフトウェアと，スキャナと読上げ機能が一体化した専用システムの 2 種類がある．どちらもスキャナ上に印刷物をおき，簡単なキー操作でその文字情報（手書き文字は認識不可）を読み上げる．

3） 弱視向け専用ソフトウェア
画面拡大表示ソフトウェア

画面拡大表示ソフトウェア（screen magnification software）はパソコンのディスプレイ画面の見たい部分を，見やすい倍率に拡大表示するソフトウェアである．マウスカーソルの動きに追随して拡大することができる．拡大表示した内容をディスプレイ画面全体に表示する方法と，拡大画面をもとの画面に重ねるようにして表示する方式がある．専用の拡大表示ソフトウェアと，OS 標準搭載ソフトとがある（例：Microsoft Windows7 の場合「拡大鏡」）．

4） 全盲向け専用ソフトウェア
スクリーンリーダ，音声ブラウザ

スクリーンリーダ（screen reading software）は，その名のとおり，画面に表示された情報を合成音声で読み上げるソフトウェアである．「東京」と入力すると，「とーざいのトー，きょうとのキョー」などと同音異義漢字を読み分ける（詳細読み）．作成した漢字交じり文は朗読するように読み上げる（なめらか読み）．音声ブラウザ（voice browser）は，基本的にはスクリーンリーダと同じであるが，リンク部分は音声を変えて読み分けるなどブラウザに特化した機能を付加したものである．

e. 情報機器の視覚障害者向け配慮事項

高齢者，障害者および一時的な障害のある人が，情報通信における機器，ソフトウェア，サービスを利用する際の機会および活用能力の格差を是正するために，アクセシビリティ関連規格 JIS X8341 シリーズが規定された（日本工業標準調査会，2004）．

JIS X8341 の「第 2 部　情報処理装置」および「第 4 部　電気通信機器」の対象機器は，PC（ハードウェア，ソフトウェア），ディスプレイ，スキャナ，プリンタ，固定電話機，携帯電話機，ファクシミリである．規定された項目のうち，視覚障害に関して重要な配慮事項を紹介する．

基本的な考え方は，視覚障害があっても機器のボタン配置や画面表示などを理解することができ，正確に効率的に入力操作ができるようにすることである．

（1）ボタン，キーおよびスイッチの識別：　キーボードのキー，ボタンおよびスイッチが多数隣接して並ぶ場合，それらを識別するため，手がかりとなる位置のキー，ボタンおよびスイッチ上に凸点表示を付記する．パソコンのキーボードのテンキーの 5，F および J につけられた凸点は，その一例である（日本工業標準調査会，2000）．

（2）キーのみによる操作：　視覚障害があるとマウスなどのポインティングデバイスを使用することが難しい．そこで，キーボードの特定のキーやその組合せだけですべての操作や選択ができるようにする．パソコンのショートカットキーはその一例である．

（3）レイアウトの配慮：　操作ボタン，キー，電源スイッチなどは，操作の順番を考慮してわかりやすく，操作しやすく，かつ誤入力しないように配置する．

（4）操作の一貫性：　機器操作を正確に効率的に行うために機器のボタンが持つ機能，アプリケーションの操作およびコマンドには一貫性を持たせる．また，ボタンの配置とディスプレイ画面内のレイアウトに整合性があるとわかりやすい．

（5）フィードバック機能：　キー，ボタンおよびスイッチの入力確定時や，エラー発生時の警告表示などを，画面表示だけでなく，音声などでも知らせる．

（6）表示の視認性：　キーの刻印，画面に表示する文字・記号などは大きく，かつコントラストを高く表示すると見やすい．また，ディスプレイの表示も見やすい配色やコントラストにする．

（7）図形・画像の代替：　視覚障害があると，アプリケーションなどの図形や画像は理解できない．そこで，内容を説明したテキストなど代替情報を付記する．

（8）外部接続部の識別：　類似した形状の外部接続部がある場合，見分けやすいように機能別に色分けしたり，触覚でも識別できるように突起をつける．

図 2.6.18　らくらくホンの画面例

（9）マニュアルの電子化：　視覚障害があると，印刷マニュアルをみることが難しい．マニュアルはスクリーンリーダで読み上げたり拡大印刷したりできるように，電子データでも提供する．

製品例をあげると，らくらくホンは，ユニバーサルデザインの代表的製品として紹介されることが多い携帯電話の大ヒット商品である．大きく読みやすい文字，コントラストが高く見やすい画面は弱視者に評価が高い．また，ほとんどの操作を読み上げるため（漢字入力時は詳細読みする），全盲ユーザーの定番製品である（図 2.6.18）．

f.　視覚障害とウェブ・アクセシビリティ

現在さまざまな情報がインターネットを通じて提供され，いつでもどこからでも必要な情報を入手できるようになってきた．しかし，前述のとおり身体に障害があるとそれらの情報へのアクセスが難しくなり，情報の格差が生じている．これを低減するためにアクセシビリティ関連規格　JIS X8341 シリーズの「第 3 部ウェブコンテンツ」が規定された．対象は，ウェブブラウザを用いて利用する情報・サービス，インターネット，電子文書・電子マニュアルである．

初版は 2004 年 6 月に公示された．その後，W3C（World Wide Web Consortium）より勧告された「WCAG 2.0 (Web Content Accessibility Guidelines 2.0)」（W3C, 2008）をベースにして，2010 年 8 月に JIS X 8341-3：2010 として改正版が公示された．基本

図 2.6.19　代替テキストの付記例

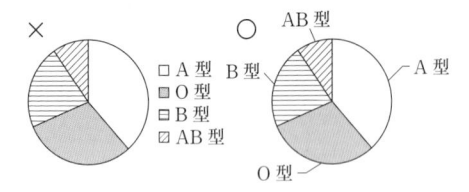

図 2.6.20　グラフの表示例

図 2.6.21　ページタイトルの付記例

的な考え方や具体的な対応方法などは大きくは変わらないが，①WCAG2.0 をベースにしたことで構成が初版と異なること，②テスト可能な達成等級や達成基準を個々に設定できること，③特定の技術に依存しない記述がされていること，④目標の公開が求められること，などが特徴である．

視覚障害に関する主な配慮事項としては，次のような内容がある．

(1) 代替テキスト：　画像，写真および動画などには，その内容が理解できるよう代替テキストを付記する（例：「夕焼けに赤く染まった富士山」とか「頂上付近にまだ雪が残った富士山」など）（図 2.6.19）．

(2) 色や形の識別：　視覚障害があると色を識別しにくいので，コントラストを高くするとともにグラフでは引き出し線を活用したり，代替テキストなどを付記する（図 2.6.20）．

(3) テキストの配慮：　文字色は背景色とのコントラストを高くし，画像化しない．

(4) 構造の明確化：　スクリーンリーダは，ディスプレイ上の表示位置の順番ではなくプログラムの記述順に読み上げるため，表やフォームなどの内容を理解しやすい順番にプログラム言語で記述する．

(5) キーのみによる操作：　すべての操作をマウスだけでなく，キーボードだけでできるようにする．

(6) 操作効率への配慮：　共通のメニューは読み飛ばせるようにする．各ページには識別しやすいタイトルを，リンクにはリンク先を想像しやすい表現を用いる（図 2.6.21）．

(7) エラー対応：　入力や操作のエラーは，その内容をわかりやすいテキストで明示する．

詳しくは，JIS X 8341-3：2010 の原文を確認するとともに，情報通信アクセス協議会のウェブアクセシビリティ基盤委員会（http://www.ciaj.or.jp/access/web/index.html）にさまざまな参考情報が掲載されているので参照されたい．　　　　　　〔飯塚潤一〕

文　献

厚生労働省（2008）：平成 18 年身体障害児・者実態調査結果．http://www.mhlw.go.jp/toukei/saikin/hw/shintai/06/index.html

内閣府（2011）：障害者白書平成 23 年版．http://www8.cao.go.jp/shougai/whitepaper/index-w.html

日本工業標準調査会（2000）：JIS S 0011：2000 高齢者・障害者配慮設計指針－消費生活製品の凸記号表示．

日本工業標準調査会（2004）：JIS X 8341-2：2004 高齢者・障害者等配慮設計指針－情報通信における機器，ソフトウェア及びサービス－第 2 部：情報処理装置．

JIS X 8341-3：2010 同－第 3 部：ウェブコンテンツ

JIS X 8341-4：2005 同－第 4 部：電気通信機器

W3C（2008）：Web Content Accessibility Guidelines（WCAG）2.0

WHO（2010）：International Classification of Functioning, Disability and Health（ICF），http://www.who.int/classifications/icf/en/

吉本千禎（1979）：指で聴く－医工学への招待，p.40，北海道大学出版会．

2.6.5.2 色覚障害者向け

ここでは，**先天色覚異常**（congenital color vision defect），および**後天色覚異常**（acquired color vision defect）を**色覚障害**ととらえ，該当する者への情報提示をサポートする方法および情報機器（ハードウェア，ソフトウェア）について解説する．先天色覚異常に配慮したバリアフリー化は，前の2.6.5.1で解説をした視覚障害者向けとは，解決手法や注意事項が大きく異なる．そこで色覚障害者配慮に関する解説を，視覚障害者向けと分けることにした．なお，加齢や眼疾患に伴って生じる後天色覚異常については，先天色覚異常の記述がそのまま当てはまらない場合もあるため，注意が必要である．また色覚障害の範疇に，高齢者色覚とロービジョンを含めることも可能であり，ここでの記述が役に立つケースもあるため，該当する場合はその旨を記載する．

a. 先天色覚異常

先天色覚異常は，身体障害者手帳の交付対象となる視覚障害者の認定条件にはならない．その意味では「障害」ではなく，遺伝的多型によって生じる色覚特性のバリエーションの一つと見なすことができる．過去においては，進学や就職において不利になる，あるいは学校の色覚検査で統一的に使用された**石原式色覚異常検査表**（注：2003年度より定期健康診断の必須項目から外れた）が読めないことで心理的な苦痛を味わうなど，当事者が社会的不利に遭遇することも多かった．近年こうした社会的問題を解決するために，当事者とその家族を支援する団体（例：色覚問題研究グループぱすてる）や，カラーデザインへの配慮を啓発する団体（例：NPO法人カラーユニバーサルデザイン機構）などが組織され，また先天色覚異常に配慮した情報提示手法の研究や製品の普及も進められている．

先天色覚異常は遺伝（X連鎖性遺伝）によって生じ，日本人では男性の約5％，女性の0.2％がこれに該当する（男女合わせて320万人程度と推定される）．先天色覚異常は以下のように分類される．まず網膜にある三つの錐体細胞のうち，L錐体がないか異常がある状態を**1型色覚**（protan defect），M錐体がないか異常がある状態を**2型色覚**（deutan defect），S錐体がない状態を**3型色覚**（tritan defect）という．また三つの錐体細胞のうち一つがない状態を**2色覚**（旧：**色盲**）（dichromatism），錐体の分光特性のいずれかに異常がある状態を**異常3色覚**（旧：**色弱**）（anomalous trichromatism）という．これらを組み合わせて，たとえば1型2色覚とか，2型3色覚などと呼称する．眼科における診断では，強度，中等度，軽度という区分も用いられるが，強度が2色覚に，中等度・軽度が異常3色覚に該当する．先天色覚異常には複数の錐体がない場合もあり，**1色覚**（旧：**全色盲**）と呼ばれる．先天色覚異常に占める割合は，1型色覚と2型色覚を合わせるとほぼ100％となり，3型色覚や1色覚の割合はきわめて少なく，該当者は日本では数万人に1人程度と推定される．

b. 情報提示に関する一般的注意事項

利用者を特定しない共用品などにおいて，色覚障害者を考慮するためには，色だけで情報を伝えたり，色だけで視覚的要素を区別させたりしないように注意すべきである．たとえば色の違いによって，機器のボタンを操作しなければならない場合，色覚障害者には操作ボタンの区別がつかないかもしれない．この状況を避けるためには，色だけでなく，文字情報を付加するなどして，操作ボタンを区別するための手がかりを増やす方法が有効である（図2.6.22）．

パイロットランプを用いて，情報機器の状態を利用者に伝える方法は，非常によく使われているが，パイロットランプの発光色は，実は色覚障害者にとって識別困難であることが多い（図2.6.23）．パイロットラ

図2.6.22 色情報のほかに，文字情報などを付加することによって，色覚障害者にも使いやすくなる（写真撮影：産業技術総合研究所．口絵6）

図 2.6.23 パイロットランプ色の同定は，色覚障害者には難しい（写真撮影：伊賀公一，出典：カラーユニバーサルデザイン（ハート出版，2009）より転載．口絵7参照）
左：原画像，右：1型2色覚のシミュレーション画像．

ンプの多くは LED（発光ダイオード）を使用しており，色の波長幅が狭く，さらにランプが小さいことも相まって，他の表色デバイスよりも色を区別することが難しい．もしパイロットランプを用いて機器状態を表示するならば，状態の違い（たとえば電源オン・オフ）に応じて複数のパイロットランプを点灯させるなど，色以外の手がかりも利用できるようにすべきである．

色だけで情報を伝えない，あるいは色だけで視覚的要素を区別させないというバリアフリー化の方針は，ウェブコンテンツのアクセシビリティに関する JIS 規格（JIS X 8341-3：2010）においても，「色に関する達成基準」として明記されている．色以外の情報を付加することによってアクセシビリティを確保しようとする考え方は，ハードウェア，ソフトウェアの別を問わず，普遍的な方法の一つである．

地図やグラフなどを，色覚に関してバリアフリー化する場合には，色以外の視覚的要素として**ハッチング**（hatching）を重畳する方法（Hung, Hiramatsu, 2011）も有効である．色分けされた領域にハッチングを施す（地模様を付加する）と，もし色の弁別ができなかったとしても，縞模様や格子柄などの地模様の違いを手がかりに，色分けされた領域を区別することができる（図 2.6.24）．

また，グラフを描く際には，実線ばかりを使用せず，破線を使用したり，線の太さを変えたりするなど，色以外の手がかりを付加することによって，色覚に関するアクセシビリティを確保することができる（図 2.6.25）．

文字色についても注意すべき点がある．たとえば赤

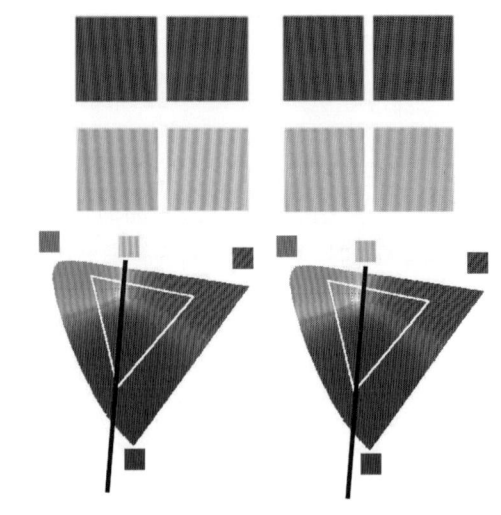

(1) Patches with hatching. (2) Simulated image.

図 2.6.24 色だけで領域分割せずに，ハッチング（地模様）を組み合わせると，色覚障害者に配慮した表現ができる（出典：Hung, Hiramatsu, 2011 より転載．口絵8参照）

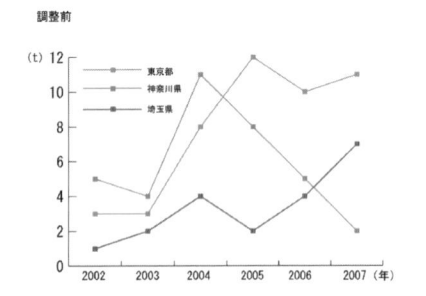

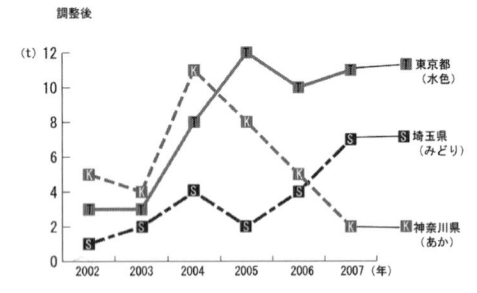

図 2.6.25 色だけで表現せず，線種や文字位置を変えることによって，色覚障害者に配慮したグラフを作成することができる（作成：伊賀公一，出典：カラーユニバーサルデザイン（ハート出版，2009）より転載．口絵9参照）

色と黒色は，色覚障害者には**混同色**（color confusion）となってしまい，識別のできない場合がある．図 2.6.26 はカレンダーの見え方を，色覚健常者と 2 型 2 色覚

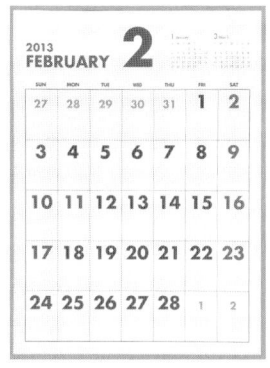

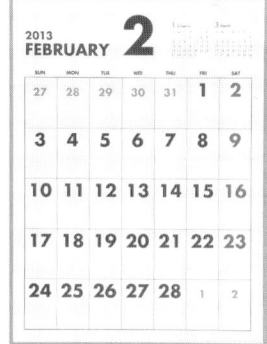

図2.6.26 赤い文字と黒い文字の識別は，色覚障害者には難しい（撮影：産業技術総合研究所．口絵10参照）
左：原画像，右：2型2色覚のシミュレーション画像．

者（シミュレーション）で比較した例であるが，色覚障害者には赤文字の祝日が，黒文字の平日のなかに埋もれてしまい，まったく目立たないことがわかる．赤色は，色覚健常者にとっては非常に目立つ色であるため，注意を喚起する際や，重要であることを示す際によく用いられるが，色覚障害者にとっては目立たない地味な色であることを注意すべきである．もし多くの人々が目にする状況を想定するならば，文字のフォントを変えたり，文字にアンダーラインを引いたりして，色以外の要素を付加することによって，情報の差異を視覚的に把握できるようにするとよいであろう．

c. 混同色

色覚障害者に配慮したバリアフリー化において，色以外の視覚的要素を付加することが難しい場合は，どうすればよいであろうか．たとえば1型色覚や2型色覚の者にとっては，黒い背景上に表示された赤色の文字は識別しにくく，高齢者にとっては黒い背景上に表示された濃青色の文字は，やはり識別しにくいと考えられる．このような場合，先に述べたフォントの置換，アンダーラインの使用などだけでは，文字を可視化することはできない．

このような状況下では，色覚障害者にとってどのような色を組み合わせると，**混同色**となってしまうのかを把握し，組み合わせた色が互いに混同色とならないような色づかいをすることが重要である．たとえば，明度差（コントラスト）をつけたり，彩度（色み）を強くしたり，色相を変化させるなどして，組み合わせる色が互いに混同色とならないようにして，視認性を確保する方法が有効である．また混同色となる色と色の境目に，別の色を挿入する（**セパレーションカラーを入れる**）方法も，有効な解決法の一つである．たとえば，文字色と背景色が識別しにくい場合，文字の周りを白色や黒色で縁取りすることによって，文字をはっきり識別することができるようになる．

障害の種別ごとに，混同色を把握するための方法を紹介しよう．

先天色覚異常の場合，色覚異常の区分（1型2色覚，2型2色覚，3型2色覚）ごとに，どのような色の組合せが混同色になるか明らかになっている．図2.6.27は，先天色覚異常の区分ごとに，混同色として知覚される色がどのように分布するか，xy色度図上に図示したものである．放射状に描かれた線分は**混同色線**（confusion line）と呼ばれ，混同色の関係にある色どうしは，互いにこの混同色線上に分布している．言い換えれば，同じ混同色線上に乗らない色どうしは，混同色の関係にはならない．混同色線の収束点は**混同色中心**（co-punctual point）と呼ばれ，先天色覚異常の区分ごとに，xy色度図上の位置が異なる．色覚異常の区分がわかれば，ある特性の色の組合せが混同色の関係にあるかどうかを，理論的には判定することが可能である．ただし，混同色の関係にあるかどうかの判定作業は，専門知識のない一般利用者には難しい．そのため，混同色を同定して確実に排除するためには，バリアントール©（伊藤光学工業）などの色覚障害者の見え方を模擬する光学フィルタを用いたり，専用のソフトウェア（後述）などを使用するのが望ましい．

高齢者色覚については，JIS S 0031などで明らかにされているように，年齢とともに短波長側の視感度が低下してしまうため，青色や紫色は他の色よりも相対的に暗く知覚されることがわかっている．そのため，高齢者に配慮する場合には，明度の低い色と青色や紫色とのコントラストを用いて，視覚的要素を区別させるような色づかいは避けたほうがよい．なお，短波長側の視感度が加齢とともに低下することの弊害は，青色や紫色ばかりでなく，色域全体に生じていると考えられる．これを考慮する技術分野については，今後の研究成果が待たれる．

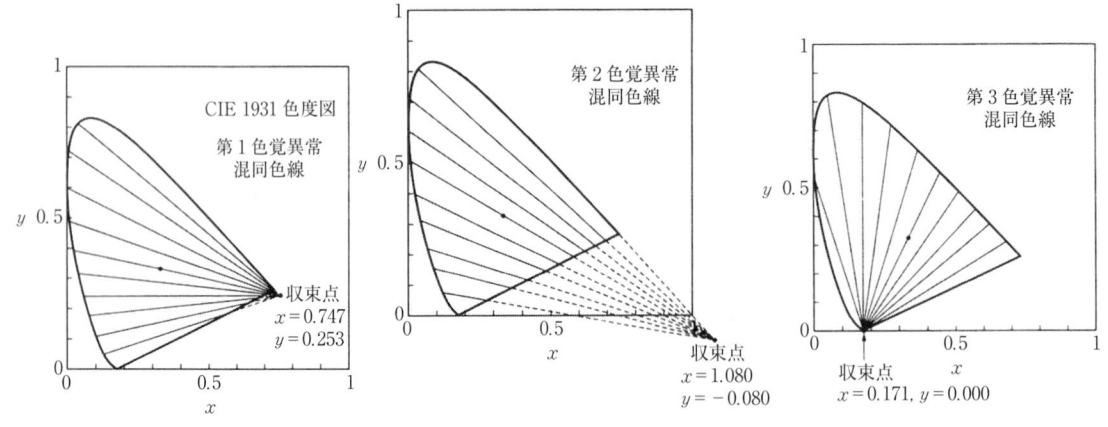

図 2.6.27 混同色線（出典：色彩用語事典，日本色彩学会編（東京大学出版会，2009）より転載）
左：1型2色覚，中：2型2色覚，右：3型2色覚．

d. 情報機器およびソフトウェアの具体例

色覚障害者が見分けにくい色を，色覚健常者にもわかるように表示する情報機器あるいはソフトウェアを，具体例を示しながら解説しよう．

1) 緑色光レーザーポインタ

緑色光のレーザーポインタは，色覚障害者に配慮した機器として広く普及している．従来から利用されてきた赤色光のレーザーポインタは，波長域がおよそ 630〜690 nm と可視光域の長波長側に偏っており，長波長域で最大感度を有する L 錐体が機能していない 1 型 2 色覚者には，特に赤色光が見えにくかったり，見えなかったりする．また 2001 年以降は，レーザーの出力が 1 mW 未満の製品しか販売されなくなり（レーザー光線が子どもの目に入って網膜を損傷するなどの事故が発生し，消費生活用製品安全法の規制対象製品にレーザーポインタが指定されたため），レーザーポインタの赤い光点は，色覚障害者にとってさらに暗く見えにくくなってしまった．

緑色光のレーザーポインタは，こうした社会的背景のもとに誕生した．緑色レーザーの波長は 532 nm であり，ヒトの眼の視感度特性が最もよくなる 555 nm に近いため，色覚異常の有無にかかわらず，緑色の光点は問題なく見ることができ，赤色レーザーよりも明るく感じられる．**緑色光レーザーポインタ**は，色覚障害者ばかりでなく，色覚健常者にも配慮した，共用品の典型例である．

2) 先天色覚異常のシミュレータ

先天色覚異常の見え方は，たとえば，Brettel ら（1997）や Viénot ら（1999）によって色変換（シミュレーション）の方法が公開されており，よく利用されている．ただし，これらの方法によって得られる変換色は，1型2色覚あるいは2型2色覚の者がチェックすると，もとの色と異なって見える（本来は同じに見えなければならない）ことが指摘されており，変換精度に課題が残されている．技術的な詳細が公開されていないシミュレーション技法もいくつか存在する．これらの技法を組み込んだソフトウエアとしては，Vischeck© (Vischeck)，aDesigner©（エクリプス財団），Photoshop のバージョン CS4 以降©（アドビシステムズ）などがあげられる．またナナオ社の Uni-Color Pro というソフトウェアは，同社のディスプレイを使用する際に，先天色覚異常を手早く簡単な操作でシミュレーションすることができ，混同色のチェック作業などにおいてよく利用されている．

もしこうしたツールを用いて混同色が見つかった場合は，色覚障害者の視認性を確保するために，色を修正する，あるいは色以外の情報を付加するなどの作業が別途必要となる．すなわち，シミュレーションツールを使っただけでは，混同色を見つけることはできても，混同色の修正まではできないことに注意が必要である．

3) 障害者本人が利用する情報機器，ソフトウェア

カラーシミュレータで混同色が見つかったとき，色覚障害者の視認性を確保するためには色修正作業が

図 2.6.28 色のめがね（撮影：川津貴信．出典：月刊ニューメディア 2011 年 1 月号より転載．口絵 11 参照）

必要となるが，これは全部手作業でやらなければいけないのであろうか．実は，混同色を自動的に見つけて，色修正してくれるソフトウェアも研究開発され（Nakauchi, Onouchi, 2008；田中ほか, 2010；目黒, 田口, 2011 など），ここ数年の間に，実用レベルのソフトウェアも登場している．たとえば，先天色覚異常を有する者がみずから使用する，混同色を識別するためのパーソナルツールに「色のめがね」$^©$（浅田一憲）がある（図 2.6.28）．「色のめがね」は，スマートフォン付属のカメラがとらえた映像を，先天色覚異常の区分に合わせて明度や色度を変化させ，混同しやすい色がなるべく重ならないように画像処理することで，色覚障害者本人の色弁別をサポートする．この類のソフトウェアとしては，パソコン上で稼働する Daltonize$^©$（Vischeck）や，Visolve$^©$（両備システムソリューションズ）などもある．

また先天色覚異常に限らず，高齢者やロービジョンなども含めた色覚障害者が利用可能なパーソナルツールとしては，色を知りたい物体表面に本体を当て，ボタンを押すと音声で色名を教えてくれる Color Talk$^©$（北計工業）という装置や，携帯電話のカメラで撮影した色を判別し，色名を教えてくれる i モードアプリ ColorAttendant$^©$（富士通）などがある．

4）ユニバーサルデザイン化のためのソフトウェア

色覚障害者本人が閲覧をするだけでなく，色覚健常者も含め，より多くの人々が閲覧する文書を作成しようとする場合（たとえばウェブページやプレゼン資料を作成する場合）を想定してみよう．もし色覚異常のシミュレーションツールを使い，さまざまな色づかいを試したとしても，色覚健常者と色覚障害者の両者に配慮した色づかいを見つけることは難しいであろう．そのようなとき，色覚健常者と色覚障害者の両者に配慮した色づかいを自動的に見つけ出し，ウェブページやプレゼン資料などを色覚に関してユニバーサルデザイン化するソフトウェアが役に立つ．たとえば，UD colorView$^©$（キステム），UDing シミュレーター$^©$（東洋インキグループ），CSACSystem$^©$（マックシステムズ）といったソフトウェアがある．

5）高齢者向け情報提示機器，ソフトウェア

高齢者の色覚特性は，若年者とは大きく異なることが知られている．こうした高齢者の見え方をシミュレーションするソフトウェアは，aDesigner$^©$（エクリプス財団）などが存在する．その一方で，高齢者向けに色づかいを自動的に調整して表示する情報機器やソフトウェアの分野はまだ未成熟であり，今後の技術開発が期待される．

なお，高齢者向けに視認性を改善するためには，色修正だけでは不十分であり，文字を大きくしたり，コントラストを高くしたりするなど，ロービジョン者への対応と同じ措置をとる必要がある．こうした配慮がなされた製品例としては，エヌ・ティ・ティ・ドコモの携帯電話「らくらくホン」などがあげられる．

〔坂本　隆〕

文　献

Brettel, H., et al. (1997)：Computerized simulation of color appearance for dichromats. *J. Opt. Soc. Am.*, **A 14**：2647-2655.

Hung, P., Hiramatsu, N. (2011)：A colour conversion method which allows colourblind and normal-vision people share documents with colour content. 27th Session of the CIE, Sun City/ZA：229-239.

目黒光彦，田口　亮（2011）：色覚異常者の弁別困難色に対する簡便な色変換法．電気学会論文誌 C（電子・情報・システム部門誌），**131**：482-483.

Nakauchi, S., Onouchi, T. (2008)：Detection and modification of confusing color combinations for red-green dichromats to achieve a color universal design. *Col. Res. Appl.*, **33**：203-211.

田中　豪ほか（2010）：1 型及び 2 型 2 色覚を対象としたカラー画像のコントラスト改善．電子情報通信学会技術研究報告，SIS，スマートインフォメディアシステム，**110**(189)：75-78.

Viénot, F., et al. (1999)：Digital video colourmaps for checking the legibility of displays by dichromats. *Col. Res. Appl.*, **24**：243-252.

2.6.5.3 聴覚障害者向け

a. 聴覚に障害があるということ

　手話の普及や情報保障ネットワークの拡張によって**聴覚障害**という存在が知られるようになり，聴覚障害者にとって社会参加しやすい世のなかになってきたといえる．しかし，すべての聴覚障害者が手話を使えるわけではないこと，外界音は重要な情報になっていることなど，知られていないことが多い．聴覚障害による不便さの度合いは，難聴の程度，聴力型，伝音難聴と感音難聴などの条件（聴覚障害の詳細については「1.3.2 聴覚」を参照）と聴力を失った時期や生育環境の違い，ひいては本人の能力や生き方などによってさまざまであるということを心にとどめておく必要がある．このような不便さのばらつきや見えにくい障害であることが要因となり，聴覚に障害があるということに対する本質的な理解は不十分である．ここでは，聴覚障害に対する支援は音声情報を代替情報に変換して知覚させるだけでは不十分であるということについて，ウェブデザインを中心に述べる．

b. 聴覚情報の伝達を支援する機器

　障害者に対する支援は，障害を軽減したり改善したりすることを目的とした「**障害補償**」と障害が原因で伝わりにくくなった情報を伝わりやすくするための環境の整備を目的とした「**情報保障**」があげられるが，ここでは，情報保障に貢献する機器とソフトウェアについて取り上げる（情報補償機器については「2.3.3 補聴器」を参照）．

　（1）音情報を知覚しやすいように変換する機器

　音量増幅受話器，骨伝導受話器や，テレコイル対応の補聴器などに音声を磁気誘導によって伝達し増幅させる磁気ループシステム．

　（2）音情報を代替情報に変換する機器

　緊急警報や玄関チャイム，赤ちゃんの泣き声，電話やファクスの着信など生活音のお知らせを光や振動に変換して情報伝達する屋内信号装置や，アラームやタイマーと光や振動とを組み合わせ時間管理を支援するもの，その他コミュニケーションシーンで役立つ筆談支援機器．

　（3）音声情報を代替情報に変換するソフトウェア

　話した言葉がパソコンの画面に文字で現れる音声認識ソフトウェア，入力した文章を手話アニメーションに変換するソフトウェア．

c. 聴覚障害者にとっての情報環境の今日

　情報技術の進歩が聴覚障害者にとっての情報環境を大きく変貌させている．メールなど文字による情報のやりとりやskypeやichatに代表される画像と音声を同時に送るインターネット電話や携帯電話のテレビ電話機能などはコミュニケーション環境を飛躍的に好転させ，通信技術の進歩により情報保障のあり方も劇的に変化している（詳細は「2.3.1 情報保障（音声字幕）」を参照）．

　このように，聴覚障害者に対する情報支援はこれまで述べたように，音声情報を光や振動あるいは文字や手話に置き換え，「知覚」を支援することに集中している．もちろん聴覚情報の代替情報を提供することは正解である．ウェブデザインにおいてもこの考え方が踏襲されている．代替情報の必要性が提言され，聴覚障害者には聴覚的情報に代わる情報として，文字や手話などの提供が有用であると明示されている．代替情報を提供する機能もHTML5によって強化されつつある．「みる」ということにおいては聴覚障害者も健聴者も同じである．実際，音声情報が含まれていない多くのWebサイトや機器操作ではタスク遂行のパフォーマンスに差はない．「**見える情報**」は，聞くこと（聞こえないこと）とは無関係のようにみえる．

d. 聴覚障害者とウェブアクセシビリティ

　聴覚障害者は聴覚による情報の獲得が困難であるがゆえに視覚に対する依存度が大きく，コミュニケーションにおいても，手話をはじめ読話など視空間認知活動を中心に行っている．このことを考えるとき聴覚遮断下における視覚情報の処理過程や認知特性は健聴者とは異なる場合もあると推察できる．周辺視野

をみたときに後頭葉皮質（第一次視覚野）の活動が健聴者の約2倍増加するという報告（Nishimura et al., 1999）や，聴覚障害があると他の感覚がこれを補うように働き（可塑性），大脳皮質の感覚領野も再編成されるという報告（酒井，2002）がある．つまり，視覚情報の見方が特異なのである．このように考えるとき，音声情報を「見える情報」に置き換える代替という考え方だけでは不十分であり，「認知」という切り口から**見せて伝える情報**として検討することの必要性が生じる．

「見せて伝える情報」の提供は代替という概念ではない．視覚情報の処理過程や認知特性に沿って，情報を伝わりやすくデザインしようというものである．「見せて伝える情報」の提供は「見える情報」を提供することとは異なり，技術ではなく人間の研究を必要とする．すなわち，人間ともの・人間と環境など，何かと何かがやりとりをするときの取り決め（interaction）をデザインし，ウェブ環境に内在する状況・行動・機能・操作・思考など，目に見えない「もの」「こと」を，利用できる形式に変換する**情報デザイン**が必要になる．

このことをウェブコンテンツアクセシビリティガイドライン2.0（Web Content Accessibility Guidelines（WCAG）2.0, 2008）に当てはめてみると，「知覚可能（perceivable）」「操作可能（operable）」「理解可能（understandable）」「堅牢性（robust）」という基本要素の「理解可能」に該当する．「理解可能」要件は，他の要件のように技術的な方法によって検証することができないため，経験者やユーザの意見を聞くことによって検証することが推奨されている．あるいは，ユーザビリティ尺度（学習容易性，効率，記憶しやすさ，エラー，満足度）（Nielsen, 1993）を当てはめ，「すぐに使える」「短時間でタスクを達成できる」「再学習せずにいつでも使える」「正確に操作ができる」「使い勝手がよく，満足できる」といった指標で評価するのも一つの方法である．これらは，タスク達成時間や操作過程の観察などで計測が可能であり，実験によって定量的に検証することができる．

このように情報デザインの評価では，わかりやすい・使いやすいなど，評価する人の主観とともに，操作や行動などパフォーマンスを計測・観察する方法が一般的である．そして，よい主観的評価と高いパフォーマンス（たとえば，操作性のあるものの場合は，タスク達成時間が短く，つまずき行動や発話がないことを指す）が得られればよいデザインと判定している．しかし，主観的評価とパフォーマンスが同じであるからといって，同じように知覚され認知されたと考えることはできない．

e. ウェブデザインへの適応例

以下に述べる事例は，ある実験的HPにおいて，年齢やインターネット経験レベルが同等の聴覚障害者と健聴者に同じタスクを課し，視線計測によって問題の要因を明らかにし，具体的に改善した例を示す．

あるウェブページにおけるタスク遂行のパフォーマンスを平均比較したところ，聴覚障害者は健聴者に比べて，タスク遂行により多くの時間とエラーをする傾向が有意にあった．そこで，ほぼ同程度の時間で同じリンクからタスクを完了した聴覚障害者と健聴者被験者の視線停留パターンを確認した．この結果から，タスク達成時間が同等であっても，タスク遂行時に行われる情報探索過程が異なっている場合があることが示

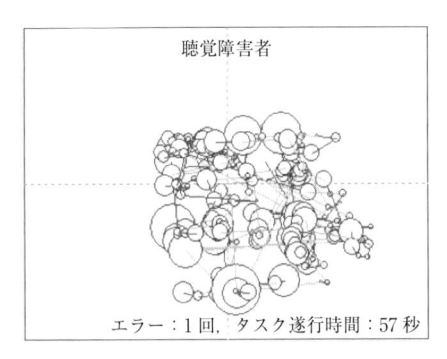

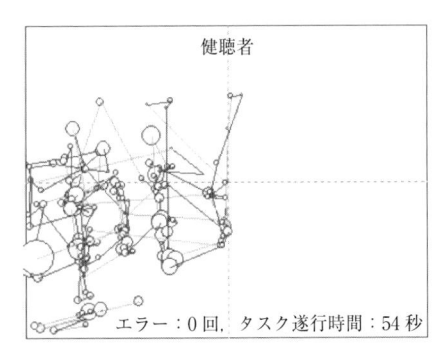

図 2.6.29 情報探索時の視線停留パターン

された（図 2.6.29）．

次に，リンクラベルをタスク達成に関係する意味的リンクと非意味的リンクという情報特性で分類したところ，聴覚障害者が，非意味的な情報を意味的な情報に比べて多く選択していた（選択頻度としては，35：9）のに対し，健聴者は，同程度（選択頻度としては，16：15）であった．また，タスク遂行時間とエラー回数の関係を調べたところ，健聴者については，タスク達成時間とエラー回数の間に高い相関性が認められた．このことから，リンクを選択するために一定量の情報探索時間が必要とされるということが示唆される．それに対し，聴覚障害者については，相関性がみられなかった．このような差異はタスク達成に至る過程での視覚探索において，意味的な処理が必要となる局面で生じているようであった．この差異は，ユーザビリティ指標（タスク遂行時間やエラー回数）においては顕在化しないが，アクセシビリティの観点からは問題となる．つまり，ウェブページの意味的な情報構造に適切にアクセスすることが阻害されているからである．これらの結果は，文字情報の扱いに注意が必要であることを示している．

実験で用いたウェブページの問題点は，このページが意味的な処理を必要とするデザインであったために，ページレイアウトに表現された情報構造を聴覚障害者が利用できないことであった．そこで，文字を読み取って意味的な処理を行うような情報探索方法ではなく，視覚的な情報探索に対応できるように縦方向の情報構造を明確に表現するためにカラム間に境界線を引くなどのデザイン変更を行った．デザイン変更後は健聴者群と聴覚障害者群ともにタスク達成時間が短縮されエラーの回数も減り，縦方向の情報構造を探索するような視線運動がみられるようになり，両者の差は解消された．

個人差を考慮せずに，これらの実験結果を聴覚障害者の特性として決めつけることはできないが，パフォーマンスが同じでも視覚情報の活用の仕方や認知には差があり，「見える」情報だけでは不十分な場合があるということが明らかになった．

聴覚障害者に対する情報保障の方法として，音声情報を視覚情報へ変換することは，必要かつ重要なことである．しかし，聴覚障害者に対する情報保障は，単に聴覚情報を視覚情報に置き換えるというにとどまらず，置き換えられる視覚情報を聴覚障害者の視覚情報処理特性に合わせたものに変換するというように，視覚情報に対しても情報保障が必要とされているのである．「見せて伝える情報」の提供は「見る情報」を提供することとは根本的に異なり，高度にシステム化された人間の知覚・認知の上に成り立っているのである．

〔生田目美紀〕

文　献

Nielsen, J. (1993)：Usability Engineering, Academic Press.
Nishimura, H., et al. (1999)：Sign language 'heard' in the auditory cortex. *Nature*：**397**：116.
酒井邦嘉（2002）：言語の脳科学（中公新書），中央公論新社．
Web Content Accessibility Guidelines (WCAG) 2.0―W3C Recommendation 11 December 2008―, http://www.w3.org/TR/2008/REC-WCAG20-20081211/

2.6.6 サイン・標識

サインや標識（文字サイズの推定や色の選択・視野を考慮した配置）は，街路や公園，図書館，学校，スーパー，オフィスビルなど不特定多数の人が利用する公共空間や大型施設には欠かせない情報である．サイン・標識類が適切であれば，はじめての場所または慣れない場所，経路などが複雑でわかりにくい場所，などでの移動の負担を減らすことができる．特にモビリティに負担があったり，さまざまな情報を得たり理解することが難しい高齢者や障害者にとっては，このような経路や場所での適切な案内情報は非常に重要であり，サイン・標識類は単なる情報提示の媒体というだけでなく，自立した生活を支えるツールであるとも考えることができる．

サインおよび標識では案内板や交通標識など盤状のものに情報を提示するもの，電光掲示板など電気的な表示のもの，または音サイン，触覚を利用する触地図などさまざまなものがあるが，ここでは主として，視覚的な情報を提示するものについて述べる．

サインや標識において情報をなるべく早く的確に伝えるためには，①それを眺める・利用するヒトの特徴，②サインや標識が配置される環境，③サインや標識に表記される情報，④表記される情報の緊急性または重要性のレベル，の四つの点を考慮し，設計・設置する必要がある．これらはそれぞれ別個に検討されることではなく，①のヒトの特徴がそれ以外の項目へ大きく影響するため，すべてを同時に検討していく必要がある．これはサイン・標識に限らず，掲示物，配布資料などにおいても基本は同じである．

ここではヒトへの配慮，特に視覚情報伝達という観点から，発見しやすさ，見やすさ，わかりやすさへの配慮について重点的に述べる．またサインや標識（交通標識など標準化されているものは除く）は空間や建築物の一部であるため，目立てばよいというだけではなく，景観やインテリアとの調和も重要である．表記（色や言葉，形など）の統一性，また案内やインフォメーションでの人的なサポート，パンフレットなどの配布物との整合性や連携なども重要な観点であるが，これらはここで述べる内容と同時に検討されることが望ましい．

a. サイン・標識の設計に必要な条件

1) サイン・標識を利用するヒトの特性

サイン・標識の設計には，まずそれを利用するヒトにどのような特性があるかを把握しなければならない．利用者の特性が明らかになれば，どのような配置や表記にすべきかを考えることができる．

以下はそのヒトの特性に関する代表的な項目である．（　）はその項目の特にどのような事柄がサインや標識に重要であるかを示している．

① 年齢（その年齢での視覚・認知機能：注意・記憶・言語的な理解度など）
② 身長（移動姿勢での頭部の高さ・視線の高さ）
③ 視覚的な特徴（老眼などの調節力の低下，白内障などの眼的疾患）
④ 認知的な特徴（認知症，発達障害の有無・程度の情報，高齢者の特徴）
⑤ 身体的特徴（車いす利用の有無，手すり使用の有無，乗り物などの利用の有無，移動の速さ（歩行速度や，車のスピードなど））
⑥ 言語（日常的に用いる言語や読んで理解できる言語）

不特定多数の人が利用する公共空間では，利用者の特性を限定することが難しい場合もある．その場合は利用者のなかでも特にサインを発見しにくい，見にくい群，理解しにくい可能性がある群，または一人での移動に難がある群を対象とし，それらの群にとってよい情報提示であるように設計するのが一つの解決方法である．ただし群の利用者全体数に占める割合も考慮した選定が必要である．また上記のような利用者の特性が数年または数十年の間に変化する可能性があれば，長期的な変化も考慮したうえで対象を絞る必要がある．

2) サイン・標識の周辺環境の特徴

次にサイン・標識が設置される予定の周辺環境について述べる．環境条件によって同じデザインのものでも発見のしやすさ，見やすさが変化する．またサイン・標識の設計の初期段階で基本方針が決まり，さらに視認性を上げるために改良案を検討するときにも，

この周辺環境の特徴によって改善する方法が決まる場合もある．（ ）はそのなかでも特にどのような事柄がサイン・標識の発見のしやすさ，見やすさに影響するかを示す．

① 環境の明るさや照明の配置（サイン・標識の盤面の輝度）
② 設置スペースの広さ（サイン・標識の大きさ，眺める距離（視距離））
③ 周辺環境の情報量の多さ・少なさ（サイン・標識の目立ち）

ヒトの場合と同様に，広域でのサイン・標識計画では，環境の特性を限定させることは難しい場合がある．その際にはやはり条件の悪い環境（たとえばほかより暗い場所，情報量が多く紛らわしい場所）などで最低限の情報が伝わることを前提に考慮する方法もある．もちろんサインの統一性は確保されなければならないため，これも全体的な視点から，その条件の悪い場所での検討がどれほど重要であるか，また条件の悪いところに合わせたデザインで他の場所で不都合が起きないか，またその時間帯のサインや標識の利用者数などを十分検討する必要がある．

b. 発見のしやすさ・見やすさ（視認性）を検討する方法

a.に述べたサイン・標識を考えるための条件が絞られれば，次に行うことはサインや標識に表記される視覚的な情報設計である．以下はその代表的な情報である．

1) 文字の大きさ（文字サイズ）

どのくらいの文字サイズなら読める，または読みやすいかは以下に示す項目が大きく影響する．これらの項目を決定すれば，眼に障害がない人を対象とする場合は，JIS S0032：2003 高齢者・障害者配慮設計指針―日本語文字の最小可読文字サイズ推定方法（1.3.1項参照）により**文字サイズ**を推定することができる．

i) 利用者の特徴

先に述べたa.1)の①年齢，③視覚的な特性，⑥言語を明らかにする必要がある．文字の読みに関係する視覚特性とは，眺める人の視力（1.3.1項参照）およびそのコントラスト感度特性（1.3.1項参照）である．言語はその環境でなるべく多くの利用者が理解できる言語を選ぶ必要がある．

たとえば，利用者層で最も多い年代が70歳代である首都圏にある病院の場合，75～80歳を対象年齢とする，主用言語として日本語および英語の併記もある文字配置とする，などを決める．

ii) サインや標識の盤面の輝度

先に述べたa.2)の①環境の明るさや照明によって決まる．上記に述べた，見る人の視力は見ているものの明るさ（輝度）によっても変化する（1.3.1項参照）．輝度は周辺の照度だけでなく盤面の材質や色によって変化する．直接計測することが望ましいが，計画中の建物のように実物が存在しない場合は，照明計画などからサイン・標識の設置場所の照度や輝度を推定することもできる．

また外光が入る場所や夜間まで使用する場所は，一日の輝度の変化は著しい．そのような場合，ほかの項目でも同様であるが，夜間や夕刻などの見えにくい時間帯に合わせる，または利用者のピーク時間帯に合わせるなどの利用者の状況に合わせた選択が必要である．

iii) 視距離（どのくらい遠くからみるか）

視距離は提示される内容によって変化するため一様ではない．たとえばトイレやエレベータなど比較的多数の人が必ず利用する情報でかつ，遠くから認識できるほうが便利となる情報もあるが，反対に詳細な情報を提示する場合には至近距離でじっくり読むほうがよい場合もある．大型施設でのサイン計画の場合，このような提示情報の種類ごとに分類し，各分類ごとに適切な視距離を設定する必要がある．

そして長い通路や利用者が長距離を移動する場合は，設定した視距離の範囲内に必ずサインが設置されるよう，**サインの間隔**を設定する．

2) 色

サイン・標識で視覚情報の伝達という観点から色を使用する目的には，色をグルーピングやシンボルとして利用する場合（同じ面にそれらの色が接することはないが，複数の色の違いをしっかり見分ける必要がある）と，一つの図案のなかで図と地の関係になる色を選択する場合，周辺から目立たせる場合の大きく分けて3とおりがある．以下，色の使用目的に合わせて色の選び方について述べる．また色覚異常については独特の混同が生じるため，2.6.5.2項を参照されたい．

i) シンボルやグルーピングで利用する場合

この場合の例としては，たとえば大型病院の階や診療科ごとに色を分ける場合や地下鉄の路線図のように，いくつかの色が同じ面に配置される場合などがある．

複数の色を選択することが多いが，その色も似て見えて紛らわしいことがなく，それぞれがすべて違う色であるとわかることが必要となる．似て見える色かどうかを確認するためには，基本色領域を利用するとよい（JIS S 0033：2006 高齢者・障害者配慮設計指針―視覚表示物―年齢を考慮した基本色領域に基づく色の組合せ方法(1.3.1項)および JIS TR S0005 ロービジョンの基本色領域データ集(1.3.1項)を利用できる）．

同じ領域内の色を選んでしまうと似て見える，または同じに見える可能性があるので，領域が重ならない色を選ぶようにする．

1.3.1項で述べているように，色には概念的なカテゴリー（何色だと思うか）という区別と色が類似しているかしていないかの区別がある．どちらもサインのデザイン上重要な概念であるが，ロービジョンの場合は明度差が類似の判断に大きく影響し，色名としては違っていても明るさ（明度）が同じくらいであれば似て見える場合がある．

ii) 一つの図案で図と地の関係として色を使う場合

色のついた紙面に別の色の文字がある，または図案やマークなどで背景の色と図の色が違うという場合，i) で述べた類似した色を選ばないだけでなく，**色コントラスト差**（色の明暗の差）があることが重要となる．たとえば，明度が近い赤と青など晴眼者にはまったく違う色に見えるが，**図と地の関係**になると非常に見えにくい．この場合どちらか一方をより明るい色（明度が上の色：たとえば水色）や彩度がない色（白っぽい色）にし，もう一方はより暗い色や彩度が高い色（鮮やかな色）にするなどの必要がある．

3) 設置場所

利用者の見やすい位置に設置する必要があるが，見やすい位置は，その利用者の「**視線の高さ**」と「**視野の広さ**」によって決まる．視線が低くなったり（姿勢の変化や車いす利用など），加齢により視野が狭くなる（1.3.1項参照），また注意などの負荷がかかることで視野が狭くなる場合がある．その場合は若い晴眼者が見やすいと思う位置より低くする，またはサインや標識を大きくし，狭い視野でも十分検出できるようにすることなどの，利用者に合わせた配慮が必要となる．この見やすい範囲を調べるには，JIS TR S 0004：2010 視標検出視野の加齢変化に関するデータ集のなかの視野の範囲を示した図などが利用できる（1.3.1項参照）．

たとえば前述の JIS TR S0004 を利用して設置範囲を確認するには以下の手順で行う．

(1) 対象とするサインや標識の大きさを視野角度で計算する．データでは円形で表示されているが，四角形やそれ以外の形で平均の長さまたは偏りが大きい場合は，より発見しやすくなるよう最小の長さを採用するなどする．

(2) 対象とするサインや標識の色と背景とのコントラストを計算する．最も近いコントラスト％の検出範囲の図と最も近い視票の色の検出範囲の図を選択する．

(3) (2)で選択した図のなかで，希望する検出率を決め範囲を決定する．たとえば緊急性が高いものはできるだけ高い検出率となるほうがよい．

(4) 利用者の平均的な視線の高さを決める．

(5) (3)で決めた検出範囲の中心（図の X 軸と Y 軸が交差する点）が (4) の利用者の高さにあると考え，実範囲を求める．図の検出範囲はすべて視野角度で表示されているため，対象とするサインや標識の視距離を設定し（設定方法については，b.1)の iii)を参照），その距離，離れている視野角度での広がりの実距離を求める．

(6) 利用者の立ち位置（たとえば廊下の手すり近く，または出入口の中央など）を設定し，(5)で求めた実距離の範囲に対象とするサインや標識が配置されるようにする．もし特別眼を引くようなものがあれば，それを見続けているために周辺にあるものを見逃すという場合もある．環境内にそのような誘目性の高いものがあれば，それを中心とした検出範囲も同時に検討する必要がある．

(7) もし，(5)で求めた範囲が狭く，(6)で設定した立ち位置でみたときに検出視野範囲内に配置できない場合には，サインや標識を大きくしたり，色や背景とのコントラスト差を変化させ，検出視野範囲が広がるようにする．また，サインや標識は利用者の視線の方向に対峙するよう設置すると発見されやすい．

c. サインや標識のわかりやすさ，見やすさに関する認知的な配慮

これまでサインや標識の視認性をどう向上させるかを中心に述べてきたが，加齢や障害に伴う認知機能の低下により，サインや標識を発見することが困難になったり，またはサインや標識を積極的に利用する，また的確に利用する能力が低下する場合がある．これらは視覚機能ではなく，認知的な特性によるものである．

1) 高齢者

高齢になると注意力や記憶力が低下するため，サインの利用のされ方も変化する．より発見しやすい場所への設置や，理解しやすい内容，また思い込みがあった場合でも修正できるよう，ルート内での頻繁な情報提示などが必要となる．

2) 認知症高齢者

認知症高齢者は，抽象的な概念が理解しにくくなり情報を積極的に取り入れる能力も低下する．そのため言語的表記よりは絵などの具体的な表記のほうがわかりやすい（例：「トイレ」という言葉や男女のトイレのシンボルマークよりはトイレの便器が書かれた絵のほうが「トイレである」ことがわかりやすい．また，色づかいも目立つようなもののほうが認識されやすい場合がある）．

〔伊藤納奈〕

文献

舟川政美（2000）：色コントラストと可読性に関する実験研究．照明学会誌，84(11)：799-808．

北島宗雄ほか（2008）：高齢者を対象とした駅の案内表示のユーザビリティ調査：認知機能低下と駅内移動行動の関係の分析．人間工学，44(3)：131-143．

2.6.7 住宅

ここでは住宅のユニバーサルデザインについて述べる．住宅にはさまざまな種類がある．戸建住宅か集合住宅かなど形態の違いによるものがわかりやすい．ほかにも，持家か借家かという所有形態の違い，さらには，新築かリフォームかという工事のやり方による区別もできる．それぞれごとに，デザインのありようは異なり，当然のことながら，ユニバーサルデザインのありようも異なる．

園田（1998）は，ユニバーサルデザインを達成する方法として「さまざまな人・ニーズに対応してより多くの選択肢を提供する」「さまざまな人・ニーズに共通するベースを用意し，個別の要求への対応はオプションとする」「さまざまな人・ニーズを包含する汎用性の高いデザインを提供する」の三つをあげている．三つめの「さまざまな人・ニーズを包含する汎用性の高いデザイン」はむしろユニバーサルデザインの定義そのものともいえるので別にすると，「選択肢」による対応と「個別オプション」による対応がユニバーサルデザイン達成への方法論ということになる．

住宅においては，「**選択肢**」による対応とは，居住者が決まっていない段階で計画，建設される建売住宅や，賃貸住宅，分譲マンションのデザインが相当する．不特定多数の居住者を対象としていくつかの選択肢を提示して，最も条件に合うモノを選んでもらうアプローチである．

一方，「**個別オプション**」による対応は，ある特定の居住（予定）者がいて，そのニーズに合わせてカスタマイズするものでいわゆる注文住宅が相当しその多くは戸建住宅である．予算，敷地，家族構成などの所与の条件に合わせて，可能な限り居住者の求める住まい方を実現できるように，住宅の間取り，設備，仕様などをカスタマイズして設計，建設するものである．また，居住後に発生するミスマッチを解消するためのリフォームによる対応も含むことができる．この場合は戸建住宅に限らず，集合住宅も対象となる．

この「個別オプション」対応のためには個々のニーズを丁寧にひもとき，それに具体的な設計，建築技術で応えていく設計者，施工会社のコンサルテーション

能力，すなわち，人的な対応が重要となる．ことに，なんらかの身体障害に起因する生活上の不便の解消がテーマとなる場合は特にそうである．障がい者のニーズは千差万別であり，ひと口に車いす利用者といっても，ある障がい者にとても有効なデザイン，デバイスが，別の車いす利用者にはまったく使いものにならないというようなことは当たり前に発生する．障がいの種類，何ができて何ができないか，何をできるようになりたいか，介助を期待できるのか，などきめ細かくヒアリングしたうえで，実現可能な解を提案できる人材が必要となるのである．結局，「個別オプション」対応は，このような人材をいかに確保するか，いかに育成するか，という人材育成の問題に帰する．したがってここでのテーマを超えると思われるので，これ以上の言及を差し控えることとしたい．

さて，もう一つの「選択肢」による対応，不特定多数を対象とするアプローチについて述べる．このアプローチでは，設計，施工時には居住者が決まっていない．賃貸住宅がこのカテゴリに含まれ，持家でも，分譲マンション，建売住宅などがこれに含まれる．企画・計画時にはなんらかの居住者像が想定されるが，できるだけ多くの居住者に受け入れてもらうために，あまり極端な居住者像は想定せず，いわば「普通の」居住者を想定し，その居住者が望むであろう「普通の住宅」となることが多い．実際，数の上でも，新築住宅の7割がこのカテゴリである．この多数を占める普通住宅のカテゴリにおいてこそ「できるだけ多くの人が使える」ユニバーサルデザインが実現されてしかるべきであろう．

普通住宅のユニバーサルデザインに関する指針として代表的なものが「**長寿社会対応住宅設計指針**」（以下，長寿指針）である．1995年に建設省（当時）から発表されたもので，以来，わが国の住宅のユニバーサルデザイン化の指針の役割を果たしてきた．現在は高齢者安定居住確保法の「高齢者が居住する住宅の設計に係る指針」として継承されている．

長寿指針のなかには「ユニバーサルデザイン」という言葉は出てこない．長寿指針は1987〜1992年に実施された建設省総合技術開発プロジェクト「長寿社会における居住環境向上技術の開発」（通称：長寿総プロ）の成果物であり，ユニバーサルデザインが知られる前であったためである．しかし，課題認識は完全にユニバーサルデザインのそれである．すなわち「従来，健常な高齢者は一般の住宅を利用し，身体機能の著しく低下した高齢者については高齢者向けの特別な仕様，設備を備えた住宅を利用するものと考えられてきた面があった．しかしながら，高齢社会においてはすべての住宅に高齢者が居住する可能性があると考える必要があり，加齢による身体機能の低下や障害が生じた場合にも基本的にそのまま住み続けられることが望まれる」とされる．高齢者向けの特別仕様の住宅のための指針でなく「すべての住宅」を対象としたすなわち「ユニバーサルな」指針である，ということである．このことは，指針の名称の「長寿社会対応」にも現れている．「長寿（者）住宅」の指針ではなく，これからの人生80年時代の「長寿社会」に対応する住宅のための指針，という意味である．

長寿指針は，「加齢による身体機能の低下や障害が生じた場合にも基本的にそのまま住み続けられる」ことを目指しているが，現実的に，あらゆる身体機能に適応できる住宅は不可能である．最も身体機能が低下した，いわゆる寝たきりまで対応可能な住宅を目標とすると，普通住宅としては過剰な仕様となってしまう．できるだけ多くの身体機能に対応でき，普通住宅としても成立するバランスが重要である．長寿指針の検討に当たって，高齢者の身体機能を移動能力で代表して，以下の区分を提示している．

1. 駆け足ができるなど，問題は全くない．
2. 駆け足はできないが，手すり・杖にはいっさい頼らず歩ける．
3. 手すり・杖が必要であるが，自立して歩ける．
4. 歩くのに困難があるが，はったり，あるいは車いすで自力で動ける．
5. 寝たきりあるいはそれに近い．

調査の結果，「1」が31%，「2」が50%，「3」が15%，「4」「5」は合わせて2%と判明した．これより「3」の「手すり・杖が必要であるが，自立して歩ける」レベルの高齢者が特別な改造なしにそのまま住める性能を確保することが目標とされた．実際の長寿指針（補足基準）においては，「加齢等に伴う一定の身体的弱化（杖類及び歩行器の補助具を利用して自立した生活が可能な状態）に対して，そのまま又は比較的軽微な改造により対応可能とする仕様（介助用車いすを利用する場合にあっても，基本的な日常生活を送るため，最小限必要な移動を可能とする仕様）を確保するという考え方に基づき基準を設定している」という表現となっている．

長寿指針の主な内容は以下のとおりである．

・日常生活空間の同一階設置　玄関，便所，洗面所，浴室，脱衣室，居間・食事室及び高齢者等の寝室は，できる限り同一階に配置する．高齢者寝室は，将来対応でも構わない．EV を設置すれば同一階でなくても良い．

・住宅内の床は原則的に段差なし（図 2.6.30〜図 2.6.32）　つまづきの防止，歩行器，車いすでの移動に支障をきたす床段差は排除する．ただし，完全に 0 mm とはできないので，施工誤差による 5 mm 以内の段差を許容する．また玄関，浴室などは対象外（玄関框段差は 18 cm 以下）．

・要所に手すり（図 2.6.33〜図 2.6.35）　姿勢を崩して転倒事故の危険が大きい，階段，浴室には手すり設置．その他箇所は，必要なときに手すりを設置できるように下地の補強などを行っておく．

・通路，出入り口の幅員　介助車いす等の通過を配慮して，廊下等の通路は有効幅員 78 cm 以上，出入り口の有効幅員は 75 cm 以上とする．ここで「有効幅員」とは，開き戸では建具の厚み，引き戸では引き残しを除いた幅員とされるが，要するに，通過のために本当に使える幅員のことである．建築業界では，単に「出入り口の幅員」というと建具の扉の幅，また

図 2.6.32　玄関上がり框（18 cm）

図 2.6.33　手すり（トイレ）

図 2.6.30　床段差なし（和室）

図 2.6.31　床段差なし（浴室）

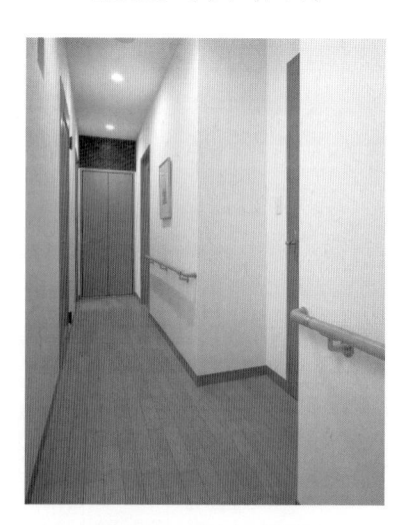

図 2.6.34　手すり（廊下）

図 2.6.35　手すり（階段）

は建具枠内の幅のことを指すため，有効幅員より 3～5 cm 程度大きい寸法となることが多く，「出入り口の幅員 75 cm」といっても有効幅員は 70 cm しかない，という場合がありえるため注意が必要である．

以上のほかに，階段の形状，介助可能な浴室，トイレの広さなどに関する基準について述べられている．

長寿指針は，1995 年に発表され，以後のわが国の住宅のユニバーサルデザイン化に大きな影響を及ぼした．まず公営住宅など公的住宅は長寿指針を反映したものとなった．また，住宅金融公庫（現・住宅金融支援機構）の融資基準として，長寿指針を反映した「バリアフリー基準」が設けられた．有利な融資条件に対応するために，住宅各社はバリアフリー化を進め，各室の出入口の段差解消，階段・浴室の手すり設置などの基本的なバリアフリーは，特別でなく当たり前の仕様として一気に普及した．この 10 年以内に新築された住宅であれば，手すり，杖が必要な高齢者が住み続けられるという長寿指針が目指した性能をほぼ満足していると思われる．住宅のユニバーサルデザイン化は相当程度に実現されたといって過言でない．

しかしながら，これはあくまでも住宅内に閉じた話にすぎないともいえる．高齢者をはじめとする居住者が，豊かで安心した生活を営むためには，地域社会といかにつながっていくのかが重要となる．そのあり方について検討していくことが，今後の住宅の課題であるといえる． 〔田中眞二〕

文　献

建設省住宅局住宅整備課監修（1998）：長寿社会対応住宅設計マニュアル，戸建住宅編，高齢者住宅財団．
園田眞理子（1998）：ユニバーサルデザインの可能性．ユニバーサルデザインとはなにか～バリアフリーを超えて（古瀬　敏編著），都市文化社．

2.6.8　福祉用具の安全

a.　安全対策の考え方

福祉用具は，障害者や高齢者，およびその介助者などにより使用されるものであるから，使いなれない人が使用する場面が多い，使用頻度が高い，種類が多様であるなど，ヒューマンエラーを誘発し安全性が損なわれる要素も多く，特段の配慮が必要とされる．またそもそも道具は必ずいつかは故障するものでもある．したがって利用する側として気をつけなければならないことはもちろん，用具の開発製造，販売など，あらゆる段階のあらゆる立場でそれぞれの責任が存在している．そこでここでは，利用者としての立場での安全対策，および開発製造販売の立場からの安全対策について，それぞれ解説することとしたい．ただし福祉用具は，利用者側でも障害の種類や機能低下の性質に応じて個別に改良や新たな開発が行われることがあり，利用者と開発者は必ずしも明瞭に分離できるわけではない．このため，利用する立場としても開発製造における安全管理の考え方は参考になる面もあるものと考えられる．

残念ながら完全で絶対的な安全は実現不可能と考えられ，どのような対策を立てても事故の発生する可能性は必ず残るものである．絶対的な安全を目指すよりもむしろ逆に，危険をいかに事前に発見し低減するかを考えるというアプローチにより，安全対策はより具体的なものになる．利用側としては，ヒヤリハット事例の収集による危険要因の抽出作業がその方策となり，一方，開発製造の場面では機械設計などの分野で培われてきた安全設計の考え方がこれに従っている．

b.　福祉用具の安全な利用

1）ヒューマンエラーの抑止

先に述べたように福祉用具はヒューマンエラーを生じやすい背景を持っており，利用のうえでの事故やヒヤリハットも，ヒューマンエラーがきっかけにな

るものが多いとも考えられる．**ヒヤリハット**とは，重大な事故に直結しかねない軽度の事故，ヒヤッとしたりハッとした事象のことである．それ自体は通常は事故と見なされず見すごされてしまうものの，一般に1件の重大事故の背後には300件の事故に至らないヒヤリハット事象が存在しているといわれ（**ハインリッヒの法則**），ヒヤリハットが生ずる背景要因が顕在化して事故に至ると考えられる．このためリスクマネジメントのうえでは日頃より，現場のヒヤリハットを収集し，その要因を分析し，対策を施し，それが有効であったかどうかチェックする一連のサイクルを回すことが重要である（東畠，2002；小松原，2008；中田，2009）．このようなマネジメントを実現するためには，組織のトップの意思と現場の理解は必須であり，またこのサイクルを回す過程がスタッフの気づきや意識改革にもつながっていく．このためには組織内で情報の共有を進めることが重要であり，ヒヤリハットの事実を迅速に記録するとともに分析をまとめることが望まれる（東畠，2010；中田，2009）．記録のための標準的なシートがあると都合がよく，具体的なシートの提案例もあるので（東畠，2010），参照して作成するとよい．

2）安全対策のための情報源と事故報告制度

近年になって福祉用具にかかわる事故報告の集約および公表が制度として充実してきた．これらを受けて用具に関連する団体が注意情報を広報することも行われるようになるなど，福祉用具の安全利用のための情報は入手しやすくなってきている．

消費生活用製品安全法（消安法）では，重大製品事故の発生を製造事業者・輸入事業者は国に報告する義務があり，この内容は消費者庁のウェブサイトで公表される．重大事故でない場合も任意の製品事故情報の報告は製品評価技術基盤機構（NITE）が収集しており，逐次公表されると同時にそれに基づく調査報告を公表している（経済産業省ホームページ1；消費者庁ホームページ；製品評価技術基盤機構ホームページ）．財団法人テクノエイド協会，日本福祉用具・生活支援用具協会（JASPA），社団法人日本福祉用具供給協会なども業務の一環として系統的な事例調査報告や注意喚起のパンフレットなどを発行しており，ウェブサイトで公開されているものも多い（テクノエイド協会，2004；日本福祉用具・生活支援用具協会ホームページ1，2；日本福祉用具供給協会，2010；日本福祉用具供給協会ホームページ）．

事故報告の公表が制度化されるに伴い，どのような用具がどのような事故を生ずる傾向にあるのかも明らかになってきている（小松原，2008）．財団法人製品安全協会が2000（平成12）年度に行った調査報告「製品安全性確保調査業務：高齢者の福祉用具製品使用時に係る事例調査」によると，ヒヤリハットやけがの事例を経験したことのある高齢者在宅サービス専門家に対するアンケート調査で，有効回答352回答のうちヒヤリハットを経験した福祉用具としては車いす類が最も多く38.6%，次いでベッドおよび関連用具14.8%，入浴関連用具13.9%，歩行補助用具10.2%と続いている．一方で重大事故はベッド（特に柵・手すり）に集中しており，消費生活用製品安全法に基づき消費者庁より公表された福祉用具のかかわる重大事故では81件中30件みられた（2010年1月15日付公表，製品起因か特定できない事故も含む）（製品安全協会，2000）．在宅介護用ベッドについてはこのような状況に対応して2009年にJISの改正が行われ，また業界としての最新情報提供や注意喚起活動も行われている（森田，2010；消費者庁，2010a；医療・介護ベッド安全普及協議会，2010）．電動車いすに関しても消費者庁より通達が出されている（消費者庁，2010b）．

c. 福祉用具の許認可制度と安全

一般に，市販されている製品は性能や安全性などの観点から満たすべき規定が法律や業界基準で定められており，福祉用具もその例外ではない．ただし福祉用具に関しては，その種類が多岐にわたるほか，ジャンルとして比較的歴史が浅いこと，管轄省庁などが複数にまたがっていることなどから，特定の許認可制度ですべてが網羅される簡単な構造にはなっていない．業界団体などによる認証制度も数多く存在する．新しい制度の提案が現在でも継続して行われている状況である．福祉用具の利用者はこれら制度的な保証の意味を理解したうえで，用具の危険性を常に意識し備えるべきである（新エネルギー・産業技術総合開発機構，2008）．

製造・販売者としては，対応する制度がある場合はその制度に従った許可・認証を受ける責任があるが，

2.6 製品デザイン

図 2.6.36 PSマーク

認証を受けることにより，公的な審査によりある一定の安全性が確保されていることを明らかにできるメリットもある．また利用するうえでの公的なサポート（貸与・給付・税制上の特例など）が得られる制度もある．以下に具体例をあげる．

1) **消費生活用製品安全法（PSマーク）**（新エネルギー・産業技術総合開発機構，2008；経済産業省ホームページ2）

消費者保護を目的とした消安法では，消費者庁による製品事故の防止のため，特定製品の製造・販売の規制，および事故情報の収集と提供を求めている．規制対象となる特定製品はリストとして定められており，定められた技術基準に適合しているかどうかを自主的に確認して届け出，もしくは外部機関による検査を受けたうえで，適合マーク（**PSマーク**）を表示する（図2.6.36）．製品安全に関する規制はこれ以外にも数多くあり，福祉用具に関連の深いものとしては，電気用品安全法，道路運送車両法，建築基準法（家庭用エレベータなど），などがあげられる．

2) **薬事法**（日本貿易振興機構，1999；日本医療機器産業連合会，2010）

福祉用具の製品販売において関連するもう一つの規制としては薬事法があげられる．薬事法で定める医療機器の製造販売に際しては，品目の構造・品質・性能・規格などが品質・安全性・有効性の観点から支障がないかどうか，厚生大臣の審査を受けて承認を受ける必要がある．薬事法施行令においてその範囲が示され，個別分類については厚労省から医療機器の一般的名称として定義が告示される（厚生労働省，2004）．福祉用具と見なされるものはそれほど多くなく，補聴器，視力補正用コンタクトレンズ，吸入器などが相当している．

3) **工業標準**（新エネルギー・産業技術総合開発機構，2008；日本工業標準調査会ホームページ；日本規格協会ホームページ）

JIS（日本工業規格）やISO（国際標準化機構），IEC（国際電気標準会議）などの，工業標準や標準化組織では，製品構造上の安全性や電気的安全性，化学物質安全性など多岐にわたる安全性の規定を定めており，近年では特定の福祉用具に関する標準も策定されている．JISでは寸法などの機能に関する標準のほか，使用者・介助者の安全性を損なわないためのある程度具体的な基準（強度，材質，構造上の不良がないこと，人体に触れる可能性のある鋭い突起がないこと，など）や，試験方法（機能，耐久性），取扱説明書の記載事項，などが規定されている．また「高齢者・障害者配慮」を名称に冠する設計指針の標準も整備されつつある．本稿執筆時点の福祉用具関連のJISを以下にあげるが，現在でも提案が続いておりその数は増加しつつある．

手動車いす，電動車いす，車いす用可搬形スロープ，移動・移乗支援用リフト，家庭用段差解消機，在宅用電動介護用ベッド，電動立上り補助いす，在宅用床ずれ防止用具，入浴補助用具（入浴台，すのこ，いすなど），視覚障害者用音声案内，木製松葉づえ，義肢義足，金属製下肢装具，義手，排泄関連用具，補聴器，視覚障害者誘導用ブロック，高齢者・障害者配慮設計指針

国際標準であるISO，IECにおいても同様な標準化が図られているが，JISは国際標準と整合性をとる方向で策定が進められている．

2008年からは「**目的付記型JISマーク制度**」が導入され上記のうち手動車いす，電動車いす，在宅用電動介護用ベッドがその対象品目として選定された．これらの用具については第三者機関による安全性の評価認証を受けたうえで，JISマークの横に福祉用具であることが一目でわかるデザインのマーク（図2.6.37）が付記されている（経済産業省，2008）．

図 2.6.37 目的付記型 JIS マーク

4) 第三者認証制度など

福祉用具に関連する第三者認証制度や業界団体の認証制度は数多く存在する．まず福祉用具に限らず製品全般を対象とする安全認定制度として財団法人製品安全協会によるSG制度があり（製品安全協会ホームページ），消費者の安全を確保するために製品の安全品質に関する認定を行い，適合したものに**SGマーク**を表示している（図2.6.38）．対象製品の大分類には福祉用具もあげられており，執筆時点で，棒状つえ，手動車いす，歩行車（ロレータおよびウォーキングテーブル），シルバーカー，電動介護用ベッド，電動立上り補助いす，入浴用いす，ポータブルトイレ，簡易腰掛け便座が含まれている．認定を受けた製品には対人賠償保険が付与される．安全性に関する認定基準は，安全性品質や表示・取扱説明書など具体的に定められており，既存の事故やクレーム，予見される誤使用などを考慮して作成されている．また自転車・電動車いすに関しては公益財団法人日本交通管理技術協会による**TSマーク**の制度があり（日本交通管理技術会ホームページ），製品には付帯保険が付与され傷害・賠償責任の補償が受けられる．

業界団体による認証制度としては，日本玩具協会の「**STマーク**」（日本玩具協会ホームページ），日本公園施設業協会の「**SPマーク**」（日本公園施設業協会ホームページ）などがある．いずれも過去の事故事例などを教訓として安全に関する基準が設けられ，それに適合した製品に付与されるものであり，製品への要求仕様，製品試験の方法のほか，賠償責任補償共済制度を設けているもの，製品販売後の点検や生産物賠償責任保険への加入を必須としているものなどもある．

安全性とは直接関連しないが，ほかにも福祉用具に関連する公的な認証制度として，介護保険法における福祉用具購入費支給および貸与，障害者自立支援法における給付品，老人福祉法における給付品なども国や地方自治体で具体的に対象となる福祉用具が定められており，製品導入に際し公的な支援が得られる．非課税対象であるか，助成対象であるかどうかなどについても，消費税法施行令の身体障害者用物品の適用範囲が国税庁から通達されているほか，厚労省からも通知が出されている．

5) 福祉用具臨床的評価事業（テクノエイド協会，2009；テクノエイド協会ホームページ）

消費者安全や工業標準による評価に対し，実際の利用実態を想定した安全性・利便性などの評価も必要であるという観点から，2009年度より厚生労働省の委託を受けテクノエイド協会が実施している事業である．実際の評価は厚労省に委託された機関により行われるが，技術者に加えて療法士やユーザも交えたチームによる合議制である点が特徴となっている．工学的評価も含まれており，JISマークの認定は要件となっている．認証を受けた製品には認証マークが貼付される（図2.6.39）．情報公開にも重きがおかれており，認証を受けた製品はテクノエイド協会より公表されている．執筆時点で評価対象用具は手動車いす，電動車いす，特殊寝台，車いす用可搬型スロープ，入浴補助用具（入浴台，すのこ，いす）であるが，今後拡大されていく見込みである．

6) 国外の許認可制度（新エネルギー・産業技術総合開発機構，2008；日本貿易振興機構，1999）

当然ながら国外では国内とは異なる制度運用がなされており，国外まで視野を広げると安全規格の種類はきわめて多数である．福祉用具についても国外ではより高度な安全を求められる場合がある．国内と国外・国際標準の間で医療機器の定義範囲が異なることにも注意が必要であり，たとえば，国内では薬事法の適用外となる多くの福祉用具が，米国の連邦食品・医薬品・化粧品法やEUの医療機器指令などで医療機器として

図2.6.38 SGマーク

図2.6.39 福祉用具臨床的評価認証マーク

規定され，製造・販売のうえでは登録・届出が必要となっている．

d. 安全に留意した福祉用具の製造開発

製造物の安全対策は福祉用具に限らずあらゆる設計に共通する課題である．先に述べたように認証制度などによりある程度安全対策がルール化されているものもあるが，これによってすべての危険（リスク）が排除されるわけではないので，設計・製造・販売においては一般的な安全対策の考え方を理解しておくことは重要である．

安全設計の考え方には古い歴史があり現在でも洗練が進められている．よく参照されるものとしてISO/IECによる **Guide 51** "Safety aspects-Guidelines for their inclusion in standards"（JIS Z 8051 安全側面—規格への導入指針）があり，安全設計の規範となるガイドラインとして知られている．ここではリスクを「危害の発生確率およびその危害の程度の組み合わせ」と述べて確率的に必ず発生しうるとの立場に立ち，そのリスクを許容できるレベルまで低減することを目的として，「リスクアセスメント」と「リスク低減」の繰り返しを求める内容となっている．これに加えて製造者は使用中の安全に対しても責任を負うため，サポート体制まで含めた配慮も望まれる．

また福祉用具は開発評価の段階で臨床的な試験を行われる点で，通常の機器開発と異なる特殊性がある．試験自体の安全管理や倫理的配慮が必要となる．

1) 安全設計—リスクアセスメントとリスクの低減

安全設計に関しては，2010年に経済産業省より公開された「消費生活用製品向けリスクアセスメントのハンドブック」（経済産業省，2010）はGuide 51に従いつつ安全設計の考え方をわかりやすく解説している．ここではこれに沿って述べる．

リスクアセスメントはGuide 51においては四つのフェーズに分かれており，1)アセスメント対象の明確化，2)危険源・危険状態の特定，3)リスクの見積もり，4)リスクの評価，の一連の検討のうえで，評価されたリスクのレベルが許容できるものであればこのプロセスは終了するが，許容できないものであれば，5)リスクの低減を実施したうえでリスクアセスメントに戻る

表 2.6.3 消費生活用製品における「使用要件」の例（経済産業省，2010 より抜粋）

- 無意識や思慮不足で危険なことをする「人間の性癖」
  - 子供は狭い隙間や小さい穴を見つけると，指を突っ込む
  - 多少危ないとわかっていてもやってしまう
  - ギリギリまでやってみるという性癖がある
- 過大な負荷による故障の頻発
- "ウッカリ" や "ボンヤリ" による操作ミス
- 時代や場所が変われば使用環境が設計の想定を超える
- 福祉用具は健常者と異なる視点が必要
- 製品の小型化にともない使われ方が変化することがある
- 実績のあるシステムを採用して過信してはいけない

ことになる．

最初のフェーズであるアセスメント対象の明確化はGuide 51では「意図される使用および合理的に予見可能な誤使用の明確化」と表現されており，たとえば用具の使用者の特定，どのような使われ方または誤使用・ヒューマンエラーが想定されるのか，使用される場所，部品の寿命などであるが，福祉用具として特に重要かつ難しいのがヒューマンエラーの事前の洗い出しであろう．ヒューマンエラーに関しては認知心理学の成果も踏まえた多くの一般的な分類法と予測法が提案されているが（たとえば小松原，2008），リスクアセスメントハンドブックでは消費生活製品に関連する事例に絞った整理がなされているので抜粋を表2.6.3に示す．

潜在的危険源・危険事象の可能性を可能な限り洗い出す作業が，危険源・危険事象の特定である．公開されている既存のハザードリストが存在するのでこれらを参照することができ，リスクアセスメントハンドブックに各種が紹介されている．また福祉用具においては，車いすや電動ベッドなど用具ごとに具体的な事例集やヒヤリハット報告集などが出版公開されている．あらゆるシナリオを考慮したリスクの洗い出しは困難な作業であるが，系統的な危険源特定手法として，FTAやFMEAなどの手法は広く使われている（鈴木ほか，1982）．これらはもともとはプラントなどの大規模システムなどのために提案開発され実績を積んできた手法であって，いずれも部品故障などの個別のトラブルが重なって危険事象に至るという考えのもとで，その因果関係を事前に整理抽出する手法となっている．既存の用具や製品をベースに開発する場合は過去の事例から危険状態発生のパターンが把握しやすいため，FTAなどのトップダウンアプローチが適して

おり，新規な技術の場合や使用例が少ない場合には個別の危険源を積み上げて解析するFMEAなどのボトムアップアプローチが適している．

リスクの見積もりでは，同定された危険源それぞれについての危害の厳しさと発生確率を評価する．危害の厳しさは，保護対象の性質（ヒト，財産，環境），障害または健康障害の厳しさ（軽い，重い，死亡），危害の範囲（一人，複数）を考慮して見積もられ，危害の発生確率は危険源にさらされる頻度・時間，危険事象の発生確率，危害回避または制限の可能性を考慮して見積もられる．両者を点数化するなどしてリスクを数値として見積もることができ，リスクマトリクスやリスクグラフなどの方法がある．

このようにして得られた見積りから，最終的にそのリスクが許容できるものであるかどうかが評価される．許容できる水準でない場合には，続いてリスク低減の実施が行われる．

リスク低減の方策としては，Guide 51 では3ステップメソッドすなわち「本質的安全設計」「安全防護」および「使用上の情報」の三つのレベルが記載されているが，このなかで最も優先度が高いのが「本質的安全設計」である．本質的安全設計は，設計の段階で危険源の生成を低減させること，および危険源からヒトを遠ざけること，の二つが基本となる．ついで優先度の高いのが「安全防護」であり，本質的安全設計では除去できない危険源，低減できないリスクからヒトを保護するための，インターロック機構や非常停止などが相当する．これら二つのステップで除去できないリスクについては，「使用上の情報」で対応する．具体的には，異常状態を示す信号・警報装置，各種の表示・標識（絵文字）・警告文，付属文書（特に取扱説明書）などにより，安全のための正しい情報を使用者に伝える．これら3ステップによる対策を行ったうえで，あらためてリスクアセスメントに戻ることになる．

2) **福祉用具製品のライフサイクル**（リスクマネジメント）（新エネルギー・産業技術総合開発機構，2008）

福祉用具が製品化され市場に出た場合，安全性に関しても法律に規定された責任を負うことになる．消安法などによる長期劣化対策（使用期間表示，製品の保守サポートなど）の義務やリコール制度は製品が特定されており福祉用具には直接関連しないが（経済産業省ホームページ1；消費者庁ホームページ），不幸にも製品事故が発生した場合の製造者の責任に関しては，消安法の報告制度があるほか，製造物責任法（PL法）では損害賠償責任の範囲が示されている．なお安全とは直接関係しないが，部品などについては電池などリサイクルや廃棄・回収に関しての規制を受けることがあり，製品設計のうえでは考慮される必要がある．

3) **福祉用具の開発における臨床試験**

福祉用具の開発では評価のためのモニタテスト・フィールドテストが必須であるが，人間を対象とする実験や試用となるため慎重な配慮が払われるべきである．医療や人間工学・心理学研究など人間を対象とした分野の評価や実験は，実験参加者の保護や安全管理のほか倫理上の配慮も必要である．医学系研究や医薬品開発の分野における臨床試験には長い歴史があり，福祉用具開発においてはこれに準じたガイドラインなどの提案が行われている．たとえば日本生活支援工学会では厚生労働省の「臨床研究に関する倫理指針」（厚生労働省，2008）の原則に従った研究倫理委員会の設置を提言し（日本生活支援工学会，2007），具体的な手引きやシナリオを示している（日本生活支援工学会，2009）．長谷部と山海らは介護・福祉ロボット開発において医薬品開発における「臨床試験の一般指針」（厚生省，1998）にならい，基本設計，安全性の確認を目的とした使用実験，想定される使用者による効果の確認，仕様の決定を目的とする検証的試験，利用者からのフィードバックの収集と追加試験，の一連のプロセスを導入することを提唱している（長谷部ほか，2011）．

日本人間工学会による倫理指針では実験参加者保護について詳細に提言している（日本人間工学会，2009）．そのなかであげられる留意すべき事項は，倫理的・科学的妥当性，個人情報保護，インフォームドコンセントの必要性などを原則として多岐にわたるが，ここでは研究対象者の保護に関連するもののみをあげておく．指針では，研究対象者に意思に反した研究を遂行してはならないこと，実験前に身体の状態を確認し必要であれば実験中止を判断すること，過剰な負荷・刺激を避け，刺激強度は法令・人体許容限界値・工業標準などを参照したうえで安全率も見込むこと，を要求している．より具体的には，負荷刺激（食品，ニオイ，音，振動，光・映像，電磁波，温湿度，気流），

睡眠や飲食などの制限，生理的最大能力を要する負荷（最大筋力，最大酸素摂取量など），自宅などでの行動計測・トレーニング・身体活動の制限などの介入実験（緊急連絡体制の必要性や後遺症の可能性），皮膚電気刺激，公共空間での実験（一般人も含む事故の可能性），閉鎖空間（脱出方法の確保）などについてより詳しく指針を示し，過度の負担や実験継続困難が認められた場合には実験を速やかに中止すべきとしている．安全管理の面では，ハザード・リスクの明確化と回避方法，事故などの対処方法をあらかじめ定めておくこと，使用する機器の安全性は事前に確認しておくこと，実験環境を適正に整備しておくこと，地震や火災など災害時の安全確保・避難・被害拡大防止対策，などを求めている．また事故などに際し適切な補償措置を取るために障害保険・責任賠償保険などに加入しておくことが望ましいとしている．

〔高橋昭彦〕

文　献

長谷部浩二ほか（2011）：段階的な臨床プロセスによる人支援型ロボット開発の提案．日本ロボット学会誌，29(3)：236-240．

東畠弘子編著（2002）：「ひやりはっと」から学ぶ—福祉用具の安全活用法．中央法規出版．

東畠弘子（2010）：福祉用具の「安全」を考える．福祉介護機器 TECHNO プラス，3(7)：5-8．

医療・介護ベッド安全普及協議会（2010）：介護ベッドここが危ない！！．http://www.bed-anzen.org/use/index.html

経済産業省（2008）：車いす等の福祉用具分野に係る JIS マーク表示の開始について．http://www.jisc.go.jp/newstopics/2008/20080600fukushijismark.htm

経済産業省（2010）：消費生活用製品向けリスクアセスメントのハンドブック第一版．

経済産業省1：製品安全ガイド．http://www.meti.go.jp/product_safety

経済産業省2：消費生活用製品安全法 PSC マーク制度．http://www.meti.go.jp/policy/consumer/seian/shouan/index.htm

小松原明哲（2008）：ヒューマンエラー，第2版，丸善出版．

厚生省（1998）：臨床試験の一般指針．http://www.pmda.go.jp/ich/e/e8_98_4_21.pdf

厚生労働省（2004）：薬食発第0720022号ほか．ただし頻繁な改正があり，たとえば医薬品医療機器総合機構 http://www.pmda.go.jp において一覧公開されている．

厚生労働省（2008）：臨床研究に関する倫理指針．http://www.mhlw.go.jp/general/seido/kousei/i-kenkyu/rinsyo/dl/shishin.pdf

森田伸介（2010）：介護用ベッドの JIS 改正と JIS マーク制度．福祉介護機器 TECHNO プラス，3(7)：21-26．

中田　亨（2009）：ヒューマンエラーを防ぐ知恵—ミスはなくなるか．化学同人．

日本貿易振興機構（JETRO）（1999）：対日アクセス実態調査報告書—福祉用具—．http://www.jetro.go.jp/jfile/report/05000673/05000673_001_BUP_0.pdf

日本福祉用具供給協会（2010）：福祉用具の安全利用推進マニュアル．http://www.fukushiyogu.or.jp/guide/anzen_manual.pdf

日本福祉用具供給協会：http://www.fukushiyogu.or.jp/

日本福祉用具・生活支援用具協会1：http://www.jaspa.gr.jp/

日本福祉用具・生活支援用具協会2：重大事故情報（消費者庁・NITE）．http://www.jaspa.gr.jp/accident/index.html

日本玩具協会：http://www.toys.or.jp/

日本医療機器産業連合会編（2010）：医療機器製造販売申請の手引．薬事日報社．

日本規格協会：http://www.jsa.or.jp

日本公園施設業協会：http://www.jpfa.or.jp/

日本工業標準調査会：http://www.jisc.go.jp/

日本交通管理技術会：http://www.tmt.or.jp/

日本人間工学会（2009）：人間工学研究のための倫理指針．http://www.ergonomics.jp/original/rinri/JES_Rinri_Guideline_20091113.pdf

日本生活支援工学会（2007）：福祉機器開発の臨床評価における倫理審査に関する調査研究．日本生活支援工学会誌，6(2)：2-119．

日本生活支援工学会（2009）：福祉用具臨床試験における研究倫理 2008 年度報告書．http://www.jswsat.org/archive_files/2009_research_ethics_committee_report.pdf

製品安全協会（2000）：製品安全性確保調査業務：高齢者の福祉用具製品使用時に係る事例調査．http://www.sg-mark.org/GAIYOU/houkoku/hiyari12.pdf

製品安全協会：http://www.sg-mark.org/

製品評価技術基盤機構（NITE）：http://www.nite.go.jp

新エネルギー・産業技術総合開発機構（NEDO）（2008）：福祉用具のライフサイクルにおけるリスクマネジメントに関する調査報告書．

鈴木順二郎ほか（1982）：FMEA・FTA 実施法，日科技連出版社．

消費者庁（2010a）：介護ベッド用手すりのすき間に頭や首，手足などを挟む事故等に係る注意喚起について．http://www.caa.go.jp/safety/pdf/101001kouhyou_2.pdf

消費者庁（2010b）：電動車いす（ハンドル形）の使用に関する注意喚起について．http://www.caa.go.jp/safety/pdf/100908kouhyou_3.pdf

消費者庁：http://www.caa.go.jp/

テクノエイド協会（2004）：福祉用具シリーズ（福祉用具を安全に使うために）．http://www.techno-aids.or.jp/research/vol08.pdf

テクノエイド協会（2009）：福祉用具臨床的評価事業のごあんない・認証取得の手引き．http://www.techno-aids.or.jp/research/rinsho091028.pdf

テクノエイド協会：臨床的評価情報．http://www.techno-aids.or.jp/qap/index.php

2.7 要素技術

2.7.1 センシング

ここでは，人間の生理状態と身体運動・行動状態のセンシングについて述べる．

a. 生理信号

人間の体表面からはさまざまな電気信号を計測することができ，**生理信号**（physiological signal）と呼ばれる．脳神経系，自律神経系，消化器系，筋などの生理状態は，対応する生理信号の統計量や変動パターンに反映される．

1) 生体電気信号

脳波，心電図，筋電図，皮膚電気コンダクタンスなどは，電気信号として測定することができる．

脳波（electroencephalography）とは，脳神経細胞の電気的活動（主にシナプス後電位）によってもたらされる電場（電位，数十μV）を頭皮に電極をつけて測定するものである．脳波にはさまざまな周波数成分が含まれており，それぞれデルタ波（1～4 Hz），シータ波（4～8 Hz），アルファ波（8～13 Hz），ベータ波（13～30 Hz）と呼ばれる．これらの周波数帯域のパワー値は精神活動や注意集中や覚醒度の影響を受ける（大熊，1991）．たとえば，暗算などの精神課題時には前頭正中部よりシータ波が出現する（Fm θ波）．閉眼時に比べた開眼時のアルファ波パワーの減衰度（アルファ波減衰係数）は覚醒度の指標として提案されている．さらに，脳波は，睡眠段階（覚醒，レム睡眠，ノンレム睡眠）の判定，てんかんの診断，脳死の判定などに用いられる．近年，簡易脳波計が開発され，生活場面での応用の可能性が広がった．

心電図（electrocardiography）とは，心臓の電気的活動によって生じた電場（電位，数 mV）を体表面に電極をつけて測定するものである（図 2.7.1 左）．洞結節で生成された興奮が心房に伝わって収縮させ，房室結節に伝わった電気信号がヒス束，プルキンエ線維を伝わり，心室を収縮させる．心電図波形には，この一連の流れに対応するピークが観測される（図 2.7.1 右）．このうち，P 波は興奮の起始から心房の興奮に伴う過程を反映するが，振幅が小さく，自動検出は容易でない．このため，心室の興奮に対応する振幅の大きな R 波を検出して，その間の間隔である RR 間隔（RR interval）を心拍の時間間隔と見なすことが多い（日本自律神経学会，2007）．

心臓の拍動リズムは，**自律神経系**（autonomic nervous system）により制御されていて，座位安静時においても RR 間隔は一定値をとらずゆらいでいる．これは**心拍変動**（heart rate variability）と呼ばれる（図 2.7.2 左）．心臓交感神経活動の賦活により心拍数は上昇し，副交感神経（迷走神経）活動の亢進により心拍数は低下する．RR 間隔時系列に対してフーリエ変換やウェーブレット変換などを適用することで，**パワースペクトル密度関数**（power spectral density function）を計算することができる（図 2.7.2 右）．薬理遮断実験の結果を根拠として，パワースペ

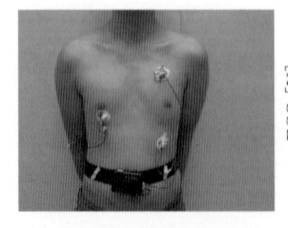

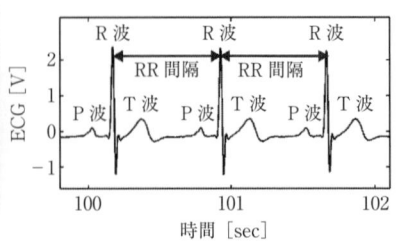

図 2.7.1 ホルター心拍計（アクティブトレーサ，GMS(左)と心電図波形例（右））

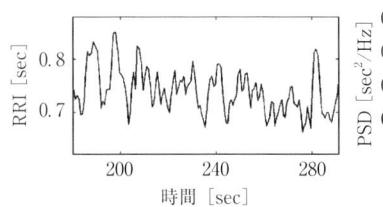

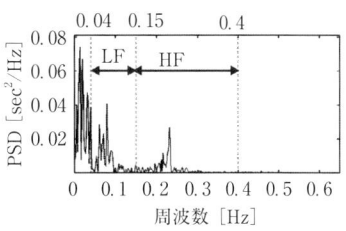

図 2.7.2　座位安静時のRR間隔変動波形例（左）とパワースペクトル密度関数例（右）

クトルの低周波帯域（LF：0.04～0.15 Hz）と高周波帯域（HF：0.15～0.4 Hz）のパワーの比が，自律神経系活動バランスの評価指標として用いられることがある．

心拍数（心電図）は，図2.7.1左のような携帯型計測装置である**ホルター心電計**（ambulatory cardiogram device）を用いて生活場面で比較的簡便に測定することができる．

心臓の機械的振動を加速度センサで無拘束計測する**心弾図**（ballistocardiography：BCG）測定用寝具が開発されている（牧川ほか，2010）．また，容量結合型電極によって，皮膚に接触せずに衣服の上から心電図を計測できることが示されている．これら以外にも浴槽や便器やいすで計測する技術が開発されている（吉村ほか，1994）．

筋電図（electromyography）とは，筋線維の収縮に伴い発生する活動電位（数mV）を電極によって導出したものである．筋内に針電極やワイヤ電極を刺入する場合と皮膚表面に電極を貼りつけて装着する場合がある．後者の表面筋電図は非侵襲的に計測することができるが，前者の針筋電図と異なり，複数の運動単位の活動が重ね合わさったものとなる（木塚ほか，2008）．筋電図の整流平滑化平均値や自乗平均平方は筋張力と相関性があることが報告されている．さらに，筋疲労によってパワースペクトルの平均周波数が低下することが報告されている．

携帯型装置で筋電図を測定することができるため，スポーツなどの生活場面で測定することができる．レム睡眠中に骨格筋緊張の抑制が起きるため，筋電図は眼電図や脳波とともにレム睡眠期の判定に用いられる．ただし，レム睡眠行動障害の場合，レム睡眠期に頤筋などで持続的あるいは相動的な筋電位上昇がみられる．また，随意性を利用して義肢などの制御用信号として利用するための研究も行われてきた（北，2008）．

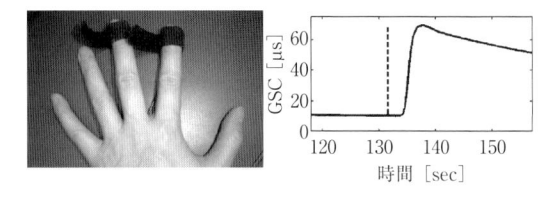

図 2.7.3　皮膚電気コンダクタンス計測の様子（左）とその波形例（右）
縦破線は銃声音を聞かせたタイミング．

手掌や足裏に生じる精神性発汗は皮膚のインピーダンスを変化させるため，**皮膚電気コンダクタンス**（galvanic skin conductance：GSC）（宮田，1998）として計測することができる（図2.7.3左）．被験者に突然銃声音を聞かせると，皮膚電気コンダクタンスは数秒後に急峻に上昇する（図2.7.3右）．また，皮膚電位水準は覚醒度との関連性が報告されている．

これら以外の生体電気信号として，胃電図や眼電図などがある．また，頸部と胸部との間のインピーダンス変化を測定することで，**一回心拍出量**（stroke volume）を非侵襲的に推定する方法がある．

2）生体電気信号以外の生理信号

電気信号として直接に測定できない生理信号は，各種センサで測定した値を電気信号に変換して計測する．

脈波（pulse wave）は心室からの血液駆出により生じる動脈圧波動や呼吸により生じる胸腔内圧変動によってもたらされる血管の圧力変化や容積変化を測定したものである．前者は**圧脈波**（pressure pulse wave）と呼ばれ，圧電素子などで圧力変化を電気信号に変換して検出する．後者は**容積脈波**（plethysmogram, volume pulse wave）と呼ばれ，測定には近赤外光が利用される．容積脈波は指尖や耳介などで測定されることが多い（図2.7.4）．生体組織にヘモグロビンが吸収する光を照射すると，透過光や反射光の強度は血管の容積変動に伴って変化する．この強度変化を電気

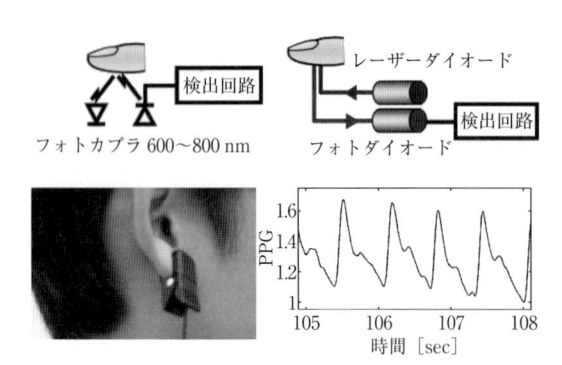

図 2.7.4 近赤外光やレーザー光を用いた指尖からの脈波測定（上）と耳介からの脈波計測の様子（下左）と波形例（下右）

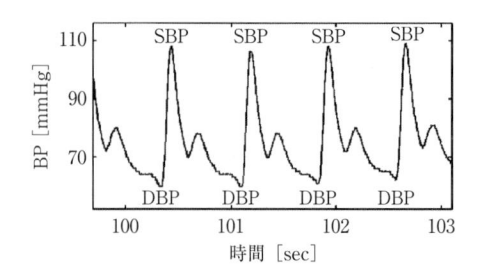

図 2.7.5 血圧の連続時間変化波形例

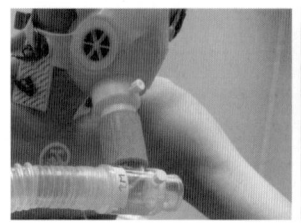

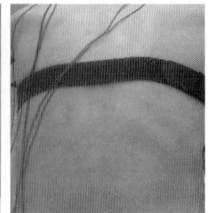

図 2.7.6 呼吸測定の様子

信号に変えて検出する（図 2.7.4 上左）．ほかにレーザー光を用いる方法もある（図 2.7.4 上右）．生体組織にレーザー光を照射すると，散乱，反射を繰り返しながら組織中を拡散していく．移動している血液に照射された光は，血液の量に応じて強度が，速度に応じてドップラーシフトにより波長が変わる．この変化を検出する（図 2.7.4 上右）．

脈派は発生機序に関する情報のみならず，伝播経路である血管や血液に関する種々の情報を含み，自律神経系活動バランス（脈拍数，脈波振幅）や血管の硬さに関連する指標（脈波伝播時間，加速度脈波）などを得ることができる（小沢ほか，2003）．

血圧（blood pressure）は，カテーテルを動脈に直接挿入して動脈圧として測定する方法と体表面から非侵襲的に測定する間接法がある．間接法のなかで，一般家庭で使われる測定方法はオシロメトリック法である．オシロメトリック法は，上腕などに巻いたカフを加圧したのちに減圧していくときに生じる血管壁の振動を検知することで，**収縮期血圧**（systolic blood pressure：SBP）と**拡張期血圧**（diastolic blood pressure：DBP）を測定するものである．しかし，オシロメトリック法では，連続血圧波形を測定することができない．

容積補償法では，血圧変化に伴う血管内容積の変化を打ち消すようにカフ圧を加えることで，血管内容積を一定に保つ（山越，戸川，2000）．この加えたカフ圧を計測することで，血圧の時間変化曲線を測定できる（図 2.7.5）．

主に運動生理学実験では，図 2.7.6 左のような呼吸マスクを装着して呼吸流量を測定し，さらに呼気中の酸素と二酸化炭素濃度から呼吸代謝量（酸素消費量と二酸化炭素排出量）が計算される．しかし，睡眠時などの日常生活場面では，拘束感が高く不向きである．そこで，ひずみゲージもしくはピエゾ素子もしくはコイルをつけた伸縮自在のバンドを胸部もしくは腹部に巻いて，呼吸に伴う胸囲もしくは腹囲の変化を検出することで，**呼吸数**（respiratory rate）を測定することがある（図 2.7.6 右）．ビデオカメラを用いて胸囲もしくは腹囲を撮影し，画像解析により動きの変化を検出することで，拘束を行わない方法も試みられている．また，鼻孔にサーミスタもしくは熱電対（サーモカップル）を装着して，呼気と吸気の温度差を検知する呼吸ピックアップが用いられる．さらに，温度変化と圧力変化の両方を検知する**ポリフッ化ビニリデンフィルム**（polyvinylidene difluoride：PVDF）を用いて気流変化とともに，いびきも測定できる．さらに，睡眠時の呼吸数や心拍数を圧力分布の変化によって計測するマット型センサも開発されている．睡眠時の呼吸測定は重要であり，睡眠時呼吸障害の診断に用いられる（日本睡眠学会，2008）．

心音図（phonocardiogram）とは，心臓の拍動時の振動を音として測定するものである．図 2.7.7 上に波形例を示す．第 I 音～第 IV 音に分かれ，第 I 音は房室弁の閉鎖（収縮期），第 II 音は半月弁の閉鎖（拡張期）に始まる．測定にはマイクロフォンや圧電素子が使われる．心音図の波形から，また心電図や頸動脈波

2.7 要素技術

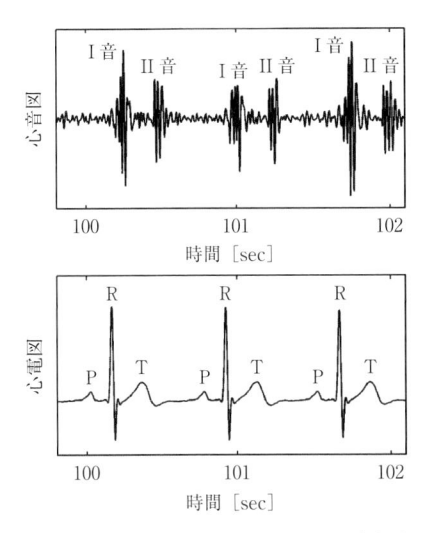

図2.7.7 心音図波形（上）と心電図波形（下）

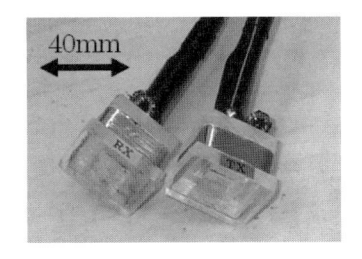

図2.7.8 送受信に用いられるアンテナ

との波形比較から，血液循環機能に関する情報が得られる（上田，2010）．最近では時系列として波形を分析するだけでなく，周波数領域に変換して分析する手法も開発されている．

簡単な構造のアンテナ（図2.7.8）を使い微弱なVHF帯の電磁波を送受信することで，生体内の水分の分布を測定する試みが行われている（Hieda et al., 2004）．これは**電磁波イメージング法**（radio imaging method：RIM）の一種で，この技術を応用することで体液の分布，移動，水分含有率の高い筋肉や内臓の形状や動きを非接触でとらえることが可能になる．

以上のほかにも，体温（皮膚表面温度，直腸温）や血中酸素飽和度（SpO_2）などが計測される．生体用センサと計測装置に関する詳細は文献（山越，戸川，2000）を参照されたい．

b. 生理信号を用いた心理状態評価

日常生活のなかで心理状態（psychological state）をセンシングすることは，心の健康管理や安心できる生活環境設計などのために重要である．心理状態を評価する方法として，質問紙などによる主観評価方法，血液・尿・唾液中のバイオマーカ濃度を測定する方法，認知課題に対するパフォーマンスを測定する方法，生理信号を用いる方法（宮田，1998）などがある．

生理信号を用いるメリットとして，短いサンプリング時間間隔で連続的に計測ができる点があげられる．このため，急峻な心の状態の変化を逃さずに検知できる可能性がある．たとえば，皮膚電気コンダクタンスの急激な上昇反応（図2.7.3右）と心拍数の低下反応を利用して，ヒトが危険な場面に遭遇してヒヤリ・ハットした状態を自動検知するアルゴリズムが提案されている（Yoshino et al., 2007）．

さらに，携帯型生理計測装置をいったん装着すれば被験者の生活や作業を中断させることなく測定できる点，および，自動的に指標値を計算できる点も生理信号を利用する長所としてあげられる（山越，1996）．

現在，日常生活中に計測される生理信号から心理状態（ストレス，疲労，眠気など）を評価する技術の開発に関する研究が進められている．注意点として，環境からの影響との弁別に気をつけること，また与えた刺激，測定された生理信号，そして心理状態の関係について，あらかじめ十分に検討を行っておく必要があることがあげられる．

c. 日常生活のなかでの計測

1) 生理信号のセンシング

日常生活のなかで生理信号を計測する際には，拘束感を低減し，かつ被験者に監視されているという意識を持たせないようにすることが重要である．これによって，被験者の日常生活を乱すことなく平常時における生理状態をモニタすることができる．浴槽で心電図を計測する技術（吉村ほか，1994）や，便座で血圧を計測する技術（田中ほか，2006）などが開発されている．さらに生理信号を計測するためのセンサを生活用品のなかに目立たないように埋め込み，複数のセン

サを個人の生活パターンを考慮して日常的に立ち寄る場所に配置することで，間欠的ではあるが継続的に体調に関する生理信号を計測しようとする試みも行われている（光井ほか，2003）．

2）身体運動・行動のセンシング

日常生活のなかで身体運動や行動を計測するためのセンサとして，屋外測位のためのGPS（global positioning system）センサのほかに，**加速度センサ**（acceleration sensor）がある（牧川，2010）．加速度センサは**身体活動量**（physical activity level）の推定や睡眠状態と起床・覚醒状態の判別などに利用される．腰部に装着するものと非利き腕側の手首に装着するもの（図2.7.9左）などがある．腰部に装着した加速度センサの出力データに含まれる重力加速度に対応する低周波成分を用いて，**体姿勢**（posture）（立位，座位，臥位）を検知する方法が提案されている．加速度センサのほかには，関節角速度を計測するジャイロセンサ，関節の屈曲・伸展角度を計測するゴニオメータなどがある．加速度センサやジャイロセンサを用いて屋内でのヒトの相対測位を可能にする技術が開発されている．さらに，移動距離をもとに仕事量を推定する消費カロリー計が開発されている．

住宅内の位置や生活行動を推定するためのセンサとして，ヒトから発生する赤外線を検知する**焦電型センサ**（pyroelectric sensor）（図2.7.9右），家電機器に設置される電力量センサ，ドアや冷蔵庫などの扉の開閉センサ，ベッドや床などに設置される重量（圧力）センサ，RFID（radio frequency identification）タグセンサ，超音波タグセンサ，レーザーレンジセンサなどがある．さらに，カメラの映像を利用する方法も提案されているが，プライバシーの問題がある．

以上のセンサ系の出力信号から生活行為（食事，トイレ，就寝など）を推定する技術や生活異変を検知する技術の開発に関する研究が進められている（松岡，2007）．

〔永田可彦・吉野公三〕

文　献

Hieda, I., et al. (2004)：Basic characteristics of the radio imaging method for biomedical applications. Med. Engin. Phys., **26**(5)：431-437.

木塚朝博ほか（2008）：適用とその限界．表面筋電図（バイオメカニズム・ライブラリー，バイオメカニズム学会編），pp.95-106，東京電機大学出版局．

北　佳保里ほか（2008）：自律型筋電義手にむけてのアプローチ．映像情報メディア学会誌，**62**(6)：832-836.

牧川方昭ほか（2010）：ヒト心身状態の計測技術，コロナ社．

松岡克典（2007）：生活行動の計測と理解．ヒューマンインタフェース学会誌，**9**(4)：299-304.

光井輝彰ほか（2003）：人にやさしいモニタロボットの研究（第2報）．岐阜県生産情報技術研究所研究報告，5：27-32.

宮田　洋（1998）：生理心理学の基礎（新 生理心理学1），北大路書房．

日本自律神経学会編（2007）：自律神経機能検査，第4版，文光堂．

日本睡眠学会編（2008）：臨床睡眠検査マニュアル，ライフ・サイエンス．

大熊輝雄（1991）：大脳誘発電位と心理的要因．臨床脳波学，pp.484，医学書院．

小沢利男ほか（2003）：脈をどう診るか，メジカルビュー社．

田中志信ほか（2006）：ホームヘルスケアのための便座内蔵型血圧計測システムの試作．生体医工学，**44**(3)：467-474.

上田和夫（2010）：学生のための循環機能検査学，ふくろう出版．

山越憲一（1996）：無侵襲，無拘束，そして無意識計測へ．精密工学会誌，**62**(11)：1525-1529.

山越憲一，戸川達男（2000）：生体用センサと計測装置，コロナ社．

吉村拓巳ほか（1994）：無拘束浴槽内心拍モニタの開発とその評価．医用電子と生体工学，**32**(4)：246-253.

Yoshino, K., et al. (2007)：An algorithm for detecting startle state based on physiological signals. Accidend Anal. Prevent., **39**(2)：308-312.

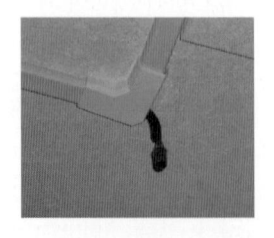

図2.7.9 手首装着型加速度センサ Actigraph（AMI社製）（左）と天井に設置した焦電型赤外線センサ（Panasonic製）（右）

2.7.2 アクチュエータ

a. 日常生活サポート機器におけるアクチュエータ

現在，電動車いすや介護ベッドなどの支援機器のためのアクチュエータとして電磁モータが用いられているが，パワースーツや電動義手，あるいは触覚デバイスなどの，より人体に密着した支援機器には，より軽量でやわらかいアクチュエータの開発が求められている．これらのアクチュエータにはさらに，従来の電磁モータと比較して，構造が単純で，加工性がよく，機械的伸縮性が大きく，パワー密度やエネルギー密度が大きいことが求められる．このような要件を満たすことが期待される生活サポート向けのアクチュエータとして研究開発されているのが，高分子アクチュエータや水素吸蔵合金アクチュエータに代表される新しい動作原理に基づくソフトアクチュエータである．ここでは，これらのソフトアクチュエータの原理，材料，性能，作製法および応用について説明する．なお，電磁モータや空気圧アクチュエータなどの一般的なアクチュエータの仕組みや諸機能については，メカトロニクスやロボット工学（日本ロボット学会，2003）などのテキストやハンドブックを参照されたい．

b. 高分子アクチュエータの種類と特徴

現在，研究が進められている高分子アクチュエータを表 2.7.1 に示す（Kim, Tadokoro, 2007；Carpi, Smela, 2009；長田，田口，2010）．いずれも，高分子であるという特徴から，加工性に優れ，軽量で小型化が容易であり，センサや構造材料と一体化できる可能性がある．アクチュエータ性能として，パワー密度，応答性など，従来の電磁アクチュエータと比較して優れたものも多い．材料によっては，機械インピーダンスの制御や，センサ機能を持ったインテリジェントな材料も多い．また，駆動に際して無音であり，日常生活をサポートする機器のアクチュエータとして，適しているといえる．その材料，駆動原理から，性能が異なり，それぞれ長所短所がある．それぞれのアクチュエータについて以下に概説する．

イオン導電性高分子金属複合体（ionic polymer metal composite：IPMC）は，**高分子ゲルアクチュエータ**の一種である（Asaka, Oguro, 2009；Shahinpoor, Kim, 2001）．図 2.7.10 に示すように，高分子ゲルであるナフィオンなどのフッ素系イオン交換樹脂に電極を接合した構造を持ち，電極間に電圧を加えると，電極への電気浸透流による体積変化と，電極に吸着した

表 2.7.1 主な高分子アクチュエータ

種 類	材料例	駆動原理, 代表的作製法, 特徴, 性能
イオン導電性高分子金属複合体 (ionic polymer metal composite)	ナフィオン／金，白金 フレミオン／金 ナフィオン／金属酸化物 ナフィオン／カーボン	駆動原理：イオン電流に伴う溶媒移動と，浸透圧の変化 作製法：熱成形，無電解メッキ 特徴, 性能：低電圧駆動（3V 以下），高伸縮（最大曲げ歪角 900°），高曲げ発生力
導電性ポリマー (conducting polymer)	ポリピロール ポリアニリン ポリチオフェン	駆動原理：電解酸化還元による伸縮 作製法：電解重合，キャスト 特徴, 性能：低電圧駆動（2V 以下），高ひずみ率（3〜9％，最大 35％ 以上），高発生力（1〜5 MPa，最大 34 MPa），高仕事密度（70 kJm^{-3}），ひずみ速度（1％s^{-1}）
カーボンナノチューブ (carbon nanotube)	単層カーボンナノチューブ 多層カーボンナノチューブ	駆動原理：カーボンナノチューブへのイオンの電気二重層充電 作製法：キャスト 特徴, 性能：低電圧駆動（3V 以下），ひずみ率（4％），高発生力（10 MPa），高ひずみ速度（40％s^{-1}）
誘電エラストマー (dielectric elastomer)	シリコンエラストマー アクリルエラストマー ポリウレタンエラストマー	駆動原理：電極間の静電力とエラストマーの弾性力 作製法：キャスト 特徴, 性能：高電圧駆動（数 kV 以上），高ひずみ率（380％），高発生力（7.2 MPa）

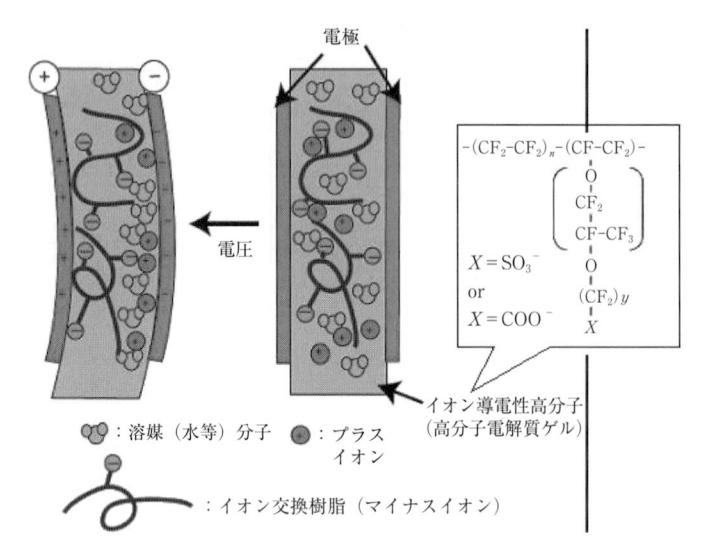

図 2.7.10 イオン導電性高分子金属複合体アクチュエータの構造，および駆動モデル模式図

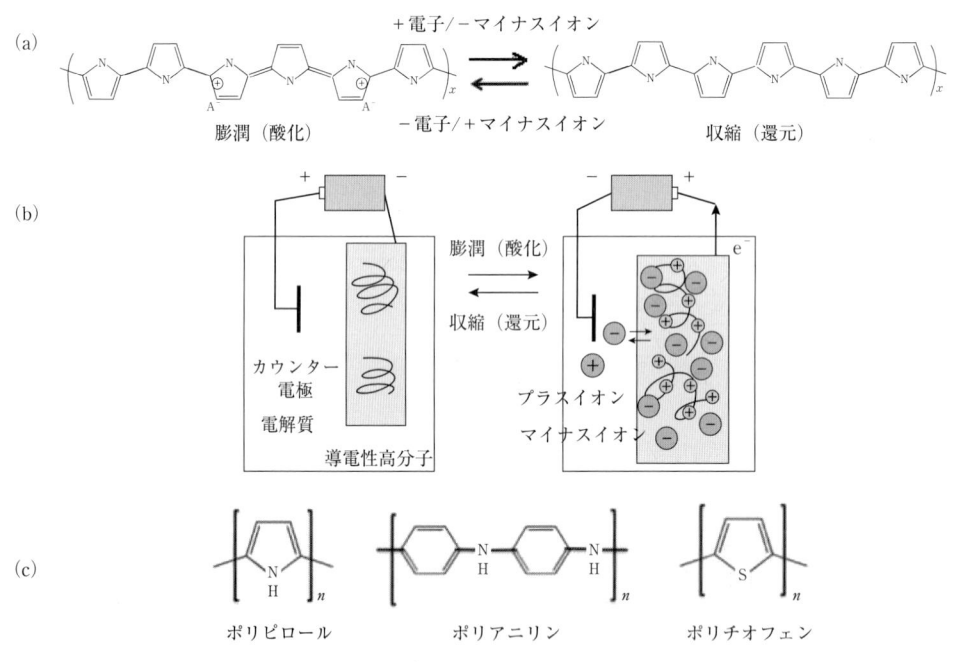

図 2.7.11 導電性高分子アクチュエータ
(a) 導電性高分子アクチュエータの代表であるポリピロール分子の酸化還元反応．(b) 導電性高分子アクチュエータの酸化還元に伴うカウンターイオンドーピングによる電解伸縮の模式図．(c) アクチュエータとして用いられる導電性高分子の分子構造．

イオンによって発生する浸透圧と静電気力が，駆動力となって屈曲変形する．電極としては，金，白金を無電解めっき法により接合する方法や，金属酸化物やカーボン粒子のナフィオン溶液分散液を塗布する方法が用いられる．応答特性は低電圧駆動（3V以下）で応答速度が比較的速く（100 Hz 程度），変形も大きい．駆動特性はイオン交換樹脂に含まれる，溶媒，イオンに大きく依存する．溶媒として，難揮発性のイオン液体を用いることにより，空中で用いることも可能となっている．基本的な変形は屈曲であり，その応答性，

発生力，変位などは，素子の厚みに依存する．

導電性高分子は，電子あるいはホールなどのキャリヤーを二重結合の共役系を通じて流すことで導電性を示す高分子である．アクチュエータとして用いる場合，導電性高分子を電解液中で酸化還元反応させることにより，キャリヤーを注入し，その際にカウンターイオンが高分子内にドーピングされることで体積変化が生じることを利用する（図2.7.11）(Madden, 2007; Spinks et al., 2009)．ポリアニリン，ポリピロール，ポリチオフェンが主なアクチュエータとして研究されている材料であり，最適な条件では，優れたアクチュエータ性能，低電圧駆動（<2 V），高発生力（5 MPa），高ひずみ率（10%）を示す．このような優れた性能を出すためには，電解液中で電圧を加える必要があり，デバイス化を進めるうえでは，課題がある．デバイス化のために，ゲル電解質との接合を行う研究も進められている．

導電性ポリマー，IPMCなどに加えて，カーボンナノチューブからなる電極に電解質中で電圧を加えると，カーボンナノチューブに電気二重層充放電されるプロセスに伴い，電極が伸縮応答することが発見され，その優れた電気的，機械的性質から，優れたアクチュエータ材料として注目されている (Baughman et al., 1999)．カーボンナノチューブは，よく知られているように単層，多層のカーボンナノチューブがあるが，いずれのものでも伸縮現象が調べられている．カーボンナノチューブとイオン液体，およびバインダーとしてポリマーからなる電極と，イオン液体ゲルからなる，図2.7.12に示すようなバイモルフ型の素子が，最近，開発された（**ナノカーボン高分子アクチュエータ**）(Fukushima et al., 2005; 安積, 2009)．この素子は空中駆動可能であり，低電圧駆動（<3 V），高発生力（10 MPa），十分なひずみ率（4%）を示す．また，キャスティングなどにより成型可能であり，カーボンナノチューブを用いた実用的なアクチュエータ素子である．

誘電エラストマーアクチュエータは，シリコンやアクリルゴムの両面に伸縮性の電極を貼りつけ，電極間にkV以上の高電圧を加えることで，両電極間に加わる静電気力により，大きく変形が起こり，電圧を0に戻した場合，エラストマーの弾性力でもとの形に素早く戻ることが，基本的な動きである（図2.7.13）(Pelrine et al., 2000; Carpi et al., 2008)．アクチュエータ性能はきわめて優れており，音声周波数に至る応答性（数 kHz），きわめて大きいひずみ率（数百%），高発生力（数 MPa）などその性能は，人工筋肉といっても過言ではない．またインピーダンス変換の性能も有する．さらに変形により，大きなキャパシター変化による電気信号発生を行い，センサ，あるいは発電に用いられる．これらの優れた特性を持つアクチュエータであるが，問題はその駆動電圧の大きさであり，現在，駆動電圧を低くする研究開発が続けられている．

その他の高分子アクチュエータとして，強誘電体ポ

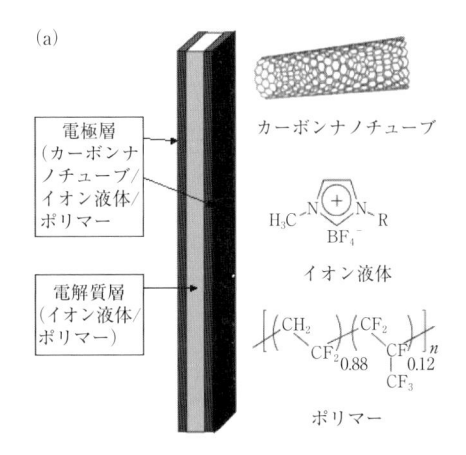

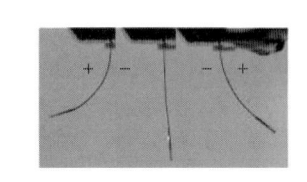

図2.7.12 ナノカーボン高分子アクチュエータ
(a) ナノカーボン高分子アクチュエータ構造模式図と構成成分の分子構造，(b) ナノカーボン高分子アクチュエータの空中駆動の様子．

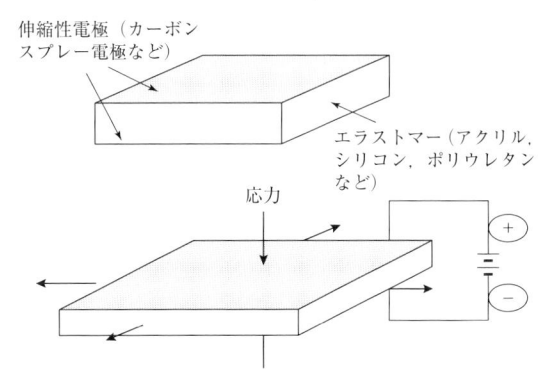

図2.7.13 誘電エラストマーアクチュエータの駆動原理模式図

リマーの電歪現象や圧電現象を利用したもの，あるいは液晶エラストマーの温度による液晶相転移を利用したもの，あるいは電圧による液晶分子の分極を利用したものが，実用化に近い高分子アクチュエータ材料として研究が進められている．

c. 高分子アクチュエータの作製

高分子アクチュエータデバイスの作製について，イオン導電性高分子アクチュエータを例にとって解説する（安積，2011）．イオン導電性高分子として用いるフッ素系イオン交換樹脂は，前駆体樹脂を用いて熱成型を行うことも可能であり，また，アルコール/水の混合溶媒による樹脂分散液を用いて，キャスティングによって成型を行うことも可能である．最も簡単には，フィルムの成型を行う．

成型した樹脂への電極の接合は，すでに述べたように，貴金属の無電解めっき法，あるいは，金属酸化物やカーボンのコーティング法によって行う．必要に応じて，電極のパターニングを行うが，それにはレーザーアブレーション法，機械的切削法，あるいはフォトリソグラフィー法などが用いられる．電極接合後，カウンターイオン，あるいは溶媒の交換を行うことにより，応答性能が大きく変化する．これらは，交換するイオン，溶媒に必要な時間浸すことにより，行うことができる．イオン液体に浸すことにより，空中駆動可能な素子となる．このあとの，デバイスへの組み込み，制御法については，たくさんの研究例があるので，文献を参照されたい．

d. 高分子アクチュエータの日常生活サポート機器への応用

高分子アクチュエータの日常生活サポート機器への応用として，その軽量性と薄型への加工性という特徴を生かして，医療福祉分野で使用することのできるような機器への応用研究が進められている．いくつかの例を以下にあげる．

1) 触覚ディスプレイ

高分子アクチュエータの軽量，薄型の特徴を生かし，各種高分子アクチュエータを用いて，触覚による

図 2.7.14 ナノカーボン高分子アクチュエータを用いた点字ディスプレイプロトタイプ

点字ディスプレイの開発が進められている．その特徴は，従来のピエゾバイモルフアクチュエータと比較して，点字のピンを駆動するためのアクチュエータが小型化できることから，複数行表示のページディスプレイを作製できる可能性があり，また，点字だけでなく，触図などの触覚ページディスプレイの開発が可能なことである．さらに，家電製品や銀行のATMなどの操作において用いられている小型の液晶表示の代替として，小型の点字ディスプレイを使用することも可能である．さまざまな高分子アクチュエータで開発が進められているが，いずれも開発途上で一長一短があり，実用化には至っていない．ナノカーボン高分子アクチュエータを用いた点字ディスプレイのプロトタイプを図2.7.14に示す（厚労省点字デバイス報告書，2010）．ナノカーボン高分子アクチュエータは低電圧駆動であり，かつ，空中駆動可能，成型性が優れていることから，触覚デバイスのような，薄型で軽量の高密度にパターン化が必要なメカニカル装置に最適のアクチュエータといってよい．図2.7.14に示す点字ディスプレイは，厚さ3mm，長さ6.5cm，幅3cm，重さ5gで6文字，36ドットの表示が可能である．さらに，高密度化，高面積化は可能であり，点字のみでなく，さまざまな応用が可能と考えられる．現在，曲げ発生力の不足，あるいは，そのばらつきに問題があり，実用化に至っていないが，今後，それらの問題点を解決することにより，実用化が進むと考えられる．

2) ミニポンプ

高分子アクチュエータを用いることにより，無音のミニポンプを作製することが可能である．イオン導電性高分子金属複合体アクチュエータ（Guo et al., 1997）をダイヤフラムに用いたミニポンプや，バイモルフ型の導電性ポリマー（Fuchiwaki et al., 2009）に

よるチューブ型のミニポンプの研究が進められた．このような無音で軽量なミニポンプを用いることにより，在宅医療用の装置に応用することが可能と考えられる．

3） パワーアシスト

現在の高分子アクチュエータ技術は，どのようなものでも，厚みが数 μm から 100 μm レベルのフィルムを変形させるのが，最も効率がよい．大きさは，この場合，大きくて数 cm レベルである．人間の動きを支援するためには，このレベルの大きさのフィルムないしは，その他の形状の素子の集合体をつくることにより大型化する必要がある．パワー密度，エネルギー密度はいずれの高分子アクチュエータも電磁モータなどより，はるかに大きく，また，加工性がよいことから，多自由度の動きをさせることも可能であるため，**パワーアシスト**としての応用のポテンシャルは大きいと考えられる．現在のところ，パワー，応答性の優れている誘電エラストマーアクチュエータ（Baskin et al., 2009）で，パワーアシストの研究が進められているが，このアクチュエータの問題点はすでに述べたように，駆動電圧が大きいことであり，今後，駆動電圧の低い高分子アクチュエータによるパワーアシストの実現のために，上記の大型化の技術開発が重要となると考えられる．

4） センサおよびエネルギーハーベスティング

いずれの高分子アクチュエータ材料も，変形することにより，電気信号，あるいは電力を発生する．これらの素子を体に装着することにより，パワーアシスト機器などにおけるセンサ，あるいは電源として，高分子アクチュエータ素子材料を用いる研究が進められている（Pelrine et al., 2001）．すなわち，アクチュエータ，センサ，電源として，高分子ベースの機器を作製する

ことができる可能性がある．

e. 水素吸蔵合金アクチュエータの原理と特徴

水素吸蔵合金とは，水素を高密度に蓄えることができる特殊な金属材料である（大西，2003）．代表的なものとして，チタン・鉄（TiFe）系合金やランタン・ニッケル（$LaNi_5$）系合金がある．それらの水素吸蔵量はみずからの体積の約1000倍に達する．この体積変化は液化させた場合よりも大きい．また，以下の化学反応によって，水素吸蔵合金（M）と水素（H_2）は金属水素化物（MH_n）を形成する．Q は反応熱である．

$$M + \frac{x}{2}H_2 \leftrightarrow MH_x + Q \tag{1}$$

式(1)が示すように，加熱・冷却により，水素の放出・吸蔵が可逆的に行えることから，熱エネルギーを調節することで，合金で生じる平衡圧を調整できる．この原理を応用して，平衡圧の変化を機械的エネルギーとして取り出すシステムが，**水素吸蔵合金アクチュエータ**である（佐々木ほか，1986）．

水素吸蔵合金アクチュエータの基本的な構造を図2.7.15に示す．主な構成要素は，水素吸蔵合金と合金温度を制御するデバイス（たとえば，ペルチェ素子）が一体化した駆動モジュール（駆動源），水素平衡圧を外部駆動力に変換するベローズなどの伸縮構造の効果器（作動部）である．圧縮形成した水素吸蔵合金を12 g，作動部に金属ベローズを利用することで約500 Nの出力を生成可能であり（大西，2003），他のアクチュエータに比べて出力重量比が非常に大きい．

また，発生力の伝達媒体は気体であるため，アクチュエータ自身に受動的な柔軟性を備えている．そのため，ヒトとの接触課題に対して，安全性の高いアク

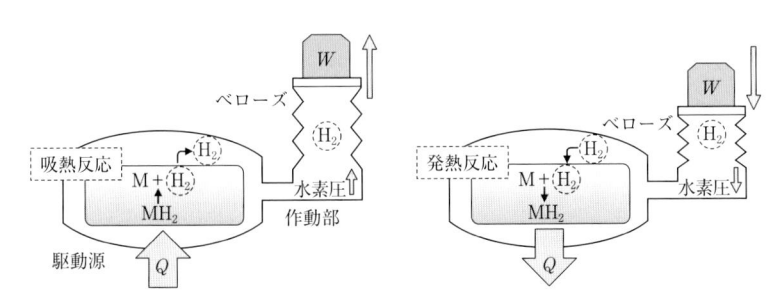

図 2.7.15 水素吸蔵合金アクチュエータの駆動の仕組み

チュエータになっている．電動モータや空気圧コンプレッサと異なり，機械的な摺動や高速の振動が生じない仕組みであり，アクチュエータからの騒音はない．さらに，作動部は，軽くて柔らかなラミネートフィルムを利用した伸縮機構に置換することも可能である．その場合，金属ベローズと比較して，重量は約1/20倍，伸縮率は約30倍に向上し，一定の耐久性や水素バリア性も確認されている（Ino et al., 2009）．一方で，アクチュエータの動作速度は，合金に対する熱の伝導速度に依存することから，電動モータのような速い動きは得意でなく，加熱による伸張に比べて，冷却による収縮の動作が遅い．その反面，電動モータが苦手としている低速域での高出力動作を得意とする．このほかにもユニークな特徴があり，太陽光などの自然エネルギーや廃熱などの電気エネルギーに頼らない環境面に配慮した駆動様式も選択可能である（Sato et al., 2011）．

f. 水素吸蔵合金アクチュエータのリハビリ・介助支援機器への応用

水素吸蔵合金アクチュエータのリハビリ・介助支援機器への応用として，その軽量性・柔軟性・静音性というユニークな特徴を生かして，健康・福祉分野への応用を目指した機器の研究開発が進められている（Ino et al., 2011）．いくつかの例を以下にあげる．

1) 関節可動域訓練

スポーツ障害や交通事故後の手足の機能回復訓練を患者自身が手軽に在宅などで行える関節リハビリ機器に対する社会的な期待は大きい．関節リハビリには，徒手矯正や持続的他動運動（continuous passive motion：CPM）のための**CPM機器**を利用した関節可動域訓練があり，臨床的にもその効果が確かめられている（Salter et al., 1984）．ただし，一般的なCPM機器では，駆動源にモータを利用しているため，ヒトの関節が本来備えている柔らかさや機械インピーダンス可変性で十分といえない．さらに，大きい，重い，駆動音といった点もあり，在宅リハビリなどで気軽に扱えるレベルには至っていない．そこで，これらの在宅向け機器に付随する問題を念頭に小型で軽量な水素吸蔵合金アクチュエータを設計し，それを用いた関節リハビリ装置（図2.7.16）の開発が試みられている（井

図2.7.16 水素吸蔵合金アクチュエータを利用した関節リハビリ装置のプロトタイプ

野ほか，2006）．

2) 褥瘡予防

脳卒中や骨折により臥位や安静を必要とする人たちは，二次的障害である廃用症候群に陥りやすい．この予防策の一つとして，ベッドサイドで皮下組織や関節の血流量の増加を促す身体運動の提供が考えられる．しかし，ソフトかつ無音で身体への装着性にも優れるアクチュエータは少なく，廃用症候群の予防に向けた機器開発は少ない．そこで，水素吸蔵合金アクチュエータの特性を生かして，足趾関節の柔らかな屈伸運動をサポートする騒音フリーでソフトな褥瘡予防装置の開発が行われている（Hosono et al., 2012）．

3) 移乗支援

車いすユーザや高齢者でトイレやベッドへの移動に介助を必要とする要介護者は少なくない．この動作支援を**移乗介助**と呼ぶが，移乗は介護者にとって身体的な負荷の大きい動作であり，腰痛の原因にもなっている（岩切ほか，2008）．そこで，車いすユーザや高齢者の自立生活と介護者の腰痛予防を目的として，水素吸蔵合金アクチュエータの小型ながら出力が大きいという特徴を生かし，重量のある身体の持ち上げを支援する機器がいくつか試作されている．たとえば，介護者が前方から抱きかかえる介護作業を機器に代行させる装置（Tsuruga et al., 2000）や座ったままで高い所に手が届くように座面を昇降させる機能を付与した車いす（大西，2003）がある．また，国の先端福祉機器モデル住宅関連事業である「ウェルフェアテクノハ

ウス札幌」に導入されて，機能評価が行われた洋式トイレの昇降式便座システムもある（Wakisaka et al., 1995）． 〔安積欣志・井野秀一〕

文　献

Asaka, K., Oguro, K. (2009)：IPMC actuators：Fundamentals. Biomedical Applications of Electroactive Polymer Actuators (Carpi, F., Smela, E., eds.), pp. 103-119, John Wiley.

安積欣志（2009）：ナノカーボンとイオン液体による電気化学アクチュエータの開発．化学工業，**60**(5)：336-341.

安積欣志（2011）：高分子アクチュエータ．新アクチュエータ開発最前線，第1編「新アクチュエータの原理の基本性能」，第6章，NTS出版．

Baskin, J. S., et al. (2009)：Biomedical applications of dielectric elastomer actuators. Biomedical Applications of Electroactive Polymer Actuators (Carpi, F., Smela, E., eds.), pp. 395-425, John Wiley.

Baughman, R. H., et al. (1999)：Carbon nanotube actuator. Science, **284**：1340-1344.

Carpi, F., Smela, E., eds. (2009)：Biomedical Applications of Electroactive Polymer Actuators, John Wiley.

Carpi F., et al., eds. (2008)：Dielectric Elastomers as Electromechanical Transducers, Elesevier.

Fuchiwaki, M., et al. (2009)：Planate conducting polymer actuator based on polypyrrole and its application. Sens. Actuat.：A. Physics, **150**：272-276.

Fukushima, T., et al. (2005)：Fully plastic actuator through layer-by-layer casting with ionic-liquid-based bucky gel. Angew. Chem. Int. Ed., **44**：2410-2412.

Guo, S., et al. (1997)：Development of the micro pump using ICPF actuator. Proceedings of 1997 IEEE International Conference on Robotics and Automations, 266-271.

Hosono, M., et al. (2012)：A system utilizing metal hydride actuators to achieve passive motion of toe joints for prevention of pressure ulcers：a pilot study. Rehabilit. Res. Practice, **2012**：1-7.

井野秀一ほか（2006）：水素吸蔵合金を応用した動作支援システム．バイオメカニズム学会誌，**30**(4)：194-199.

Ino, S., et al. (2009)：Development of a soft metal hydride actuator using a laminate bellows for rehabilitation systems. Sens. Actuat.：B. Chemical, **B-136**(1)：86-91.

Ino, S., et al. (2011)：Human-centered metal hydride actuator systems for rehabilitation and assistive technology. Handbook of Research On Personal Autonomy Technologies And Disability Informatics (Pereira, J., ed.), pp. 154-170, IGI Global.

岩切一幸ほか（2008）：介護者のための腰痛予防マニュアル―安全な移乗のために―．労働安全衛生研究，**1**(3)：255-265.

Kim, K. J., Tadokoro, S., eds. (2007)：Electroactive Polymers For Robotic Applications, Springer.

厚労省点字デバイス報告書（2010）：厚生労働省平成21年度障害者自立支援機器等研究開発プロジェクト「携帯電話の両面にも装着可能な，軽量で薄い（厚さ1 mm）点字デバイスの開発」成果報告書．
http://www.mhlw.go.jp/bunya/shougaihoken/cyousajigyou/jiritsushien_project/seika/S04Report/Report_Mokuji04.htm

Madden, J. D. (2007)：Polypyrrole actuators：Properties and initial applications. Electroactive Polymers for Robotic Applications (Kim, K. J., Tadokoro, S., eds.), pp. 121-152, Springer.

長田義仁，田口隆久監修（2010）：高分子アクチュエータ・センサの開発と応用，シーエムシー出版．

日本ロボット学会編（2003）：新版ロボット工学ハンドブック，コロナ社．

大西敬三（2003）：水素吸蔵合金のおはなし，改訂版，日本規格協会．

Pelrine, S., et al. (2000)：High-speed electrically actuated elastomers with over 100 % strain. Science, **287**(5454)：836-839.

Pelrine, R., et al. (2001)：Dielectric elastomer：generator mode fundamentals and applications. Smart structures and materials 2001：EAPAD (Proc. SPIE 4329, Bar-Cohen, Y., ed.), pp. 148-156, SPIE.

Salter, R. B., et al. (1984)：Clinical application of basic research on continuous passive motion for disorders and injuries of synovial joints：A preliminary report of a feasibility study. J. Orthopaed. Res., **1**(3)：325-342.

佐々木忠之ほか（1986）：水素吸蔵合金を利用したアクチュエータの開発．日本ロボット学会誌，**4**(2)：45-48.

Sato, M., et al. (2011)：Solar or surplus heat-driven actuators using metal hydride alloys. Sens. Actuat.：B. Chemical, **B-156**(1)：108-113.

Shahinpoor, M., Kim. K. J. (2001)：Ionic polymer-metal composites-I. Fundamentals. Smart Mater. Struct., **10**：819-833.

Spinks, G. M., et al. (2009)：Conjugated polymer actuators：Fundamentals. Biomedical Applications of Electroactive Polymer Actuators (Carpi, F., Smela, E., eds.), pp. 195-227, John Wiley.

Tsuruga, T., et al. (2000)：A basic study for a robotic transfer aid system based on human motion analysis. Advanced Robotics, **14**(7)：579-595.

Wakisaka, Y., et al. (1995)：Application of hydrogen absorbing alloys to medical and rehabilitation equipment. IEEE Trans. Rehab. Engin., **5**(2)：148-157.

2.7.3 バーチャルリアリティ

a. バーチャルリアリティとは

バーチャルリアリティ（virtual reality：VR）技術は，コンピュータによって本質的に実際の環境と変わらない人工環境を利用者に与えることを目的としている．その人工環境はコンピュータの制御のもとにあるため，設計者の意図に合わせた環境の制御や，離れた地点間でのシームレスなやりとり，時空間に拘束されない現実には体験しがたいイベントの生成などを可能とする．このVRを特徴づける要素として，三次元の空間性，実時間の相互作用，自己投射性があげられる（舘，2000）．このうち，三次元の空間性とは視覚や聴覚を通して立体的な空間を与えることであり，あたかもそこにいるような感じ，つまり臨場感を与えるうえで欠かせない要素である．実時間の相互作用とは視点移動や人間の動作によって実時間で呈示内容が更新されることであり，自己投射性とは仮想空間内において利用者に身体性を付与することである．これらの2要素は空間内での身体を使った作業や歩行を実環境と変わらないものに近づけるうえで重要である．以下では三次元空間を呈示するための感覚呈示技術，利用者が空間内を高い実時間の相互作用性を持って自由に行動できるようにするための行動計測技術などを中心に，VR技術の基礎的な部分について概説する．加えて近年発展の著しい現実世界にコンピュータによって情報を重畳して呈示する拡張現実技術（augmented reality：AR）や，VRが引き起こす問題点とその対処について述べる．

b. 感覚呈示技術

1) 視覚呈示技術

臨場感の高い空間を利用者に与えるには，両眼視差による奥行き情報の付与，広い視野の呈示，解像度の高い画像の呈示，リアルな（陰影表現や物体の表面情報がより現実に近い）画像の生成などが重要な要素としてあげられる．このなかでも両眼視差による立体画像呈示技術はVRを最も特徴づけている技術の一つである．脳は左右の眼の位置が異なることに起因するそれぞれの網膜への投影像のずれ（＝両眼視差 binocular disparity）を用いて，奥行き情報の復元の手がかりにしている．それゆえ，立体呈示の基本原理は視差のついた左右一組の画像をそれぞれの眼に別々に与えることであり（厳密には眼球における調節や輻輳の影響がある），古くは立体鏡などで実現されてきた．現在では，立体画像を提示する方法については，以下のようなものがある．

i) 液晶シャッター方式

画面上に左右それぞれの眼に対応する画像を交互に提示し，これと同期して左右の液晶シャッターが開閉する眼鏡をかけることで，観察者は立体感を得ることができる．

ii) 偏光方式

左右の眼それぞれに対応した画像に偏光をかけ，これを偏光眼鏡で観察することで立体感が得られる．偏光フィルタには直線偏光と円偏光があるが，後者を用いた場合には頭部を傾けてもクロストーク（異なる目の画像が見えてしまうこと）は抑えられる．シャッター眼鏡と比べて，偏光眼鏡は電池が不要であり，軽いという利点がある．

iii) レンチキュラー方式

この方式と次の視差バリア方式はメガネを必要としない方法（裸眼立体視，図2.7.17）である．この方式では垂直方向に細長い凸レンズを並べたシート（レンチキュラーシート）を通して画像を観察するが，このレンズによる光学的な屈折を利用して，左右眼に異なる画像を提示する．

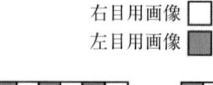

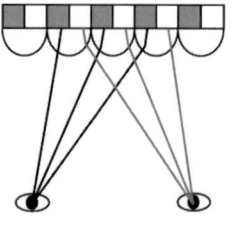

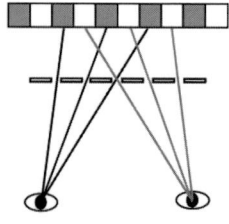

図2.7.17 裸眼立体視の方法の概略

iv) 視差バリア方式

この方式では垂直方向のスリットを通して画像をみることで，左右の眼に異なる画像を与える．このスリット自体は液晶によって実現することができるため，2Dと3Dとの切替えも容易である．

2) 仮想空間呈示技術

仮想空間を呈示する技術には，実際に自分を囲むスクリーンのなかに没入する没入型仮想空間呈示装置，頭部に装着し視野を覆うヘッドマウントディスプレイ（head mounted display：HMD）装置，小さなスペースで広い視野をカバーできるアーチ型・半球型のディスプレイなどが開発されている．ここでは特に没入型仮想空間呈示装置およびHMD装置について概説する．

没入型仮想空間呈示装置は大きなスクリーンを利用して，仮想空間内に没入しているような感覚を与える装置であり，イリノイ大学が開発したCAVEはその代表的なシステムである（図2.7.18）．CAVEでは2～3m四方のスクリーンに囲まれた部屋をつくり，それぞれのスクリーンに対して右目用の画像と左目用の画像を投影し，シャッター式もしくは偏光式のメガネを利用してこれを観察する．これにより，広い視野内に三次元画像を呈示することができるため，非常に高い没入感を利用者に与えることができる．また，頭部に装着される位置センサをトラッキングし，被験者の視点位置に対応して画像を更新することで，この2～3m四方の環境内であれば，ほぼ自由な身体運動とその位置に応じた画像の提示が可能である．また，正確な視点情報は位置センサを装着した一人の利用者にしか与えられないものの，同時に複数人が観察することも可能である．しかし，大きなスクリーンや，画像をスクリーンに投影するプロジェクタを設置するために，広大なスペースが必要であり，また立体眼鏡が透過型であるため実空間から取り除くことが不可能なスクリーンのエッジが観察されてしまい，さらに物体の裏側に手などの身体の一部が回り込んだ場合の遮蔽が表現できない（これはCAVEに限らず一般的な透過型立体眼鏡を用いるシステムに共通であるが），といった欠点が存在する．

HMDシステムは利用者が頭部に装置を装着し，その装置に取り付けられた小型ディスプレイに視覚情報を呈示するシステムである．近年では曲面ディスプレイを用いて，視野のほとんどに画像を呈示するシステムも開発されているが，ここではより普及度の高い，小型の平面ディスプレイを搭載したタイプのHMDディスプレイについてその特徴を述べる．このようなHMD装置では，装置内に右目用と左目用のLCDディスプレイが設置してあり，それぞれのディスプレイに視差のついた画像を呈示することで立体呈示を可能としている．ただし，そのままでは映像が近すぎるため，焦点調節や輻輳などの両眼視差以外の距離手がかりとの間に大きな離齬がおきてしまう．これを解決するために，凸レンズなどを用いて呈示距離を1m程度にするなどの方法がとられている．

HMD装置の没入型装置に対しての利点としては，装置が小さくてすむことや，スクリーンがないため，広い空間を動き回ることができる点があげられる（ただし，実際にはケーブルなどによる制約が存在することが多い）．また，HMD装置では完全に視界を覆ってしまうことも可能であり，このとき，カメラで得た外界の画像とCGを合成し（ビデオスルー），それぞれの物体までの距離を計測することで正しい遮蔽関係の呈示が比較的容易に行える（遮蔽関係については，ハーフミラーを用いて外界の情報とCGを組み合わせる透過型HMD装置でも一部実現されている．たとえばKiyokawa et al., 2003）．一方，HMD装置の問題点としては，装置自体は小さく軽量化が進んでいるとはいえ重さと視覚呈示の質の間にはトレードオフが存在し，解像度を高めたり，視野を広くしようとすると

図2.7.18 CAVE

重量が増加し，その装着には違和感を伴うこととなる一方，軽量性を求めると視野が狭くなったり，画素数が荒くなりがちであるなどの点がある．

c. 聴覚における立体呈示

聴覚においても視覚と同様に，左右二つのセンサ（耳）を用いて立体的な空間を知覚するプロセスが存在している．しかし，聴覚における立体空間の知覚においては，両眼視における両眼視差のように左右の像差，音においては位相差とレベル差を考慮するだけでは左右の知覚しか表現できず，上下，前後感を再現することができない．上下，前後方向への定位手がかりは，耳への入力音の周波数スペクトルの形，すなわち頭部や耳介などによる共振や反射を反映した頭部伝達関数の形状であると考えられている．

このようなことを考慮して音空間を呈示しようとする試みでは，大きく分けて，聴取者の耳元において音圧が再現されるようにする手法，聴取点において音の方向が再現されるようにする手法，空間内における音圧分布自体を再現するように音を制御する手法があげられる（鈴木，西村，2010）．

バイノーラル録音・再生方式は主にヘッドフォンを用いて耳元において音圧を再現する手法の一つである．ヒトや頭部模型の耳元にマイクロホンを設置することで，頭部伝達関数を含めた音圧の録音・再生をすることができるため，両耳2点での音圧を制御するだけで高い臨場感を与えることができる．ただし，外耳の音響特性は個人差があるため，聴取者本人か，近い音響特性を持った頭部模型を原音場において集音する必要がある．伝達関数合成法ではこれら外耳の影響などを伝達関数として記述し，これを作用させることで耳もとでの音圧を再現するものであるが，この場合も個人ごとの伝達関数が必要となる．また，音源と耳との相対的な位置関係によって頭部伝達関数は変化するため，視覚における視点位置による画像の書き換えと同様に頭部の移動をトラッキングして音像位置を変化させる必要がある．

一方，聴取点における音の方向を再現する手法としては，映画やDVD，デジタル放送などで標準化されている5.1chシステムなどで用いられている立体角分割法があるが，これらは基本的に聴取点のみで正しい立体感が得られるシステムである．一方，空間内における音圧分布自体を再現するように音を制御する手法では，特定の領域内であれば，正しい立体感を持った音が聴取できる．たとえば，直方体領域の表面上で音響物理量を一致させれば，その領域の内部全体で音響物理量が一致するという原理を利用し，領域内全体の波面を忠実に再現することによって，ヘッドフォンなどの装着なしで複数の人が同時に好きな場所で音を聴くことができる．

d. 触覚呈示

一般に「触覚」と呼ばれている感覚は，触圧覚，温覚，冷覚，痛覚などの皮膚感覚，運動覚，位置覚，深部圧覚，深部痛覚などの深部感覚などに分けることができる．このうち，触圧覚の呈示方法として皮膚感覚に刺激を呈示する装置は主に**タクタイルディスプレイ**と呼ばれており，深部感覚に刺激を呈示する装置は**フォースディスプレイ**，**力覚ディスプレイ**などと呼ばれる．

タクタイルディスプレイについては，視覚に障害を持つ人のためのシステムとして開発された，小型カメラで撮影した画像（文字）を指先大の触覚ディスプレイのピンの振動に変換し，指先で読み取ることのできる装置（オプタコン）などを基礎に，バーチャルリアリティ装置に利用できるように，現実の物体から得られる表面触覚を再現しようとする試みがある．このほか，指先と手のひらにバイブレータを装着することで仮想空間において「触れる」という感覚を再現する装置（Cybertouch, CyberGlove Systems社）も開発されている．

深部感覚の呈示においてはワイヤやマニピュレータを使って反力を生成するものが開発されている．PHANToM（Sensable Technology社）は，デスクトップで使用できる指先・ペン先に反力を生成する多関節機構の装置である．指先やペン先の位置・角度を測定し，この位置と仮想空間内の物体との位置を比較して制御モータがトルクを生成する．また，鏡などと組み合わせ，ディスプレイ内の視覚刺激との位置あわせをすれば，実際に見えている物体を触ったり，つついたりしているような感覚が得られる（図2.7.19）．SPIDAR（佐藤，1991）では，ユーザが操作するグリッ

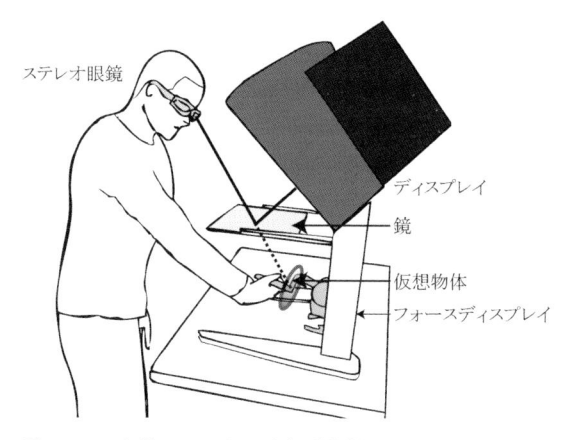

図 2.7.19 力覚ディスプレイと視覚情報における位置を一致させるシステム例

プ（ボール）の位置と姿勢を検出しコンピュータに伝え，張力によって力覚を呈示する．この装置はグリップ部がワイヤに支えられながら宙に浮いているような形態をしているため，視覚をほとんどじゃますることなしに没入型の装置などと組み合わせることが可能である．

e. 前庭感覚刺激呈示

前庭感覚は，内耳にある三半規管と卵形嚢・球形嚢を受容器とする感覚であり，互いに直交した三つの半規管内のリンパ液の移動によって回転加速度を，卵形嚢，球形嚢では内部の耳石の動きにより，それぞれ水平方向，垂直方向への直線加速度を感知する．VR装置においては，前庭感覚を地面の傾きをシミュレートするときや，車に乗車しているときの加速度を呈示する目的でモーションベースなどの装置を用いて刺激する．モーションベースはアクチュエータを用いて運動を生成する機器であり，たとえば6自由度のモーションベースであれば，6本の電動シリンダによる6自由度パラレルメカニズムが，前後（X），左右（Y），上下（Z）方向の動きと，左右方向の傾き（ロール），前後方向の傾き（ピッチ），左右方向の回転（ヨー）を生成する．人間の平衡感覚や移動の知覚は視覚に影響される部分が大きいため，適切に視覚情報と組み合わせることにより，モーションベースの可動範囲を超えた平衡感覚や移動感覚の呈示が可能である．たとえば，加速度を呈示する場合には，モーションベースによって実際に生成できる範囲は並進運動をさせることで呈示するが，それを超えた範囲では傾斜によって重力加速度を生成し，これを合成することで範囲を超えて加速度を与えることができる（三木，1992）．

このほか，耳のうしろに微弱な電流を通電し前庭感覚を刺激するGVSを用いて，左右方向への傾き感覚を与え，これを没入感や臨場感の向上に応用する試みも行われている（安藤ほか，2007）．この装置は全体で500gにも満たないものであるが，適切に視覚呈示刺激と連動させることにより，左右への加速度の呈示に対しての臨場感を高めることが報告されている．

f. インタラクション・ナビゲーション

1) インタラクション

利用者がVR空間内を高い実時間の相互作用性を持って行動するための方法の一つは，PCやゲーム機同様のジョイスティックやマウス，ドライビングシミュレータや医療における手術場面などのような特定の操作環境をシミュレートするうえでの道具（ハンドルやメス）を介した方法である．ただし，VR空間内をまさしく自由に動いて，その行動の結果をVR環境に反映させるうえでは利用者の姿勢を正しく測定する必要があり，次に述べるような手法が用いられる．

磁気センサ方式は三次元交流磁界をソースが発生させて，このなかでセンサの位置および角度を測定するものである．このセンサ部は小型にできているため，これを没入型空間内のステレオ眼鏡やHMDに装着することにより，頭部の位置や角度の変化に伴った描画内容の更新が可能となる．この方式は次に紹介する光学式のものに比べ，遮蔽物に影響されないという利点を持つが，センサ近辺に存在する金属の影響を受けやすい，正確な測定が可能な範囲が狭いという難点が存在する．ジャイロと超音波を用いて同じく6自由度の測定が可能な装置も近年実用化されており，この装置では金属の影響を回避することが可能である．

光学方式は，反射材のボールを人体の各部に装着しこれらの位置を複数の赤外線照明と赤外線カメラにより計測する方法（たとえばVICON, Vicon motion system）や，Kinect（Microsoft社）に代表されるような，反射ボールなどを装着することなしに，ビデオカメラによって得られた画像から直接姿勢を認識する

システムがある（正確には Kinect では赤外線による奥行き情報を補助的に得ている）．ジェスチャ認識などを目的とするのであれば，カメラ方式で十分な認識速度・精度が期待できるが，頭部方向の認識など位置精度が必要とされる場面では反射ボールなどを用いる手法のほうが現状では適当である．

2） ナビゲーション

現実空間において人間は歩行によって空間を移動することができるが，仮想空間呈示装置においては，空間が限定されるため，広い範囲を自由に歩き回れないという問題点がある．これを解決するために，足踏みなどのジェスチャを利用したシステムや，多方向へ動けるトレッドミルを利用したシステムが開発されている（たとえば，岩田，吉田，1997）．

g. 拡張現実

バーチャルリアリティが環境すべてをコンピュータを用いて生成することを目的としていることに対し，AR では実世界をコンピュータが生成する情報で強化・補助することを目的としている．この目的のため，先に述べた VR における情報の呈示技術や取得技術が利用されるが，外界と CG の重ね合わせ技術などは，AR において重要性を増す．たとえば，AR の分野で草分け的存在であるコロンビア大学が開発した機器の保守方法を指示する KARMA システム（Feiner et al., 1993）では，HMD の透過型スクリーンにコンピュータが生成した操作すべきボタンの位置や，手順を示すテキスト，画像を投影する．そのため，位置あわせが非常に重要なファクターであり，このシステムでは超音波センサを用いて位置あわせを行っている．このほか，自然画像認識，マーカーの認識などが画像と現実世界の位置あわせにおいてよく用いられる手法である．自然画像認識はコンピュータビジョンを用いて輪郭抽出などを行い，そこへ情報を重畳する方法であり，高い認識度が保たれるときには最良の手法といえ，たとえば企業の看板（ロゴマーク）などのような認識しやすいオブジェクトを対象とするような形で実用化されている．一方，マーカーを用いた手法は，事前に環境に仕込んだマーカーをビデオカメラを通してコンピュータが検出すると，そこから情報を読み取り画像を重畳する手法である．そのため，マーカーを用意する必要がある一方，マーカーの配置自体は自由であり，マーカー内に情報を内包させることができ，マーカーの認識精度を自然画像認識のそれに比べて非常に高く保つことができるなどの利点がある．

重ね合わせにおける精度を重視するのであれば，先にも述べたビデオシースルー方式は，光学的シースルー方式に比べて，位置あわせや遮蔽問題の解決が容易であり，CG と外界の解像度を一致させることができるなどの点で有利であるが，画面の解像度が粗いと外界の認識そのものがしにくく，電池が切れると何も見えないという欠点がある．スマートフォンを代表とするカメラとスクリーンを備えたハンドヘルド機器を用いた AR アプリケーションも，部分的にはビデオシースルー方式と同様である．

このほか，画面などを通さずに，現実空間に存在している物体に対して，直接情報を投影して情報を重畳する手法では，位置あわせと同時に，曲面に投影するための補正技術や，物体表面模様の影響の除去などが重要な技術となる（Bimber, Raskar, 2005）．これらの手法では利用者には負荷が一切かからないという利点がある．

h. VR の利用に伴う問題点

VR の体験は時に酔いを引き起こすことがある．これは VR 酔い（cybersickness）と呼ばれ動揺病（motion sickness）の一種であると考えられている．この原因としては，複数のモダリティからの情報の不一致や，頭部トラッキングにかかわる再描画の遅れなどがあげられる．このほかにも，強度の大きい感覚の呈示，広い視野に運動刺激を呈示することによるベクションや高所の呈示による重心の動揺とそれに伴う転倒などにも注意を払うべきである．また，VR 空間に適応することで感覚と運動のマッピングが変化することもあり，このような場合，逆に現実世界に再適応するまでは危険な作業は避けるべきである．

ここでは VR の要素技術について概説してきた．VR を取り巻く技術としては，ここには取り上げることのできなかった他の技術や，ソフトウェア側での環境構築といったトピックがあり，また独創的なシステ

ムが現在も多く提案されている．これらのVR技術は適切に用いれば，リハビリ，遠隔通信による家族や医師とのやりとり，レクリエーションなどさまざまな形で，介護の現場や福祉の現場において大きな役割が期待できるであろう．〔氏家弘裕・梅村浩之・渡邊 洋〕

文 献

安藤英由樹ほか（2007）：前庭感覚インタフェース技術の理論と応用．情報処理学会論文誌，48(3)：1326-1335．

Bimber, O., Raskar, R. (2005)：Spatial Augmented Reality, A K Peters.

Feiner, S., et al. (1993)：Knowledge based augmented reality. *Communic. ACM*, **36**(7)：52-62.

岩田洋夫，吉田陽子（1997）：無限平面を用いた仮想歩行装置．日本バーチャルリアリティ学会第2回大会論文集，pp. 254-257．

Kiyokawa, K., et al. (2003)：An occlusion-capable optical see-through head mount display for supporting collocated collaboration. Proc. of the Second IEEE and ACM International Symposium on Mixed and Augmented Reality, 133-141.

三木一生（1992）：ドライビングシミュレータにおける加速度感覚模擬技術．日本ロボット学会誌，**10**(7)：878-884．

佐藤誠ほか（1991）：空間インタフェース装置SPIDARの提案．電子情報通信学会論文誌 D-II, **J74-D-II**(7)：887-894．

鈴木陽一，西村竜一（2010）：超臨場感音響の展開．電子情報通信学会誌，**93**(5)：392-396．

舘 暲（2000）：人工現実感の基礎（バーチャルリアリティの基礎1），培風館．

舘 暲監修，佐藤 誠編（2000）：人工現実感の設計（バーチャルリアリティの基礎2），培風館．

2.7.4 ロボティクス

ここでは，まずロボティクスの基礎を概観したのち，日常生活のサポート技術におけるロボティクスの位置づけを明らかにし，さらにロボティクス適用における現状の課題と今後の展望を述べる．

a. ロボティクスの基礎

1) ロボットの定義

ロボットという言葉は，1920年にチェコの作家カレル・チャペックが書いた戯曲「R.U.R.」において，「奴隷機械」という意味を持つ造語として用いられた．語源はチェコ語で「労働」を意味するrobotaとされている．その後，1942年にアイザック・アシモフにより「ロボット三原則」が提唱され，現在でも広く知れわたっている（日本ロボット学会，1990）．

ロボットという言葉の定義については，これまでに多くの議論が繰り返されてきたもののいまだに統一的に定まったものはなく，ロボット政策研究会（2006）の報告書では

> 本研究会では「ロボット」を，「センサ，知能・制御系，駆動系の3つの要素技術を有する，知能化した機械システム」として，広く定義する

と記述するにとどまっている．なお，工場などで用いられる**産業用ロボット**については，労働安全衛生規則第36条31号で

> マニプレータ及び記憶装置を有し，記憶装置の情報に基づきマニプレータの伸縮，屈伸，上下移動，左右移動若しくは旋回の動作又はこれらの複合動作を自動的に行うことができる機械

と規定されている．また，ロボットに関連する用語規格は以下のようなものがあり，

- JIS B 0134 産業用マニピュレーティングロボット―用語
- JIS B 0144 電子部品実装ロボット―用語
- JIS B 0185 知能ロボット―用語
- JIS B 0186 移動ロボット―用語
- JIS B 0187 サービスロボット―用語

たとえば JIS B 0134 では,

> 自動制御によるマニピュレーション機能または移動機能を持ち,各種の作業をプログラムによって実行でき,産業に使用できる機械.

と定義されている.

2) ロボットの歴史

ロボットの研究開発は,1960年前後に始まり,東京大学の森 政弘による「人工の手」や早稲田大学の加藤一郎による「人工の足」など,ヒトの機能を模倣する技術として発展した.「**ロボット元年**」といわれる1980年以降,ロボットの頭脳となる半導体やモータの低価格化などを背景に国内各社が産業用ロボットの開発に参画し,自動車などの生産ラインに,溶接,組立て,塗装用途として広く導入された.

このような「人を代替する」産業用ロボットと比べ,「人を支援する」**生活支援ロボット**の研究は,やや遅れて始まった.機械技術研究所において,1977年に開発がスタートした「**盲導犬ロボット**」は,ロボット技術を用いた福祉機器開発の先駆的な研究である.当時は現在のような高性能なマイクロプロセッサは存在せず,ようやく研究者が利用できる小型計算機が出はじめた頃であり,電源やサイズ,重量の制約が大きい支援ロボットに計算機を搭載し,機能させること自体に,現在では考えられないような技術的な苦労があったという.

近年では,「人間支援型ロボット実用化基盤技術開発プロジェクト(2005~07年度)」「戦略的ロボット要素技術開発プロジェクト(2006~10年度)」「生活支援ロボット実用化プロジェクト(2009~13年度)」といった,生活支援ロボットの実用化を目指した独立行政法人新エネルギー・産業技術総合開発機構(NEDO)によるプロジェクトが実施されており,2015年までの実用化および2025年頃の普及を目指した研究開発が行われている.

3) ロボットの分類

人間とロボットが共存する社会のビジョンや求められる制度的・技術的課題などについて,経済産業省の次世代ロボットビジョン懇談会で検討が行われてきた(次世代ロボットビジョン懇談会,2004).そのなかで現在のロボットの分類が試みられており,大きく(1)産業用ロボットと(2)非産業用ロボットに分類されている.産業用ロボットは,さらに(1-1)製造業と(1-2)非製造業分野に細分され,非産業用ロボットは,(2-1)生活分野,(2-2)医療/福祉分野,(2-3)公共分野に細分される.

産業用ロボットの歴史は長く,最初の産業用ロボットは米国の George Devol によって1946年に特許申請されている.その後,1959年に試作品が完成したのち,1964年に General Motors 社のスポットライン溶接ラインに本格導入されたのをきっかけとして普及した(日本ロボット学会,1990).

これに対して,ここで扱う日常生活の支援技術は非産業用ロボットにおける生活分野と医療/福祉分野が主に該当し,たとえば掃除ロボット,コミュニケーションロボット,福祉ロボットなどを例としてあげることができる.しかしながらこの分野のロボットの歴史はそれほど長くなく,いずれも近年になって実用化が進められている状況である.

4) ロボットの構成要素

ここではロボットを構成する技術要素のうち,センサ,アクチュエータ,機構(メカニズム)・機構学に加え,安全技術,システム統合技術,開発支援技術について述べる.

i) センサ

センサに関する技術要素は,ロボットと操作する人をつなぐユーザインタフェースに用いる技術と,ロボットの周辺環境や自分自身の状態をセンシングするための技術に大別できる.

ユーザインタフェースに用いられる技術としては,ボタンやジョイスティックなどに加え,ヒトの身体の動きを測定するステレオカメラや加速度センサ,生体信号(脳波,筋電)センサなどが代表的である.またロボットの周辺環境のセンシングでは,GPS,レーザレンジファインダやステレオカメラなどが用いられる(2.7.1 センシングも参照).

ii) アクチュエータ

ロボットの動きを駆動するアクチュエータとしては,DC モータやサーボモータに加え,特に人間の生活をサポートするロボットにおいては対人安全性が重要となるため,人工筋肉などの新たなアクチュエータ技術が求められている(2.7.2 アクチュエータも参照).

iii) 機構・機構学

アクチュエータでつくられた駆動力を伝達・変換す

る機構（メカニズム）としては，歯車，カム，リンク，ベルトなどが用いられる．機構学は，このような機構の変位，速度，加速度の関係を扱う学問領域であり，三次元空間におけるロボットアームなどの制御においては，機構学の知識が不可欠である．

iv) 安全技術

人間の生活をサポートするロボットでは，ロボットと人間が同じ空間を共有することになるため，産業用のロボットとは異なる安全に関する視点が求められる．たとえば ISO/DIS 13482（Robots and robotic devices—Safety requirements for non-industrial robots—Non-medical personal care robot）は，"personal care robots" の安全要求事項に関する，審議中の規格案である．"personal care robots" のうち "mobile servant robot"，"physical assistant robot"，"person carrier robot" の3類型に焦点が当てられており，本質安全設計，保護方策，使用上の情報などの安全要求事項を定めるもので，従来の機械安全の観点だけでなく，機能安全に基づく安全要求事項も定められることになっている．

また生活支援ロボット実用化プロジェクト（2009～13年度）では，生活支援ロボット安全検証センターにおいて，安全認証に必要な試験技術の研究やデータの蓄積などが行われている．

v) システム統合技術

産業用ロボットのような同一仕様のロボットをたくさん生産してコスト競争するのではなく，人間の生活をサポートする分野では多品種少量生産による付加価値の競争になると考えられる．個別ニーズに対応したロボットの実現のため，各要素技術をモジュール化して必要に応じて組み合わせるためのシステム統合技術が必要である．

たとえば RT ミドルウェア（OpenRTM-aist）（安藤，2010）は NEDO の 21 世紀ロボットチャレンジプログラム「ロボット機能発現のための要素技術開発」において研究開発がスタートし，国際標準化団体 OMG（Object Management Group）でインタフェース仕様の標準化が進められ，2008 年 4 月に OMG 公式標準仕様となった．この仕様に基づき設計された機能モジュール（RT コンポーネントと呼ぶ）を必要に応じて組み合わせることで，ロボットの仕様をカスタマイズできる．

このようなシステム統合技術を用いてロボットの構成要素を分散配置し，居住空間をまるごとロボットと見なして人間の生活を支援する研究も行われている．たとえば高齢者・障害者を対象とする住宅においては，当事者の身体機能に応じて必要な支援技術が異なっていたり，症状の変化に応じて求められる技術が変化したりするため，機能モジュールの組み合わせによるカスタマイズが有効である．

vi) 開発支援技術

ロボットが高機能化するに伴い複雑な動作設計を支援する技術も必要である．たとえばプラットフォームとなるシミュレータ（OpenHRP3）（金広，2010）や動作設計支援ツール（Choreonoid）（中岡ほか，2011）が開発されており，これらを用いることによって，ヒューマノイドロボットにダンスを踊らせるような複雑な動きを，コンピュータ画面上で簡単に構築することができる．また OpenHRI（松坂，2010）と呼ばれる RT コンポーネント群を用いることで，人間と対話可能なロボットを容易に開発することができる．

b. 支援ロボットの位置づけ

2011（平成 23）年版高齢社会白書（内閣府，2011）によると，日本の総人口に占める 65 歳以上人口の割合（高齢化率）は 23.1% となり，すでに 5 人に 1 人以上が高齢者という社会になっている．さらに 2055（平成 67）年には，2.5 人に 1 人が 65 歳以上，4 人に 1 人が 75 歳以上となると予想されており，超高齢社会に向かって高齢化が進行している．このような高齢化の一方，20 世紀後半から社会は猛烈なスピードで情報化が進んでおり，われわれはまさに，高齢化と情報化の大きな流れの真っただなかにあるといえる．

総務省による 2010（平成 22）年通信利用動向調査によるインターネット利用者の人口普及率が，全体で 78.2% であるのに対し，60～64 歳で 70.1%，65～69 歳でも 57.0% と高い値となっている．また，70～79 歳では 2008（平成 20）年末で 27.7% であったのが 2010（平成 22）年末では 39.2% にまで上昇し，高齢者層においても利用者が拡大しており，情報化の恩恵を受けることのできる人が増えていると考えられる．

このような情報化の流れのなかで，目に見えるところ/見えないところで，さまざまな利便性が向上している一方，その流れから取り残されているところがあ

る．ディジタルディバイドと呼ばれ，近年注目を集める情報アクセスの問題にとどまらず，物理的な運動や移動を伴う部分では，情報化の恩恵を受けることのできない領域がある．たとえば，移乗など物理的な移動を要するケース，物理的な作業を行うケース，あるいは物理的な存在が必要な精神的なケアについては，情報化の恩恵を十分に受けることができていない．

このように物理的な移動，操作，存在が必要となる領域では，物理環境との相互作用を通じて支援を行うことのできるロボティクス・ロボット技術が重要な役割を果たすと期待される．

また，経済成長とともに社会が豊かになるにつれ，個人の価値観も多様化している．日常生活のサポート技術は，最低限の日常生活を支援するだけにとどまらず，多様な生活ニーズに対応する必要がある．このため，従来のような少品種・大量生産の枠組みでは対応できず，少量・多品種生産が求められ，従来の産業構造だけでは対応が困難であることを考慮し，新たな産業として育成していくことが求められる．

c. 支援ロボットの分類

1) 車いすロボット

車いすの自動走行の研究は1990年代に始まり，赤外線センサ，超音波センサ，レーザレンジファインダなどの外界センサを搭載し，障害物回避，壁に沿った走行，ドアの通り抜けなどを自律的に行うものが提案された．2000年以降になるとGPS（全地球測位システム）やRFID（ICチップを利用した非接触認証技術）などの技術が一般的になり，これらを利用して屋内外で安定して自己位置を認識しながら自律移動するシステムが開発されている．たとえばアイシン精機，富士通，独立行政法人産業技術総合研究所（産総研）が共同開発した「TAO Aicle」（図2.7.20）は，GPS，RFIDリーダ，赤外線センサを搭載しており，RFIDを埋め込んだ経路上で，障害物を避けながら目的地に向かって自動運転することができ，2005年の愛知万博において半年間で3万人を超える来場者が試乗する実証実験が行われた．

また，車いすを簡単に操作するためのインタフェースに関する研究も多い．たとえば，操作コマンドを音声情報，頭部の動き，手の動き，筋電信号，EOG（眼電位図），口内の舌の位置のセンシングを利用して指示するものや，ユーザが曲がりたい場合にそのほうを向くことを利用して，カメラや磁気センサにより顔向きや視線方向を計測し操作するインタフェースが構築されている．さらに近年では，脳波信号などから進みたい方向を推定し移動するBMI（脳と機装を直接つなぐ）技術も研究されているが，現状では左右の移動方向の選択程度にしか使えず，また認識精度や認識時間も実用になるレベルには達していない．

また，電動車いすの移動性能を向上させるメカニズムの研究としては，全方向に移動可能な車いすが多数提案されている．しかし機構が複雑になり，また耐荷重や段差乗り上げ能力などの面で問題が残る．また，トヨタ自動車から発表されたMoBiRoは倒立二輪タイプの搭乗型ロボットで，左右の車輪の高さを独立に制御することで段差や傾斜のある環境でも搭乗者を水平に保つ機構が実現されている．また，セグウェイ発明者でもあるDean Kamenにより開発され2003年に米国のIndependence Technology社より発売されたiBOTは，ジャイロセンサを搭載しており，2輪で立ち上がることが可能なうえ，20 cmの段差の昇降が可能である．この車いすはFDA（米食品医薬品局）により医療器具としての認可を受けたが，2008年には製造中止になった．これには，米国の医療保険制度であるMedicareに認められなかったことが大きく影響したといわれている．

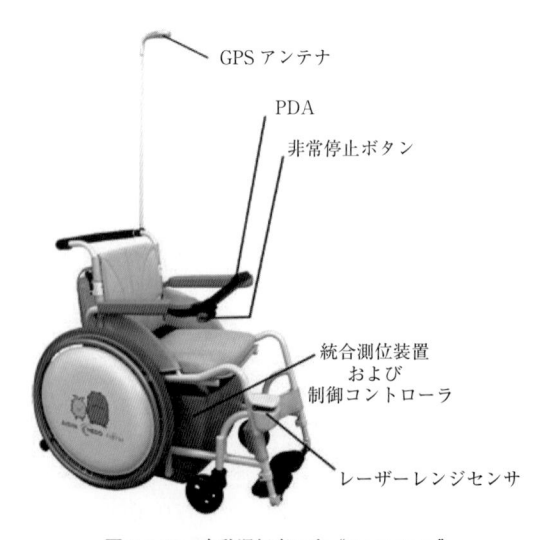

図2.7.20 自動運転車いす"TAO Aicle"

2) 歩行支援ロボット

山梨大学の森らにより開発された**歩行ガイドロボット**「ひとみ」は，GPSやカメラにより，自己位置，障害物，横断歩道などを認識し，教示した経路に沿って人を誘導することができる．またミシガン大学で開発されたGuideCaneは，いわば「知的な杖」であり，超音波センサにより障害物や段差を検出し，障害物を左右に回避しながらユーザを誘導する．

また，脚力が低下した人の歩行訓練を行うために，高知工科大学の王らは全方向移動機構を利用したロボティック歩行器を開発した．東京理科大学の小林らは，連続したステップが出ない歩行障害を持つ人のため，歩行器に空気圧アクチュエータを用いた下肢の動作補助装置を取り付けた「ハートステップ」を開発した．また，東北大学の平田らによって開発されたRT Walker は，車輪に取り付けられたブレーキを制御することにより，ユーザが立ち上がるときは転倒防止を行い，また前方に障害物や段差を検出すると回避動作を行うパッシブな歩行支援を実現している．また，早稲田大学の藤江らが開発した Tread-Walker 2 は，使用者がロボット上のトレッドミルの上で歩行すると，その歩行速度を数倍にして移動する移動ロボットで，ゆっくりとしか歩けない人や長距離を移動しづらい人でも，楽に移動することができる．

また，近年になって**ウェアラブルロボット**の応用として，ユーザの下肢に装着する**歩行支援システム**の研究が盛んになっている．たとえば，筑波大学の山海らにより開発されたロボットスーツHALは，筋電信号を読み取り，アシスト用モータを駆動する．さらに本田技術研究所でも「リズム歩行アシスト」と名づけた大腿部装着型のウェアラブル歩行アシストシステムを発表している．これは高齢者の外出支援を目指して開発されたもので，角度センサにより歩行のリズムを検出し，大腿部をフレームにより押すことで歩行をアシストする（ウェアラブルなパワーアシストスーツについては，2.4.4 パワーアシストスーツを参照）．

3) 上肢動作支援ロボット

上肢を動かすことができない障害者が，自身の腕の重さをゼロに近くすることにより，わずかな力でも腕を動かすことができるようにするための装具として，ポータブルスプリングバランサ（PSB）が使われている．PSBは20万円程度であり，把持装具として障害者自立支援法のもとで給付対象になっている．これに対し，ロボット技術を用いたものとして，岐阜大学の矢野らは，上肢に障害を持つ人の肘部に装着し筋電位信号などを利用して動作意志を推定し，動作支援やリハビリによる機能回復に利用する上肢支援ロボットの開発を行っている．

また，セコムは，上肢の代わりとして機能する「**上肢機能支援ロボット**」を開発した．このロボットは車いすに装着し，ものを拾う，コップを口もとへ運ぶなどの動作を指先操作で実現できる．また，同様の機能を持つ車いす搭載型ロボットアーム"RAPUDA"は，岐阜県情報技術研究所や，産総研でも開発されている．海外では，オランダの Exact Dynamics 社が1985年から生活支援用アームの研究を始め，"iARM"が商品化されている．これらは車いすに取り付け可能で，1.5 kgのものを持ち上げることができる．オランダ政府の支援もあり，これまでに全世界で約500台が販売されている．また，2011年にはカナダのKinova社が生活支援用アーム"JACO"の販売を始めた．

上肢機能のうち，**食事支援**に絞って開発されたものとして，Staffordshire 大学の Topping による "Handy 1" がある．1987年に開発されたこのロボットは，その後 Rehab Robotics 社から市販され，2000年の時点で200台以上が使われていたという．同様の機能をコンパクトに実現したセコムの「マイスプーン」は，日本国内の支援ロボットとしては，最も成功した事例であろう．2002年に商品化されており，これまでに国内外合わせて300台以上が販売され，現在も販売が継続されている．開発に当たっては，当事者および作業療法士（OT）が参加することで，当初からニーズに基づく開発を行っていた．また，**読書支援**に絞ったものとして，西澤電機計器製作所が2005年に販売を始めた，本の自動ページめくり器「ブックタイム」がある．これは呼吸などのスイッチ操作だけで本を読むことを可能にする機器で，これまでに100台以上の販売実績がある．ユーザはALS（筋萎縮性側索硬化症）患者，筋ジストロフィー患者などで，「自分のペースで読み進むことができるのが嬉しい」との高い評価が寄せられているという（2.4.1b 食事支援も参照）．

また，**筋電義手**も支援ロボットの一つと見なすことができる．表面筋電位を計測し，その値によりスイッチをオン・オフさせ，内蔵されたモータ（通常は開閉の1自由度）により，ものをつかむ・離すという動

作ができる．近年では Touch Bionics 社の "i-LIMB" や Dean Kamen が開発した "Luke Arm" のように，指の自由度が多く高機能な電動義手が実用化されはじめている．

4） 移乗支援ロボット

工業技術院機械技術研究所（2001年に産総研に統合）では，看護師の重労働の支援を目的に1980年に介助移動装置「メルコング」が開発された．フォークリフトのようにベッドの一部ごと患者を持ち上げて移動させるものである．その後，三洋電機やダイヘンによって開発された介助移動装置では，支持部を回転するベルトで覆うことにより，身体とベッドの間にスムーズに挿入する機構が採用されている．また，パナソニックも，2006年から2008年にかけて「トランスファァシストロボット（TAR）」の開発を行い，双腕アームにより抱きかかえる形状のものなどが開発された．独立行政法人理化学研究所では "RIBA" という人を抱きかかえる双腕型ロボットが発表されている．

人を持ち上げて移乗を支援するのではなく，ベッドの一部を分離し車いすへ変形させることで「移乗」自体を不要にするというアイデアは，1995年に国立障害者リハビリテーションセンターの「分離可能ベッド」によって提案された．パナソニックも，トランスファァシストロボットの発展形として「ロボティックベッド」と呼ばれる，ベッドの一部が全方向移動型の電動車いすに変形するシステムを2009年に開発した．このロボティックベッドは，同年より始まったNEDOの「生活支援ロボット実用化プロジェクト」によって，安全性向上のための研究開発が続けられている．また，2010年には構造をシンプル化し，モータ数を削減することにより実用性を高めた電動ケアベッドを発表している．これは，従来の電動介護ベッドと同様の背上げ・ひざ上げ・高さ調節などの機能を持ちながら，ベッドの半分が車いすユニットとして機能する．

また TOTO，川田工業，産総研が共同開発した排泄介護総合支援ロボット「トイレアシスト」は，車いすと便器がそれぞれ自動的に移動して入れ替わることにより，立ち上がって座るだけでトイレに移乗できるシステムである（2.4.1a 移乗支援も参照）．

5） コミュニケーションロボット

ヒトとロボットとのコミュニケーションの研究は，音声認識，音声発話，対話制御などの技術を中心に数多くなされている．たとえば，日本電気の PaPeRo や三菱重工業の wakamaru は，家庭内での会話やスケジュール管理，また遠隔での室内監視など，さまざまなタスクを実行することを目指して開発され，一般の家庭や保育施設での実証実験も行われている．高齢者をターゲットとしてビジネスデザイン研究所で開発されたパートナーロボット "ifbot" は，認知症予防などを目指し，なぞなぞ，歌，発声練習などの会話による脳の活性化トレーニングを行う．価格は約60万円で，2003年の発売開始以降，病院や高齢者施設での利用も増えている．また，自閉症の子どもをターゲットに情報通信研究機構の小嶋らにより開発された "keepon" は，人と視線を合わせ，首を傾げたり，ポンポンと体を上下させるというシンプルでリズミックな動作を行う．この動作が子どもの心を開き，安心してインタラクションできるのではないかという仮説のもと，国内外の療育施設で実証実験を行っている．

また，動物型ロボットを利用した**ロボットセラピー**は，動物と比較して清潔，安全，かつ飼い主が不要でストレスもないという利点が認められ，盛んになっている．産総研で開発されたアザラシ型メンタルコミットメントロボット「パロ」は，2004年に販売が開始された．高齢者施設において，2003年8月から1年間以上の実証研究を行い，アンケートや生理指標の測定によりストレスの低減，会話の増加などの効果が確認されている．現在も国内外の多くの医療・福祉施設で実証研究が実施されている．

また，ヒトに酷似した外観を持つロボット「アンドロイド」を用いて，筆者らは大学病院の診察室において患者への心理的影響を調べる臨床実験を行っている．外来患者に対し，陪席するアンドロイドのうなずき，笑顔のタイミングを変えて診察を行ったところ，患者に同調した場合に患者の診察への満足度が向上した．大学病院での，医師との1対1の対話という緊張度の高いコミュニケーションが，陪席しているアンドロイドの同調動作により緩和されたことが確認されている（ロボティクスを用いないコミュニケーション支援技術については2.3コミュニケーション支援を参照）．

6) リハビリ支援ロボット

高齢者に発症が多い脳卒中では，片麻痺により歩行が困難になる例が多く，歩行機能の回復を目指してリハビリテーション（機能訓練）が施される．長時間・頻回の訓練を実現するには理学療法士の負担が大きいため，CPM（continuous passive motion）装置という膝の曲げ伸ばしなど一定の決められた動作を繰り返す支援機器が市販されている．この機能を高度化したリハビリ支援ロボットとしては，安川電機からベッドサイド型の下肢運動療法装置のTEM（Therapeutic Exercise Machine）やTEM LX2が製品化されている．

また，免荷したトレッドミルを用いた立位での歩行回復訓練を目的としたシステムとしては，日立製作所のPW-10や，スイスBalgrist大学病院で開発されたDGO（Driven Gait Orthosis）がある．DGOは，Hocoma社から"Lokomat"として製品化されており，世界中で広く使われている．また，前述のHALも，歩行回復訓練に利用されている．

上肢の機能訓練に関しては，MITのFasoliらにより開発されたMIT-ManusがInteractive Motion Technologies社よりInMotion2として商品化されて，10年以上にわたり利用されている．これは，卓上の小型ロボットアームの先端に患肢を固定し，プログラムされた一連の動作で運動させるものである．

また，アクティブリンク社が開発した上肢リハビリアシストスーツは，片麻痺の患者が，健常側の腕の動きに合わせて麻痺側の腕のリハビリができる空気圧アクチュエータを用いた装着型ロボットである．

このようなリハビリ支援ロボットは，同じパターンを精度よく長時間繰り返すことや，大きな負荷を支えることができるだけでなく，運動状態を定量的・リアルタイムに計測することでエビデンスを構築するための有力なツールともなる．

近年ではこのような機能訓練と脳の活動との関連性を調べる「ニューロリハビリテーション」の研究が盛んになっており，注目されている．2010年の米国国防省・退役軍人局による「脳卒中の治療ガイドライン」で，上肢/下肢リハビリロボットについての記述が入ったことも，脳卒中の治療の選択肢としてロボットの利用が一般にも認められつつあることを示しており注目されている（1.9.5ニューロリハビリテーションも参照）．

また，産総研で開発された「たいぞう」やヴイストン社の「トレロ」など，小型の人型ロボットを応用した体操ロボットの開発も増えている．これらのロボットは，高齢者の運動実施の意欲向上，運動習慣の形成を支援することを目的としており，導入による効果の検証も進められている（リハビリ支援ロボット全般については2.2.4リハビリテーションロボットも参照）．

d. 生活支援へのロボティクス適用における課題と今後の展望

1) 実用化・産業化に向けた課題

以上で紹介したように，生活支援ロボットの研究は盛んに行われており，また，近年ではこれ以外にもヒューマノイドロボットを用いた家事タスクの実現など，高い技術も発表されている．

しかしながら，その成果が実用に結びついたものは非常に限られている．企業との共同研究，技術移転，試作までで終わってしまうもの，さらには，なんとか発売開始までこぎ着けても，持続的に販売を継続することができずに終わってしまうものも多い．生活支援ロボットの実用化へ向けたハードルは高く，実際に社会に広く受け入れられるには至っていないのが現状である．

このように事業化のハードルが高いことについては，コスト・ベネフィットやリスク・ベネフィットが十分高くない，あるいは不明であるという要因が大きいと考えられる．コスト，リスク，ベネフィットは支援ロボットの実用性を考えるときの三つの評価軸であり，しかも相反するためすべてを同時に満たすことはできない．そこで，それらをどう定量的に把握し，バランスをとるかが重要になる．

2) コスト・ベネフィットの向上

ロボットはコンピュータ，センサ，アクチュエータから構成され，一般的に非常に高価である．もちろん，コストをかければ機能も高くできる．製造コストに関しては，製造技術の進歩や量産効果により下がる要因もある程度は期待できるものの，研究者もはじめからコスト意識を持って研究開発を行うべきである．

また，産業用ロボットは単純あるいは危険な作業において「労働者の作業を代行する機械」であり，そのため，ロボットの導入によりコスト的にメリットがあるかどうかは，ヒトと比較した生産性の観点で判断で

きた．これに対し，生活を支援するロボットの場合も介護ヘルパーの人件費を減らすという観点で計算することは可能であるが，これと比べて難しいのは，このような人件費では計れない生活の質（quality of life：QOL）向上への支援ロボットの寄与である．QOLの向上を定量的に表現する方法がないと，それにどれだけのコストを払うことが妥当であるのかを，客観的に判断することは難しい．「QOLの向上」を言い換えるとベネフィットであり，ベネフィットを定量的に表現し，コスト・ベネフィットを明確にすることが必要なはずであるが，従来の支援ロボットの開発においては着目されてこなかった．ここで，ベネフィットはユーザからみた利益であり，単なるロボットの機能・性能（パフォーマンス）ではないことに注意が必要である．

3) リスク・ベネフィットの向上

リスク・ベネフィットを向上させるには，リスクを減らす，つまり安全性を向上させることが有効である．これには，さらなる技術の向上が必要で，研究室内での実験だけでなく，実環境での実証実験により信頼性の高いシステムを構築することが不可欠である．今後，現在の自動車と同様，ロボットに損保会社による保険をかけるためには，リスクアセスメント，安全認証の取得などの重要性も高まるであろう．NEDOの「人間支援型ロボット実用化プロジェクト」では，安全検討委員会を設置し，開発されたロボットのリスクアセスメントを実施したが，外部機関の安全認証をとるところまでは行われなかった．これに関しては，NEDOの「生活支援ロボット実用化プロジェクト」

においてロボットのための試験機関および認証機関の立ち上げが予定されており，このプロジェクトの果たす役割は大きいと期待される．

4) 生活機能的視点の必要性

機械的安全性，電気的安全性などにかかわるリスク以外にも，支援ロボットを利用することにより活動低下を招き，**廃用症候群**（生活不活発病）を引き起こすリスクも考えられる．現在のわが国の「つくられた寝たきり」および「つくられた歩行不能」の原因として，「車いす偏重」すなわち「車いすを安易に提供し，それによって，本来発揮できるはずの実用歩行や活動能力を低いレベルにとどめてしまうこと」が著しいことが明らかになっているが，これは支援ロボットの利用においても大きな問題になると予想される．廃用症候群を防ぐには，個々のユーザについて，生活のなかで何ができて，何を支援しなければならないかを機能的な視点で明確にし，過剰な支援が発生しないようにすることが必要になる．2001年にWHOにより採択された国際生活機能分類（International Classification of Functioning, Disability and Health：ICF, 図2.7.21）は，このようなことを考えることに役に立つと考えら

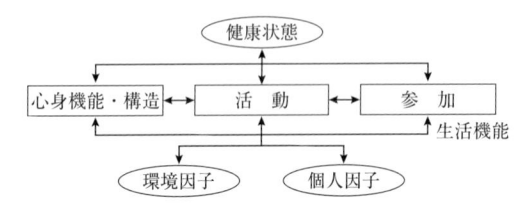

図 2.7.21　ICF（生活機能分類）の構造

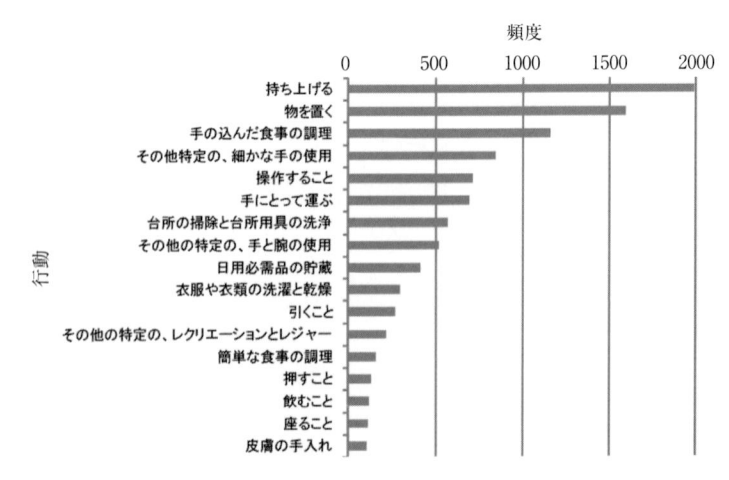

図 2.7.22　日常生活における行動の頻度

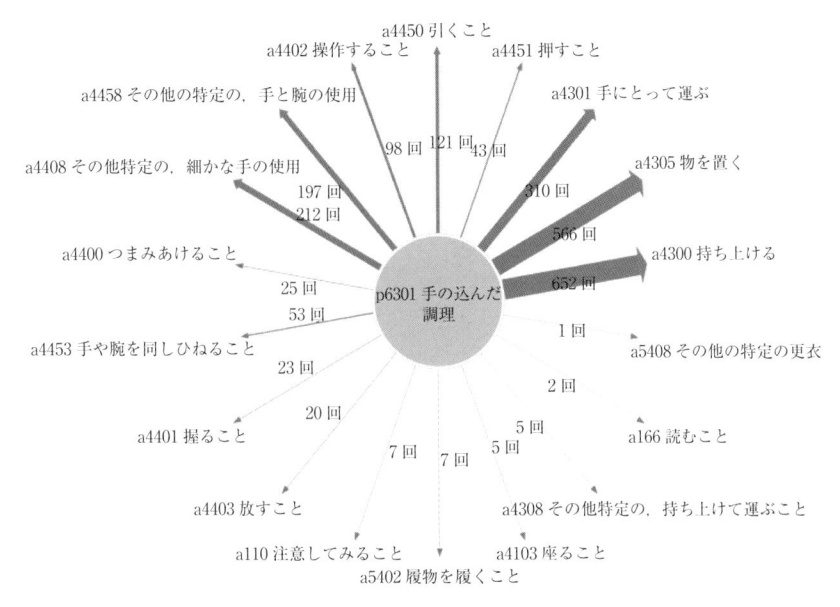

図 2.7.23 「調理」に含まれる行動

れる．

産総研の西田らは ICF の分類コードを利用し，生活行動データ（ライフログ）の分析に利用する研究を始めている（日本障害者リハビリテーション協会，2010）．図 2.7.22 は 5 日間の日常生活における行動・動作の頻度を ICF に基づいて集計したものである．頻度が高いものは，「持ち上げる」と「物を置く」であり，この行動ができないと日常生活が困難になることは想像に難くない．また，図 2.7.23 は「料理を作る」という行動のなかに，どんな動作が含まれているかを分析したものである．このように日常生活の全体を分析すると，ユーザのニーズに対してどんな支援が必要か具体的に見えてくる．

また ICF の考え方は，ロボットの評価にも活用することができる．ICF では生活支援ロボットは「環境因子」として位置づけられる．環境因子からは，生活機能の 3 レベル（心身機能・構造，活動，参加）へ直接の影響（プラス・マイナス両方とも）がありうるとしている．これまでの支援ロボットの評価では，リハビリ支援ロボットの場合は「心身機能・構造」への影響に，また生活支援ロボットの場合は「活動」への影響（特にプラスの影響）に偏重していたと思われる．今後は ICF の考え方に従い，ヒトとして最も重要な「参加」レベルの生活機能への影響を評価に入れる必要があり，また生活機能への（廃用症候群を含む）マイナ

スの影響も考慮する必要がある．

支援ロボットのベネフィットをこうして客観的・定量的に表現できるようになれば，ユーザが他のさまざまな福祉機器・福祉用具と比較しながら具体的な検討（生活のデザイン）ができるようになるし，支援ロボットが行政から日常生活用具や補装具などの認定を受けることに近づくであろう．国の財政難により福祉予算は削減され，認定を受けることは容易ではないが，公的な給付が認められれば，利用者は小さな負担で購入でき，支援ロボットの普及に弾みがつくと期待される．

〔松本吉央・梶谷　勇〕

文　献

安藤慶昭（2010）：初心者のための RT ミドルウェア入門― OpenRTM-aist-1.0.0 とその使い方―．日本ロボット学会論文誌，**28**(5)：550-555．

ISO/DIS 13482 (Robots and robotic devices―Safety requirements for non-industrial robots―Non-medical personal care robot)

次世代ロボットビジョン懇談会編（2004）：2025 年の人間とロボットが共存する社会に向けて．「次世代ロボットビジョン懇談会」報告書，経済産業省．

金広文男（2010）：RT ミドルウェアと OpenHRP3 によるロボットシミュレーション．日本ロボット学会論文誌，**28**(5)：556-561．

松坂要佐（2010）：RT ミドルウェアによるロボットアーキテクチャコミュニケーションシステム．日本ロボット学会論文誌，**28**(5)：566-567．

内閣府編（2011）：平成 23 年版高齢社会白書．

中岡慎一郎ほか (2011)：ヒューマノイドロボットのコンテンツ技術化に向けて—クリエイターによる多様な表現の創出が可能な二足歩行ヒューマノイドロボットの実現—. *Synthesiology*, 4(2)：80-91.

日本ロボット学会編 (1990)：ロボット工学ハンドブック，コロナ社.

日本障害者リハビリテーション協会 (2010)：障害者の生活機能向上に資する支援機器の開発研究に関する評価手法の確立に向けた研究報告書.

ロボット政策研究会編 (2006)：ロボット政策研究会報告書〜RT革命が日本を飛躍させる〜，経済産業省.

実践編

3
福祉機器開発の実践例

3.1 総論

　本章では全20ケースの福祉機器開発事例および適用事例について，実際に開発を担当された方々に御報告いただく．本ハンドブックの基礎編では人の特性の解説および各種生活支援機器や方法論の紹介を行ったが，実際にこれらの用具を開発・使用するうえでは，個別の技術や用具の問題だけではなく，使用環境や開発体制，社会制度など幅広い課題に遭遇する．これらについて網羅的に限られた紙数で抽象的に述べてもわかりにくいものになると思われるし，また本ハンドブックの範囲を越えている．そこで本章では多くの具体的な事例を示すことにより，問題の発見から開発，改良，そして使用されるまでの過程の実際を読みとっていただけることを目標とした．

　本ハンドブックの主旨にのっとり各報告では生理学や人間工学を背景とした設計や定量的評価の実際を述べていただいたが，これに加えて基礎編では得られない現場ならではの内容を盛り込むために，各報告では技術的観点のみならず開発プロジェクトが立ち上がった経緯と各関係者との協力体制などについても報告していただくことにした．そのなかには，普及活動や，各種の公的支援制度の利用のあり方も含まれる．もちろん技術的側面からも，現場で発生した種々の課題とそれらのフィードバックに基づく改良の過程については詳しく述べていただいている．

　多様なニーズに合わせ利用現場に密着した開発・改良の繰り返しが必要であるという点は，福祉機器開発の大きな特徴であり，特に中小の製造業者の，こまわりの利く開発改良が可能という強みが生かせる場面が多いと考えられる．そこで本章の編集に当たっては，多くの御報告を公設試験研究機関（公設試）の職員の方々にお願いした．地方公設試は，地方公共団体におかれた研究機関・試験機関で，業務の一環として地元企業の製品開発支援業務を行っている．福祉施設や大学，地方公共団体との共同開発や研究会などのコーディネートや，開発品のプロモーションなどを扱う事例も多く，技術面のみならず社会的な側面からの支援も行っている．

　また本章ではあわせて，公的な開発支援制度を利用したプロジェクトの成果として開発された事例を公開情報よりピックアップし，開発を担当された方々から御報告をお寄せいただいている．ここには，福祉機器の専業だけではなく非専業の企業の方々も含まれており，福祉機器開発のニーズに応じて，保有する技術を福祉分野へと適用したものである．

　結果的に御報告いただいた内容は，製品の開発，または製品に準じた半ば不特定多数の利用を想定した機器・用具の開発が中心となり，市場化のための課題に関する報告も多く含まれることとなった．その一方で医療やリハビリの現場では必須とされている個別の事例・症例に対応した実践的内容についてはやや手薄になった嫌いはあるかもしれない．しかし報告を通して窺われるのは，製品開発においても抽象的な不特定多数を対象にして開発が進められるわけではなく，利用者一人ひとりの個別の事情にまで密着して検討し，事例を積み上げることによって，より多くの人が使える製品に仕上げるプロセスが必須であるということである．製品化のためのフィールドテスト事例は，福祉機器の開発・利用のうえでの課題解決プロセスを豊富に含んでおり，個別対応を目的とした機器開発や利用の場面でも参考になるものと思われる．

　利用者や利用場面の多様性とどう向き合うかは，いずれの報告においても主要な課題となっている．対応すべき症状がみな異なっていることはもとより，使用場面による違い，同じ機器でも初心者と熟練者とでは使われ方・使いやすさや効果には違いがあることなど実際の試用・使用で課題が顕在化してくる状況が見て取れる．QOL向上の観点からは，利用者の嗜好に合わせ生活のなかに自然に入り込める設計であること，生活スタイルの変化や社会の意識の変化にキャッチアップする必要性も指摘されている．このため，試用段階の利用者を増やすことによって課題を明確化し解決していくアプローチが多くみられる．利用者の声を幅広く聞くため，利用者団体や専門家団体による研究会や学会などへの発表，プレス発表，展示会への出展などを通したアピールが有効であるとの指摘もあり，このような場では専門家の意見や不特定の潜在的利用者からの声を聞くこともできると同時に，用具の普及活動にもつなげることができる．

3.1 総論

また，利用者にとっての利用のしやすさ，入手のしやすさのためには，介護保険法をはじめとする貸与制度，給付制度，課税措置など各種支援制度が活用できることが重要であり，多くの事例ではこれを意識した開発が行われている．

本章では公的な機関や職員が介在している事例が多い背景もあるが，早い段階から多くの関係者を取り込んだ協力体制が組まれている事例が多くみられる．開発の各段階に存在するリスクに対応できるためにも，開発初期の個別利用者や中間ユーザからの要望の吸い上げから始まり，設計・試作・評価の繰り返しによって時間をかけて改良を重ねる過程で，利用者・療法士や医学関係者・工学系研究者・開発者が互いに知識を持ち寄って開発を進める必要が出てくる．製品開発の場合には販売関係者やレンタル事業者，デザイナーなどの意見も入れることになる．利用者団体や療法士団体などを含む協力体制の構築，関連する研究会活動の立ち上げなど，多くの専門家のアドバイスを受けられる体制とし，あわせて利用者層の拡大を目指した報告が多い．

リスク管理の観点では，安全性の確保は福祉用具の必須条件であり，特に製品として展開する場合には法規制上の要請を満たす必要もある．このためどのように対処したかに関する報告は多く，車いすの強度評価など安全対策が開発時の改良試作を繰り返す大きな要因となっていることが窺える．一方で，不特定多数への展開は当初はせず，機器の利用される範囲を見きわめ限定しておくという考え方もみられ，普及のチャネルを限定することにより，安全でより効果的な利用を促している事例が，いくつか報告されている．支援者や専門家の介入や紹介が前提の機器であれば事故や不具合などのリスクへの対応も容易となる．

各報告について簡単にご紹介しておく．

3.2節より3.7節までは，移動支援・移乗支援機器に関する報告である．3.2節では筋電計測などを踏まえた設計事例と研究会活動の事例，3.3節では座り心地や利用者の嗜好まで検討した製品開発の事例を報告していただいた．3.4節は車いすなどを評価する基本となる座位姿勢計測法の開発と普及の活動である．義肢装具師や企業も参加した委員会方式で検討し製品としての完成度を高めている．3.5節では空港の金属探知機を通過できるよう金属の使用を排した車いすの開発を，使える素材が非金属のみという特殊性からくる構造設計，強度・安全評価の経緯について解説いただいている．3.6節および3.7節は移乗用のツールで，介助者の負担を軽減するための機能面や，可搬性など多面的な検討がなされている．

3.8節は，新規に提案されたリハビリテーション器具の開発事例である．研究会組織による評価・開発のコーディネートが行われ，普及方法にも検討が加えられた．

3.9節から3.14節では，コミュニケーション用具などの事例が紹介されている．3.9節の声帯摘出者のための発声装置，3.10節の視覚障害者のための触覚ディスプレイなどの新しいデバイスでは，試作改良が長い時間をかけて行われていることが注目される．3.11節で紹介いただいたカラーユニバーサルデザインでは，視覚特性を考慮した防災情報の配色デザインについて紹介いただいた．3.12節のサウンドテーブルテニス，3.13節の木製玩具，3.14節のシリコンゴム製自立補助具は，遊具・教具であると同時に，障害の垣根を除くコミュニケーションツール・表現ツールとしての側面も担っており，臨床現場の多様なアイデアが反映されている．

3.15節以降は，生活支援のための用具に関する報告である．3.15節のノートパソコン取りつけアーム，3.16節のアームバランサーは筋力の衰えなどを補助するための支持具である．前者では利用様態の違いによる工夫と製品化までの道のりを紹介していただいた．後者は直接腕に装着するものであり，複数の障害事例で調査した問題抽出，医療関係者と技術者によるブレインストーミングによる改善案の数々まで紹介していただいた．

3.17節と3.18節は，布製品や靴の製造にかかわる企業による福祉用具の開発と改良である．いずれも素材に関する深い知識を踏まえた開発を行っていると同時に，福祉用具ゆえのニーズの多様性が開発のうえでも普及のうえでも課題になった様子が詳細に紹介されており，興味深い．3.19節では段差のある玄関に設置する腰掛けというユニークな製品の開発で，製品化に至るまで安全性に関する試験と改良が繰り返されている．3.20節は障害児用チャイルドシートで，国際展開を想定して安全性にかかわる規格をクリアしていった様子が具体的に紹介されている．

3.21節は機器開発とは異なるが，ホテルのバリア

フリー化のための長期にわたる活動に関する貴重な報告である．まだホテルのバリアフリーが一般的でなかった頃から継続的に行われてきた実践活動・体験談を報告していただいた．そこから導かれる数々の教訓は福祉工学にかかわる者であれば必ずや得るところのあるであろう内容となっている．

本実践編の各事例でもみられるように，実際の開発の経緯や展開は多様であり，今後はそれぞれの場面で蓄積されている技術・知識やノウハウの系統的整理と理解を進めることも必要ではないかと思われる．このためにも，成功事例，失敗事例ともになんらかの形で収集記録されていくことが望まれる．本実践編がその一端を担うことができれば幸いである．〔高橋昭彦〕

3.2 片手操作式歩行器の開発

a. 宮崎県福祉機械研究会の活動

宮崎県の高齢化率は，2010（平成22）年には25.8％に達し4人に1人は65歳以上の高齢者で，全国よりも速いペースで高齢化が進んでいる．本研究会は，福祉機械産業の新たな創出と振興を目的として1998（平成10）年8月に設立され，県内製造業が長年にわたり培ってきた確かなものづくりの技術力を福祉機械の分野へ有効に生かすため，現在会員は福祉機器開発に重要な役割を担う病院・施設関係機関を含めた産学官40機関で構成されている．

研究会の活動は，老人福祉施設の見学や意見交換，ニーズ調査など年5回程度開催され，地域に必要とされる技術開発につながる取組みを実施し，宮崎県工業技術センターは支援機関として製品化の技術支援を担っている．これまで研究開発した製品を以下に紹介する．

図3.2.1は，特別養護老人ホームのトイレ介助で実践されていた排泄介助を参考に実用化されたトイレ用テーブル（長友工務店製）である．図3.2.2は，従来の浴槽では入浴が困難であった方を支援する新しい発想のドアつき浴槽（ユーフレックス製 ひまわり）である．図3.2.3は，ベッドなどからの離床を検知する離床センサ（マイクロ電子サービス製）である．このほか，県内の病院や機械加工企業などと共同研究で開発したロッキング機能つき車いす，片手操作式歩行器の開発経緯などを詳しく紹介する．

b. ロッキング機能つき車いす

これまでの車いすは，移動のために用いられるケースがほとんどであり，リハビリ機能を兼ね備えたものは見当たらない．今回筆者らは，利用者みずから車いすに座ったまま下肢の訓練や低負荷のリハビリができる，これまでにはない**座面が揺動する車いす**（布施，日高，2010）を開発したので紹介する．

1) 車いす揺動機構

開発した車いす（図3.2.4）は，背もたれと一体となった座面が揺動することで，座ったまま両下肢を屈曲・

図3.2.1 トイレ用テーブル

図3.2.2 ドアつき浴槽

図3.2.3 離床センサ

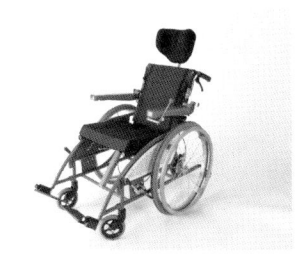

図3.2.4 ロッキング機能つき車いす

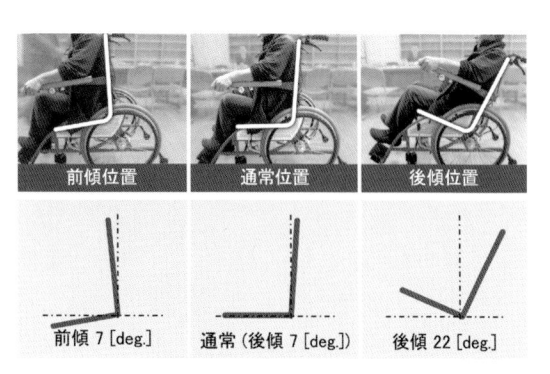

前傾位置　通常位置　後傾位置

前傾 7 [deg.]　通常（後傾 7 [deg.]）　後傾 22 [deg.]

図3.2.5 揺動位置と傾斜角度

伸展側に低負荷で，繰り返し運動ができる構造となっている．

図 3.2.5 に揺動位置と傾斜角度を示す．車いすは常に通常位置を保ち，使用方法は，フットレストを踏み込むことにより後傾位置となり，座面下に蓄勢されたスプリング機構により前傾位置に座面が戻る．この動作を繰り返すことにより，ロッキングチェアのようなゆれ動く動作が可能となる．

2) 機能性評価

車いす利用時の運動特性を検証するため表面筋電位計測，体圧分布計測を健常男性 1 名(41 歳)で実験した．

i) 表面筋電位計測

運動効果を検証するため両下肢の筋負担量を計測装置（追坂電子製 Personal-EMG）を用いて表面筋電位の直流電圧成分を計測した．実験では，各部位ごとに筋電図積分値（integrated electromyogram：IEMG）を求め歩行と比較した（図 3.2.6）．大腿四頭筋，ハムストリングスにおいては車いすによる運動負荷が歩行に比べ約 2 倍となり，前脛骨筋については，歩行の約半分の負荷となっていた．

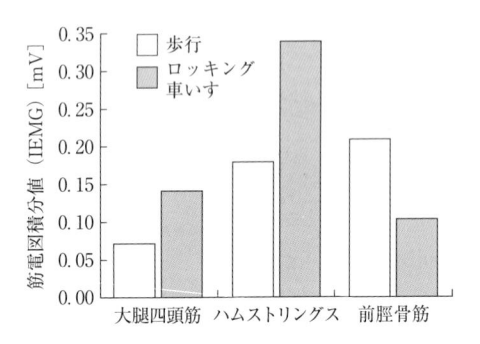

図 3.2.6 筋電図積分値

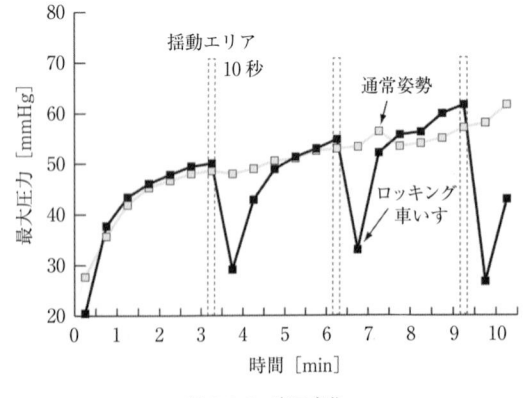

図 3.2.7 座圧変化

ii) 体圧分布計測

車いすに座ったままの状態（通常位置）と揺動機構を加えた状態（ロッキング）における座圧分散性を 10 分間計測した結果を図 3.2.7 に示す．ロッキング回数は，着座開始から 3 分経過ごとに 10 秒間揺動を行い，10 分間で計 3 回実施した．結果，通常姿勢では時間の経過とともに最大圧力値も徐々に上昇しており，一方，揺動機構を加えた側の最大圧力値は，揺動直後から座圧の低下がみられ，その後 2 分程度でもとの座圧に戻る傾向が確認された．

3) 考察

従来にない揺動機構を有する新規な車いすの開発を行い，被験者に与える運動負荷や動作特性について実験を行ってきた．開発した車いすは，ロッキング動作を取り入れることにより，車いすに座ったまま大腿四頭筋とハムストリングスにある一定の負荷を与えることが可能となった．前脛骨筋については，ロッキング動作以外の方法，たとえば足首の背屈・底屈を取り入れるなど新たな運動メニューを加えることで車いすに座ったまま歩行と同様に下肢を訓練できる可能性が示唆された．また，座圧分散効果については，ロッキング動作直後には座面との接触位置を変えることにより除圧の効果が一定時間確認できた．しかしながら，その後は圧力も上昇することから，どのようなタイミングで何回ロッキングを行うかなど適正な運動メニューを構築する必要がある．今後は，リハビリテーション病院などと連携し操作性や安全性などの検証と製品化に向けた研究を進めていきたい．

c. 片手操作式歩行器の開発

脳卒中などにより体の右半身あるいは左半身が動かなくなった片麻痺者は年々増加の傾向にあり，全国で約 27 万人（2006 年身体障害児・者実態調査）に上っている．一般的に片麻痺者のリハビリテーションは，セラピストによる機能回復訓練が行われているが，介助者なしでも歩行訓練できる機器開発が期待されている．今回筆者らは，片麻痺者の歩行の特徴をとらえ従来にない**片手操作式歩行器**（布施，村上，2005）を開発し，歩行支援の適合性について検証したので紹介する．

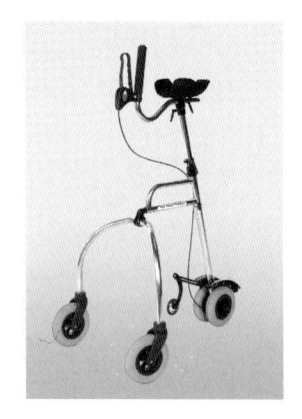

図 3.2.8 片手操作式歩行器

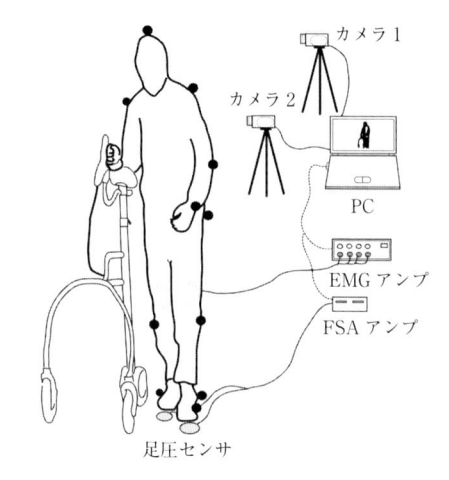

図 3.2.9 実験の構成

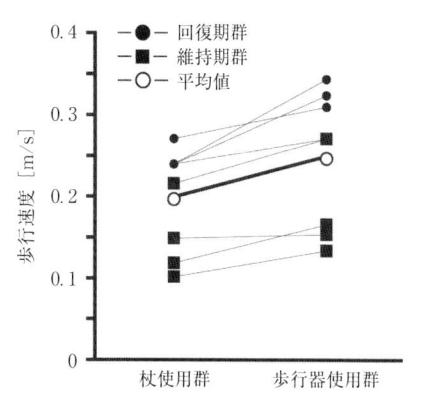

図 3.2.10 歩行速度の比較（$p<0.05$）

1) 脳卒中患者らの現状

歩行障害を持つ片麻痺者は，転倒のリスクを防止するため，車いすを使用することが多いが，それは利用者の歩行の機会を少なくすることになり下肢能力が低下し歩行ができなくなることが懸念される．仮に市販の歩行器を片手で操作したとしても，一方向かつ前方に力が加わり使用者の意図する方向に操作ができない．そこで，非麻痺側の運動機能を最大限利用する片手で操作できる専用歩行器を検討した．

2) 片手で操作可能な歩行器

これまでの歩行器は両手で支える必要があったが，本歩行器（図3.2.8，片手操作式歩行器）は片手操作が可能な構造としている．また，片麻痺には右麻痺と左麻痺があり，どちらの症状にも一台で対応できる昇降機能つきのフレームで構成している．車輪は前輪2輪と後輪を備え，歩行レベルに応じて補助輪をつける仕様となっており，杖に比べて基底面を広く確保できることから安定性をより重視した構造となっている．

3) 実験方法

杖と開発した片手操作式歩行器をそれぞれ使用した場合のパフォーマンスを知る目的で，2.6 mの直線歩行速度と足底にかかる圧力変化を計測した．測定方法は，被験者の体に反射型マーカを貼り，ビデオ撮影で運動解析（DITECT製 Dipp-Motion XD）を行った．足底にかかる圧力の変化や重心移動については，足圧センサ（タカノ製FSAシステム）を麻痺足と非麻痺足にそれぞれ装着し計測した．対象者は，入院患者で歩行監視レベル（杖と短下肢装具を使用）の8名（左麻痺，男性3名・女性5名，平均年齢 63 ± 18 歳，平均発症期間 747日）とした．実験の構成を図3.2.9に示す．

i) 歩行速度の検証

脳卒中発症後の経過と歩行速度との関係を杖使用群と歩行器使用群で比較した結果を図3.2.10に示す．歩行実験の結果，杖より歩行器を使った際の歩行速度が向上していることがわかった．被験者の平均歩行速度は，杖使用群 0.199 ± 0.064 m/s，歩行器使用群 0.248 ± 0.083 m/s であった．有意差をt検定で判定した結果，歩行器使用群は杖使用群より危険率5%において有意に速いことがわかった．

ii) 足底の足圧値比較

足底が床面に接する最大荷重時の足圧値（kgf換算）を比較した画像を図3.2.11に示す．最大荷重値は，杖使用群 20.6 ± 6.1 kgf，歩行器使用群 20.2 ± 2.71 kgf であった．危険率5%で検定した結果，両群に有意差

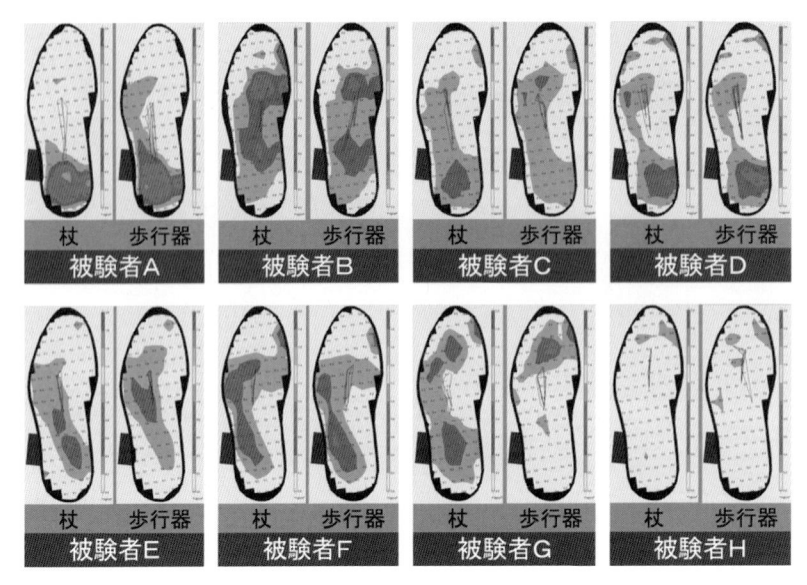

図 3.2.11　麻痺足最大荷重時の足圧画像

($p=0.405$) は認められなかった.

4) 考　察

片麻痺者の歩行支援を目的とした片手操作式歩行器の開発を行い，歩行器の適合性を臨床評価において杖と比較してきた．歩行実験の結果から，片麻痺者における歩行器の使用では，歩行器に過度に依存することなく，杖使用時よりも歩行速度が向上することがわかった．歩行器は構造上前輪が二つあることで，進行方向への基底面が広くなり，前進しつつ体重の移動が可能で歩行速度が向上したのではないかと考えられる．また歩行器は，杖歩行へ移行する手前の支援機器と考えており，今回の結果より，杖歩行の歩容と同様の傾向が歩行速度の解析や足圧分布から検証され，早期リハビリに本歩行器の効果（湯地，東，2007）が認められたことは非常に大きいと考える．今後の展開としては，一般社団法人藤元メディカルシステム藤元総合病院を含めた県内外の医療機関など，さらには福祉用具販売・レンタル事業者を通じて歩行器の紹介あるいは販売ができるルートを増やし，介護保険適用の可能性や販路に向けた取組みを遂行していきたい．

〔布施泰史〕

文　献

宮崎県工業技術センター：http://www.iri.pref.miyazaki.jp/fukushi/

布施泰史, 日高四郎（2010）：揺動機構を有する新規な車いすの開発. 生活生命支援医療福祉工学系学会連合大会, 146-147.

布施泰史, 村上　収（2005）：片麻痺者用歩行支援器具に関する研究開発. 第3回生活支援工学系学会連合大会, 53.

湯地忠彦, 東　祐二（2007）：片麻痺者用片手操作式歩行器の開発. 第42回日本理学療法学術大会, 520.

3.3 高齢者の姿勢と日常生活動作を考慮した介助用車いすの開発

高齢者車いすの問題点

現在（2013年）でこそ高齢者，障害者の「寝かせきり，座らせきり」は本人の尊厳と命にかかわる問題であると理解されているが，介護保険（1997年）前には高齢者の座位姿勢において多くの問題があった．

当時，流通していた車いすは本人の身体に合わせたオーダー車いす以外は，膝関節90°，股関節90°であり，背シートが地面に90°，座シートが地面にほぼ平行に固定されており，事務いすと同じ形状の，座っても辛いだけの姿勢を強いる車いすばかりであった．

寝そべった状態に近いリクライニング姿勢でもなく，仕事する事務いす姿勢でもない安楽な座位姿勢こそ高齢者の日常生活動作の支援のために必要であるとの考えから，介助を必要とする高齢者に向けた車いすの開発を始めた．図3.3.1は成果物である**介助用車いす「ひなたぼっこ」**である．

a. 開発の経緯

1) 研究開発の内容

ひなたぼっこは，「高齢者の姿勢と日常生活動作を考慮した介護用車いすの開発」として1997（平成9）～1998（平成10）年度の独立行政法人新エネルギー・産業技術総合開発機構（NEDO）福祉用具研究開発事業に申請し採択を受けた．

研究内容の大部分を占めたのは"座り心地"の探求である．それまでは安楽姿勢と作業姿勢の明確な線引きがなく，座角と背角と座幅を任意に調整・設定が可能な評価用いすを製作し，聞き取り調査による官能評価と，圧力測定器による座圧の測定を行った．

2) 聞き取り調査による官能評価

調査の初期より，円背ではなくとも加齢による背骨の前屈により直立した姿勢で座る苦痛の訴えが多かった．書き物をしたり食事をする軽い前かがみ作業姿勢は腰に負担がかかり大腿部裏全体に加重されるが，人と話したり景色を見たりする安楽な姿勢は背中でもた

図3.3.1 介助用車いす「ひなたぼっこ」

表3.3.1 SD法による聞き取り調査シート（一例）
＊＊＊ ＊＊＊様（年令　男/女）　座幅：＊＊＊cm　肘高さ：＊＊＊cm

座角/背角	0/0	0/5	0/10	5/0	5/5	5/10	10/0	10/5	10/10
食事しにくい	17	9	7	14	7	16	17	17	24
居眠りしにくい	25	23	23	25	22	5	16	7	9
立ち上がりにくい	4	4	3	12	8	18	22	20	23
机で作業しにくい	13	6	8	10	9	19	19	19	24
人と視線が合わせにくい	10	2	3	4	2	0	3	1	3
人と話しにくい	7	2	3	4	3	0	3	2	2
お尻の居心地がわるい	14	7	8	9	2	0	5	1	3
落ち着かない	20	16	13	20	9	1	9	3	4
後ろにもたれにくい	20	20	16	23	16	2	15	5	2
前にかがみにくい	2	2	3	7	8	15	14	17	20
疲れやすい	25	15	11	22	12	1	17	4	3

れ坐骨に加重が集中する．この二つの姿勢の違いが車いすのフレーム形状や座シートや背シートに影響を及ぼすことが予想できた．そこで聞き取り調査では「作業姿勢と寝そべった姿勢の間にある安楽な姿勢の追求」を目指し，「車いすで必要な動作と適正な姿勢」の関連づけを行う目的で，「各姿勢での作業の良好度（食事，居眠り，立ち上がり，机で作業，人と視線を合わせる，人と話す，お尻の居心地，落着く，後ろにもたれる，前にかがむ，疲れる度合い）」の適正な数値をSD法によって調査した．

SD法（semantic differential method）とは心理学的測定法の一つであり，事象に対し個人が抱く印象を相反する形容詞の対（良い悪い）を用いて測定する．それぞれの形容詞対に尺度の範囲を持たせ，範囲の度合いによって対象事項の意味構造（好み/嫌い，有効/無効，有為/無為など）を明らかにする．今回は各動作について否定による問いかけを行い，その感想を評価点化し好ましい度合いを計測した（表3.3.1）．

調査の際に評価いすを依頼先の自宅に持ち込み，実際の日常生活動作や介助動作の支援に必要な問題点も自由に発言してもらい，介助する側と介助される側に良好な車いすの各機能の評価と分析も行い現実の現場ニーズの対応となる機構を探った．

b. 開発の概要

1） 開発した車いすの諸元

聞き取り調査より，前傾した作業姿勢は安楽な姿勢ではないことがわかり，座角14°と大きく角度をつけ後方に傾き背もたれに体重をあずけられるよう，肩甲骨をカバーできる背高さ880 mmを持つ安楽な姿勢を導き出した．実際に評価いすを用いた社員による確認作業でも安楽な官能評価は得られた．しかし，その姿勢を保つためには通常の車いすフレーム形状では次のような多くの問題点が発生した．

（1）背もたれが低いと不安定であり，背もたれが高いと長いパイプがひずみ胸郭を押さえ込む．介助者の操作時にも不安定である．

（2）大きな座角がついていても，背もたれにもたれることで骨盤が後傾し前すべり座りとなる．また介助者が姿勢修正しづらい．

（3）背もたれ姿勢は介助者が起こしたり身支度の支援が難しい．

などの問題である．これらの問題点は本人＋介助者にも負担がかかる項目であり，解決の方法いかんによっては購入意欲を妨げたり，単に座らせるだけで使い切ってもらえない，つまり販売につながらない可能性も出てくる．そこで車いすのサイズ（大きさや角度）以外にも各種の機構を付加し，使い勝手のよい車いすとした．

2） 実用化に伴う機構の開発

上記の問題点を解決するために以下の機構を車いすに付加した．

（1）利用者が背もたれに体重をかけた際の背パイプのたわみを押さえ，介助者の操作力が効率よく伝わる左右背パイプの連結バーをつけた．左右の折りたたみにも対応している（図3.3.2）．背シートと座シートはベース生地とクッション生地をそれぞれ別にすることで洗い替えを可能とした．

（2）座シートのベース生地の後半を台形にカットし，後傾した骨盤が前すべりしないようなアンカー効果を持たせた．座シート後半は背シートとつながるために骨盤全体を支持できる（図3.3.3）．

（3）背もたれ姿勢により難しくなった本人の衣服調整や座り直し作業を容易にするため，介助者の前腕まで入る切込みを持つ肘パイプとした（図3.3.4）．実際の座位に支障のない小さな目立たない肘おきと透けた側板を取り付けた．これにより従来の箱に人をはめ込んだ車いす乗車ではなく，いかにも安楽ないすに座っているように見えるようになり，意匠面の向上に

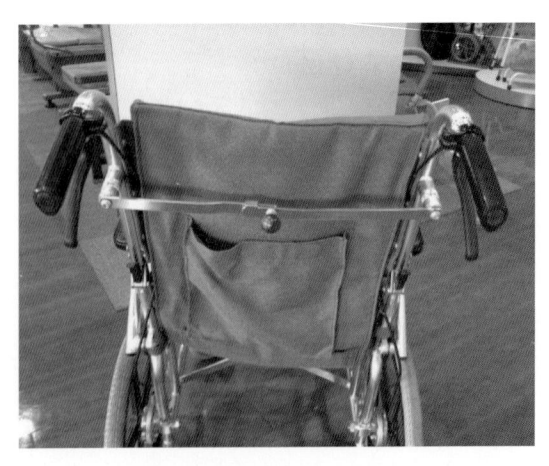

図3.3.2 背パイプの左右連結バー

図 3.3.3 シート後半の台形カットによるアンカー効果

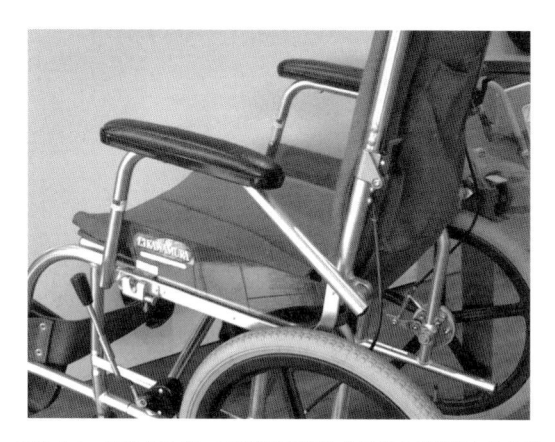

図 3.3.4 目立ちにくい小型透明側板と介助用の手掌差し込み部

もつながった．

3) 嗜好されるために

本開発では単に動作や座りやすい姿勢を具現化するだけではなく，利用者と介助者，また家族や居住エリアに沿った家財品として住まいに溶け込む配慮にも重きをおいた．聞き取り調査の際に口頭で色の好みを聞き，多くの見本色を調度品と比べて6色の色候補に絞り込んで，最終的には3色（ブルー，エンジ，グリーン）の商品展開とした．フレームワークにおいてもデザインを導入し，膝回りの曲がりの大きなパイプや，シンプルな肘おきパイプ，目立たないようにメインフレームと一体化したキャスターケースなど，車いすではなく住居のなかの安楽いすのイメージに重きをおき，利用者に好まれる民生品を目指した．

商品のリリース直後は「本人が漕げない介助用車いすなんて」という意見が過半数であったが，介助者目線の細部の工夫や実際に座ってもらったときの本人の満足度から販売数は徐々に伸びていった．特に座り心地のよさに加えて色やデザインへのこだわりを「ずっと乗り続けたい色や形の配慮などです．車いすが単なる車いすではなくて，日常生活用品の一つとしていきたいという願いから，車いすの原点に戻って開発しました」というコピーに置き換えることで多くの人からの共感を得て購買意欲につながった．この商品「ひなたぽっこ」はその後，介護保険制度のレンタル機種に合わせた「はなごよみ」へとリニューアルした．

テーマとして「高齢者のための車いす，高齢者の姿勢と日常生活活動を考慮した介助用車いす」を掲げたのであるが，民間企業としてニーズの掘り起こしと調査，その具現化の試作や臨床を行うことは大きなリスクと投資が予想された．しかしNEDOの福祉用具の研究開発助成制度により，調査機器や人件費や試作費など負担を軽減することができた．最終的には商品を生産するだけの投資で一つのアイテムが完成した．NEDOの制度には大いに感謝している．　〔松田靖史〕

3.4 ISO16840に準拠した座位姿勢計測機器の開発，座位姿勢計測セミナーの開催

車いす使用者にとって，**座位姿勢**は，快適性やモビリティに大きな影響を与える要因の一つである．また，いわゆる「不良な」座位姿勢は，褥瘡発生，脊柱変形，生理機能低下などの，二次障害のリスクを高めてしまう．そのため，座位姿勢を計測し，「不良な座位姿勢となっていないかどうか」を確認して，必要に応じて改善することは，重要である．

座位姿勢を計測するための計測ルールは，2006年に発効された国際規格である，ISO16840-1で規定されている．一方で，ISO16840-1では，具体的な計測方法や計測機器は規定されていない．そのため，臨床でも使用可能な，座位姿勢の計測方法や計測機器の開発が求められていた．

そこで，福祉用具事業者や専門家（理学療法士，作業療法士，義肢装具士など）と協力し，座位姿勢計測機器「Horizon（ホライゾン）」と，座位姿勢計測ソフトウェア「Rysis（リシス）」を開発した（図3.4.1，3.4.2）．

ISO16840-1は，座位姿勢を二次元平面（矢状面 sagital plane，前額面 frontal plane，水平面 transverse plane）上で計測することとしている．また，それぞれの平面ごとに，ランドマーク（landmark）と身体節線（body segment line）を規定している．そして，身体節線の傾斜角度（矢状面，前額面の場合），もしくは回転角度（水平面の場合）によって，座位姿勢を表現することとしている．

Horizonは，ピエゾ抵抗型3軸加速度センサとジャイロスコープを内蔵した，傾斜角度および回転角度の計測器である．座位姿勢計測においては，左右の指示棒を，被計測者のランドマークに当てて使用する（半田ほか，2011）．

Rysisは，座位姿勢計測専用の，二次元デジタイズソフトウェアである．デジタルカメラで撮影した被計測者の画像を取り込み，ランドマークをマウスでクリック（ポインティング）すると，身体節線の傾斜角度および回転角度が自動的に算出される（半田，廣瀬，2010a）．

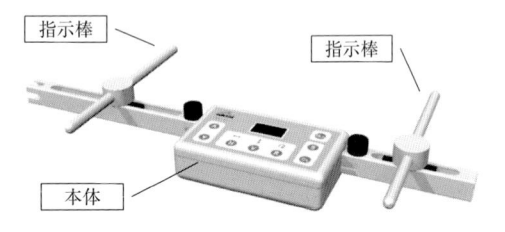

図3.4.1 座位姿勢計測機器「Horizon（ホライゾン）」

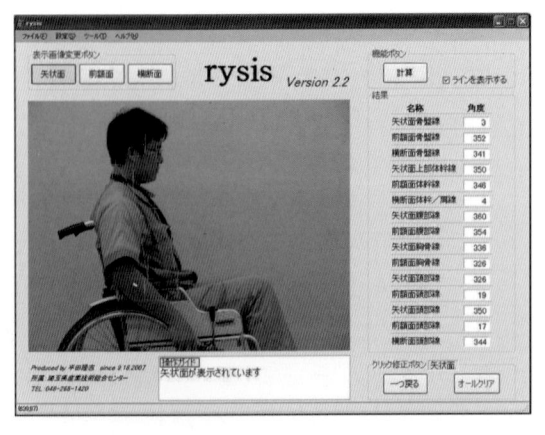

図3.4.2 座位姿勢計測ソフトウェア「Rysis（リシス）」

a. 開発の経緯

Horizonの開発のきっかけは，2005年の，見木太郎氏（現在，平賀義肢製作所，義肢装具士）の，当センターへの来訪である．当時，見木氏は，独自に**アナログ式姿勢計測器**（見木，廣瀬，2007）の開発に取り組んでおり，これに関する技術相談のために，来訪された．筆者は，このとき，はじめて**座位姿勢計測**という研究分野を知った．

見木氏と意見交換を重ねるなかで，新しく，デジタル式の座位姿勢計測器（のちのHorizon）を，共同で研究開発することになった．見木氏の紹介により，佐野公治氏（ユーキ・トレーディング社）も加わった．そして，2007年には試作器が完成し，三者で特許を出願した．

同年，独立行政法人新エネルギー・産業技術総合開発機構（NEDO）の研究助成事業（平成19年度福祉用具実用化開発費助成金）に採択されたことを機

に，製品化のためのプロジェクトチームを発足させた．チームは，開発委員会と評価委員会からなり，開発委員会が開発した試作器を評価委員会がユーザの立場から評価して開発委員会にフィードバックする，というサイクルを繰り返した．開発委員会のメンバーは，見木氏，佐野氏，筆者に加え，廣瀬秀行氏（国立障害者リハビリテーションセンター研究所，理学療法士，工学博士），小俣精一氏（エスコウィンズ社）であり，評価委員会のメンバーは，木之瀬隆氏（現在，シーティング研究所，作業療法士），古賀洋氏（特別養護老人ホーム浅草，理学療法士），井筒隆文氏（竹の塚脳神経リハビリテーション病院，作業療法士）であった．また，本体やロゴマークのデザインは，セントラルライン社に依頼した．いずれの方へも，これまでの各人の人的ネットワークから個別にプロジェクトチームへの参加を打診し，快諾いただいた．

Horizonの製品化に当たっては，研究開発段階とは異なる考え方が必要であった．たとえば，使用するセンサやマイコン，その他の部品は，研究開発段階では，精度などの性能を重視して選定していたが，製品化段階では，サイズ，消費電力，耐衝撃性，電磁両立性も考慮する必要があった．さらには，工学的特性のみならず，コストや，入手の容易性・確実性・継続性も重視しなければならなかった．また，各部品の購入個数を決定する際には，一括購入する数に応じた，コスト低減効果と在庫リスク増大の，トレードオフを考慮する必要があるなど，より経営的な判断も求められた．そのほか，RoHS規制や輸出貿易管理令，薬事法などの法規制についても，対応を検討する必要があった．

製品のコンセプトを決めることも重要であった．これは，議論を重ねた結果，「親しみを感じられる製品」とすることとした．そして，このコンセプトに基づき，本体は丸みを帯びた形状にした．シンボルカラーはオレンジにした．また，本体のボタンの数を可能な限り減らすとともに，操作は極力シンプルになるようにした．なお，試作器のデザインや使用感については，主なユーザと想定している理学療法士や作業療法士を対象として，アンケート調査を実施し（井筒ほか，2009），製品化の参考にした．

このように，製品化に至るまでには多岐にわたる事項の検討が必要であり，さまざまな困難があった．それでも製品化を達成できたのは，助成金を活用しながら，研究開発の初期段階から，技術者，福祉用具事業者，専門家，デザイナー，ユーザなど，さまざまな立場の人がプロジェクトチームに参加し，一体となって協力しながら，それぞれの立場から意見を出し合ったためであると筆者は考える．

プロジェクトは2009年に終了したが，2010年からは，中小企業庁の助成事業（平成22年度新事業活動促進支援補助金新連携支援事業）により，あらためて活動を開始した．なお，Horizonは2010年からユーキ・トレーディング社により，国内外で販売されている．

一方，座位姿勢計測ソフトウェアRysisの開発のきっかけは，2006年に廣瀬氏より，「被計測者の二次元画像をもとに，座位姿勢を計測するソフトウェアを開発しないか」との相談を受けたことである．それまでも，二次元画像分析ソフトウェアはいくつか市販されていたが，一般的に座位姿勢計測のみの使用に当たっては高価かつオーバースペックであり，操作も複雑であった．また，直接的にISO16840-1に従った角度計測ができないことに加え，ランドマークが，車いすや衣服の陰に隠れている場合，その位置の特定が困難であるという問題もあった．そこで，廣瀬氏と協力し，座位姿勢計測に特化した二次元デジタイズソフトウェアの開発に着手した．特に，操作が簡便であり，隠れたランドマークの計測も可能であるものにすることとした．

2007年に，最初のバージョンが完成した．そして，フリーソフトウェアとして無償配布することとした．配布先には使用感などに関するアンケート調査を実施し，あわせて，適宜ヒアリングを行って，意見の収集に努めた．その後，それらの意見を参考にしながら，バージョンアップを繰り返した．2012年6月現在，最新のバージョンは2.2である．また，累計の配布数は300件を超えており，配布先機関の国籍は，日本のほか，英国，米国など，合計8カ国である．

b．普及活動

HorizonおよびRysisとも，広くユーザに使用してもらうためには，その精度，信頼性，妥当性が確認されている必要がある．そのため，これらの検証を，金属モデルや実際のヒトを計測対象として実施した．その結果，いずれも，臨床における座位姿勢計測の基準を満たしていることが示唆された．得られ

た結果は，国内外の学会での発表や，論文投稿を通して積極的に公表してきた（半田ほか，2010b）．また，ISO16840-1の国際ワーキンググループの会議（ISOTC173/SC1/WG11）でも，プレゼンテーションを実施した．これらの活動は，主に学術的な観点から実施したものであるが，結果的に製品の認知度向上に役立ったと考えられる．

別の普及活動としては，展示会への出展がある．2008年には，産業技術連携推進会議医療福祉技術分科会の募集に応じ，採択されたことで，Rysisを第35回国際福祉機器展に費用負担なしで出展することができた．Horizonについては，上述のとおり，NEDOの研究助成事業のもとで開発したことから，2009年の第36回国際福祉機器展のNEDOブースに，やはり費用負担なしで出展できた．これら展示会への出展は，大きな効果があったと筆者には感じられる．

なお，HorizonおよびRysisのそれぞれについて，記者発表を実施したところ，ともにいくつかの新聞に取り上げられた．これも効果の大きい普及活動となった．

座位姿勢計測の分野は，市場が大きいとはいえないことから，広告宣伝のために多額の費用を投資することは難しい．そのため，上記のような極力費用をかけない方法による普及活動は，有効であった．

座位姿勢計測という研究分野自体を発展および普及させるための活動としては，研究会の設立がある．座位姿勢計測に関心を持っている人たちの情報交換や議論のための「場」となることを目的として，2009年に廣瀬氏，見木氏，筆者が中心となって研究会を設立した（半田ほか，2011）．名称は，**座位姿勢計測研究会**とした．会則などは設けず，また，各人の所属機関から独立した，ゆるやかな集まりの任意団体とした．

座位姿勢計測研究会の主な活動の一つは，年1回の「座位姿勢計測セミナー」の開催である．ここでは，ISO16840-1に関する講演や座位姿勢計測方法に関する講習，座位姿勢計測に取り組んでいる人による学会形式の発表などを行っている（図3.4.3）．研究会のもう一つの主な活動は，ウェブサイト上での情報発信である．座位姿勢計測機器の紹介や，研究および臨床応用事例などを掲載している．ウェブサイトのアドレスは，「http://seating.web.fc2.com/index.html」で，

図3.4.3　第1回座位姿勢計測セミナーの様子

現在は一方通行の情報発信がほとんどであるが，今後は相互交流が可能となる仕組みをつくりたいと考えている．

HorizonおよびRysisとも，よりよいものにするために，引き続き改良活動を実施している．これまでにユーザから寄せられた意見や要望をできるだけ反映させて，さらに使いやすいものにしていきたいと筆者は考えている．

なお，現状では座位姿勢計測という研究分野自体がいわば揺籃期にある．解決すべき課題や研究対象は多いが，これからも多くの人と意見交換をしながら引き続きこの分野の発展のために努力していきたい．

〔半田隆志〕

文　献

半田隆志，廣瀬秀行（2010a）：ISO16840-1の臨床応用を可能にする座位姿勢計測ソフトウェアの開発．日本生活支援工学会誌，**10**(2)：27-35.

半田隆志，廣瀬秀行（2010b）：座位姿勢計測ソフトウェアの信頼性評価と妥当性評価．日本生活支援工学会誌，**10**(2)：36-44.

半田隆志ほか（2011）：デジタル式座位姿勢計測器の開発と評価．日本生活支援工学会誌，**11**(1)：34-42.

半田隆志ほか（2011）：シーティングにおける座位姿勢計測．ヒューマンインタフェース学会誌・論文誌，**13**(2)：135-145.

井筒隆文ほか（2009）：ISO16840に基づいたデジタル姿勢計測器（Horizon）の使用評価について．第24回リハ工学カンファレンス講演論文集，195-196.

見木太郎，廣瀬秀行（2007）：臨床現場で使用できる姿勢計測器の開発．国立障害者リハビリテーションセンター研究紀要，**28**：73-79.

3.5 金属探知機に反応しない竹フレーム非金属車いす

a. 開発の経緯

従来空港において車いす利用者および体調不良などの人には，車いすが貸与されている．搭乗口までの移動時には**金属探知機**（metal detector）を通過することになるが，このとき車いすには金属が使われているので係員によるボディチェックなどを受けることになる．不愉快な思いをされる搭乗客も多く，日本航空（JAL）担当者は対策を模索し，日本航空，大分県の家具製造業で竹フレーム車いすを製作しているサン創ing，産業技術総合研究所の三者で金属を使わない車いすを開発する共同研究が2007年に始まった．

b. 開発目標

まず，第一に空港用金属探知機に検知されないこと，すなわち車いすに乗ったままで搭乗客の身につけた金属物の有無のみが検知されるようにすることである．第二に竹による美しいデザインを維持することが必要である．具体的には竹フレームをプラスチックやCFRP（炭素繊維強化プラスチック）のパーツが貫通する箇所があっても，竹の繊細なデザインを生かすため竹フレームはスリムに仕上げたい．そのためにプラスチックやCFRPのパーツの径も細めにすることが要求された．もちろん，それは強度的に厳しい課題となる．

第三にJISの手動車いす走行耐久性試験（fatigue strength test for wheelchairs）をクリアすることである．手動車いすのJIS全規格をクリアすることも検討されたが，強度関連規格に関しては，まず最も厳しいとされる走行耐久性試験の合格を目指した．これに対して新たに2点支持型キャスター機構を考案し合格することができた．他のJIS規格であるキャスター耐荷重試験では1点支持型キャスターを前提にしているため，今後試験方法についての検討が必要になると思われる．

第四にコストに配慮した開発を行うことと広く使われることを考慮して最終製品価格を抑えることである．具体的には，超高強度のCFRP材を使用することや，プラスチックパーツを新たに金型から生産することは不可とした．

c. 竹フレームのベース車いす金属部品の使用箇所

サン創ingが従来より製品化していた車いすは，フレームは竹製であるが，ほかはほとんど金属部品が使用されている．金属部品は，メイン車輪，キャスター車輪のボールベアリング・車軸，キャスター縦軸とそのボールベアリング，フットレストの折りたたみ機構，駐車用ブレーキのレバーやロック機構，空気入りタイヤのビードワイヤ・バルブ，竹フレームの締結用ボルト・ナットなどで使われている．このうちタイヤのビードワイヤについては開発当初，非金属のケブラー製のものがあった．またバルブは質量・専有空間とも小さいため空港用ゲート型金属探知機には検知されない．しかし，その後タイヤが生産中止となりメイン車輪，キャスター車輪ともソリッドタイヤを使用することになった．路面からの衝撃吸収性が低下し耐久性に悪影響を及ぼすがやむをえなかった．ただしコストを度外視すればビードワイヤを使用せずに，リムにリムセメントという接着剤で固定するチューブラータイヤを特注サイズでつくるという選択肢はあった．

d. 非金属材料の使用箇所

最も強度が必要となるメイン車輪，キャスター車輪の車軸，キャスター縦軸，フットレスト軸についてはCFRP製とし，コスト上，強度は最大で普通鋼並み程度とした．フットレスト軸はベース車いすでは角断面の竹材で，蝶番いでフットレスト板を取り付けてあり，プラスチック製蝶番いでの置き換えも検討したが強度が不足した．導電材料である炭素繊維は金属探知機の種類によっては金属として検知されるが，空港用のものでは検知されないことを確認した．

メイン車輪のハブ，各種ブッシュ，スリーブ，1号機でのカム式ブレーキプレートにはエンジニアリングプラスチックを使用した．力学的強度の強い順にガラス繊維強化レニイ，ガラス繊維強化ポリカーボネート，ポリカーボネートとなる．コストも同じ順で高い．ただし衝撃強度は逆の順になる．ポリカーボネートは溶剤入り接着剤には適さない．それらを含めて試行錯誤し適材適所を選択した．

2号機以降ではメイン車輪，キャスター車輪の車軸，キャスター縦軸に酸化ジルコニウム製セラミックボールベアリングを使用した．各箇所に2個ずつ左右1対で12個となる．既存車いす部品からの流用はコストダウン化も含めて行った．メイン車輪，キャスター車輪のホイール，キャスター車輪のヨーク（自転車のフォークに相当する車輪を支える二股部分），フットレストの板である．プラスチック製のそれらから金属製ベアリングレース，ベアリングホルダの削り取りや穴径の拡大を行っている．このことでプラスチック部品を新たに金型から製作することは不要になり，すべて機械加工により対応できた．

3号機以降では，硬質ウレタンゴムをキャスター縦軸用のベアリングホルダとして使っている．詳しくは3号機の項に記述する．竹フレームどうしの締結にはM8, M10, M12, M16サイズのガラス繊維強化レニイ製のボルト・ナットを使用している．デザイン上，竹に埋め込ませるため六角ボルトヘッドを円柱状に削りマイナスドライバー用の溝加工を施している．六角ナットは，一部を残して円柱状に削ってある．なお六角穴つきボルトは市販品で種類が少なく，穴つきの穴によりボルトヘッドの破断強度が低下するためほとんど使用しなかった．

e. JIS の車いす走行耐久性試験

12 mm 高の段差を持つ径 250 mm のドラム上を 3.6 km/h で20万回，段差を乗り越えながらの走行を44時間行う．それを図3.5.1に示す．キャスター車輪は，毎回段差に衝突し弾き飛ばされて落下し路面に再度衝突する．このときの衝撃が強度上問題となる（ダミー質量 75 kg, 100 kg）．

f. 各開発機

1） 1号機

CFRP 製軸の破断防止のため，すべり軸受けを採用して軸を大径化させた（キャスター車輪の縦軸で径 20 mm）．しかし左右軸受けの摩擦差が生じ，車いすの直進性が損なわれた．摩擦材をプラスチックからセラミックに変更することで摩擦係数を安定化することも考えられたが，2号機はボールベアリング仕様とした．フットレストの跳ね上げ時の竹フレーム（取付け棒は竹製のため自在な形状がとれない）との干渉は円筒カムを用いて前方へ移動させ回避した．構造を図3.5.2に示す．ブレーキはカムレバーを引くことでメイン車輪ハブ部にブレーキ板が圧着固定する形式を

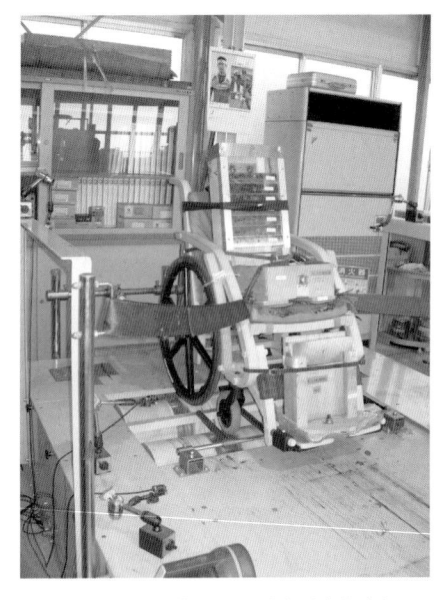

図3.5.1 2号機でのJIS走行耐久性試験

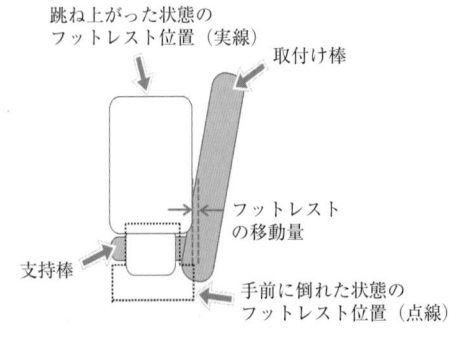

図3.5.2 フットレストの円筒カム機構による移動

とったが前進時に自動解除されることがあり，ブレーキ板に伝わるトルクを遮断する板がさらに必要であることがわかった．

2) 2号機

金属製車いすと同じサイズの12 mm径の普通鋼並みの強度のCFRP製軸をキャスター車輪の縦軸とした．しかし強度（曲げや引張りだけでなく，せん断の衝撃が強すぎた）が不足しJIS試験20万回のうち386回で破断した．疲労破壊の目安となるプラスチックのS-N曲線では，応力が半減すると疲労破壊までの回数は100倍になる．そこで次号機では応力を1/4に下げることを目標とした．ブレーキは結局方式を改め，竹レバーがタイヤを圧着固定，レバー端を手すり下でロックするようにした．

メイン車輪はケブラービードワイヤ入り空気タイヤ（その後生産中止），キャスター車輪はスチールビードワイヤ入り空気タイヤ（その後金属探知機で検知）とした．

3) 3号機

キャスターヨーク内でとりうる最大径だった縦軸ベアリングを竹フレーム側に移設し，さらに大径化し縦軸径を12から17 mmに増大することでせん断応力を半減させた．従来キャスター縦軸は1点でフレームに取り付けられるものであるが，2点に分けてフレームに取り付けて，その2点間距離で長くたわむことで衝撃を吸収する構造を考案した．1点支持型と2点支持型を図3.5.3と図3.5.4に示す．

キャスター縦軸ベアリングをウレタンゴム製ホルダで支持することで次の4点を実現した．①ゴムによる衝撃吸収，②縦軸が固定支点支持から回転支点支持となり，さらにたわみが増大する，③竹フレームの精度サブミリオーダーと上下2段ベアリングの要求軸精度ミクロンオーダーの不一致を許容させる，④ゴム硬度が柔らかすぎるとキャスターがぐらつき直進安定性が低下するのを硬度90で適度とする．以上の結果JIS試験規定回数の20万回を越え31万回になっても正常に走行可能という性能を保持することができた．

4) 4号機とその後の展開

デザイン性向上のため機構部分が露出しているキャスターを目だたない位置に移設した．非金属製ビード

図3.5.3 ベース車いすでの1点支持型キャスター

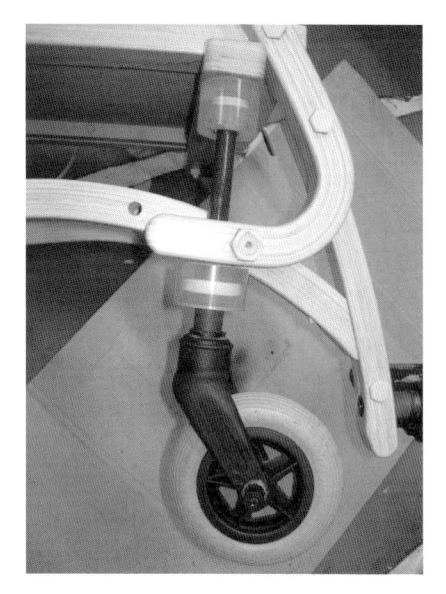

図3.5.4 2点支持型キャスター3号機

ワイヤの空気タイヤの生産中止に伴いソリッドタイヤを使用せざるをえなくなったが，その衝撃増大に対応して設計変更を行った．接着剤トラブルも複数発生したが構造変更で対応した．ブレーキはタイヤ挟み固定型に変更し，ロックアクションを不要とすることで使い勝手を向上させた．これらを含め4-2号機で再度JIS走行耐久性試験をクリアし，4-3号機以降からは実用機として2011年より大分，羽田（図3.5.5），伊丹空港でサービス用に使われはじめており，さらに多くの空港へと展開される予定である．また2011年度グッドデザイン賞を受賞している．

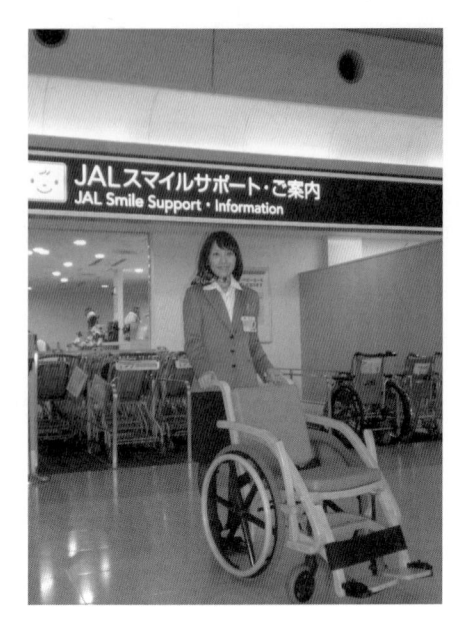

図 3.5.5 羽田空港 JAL 車いす貸出しカウンター

g. 衝突時の運動エネルギー吸収についての2号機・3号機のキャスター強度比較

衝撃の発生は，①キャスター車輪の段差への水平衝突（速度 1 m/s），②跳ね上げられてドラム面への落下衝突（速度 0.5 m/s）の二度起きる．強度比較では類似のことと考えてよいので，②について検討する．落下衝突時に運動エネルギーが衝撃力 F と軸のたわみ x の積分

$$\int F\mathrm{d}x$$

で吸収される．また F は，はりのたわみ公式から求まり，$F=ax$ という形になるので

$$\int F\mathrm{d}x = \int ax\mathrm{d}x = \frac{1}{2}ax^2$$

となる．

2号機は，固定支点の片持ちはりであり，3号機は，回転支点の2点支持はりである．これから等しい F に対して3号機は2号機の約30倍たわむことになる．すなわち a の値が30倍違う．よって運動エネルギー $(1/2)ax^2$ を同等とすれば3号機は2号機に対して，たわみ x は $\sqrt{30}$ 倍，衝撃力 F は $1/\sqrt{30}$ 倍となる．実際もこの計算を裏づけるようにキャスタータイヤ面での試験時の前後たわみは，2号機では目視不能レベルであったが3号機で約5 mmであった．これをせん断応力に換算すると3号機は2号機に対して1/15となり，前述の目標値1/4を余裕を持ってクリアできたことになる．

本研究開発は，日本航空の資金提供を受けて家具製造のサン創ingとの三者による共同研究「空港用車椅子の開発と評価に関する研究」（2007〜2011年度）により行ったものである

〔岩月 徹〕

3.6 移乗用介護リフトの開発

車いすやベッドの利用者で，自力でベッド・トイレと車いす，浴室などの間で移乗・移動ができない人たちにとっては，介護者の助けが不可欠である．要介護者は介護者に抱きかかえられて移乗・移動しているが，介護者への負担は非常に大きいものである．負担軽減のため各種床走行式の移乗用リフトが市販されているが，使い勝手の悪さと価格面で広くは普及していないのが現状である．しかしながら移乗作業は介護現場では日常的に繰り返されており，多くの介護者が腰痛などの苦痛を訴えている．

筆者らは，簡単に要介護者にセットでき，かつ少ない労力で安全に使用でき，1回の移乗作業で移乗と現場移動ができる**移乗用介護リフト**を開発し，実用化したので紹介する．

a. 従来の床走行式リフト

従来よく目にするリフトは患者をスリングシートでつり下げて身体全体を浮かせ，移乗・移動を行うものである．電動式が多く，うまく使えば非常に有用なものである．**手動式つり下げリフト**もある．これは，減速機構を使って軽いハンドル操作で移乗・移動を行うものである．しかし安全性を確保するために，患者をつり下げるスリングシートを確実に装着することに労力を要している．また安定性の確保のために底面積を大きくしているので，狭い場所での取り回しが不便である．

患者をつり下げない簡単なものでは，患者の前に設置して患者の胸をパッドで受けて前方に引き出して座面を浮かせ，その場で回転させて移乗させるものがある．簡単ではあるが患者の負担感，姿勢の安定性，安全性，操作者の労力が問題となっている．

前記問題点を解決するために胸受けパッドを凹形状として保持を確実にし，膝受けなどを設置し，ハンドル操作と足踏み操作で座面を浮かすリフトがある．車輪がついていて移動可能である．しかし，なお操作力が大きく介護者の負担となっている．操作力低減のために電動モータ使用のものがある．操作力は軽減されるが，スリングを患者の股下や腰部，臀部に設置しなくてはならず，それが介護者の負担となっている．

b. 従来の床走行式リフトの問題点

従来の各種床走行式リフトの問題点をまとめると次のようになる．
・作業中，移動中の身体が不安定
・操作荷重が大きい
・使い方が面倒
　（スリングシート敷き込み，掛け方）
・狭い室内での取り回しが難しい
・電動式はバッテリの保守が必要（充電）
・床走行時の段差越え
・高価格

c. 開発した移乗用介護リフト

上記の問題点を解決するべく，筆者らは一次，二次と開発を行ってきた．

1) 一次試作機

一次試作機を図3.6.1に示す．図のように一次試作機は患者の胸をパッドに受けて姿勢安定用の握りを持ってもらい，介護者がハンドルを押し下げることにより患者を介護者側へ引き出す．従来機が胸受けパッドを1点回動で回転により上方へ持ち上げていたのに対し，一次試作機はリンク運動によりほぼ前方に引き出す構造としている．また足乗せステップ，膝当て，移動用キャスタが装着されている．図3.6.1下に示すように移乗作業は可能である．一次試作機における問題点とその対策を表3.6.1に示す．

2) 二次試作機

1)で述べた対策を施して二次試作機を製作した．二次試作機の構造を図3.6.2に示す．

図3.6.2において左の図はハンドルを押し下げる前

を示し，右の図はハンドルを押し下げたあとを示す．リフトは前後に4個のキャスターを装着し中間に2個の走行輪を配したベース上に可倒式支柱を設け，この可倒式支柱を支える固定支柱にハンドル支点を設けている．ハンドルを下げるとリンク運動により，胸当てが操作者側へ引き寄せられるとともに，可倒式支柱をも連動させて操作者側へ回動させる構造となっている．胸当ては患者の腹部から胸部にかけて深く受けるように凹状上に形成されており，内部は軟質ウレタン，形状保持の樹脂部品，外部は合成皮革のカバーにより構成されている．また，患者が自分の手をおくことのできる握り部と，膝から下を受けるすね当てを装備している．実際に患者に適応させている写真を図3.6.3～3.6.5に示す．ハンドルは図3.6.3，図3.6.4の位置，および図3.6.5の位置で固定され，ハンドルレバーを握ることにより解除される．リフト重量は18 kg，ハンドル操作荷重は8～11.8 kgであった（患者体重80 kg）．座っている被験者は身長172 cm，体重72 kgの成人男性である．

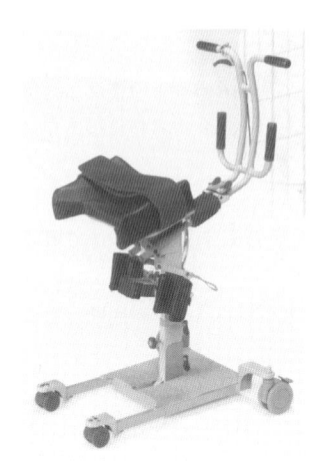

図3.6.1　一次試作機

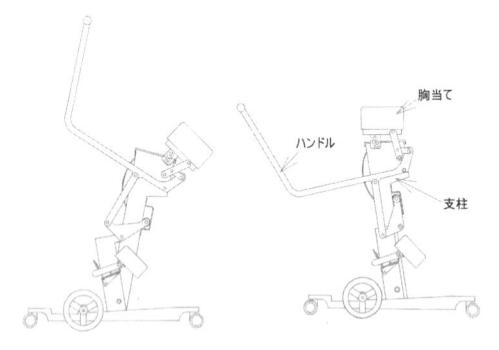

図3.6.2　二次試作機の構造
ハンドルを押し下げる前（左）とハンドルを押し下げた後（右）．

d.　動作解析による患者の動き

図3.6.6は，図3.6.4～3.6.5の動作中において動作解析装置を使用し，つま先，くるぶし，膝，腰，肩，

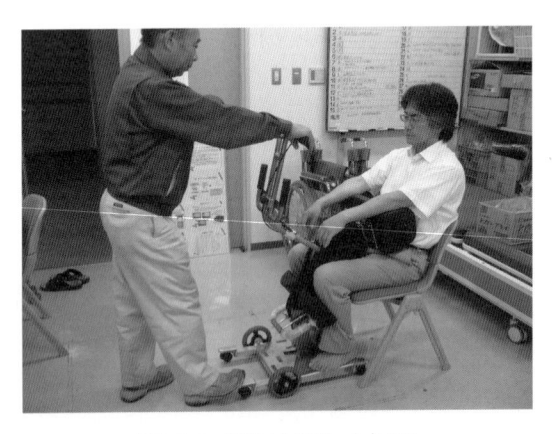

図3.6.3　患者にあてがったところ

表3.6.1　一次試作機で指摘された問題点とその対策

問題点	対　策
身体を前にかがめて，上半身を胸当てにあずけなければならない	患者を迎えにいくときに胸当て面を垂直に近づける
ハンドルの動きの範囲では胸当ての移動量が少ない	胸当てとともに支柱も患者側へ回動させる
操作荷重が安定しない	胸当ての形状を深い凹型とし，身体のずれを少なくする
段差乗り越え時にハンドルをロックしたまま押さえつけて前のキャスターを浮かせなければならない	支柱付近に大径車輪を設置して6輪とし，台座後部を踏んで前のキャスターを浮かす

3.6 移乗用介護リフトの開発

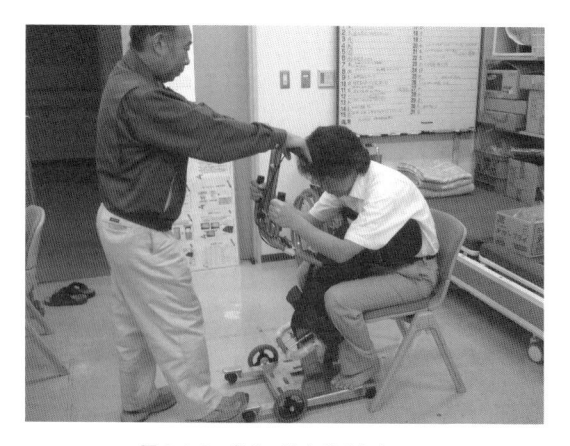

図 3.6.4 患者の胸を受けたところ

図 3.6.5 ハンドルを押し下げて患者の腰を浮かせたところ

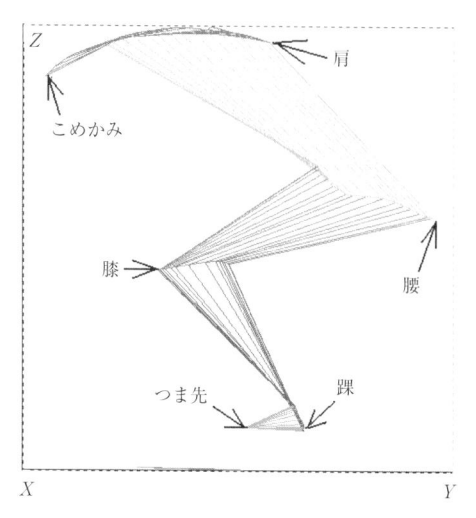

図 3.6.6 リフト時の身体移動線図

こめかみにマーカをつけ，マーカの軌跡とマーカ間を結んだ線図の動きを示している．図 3.6.7 はグラフが小さく読み取りにくいが，マーカ各点の動きが XYZ 方向それぞれの移動距離としてこのように示される．動作解析装置を使用することにより各部の動きがこのように明らかになり，図 3.6.4 から図 3.6.5 の状態に変化するとき，膝はほぼ水平方向に 144 mm 移動し，腰は水平方向に 251 mm，垂直方向（上方）に 117 mm 移動し，肩はほぼ水平方向に 348 mm 移動していることがわかる．

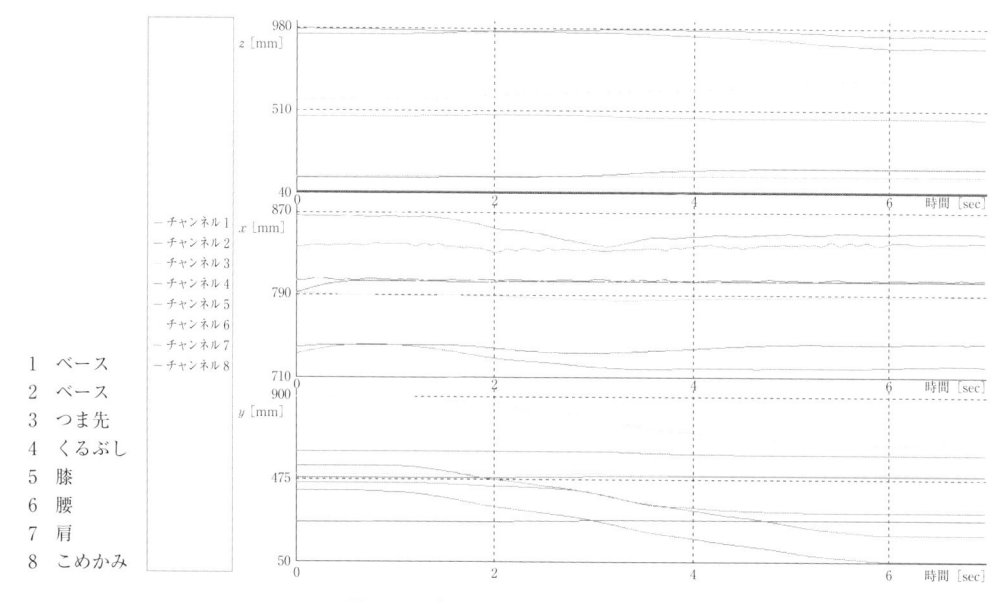

1 ベース
2 ベース
3 つま先
4 くるぶし
5 膝
6 腰
7 肩
8 こめかみ

図 3.6.7 各部の移動量（口絵 12 参照）

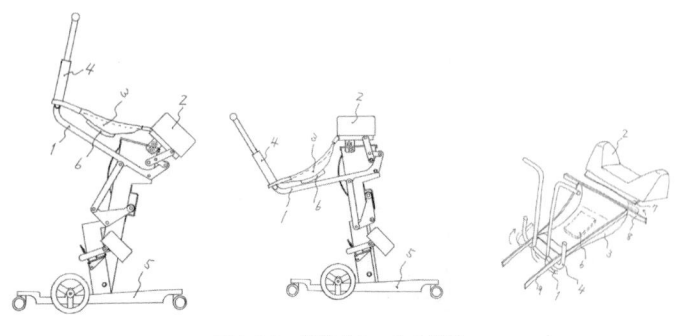

図3.6.8 腕載せシートの構造

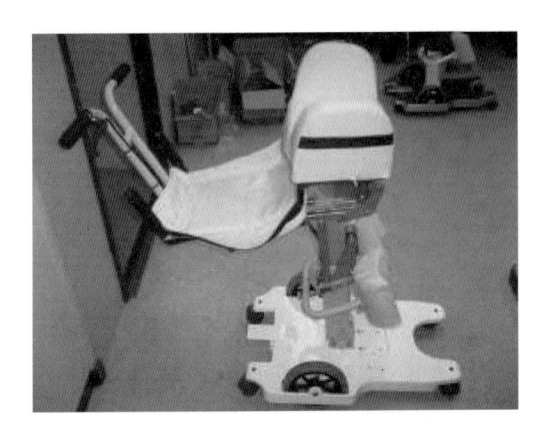

図3.6.9 腕載せシートを装着した写真

図3.6.10 実際に腕載せシートを使用した写真

e. 二次試作機の結果と考察

リフト総重量は18 kgと，ほぼ目標の16 kgに近づけることができた．構造・材質の見直し，アルミ鋳物の採用などが寄与している．耐荷重は300 kgを目標とした．図3.6.2の右の状態で胸当て部分に300 kgの垂直荷重を負荷し，リフト各部に破壊，損傷，永久変形，異常のないことを確認した．リフト機能については腰部座面の離床が第一目的であり，次に患者を乗せての移動である．患者の姿勢を大きく変化させることなく操作者側へ引き出し，上下移動を腰部に集中することができた．重心移動を少なくし，リフト使用時の患者とリフトとの重心位置を低く抑えることができた．ハンドル押し下げ荷重は10 kg前後であり，容易に操作可能である．リフト移動のための押し引き荷重も木の床上で10 kg以下である．ハンドルは中折れ式で収納時にじゃまにならないようになっており，自動車などへの積み込みに便利である．

また，高齢者や片麻痺患者のように自力で握り部を握れない患者については，胸当て部で両腕にしっかりと引っかけることが必要である．胸当てから背中面にかけての安全ベルトなどが今後の課題となっている．そういった患者に対して現在腕載せシートを試作して確認中である．図3.6.8に示すように胸受け台からハンドル部にかけてハンモック状のシートを設置し，このなかに両腕を収めて身体を安定させるものである．

実際の二次試作機を図3.6.9に，使用した状態を図3.6.10に示す．結果は良好であった． 〔椋代　弘〕

3.7 小型軽量なトランスファスツールの開発

介護は大変な重労働であり，介護従事者の多くが腰痛を患っている．なかでも移乗（被介助者を車いすからベッドなどへ移動する介助）は，特に高頻度・高負担で腰にダメージを受けやすい．腰痛がひどい場合には休職し，そのまま離職するケースもある．このような負担を介護従事者の体力や技能で補うには限界がある．

そこで本研究では，日本の介護現場に適した移乗補助装置「**トランスファスツール**」を開発した．トランスファスツールは，いすと**トランスファボード**が結合した形態の装置で，座位移乗（座った姿勢で横にすべりながらの移乗）を簡単に行える．軽量コンパクトな形状で，従来のトランスファボードでは困難であった標準型車いすでの**座位移乗**を可能としている．以下に開発の経緯を述べる．

a. 開発の背景

1) 移乗介助の現状

介護従事者を取り巻く環境は厳しく，表3.7.1に示すように介護職員の年間離職率は約19％，就業年数が約4年という短さになっている（介護労働安全センター，2010）．この要因の一つとして介護が大変な重労働であることがあげられている．介護の軽労化は早急に改善すべき課題である．

松本らの調査によれば，介護によって介護保健医療従事者の7割が腰痛を患った経験がある（松本ほか，1999）．なかでも，図3.7.1に示すような移乗は，特に腰を痛めやすい．被介助者を持ち上げて中腰で支えるため腰の負担が大きく，しかも1日のうちで頻繁に行われることから疲労が蓄積しやすい．

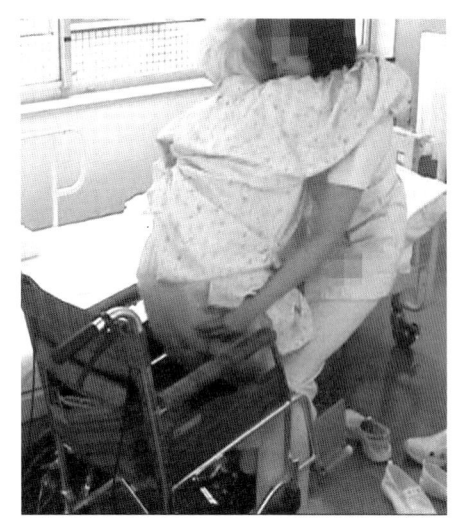

図3.7.1 車いすからベッドへの持ち上げ移乗
中腰姿勢で腰に負担がかかり，腰痛リスクが非常に高い．

表3.7.1 訪問介護員，介護職員の1年間（2008年10月1日から2009年9月30日まで）の採用率・離職率（介護労働安全センター，2010）

			回答事業所数	採用率	離職率	増加率	離職者の内訳	
							1年未満の者	1年以上3年未満の者
2職種計	（訪問介護員と介護職員）		5413	25.2	17.0	8.2	43.1	32.5
	就業形態別	正社員	4456	23.6	16.0	7.6	36.4	34.9
		非正社員計	4930	26.5	17.8	8.7	47.8	30.8
		常勤労働者	2352	35.3	21.8	13.5	49.7	30.5
		短時間労働者	4440	24.2	16.8	7.4	47.2	31
職種		訪問介護員	2245	19.1	12.9	6.3	39	34.4
		介護職員	3824	28.5	19.3	9.2	44.6	31.9

注：2職種計の回答事業所数については，訪問介護員，介護職員の両者に回答があっても一つの事業所数とカウントするので，職種別の項目の合計と一致しない．

このような移乗介助は立位困難者に対して行われる．要介護度2～5が立位困難者に当たり，2008（平成20）年においてその人口はおよそ約260万人，今後さらに増えると予想される（厚生労働省，2010）．現状では，この人口のほとんどに対し持ち上げ移乗が行われていると推察される．しかし，このうち6割は立つことは難しいが安定して座ることができる能力を有する（要介護度2～3に相当）ので，座位移乗が適用できる．座位移乗は，座った姿勢で横にすべりながら移乗する方法で，被介助者を持ち上げる必要がないため，介護従事者の大幅な負担軽減につながる．

2) 普及が進まない座位移乗

このような座位移乗を補助する道具として，トランスファボードがある（図3.7.2）．使用方法は簡単で，ボードの一端を被介助者の臀部と座面の間に差し込み，他端を移乗先（ベッドや車いすなど）の座面にかけて，ボード上を座位姿勢のまますべらせながら移乗する．

このように，トランスファボードは座位移乗の道具として非常に簡単で負担軽減につながるが，日本国内においてはほとんど普及していない．普及の壁となっている問題の一つが初期導入コストである．トランスファボードの価格自体は1万円前後と比較的安価であ

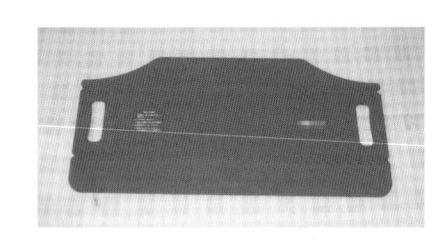

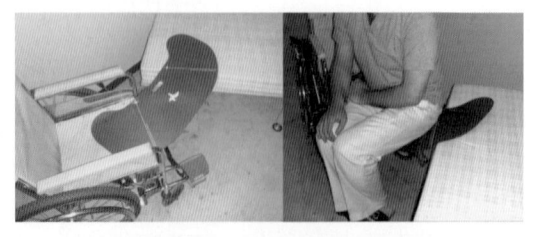

るが，実はその運用には，車いすを交換するコストが伴う．トランスファボードは，アームレストが脱着・跳ね上げできる車いすで使用されることを前提としているが，国内の病院・介護施設では，そのほとんどにアームレストが外れない，いわゆる標準型車いすが導入されている．そのため，トランスファボードを使用するには車いすを交換しなければならなくなる．ボードを車いす正面から挿入するU字型トランスファボードもあるが（図3.7.2左下），ボード中央部は支える部分がないため大きくたわみ，安定した移乗が難しい（図3.7.2右下）．介護現場では，移乗中のボードのたわみにより姿勢が不安定となることから，介助者や被介助者が使用を怖がるケースもある．

b. トランスファスツールの開発

そこで本開発では，座位移乗をサポートする新たな提案として，「トランスファスツール」を開発した（図3.7.3）．トランスファスツールは，先にあげた介護現場のニーズを分析し，安心感のある移乗，簡略な作業，標準型車いすでも運用可能，低コストを開発の基本方針として，理学療法士・工学研究者・デザイナーなどの産学官のチームにより開発が進められた．

トランスファスツールは，トランスファボードといすを組み合わせた簡易な構造を有し，ベッドと車いすの間にボードの両端を挿入して座位移乗を行う移乗補助機器である（図3.7.4）．ボード中央を，支柱によ

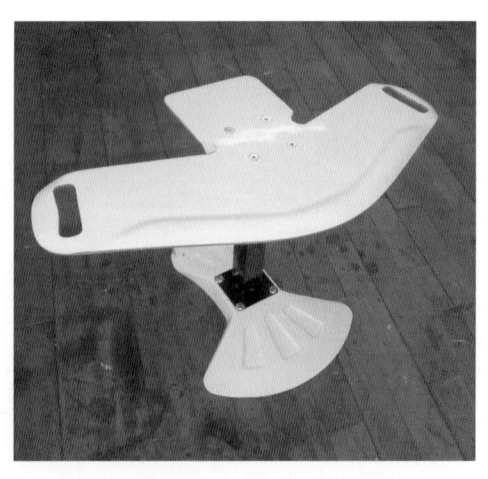

図3.7.2 トランスファボード
トランスファボードは基本的には長方形状で（図上），車いすのアームレストを外し，車いすの横からベッドに移乗する．図左下のように，標準型車いすに適用できるU字形のタイプもあるが，移乗中は前下方に大きくたわみ（図右下），不安定になりやすい．

図3.7.3 トランスファスツール

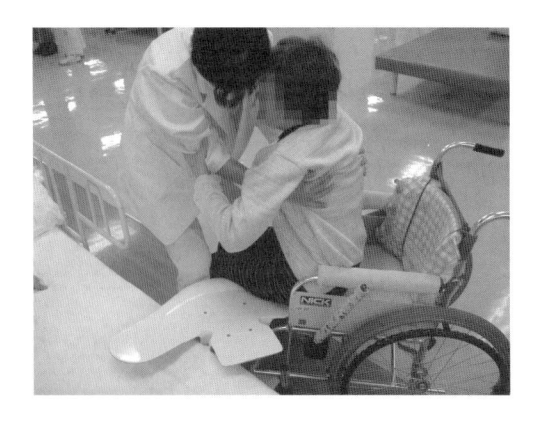

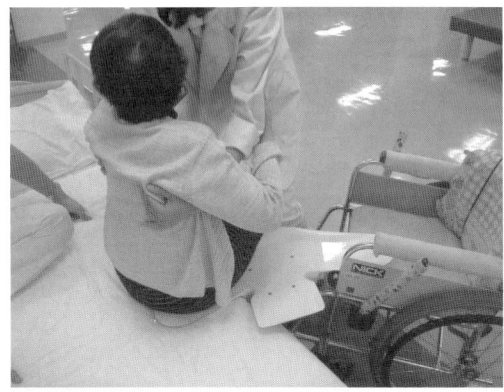

図 3.7.4 トランスファスツールの使用場面（協力：医療法人秀友会札幌秀友会病院）
ボードを車いす正面から挿入し（上），そのままベッド側へすべらせる（下）．

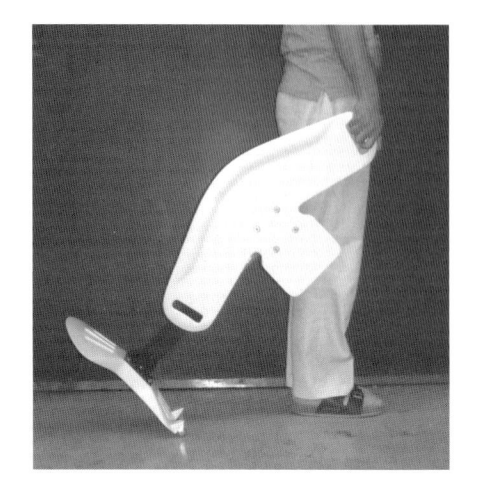

図 3.7.5 ボードの折りたたみと運搬機構（上：折りたたみ状態，下：脚部キャスタ）
ボード座面は縦に折りたたみ可能で，収納時の省スペース化を図っている．脚部にはキャスタが配置されており，スツール全体を傾けると，スーツケースのように転がりながらスツールが後方に傾斜してキャスタが接地するので，転がしながら運搬できる．

り床面から支えることでボードのたわみや傾きを抑え，標準型車いすでも安定した座位移乗を可能としている．移乗をボード中央で中断しても被介助者が不安定になることはなく，休みながらゆっくり移乗させることも可能である．

　本スツールには，移乗時の安心感や可搬性のために機構やデザインにさまざまな工夫がなされている．たとえば，ボードは三次元形状となっており，ボード前縁には帯状の突起が配置されている（図3.7.3）．この突起は，被介助者の坐骨が接触することで被介助者が感じる前方へのずり落ちを低減するとともに，移乗方向をガイドする機能を有している．ボード両端には下向きの丸みがつけられており，臀部への差し込みがスムーズになるように工夫されている．

　ボード座面は，左右への傾斜とガススプリングによる高さ調整機能を有している．これにより，さまざまな座面高さの車いすに対応し，またベッドのクッションによる段差の吸収が可能となっている．

　脚部は，ボード挿入時に車いすキャスタと干渉しないよう，また，被介助者が足を引っかけて移乗の妨げになることのないよう，なだらかに前方に広がり根元が細いイチョウ型脚としている．この形状により，移乗中に被介助者の足が脚に引っかからず，スムーズな足運びを行える．

　運搬性や収納性にも配慮がなされており，ボードの折りたたみによりコンパクトな収納を実現している．また，脚後部に配置したキャスタによりスーツケースのように転がしながらの運搬が可能となっている（図3.7.5）．

c. 今後の展望

　座位移乗は電動リフトなどの大型の機器は不要で，しかも介護負担を大きく軽減できる．トランスファツールは，いままでの車いすでも簡単に，楽に，安心して座位移乗ができるようにデザインされている．

　このように完成形のみを書くと，さも簡単に開発したように感じてしまうが，トランスファツールの開発には基本構想から5年間かかっている．この間に，10種類以上のスツール形態（なかにはスツールとは呼べないものもある）を試し，数十種類のボードの形を切り抜いてはテストしてきた．現場でダメ出しを受けながら，ようやく運用に耐えられるところまでこぎ着けた次第である．いまは，病院・介護施設においてトランスファツール試作機の長期運用試験を実施しており，使用方法や運搬保管における問題点のチェックを行っている．

　すでに製品の愛称も決まっており，ボードの形状から，魚の名前を模して「マンタ」というネーミングが決まっている（図3.7.6）．今後は運用上の問題などを解決次第，「マンタ」を速やかに世に送り出したい．

　本研究開発は，独立行政法人福祉医療機構の平成22年度社会福祉振興助成事業助成金により実施された．札幌市在宅福祉サービス協会には，試作機の評価を行っていただいた．医療法人秀友会札幌秀友会病院とボランティア患者の皆様には，試作機の運用試験を行っていただいた．「マンタ」のロゴデザインは，創造都市さっぽろグラフィックデザイン産業ビジネスマッチング事業により行われた．ここに記して謝意を表す．

〔中島康博〕

図3.7.6　トランスファツール「マンタ」のロゴデザイン
名称から形状を想像でき，かつ上に乗った熊（くまんた君という名前）により，マンタの上をすべるイメージを持たせるように意を用いている．

文　献

介護労働安全センター（2010）：平成21年度介護労働実態調査．
厚生労働省（2010）：平成20年度介護保険事業状況報告．
松本　司ほか（1999）：職業性腰痛の現状と問題点．J. Clin. Rehab., 8(2)：115-118.

3.8 リハビリ用低負荷訓練器の開発と普及活動

ここで紹介する2METsボードは，急性期リハビリにおいて，ベッド上でも可能なリハビリ用具の開発を目的としたものであり，その点において従来の福祉用具とは少し性質が異なっている．

ヒトは，加齢に伴って運動機能が低下して，歩行が困難になることがある．またときには呼吸器疾患（肺炎など），神経疾患（パーキンソン病など），整形外科疾患（大腿骨近位部骨折，脊椎圧迫骨折など）や各種手術（開腹術など）で臥床を余儀なくされると，**廃用症候群**により急速に運動器能力が低下することがある．このような事例では，病前は歩行可能であったが，治療中や治療後に歩行能力が失われる場合がある．"歩けていた廃用症候群"を防止し，あるいはその状態から脱却するために，本機器を開発することとした．

福祉用具に特化しない場合，一般的に製品開発支援には方法が二つある．

① 企業がある程度開発をしたあとの試作，評価の支援

② アイデアあるいは，シーズを有する公設試，企業あるいは個人に対する，最適なパートナーとのマッチング支援

①に関しては，その用具のニーズがずれている場合が多く，モニタを探しても製品化にまでつながることは少ない．この場合は，企業側の売れるはずという思い込みと，すでに開発されたが製品として日の目をみなかった歴史に無知がゆえの開発もある．また，一方で，いまの時代には早すぎて対応ができないという不幸な例もある．

②は，アイデアを持つ者の思い込みがその後の製品化を阻む要因になることがある．福祉用具や医療用具に関しては，福祉用具開発に関するアドバイスやコーディネータの経験を通し，アイデアを有する者と開発の最初から関係を有することで企業の製品化がスムーズにいくことにつながるし，その製品開発を通してさまざまなノウハウを蓄積することが，のちの企業のさらなる開発の支援につながると考えられる．

a. 開発の経緯

本開発に関しては，財団法人えひめ産業振興財団内に，「**木製リハビリ機器研究部会**」を設置し，愛媛県産業技術研究所，医療関係者，製造企業などの参加によって進められた．

また，当研究部会は2年間で10回開催され，参加人数は延べ112名であった．

この研究部会では，開発者のネットワークを通じて，病院施設の理学療法士や作業療法士など，この用具に携わる専門家も部会に参加してもらい，将来の販路について同時に考察することとした．

本製品は，いままでの臨床経験において，次のような点に留意し開発することとした．

（1）2METs程度の運動負荷を行わせることが確認されているため，心不全の回復段階でも安全に使用できる．

また，歩行不能となった症例に対しても本器をリハビリテーションスターターとして使用して，廃用症候群よりの脱却にも役立たせることができる（METsは身体活動の強度を表す単位で，2METsは座るのと歩くの中間程度で，ごくゆっくり歩くときの運動強度である）．

（2）脇に抱えて持ち運びができ，ベッド上や訓練室のマット上で使用可能である．

（3）低負荷訓練器ではあるが，これまでの臨床経験より廃用症候群の予防とそれからの脱却に適切かつ効果的な機器である．

本製品は，使用者が直接触れるものであるため，枠組みや可動部の材質を工夫し，温かみがあり，できるだけ湿度温度差での変形が少ない木材を使用し，誤って接触した際も，できるだけ危険を回避するため，動力部は見えない部分に設置し，電動とはしないなど仕組みも使用者にやさしいものとした（図3.8.1）．

総重量は4kgで，小脇に抱えてベッドサイドや在宅で運搬できるよう工夫した．試作を経て製品化され，これまで「ベッド上でも歩行準備練習」という合言葉で，下肢伸展に抵抗を加える訓練器を工夫し，使用し

図 3.8.1　2Mets ボード

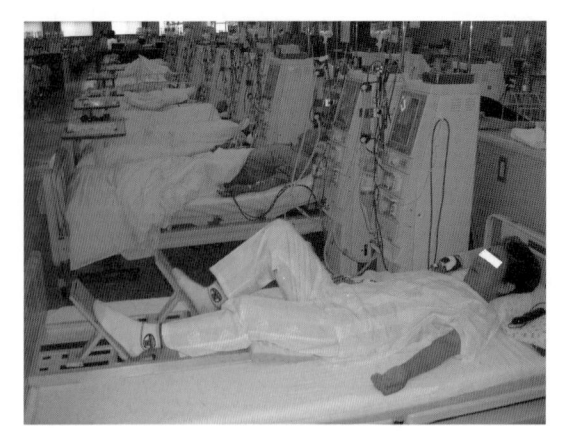

図 3.8.2　透析中の使用風景

てきた．

　一方この用具を使用するなかでの研究で，ベッド上での臥位保持が必要とされる症例では，股・膝関節の屈筋群（ハムストリングス）にも筋力低下が生じていることが明らかになった．そこで，改良版としてエアシリンダを使用し，下肢屈曲・伸展の2方向に抵抗を加える工夫をした．このエアシリンダのノズルバルブの開閉を調整することにより，加える抵抗力は2段階に調整できるようになっている．

　屈伸2方向下肢訓練器でのCPX（cardiopulmonar exercise test，心肺運動負荷試験）によるMETs測定（30歳健常男性）の結果，毎秒1回の下肢屈伸運動でも2METs程度の運動強度であり，屈伸スピードを上昇させることによりMETs値が上昇する結果となった．本器を使用しても毎秒1回の屈伸であれば約2METsの運動負荷（車いすを自走する程度）であり，その限度内の運動が許されていれば，安全に負荷を加えることができるといえる．

　この結果を踏まえ現在，本機は次のような状況でも使用している．

　①無菌室での2METsボード使用：　血液疾患の治療（白血病に対する幹細胞移植など）に際し，化学療法時に白血球の減少が生じるため，無菌室に入室する必要があり，このときの臥床安静により廃用症候群に陥ることが懸念される．このような症例で移動能力を維持するために，症例の病状に合わせて，2METsボードを疲労の生じない範囲で使用している．

　②高齢者脊椎圧迫骨折急性期症例に対する2METsボード使用：　脊椎圧迫骨折によって疼痛が著しく入院治療が必要な症例は，コルセット完成までの間はベッド上での安静臥床を余儀なくされる．その間の筋力低下予防目的で2METsボードを使用した．

　今回，高齢者圧迫骨折の急性期におけるベッド上での運動療法（physical exercise）に使用し，その間の安静による筋力低下の予防に努めた．その結果，下肢の屈曲・伸展に負荷を加えた群はハムストリングスの筋力も増強することがわかった．

　またベッド上でも歩行前訓練を実施するため，2METsボードを使用した．使用した症例より「この程度の運動はしたい」との感想を聞き，安静中の体力維持（conditioning）として，低負荷による運動量を確保するこの方法は適切な臥床中のリハビリテーションと考えている．

　③人工透析中の使用：　一般に人工透析中の時間帯はベッド上に安静臥床していることが常であり，この症例では運動量が少なく，糖尿病を合併している場合もあり，運動習慣をつける必要があると考えられる．

　そのため，透析時間を利用した下肢運動の実施のため2METsボードを導入している．透析実施中の下肢屈伸運動は，透析処置自体になんら支障をきたすことはなく，約3年間の長期にわたり2METsボードを使用している症例もある（図3.8.2）．

　製品化に向けては，製造する企業に事故に対するリスクの軽減が求められた．リハビリ機器は，その性格上使用方法を誤れば，事故に直結する．製造する企業もその点を恐れており，そのリスク軽減をどうするか，また今回開発協力をした企業は，福祉用具の開発はこの製品がはじめてだったため，その販路もリスクの要因となっていた．

　これに関しては，次のようなまったく新しい手法を

試みた.まず,事故に対するリスクは,この製品を一般に流通させるのではなく,病院施設でしかも理学療法士など,この用具の使用方法を熟知した専門家のもとで使用することとする.それにより,製品の事故に対するリスクは使用者(病院施設)側が負うこととなった.

もう一つは,販路であった.これは,原則として開発者が学会や論文発表などで関係者に周知していくこととした.これなら,使用方法の説明と,用具の効果の両方を一度に説明できることとなる.

この製品に関する行政のかかわり方に関しては,次のようである.愛媛県は,ウェルフェアテクノハウス研究開発事業(1994～1997年)をきっかけに,ウェルフェアテクノシステム研究開発事業(1998～2001年)を経たのち,福祉用具に関する補助事業を展開し,「ライフサポート産業ネットワーク形成事業」(2006～2007年)へと発展させた.

今回の製品は,この「ライフサポート産業ネットワーク形成事業」を通じて開発されたものである.この研究事業では,いくつかの研究部会を立ち上げたが「木製リハビリ用具研究部会」はその一つである.

試作に関しては,チャレンジプランという財団法人えひめ産業振興財団が有する事業で試作を行うこととした.

製品開発期間については,開発から製品化まで約2年で行われたが,これは特殊なケースである.通常,アイデアから試作までは最短で5年程度は必要で,その後製品化に3年,販路を見つけ軌道に乗るにはまた数年かかるものである.

このアイデアが短期間で製品化できたのは,①アイデア試作も含めて開発者が長年温めてきた用具であったこと,②必要だったのは,それを指示どおり製造できる企業だけであり,あとは微調整の改良ですんだためである.

また,③財団法人えひめ産業振興財団が行っていた,チャレンジプランという製品化の前段階の試作に補助をする事業を利用できたのも大きかった.どこにどんな支援が必要かは,それぞれケースによって異なるが,さまざまな支援を上手に使いこなすことは大切なことである.

b. 普及活動

a.で述べたように,このリハビリ用具は特殊な販路を確保した.また,ライフサポート産業ネットワークシステム事業で試作機を開発者とつながりのある大学病院などへ持ち込み,評価を得た.それは,結果として製品化ののちの購入につながった.

この試作機の評価に関しては,急性期リハビリ施設だけでなく回復期リハビリ施設へも持ち込んだが,同じリハビリでも病院形態による違いが鮮明になり,その後の販路戦略にも役立つこととなった.

〔奥田ひとみ・首藤　貴〕

3.9 電気式人工喉頭

電気式人工喉頭（electro-larynx）は，喉頭がんなどの理由で喉頭とともに声帯を摘出し，発声が困難になってしまった人々のための発声補助機器である．筆者らは，大学，地方公設試験研究機関（公設試），そして中小企業からなる産学官の共同体制で，この電気式人工喉頭の研究開発に取り組み，1998 年に国産初の製品となる電気式人工喉頭「ユアトーン」を完成させた．また，その後も産学官による研究開発を継続し，より性能を向上させた後継機「ユアトーン II ゆらぎ」を 2009 年に製品化する一方，さらに自然な会話手段を利用者に提供するために，ハンズフリー型などの新しい機能・形態を備えた人工喉頭の開発にも取り組んでいる．ここでは，筆者らが開発した電気式人工喉頭「ユアトーン II ゆらぎ」を例として，電気式人工喉頭という福祉機器の仕組みや使用方法などについて説明する．また，国産の電気式人工喉頭を製品化するまでの過程や，それに伴って実用化した各種の新機能，さらに，現在進行中のハンズフリー型などの開発状況について紹介する．

a. 電気式人工喉頭「ユアトーン II ゆらぎ」

1) 外 観

初代「ユアトーン」の後継機として 2009 年 6 月に製品化された電気式人工喉頭「ユアトーン II ゆらぎ」の外観を図 3.9.1 に示す．本製品は，大別して，先端の振動子，振動子をオン・オフするための押しボタンスイッチ，そして，制御回路やバッテリを内蔵した胴体部分から構成されており，現在流通している他の電気式人工喉頭もほぼ同様の外観と構造を有する．図 3.9.2 は，電気式人工喉頭の使用方法で，先端の振動子を顎下部に押し当てた状態でスイッチをオン・オフし，発生する振動音に合わせて口唇や舌を動かすようにして使用する．

2) 喉頭摘出によって生じる発声障害

われわれの音声は，図 3.9.3 に示すように，①肺から喉頭内の声帯へ呼気を送る，②呼気で声帯を振動させて音声のもとになる喉頭原音を生成する，③口唇や舌などの構音器官の動きによって音色に変化を加える，という三つの過程を経て生成されている．しかし，喉頭摘出後は，図 3.9.4 に示すように声帯が失われ，呼気も頸部前下方に設けられた気管孔から排出される状態となるため，上記①，②の過程に障害が生じ，通常の発声機能が失われる．このような発声障害を患った喉頭摘出者は，国内で 1～2 万人程度と推定されて

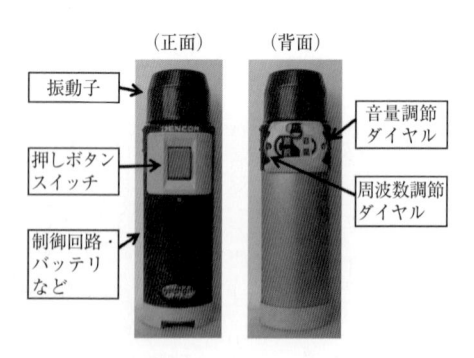

図 3.9.1 電気式人工喉頭「ユアトーン II ゆらぎ」

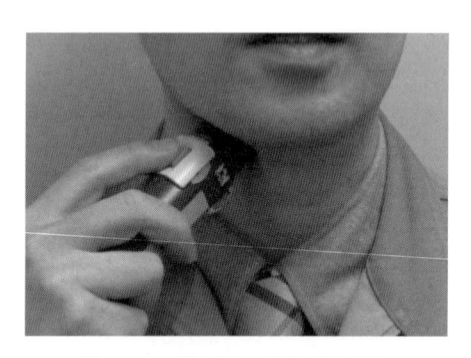

図 3.9.2 電気式人工喉頭の使用方法

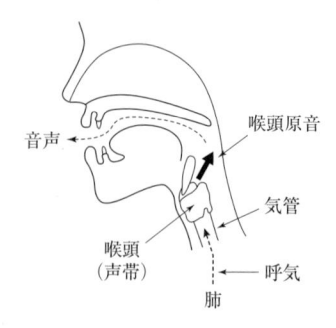

図 3.9.3 健常者の発声方法

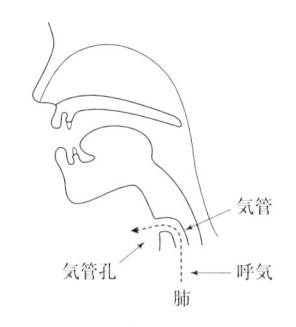

図 3.9.4 喉頭摘出後の状態

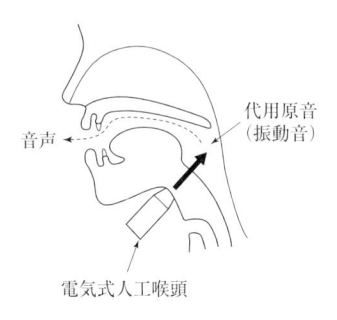

図 3.9.5 電気式人工喉頭を使った発声方法

いる（高藤，1983；板倉，1997）．

3) 電気式人工喉頭を使った発声

電気式人工喉頭を使った発声の仕組みを図3.9.5に示す．先端の振動子を顎下部に押し当てた状態でスイッチを押すと，発生した振動音が皮膚を介して口腔内へと伝搬する．前記③の過程，すなわち，口唇や舌を動かして構音を行う機能が無事である場合，この振動音を喉頭原音の代わりとして利用し，手術前と同様に口唇や舌を動かして音色に変化を加えることで，再び音声による会話が可能になる．

b. 開発過程

1) 開発の背景

1998年に「ユアトーン」が製品化されるまでは，ドイツ，イタリア，米国などから輸入された電気式人工喉頭が国内で利用されていたが，いずれも抑揚のない機械的な声質の音声しか生成できなかった．このため，より自然な音声による会話が可能で，ユーザへのサポート体制も整った国産製品の実現が長らく望まれていた．

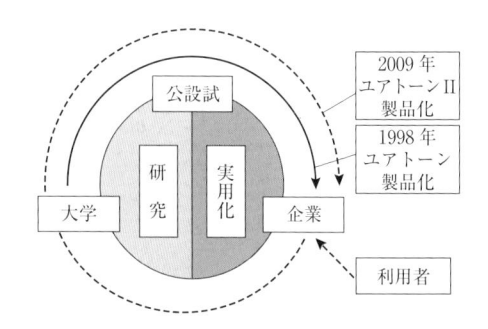

図 3.9.6 「ユアトーン」の開発過程

2) 「ユアトーン」の製品化まで

すでに述べたように，「ユアトーン」は大学の基礎研究をもとにして公設試が実用化に着手し，その成果を中小企業に技術移転することで製品化に至っている．この過程は，図3.9.6において大学から企業に至る実線の矢印で表すことができる．シーズとなった基礎研究は，ヒトの声を流暢に真似るキュウカンチョウの発声方法を調べ，人工喉頭に役立てようとしていた伊福部研究室（当時，北海道大学）の取組み（伊福部，1997）で，この研究に着目した北海道立総合研究機構工業試験場（当時，北海道立工業試験場）がマイクロプロセッサ制御の試作器を開発し，中小企業向けの成果発表会で報告した．一方，北海道で電力関連設備の開発・製造を主力事業として営んでいた株式会社電制は，新規事業開拓を目指す過程で上記の発表会に出席しており，この出会いから産学官の共同開発が始まった．その後，新エネルギー・産業技術総合開発機構の「福祉用具実用化開発費助成制度」などの支援を受け，約7年の開発期間を経て初代「ユアトーン」が完成した（橋場ほか，2001；須貝，2001）．

3) 「ユアトーンⅡゆらぎ」の開発

国産初の電気式人工喉頭となった「ユアトーン」の累計出荷台数は，2011年までに約4500台に至っている．製品化後は株式会社電制に利用者のさまざまな要望が集約されるようになり，その結果，より肉声に近い自然な声質への要望のほかに，機器のハンズフリー化に対する要望も強いことが把握された．そこで，これらの解決に向けた研究開発を，図3.9.6の点線矢印に示すように，再び大学→公設試→企業の流れに沿って実施し，2009年に後継機「ユアトーンⅡゆらぎ」を製品化した．

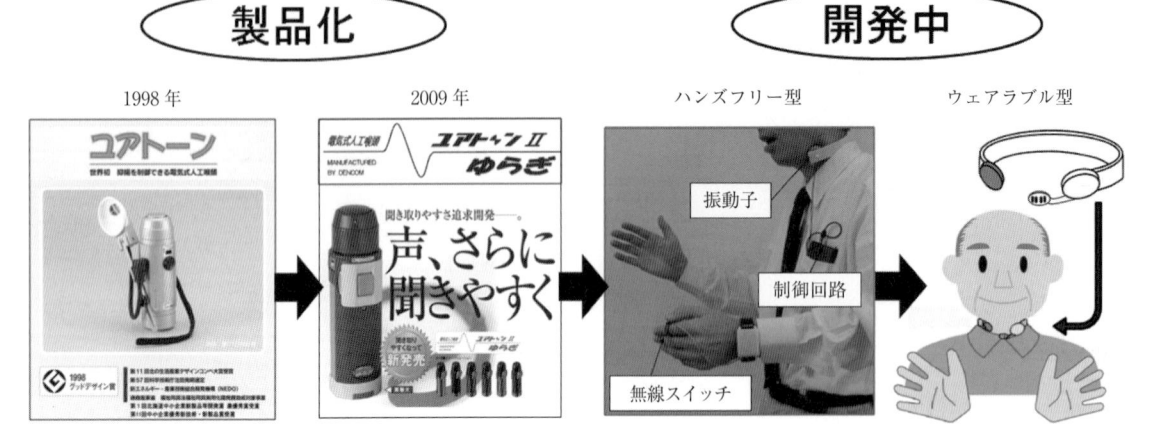

図 3.9.7 研究開発ロードマップ

c. より快適な発声手段の提供に向けて

1) 開発ロードマップ

筆者らが取り組んでいる電気式人工喉頭の研究開発ロードマップを図 3.9.7 に示す．すでに製品化されている「ユアトーン」および「ユアトーンⅡゆらぎ」では，主に音声の自然性改善に力点をおいて技術開発を行ってきた．現在は，機器のハンズフリー化を中心に，より進化した電気式人工喉頭の実用化を目指した取組みを進めている．ここでは，喉頭を失った方々に，快適な音声コミュニケーション手段を提供するための「ユアトーン」シリーズ独自の各種機能を紹介する．

2) ゆらぎつき発声機能

従来の電気式人工喉頭では，振動子を駆動する制御信号の基本周期や振幅が一定であったために，発声された音声が非常に人工的な声質になっていた．しかし実際の音声では，基本周期や振幅が一定であることはなく，そこに含まれるわずかなゆらぎが自然性に深く関与している．そこで，音声波形に含まれるゆらぎと自然性の関係を調べ，振動子の駆動信号に肉声を模倣したゆらぎを付与することにより，人工喉頭音声の自然性を高める機能を開発した．本機能は「ユアトーンⅡ」から実装されている．

3) 歌を歌える機能

内蔵メモリに記録された音程データを利用して歌を歌えるようにする機能で，押しボタンスイッチの操作によって，振動音の高さが自動的に変化する仕組みになっている．曲の音程に合わせた振動音がスイッチを押すたびに順次生成されるので，スイッチ操作のタイミングに合わせて口唇や舌を動かすだけで，簡単に歌を歌うことができる．初代「ユアトーン」には童謡など5曲が実装されていたが，利用者の大半を占める高齢者からの要望に応え，「ユアトーンⅡ」では，演歌数曲を追加して10曲を選択可能にした．本機能は，電気式人工喉頭の初心者が発声訓練を行う際にも有用な機能として活用されている．

4) 呼気を使った抑揚制御機能

図 3.9.4 に示したように，発声において重要な役割を果たしていた肺からの呼気は，喉頭摘出後は気管孔から排出され，発声への関与が損なわれる．本機能は気管孔に密着させた呼気センサによって呼気圧の変化を検出し，呼気の強弱を振動音の高低に変換する機能で，図 3.9.8 のようにして使用することで，抑揚を備えた自然な発声を可能にする（上見ほか，1995）．この呼気センサは初代「ユアトーン」のオプションとして実用化されており，現在は「ユアトーンⅡ」向けに，非接触で呼気を検出できる改良型呼気センサの開発に取り組んでいる．

5) 指を使った抑揚制御機能

「ユアトーンⅡ」では，スイッチ部を交換可能に設計することで，多様な操作方法への対応を可能にした．図 3.9.9 は指を使って声の高さを調節できるダイヤル

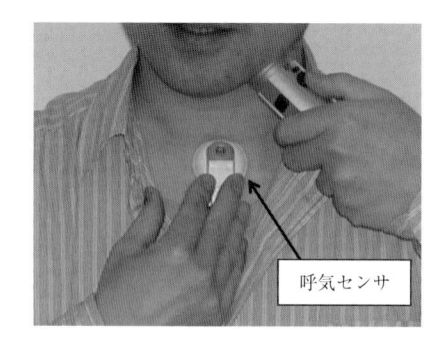

図 3.9.8 呼気センサを使った抑揚制御

図 3.9.9 指で抑揚を制御できるスイッチ

型スイッチで，矢印のようにスイッチを上下させながら押し込む操作によって「雨」と「飴」などの抑揚の違いを簡単に表現することができる．本機能は，初代「ユアトーン」をプラットフォームとして利用した菊地と粕谷の研究成果（菊地，粕谷，2002）を取り入れたもので，2011 年 2 月から「ユアトーン II」のオプションとして，また，2013 年 2 月からは本体と一体化された「ユアトーン IIUB」として販売されている．

6）ハンズフリー化・ウェアラブル化

電気式人工喉頭の使用中は，機器を顎下部に押しあて続ける必要があるため，片手が使えなくなるうえに姿勢も制約されるという問題があった．しかし，海外製品はもちろんのこと「ユアトーン II」においても，この問題の解決には至っていなかった．そこで，図 3.9.7 に示すように，制御回路を胸ポケットなどに収納した状態で振動子のみを頸部に装着し，指先の小型スイッチで振動音のオン・オフを無線操作できるハンズフリー型の研究開発（橋場ほか，2007）を実施し，2010 年からは，厚生労働省「障害者自立支援機器等開発促進事業」の支援を受けて，数年後の製品化を目指した開発を進めている．また，さらなる操作性の向上を目標に，振動子や呼気センサを含むすべての機能を頸部に装着して使用できるウェアラブル型の研究にも着手している．

福祉機器開発の実践例として，電気式人工喉頭「ユアトーン」の開発について紹介した．本製品は，1998 年の製品化から約 10 年を経て「ユアトーン II ゆらぎ」へとリニューアルし，喉頭を失った方々のコミュニケーションを支援し続けている．今後は，ハンズフリー型人工喉頭の製品化などを通じて国内利用者の要望に応えるとともに，競争力のある差別化を図ることで，海外への製品展開も実現していきたいと考えている．また，操作上の制約を解消したハンズフリー型の開発により，筋ジストロフィーや ALS などに起因する発声障害についても支援の可能性が見えてきていることから，今後は，このような症例への電気式人工喉頭の応用（酒井ほか，2010）についても研究を進めていきたいと考えている．

〔橋場参生〕

文 献

橋場参生ほか（2001）：抑揚制御機能を備えた電気式人工喉頭の製品化と評価．電子情報通信学会論文誌 D-II，**J84-D-II**(6)：1240-1247．

橋場参生ほか（2007）：喉頭摘出者の発声を支援するウェアラブル人工喉頭の開発と評価．ヒューマンインタフェース学会論文誌，9(2)：163-172．

伊福部 達（1997）：失われた声の再生．音の福祉工学（音響テクノロジーシリーズ 3，日本音響学会編），pp.165-190，コロナ社．

板倉 淳（1997）：人工喉頭音声．音声言語医学，**39**(4)：443-449．

菊地義信，粕谷英樹（2002）：電気式人工喉頭の F0 制御に関する検討．電子情報通信学会技術研究報告，WIT2002-46：65-68．

酒井光明ほか（2010）：気管切開下で人工呼吸器使用中のデュシェンヌ型筋ジストロフィー患者における分離型電気式人工喉頭の有用性の報告．日本言語聴覚士協会総会・日本言語聴覚士学会プログラム・抄録集，**11**：102．

須貝保徳（2001）：抑揚を制御できる電気式人工喉頭．健康・福祉工学ハンドブック（山越憲一編著），pp.392-401，工業調査会．

高藤次夫（1983）：わが国無喉頭音声の変遷と現状―銀鈴会を中心として―．音声言語医学，**24**(3)：184-189．

上見憲弘ほか（1995）：ピッチ周波数制御型人工喉頭の提案とその評価．電子情報通信学会論文誌 D-II，**J78**(3)：571-578．

3.10 インタラクティブ型触覚装置

近年，情報機器のインタフェースにGUI（graphical user interface）が用いられることが増えている．例をあげるとパソコン，携帯電話，PDA，TV，券売機，ATMなど，社会に浸透し十分に受け入れられている．情報機器に対するコマンド/文字列入出力に比較して，見えているオブジェクトを直接操作するGUIは大多数のユーザにとって理解が容易であり，現在ではGUI情報機器しか選択の余地はなくなった．こうした背景を受けてスクリーンリーダ（パソコン画面の読み上げソフトウェア）が視覚に障害を持つパソコンユーザから支持されている．メール通信やウェブ閲覧などのテキスト情報の取得支援に威力を発揮しており，キーボード矢印キーでのシーケンシャル入力とスクリーンリーダの音声フィードバック出力を駆使し，限定的GUI操作手法が確立されている．ただし，数年来のタッチパネルインタフェースの流行が状況を変えはじめている．従前からATMや券売機，館内案内などの公共的役割を担う情報端末にはタッチパネルが利用されてきたが，近年の潮流は携帯電話，音楽プレーヤ，PDAなどの個人用へ広がる様相を呈してきた．GUIとタッチパネルの組合せは空間的情報の把握と操作をユーザに要求することがあり，これらインタフェースを用いることは視覚障害者を自動的に情報デバイドにする．

本デバイスは視覚障害者に図表を伝達する**触覚ピンディスプレイ**と**力覚センサ**を組み合わせ，ユーザの触察行動力を計測することで，さわっている指位置を推定するシステムである．閾値以上の力の加重，あるいはボタンのようなトリガ入力により触察下の触覚パターンオブジェクトの選択，加工を可能とするものである．すなわち触覚ピンディスプレイにパソコンや各種情報端末を接続し画面をピン表示した場合には，ピンの凹凸を触察することでアイコンや空間情報の認識が可能であり，指位置でポイントやクリックが素手で行えることを意味する．視覚障害者の情報端末使用における新しいインタフェースになることを目的に開発を続けている．

a. 開発の経緯

2004年当時，開発は産業技術総合研究所，電気通信大学，KGS社で開始され，東京都立産業技術研究センターは電気通信大学研究員であった筆者が移籍することで技術供与され2008年に開発参画した．本装置の特徴的な機能である指位置検出には2通りの原理とそれらに適合した装置を提案しており，**6軸力覚センサ方式**が高精度であるのに対し，**単軸力覚センサ方式**は実用上十分な精度かつ廉価という特徴を有する．以下では各試作機の開発目的/経緯と得られた知見の概要を示し，本開発プロジェクトの進捗を俯瞰する．現在までに5台を試作しており，その一覧を図3.10.1に示す．各項で参照されたい．

1) 試作一号機

試作一号機は触覚ピンディスプレイと6軸力覚センサを組み合せた構成である．着力点（指位置）の三次元解を接触面に変換する方式である（図3.10.2左）．接触している指の位置検出，および指位置での荷重方向を検出し，おのおの，接続したパソコン画面の任意部分のポイント/クリック操作，スクロール操作に対応づけることでGUIの基本操作手法を提案した．これまでにも入力可能な触覚ピンディスプレイは開発されてきたが（渡辺，小林，2003），手にはなんら装着せず実現したものは珍しく，機能/性能的に同等なものは2008年になってからWeberが提案している（Weber et al., 2008）．しかし，基本機能は実現できたものの位置検出誤差が大きくなるという問題を生じた．作業仮説と実験により，①触覚ピンディスプレイの提示面（指の接触面）が力を加えることでたわむこと，②加工精度，組立て誤差に起因するもの，③力覚センサの定格の問題など，三つの理由が考えられた．

2) 試作二号機

一号機の知見を受けて次のような改良を施した．①触覚ピンディスプレイを金属製の箱に封入しピンの位置に対応して1536個の穴を開ける，②加工精度，組

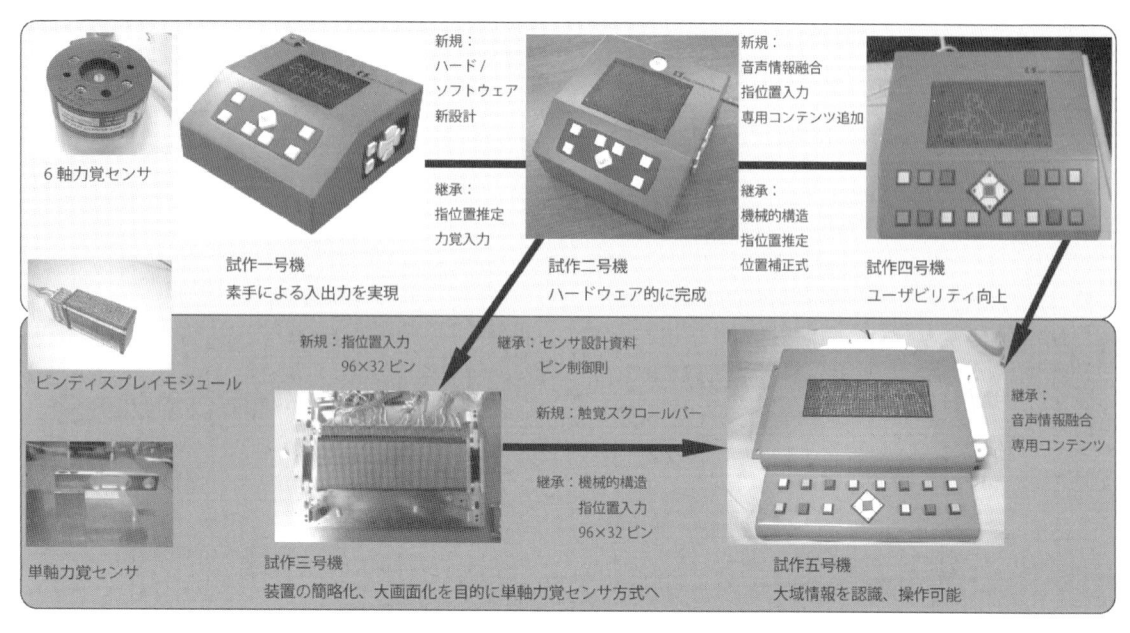

図 3.10.1 試作機一覧

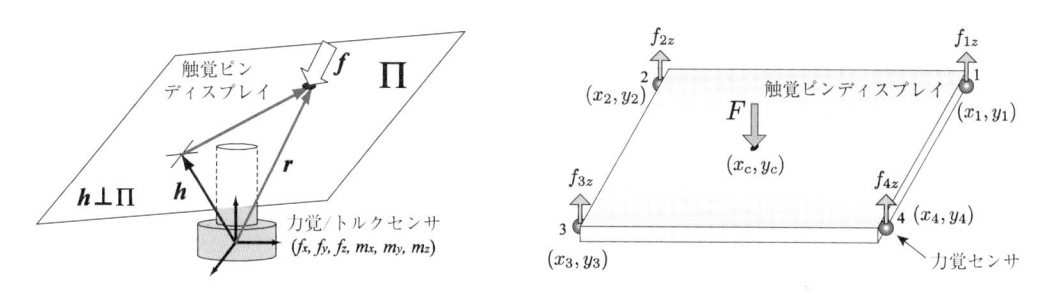

図 3.10.2 位置推定原理（左：6軸力覚センサ方式，右：単軸力覚センサ方式）

立て誤差の解消を踏まえた指位置推定原理を導出しキャリブレーション手法の開発を行う，③実験資料からユーザの操作力範囲を規定しセンサ定格を見直す，などであり，作業仮説どおり本試作機は良好に動作し，位置誤差は±1.2 mm の計測結果となった．ピン間隔は 2.4 mm であることから着力点とシステムが認識する位置は一対一に対応する．なお，制御系のハード/ソフトウェアを新規開発し，指位置の計算はパソコンを不要とした．情報端末は指位置/荷重方向情報を参照し，画面の点図イメージを送信すればよいことになり，本装置の単独動作，あるいはパソコン以外の情報端末への接続可能性へ拡張した．この段階で 6 軸力覚センサ方式のデバイスとしてほぼ完成したといえる．被験者実験の知見を踏まえて実用を考慮すると低廉化，アプリケーション/コンテンツ開発，大画面化が次段階の課題設定となった．

3）試作三号機

被験者からの高評価の一つに高速応答性があり，これは採用した触覚ピンディスプレイの基本性能による．性能維持のためには技術的に代替選択の余地がないため，力覚センサの機能選択で低廉化を図った．ポイントやクリック操作は接触面での重心位置を計測すれば実現可能であることはわかっていた．そのため 6 軸力覚センサを並行平板型単軸力覚センサ（ロードセル）に置換し触覚ピンディスプレイの四隅に配置した．検出原理を図 3.10.2 右に示す．なお，可搬性を考慮した仕様として，外部接続ケーブルは通信用 USB ケーブルと電源線の 2 本のみ，センサアンプは筐体内部に組み込むため独自設計とした．重心計測におけるモー

メントの影響を低減するためピンディスプレイを力覚センサで吊るアイデアであり，筐体寸法の制約条件のもと，耐荷重を満たす形状を CAE（Visual Nastran 3D, COSMOS Works）で導出した．荷重実験による計測では位置誤差は 2 mm となったが，指腹面積が $1\,cm^2$ 以上であることを考慮すれば実用上十分な精度である．センサ仕様からスクロール操作は他の手法が必要となり，試作四号機で新たに開発した操作過程で解決した．加えて本機では画面サイズが 48×32 ピンから 96×32 ピンへと 2 倍の提示面積に大画面化している．

4) 試作四号機

本試作では，試作二号機のアプリケーション開発，およびユーザインタフェース向上の研究に傾注した．被験者実験では直接オブジェクトを選択できるポイント機能は高評価/高成績であったが，荷重方向入力によるスクロール機能，垂直荷重によるクリック機能は低評価となった．操作のために加重している間はピンの凹凸パターンが認知できなくなるためである．したがって操作過程をあえて分割し，指の役割はポイント機能と触察行動に限定させ，クリックやスクロール操作は押しボタンによって発効するようにした．操作過程を図 3.10.3 に示す．また，アプリケーション開発として触地図，動物イラストなどの提案を行っている．この際，Loomis と Lederman（1986）によれば視覚認知と比較して触認知では解像度の点で越えられないことが示唆されていることから，音声情報を付加することを試みた．すなわち触地図であれば地図上に点字で施設名や説明を入れずに音声として出力する，動物イラストであれば部位を音声として出力するなどである．形状認識が重要となる場面には積極的に触認知を用い，テキスト情報は音声とするマルチモーダルインタフェースとなった．操作過程，アプリケーション，音声融合はおのおの被験者実験で有効性を確認しており文献（山本ほか，2008）に詳しい．

5) 試作五号機

ピンディスプレイの提示面積（3072 ピン）はパソコン画面（VGA で 30 万ドット以上）に比して格段に小さいので，触覚の表示領域を移動させながら全体の内容を把握する操作となる．しばしばパソコン画面が表示する全体領域と，触覚ディスプレイが表示する部分領域の位置関係が認識できずに自己位置消失となり，継続操作が不可能になるケースが見受けられた．パソコンの GUI パーツであるスクロールバーから着想し，表示位置を提示する出力機能と，表示位置を移動させる入力機能を有した触覚スクロールバーを開発し，試作三号機を基盤にシステム化を試みた．セル型表の移動タスク，オブジェクト探索タスクなどを与えた被験者実験から，タスク時間の短縮，正答率の向上が確認され，形状や位置関係が重要となる非言語情報を含んだコンテンツへの適用に関して本装置の有効性が示唆された．

b. 普及活動

国立特別支援教育総合研究所との連携により，点字読みの触察力計測が本装置の 6 軸力覚センサ方式で実現されている．従前，点字読みの力は軽く安定しているほうがよいとされていたが，未熟者の接触力は軽く不安定であること，熟達者では未熟者に比して人による接触力の違いが大きいという新たな知見が得られ（渡辺ほか，2007），本手法の点字読みトレーニングへの応用/普及が期待できる．

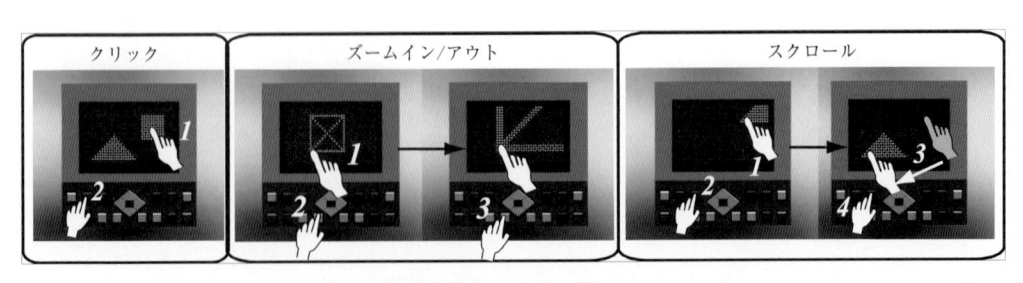

図 3.10.3 指位置入力方式
数字は番号を示す．すべての操作は第一にオブジェクトを「さわる」ことが基点になっている．

情報端末インタフェースとしての普及活動として，これまでに東京都盲ろう者支援センター，日本盲人職能開発センター，東京都庁，産業交流展，インタフェース関連の学会講演会，国際会議などで実機を持ち込みデモンストレーションを行っている．毎回，長期試用を希望する視覚障害者が現れないかと期待していたが，意図せず晴眼者やマスメディアからの評判がよい．「見ていると動きが面白い」というのである．視覚障害者専用の装置説明法が必要であることに思い至ったが，評判から視覚障害の開発協力者が現れたこともあり，当事者だけでなくその支援者を巻き込んで普及活動を行うことが大事であることを感じた．

〔島田茂伸〕

文　献

Loomis, J. M., Lederman, S. J. (1986)：Tactual perception. Handbook of Perception and Human Performance Vol. 2, Cognitive Process and Performances (Boff, K. R., et al., eds.), pp. 31/1-31/41, New York, Wiley.

渡辺哲也，小林　真（2003）：盲学校における電子レーズライタ MIMIZU の評価．電子情報通信学会技術研究報告，**103**(114)：7-12.

渡辺哲也ほか（2007）：点字触読時の接触力測定方法の確立とその応用－接触力と点字触読速度の関係－．電子情報通信学会論文誌 D，**J90-D**(3)：693-705.

Weber, G., et al. (2008)：Tactile grapchics revised：The novel BrailleDis 9000 Pin-Matrix Device with multitouch input, Computers Helping People with Special Needs, pp. 835-842, Springer.

山本　卓ほか（2008）：インタラクティブ型触覚グラフィックディスプレイのユーザインタフェース向上とその応用．日本バーチャルリアリティ学会論文誌，**13**(1)：49-57.

3.11 カラーユニバーサルデザインと防災・気象情報

テレビ画面やホームページで公開される防災・気象情報は、避難などの判断につながる重要な情報を、迅速かつ確実に伝える必要がある。この種の情報は地図の上に地域別に表示されるため、色の塗り分けによって情報を伝えることが多い。しかし、色の感じ方は人によって一様ではない。ある人には容易に区別できる色が、人によっては似た色に見えてしまうこともある。網膜の視細胞をつくる遺伝子には血液型と同じように個人差があり、一般的な色覚を持つ人（C型）以外に、赤と緑、黄色と黄緑、ピンクと水色などが見分けにくい色弱（P型、D型、もしくは1型、2型）の人が、日本だけで約300万人存在する。また、緑内障、網膜色素変性症、黄斑変性症など視細胞が傷害されるさまざまな目の病気の人が日本に数十万人おり、これらの人は視力が大きく低下するだけでなく、青と緑などが区別しにくくなる。高齢者や白内障の人は、眼のレンズが黄色く濁ってくるため、青が暗く見え、黄色と白が区別しにくくなる。

こうした多様な色の見え方の人に配慮して、誰にでも見やすいデザインを工夫することを、**カラーユニバーサルデザイン（カラーUD）**という。防災・気象情報にカラーUDを取り入れる試みは、市町村が発行するハザードマップなどで取り組まれてきたが、テレビ画面への導入の契機になったのは2010年2月に起きたチリ地震による大津波警報であった。このときの画面が放送局によってばらばらであった反省から、2011年夏に新たな統一デザインが導入された。さらに気象庁が提供する多様な防災気象情報も、それまで種類によって配色がまちまちであったのが、統一した配色に揃えられ2012年度に逐次導入された。本章ではこれらの動きについて解説する。

a. 津波情報の統一画面の作成

津波のような防災情報では、注意報と警報の2段階を黄色と赤の2色で表現するのが定着している。しかし防災情報では、注意報と警報の上に、まれにしか発表されないがさらに大きな危険を示す段階が設定されていることが多い。たとえば津波では、**津波注意報**、**津波警報**の上に、チリ地震の前には17年間も発表されたことがなかった**大津波警報**というレベルがある。このような3段階の警戒表示をどのように表現するかについては、定着した慣例がない。そのためチリ地震では、NHKと民放合わせて6系列の放送局で、「黄・橙・赤」「黄・赤・橙」「黄・紫・赤」「黄・赤・紫」「黄・赤・赤白の二重線」という5種類のデザインが混在するという結果になってしまった。

これに対し、視聴者から放送局に、「色がばらばらである」「色がわかりにくい」というコメントが寄せられた。これを承けていくつかの放送局から、カラーUDを研究している筆者にどのように対応したらよいか相談があった。そこで、当該放送局だけでなくこの機会に全放送局で統一した対応ができないかと提案し、筆者がNPO法人カラーユニバーサルデザイン機構の協力を得て統一案に用いるデザインを策定する一方、放送局間の調整を並行して進めることになった。

3段階の防災情報を提示するには、黄色と赤に加えてもう1色が必要になる。津波情報では、放送局によって「橙」「紫」「赤白の二重線」という3種類のうちのどれかを追加していた。このうち橙は、赤と黄色の中間色であるために色の差が小さく、色弱などの人には赤や黄色と区別しにくいという問題がある。これに対し紫は、ほかの色との違いが大きく、見分けやすさの点では優れている。それ以外の色、たとえば緑や青などは、「安全」を示す色として多く使われているため、危険情報を喚起するのには不適当である。

赤白の二重線も、単色の赤や黄色と区別しやすいという点では優れている。そこで黄・赤・紫を用いた場合と黄・赤・赤白二重線を用いた津波情報のサンプル画面を作成し、さまざまな色の見え方の被験者による調査を行った。その結果、赤白の二重線だと強い警告を表すことが直感的にわかりにくいと感じる人がいた。また、瀬戸内海のように両側に海岸がある場合、二重線を表示するのが難しいという問題もあった。さらに実用上の問題として、放送局に備えられた防災情報表示システムのなかには二重線を表示する機能がないものもあるため、全国的な統一的運用が難しいとい

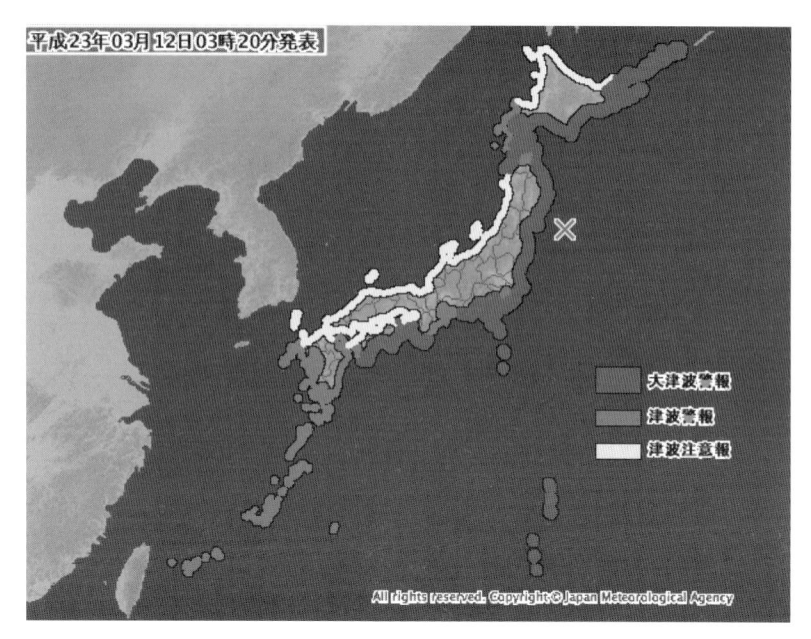

図 3.11.1 津波警報注意報マップの新しい配色デザイン（気象庁提供，放送局のマップもほぼ同一デザイン．口絵 13 参照）

う問題もあった．これらの理由から，2 色の組合せは避け，赤・黄・紫を利用することになった．

これら 3 色をどの順番で使用するかも難しい問題である．最も低い段階である注意報は，これまでも全放送局が黄色で表示しており，問題はない．一方，最も高い段階をどの色で表すかは難しい．一般に，最も危ないレベルは赤で表すことが多い．しかし津波のような防災情報では，大津波警報はめったに発表されることがなく，しかもその下の段階の津波警報も，迅速な避難が要請される十分に危険な状況を示している．以前から，津波警報が発表されても実際に避難する人が少ないという問題が指摘されていた．そのため，注意報と並んで実際に発表される機会が非常に多い津波警報に十分な警告効果を出すためには，紫でなく赤で表示する必要がある．

では，大津波警報が発表された場合にはどうなるだろうか？　この場合に最も危ない大津波警報に赤を使うと，その下のレベルの津波警報が，通常は赤なのにこの場合だけ紫で表示されることになる．同じ危険度のものが，場合によって異なる色で表示されるのは誤解を招きやすい．したがって，大津波警報の有無に関係なく，津波警報は常に赤で表示することが望ましい．

しかしこれだと，危険を示す色としてふだんあまり馴染みがない紫色が，最も危険な段階として用いられることになる．ふだん見慣れない色が出ることによって注意を喚起する効果はあるが，それが最も危険なレベルであることを視聴者に直感的に理解してもらう必要がある．津波情報は海岸に沿って色つきの線で表示される．そこで大津波警報だけは線の幅を他の 2 倍にして太く表示することによって，直感的に危険度を強調することにした（図 3.11.1）．

色の見分けやすさは色調によっても大きく変化する．そこで被験者実験によって，色調の微妙な調整を行った．黄色は明るすぎると高齢者や白内障の人に白と誤認されやすい．そこでよく用いられる R, G, B = 255, 255, 0 でなく，若干暗めで，しかもその他の色覚の人にも鮮やかな黄色に感じられる色として 250, 245, 0 とした．また濃い赤色は，一部の色弱の人には暗く沈んで見えるという問題がある．これらの人も橙に近い赤なら明るく鮮やかに見えるのであるが，あまり橙に寄せすぎると，危険というイメージが薄くなってしまう．そこでよく用いられる R, G, B = 255, 0, 0 の赤でなく，色弱の人にも鮮やかに見え，一般の色覚の人にも危険信号の赤と感じられる色として，255, 40, 0 を選んだ．

紫は，青紫系の色だと「不安」というイメージが沸きにくいので，赤紫系を用いる必要がある．デジタル

画面では，赤紫にR, G, B = 255, 0, 255を用いることが多い．しかしこれだと一般の色覚の人には赤との差が小さく感じられ，津波警報との区別が目立ちにくくなる．そのため青紫にならない範囲でわずかに青みを増して，200, 0, 255を用いることにした．

また，陸地の色も，よく用いられる緑色だと色弱の人が黄色や赤と混同しやすいため，可能な限りグレーを用いることにした．海の色は，赤や赤紫が明るく映えるように，暗い青を用いるようにした．

NHKと民放各局は，これまでこうしたデザインをいっしょに議論する場がなかった．デザインを統一する場合，自分の放送局のデザインを捨てて他の放送局が使っているデザインに変えるには，しっかりした理由がいる．今回は大学の研究者という中立的な存在が間に入ることにより，統一した枠組みを構築することができた．

最終案は2011年の2月に完成し，各放送局でシステムの改訂作業を開始した．その途上である同年3月に東日本大震災が起きてしまい，残念ながらこれには間に合わなかったが，同年8月までに全放送局がシステム改訂を完了し，次の大津波警報発表時には統一した形で情報が出せるようになっている．

b. 気象情報の統一画面の作成

津波では放送局間で色づかいがまちまちであったが，同様の問題は気象庁の防災・気象情報画面でも起きていた．気象庁は40種類以上の情報を図3.11.2の形で提供しているが，これらは情報提供が始まった時期や経緯がまちまちなため，色づかいが必ずしも統一されていなかった．また，見分けにくい色づかいも見られた．そこで統一した色づかいの指針をつくるために，気象庁から日本気象協会に配色にかかわる分析・調査が委託され，同協会のもとでカラーユニバーサルデザイン機構と，国際ユニヴァーサルデザイン協議会（IAUD）メディアのUDプロジェクト，DNPソーシャルイノベーション研究所の協力を得て，筆者が具体的な色づかいの検証と指針原案の作成を行った．

気象情報画面は大きく2種類に分けられる．一つは大雨や暴風，津波，台風など，数種類の色で注意や警戒を伝える情報である．これらは被験者調査や色名のイメージに関する官能調査を改めて行った結果，放送局の津波情報と同様に3段階の警戒情報を黄・赤・紫に統一し，紫には線幅を太くしたり斜線を加えたりするなどのデザイン的な工夫で，注意喚起を強化することになった（図3.11.1, 3.11.2）．

もう一つは，降水量や震度，風速，紫外線のように多段階の情報をグラデーションで伝える情報である．これらは8〜13種類もの色で塗り分けが行われるため，一般の人でも厳密な区別が難しいことがある．この際，震度5弱と震度5強のように隣接する段階が紛らわしいのは比較的実害が少ないが，震度2と震度6のように離れた段階が紛らわしいのは大きな誤解につながる．そこで，特に離れた色どうしが誤解されにくいことに配慮して色を選ぶ必要がある．また，この種のグラデーションでは「青〜緑〜黄〜赤」のように色相環に沿った色変化を用いることが少なくない．しかし色弱の人は黄色と黄緑，赤と緑が見分けにくいため，このようなグラデーションだと誤認が生じる．

国内外で使われているさまざまな気象情報画面や，新たに作成したさまざまなグラデーション案をもとに，同じデザインで配色を変えたサンプル画像を十数種類作成した．これらについて一般，色弱者，高齢者，視力の低い人による被験者調査を行い，重大な誤認がなるべく生じにくい配色を調整した．その結果，誤認が生じやすい緑系の色を抜かし，青〜黄〜赤のグラデーションを使うのが最も効果的であることがわかった．また，さらに上のレベルに赤紫を加えるのも効果的であった．ただし，上記の警戒情報では紫と赤が明確に区別できることが重要なので，紫を青系の色調に

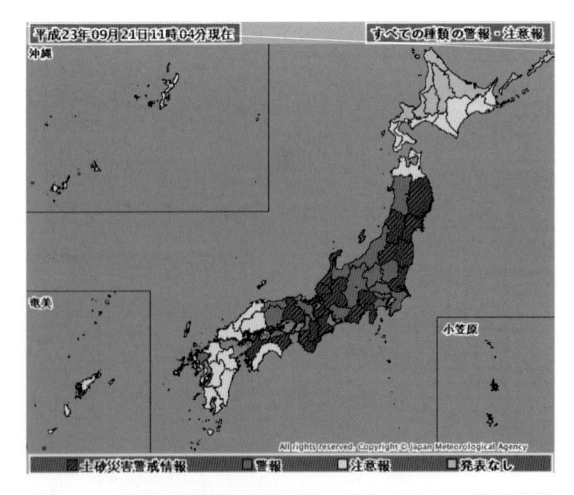

図3.11.2 警報注意報マップの新しい配色デザイン（気象庁提供．口絵14参照）

3.11 カラーユニバーサルデザインと防災・気象情報　　431

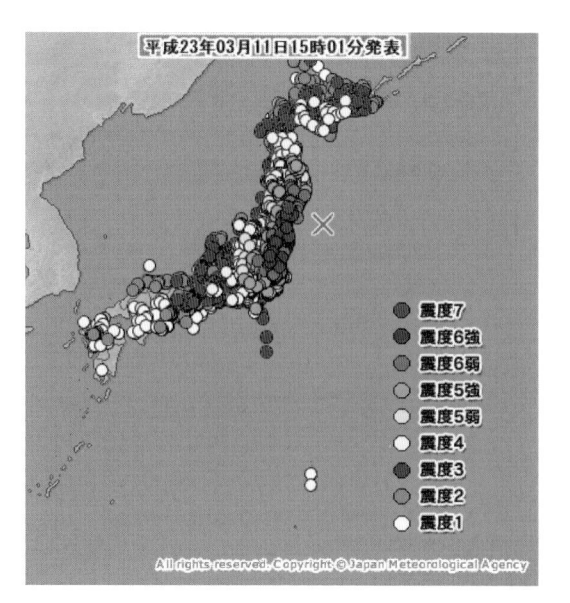

図 3.11.3 震度情報マップの新しい配色デザイン（気象庁提供．口絵 15 参照）

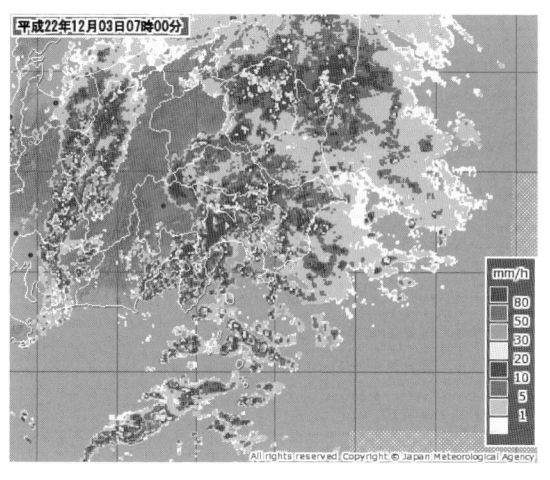

図 3.11.4 降水量情報マップの新しい配色デザイン（気象庁提供．口絵 16 参照）

振ったのに対し，グラデーションの情報では赤と紫は隣接区分なのである程度の混同は許容できる代わりに，低いレベルを示す青と最高レベルの紫の間に混同が生じるのは困るので，逆に紫を赤系に振っている．

青，黄，赤の各色は，「安全」「注意」「危険」のイメージを持つ．そこで，降水量や震度を，「注意報や警報が出ないレベル」を水色〜青の青色系，「注意報が出るレベル」をクリーム〜黄の黄色系，「警報が出るレベル」をオレンジ〜赤の赤系のグラデーションで表示し，まれにしか表示されない最上位を赤紫にすることにより，グラデーションに防災上の意味を持たせることが可能になった．すなわち，気象情報のマップに黄色や赤や赤紫の場所があるかをみるだけで，いまの状況が安全か，危ないかが直感的につかめるようになった（図 3.11.3，3.11.4）．

c. 普及活動

新しい配色の指針は気象庁ホームページの更新に合わせて逐次取り入れられている．色の数値はすべて公開されており，誰でも自由に利用できる．ぜひ多くの人に利用してもらいたいと考えている．

今回の色の変更は，一般の色覚を持つ多くの人にとっては「以前とあまり変わらない」あるいは「緑がないために多少見づらくなった」という印象を持つ可能性が高い．しかし色の区別が難しい人にとっては，重大な誤認が生じにくくなったのが大きな前進である．ユニバーサルデザインでは，「すべての人にとって 100 点満点」のデザインをつくるのは実際のところなかなか難しい．あるタイプの人には 100 点でも一部の人にとっては 20 点のデザインでは，ユニバーサルという点ではよいデザインとはいえない．すべての人に 70 点のデザインをまず実現し，それをさらに磨き上げて 80 点，90 点のデザインをつくっていくのが，今後の課題である．　　　　　　〔伊藤　啓〕

文　献

気象庁ホームページにおける気象情報の配色に関する設定指針．http://www.jma.go.jp/jma/press/1205/24a/120524_hpcolorguide.pdf

見分けやすい津波警報の配色・色調の策定．http://jfly.iam.u-tokyo.ac.jp/color/tsunami/

東京商工会議所（2007）：色の見え方の多様性とカラーユニバーサルデザイン．カラーコーディネーション—カラーコーディネーター検定試験 2 級公式テキスト，pp. 80-99．東京商工会議所．

3.12 サウンドテーブルテニス用ラケットの開発

a. 開発に当たって

1) サウンドテーブルテニスとは

サウンドテーブルテニス（sound table tennis：STT）とは視覚障がい者向けに考案された卓球である．一般的な卓球に準じているが，音を頼りに球をネットの下を通して平面的に打ち合う（図3.12.1）など異なる点もある．そのため，転がった際に音がするようにピンポン球のなかに金属球が入っていたり，打球音がするようにラケットにラバーが貼られていないなど競技用具にも特徴がある．このように視覚障がい者に配慮しさまざまな工夫を施してはいるが，競技を行ううえで課題も残っている．その一つに打球音の判定がある．

打球音は，球の位置や方向，速度を感じとる重要な要素の一つである．現行のルールでは，打球音自体の聞き取りやすさのほかに，ラケットを伏せて打つと打球音が聞き取りづらいといった点から，球を打つ際のラケットの打球面と卓球台とのなす角度（図3.12.2）が60°以上であればOK，未満であればNGといった判定を行っている．しかし，その判定は審判の目視という感覚的なものに依存しており，基準の曖昧さや審判の個人差などにより判定に不公平感があることが課題となっている．

2) 開発方針

この課題の解決のため，現在，目視により行っている角度の判定を客観的に行う方法を考えた．イメージとしては，角度を計測し判定を行う機能をラケット自体に持たせるといったものである．定量的に計測を行うので客観的な判定が可能となる．また，角度計測，判定，結果表示のすべてをラケットに収めるため，小型化，省電力化に努めることとした．

図3.12.1 サウンドテーブルテニスの競技風景

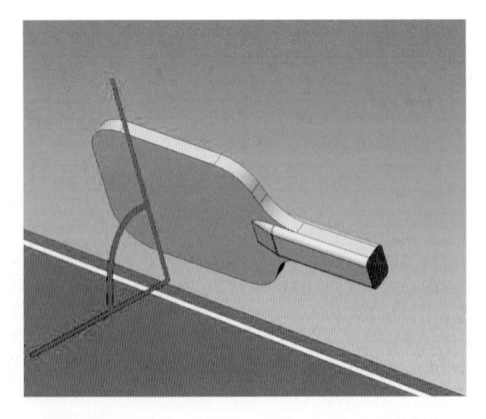

図3.12.2 ラケットの打球面と卓球台のなす角度

b. 開発の経緯

1) 開発体制

ラケットの開発に当たり，以下の企業，学校と役割を分担し，共同研究を行った．

(1) 角度計測，判定回路設計，検証
　埼玉県産業技術総合センター，株式会社スカイ・テクノ
(2) ラケット本体の設計，製作
　有限会社ツーワンカックデザイングループ
(3) 回路基板設計，製作
　リンクサーキット株式会社
(4) 試作品検証，モニタ試験
　埼玉県立盲学校

2) 角度の計測方法

ラケットのように空間的に動作するものの角度を計

測する方法として，加速度センサとジャイロセンサを組み合わせた計測方法を応用した．ジャイロセンサ単体でも角度計測はできるが，その場合，時間経過とともに誤差が累積する．そこで，ラケットの動きがゆっくりになった際に，加速度センサにより重力方向を計測することで，この誤差を補正する．競技中，常時ラケットを素早く動かしているわけではないため，この方法で計測が可能であると考えた．

3) 角度計測の検証

加速度センサとジャイロセンサによる角度計測の検証を行うため，図3.12.3に示す装置を製作した．さらに各センサを搭載した基板の傾斜角度をセンサからの出力値をもとに演算する角度計測プログラムをパソコン上に構築した．この装置はラケットの動きを想定し，基板の搭載部が回転方向および横方向に動作する構造になっている．また，この回転軸上にロータリーポテンショメータを配置し，傾斜角度の実測値が計測できる構造とした．同一の動作について計測を行っているので，角度計測プログラムより得られた傾斜角度をロータリーポテンショメータから得られた実測値と比較することにより，誤差の検証を行うことができる．

この検証により誤差が最小となる係数（カットオフ周波数）の値を特定し，プログラム上に設定した．

4) 小型化・判定表示

角度計測部をラケットに収めるため，パソコン上に構築していた角度計測プログラムをマイコン上に移植した．また，角度の判定結果（60°以上か否か）の表示は，競技中の音を妨害しないよう，緑と赤の2色のLEDを用意し，OKならば緑を，NGならば赤を点灯させることにより行うこととした．概念図を図3.12.4に示す．

c. ラケットの試作

1) 構　造

試作したラケットを図3.12.5に示す．加速度センサ，ジャイロセンサおよびマイコンのすべてを回路基板上に配置した．STTの競技者にとってはラケットの質量の違いが球を打つ感覚に影響するため，その影響の少ない箇所であるグリップ部に回路基板類を収めた．グリップ部は，収納スペースの確保や卓球台との耐衝撃性の点でも適している．一方，判定結果を表示するLEDは審判からの見やすさを考慮し，打球面の先端部に組み込んだ．これによりラケット自体に角度を計測させ，判定結果を表示させることができるようになった．

2) 評価試験

埼玉県立盲学校において，試作したラケットの評

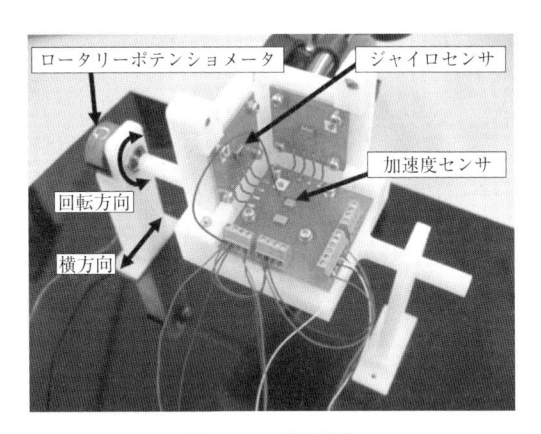

図3.12.3　検証装置

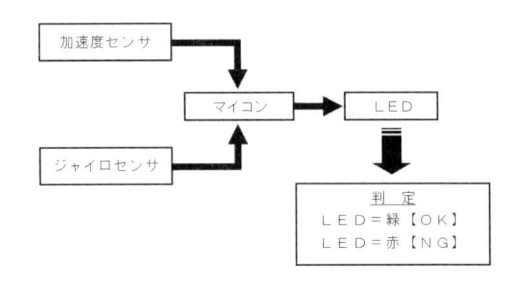

図3.12.4　角度計測・判定回路の概念図

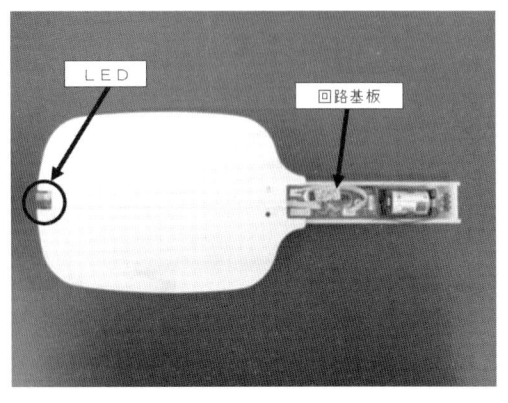

図3.12.5　試作したラケット

価試験を行った．STTの審判に依頼し，実際の競技環境でラケットの打球面と卓球台のなす角が60°以上（OK）となる打ち方と60°未満（NG）となる打ち方をおのおの10回ずつ行い，それぞれの場合におけるラケットの判定結果の妥当性により評価を行った．この評価試験では，いずれの打ち方においても正答率は100%であった．

3) モニタ試験

ラケットの打ち方には個人差があるため，被験者数を増やしてモニタ試験を行った．試験は，STT競技選手10名（いずれも視覚障がい者）および審判3名を対象に，試作したラケットの判定の妥当性や，審判に対しての判定結果の表示の見やすさなどの検証を行った．その結果，判定の妥当性については，開始直後は正しい判定が行えるものの，ラリーを続けていくと判定誤差が増していくことがわかった．これについては，実環境でのラケットの動作特性を調べ，マイコン上の角度計測プログラムを修正することで対応を考えている．

一方，判定結果の見やすさなどについては，①試合中，LEDをみながら判定するのは困難，②判定の角度（60°以上か未満か）がわかるので練習指導用によい，といった意見を得た．

d．今後の活動

1) 試作品の改良

当初，試合用のラケットを対象としていたが，モニタ試験での意見をもとに練習用として改良を加えることにした．たとえば，現在，「光（LED）」で表示している判定結果を「音」や「振動」で知らせるものである．これにより視覚障がい者でも直感的に打つ際のラケットの正しい角度を認識でき，一人でも練習ができるようになる．

2) 実用化への取組み

まずは練習用に試作ラケットを改良し，盲学校の生徒をはじめ，さまざまな方に使用してもらう．その過程でSTT競技者に対しての本ラケットの認知度を高め，あわせて競技者からの意見をフィードバックし，ニーズに合致させていく．そして，最終的にはSTTの公式ルールに盛り込まれ，試合用のラケットとして公認されることを目指していく． 〔新里浩司〕

3.13　障がい児の発達成長を促す木製玩具の開発

子どもは，遊びを通して，「見る，聞く，さわる，手先を使う，身体を使う，仲間と交流する，…』といった能力を養っていく．また，こうした能力を引き出すために，重要な道具となるものが玩具といえる．したがって，なんらかの障がいがあることにより，玩具でうまく遊べない環境で育つことは，成長段階においてさらに発達の差を生じさせてしまうことが考えられる．このため，子どもの成長を観察し，遊びやすさに配慮した玩具を提案することは，ものをつくる側にとって社会的意義の大きい課題である．

この開発のきっかけは，交流があった障がい児通園施設からの「子どもが遊べる，できれば木を使った温かみのあるおもちゃがほしい」という相談がきっかけであった．そこで，岐阜県生活技術研究所では，障がい児に配慮した**木製玩具**の普及を目的として，施設などで使用している玩具の調査，新しい玩具の提案，提案玩具の使用評価を行った．

a. 木を使う利点

「木を使った…」という相談については，木の素材感に惹かれる人がいるという点はもちろんであるが，当所が木質系産業を背景とする公設試験研究機関という点もある．はじめに玩具が木製であることの利点について簡単に述べる．

（1）温かみ

熱伝導率の低さから，手や身体が触れても熱が奪われにくいため温かく感じる．これは身体が触れることが必須である玩具にとって非常に有効な特徴である．

（2）加工のしやすさ

強度がある素材でありながら加工がしやすい．購入した人が自分で手を加えて使いやすくしたり，壊れた際も自分で修理しながら使うことができる．

（3）端材や間伐材の活用

玩具および遊具は，人形のような小さなものからブランコのような大きなものまで幅広い種類があり，これらは木目や形の美しさよりも楽しさが重要となる．この特徴は工場において出る木の端材や，間伐材の有効利用に適している．

b. 療育現場の調査

玩具の提案のために療育施設などの調査を行った．対象としている児童は，知的障がい，肢体不自由，重症心身障がい，自閉症などさまざまであった．実際に使用されていた玩具は，既製品だけでなく，既製品に職員が改良を加えたものや，職員が手づくりしたものが多かった．その一部を紹介する．

1) 人形たおし

人形たおしは肢体不自由の子どもに対する遊びで，鬼の人形を手で払い倒すことにより鬼退治が成功するというものである．目標物を与えることにより，手を動かすという行為を促す（図 3.13.1）．

2) 棒さし

棒さしは筒をつかんで穴にさし入れることで，手先の巧緻性を養う．色分けがしてあるため，色を合わせながら遊ぶこともできる．また，指の力が弱い子どもに対しては，筒に取り付けたひもに指をかけ，引き抜くことを目的として遊ぶ（図 3.13.2）．

図 3.13.1　人形たおし

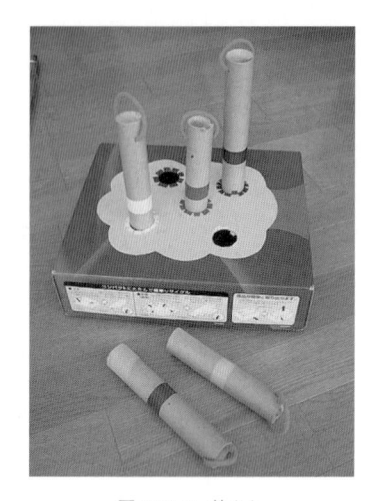

図 3.13.2　棒さし

図 3.13.4　ボール投げ

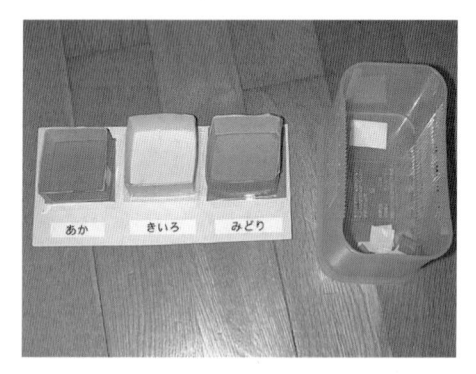

図 3.13.3　色あわせ（口絵 17 参照）

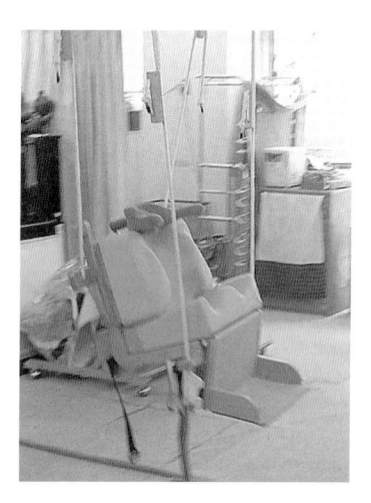

図 3.13.5　ブランコ

3) 色あわせ

色あわせは色の異なる紙片を，それぞれの色の箱に分け入れる遊びである．色の理解と指先の巧緻性を養う（図 3.13.3）．

4) ボール投げ

ボール投げはボールを投げることが困難な子どもが，ボール投げをできるように工夫したものである．既製品の定規にびんのキャップを取り付け，その部分にボールをおく．手で定規を押して離すことによりボールを飛ばすことができる（図 3.13.4）．

5) ブランコ

肢体不自由児のために，寝たまま乗れるものや座位保持機能のあるいすを使用したブランコである．ブランコや乗り物系の遊具は，平衡感覚を養うとともに，筋緊張やリラクゼーション効果により，バランスのよい柔軟な筋肉の活動を促す．重要視される遊具であるため，天井につり下げるための設備を備えている場合が多い（図 3.13.5）．

以上，五つの例を紹介したが，玩具に求められる機能を簡潔にまとめると，「発達に合わせた段階的な遊びができること」「そのための工夫があること」そしてなによりも，「おもしろかったという感覚や，上手にできたという達成感が味わえること」である．

c. 玩具の試作・使用評価

調査により得られた玩具のニーズや案について，おもしろさ，使いやすさ，遊びの発展性などに配慮しな

がら試作を行い，貸し出しまたは展示による使用評価を行った．その事例を紹介する．

1) 形ならべ・色ならべ

形ならべ・色ならべは伝統的な玩具である円盤さしの応用である．指先の巧緻性訓練と同時に，形・色による組合せといった高度な遊びに発展させることができる．実際の使用で得られた評価では，教育的に色や形の弁別を促すことができるという以外に，木を差し込む感覚や木と木がぶつかる音を楽しんでいたという報告があった．また，形ならべでは全盲の子どもでも遊べたという報告もあった（図3.13.6，図3.13.7）．

2) マーブルコースター

マーブルコースターは伝統的なビー玉転がし系の玩具である．木製はシンプルなものが多いため，複雑なものの要望があった．ビー玉の動きに夢中になることで，目で追う行為や，自分でやってみようと手を使う行為を引き出す．親や職員も一緒になって遊べる遊具として好評であり，みているだけという状態が多い子どもに対して，自分から手を伸ばして遊ぶという行動を引き出すことができた（図3.13.8）．

3) ハンマージャンプ

ハンマージャンプは大きさの概念を学ぶ円柱さしの玩具に，たたく，飛ばすといったダイナミックな動きを加えた．飛び出す円柱のおもしろさにより，正確にねらうことや，力の入れ方を考えることにつながる．円柱さしだけではすぐに飽きてしまう子どもが多いが，たたいて飛ばすことのおもしろさがあるため，大きさの概念を自然に学びながら繰り返し遊ぶことができた（図3.13.9）．

4) ボウリングゲーム

ボウリングゲームは指で軽くボールを押すだけで，ボールがスロープを転がる．ピンが倒れるときの視覚的なおもしろさや大きな音の刺激を，肢体不自由な子

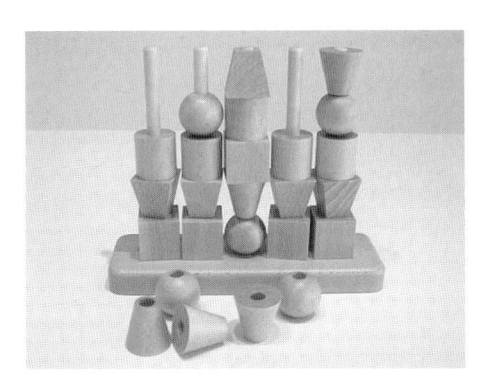

図3.13.6　形ならべ

図3.13.7　色ならべ（口絵18参照）

図3.13.8　マーブルコースター

図3.13.9　ハンマージャンプ

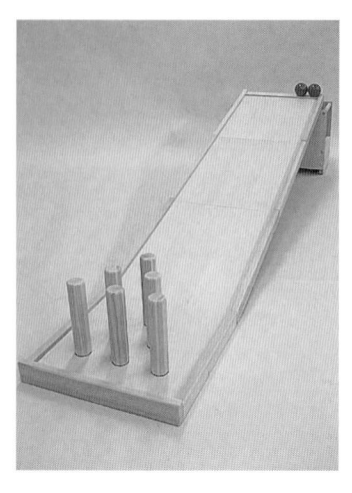

図 3.13.10 ボウリングゲーム

図 3.13.11 スイングボード

どもが体験しやすいように配慮した．操作が簡単なため，発達の段階が異なる子どもどうしでも一緒になって遊ぶことができた（図 3.13.10）．

5) スイングボード

スイングボードは臥位姿勢で遊べるブランコである．座位がとれない子どもに対して，バランス感覚を養うことやリラックスした状態をつくることを目的とした．床おきのため，天井につり遊具の設備がなくても導入できる．実際の使用でも評判がよく，大きな子どもが遊べるタイプも作成した（図 3.13.11）．

d. 普及活動

こうした一連の取組みは，発達障がいのある子どものための玩具開発における使用評価という試みの新しさ，重要性が評価され，第2回キッズデザイン賞（リサーチ部門）受賞という評価を受けた．一方で実際の使用時の定量的データをどのように得ていくかなどの工夫が必要であるため，今後の課題として検討していきたい．関連の取組みとしては，木工教育機関などとのプレイルーム用玩具提案や木育推進，企業などにおける商品企画や端材・間伐材の有効活用などの点における情報として活用されている．また，この開発において作成した玩具は，協力施設からの希望により，継続して活用されている．

開発に当たり玩具案や評価についてご指導をいただいた東洋大学の繁成剛教授および関係施設の皆様に厚く御礼を申し上げます． 〔宮川成門・木村公久〕

文　献

宮川成門，木村公久 (2005)：岐阜県生活技術研究所研究報告，No.7：33-37．
繁成　剛 (2002)：玩具．作業療法ジャーナル，36(6)：701-706．

3.14 シリコンゴム製自立補助具の開発

臨床現場では，発達障害・脳性麻痺児童の補助具が乏しく，自作しているケースが多くみられ，新しい用具開発が期待されている．また一般学習現場では，用具について初期使用時に正しい使い方に導く補助具が少ない．そこで，静岡県工業技術研究所が補助具のデザイン，図面作成と定型発達幼児の評価を担当し，静岡県立こども病院（以下，こども病院）が，具体的な開発商品の提案と発達に障害のある者の評価を担当し，共用品となる商品の開発を行った．

a. 押しボタンスイッチ補助具（Qスイッチ）

福祉機器では，障害者の利用を考慮して大型のスイッチを使用するなどの配慮はあるが，それらの多くは，上から押すタイプであり，必ずしもすべての利用者が使いやすいものではない．そこで既存のスイッチに取り付けて使用する**押しボタンスイッチ補助具**を開発した．

この補助具を既存のスイッチに吸着させると，横方向の動きでもスイッチのオン・オフが可能となり，既存のシステムを改造することなく，使い勝手を向上させることができる．既存スイッチへの吸着力を高めるため，位置によりシリコンゴムの硬さを変化させるなどの工夫を行った．

押しボタンスイッチの補助具は，「Qスイッチ」として商品化されている（図3.14.1）．

b. 持ち方補助具（Qリング）

これまでの**持ち方補助具**は，鉛筆を握り込んだり，逆さに持ったりと，なかなかうまく持つことができなかった．Qリングは，「3点固定」に着目し，正しい持ち方に導くことが可能な商品である（図3.14.2）．

持ち方補助具の評価

静岡市内の幼稚園に通う男女13名の幼児（4～6歳）

図3.14.2　商品版の持ち方補助具（Qリング）

図3.14.3　試用評価風景

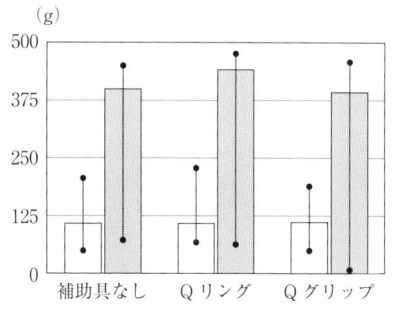

図3.14.1　商品版の押しボタンスイッチ補助具（Qスイッチ）

図3.14.4　4～6歳児13名の筆圧（g）

を対象に，持ち方補助具の試作による試用評価を行った（図 3.14.3）．その結果，補助具の使用により筆圧向上の可能性が示唆された（図 3.14.4）．

c. 持ち方補助具（Q グリップ）

b. で紹介した「Q リング」は，鉛筆などをうまく握れない子どものための補助具として開発した．本商品は，八の字型・リング＋スティック形状の補助具で，大きいほうの穴に親指，小さいほうの穴に鉛筆などを差し込んで使用する．さらにスティック形状になっている部分を中指以下で握ることにより，鉛筆などを正しい持ち方へ導くことができる（Q グリップ，図 3.14.5）．

d. 座面用姿勢保持マット（Q チェアマット）

学校や施設で使用している児童用のいすは，座面が硬くてすべりやすいものが多く，姿勢や座り方が不安定になりやすい．座位が不安定なため落ち着きがなく，授業や行事に集中できない子どもが増えているという指摘に応え，簡単に使えて座位が安定するいす用マット（座面用姿勢保持マット）を開発した．

薄い形状でも十分なクッション性を持つように，裏面をハニカム形状とした（図 3.14.6）．持ち方補助具の試用評価に合わせて，**座面用姿勢保持マットを幼児**の座部に敷き，試用風景を目視観察とビデオ撮影によって確認したところ，子どもの姿勢が安定していることが認められた（図 3.14.7）．

e. シリコン製 定規（Q スケール 15）

定規で線を引くときに，定規を上からしっかり押さえていないと，紙の上で動いてしまい，線をうまく描けない経験は誰にでもある．今回，すべりにくいだけでなく，定規の押さえる場所が明確で上下がわかり，また，持ち上げやすく操作しやすい形状の定規がほしいという要望に応えた定規を開発した．定規本体をシリコンゴムで覆い，上から強く押さえなくてもすべらないように工夫した（Q スケール 15，図 3.14.8）．

オリジナルで製作した直線定規にシリコンゴム製のカバーを被せる形とし，カバー中央部に 5 mm 厚の持ち手をつけ，持ち上げやすく操作しやすさとともに，指をおく位置が明確にわかるようにした．また，裏側底面手前側を斜めにカットして，その部分を押さえると目盛面（上部スケール記載部分）が持ち上がり，定規を外しやすくなるように配慮をしている．目盛りは視認性を高めるために黒地に白文字といった配慮もな

図 3.14.5 商品版の持ち方補助具（Q グリップ）

図 3.14.6 座面用姿勢保持マット（Q チェアマット）

図 3.14.7 座面用姿勢保持マット使用風景

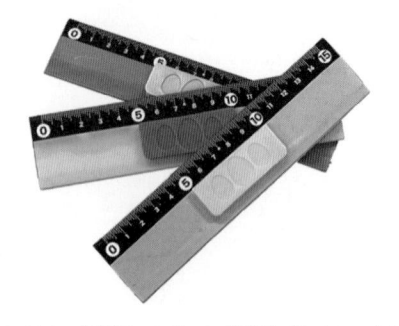

図 3.14.8 商品版のシリコン製定規（Q スケール 15）

f. シリコン製 デスクシート（Q デスクシート）

表面が硬い机の上に紙などをおいて筆記などを行う場合，特に片手が不自由で十分に紙を押さえることができないと，紙が動いてしまい，うまく字が書けないことがある．また，小学校3年生頃からコンパスで円を描く学習を行うが，通常の硬い下敷きを使用した場合，コンパスの針がすべってしまい，きれいな円を描けないのも同様の理由である．

シリコンゴムを使用すれば，そのような場合いずれも安定する可能性があるというアイデアのもと，こども病院の通院者に協力してもらい試験した．その結果，非常に好評だったことから，シリコンゴム製の「Qデスクシート」を開発した（図3.14.9）．同時に開発したシリコン製定規（Qスケール15）と合わせて使用すると活用の場面がさらに広がる（図3.14.10）．

g. シリコン製 書き取り補助具（Q フレーム）

書き取り時，指定の大きさの枠よりも，はみ出て書いてしまう子どもが多く見受けられる．Qフレームは，このような学習障害のため練習が必要な幼児・児童向けに開発された．市販の国語8マスノートに対応し正方形のフチ部分は見やすく鉛筆で書きやすい独自の形状になっている．また，右利きの人，左利きの人どちらにも使用でき，習熟度に応じた書き取りの練習ができる（図3.14.11）．

h. シリコン製の感覚欲求充足補助具（Q キャップ）

爪を噛む癖のある人，発達障害などの人で，口腔からの触覚や固有感覚の感覚欲求がある人向けに感覚の欲求充足補助具として商品化した．Qキャップは，歯や顎の保護に最適な硬さで設計されており，文房具として携帯ができるため，授業中も使用でき，学習への集中力を高めることが可能である（図3.14.12）．

i. シリコン製 ハサミ動作用補助具（Q カット）

上肢の片側に麻痺などの障害がある場合は，紙をうまく切ることが困難である．Qカットは，上ふたと下台が強力な磁力で引きあうため，台の位置が合わせやすくなっており，片手で容易に紙をはさむことができ

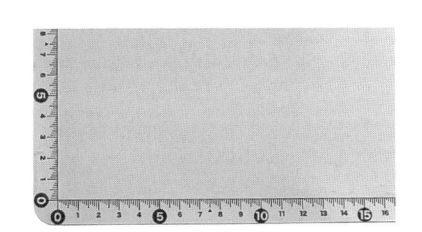

図3.14.9 商品版のシリコン製デスクシート（Qデスクシート）

図3.14.10 シリコン製デスクシートと定規の使用イメージ

図3.14.11 書き取り補助具（Qフレーム）

図3.14.12 感覚欲求充足補助具（Qキャップ）

図3.14.13 ハサミ動作補助具（Qカット）

る．その結果，紙を固定するツールとして，片手で紙を切る作業を可能にした．また，文鎮としても利用することができる（図3.14.13）．

j. シリコン製 食事補助具（Qスプーン）

食事をするとき，発達障害・脳性麻痺などで通常のスプーンをうまく持つことのできない場合に，このグリップつきスプーンを使うことにより，食べ物をすくいやすくなる（図3.14.14）．

図3.14.14 食事用補助具（Qスプーン）

k. シリコン製 作図用補助具（Qコンパス）

四角形の補助具で，コンパスの回す部分に装着して使うと円が描きやすくなる．手先の不器用さや麻痺などにより，コンパスをうまく操作できない方向きに開発した．一昨年度開発したQデスクシートを併せて使うと，より効果的である（図3.14.15）．

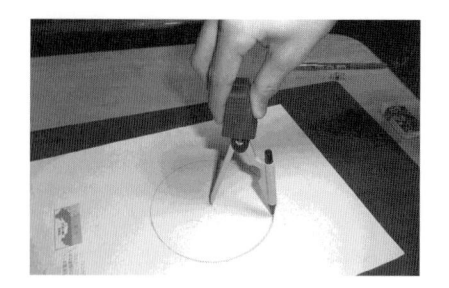

図3.14.15 作図用補助具（Qコンパス）

l. シリコン製 筆記用補助具（Qホルダー）

前年度までに開発したQリング，Qグリップでは，鉛筆などをうまく持つことのできない脳性麻痺，リウマチなどの方が使えるような，グリップ形状の筆記用補助具である（図3.14.16）．

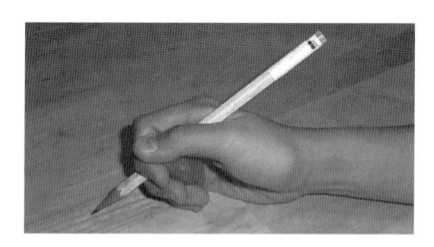

図3.14.16 筆記用補助具（Qホルダー）

静岡県内企業による新しいゴム試作品製造と生産部門への展開の取組みと連携し，自立補助具の開発を行った．

シリコンゴムが持っている"柔らかさ"や"すべりにくさ"などの特徴を踏まえ，障害を持った子どもの学習や訓練を行っている臨床現場の声を反映し，ユニバーサルデザインの観点から，定型発達の幼稚園・保育園児らを対象に使用評価も行い，一定の効果があることを確認した．

今後，福祉用具や健康関連産業の展示会などに積極的に出展し，ユーザの声を聞きながら，改良を加えていきたい．

〔多々良哲也・鴨下賢一〕

3.15 寝たきり，および下肢障害者用ノートパソコンの取り付け自在アームの開発

a. 開発に当たって

1) 開発物の概要

フレキシブルアーム（ラクーム）は，寝たきりまたは下肢障害者を対象に開発されたものである．床置式のスタンド上部にアームを取り付け，アーム部分に窒素ガスを入れたガスシリンダを内蔵し，アーム先端に取り付けるノートパソコンの重量と，ガススプリングの反発力でバランスをとるようにしてある．このため非常に軽い力でアームの上下動が可能になる．回転部にはドライベアリングを採用し，2段式アームによる旋回，平行移動などさまざまな位置にパソコンが移動できる．このためパソコンの微妙な位置合わせ，不要時のアームの移動も簡単にできる．またケーブルなどをアームに沿わすことで周辺器のセッティングも不要となるため，パソコンのスイッチを入れるとインターネット，プリンタの使用も可能となる（図3.15.1）．

2) ニーズの発見

パソコンに使用するモニタが，30 kg もの重量のあったブラウン管モニタから，4 kg 前後と軽量な液晶モニタに急速に代わりだした．このため医療の現場では，液晶モニタを天井からつり下げ，自在に移動できるよう架台を設置してほしいとの要望が出され筆者らはこれを，手がけてきた．このとき，液晶モニタをノートパソコンに置き換えれば，横になりながらでもパソコンが扱えるのではないかと考えた．さらに寝たきりの障害者でも，パソコンを利用したいとのニーズは必ずあるはずなので，開発に取り組むことにした．また製品開発の過程で，障害者による試作品のモニタリングも計画した．

障害者が助成制度を受けパソコンを購入しても，あまり使用されずにいる状態が多かった．調査してみると，パソコンの固定方法，ケーブルの処理（長さなど）に問題があり，結局セッティングが面倒なこともあってあまり使用されていなかったようである．原因は使いづらく，周囲の手をわずらわすことにあると考えられる．

b. 開発の経緯

1) 開発の方針

すべての人に使いやすい製品を完成させるには数台の試作品，モニタリングも必要なため，開発費もかかる．そこで独立行政法人新エネルギー・産業技術総合開発機構（NEDO）の平成16年度福祉用具実用化開発費助成金交付を活用すべく，公募に応募し，このための試作品を製作することができた．この助成金の交付が認められ，2年の開発期間を経て商品化することができた．開発はモニタリングも実施し，製品に反映させることとした．

可能な限りパソコンは自分でセッティングできること，アームを動かす力は軽く，不要時は簡単に退けられること，介護機器に見えないようなデザインや地味な色は使用しない，助成金の活用などで価格を安く抑える，などの方針をもとに試作機での改良点を探った．寝た状態で使用することを前提とするため，介護のじゃまにならないようにスムーズにアームが移動できることが条件となってくる．特にアームの移動範囲が

図 3.15.1 ラクーム全体（スタンド含む）

大きくとれるためにはアームを長くし，2段式にして屈折できるようにすることである．2段式にするとパソコンの平行移動が可能となる．スタンド高さはアームがあっても頭を打たない180 cmとした．スタンド式としたのはベッドにあまり荷重をかけられず，スタンド式のほうが床におくため安心感があり，設置場所に自由度があるためである．スタンドの固定はベッド，壁に金具で固定する方法をとった．この場合の金具はスタンドが倒れない程度のものでよく，ベッドなどの負荷は少なくてすむ．

2) 人間の身体特性に鑑みた評価，試験作業と改良

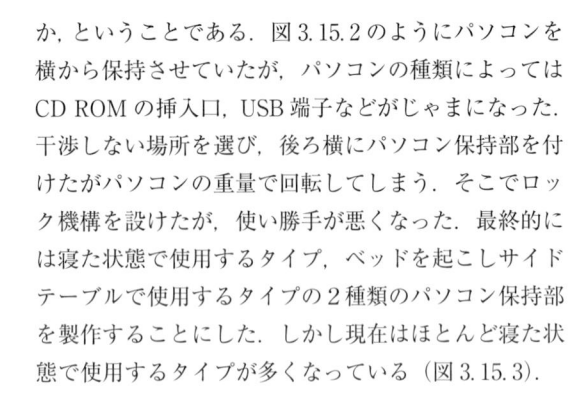

問題となったのはパソコンをどのように保持させるか，ということである．図3.15.2のようにパソコンを横から保持させていたが，パソコンの種類によってはCD ROMの挿入口，USB端子などがじゃまになった．干渉しない場所を選び，後ろ横にパソコン保持部を付けたがパソコンの重量で回転してしまう．そこでロック機構を設けたが，使い勝手が悪くなった．最終的には寝た状態で使用するタイプ，ベッドを起こしサイドテーブルで使用するタイプの2種類のパソコン保持部を製作することにした．しかし現在はほとんど寝た状態で使用するタイプが多くなっている（図3.15.3）．

3) 現実の現場ニーズでの対応

ラクームを導入したいとの依頼があったので，貸出し時に使い勝手をみてもらった．使用者は仰向けには寝られず，少し左に向いた状態で特殊なマウスでパソコンを操作する．この状態でパソコンを操作すると次のような問題があった．ラクームでは，パソコンは垂直に上下する．このとき左に向いているとパソコンが顔に対して90°左に傾いた状態になるので，マウスでカーソルを下に移動するとカーソルも画面下に移動するが，見た目は左に移動したように見えてしまい，使用する人には非常に使いにくい状態となった．対策として，パソコンも顔の向きに合わせて回転させる必要があるので，パソコン保持部を大幅に改良することになった．保持部にはパソコンを裏から持たせ，回転軸

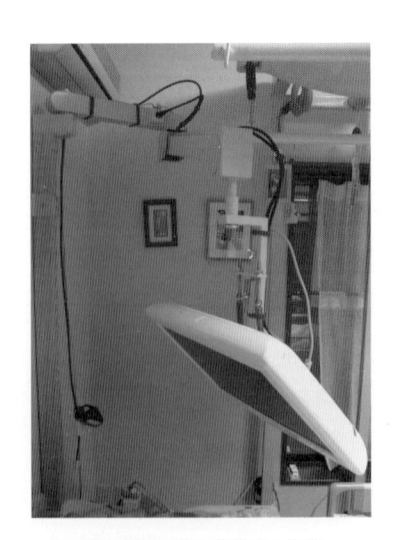

図3.15.2 サイドテーブルでの使用

図3.15.3 寝た状態での使用

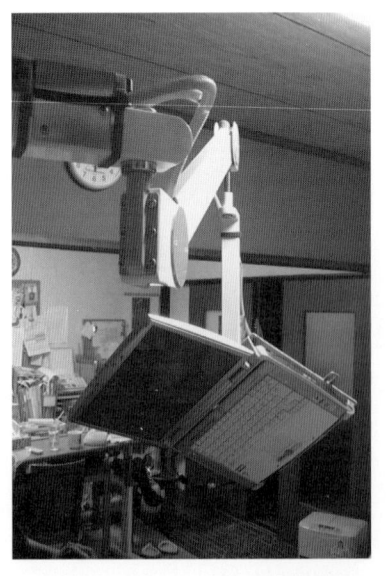

図3.15.4 パソコンを回転できる機構を取り付けた

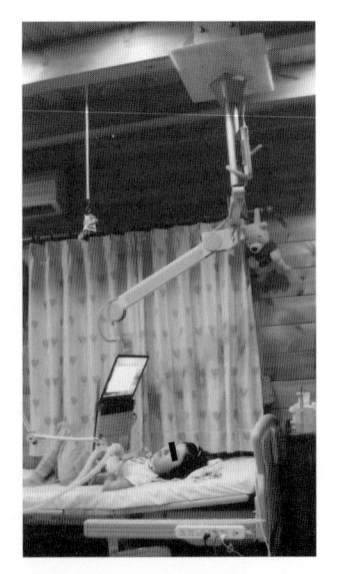

図3.15.5 天井から吊るしたラクーム

を2軸とすることでどの空間でも停止できるようにした．またパソコン重量もテレビチューナ内蔵のため4 kgを超えたので，ガスシリンダの反発力を強いものにし，バランスの微調整は補助ウェイトで調整する．完全にバランスをとるので重量のあるパソコンでも非常に軽く動かせる（図3.15.4）．

筋ジストロフィー患者の人がラクームを導入したとき，標準はスタンド式であるが，家族からベッドの周りを何もない状態にしたいという要望があり，ラクームを天井からつるすことにした．天井に強度的にも十分耐える梁があったので，その梁にブラケットを取り付けてラクームをつるした．天井からつるすのでアームが360°回転でき，ベッド周りにスタンドがないのでベッドから車いすへの移動も以前と変わらない．パソコンの使用時には胸の下方にパソコンを乗せ（胸への負荷はない），肘をベッドにおいているので腕への負担はほとんどない（図3.15.5）．

4） 実用化に伴う考慮点

1台目のラクームは試作品での改良点を盛り込むと同時にデザインも考慮して製作し，滋賀県工業技術センターに持ち込みデザインのアドバイスを受けた．そこでの指摘は以下のようなものであった．すなわち，回転軸と1段目アームの隙間が狭く介護者が指を挟む恐れがあるので指一本分の隙間を空ける，スタンドよりもアームが太いので強度的に問題がなくても見た目の安定性に欠ける，寝た状態で使用する者にとっては下から見上げるので威圧感がある，スタンドから1段目アームそしてアーム本体と徐々に細くしていくと安定性が増し威圧感がなくなる，などである．これらを考慮し再度デザインするため，ラクームの設計を見直した．

c． 普及活動

1） ユーザの反応

これまでパソコンは導入したものの，あまり使っていなかった人が多かったようであるが，ラクームの導入により，テレビやメール，インターネットなどではほぼ毎日使われているようである．常にパソコンが間近にあり，電源さえ入れればすぐに使える，介護者の手をわずらわせずに自分の使いたいときに使える点が評価されているようである．またラクームに明るい色を使用し，見た目が介護機器にみえないので，健常者からも購入したいとの問い合わせがある．筋ジストロフィー患者の方はラクームでパソコンを始め，インターネットで家族の旅行のチケットを予約するなど，パソコンを使いこなしているようである．

事故で寝たきりになり，かろうじて右手が少し動かせる男性はいままでサイドテーブルにキーボードとジョイスティックをおいて操作していたが，あまりうまく操作ができなかった．ラクームの導入でパソコンをちょうど胸のあたりに移動できるようになって，画面も最適な位置となり，サイドテーブルのときのようにその都度ベッドを起こさなくてもよいなど，パソコンの使用環境が改善された．

2） 普及活動として

これまでインテックス大阪で開催された「バリアフリー展」をはじめ展示会への出展やウェブサイトを通じ，普及活動を行ってきた．ラクームの販売価格は設置工事も含めて17万円前後で，可能な限り低価格で販売できるように努力してきたが，それでも障害者にとって負担感は小さくない．

福井県の診療所の医師の方からALSの患者宅にラクームを設置したいと注文があった際，その方の尽力でラクームは福井県の助成対象の福祉補助具に認定された．こうしたことから助成制度が活用できる環境を整えるように活動を行った．京都市に対しても同制度の助成対象になるかを照会したが，まったく新しい製品であったため，「前例がなく認められない」との回答であった．同制度は，国が制度設計を行いながら，具体的な運用は各自治体に任されており，自治体によって判断がまちまちであるので，筆者らはまず国へ働きかけることにした．所属している業者団体（右京民主商工会）の協力のもと，厚生労働省の担当部局に要請することができ，助成対象の福祉補助具と認定できるとの回答を得た．これをきっかけに，京都市をはじめ助成制度を活用できる道が開けた．助成制度を活用することで，購入費の2/3以内（上限10万円）の助成金が下りる．障害者の状況は各人各様であるので，ラクームは，一人ひとりの状況に応じて製作している．最近ではiPadなど軽量でコンパクトな情報端末が普及してきた．こうした新しい情報端末にも柔軟に対応していっているところである． 〔福谷栄二〕

3.16 腕動作支援装置（アームバランサー）の開発事例

秋田県の高齢化は全国平均を上回るスピードで進み，2012年には全国一の高齢化率の県になった．そのため，高齢者や障害者の自立を支援する機器の開発が望まれている（山内，1998；川村，1999；藤江，1997）．このような高齢化に伴い，脳血管疾病や骨折などの疾病で，腕を自分の力で動作させることが困難になった高齢者・障害者が増加している．「アームバランサー」は，肘と手首を器具やバンドに固定して，脳血管疾病や骨折，ALS（筋萎縮性側索硬化症）などにより，腕の筋力が弱まった人の動作をサポートする**腕動作支援装置**である．本装置は，腕を座面から支えてサポートすることで，字を書く，食事を補助する補助具である．リンク機構により，上下方向にも大きな可動範囲が確保されるので，頭の高さまで手を持ち上げ，髪をとかすこともできる．また，折りたたみが可能で，持ち運びにも工夫されている．

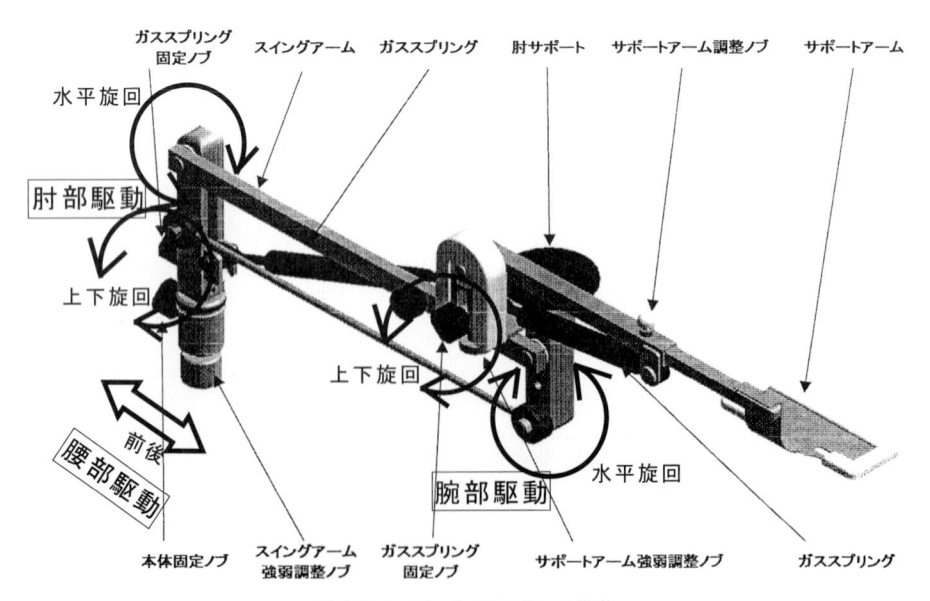

a. 開発の経緯

1) アームバランサーの構成

腕の動作を支援する装置としては，つり下げ式のタイプが市販されている．しかし，このつり下げ式のタイプは机の上に設置するため，支援装置が目立ち，障害者からはこのような支援装置を利用している様子を他の人には見られたくないという声もあった．そこで，座面からのリンク機構により軽量，コンパクトを特徴とした腕動作支援装置を開発した（佐藤，2007）．アームバランサーの仕様を表3.16.1に，アームバランサーの各部の構成と，装着した様子を図3.16.1，図3.16.2に示す（宮脇ほか，2004）．

アームバランサーは，手首部を保持するサポートアーム，肘部を保持するスイングアームから構成されている．メインサポート部が座マットの直動ガイドに

表3.16.1 アームバランサーの諸元

項　目	仕　様
動作関節	腰関節部：前後動 肩関節部：上下旋回，水平旋回 肘関節部：上下旋回，水平旋回
標準仕様例	右手（左手もあり）
駆動源	ガススプリング
補助荷重	10 N
重　量	2 kg

図3.16.1 アームバランサーの構成

差し込まれており，約300 mm前後にスライドする．肩関節と肘関節は，回転ジョイントにより，それぞれ上下旋回，水平旋回することができる．サポートアーム，スイングアームにはガススプリングが装着されており，これにより腕のアシストを実現している．サポートアーム以外は部品の組立てを左右対称に構成することで，右手仕様を左手にも利用することができる．アームバランサーのアシスト力とは，ガススプリングにより腕や手首を上方向に持ち上げる力のことである．そのため，腕や手首を下方向に振り下ろすときはアシスト力に対抗した力が必要である．ガススプリングの仕様より，アシスト力の設計仕様は肘部が10 N，手首部が5 Nである．

2) アームバランサーの使用方法

図3.16.3にアームバランサーの使用方法を示す．軽量小型なリンク機構のため，オプションの取付け金具を変更することにより，畳上での使用（図3.16.3(a)），ベッド上での使用（図3.16.3(b)），いす上での使用（図3.16.3(c)）など，さまざまな場所で使用することができる．使用する場所によって，座マット

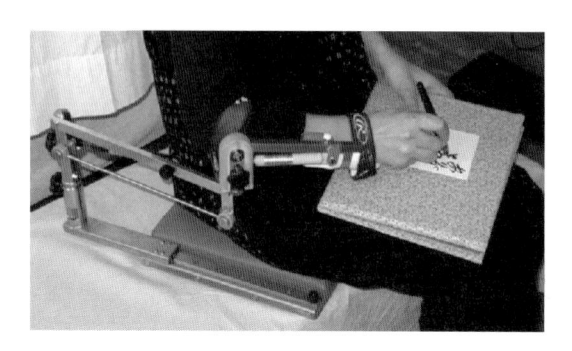

図3.16.2 腕に装着したアームバランサー

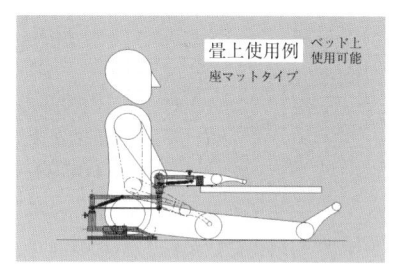

(a) 畳上での使用

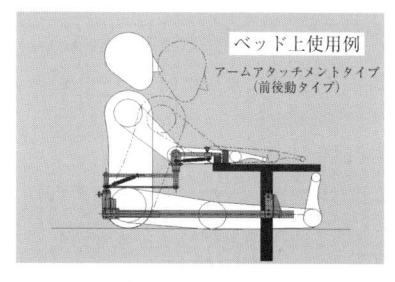

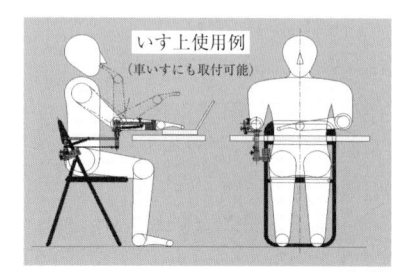

(b) ベッド上での使用

(c) いす上での使用

図3.16.3 アームバランサーの使用例

アームバランサーを用いないとき

アームバランサーを用いたとき

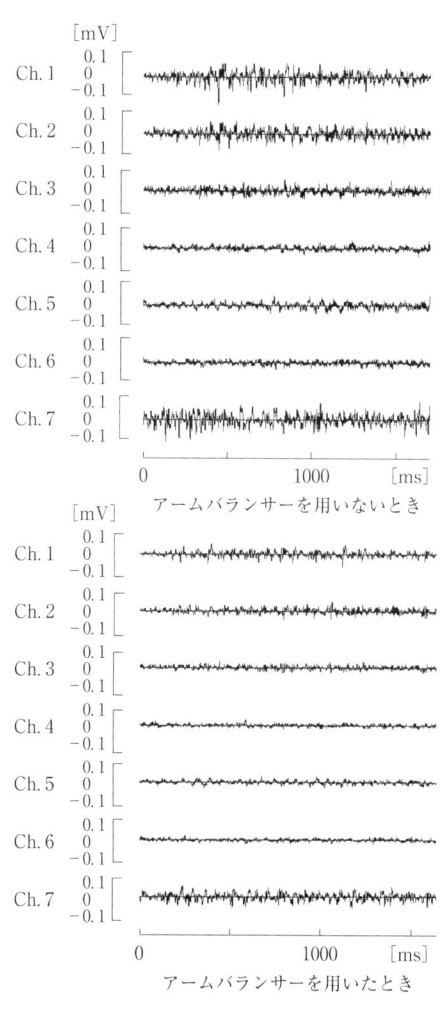

図3.16.4 筋電図波形

(可動式・固定式),いす用のパイプ取付けアタッチメント,ベッド用取付けアタッチメントなどのオプションが用意されている.

3) アシスト力による上肢への影響

アームバランサーによる,利用者への補助効果を評価するために健常男性6名(年齢21～42歳)の肩,肘の屈曲・伸展動作における筋電位測定を行った(宮脇ほか,2009).

被験者がアームバランサーを装着したときと,未装着時において,前腕の水平面における屈曲,伸展動作,および上腕の前挙動作を行い,そのときの筋電位を計測した.筋電位の測定箇所は,1 ch:三角筋前部,2 ch:三角筋中部,3 ch:三角筋後部,4 ch:大胸筋,5 ch:広背筋,6 ch:上腕二頭筋,7 ch:上腕三頭筋長頭の7筋である.図3.16.4に代表的な筋電図波形の生データを示す.

筋電実験の結果,アームバランサーを用いることで肘の屈曲動作では上腕二頭筋が,また,肘の伸展動作では上腕三頭筋長頭の積分筋電値が統計的に有意に低減した.次に,腕の上げ下げ動作においては,アームバランサーを用いることで,三角筋前部と三角筋後部の積分筋電値が統計的に有意に減少した.これらのことより開発したアームバランサーは,腕が動作するときの負担を軽減し,腕の動作を支援できる可能性があることが示された.

b. 普及活動

1) アームバランサーのフィールド評価

アームバランサーが障害者や高齢者に利用可能かどうかのフィールド評価を実施した(宮脇ほか,2009).男性6名,女性1名である.評価の方法は,各被験者の残存能力を考慮して少しでもADLの向上がみられるかに重点をおいた.フィールド評価のなかから,特徴的な4例を抜粋して下記に示す.

(1) 被験者1: 男性,不全四肢麻痺,ADLは半介助.食事は万能カフで自立,歩行は介助者と1本杖で歩行可能.

アームバランサー使用の目的は右上肢の運動訓練や書字動作の獲得,テレビのリモコンを押す,物の引き寄せなどの目的動作の獲得を目指す.

・アームバランサー使用結果: いす座位で,アームバランサーをサイドテーブルに固定し試用する.アームバランサーなしのときよりもアームバランサー使用時のほうが可動域が拡大し,動きも軽くなった.ただし,水平外転時に,肘がアームバランサー肘おき部から落ちることがある.肘を落とさないためには,体幹を右に傾ける必要がある.書字をしてもらった感想は「スムーズに書くことができる.アームバランサーを使用しないときよりも立派な字が書ける」「かなり軽く腕を動かすことができる.肘が落ちなければもっとよい」「腕を動かすよい運動にもなるし,物をとったり,書字をしたりと腕を使ってできることが増える.これを使えば食事もいまより楽にできそう」など前向きな感想であった.

(2) 被験者2: 男性,ADLは全介助.移動は電動車いす.

現在,テーブル上に肘を乗せる,また,テーブルの縁に前腕を乗せることで,食事・書字は自立している.握力はほとんど0だが,箸・ペンの使用は可能.しかし,書字に関しては,時間がかかり疲労により長時間は無理である.そこで,アームバランサーによって書字の時間の短縮,疲労の軽減を目指した.

・アームバランサーの使用結果: 座マットを用いてあぐら座位で使用する.最初,動く範囲を被験者の好きなように動かしてもらう.スイングアームの前後運動,水平外転方向への動きはスムーズに出現するが,肩関節屈曲・外転など抗重力方向へは動かせない.肘関節をベルトで固定すると屈曲方向への動きが悪くなるとの訴えがあり,肘のベルトを外したが,そうすると,肘関節屈曲時に肘がアームバランサー肘おき部から落ちることがある.次に,膝の上に紙をおき,字を書いてもらう.問題なく書くことができる.普段テーブルなしのあぐら座位では,腕を動かすことはできずじっとしていることがほとんどなので,「このようにして使えば,腕を動かす運動になる」という意見だった.次に前にテーブルをおき,その上で書字をしてもらう.普段書いている際よりも腕が軽いとの感想であった.しかし,前腕部がテーブルにひっかかり可動範囲の制限が出る.

(3) 被験者3: 男性,60歳,完全四肢麻痺,ADLは全介助.

受傷後まもなくベッド臥床期から抜け,車いす座位になったため,車いす駆動・食事訓練などを行おうと

している状態であった．そのため，食事訓練前の動作訓練として，アームバランサーを使用した．

・アームバランサーの使用結果： アームバランサーを装着し，腕を肩関節水平位置まで下ろし，使用を試みるが，腕が屈曲・外転方向にあがってしまい，下ろすことができなくなり，使用は不可であった．臥位状態から車いす乗車に移ったばかりであったため，被験者の力の入れ方がうまくいかなかったのが，原因の一つにあげられる．本症例のように，利用者の筋力に合わせて力の調整範囲が広い装置が必要である．

(4) 被験者4： 女性，ALS，ADLは全介助．
現在，テーブル上に腕をおいた状態での水平外転・水平内転・肘屈曲・肘伸展は可能である．アームバランサー使用により，低下した筋力をサポートし，肩関節屈曲・外転を引き出し，食事動作の獲得をねらう．また，書字やパソコンのキー操作などへの応用を期待する．

・アームバランサーの使用結果： 座マットを用い座位で試用した．アームバランサー使用の肢位で肩関節外転30°，軽度屈曲位．肘関節屈曲90°程度を得られた．また，肩関節内転が可能であった．しかし，目的とした肩関節屈曲方向への動きは得られず，食事動作は困難であった．水平内転・水平外転・肘屈曲・伸展がスムーズに行えたことから，書字・PCキー操作動作への使用は期待される．

このように障害者・高齢者への試用評価により，被験者1, 2はアームバランサーの適用が可能であり，被験者3, 4はアームバランサーの適用が不可である．アームバランサーの利用可能な対象者は，ADLが半介助で食事が自立可能など，ある程度の筋力を有する障害者である．また，ADLが全介助の状態においても，被験者2のように体重心のバランスをうまく利用することができればアームバランサーの対象者となる．しかし，筋力がほとんどない障害者は，肘の屈曲・伸展など水平方向の利用は可能であるが，腕の上げ下げなどの抗重力筋が作用する動作やアームバランサーのアシスト力に対抗して動作することが困難であり，筋力がほとんど発揮できない障害者には，アームバランサーは適合外であった．

2) リハビリ用アームバランサーへの展開
アームバランサーを利用する高齢障害者へのリハビリテーションは，機能障害としての麻痺の回復よりも，活動制限レベルの日常生活動作の自立を目標に実施されることが多かった．そこで，腕動作支援装置をリハビリテーションで有効に利用できるように改良して評価した．具体的には，アームバランサーの可動範囲の限定と，リハビリテーションに利用するためにジャイロセンサ，加速度センサを利用して，福祉・医療現場において腕の動作を定量的かつ，簡易的に測定できるような評価システムを構築した．

開発当初のアームバランサーは，腕の補助だけを目的としていたため，それ以外の使用ができなかったので医療関係者（整形外科医，リハビリテーション医，作業療法士，理学療法士）や工学関係者（機器開発メーカ，機器評価者）とのブレーンストーミング法（創造的集団思考法）によりアームバランサーの改良点を模索することになった．

ブレーンストーミング法により抽出された主な改善点を以下に示す．

(1) 座面やいすで利用するタイプよりは，机に取り付けるタイプが可動範囲を広くすることが可能で利用しやすい．

(2) このアームバランサーは自由度があり三次元的な動作が可能であるが，リハビリ患者には自由度を制限して動きを誘導する考え方も取り入れるとよい．特に障害が重度な患者は装具と同じように自由度を制限する必要がある．

(3) リハビリ動作は水平方向の動きが獲得できたら，次に上下方向の動きに移るため，たとえばスライド機構を用いて直線のみの動作が可能とする．直線を組み合わせて，二次元の動作を実現する（製図用ドラフターのイメージ）．

(4) 回転運動などはストッパなどで制限する仕組みが必要である．

(5) 回復期の患者はもっと細かな（精度が高い）動作となるためアームバランサーでは物足りない．

(6) アームバランサーの特徴はコンパクト，低価格にあるので，ガススプリングなどによる現状の構造が適当である．電動モータなどは大型で高価になるため臨床で簡単に利用するには不適切である．

(7) センサで手先部を計測する精度はセンチメートルオーダーで十分である．

(8) 車いすに取り付けるタイプが省スペースでよい．

(9) 三角筋を鍛えることは困難であるが，それが可

能であればセールスポイントになる.

3) リハビリ用アームバランサーの機構部

試作したアームバランサーを図3.16.5に示す.右手用と左手用は部品の表裏を利用して,ほとんど共用している.各旋回部には玉軸受けを装着して,動きを滑らかにすることで操作性を向上させた.可動範囲を最大限にするために前後方向のストロークを長く設定したが,机との取付け部の剛性を強化することで,安定した動作を実現している.

次にブレーンストーミング法により抽出された課題を,腕動作支援装置に反映させた箇所を示す.介護用のアームバランサーは自由度があり三次元的な動作が可能であるが,リハビリ患者用に自由度を制限して動きを誘導する考え方を取り入れることにした.特に障害が重度な患者には装具と同じように自由度を制限する必要があった.そこで,アームバランサーの回転運動と各可動個所をストッパによって自由度を制限することで,特定の繰り返し動作の訓練を行うリハビリにも使用できるように改良した.上下運動を規制する,または,旋回運動を規制するストッパを図3.16.6に示す.「リハビリ患者には自由度を制限して動きを誘導する考え方も取り入れるとよい」「直線のみの動作が可能とする.直線を組み合わせて,二次元の動作を実現する」という要望に対しては,スイングアームとサポートアームの両方に上下方向の動作を規制するストッパを取り付けることで動作を制限する機構とした.また,「回転運動などはストッパなどで制限する仕組みが必要である」という要望に対して,スイングアームの回転機構部に旋回用ストッパを装着して,旋回角度を調節する構造とした.

障害の程度は人によってさまざまである.そのため対象者による臨床テストを重ね,操作性と安全性の向上を図るとともに,障害の程度に適合したアシスト力を発揮するアームバランサーや,アクティブなアクチュエータによるアシスト力が可能な機器開発が今後望まれる. 〔宮脇和人・佐藤敏美〕

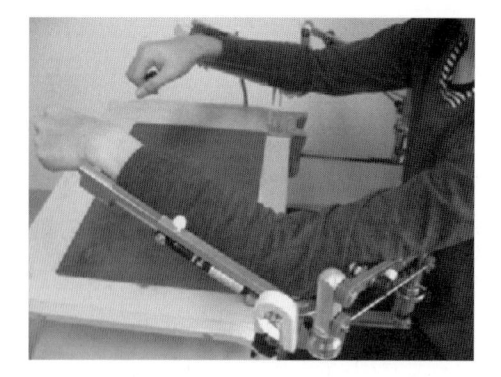

図3.16.5 リハビリ用アームバランサー

図3.16.6 ストッパ部の機構

文 献

藤江正克(1997):超高齢・少子化社会生活に支援してくれるロボット・メカトロ機器.日本機械学会誌,**100**(944):750-754.
川村次郎(1999):アシスティブテクノロジーの展望.*BME*,**13**(2):2-7.
宮脇和人ほか(2004):「アームバランサー」腕動作支援装置の開発と評価.日本機械学会福祉工学シンポジウム2004講演論文集,85-86.
宮脇和人ほか(2009):腕動作支援装置「アームバランサー」の有効性評価.ライフサポート,**21**(1):3-10.
佐藤敏美(2007):腕動作支援装置,特許登録3875579.
山内 繁(1998):参加支援工学.*BME*,**12**(8):1-8.

3.17 布製靴下すべりほかの製品開発・改良

タオルや福祉用品の製造企業，看護・介護現場，介護関連の高校・大学，大阪府立産業技術総合研究所の産官学のメンバーからなるタオル科学研究会では，赤ちゃんから一生の間使われるタオルを主素材とした布製自立支援用具を開発し，現場での反応から改良を行ってきた．

a. 布製靴下すべりの開発事例

介護老人福祉施設を利用している高齢者の声「膝関節が曲がりにくいので，靴下を履くのに苦労している．特に病院でのリハビリ後など外出先で困ることが多い」「靴下を履きやすくする自助具にはいろいろ市販品があるが，肌に優しく，持ち運びできるものがほしい」などのニーズを取り上げ，これらに対応する自助具の開発をタオル科学研究会では進めた．股関節や膝関節の屈曲が困難になるなどで，つま先まで手が届きにくくなったときなど，介助者の手助けなしに，靴下が履ける**布製靴下すべり**（吉野ほか，2005）の開発がそれである．

これに似たものとして，「ソックスエイド（マダック社，米国）」というものがあったが，内にプラスチック板が入っており，靴下の履き口の確保には十分である反面，足を締め付ける感じや，足になじみにくいなどの欠点がある．そこで，ヒトの肌に優しい繊維素材のみで構成された布製靴下すべりの開発を行った．

1) 形状，材質

布製靴下すべりは，すべり部と履き口部で構成される本体（31 cm幅×30 cm長）の履き口部の端に，幅広の布ひも（50 cm長）の取っ手を2本つけたもので，図3.17.1のような形状である．靴下と接触する靴下側について，すべり部には靴下とよく密着し靴下をひっぱりあげやすいように適度な丈（丈12.5 cm）のタオル地を，履き口部には裏地を用いる．肌に当たる足側について，全面すべりがよく，肌にささくれが出ていてもひっかかりが少なく，ヒトの肌にやさしいキュプラの裏地などを用いる．さらに履き口部には靴下側と足側両方の生地の間に履き口を確保できるように，硬い芯地（丈17.5 cm）を用いている．本体長さ方向の足底に当たる部分（ゆとり分も含め足幅11 cm）の両側にタックをとって折り目を設け，使用時靴下がねじれないようガイドにした．基本設計に当たり，足幅寸法・図は「設計のための人体寸法データ集」（河内ほか，1994）を参照した．

2) 使用法

布製靴下すべりは，図3.17.1の1から図3.17.2の2→3→4のように，履き口部の折り目に沿って三つ折り，さらに二つ折り後，靴下のつま先部分のとじ目

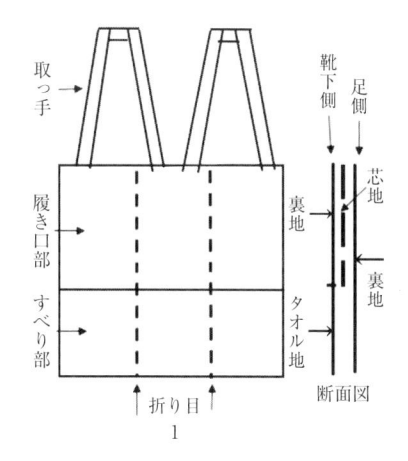

図3.17.1 布製靴下すべり

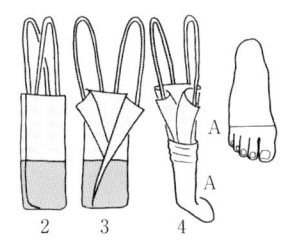

図3.17.2 靴下を履く準備

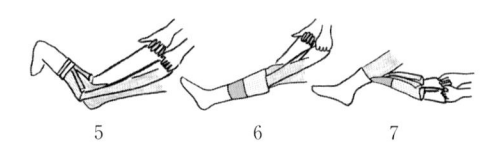

図3.17.3 靴下を履く

個所の手前（A）まで挿入し，履き口を広げて手を入れてよじれがないことを確認する．次に，図3.17.3の5→6→7のように，取っ手を持って，履き口を足のつま先に寄せ，つま先を入れる．左右の取っ手をバランスよくひっぱることにより，スムーズに靴下が履け，靴下すべりを靴下から抜くことができる．なお，布地製なので，折りたたみができ，かさばらないので持ち運びがしやすくなっている．

3) 現場ニーズに対応しての改良

試作後実際に靴下履き自助具を使用している高齢者に提供し，モニタ評価を受けるという一連の作業を繰り返した．はじめは，お絞りタオルに握りひもをつけた靴下すべりの試作から始まり，モニタ評価，①「靴下の履き口が確保でき，足のつま先を挿入しやすい形状がほしい」，②「足が滑らかにすべり，靴下すべりが抜きやすいものがほしい」，③「靴下すべりが靴下をしっかりとつかみ，軽く持ち上げられるものがほしい」に対し，解決策として靴下すべりの機能を履き口部とすべり部に分け，履き口部は足を挿入しやすい履き口部を確保し，すべり部の足側には肌ざわりのよさ，すべりやすさや抜きやすさを求め，靴下側には適度の摩擦を求めた．また，④「足を挿入後，握りひもをひっぱる力が左右で差があると，靴下が回ってしまい，上手に履けない」に対しては，靴下すべりに足幅のガイドをつけることで解決し，⑤「握りひもはある程度の硬さがあるほうがよい」に対しては，握りひもの幅や材質を検討した．

4) 人間の身体特性に鑑みたテスト，改良

開発当初に，取っ手を縫いつけたタオルのおしぼりを靴下にはめて履いてみたところ，かなり力がいることがわかっていた．そこで，すべり部の最適長さを求めるため，長さを変化させ，数種の靴下が履けるかどうかの判定（履かせ効果の有無）と，同時に靴下を履くときの初期ひっぱり力をバネ式手ばかりで測定し，左右の合計値を求めた．この初期ひっぱり力が独立行政法人製品評価技術基盤機構の「人間特性データベース」から求めた高齢者（65〜90歳）の上肢操作力「Z握りの引く力」の平均値×2より小さい値を指標とした．この値よりも小さい値を示し，履かせ効果のあるすべり部の長さを選んだ．

5) 発表と寄せられた意見

2006年には，産業技術連携推進会議が主催する第8回福祉技術シンポジウムでの口頭発表を行い，2004年，2005年国際福祉機器展に同推進会議福祉技術部会のブースで展示発表，2006年，2007年の大阪府の障害者展に展示発表を行った．そのときの意見に「取っ手はもう少し長いほうがよい」があり，取っ手を長くしアジャスタをつけることで，より多くの人々の満足いくものになった．また，高齢者・障害者のみならず，お腹が大きくなり前かがみになりにくい妊婦にも，また，足の裏がかさかさになって靴下が履きにくい人にも有用であることがわかった．

2007年11月には，特許登録（特許第4033172号）された．

b. 高すべり布地部織り込みシーツの開発事例

高齢となり足腰の力が衰えてくると就寝時などにベッド上での移動・寝返りなどの動作が負担となってくる．この負担を少しでも軽減しようと開発されたものが，図3.17.4に示すようにシーツのなかほどの緯糸にすべりのよい糸を用い，組織を緯朱子織にすることにより横方向にすべりのよい布地部（すべり部）を持つシーツである．

開発当初，要介護3のパーキンソン病（臨床重症度分類3度，日常生活機能障害度2度）の夫を妻が介護しているとき，「シーツがすべりにくくベッド上での移動動作がしにくい」という夫の発言で，シーツの腰に当たる部分に横シーツ位のキュプラの裏地を縫い付けた．裏地を縫い付けることにより移動動作はやりや

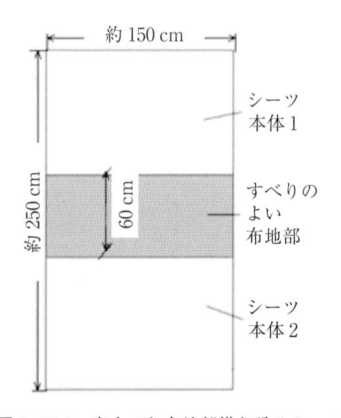

図3.17.4 高すべり布地部織り込みシーツ

すくなったが，裏地は端を縫い止めてあるだけなのでシーツと裏地の間でパクパクする感じがあり，また縫い代部分に少し段ができるなど改良が必要であったが，織り出すことで解決できると筆者らは考えた．

1) 人間の身体特性による評価と改良

すべり部について緯朱子織の表はキュプラ，裏にポリエステルまたは綿の組合せで3種類のシーツを製織・仕上げ後移動テスト，外観，洗濯による寸法変化率を調べて絞り込んだ．

次に，レンタルしていた在宅ケアベッドの取扱い説明書には「らくらくモーション 使用時キューマボトムの足側の端に股関節（大転子）を合わせると効果を十分得ることができる」と記されていた．しかし，ベッドの上からみるとこの位置がわかりにくいので，ラインを入れておけば当人も介護者にも目印となると考えた．ラインの位置を算出した結果，転子高（河内ほか，1994）は身長（河内ほか，1994）の約1/2であることがわかり，シーツの丈方向の1/2の位置にラインを入れることとし，敷くときにこのラインをベッドの指定位置に合わせればよい．

2) 現場ニーズへの対応

介護現場歴も長く，現在教職にあるメンバーに感想を聞いたところ，まず，施設ではシーツはレンタルで，横シーツは施設で用意し洗濯も施設で行う．乾燥は60～70℃に耐えることが必要であることがわかった．必要な横シーツの長さを検証するために，介護動作を再現した．①全身を抱えて動かすときは首の下で肩あたりと臀部の下に腕を回し移動させるので，臀部がシーツにすれる．したがって中央60 cmすべり部で十分である．しかし，この動作は体がくの字型になるのであまり使わない．②上半身と下半身に分けて動かす．上半身のときは片腕を首の下に，もう一方の腕をウエストに回して動かすので，肩甲骨のあたりまですべり部があってほしい．下半身のときはウエスト部と臀溝の下に腕を入れて動かすので臀部がシーツにすれる．次に，現在の防水シーツは色目がシーツと異なり，利用者は人目が気になるのであるが，これはすべり部の色目がほとんど変わらないのでよい．これに蒸れないで，通気性のある漏れにくい機能をつけてほしい，というニーズに対しては裏面全面に撥水加工を施こした．

3) 施設でのモニタ

老人保健施設で，図3.17.5のベッド上での移動・体位変換モニタを実施した結果は次のとおりである．要介護度2の移乗動作見守り・起居動作自立のC氏

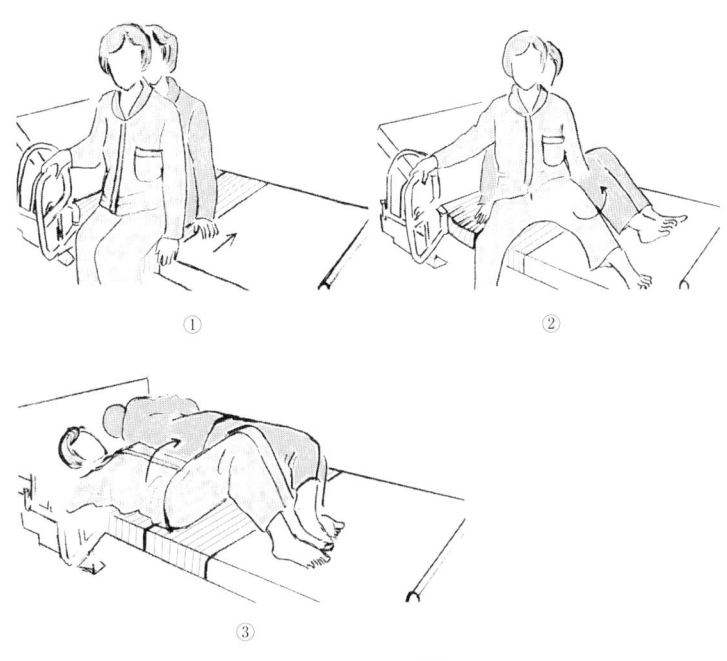

図3.17.5 ベッド上での移動・体位変換

からは「動きやすい感じがする．ずっとこれにしてほしい」，要介護度2のE氏からは「起居動作において従来敷いているバスタオルに比べ少し起き上がりしやすい」「ただし，中央の赤いラインに抵抗感がある」，要介護度3のB氏からは「起居動作から端座位まで通常軽介助を要するが，体調良好時は見守りで可能なこともあった」，要介護度4で移乗中等度介助・起居動作軽介助のD氏からは「頭部挙上の際，体動があっても下方へのずれは防止できた」，要介護度4で移乗・寝返りとも全介助のA氏の場合は「体位変換において通常の防水シーツより介助量は軽減された」「立ち上がり介助の瞬間，介助量軽減を感じた職員が多かった」などの意見が寄せられた．

以上の結果，①②③の動作は「楽にできた」「少し楽にできた」と好評であったことで"すべり効果"と「頭部挙上の際，体動があっても下方へのずれは防止できた」ことから"下方へのずれ防止効果"も検証された．

4）国際福祉機器展

2006年，2007年には，国際福祉機器展の産業技術連携推進会議福祉技術分科会のブースに出展するとともに，第9回福祉技術シンポジウムで「介護現場の要望，反響による高すべりパッチ織りシーツの開発・改良」のテーマで発表し，貴重なヒントを得ることができた．なお，ここで用いている高すべりパッチ織りシーツという名称は本試作品につけていた愛称である．

2006年10月には，実用新案登録（登録第3126751号）された．布製靴下すべりと高すべり布地部織り込みシーツ（商品名：スムースシーツ）は，神藤タオル社（http://www.shinto-towel.co.jp/）が商品化・紹介している．

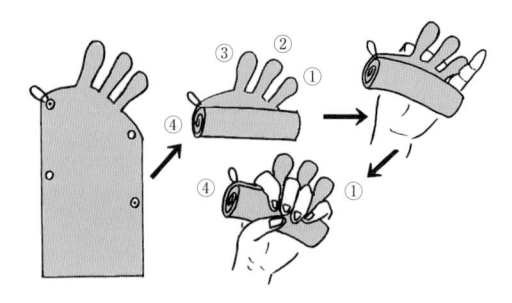

図3.17.6 さらっとクッションの装着

c．さらっとクッションの開発事例

手幅寸法などは「設計のための人体寸法データ集」（河内ほか，1994）を参照し，パイルインガーゼ素材を利用して開発したさらっとクッションは，図3.17.6のように装着（小指から開き，①の突起から挿嵌するのがコツ）し，硬縮した手指の初期の緩和・吸湿・吸汗に使用するものである．さらっとクッションはグレコアソシエイト社（http://www.greco-net.jp/）が商品化・紹介している．

〔明石淳子・東　忠宏〕

文　献

河内まき子ほか（1994）：設計のための人体寸法データ集．生命工学工業技術研究所研究報告，**2**(1)：47, 55, 133-139, 149, 150．
吉野鈴子ほか（2005）：摩擦特性からみた布製靴下すべりの履かせ効果．介護福祉教育，**10**(2)：146-153．

3.18 高齢者，障害者用自立促進シューズ

a. ニーズの発見

高齢者用の靴として多くのニーズがあると思われる病状に，脳疾患がある．後遺症として片麻痺となる．装具装着，歩行困難の方が多く見かけられる．しかし，装具装着時に履く専用靴は世にない．見渡すと装具装着足には何も履いていないか，またはスニーカーやリハビリシューズを無理に履いているのが現状である．

患者さんが困っているのを見かねた大阪にある大手義肢装具会社のお客様相談（指導）担当の方より，長年にわたりシューズ製造を行ってきた当社（徳武産業株式会社）に相談があった．もともとお客様の問題を解決することに意欲の炎を燃やしていた両者は，共同開発することにすぐに合意できた．患者様に元気になっていただきたい，お役に立ちたい，笑顔が見たい．そのためには足を元気にすることが一番．

足は第二の心臓といわれているとおり，歩くことで心臓の役割（ポンプの役割）をし，血流がよくなり内臓の活動が活発化し，胃腸の働きがよくなり排便を促し老廃物を体外に排出する．脳の働きも活発化し精神的ストレスも排除，足の健康は体全体の健康を促す．そういった意味で歩くことの大切さを痛切に知っている私たちは，すぐに検討を開始した．

①患者様の体の状態，動きを分析，分類．
②装具にはどのようなものがあるのか，それぞれの役割規格，形状の調査．
③医学的に靴に求めることは何かを調査．
④患者として靴に求めることは何かを調査．
⑤サンプルは，30名以上のモニターさんの意見を聞く．
⑥同時に医療専門家の方々と一緒に検証．
⑦モニター結果で80点を目標とする．

b. 助成金の活用

以上のような内容で調査を進めていくうちに**ラスト**（靴をつくるうえで基本になる木型）が2種類（＝健足用と患足用）必要なことがわかった．そして，底材がとても大切なことも判明．底をつくるのには金型が必要である．どちらも試作を繰り返して本生産にかかるのには多額の費用が必要である．当社においても共同開発先においても，そのような多額の資金の余裕がない．途方にくれ担当者は，泣く泣くいったんあきらめた．

そして数カ月が過ぎた頃，独立行政法人新エネルギー・産業技術総合開発機構（NEDO）からの助成金のことを知った．1998年頃である．当社は早速に書類を取り寄せ，書類作成を始めた．当時，売上管理はコンピュータでできていたが，書類作成をパソコンでできるスタッフがいない．申請書は，すべて手書きした．何日もかかった．提出したとき，手書きは我社だけということであった．「パソコンでつくれませんか？」受付時このように促されたが「すみません」としか言えなかった．

c. 開発の経緯

1）技術的問題点と機能的問題点

そうして商品開発がスタートした．標準的な患者さんをみつけ，健足用と患足用のラストをつくり，何度も試作を繰り返した．

底の材料は，軽くなければならない．そこでベースはEVA（エチレン・酢酸ビニル共重合体）という材料にした．しかし，EVAは軽いがグリップ力が弱い．また摩耗にも弱い．必要なところに最小限グリップ性が必要である．ゴムは，たくさん使うと重くなる．底に関する問題は，次の2点が重要ポイントであった．

（1）技術的な問題点＝EVAとゴムの接着性（相性があまりよくない）．
（2）機能的な問題点＝どの部分にどのくらいのゴムをつけるか．①ほどよいすべりと滑りにくさ，それぞれの部位決めが必要．患者さんの歩き方の特徴から標準的なところを見いだす．②健足と患足の底の高さはどうなのか．

以上の2点を模索すべく，金型を何度かつくり直し，モニターを繰り返した．

技術の問題点では協力工場へ何度も足を運び，金型の技術者と工場の技術者と繰りかえし繰りかえし，問題解決策を話しあった．そして機能面においては共同開発先のお客様である病院を中心に，私たちは医療従事者とともに，顔を地面にすりつけるようにして患者さんの歩行状況をチェックした．

私たちは徹底した現場主義である．しかし現場には危険がある．モニターさんは，高齢の方や，障害を持つ方である．歩行困難な方に何度も何度も歩行チェックさせてもらうのである．けが・事故があっては絶対にならない．緊張がはしる．

2） 気づきとアイデア

試作をし，モニターをするなかで，いろいろな気づきとアイデアがでてくる．開発者として面白いところであり，やりがいがある．

患者さんは，片麻痺である．足だけでなく手も片側が麻痺しているため，靴を履く動作はほとんど片手でしなければならない．装具をつけている足に靴を履かせるのは，なかなか難儀である．そこで靴は，大きく開いて，開いた状態で安定し，装具側の足にかぶせ，そして装具で大きくなったかかと部を靴のなかに納める．かかとに引っ張りあげるループが必要．そして，靴のかかと部分は結構大きくないと履かせづらい．

装着したら，次は歩行．麻痺側は，普通に関節を使って歩けない．麻痺と装具のために関節が自由に動かないのだ．そのために**機能長**といって，結果的に足が長くなる．そこで装具の厚みと角度を考慮して健足側の靴底にヒールをつけ，患足側はフラットにした．

次にアッパーである．装具には，マジックテープがついている．脱いだり履いたりするたびに，擦れて破れてしまう．歩くたびに，装具が靴の裏側で摩擦を起こし，破れにつながる．しかし，装具がスムーズに入る必要性がある．また，健足側と同じようにしなければならない．このように相反することを同時にかねそなえなければならない．

患者さんの意識は，「できるだけ普通に」「できるだけ目立たないように」「できるだけおしゃれに」，である．全体的にソフト感とやさしさがあるものが求められる．機能と安全性と，そして見た目のナチュラル感が同時に求められる．どの部分を重視しても軽視しても，お客様から合格点はいただけない．

こうして約2年の歳月をかけて装具対応の靴ができ上がった．オルトα（患足用9E相当）とドルフィン（健足用3E相当）である（図3.18.1）．

3） 患者様に使っていただくために

靴は，基本的には両足で一ペアとして販売される．しかし開発したのは装具装着者用の靴であって，装具装着は片足だけでもう一方の足は健足，つまりオルト

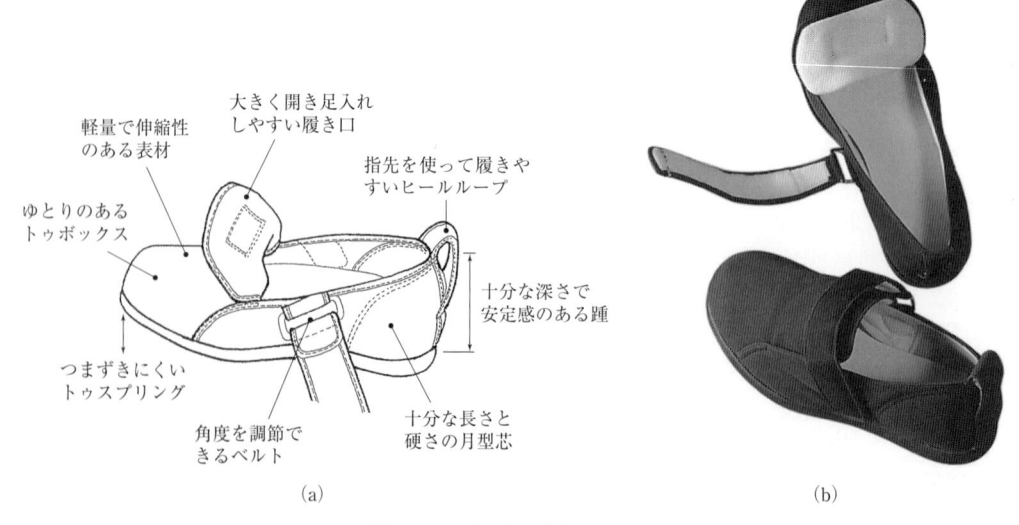

図3.18.1 オルトαとドルフィン
(a) オルトαの特長．(b) オルトα（上）とドルフィン（下）．

αもドルフィンも片足ずつしかいらない．そこで考慮の末に，片足ずつ商品として箱に入れて，片足単位で販売することとした．これは業界の非常識である．しかしわが社ではリハビリ靴・介護靴でサイズ違いの片足販売をすでに行っていたので，違和感はなかった．

できあがった靴をどのように患者さんにお知らせし，正しく使っていただけるのか…．装具対応という靴の特性から，専門家の手できちんとフィッティングし，高さ調整など，それぞれその人その人に合わせることが必要である．それならば義肢装具製作所で売っていただくのが一番よいとの結論に達した．国際福祉機器展のNEDOの展示ブースで出展させていただいた．そして，各地方で行われるNEDOの展示会にも出展．

こうして装具対応の靴は広く知られることとなった．福祉現場，介護現場，医療現場で大変喜ばれた．何より患者さんに「健足がしっかり歩くことができたら，患足は，自然とついてくるんです．このオルトα・ドルフィンは，とってもよい」と喜んでいただけた．

患者さんから教わることは多い．NEDOの助成金は開発に成功して利益が得られると返金するシステムになっている．返金できる企業は，ほとんどないと聞いているが，わが社は返金することができた．この開発が成功を収めた証である．

d. 改良の継続

その後，新商品として夏用のサンダル，ベルフォートを開発した．装具を装着していると非常に蒸れるのである．そして，より普通に見えるようにするために，右と左で同じラストを使えるよう工夫した．サンダルのベルトで調節できるようにした．また，カップインソールやフラットインソール，調整用中敷などをセットとすることで現場の人たちが，すぐに調整できるように工夫した．調整用中敷などは，無駄になる，捨てられることも承知のうえである．

「よく考えられている」と，こちらも医療現場の人たちに大変喜んでいただいている（図3.18.2）．

また，寒い地方の方からも，装具対応寒冷地ブーツをつくってほしいと，要望があった．同じような機能で寒冷地用ブーツもつくった．2本の長いファスナーで大きく開き，装具をつけた足が入れやすくできてい

図3.18.2　男性用（上）と女性用（下）ベルフォート

図3.18.3　装具用寒冷地ブーツ

る．紐靴になっているので幅の調節もできる．雪が多く，またアイスバーンにもなっているので，滑りにくいようにわが社オリジナルのスパイクも開発した．仕入れのスパイクよりもグリップ力が高い（図3.18.3）．

わが社の挑戦は，まだまだ続く．「もっとおしゃれに」「もっと普通に」「もっとスマートに」「もっと選べるものを」…．お客様の要望がある限り…．

〔十河ヒロ子〕

3.19 多機能で簡素な下向き動作補助手摺棒装架腰掛

筆者らは，高齢者や障害のある人が，履き物を履いたり脱いだりする動作を安全に，かつ容易にできるインテリア腰掛の商品化開発を産学官連携のもとに行った．ここでは，その開発経過を紹介する．

本開発手法は，いすに座って作業する人々への快適な作業構築へ応用することも可能である．

榎本金属株式会社（榎本博行社長　以下，当社）では，独立行政法人新エネルギー・産業技術総合開発機構（NEDO）の平成 14～15 年度福祉用具実用化開発助成事業の補助を受け，高齢社会に対応する新商品として，高まる下向き動作補助ニーズに応える自立支援を目指した「多機能で簡素な下向き動作補助手摺棒装架腰掛の開発」の実用化開発に取り組み，「インテリア腰掛，ユニバーサル手摺」の商品化を行った．

商品化された**インテリア腰掛**（図 3.19.1 左）は，バリアフリー住宅などの極度に段差が低下した玄関で靴などを脱ぎ履きするときの腰掛として使用され，腰掛座を手摺棒にはめ込み折たたみ収納，上下可動，水平回転ができる動作補助腰掛の機能を有している．

ユニバーサル手摺は，段差を有する玄関などで移動するときに手摺として使用されるもので，腰掛座先端部に動作補助手摺の機能を装備している．

クライアント企業から「玄関で靴を脱ぎ履きするときに，壁に設置して折りたためる図 3.19.1 中央のような腰掛を考えてほしい」という依頼があった．高齢者のいる家庭の玄関には手摺をつける例が多いのに着目し，当社独自の手摺のノウハウを生かした手摺と腰掛を一体化した構造検討を始めた．

この時期，大阪府産業デザインセンターが実施する「人間重視のモノづくりラボ」に参加して，市場調査・商品企画・デザイン・商品評価の一連のプロセスを人間重視の視点から分析的・定量的・効率的に構築する「ヒューマンデザインテクノロジー（HDT）」（山岡，2003；澤島ほか，2003；Yamaoka, 2004）と呼ばれる，和歌山大学山岡教授が提唱する手法を，この腰掛に応用することにした．当社モニタに HDT 手法による意見を求め，これを参考に製作した図 3.19.1 右に示すラボ試作品を，大阪府などが主催する「ユニバーサルデザイン・ビジネスフォーラム」に展示し，来場者にアンケート調査を実施した．その結果，収納性の確保（90％），座面高さ調整（74％），部屋になじむデザイン（70％）が得られ，「介護保険対応商品として売り出せば安く購入できる」といった意見が寄せられた．

a. 開発の経緯

この実用化開発に当たって，**手摺棒装架腰掛**の開発は，構造的にリスキーな要素が多く含まれており，その実用化には当社の技術力・資金力では困難が予想されたため，上記の助成事業に応募したのである．

採択後の取組みは，HDT 開発手法を用いることとし，全体の運営を協議する NEDO・PJ を立ち上げ，その会議での討議を経て開発を進めることになった．

プロジェクトメンバーには，和歌山大学システム工学部の山岡俊樹教授（HDT 開発手法の教授），大阪府産業デザインセンターの西村睦夫・川本誓文主任研究員（HDT の実践指導およびデザイン評価），大阪府産業技術総合研究所評価部の上野谷敏之主任研究員（安全性確認仕様の確定と実施・強度評価方法等の確立指導）（上野谷ほか，2003）を委託し，当社より 6 名（藤川秀樹営業部長，丸山隆司営業部次長，開発担当の窪田進・浦野宣昭・親川勝之・小川加奈子）の参加でプロジェクトチームは構成された．

HDT 開発は，以下に示す Step1 から Step6 により実施された．

Step1．ユーザリクアイアメント：　ユーザニーズの抽出と分析．

図 3.19.1　当社製作による腰掛
左：インテリア腰掛，中央：折りたたみ腰掛，右：ラボ試作品．

(a) A 型　(b) B 型　(c) C 型　(d) D 型

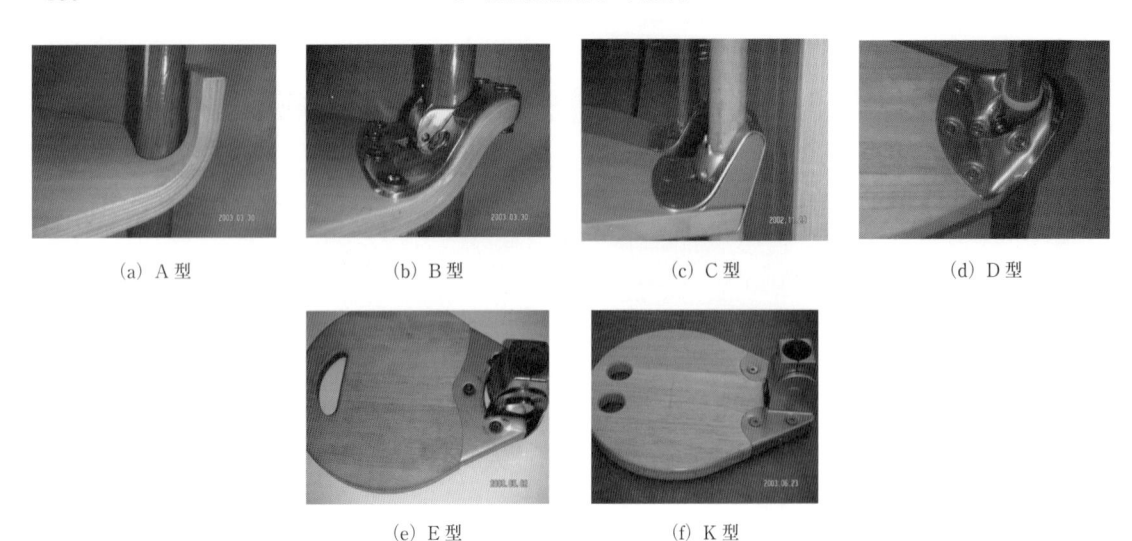

(e) E 型　(f) K 型

図 3.19.2　手摺装架部

Step2. 状況把握： 既存品調査および開発の狙いを設定.

Step3. 製品コンセプト構築： 製品調査の体系化・システム把握・デザイン可視化と評価.

Step4. デザイン（総合化）： コンセプト体系図の構築・デザインの具体化・FEM による強度解析.

Step5. デザイン評価： 試作品の評価・展示会出展・アンケート調査・高齢者調査を実施.

Step6. 納入後の使用実態調査： ユーザ意向を反映したインテリア腰掛の改良とユニバーサル手摺の考案.

開発目標を明確にするため，ユーザリクアイアメント（ユーザ要求事項）を分析し，インテリア腰掛のデザインコンセプトを以下のように整理した.

(1) 腰掛座を回転できるとともに，高さ調節機能を付加して，個々のユーザに合わせて最適な高さレベルに設定できるようにする.

(2) 腰掛座と手摺棒を一体化し，歩行から腰掛への一連の動作を連続的に支援する.

(3) 腰掛の折りたたみ収納操作を簡単にする.

(4) デザイン性は住空間にマッチしたデザインで小型・軽量・シンプルな構成・ユニバーサルデザインとし，安価に提供できるようにする.

この開発目標を実現するために，手摺装架部の構造についての設計・試作と強度解析を行った.

図 3.19.2(a)に示す手摺装架部 A 型はウッドテック社の協力により，木材（ブナ）積層合板を L 形に曲げて手摺をはめ込む方式であるが，負荷荷重（1300 N）に対し合板厚さ（20 mm）では強度不足が判明した．図 3.19.2(b)の B 型は，ヨシダ技研社で試作した金具で木材積層合板を S 形に曲げて補強したが，手摺装架部の強度不足が判明した．

補強対策として図 3.19.2(c)の C 型のように，木材平板（ゴム）の板部を金具で補強したところ，静荷重試験（1300 N）の結果は満足したが，繰返し荷重により摺動体と手摺の間に過大な押付け力が加わり，手摺の面圧不足による凹みが判明した．また，腰掛時にスティックスリップによるきしみ異音が発生する不具合が生じた．

その対策を施した図 3.19.2(d)の D 型では，円筒ビス固定式と円筒摺動式を試作したが，この方式は収納時に円筒部のすきまで指挟みの危険性が判明した．

手摺棒凹み・ギイギイきしみ音・指挟みの不具合対策を施した図 3.19.2(e)の E 型を試作し，動作確認試験を行い，強度および不具合対策の効果が確認された．さらに，デザイン面の改良を加えた図 3.19.2(f) の K 型によって，量産化を進めることになり，量産金型の製作は東栄社において着手した．

この強度解析評価は，奈良工業高等専門学校機械工学科の小畠耕二教授と平 俊男准教授の助言により手計算および Solid Works Simulation を用いて FEM による強度解析を行い，そのデータ（図 3.19.3〜3.19.6）を設計形状に反映させた．

静荷重による静的強度確認試験は，東大阪市立産業

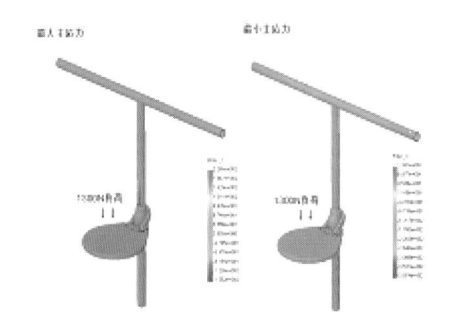

3.19 多機能で簡素な下向き動作補助手摺棒装架腰掛　　461

図3.19.3　T形手摺

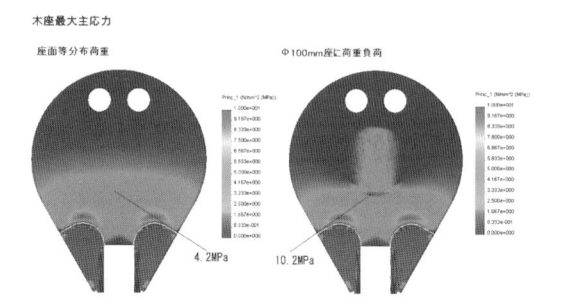

図3.19.4　木座

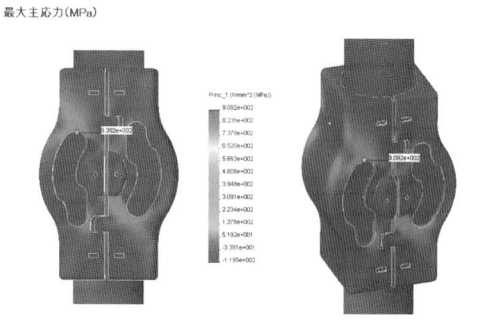

図3.19.5　筒部

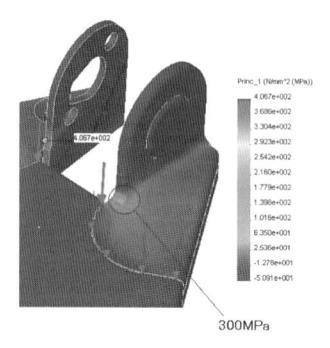

図3.19.6　腕部

図3.19.7　静荷重試験（左）と耐久試験（右）

図3.19.8　手摺耐久試験（左）と荷重試験（右）

技術センターで実施（図3.19.7左）し，十分な静的強度を有することを明確にした．動荷重の繰り返しによる耐久性評価試験は，大阪府産業技術総合研究所で実施（図3.19.7右）した．木座内部に発生する損傷・劣化の調査は，AE（acoustic emission）モニタリングを適用して安全性評価を行った．さらに，金具類の塩水噴霧試験も実施して，その結果，耐久性の劣化は異状なしの評価を得た．

手摺繰り返し荷重試験は，財団法人日本文化用品安全試験所で95 kgの繰り返し荷重10万回を実施（図3.19.8左）し，金具がたつきなどはないことが判明した．

また，当社に専用の荷重試験機を導入して木座取手部の荷重試験など要素性能を確認するための試験を行い（図3.19.8右），そのデータは量産品設計に活用した．

試作品のデザイン評価は，当社および展示会・高齢者施設で行った．

えひめ国際福祉産業フェア2002・NEDO関西ブースに展示（図3.19.9左）し，アンケート調査（2002年11月）を実施した．高齢者調査のために，社団法人聖徳会高齢者総合ケアセンターで高齢者の試用後の聞き取り調査（2002年12月）を実施（図3.19.9右）し，採取データを商品化に活用した．

デザイン評価を目的として，けんざい2003・インテックス大阪に展示（2003年6月）後，Gマーク二次審査でビッグサイト展示場（図3.19.10左）に出展（2003年8月）して審査委員によるデザイン審査を受けた．さらに，NEDO成果展・インテックス大阪に出展（図3.19.10右）（2003年10月）して来場者の評価を受けた．

図3.19.9 ブース展示（左）と施設での試用（右）の様子

図3.19.10 ビッグサイト展示（左）とNEDO成果展（右）

図3.19.11 ユーザ邸におけるモニタ調査（左）と高齢者に対するヒアリング（右）の模様

量産品ユニバーサル手摺の販売1号によるモニタ調査は，ユーザ邸（図3.19.11左）で実施（2003年12月）し，ユーザの意見を聴取した．

量産品よる高齢者調査は，医療法人片桐民主診療所デイケアセンター（図3.19.11右）で実施（2004年2月）し，山岡教授（山岡研究室の学生）たちが主導でヒアリング調査を行った．

量産品の聞き取り調査では次のような結果が得られた．意匠では，玄関に合うが71%，使いやすさで上下調整では83%，水平回転では76%，簡単収納では82%で，使いやすいという結果が得られた．また，横手摺で83%，縦手摺で75%の人から腰掛は使いやすいという回答を得た．そのほかに腰掛の座面が小さいが54%，座面硬いが34%で，「購入したい」が64%であった．また，座がすべりやすい，背中が当たる，上下調整が重たい，見た目が不安，座面角度が小さいなどの意見も出された．

前述のように，この実用化開発は，構成・機能・品質・価格・意匠の面において，ひとまず当初の目標を達成することができたといえるであろう．

b. 普及活動

新規市場開拓として介護用品メーカなど，従来顧客市場への拡販として住宅・建材関連企業，リフォーム関連企業へ拡販を行っており，国の助言で介護保険対応商品として自治体へ提案し適用された事例もある．

幸いにも，量産品ユーザの反応として慣れると使いやすくなるとの好印象が伝えられている．

〔窪田　進・浦野宣昭〕

文　献

澤島秀成ほか（2003）：ヒューマンデザインテクノロジーによる配食用保温容器の開発．人間生活工学，5(3)：30-37．

上野谷敏之ほか（2003）：介助腰掛の開発と強度・耐久性評価．日本機械学会第3回福祉工学シンポジウム．

山岡俊樹（2003）：ヒューマンデザインテクノロジー入門，森北出版．

Yamaoka, T.（2004）：Designing an adjustable stool for heiht based on human design technology. Proceeding of the Human and Ergonomics Society 48th Annual Meeting-2004.

3.20 障害を持つ子ども用チャイルドシートの開発事例

a. コンセプト

2000（平成12）年4月1日から6歳までの子どもについてはチャイルドシート着用の義務化が法令で決まった．健常者のチャイルドシートは国内メーカからたくさんの種類が発売されているが，障害を持つ子ども用のチャイルドシートは市場になかった．特に障害のある子どもでは自動車での移動が多く，チャイルドシートは絶対に必要な生活用品である．これまでは既製品の改造もしくは各工房でハンドメードの一品物を製作することで対応していたが，法令化で厳しい安全基準が定められ認定ナンバーを取得しないと販売ができなくなり，いままでの対応では安全を保障することができなくなっていた．この問題についてチャイルドシートの規格のなかに**特殊ニーズ拘束装置**（障害者用）の規格があり，製品化が可能であることがわかった．ただ当時の日本はチャイルドシートの規格（**JCマーク**）を独自に定めていたが，今後は国際規格のEC規格に準ずることが決まっていたので，ドイツで**ECEナンバー**を取得することを前提に開発をすることとなった．

b. 開発の条件

1) ECE R44/03規格の取得要件

ECE R44/03規格を取得するためには以下のようなことが必要となってくる．

(1) ダイナミックテスト

①50 km正面衝突にて異常に高い加速Gが出ないこと（頭，胸），②頭部移動量が500 mm以内であること，③シート本体に割れ，損傷がないこと，④衝突時にダミー（9, 15 kg）に異常な動きがないこと．

(2) 回転テスト

車が回転して上下が逆になったときに保持できること．

(3) バイオテスト

部材にアレルギー要件がないこと．

(4) 難燃テスト

表皮素材が1分間に100 mm以上燃えないこと．

上記の要件を満たすこと，プラスどんな障害者にも対応できる仕様として下記条件を設定した．

(5) 安全性の確保

①体を包みこむ安全性の高いバケットタイプのデザイン，②インパクトシールドで衝撃を受け5ポイントベルトで体を固定する．③体の触れるところは柔らかいウレタン（30 mm以上）仕様．

(6) 障害への対応

①リクライニング（背中が倒せる）ができ障害に合った姿勢保持ができること，②座面を分割仕様にしてオプション部品で足を曲げ伸ばしできる，③表皮にはマジックテープがつく素材を採用してパッドなどで子どもの姿勢に簡単に合わせることができる．

(7) オプション部品の設定

①座延長パッド50 mm：座前と座後の間に入れることにより足を伸ばして座ることができる，②三角マット：座面の下に入れて座の傾きを調整することができる，③サポートパッド：細い体形の体をサポートする，④ウレタンステップ：足の保護をする（図3.20.1）．

基本コンセプトとして，チャイルドシートにどれだ

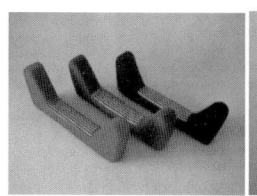

A：座延長パッド　　B：三角マット　　C：サポートパッド　　D：ウレタンステップ

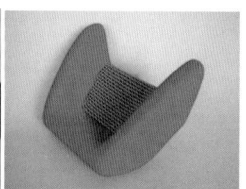

図3.20.1　子ども用チャイルドシートのオプション部品

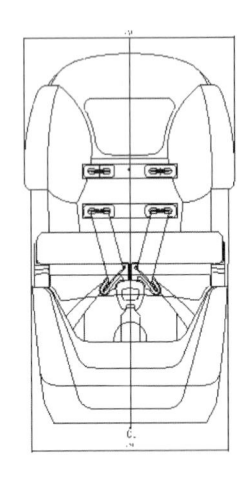

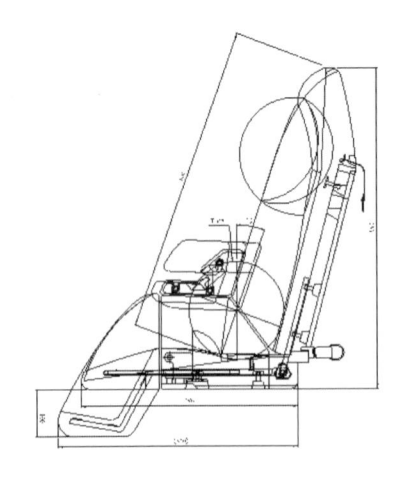

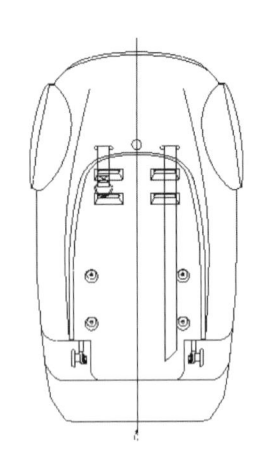

図 3.20.2 子ども用チャイルドシートの基本構成図

け姿勢保持いすの要素を投入できるかを検討してデザインをスタートさせた．

デザインおよび設計は 3D で行い時間の短縮を図り，原寸大のモデルで実際の子どもを乗せて着座姿勢およびオプション部品の機能性の確認をして量産型の手配をする．ECE テストに使用するシートは量産型の最終商品でなくてはならないので，安全マージンがとれるところは大きくとっていく．たとえば φ8 丸棒が強度不足の場合 φ10 に変更できるように，相手部品との勘合を事前に考慮して設計をしていくと，強度不足のときに対応が早く予算が節約できる．特にインジェクション部品はよく考慮しないと型の造り直しになる場合が多い．

基本構成のレイアウトについては 15 kg ダミーのサイズに合わせて各サイズを決定していく．15 kg ダミーにはハイブリッドタイプで各部の加速センサが装着されていて，一番重要なテストをしなければならない（図 3.20.2）．

2） プレテストの実施

量産試作部品で完成品を作成して強度確認のダイナミックテスト（15 kg ダミー）を行う．事前にテスト担当者とシートの仕様の詳細，使われ方などを説明して一番条件の悪い仕様で確認をして問題点を出していく．今回の MINI CARRO についてもインパクトの破損による頭部移動量のオーバー（24 mm）の問題が発生したが，安全マージンを大きくとっておいたので簡単な修正ですんだ（図 3.20.3）．

3） 障害を持つ子どもへの着座確認

量産試作品を展示会（ドイツ，日本）に参考展示して多くの子どもに実際に着座してもらい，姿勢保持，座り心地などの意見を親から収集することは商品の販売にもつながった．実際，チャイルドシートの購入を決めるのは子どもではなく，親が商品の確認をして決める．また，販売するディーラーの意見（簡単な改造）を確認しておきオプション設定の参考にした．

4） ECE テストの実施

ECE R44/03 特殊ニーズ拘束装置のテストは，通常のチャイルドシートのテストの 2 倍しなくてはならない．通常のチャイルドシートとしての強度と障害者が使うオプションを使ったテストがあるためである．筆者は，必ずテストには立ち会って自分でダミーのセッティングを行うことにした．肩ベルト位置，ひっぱり度合いで大きくテストデータに影響を与えることがある．今回のようにドイツでテストを行う場合は，テストの失敗が大きな時間のロスになる．現在は R44/04 に規格が変更になり，量産品 50 台からテスト台数を抜き打ちで審査官が工場から持っていく．これはテスト用スペシャル品が存在して，量産品との安全性が違うことがあったためと思われる．また，チャイルドシートは年間 1000 台以上販売したら自主的にダイナミックテストで強度確認をして，安全性を保障しなければならない（図 3.20.4）．余談ではあるが，日本のチャイルドシートの安全基準は ECE 規格に統合されたものの，国内では ECE 規格テストをする機器がまだないのでできない（2010 年当時）．

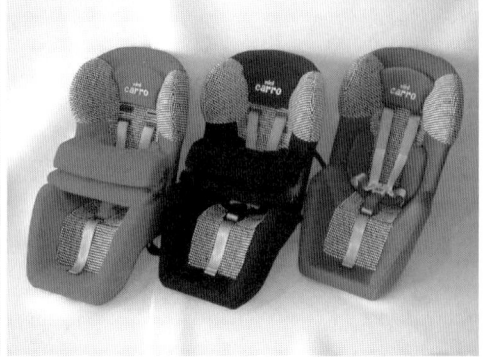

3.20 障害を持つ子ども用チャイルドシートの開発事例

ST 仕様　　　　　　　　　　　　　　ウレタンステップ装着仕様

図 3.20.3　プレテストに使用した MINI CARRO

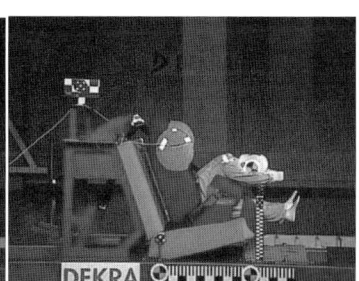

図 3.20.4　ダイナミックテストの流れ

5) 生産工場の確定

ECE 規格を取得して生産をするには ISO 9000 (品質保証) が条件で, KBA (ドイツ運輸省) の認定を受けることが必要となる. チャイルドシートは自動車部品の規格品になるため, 重大な不良などが発生した場合はリコール (回収, 修理) しなくてはならない. 各部品についての管理, 製品のロットナンバーなどで製品の履歴がわかる品質管理をするためには, ISO 9000 が必要条件である. 認定を受けるには膨大な資料が必要で, 部品の受け入れ, 管理手順, 生産手順, 製品の出荷管理, 不具合の対応手順などを ISO に沿って確定する. また, KBA の抜き打ちの工場監査, テストにも同意しなくてはならない.

以上の手順で ECE 規格を申請する MINI の場合でも, 量産試作から 10 カ月ほどかかった.

c. 販売普及活動

障害者用チャイルドシートは生活必需品であるが, 障害者のみの販売になると日本国内だけの販売数では大きな数字が見込めないので, MINI (1～3 歳) の販売 2 年前から CARROT シリーズ (3～6 歳) を EC 各国で販売して, 世界的な規模で販売できるルートをつくってきた. ドイツの協力会社とともに EC の保険ナンバーなどを取得して, 12 カ国で販売し台数の確保に努めた. 当時の EC でも日本と状況は同じで障害者用チャイルドシートはなく, 協力会社の社員に商品説明をしたら感動してくれたので, シャンパンで乾杯したことを思い出す. それを機会に CARROT, MINI を世界水準の障害者用チャイルドシートにする協力関係ができ, 投資に見合った販売台数が見込めるようになった. また, EC と日本ではユーザが求めるオプションが違うため, 各国独自のオプション設定することで販売にも貢献でき, 商品の価値も上がりユーザの満足度も高くなった.

展示会の出展も基本的にはドイツで年 1 回のペースで行っている. ドイツでの展示会は, 世界中からきたバイヤーが直接商品をみて, さわって説明ができ, 商談も早く決まる. 初回の展示会で EC, オセアニアとの商談がまとまったほどである. ただし, 商品として高品質で独自性がないと EC では成功できないようで

図 3.20.5 CARROT 3 のさまざまなオプション

ある．車いす，バギーなどを日本から持ち込んでも，デザイン性，価格などで受け入れられない事例を筆者はよくみてきた．これらの商品はハンドメードの域を脱しないまま，ユーザの要求・使い勝手を形にしたらこんな商品になったというだけのものが多く，独自のコンセプトがないと EC では普及させていくことはできないであろう．また，商品の第一印象は 5 m 離れたところでみた外観デザインがよく，インパクトのある存在感がなければ誰も展示品でみてくれないのが現実である．

EC は自動車大国であり，チャイルドシートの法令化は日本より早くから施行され，チャイルドシート装着率は 100% で，タクシーもチャイルドシートを携帯して子どもの安全確保に努めている．また，EC では子どもを連れて長い夏のバカンスにいくことが多いので，商品をみる目が肥えていて，障害を持つ子ども専用チャイルドシートの説明をよく聞いてもらえた．あるユーザはバカンスで，前のチャイルドシートだと 2 日かかって移動していたところが，MINI になったら 1 日で移動できるようになり驚いていた．インパクトシールドがテーブルとして使え，とても子どもがリラックスしていた，と話してくれた．また，ほかのユーザからは，MINI が障害者用のチャイルドシートにみえないところが気に入っている，との話を聞くことができた．

今後の展開

今後の販売拡大については基本的には先進国（保険の完備のため）を対象にして進めていくことになるが，チャイルドシートの技術基準は国独自の規格があり，EC 規格，米国規格，オーストラリア規格と分かれていて，各国ごとにテスト，申請をして認定をとらないと販売ができないのが現状である．当社も米国規格の取得に向けて準備中である．また，規格は時代とともに変更があり，MINI，CARROT も 2009 年に販売を中止し新しいコンセプトのチャイルドシート（CARROT 3）になっている．

CARROT 3 は，図 3.20.5 左端の基本仕様にオプション部品を追加することにより 2～15 歳までの成長対応ができ各調整もワンタッチで変更が可能である（2011 年 6 月より販売開始）．詳しくは SEEDS 社のホームページを参照されたい．

〔松浦光秋〕

3.21 ホテルにおけるバリアフリーの取組み例と課題

京成ホテルは，1959年に京成電鉄観光部として発足し，1968年に京成ホテル株式会社として設立された．千葉県千葉市，銚子市，茨城県土浦市，水戸市4カ所に4ホテルを経営し，土浦市ではボウリング場，遊覧船運航，マリーナ運営も行っていた．現在，土浦市のホテルは解体して，マリーナ，温泉施設を含む再開発を計画中である．

1992年に銚子市犬吠埼の京成ホテルの客室棟増築が決まり，NHKラジオでJTBの草薙威一郎氏が話していた「バリアフリー」をコンセプトに建物をつくることになった．まだ設計事務所も筆者らもバリアフリーに対する知識がなく，あとからでは構造的に設置が難しいということで，大宴会場の階段脇にスロープをつけることになった．いまではなくてはならないものであるが，これがバリアフリーの取組みの始まりである．

a. 受け入れ体制づくり

まだ，高齢化社会という実感がない時代で，社内では賛成の声ばかりではなかったが，本社企画部がとりまとめ役になり，六つの事業所の施設管理部門とフロントが中心になってバリアフリー化を行うことが決まった．

1) 第1期（1991年頃）

まだ，補助犬法はなかったが，新しい顧客として，設備の改修にお金をかける必要のない**盲導犬利用者**の受け入れから始めることになった．このときはまだ，同様の理由で利用の可能性のある聴覚障害者を対象にすることはできなかった．

設備改修を必要とする肢体不自由の方への対応は車いすの導入から始まった．当時，車いすは高価であったので，廃棄された7台を筆者らが修理・再生して四つの事業所に配った．その車いすで館内を移動することで多くのバリアがあり，車いすではホテル内での移動が困難であることを実感できた．厚さ9 mmのコンクリート型枠用ベニヤで仮設置したスロープは誰にでも便利なことがわかり，常設することとなった．

2) 第2期（1993年頃～）

社会福祉協議会の紹介で，市内の障害者施設や作業所の意見を聞きはじめた．障害者の方たちは，ホテルには縁がないと考えていたようなので「ホテルがそんなことまでしてくれるなんて」と喜んでもらえ，参考になる話を聞くことができた．さまざまな当事者の生のニーズを聞け，確かな手ごたえを感じることができた．

3) 第3期（1994年～1995年頃）

新しい顧客がいることはわかったが，収益がなくては事業は継続できない．そこで，どのようなホテルであれば紹介してもらえるのか，バリアフリー旅行を手がけている旅行業者から話を聴いて回った．

4) 第4期（1995年～）

体に不自由のある方々の生の声を聞こうと，直接に障害者の方々から話を聞き，見聞を広げ，それをもとにホテルで実践を行いはじめた．

5) 第5期（2002年～）

見落としていた見えない障害に気づき，配慮することでより進化することができた．リウマチ患者の方からの強烈なクレームにより，これまでにない発想が生まれ，改修工事の設計から完成の検証まで一緒になって行うことができるようになった．知的障害，精神障害，弱視，中途失聴難聴，難病の子どもたちなどについての対応も考えられるようになっていった．

b. 体験から実践へ

1) 体験1

「もっと優しい旅への勉強会」に参加したところ，ヒアリングさせてもらった人たちが集まっていたのには驚かされた．ここではじめて社会で自立し，活動している元気な障害を持つ方々と出会い，その方々の日

常生活を知ることができた．1998年当時早稲田大学の学生であった乙武さんや障害を持つ方々とともに参加した「長野パラリンピック」から本当に使えるバリアフリーと，その本質が何かがおぼろげながらわかってきた．そして，障害を持つ方々にホテルにきてもらい，当事者の目線で意見をいただき，そのアドバイスを改修に生かすようになった．

2) 体験2

聴覚障害のある社長が経営する中野のワールドパイオニア社を訪ねて勉強していた頃，近くの「デフ・カフェ」に入り，これまでにない体験をした．そこはまったく音のない世界で，席に座ったときのなんともいいようのない不安感はいまでも忘れることができない．そこでは，手話のわからない筆者はまったくコミュニケーションの手段を失ってしまった．しかし，筆者以外の客は笑顔で会話をしていた．このとき筆者ははじめて実際に手話をみて，逆に，手話のできない自分が障害者になってしまったように思えた経験が強烈に印象に残っている．その日に7枚の**簡易筆談器**を購入し，各ホテルのフロントにおくことを始めた．もう17年も前のことであるが，そのときはこれが「外国語を含む言語による障害」であることには気づかなかった．

3) 体験3

寺院は階段が多く，お参りするのが困難なところが多い．日光で車いすをお神輿のようにして階段を登ったことがあるが，階段の数が多く疲れてしまい，外国人観光客に"HELP"と一声かけたところ，あっという間に大きな手が伸びて軽々と車いすを運んでくれ，なにごともなかったように去っていったことがある．

長野の国宝・善光寺本堂にはスロープがあり，成田山新勝寺では本堂へのエレベータ，貸し出し車イス，護摩焚の見学席まで用意されて，サポート体制も整っている．「信徒が高齢化してもお参りができるようにするため」という理由である．寺院ではないが，東京ディズニーリゾートでは「誰でも差別なく安全に楽しんでもらう」バリアフリーコンセプトのもとでハードもソフトも徹底しており，特に障害者割引料金はないが，大勢の障害者が楽しんでいる．これらとは逆に，世界遺産である日光東照宮は，文化財であることを理由にまったくバリアフリー化を考慮していない．

4) 実践1

聴覚障害者の大会宿舎になったときには，メーカーに依頼し当時では珍しかった**ノックセンサー**を合計15室に設置した（図3.21.1）．観光バスでは，車内に磁気ループを張り，手づくり装置で要約筆記をバスのモニタTVに写し，ガイドの声を見て，聞いてもらった．

京成ホテルミラマーレでは，「全日本盲導犬使用者の会千葉大会」で五十数頭の盲導犬の受け入れを行った．この大会では盲導犬使用者ができるだけ負担なく宿泊できるようさまざまな工夫を行った．多数の視覚障害者の利用で多くの新しいノウハウも手に入れることができ，視覚障害者にとってより使いやすいホテルにすることができた．

5) 実践2

障害者は，普通の顧客である．現在，京成ホテルチェーンでは千葉県聴覚障害者協会と保養所契約を結び，一般の利用者として障害者手帳の提示を求めることなくしかし割安な料金でホテルを利用してもらっている．

6) 実践3

専用トイレがないと障害者も安心して飲食ができない．しかし，そのために多額のお金をかけるわけにもいかないので，トイレのドアに「車イス使用中につき2階のトイレをご利用ください」といった札をかけ，「トイレ丸ごと貸し切り」を行った．利用者の声を反

図3.21.1 玄関ドアでの取っ手の工夫

図 3.21.2 トイレ内手洗い
車いすでも使いやすくできている．

図 3.21.3 トイレの手すりとナースコール

図 3.21.4 水に浮く車いす

映させながら改修を重ね，改修点を障害者の方にみてもらい良かった点は次の工事に生かしている．このように良いとこどりを繰り返しながらの改修方法を「**スパイラル的改修手法**」と名づけた．この手法を使って，どこかの工事があるたびにスパイラルアップしていった．2000年の土浦ホテル宴会場工事では，オストメイトの指導でホテルとしては日本初の**オストメイト対応トイレ**をつくった．3年かかったが，いまではすべての事業所に1カ所以上のオストメイト対応トイレがある（図 3.21.2，3.21.3）．

7) 実践 4

「バリアフリールームありますか」という問合せがあったとき，「ございませんが，ご利用いただいております」と返事をしたところ，詳しい説明をする間もなく，電話を切られてしまったことがある．まずは，「**サプライファースト**」が大原則である．バリアフリールームの改修に当たっては，すでにノウハウのある京王プラザホテルなどいくつかのホテルに見学にいき，質とともに営業上は数も必要であるとのアドバイスを生かすようにしている．

8) 実践 5

2001年犬吠埼京成ホテルでは温泉を掘った．太平洋を一望できる露天風呂が車いすで使えるように，またパウチの張替えを考慮して浴場近くにオストメイト対応のトイレも設け，バリアフリーに配慮したプールも同時に設置した．もちろん駐車場から風呂までの通路もバリアフリー化されている．プールではランディーズというバルンタイヤのついた「水に浮く車いす」の貸出しを行い，プールや砂浜で楽しんでいただいている（図 3.21.4）．この結果，車いす利用のお年寄りを連れた近在の方が利用されるようになってきた．これらを踏まえて，2004年にはリウマチ友の会の方たちと和室のバリアフリー化を行った．単なるバリアフリーの客室ではなく，結納にも使えるマルチな部屋として好評である．

9) 実践 6

土浦京成ホテルでは，ホテルだけでなく付随しているボウリング場やマリーナ，遊覧船のバリアフリー化とともに水上スポーツのユニバーサルデザイン化を行ってきた．不可能と思われていたヨットのバリアフ

リー化は「アクセスディンギー」というオーストラリア生まれの小型ヨットにより可能になった．また，障害者カヌー協会の助けで障害者でもカヌーが楽しめるようになった．「小型船舶操縦士免許」も規制が緩和されて，車いす使用者，色弱，難聴などの障害があっても事前の審査を受けることによって，2日間の教習と1日の国家試験で取得でき，船長になることができる．当マリーナではすでに10人以上の車いすの船長と聴覚障害の船長が誕生し，北関東のバリアフリーマリーナとして機能している．障害者とともに，各種の船を体験して楽しむイベント「誰でも楽しもう霞ケ浦」の活動は2003年から続けている．2008年2月には湖でははじめて，誰でも船で来て使える「霞ケ浦 つちうら 海の駅」も誕生した．水面のバリアフリー化の先がけである．

10) 実践7

「お客様とのコミュニケーション」は一番大切である．ホテルフロントでは，障害を知られたくないという気持ちに応えて「バリアフリーパンフレット」をつくった．これによって，障害の種類や程度の申告，宿泊予約から貸出し品の予約まですることができる．パンフレット制作の大きな理由は，利用者に快適なホテルライフを楽しんでもらうこともあるが，第一の目的は安全の確保である．障害の申告がないと災害時に利用者に十分な対応ができないからである．特に，災害時には停電の発生もあり，非常放送による音声案内が主となる．申告がなされていれば，災害時には係員がまず部屋まで駆けつけることができる．利用者自身の生命を守るためにも障害，不自由な点をフロントに申告してもらうようお願いしている．申告がない場合はホテルの事故責任が問われなかった判例があるが，フロントが積極的に尋ねるようにしている．

11) 実践8

2012年で18年になるが，社員教育はサービスの平準化と安全と安心のために必要である．春には新人を主体としてバリアフリー用の貸出し品に触れて体験し，知ってもらう研修を行っている．そして利用者の障害を聞くことを学ぶ．秋には各事業所が自分たちのホテルのバリアフリーを体験する．従業員の誰もが高齢者や障害者に「お声掛け」できることを目標にしている．従業員のバリアフリー教育は地域への広報的な意味もあって地元の社会福祉協議会に車いすの貸出しや各種障害者の講師派遣をお願いしている．

12) 実践9

千葉，銚子，水戸のホテルには自動体外式除細動器（AED）を設置し，消火器と同様に，万一の事態が発生した際にはホテル従業員やその場に居合わせた人が自由に使えるようになっている．まだ，マリーナには設置していないが，全員が普通救命講習を受講している．

c. 学んだこと

体験・実践により次のように，さまざまなことを学んできた．

- 障害者に何が不自由なのかを聞くことは，失礼なことではなく大事なことである．
- 常に目標に向かってアンテナを高くしていること，知識を蓄えておくことが大切である．
- 知識がなかったために，障害者の受け入れが遅れてしまった無駄を反省している．
- 知らないことを積極的に聞くことで，さまざまな人脈ができた．
- 「利用者の生活から不自由を知ること」「そのうえで対策を考えること」が大切である．
- 行動を発信することで必ず得るものがあることを実感した．
- 大事なことは少しずつでも「スパイラルアップ」で進化させ，継続させていくことが必要である．
- 物がなくてはすべてが始まらないこともあり，「サプライファースト」を痛感した．
- 大切なことは地域の障害者との連携であり，誰にでも笑顔の挨拶と声がかけられるようになることである．
- いざというとき，誰にでも頼りにされるホテルでありたいと考えている．
- ユニバーサルデザインは防災には欠かせない．

d. 費用対効果

超高齢化社会の現在，ユニバーサルデザインの安全

3.21 ホテルにおけるバリアフリーの取組み例と課題　　471

や安心がなくては社会的要求に応えることはできないので，最低限のバリアフリー化がなければ利用者には使ってもらえない．本当に利用者が必要としているものをつくることが経済的でもあり効果的である．それには，自分たちで気づいたこと，利用者からの要望・クレームを書きとめておき，工事の必要が生じたときに反映させていく．日常的なノウハウの積み重ねで必要最小限の工事，備品の購入・設置ですめば，費用はそれほどかからない．ホームセンターや 100 円ショップでも実用的で有用な商品をみつけることができる．

e. ホテルの役割

一般的にホテルは地域の中心的な位置にあり，多数の方に利用され地域の恩恵を受けて事業が成り立っている．そのうえでホテルは多くの方の命を預かっているという認識に立ち，安全・安心・快適の提供が社会的な責務であることも肝に銘じている．昨今，関東でも大規模災害の発生が懸念されているが，まっ暗になったとき，段差のない広い通路，広い出入口，手すりのある階段，音声の案内や光る文字表示などは，迅速かつ安全な避難に有効である．災害時にホテルは防災の避難拠点になり，地域に貢献できる体制も必要である．土浦や千葉では大型の発電機と井戸を持つことによって，その防災機能を高めると同時に経費の節減も図っている．地域への情報の発信，災害時の受け入れ，ショールームなどによるユニバーサルデザインの啓蒙と普及，バリアフリー教育の講師や機材の貸出し，人材の派遣などで役に立っていきたい．

f. 総理大臣賞のこと

2004 年，京成ホテル株式会社は「平成 15 年度バリアフリー推進化功労者表彰内閣総理大臣賞」を受賞した．お金をかけることなく，利用者の声を聞いてさまざまな取組みをしてきたことが受賞理由であった．行政からの推薦が多いなか，障害当事者である全日本聾唖連盟からの推薦と知らされて筆者らは驚いた．完璧ではないが常に努力していることがその推薦理由だったようである．情報を広く発信することが表彰された者の務めと考え，今後も改善によるユニバーサルデザイン化を通して，ホテルやマリーナの事業から社会に貢献していきたいと考えている．また，表彰によって社員一同のバリアフリーに対する意識向上が図られ，利用者に優しくなり，社員の連帯意識が生まれたことは間違いないであろう．

バリアフリーを通して求めるものは，暮らしやすい社会である．最近では日常的な利用も多くなったがホテルは旅の一部である．旅だけではないが，ホテル利用に関して「不安」「期待」「感動」のうち「不安」をハードとサービスで少しでも解消できればと考えている．どうすれば自宅から一歩外に出る勇気に応えられるか，楽しみにして利用してもらえるかを考えている．切口としてバリアフリーを使い，ホテルやマリーナを通して防災や地域活性化に役立てていきたい．ホテルでは，リフトつきとまでいかなくても，なんらかの福祉的車両が自由に使えるサービスの提供ができるようにしたいと考えているところである．　　〔秋元昭臣〕

参加した勉強会（インターネット検索可）

- ベターコミュニケーション研究会（BCS）
- 空飛ぶ車イス・トラベルサロン
- もっと優しい旅への勉強会
- すみだ住宅改造勉強会
- 日本福祉のまちづくり学会
- 日本リウマチ友の会（すまいるの会）
- つくばバリアフリー学習会
- 全日本盲導犬使用者の会
- セイラビリティー土浦
- 障害者カヌー協会
- 黄色いハンカチ

取得した資格

- ガイドヘルパー　視覚障害者移動介護，全身性障害者移動介護（旅行の介助のため）
- 福祉住環境コーディネーター 3 級（ホテル改修のため）
- 福祉用具専門相談員（ホテルに設置する介護用品を選ぶため）
- ホームヘルパー 2 級（身体に触れる介助ができるよう）
- 普通救命講習（緊急時の対応）
- 防災士（災害発生時の対応）
- 温泉管理士
- 温泉入浴指導員（温泉利用のため）

実践編

4

健康・福祉サービスに関連する社会制度

4.1 社会老年学と保健福祉施策

4.1.1 超高齢化社会と工学への期待（老年学の立場から）

わが国は世界に例をみない速度で高齢化しており，それに対応する社会制度・技術の開発が求められ，また世界から期待されている．工学分野についても，超高齢化社会の直面する種々の問題を解決するための対策に期待が高まっている．以下，**老年学**の立場から工学への期待を述べてみたい．

従来，人口の健康度は寿命（life expectancy）で評価されてきた．その集団の寿命が長ければ長いほど健康度が高いという考え方である．しかし人口の高齢化とともに，寿命だけではなく，生きている間の健康状態や生活の質（quality of life）を高く保つことも重要であると考えられるようになり，健康度を測る指標として**健康寿命**（health expectancy あるいは active life expectancy）が提唱されるようになった．

寿命の延長（とそれに伴う人口の高齢化）はほぼ全世界的な現象である．これに伴い，健康寿命が延長しているのか短縮しているのか，すなわち障害が社会全体で減少しているのか増加しているのか（いわゆる Extension of morbidity vs. Compression of morbidity）は，老年学のなかで伝統的な論争になっている．ここでいう「健康」や「障害」の定義により結果はさまざまで，一定の結論は得られていないが，①ほとんど障害のない「健康」な状態の寿命（健康寿命）は寿命が延長してきたいまも，以前と変化がない，②逆に，重度の障害を持つ状態の寿命（**重度障害寿命**）も以前と変化がない，という結果が多い．したがって，寿命が延長してきているなかで，③軽度の障害を持つ状態の寿命（**軽度障害寿命**）が主として延長しているのではないかと考えられている．

人口の高齢化に伴い，軽度の障害を持つ状態が増加しているのであれば，それに対する社会全体の対応が必要になってくる．障害にはいろいろなレベルが考えられ，従来，用いられてきた国際障害分類（ICIDH）では，Impairment（**機能障害**），Disability（**能力障害**），Handicap（**社会的不利**）に分類されている（現在では国際機能分類（ICF）が提唱されているが，議論のため，便宜上，旧来の分類を用いたい）．この三つのなかでは，高齢者集団には機能障害が高頻度にみられるので，これをターゲットにしてもあまり意味はなく，能力障害をどのように補償するのか，社会的不利をいかにして発生させないかに重点がおかれるべきであろう．

以上をふまえると，工学への期待としては，(1) **障害の補償技術**，(2) **障害の予防技術**，(3) **生活の質の増進**，が考えられよう．

(1) 障害の補償技術は，従来，福祉工学として行われてきたもので，障害による感覚・運動機能の低下を補償する技術（補聴器，歩行器など）が代表的である．個人的な要因から離れて環境的な要因に広げれば，いわゆるバリアフリーの技術（コミュニケーションや移動を容易にする技術，住宅改造やまちづくりなど）も重要と考えられる．

(2) 障害の予防も重要と考えられる．わが国では，2000年に介護保険制度が創設されたが，それに伴い介護予防（要介護状態にならないための予防対策）が提唱された．たとえば，各種の身体運動が推奨されており，これが心身の機能に良好な影響を与えることについてはある程度の evidence が得られている．高齢者や障害者に適切な身体活動はリハビリテーション分野で研究されているが，工学の寄与は大きい．近年は健康状態を在宅で手軽にモニタリングする機器の開発も進められている．

(3) 将来的には，高齢者・障害者の生活の質の向上も工学分野が取り組むべき課題であろう．老年学では**生産性**（productivity）という概念があり，労働，ボランティア，娯楽などを含む．先にも述べたように，軽度の障害を持つ高齢者・障害者が増加していることを考えると，種々の生産性活動を支援し，この面での社会的不利をなくしていくような技術の重要性は高いと思われる．

〔甲斐一郎〕

4.1.2 保健福祉施策

「保健」とは「健康を守り保つこと」,「福祉」とは「公的配慮により社会の成員が等しく受けることのできる安定した生活環境」,「施策」とは「政策・対策を立てて,それを実地に行うこと.政治などを行うに際して実地にとる策」とされる(大辞泉).現場では,一人の人間に対し,これらと「医療」と「介護」をあわせて考慮する必要がある.

これらの概念は社会制度としては「社会保障制度」のなかに含まれる.「社会保障制度」とは,日本国憲法25条2項のなかで「国は,すべての生活部面について,社会福祉,社会保障及び公衆衛生の向上及び増進につとめなければならない」と規定し,具体的構成として1950年社会保障制度審議会の「社会保障制度に関する勧告」のなかで「社会保険」「公的扶助」「社会福祉」および「公衆衛生」の四つとしている.

保健・福祉施策を概説するうえで視座を定める必要がある.高島善哉は,社会科学を「歴史」「理論」「政策」の三つの部門から成り立っているとし,人間社会の過去,現在,未来を川の流れに譬え,過去から現在までの科学を「歴史」,現在の科学を「理論」,これらをふまえた未来への形成指導を「政策」としている.これは歴史的事象を分析し,それをもとにして現状を理論化し,その理論をもとに未来への政策を考える方法論を示している.そこで,ここでは,この社会科学的方法論に基づき,保健・福祉施策に関連する歴史を紹介し,現状のモデル化を試み,最後にこれから健康福祉工学分野に求められる施策について概説する.

a. 保健福祉制度の歴史

歴史を顧みると,保健福祉施策は,宗教と政策の大きく二つによる貧困者救済策から始まる.英国の場合には15世紀から始まった植民地政策や囲い込み,18世紀からの産業革命による社会構造の変化や約10年周期で発生した恐慌により多数の貧困労働者が生じ社会問題化した.日本では古来より多くの自然災害により生じた貧困者に対する救援策がとられてきた.特記すべきは第二次世界大戦後の急激な経済成長による,国の財政状況が良好な1960年代に,精神薄弱者福祉法(現・知的障害者福祉法),児童扶養手当制度,老人福祉法,母子福祉法,母子保健法,**国民皆保険・皆年金制度**が制定されたことである.そのなかでも「国民皆保険・皆年金制度」は第一次産業を中心とした医療保険の適用を受けていなかった国民の1/3(約3000万人)の無保険者を救済する画期的な制度となった.しかし,1994年日本人口の高齢化率は14%を超え,合計特殊出生率は1973年をピークとして人口置換水準2.1を割り込んで,2010年には1.39という少子高齢社会となっている.特にこれから都市部を中心に75歳以上の女性の高齢単身者が増加することが予想されている.女性の高齢単身者は,それまで多くは家事が仕事の中心であったために特殊技能を有していることは少なく,就業機会も少ない.就業できない場合には収入は年金のみとなり,年金が受け取れない場合には生活保護対象者となり,社会から孤立してしまうことが危惧されている(図4.1.1).

このように,日本における保健福祉施策は,自然災害や市場制度経済の欠陥から生まれた貧困者への社会保障による人権の保護と社会の安定を目指していた時代から,生産年齢人口の急激な減少と高齢者人口の増加,さらには円高やデフレスパイラルなどによる約1020兆円の債務残高という財政危機など,多様な社会問題と複雑に絡み合ったものへと変化している(表4.1.1).

b. 少子高齢社会のモデル化(理論)

経済活動が遅滞し,生産年齢人口が減少し,高齢者への介護需要が急増していく**少子高齢社会における日本型保健・福祉施策**とは何なのか.その対策の一つとして,スウェーデン型の高福祉高負担施策の少子高齢社会への適応施策が提案されている(藤井,2006).その基本は,出生率の低下に伴う総人口の減少と高齢者の増加に伴う労働力の低下を主な社会問題としてとらえていることにある.具体的施策としては,①女性の家事からの解放による就労機会の創出,②高齢者の就業機会の創出,③慢性疾患患者への安定的就業環境の創出の3点をあげている.

女性の家事からの解放による就労機会は他国と比較

表 4.1.1 欧米と日本における保健福祉関連の歴史年表（金子，2005 を改編）

年代	欧米（主に英国）		日本	
	社会情勢など	施策	社会情勢など	施策
500年代～			538年仏教公伝	593年「四箇院」設置（聖徳太子）
700年代～				718年養老律令・僧行基の慈善活動・布施屋の設立
1000年代～	1415年エンリケ王子のセウタ攻略 （大航海時代の始まり） 15世紀末「囲い込み運動」			1186年未納年貢免除（源頼朝） 1199年領民救済（北条泰時）・僧叡尊・忍性の慈善活動・忍性が鎌倉極楽寺に救済施設設置
1500年代～	1516年「ユートピア」（トマス・モア） 1534年首長法 同年イギリス国教会成立 1558年エリザベス1世在位	1531年救貧法 1536年救貧法 1547年救貧税制度 1601年エリザベス救貧法	1549年フランシスコ・ザビエル来日 1552年アルメイダ来日	1552年アルメイダ孤児院を大分に設立
1600年代～	1642年ピューリタン革命 1648年デジニョフのチュクチ半島への到達（大航海時代の終わり） 1688年名誉革命 1689年議会制立憲王政成立 同年第二次英仏百年戦争	1662年居住地法		
1700年代～	第二次囲い込み 工場運動 1759年「道徳情操論」（アダム・スミス） 1760年代産業革命の始まり 1776年「国富論」（アダム・スミス） 1789年「道徳及び立法の諸原理序説」（ベンサム） 1798年「人口論」（マルサス）	1782年ギルバート法 1795年スピーナムランド制度（賃金制度） 1796年ウイリアム・ヤング法		1722年小石川療養所設置（小川笙船） 1790年石川島人足寄場設置
1800年代～	1830年労働者の暴動（南東部イングランド） 1832年第1回選挙法改正 1830年代産業革命の終わり 1834年新救貧法反対運動 1837年チャーチスト運動 1848年「経済学原論」（ミル） 1855年友愛組合法制定 1859年「自由論」（ミル） 1863年「功利主義論」（ミル） 1867年第2回選挙法改正 1875年スエズ運河会社の株式買収 1880年教育法（義務教育化） 1881年「進歩と貧困」（ヘンリ・ジョージ） 1884年第3回選挙法改正 1889年ドックストライキ 1899年南アフリカ戦争	1802年徒弟法 1832年救貧法の行政および実践活動に関する調査委員会報告書 1833年工場法 1834年新救貧法 1844年ロッチデール構成先駆者組合 1869年慈善救済組織化および乞食抑制のための教会 1870年COS（慈善組合教会）に改名 1871年地方自治庁設立 1877年米国バッファローでCOS発足 1878年ドイツで社会主義弾圧法 1879年民主連盟結成 1883年ドイツで疾病保険法 1884年フェビアン協会誕生 同年ドイツで災害保険法 同年世界初のセツルメント，トインビーホール創設 1889年ドイツで疾病・老齢保険法 同年米国でハル・ハウス（ジェーン・アダムスら） 1899年児童虐待防止法 同年ラウントリー第1回貧困調査	1868年明治維新 1889年大日本帝国憲法発布 1894年日清戦争勃発（～95） 1899年「日本の下層社会」（横山源之助）	1874年恤救規則 1887年岡山孤児院設立（石井亮一） 1890年窮民救助法案が帝国会議に提出 1891年孤女学院設立（石井亮一）・同年岡山でセツルメント（ペティ・アダムス） 1897年キングスレー館創設（片山潜） 1899年家庭学校設立（留岡幸助）

表 4.1.1 （つづき）

年代	欧米（主に英国）		日 本	
	社会情勢など	施 策	社会情勢など	施 策
1900年代～	1901年「貧困-都市生活の研究」（ラウントリー） 1906年総選挙 同年労働党結成 1909年「失業-産業の一問題」（ベヴァリッジ）	1905年「救貧法及び窮困救済に関する王立委員会」 1906年労働争議法 同年教育（学校給食）法 1907年教育（学校検診）法 1908年「救貧法及び貧困救済に関する王立委員会の報告法」 同年職業紹介法 同年最低賃金法 同年住宅及び都市計画法	1900年治安警察法 1902年日英同盟 1904年日露戦争勃発 1909年「救済制度要義」（井上友一）	1900年産業組合法・感化法 1900年二葉幼稚園設立（野口幽香） 1903年「職工事情」（農商務省） 1905年花畑施設所開設（アリス・ペティ・アダムス） 1908年中央慈善協会設立
1910年代～	1914年第一次世界大戦（～18） 1916年ロイド・ジョージ，戦時挙国一致内閣成立 1918年第4回選挙法改正（初の女性参政権承認）	1911年国民保険法（初の失業保険） 1913年スウェーデンで世界初の国民年金法	1911年大逆事件により幸徳秋水ら12名が死亡 1911年「慈善事業の要義」（渡辺海旭） 1914年「社会廓清論」（山室軍平） 1914年第一次世界大戦（～18） 1918年米騒動 1919年「社会事業とは何ぞや」（長谷川良信）	1911年工場法 1917年済世顧問制度創設 同年救護課（内務省内） 1918年方面委員制度 同年救済事業調査会設置 同年社会事業の高等専門教育の開始 1919年マハヤナ学園設立（長谷川良信）
1920年代～	1924年第1次マクドナルド内閣 1928年第5回選挙法改正 1929年世界恐慌	1921年米国でアメリカソーシャルワーカー協会設立 1923年米国でミルフォード会議 1929年地方自治法改正（事実上の救貧法撤廃）	1921年ワシントン軍縮会議四カ国条約 日英同盟発表 1923年関東大震災 1923年「社会事業要綱」（生江孝之） 1924年「社会事業と方面委員制度」（小河滋次郎） 1925年治安維持法 1926年「セツルメント運動の理論と実際」（賀川豊彦）	1927年公益質屋法 1927年救護法
1930年代～	1931年マクドナルド挙国一致内閣成立 1933年ロンドン世界経済会議 1939年第二次世界大戦勃発（～45年）	1932年過渡的支給（ニード決定）法成立 1934年失業法 1935年米国で社会保障法	1937年国民精神総動員運動，軍事扶助法 1939年第二次世界大戦勃発（～45年）	1933年児童虐待防止法 同年少年教護法 1936年方面委員法公布 1937年母子保護法 1938年国民健康保険法 同年社会事業法 同年厚生省設置
1940年代～	1940年チャーチル挙国一致内閣 1945年ポツダム宣言 同年アトリー労働党内閣 1949年ポンド引き下げによる経済危機	1941年「社会保険及び関連サービスに関する関係各省委員会」設置 1942年「ベヴァリッジ報告」 1944年「国民保健サービス」 同年「雇用政策」 同年「社会保障」 1945年家族手当法 1946年家庭福祉協会 同年国民保健サービス法 同年国民保険（産業災害） 同年国民保険法 1948年国民扶助法 同年児童法	1941年太平洋戦争開始（～45） 1946年日本国憲法公布	1941年医療保護法 1945年「生活困窮者緊急支援かつ援助要綱」（政府） 1946年「社会救済に関する覚書」 同年（旧）生活保護法 1947年児童福祉法 同年保健所法 1948年民生委員法 1949年身体障害者福祉法
1950年代～	1950年朝鮮戦争（東西冷戦の始まり） 1952年エリザベス女王即位	1955年地方自治体保健・福祉サービスにおけるソーシャルワーカーに関する調査委員会（ヤングハズバンド委員会）設置 1959年ヤングハズバンド報告書	1951年サンフランシスコ平和条約 日米安全保障条約 ※1954年日本の高度成長期の始まり	1950年（新）生活保護法 同年精神衛生法 1951年社会福祉事業法 1957年朝日訴訟（～1967.5） 1958年国民健康保険法 1959年国民年金法

表 4.1.1 （つづき）

年代	欧米（主に英国）		日本	
	社会情勢など	施策	社会情勢など	施策
1960年代～	1960年ヨーロッパ自由貿易連合（EFTA） 1967年ポンド引き下げ	1960年代国民保険法改正 1962年保険訪問及びソーシャルワーク（研修）法 1965年地方自治体と関連する委員会（シーボーム委員会）設置 1966年社会保障省設置 1968年「地方自治体と関連するパーソナル・ソーシャル・サービスに関する委員会報告」	1960年新日米安全保障条約 1964年東京オリンピック	1960年精神薄弱者福祉法（現：知的障害者福祉法） 1961年児童扶養手当制度 同年国民皆保険・皆年金制度 1963年老人福祉法 1964年母子福祉法 1965年母子保健法
1970年代～	1973年拡大EC発足 1976年ポンド危機 1979年保守党政権誕生（サッチャー）	1970年地方自治体社会サービス法 1972年地方自治法 1973年国民保健サービス法 1974年ウルフェンデン報告書 1978年「ボランタリ組織の将来」	1970年高齢化率7％を超える 1973年「経済政策基本計画」策定 同年石油危機 ※日本の高度成長期の終わり 1977年第3次全国総合開発計画 1979年新経済社会7か年計画	1970年心身障害者対策基本法 1971年児童手当法 1979年「新経済7か年計画」策定
1980年代～		1980年住宅法 同年スウェーデンで社会サービス法 1982年「ソーシャルワーカー-役割と任務」（英国バークレイ）委員会 1985年入所施設ケアに関する独立検討委員会（ワグナー委員会） 1988年「グリフィス報告」 同年「施設ケア-積極的選択」 1989年「コミュニティケア白書」	1986年機関委任事務合理化法 1987年国鉄の分割・民営化によりJR発足 1989年すべての財・サービスに消費税3％課税導入	1980年第二次臨時行政調査会発足 1981年母子福祉法を母子及び寡婦福祉法に名称変更 同年障害者国際年 1982年老人保健法 1987年社会福祉士及び介護福祉士法 1989年「高齢者保健福祉推進10か年戦略」（ゴールドプラン）
1990年代～	1992年欧州連合条約（マーストリヒト条約）調印 1993年EC統合市場発足 1997年ブレア政権誕生 1998年「福祉の国家-社会的支出の経済」（グレスナースター）	1990年国民保険サービス及びコミュニティケア法 1991年英国NHS（国民健康保険サービス）改革 1992年スウェーデンでエーデル改革 1993年英国コミュニティケア改革 1994年独国介護保険制度設立 1996年米国個人責任・就労機会調整法 1998年「ニュー・レイバー・プログラム」（ブレア政権）	1991年失われた10年の始まり（不況） 1992年生活大国5か年計画 1992年PKO法 1994年高齢化率14％を超える 1995年阪神・淡路大震災 1995年構造改革のための経済社会計画 1997年高齢人口が年少人口を上回る．消費税5％にアップ 1999年国際高齢者年 同年男女共同参画社会基本法 1999年経済社会のあるべき姿と新経済の政策方針	1990年福祉関係8法改正 1994年「今後の子育て支援のための施策の基本的方法について」（通称エンゼルプラン） 同年「新・高齢者保健福祉推進10か年戦略」（通称：新ゴールドプラン） 1995年「障害者プラン-ノーマライゼーション7か年戦略」 1996年らい予防法廃止 1997年介護保険法 同年児童福祉法改正 同年精神保健福祉士法 1998年特定非営利活動促進法 1999年「今後5年間の高齢者保健福祉施策の方向」（ゴールドプラン）策定 同年「重点的に推進すべき少子化対策の具体的実施計画について」（新エンゼルプラン）
2000年代～	2001年ブッシュ政権	2000年NHS plan（ブレア政権） 2004年児童ケア法案	2000年沖縄サミット 2002年日朝平壌宣言 2002年失われた10年の終わり 2003年イラク復興支援	2000年児童虐待の防止等に関する法律 同年社会福祉法 2001年配偶者からの暴力の防止及び被害者の保護に関する法律

4.1 社会老年学と保健福祉施策

表 4.1.1 （つづき）

年代	欧米（主に英国）		日 本	
	社会情勢など	施　策	社会情勢など	施　策
2000年代～	2007年英国ブラウン政権 2008年リーマン・ショック 2009年オバマ政権 2010年英国キャメロン政権	2003年米国メディケア処方薬改善近代化法 2006年米国年金保護法 2010年米国医療保険改革法	2010年社会保障給付費 105.5兆円 2011年東日本大震災・福島原子力発電所被害	2002年「重点施策実施5か年計画」（新障害者プラン） 同年ホームレスの自立の支援等に関する特別措置法 2003年次世代育成支援行動計画 同年少子化社会対策基本法 2005年介護保険等の一部を改正する法律 同年障害者自立支援法 同年高齢者虐待の防止, 高齢者の擁護者に対する支援等に関する法律 2008年後期高齢者医療制度

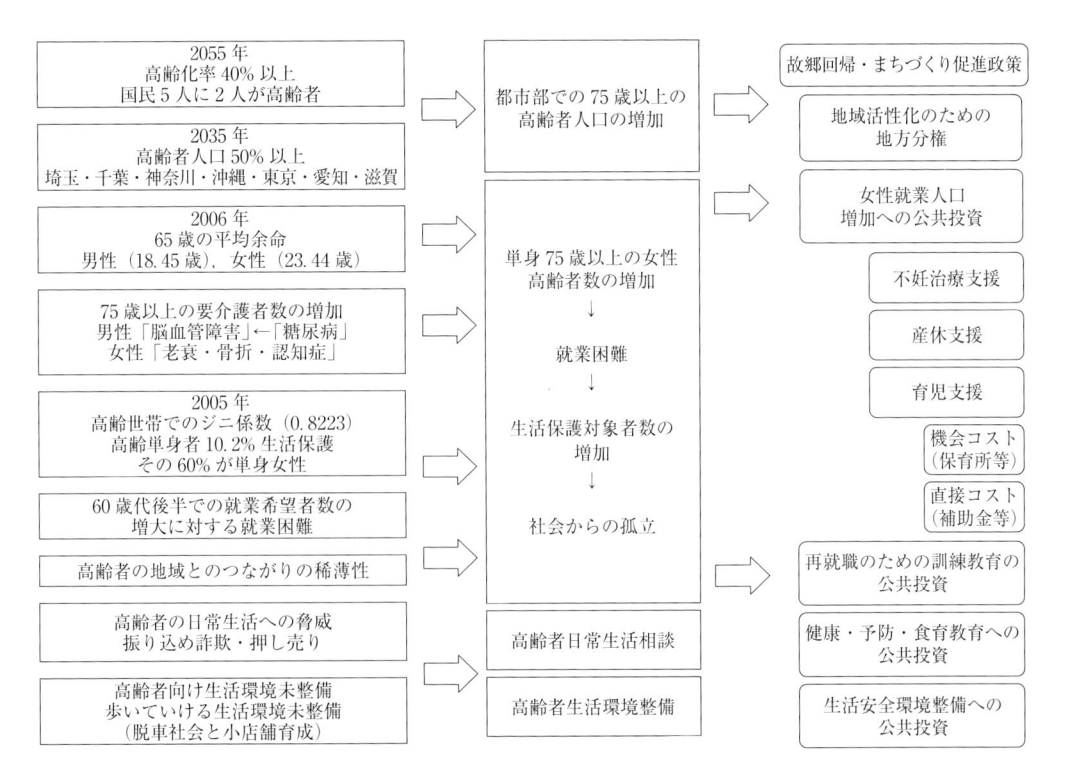

図 4.1.1 少子高齢社会の課題と施策の関係概要図（今後の高齢社会対策の在り方等に関する検討会（報告書）をもとに筆者が作成）

して少ない．育児サービスの充実や女性の特性を生かせる就業環境整備，職業の特性に応じた70歳定年制や終身雇用制に関する法制整備やがん手術後や糖尿病や慢性腎不全患者などへの保険制度の強化により，女性や高齢者が安心して働ける環境の構築が重要となる．これにより，地域の労働生産性は増加し，世帯収入も増え，個人消費も増加し，地域企業収益も増加し，税収も増加する．地域企業は，増収分を設備投資し新しい製品開発などへのイノベーションを活性化できる．このためには，「育児サービス」（例：保育士）や「高齢者就業サービス」（例：社会福祉士），「障害者や慢性疾患患者就業サービス」へ積極的に公共投資することが必要とされる（図4.1.2）．

2008年の経済財政諮問会議では「中福祉・中負担」

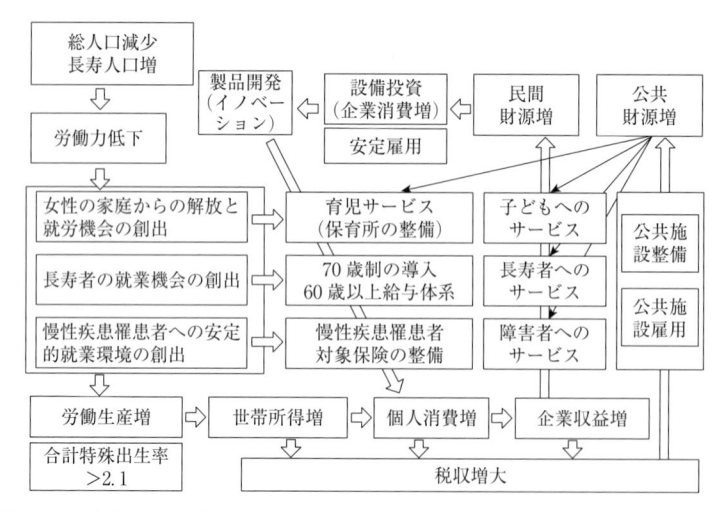

図 4.1.2 地域における希望ある長寿社会の創出のための施策のモデル化例（藤井, 2006 の資料をもとに筆者が作成）

とされたがすでに「中負担・中福祉」社会であるともいわれる（飯野, 1996）．「中」や「福祉」「負担」の内容の具体化，特に公共財の割当（ラショニング）と施策の社会的合意形成に必要な情報公開に関する施策が求められる．

c. 今後の保健福祉工学分野に求められる施策

いままでの健康福祉工学では主に「障害者や慢性疾患患者」への代用感覚機器や機能支援装具，リハビリテーション機器などへの研究開発が中心的課題とされてきた．少子高齢社会において健康福祉工学へ求められるものは何であるのか．当然ながらいままで以上に心身ともに健康な状態であるかどうかを測定し判断できる健康機器（例：推奨や助言機能がついた体重計など）や運動機能などを支援できる機器に関する研究開発や製品化などが求められる．また，介護者支援機器開発も重要である．これには，健康福祉工学機器の特性にあった被験者保護と研究開発が安心かつ迅速に実施できるためのヒトを対象とした臨床研究実施上の保障制度の充実，そして保健福祉工学の専門家を中心とした厳格かつ迅速な審査制度に関する施策の具体化が重要となる．さらに今後求められるものとしてエビデンスに基づいた保健福祉機器開発がある．これに対して米国では **device epidemiology** という学問があり，健康福祉工学機器研究開発を安全かつ迅速に行うために健康福祉機器の販売後の有効性や有害事象についてのデータを収集し，早期の有害事象発生に対する対応と新しい機器開発のための利用者側の要求要件の集収・分析が重要とされている．

さらに今後，単体の保健福祉機器の開発から，それらをスマートグリッドなどの情報ネットワークに接続することで地域包括支援センターの機能を支援する技術開発も重要な施策となる．米国の公衆衛生分野では，強固なセキュリティ対策が施された情報ネットワーク上に，Public Health Conceptual Data Model (PHCDM) というデータ形式の標準規格に基づいた情報処理が可能な**地域保健福祉情報システム**が行政単位で構築されている．その特徴は，データの標準規格の導入により「課題の認識」「仮説の作成」「データ（要件）の抽出」と「分析」，「原因の特定」「原因発生に関する因果関係（causal chain）の整理」「介入ポイントの特定」「介入策と代替案の作成」「効果評価項目と方法の作成」「対策の実行」「効果の評価」という一連の情報処理と意思決定支援が，保健や福祉など異なる部門間で可能となっていることにある．これにより，住民からの各種保険の申請や給付処理，疾患や症状サーベイランスによる疾患の早期発見・早期治療，障害者への個別サービスの実施と評価，地域共同活動の推進による住民のコミュニケーションの活性化の機会の提供，予防接種の接種状況の把握や助言，公的病院や施設などへの予約制の導入，政策の評価などが共通の情報基盤（Public Health Information

Infrastructure）のなかで行われている．このような保健福祉情報システムに関する人材の育成も含めた研究・開発・管理を支援する施策の具体化が重要となる．

〔小山博史〕

文　献

藤井　威（2006）：適切な少子化対策は次世代への責務．スウェーデンとフランスから何を学ぶべきか．http://www.mizuho-ri.co.jp/research/economics/pdf/research/r060701taidan.pdf

大辞泉．http://kotobank.jp/dictionary/daijisen/

金子光一（2005）：社会福祉のあゆみ，pp. 286-298，有斐閣アルマ．

今後の高齢社会対策の在り方等に関する検討会（報告書）．http://www8.cao.go.jp/kourei/kongo/report.html

坂田周一（2008）：社会福祉政策，改訂第2版，pp. 13-18，有斐閣アルマ．

4.2 まちづくり

「まちづくり」という言葉は主として都市計画や再開発などのインフラ整備計画として，あるいは，地域再生や地域活性化，コミュニティ形成といった分野で用いられることが多く，最近ではコミュニティ・デザインという分野も構築されるようになってきた．このような分野においても，現在では障害のある人や高齢者あるいは乳幼児なども当然対象者に含まれてはいるが，彼らが中心的存在とはなっていない．このため，特に障害のある人や高齢者などを中心に据えた取組みに対しては「**福祉のまちづくり**」という言葉が与えられることが多い．ここでの「福祉」は保護や援助といった狭い意味の福祉ではなく，しあわせやゆたかさを意味する福祉であり，公共の福祉としての「福祉」であるが，物理的な環境整備だけでなく，文字どおり社会サービスとしての「福祉」や助け合いの心といったソフトウェア面での施策も組み入れて展開される場合が多い．

以下，ここでは「福祉のまちづくり」に絞ってバリアフリーあるいは**ユニバーサルデザイン**（universal design）のまちづくりに対する施策を解説する．

a. 福祉のまちづくりの歩み

わが国において障害のある人の社会参加を妨げる障壁の存在が明らかにされ，それを取り除く運動が始まったのは 1969 年の仙台においてであるといわれている．車いすを使用する女性と彼女を支えるボランティアは，交差点ごとに立ちはだかる歩道と車道の間の段差の存在に疑問を感じ，段差を切り下げる運動を始めた．この歩道段差を解消する運動は「車いすとともに街へ出よう」というコピーとともに全国に広がっていった．一方，歩道段差の解消は，視覚に障害のある人にとっては，歩道と車道の境目をわかりにくくした．この問題解決のために岡山県の安全交通試験研究センターがデザインしたものが「**点字ブロック®**」（安全交通試験研究センターの登録商標，正式名称は視覚障害者誘導用ブロック）であり，最初は警告用として用いられた．なお，1969 年には**国際シンボルマーク**（International Symbol of Access）が制定された．

国際的には，国際連合が 1974 年に開催した**障害者生活環境専門家会議**においてバリアの存在とそれを除去する活動としての**バリアフリーデザイン**（barrier free design）が提唱された．この報告書においては，まちづくりにおいて想定されるユーザ像が平均的な能力を持つ働き盛りの成年男性（Mr. Average）であり，社会のなかの多数でもない架空のユーザに適合させるデザインが，障害のある人だけでなく，妊娠中の人や大きな荷物を携えている人，けがをしている人，外国からの旅行者など多くの人々にはバリアとなっていることが指摘された．

福祉のまちづくりの推進は地方自治体が中心となり，要綱やガイドラインを定め，これをもとに進められたが，1977 年には神戸市が「神戸市民の福祉を守る条例」のなかで都市施設の整備を定め，「道路，公園その他の公共施設及び教育施設，購買施設その他の公益的施設は，高齢者及び障害者をはじめ，すべての市民が快適に利用できるように配慮されなければならない」とした．罰則規定は持たないものの，民間の施設も含め，バリアフリーの必要性を規則化した最初の条例である．

1981 年の国際障害者年は「完全参加と平等」をテーマに掲げ，続く 10 年間を「国連・障害者の十年」として加盟各国は課題の解決に努力した．しかし，アジア・太平洋地域は動きが悪く，さらに 1993 年からの 10 年間を「**アジア・太平洋障害者の十年**」として ESCAP（アジア・太平洋経済社会委員会）が中心となって推進することになった．まちづくりに関しても 1994 年に専門家会議が開催され，1995 年には「**障害を与えない物理的環境の推進ガイドライン**」が発行され（ESCAP UN, 1995），バンコク，北京，ニューデリーの 3 都市の一部をモデル的に整備する計画が実施された．

この間，1999 年には米国で **ADA**（Americans with Disabilities Act，障害を持つアメリカ人に関する法律）が施行され，先進諸国の関係者に大きな衝撃を与えた．ADA は障害を理由にした差別を禁じた法律で，規模の大小を問わず，雇用，利用，情報通信のあらゆる場

面において差別を受けた場合に訴訟を起こす権利を与えたものである.たとえば,車いす使用者であることを理由に雇用を拒否したり,来店を断ったりすることは差別であり,多くの事例で訴えられた側は敗訴している.バリアフリー整備に関しては,連邦統一アクセスガイドラインをベースにしたアクセシブルデザインのための ADA 標準 2010 (2010 ADA STANDARDS FOR ACCESSIBLE DESIGN) が定められた.米国は 19 世紀末までは障害のある人の外出を禁止する**アグリー法**を定めていたが,100 年の間に 180 度の転換を達成した (Welch, Palames, 1995).ADA は世界に影響を与え,英国とオーストラリアの**障害者差別禁止法** (Disabled Discrimination Act: DDA),韓国の障害者差別禁止法などが次々と成立し,国際連合の「**障害者の権利条約**」の発効へとつながった.

国内では,1993 年に兵庫県と大阪府が時を同じくして「**福祉のまちづくり条例**」を制定し,公益施設のバリアフリー化を推進した.この動きには多くの都道府県が追従し,いろいろな名称で同様の条例を制定するようになった.

法律としては,1994 年に建設省(当時)が管轄する「高齢者,身体障害者等が円滑に利用できる特定建築物の建築の促進に関する法律(通称,**ハートビル法**)」が制定されたことがバリアフリーに関する先駆けとなった.各都道府県の条例と同様,当初この法律には罰則規定はなく,建築主を拘束するものではなかった.しかし,2000 年に制定された運輸省(当時)が管轄する「高齢者,身体障害者等の公共交通機関を利用した移動の円滑化の促進に関する法律(通称,**交通バリアフリー法**)」は,1 日利用客 5000 人以上の駅舎などの旅客施設と車両などのバリアフリーを義務づけるとともに,行政側の支援策も定め,実行力のある法律となった.実際,この法律施行後,多くの公共交通機関が整備され,障害のある人の利用が格段に増加した.

ハートビル法は 2003 年に改正され,主に高齢者や障害者が利用する施設で床面積が 2000 m² 以上のものを特定建築物とし,これまで努力義務だったバリアフリー対策が義務化され,罰金刑を含む罰則規定が設けられた.

また,現時点(2013 年 6 月)ではまだ成立していないが,人口減少,高齢化の進展,地球温暖化対策などの諸課題に対応するとともに,安全で安心な地域の移動手段を確保するため,交通基本法の制定が検討さ

れている.過疎化とともに公共交通機関の撤退が各地で現実のこととなりつつあり,自動車運転ができない高齢者などの孤立が深刻な問題となってきている.また,都市部においても住民の高齢化とともに,傾斜地の多いわが国では高台にある宅地と公益施設間の移動が深刻化している.移動する権利が等しく与えられることが望まれている.

b. バリアフリー新法

1) 法の概要

建築物のバリアフリーを定めたハートビル法と,公共交通機関と道路などのバリアフリーを定めた交通バリアフリーがこの**バリアフリー新法**で一体化された(バリアフリー新法研究会,2009).駅舎などの旅客施設と車両など,道路,路外駐車場,都市公園および多数が利用する建築物を結ぶネットワーク,つまり面的な広がりをバリアフリーにし,移動と施設利用の両面を円滑に結ぶことが目的とされた.これを実現するための施策として,①市町村は高齢者や障害者などが生活上使用する施設を含む地区について基本構想を策定すること,②公共交通事業者,道路管理者,路外駐車場管理者,公園管理者,建築物の所有者,公安委員会は,基本構想に基づき移動などの円滑化のための特定事業を実施することとし,③重点整備地区内の駅,駅前ビルなど,複数管理者が関係する経路についての協定制度が定められた.また,中心的に利用する住民などの意見が反映されるよう,基本構想策定時の協議会制度が法定化され,住民らからの基本構想の作成提案制度が創設された.2011 年 3 月 31 日までに 266 市町村が 359 地区の基本構想を作成している.

2) 適合義務の対象

後述する移動等円滑化基準を守らなくてはならない施設などは,その性格に応じて,罰則を伴う適合義務が課される施設などと,努力義務が課される施設などとに分けられる.ただし,努力義務対象の施設などは地方公共団体が条例で義務化することができる.適合義務が課される対象は利用者が多数であるか高齢者や障害者の利用が多くを占めるものであり,施設の種類に応じて表 4.2.1 のように政令で定められている.さらに,より高い水準である誘導的基準に適合する特定

表 4.2.1 移動等円滑化基準が適用される施設等

種類	条件・用途
旅客施設	①1日の利用者が5000人以上 ②施設を利用する高齢者や障害者数が①と同程度以上 ③施設周辺の官公庁，福祉施設等の利用状況等から優先的に実施する必要が特に高いと認められる場合
道路	生活関連道路のうち多数の高齢者，障害者等の移動が通常徒歩で行われるもので，国土交通大臣が指定したもの
公園	①都市公園の出入り口と，以下の公園施設との間をつなぐ園路および広場 ②屋根付き広場，休憩所，野外劇場，野外音楽堂，駐車場，便所，水飲み場，手洗い場，管理事務所，掲示板，標識
特定建築物 (努力義務)	①学校 ②病院又は診療所 ③劇場，観覧場，映画館又は演芸場 ④集会場又は公会堂 ⑤展示場 ⑥卸売市場，百貨店，マーケットその他の物品販売店舗 ⑦ホテル，旅館，事務所，共同住宅，寄宿舎，下宿 ⑧老人ホーム，保育所，福祉ホーム等 ⑨老人福祉センター，児童厚生施設，身体障害者福祉センター等 ⑩体育館，水泳場，ボーリング場その他運動施設又は遊技場 ⑪博物館，美術館又は図書館 ⑫公衆浴場 ⑬飲食店，キャバレー，料理店，ナイトクラブ，ダンスホールその他これらに類するもの ⑭郵便局，理髪店，クリーニング取次店，質屋，貸衣装屋，銀行その他これらに類するサービス業を営む店舗 ⑮自動車教習所又は学習塾，華道教室，囲碁教室等 ⑯工場 ⑰車両の停車場又は港湾，飛行場などの待合所 ⑱自動車の停留又は駐車のための施設 ⑲公衆便所 ⑳公共用歩廊
特別特定建築物 (適合義務)	①特別支援学校 ②病院又は診療所 ③劇場，観覧場，映画館又は演芸場 ④集会場又は公会堂 ⑤展示場 ⑥百貨店，マーケットその他物品販売店舗 ⑦ホテル又は旅館 ⑧保健所，税務署その他不特定多数が利用する官公署 ⑨老人ホーム，福祉ホームその他これらに類するもので主として高齢者，障害者等が利用するもの ⑩一般の利用に供される体育館，水泳場，ボーリング場又は遊技場 ⑪博物館，美術館又は図書館 ⑫公衆浴場 ⑬飲食店 ⑭理髪店，クリーニング取次店，質屋，貸衣装屋，銀行その他これらに類するサービス業を営む店舗 ⑮車両の停車場，港，飛行場等の乗降又は待合場 ⑯一般が利用する自動車の停留又は駐車のための施設 ⑰公衆便所 ⑱公共用歩廊

建築物の建築などの計画に対しては，事前にその計画の認定を行い，経費面での助成を行うことができるように整備された．

3) 移動等円滑化基準

移動等円滑化基準は適合義務の対象ごとに細かく規定されており，すべてを紹介することはできない．それぞれ，道路移動等円滑化基準，都市公園移動等円滑化基準，公共交通移動等円滑化基準，路外駐車場移動等円滑化基準，建築物移動等円滑化誘導基準が国土交通省のホームページ上に公開されており，建築物移動等円滑化基準はバリアフリー新法施行令のなかに記載されている．

対象の特性に応じて異なる内容も多いが，おおむね，出入口幅員の80 cm以上の確保，段差の解消，すべりにくい床面，視覚障害者誘導用ブロックの敷設，文字と音声による案内，などが規定されている．

c. 新しい試み

兵庫県はバリアフリー新法の施行に伴い，福祉のまちづくり条例を改正した（2011年7月1日施行）．主な改正点は，①条例の対象に妊婦，乳幼児を同伴する者等を追加し，ユニバーサル社会づくりの視点を明確化させたこと，②特別特定建築物の整備基準適合を建築確認申請と連動して審査・検査を行う仕組みを導入したこと，③特定用途で一定規模以上の施設所有者に対して，整備状況に関する情報をインターネットなどでの公開を義務づけたこと，④施設利用者の意見を尊重した整備と運用を行うよう努めることを求めたこと，⑤特定施設の整備と運営について点検し助言する「福祉のまちづくりアドバイザー」を登録，施設所有者の求めに応じて県があっせんを行うこと，⑦「福祉のまちづくりアドバイザー」を活用している特定施設を「県民参加型特定施設」として認定することである．

情報公開の義務が求められる対象施設（特定施設）は，複合施設を含めて床面積の合計が1万m^2以上の規模の展示場，物品販売店舗，遊技場，公衆浴場，飲食店，理髪店など，クリーニング取次店その他これらに類するサービス業の店舗であり，床面積が2000m^2以上の病院，診療所，劇場，観覧場，映画館，演芸場，集会場，公会堂，一般公共の用に供される運動施設，

博物館，美術館，図書館，金融業の店舗，地下街など，客室合計が50室以上の規模のホテルや旅館，すべての規模の官公署，公共交通機関の施設である．これらの施設の①出入口の戸の形式，②エレベータの有無と整備状況，③車いす使用者やオストメイトが利用できる便所の有無，④授乳所，ベビーチェアの整備状況，⑤車いす使用者利用客室の有無，⑥敷地内通路上のスロープの設置，誘導設備の有無，⑦車いす使用者用駐車施設の有無，⑧案内板の有無，⑨車いす使用者用観覧スペース，集団補聴設備の有無，および⑩その他知事が必要と認める事項について，高齢者などにわかりやすく図記号を用いて表示し，整備されていない事項についてもその旨を表示することが求められる．

要望のヒアリングや竣工後の確認については，これまでも個別に当事者参加という形で行われてきたが，ややもするとある限られたユーザグループの声に偏ったり，実現性の乏しい意見が寄せられたり，計画段階に提示される情報では十分な理解が得られないために，完成後に問題が指摘されたりすることもある．また，当事者によるチェックが実施される段階では修正ができない事項も多く，このようなことから，当事者参加は事業者にとってリスクの高い通過儀礼と受け取られやすい．

兵庫県が計画している「福祉のまちづくりアドバイザー」は，みずからが抱える障害のことだけでなく，普遍的な問題として説明できる能力をもつ当事者を育成することを前提としている点がこれまでの取組みと異なる点である．課題は努力義務であるアドバイザーの利用において，アドバイザーに対する報酬支払いの負担を事業者に負わせる点であるが，障害のある人の雇用拡大につながる可能性もある．

図4.2.1 スウェーデンの歩行者用信号機のスイッチ

水性舗装材料，車止め，街路案内地図，ベンチ，縁石，歩道橋，溝蓋（グレーチング），マンホールの蓋，植栽，ガードレールなどの要素が存在している．図4.2.1はスウェーデンの歩行者用信号機に備えてある押しボタンであるが，横断方向を凸状の矢印で示し，このボタンの存在を低いゆっくりした電子音で知らせている．信号が青になると，音響が大きく速くなると同時に振動して知らせる．わが国では鳥の鳴き声が用いられているが，周辺住民から音響を夜間停止するよう求められることが多い．

視覚に障害のある人や外国人などを対象に，ICタグの技術を利用した携帯端末への地域情報提供システムが開発されており，必要な人に理解しうる形式での情報提供が可能となってきている．一方，最近のスマートフォンに登場してきているAR（artificial reality，人工現実）技術はそこに存在しているさまざまな情報を選択提供することができ，福祉工学分野への応用が期待される．

d. まちづくりのなかの福祉工学

都市環境のなかにも多様な製品が使用されており，福祉工学からのアプローチが必要な製品も数多く存在している．たとえば鉄道駅舎には自動券売機，自動改札，案内サイン，電光掲示板，エレベータ，ホームドア，ベンチ，自動販売機，視覚障害者誘導用ブロック，音響サインなどが必要であり，車両内には座席，行き先案内板，手すり，つり革などがある．歩道上では，視覚障害者誘導用ブロックを筆頭に，音響信号機，透

e. 今後に向けて

2011年3月11日に発生した東日本大震災は，福島第一原子力発電所の大事故と相まって，わが国のみならず，地球規模で大きな影響を与えている．震災と津波による被害は移動に制限を受けている人により多く襲いかかり，危うく難を逃れた人も避難所でより多くの困難を受ける．福祉のまちづくりは，日常だけでなく，災害時のような非日常のなかでも機能すべきであり，移動，情報，居住といった基本的な行為が途切れ

なくすべての人が行えるようなインフラ整備が求められる．未曾有の都市型大規模災害であった阪神・淡路大震災から長い年月が経過し，多大な犠牲の上での経験はその後のまちづくりに確かに生かされているといえる．東日本大震災では，救急救命活動は早期に立ち上がり，陸海空からの大規模な作戦が展開された．ボランティア活動の受け入れや支援物資の取扱いにも，あるいは避難所の運営についても阪神・淡路大震災の経験が生かされた．情報提供面でも，安否確認サービスは固定電話だけでなく携帯電話各社も提供し，太陽光発電を用いた充電器なども避難所に設置された．阪神・淡路大震災のときには，非常事態を理由に報道番組から手話通訳が削除され，聴覚障害者へのマスメディアからの情報伝達が途絶してしまったが，今回は政府の記者会見会場にも手話通訳が配置された．もっとも，民間放送局のテレビ映像には手話通訳がスーパーインポーズされなかったため，せっかくの手話通訳も会見会場には記者しかいないことを考えると，どこまで有効だったのかは疑問である．

これから被災地ではあらゆる意味でのまちづくりが展開される．災害に強い「安全なまちづくり」は最も重要なキーワードであるが，高齢化が進んだ地域もあることから，誰もがいきいきと活動できる「福祉のまちづくり」は重要な課題である．自然の偉大な力に対して人類の技術では抗うことができないことが明らかとなった．災害の発生を抑え込むという発想から，災害が起きても生じる被害を最小限にとどめる「減災」という考え方への転換が求められる．「減災」は，日常生活の延長線上に避難行動や避難生活を位置づけて考えることが重要である．いつ発生するかわからない災害に特別に備えた設備や施設よりも，日々使用している設備や施設が災害時にも機能することで，いざというときにも戸惑いなく利用することができる．ユニバーサルデザインはいつでも，どこでも，誰でもが利用できる仕組みを築きあげることであるが，日常から非日常まで，移動や情報取得の能力にかかわらずに誰もが自由にいきいきと生活できるまちづくりが取り組まれるべきである．

一方，原子力発電所の事故の影響を受け，一時期計画停電が実施され，電力需要期の夏に向けて節電が余儀なくされている．停電は人工呼吸器使用者や酸素濃縮器使用者などにとっては生命にかかわる危機をもたらす．エスカレータやエレベータの停止は移動制約者にとって，また照明の消灯は弱視者にとって社会参加を妨げるバリアの再来となっている．電力不足による大規模停電は避けなければならないが，ようやく確保されてきたアクセシビリティは非常時であろうと確保されるべきであり，新しいまちづくりの知恵と工夫が求められている．

〔相良二朗〕

文 献

バリアフリー新法研究会編集（2009）：Q&A バリアフリー新法，p. 258，ぎょうせい．

ESCAP UN (1995) : Promotion of Non-Handicapping Physical Environments for Disabled Persons : Guidelines, p. 171, United Nations, New York.

日比野正己編著（1999）：図解バリア・フリー百科，pp. 1-43, TBS ブリタニカ．

Welch, P., Palames, C. (1995) : Strategies for Teaching Universal Design, pp. 5-12, MIG Communications, Berkeley.

4.3 機器開発支援制度と身体特性データベース

福祉機器は一般の工業製品に比べ，製品の利用者層が限られることから生産規模が小さいことや製品利用者の適応範囲が狭いため製品側でより高いレベルでのユーザ適合を配慮する必要があることなどから，生産形態の多くは多品種少量生産の形をとらざるをえない状況になっており，結果として，製品供給の多くを中小企業が担う形になっている．しかし，こうした中小企業は，製品開発にかかわる技術的・経済的基盤が弱く，新規の機器開発やその実用化を促進するうえからもなんらかの支援スキームの提供が求められている．

そこで，ここでは，福祉機器開発支援のために公的機関が用意している種々の開発支援制度の概要について紹介するとともに，実際の機器開発や機器設計に際して必要になる，種々の人間特性にかかわるデータベースについて紹介する．

4.3.1 福祉機器開発支援制度

福祉機器開発にかかわる支援スキームには，大きく，国レベルで行っているものと地方公共団体が行っているものがあるが，地方公共団体での支援スキームは，国の支援スキームの実施組織として機能しているケースが多いことから，ここでは国レベルでの支援スキームを中心に紹介する．

国レベルでの支援スキームには，経済産業省，厚生労働省，および総務省が，それぞれ独自の支援スキームを用意している．以下，それぞれにおける支援概要について紹介する．なお，ここでは各スキームで使われる漢字・かなづかいなどを本書のスタイルに合わせて一部改めている．

a. 経済産業省の支援スキーム

1) 独立行政法人新エネルギー・産業技術総合開発機構（NEDO）による開発支援

i) 福祉用具実用化開発推進事業[1]

この補助制度は，福祉用具の研究開発及び普及の促進に関する法律（福祉用具法）に基づき，福祉用具の実用化を促進するため，より優れた技術や創意工夫のある福祉用具の開発に取り組もうとする企業などへの助成金の交付を行うもので，1993（平成5）年度より続いている事業で，助成事業の概要はおおむね以下のとおりである．

助成要件

対象事業者は，以下の要件を満たす福祉用具の実用化開発を行おうとする民間企業などである．

・研究開発の対象となる機器が「福祉用具」であること，まったく同一の機能，形態の製品が存在しないという新規性，技術開発要素を持っていること．
・その事業が，利用者ニーズに適合し，研究開発要素を有するなど，助成金交付の目的に適合するものであること．
・その福祉用具の実用化開発により，介護支援，自立支援，社会参加支援，身体代替機能の向上など具体的な効用が期待され，かつ一定規模の市場が見込まれ，さらにユーザからみて経済性に優れているものであること．
・その事業が，他の補助金，助成金の交付を受けていないこと．

助成条件

・助成額：1件当たり全期間で3000万円以内
・助成率：中小企業は助成対象費用の2/3以内，大企業は1/2以内
・助成期間：3年以内

ii) 福祉機器情報収集・分析・提供事業[2]

この事業は，機器開発にかかわる直接的支援ではないが，上述のように，福祉用具の提供は中小企業が中心的役割を担っており，これら企業では情報収集能力

が弱く，製品開発に織り込むべき技術やニーズの把握が困難であることから，そうした企業などにおける福祉用具の研究開発，普及の促進を図るうえで必要な情報を収集し，福祉機器関係者などに提供することで，福祉用具の研究開発の支援を図ることを目的にした事業である．

本事業では，福祉用具の開発に関する技術動向の把握，ユーザニーズの動向などを調査・分析し，福祉用具の開発事業者に情報提供することによって福祉用具開発の促進を目的にしている．具体的には，ニーズ調査分析として，福祉機器に関するニーズ・シーズを明らかにするための技術動向の調査・分析などや国際福祉機器展（HCR），バリアフリー展などの各種展示会に出展および情報収集を行い，福祉機器の開発事業者などへの情報提供が行われている．

iii) イノベーション推進事業（課題解決型実用化開発助成事業）[3]

本事業は，新成長戦略などにおいて示されたグリーン・イノベーションおよびライフ・イノベーションの推進，産業競争力強化などの日本が直面する重要課題に対応する戦略的なイノベーション分野のなかから早期の実用化や大きな波及効果などが期待される技術課題を対象に技術開発の支援を行うもので，2011（平成23）年度は次の五つの「課題」にかかわる公募が実施されている．

〔1〕機能性ナノ粒子の大量合成法の開発
〔2〕化学原料製造を革新する高性能ナノ触媒プロセスの開発
〔3〕がん等の重篤な疾患治療用バイオ医薬品の臨床応用に向けた製造関連技術の開発
〔4〕社会参加支援福祉用具の開発
〔5〕生活支援福祉用具の開発

助成要件

開発民間企業独自の研究開発リソースが十分でない，よりリスクの高い中期の実用化開発を支援する．具体的には，次世代に向けた技術のブレークスルーを目指す戦略的な実用化開発を行う民間企業の研究開発終了後5年以内で実用化の可能性の高い優れた提案に対し助成する．

・実施期間：原則2年以内．なお，必要に応じて，延長による開発成果の向上に著しい効果が見込まれるなど必要なものについてさらに1年を限度に延長する場合がある．

規模・助成率

・助成額：年間1億円程度まで
・助成率：2/3以内（ただし，大企業の場合は1/2以内）

2) 中小企業庁による支援スキーム
i) 戦略的基盤技術高度化支援事業[4]

本補助スキームは，直接的に「福祉機器開発」をターゲットとした支援スキームではないが，中小企業での新規製品開発やその実用化への支援を行う事業である．

ここでは，中小企業での，鋳造，鍛造，切削加工，めっきなどの20分野技術の向上につながる研究開発からその試作までの取組みを支援することを目的としており，特に，複数の中小企業，最終製品製造業者や大学，公設試験研究機関などが協力した研究開発であって，この事業の成果を利用した製品の事業化についての売上見込みやスケジュールが明らかとなっている提案の支援を目的にしている．

助成要件

・応募対象者は中小企業のものづくり基盤技術の高度化に関する法律の認定を受けたものづくり中小企業を含む，共同体が基本．
・研究開発期間は原則2年度または3年度
・研究開発規模は原則4500万円以下（初年度）．2年度目以降は，次のとおり．
 2年度目：初年度の契約額の2/3以内
 3年度目：初年度の契約額の半額以内

ii) 民間企業の研究開発力強化及び実用化支援事業[5]

本事業は先端的・独創的な優れた技術を有する民間企業が，大学や公的研究機関などとの共同研究によって新たな製品や技術の実用化に向けた実証または性能評価を行う事業に要する経費の一部を補助することにより，民間企業が単独では対応できない高度な技術課題の解決に向けた研究開発とその実用化を促進し，もって新産業創出に資することを目的としている．

この補助スキームも直接的に「福祉機器開発」の支援を目的とする事業ではないが，小企業などが有する「新しいアイディア」に基づく福祉機器開発を行う際に，他の企業や大学や公的研究機関などの協力を受けつつ開発を進める場合に適した支援スキームであるといえる．

本事業では，民間企業と公的機関などによって研究

体を組織し，研究体の参加者が連名で提案・申請する必要があり，この研究体に参加する民間企業と公的機関は以下の要件を満たすことが必要とされている．

(1) 補助事業を的確に遂行するに足る技術的能力を有すること．
(2) 補助事業を的確に遂行するための費用のうち，自己負担分の調達に関し，十分な経理的基礎を有すること．
(3) 補助事業にかかわる経理その他の事務について的確な管理体制および処理能力を有すること．
(4) 補助事業を的確に遂行できる財務的健全性を有していること（補助金は原則として精算払であることから事業期間中の立替払が可能であること）．
(5) 技術開発終了後，直ちに事業化する具体的な事業化計画を有し，その実施に必要な能力を有すること．

補助対象事業

(1) 補助対象者の要件を満たす民間企業と公的研究機関などが共同で，新たな製品や技術の実用化に向けた実証または性能評価を実施する事業であること（公的研究機関などの役割が研究開発要素のない試験・分析などのみで，共同研究体制で技術課題の解決を行う事業でない場合は対象とならない）．
(2) 環境・エネルギー，健康・医療などの社会的課題解決への貢献や地域経済の活性化，新事業・雇用創出などの経済波及効果が期待できる研究開発テーマであること．
(3) 事業期間終了後2年以内で実用化が可能な具体的な計画を有すること（本事業では，目的とする製品などが販売されることをもって「実用化」されたと見なされ，製品の市場への供給だけでなく，技術情報やサービスの形で他者の利用に寄与し販売される場合などを含む）．
(4) 補助事業および事業化計画の実施により，新たな産業・雇用の創出に資することが期待できること．

補助概要

・中小企業型：1件当たりの補助金額：1000万円～3000万円（中小企業型とは，公的研究機関などと中小企業者のみからなる研究体において，新たな製品・技術の実用化に向けた実証または性能評価事業を行うもの）．

・一般型：1件当たりの補助金額：1000万円～5000万円（一般型とは，公的研究機関などと大企業などからなる共同研究体において，新たな製品・技術の実用化に向けた実証または性能評価事業を行うもの．中小企業者が参加する場合であっても，大企業が1社以上参加する場合は，すべて一般型となる．中小企業者のみからなる研究体は，一般型に応募することはできない）．

・補助事業期間は，中小企業型および一般型のいずれも1年以内．

b. 厚生労働省の支援スキーム

1) 障害者自立支援機器等開発促進事業[6]

本事業では，自立支援機器開発におけるビジネスモデルの確立が困難な機器に対する製品化開発を行う企業および障害者が連携し，障害当事者によるモニタ評価などを義務づけた実証実験などを通じて，障害者に使いやすく適切な価格の機器を開発する取組みに対して助成を行い，障害者の自立や社会参加の促進を図ることを目的としている．事業概要は以下のとおりである．

開発補助対象機器（平成23年度募集テーマ）
・肢体障害者の日常生活支援機器
・視覚障害者の日常生活支援機器
・聴覚障害者の日常生活支援機器
・盲ろう者の日常生活支援機器
・障害者のコミュニケーションを支援する機器
・障害者スポーツ用機器
・障害児の生活を豊かにするための支援機器
・その他

応募資格

障害者の自立を支援する機器の実用的製品化開発，普及を目指す国内の民間企業で，実用的製品化開発を行う能力および開発体制を有し，その経理が明確でかつ経営の安定性が確保されている企業の代表者または開発の主たる責任者．

開発期間

最大3年間．ただし，複数年にわたる提案で採択されたものであっても，年度ごとに審査を行うこととされており，その結果によっては次年度以降への継続が認められない場合がある．

補助条件
・補助の規模：1テーマ当たり1000万円以上とし，5000万円を上限（各年度）．
・補助率：定額10/10相当（(3)の対象経費全体の1/2相当とする）．

交付基準額などの決定通知がなされた日以後であって実際に開発を開始する日から当該年度の実際に開発が終了する日までとする．

また，応募に当たっては，最長で3年間の開発期間を提案することが可能である．

ただし，複数年にわたる提案で採択されたものであっても，年度ごとに審査を行うこととしており，その結果によっては次年度以降への継続が認められない場合がある．

助成要件
(1) 対象事業者
以下の要件を満たす福祉用具の実用化開発を行おうとする民間企業などとする．
①研究開発の対象となる機器が「福祉用具」であること，まったく同一の機能，形態の製品が存在しないという新規性，技術開発要素を持っていること．
②その事業が，利用者ニーズに適合し，研究開発要素を有するなど，助成金交付の目的に適合するものであること．
③その福祉用具の実用化開発により，介護支援，自立支援，社会参加支援，身体代替機能の向上など具体的な効用が期待され，かつ一定規模の市場が見込まれ，さらにユーザからみて経済性に優れているものであること．
④その事業が，他の補助金，助成金の交付を受けていないこと．

助成条件
①助成額：1件当たり全期間で3000万円以内
②助成率：中小企業は助成対象費用の2/3以内，大企業は1/2以内
③助成期間：3年以内

2) **障害者総合福祉推進事業**[7]
本事業は，障害者自立支援法廃止後の新たな仕組みである総合的な福祉制度の制定・実施に向けた課題について，実態調査や試行的取組みなどを通じた提言を得ることを目的とする事業で，直接「福祉機器開発支援」を行うものではないが，機器開発にかかわるニーズ把握や福祉政策の将来展開など，機器開発にかかわる基礎データの収集に有用と思われる．

この事業は主として，各自治体などを介して公募が行われる．

(1) 事業の実施主体
・都道府県および市町村（特別区，一部事務組合および広域連合を含む）．
・社会福祉法人，特定非営利活動法人，社団法人，財団法人その他厚生労働大臣が特に必要と認めた法人．

(2) 補助対象事業
以下の各課題をはじめとする20課題についての実態調査に対し助成．
・障害者の社会参加活動の支援に関する調査について
・障害福祉サービスにおける日中活動プログラムに関する調査について
・グループホーム・ケアホーム入居者の栄養管理を行うための障害者支援施設を核とした支援システムの構築のための調査について
・就労移行支援の充実強化に向けた事例収集とガイドライン作成について
・既存の戸建て住宅を活用した小規模グループホーム・ケアホームの防火安全対策の検討について
・障害者自立支援法の改正による相談支援体系の変更に対応する業務評価指標の策定とソフトウェアの開発に関する調査について
・障害者自立支援法に基づくサービス利用計画の実態に関する調査とモデル事例集の作成について
・老年期発達障害者（60歳代以上）への障害福祉サービス提供の現状とニーズ把握に関する調査について
・障害児入所施設における小規模ケア化，地域分散化を推進するうえでの課題に関する調査について
・重症心身障害児者の地域生活の実態に関する調査について

(3) 補助基準
補助基準額：1000万円を上限．
補助率：定額（対象経費の10/10相当）．

c. 総務省による支援スキーム

総務省による福祉機器開発支援は，主として放送・通信領域でのバリアフリー化を目的に，主に独立行政法人情報通信研究機構（NICT）を介しての支援スキームとして構成されている[8]．

1) 高齢者・チャレンジド向け通信・放送サービス充実研究開発助成金[9]

本助成金は，高齢者・障害者向け通信・放送サービスの充実を図ることを目的として，高齢者・障害者の利便の増進に資する研究開発を行う民間企業などに対して，その研究開発に必要な資金の一部を助成するもの．

○助成対象の選定基準

助成の対象となる事業は，次の基準により選定される．

・助成対象事業を的確に遂行するに足る能力を有すること．
・助成対象事業の内容が次の各要件に合致すること．
　・有益性：提供または開発される通信・放送役務が，身体障害者の利便の増進に著しく寄与するものであること．
　・波及性：提供または開発される通信・放送役務に関する身体障害者のニーズが高く，事業実施の効果が全国的に広く及ぶものであること．
・助成対象事業にかかわる資金調達が自己のみによっては困難であること．
・助成対象事業を的確に遂行するのに必要な経費のうち，自己負担分の調達に関して十分な能力を有すること．
・助成対象事業にかかわる経理その他の事務について的確な管理体制および処理能力を有すること．

○助成対象期間

助成金の交付決定の日から交付決定された年度の末日まで．

○助成金額

助成対象経費の1/2．ただし，最大で3000万円（直接経費）＋間接経費（最大30％）．

なお，過去の実績ではおよそ平均1000万円/件．

2) 手話翻訳映像提供促進助成金[10]

本支援は，聴覚障害者のために放送番組に合成して表示される手話翻訳映像を制作し提供する事業者に対して，手話翻訳映像を制作・提供するために必要な経費の1/2を上限として助成するもの．

○助成要件

助成対象事業は，情報・意思疎通支援用具（厚生労働省告示第529号）により放送番組に合成して表示されるチャレンジド（障害を持つ人）のための手話翻訳映像の提供であって電気通信役務の提供に該当するものであり，以下の各要件を満たすものである．ただし，視聴年齢制限つき番組を除く．

・助成対象事業を的確に遂行するに足る能力を有すること．
・助成対象事業の内容が次の各要件に合致すること．
　①提供される事業が，チャレンジドにとって利便性が高いものであること．
　②提供される事業に関するチャレンジドのニーズが高く，事業実施の効果が広く及ぶものであること．
・助成対象事業にかかわる資金調達が自己のみによっては困難であること．
・助成対象事業を的確に遂行するのに必要な経費のうち，自己負担分の調達に関して十分な能力を有すること．
・助成対象事業にかかわる経理その他の事務について的確な管理体制および処理能力を有すること．

○助成金交付の対象となる経費

助成金交付の対象となる経費は，助成対象事業を実施するために必要な経費のうち，外注費，委託費，労務費，消耗品費，諸経費，機械使用料などであって，機構が助成を行うことが適当であると認めるもの．

○助成限度額

手話翻訳映像を制作する事業者に対して，手話翻訳映像を付与するための追加的な経費の額の1/2の額を上限として助成．

3) 字幕番組等制作促進助成金[11]

本支援は，視聴覚障害者がテレビジョン放送を視聴するために不可欠な字幕番組，解説番組および手話番組を制作する事業者に対して，字幕などを付与するための追加的な経費の1/2（在京キー5局の字幕番組にあっては1/8，在阪準キー4局の字幕番組にあっては

1/6. ただし, 生字幕番組については 1/2) を上限として助成するもの.

○助成の対象

視聴覚障害者向けの放送番組（字幕番組, 解説番組および手話番組）である. ただし, 視聴年齢制限付き番組を除く.

○助成条件

・当該年度に放送される番組であること.
・視聴覚障害者がテレビジョン放送を視聴するために不可欠な放送番組である字幕番組, 解説番組および手話番組を制作する放送事業者であること（身体障害者の利便の増進に資する通信・放送身体障害者利用円滑化事業の推進に関する法律第2条第4項第3号に規定する通信・放送身体障害者利用円滑化事業が交付の対象）.
・字幕, 解説音声および手話を付与するための追加的な経費をスポンサーなどが負担していないこと.

○助成対象となる経費

字幕, 解説音声および手話を付与するための追加的な経費の 1/2（在京キー局の字幕にあっては 1/8, 在阪準キー局の字幕にあっては 1/6. ただし, 生字幕番組については 1/2) を上限.

○公募予定時期

年1回（2月）を予定.　　　　　　　〔吉岡松太郎〕

文　献

1) http://www.nedo.go.jp/activities/EP_00375.html
2) http://www.nedo.go.jp/activities/ZZ_00374.html
3) http://www.nedo.go.jp/koubo/CA3_100007.html
4) http://www.chusho.meti.go.jp/keiei/sapoin/2011/110310senryaku_koubo.htm
5) http://www.meti.go.jp/information/data/c110425aj.html
6) http://www.mhlw.go.jp/bunya/shougaihoken/cyousajigyou/02.html
7) http://www.mhlw.go.jp/bunya/shougaihoken/cyousajigyou/index.html
8) http://www.nict.go.jp/collaboration/4otfsk000000islk.html
9) http://www2.nict.go.jp/ict_promotion/barrier-free/104/index.html
10) http://www2.nict.go.jp/ict_promotion/barrier-free/106/index.html
11) http://www2.nict.go.jp/ict_promotion/barrier-free/102/index.html

4.3.2　人間特性にかかわるデータベース

人間特性データベースとは, 人間のさまざまな特性について, ある一定の計測方法によりまとまった人数のデータを収集したものである. 得られたデータは, 主に性別や年齢により分類され, 平均値や標準偏差など統計処理を行って, 公表されることが多い.

ここでは, 一般に利用可能な各種の日本人の人間特性データベースのなかから, 身体寸法・形態特性, 動態特性, 知覚特性, 体性感覚特性, 認知特性などを取り上げ, 概要・利用方法・問い合せ先などについて紹介する.

医療施設, 看護・介護・福祉施設を利用する方々を支援するための機器や, 健康・福祉サービスの開発に役立てていただきたい.

a.　身体寸法・形態特性

身体寸法データとは, 身体各部の骨を基準に特徴点と呼ばれるポイントをつけ, その特徴点を利用して, 人体各部の寸法を計測したデータのことである. 身体寸法データは, 人間が利用する空間・機器・設備・衣服などの設計において, 主に長さ, 高さなどの設計値の決定に必要な基本データとして広く用いられている. 計測項目の定義については, JIS Z 8500$^{:2002}$（人間工学―設計のための基本人体測定項目）が整備されている.

また**形態データ**とは, 身体各部の表面形状を立体的にとらえ, 計測したデータのことである. たとえばヒップ囲 100 cm といっても, 寸法データだけでは, 腹部が出っ張っているのか, 臀部が出っ張っているのかわからないが, 形態データであれば確認することができる. こうした形態データは, ヘルメット, 靴, 下着など, 身体の形にフィットすることが強く要求される製品の設計に役立つ.

表 4.3.1 に, 利用可能な日本人の寸法・形態データベースを示す.

4.3 機器開発支援制度と身体特性データベース

表4.3.1 日本人の寸法・形態データベース

DB名称	計測項目	計測年度	被計測者	計測地	照会先	特徴
H20年度人間特性データ	全身30項目, 体脂肪率	2008	60〜73歳の男女100名	大阪	NITE	高齢者の最新データである
子どもの身体寸法データベース	全身45項目	2005〜2008	0〜13歳の男女約2000名	東京, 神奈川, 福井, 大阪・京都・兵庫・香川	HQL	乳幼児のデータである
日本人の人体寸法データベース2004-2006	寸法：全身217項目, 形状：2姿勢	2004〜2006	20〜79歳の男女約6700名	大阪, 神戸, 東京	HQL	成人の大規模データである
AIST/HQL人体寸法・形状データベース	全身94項目, 形状：1姿勢	2003	20〜30歳の男性49名, 21〜35歳の女性48名	東京	AIST	形状データがある
NITE人間特性データベース	全身19項目, 体脂肪率	2001〜2002	20〜80歳代の男女約1000名	全国	NITE	人数が比較的多い
高齢者対応基盤整備データベース	全身129項目	2001	60〜70歳代の男女206名	大阪	HQL	頭顔部の項目が多い
頭部寸法データベース	身長, 体重, 頭部13項目	2001	18〜35歳の男女117名	東京	AIST	頭顔部の項目が多い
AIST人体寸法データベース1997-98	全身49項目	1997〜1998	18〜29歳男女200名, 60歳以上男女100名	つくば	AIST	足部の項目が多い
日本人の人体計測データベース1992-1994	全身178項目, 形状：1姿勢	1992〜1994	7〜90歳代の男女約34000名	全国	HQL	7〜19歳の大規模データである
AIST人体寸法データベース1991-92	全身255項目	1991〜1992	18〜29歳男女各200名, 60歳以上男女各50名	つくば	HQL	項目が多い
国民健康・栄養調査	身長, 体重, 腹囲	毎年実施	1歳以上男女	全国	厚生労働省	毎年実施している
学校保健統計調査	身長, 体重, 座高	毎年実施	6〜18歳男女	全国	文部科学省	毎年実施している

b. 動態特性

動態データとは，人間が体を動かすときに身体各部が発揮するさまざまな力や，身体各部の動かすことのできる範囲などを示すデータのことである．これらは，人間が利用する空間・機器・設備などの主に重さ，強さ，配置などの設計に利用できる．たとえば，容器のふたの硬さをどのくらいに設計すれば高齢女性でも楽に使えるか，などの判断に動態データが役立つ．表4.3.2〜表4.3.5に，利用可能な日本人の動態データベース（関節可動域・関節受動抵抗，発揮力，体力・運動，日常生活場面での動作）を示す．なお，関節受動抵抗とは，被験者が脱力した状態で，計測者によって他動的に関節を可動させたときに，それに抗するように働く力のことである．

c. 知覚特性

知覚データとは，五感といわれる視覚・聴覚・触覚・嗅覚・味覚に関するデータのことであり，人間が利用する空間・機器・設備などの表示や，操作音，警告音，凹凸記号などの設計に利用できる．

これらの知覚データは従来，医学的見地からのものが多く，製品設計への応用の観点からのデータ整備は遅れている．表4.3.6〜4.3.9に，利用可能な日本人の知覚データベース（視覚，聴覚，触覚，嗅覚）を示す．

4. 健康・福祉サービスに関連する社会制度

表 4.3.2　日本人の動態データベース（関節可動域・関節受動抵抗）

DB 名称	計測項目	計測年度	被計測者	計測地	照会先
H20 年度人間特性データ	関節自動可動域（手，肘，肩，足，膝，股）	2008	60〜73 歳の男女 100 名	大阪	NITE
NITE 人間特性データベース	関節自動可動域（手，肘，肩，足，膝，股，頸，体幹）関節受動抵抗（手，肘，肩，足，膝，股）	2001〜2002	20〜80 歳代の男女約 1000 名	仙台，東京，名古屋，金沢，大阪，福岡	NITE
高齢者身体機能データベース	関節可動域	1998〜1999	15〜90 歳代の男女 533 名	大阪	HQL
平成 10 年度「人間の動作等に係る動的特性の計測評価」（関節特性計測）調査報告書	関節受動抵抗（肩，肘，手首，股，膝，足）	1998〜1999	20〜79 歳の男女 258 名	大阪	HQL

表 4.3.3　日本人の動態データベース（発揮力）

DB 名称	計測項目	計測年度	被計測者	計測地	照会先
H20 年度人間特性データ	握力，上肢操作力（ひねる，上肢回旋，つまむ，押す，引く）	2008	60〜73 歳の男女 100 名	大阪	NITE
子どもの身体寸法データベース	握力	2005〜2008	1〜13 歳の男女約 1500 名	東京，神奈川，福井，大阪，京都，兵庫，香川	HQL
NITE 人間特性データベース	握力 最大発揮力（手，肘，肩，足，膝，股）上肢操作力（指で押す，手で引く押す，ひねる，握る）	2001〜2002	20〜80 歳代の男女約 1000 名	仙台，東京，名古屋，金沢，大阪，福岡	NITE
高齢者対応基盤整備データベース	握力	2000	20〜80 歳代の男女 202 名	大阪	HQL
平成 10 年度「人間の動作等に係る動的特性の計測評価」（関節特性計測）調査報告書	最大関節トルク	1998〜1999	20〜70 歳代の男女 258 名	大阪	HQL
体力・運動能力調査	握力	毎年	6〜79 歳男女	全国	文部科学省

表 4.3.4　日本人の動態データベース（体力・運動）

DB 名称	計測項目	計測年度	被計測者	計測地	照会先
H20 年度人間特性データ	長座体前屈，上体起こし，全身反応，開眼片足立ち，閉眼片足立ち，垂直とび，定常歩行速度，TUG，起きあがり，リーチ，重心動揺	2008	60〜73 歳の男女 100 名	大阪	NITE
NITE 人間特性データベース	垂直とび，長座体前屈，閉眼片足立ち，光反応時間，肺活量	2001〜2002	20〜80 歳代の男女約 1000 名	仙台，東京，名古屋，金沢，大阪，福岡	NITE
高齢者対応基盤整備データベース	重心動揺	2001	20〜80 歳代の男女 233 名	大阪	HQL
体力・運動能力調査	上体起こし，長座体前屈，50m 走，立ち幅とび，ソフトボール投げ・ハンドボール投げ，開眼片足立ち，10m 障害物歩行，6 分間歩行，日常生活活動テスト	毎年	6〜79 歳男女	全国	文部科学省

4.3 機器開発支援制度と身体特性データベース

表 4.3.5 日本人の動態データベース(日常生活場面での動作)

DB 名称	計測項目	計測年度	被計測者	計測地	照会先
高齢者対応基盤整備データベース	下肢・移動動作: 自由歩行時の速度,合図に対する反応時間,歩行時に持ちやすい手すりの高さ,歩きやすい足元照明間隔,またぐ際に気になる隙間幅,段差をまたぐ際の負担感,連続階段昇降後の負担感,単純段差とまたぎ段差の移動のしやすさ比較,騒音・照明によるベルトコンベア作業の効率・疲労感への影響,台車の取っ手の押しやすい太さと高さ,障害物をまたぐ際の負担感,1段ステップ昇降時の負担感,音情報に対する反応の速度・正確性	2001	20〜80歳代の男女233名	大阪	HQL
	上肢動作: 最適な作業台高さ,手で持てる重さの範囲,持ち上げ作業時の手で持てる重さの範囲,ものを持ったときの作業域(机上面,棚),繰り返し作業の作業域,ちょうどよいいすの高さ,握り方向別の握りやすい太さ,見上げ・見下げのしやすい範囲,見上げ・見下げ時の重心動揺,モニタ画面監視時の正確性・疲労感,ベルトコンベア作業時の正確性・疲労感	2000	20〜80歳代の男女216名	大阪	HQL
高齢者身体機能データベース	上肢動作: 作業しやすい高さ・範囲,可達域,微少調節しやすい操作方式,操作しやすいダイヤルの大きさ,操作しやすい押しボタンの大きさと間隔	1998〜1999	15〜90歳代の男女533名	大阪	HQL

表 4.3.6 日本人の知覚データベース(視覚)

DB 名称	計測項目	計測年度	被計測者	計測地	照会先
NITE人間特性データベース	静止視力,動態視力	2001〜2002	20〜80歳代の男女約1000名	仙台,東京,名古屋,金沢,大阪,福岡	NITE
高齢者対応基盤整備データベース	発光表示による生活視力(3m,作業距離),作業距離で読みとることのできる発光表示での文字の大きさ,色と色名との同定のしやすさ,基準色に近い色順に並べ替えるときの正確さ	2001	20〜80歳代の男女230名	大阪	HQL
	生活視力(3m,作業しやすい距離,近点),暗順応,文字色と背景色の濃度が変わったときの表示の見えやすさ	2000	20〜80歳代の男女212名	大阪	HQL
高齢者身体機能データベース	生活視力(3m,0.3m),暗順応,グレア,2秒間で見分けられる色差,指標面照度が変わってもわかりやすい色	1998〜1999	16〜80歳代の男女121名	富山,大阪	HQL
	生活視力(3m,0.3m),暗順応,グレア,2秒間で見分けられる色の差	1997〜1998	20〜80歳代の男女420名	大阪	HQL

表 4.3.7　日本人の知覚データベース（聴覚）

DB 名称	計測項目	計測年度	被計測者	計測地	照会先
NITE 人間特性データベース	聴力	2001～2002	20～80 歳代の男女約 1000 名	仙台，東京，名古屋，金沢，大阪，福岡	NITE
高齢者対応基盤整備データベース	純音聴力レベル，警報音（注意音）の聞こえ方に対する背景音の影響，音はどうカタカナ表記されるか	2001	20～80 歳代の男女 230 名	大阪	HQL
	純音聴力レベル，単音節明瞭度，ラウドネス，聞き取りやすい音量（ラジオ聴取音量），報知音の聴き取りやすさと音に対するイメージ	2000	20～80 歳代の男女 216 名	大阪	HQL
高齢者身体機能データベース	言葉の聞き取りに及ぼす騒音の影響，建物残響が聴き取りに及ぼす影響，発声中に呈示した音の聞き取り，再生系の違いによる明瞭度試験，騒音を伴う家庭内作業時の音の聞き取り，テレビ聴取音量，周波数の異なる純音の高低感，指定音と試験音の同一性判定，吹鳴パターンと識別のしやすさ，前後左右にある音源方向の認知，前方に横一列に配置された音源の認知	1997～2000	20～80 歳代の男女 20～40 名	東京，大阪	HQL

表 4.3.8　日本人の知覚データベース（触覚）

DB 名称	計測項目	計測年度	被計測者	計測地	照会先
高齢者対応基盤整備データベース	二点弁別閾	2001～2002	20～80 歳代の男女 65 名	大阪	HQL
	指先による突起の有無の感知，指先による素材の違いの感知	2001	20～80 歳代の男女 151 名	大阪	HQL
高齢者身体機能データベース	安心感・安定感のある操作感覚，操作面上の凹凸記号の識別，操作位置に対する感覚の正確さ，めくり操作における指先のすべりやすさ，ぬれ感・湿り感，振動感知のしやすさ，許容できる背もたれ角度，歩行時の床面材質によるすべり感，段差のまたぎ越し時における足上げ高さ感覚	2000	20～80 歳代の男女 20 名	大阪	HQL

表 4.3.9　日本人の知覚データベース（嗅覚）

DB 名称	計測項目	計測年度	被計測者	計測地	照会先
嗅覚変化データベース	嗅覚同定能力（何のにおいかわかる力）	2008[注]	健常者：20～86 歳男女 477 名　嗅覚障害者：14～89 歳男女 189 名	つくば，金沢，名古屋，兵庫ほか	AIST

注：計測年度ではなく，データベースの最終更新年度．

表 4.3.10　衣服設計支援データベース

DB 名称	計測項目	計測年度	被計測者	計測地	照会先
衣服設計支援データベース	衣服着用時に標準温度刺激を加えたときの，平均体温，直腸温，皮膚温，平均皮膚温，胸部発汗率，胸部皮膚血流量，心拍数，動脈血圧，温冷感，快適感，湿潤感	1998	20 歳代，60～70 歳代の女 13 名	長野，大阪	HQL

4.3 機器開発支援制度と身体特性データベース   497

表 4.3.11　日本人の IT 利用特性データベース

DB 名称	計測項目	計測年度	被計測者	計測地	照会先
IT 利用特性データベース	認知適合性（記憶，照合・探索）	2000〜2001	20〜77 歳の男女 88 名	大阪，京都	HQL

表 4.3.12　日本人の運転行動データベース

DB 名称	計測項目	計測年度	被計測者	計測地	照会先
運転行動データベース	運転者の操作行動，自車両状況，交通環境，走行位置，速度，加速度，ハンドル操舵角，ウィンカー操作，ワイパー操作，シフト操作，ブレーキペダル，アクセルペダルの踏み込み量，GPS によるマクロ的な自車両走行位置，前方映像	2001〜2003	20〜71 歳の男女 97 名	つくば，土浦	HQL

表 4.3.13　日本人の日常生活の不便さデータベース

DB 名称	項　目	照会先
不便さ調査データベース	各種障害者，高齢者，妊産婦など障害別の「不便さ調査」を，商品別，施設・設備別，行動・場面別に抽出，分類	財団法人共用品推進機構
高齢者・障害者等の公共交通機関不便さデータベース	障害者や高齢者などの駅や交通機関（鉄道・バス）の利用者が実際に感じている不便さや便利さなどの意見を抽出，データベース化	交通エコロジー・モビリティ財団

d. 体性感覚特性

体性感覚データについては，一般に公開され，利用できるデータはきわめて少ない．ここでは，一例として，衣服設計支援データベースを紹介する．このデータベースは，衣服とヒトの体温調節の関係についての評価方法や，高齢者を中心とした体温調節能の特性データを解説したものであり，衣服内環境の設計に役立てることができる（表 4.3.10）．

e. 認知特性

認知特性データとは，記憶力，判断力，注意力などに関するデータのことである．これらのデータは，人間が利用する機器・設備などの操作部について，操作方法のわかりやすさや視認性などの設計に利用できる．

認知特性データについても，一般に公開され，利用できるデータはきわめて少ない．ここでは，一例として，IT 利用特性データベースを紹介する．IT 利用特性データベースは，一定手順の操作を要求される対話型機器を使用する際に必要となる知覚，認知，動作などの人間特性を計測したものであり，高齢者が無理なく使いこなせる IT 機器の設計に利用できる（表 4.3.11）．

f. その他の特性

日常生活場面での行動に関するデータのうち，一般に公開され，利用できるデータを紹介する．一つは，**運転行動データベース**，もう一つは，**日常生活の不便さデータベース**である．

運転行動データベースは，自然な状態での運転行動を計測するために開発した実験車両を用いて，一般運転者が一般公道を実際に運転した際の車の状態などについて計測したデータである（表 4.3.12）．

日常生活の不便さデータベースは，高齢者や障害者などが日常生活のなかでどのようなことに不便さを感じているかについて聴取したものである．表 4.3.13 に利用可能な日本人の日常生活の不便さデータベースを示す．

表 4.3.14　人間特性データベースの照会先（五十音順）

照会先　組織名称（略称）	URL
公益財団法人共用品推進機構	http://www.kyoyohin.org/index.php 不便さ調査 2010 年度版 http://www.kyoyohin.org/02_syougai/0202_fubensadb.php
厚生労働省	http://www.mhlw.go.jp/ 国民健康・栄養調査 http://www.mhlw.go.jp/toukei/itiran/gaiyo/k-eisei.html#kokumineiyou
公益財団法人交通エコロジー・モビリティ財団	http://www.ecomo.or.jp/index.html 高齢者・障害者等の公共交通機関不便さデータベース http://www.ecomo.or.jp/barier_free/fubensa/index.html
独立行政法人産業技術総合研究所（AIST）	http://www.aist.go.jp/ 寸法・形状　http://riodb.ibase.aist.go.jp/dhbodydb/ におい　http://riodb.ibase.aist.go.jp/db068/
独立行政法人製品評価技術基盤機構（NITE）	http://www.nite.go.jp/index.html 人間特性 DB http://www.tech.nite.go.jp/human/index.html
一般社団法人人間生活工学研究センター（HQL）	http://www.hql.jp データベース http://www.hql.jp/database/index.html
文部科学省	http://www.mext.go.jp/ 学校保健統計調査 http://www.mext.go.jp/b_menu/toukei/chousa05/hoken/1268826.htm 体力・運動能力調査 http://www.mext.go.jp/b_menu/toukei/chousa04/tairyoku/1261241.htm

g．照会先

a から f で紹介した各種人間特性データベースの照会先を表 4.3.14 に示す．

〔畠中順子〕

文　献

人間生活工学研究センター編（2002）：人間生活工学商品開発実践ガイド，pp. 95-101，日本出版サービス．

人間生活工学研究センター編（2005）：ワークショップ人間生活工学，pp. 38-47，丸善．

索　　引

ア　行

青い芝の会　320
あおり運動　66
アクションジェネレータ　78
アクセシビリティ　318, 328
アクセシブルデザイン　314
アクチュエータ　369
アクティグラフィ　171, 266
アクティブ型パワーアシストスーツ
　　288
アクティブタッチ　35
アグリー法　483
アジア・太平洋障害者の十年　482
アシストロボット　207
足底圧　70
アスペルガー症候群　256
遊びリテーション　308
アーツアンドクラフツ運動　135
圧覚　40
アッパー　456
圧脈波　365
アナログ式姿勢計測器　402
アライメント　219
アルファ波　114

イオン導電性高分子金属複合体
　　369
意思伝達支援　252
意思伝達装置　253
石原式色覚異常検査表　343
移乗介護　270
移乗介護ロボット　271
移乗介助　374
異常3色覚　343
移乗支援ロボット　386
異常歩行　70
移乗用介護リフト　409
イソプタ面積　20
1型色覚　343

1色覚　343
一次的補助具　195
一回心拍出量　365
一般製品　314
移動等円滑化基準　484
イマジェリィ　121
意味理解の障害　97
胃瘻　92
色コントラスト差　353
因果性　57
インクルーシブデザイン　327
インテリア腰掛　459
インフォームドコンセント　128

ヴィジランス　116
ウィールチェアラグビー　183
ウェアラブルロボット　385
ウェルニッケ失語　98
迂言　96
宇宙船内服　168
うつ病　111, 266
腕動作支援装置　446
うま味　49
運転行動データベース　497
運転補助装置付車　199
運動学　69
運動失調　75
運動障害性構音障害　88, 96, 99
運動力学　69
運動療法　129

エネルギー代謝　70
エビデンス・ベースド・リハビリテー
　　ション　120
円軌道ペダリング　201
嚥下　84, 86
嚥下障害　89
嚥下食　93
嚥下造影検査　91
嚥下代償法　93

嚥下内視鏡検査　91
塩味　49

横隔膜　84
横側頭回　107
黄斑色素　13
大島の分類　166
大津波警報　428
オージオグラム　27
押しボタンスイッチ補助具　439
オストメイト対応トイレ　469
オドボール課題　243
温覚　44
音響信号機　197
温受容器　44
音声出力型コミュニケーションエイ
　　ド　262
音声障害　87
音声認識技術　228
音声ブラウザ　340
音声読上げ機能付きOCRシステム
　　340
音節明瞭度試験　27
温点　44
温度眼振計測　54
温度受容器　44
温熱的快適感　44
温冷覚　44, 45

カ　行

回帰型　309
介護式福祉車両　199
外骨格型　208
外骨格型パワーアシストスーツ
　　287
概日リズム　173
介助用車いす　399
快適感　45
快適聴取レベル　239
回転眼振計測　54

回転（スライド）シート車　199
開ループ FES 制御　215
開ループ制御　215
会話明瞭度検査　87
顔倒立効果　101
顔認知　101
かかと接地　66
鏡療法　122
学習障害　256
拡大コミュニケーション　252
拡大代替コミュニケーション　252, 262
拡大読書器　339
拡張期血圧　366
学童期　109
角膜　12
仮現運動　33
可視化タイマー　260
下肢筋力計測器　176
下肢訓練支援ロボット　210
下肢装具　188, 218
荷重応答　68
仮想意思決定関数　247
加速度センサ　368
肩関節　72
片手操作式歩行器　396
葛藤型　309
カテゴリカラー　19
画面拡大表示ソフトウェア　340
カラーユニバーサルデザイン（UD）428
加齢性縮瞳　12
簡易上肢機能検査　75, 137
簡易筆談器　468
感音性難聴　238
感覚フィードバック　122
感覚モダリティ　56
眼球　12
眼球運動調節　63
眼球光学系　12
環境制御装置　252
間欠的経管栄養法　92
看護　145
看護覚え書　145
看護観察　147
看護ケア　146
換語困難　96
看護師　146
看護職　146
看護モデル12項目　147

感触　35
関節可動域表示ならびに計測法　74
間接訓練　92
関節継手　219
関節モーメント　70
完全埋め込み電極法　214
桿体　13
貫皮的埋め込み電極法　214
甘味　49
甘味受容タンパク　49

記憶障害　281
機械インピーダンス　33
機械受容器　30
気管孔　231
危機回避能力　302
危険横断　305
義肢装具　218
義肢装具士　188
器質性音声障害　87
器質性構音障害　87
義手　218
基準嗅力検査法　51
義足　188, 218, 219
基底膜　57
機能・形態障害　130
機能障害　76, 474
機能性音声障害　87
機能性構音障害　88, 96
機能性難聴　238
機能長　456
機能的自立度評価表　137
機能的電気刺激　32, 213
基本的信頼感　108
基本味　48
逆腹話術効果　60
脚分離型スリング　193
逆モデル　63
客観的栄養評価　153
逆向マスキング　32
嗅覚受容体　50
共同注意　102
共用品　313
局所性調節　2
居住環境温度　160
筋萎縮　11
筋活動　70
筋機械受容器反射　3
近赤外分光法　253
金属探知機　405

筋代謝受容器反射　3
筋電義手　77, 208, 385
筋電図　365
筋電図計　70
筋ポンプ　79

空間周波数帯　102
空間的な一致性　56
空間的マスキング　32
苦味　49
グリア細胞由来神経栄養因子　121
車いす　276
車いす移動車　199
車いすガイドマップ　321
車いすシーティング　276, 280
車いす走行耐久性試験　405
車いすテニス　184
車いすバスケットボール　181
車いすマラソン　184
車いすロボット　384

形態データ　492
ケイデンス　67
軽度障害寿命　474
経鼻経管栄養法　91
頸部聴診　91
血圧　366
健康管理　156
健康寿命　474
言語聴覚士　139, 263
言語発達遅延　95
言語療法士　139
健常側拘束療法　122
顕著性　60
顕著特徴　59

誤飲性肺炎　152
構音器官　85
構音障害　87
交感神経皮膚反応　254
高機能自閉症　256
高機能電動車いす　207
高機能歩行器　207
口腔期　86
高次運動野　78
口唇裂口蓋裂　88
交通バリアフリー法　196, 321, 483
後天色覚異常　343
喉頭　84
喉頭期　86

喉頭器官　85
喉頭源音　231
行動性体温調節　44
行動体力　158
高分子アクチュエータ　369
高分子ゲルアクチュエータ　369
高密度ランダムパルス列　59
高齢者・障害者配慮設計指針　316
声のものさし　265
誤嚥性肺炎　90, 152
語音弁別の障害　97
呼気ガス分析装置　70
呼吸　84
呼吸器官　84
呼吸数　366
国際障害者年　319
国際障害分類試案　130
国際シンボルマーク　482
国際生活機能分類　130, 136
国際標準化機構　314
国民皆保健・皆年金制度　475
国連・障害者の十年　319
国連バリア・フリー・デザイン報告書　318
午睡　170
語性錯語　96
後青年期　109
骨格筋　9
骨粗しょう症　8
骨導超音波補聴器　241
骨導補聴器　240
ゴニオメータ　74
個別オプションによる対応　354
コミュニケーションエイド　262
コミュニケーション障害　95
コミュニケーションロボット　386
固有振動数　81
混合性難聴　238
混同色　344, 345
混同色線　345
混同色中心　345
コントラスト感度関数　15

サ 行

座位姿勢　402
座位姿勢計測　402
座位姿勢計測研究会　404
最小可聴値　36
細胞接着分子　121
座位保持装置　325

サイン　351
　　──の間隔　352
サウンドテーブルテニス　432
捜し物発見器　283
作業記憶課題　118
作業療法学　135
作業療法士　134
作業療法評価　136
錯語　96
詐聴　238
錯覚型　37
サッケード運動　63
錯触力覚　40
サプライファースト　469
座面が揺動する車いす　395
座面用姿勢保持マット　440
サルコペニア　10
サル第一次運動野脳損傷モデル　122
3型色覚　343
産業用ロボット　381
酸味　49

ジェロンテクノロジー　333
ジェロントロジー　332
支援技術　297
視覚障害者誘導用ブロック　194
視覚代行　32
時間依存的な可塑性　120
時間周波数　59
時間順序判断　57
時間ずれ順応　58
時間マスキング　32
時間領域の腹話術効果　60
色覚異常　339
色覚障害　343
色弱　343
色盲　343
視距離　352
刺激の時間構造　57
刺激の振動周波数　31
自己覚醒　115
視細胞　13
支持機能　73
指掌間距離　74
事象関連電位　243
事象関連脳電位　254
姿勢外乱　80
字性錯語　97
視線入力装置　253

視線の高さ　353
自操式車両　199
持続的温覚　32
持続的冷覚　32
膝関力計測器　176
失語症　96
失聴時年齢マトリクス　142
失名詞失語　98
シーティング　276
自動復帰　222
シート型スリング　193
シナプススケーリング　121
シニアカー　200
視標追跡計測　54
自閉症　256
ジャイロスコープ方式　39
社会的不利　130, 474
視野狭窄　339
弱視　339
車道横断体験シミュレータ　304
視野の広さ　353
ジャルゴン　97
周期パルス列　59
収縮期血圧　366
重心計　79
重心動揺　55
重度障害寿命　474
周波数変調　214
羞明　21, 339
主観的同時点　57
主観的包括的栄養評価　153
手指　72
手動車いす　190
手動式つり下げリフト　409
受容器　30
馴化　51
順行マスキング　32
順応　51
準備期　86
瞬眠　116
順モデル　63
障害者権利条約　314, 326
障害者雇用促進法　300
障害者差別禁止法　483
障害者生活環境専門会議　482
障害者生活圏拡大運動　321
障害者に関する世界行動計画　319
障害の権利条約　483
障害者用自転車　202
障害者用のワンピース　168

障害受容　128
障害の階層構造　130
障害の補償技術　474
障害の予防技術　474
障害補償　348
障害を与えない物理的環境の推進ガイドライン　482
昇降シート車　199
上肢　72
　　――の感覚障害　75
上肢機能支援ロボット　385
上肢訓練支援ロボット　209
少子高齢社会における日本型保健・福祉施策　475
上肢装具　218
硝子体　13
状態不安定理論　117
焦電(型)センサ　293, 368
常同言語　97
情報デザイン　349
情報補償　348
静脈性嗅覚検査法　51
初期接地　68
触手話　250
触察行為　29
食事支援　271, 385
褥瘡　275
触知案内図　194
食道期　86
食道発声法　232
書字練習ソフトウェア　259
触覚　29, 35, 40
触覚閾値　36
触覚ピンディスプレイ　424
触感　35
徐波睡眠　114, 169
初老期　109
シリコン製定規　441
自律移動ロボット　207
自律活動　299
自律神経系　364
自立神経系活動　114
自立生活　126
自律性体温調節反応　44
視力　14
心因性難聴　238
心音図　366
人感センサ　293, 294
神経栄養因子　121
神経可塑性　120

神経・筋疾患　251
神経伸長因子　121
神経性循環調節　2
神経性調節　2
神経伝達と処理　57
神経伝達物質　159
人工関節　9
人工内耳　241
身体活動量　368
身体障害者用車いす　200
身体寸法データ　492
身体動揺　54, 78
身体内ベース型　37
心弾図　365
伸張性収縮　10
伸張反射　78
心的外傷後ストレス　268
心電図　364
真の回復　125
心肺圧受容器反射　4, 6
心拍数　365
心拍変数　364
真皮　30
振幅変調　214
シンボル検索・作成ソフト　264

図　59
随意運動　78
水晶体　12
水素吸蔵合金アクチュエータ　373
錐体　13
随伴陰性変動　80
睡眠　113
睡眠改善知識　173
睡眠環境　173, 174
睡眠時間　169
睡眠ステージ　292
睡眠段階　113
睡眠脳波　113
睡眠負債　117
睡眠不足　115
睡眠ポリグラフ　113
睡眠ポリグラフィ　171
数字減算課題　118
スキャン方式　252
スクリーンリーダ　258, 340
スティフネス　80
ステッキ　189
図と地の関係　353
ストライド長　67

スネル文字　14
スパイラル的改修手法　469
スピーチセラピスト　139
スポーツ用義足　186
スマートハウス　296
スマートルーム　296
スライディングシート　270
ずれ　31

生活支援ロボット　382
生活の質の増進　474
整形インプラント　9
生産性　474
成人前期・中期・後期　109
精神遅滞　261
静的温度感覚　32
静的収縮　10
静的バランス　78
青年期前期・中期・後期　109
生理信号　364
世界作業療法士連盟　134
脊髄反射　62
咳テスト　91
舌小体異常　88
摂食　86
摂食・嚥下障害　89, 152
摂食・嚥下リハビリテーション　89
セットサイズ効果　59
切迫性尿失禁　151
セパレーションカラー　345
セラピー人形　286
セラピーロボット　285
ゼリー　93
ゼロワーク　201
前頸骨筋　83
先行期　86
全色盲　343
全失語　98
全青年期　109
選択肢による対応　354
前庭感覚　53
前庭動眼反射　63, 78
前庭反射　53, 62
先天色覚異常　343
前頭前野　78
セントラルコマンド　3
せん妄　111, 154
全盲　339
せん妄評価尺度　154
前遊脚期　68

騒音性難聴　27
走行　68
総自動運動　74
足圧中心　79
速順応型　30
側頭葉下部　105
側頭葉下部皮質　106
側頭葉後下部　106
側抑制　32
ソケット　219
ソーシャルスキルトレーニング
　　260, 268
ソーシャルストーリーブック　265
足角　67
速記タイプライター　227
速筋線維　10
ソフトアクチュエータ　369

タ 行

大域優先効果　102
第一次味覚野　50
体液性調節　2
体幹装具　218
体姿勢　368
体性感覚系　29
体性感覚情報　62, 83
体性感覚データ　497
代替コミュニケーション　242, 252
代替様式　316
第二次性徴　109
代用音声　232
タクタイルエイド　248
タクタイルディスプレイ　378
ターゲット刺激　59
竹フレーム非金属車いす　405
多重フラッシュ錯覚　60
タスク　203
タスクディマンド　203
脱水　151
段階的摂食訓練　93
単語了解度試験　27
短軸力覚センサ方式　424
短縮性収縮　10
短潜時応答　79
タンパク質・エネルギー栄養不足
　　153
断眠　116
地域保健福祉情報システム　480
チェアスキー　186

知覚データ　493
遅筋線維　10
逐次探索　59
遅順応型　30
知的障害　256, 261
知能検査　261
知能指数　261
注意　57, 102
　　──の補足　102
注意欠陥多動性障害　256
中心窩　13
中心静脈栄養　92
中潜時応答　80
中途覚醒　171
聴覚閾値　25, 36
聴覚障害　95, 348
聴覚的把持力の低下　97
聴覚特別支援学校教員　141
聴覚ドライビング　59
長期増強　121
長期抑制　121
長寿社会対応住宅設計指針　355
聴性脳幹反応　107
長潜時応答　80
跳躍現象　33
直接訓練　93
治療的電気刺激　213
治療用ロボット　209

ツインバスケットボール　183
ツイン偏心回転子　39
通過・反発の錯覚　58
杖　189
使い分ける関係　299
津波警報　428
津波注意報　428
つぶれ　279
つま先クリアランス　69
つま先離地　67
つまみ　72

ディストラクト　59
ディマンド　203
ティルト機構　279
手関節　72
適応的再調整　58
適応能　82
デザインフォーオール　327
手摺棒装架腰掛　459
テニス用車いす　184

手のひら書き　251
デュシェンヌ型筋ジストロフィー
　　148
伝音性難聴　238
電気(式人工)喉頭　233, 420
電気刺激療法　92
電気味覚検査法　50
点字セル　250
点字ディスプレイ　340, 372
電磁波イメージング法　367
点字プリンタ　340
点字ブロック　324
天井走行式リフト　193
転倒　132
電動アシスト車いす　200
電動車いす　191, 200, 207, 299
　　座位変換形──　200
　　自操用簡易形──　200
　　自操用ハンドル形──　200
　　自操用標準形──　200
電動車いすサッカー　185
転倒骨折　175
伝導失語　98
転倒・徘徊防止センサ　294
転倒予防　175
転倒リスク指標　176
頭位眼振計測　54
等感レベル曲線　36
同期・非同期弁別課題　59
瞳孔　12
統合失調症　266
同時性の時間窓　57
同時マスキング　32
投射　50
等尺性収縮　10
等視力曲線　14
動態データ　493
頭頂-後頭接合部　106
頭頂葉後部　105, 106
動の温度感覚　32
動的収縮　10
動的バランス　78
道徳療法　134
頭部運動情報　62
動脈血圧反射　4, 6
透明文字盤　253
等ラウドネス曲線　36
特殊ニーズ拘束装置　463
読書支援　385

特別支援教育　256
徒手筋力検査　74
トランスファスツール　413
トランスファーボード　270, 413
トロミ剤　93

ナ 行

内骨格型パワーアシストスーツ　288
内省強度　51
内部モデル　63
鳴き交わし方式　197
ナノカーボン高分子アクチュエータ　371

2型色覚　343
握り　72
2色覚　343
二次的補助具　195
日常生活の不便さデータベース　497
日本工業規格　316
日本語版ニーチャム混乱・錯乱スケール　154
日本作業療法士協会　134
ニュートンの揺りかご　57
ニューロコミュニケーター　243, 245
ニューロリハビリテーション　120, 122, 209
尿失禁　151
人間中心設計　37
人間特性データ　492
認知機能　281
認知症　99, 111, 281
認知症高齢者　309
認知特性データ　497
認知リハビリテーション　122

布製靴下すべり　451

ネガティブワーク　201
寝たきり老人ゼロ作戦　325
熱痛覚　32
熱的快適感　45

能磁界計測　106
脳深部刺激療法　213
脳卒中　75
能動的触知覚　73

脳波　364
脳由来神経栄養因子　159
能力障害　130, 474
能力上の回復　125
ノックセンサ　468
ノートテイカー　226
ノートテイク　226
ノーマライゼーション　126, 327
ノンレム睡眠　113

ハ 行

背景　59
排泄介護　273
排泄介護支援　273
排泄行動　150
排泄障害　150
背側視覚経路　105
排尿障害　150
排尿自律支援システム　274
バイノーラル録音・再生方式　378
ハイブリッド型パワーアシストスーツ　288
排便障害　151
廃用症候群　150, 388, 417
ハインリッヒの法則　358
白杖　194
箱形補聴器　240
把持　72
把持機能　72
パソコンノートテイク　227
パターンジェネレータ　78
パチニ小体　30
バーチャルリアリティ　268, 302, 376
発語　84
発語失行　99
発語障害　86
発語の流暢性　97
発語明瞭度検査　87
パッシブ型パワーアシストスーツ　288
発達　108
発達検査　75, 261
発達障害　256
発達障害教育情報センター　258
ハッチング　344
発話の流暢性　97
ハートビル法　321, 483
ハプティクス　30
バリア　318

バリアフリー　318, 467
バリアフリー新法　196, 321, 483
バリアフリー整備ガイドライン　196
バリアフリーデザイン　482
バリアフリールーム　469
バルーン拡張法　92
パワーアシスト　373
パワーアシストスーツ　287
パワースペクトル密度関数　364
反射　62
ハンドバイク　202
万能カフ　77
反復唾液嚥下テスト　90
汎用性運動ジェネレータ　78
皮下組織　30
肘関節　72
微小電極法　29
非侵襲的陽圧人工呼吸　148
非接触型　37
腓腹筋　83
皮膚電気コンダクタンス　365
皮膚伝導反応　60
非ベース型　37
ヒヤリハット　358
標識　351
表皮　30
表面電極法　214
ピンチ力計　75

不安障害　266
ファントムセンセーション　33
フィットネス　156
フィードフォワード制御　63
風船バレー　309
笛式人工喉頭　233
フォースディスプレイ　378
腹圧性尿失禁　151
福祉車両　199
福祉のまちづくり　482
福祉のまちづくり運動　321
福祉のまちづくり条例　483
福祉用具　314
復唱方式　228
腹側視覚経路　105
服薬支援機器　282
腹話術効果　59
　時間領域の——　60
不顕性誤嚥　153

浮腫　74
普通住宅のユニバーサルデザイン　355
物理医学　129
物理療法　129
フードテスト　90
部分免荷トレッドミル歩行訓練　210
フラッシュラグ効果　57
プリズム適応訓練　122
ブレインコンピュータインタフェース　253
ブレイン-マシンインタフェース　207, 242
フレキシブルアーム　443
ブローカ失語　98
分光視感効率　18
文章了解度試験　27
分理解の障害　97

平均聴力レベル　237
平衡感覚　53
平衡機能　53
米国作業療法協会　134
米国リハビリテーション法508条　330
ベイズ較正　59
ペグボード検査　76
ベース型　37
ベルト型スリング　193
偏差知能指数　261
便失禁　151
ヘンダーソンの14項目　147
ベンチサッカー　309

防衛体力　158
放置音　317
歩隔　67
保健師　146
歩行ガイドロボット　385
歩行環境シミュレータ　303
歩行器　190
歩行支援ロボット　385
歩行車　190
歩行者ITS　197
歩行周期　67
歩行中枢　210
歩行能力障害　132
歩行補助装置　195
歩行率　67

ポジティブワーク　201
補充現象　238
歩数計　293
没入型仮想空間呈示装置　377
ポップアウト　59
骨　8
歩幅　67
ホメオスタティックな可塑性　121
歩容　66
ポリフッ化ビニリデンフィルム　366
ホルター心電計　365

マ 行

マイケルソンコントラスト　15
マイスナー小体　30
マガーク効果　60
マスキング効果　32
マットセンサ　294
マット評価　278
マルチモーダル　56

見える情報　348
（改訂）水飲みテスト　90
味覚神経　49
ミストサウナ　164
ミニポンプ　372
味物質受容タンパク質　48
耳あな式補聴器　240
耳かけ型補聴器　240
見せて伝える情報　349
見守り　292
脈波　365
ミラーニューロン　121

無関感覚　32
むせ　90
無線タグ　294

明視三要素　14
メラトニン　173
メルケル触盤　30

妄想　112
盲導犬利用者　467
盲導犬ロボット　382
網膜　13, 57
目視的歩行分析　70
木製玩具　435
木製リハビリ機器研究部会　417

目的付記型JISマーク制度　359
文字サイズ　352
モダリティー　96
持ち方補助具　439
もの盗られ妄想　112

ヤ 行

夜間頻尿　171
夜盲　21, 339

遊脚期　67
有効視野　101
誘電エラストマーアクチュエータ　371
誘導鈴　196
遊離型　309
床移動　80
床振動　81
床走行式リフト　192
床反力　67, 70
ユーザビリティ　328
ユニバーサルデザイン　318, 327, 482
ユニバーサル手摺　459
ユニヴァーサルデザイン7原則　327
指点字　250

要介護5　242
擁護・訓練　299
幼児期後期　109
幼児期前期　108
容積脈波　365
予測的姿勢制御　81
四つのD　111

ラ・ワ行

ライフステージ　108
ラスト　455
ラバーハンド錯覚　60
ランドルト環　14

理学療法　129
理学療法士及び作業療法司法　135
力覚　35, 40
力覚センサ　424
力覚ディスプレイ　378
リクルートメント（現象）　28, 215
理想体重　153
リーチ機能　72

リーチャー　77
立脚期　67
立脚終期　68
立脚制御膝継手付き長下肢装具
　　208
立体映像　38
リハビリテーション　120, 125
リハビリテーション医学　127
リハビリテーションロボット　207
リハビリテーションロボット工学
　　207
リハビリ用自転車　200
リフト　192, 270
両脚支持期　67
両側トレーニング　209
緑色光レーザーポインタ　346

ルフィニ終末　30

冷覚　44
冷受容器　44
冷痛覚　32
冷点　44
レーザー　184
レジスタンストレーニング　10
レム睡眠　114
レム睡眠時行動障害　114
連携入力機能　227

聾学校教員　141
老化の防止　334
老化の補償技術　334
老人性難聴　238
老年学　333, 474
老年期　109
老老介護　270
6軸力覚センサ方式　424
濾紙ディスク法　50

ロービジョン　16, 21
ロボット　381
ロボットアーム　37
ロボット元年　382
ロボット義肢　208
ロボットスーツ HAL　287
ロボットセラピー　386
ロボット装具　208

ワーキングメモリ　103

欧　文

A-B ギャップ　238
ACC　204
ADA　319, 482
affective technology　337
ASV　204
Aware Home　336

CPM 機器　374

DAISY　268
device epidemiology　480
disability　130
domotics　336

ECE ナンバー　463
Exercise pressor reflex　3

FRR プロジェクト　274

Guide51　361

handicap　131
HMD システム　377

ICF　126, 326, 338
ICIDH　338

IDEA　298
IL 運動　320
impairment　130
ISG　333
ISO/IEC Guide71　314

JC マーク　463

LKA　204

MT 野　105

Nothing About Us Without Us
　　326

OHP による方法　226

P300　243
P300 スペラー　244
PDCA サイクル　328
PS マーク　359
PVT 課題　116

RLANRC 方式　68

SD 法　400
SDV 駆動機構　202
SF-36　137
SG マーク　360
SP マーク　360
ST マーク　360

T 字杖　189
T-E シャント法　232
Thunberg の錯覚　32
TS マーク　360

VOCA　259

福祉技術ハンドブック
―健康な暮らしを支えるために―

定価はカバーに表示

2013 年 10 月 20 日　初版第 1 刷

編集者　独立行政法人　産業技術総合研究所
　　　　ヒューマンライフテクノロジー研究部門

発行者　朝　倉　邦　造

発行所　株式会社　朝　倉　書　店
　　　　東京都新宿区新小川町 6-29
　　　　郵便番号　162-8707
　　　　電話　03（3260）0141
　　　　FAX　03（3260）0180
　　　　http://www.asakura.co.jp

〈検印省略〉

© 2013〈無断複写・転載を禁ず〉

印刷・製本　東国文化

ISBN 978-4-254-20152-9　C 3050

Printed in Korea

JCOPY ＜(社)出版者著作権管理機構　委託出版物＞

本書の無断複写は著作権法上での例外を除き禁じられています．複写される場合は，そのつど事前に，(社)出版者著作権管理機構（電話 03-3513-6969，FAX 03-3513-6979，e-mail: info@jcopy.or.jp）の許諾を得てください．

産業技術総合研究所人間福祉医工学研究部門編

人間計測ハンドブック （普及版）

20155-0　C3050　　　　B5判　928頁　本体28000円

基本的な人間計測・分析法を体系的に平易に解説するとともに、それらの計測法・分析法が製品や環境の評価・設計においてどのように活用されているか具体的な事例を通しながら解説した実践的なハンドブック。〔内容〕基礎編（形態・動態、生理、心理、行動、タスクパフォーマンスの各計測、実験計画とデータ解析、人間計測データベース）／応用編（形態・動態適合性、疲労・覚醒度・ストレス、使いやすさ・わかりやすさ、快適性、健康・安全性、生活行動レベルの各評価）

産総研 持丸正明・緑園こどもクリニック 山中龍宏・産総研 西田佳史・産総研 河内まき子編

子ども計測ハンドブック

20144-4　C3050　　　　B5判　448頁　本体14000円

子どもの人間特性（寸法、形態、力、運動、知覚、行動など）に関する計測方法を紹介。多数の計測データを収録。工業製品への応用事例も紹介する。子どもの安全を確保し、健全な発達・育成を目指す商品開発者・研究者に必備のハンドブック。〔内容〕概論／計測編／データ編（寸法・形態・構造、運動・発揮力、感覚・生理、認知・行動・発達）／モデル編／事故・障害・疾病データ編／規格編／応用編（事故事例：遊具、指はさみ他／モノづくり：靴、メガネ、住宅設備他）／他

東工大 伊藤謙治・前阪大 桑野園子・早大 小松原明哲編

人間工学ハンドブック （普及版）

20149-9　C3050　　　　B5判　860頁　本体28000円

"より豊かな生活のために"をキャッチフレーズに、人間工学の扱う幅広い情報を1冊にまとめた使えるハンドブック。著名な外国人研究者10数名の執筆協力も得た国際的企画。〔内容〕人間工学概論／人間特性・行動の理解／人間工学応用の考え方とアプローチ／人間工学応用の方法論・技法と支援技術／人間データの獲得・解析／マン-マシン・インタフェース構築の応用技術／マン-マシン・システム構築への応用／作業・組織設計への応用／環境設計・生活設計への「人間工学」的応用

都老人研 鈴木隆雄・東大 衞藤　隆編

からだの年齢事典

30093-2　C3547　　　　B5判　528頁　本体16000円

人間の「発育・発達」「成熟・安定」「加齢・老化」の程度・様相を、人体の部位別に整理して解説することで、人間の身体および心を斬新な角度から見直した事典。「骨年齢」「血管年齢」などの、医学・健康科学やその関連領域で用いられている「年齢」概念およびその類似概念をなるべく取り入れて、生体機能の程度から推定される「生物学的年齢」と「暦年齢」を比較考量することにより、興味深く読み進めながら、ノーマル・エイジングの個体的・集団的諸相につき、必要な知識が得られる成書

帝京大 三上真弘・帝京平成大 青木主税・東北福祉大 鈴木堅二・帝京平成大 寺山久美子編

リハビリテーション医療事典

33503-3　C3547　　　　B5判　336頁　本体12000円

すべての人が安全に生き生きとした生活を送るための、医療・保健・福祉・生活に関わる、健康増進活動の一環としてのリハビリテーション医療の重要テーマやトピックスを読みやすい解説によりわかりやすく記述。リハビリテーション科、整形外科、神経科をはじめとする医師、看護師、保健師、理学療法士、作業療法士、言語聴覚士、視能訓練士、柔道整復師、整体師、社会福祉士、介護福祉士、ケアマネジャー、ホームヘルパーなど、リハビリテーション医療に関わる人々の必携書

前京大 糸川嘉則総編集

看護・介護・福祉の百科事典 （普及版）

33007-6　C3547　　　　A5判　676頁　本体8500円

世界一の高齢社会を迎える日本において「看護」「介護」「福祉」の必要性は高まる一方である。本書では3分野の重要事項を網羅するとともに、分野間の連携の必要性も視野に入れて解説。〔内容〕看護（総合看護、看護基礎、母性看護、小児看護、成人看護、精神看護、老年看護、地域看護）／介護（概念・歴史・政策、介護保険サービス、介護技法、技術各論、介護従事者と他職種との連携、海外の事情）／福祉（基本理論、制度、福祉の領域、社会福祉援助の方法、関連領域と福祉との関係）

上記価格（税別）は 2013 年 9 月現在